GENS DE VENDÉE

Michel Ragon
Les Mouchoirs rouges de Cholet

Alexandre Dumas
Les Louves de Machecoul

Alphonse de Châteaubriant
Monsieur des Lourdines

René Bazin
La terre qui meurt

Présentation de Michel Ragon

FRANCE LOISIRS
123, boulevard de Grenelle, Paris

Edition du Club France Loisirs, Paris,
réalisée avec l'autorisation d'Omnibus

Carte : Joël Bordier

ISBN : 2-7441-0841-3 N° Editeur : 27048
Dépôt légal : mai 1997

Sommaire

Des romans d'action et des romans à personnages

par Michel Ragon

Qui dit Vendée pense insurrection d'un petit peuple de paysans et de nobles contre la Révolution, en 1793. Ce morceau d'histoire, cette épopée sanglante, héroïque, insensée, qui fit beaucoup rêver (et beaucoup écrire) Jules Michelet comme Victor Hugo, cette démesure, cette utopie populaire, a suscité depuis deux cents ans une bibliographie énorme. Plus de quinze mille titres sont consacrés aux guerres de Vendée. Je dis bien « aux guerres », car emportés par leur élan, les Vendéens ne se contentèrent pas de lutter contre la Convention, ils prirent aussi les armes contre le Directoire, contre l'Empire sous les Cent Jours, contre Louis-Philippe en 1832. Les guerres de Vendée ont duré, avec des entractes, une quarantaine d'années.

Mais la Vendée, ce n'est pas seulement ce morceau d'histoire, devenu un mythe. C'est aussi un département, le seul département français qui se soit hissé au niveau d'une province, a dit jadis Jean Yole.

En réalité, la Vendée est une invention de la Révolution française. Dans ses limites géographiques et dans son identité.

Avant 1789, il n'existait que le Bas-Poitou avec pour ville principale Fontenay-le-Comte, un évêché : Luçon, et un grand port de pêche sur l'Atlantique : Les Sables-d'Olonne.

Le dépeçage des provinces féodales, le 26 février 1790, tranche le Bas-Poitou en deux morceaux : les Deux-Sèvres et les Deux-Lay. Mais lorsque les deux députés de ce département arrivèrent à Paris, leur laideur homonymique suscita tant de rires parmi leurs confrères que la dénomination administrative fut vite modifiée. Les deux Lay, comme les deux Sèvres, sont deux rivières. On en chercha une autre et ce fut la Vendée.

En tant qu'identité régionale, la Vendée n'existe pas, alors. C'est seulement à partir de 1793 que l'insurrection générale des paysans de l'Ouest lui donne son particularisme. Mais cette insurrection déborde des limites administratives fixées arbitrairement à Paris. Elle réunifie le Bas-Poitou puisque le département des Deux-Sèvres s'associe aussitôt au département de la Vendée dans cette révolte généralisée qui gagne aussitôt la rive gauche de la Loire-Inférieure et absorbe le Maine-et-Loire.

Dans ses *Mémoires*, Mme de La Rochejaquelein écrit :

« Ce pays, qu'on a appelé depuis généralement la Vendée, se nommait alors vulgairement le pays du bocage : la moitié étant de la province du Poitou, un quart de celle de l'Anjou, et un quart du comté nantais... C'est lors de la grande guerre de 1793, que les républicains donnèrent à tout ce pays insurgé le nom de Vendée, qu'il n'avait pas auparavant. »

Vendée, cela sonne comme un symbole. Victor Hugo, en 1873, dans son roman *Quatre-vingt-treize*, n'emploie-t-il pas encore le terme Vendée pour désigner toute l'insurrection chouanne, incluant la Bretagne ?

« La Vendée ne peut être complètement expliquée, disait Victor Hugo, que si la légende complète l'histoire ; il faut l'histoire pour l'ensemble et la légende pour le détail. »

Osant corriger Victor Hugo, mais c'est une correction qui n'est imposée que par la modification du flux vital, je dirais plutôt aujourd'hui : l'histoire pour le détail et la légende pour l'ensemble.

Car il y a finalement deux Vendée : la Vendée départementale à laquelle nous nous tiendrons pour le choix de nos quatre auteurs, et la « Vendée militaire », liée au souvenir de cette identité vendéenne, née de la révolte, de la répression, du martyrologe.

La Vendée départementale forme en soi un petit pays contrasté, avec son bocage et sa gâtine, pays de granit qui continue le massif armoricain enjambé par la Loire ; avec ses deux marais : le marais du nord, dit « marais breton » et le marais du sud, dit « marais poitevin ».

Ces deux appellations donnent bien la limite de notre Vendée, coincée entre la Bretagne et le Poitou (ce Poitou dont elle a été administrativement détachée pour être ancrée aux Pays de Loire).

Au bocage et au marais s'ajoute la plaine, de Fontenay-le-Comte à la mer, une plaine qui ressemble à la Hollande car elle est assaillie par des eaux abondantes et vient buter sur l'océan. Cet océan que connaissent bien les touristes car si, pour les historiens, la Vendée c'est l'ultime sursaut et l'agonie de l'Ancien Régime, pour les vacanciers la Vendée c'est d'abord soixante-dix kilomètres de sable fin, des ports de pêche, et deux îles : Noirmoutier et Yeu.

Si la capitale de la « Vendée militaire » demeure Cholet (en Maine-et-Loire) où se trouve le spectaculaire musée des guerres de Vendée, le chef-lieu de la Vendée administrative est une ville construite sous Napoléon Ier (et qui s'appela d'ailleurs Napoléon-Vendée sous le Second Empire) : La Roche-sur-Yon. La Roche-sur-Yon, plantée au milieu de la Vendée pour surveiller le turbulent bocage, n'a pas fait oublier l'ancienne capitale du Bas-Poitou : Fontenay-le-Comte. Fontenay-le-Comte, où Rabelais fut moine pendant quatorze ans au couvent des Cordeliers. Fontenay-le-Comte protestante avec le futur Henri IV et son ami Sully, qui séjourneront souvent dans cette ville proche de La Rochelle. Fontenay-le-Comte, ville de philosophes, de poètes, d'érudits à la Renaissance. Fontenay-le-Comte tournée intellectuellement vers Poitiers. Il reste, de cette époque, de beaux hôtels dans la vieille rue des Loges et une fontaine très ouvragée avec une inscription latine due à Rabelais. Fontenay-le-Comte qui est la ville de mon enfance et celle qui a servi de cadre à la plupart de mes romans.

La Vendée moderne s'est détachée de Poitiers au profit de Nantes. S'est détachée du Poitou au profit des Pays de Loire. Est remontée en quelque sorte vers la Bretagne à l'histoire de laquelle elle est indissolublement liée.

Terre de paysans et de marins, de granit et de tourbe, de petites collines, de champs clos bordés de haies d'épineux et de chênes têtards, de toits de tuiles romaines rouges qui rappellent la poussée de la langue d'oc jusqu'au Bas-Poitou, de gentilhommières enfouies dans des massifs d'arbres centenaires, de chemins creux aux jaunes ajoncs. Le dialecte y est partout le même, ce poitevin-saintongeais que l'on parle néanmoins avec des accents différents dans le bocage et le marais.

La Vendée, c'est le pays de l'eau et le pays du vent. Ce sont des villages couchés aux maisons courtes et trapues, ornées de croix blanches, peintes à la chaux. Dans la Vendée maritime et la Vendée des marais, la terre et l'eau se confondent, s'effilochent en de multiples méandres. Les marais salants prolongent l'infini de l'océan. La petite pluie fine qui vient de la mer dure parfois si longtemps que tout le pays paraît noyé. Mais l'été, sur le coup de midi, les pluies cessent brusquement et l'ensoleillement de la Vendée est statistiquement l'un des plus privilégiés des départements français. Deux mille quatre cents heures d'ensoleillement sur la côte vendéenne contre mille huit cents à Paris.

Le bocage est plus austère et le contraste très vif entre la Vendée du nord et la Vendée méridionale. A Fontenay-le-Comte la lumière ocrée s'apparente plus au ciel de Saintonge qu'aux gris brumeux du Val-de-Loire.

Gens de Vendée... Mélusine d'abord, la fée de la forêt de Vouvant-Mervent, cette forêt de chênes et de châtaigniers proche de Fontenay-le-Comte et où une lycéenne me fit lire Jean-Jacques Rousseau lorsque j'avais douze ans. Une fée toujours très vivante et bienfaisante, comme on le voit. Mélusine n'avait épousé Raimondin de Lusignan qu'à la condition d'être libre, une seule nuit, du samedi soir au dimanche matin, sans que son époux cherche à la voir. Bien sûr, la curiosité du mari l'emporte et il la voit prendre son bain, métamorphosée en sirène à queue de serpent. Il pousse un cri. Mélusine s'envole par la fenêtre. Mais elle continuera à protéger les Lusignan dont la destinée fut fabuleuse puisque l'un d'eux deviendra roi de Jérusalem. Rabelais fait raconter à Epistémon qu'il a vu, aux Enfers, Mélusine « souillarde de cuisine ». Mais c'est vraiment la médisance d'un moine facétieux.

Gens de Vendée... Barbe-Bleue ensuite. Le conte de Perrault opère une synthèse entre la tradition orale de Barbe-Bleue qui accrochait ses femmes assassinées le long des murs de son château (en raison de leur curiosité, elles aussi) et Gilles de Rais (ou de Retz), sacrificateur d'enfants pour de funèbres recherches alchimiques. Gilles de Rais, puissant seigneur du Pays de Retz, compagnon préféré de Jeanne d'Arc et, comme elle, brûlé comme sorcier, à Nantes. A Tiffauges, les ruines de son château demeurent, sinistres.

Gens de Vendée... François Rabelais, né en Touraine, mais

qui, dès son adolescence, fut moine à Fontenay-le-Comte, puis au couvent bénédictin de Maillezais, dont les superbes ruines s'élèvent encore dans le marais poitevin. C'est dans ce Bas-Poitou, près de cette rivière Vendée qui traverse Fontenay-le-Comte, longeant le couvent des Cordeliers, que Rabelais puisera ses contes et son vocabulaire. Rabelais est, si l'on veut, le premier écrivain vendéen, le premier écrivain français, en tout cas, écrivant dans une langue populaire régionale qui, toutes proportions gardées, est aussi la mienne.

Gens de Vendée... Georges Clemenceau, retiré face à l'Océan, à Saint-Vincent-sur-Jard, lorsqu'il abandonna la vie politique. Georges Clemenceau, authentique Vendéen « bleu ». Georges Clemenceau, né à Mouilleron-en-Pareds, bourg du bocage, où l'on peut visiter le musée des Deux Victoires consacré à Clemenceau et à un autre Vendéen, le maréchal de Lattre de Tassigny.

Un symbole : le cœur. Ou plutôt deux cœurs entrelacés devenus le sigle de la Vendée moderne puisqu'on les trouve aussi bien sur les carlingues des avions d'Air-Vendée, que sur les porcelaines décorées, les étiquettes des poulets et des brioches destinés à l'exportation.

Non seulement le cœur est un bijou localisé dans le département de la Vendée, mais les objets en forme de cœur y sont nombreux : moules à beurre, tasses à vin, breloques, pâtisseries (fouaces, échaudés et « merveilles » de Carnaval), cœurs en relief sculptés sur les portes des armoires à linge. Plus utilisé dans le marais que dans le bocage, ce bijou exclusivement parure masculine était encore porté, en 1903, par tous les vieux maraîchins.

Autres symboles de la Vendée : les mouchoirs à carreaux des tisserands des Mauges angevines, pérennisés par « Le mouchoir rouge de Cholet » de la célèbre chanson du barde breton Théodore Botrel (1868-1925) ; et la chouette, oiseau des bois, oiseau nocturne, dont le cri servit de ralliement aux chouans.

Comme on le voit, difficile de parler de la Vendée sans en revenir aux événements de 1793. Mais si les ouvrages qui relatent les guerres de Vendée, qui les analysent, qui les exaltent ou les dénigrent, si ces ouvrages documentaires ou polémiques constituent une bibliographie démesurée, par contre la production littéraire vendéenne est peu fournie et toute récente.

Entre le Poitou, la Bretagne et l'Anjou, trois régions riches en littérature, si nous nous en tenons ici au seul département de la Vendée, les écrivains typiquement vendéens sont rares et les romanciers figures d'exception.

La forme romanesque n'avait été que rarement utilisée en Bas-Poitou avant le XXe siècle, sinon par François Rabelais dans *Gargantua* et *Pantagruel*, œuvres énormes, à la fois populaires et savantes, romans-poèmes démesurés, tout imprégnés de légendes, de contes et du vocabulaire local.

On sera sans doute surpris de trouver dans cet ouvrage un roman d'Alexandre Dumas, roman peu connu, rarement réédité et qui nous paraît être, historiquement, le premier roman moderne vendéen : *Les Louves de Machecoul*.

Certes, Machecoul se situe en Loire-Atlantique, dans l'arrondissement de Nantes, à quelques kilomètres de la frontière départementale de Vendée. Mais, capitale historique du pays de Retz jadis ponctué de moulins, d'écluses, de pêcheries, au cœur du marais, cette petite ville a été un des hauts lieux des guerres de Vendée, entachée par un massacre de prisonniers républicains tout au début de l'insurrection, puis entrée dans la légende avec les prouesses de Charette.

Est-ce cette légende qui, en 1830, lors de l'avènement de Louis-Philippe, conduit Alexandre Dumas à proposer à La Fayette d'aller en Vendée organiser la Garde Nationale pour prévenir une éventuelle insurrection fomentée par la branche aînée des Bourbons ? La Fayette approuve. Alexandre Dumas, dont on a joué l'année précédente *Henri III et sa Cour*, et qui n'a que vingt-huit ans, se fait couper un costume tricolore par le meilleur tailleur de Paris et, le 10 août, prend la diligence pour l'Ouest. A Blois, une malle-poste le transporte à Tours, puis un bateau à vapeur le mène jusqu'aux Ponts-de-Cé, à l'entrée du pays chouan. Là il loue un cheval et est surpris de s'entendre saluer dans tous les villages par les cris hostiles de « Vive Charles X ». Sans doute son uniforme tricolore ne lui aurait-il pas permis d'aller bien loin si un paysan n'avait couru après lui, l'appelant par son nom et lui embrassant les genoux.

C'était un Vendéen, condamné à vingt ans de galères, dont Dumas avait obtenu la grâce à Angers et qui va lui servir de guide pendant six semaines, le protégeant contre les agressions que le costume tricolore du romancier, qu'il s'obstine à porter, risque sans cesse de provoquer.

Près de Torfou, au milieu d'un carrefour où aboutissent quatre chemins, s'élève une colonne de pierre sur laquelle quatre noms en lettres de bronze rappellent la première grande victoire des troupes vendéennes : Charette, d'Elbée, Bonchamp, Lescure.

— C'est ici, dit le guide aux pieds nus, que Kléber et ses trente-cinq mille Mayençais ont été battus. Mon père y était. Il y a tant de cadavres dans la terre que les arbres poussent si bien et que l'herbe y est si verte.

Furieux de voir que le nom de Kléber est absent, Dumas s'écrie :

— Je ne sais ce qui me retient d'envoyer une balle au milieu de cette colonne.

— Si vous faites ça, je ne réponds plus de rien. C'est comme si vous tiriez sur le crucifix.

Après un long périple, grâce auquel il moissonnera beaucoup de souvenirs chez les survivants des guerres de Vendée, Alexandre Dumas rentrera à Paris le 29 septembre 1830 et remettra à La Fayette un rapport par lequel il expliquait qu'il fallait abandonner l'idée de créer une Garde Nationale en Vendée, au risque d'éveiller les antagonismes entre bleus et blancs. Mieux valait percer des routes à travers le bocage, ouvrir des chemins, créer des communications, déplacer quelques prêtres, supprimer les pensions aux nobles suspects.

Louis-Philippe, emphatique, reçut l'écrivain :

— Monsieur Dumas, vous venez d'écrire votre plus beau drame !

En réalité le rapport de Dumas, dont il ne fut aucunement tenu compte, était fort judicieux puisque, deux ans plus tard, la duchesse de Berry enflammait de nouveau la Vendée.

Aussi bref que fut le voyage de Dumas dans l'Ouest,

celui-ci l'avait suffisamment impressionné pour qu'en 1836 il consacre au dénonciateur de la duchesse un pamphlet : *Deutz, ou imposture, ingratitude et trahison* ; et surtout pour que, vingt-cinq ans après son périple, il signe un roman historique consacré à la cinquième guerre de Vendée : *Les Louves de Machecoul*.

Ce roman parut d'abord en 1858 par épisodes dans le *Journal pour tous*, puis en librairie en 1859, fractionné en dix petits volumes.

On retrouve dans *Les Louves de Machecoul* le traître Deutz et aussi l'avocat Berryer, complice de la duchesse, sous le nom de Maître Marc.

Il est plus habituel de considérer que la Vendée apparaît dans la littérature française avec *La terre qui meurt* de René Bazin.

Publié en 1899, *La terre qui meurt* a pour cadre le marais de Soullans, entre Challans et Saint-Jean-de-Monts, ce marais de Soullans qui sera le lieu privilégié des paysages et des gens de Vendée du grand peintre Charles Milcendeau (1872-1919) et du sénateur-écrivain Jean Yole (1878-1956). Deux bourrines, dans le marais de Soullans, rappellent la mémoire de ces deux noms emblématiques, par un musée rattaché à l'éco-musée de la Vendée.

La terre qui meurt est le prototype de ce roman paysan régionaliste qui allait connaître une grande faveur dans la littérature française, entre les deux guerres mondiales. Ses belles et précises descriptions de la nature, du climat, des plantes (les iris jaunes des fossés), de l'environnement du marais (la yole, bateau noir à fond plat, qui sert à tous les transports), la richesse et la précision du vocabulaire, tout cela fait de René Bazin un romancier beaucoup plus moderne qu'on le croit ; avec une seule réminiscence romantique à la Hugo dans son portrait du fils infirme et monstrueux qui ressemble un peu trop à Quasimodo.

La terre meurt parce que les fils veulent la quitter pour une vie qui leur semble plus facile à la ville. La modernité du chemin de fer les attire, cette modernité qui apparaît à ce romancier catholique traditionaliste comme un péché contre la terre.

Le terroir et la religion forment en effet les assises de cette littérature en réaction contre le naturalisme. Les outrances de Zola dans *La Terre* sont effacées chez René Bazin par un amour de la nature et une compréhension du drame de gens simples, affectueusement décrits.

Pas d'allusion historique dans *La terre qui meurt*, sinon les rapports entre le marquis et son métayer, liens qui datent de ce que l'on appelle en Vendée « la Grande Guerre », c'est-à-dire celle de 1793.

Monsieur des Lourdines nous fait remonter dans le temps, avec l'histoire d'un hobereau du bocage, au milieu du XIXe siècle. Châtelain reclus, amoureux des prés et des bois, Timothée des Lourdines se heurte à un drame similaire à celui du métayer de *La terre qui meurt*. Nous assistons en effet dans ces deux romans à l'abandon, par les fils, du patrimoine familial. Le fils du maraîchin quitte la terre pour le rail et le fils du bocain quitte le château pour le Paris des Rastignac et des cocottes. Dans l'un et l'autre de ces romans, c'est du pays que naît le drame, c'est le pays si bien décrit qui est le personnage principal : la terre poreuse, plate, où l'eau affleure de partout de *La terre qui meurt* et le sol de granit, ondulé de collines et sillonné de chemins creux de *Monsieur des Lourdines*.

Monsieur des Lourdines, publié en 1911, obtint le prix Goncourt la même année. Le prix Goncourt privilégiait en effet à ses débuts une littérature populaire et régionaliste, comme en témoignent les lauréats de 1904 (*La Maternelle* de Léon Frapié), de 1907 (*Terres lorraines* d'Emile Moselly), de 1910 (*De Goupil à Margot* de Louis Pergaud), de 1913 (*Le Peuple de la mer* de Marc Elder, qui a pour cadre l'île vendéenne de Noirmoutier).

L'auteur de *Monsieur des Lourdines*, Alphonse de Brédenbec de Châteaubriant (1877-1951), breton du Pays nantais, avait vécu une partie de sa jeunesse dans le bocage vendéen, au château de la Motte. Cette région de petits prés enclos de haies, de chemins creusés par les charrois, ce bocage qui sent l'herbage et le laitage, devait le marquer à jamais. Sans doute plus connu pour son roman *La Brière* (1923) (mais qui échappe au contexte vendéen puisque situé dans le grand marais proche de Guérande, à la pointe de la Loire-Atlantique), Alphonse de Châteaubriant jouera un grand rôle, entre les deux guerres mondiales, pour une renaissance de la littérature provinciale et sera placé sur le même plan que Ramuz (du Pays vaudois), Henri Pourrat (de l'Auvergne) et François Mauriac (du Bordelais). Ce solitaire marqué par les horreurs de la guerre de 1914 n'aura qu'un seul ami, Romain Rolland, auquel *Monsieur des Lourdines* est dédié. Curieuse destinée que celle de ces deux pacifistes qui, à l'orée de la Seconde Guerre mondiale, vont se retrouver embrigadés dans les pires idéologies. Comme on le sait, Romain Rolland rejoindra le stalinisme et Alphonse de Châteaubriant le national-socialisme. Pendant l'Occupation allemande, Alphonse de Châteaubriant présidera le groupe Collaboration et dirigera l'hebdomadaire *La Gerbe*. Condamné à mort par contumace en 1945, Alphonse de Châteaubriant disparut dans les montagnes du Tyrol et mourut incognito à Kitzbühel le 2 mai 1951.

Les quatre romans réunis ici disent l'histoire de la Vendée, de l'insurrection de 1793 (*Les Mouchoirs rouges de Cholet*) à celle de 1832 (*Les Louves de Machecoul*) et sa géographie particulière : le bocage (*Monsieur des Lourdines*), le marais (*La terre qui meurt*).

Mais tout comme Rabelais n'était pas originaire du Bas-Poitou, des trois romanciers que nous venons de voir aucun n'est d'origine vendéenne. Sans doute suis-je l'un des premiers, si ce n'est le premier Vendéen, à avoir tenté de cerner l'identité vendéenne dans une suite d'ouvrages littéraires et d'avoir placé ceux-ci au-delà du régionalisme.

Cette antériorité a d'ailleurs été soulignée par un de mes cadets, romancier vendéen bien connu, Yves Viollier :

« Jusqu'alors, a-t-il écrit, la littérature (vendéenne) était le domaine réservé d'un certain monde. On était dans la lignée de l'héritage de 93, Alphonse de Châteaubriant, René Bazin, Jean Yole regardaient ce pays avec une infinie tendresse, ils en auscultaient le cœur et les souffrances, mais avec distance, ils étaient des témoins... Et puis Michel Ragon vint... »

Avec *L'Accent de ma mère* (1980), suivi d'un ensemble

de quatre romans paysans, décrivant l'histoire d'une famille, de la Révolution française à nos jours, les Dochâgne, je me suis efforcé de faire à la fois l'histoire de ma propre famille paysanne du bocage et l'histoire de la Vendée rurale. Mais je n'ai oublié ni le marais (celui du sud, dit Marais poitevin), celui de l'abbaye de Maillezais où Rabelais fut moine, le marais proche de ma petite ville de Fontenay-le-Comte (mon *Chaminadour*) que l'on trouve dans *Le Cocher du Boiroux*, ni l'Océan auquel j'ai consacré un autre roman : *Le Marin des sables*.

Les Mouchoirs rouges de Cholet, que l'éditeur a retenu pour cet ensemble, reçut plusieurs prix dont, curieux hasard, le prix Alexandre Dumas qui me fut remis par Alain Decaux au Château de Monte-Cristo.

Mais finalement, ma manière d'écrire, comme ma manière d'être, se place autant dans la postérité de Dumas que dans celle de la littérature régionaliste ou de la littérature sociale.

Dumas, Bazin, Châteaubriant écrivent tous les trois, bien que d'une manière très différente, plus des romans du social que des romans de l'individu. Et ils échappent à la littérature bourgeoise (par ces titres-ci) qui est le lot de la majorité de la littérature française de leur temps, comme du nôtre.

Ce sont aussi des romans d'action, et des romans à personnages. Personnellement je ne vois aucune objection à ce qu'il existe des romans sans action et sans personnage. Mais ce que je déplore c'est que les romanciers de cette tendance s'érigent en juges suprêmes de la littérature et qu'ils vouent « aux poubelles de l'histoire » les romanciers traditionnels.

Or, quoi de plus extraordinaire, quoi de plus merveilleux que ces personnages imaginaires surgis de la tête, du cœur et de la plume du romancier, ces personnages inoubliables et inoubliés qui se nomment Manon Lescaut, Esmeralda, Gavroche, Jean Valjean, la Petite Fadette, Jacquou le Croquant, Raboliot, l'Ami Fritz, le grand Meaulnes, etc.

Ne sont-ils pas aussi vivants, aussi proches de nous, aussi profondément ancrés dans notre culture, que nombre d'êtres de chair et de sang que nous avons rencontrés ?

J'ai tenté, dans *Les Mouchoirs rouges de Cholet*, de renouer avec cette grande vague du roman romanesque, aux nombreux personnages, que l'on suit dans leur comportement quotidien et dans leur confrontation avec l'Histoire.

La Vendée a-t-elle trouvé dans mes romans « un visage et une langue », comme l'affirme l'historien de la Vendée Guy Perraudeau ?

Il n'est pas opportun qu'un auteur parle lui-même de son œuvre. Aussi vais-je m'effacer derrière François Nourissier qui écrivit lors de la parution des *Mouchoirs rouges de Cholet*, dans le *Figaro Magazine*, ces lignes qui constituent la meilleure introduction à ce roman :

« Ragon est dans le droit fil de cette passion de nos origines qui nous a saisis il y a une dizaine d'années et qui fit le triomphe aussi bien de Vincenot, de Jakez Hélias et de Le Roy Ladurie. Histoire et rusticité nourrissent des livres d'un ton nouveau. Celui-ci est à la fois une formidable épopée rurale et une sorte d'annexe romanesque au musée des Arts et Traditions populaires. L'érudition de Ragon est immense, ahurissante, mais jamais elle ne cesse d'être irriguée par le sang de la misère et de la vraie vie. »

Glossaire

Acouette : manche à balai.

Aigail : rosée.

Aloubi : roi des loups. Démon caché.

Aluette : jeu de 48 cartes, populaire en Vendée au XVIe siècle et dont la tradition s'est maintenue jusqu'à nos jours. Rabelais l'appelle « jeu de la vache ».

Arage : droit du seigneur sur chaque are labouré.

Arentelle : toile d'araignée.

Avrislage : droit du seigneur sur les ruches.

Bachellerie : coterie turbulente de garçons et de filles en âge de se marier.

Baillote : tronc d'arbre évidé.

Banvin : droit du seigneur sur la vente du vin.

Béliche : être imaginaire inquiétant.

Berluetter : moduler des sons avec la luette.

Bigorne (ou *bigourne*) : loup-garou.

Bistournée : difforme.

Bistraque : estropié, difforme.

Boisselage : droit du seigneur sur un boisseau de grain.

Boisselée : contenu d'un boisseau, soit 12,5 litres.

Bonami : bon ami, fiancé, petit ami.

Borderie : petite métairie.

Bordier : petit métayer.

Bot : sabot.

Boucan : corne de bélier utilisée comme instrument de musique.

Boulite : petite ouverture carrée.

Bouliter : regarder par la boulite.

Bourgadin : habitant du bourg.

Bourrine : maison traditionnelle du marais.

Brenuser : chamailler ; travailler sans efficacité.

Bretonner : attiser le feu dans la cheminée (du breton *broud :* bruit, et *tan :* feu).

Buffou : longue tige creuse, en fer forgé, terminée par une fourche, servant de tisonnier.

Cabanier, cabanière : habitant d'une cabane dans le marais poitevin.

Calotte : gifle, mais aussi assiette creuse.

Caninage : obligation de nourrir les chiens du seigneur.

Champart : droit du seigneur de lever une partie de la récolte de ses tenanciers.

Chanteau : morceau coupé dans un grand pain.

Cheintres : zones étroites entre les champs et les haies où l'on fait pâturer les bœufs.

Collibert : ancien habitant du marais poitevin. Ethnie disparue.

Cornage : droit du seigneur sur chaque bœuf de labour.

Courtée : cour servant au battage des gerbes de blé.

Coussotte : grande cuillère en bois permettant de puiser de l'eau dans un seau.

Cri : chercher.

Dail : faux.

Darioler : chanter en conduisant les bœufs.

Dévoéder : faire tourner entre les doigts, vider.

Dolé : vidé de sa moelle.

Dorne : tablier replié, dont le contenu est une mesure, dite *dornée*.

Droguet : étoffe de soie ornée d'un dessin produit par un fil de chaîne supplémentaire.

Ebobé : abasourdi, stupéfié.

Ecart : hameau.

Egrugeoir : petit mortier.

Embertounage : jeux de mains, agaceries.

Fil-en-trois : boisson alcoolisée.

Fouillage : attouchement, pelotage.

Fournage : droit du seigneur sur le pain enfourné.

Fradet : farfadet.

Frère à quatre bras : frère des Ecoles chrétiennes, ainsi appelé en raison de son manteau aux manches non enfilables.

Frésaie : chouette, effraie.

Gabarre : grande embarcation pour le transport des marchandises sur les rivières.

Galerne : vent de nord-ouest (du breton *gwalarn*).

Galipote : loup-garou.

Garrocher : lancer (du breton *garo :* rude et *rock :* rocher).

Gâtinelle : femme de la Gâtine.

Gerbier : grand tas de gerbes isolé dans les champs.

Gesse de Saintonge : plante (légumineuse) dont certaines espèces sont cultivées comme fourrage.

Grisette bocaine : coiffe du bocage.

Guener : gémir.

Guérets : terres non labourées.

Guerouée : couvée, progéniture nombreuse.

Hupper : cri de joie du bocage.

Huttier : habitant d'une hutte de roseaux dans le marais poitevin.

Jouc : perchoir pour les poules.

Maltôtier : collecteur d'impôts.

Maraîchinage : flirt propre aux maraîchins.

Mariennée : méridienne, sieste.

Merlandia : jeune merle ; désigne aussi le sexe féminin.

Métive : moisson.

Métiver : moissonner.

Migé : pain émietté dans du vin ou du lait.

Miguaillage : approches sexuelles propres aux maraîchins.

Miguailler : pratiquer le miguaillage.

Miguaillière : fente, dans les jupons, permettant un miguaillage très poussé.

Mulon : petit tas.

Mirolaine : spectre nocturne.

Mojette : haricot sec.

Motté : caché.

Musser (se) : se blottir.

Parsonnier : partenaire.

Paydret : originaire du pays de Retz.

Pibole : flûte de roseau.

Pijoune : pigeon.

Préveil : fête villageoise, kermesse.

Rabalet : chapeau à très larges bords.

Régent : instituteur.

Romasser : se racler la gorge.

Taimbre : abreuvoir.

Toucheux : guérisseur par imposition des mains.

Toue : bateau plat à une voile, servant de bac.

Toulot : manche d'un fléau.

Trâlée : grande quantité.

Van : sorte de panier à fond plat, muni de deux anses, qui sert à vanner.

Verge : ancienne mesure agraire (un quart d'arpent), c'est aussi la partie battante d'un fléau.

Véze : cornemuse (du breton *vezou :* bignou).

Vif-herbage : droit du seigneur d'un mouton sur dix.

Villadin : citadin.

Virolet : tourniquet.

La grande virée de Galerne. Après la défaite de Cholet le 19 octobre 1793, l'armée vendéenne traverse la Loire à Saint-Florent-le-Vieil et se dirige vers Grandville, tout en combattant en route les troupes républicaines. Refoulé vers la Vendée, cet exode prend fin le 23 décembre dans les marais de Savenay, près de Nantes. Sur les 80 000 hommes, femmes et enfants qui participèrent à cette « virée », seulement 15 000 réussirent à échapper au massacre.

Les noyades de Carrier. Carrier, représentant de la Convention à Nantes, organise le massacre des prisonniers en les noyant dans la Loire.

Les Colonnes infernales de Turreau. La Convention ayant adopté en 1793 le principe de la destruction totale de la Vendée, douze colonnes, en 1794, commandées par le général Turreau, brûlent six cents bourgs et villages, des milliers de fermes isolées et massacrent la population.

Petite-Eglise. Eglise schismatique fondée dans les départements de la Vendée et des Deux-Sèvres, refusant le Concordat de Bonaparte avec le Vatican, et qui s'est perpétuée, sans prêtre, jusqu'à aujourd'hui. En 1958, on comptait encore 3 155 fidèles de la Petite-Eglise dans la région de Coulay, près de Bressuire.

Michel Ragon

LES MOUCHOIRS ROUGES DE CHOLET

A Marius Noguès, paysan du Gers, auteur de
Petite Chronique de la boue,
à Jean Robinet, paysan de la Haute-Marne,
auteur de *Compagnons de labour,*
en affectueuse amitié.

« Tous les chênes sont historiques, mais quelques-uns ne s'en vantent pas. »

Jules RENARD, *Journal.*

LIVRE PREMIER

1

Il était une fois un chêne

Il était une fois un chêne, un gros vieux chêne, et, dans le tronc de ce chêne, se tenait mussé un homme.

Si parfaitement intégré à l'arbre, dont il avait d'ailleurs pris la couleur grise, si incrusté dans le creux du bois, souvenir d'une déchirure d'orage, que personne n'eût imaginé que ses membres, qui parfois se détachaient du tronc pour se désengourdir, eussent pu appartenir à une autre espèce que végétale. Au cours des semaines, des mois, des années, que dura la grande désolation du bocage, il s'était identifié à l'arbre. Devenu chêne, il le restera toute sa vie. Puisque, réintégré dans le monde des hommes, et ne se souvenant plus de son nom, peut-être n'en ayant jamais eu, il sera appelé Duchêne (ou plutôt Dochâgne, avec l'accent du pays). Homme couleur de mousse et d'écorce, nourri de glands, de champignons crus, de jeunes pousses de fougères ; homme sans âge, sec, le visage encroûté de terre et les cheveux blancs.

Tout le temps que Dochâgne entendit au loin le piétinement des troupes en marche, les galops des chevaux, les charrois des caravanes qui emportaient vers Paris le produit des pillages ; tout le temps que des coups de fusil et de canon déchirèrent le silence, que des hurlements témoignèrent des massacres continués, il resta dans son chêne, engourdi, n'ayant plus, dans sa somnolence, la sensation de la durée. Un jour il se crut mort car le silence devint total. Rien. Pas un chant d'oiseau. Pas un bruissement de bête dans les fourrés. Pas de tambours au loin. Rien. Le silence absolu. Le vide. Dochâgne se crut mort et il fut bien content.

Mais jadis Dochâgne s'était battu au nom des dieux et des fées, des prêtres et des sorciers, contre les gens des villes qui avaient décidé dans leur superbe que ces choses vieilles comme le monde périraient avec le roi. Le roi n'était pas mort tout seul. Ils lui avaient coupé le cou. Maintenant ils tuaient les dieux à coups de canon, brûlaient les églises, pourchassaient les prêtres, incendiaient les moissons, traquaient les paysans en battue, comme du gibier de nobles. Dochâgne savait qu'après le silence de la mort vient la résurrection et le silence persistait. Donc ce n'était pas la mort. En tout cas, pas la sienne. Peut-être la mort de la terre. Peut-être Dieu avait-il anéanti tous ces maudits comme il fit à Gomorrhe et l'avait-il oublié, lui, Dochâgne, enfoui dans son arbre ?

Il attendit encore une semaine, mastiquant lentement ses glands, rampant la nuit jusqu'à un ruisseau où il se désaltérait en lapant comme un chien, étendu de tout son long sur les frais graviers. Puis il se risqua enfin à sortir de la forêt.

Dès qu'il fut à découvert il tomba à genoux, la face contre terre car il avait vu dans un grand éblouissement le visage de Dieu. Mais il confondait. Ce n'était pas le Dieu catholique, mais un Dieu bien plus ancien que ses ancêtres adoraient : le soleil. Il avait oublié le soleil. L'éclat de la lumière lui brûlait les yeux. Il ne pouvait regarder devant lui, aveuglé, et il avançait, le coude levé, comme un gamin qui craint de recevoir des gifles. Mais aussi il avait peur. Et il ne reconnaissait pas le pays soudain devenu chauve. Ce n'est qu'au bout d'un certain temps qu'il s'aperçut que toutes les haies, tous les genêts, tous les taillis, qui faisaient au bocage son beau pelage vert et or, avaient été abattus, que les chemins creux n'étaient plus que des sentiers, leurs talus et leurs fossés ayant été aplanis. Une odeur de roussi recouvrait toutes les senteurs. Les champs avaient brûlé, comme les haies, comme la première ferme qu'il rencontra et dont il ne restait plus que les murs noirs. Dans la cour, seulement une paire de sabots. Dochâgne hésita à les prendre. Il les ramassa et les mit soigneusement près de la margelle du puits. Une odeur de charogne supplanta celle de roussi. Dochâgne regarda dans le puits et il vit un amoncellement de cadavres qui l'obstruait.

Un peu plus loin, à travers champs, Dochâgne trouva encore des sabots. Plus il avançait, plus il trouvait de sabots et il comprit que les paysans, pour fuir plus vite, s'étaient déchaussés. Il en adopta une paire, mais marchant nu-pieds depuis si longtemps il se sentit vite gêné et les abandonna.

Le premier village qu'il rencontra était absolument désert. Toutes les maisons avaient été incendiées. Seul restait debout le clocher en pierre de l'église. La nef elle-même était effondrée et les lourdes portes de bois du portail calcinées. A l'intérieur de l'église, des cadavres, en partie brûlés, s'amoncelaient.

Dochâgne alla plus loin. C'était Gomorrhe en effet. Dans les champs, sur les chemins, il butait partout sur des corps inertes :

hommes, femmes, enfants. Certains squelettiques, aux chairs déjà déchiquetées par les corbeaux.

Dans le village suivant, pareillement incendié, les cadavres de femmes et d'enfants aux crânes défoncés à coups de crosse s'alignaient sur deux rangs dans la rue centrale. La plupart nus. Des vipères rampaient entre les corps. Dochâgne les chassa à coups de caillou. Puis il continua à marcher droit devant lui, dans un pays qu'il ne reconnaissait plus, sans rencontrer âme qui vive, un étrange pays sans arbre ni haie, pelé, noir de fumée, sans bœufs, sans moutons, sans chiens. Aux temps jadis, des pèlerins arrivaient ainsi dans des régions désertes, ravagées par la peste. Ils se signaient en hâte et passaient leur chemin, la main sur la bouche.

Dochâgne entra dans un bourg, ou plutôt ce qui subsistait d'un gros village reconnaissable à ses tracés de ruines noircies. L'église, canonnée, s'était transformée en une pyramide de granit. A l'étal d'une boucherie, des hommes étaient suspendus aux crochets à viande, par le menton. Sur la grande croix d'un calvaire, un prêtre en robe noire restait attaché. Sa tête fracassée par les balles pendait sur une lanterne brisée suspendue à sa poitrine et qui avait dû guider les tireurs. Des carcasses de chevaux et de bœufs pourrissaient entre les ruines. Soudain Dochâgne sentit une présence vivante et se mit en garde. Un couple de loups, occupé à déchiqueter une charogne, se contenta de grogner à son approche. Dochâgne leur garrocha des pierres et ils s'enfuirent en geignant.

Sur l'ancienne place du marché, tous les bourgadins se trouvaient là, couchés, raides, comme pour être comptés. Dochâgne dénombra cinq cent soixante-quatre cadavres, dont cent quarante-sept enfants. Les plus petits, les marmots, avaient été embrochés à des baïonnettes plantées dans le sol. Les femmes, aux jupons relevés, montraient leurs sexes éclatés par les cartouches dont on les avait bourrés. Le maire se reconnaissait à son écharpe tricolore. Bien que républicain, les bleus lui avaient tranché les oreilles et le nez. Beaucoup de bourgadins, aux vestes poilues d'agneau noir, avaient le crâne fendu, les oreilles et les doigts coupés. Des nuées de mouches bourdonnaient, se gavant de caillots de sang.

Tout le jour, Dochâgne marcha dans des champs brûlés, ne rencontrant que fermes en ruine, cadavres abandonnés d'hommes et de bétail. Des corbeaux s'envolaient lourdement à son approche et des loups couraient en bande, si occupés par tant de proies offertes qu'ils ne semblaient même pas remarquer ce seul homme debout.

A la tombée de la nuit, Dochâgne entra de nouveau sous le couvert rassurant de la forêt et, là, il se trouva face à face avec un homme. Instinctivement, d'un seul élan, ils se jetèrent l'un contre l'autre, mains en avant comme des pattes à griffes. Renversés dans la fougère ils cherchaient à se mordre. Puis ils se reconnurent paysans et « aristocrates », comme ils disaient et se relevèrent en grognant comme des sangliers.

— D'où viens-tu ?

— Do châgne.

C'est ainsi que le nom lui resta. Et c'est par Chante-en-hiver que Dochâgne retrouva la compagnie des vivants.

Tous les villages étaient morts, mais les forêts cachaient les survivants. Les morts ne recevaient pas de sépulture, tandis que les vivants, eux, s'enterraient. Chante-en-hiver emmena Dochâgne dans une combe plantée de futaies et de genêts gigantesques. En s'enfonçant à travers les ronces, les deux hommes arrivèrent à un campement de huttes de branchages et de feuilles. Des vieillards et des femmes en haillons apparurent, hébétés, fourrageant leurs longs cheveux de leurs ongles pour calmer les morsures des poux. Des blessés râlaient dans la fougère, une épaisse couche de sang séché sur leurs plaies grouillantes de mouches.

Chante-en-hiver conduisit Dochâgne à une cabane édifiée sur une sorte de place ronde où un dolmen avait été dégagé des broussailles. La cabane tenait lieu d'église à ce village enfoui et, sur le dolmen, chaque matin, à la fois curé et druide, le prêtre célébrait la messe. Il interrogea Dochâgne, parut satisfait de ses réponses et prit son bréviaire où, sur les marges blanches, il tenait l'état civil de sa paroisse, y inscrivant au crayon les décès, nombreux, et les naissances, rares.

— C'est Dochâgne, dit Chante-en-hiver.

Le curé inscrivit Dochâgne et, se fiant à la mauvaise mine et aux cheveux blancs du nouveau venu, mit à la suite : quarante ans.

Dochâgne vécut quelques semaines au fond de la combe, la paroisse craignant un retour des soldats. La nuit, les hommes sortaient pour aller poser des collets ou pêcher dans la rivière. Les femmes partaient à la recherche de quelques vaches errantes qu'elles réussissaient parfois à traire. Les poissons, tout comme le gibier, étaient mangés crus, le danger demeurant trop grand de signaler la cache par la fumée des feux. Des moulins à main, fabriqués avec des pierres et des troncs d'arbre, écrasaient des grains de seigle à demi carbonisés, recueillis dans les débris des greniers. Avec la farine, on faisait de la bouillie. Mais beaucoup de paroissiens, torturés par la dysenterie, se contentaient de mâcher des herbes et des écorces, dévidant interminablement les grains des chapelets suspendus à leur cou.

Pas de chien, pas de chèvre, aucun animal domestique au fond de la combe, dont les cris auraient pu signaler la présence du village dissimulé. Les paroissiens parlaient à voix basse, et ces chuchotements se mêlaient curieusement au murmure d'une fontaine.

Chaque jour, des hommes partaient en éclaireurs de plus en plus loin et jamais ils ne rencontraient d'autres hommes, sinon à l'état de cadavres. Peut-être vivait-on l'agonie du monde ? Comment savoir ? Le curé finit par s'identifier à Noé et décida que le temps était venu de remonter à la lumière du jour pour recommencer avec ses fils et ses filles l'histoire du monde.

Il fallut d'abord enterrer les morts, les disputer aux loups, tuer les chiens enragés, capturer dans les landes de genêts les vaches, les moutons, les chèvres, redevenus sauvages. Il fallut retirer les cadavres des puits et des citernes. Seules les sources isolées dans la forêt n'étaient pas empoisonnées. Il ne pouvait être question de reconstruire les villages. Pouzauges n'avait plus que sept maisons ; Bressuire une ; Les Herbiers aucune ; Tiffauges seulement deux chambres épargnées. On recouvrit donc de branchages les toits des porcheries et des bergeries où l'on se logea.

Ce n'était pas la fin du monde. D'autres paroissiens sortaient peu à peu de leurs caches et revenaient dans leurs villages carbonisés. On se compta et l'on trouva trois femmes pour un homme et une multitude d'enfants sans parents. Dans la plupart des villages, les deux tiers des paroissiens avaient été tués, presque tous les animaux domestiques réquisitionnés. Il ne restait plus de provision de grain.

Un soir, dans la paroisse qui avait adopté Dochâgne, des cavaliers amenèrent, liés par des cordes à leurs selles, six prisonniers aux uniformes bleus à revers rouges, leurs culottes blanches (qui faisaient surnommer les soldats républicains non pas les bleus, mais les culs-blancs) maculées de boue et de sang. Ils n'avaient plus de souliers. Ils dirent qu'ils ne voulaient pas combattre la Vendée, qu'ils étaient seulement volontaires contre le roi de Prusse. Mais ils avaient un accent pas très catholique et le vieux curé aux cheveux pleins de paille dit simplement :

— Qu'ils se confessent et qu'on les tue.

Les villages qui, peu à peu, se remettaient à revivre dans leurs ruines, ressemblaient à une cour des miracles. Avec leurs béquilles, leurs moignons, leurs balafres, les hommes les plus valides paraissaient tous des vieillards. Les aveugles, les manchots, les culs-de-jatte erraient, désœuvrés, affamés. Les enfants sans famille s'organisaient en bandes agressives. Tout le monde resta longtemps fagoté de haillons puisque les métiers à tisser étaient détruits.

Chante-en-hiver fut le premier à ouvrir boutique. Il se souvint qu'il avait été forgeron et tout le monde manquait d'outils. L'habitude de chanter devant son enclume, même en hiver, lui avait valu son nom. C'était un homme de bonne humeur, dont le bavardage contrastait avec le laconisme de Dochâgne. Petit, musclé, les cheveux noirs et les yeux clairs, il pouvait avoir trente ans. Comme tant d'autres combattants de l'armée de Charette, il venait du pays de Retz, sur la rive gauche de la Loire, ancienne seigneurie du fameux Gilles de Retz (dit aussi de Rais). Ces hommes, parmi les plus redoutés des soldats de Kléber et de Marceau, s'appelaient en conséquence, et par contraction phonique : paydrets.

Chaque nouvelle population de village était ainsi formée de fuyards, de survivants, que les paniques et les errances assemblaient au hasard. Dochâgne ne se rappelait plus d'où il venait, ou bien ne voulait plus le savoir. Mais on ne l'interrogeait pas, chacun ayant suffisamment à faire avec les horreurs de ses propres souvenirs pour se soucier d'y ajouter ceux des autres.

Trois femmes pour un homme, c'est-à-dire des veuves, des vieilles, des bonnes à marier. Parmi les hommes, des veufs aussi, et des vieux, et des éclopés. Peu de jeunes et de valides. Sur cent mille Vendéens qui avaient franchi la Loire en 1793 pour cette grande virée de galerne qui les avait menés jusqu'en Normandie, dans l'attente des vaisseaux anglais, les sabres des hussards, la dysenterie, la mitraille, les noyades de Carrier ne laissèrent que deux cents survivants. Dans ce village qui se reconstituait peu à peu, comme dans tous les autres villages du bocage, la plupart des couples étaient dépareillés. On ne pouvait espérer le retour des prisonniers puisque tous étaient fusillés, ni la résurrection des morts le troisième jour comme on l'avait cru au début des combats. Alors le vieux curé aux cheveux pleins de paille ouvrait son bréviaire et, dans les marges blanches, inscrivait les nouveaux mariages. A Chante-en-hiver échurent une veuve et ses trois enfants, qu'il lui parut urgent de caser. Vive, robuste, avec un museau pointu de souris, elle s'affaira vite dans l'ancienne forge que Chante-en-hiver déblayait. Sous les pierres des murs et les poutres mal calcinées du toit, il retrouva l'enclume, répara les trous du soufflet avec des peaux et convia Dochâgne à venir l'aider à forger les premiers outils.

Leur travail préliminaire consista à rechercher la ferraille. Les rues et ruelles du village, les champs d'alentour, étaient parsemés d'armes brisées, de roues de charrette, de lames de sabre, de boulets de canon, de chaînes et de mors. Avec ces épaves de guerre, ils confectionnèrent les outils de la vie quotidienne, les trois outils fondamentaux d'abord : la houe pour défricher la terre, la faucille pour couper l'herbe et le blé, la serpe pour tailler les haies et la vigne.

Lorsque Chante-en-hiver les emmancha dans les solides branches de frêne taillées par Dochâgne, il sembla à tous que le premier signe de la renaissance du village apparaissait. Le vieux curé bénit les outils et le soir jeunes, vieux, éclopés dansèrent jusqu'à la nuit devant les ruines de l'église.

Le village se fit menuisier pour creuser des écuelles dans des troncs de noyer. On coupait sur l'arbre la branche qui convenait pour une fourche ou le tronc coudé qui deviendrait manche de charrue. On abattit des arbres qui devinrent poutres et solives. On remit les murs de granit debout. On garnit les toits de chaume et de débris de tuiles rouges. Au début de l'hiver, chaque maison disposait d'une pièce où, enfin, il ne pleuvait presque pas. Mais à la messe du dimanche on s'étonna de se retrouver si peu nombreux. Le vieux curé consulta les marges de son bréviaire : la liste des décès se révélait affolante. Presque la moitié des survivants, sortis de la combe, étaient morts depuis trois mois : les uns tout bonnement de vieillesse, mais la plupart de dysenterie, de blessures infectées, de crachements de sang, de maladies vénériennes consécutives aux viols.

Avant la grande guerre de 1793, avant le génocide perpétré par les douze Colonnes infernales de Turreau en l'an 94, qui suscitèrent le sursaut désespéré de la seconde guerre de Vendée de l'été 95 au printemps 96 et qui se termina avec la prise et l'exécution de Charette et de Stofflet, le village qui avait adopté Dochâgne comptait une soixantaine de feux, donc environ cinq cents âmes. L'hiver 96, seule une trentaine de cheminées fumaient et, à l'église, on ne voyait qu'une centaine de fidèles.

En proportion, les feux étaient plus nombreux qu'avant la guerre. On n'avait relevé que partiellement les ruines et chaque foyer réunissait moins d'âmes. Une grange restaurée servait d'église.

Le curé-Noé vit son arche en perdition et décida d'apparier tout ce qui pouvait encore l'être. A la liste des décès s'ajouta celle des nouveaux mariages, hâtivement conclus. Dochâgne aurait bien aimé recevoir en partage la petite Louise, fille des paysans chez lesquels il travaillait lorsqu'il n'aidait pas à la forge. Mais elle n'avait pas quinze ans et le curé décida qu'il lui fallait épouser la fille Eléhussard. Dochâgne tenta bien de rétorquer que la fille Eléhussard était simple d'esprit, mais le curé avait la réplique à tout :

— Heureux les simples d'esprit, le royaume de Dieu leur appartient.

— Monsieur le Curé, c'est bien sûr que la fille Eléhussard mérite le Royaume de Dieu, après tous ses malheurs, mais pour le royaume d'ici-bas, si dur à labourer, la petite Louise serait bien plus vaillante.

— D'abord tu vas quitter la maison de Louise et habiter la borderie abandonnée près de l'ancien moulin. Tu cultiveras autour les terres qui ne sont plus à personne. Te voilà propriétaire, mon garçon.

— C'est bien de la bonté, monsieur le Curé, mais la fille Eléhussard attend un petit.

— C'est bien pour ça qu'il faut qu'elle se marie.

Pauvre fille Eléhussard, si maigre que son gros ventre semblait devoir la faire tomber en avant lorsqu'elle marchait d'un air hagard. Violée par une patrouille de hussards, il lui prenait des frayeurs subites et elle se mettait alors à hurler : « Les hussards ! Les hussards ! » Laissée pour morte après le viol, elle avait néanmoins vu les cavaliers fiers de leurs tibias brodés sur la poitrine, couper les oreilles des paysans qu'ils venaient de sabrer, les enfiler en chapelet, les faire rôtir et les manger à la vinaigrette.

Les hussards de Westermann, terreur des Vendéens, décimeurs de la grande armée catholique et royale sur la route du Mans et dans les marais de Savenay, Dochâgne s'en souvenait sans plaisir. Et il appréhendait de devoir vivre avec ce continuel rappel qu'étaient les aboiements de la fille Eléhussard. Sans parler du petit... Dochâgne revoyait les shakos pointus des cavaliers républicains, leurs dolmans et sabretaches. Fieffés pillards et fiers de l'être, ils portaient aux doigts et à la garde des sabres les bagues, les boucles d'oreilles, les bracelets, les croix d'or arrachés aux femmes qu'ils violentaient. Dans les gibernes des hussards tués on trouvait bijoux et pièces d'or et ces mouchoirs de demoiselles aristocrates entourés de dentelle dans lesquels ils se mouchaient avec un bruit de trompette.

Les hussards ! Les hussards ! Ces cris soudains de la fille violée, dont les parents, fermiers dans un écart, avaient été coupés en morceaux, ces cris indisposaient tous les survivants du grand massacre. On s'y habituait, mais en même temps, à chacune de ses crises, il se produisait un début de panique.

— Il faudra que tu lui apprennes à se taire, avait ordonné à Dochâgne, le vieux curé.

Lorsque naquit l'enfant du viol, la fille Eléhussard hurla une dernière fois, plus fort encore que de coutume ; elle hurla debout, les jambes écartées, en se tenant suspendue à une poutre des deux mains. Dochâgne arriva en courant du champ où il travaillait. La fille Eléhussard avait lâché la poutre et, tombée dans son sang et ses glaires, agonisait près d'un enfant tout nu, vivant, que Dochâgne sépara de son attache ombilicale. La fille Eléhussard mourut dans la nuit.

De bon matin, Dochâgne enveloppa l'enfant dans une peau de mouton et le porta au curé-Noé.

— La fille Eléhussard est défunte et me voilà père. Il me faudrait bien maintenant la petite Louise.

— Toi, tu as de la suite dans les idées. La petite Louise est une bonne drôlesse. Elle t'aidera à élever ce fils du diable en bon chrétien.

La petite Louise vint rejoindre Dochâgne et l'enfant du viol dans la borderie. Une gentille petite aux joues rondes, roses comme des pommes, avec des yeux noisette. Difficile de la décrire autrement qu'en la comparant à des fruits. Rieuse, enjouée, elle ne paraissait pas marquée par les années d'horreurs dont on venait juste de s'évader. Avec elle, Dochâgne savait qu'il pouvait renaître. Ses cheveux blancs, son visage émacié, sa maigreur de vieillard eussent pu donner l'impression qu'il était le grand-père de la petite Louise. Mais le village avait d'autres préoccupations. Une activité intense eut lieu tout l'hiver où l'on maçonna, charpenta, menuisa, forgea, laboura les guérets, redressa les talus des chemins creux, tua les vipères qui pullulaient dans les ruines.

Au printemps, le miracle se produisit : l'herbe noircie redevint verte. Les genêts et les ajoncs étalèrent leurs tapis dorés. Le morcellement des champs réapparut avec leurs haies d'aubépine, de houx, de néfliers, d'églantiers et de ronces, entrelacés de chèvrefeuille. Des branches neuves jaillirent des chênes têtards. Les noisetiers repoussèrent près des ruisseaux reverdis par des touffes de cresson. L'hiver avait redonné aux chemins creux leur profondeur et, sur les talus, les prunelliers, les ronciers, les châtaigniers, le lierre proclamaient eux aussi la résurrection de la nature.

Le bocage n'était plus chauve. On sema le blé et le seigle. On prépara les guérets pour les choux, les mojettes et les fèves. On laboura et tailla les vignes redevenues sauvages. On se préoccupa du lin et du chanvre.

Il n'existait plus de propriété individuelle. Seulement un village formant une tribu homogène avec son chef, le curé-Noé. Chef naturel, reconnu, respecté, non pas tant parce que prêtre (les jureurs aussi étaient prêtres et les villages les avaient chassés à coups de fourche, lorsqu'ils ne les avaient pas étripés), mais parce que vieux : appartenant à l'Ancien Temps il constituait la mémoire vivante des familles.

Les métayers n'avaient plus de maîtres, ni les fermiers de propriétaires. Toute la population du village participait à ses relevailles. Le curé-Noé réussit à désorganiser les bandes d'enfants errants en les casant individuellement dans les familles et en ouvrant une école. Il accéléra les mariages des célibataires et les remariages de veuves et de veufs. Chaque nouveau ménage se trouvait immédiatement père et mère d'un petit lot d'orphelins. Dochâgne et Chante-en-hiver n'étaient pas les seuls dans ce cas. Mais il avait beau combiner, il n'arrivait pas, tout curé-Noé qu'il était, à résorber le surplus de femmes. Trois femmes pour un homme, que faire ? La Bible citait bien, en des situations extrêmes, une pratique de la polygamie qui permettait d'accentuer le « croissez et multipliez-vous ». Mais les Evangiles restaient muets sur ce point. Si les cultivateurs n'avaient plus de seigneurs, les curés n'avaient plus d'évêques. Il fallait trouver en soi-même réponses à ses questions. Le curé-Noé ne pouvait se résigner à laisser de pauvres femmes, de pauvres filles, vivre seules. Chaque homme marié fut donc astreint à prendre sous son toit deux femmes supplémentaires, une vieille et une jeune. Et à Dieu vat !

Le village s'unissait pour des travaux collectifs qui se transformaient vite en fêtes. Défricher une lande demandait la participation de tous. Chante-en-hiver avait forgé suffisamment de houes, cette charrue du pauvre, connue depuis l'Egypte antique, pour que tous les hommes et les femmes valides forment des équipes à fouir, le dos courbé, ramenant terre et genêts entre leurs jambes écartées. Chaque équipe entrait en compétition avec les autres et celle qui avait défriché la plus grande éparée obtenait une récompense. Comme on ne possédait rien, la récompense consistait à ouvrir la danse. Car, de temps en temps, pour casser la fatigue, on se mettait à danser dans la lande. On n'avait pas encore refabriqué d'instruments de musique, mais les hommes les plus habiles jouaient des airs en soufflant dans des feuilles qu'ils faisaient vibrer.

Dochâgne, sa petite Louise, l'enfant de la fille Eléhussard (qui était un garçon) reçurent leurs deux femmes. La plus vieille, édentée, la peau du visage fripée comme une pomme blette se jeta dans un coin de la grange au toit à jour et décida qu'elle se trouvait là chez elle, que d'ailleurs Dochâgne était un étranger venu d'on ne sait où. Elle refusa d'entrer dans la seule pièce habitable de la borderie, ce qui d'ailleurs n'était pas pour déplaire à Dochâgne et à la petite Louise, car la vieille, dans ses haillons, sentait plus mauvais qu'un bouc.

La jeune, plus toute jeune, devait avoir le double de l'âge de Louise. Son mari n'était pas revenu de la grande virée de galerne et elle avait perdu ses trois enfants : l'un d'une mauvaise fièvre, l'autre d'une balle en pleine poitrine alors qu'il gardait ses deux moutons et le troisième s'était égaré à tout jamais lors de leurs errances. Elle avait tant pleuré que les larmes creusaient sur son visage, des yeux à la bouche, des rides qui lui donnaient un air hagard. Elle s'appelait Léonie. Ni grande ni forte, elle serait de peu d'aide pour Dochâgne. Mais il fallait bien s'entraider. Dochâgne ajouta une brassée de fougère dans un coin de leur salle à vivre. Ils n'avaient pas encore eu le temps de construire des lits, ni même une table, et mangeaient sur leurs genoux, assis sur des billots, dans leurs écuelles de bois. La vieille ne venait pas les rejoindre, se cachant aux heures des repas et broutant on ne sait quoi.

La paroisse reprit goût à la vie. On entendait, dans sa forge, ponctué de coups de marteau, Chante-en-hiver pousser ses romances. Il disait à Dochâgne :

— Chante avec moi, compagnon.

Mais Dochâgne répondait :

— J'ai eu tant de misère que j'ai perdu mes chansons.

Alors Chante-en-hiver lançait d'un air malin, en grasseyant :

Ton p'tit devanteau, ma chambrière
Ton p'tit devanteau n'est pas beau
N'est pas beau, il est salau
Ma chambrière ton devanteau
N'est pas beau il est salau
Ma chambrière ton devanteau.

En même temps, la campagne, jusqu'alors tristement muette, retrouva ses huchages de bergers, ses terlassages de bouviers et ces brusques houppées de joie, en cascade. Les oiseaux, chassés par les incendies et la mitraille, revenaient. Le blé et le seigle sortaient de terre.

Il arrivait bien que Dochâgne se réveille en sursaut en pleine nuit, croyant entendre le son d'un tambour. Mais ce n'était que la pluie qui tambourinait sur les bâches calfeutrant quelques trous du toit.

Parfois, il croyait entendre marcher. Il secouait la petite Louise qui écoutait et chuchotait, pour que Léonie n'entende pas :

— C'est peut-être la fille Eléhussard qui revient chercher son petit ?

— Non ! Non ! protestait Dochâgne en se mordant les lèvres.

— Alors c'est un gros rat ?

— Oui, c'est un gros rat. Tu as raison, dors.

Et Dochâgne restait les yeux ouverts, n'osant bouger, tremblant de peur. Puis il se risquait à se lever pour aller toucher l'enfant du viol, suspendu à une poutre dans sa peau de mouton.

Il entendait les loups galoper et venir fureter autour des portes de la borderie. De temps en temps, leurs hurlements réveillaient les deux femmes qui se signaient d'un grand geste de croix.

Les nuits paraissaient interminables. Tout le malheur du monde revenait alors avec l'obscurité. Toutes les peurs. Tous les diables et tous les loups. Tous les souvenirs atroces de la grande guerre. Une nuit, Dochâgne se releva en sueur, tremblant de fièvre. Il croyait entendre le galop des hussards. En un rien de temps il entraîna la petite Louise et Léonie dans la cache aménagée sous le manteau de la cheminée. Le galop s'évanouit dans le lointain.

Dans chaque maison, on avait écouté le galop des hussards. La guerre aurait-elle repris ? Mais les hussards ne se hasardaient pas à courir la campagne pendant la nuit.

Le galop recommença la nuit suivante.

On hésitait à repartir se cacher dans la forêt. Après avoir beaucoup réfléchi, le curé-Noé conclut qu'il ne pouvait s'agir que de la Chasse Gallery ; vous savez, ce seigneur Gallery qui brûle tout le jour dans les enfers et qui, chaque nuit, se bat contre les Sarrasins avec un sabre de verglas.

Pour conjurer le mauvais sort, Chante-en-hiver s'époumona à chanter :

Gallery va-t-en tête
Monte sus un chevau
Qu'a le cou d'une bête
Et la piau d'un crapaud.

Mais, la nuit qui vint, le galop des chevaux reprit. Et toutes les nuits. Chante-en-hiver se tut.

On décida de veiller et de prier. On n'en entendit que mieux les sabots et même les hennissements. On décida alors de dépêcher des guetteurs qui se posteraient le fusil à la main. Dochâgne et Chante-en-hiver en furent. La nuit était claire, avec une belle lune qui permettait de voir comme en plein jour. Une chouette-effraie passa de son vol lent, de son vol de velours et une autre chouette, plus loin, hulula. Chouette ou chouan ? Chaque guetteur restait aux aguets, le fusil pointé. Et soudain le bruit d'un galop, très lointain, se fit entendre. Des chevaux apparurent, sans cavaliers, qui bizarrement s'arrêtaient tout à coup, comme pris de panique ou qui, plus bizarrement encore, se heurtaient de plein fouet à des arbres ou à des buissons et se cabraient. Il devait y avoir une vingtaine de chevaux, harnachés avec leurs selles.

Des chevaux eussent été bien utiles au village qui ne possédait plus d'animaux de trait, mis à part quelques vaches faisant office de bœufs. L'occasion était trop belle. Toute la journée, on se prépara à la nuit suivante, tressant des cordes, barrant le plus de passages possible dans les champs ouverts, avec des pieux et des ronces.

Presque tous les paroissiens se tenaient debout lorsque l'obscurité vint, les uns portant les cordes, les autres devant servir de rabatteurs. Après de longues heures d'attente, le caractéristique bruit du galop se fit entendre très loin, puis de plus en plus fort et les chevaux apparurent de nouveau sous la pleine lune, se heurtant incompréhensiblement à tous les obstacles. Les paroissiens refermèrent la nasse en tentant d'apaiser les bêtes et réussirent à en capturer cinq, qui furent amenées au village.

Mais lorsque, le lendemain, on examina de plus près cette prise inespérée, la déconvenue fut grande. Il s'agissait bien de chevaux de hussards, reconnaissables à leurs selles, mais leurs yeux étaient morts, crevés à coups d'aiguille. Voilà pourquoi ils couraient comme des animaux fous et se heurtaient à tous les obstacles. Ces chevaux aveugles se révélèrent plus comme un fardeau supplémentaire à assumer que comme une aide. Ils présentaient quelque chose d'un peu effrayant dans leur cécité, comme s'il ne s'agissait pas de vrais chevaux. Ils apportaient en effet avec eux cette présence de la cruauté d'une guerre que l'on pensait avoir fuie.

Dochâgne répéta longtemps que l'on n'aurait pas dû conserver les chevaux des hussards. Tous les malheurs revinrent à partir de là. Ces chevaux étaient les chevaux du diable et le curé-Noé n'avait pas su voir que le Malin se tenait à califourchon dessus.

Après les chevaux arrivèrent en effet les patauds. Les patauds, c'était le nom donné aux républicains qui se disaient toujours patriotes. « Nous autres PATriotes... La PATrie... Défendre la PATrie... L'honneur de la PATrie. » Qu'est-ce que ça voulait dire ? Patriote devint pataud en patois. On ne disait jamais républicain, on disait pataud.

Donc quelques jours après la capture des chevaux aveugles, on entendit un grand bruit de carrioles dans les chemins de l'est. Et de nouveaux chevaux apparurent, attelés à de lourdes charrettes dans lesquelles gesticulaient deux familles, encadrées par des cavaliers « bleus ». De vrais « bleus », c'est-à-dire des gardes nationaux aux uniformes bleus. Tous les paroissiens qui se trouvaient dans le village accoururent et regardèrent, bouche bée, les étranges visiteurs.

De l'une des charrettes sauta un grand escogriffe balafré et parmi les paroissiens quelques-uns murmurèrent avec effroi : « C'est le forgeron ! » D'une autre descendit péniblement un homme roux et parmi les paroissiens quelques-uns murmurèrent avec découragement : « C'est le meunier ! »

Le forgeron s'esclaffa :

— Tiens, j'entends le bruit de l'enclume. Merci, les gars, d'avoir attisé mon feu.

Le meunier, que l'on appelait jadis le Gros Meunier, devenu tout maigre, regarda du côté de la colline et vit les ruines noircies de son moulin. Il jura contre les « brigands » qui faisaient de la Vendée un pays maudit. Puis il fouetta ses chevaux et les poussa dans les décombres.

Les gardes nationaux demandaient à boire. Mais on n'avait pas fait encore la récolte de vin. Ils dirent qu'ils venaient de Cholet, qu'à Paris le nouveau chef des sans-culottes s'appelait Barras et que les calotins et les royalistes allaient de nouveau en prendre pour leur grade. Puis ils enfourchèrent leurs montures et disparurent dans un tourbillon de poussière.

Le forgeron pataud se rendit avec ses charrettes, où s'entassaient coffres, literie, vaisselle, femme et enfants, jusqu'à l'atelier où Chante-en-hiver continuait à marteler du fer. Il y entra en se frottant les mains :

— Donne-moi ce marteau, compagnon, que je voie si j'ai perdu la main.

Chante-en-hiver hésita et tendit le marteau.

Le forgeron pataud frappa, fit gicler les étincelles tourna le fer avec la tenaille qu'il saisit sur l'établi, façonna le métal à coups redoublés, puis à petits coups plus doux. Une lame de faucille prit sa forme.

— Compagnon, tu n'es pas d'ici. Je ne te demande pas d'où tu viens. Ni pourquoi tu es dans ma forge. Mais, conseil de compère, tu ferais mieux de retourner dans tes bois.

Chante-en-hiver alla chercher sa femme au museau de souris, les trois enfants, plus la vieille et la jeunette que le curé-Noé lui avait attribuées et tous s'en allèrent vers la borderie de Dochâgne. Ils n'avaient aucun bagage à emporter, sauf quelques outils, un chaudron et deux lapins de garenne pris la veille au collet.

Près de la borderie, d'autres ruines restaient à déblayer. Chante-en-hiver et sa suite relevèrent quelques murs qu'ils recouvrirent de branchages, se firent des litières de fougère et allumèrent un feu pour y rôtir les lapins.

Le soir, les deux familles prirent leur repas en commun. Dochâgne dit que la borderie appartenait au meunier et que plusieurs métairies lui devaient aussi redevances. Le meunier ne l'avait pas chassé, mais il faudrait désormais lui donner la moitié des récoltes. Pour l'instant, toutes les semences attendaient en terre et il fallait prier le Bon Dieu qu'elles veuillent bien germer. Mais le Bon Dieu accepterait-il que les grains fructifient pour un meunier pataud ?

Dochâgne oubliait que le Bon Dieu ne faisait jamais tant de manières et que, depuis que le monde était monde et qu'il y avait des moulins, les meuniers pactisaient avec le diable pour pressurer les gueux. On dit qu'à l'origine des temps Lucifer lui-même examina patiemment toutes les professions pour déceler la plus lucrative et que, sans hésitation, il désigna la meunerie. Et c'est alors que le diable se fit meunier.

Meuniers et maîtres de poste aux chevaux faisaient, sous l'Ancien Régime, partie de la bourgeoisie rurale. Le meunier était un notable qui se payait en nature : vingt livres de blé pour huit boisseaux de farine. Les maisons des meuniers, attenantes ou non au moulin, s'apparentaient aux maisons bourgeoises avec leurs quatre pièces d'habitation. Les meunières portaient ostensiblement des bijoux d'or. Malgré tout, certains meuniers ne furent pas patauds et, à l'annonce de la mort du roi, en janvier 93, beaucoup d'ailes de moulins de bocage furent crêpées de noir ; plus tard beaucoup d'entre elles servirent de signal aux armées vendéennes, voire de bois de crucifixion pour les prisonniers bleus.

Le meunier, que l'on s'obstinait à appeler le Gros Meunier, bien que son exil en terre républicaine l'eût dégonflé de moitié, s'installa dans l'ancienne mairie et requit les hommes du village pour en relever les ruines. Voilà qu'avec le retour des patauds les corvées réapparaissaient. Le Gros Meunier avait été en effet (était toujours) le maire de la commune et il entendait bien exercer son pouvoir.

Botté, chapeauté, cravaté, la redingote trop ample sur son ventre plat, il faisait les cent pas dans le village, interpellant ceux dont le visage ne lui disait rien :

— D'où viens-tu, toi, je ne te remets pas ? Et toi ? Mais d'où sortent-ils tous ? Et que sont devenus Zacharie du petit bois, et Jacques de la fontaine basse, et Mathurin de la bergerie, et Auguste du petit pont ?

Personne ne répondait. Le Gros Meunier alla trouver le curé-Noé qui lui dit :

— Tous ceux qui étaient restés dans le village ont été tués par vos amis. Ceux que vous ne connaissez pas se trouvaient avec moi dans les bois. Leurs villages sont brûlés, leurs parents massacrés. Tous sont mes enfants.

— Bravo, curé, on ne s'ennuie pas ! Si tous sont tes enfants, toutes les femmes sont tes femmes. Quel taureau que ce curé-là ! Beau troupeau de génisses !

Le Gros Meunier s'esclaffa. Puis il devint grave.

— Sais-tu, curé, que le citoyen Barras a décidé de remettre un peu d'ordre dans cette foutue Vendée. Vous n'êtes plus qu'une centaine de prêtres dans le département, mais quatre-vingts d'entre vous sont encore réfractaires, sortis des bois comme des renards. Comme toi, sans doute ? Il va falloir que tu ailles prêter serment. Il faudra tous que vous prêtiez serment à la République, sinon...

Dans la nuit, le curé-Noé repartit dans les bois.

Le soir, quand tout le monde fut revenu des champs, le forgeron pataud sonna du tambour et toute la paroisse, qui n'était plus qu'une commune, se réunit devant la grange-église. Le maire-meunier fit un long discours, assez peu intelligible à la population, mais il en ressortait néanmoins que l'on vivait dans l'an cinq de la République, que le gouvernement s'appelait le Directoire, que les tyrans comme Robespierre et Carrier avaient été guillotinés, que des élections s'étaient déroulées au printemps sans que la commune vote puisque, d'après la Constitution de 95, ne pouvaient voter ni les domestiques, ni les illettrés, ni les indigents, ni ceux qui ne payaient pas d'impôt (or la commune n'avait pas payé d'impôt depuis 93 où elle préféra chouanner) ; que, les dimanches supprimés, la semaine comptait dix jours, le dixième jour étant un décadi où l'on devait chômer ; qu'il fallait planter un arbre de la liberté ; que les foires, occasions de dangereux rassemblements, n'existaient plus ; qu'il était interdit de manger du poisson le vendredi ; et toute une trâlée d'autres balivernes.

Le dimanche suivant le maire-meunier, le forgeron pataud et leurs familles se retrouvèrent seuls dans le village désert. Toute la paroisse était allée rejoindre le curé-Noé dans la forêt. Quelques vieilles femmes ne revinrent pas. Malheureusement celle dont avait hérité Dochâgne, et qui restait toujours prostrée dans la grange en ruine, regagna le soir la borderie.

Le maire-meunier, d'autant plus fortement maire qu'il n'avait plus de moulin, décida ensuite que les arrérages de loyers et de métayages, impayés depuis quatre ans, devraient être réglés. Pour l'instant, il était l'unique propriétaire à se manifester, mais la race des propriétaires étant la seule qui ne meurt pas, les autres allaient bien aussi réapparaître. Cette menace consterna le village. Après un an de travail pour relever les ruines, débroussailler les champs, fabriquer des outils, après toute une année où l'on avait vécu misérables, mais entre soi, en s'entraidant tout naturellement, en ne formant qu'une seule famille, où dans le malheur était née une vraie communauté paysanne, voilà que les seigneuries revenaient.

On travailla avec moins d'entrain. L'inquiétude taraudait les esprits. On avait mis au labeur les chevaux aveugles mais souvent ceux-ci s'arrêtaient brusquement, pris de panique, surtout lorsqu'on les faisait passer sur des ponts de planches et que le brusque changement de sonorité de leurs sabots les faisait hennir d'effroi. Les paniques des chevaux se communiquaient aux hommes.

Il y avait déjà eu deux guerres dans le pays. En réalité ces deux guerres n'en faisaient qu'une, avec le bref intermède de l'armistice de Hoche. On pressentait qu'il en éclaterait une troisième, mais on se trouvait encore trop proche de la terrible répression des Colonnes infernales de Turreau pour ne pas en rester pétrifié.

La moisson, maigre, n'apporta pas le plaisir escompté. Les fléaux étant rares, on fit fouler les gerbes par les chevaux. Poussés en grands tas au centre de l'aire de terre battue, les grains restaient mélangés de balle, de paille, de mauvaises graines, de débris pierreux et terreux. Comme on n'utilisait pas de cribles, il fallait jeter les grains contre le vent, dans de grandes pelles de bois taillées dans la masse des fûts de noyers.

Mais le foulage par les chevaux abîmait la paille. Si on voulait conserver les tiges en bon état pour s'en servir de liens et surtout pour calfeutrer les toits, seul le chaulage permettait d'égrener les épis proprement. Femmes et enfants tenaient les tiges de blé par poignées et les frappaient sur des pierres, s'excitant au travail par des chansons ou des cris.

Les maisonnées de Dochâgne et de Chante-en-hiver s'associaient pour tous les travaux. Mais les bras étaient trop nombreux pour si peu de terres arables. Trop de femmes et d'enfants, dans de si petits espaces habitables, rendaient la cohabitation difficile. Les plus vieilles voulaient commander. Les plus jeunes se rebiffaient et faisaient front. La petite Louise s'entendait bien avec Léonie mais s'agaçait vite avec les femmes de Chante-en-hiver, ce qui désolait Dochâgne.

Il fallut donner la moitié du blé et du seigle au maire-meunier. Ce qui restait pour les deux familles ne réussirait pas à leur fournir du pain plus loin que l'hiver. Et encore faudrait-il réserver la part de semence.

Comme il n'existait plus d'école, depuis que le vieux curé était reparti dans les bois, les enfants se montraient plus difficiles à tenir. De nouveau, ils s'agrégeaient en bandes, disparaissaient parfois pendant plusieurs jours et revenaient avec plaies et bosses, tout fiers de s'être frottés au bourg et d'y avoir déraciné l'arbre de la liberté dont ils rapportaient les cocardes tricolores.

Les mauvais présages se multipliaient. La femme de Chante-en-hiver, au museau de souris, trouva des œufs de vipère sous le jouc où pondaient ses poules.

Presque toutes les nuits des orages grondaient et chacun restait les yeux ouverts, écoutant en serrant les dents ces armées de paysans qui, au ciel, couraient avec leurs sabots.

Il y avait des terres que l'on n'osait plus cultiver. Le sang des massacres paraissait y remonter du sol et s'étaler en flaques rouges.

Pour barrer la route aux âmes errantes, si nombreuses depuis les grandes tueries, chacun se mit à peindre à la chaux de grandes croix blanches au-dessus des portes des maisons. Lorsque le maire-meunier s'en aperçut sa fureur fut telle qu'il sauta aussitôt sur son cheval et disparut vers l'est. On le vit revenir une demi-journée après, accompagné de trois gendarmes.

Comme d'habitude ce bavard se planta contre l'ancienne grange-église, devenue mairie, et se mit à discourir devant les trois gendarmes qui formaient, avec le forgeron pataud accouru, son seul public. Mais chacun sut le soir que les croix blanches devraient être effacées, que toute maison s'obstinant à conserver au-dessus de sa porte « les traces de l'obscurantisme » serait canonnée, que les gendarmes resteraient dans le village jusqu'à ce qu'exécution soit faite, qu'ils veilleraient à ce que le décadi soit chômé et qu'ils allaient ratisser la forêt et en ramener le curé réfractaire.

Puisque les gendarmes ne traînaient pas de canon, personne ne toucha aux croix. Par contre, le lendemain qui tombait un vendredi, les trois gendarmes, le maire et le forgeron pataud n'en crurent pas leurs narines lorsqu'ils sentirent monter de toutes les fermes l'odeur bien caractéristique du poisson grillé. On avait presque vidé les étangs et la rivière du bas de la vallée pour donner aux patauds un vendredi d'honneur.

Les gendarmes qui, en ce temps-là, montraient peu d'humour, prirent la plaisanterie au tragique et se mirent à saccager quelques cuisines, jetant les poissons cuits au fumier.

Le samedi, ils partirent de bon matin vers la forêt et revinrent le soir fourbus, crottés, prêts à mordre malgré les grands saluts qui ponctuaient leur retour.

Le dimanche, le maire, le forgeron, les trois gendarmes se levèrent à l'aube pour s'assurer que tout le village s'appliquait bien au travail : tout le village était déjà parti à la messe, sans bruit. Et puisque la paroisse se trouvait de nouveau réunie, elle resta l'après-midi dans la forêt pour les vêpres.

Un curé disparu dans la forêt n'est pas plus facile à retrouver qu'un renard mais une centaine d'hommes, de femmes, d'enfants, avec un bon lot de vieux et d'éclopés devraient laisser des traces. Pourtant les trois gendarmes eurent beau ratisser, ils ne réussirent qu'à se faire des accrocs de ronces à leurs belles culottes.

Le jour du décadi, bien sûr, tout le monde se rendit aux champs.

Il se produisit alors un événement inattendu. Puisque les gendarmes ne réussissaient pas à mettre la main sur le vieux curé, et qu'ils ne voulaient vraisemblablement pas repartir bredouilles, ils arrêtèrent Chante-en-hiver.

Pourquoi Chante-en-hiver ? Peut-être parce qu'il parlait avec l'accent des paydrets de Charette...

On sut plus tard que les arrestations reprenaient partout. Non seulement celles des curés réfractaires, mais aussi des capitaines de paroisses qui avaient pourtant déposé les armes.

On sut aussi que la conscription recommençait à causer des révoltes, les recruteurs étant reçus avec des huées et des coups à Vieillevigne, à Rocheservière, à Legé. L'hostilité entre paysans et patauds exilés revenus croissait partout.

Dochâgne se trouvait maintenant avec six femmes et quatre enfants, ce qui se révélait pratiquement ingouvernable. La petite Louise en perdait ses rondeurs et, de fruit, devenait légume. Les pluies d'automne transperçaient les toits de branchages, trempaient les litières de fougères sur lesquelles il fallait néanmoins tenter de dormir, malgré les toux grasses et les gémissements.

Heureusement le maire-meunier, qui ne pouvait prononcer deux phrases sans y glisser les deux mots clefs des patauds : la patrie et la vertu, s'aperçut du stratagème du vieux curé et s'indigna de la répartition des femmes sans homme.

Il n'en fallait pas moins répartir, mais il adopta une solution aux antécédents convaincants et qui disposait encore d'un grand avenir : celles qui n'avaient plus ni mari, ni père, ni frère aîné, seraient domestiques chez les autres. Pour commencer, il s'attribua une cuisinière, une lingère et une chambrière. La famille du forgeron ne reçut qu'une domestique ; il fallait bien marquer son rang. Les autres femmes furent redistribuées dans la dizaine de feux du village. Dochâgne aurait voulu conserver Léonie. On lui laissa la vieille, toujours enfermée dans sa grange, que l'on ne voyait même pas aux heures de repas et qui devait se nourrir de terre. La femme de Chante-en-hiver et ses trois enfants restèrent seuls. Dochâgne s'occupait d'eux comme il pouvait.

Léonie se remit à tant pleurer que les larmes qui coulaient régulièrement, comme une petite pluie, s'inséraient dans les rides qui allaient de ses yeux à sa bouche. Le fermier chez qui elle avait échoué, exaspéré par tant de chagrin qui, à la fin, risquait de faire tourner le lait de ses vaches, la ramena à Dochâgne qui s'en accommoda.

L'hiver fut très dur. Il y eut quinze jours de neige. Même les choux gelèrent. Le 24 janvier, la terre se mit à trembler et l'on crut à la fin du monde.

En février, une grande partie des femmes jeunes transformées en domestiques par le maire-meunier disparurent. On les vit réapparaître dans des bandes de valets sans emploi et d'artisans sans travail, du côté des Herbiers. Ils furent bientôt deux mille, rassemblés dans les bois.

Le jour vint où, de nouveau, on entendit au loin les tambours. Puis le martèlement des pas cadencés. Et les culs-blancs réapparurent avec leurs fusils à baïonnette, leurs gibernes, leurs petits canons tirés par des mules, leurs caissons à munitions bâchés. Le maire-meunier et le forgeron (qui jusque-là s'était tenu bien tranquille) se mirent à fanfaronner.

Les culs-blancs croisèrent leurs fusils en faisceaux autour du village et le citoyen maire lut une proclamation ordonnant aux habitants de dénoncer la cachette du vieux curé. Il ajouta sur un ton plus familier :

— Imbéciles, les soldats cernent le village. Ils vous donnent jusqu'à demain. N'en avez-vous pas assez de vos calotins et de vos nobles ? Vous crèverez tous, dans la cendre de vos taudis. Et ça ne vous servira à rien. Il n'y a pas de Dieu, nom de Dieu !

Le lendemain matin, le vieux curé aux cheveux pleins de paille s'en revint, tout seul, jusqu'à la porte de son ancienne grange-église. Il avait traversé les bivouacs des soldats endormis. Il attendait.

Ce fut le forgeron qui le vit le premier. Il poussa un hurlement qui fit accourir les soldats.

— Voilà le curé, foutredieu.

Les soldats empoignèrent le vieil homme qui tendait ses mains, les lui lièrent avec une corde et l'emmenèrent du village en le bousculant. Ils remontèrent avec leur prisonnier jusqu'à Montaigu, faisant en route des stations dans les cabarets. Ils exposaient le prêtre attaché devant chaque auberge comme une bête étrange qu'ils auraient prise. Il se trouvait toujours quelque méchant drôle pour venir l'insulter et lui cracher à la face. Puis les soldats, mis de bonne humeur par le vin, poursuivaient leur route, poussant leur souffre-douleur à coups de crosse dans les reins. Lorsqu'ils arrivèrent à Montaigu, après deux heures de marche, les pieds nus du vieux curé saignaient. Il respirait avec peine, exténué. On l'exposa encore devant un cabaret. Il osa demander à boire. Le cabaretier alla au fumier remplir un gobelet de purin et lui apporta. Le curé demanda de l'eau. Les soldats se divertirent à aider le cabaretier à lui faire boire le purin de force, en ouvrant de leurs mains la bouche édentée du vieillard. Puis un soldat s'amusa à déchirer la soutane de la pointe de sa baïonnette pour, disait-il, voir comment un curé c'est fait dessous. Tout un attroupement se forma, qui riait, lançait des plaisanteries obscènes. Le curé, à bout de forces, s'évanouit.

Le 17 février, les habitants des Epesses chassaient du bout de leurs fourches leur brigade de gendarmerie. Le 18, six inconnus, porteurs de cocardes blanches, tiraient au fusil sur les gendarmes de Châtillon-sur-Sèvres. Le 27, dans la forêt de la Meilleraie, on dévalisait les receveurs de Bressuire qui transportaient leur recette, escortés par des dragons. Le 10 juin, le notaire Blaizot de Saint-Sulpice-en-Pareds était tué avec sa femme et le rôle des contributions publiques détruit. Le 28 juin, deux gendarmes tombaient à Foussais et trois à Tiffauges. Le 30, La Gaubretière et Les Herbiers coupaient leurs arbres de la liberté. La troisième guerre de Vendée commençait.

Dochâgne n'avait pas de fusil. Il partit avec sa faux, emmanchée toute droite, coupant à travers le réseau de labyrinthes et de lacets que formaient les chemins creux défoncés par les pluies de printemps. Des charrettes à bœufs, abandonnées, pourrissaient dans la boue, enfoncées jusqu'au moyeu. Dochâgne allait tout droit, face au soleil qui se levait. Il escaladait les barrières des champs, sautait les échaliers. De temps en temps, abritée du vent au flanc d'un coteau, il apercevait une métairie comme ancrée sur d'énormes rochers gris. Mais s'il s'en approchait, aucun chien n'aboyait et il voyait que la métairie n'avait plus ni toit ni habitant.

Dochâgne passait sous des voûtes de verdure si épaisses qu'il y faisait presque nuit. Une multitude d'oiseaux se réveillaient en piaillant.

En traversant une lande de genêts, il vit venir vers lui un groupe de quatre ou cinq hommes, qui ne semblaient pas des paysans, mais qui marchaient pieds nus, sans armes et qui lui firent des signes de bienvenue. C'étaient des ouvriers tisserands qui venaient de Cholet et qui cherchaient à rejoindre les troupes du serrurier Caillaud, vétéran de 93.

Dochâgne se joignit à eux. Ils obliquèrent vers le nord. En

traversant un bois, ils butèrent sur quatre cadavres de gendarmes aux têtes fracassées à coups de hache. Un gros bourg apparaissait en haut d'une colline.

— C'est Saint-Michel-Mont-Mercure, dit un des tisserands.

— Ecoutez !

Un grand tumulte venait des hauteurs, des cris, des chants, des tambours.

— Les culs-blancs !

Dochâgne et ses compagnons grimpèrent prudemment à flanc de coteau, cachés dans les taillis.

— Maudits, dit un Choletais, c'est leur foutue Marseillaise.

Dochâgne écoutait, reconnaissait des mots patois chantés.

— C'est la nôtre, les gars ! C'est la Marseillaise des Poitevins.

Ils s'élancèrent vers le bourg. Les paroles leur arrivaient maintenant bien distinctes, qu'ils chantaient eux-mêmes à l'unisson :

Allons, armées catholiques
Le jou de gloëre est arrivé
Contre nous, de la République
L'étendard sanglant est levé
L'étendard sanglant est levé
Entendez-vous dans nos campagnes
Les cris impurs do scélérats
Qui v'nant jusque dans vos bras
Prendre vos filles et vos femmes
Aux armes, Poitevins ! Formez vos bataillons
Marchez, marchez, le sang do blus
Rogira nos seillons

Quoë ! do gueux infâmes d'hérétiques
Ferrions la loué dans nos foyers !
Quoë ! Do muscadins de boutiques
Nous écraserions sous leurs pieds.

O Sainte Vierge Marie
Conduis, soutins, nos bras vengeurs
Contre une séquelle ennemie
Combats avec tes zélateurs...

Une foule emplissait les rues du bourg. Depuis bien longtemps Dochâgne n'avait vu tant de monde. Il s'en trouvait tout ébaubi. La tête lui tournait à la fois de joie et de faim. On entendait des fifres, des tambours, des musettes. Deux cents chouans aux vastes chapeaux relevés sur le côté ornés de la cocarde blanche, de longs pistolets glissés dans leurs ceintures rouges ; deux cents chouans en sabots, les mollets capitonnés de guêtres d'étoffe, avaient belle allure et le savaient. Dans la foule des paysans qui se trouvaient au bourg en ce jour de marché, ils ressemblaient à des coqs dans une basse-cour. Quant à leur chef, à cheval, superbe avec son petit chapeau à plumes blanches, sa redingote bien boutonnée, son jabot et ses manchettes de dentelle, il faisait caracoler son cheval, comme s'il se donnait en spectacle. Dochâgne et ses compagnons, volailles grises, ternes, déplumées, regardaient avec envie et tristesse ces fiers-à-bras auxquels ils n'osaient offrir leurs services.

Soudain le cavalier au petit chapeau à plumes blanches donna un ordre et les chouans se regroupèrent dans un grand bruit de sabots entrechoqués. Avant que Dochâgne et les tisserands de Cholet eussent le temps de s'apercevoir de ce qui se passait, les chouans disparurent.

Des groupes de paysans s'étaient formés au pied de l'église, tout en haut du mont. Certains brandissaient des faux emmanchées à l'envers, comme celle que Dochâgne tenait toujours à la main. Une vive discussion s'engagea car on allait élire un capitaine de paroisse avant de prendre les armes. Finalement le grand valet d'une métairie fut choisi. Un groupe d'hommes entrèrent dans l'église avec des barres de fer, descellèrent quelques pierres tombales et, des sépultures, retirèrent des fusils par dizaines. Pas assez nombreux néanmoins pour tout le monde, si bien que Dochâgne garda sa faux.

Le grand valet leva la main. Une trentaine d'hommes, d'enfants et quelques jeunes femmes le suivirent. Parmi eux, Dochâgne et les tisserands.

Ils descendirent la colline du Mont-Mercure et rejoignirent un autre groupe qui venait du Boupère et qui traînait des caissons de munitions pris aux patauds. On se partagea les cartouches.

Dochâgne se lia d'amitié avec l'un des tisserands : Jacques, qui n'avait pas trente ans. Lors de la seconde guerre de Vendée, un éclat de boulet lui avait crevé l'œil droit. Mais il restait néanmoins si bon tireur qu'à chaque fois qu'il visait un cul-blanc il faisait très vite le signe de la croix avant de tirer, recommandant à Dieu l'âme de celui qu'il allait tuer.

La chouannerie dura jusqu'à l'hiver. Blottis dans leurs peaux de mouton, protégés de la pluie par les grands rebords de leurs chapeaux, les pieds bien au chaud dans la paille de leurs sabots, n'ayant jamais si bien mangé de leur vie, les réserves de victuailles dans les villes pillées semblant inépuisables, buvant du vin presque tous les jours, les insurgés apprirent sans plaisir que leur général en chef, le comte d'Autichamp, venait de signer la paix avec le nouveau maître de la France, un certain Buonaparté.

Chacun rentra chez soi, claudiquant dans des chemins crevassés par les roues de tant de charrettes et de canons. Les sabots s'enfonçaient dans la boue et parfois le pied ressortait nu, le sabot avalé par la terre. Dochâgne ramenait au village Jacques-le-tisserand. On leur avait donné des habits neufs, mais, après six mois de guerre, ils s'en revenaient dans l'état où ils étaient partis, en guenilles et pieds nus.

En approchant du village, Dochâgne entendit le martèlement de la forge. Il pensa à Chante-en-hiver. Qu'était-il devenu ? Et le vieux curé aux cheveux pleins de paille ? Et Louise ?

Des cheminées fumaient. Sur la porte de la forge, brandissant un fer rougi qu'il serrait au bout d'une paire de tenailles et qu'il jeta dans un baquet d'eau, se tenait Chante-en-hiver.

En voyant Dochâgne, de stupéfaction et de plaisir, il en laissa tomber ses tenailles.

— Puisque j'étais parti avant toi, je suis revenu avant. Le forgeron pataud s'est ensauvé avec sa basse-cour. J'en profite pour forger quelques outils.

— Où t'avaient-ils emmené ?

— Jusqu'au Mans. Mais les chouans du Maine ont chassé les patauds pendant quatre jours de la ville et ont ouvert la prison.

— Le Gros Meunier est toujours là ?

— Penses-tu, il a décampé avant la première alerte.

— Et la petite Louise ?

Chante-en-hiver se mit à rire.

— Elle attend là-bas. On t'attend.

Jacques-le-tisserand était resté silencieux et Chante-en-hiver le regardait, perplexe.

— C'est Jacques-le-tisserand. On chouannait ensemble. Il vient de Cholet.

— Le village n'avait plus de tisserand. Bienvenue, mon gars.

Dochâgne courut vers la borderie. Dans la semi-obscurité de l'unique pièce au sol recouvert de fougères, ce qu'il vit le laissa pantois. La petite Louise, toute ronde, assise contre la cheminée, donnait le sein à un bébé qui détourna brusquement la tête en entendant du bruit et se mit à pleurer. A l'autre extrémité de la pièce, Léonie, un sein également hors de son corsage, allaitait un autre enfant qui semblait le double du précédent.

— C'est une fille, dit la petite Louise. On l'a appelée Victorine puisqu'on a gagné la guerre.

Puis désignant Léonie du menton :

— Son petit est né presque le même jour. Alors on l'a appelé Victor.

2

Maintenant que les grands incendies s'éteignaient

Maintenant que les grands incendies s'éteignaient, dans chaque village les hommes veillaient à ne pas perdre les parcelles du feu. Un village sans feu signifiait un village mort. On ne recensait pas les individus, mais les feux. Le feu était à la maison ce que l'âme était au corps. Longtemps resteront chevillés dans le souvenir de Dochâgne et de ses compagnons l'époque maudite où, dans la forêt, ils durent survivre sans feu, dans leurs bauges, et l'effroi à leur retour dans des villages aux cheminées muettes.

Il leur fallut réinventer le feu, en faisant jaillir des étincelles avec des pierres dures. Et depuis, ce feu, ils le cultivaient, le dorlotaient. Ils se le passaient comme le Saint-Sacrement. Les braises étaient conservées sous la cendre, données, communiquées, emportées dans le creux de la main des hommes qui les passaient vivement d'une paume à l'autre pour ne pas se brûler. Il se faisait de perpétuels échanges, de maison à maison. Les femmes qui ne pouvaient entretenir un feu toute la journée venaient quémander chez leur voisine une pelletée de braise ou bien en remplissaient l'écuelle de leur chauffe-pieds. L'hiver, on voyait partir de bon matin les bergères vêtues de leur cape de droguet, quenouille au côté, tenant d'une main un bâton, de l'autre la chaufferette en terre où les braises jetaient de petites lueurs rouges.

Une pièce sans cheminée s'appelait une chambre aveugle. Et dans les rares maisons qui disposaient de plusieurs pièces, une seule, la salle commune, ouvrait ses deux yeux, c'est-à-dire la chaleur et la lumière qui se perpétuaient dans la cheminée devant laquelle la maisonnée s'entassait pour la veillée.

Avant la guerre, chaque foyer possédait un buffou, longue tige creuse en fer forgé terminée par une petite fourche servant de tisonnier. Le buffou servait de soufflet. On s'agenouillait devant l'âtre et on buffait le feu en soufflant dans la tige de fer. Depuis la fin des combats, des canons de vieux fusils servaient de buffou ou, à défaut, des tiges de sureau.

Deux à trois fois par semaine, dans la pénombre, des veillées s'organisaient entre voisins. Dans la borderie de Dochâgne, Chante-en-hiver venait avec sa femme au museau de souris et Jacques-le-tisserand les rejoignait.

Chante-en-hiver racontait sa captivité au Mans, la joyeuse vie du temps jadis avec M. de Charette, les terres plates du marais et l'odeur des salines, au loin, du côté où se couche le soleil.

Jacques-le-tisserand disait :

— Le linge, c'est la vraie richesse, après la terre. C'est vous, les paysans, qui semez le lin et le chanvre et personne n'a plus de draps. Les mendiants d'autrefois étaient mieux vêtus que nous.

Dochâgne et Chante-en-hiver écoutaient avec surprise leur ami Jacques leur parler des quarante mille tisserands de Cholet qui actionnaient les douze mille métiers à tisser de la ville des mouchoirs. Comment pouvait-on imaginer douze mille métiers ? Il n'y avait en général qu'un seul métier par village. Tous les villages du Poitou n'y suffiraient pas.

— Les métiers s'entassaient dans des caves, expliqua Jacques. Très serrés, si serrés que l'on pouvait à peine circuler autour et qu'il fallait employer des enfants de trois à quatre ans qui se glissaient sous les bois pour ramasser les fils. Il faisait si noir dans ces caves, malgré la lueur des torches de résine, que les yeux vous picotaient. Il faisait si humide qu'on toussait, qu'on prenait des fièvres et que la moitié d'entre nous mourait de crachements de sang. Quand on a vu que nos patrons se proclamaient républicains, on a vite compris que la République n'était pas faite pour nous. Les paysans, on les connaissait bien puisque nos salaires misérables nous obligeaient à nous louer en supplément pour les moissons et les vendanges. Nous aussi, on s'est faits brigands et aristocrates.

— La guerre de Vendée, c'est une guerre d'ouvriers et de paysans, appuya Chante-en-hiver. Moi aussi, je suis ouvrier.

— C'est une guerre de gueux contre les bourgeois et les villadins, dit Dochâgne. Ils se sont battus parce qu'ils voulaient tout. Nous, on s'est battus parce qu'on ne voulait rien.

Dans le village, ne revinrent ni la plupart des femmes domestiques qui avaient suivi les bandes des Herbiers, ni le forgeron balafré, ni quelques hommes tués dans la troisième guerre. Par contre le meunier reconstruisait son moulin et officiait dans la mairie au nom du Premier Consul, comme auparavant au nom du Directoire, puis avant au nom de la Convention. Bonaparte ayant amnistié Vendéens et chouans et signé avec le pape le Concordat qui assurait la liberté religieuse, le maire-meunier fut donc bien obligé de recevoir avec des égards le vieux curé qui avait réussi à survivre aux brutalités de la soldatesque, et dont le grand âge lui avait valu de ne pas être envoyé au bagne de Cayenne, mais à celui de l'île de Ré.

Le vieux curé récupéra la grange-église et commença par y faire chanter, en réunissant tous les villageois (à l'exception du maire) le « Vexilla Regis ».

Monté sur un tonneau, il fit un long sermon qui tenait lieu en même temps de paroles de retrouvailles :

— Mes chers enfants, le « Vexilla Regis » que vous avez si souvent entonné dans vos longues marches victorieuses, c'est l'hymne à la croix, mais c'est aussi l'hymne à l'arbre qui a porté le Sauveur du monde. C'est par l'arbre de nos forêts que Dieu règne. C'est la forêt qui nous a cachés des méchants. C'est la forêt qui nous a préservés des supplices.

Bienheureuse forêt, elle avait résisté aux assauts des patauds, elle n'allait pas survivre au retour du comte. On l'avait oublié, celui-là, émigré dès 91 et qui, aussitôt son arrivée à Nantes où il vivait de ses fermages, emprunta une calèche à deux chevaux fringants pour aller faire le tour de « ses villages ». Car, comme tous les nobles (sauf les pauvres nobles qui s'étaient ruinés à chouanner avec leurs paysans), il était propriétaire de villages entiers et des terres et bois y attenants.

Il arriva un midi, dans un grand bruit de roues cerclées de fer et de claquements de fouet. Son régisseur l'accompagnait. Pendant que le cocher dételait les chevaux, il s'enquit de la présence du maire, pestant de ne pas le trouver là, à sa descente de voiture, faisant la moue devant les ruines du village.

Le maire arriva sans trop se presser, se planta devant le comte sans s'incliner et commença par dire :

— Vous n'ignorez pas, monsieur le Comte, que les biens nationaux ont été garantis par le Premier Consul. Vous reprenez vos terres, sauf celles que j'ai légalement achetées.

Le comte haussa les épaules et cracha dans son mouchoir à dentelle :

— Régisseur, lisez...

— Village de soixante feux, onze charrues. Sur six cent cinquante boisselées de terre, deux cent soixante-dix sont semées...

Le maire-meunier l'interrompit :

— Le village n'a plus qu'une trentaine de feux et cinq ou six araires.

Le régisseur continua :

— Bois, fruitiers, blés en petite quantité, mules et mulets, forêt de la Combe-aux-loups...

— Les loups sont sortis de la combe, monsieur le Comte, et ils habitent vos ruines. Les mules et les mulets ont été dévorés. Il nous reste juste assez de blé pour envisager de nouvelles semences. Les fruitiers ont été coupés et seulement les surgeons font espérer...

— On me doit dix ans de fermages. Mon régisseur...

— Monsieur le Comte, on ne tond pas un œuf. Les gens d'ici ont pris de mauvaises habitudes en votre absence et je dois faire respecter l'ordre public. Je n'ai pas envie de retrouver votre régisseur cloué sur une porte de grange.

— Alors je tondrai la forêt. Vous ne l'avez pas achetée, que je sache, meunier. La main-d'œuvre est bon marché à Nantes. Je vous enverrai des équipes de bûcherons. Après tout, ces arbres ne servent à rien et ils peuvent me rapporter quelques louis.

— Monsieur le Comte, dit le maire-meunier en persiflant, il n'y a plus de Louis.

Le vieux curé s'approcha :

— Monsieur le Comte, la forêt nous a préservés des républicains. Sans elle, il n'y aurait plus ici ni paysans ni curé.

— Vous n'allez pas me dire que M. le maire se cachait avec vous dans la forêt.

Le curé resta silencieux.

— Alors vous voyez bien que l'on pouvait aussi se cacher ailleurs. Allons, il faut que je continue ma tournée. Cocher, les chevaux...

Un matin, vers trois heures, le village fut réveillé par un bruit de sabots cloutés. Les bûcherons arrivaient dans la lueur des torches, pauvres hères en haillons, certains pieds nus, avec femmes et enfants qui portaient des baluchons. Personne ne voulant leur indiquer la direction de la forêt, ils durent rester à attendre l'aube, accroupis et blottis les uns contre les autres comme des moutons apeurés.

Il fallut que le village s'habitue au choc des cognées contre les troncs, au fracas des arbres s'abattant dans un écrasement de branches. Un jour Dochâgne n'y tint plus et alla voir.

Une grande saignée s'enfonçait déjà dans la forêt. Les bûcherons s'étaient construit des cabanes avec des rondins, couvertes de tuiles d'écorce. Ils y vivaient en famille, sur des lits de fougère. Les hommes abattaient les arbres à la hache, puis les enfants les ébranchaient à la serpe et les femmes s'attelaient par deux pour les scier en longueur.

Dochâgne s'approcha de deux bûcherons barbus qui gardaient leur hache à la main, en un geste de défense.

— Vous venez de l'autre côté du fleuve ?

— Dame oui !

— Moi aussi je suis venu de là-bas.

Dochâgne se souvint tout à coup de quelques mots qui surgirent de son passé enfoui, en entendant le parler des bûcherons. A son grand étonnement, il les prononça comme si quelqu'un d'autre les articulait. Mis en confiance, les bûcherons suivirent Dochâgne qui les emmena à travers les fourrés jusqu'à un énorme chêne.

Il caressa l'écorce, arracha du lierre, flatta l'arbre de la main comme on caresse un ventre d'animal domestique, puis disparut à l'intérieur de l'arbre. Il en ressortit en s'ébrouant, l'air mauvais :

— Si vous touchez à mon châgne vous deviendrez des chiens noirs, des garous et vos femmes des béliches et des bigournes.

Les deux bûcherons grognèrent, crachèrent par terre.

— Dochâgne qu'on m'appelle ici. Parce que j'ai été comme enfanté par lui. Quand l'Ogre-Turreau saignait la Vendée, l'arbre m'a pris dans ses bras, comme un enfançon.

— On veillera sur ton arbre, pays.

En repassant au campement des fagoteux, l'un d'eux sortit de la cendre chaude une sorte de fruit et le tendit à Dochâgne.

Dochâgne gardait dans sa main l'étrange fruit brûlant, à la peau croustillante comme une croûte de pain.

Les bûcherons sortirent d'autres fruits de la cendre, qu'ils mangèrent. Dochâgne goûta, trouva une saveur de farine et conserva le fruit dans sa main pour le montrer au curé.

Le village s'habituait à la paix. Un équilibre finissait par s'établir entre l'ancien temps incarné par le vieux curé et les temps nouveaux représentés par le maire-meunier. Chante-en-hiver était devenu le vrai forgeron du village. On entendait ses coups de marteau sur l'enclume de bon matin et, sur le coup de dix heures, ses premières chansons. Aux trois enfants de sa femme s'ajoutait un petit Pierre, enfant à tous les deux, que le vieux curé baptisa à son retour du bagne. Jacques-le-tisserand s'était construit un métier, dans les bâtiments délabrés qui jouxtaient la borderie de Dochâgne. Il y vivait avec Léonie, qui ne pleurait plus, et le petit Victor.

Victor, comme Victorine, toujours actifs et inséparables, affirmaient une santé alerte. L'enfant du viol, lui, déjà suffisamment grand pour que la garde des trois moutons, de la chèvre et de la vache, lui soit confiée, avait cinq ans. Sa curieuse tête au long nez, comme un museau, lui valait un surnom qui effaça à jamais son prénom, à supposer qu'il en eût un : Tête-de-loup.

Un nouvel enfant s'ajouta au foyer de Dochâgne et de Louise. On l'appela Henri, en souvenir bien sûr de M. Henri de La Rochejaquelein, tué à vingt-deux ans d'une balle en plein front.

La vieille sauvage qui s'enfermait dans la grange à ciel ouvert finit par trépasser. On l'enterra bien profond derrière la grange-église, mais elle revenait quand même toutes les nuits gratter à la porte des Dochâgne, sans craindre les loups qui pourtant n'arrêtaient pas de fureter dès que le jour tombait.

Les chevaux aveugles servaient à la communauté du village. Personne ne voulut s'en approprier un. Ils continuaient à faire un peu peur, surtout l'un d'eux, gris pommelé qui, si l'on tentait de le monter, vous jetait derechef dans le bassin de la fontaine, en vrai Cheval Malet qu'il devait être. Louise savait bien ce qu'il fallait pour se préserver du Cheval Malet : déposer sur le Pavé de Gargantua une poignée de trèfle. Mais le Pavé de Gargantua se trouvait dans la Combe-aux-loups. C'était le dolmen sur lequel le vieux curé disait la messe au temps du refuge dans la forêt. Entre la peur du Cheval Malet et la peur de la forêt avec ces bûcherons venus du Nord, Louise préférait se signer lorsqu'elle voyait le cheval gris pommelé qui la regardait fixement de ses yeux morts.

Dochâgne montra au vieux curé l'étrange fruit chaud que lui avaient donné les bûcherons.

— Jette-le tout de suite, mon fils. C'est une pomme du diable, une pomme née dans la terre et non pas dans l'arbre comme le sont les pommes du paradis. Au bagne de l'île de Ré on nous jetait ces fruits empoisonnés dans nos auges. Tous ceux qui en ont mangé sont morts.

Il fallut tout réinventer. Il fallut tout reconstruire. Il fallut tout réapprendre. Les coups de hache dans la forêt paraissaient d'autant plus pénibles, ils faisaient d'autant plus mal, comme si on les eût reçus sur son propre corps, que l'on dépendait du bois pour tous ses objets usuels, pour ses outils, pour son toit, pour les sièges et les meubles que l'on commençait à façonner, pour les charrettes que Chante-en-hiver tentait de mettre debout. L'appropriation de la forêt par le comte paraissait aussi injuste que jadis la réquisition des conscrits pour les armées de la République. On entendait les charrois de grumes qui roulaient lourdement dans les fondrières, en direction de la route carrossable qui partageait la Vendée en deux, de Nantes à La Rochelle.

Louise demanda à Dochâgne qu'il lui menuise une maie.

Dochâgne avait en effet retrouvé le four de la borderie, sous un éboulis, et l'avait remis en état de marche. On allait pouvoir faire son pain.

Jadis les maies se façonnaient dans le bois du plus vieux cerisier du verger. On attendrait que les cerisiers repoussent. Déjà, cette année, ils avaient eu la bonté, pour la première fois depuis les Colonnes infernales, de donner des cerises. Dochâgne construisit la maie avec des planches de noyer, récupérées dans les ruines, et l'emplit de farine d'orge et de seigle, deux tiers d'orge, un tiers de seigle.

Louise noua autour de sa taille ronde un tablier de toile blanche que venait de terminer Jacques-le-tisserand. Elle creusa un trou dans la farine, y plaça un morceau de levain, versa un peu d'eau de la marmite, pétrit la pâte, puis l'enveloppa dans une serviette blanche et referma le couvercle.

Le lendemain matin, Dochâgne se relevant de ses fougères, cria :

— La pâte est-elle levée ?

Une bouffée de bonheur transporta Louise. Elle se sentait femme. Elle se sentait pleinement la femme de cet homme qui criait comme jadis son père dans la ferme, là-bas, à mi-chemin de la forêt :

— La pâte est-elle levée ?

La petite Louise s'éloignait dans le passé. La femme Louise avait dix-neuf ans, deux enfants, sans compter Tête-de-loup, et elle ouvrait la maie, comme elle avait vu tant de fois sa mère le faire et, comme elle, répondait :

— Oui, la pâte est levée.

Pendant que Dochâgne pétrissait dans la maie de quoi cuire six à huit pains de dix livres, Louise saupoudrait de farine les palisses en paille de seigle tressées pendant les veillées et dans lesquelles Dochâgne placerait la pâte coupée.

Puis il alluma le four, avec des tiges de genêts et des fagots de bois des haies.

Attiré par la bonne odeur de pain chaud, Jacques-le-tisserand était sorti de sa masure, accompagné de Léonie. Ils restaient tous les quatre en contemplation devant le four, comme si un miracle allait s'y accomplir et une sorte de miracle se produisait bien, en effet, dans cette transformation du grain en pain, ce pain, leur nourriture essentielle, celle qu'ils préféraient.

A part cela, ils étaient mangeurs d'ail et d'oignons, de mil pilé dans des mortiers de terre et que l'on absorbait en bouillies pâteuses, de lait et de caillés.

Chez Dochâgne, la vache et la chèvre assuraient un peu de

beurre et de fromage entièrement donnés au maire-meunier à titre de redevances. Ils ne gardaient du lait que pour la nourriture des enfants, en bouillies assaisonnées de farine d'orge et pour leur migé de lait caillé brassé avec du pain, l'été, qui remplaçait la soupe.

Comme boisson, ils aimaient l'eau de leur puits, bue à la régalade, dans un pichet de grès. Mais, des charognes continuant à contaminer beaucoup de puits, le maire et le curé, d'accord pour une fois, proscrivirent l'eau et recommandèrent, en attendant que des vignes fructifient, une boisson à base de feuilles de frêne qu'ils appelèrent tout bonnement de la frénette.

Puisque l'on disposait d'un tisserand, on se remit à cultiver du chanvre. Les chènevières s'accolaient en général au jardin potager. Le lin, lui, se récoltait en plein champ. Les plus jeunes femmes du village s'assemblèrent pour le broyer. Les moins jeunes filèrent le chanvre au rouet ou à la quenouille. Jacques tissa de gros draps rudes avec les étoupes de chanvre dont il prenait bien garde de ne pas perdre un fil, de peur d'être condamné à dévoéder toutes les nuits en compagnie des fradets. Avec le lin, il tissait des étoffes fines, en pensant aux corps féminins qui les revêtiraient.

Un jour, à l'heure paresseuse de la mariennée, le village fut brutalement réveillé par un bruit de carrioles, des cris, des sonnailles de colliers de mules. On vit une caravane de voitures lourdement chargées de femmes, d'enfants, de volailles, de porcs, d'ustensiles, d'outils. Ils se dirent sabotiers. Les maîtres sabotiers de Nantes avaient acheté au comte des lots de la forêt et ils venaient s'installer.

Personne ne voulut leur en indiquer le chemin mais ils allèrent trouver le maire-meunier, avec leurs pièces à conviction, et le maire-meunier fut bien obligé de les guider dans le méandre des chemins creux.

Les chocs des cognées ne retentirent que de plus belle. On entendait gémir les arbres. On entendait leurs râles, leurs déchirures et le grand cri qu'ils poussaient lorsque, finalement, ils tombaient de tout leur long, les bras en croix.

Dochâgne n'y tint plus et alla voir. Les sabotiers avaient construit des huttes de terre et de branchages. Avec de grosses souches, ils s'étaient fabriqué des billots et avec du bois bien écorcé des établis. Chaque famille se spécialisait. Celle du dégrossisseur taillait la bûche à la dimension d'un sabot. Celle du creuseur vrillait à la tarière ce qui en serait l'intérieur. Celle du pareur achevait l'ouvrage. Femmes et enfants, tout le monde participait, les uns apportant le bois, les autres dégageant les talons à l'herminette ou passant aux creuseurs la panoplie des cuillères.

La forêt commençait à se miter. Les coupes des bûcherons, puis celles des sabotiers, faisaient déjà de grandes clairières, avec des cabanes et des huttes abandonnées, bûcherons et sabotiers délaissant leurs campements quand les coupes se terminaient pour aller en construire d'autres, à chaque fois, sur les lieux mêmes de leur travail.

Dochâgne rendit visite à son arbre qui se trouvait maintenant seul, debout, au milieu d'une jonchée de troncs ébranchés. Dochâgne était tranquille avec les sabotiers à la recherche de bois tendres : aulnes, bouleaux, hêtres, et qui jamais ne creusaient de chêne.

En repassant au campement, il vit sous les marmites, dans la cendre chaude, ces curieuses pommes couleur de terre que mangeaient aussi les bûcherons. Mais les hommes de la forêt avaient sans doute des estomacs de sangliers.

Henri (des Dochâgne) et Pierre (des Chante-en-hiver) nés la même année, à quelques mois près, ne marchaient encore ni l'un ni l'autre. Lorsque les deux couples partaient travailler aux champs ou à la forge, on les mettait côte à côte dans des baillotes, troncs d'arbre évidés, où des coussins de paille les maintenaient debout. Ainsi prirent-ils l'habitude, tels Victorine et Victor, de se considérer comme frères. N'ayant pas encore accédé à la parole, ils devaient se contenter de se regarder. Les mains enfouies dans les baillotes et ligotées, ils ne pouvaient se toucher. De temps en temps la gale, les poux, les excréments et l'urine dans lesquels ils baignaient finissaient par les agacer et ils poussaient des hurlements qui, aux dires de leurs parents, constituaient des indices de leur bonne santé.

Victor et Victorine, qui atteignaient leurs deux ans, étaient équipés de la robe à bavette et du bonnet rond à bourrelet pour se protéger le crâne du choc des chutes. Ils portaient autour du cou un collier de gousses d'ail contre les vers et des pattes de taupe pour leur épargner les maux de dents. Mi-rampants, mi-titubants, parfois gaillardement marcheurs, ils témoignaient des hésitations et des espoirs du nouveau siècle qui débutait avec eux.

La renaissance du village commença vraiment avec l'inauguration du moulin. Sur la butte, les pales de bois grincèrent comme des mâts de navire. Les voilures obliques claquèrent au vent. Le meunier, qui avait retrouvé son gros ventre, sa femme dont les bijoux d'or s'étalaient sur une opulente poitrine montrée toute nue, à la manière des villadins, ses enfants engoncés dans des robes à volants et des pantalons de velours noir, se tenaient très droit, comme au garde-à-vous, devant le moulin dont les ailes s'étaient mises à tourner.

La centaine d'habitants du village, au grand complet, afflua sur la colline. Même le vieux curé, avec à la main un seau et un goupillon pour la bénédiction. Mais le meunier-maire l'arrêta :

— Pas d'eau bénite sur ma farine, curé, ça la ferait rancir.

Le curé se trouvait tout embarrassé, avec son seau et son goupillon, marmonnant quand même des prières à voix basse.

Le meunier-maire fit un discours, où il parla de patrie et de vertu, puis se frotta les mains en annonçant :

— Citoyens, la forêt ne sera pas tondue. Les dégâts sont déjà grands, mais j'ai reçu réponse du préfet de Fontenay-le-Peuple à ma juste plainte quant au saccage opéré par le ci-devant comte. Il paraît que les émigrés retournés grâce à la mansuétude du Premier Consul abattent partout les forêts pour en faire de l'argent qu'ils emportent à l'étranger. Le Premier Consul vient de prendre un décret pour enrayer les coupes. Nous garderons notre forêt.

Cent gosiers se mirent à hupper, ce cri de joie du bocage qui terrifiait jadis les culs-blancs et qui s'entend de si loin, répercuté de colline en colline, que les pauvres bûcherons et sabotiers s'arrêtèrent à l'instant de travailler, pétrifiés d'effroi et de pressentiments.

Chante-en-hiver, Jacques-le-tisserand et quelques autres improvisèrent un orchestre. Chante-en-hiver s'était fait un chalumeau de sureau et Jacques-le-tisserand un fifre de roseau. Un paroissien du bas de la côte jouait dans un hautbois de frêne et un autre, qui travaillait à la ferme près de l'étang, dans un sifflet d'écorce.

Les femmes se mirent aussitôt d'un côté, les hommes de l'autre et l'on dansa une gavotte. On sautait à deux, on gambadait, on formait des rondes. Les enfants faisaient de même. Et les chiens (car des chiens étaient revenus qui n'avaient pas réussi à devenir loups) appuyaient l'orchestre de leurs jappements. On dansa, comme de coutume, jusqu'à épuisement, bien après que le gros meunier fut rentré dans sa maison avec sa famille costumée, bien après le départ du vieux curé tout triste avec son seau et son goupillon. On dansa même la nuit tombée, puis on resta affalés, morts de fatigue, couchés dans l'herbe autour du moulin jusqu'à ce que le chant des coqs réveille les paroissiens tout humides de rosée.

Les bûcherons et les sabotiers disparurent, sauf un qui vint tout seul au village, avec sa hotte à outils et demanda si un sabotier pouvait trouver de la pratique. Jusque-là on avait fait soi-même ses sabots dans de grosses branches de peuplier. Mais il ne manquait pas de maisons à relever et si ce sabotier montrait du courage, rien ne l'empêchait d'occuper ses bras.

C'est alors que Dochâgne, en labourant un champ, ramassa une hache de pierre polie. Il la montra le soir à Jacques-le-tisserand qui lui dit :

— C'est une fée qui a perdu sa pierre du tonnerre. Mets-la sous ton toit, tu seras protégé de la foudre.

Le soir même un orage terrorisa les paroissiens qui ne pouvaient s'empêcher de se rappeler les canonnades d'antan et une boule de feu s'abattit sur la masure de Jacques. Il n'eut que le temps de se sauver en chemise, avec Léonie et le petit Victor, avant que le toit flambe et que les murs relevés s'effondrent une nouvelle fois.

Le lendemain, le fermier du bas de la côte, en revenant d'essarter une friche, rencontra une brebis bêlante et fourbue qu'il chargea sur ses épaules. Mais au fur et à mesure qu'il avançait vers le village, content de ce cadeau du ciel, la brebis devint de plus en plus lourde. Si lourde que soudain il comprit qu'il était la proie d'un maléfice, chancela sous le poids et se retrouva culbuté dans un buisson d'épines, cependant que la brebis s'enfuyait en pouffant de rire.

Après les chiens, revinrent les chats. On tenta de les chasser car les chats, comme les lièvres, sont animaux du diable. Après la pierre du tonnerre et le mouton pesant on comprenait bien que le Malin cherchait de nouveau des noises au pauvre monde. Mais les chats se glissent comme des vipères, disparaissent dans les murs, montent aux arbres. Puisqu'ils avaient décidé de revenir, il faudrait au moins l'Ogre-Turreau pour les dégoûter de la vie en société.

Le comble fut atteint lorsque celui qui travaillait à la ferme près de l'étang aperçut un soir des spectres bleus qui sortaient de l'eau glauque.

On alla trouver le vieux curé qui prit son seau et son goupillon et s'en vint solennellement, suivi par une vingtaine de paroissiens égrenant leurs chapelets qu'ils continuaient à porter autour du cou, comme des colliers.

Le vieux curé brandit son goupillon, aspergea l'étang d'eau bénite et lança d'une voix forte :

— Excommuniés, magiciens, sorciers, vous tous qui pratiquez le sortilège, sortez d'ici !

Rien ne sortit. Mais le soir, et tous les soirs suivants, les spectres bleus continuèrent à virevolter sur l'étang.

On alla trouver le maire-meunier qui décréta que l'eau devait être trop sale et qu'il en sortait des vapeurs, qu'il fallait donc vider et nettoyer la fosse.

Chacun trouva cette réponse absurde et s'en revint chez soi. Seulement les spectres bleus, non contents de s'échapper des eaux dormantes, réveillèrent les autres démons de la nuit. On fut tiré du sommeil par les grincements de la pierre qui vire, par les coups de battoir des lavandières de la nuit. Et des frésaies hululèrent sur le toit des maisons.

Le meunier-maire s'obstinait à dire qu'il fallait nettoyer l'étang. Qui oserait ?

Les forgerons ayant la réputation de n'avoir point peur du diable, faisant comme lui commerce avec le feu, le meunier-maire tenta de convaincre Chante-en-hiver.

— Voyons, mon garçon, tu ne vas pas me dire que tu crois à ces superstitions ! Je veux bien que tu écoutes ton curé puisque le Premier Consul lui-même a signé le Concordat avec le pape, mais tu ne crois quand même pas aux sorciers ?

Chante-en-hiver réfléchit longuement et dit :

— Peut-être ben qu'il n'y pas de sorciers, mais vous ne me direz point qu'il n'y a pas de mauvais monde.

— Bon, vous n'allez pas rester apeurés comme ça. Je vous dis qu'il faut vider l'étang. Il pue tant qu'il finira par nous flanquer la peste. Allons, puisque personne ne se décide, j'ordonne qu'une équipe soit constituée par les étrangers...

Les étrangers ? Quels étrangers ? Chante-en-hiver ne comprenait pas. Le meunier-maire voulait-il parler des bûcherons et des sabotiers, qui tous étaient partis ? Sauf un, il est vrai...

— Quels étrangers, monsieur le Maire ?

— Eh bien toi, Dochâgne, le tisserand, le sabotier.

Chante-en-hiver comprit aussitôt le sens des présages. Ils annonçaient la rupture de l'unité villageoise, une première fissure dans la solidarité inconditionnelle des survivants des grands massacres.

Il est vrai que, depuis le Consulat, le vieux curé qui les avait ramenés de la forêt n'était plus Noé. Ils n'aimaient pas le meunier, mais le pouvoir se partageait néanmoins désormais entre le prêtre et le maire. Ils en jouaient d'ailleurs, demandant à l'un ce que l'autre ne leur accordait pas.

Chante-en-hiver, Jacques-le-tisserand, Dochâgne et le sabotier allèrent donc vider l'étang. Une masse d'ossements humains apparut dans la vase, avec des lambeaux d'uniformes bleus.

Et c'est ainsi que le paydret Chante-en-hiver, que le Choletais tisserand, que le sabotier originaire de la Gâtine, et que Dochâgne issu du chêne, devinrent au village des étrangers. Bien qu'ils aient fait souche avec des filles du pays, sauf le sabotier, bien sûr, qui juste arrivait. Longtemps plus tard, lorsque les rois réapparurent, Dochâgne devenu bien vieux et qui n'aura guère bougé du village, s'entendra encore dire par des nouveaux venus :

— Vous, père Dochâgne, qui n'êtes pas du pays...

Ainsi vont les choses. Et les gens.

3

Un matin de 1803

Un matin de 1803 le vent d'ouest qui, exceptionnellement, ne ramenait pas avec lui cette petite pluie fine qui n'est autre qu'une douce caresse de l'Océan, transporta des sons étranges que les enfants de moins de dix ans n'avaient jamais entendus. Dans le silence de l'aube, les cloches de l'angélus tintaient.

Toutes les églises du bocage avaient perdu leurs clochers en 93, à l'exception de quelques-unes achetées par des pataudṡ pour en faire des hôpitaux ou des poudrières. L'église du bourg voisin était dans ce cas. En même temps qu'elle sonnait à la volée sa résurrection, elle indiquait aux villages d'alentour qu'ils ne seraient plus seuls.

Il se fit alors un grand remue-ménage dans les chemins creux. On allait aux nouvelles. Même le vieux curé, partit à pied au bourg pour entendre de plus près sonner l'angélus du soir. Il revint le lendemain fort courroucé et réunit aussitôt ses paroissiens dans la grange à demi effondrée qui lui tenait toujours lieu d'église.

— Mes fils, mes filles, j'ai une bien grave nouvelle à vous apprendre. Monseigneur l'évêque de Luçon a refusé le Concordat. Buonaparté a extorqué sa signature au pape. Les intrus sont maintenus dans leurs cures. Au bourg, le juge de paix est un moine défroqué qui rend la justice contre des barriques de vin. Non seulement la loi du divorce est maintenue, mais les divorcés ont le droit de se remarier à l'église. Les biens du clergé, volés par les patauds, ne seront pas rendus. On demande encore aux ecclésiastiques de prêter serment aux autorités civiles. C'est leur manie, à ces maudits patauds ! Vous me voyez prêter serment au meunier ? Mes fils et mes filles, je serai toujours votre curé. Des généraux de la République, nous en avons vu passer ! Une dizaine d'entre eux ont laissé leurs os sur notre terre. Le général Buonaparté passera, lui aussi.

Le second événement important vint du sabotier. Il s'était inséré dans une ruine, près de la forge de Chante-en-hiver, s'y improvisant une niche. Ayant déblayé un bout de terrain, il en fit un jardin potager et dans ce jardin planta une de ces pommes de terre des hommes de la forêt. Lorsque le moment vint d'arracher les tubercules, il convia son voisin forgeron à assister à la surprise. D'une pomme de terre il en était né douze.

— J'en mangerai trois, je planterai les neuf autres l'an prochain. J'en récolterai cent.

La nouvelle fit le tour du village. Le sabotier de la Gâtine fut regardé par en dessous. Déjà qu'il se singularisait avec ses moustaches en croc qui le faisaient ressembler à un gendarme ! On commençait à se dire que l'on avait été bien imprudent d'accueillir autant d'étrangers qui risquaient d'amener avec eux des maléfices.

Seul, le maire-meunier donna raison au sabotier :

— La République a toujours souhaité que les pauvres puissent manger à leur faim. Les plants de pommes de terre sont si prolifiques que si chacun de vous en cultivait il n'y aurait plus de disette. Dans les instructions de la République, la culture de la pomme de terre...

Voilà que la pomme de terre était républicaine ! Raison de plus pour s'en méfier. Que le maire-meunier la défende donnait raison au curé qui la disait plante du diable.

Le sabotier de la Gâtine fut boudé. Comme personne n'avait besoin de sabots, il fut embauché comme homme à tout faire par le maire-meunier. Il livrait aux paysans le grain moulu, dans des pochées hautes comme lui et qui pesaient bien plus que son propre poids. Les ânes mettant autant de lenteur et de mauvaise volonté à se reproduire qu'à transporter quoi que ce soit, pour l'instant le sabotier faisait l'âne. Il faisait aussi le terrassier, le maçon, le charpentier, le couvreur, le mécanicien, puisque le maire-meunier l'avait chargé, pour occuper ses temps perdus, de relever le moulin à eau, tout en bas du village, à l'endroit où la rivière contournait la forêt.

Chaque village avait en effet un moulin d'été (les virolets) et un moulin d'hiver (à coussottes). L'abondance de vent l'été, la surabondance d'eau l'hiver assuraient la rotation continue des moulins. Tant de moulins dans le bocage, avant que les bleus ne les canonnent, que le paysage se ponctuait partout de grands gestes et que le bruit des meules faisait comme un immense gémissement.

Jacques-le-tisserand, lui aussi, remontait ses murs détruits par l'orage, recouvrait son toit de ramées. Puis il alla couper de belles branches de hêtre et de chêne pour reconstruire son métier brûlé. Il s'était remis au tissage lorsque le maire-meunier vint le trouver :

— Alors, citoyen tisserand, non seulement tu ne me payes pas de loyer pour cette maison qui m'appartient, mais en plus tu voles mon bois.

Jacques fut si surpris qu'il ferma son seul œil et, ne voyant plus rien, crut s'être mis à l'abri des reproches. Il essayait en même temps de comprendre. Son bois ? Quel bois ? Il coupait du bois n'importe où, comme tout le monde. Mais le maire-meunier continuait :

— Tu sais très bien que, dans le pays, tout ce qui n'est pas au ci-devant comte est à moi. Ce métier à tisser a été fait avec mes bois, donc il est aussi à moi. Mais je te le laisse. Pour sa location, tu me feras une belle paire de draps.

Le maire-meunier tourna les talons en faisant grincer ses bottes de cuir, sortit en courbant l'échine pour passer sous les solives basses puis, se ravisant, revint vers Jacques qui le regardait fixement de son œil unique, comme une chouette chevêche et ajouta :

— Et puis aussi, une douzaine de mouchoirs de Cholet.

Même si le village perdait de plus en plus, au cours des années de paix, de cette communauté intégrale qu'il avait vécue dans les années de guerre, de clandestinité dans la forêt, de relevailles des ruines et des friches, il n'en conservait pas moins encore une grande solidarité pour ces travaux d'entraide que l'on appelait des guerouées. Assemblées joyeusement émulatrices qui mettaient en branle hommes, femmes, enfants, au son rauque de la corne à bœuf.

On formait des guerouées d'hommes pour arracher les ajoncs et les genêts, des guerouées de femmes pour broyer et nettoyer le lin, des guerouées de charrettes pour déblayer les ruines et transporter les pierres, des guerouées de la population entière pour les métives et les vendanges.

Les batteries au fléau devant se faire en plein soleil, on observait le ciel la veille. Si le temps se montrait clair, dès matines, on organisait un grand bal pour que danseurs et danseuses piétinent ce qui serait l'aire à battre le blé. C'était aussi une manière de se mettre en train. Rien n'étonnait plus jadis les soldats républicains que d'entendre la nuit les quadrilles et les rigodons de ces paysans qui se préparaient ainsi, en se saoulant de fatigue, aux combats du lendemain.

Dès l'aube, cavaliers et cavalières frais dispos grimpaient sur les gerbiers et, avec leurs fourches de bois, jetaient les gerbes sur l'aire, reprises à pleins bras par des compères qui les transportaient pour former la courtée. C'était alors le travail des vieux et des femmes que de délier les gerbes et les poser comme des rangées de tuiles en veillant qu'aucun épi ne touche le sol.

Dochâgne tenait à la main un fléau tout neuf. Il en avait taillé le manche (le toulot) dans une branche de frêne bien droite et la partie battante (la verge) dans une planche d'orme. Jadis les bourreliers assemblaient le toulot et la verge par un virolet (tourniquet) préparé avec le membre viril desséché d'un taureau. Mais les taureaux étaient encore trop rares et leurs membres virils trop précieux pour que l'on puisse songer à faire un virolet avec autre chose qu'une peau d'anguille aplatie.

Le seul œil de Jacques-le-tisserand ne lui permettait pas de manier le fléau, dont les coups devaient être assenés avec précision, mais Chante-en-hiver faisait face à Dochâgne. Ils étaient huit hommes, confrontés, levant très haut les fléaux et les abattant en cadence sur les gerbes déliées. Chacun se montrait intrépide à frapper fort et à garder le rythme.

Puis on se partagea la récolte, au prorata des terres ensemencées. Dochâgne reçut quelques sacs de grains et mit sa fierté à aller en vendre un au bourg.

Vendre du blé représentait un grand luxe pour ces paysans de très petite culture. Le grand luxe et l'orgueil. Dochâgne jucha son sac sur un cheval aveugle et s'enfonça dans un chemin étroit, profond, sans soleil tellement la voûte des châtaigniers était dense. Après avoir laissé à main gauche la ferme du bas de la côte, il emprunta le chemin des cheintres, ces zones étroites entre les champs et les haies, que les paysans ménagent pour y faire pâturer leurs bœufs. Il laissait la forêt à gauche, allant le plus droit possible vers l'ouest.

Le clocher de l'église du bourg et ses quatre moulins sur la colline apparurent soudain derrière une haie de chênes têtards. Puis les toits rouges des maisons aux tuiles romaines. Tant de maisons, accolées les unes aux autres, si serrées qu'elles semblaient n'en faire qu'une, immense. Mais en s'approchant on voyait de grands trous dans la belle ordonnance des toits. Là encore la guerre laissait de lourdes traces non encore effacées. Des roses trémières fleurissaient dans les ruines, disputant le peu de terre à des noisetiers et à des iris. Dochâgne entendit comme un bourdonnement, puis, en s'approchant plus près, une sorte de clameur. Il arrivait dans la rue principale du bourg avec son cheval aveugle et son sac de grain et devait se frayer un chemin au milieu des ânes et des mulets chargés de baluchons, d'outres d'eau, de fagots de bois. Des cris, des rires, des discussions, des bousculades, toute cette agitation lui donnait l'impression d'une tempête. Il s'arrêta un instant, retenant le cheval aveugle par le licol et eut comme un étourdissement. Il revoyait soudain les vagues qui se jetaient sur les rochers de granit dans un crachement d'écume, là-bas, très loin, tout en haut de la Bretagne, lorsqu'il avait buté sur la mer avec ses cent mille compagnons de la grande virée de galerne. Après tant de jours, enfoui dans son chêne, puis dans le grand calme du village dépeuplé, il retrouvait la foule et recevait sa turbulence avec un peu d'effroi.

Dochâgne avançait dans la grande rue du bourg, tirant le cheval aveugle apeuré par tous ces bruits insolites. Les deux côtés de la rue étaient bordés de boutiques et d'ateliers où se pressaient chalands et curieux. De la boutique du tanneur venait une odeur âcre. Un teinturier suspendait avec une perche des écheveaux de laine rouges et bleus. On entendait les coups secs du hachoir du boucher, les martèlements sonores du maillet du tonnelier. Un bourrelier cardait du crin en plein air. Chaudronnier, ferblantier, menuisier, perruquier, tailleur d'habits, boulanger, cloutier, sabotier, potier, drapier, filassier, serger, il y avait tant d'artisans et c'était jour de marché. Paysans et villageois d'alentour emplissaient le bourg, coiffés de nouveau de leurs chapeaux noirs en feutre de laine à larges bords, les cheveux courts sur le front mais très longs dans le cou d'où ils débordaient en longues mèches mal peignées ; vêtus de vestes courtes, arrondies, de culottes bouffantes avec de gros bas blancs ou bleus attachés aux genoux par un galon de couleur et de longues guêtres en toile au-dessus de leurs sabots de bois qui leur recouvraient entièrement le pied.

Les femmes portaient des robes de laine rayées, ou bien des jupes à rayures bleues, sous lesquelles apparaissaient leurs bas blancs dans de petits sabots noirs. Leurs cheveux relevés s'enserraient dans des bonnets clairs.

Dochâgne se trouvait mal à l'aise dans cette foule endimanchée, avec ses vieux vêtements si rapiécés par Louise. Il n'avait pas de chapeau, mais un gros bonnet de laine rousse. Sa seule coquetterie tenait dans le mouchoir de Cholet, rouge, offert par son ami Jacques, et qu'il portait noué au cou.

Sur la place du marché l'affluence était encore plus grande. Aux cris des bœufs, des chevreaux, des moutons, se mêlaient les exclamations des marchands. Un groupe se formait autour de deux jeunes gens qui se battaient à coups de gourdin et que les spectateurs encourageaient.

Toute la fierté de Dochâgne d'amener son sac de blé au bourg disparaissait devant l'amoncellement des grains dans tout un coin de la foire. Il en arrivait de pleines charrettes. Il réussit néanmoins à vendre le sien et revint vers la rue principale du bourg pour acheter un cadeau à Louise. Il ne savait pas trop quoi, Louise ne possédant rien.

C'est alors qu'il rencontra un homme en redingote, culotte serrée aux cuisses et bas collant aux jambes, un Monsieur, qui le dévisagea et dont le regard lui rappela quelqu'un.

Une déchirure se fit de nouveau dans son passé et, comme toujours, il revenait au temps de la longue virée de galerne. Un officier noble apparaissait, blessé d'une balle dans les rues de Laval et qu'il emportait, saignant sur son épaule. Dochâgne enleva son bonnet de laine :

— Monsieur le Baron !

Le baron prit Dochâgne dans ses bras et l'embrassa trois fois.

— Que fais-tu là avec ce cheval aveugle ?

— C'est un cheval de hussard. Je me suis caché dans un châgne, après Savenay. On m'appelle Dochâgne. Je suis d'ici, maintenant. J'ai fait souche.

— Dochâgne, il faut que tu viennes me voir. Ils ont brûlé mon château, et je vis maintenant avec ma sœur dans le presbytère que nous partageons avec le curé. Comment est votre curé ? Est-il assermenté ? Tu sais que les assermentés de 1804 sont à mettre dans le même sac que les jureurs de 1791.

— Notre curé est réfractaire. Et nous aussi.

— Je te retrouve bien.

Le cheval aveugle tirait sur sa longe, par petits coups, comme pour rappeler à Dochâgne que le temps passait vite au bourg et qu'il leur fallait refaire une longue route avant la nuit.

— Promets-moi de revenir, dit le baron. Tu me trouveras au presbytère. C'est facile de se rappeler.

Dochâgne s'attarda devant les boutiques, cherchant un cadeau pour Louise qui soit à la fois utile et pas trop cher. Il passa devant un cabaret si plein de buveurs qu'il débordait dans la rue, des barriques debout servant de tables. Des hommes saouls se querellaient, gênés dans leurs affrontements par les corps de dormeurs étendus tout du long sur la chaussée.

Finalement, Dochâgne entra dans une mercerie et acheta pour quelques sous un beau ruban écarlate.

Le plaisir de Louise, recevant son premier cadeau, eût été grand sans le malheur qui venait de s'abattre sur la ferme de ses parents. La paire de bœufs, avec laquelle son père était parti le matin labourer, rentra seule, traînant la charrue renversée. Le laboureur fut retrouvé dans un sillon du champ, le crâne défoncé par une grosse pierre abandonnée un peu plus loin, maculée de sang.

Le maire-meunier alerta les gendarmes, que l'on revit sans plaisir. Ils relevèrent des traces de sabots dans la terre humide semblant indiquer un criminel venu du village. Comme le sabotier de la Gâtine travaillait à relever le moulin à eau, non loin de la ferme des parents de Louise, il fut le premier suspecté. Mais le maire-meunier se porta garant de son manœuvre, ce qui surprit, car il avait peu habitué ses concitoyens à des élans de générosité.

Tout naturellement, les gendarmes s'en prirent ensuite à Chante-en-hiver, à Jacques-le-tisserand et finalement à Dochâgne puisque ceux qui viennent d'ailleurs sont forcément douteux. Mais Chante-en-hiver, entre ses coups de marteau et ses chansons, imposait suffisamment sa présence pour que chacun le sache à sa forge. Jacques-le-tisserand avait été vu à son métier. Finalement c'est Dochâgne, le gendre, qui pouvait s'être disputé avec son beau-père et en être venu aux coups. Louise et sa mère eurent beau clamer que Dochâgne et son beau-père n'avaient jamais eu un mot plus haut que l'autre, elles eurent beau pleurer, hurler, les gendarmes qui n'aiment pas rentrer bredouilles l'emmenèrent tiré par une corde attachée à la selle de leurs chevaux.

Le vieux curé, qui ne croyait pas à la culpabilité de Dochâgne, annonça le dimanche suivant, dans la grange-église, qu'il allait lancer les monitoires. Il se fit alors un brouhaha de sabots, de voix, quelques femmes poussèrent des cris. Le vieux curé, engoncé dans ses habits sacerdotaux noirs empesés, comme pour la messe des morts, monta sur la grande caisse de bois qui lui servait de chaire, cierge allumé à la main et lança le premier monitoire.

— Maudit qui as porté la main sur ton frère, ne sois pas Caïn pour l'éternité ! Décharge-toi du poids de ton péché en avouant ton crime !

Un grand silence répondit à cette première admonestation.

Le curé lança alors le second monitoire :

— Maudit qui as porté la main sur ton frère, ne sois pas Caïn pour l'éternité ! Décharge-toi du poids de ton péché en avouant ton crime !

On entendit quelques toux, quelques raclements de gorge, quelques sabots traînés sur le sol de terre battue. On commençait à se dévisager, pensant voir l'effroi se dessiner sur le visage du coupable. Mais rien.

Le curé demanda alors aux femmes enceintes d'évacuer l'église afin de leur éviter l'apeurement. Puis, brandissant son cierge allumé, comme un ange de l'Apocalypse, il condamna l'assassin aux supplices de l'enfer, qu'il énuméra lentement et souffla la flamme du cierge en criant :

— Que l'âme du méchant s'éteigne comme cette flamme ; que la flamme, chassée par mon souffle, atteigne le coupable même à dix lieues ; que l'anathème retentisse sur son dos comme sur une enclume ; qu'il soit transformé en bête bigourne qui court la galipote !

Louise quitta la borderie pour retourner dans la ferme de ses parents, emmenant sa déjà nombreuse famille : Tête-de-loup qui avait sept ans, Victorine qui en comptait quatre, Henri qui en comptait trois, plus le petit Ernest né l'année précédente et qui restait chétif.

Tête-de-loup amena avec lui son petit troupeau : les trois moutons, la chèvre et la vache. Victorine trépignait de rage parce que le petit Victor restait avec sa mère, chez Jacques-le-tisserand.

La première nuit de leur exode, un des trois moutons fut égorgé et l'on sut ainsi que les monitoires du curé agissaient puisque l'assassin devenait loup-garou. Comme les garous ne peuvent être tués que par des balles bénites le vieux curé sortit son seau et son goupillon et aspergea les armes et les munitions des paroissiens commis à la surveillance nocturne du village et de ses écarts. Chante-en-hiver vint se poster avec son fusil dans l'étable de la ferme des parents de Louise.

Mais ce fut le fermier du bas de la côte qui, le premier vit le garou sauter un échalier. Comme il n'avait pas de fusil il s'élança avec une fourche et ne réussit qu'à lui transpercer une patte.

Le lendemain on vit naturellement un boiteux au village qui n'était autre que le garou reprenant le jour forme humaine. On reconnut un des valets de la ferme près de l'étang qui dit avoir trop bu dans le cabaret du bourg et s'être pris de querelle avec le père de Louise, mais il ne se souvenait plus des motifs de la dispute. Il savait seulement que le vin du bourg rendait fou.

Les gendarmes, à cheval, ramenèrent Dochâgne à pied qui portait sur son dos la corde qui servit à attacher à la selle des chevaux le valet de la ferme près de l'étang.

Le curé se montrait plutôt satisfait des résultats de ses monitoires. Il disait :

— Le maudit a eu de la chance. Pris moins tôt il aurait dû

garouter sept ans, toutes les nuits, dans sept paroisses. Mais Dieu nous a vite rendu notre bon Dochâgne.

Comme la mère de Louise restait seule, tous ses autres enfants ayant été tués dans la grande guerre, Dochâgne abandonna la borderie et devint gendre.

La métairie des parents de Louise appartenait au comte émigré. A mi-distance du village et de la forêt, non loin du moulin d'hiver et, par-là même, de la rivière, elle formait un ensemble de bâtiments en U, avec une longue façade grise et une toiture basse. Jadis, une des branches de l'U, qui servait d'habitation et s'ouvrait sur la cour, comprenait trois pièces en enfilade. Mais il n'en restait qu'une habitable. Ecuries, étables, bergeries demeuraient en ruine, les animaux étant regroupés dans la grange.

Dochâgne savait par Louise que la métairie comptait, avant les événements, huit bœufs, six vaches, sept génisses, quelques veaux, des ânes que l'on ne recensait pas et une cinquantaine de moutons. Il s'agissait donc d'une ferme importante, avec plusieurs valets et un berger. Aujourd'hui encore, bien qu'il ne restât plus que deux bœufs, trois vaches, et une dizaine de moutons, avec ses quarante hectares de terre, tous regroupés autour des bâtiments, l'exploitation demeurait l'une des plus importantes de la région. Bien sûr, les ajoncs et les genêts recouvraient la moitié des terres que l'on ne cultivait plus. Les haies vives et les talus occupant par ailleurs le quart du terrain.

La mère de Louise était une petite femme ronde, d'une cinquantaine d'années, au visage tanné par le soleil et le vent. Ses cheveux gris, en bandeaux, bien lissés sous son bonnet de toile blanche, le déhanchement de sa démarche, souvenir d'un coup de baïonnette, lui donnaient l'aspect d'une vieille femme. A partir du moment où Louise revint à la métairie, sa mère, qui se prénommait aussi Louise, ne fut d'ailleurs plus appelée autrement par les villageois que « la vieille Louise ». Elle se retira dans une des deux pièces écroulées, où Dochâgne lui aménagea un coin, recouvrant le toit béant de branchages. Tête-de-loup commença à manifester son indépendance en se faisant une litière de paille dans la grange, au milieu des bêtes. Chaque matin, il quittait la ferme dès le lever du soleil avec son troupeau devenu conséquent depuis qu'à ses deux moutons, sa chèvre et sa vache s'était ajouté le bétail de la métairie. Il s'éloignait de la forêt où les loups demeuraient un danger permanent et poussait son bétail vers la ferme de l'étang. Là, il cueillait quelques joncs et tressait de petites cages à sauterelles pour Victorine et Henri. Puis il montait plus haut, vers le moulin à vent, cheminant lentement sur les terres laissées en friche. Lorsqu'il arrivait au sommet de la colline, il mettait ses mains en porte-voix et lançait un appel. De très loin, venant d'autres collines, des huchements d'enfants répondaient. Bergers et bergères, qui ne se rencontraient pratiquement jamais, s'appelaient ainsi et communiquaient par des vocalises plus ou moins prolongées qui devenaient un langage.

Le soir, Tête-de-loup rentrait si tard qu'il rencontrait parfois des loups. Mais il savait les effrayer en entrechoquant ses sabots. Ou bien reconnaissaient-ils, eux aussi, une certaine ressemblance entre leurs museaux et le visage pointu de l'enfant, insolite parmi tant de têtes rondes. Toujours est-il qu'ils s'éloignaient en grognant comme des chiens.

Pendant des semaines, Tête-de-loup s'appliqua à sculpter, dans du buis, un collier qu'il apporta à Louise. Jamais personne ne lui avait dit que Louise n'était pas sa vraie mère, ni Dochâgne son père et jamais les deux époux ne montrèrent la moindre différence entre le petit bâtard et leurs propres enfants.

Après le ruban du mari, le collier du fils, Louise crut enfin qu'elle avait droit au bonheur. Et voilà pourtant que tout recommençait.

L'année 1804 allait s'achever quand une nouvelle stupéfiante courut de village en village : le général Bonaparte devenait empereur. Et le pape lui-même venait de Rome pour lui placer sur la tête la couronne de Charlemagne.

Le vieux curé se hissa péniblement sur sa caisse, dans la grange-église et, devant ses paroissiens réunis, lança ses anathèmes :

— Buonaparté est un faux roi et ce n'est pas le vrai pape qui le couronne, mais un antipape. Ces diables de patauds ont plus d'un tour dans leur sac. Napoléoné Buonaparté, c'est l'Antéchrist !

Quelques jours plus tard, on vit revenir les gendarmes à cheval. Le maire-meunier ceignit son écharpe tricolore et les conduisit à la grange-église :

— Citoyen curé, vous avez insulté l'Empereur et refusé de prêter serment. Vous êtes destitué. Vous vous expliquerez avec les magistrats de Montaigu. Suivez les gendarmes.

La venue de la maréchaussée avait attiré les nombreux paroissiens qui n'étaient pas aux champs en ce début d'hiver. Il se produisit une bousculade, un gendarme fut jeté à bas de son cheval, le maire perdit son écharpe tricolore que l'on vit, plusieurs jours après, ficelée sur une truie, et le vieux curé en profita pour retourner une nouvelle fois dans la forêt.

Puis il y eut la maladie du chétif Ernest. Comme son collier d'ail autour du cou ne faisait pas descendre ces maudits vers, cause de toutes les maladies, la vieille Louise essaya la prière pour guérir la colique. Après avoir mis sa main droite sur la poitrine de l'enfant, elle récita trois Pater et trois Ave puis, au nom du petit Ernest, dit lentement, en s'appliquant à prononcer les mots :

— Colique poison qui reste entre mon foie et mon cœur, entre ma rate et mon poumon, arrête, au nom du Père, du Fils et du Saint-Esprit.

Mais la colique ne s'arrêta pas et le petit Ernest gémissait. Des gouttes de sueur perlaient sur son visage brûlant. Dochâgne sortit dans la cour, à la recherche d'un crapaud, le tua d'un coup de pierre, le mit dans un petit sac de toile et le suspendit au cou de l'enfant, au ras de la peau.

La fièvre empira. On lui fit des infusions d'écorce de bouleau. On empila sur son corps qui se tordait de convulsions toutes les peaux de mouton que l'on put trouver afin qu'il puisse suer son mal. Rien n'y fit. Le petit Ernest trépassa dans la nuit.

Il n'y avait plus de curé pour l'enterrement. Dochâgne creusa un trou profond pour que les loups ne viennent pas déterrer le cadavre et ensevelit l'enfant, tout près de la bergerie.

Louise pleura un peu, mais elle était enceinte et accoucha peu après d'une petite fille, alors qu'elle se trouvait seule en plein champ. Elle revint à la métairie en portant le nouveau-né dans son tablier (dans sa dorne), un peu honteuse d'être une « perdeuse d'enfant ». La petite fille ne vécut qu'un jour.

Louise s'enferma dans la soupente que Dochâgne avait aménagée pour sa belle-mère. La vieille Louise s'occuperait de la maisonnée jusqu'aux relevailles puisque, en attendant, accouchée impure, elle ne pouvait ni tirer de l'eau du puits (qui serait souillée), ni toucher un pot à lait (qui aigrirait), ni rendre visite à ses voisines, ni bien sûr s'approcher de son mari.

Dochâgne enterra le nouveau-né près du petit Ernest. Puis il monta au village chercher un cheval aveugle et partit pour le bourg.

Au presbytère, un homme habillé en bourgeois lui ouvrit. Comme Dochâgne montrait une certaine méfiance, il lui dit que les prêtres n'avaient toujours pas reçu l'autorisation de revêtir des habits ecclésiastiques, mais qu'il n'en était pas moins le curé de la Petite-Eglise.

— Notre bon curé doit se cacher dans la forêt. Les gendarmes sont venus...

— Je devrai, moi aussi, bientôt trouver un refuge. Je n'ai plus le droit de dire la messe. C'est un prêtre concordataire qui me remplace, mais il n'a pas osé me chasser du presbytère. Ni chasser le baron. Venez vous réchauffer près de la cheminée, vous y trouverez nos amis.

Le baron et sa sœur se tenaient en effet assis près de l'âtre, dans des fauteuils capitonnés. En les voyant dans leurs vieux habits du temps de Louis XVI et dans cette grande salle commune avec ses armoires profondes, en chêne sombre à ferrure de cuivre, ses chaises de paille tressée, son horloge à balancier, sa longue table centrale flanquée de bancs, Dochâgne eut un moment de vertige. Il lui sembla que le temps basculait et qu'il revenait brusquement en arrière, que tout ce qu'il avait vécu depuis dix ans n'était qu'un cauchemar dont il se réveillait soudain.

Le baron se leva, vint l'embrasser et l'entraîna vers la cheminée ornée sur le manteau de trois fusils et d'une trompe de chasse. Dochâgne alla s'asseoir sur une des pierres d'angle et se réchauffa les mains à la flamme. Il raconta la mort du père de Louise, son arrestation par les gendarmes, la grande métairie dont il devait maintenant s'occuper et qui appartenait au comte, la fuite du vieux curé dans les bois. Il voulut parler de la mort de ses deux enfants, mais il se tut. Cette blessure, à lui, ne regardait personne.

— Le comte s'est rallié à l'Empire, dit le baron. Mais Mlle de La Rochejaquelein, la sœur d'Henri, est un apôtre de notre Eglise. Tu te souviens du boulanger Pierre Tessier, qui se battait dans l'armée de Lescure. Il est maintenant prêtre à Courlay. Il fait la tournée des paroisses et, aux curés qui fléchissent, leur met son pistolet sous le nez. Nous sommes au moins quarante mille. Mais l'Antéchrist est plus malin que Robespierre. il a compris que ce n'était pas en envoyant des soldats que l'on vaincrait la Vendée, mais en la minant de l'intérieur. Il suit son plan. D'abord des routes pour casser le bocage et amener, s'il le faut, à fond de train cavalerie et canons. On a tiré des prisons tous les forçats que l'on a pu et ils sont employés à creuser deux lignes droites, de Poitiers à Nantes et de Saumur à la Châtaigneraie. Puis vider la Vendée des lambeaux de l'armée catholique et royale et les incorporer à la sienne. Lorsqu'il était Premier Consul, Buonaparté rêvait d'une légion composée des meilleurs éléments de la chouannerie. Parce que, vois-tu, Buonaparté nous aime ! Il dit que nous sommes des géants. Des géants... Voilà bien une réflexion de nain ! Il a proposé à Forestier de devenir commandant de cavalerie, à Louis de La Rochejaquelein le grade de colonel. Ils ont refusé Bourmont, d'Andigné, Suzannet aussi. Mais les fils d'officiers vendéens sont incorporés de force à l'armée. On tire encore sur les gendarmes lorsque vient le temps de la conscription, mais le cœur n'y est plus. On voit plutôt des gaillards se vendre comme remplaçants, au poids, à vingt-quatre francs la livre.

— Monsieur le Baron, dit Dochâgne, la misère est si grande,

dans nos ruines, que la seule chose qu'on peut vendre c'est bien sa chair, lorsqu'on a la chance d'en conserver encore sur ses os.

— On ne te donnerait pas cher de la tienne. Tu es sec comme un cep de vigne. Te voilà maintenant à la tête d'une belle métairie.

— Si c'était vous qu'étiez m'sieu not' maître, je ne dis point. Mais, ce comte, qu'on ne connaît ni d'Eve ni d'Adam, qui se prélasse à Nantes, je vous dis, moi, qu'il manque d'affection pour sa terre.

— S'il avait aimé sa terre, il serait resté avec nous pour la défendre.

— Il nous faut relever les murgés, couvrir les toits, désempoisonner les puits, défendre les bonnes terres contre les landes qui se sont mises en marche, prendre les semences sur notre pitance, ne pas toucher aux volailles ni aux gorets pour qu'ils se reproduisent et le maître va venir et prendre la moitié...

— C'est la coutume, coupa le baron, un peu agacé.

— Monsieur le Baron, la coutume veut que le métayage soit à moitié fruits. Mais le maître doit fournir les bâtiments, la terre et le bétail. Il nous a laissés dans notre misère et maintenant il nous réclame une part de riche, comme s'il n'y avait pas eu de guerre.

— A Koblenz, ils ne faisaient qu'une guerre en dentelles... J'ai reçu des nouvelles de Nantes. Les émigrés revenus festoient avec les bourgeois. Les théâtres sont ouverts, les bals n'ont, paraît-il, jamais été aussi brillants et l'on a repris les chasses à courre dans la forêt de Princé. Mais tu me vois, mon gars, dans ce presbytère avec ma sœur où notre refuge devient bien précaire. M. le Curé n'est plus que toléré. Mes fermes sont brûlées. Mes fermiers sont morts. Il faudrait solliciter une charge auprès de l'usurpateur. Plutôt crever.

Le curé sortit une miche de pain entamée de la huche. Il en coupa des tranches fines qu'il distribua à chacun, hésita, puis coupa une tranche supplémentaire qu'il donna à Dochâgne :

— Pour les enfants...

Dochâgne coinça les deux tranches dans sa ceinture de flanelle. Il s'était habitué, dans son chêne, à ne pas manger. Ou si peu.

Suivit un très long silence. Dochâgne ruminait quelque chose. De temps en temps, ses sabots grattaient la terre de la cheminée, comme ceux d'un cheval qui s'impatiente.

— Tu n'es pas venu pour me parler du comte, ni de métayage, dit le baron.

— Notre village est perdu dans ses ajoncs, derrière la forêt, mais le vent de la mer nous parle parfois le soir...

— Il t'a parlé de quoi, le vent ?

— Que le roi serait débarqué aux Sables.

— C'était un bon vent. Il t'a presque dit vrai. Le frère du roi, le comte d'Artois, devait débarquer aux Sables, conduit par Dumouriez, avec Suzannet et d'Autichamp. Forestier avait commencé à reformer sa cavalerie. Mais le vent a tourné. Une fois de plus, nos princes n'ont pas voulu chouanner. Suzannet, avec Bourmont et d'Andigné ont été emprisonnés au Temple. Forestier, condamné à mort, a pu fuir en Angleterre. Le roi ne débarquera pas. Mais vive le roi quand même !

— Je vas m'en retourner, dit Dochâgne.

Tous les dimanches, le village se vidait et les paroissiens retrouvaient leur vieux curé dans la forêt qui, de nouveau, disait la messe sur le Pavé de Gargantua. Tous les paroissiens sauf deux, le maire-meunier et le sabotier de la Gâtine. Comme le sabotier n'avait toujours pas de pratique, et qu'il restait homme de peine du meunier, on en conclut qu'il n'osait pas déplaire à son patron, ou que ce dernier lui interdisait de courir les bois le dimanche, ou encore qu'il craignait la colère du vieux curé pour avoir osé cultiver des pommes de terre bien qu'il fût évident qu'il s'agissait là de légumes du diable.

A propos du diable, un midi il sembla bien qu'il arrivait en personne, juché sur une mule, vêtu de noir des pieds à la tête, avec des doubles yeux que le maire-meunier appela plus tard des lunettes, lorsqu'on l'interrogea sur ce phénomène.

Il s'agissait d'un personnage encore peu connu dans les villages, mais qui allait vite devenir une sorte de diable farceur des campagnes, faisant la pluie et le beau temps, délimitant les terres, accaparant l'argent des uns et versant des rentes à d'autres, assurant la succession des familles et les difficiles partages, sorte de juge et d'usurier, autrement dit un notaire.

Ce notaire, qui venait de Fontenay, depuis quatre jours sur sa mule, s'était presque noyé plusieurs fois dans des trombes d'eau, avait failli s'enliser dans des fondrières de chemins creux où la mule s'enfonçait jusqu'au ventre, n'avait dû qu'à la grande peur de sa monture soudain transformée en lièvre d'échapper à une meute de loups voraces, et son costume noir avait fait fuir un groupe de brigands, dans la forêt de la Chaize, qui, opportunément, le confondirent avec un ecclésiastique. Crotté, courbatu, trempé, toussant, crachant, le notaire demanda la forge. Le meunier-maire l'y conduisit.

Ils y trouvèrent Chante-en-hiver, toujours de bonne humeur devant son brasier qu'il activait en actionnant l'énorme soufflet de cuir.

— Monsieur veut faire ferrer sa mule. Rien de plus simple. Que la mule de Monsieur veuille bien s'asseoir.

Le notaire fit la grimace devant la plaisanterie et demanda au meunier-maire :

— Qui est ce forgeron ?

— C'est le nôtre.

— Erreur, monsieur le Maire. Votre forgeron est mort à Fontenay-le-Comte, le 21 avril 1800, le jour même où l'Empereur, encore Premier Consul, décréta l'amnistie aux chouans. Les uns s'en réjouirent. Votre forgeron bien au contraire en reçut un tel coup au cœur qu'il passa l'arme à gauche.

Le maire-meunier fit à son tour la grimace, se pinça le nez, éternua pour se donner bonne contenance.

— La veuve du forgeron, reprit le notaire, m'a prié de procéder à la vente de sa forge.

— Rien de plus naturel, dit le meunier-maire, la propriété est sacrée. Chante-en-hiver, il faut que tu rachètes la forge.

— Avec quoi, s'écria Chante-en-hiver stupéfait. C'est moi qui ai remonté les feux, reconfectionné le soufflet, besogné la plupart des outils.

— Je dois faire l'inventaire, reprit le notaire.

— Ça ne finira donc jamais, dit Chante-en-hiver. Un jour c'est le forgeron balafré qui revient, un autre jour c'est sa veuve. Moi aussi j'ai une veuve, avec trois enfants. Plus un que nous avons eu ensemble.

Le notaire s'affairait. Il installa un encrier sur l'établi, sortit une plume d'oie de son cabas et il écrivit au fur et à mesure sur une feuille de papier la liste des objets et leurs prix estimés. Il y passa la journée, prenant des mesures, soulevant pour évaluer les poids. Le soir, il demanda au maire-meunier de bien vouloir le loger. Puis, le lendemain matin, il s'en vint trouver Chante-en-hiver qui, décontenancé, ne travaillait pas et se tenait affalé sur la marche de pierre usée comme une vieille meule qui donnait accès à la forge.

— Je vais vous lire, dit le notaire en sortant son rouleau de papier.

— Je sais lire, répondit Chante-en-hiver.

Il prit le rouleau, le déroula et lut :

— *une enclume pesant soixante livres*	*12 francs*
— *un soufflet à forge*	*20 francs*
— *une masse et deux marteaux*	*9 francs*
— *une paire de tenailles, trois tranchets, un marteau à ferrer, une butte*	*6 francs*

— *un pétrin en bois noyer, mi-usé*	*10 francs*
— *un lit en bois blanc, avec sa paillasse et couverture, le tout en mauvais état*	*8 francs*
— *une crémaillère de peu de valeur*..........	*0 franc 50*
— *une pelle à feu, une lampe en fer*..........	*0 franc 60*
— *un pot en fer pour la soupe, avec son couvercle*	*2 francs*
— *un chaudron en cuivre, mi-usé*	*3 francs*
— *un mauvais bassinoir, presque hors service*	*1 franc*
— *un plat, six assiettes, trois écuelles, un pot pour l'eau, le tout en terre, quatre cuillères en bois, une bouteille en verre noir*..............	*1 franc*
— *deux draps de lit mi-usés*..................	*5 francs*
— *deux chemises mi-usées*	*2 francs*

— Mais, dit Chante-en-hiver, c'est la chemise de ma femme et la mienne.

— Prouvez-le.

L'addition arrivait à 80 francs 10 centimes.

Chante-en-hiver dénoua son tablier de cuir et le tendit au notaire.

— Vous ne l'avez pas compté, mais je vous le rends. Bien que ce soit moi qui l'ai taillé sur une charogne de vache.

Le notaire ajouta avec sa plume d'oie :

— *Un tablier de cuir... 3 francs.*

La succession s'élevait maintenant à 83 francs 10 centimes.

Chante-en-hiver appela sa femme au museau de souris, rassembla les enfants et tous partirent se réfugier dans la métairie de Dochâgne.

Le lendemain, le maire-meunier et le notaire, chacun sur une mule, arrivèrent chez Dochâgne.

— La forge est à vendre, dit le maire-meunier, mais nous n'avons pas d'autre forgeron que Chante-en-hiver. Je veux bien t'acheter la forge et toute la succession du balafré, mais il faudra que tu me signes un papier disant que tu me rembourseras le dixième à toutes les Saint-Michel...

— Voilà que monsieur le Maire se souvient de nouveau du nom des saints, grommela Dochâgne.

Le meunier haussa les épaules :

— Vous ne voulez pas comprendre si je dis comme il se doit : tous les octidis de vendémiaire... Mais vous comprendrez si j'ajoute : remboursement du capital, plus bien sûr les intérêts.

— C'est bien de la bonté, soupira Chante-en-hiver.

— Et puis, ajouta le maire-meunier, tu me feras quelques corvées au moulin, tous les dimanches.

— Pas les dimanches.

— Ah oui, c'est vrai. Monsieur se promène en famille. Alors tous les lundis.

C'est ainsi qu'une nouvelle fois, après en avoir été chassé, Chante-en-hiver retrouva la forge.

Victorine faisait des fugues. Elle profitait que Louise ou la grand-mère soient retenues à traire les vaches, à nourrir le cochon, à baratter du beurre, et pendant qu'on la croyait occupée à écosser des mojettes elle courait, engoncée dans ses longs jupons, pieds nus, ses cheveux noirs ramassés dans un petit bonnet de toile blanche. Elle contournait la ferme du bas de la côte de très loin, à cause du chien qui lui faisait peur, montait vers la grange-église puis obliquait dans la direction de l'ancienne borderie de Dochâgne. Mais ce n'était pas sa masure natale qui l'attirait. Elle courait à côté, dans l'atelier de Jacques-le-tisserand où Victor l'attendait.

— Ceux-là, disait Jacques en clignant de son seul œil, de vrais tourtereaux.

Les deux enfants partaient en riant à travers champs, se tenant par la main. Suivant les saisons, ils grimpaient aux arbres pour y dénicher les œufs d'oiseaux qu'ils gobaient en se barbouillant les joues, se gavaient de mûres, ramassaient des champignons et des châtaignes qu'ils apportaient dans leurs tabliers.

Un soir, Victorine ramena Victor avec elle à la métairie. Et Victor ne voulut plus repartir. Louise et Dochâgne furent bien embarrassés. A Léonie, venue rechercher son fils, Dochâgne répliqua :

— C'est le tien, mais c'est aussi le mien.

— Tu as déjà deux enfants avec Louise. Jacques et moi on n'en a point.

Léonie se remit à pleurer, comme autrefois, les larmes coulant dans ces sillons qui rainuraient de plus en plus son visage. Elle commençait à devenir vieille, Léonie, et au village on la regardait avec un certain mépris. Surtout en ces temps de dépeuplement où les berceaux remplis défiaient la mort, où la fécondité luttait contre le génocide, la stérilité d'un couple apparaissait comme une malédiction semblable à la sécheresse de la terre, au tarissement des sources, à la famine. Personne ne semblait se souvenir des maternités antérieures de Léonie, de ses enfants dévorés par l'Ogre-Turreau, de son enfantement du petit Victor. Ou bien alors on disait que, bonne pondeuse dans le temps, le moule s'était cassé. Si le blé ne levait pas on accusait la terre, jamais la semence. La terre ne savait pas recevoir le grain. La terre refusait le germe. La terre devenait mauvaise. De même, dans la stérilité conjugale, rare, la femme était toujours coupable.

— Faut bouère de la tisane d'aubépine, dit la mère de Louise.

— J'en ai tant bu.

— Et de la tisane de gui ?

— Ça me donne la colique, c'est tout ce que ça me fait.

— Dans le temps, dit la vieille Louise, j'ai connu une femme qui ne pouvait point enfanter et qui s'en alla dans la forêt, se mettre cul nu sur le Pavé de Gargantua. Elle pondit, après, une trâlée de drôles.

— Oui, dit Léonie, mais c'était avant que le curé fasse la messe dessus. Maintenant je n'oserais pas.

— Peut-être ben que ce serait encore meilleur, dit Dochâgne.

— Jacques l'aime bien, le petit Victor, vous ne pouvez pas l'en priver.

Dochâgne réfléchissait. Finalement le seul problème tenait dans la longue distance entre la métairie et l'atelier du tisserand. La métairie, trop grande, restait à moitié inoccupée. Mais il n'était que gendre. Il lui fallait s'adresser à la vieille Louise :

— La mère, on pourrait donner à Jacques et à Léonie le bout des écuries qui ne sert à rien. Comme ça on n'aurait pas à se disputer le petit Victor. Tête-de-loup va travailler avec moi aux champs, maintenant, et nous n'aurons pas trop de deux petits bergers.

La vieille Louise, surprise, se mordit les lèvres, romassa de ce long raclement de gorge qui ressemble à un caquetage de poule, et dit simplement :

— Faudrait voir.

On attendit sa décision. Pendant ce temps elle s'affairait ; cassait du bois qu'elle glissait dans la cheminée, sous le chaudron noir ; buffait dessus pour revigorer la flamme ; sortait avec un seau de bois pour aller puiser de l'eau ; versait l'eau dans le chaudron ; ne regardait personne. Puis elle se retourna brusquement vers son gendre :

— Cette Victorine, tout de même, elle nous fera tourner en bourrique.

Le 15 août 1806, l'Assomption fut supprimée et remplacée par la Saint-Napoléon. On en rit encore, sauf en Corse. Comme ce 15 août Louise accouchait de son cinquième enfant, tout le village plaisantait, disant que les Dochâgne allaient appeler leur nouveau-né Napoléon, comme il se doit. La peau d' Léon, nabot d' Léon, ça se chantait en comptines.

Après leurs deux enfants morts, Louise et Dochâgne redoutaient cet accouchement. Tant de maléfices rôdaient sur cette terre qu'ils craignaient moins en fait la mort, si habituelle et contre laquelle on ne pouvait rien, que la venue d'un enfant bête, d'un enfant loup, d'un innocent ou d'un monstre. Louise avait bien pris soin, dans le mois qui venait de s'écouler, de ne pas rencontrer de crapauds. Elle s'était bien gardée, en cousant la layette, de ne pas passer le fil autour de son cou pour ne pas risquer que son bébé s'étrangle avec le cordon ombilical.

Comme elle espérait un garçon, Louise avait bu de la tisane de nénuphar. Son ventre rond était de bon augure puisque les filles font aux femmes enceintes un ventre pointu. Son accouchement fut long et douloureux. Elle resta alitée trois jours, ne voulant pas, une fois de plus, être une perdeuse d'enfant, mais cette fois-ci elle n'avait rien à craindre car l'enfant venait mal et lui déchirait le ventre. Elle saigna tant que sa mère put laver la face et la poitrine du nouveau-né avec le sang de l'accouchement. Puisque c'était un garçon, ce sang lui donnerait vigueur et virilité.

La vieille Louise et Léonie tentaient de calmer les douleurs de l'accouchée qui gémissait si fort que Jacques quitta son métier à tisser et accourut. Dochâgne n'était pas revenu des champs et l'on avait chargé Victorine d'emmener les enfants au loin.

Jacques-le-tisserand jeta dans le feu une poignée de pommes de pin, procédé infaillible pour calmer les douleurs de l'enfantement, mais Louise criait toujours. Pourtant son enfant était né, tout barbouillé de sang. Et ses cris se mêlaient à ceux de sa mère.

La vieille Louise alla enterrer le cordon ombilical, ligaturé et sectionné par elle-même, sous un rosier de la cour. Pour que l'enfant ait un beau teint. Puis elle noua autour du ventre du bébé qui gigotait un fil de coton bleu, un cordon de la Vierge. Vraiment toutes les précautions étaient prises.

Léonie emmaillota l'enfant, pour qu'il soit bien rigide et ne cherche pas à marcher à quatre pattes, comme une bête.

— Profitez de l'occasion, dit la vieille Louise, chaussez les sabots de ma fille. Les sabots d'une accouchée, il n'y a rien de tel pour que la fécondité vous remonte par les pieds et les jambes, jusqu'à l'endroit qu'il faut.

Deux jours plus tard, Dochâgne, la vieille Louise, Jacques et Léonie, s'en allèrent dans la forêt à la recherche du vieux curé. Arrivé près du dolmen, dit Pavé de Gargantua, Dochâgne mit ses mains en porte-voix et lança le cri de la chouette. Une chouette répondit presque aussitôt, dans les futaies du nord.

— Le curé vieillit, dit Dochâgne. On dirait une chevêche malade.

Il remit ses mains en porte-voix, poussa un nouveau cri, modulé deux fois.

On entendit au loin un bruit de branches écrasées, puis des pas qui déchiraient les ronciers. Le vieux curé sortit bientôt des taillis. Il les bénit dès qu'il les aperçut, sourit à l'enfant :

— Quel prénom lui donnez-vous ?

— Si ç'avait été une fille, on l'aurait appelée Marie, à cause de l'Assomption. Puisque c'est un garçon, on l'appellera Jean-Marie.

Le prêtre prit dans le creux de sa main un peu de l'eau qui stagnait dans une cuvette du dolmen, la laissa couler sur la tête de l'enfant :

— Jean-Marie, je te baptise, au nom du Père et du Fils et du Saint-Esprit.

— Amen, dit Dochâgne. Son parrain, c'est Jacques et la marraine la grand-mère. Je vous ai apporté un morceau de pain et du fromage, monsieur le Curé. Prenez bien soin de vous.

— Quel âge as-tu, Dochâgne ? dit le curé. Quand je t'ai reçu dans la forêt tu avais les mêmes cheveux blancs qu'aujourd'hui. Je t'ai cru vieux et voilà que tu ne cesses d'enfanter. Tu es comme moi, sans âge. Ne crains rien, le grand air me conserve.

Le grand air le conservait, certes, mais il n'était plus le curé-Noé ; à la fois Noé et Moïse puisque, après avoir sauvé ses paroissiens du naufrage, il les avait conduits vers une terre de promesse. Maintenant devenu Jean-le-Baptiste, pourchassé, sa vieille tête aux cheveux rares mise à prix.

Les gendarmes à cheval tentèrent plusieurs fois de suivre la paroisse dans sa migration dominicale en forêt, mais les villageois se volatilisaient mystérieusement, sans bruit, sans traces.

Alors ils s'en prirent à Dochâgne. Pourquoi Dochâgne ? La métairie se situait à l'écart, entre le village et la forêt. Et puis ils avaient déjà emmené Dochâgne en prison et bien que son innocence dans le meurtre du père de Louise fût évidente, le seul fait de son incarcération le rendait suspect.

Très tôt un matin, alors que les deux Louise trayaient les vaches et que Dochâgne et Tête-de-loup se préparaient à partir labourer, on entendit une cavalcade qui dévalait de la côte et qui fit aussitôt penser à une échappée des chevaux aveugles. Puis le galop des chevaux se rapprocha. On entendit des hurlements, des bruits de bottes, des cliquetis d'armes et la certitude qu'il s'agissait des hussards revenus jeta la panique dans la ferme. Imprudemment habitués à la paix, aucun refuge n'était préparé. Dochâgne vit Tête-de-loup prestement décrocher l'un des fusils sur le manteau de la cheminée et se poster à l'angle d'une fenêtre. Il en fut si stupéfait qu'il oublia lui-même de s'armer. Ainsi l'enfant de la fille Eléhussard devenait un homme ! Douze ans déjà depuis leur retour de la forêt avec le curé-Noé. Douze années pendant lesquelles ils avaient fait revivre lentement le village, doubler ses feux, tripler ses habitants. Douze années et l'enfant des hussards, qui ne le savait pas, s'apprêtait à tirer sur des cavaliers semblables à ceux qui, jadis, avaient supplicié sa mère.

La porte d'entrée craqua sous une violente poussée et des gendarmes apparurent. Dochâgne arracha le fusil des mains de Tête-de-loup et le jeta sous la maie. Le brigadier s'avança :

— Où est le curé, foutredieu ?

C'était donc seulement cela !

— Quel curé ?

— On sait que tu le caches.

— Je n'ai pas cet honneur.

— Imbécile !

Se tournant vers ses gendarmes :

— Fouillez partout. N'oubliez pas le fumier, il paraît qu'autrefois il se saoulait au purin.

La maie fut renversée et la farine répandue sur la terre battue. Un gendarme se glissa sous le manteau de la cheminée aux caches maintenant bien connues et, furieux de ne rien trouver, décrocha d'un coup d'épaule la crémaillère forgée par Chante-en-hiver, faisant tomber du même coup la lourde marmite de fonte qui écrasa le pot en terre à trois pattes, où bouillottaient les mojettes.

Dehors, un autre gendarme cherchait dans le puits. Tête-de-loup, retenu par Dochâgne, ressemblait bien en effet à un petit fauve. Si Dochâgne ne l'avait pas solidement agrippé par le bras, nul doute qu'il se serait jeté sur les gendarmes pour les mordre. Sa fureur contenue était telle qu'il en bavait.

Il y eut des exclamations dans la cour et un gendarme vint avertir le brigadier de la capture du curé.

— Crétins, dit le brigadier. Le curé est vieux comme Hérode et il a ses deux yeux. Mais que fais-tu là, toi ?

— Je suis Jacques, le tisserand.

— D'où viens-tu ? Je parie que tu n'es pas d'ici. C'est formidable, on ne sait pas d'où vous sortez, tous tant que vous êtes ! Ça pousse comme des champignons dans la forêt.

— Je suis venu de Cholet.

— Si on l'emmenait, chef, dit un gendarme.

— Es-tu le seul tisserand, dans le village ?

— Oui. Avant que je vienne le drap et le linge n'existaient plus. J'ai tout tissé.

— Eh bien, tisserand, on t'emmène. Tes villageois choisiront entre l'utilité d'un curé dans les bois ou l'utilité d'un tisserand à son atelier. Lorsqu'ils n'auront plus de linge à se mettre sur le cul, ils reviendront te chercher en nous amenant leur foutu curé par la peau des couilles.

4

Dans la forêt de l'Herbergement

Dans la forêt de l'Herbergement, peu après le croisement des deux seules routes qui jadis sectionnaient la Vendée en quatre et que l'on appelle encore les Quatre-Chemins-de-l'Oie, Dochâgne se cachait, le dos bien calé à un arbre, un fusil à la main.

Il se tenait à l'affût, l'un des bords de son grand chapeau noir épinglé pour ne pas gêner sa visée, un cœur rouge en étoffe cousu sur sa poitrine et le traditionnel chapelet pendu en collier par-dessus sa veste en peau de mouton noir.

Il guettait, tout près de la route, posant parfois une oreille au sol pour écouter si un roulement ne se faisait pas entendre au loin. Mais ces précautions étaient inutiles car, lorsque le convoi vira aux Quatre-Chemins, il se fit un bruit de roues, d'essieux, de hennissements tel que jamais Dochâgne n'en avait entendu de semblable depuis la déroute du Mans en 93.

Il vit d'abord arriver un fourgon traîné par quatre chevaux, avec des malles, des casseroles et des barriques, sur lesquelles étaient juchés des cuisiniers et des marmitons. Puis des cavaliers. Il crut reconnaître trois sous-officiers de chasseurs, trois courriers, un piqueur, un écuyer, un page, tous en uniformes chamarrés. Puis un coupé à deux chevaux attelés dans lequel se tenait un évêque. Puis d'autres voitures avec des généraux en bicorne et enfin une grosse berline tirée par six chevaux menés par deux cochers.

Dochâgne pointa son fusil, visa. Il se produisit alors un événement inattendu. Le cortège s'arrêta.

Autour de la berline caracolait un curieux cavalier, gros garçon joufflu coiffé d'un turban blanc, vêtu d'une culotte bouffante rouge et d'un boléro vert à manches jaunes. Cette espèce d'oiseau bariolé étonna tellement Dochâgne qu'il en oublia de tirer. De plus, très vite, la berline fut entourée de ce que Dochâgne prit avec rage pour des hussards, à cause de leurs dolmans à brandebourgs et de leurs sabres recourbés. Leurs grosses moustaches en croc lui rappelaient de plus le sabotier de la Gâtine, cette association du sabotier et des hussards le troubla. Depuis bien longtemps, il n'avait plus revu de hussards, sinon dans ses cauchemars. Quatre d'entre eux sautèrent de cheval découvrant des selles garnies de peaux de panthère. Ils s'avancèrent vers Dochâgne qu'ils ne pouvaient voir tellement il était enfoui dans le hallier. La porte de la berline s'ouvrit. En descendit un petit homme tout en tronc, obèse, aux courtes jambes gainées de bas de soie blancs, coiffé d'un petit chapeau de gendarme.

Les quatre cavaliers, en réalité chasseurs de la garde, dégainèrent leurs sabres et lui présentèrent les armes.

— Je veux pisser, dit le petit homme.

Les quatre cavaliers se formèrent en carré, en lui tournant le dos. Dochâgne le voyait mal, au centre, appuyé d'une main sur l'épaule d'un chasseur dont il arrosait les bottes d'un petit pipi.

Etait-ce Lui ? Etait-ce l'Antéchrist qu'on l'avait chargé d'abattre ? Le chapeau de gendarme, enfoncé sur le front, ne le surprenait pas. Si c'était Lui, n'était-il pas le gendarme-chef et même le grand chef des gendarmes-chefs ? Comme les gendarmes, le petit homme pisseur portait une veste bleue à parements rouges. Ses épaulettes dorées désignaient bien un officier et toutes ces médailles, ces croix, ces plaques, ces étoiles, épinglées sur son gilet blanc, un officier-chef. Oui, ce ne pouvait être que Lui.

Mais Dochâgne s'était laissé trop distraire. Les chasseurs escortaient déjà le petit homme qui, de dos, apparaissait voûté, jusqu'à la berline dans laquelle il monta prestement et disparut.

Le convoi s'ébranla. Dochâgne vit passer d'autres voitures, des cuirassiers avec leurs poitrails de fer et leurs épaulettes rouges, des dragons aux casques à crinière, des grenadiers... C'était fini. Il demeura un moment stupide, son fusil à la main, puis courut à travers bois jusqu'à une clairière où il trouva un cheval attaché, sauta très vite dessus et partit à bride abattue par un chemin forestier.

Il rejoignit un petit groupe de cavaliers, tous coiffés du large feutre noir et le cœur rouge en étoffe cousu sur leurs vestes, à part trois gentilshommes aux chapeaux à plumet parmi lesquels le baron. Dochâgne leur conta sa déconvenue.

— Il ne faut pas oublier que l'Antéchrist tient de Lucifer, dit un des cavaliers nobles. Nous l'avons aussi laissé échapper de Fontenay et pourtant le piège était parfait.

— Jamais nous ne retrouverons une occasion pareille, soupira le baron. Sans le désastre de l'armée impériale en Espagne, Buonaparté n'aurait pas quitté Bayonne pour Bordeaux et il ne lui aurait pas pris fantaisie de faire un crochet par la Vendée en remontant vers Paris. Comment pouvait-on supposer que ce faquin quitterait la maison du maire de Fontenay à quatre heures du matin. Notre tireur l'attendait à sept, c'était déjà matinal.

— Pourtant, dit un autre cavalier noble, le maire de Fontenay n'avait pas ménagé les bassesses pour retenir le tyran. Il est entré dans la ville sous un arc de triomphe où on osa écrire : « Gloire au Grand Napoléon, le Pacificateur du Continent. » Des femmes à genoux ont offert à l'Ogre une corbeille pleine de cœurs vendéens. Oui, messieurs, ces cœurs vendéens qui sont notre fierté, notre emblème, le maudit maire pataud n'a pas hésité à les offrir à l'ami de Robespierre. Les enfants de la ville étaient costumés en mamelouks, comme ce singe qui fait des pirouettes autour de la berline. Il a fallu qu'à minuit un courrier apporte un message d'Espagne par lequel son frère Joseph, qu'il a osé faire roi, parlait d'abdiquer, pour qu'il se mette à casser le bassin de faïence où il se baignait les pieds et donne l'ordre de partir à l'aube.

— Allons, dit le baron, il nous faut le rattraper à La Roche-sur-Yon.

Ils continuaient à donner à la ville nouvelle qui se construisait au milieu du bocage, pour mieux le surveiller, et qui dépossédait Fontenay (redevenu Fontenay-le-Comte après s'être appelé Fontenay-le-Peuple de 1790 à 1804) de son rôle de préfecture, le nom du petit bourg qui en avait été l'amorce et jamais celui, officiel depuis 1804, de Napoléon-Vendée.

Napoléon n'avait encore jamais vu sa ville. Le cortège des huit voitures et des cavaliers entra dans une cité qui n'était encore qu'un chantier. Duvivier, l'ingénieur en chef des travaux, pensant plaire à l'Empereur, l'avait dessiné comme un camp militaire : un pentagone d'où partaient six voies droites. Il tombait une petite pluie fine, pénétrante, qui transformait les rues en fossés pleins d'eau dans lesquels s'ébrouaient des canards.

Descendus de voiture, Napoléon et sa suite pataugeaient dans les éboulis et le mortier. Talleyrand, les bas de soie maculés de boue, crut faire un bon mot en disant à l'Empereur :

— Sire, comme le reconnaissait Richelieu, la Vendée est l'évêché le plus crotté de France.

Napoléon lui jeta un regard mauvais. Mais comme il se méfiait de Talleyrand, il préféra s'en prendre au maréchal Berthier, son habituel souffre-douleur, qu'il gifla d'un revers de main. La traîne de la robe de mousseline blanche de Joséphine telle une serpillière accrochait des immondices. Napoléon la déchira en la piétinant avec ses éperons.

— Cela vous apprendra à vous attifer de broderies anglaises. Vos broderies anglaises, je chie dessus.

Joséphine se mit à pleurer comme une petite fille, en reniflant. Ses cheveux bouclés, ruisselants, se plaquaient sur sa tête et le fard rouge et blanc, dont son visage était si surchargé que l'on eût dit une croûte, coulait dans son cou. Mmes de Montmorency et de La Rochefoucauld, qui l'accompagnaient, les robes collées au corps par la pluie, n'avançaient qu'à petits pas, leurs escarpins s'enfonçant dans la terre détrempée.

Napoléon tira son épée, piqua le mur d'une maison neuve où elle s'enfonça dans le torchis frais. Il se mit à trépigner, hurla dans un charabia incompréhensible où se mêlait au corse le français ordurier des sans-culottes, mais où l'on distingua néanmoins, à l'adresse du peu génial ingénieur du génie Duvivier :

— Vous m'avez construit une ville de boue ! Vous n'êtes qu'un jean-foutre. Destitué ! Vous êtes destitué !

Lorsque le petit groupe de cavaliers, conduit par le baron, arriva à La Roche-sur-Yon, Napoléon et son cortège en repartaient.

Ils le rejoignirent à Saint-André-Goule-d'Oie où voitures et escorte s'étaient arrêtées. Comme il pleuvait toujours, Napoléon, resté dans sa berline, regardait les paysans massés au bord de la route et qui ne disaient rien. Aucun geste, aucun vivat. La pluie trempait les guenilles qui les revêtaient. Ils reconnaissaient sans effroi, mais avec dégoût, les uniformes des soldats des armées républicaines. L'un demanda :

— C'est le roué ?

— Ben, répondit un autre, c'est pas le roué qu'on avait avant.

Derrière les paysans, Napoléon remarqua le groupe des cavaliers marqués du cœur rouge. Il appela Duroc et lui demanda de les faire venir plus près.

— Pourquoi ce fusil à l'épaule ? demanda-t-il à Dochâgne.

Dochâgne ne répondit pas. Il revoyait le petit homme qu'il n'avait tenu qu'une fraction de seconde dans sa ligne de mire et ces yeux gris fer, qui l'interrogeaient, lui donnaient un malaise.

— As-tu fait la grande guerre ?

Dochâgne comprenait mal. Sa langue habituelle était bien sûr le patois poitevin, mais il entendait couramment le français parlé par les bourgeois et les nobles. Le langage du petit homme le surprenait avec ses sonorités chantantes qui lui faisaient perdre le fil des mots dans l'abus des voyelles, et il n'arrivait pas à en suivre le débit trop rapide et saccadé.

Napoléon s'impatienta :

— Pourquoi ne parle-t-il pas ? demanda-t-il à Duroc.

Le préfet s'avança et se proposa comme interprète.

A la question reposée par le préfet, Dochâgne répondit en patois.

— Quoi ? Qu'a-t-il dit ? s'impatienta Napoléon.

— Oui, sire, répondit le préfet, il a fait la grande guerre jusqu'à Granville et Savenay. Il était cavalier de Stofflet.

— Si tu n'étais pas si vieux, j'aimerais t'avoir dans ma cavalerie. C'est donc toi qui te trouvais parmi ceux qui battaient tous les autres. Je serais fier d'être vendéen. Vous avez mené une guerre légitime, noble et belle. Une guerre de géants ! Aujourd'hui tout cela, c'est du passé et, dans mon armée, les Vendéens sont les meilleurs de mes tirailleurs. Vous m'avez appris cette méthode de combat et mes tirailleurs font merveille sur tous les champs de bataille.

Le baron avança son cheval vers la berline.

— Sire, dit-il, de pauvres curés traqués comme des bêtes par les gendarmes vivent encore dans nos forêts.

— Vous êtes noble ?

— Oui, sire.

— Nous autres, nobles, nous finirons bien par nous entendre. Regardez dans la voiture de l'impératrice, vous y verrez deux de vos duchesses. Mais ne me parlez pas de vos curés insoumis. Demandez à l'évêque de Poitiers, qui est dans ma suite, ce qu'il pense d'eux. Depuis mon avènement, la chouannerie n'a plus lieu d'être. Il ne reste plus que des brigands, des émigrés et des stipendiés de l'Angleterre.

» Allons, cria-t-il à Duroc, en route !

Le convoi s'engagea dans le Haut-Bocage. La plupart des villages traversés montraient encore leurs ruines. Une foule de paysans, d'artisans, s'amassait tout le long de la route, toujours silencieuse.

Napoléon, de sa berline, appela le préfet qui suivait au trot :

— Pourquoi toutes ces ruines ?

— La guerre, sire...

— Il y a huit ans que j'ai signé la paix avec d'Autichamp et il n'y a jamais eu de guerre, depuis, en Vendée.

— La misère, sire...

— Vous exempterez de contributions, pendant quinze ans, les deux mille premières maisons qui seront construites.

La petite pluie fine tombait toujours et les voitures avançaient avec peine dans les ornières de la route.

— Pourquoi les cloches des villages et des bourgs ne sonnent-elles pas à mon approche ? demanda Napoléon au préfet.

— Les cloches ont été fondues pour faire des canons, sire.

— Vous leur paierez des cloches.

— Il faudrait aussi reconstruire les clochers.

— Eh bien, préfet, reconstruisez. Quand j'étais Premier Consul j'avais dit à La Fayette que je mettrais les prêtres encore plus bas que la Convention les avait laissés. Mais je me suis aperçu que la religion demeurait la vaccine de l'imagination. Elle la préserve de toutes les croyances dangereuses et absurdes. Un frère ignorantin suffit pour dire à l'homme du peuple : « Cette vie n'est qu'un passage. » Si vous ôtez la foi au peuple, vous n'aurez que des voleurs de grands chemins. Si l'on veut que l'ordre soit assuré, il faut une police et un clergé soumis à l'Etat. La police, Fouché s'en occupe, et le clergé est surveillé par Talleyrand. Comme tous les deux sont des prêtres défroqués, je suis tranquille.

Le long de la route, Napoléon aperçut soudain des centaines d'enfants, pieds nus, en haillons, aux cheveux longs plaqués sur leurs têtes par la pluie. Si différents des jolis petits citadins de Fontenay déguisés en mamelouks. Il fit un signe de la main par la portière pour rappeler le préfet.

— Vous me ferez un rapport sur le nombre de femelles et de mâles en état de procréer dans les dix années qui viennent. Je veux que l'élevage des enfants et leur survie soient assurés. Moins il meurt d'enfants en bas âge, plus on trouve de soldats à vingt ans. A propos, préfet, la conscription ne pose plus de problèmes, en Vendée ?

— Les déserteurs sont plus rares, ici, que dans tous les autres départements. J'en suis fier, sire. Mais la moitié des mobilisables sont réformés pour faiblesse de constitution. Ceux qui avaient cinq ans en 93 ont vingt ans maintenant. Beaucoup sont sourds, aveugles, épileptiques. Sans parler des ulcères aux jambes que leur donnent leurs maudits ajoncs.

Le préfet hésita, puis d'une voix plus basse :

— On ne déserte plus, sire, mais beaucoup de maladies des recrues sont simulées. Les Vendéens ont été terrassés. Trop las pour résister de front, ils rusent.

Plusieurs maires de villages, les poitrines ceintes de leurs écharpes tricolores, s'avancèrent vers la berline. Napoléon donna ordre au cocher de s'arrêter. Les maires apportaient des pâtés en terrine, un jambon, des fruits.

Mis de mauvaise humeur par les derniers mots du préfet, Napoléon cria au mamelouk Roustan :

— Chasse-les. Ils veulent m'empoisonner.

Roustan bouscula les maires en poussant son cheval sur eux et en agitant son sabre.

La berline redémarra dans un crissement de roues. Il faisait nuit lorsque le convoi arriva à Chavagnes-en-Paillers. Des deux côtés de la route brillaient de petites lumières, comme un cortège de lucioles. C'étaient les élèves et les professeurs du petit séminaire qui portaient chacun une chandelle. Derrière eux, on apercevait les ruines d'un château brûlé. L'arrivée de Napoléon fut saluée d'un vibrant :

— Vivat Imperator !

Surpris par cet accueil, Napoléon demanda au préfet de distribuer de l'argent aux séminaristes.

— Au moins, préfet, la relève de l'Eglise est assurée.

Le convoi traversa au trot Saint-Georges-de-Montaigu où pas une seule maison n'était encore entièrement reconstruite et où l'église restait en ruine. Montaigu, la plus importante agglomération du Haut-Bocage, était prévue comme gîte d'étape. Les huit voitures et la cavalerie y arrivèrent au galop.

Le baron et sa petite troupe contournèrent Montaigu pour éviter de se faire remarquer et allèrent tendre une embuscade un peu avant Aigrefeuille, à un endroit où la route dévie légèrement pour enjamber la Petite-Maine.

A son grand regret, le baron désigna un autre tireur que Dochâgne :

— C'est la première fois qu'il rate une cible. Même à cheval, il faisait mouche à tout coup. Mais il a perdu la main.

— Monsieur le Baron, protesta Dochâgne, j'ai été surpris. Je ne m'attendais pas à le voir pisser.

Un cavalier arriva, qui venait de Montaigu apporter des nouvelles.

— L'avoué Tortat lui a offert un somptueux dîner qu'il a refusé, comme d'habitude. Mais Joséphine s'est laissée aller à boire un verre d'eau et l'a vomi. Buonaparté, mis en rage, a obligé le sous-préfet à absorber le reste de la carafe. Comme le sous-préfet n'en est pas mort, Montaigu ne sera pas détruit.

— Toujours cette peur de l'empoisonnement, dit le baron. Il a aussi repoussé le dîner du maire de Fontenay. On aura au moins gagné que tous ces patauds se vexent de ce qu'il refuse partout de manger ce qu'ils lui offrent. Pourtant il n'a rien à craindre. Nous n'utilisons pas les armes des lâches. Et après ?

— Ses cuisiniers lui ont apporté un poulet rôti, comme à l'ordinaire, qu'il a mangé en un quart d'heure, arrosé de son habituelle demi-bouteille de chambertin, à califourchon sur une chaise, le dos au feu. Car il a exigé que l'on fasse un grand feu de cheminée, en plein mois d'août. Comme il avale trop vite, ses maux d'estomac l'ont repris et il s'est roulé sur le tapis en criant qu'on l'avait empoisonné.

— Ensuite ?

— Il a demandé une carte pour y examiner la continuation de son voyage, l'a trouvée mal pliée et l'a flanquée à la figure du maréchal Berthier. On lui a apporté le courrier qu'il a parcouru rapidement, jetant dans le feu, au fur et à mesure, tout ce qui lui paraissait sans intérêt. Puis il a demandé un bain très chaud et s'est mis à patauger dans la baignoire en chantant à tue-tête : *Marat, du peuple vengeur...* Sans doute, maintenant, dort-il du sommeil de l'injuste !

— Reste à savoir combien de temps il dormira, dit le baron.

— Ah ! si, encore une chose, reprit l'émissaire. Lorsqu'il a jeté ses vêtements pour prendre son bain, j'ai pu voir qu'il s'était fait broder la couronne impériale sur ses bas.

Comme toujours, pour déjouer les complots, Napoléon réveilla sa suite à une heure du matin. A trois heures, le convoi arrivait à Nantes. Il avait traversé la Petite-Maine au triple galop, tous feux éteints dans les voitures.

Après son équipée avec les cavaliers du baron où ils avaient joué un rôle de fantômes, Dochâgne reprit le train-train quotidien de la ferme. Chante-en-hiver forgeait, le maire-meunier croyait diriger sa commune tous les jours de la semaine alors que le curé, dans sa forêt, tirait toutes les ficelles le dimanche. Louise avait accouché d'un nouveau fils, que l'on prénomma Arsène. Léonie se desséchait de ne pas avoir eu d'enfant de Jacques-le-tisserand, toujours prisonnier des gendarmes. Aurait-elle su que l'impératrice Joséphine vivait les mêmes affres de la stérilité que cela ne l'eût point consolée. Comme par compensation communale, la femme au museau de souris de Chante-en-hiver pondait régulièrement son enfant tous les ans. Ils en avaient maintenant six, deux n'ayant pas survécu. Le sabotier de la Gâtine continuait à planter la moitié des pommes de terre qu'il récoltait chaque année. Le maire-meunier lui louait un champ et le miracle s'était produit, comme il l'avait annoncé. Avec ses neuf pommes de terre de l'an 1804, il en récolta une centaine en 1805. Il en mangea cinquante et sema les cinquante autres qui lui fournirent six cents tubercules en 1806.

En 1809 il n'arrivait plus à les compter et se mit à faire un pain de pommes de terre qui réussit à accorder le maire-meunier et le vieux curé contre lui. Le maire-meunier, bien sûr, parce que du pain de pommes de terre devenait une concurrence pour le pain de blé et le curé parce qu'une telle multiplication d'aliments, non prévue dans les Evangiles, relevait de la sorcellerie pure et simple. Le vieux curé avait toujours déconseillé, dans le même esprit, de manger les châtaignes que l'on peut cueillir gratuitement et en abondance sur les arbres des chemins creux. Cette prodigalité de la nature indiquait un phénomène pas très catholique. Il fallait se nourrir à la sueur de son front. Il fallait gagner son pain. Seuls les oiseaux du ciel ne tissent ni ne moissonnent... Le curé était pourtant bien placé pour s'apercevoir que le Père céleste ne prenait guère soin d'eux et que beaucoup mouraient le bec ouvert, de faim et de froid.

Le sabotier de la Gâtine, qui n'avait toujours pas de clientèle et dépendait totalement du maire dont il continuait d'être l'homme de peine, ne pouvait s'offrir l'effronterie de lui déplaire en s'obstinant à boulanger du pain de pommes de terre. Il chercha donc, sinon à vendre ses tubercules du moins à les troquer, car on n'achetait ni ne vendait au village qui se contentait encore d'échanges. Comme le moulin à eau, où il habitait, voisinait avec la métairie de Dochâgne, les deux hommes apprirent à faire connaissance. Parfois le sabotier de la Gâtine venait donner un coup de main à la ferme, le soir, après son travail chez le meunier.

— Dochâgne, tu devrais faire de la pomme de terre. Tu as beaucoup de terrains que tu ne cultives pas. Tes enfants n'ont presque rien à manger l'hiver. Et toi-même tu es racorni. Quand tu pars toute la journée avec Tête-de-loup et tes bœufs pour labourer, qu'emportes-tu pour manger ?

Dochâgne n'aimait pas ce genre de conversation. Le sabotier de la Gâtine parlait trop et trop bien. Il avait vécu à Nantes et pris une aisance de langage à la ville.

— Dis-moi, qu'emportes-tu pour manger ?

— Un œuf.

— Un œuf, pour vous deux ?

— Oui, c'est bien assez. Comme il est jeune, Tête-de-loup, et qu'il faut qu'il forcisse, je lui donne le jaune et je mange le blanc. Peut-être ben que je devrais lui laisser l'œuf tout entier.

— Mon bon Dochâgne, avec mes pommes de terre vous n'auriez jamais faim, ni toi ni les tiens. Et l'hiver, si on les emporte brûlantes, elles tiennent chaud sur soi.

— Le curé ne veut pas.

— Tu ne vois pas que ton vieux curé radote dans sa forêt. Il y vit comme une bête.

— Tu n'as pas le droit de dire ça d'un bon prêtre.

Dochâgne et le sabotier de la Gâtine nettoyaient les litières dans l'écurie, enlevant à la fourche la paille souillée qu'ils transportaient sur le fumier de la cour.

— Ta petite Victorine va sur quel âge maintenant ? C'est presque une femme.

— Elle est née pendant la troisième guerre.

— Elle a dix ans. L'autre jour elle pouvait à peine marcher tellement les ronces et les pierres du chemin lui abîment les pieds. Vous ne voulez pas que je vous fasse des sabots parce que vous avez l'habitude de les faire vous-mêmes. Mais comme vous n'avez pas le temps, vous marchez pieds nus. Tiens, laisse-moi faire, je vais lui tailler une jolie paire de sabots.

— Non.

— Tu ne paieras rien.

— C'est pas ça. On pourrait s'arranger. Mais je ne veux pas que Victorine porte des bots, si Victor n'en a pas, ni Henri. Elle pourrait s'accroire.

— C'est un beau petit garçon, Henri. Il est étrange, tu ne trouves pas ? Tout frêle. On dirait un Monsieur. Il est si différent de Tête-de-loup que l'on ne dirait pas deux frères.

— C'est son frère, lança Dochâgne avec brusquerie. Mais tu me bassines avec ton bagou.

— Ne te fâche pas. Je te vois ruminer dans ton coin. Peut-être que je suis bavard, mais toi tu ne parles pas assez. A trop garder de choses sur le cœur, ça vous étouffe.

Dochâgne resta silencieux un long moment, puis, entre deux brouettées de fumier, dit tout à coup :

— Peut-être bien que le meunier est ton maître, mais tu n'as pas l'air de faire mauvaise compagnie avec lui.

— Tu dis ça parce que je ne vous suis pas à la messe.

— Ça et puis peut-être ben autre chose.

— C'est vrai, je suis comme le meunier, je n'aime pas beaucoup les curés, ni les nobles.

— Tu es pataud ?

— Ni pataud ni chouan, sabotier. Dans la Gâtine, on a commencé à chouanner bien avant 89. On chouannait contre les maltôtiers du roi qui venaient arracher les portes et les fenêtres des métairies qui ne payaient pas l'impôt. J'étais un petit drôle alors, et je revois mon père recevoir les collecteurs d'impôts à coups de dail. Et puis la fuite de toute la maisonnée. On se retrouvait nombreux sur les routes. La moitié des fermes de la Gâtine étaient désertées. Tu te souviens de la terrible année 1788 ? L'été, la grêle avait ravagé les champs. L'hiver, la glace arrêta les moulins à eau. Les bêtes crevaient dans les écuries. L'année d'après, on n'en pouvait plus et tout sautait. Tu te souviens que ce qu'ils appellent la Révolution a d'abord été la grande révolte des paysans ?

— Où te trouvais-tu pendant la grande guerre ?

— Je n'étais d'accord ni avec vous ni avec eux. Leur Révolution devenait affaire de bourgeois et de nobles. Nobles blancs contre nobles bleus. Le marquis de Bonchamp qui attaque Nantes au nom du roi et le marquis de Canclaux qui défend Nantes au nom de la République. Veux-tu que je te dise, des simagrées ! Moi, je travaillais à Nantes chez un maître sabotier. Carrier m'a dégoûté de la République. Et les frères de Louis XVI m'ont dégoûté d'un roi.

Toutes ces idées brassées par le sabotier de la Gâtine se bousculaient dans la tête de Dochâgne. Non point qu'il ne pensait pas, en marchant lentement derrière ses bœufs et en veillant que le sillon tracé soit bien droit, mais il pensait pesamment. Le sabotier pensait trop vite. Si vite qu'il paraissait dire n'importe quoi. Et puis il mélangeait tout, le roi et les nobles, le bon curé de la forêt et les maltôtiers. Dochâgne aimait le baron parce qu'ils s'étaient battus ensemble à l'aller et au retour de la longue marche de la Loire à la Manche, mais il partageait l'aversion de Stofflet, de Cathelineau, de Joly, pour les nobles. Ils avaient dû aller chercher des nobles dans leurs châteaux, et les forcer à devenir leurs officiers, puisque, du temps du roi, il n'existait pas d'autres officiers que nobles. Il fallait bien faire avec ce que l'on avait. Et les patauds n'agissaient pas autrement puisque la plupart de leurs chefs, aristocrates anciens militaires de Louis XVI, restaient sans complexe dans une armée qui de blanche était devenue bleue. Les deux plus terribles ennemis des Vendéens, celui qui donna l'ordre de les exterminer, Barère, et celui qui exécuta le crime, l'Ogre-Turreau, étaient des aristocrates. Bertrand Barère de Vieuzac et Louis-François Turreau de Garambouville, de leurs vrais noms. Donc le roi avait été trahi par ses nobles comme Dieu avait été trahi par ses prêtres. Le baron représentait le seul lien qui reliait Dochâgne au roi et le vieux curé celui qui reliait Dochâgne à la véritable Eglise. Mais dans la récente équipée de Dochâgne avec le baron et dans la succession de guets-apens ratés qui s'ensuivit,

Dochâgne avait vu combien peu nombreux restaient ceux qui osaient encore courir le risque d'une guerre contre les patauds. Voilà seize ans que Louis XVI avait été guillotiné, quatorze ans que le dauphin avait agonisé dans la prison du Temple... La plupart des survivants de la grande armée vendéenne morts eux aussi, massacrés par l'Ogre-Turreau ou morts de faim après la grande dévastation du pays, morts de chagrin, morts de vieillesse... Dochâgne se demandait pourquoi il n'était pas mort et quelle énergie formidable l'avait poussé à survivre dans le creux de son chêne puis à suivre le curé-Noé dans cette aventure de la reconstruction du village, comme une nouvelle Arche d'alliance.

Le village revivait maintenant, avec ses deux moulins, celui du vent, en haut de la colline et celui de l'eau où logeait le sabotier de la Gâtine ; avec sa forge où Chante-en-hiver avait repris ses chansons ; avec ses métairies qui peu à peu défrichaient la lande jusqu'aux abords de la forêt. Ne manquaient qu'un tisserand devant son métier à fils et un curé dans son église. Depuis le départ du vieux curé dans la forêt, la grange-église restait fermée. Et l'ancienne n'était qu'un éboulis de pierres. Si le village s'habituait à la paix, s'il se montrait peu enclin à se lancer dans de nouvelles aventures, la proscription du vieux curé et la fermeture du lieu du culte suffisaient pour maintenir néanmoins les paroissiens dans un état de défiance.

Les années passant, certains des enfants échappés au massacre de 95 atteignaient l'âge de la conscription. A chaque fois que le maire venait rappeler dans une famille l'échéance de l'enrôlement, les pleurs et les malédictions fusaient. De ceux, partis les années précédentes, aucun ne revint, aucun ne donna de ses nouvelles. L'Antéchrist était aussi un ogre qui dévorait avec une belle allégresse les jeunes hommes. Napoléon-Grandgousier, fils de Barbe-Bleue.

Le préfet avait distribué à tous les maires de petites brochures intitulées *La Vie du soldat français*. Lorsque l'année du conscrit s'annonçait dans une famille, le maire-meunier arrivait avec sa petite brochure et disait :

— Mon gaillard, voilà de bonnes nouvelles envoyées par l'Empereur. Ecoute plutôt ce que dit ce soldat qui écrit à sa mère : « *Je vis en ces temps miraculeux où notre Empereur, en quinze jours de son génie, s'est rendu maître de seize généraux, de soixante mille prisonniers, de deux cents canons, de quatre-vingt-dix drapeaux. Bien fou qui chercherait un plus beau sort.* » Tu vois, c'est écrit, là !

Les conscrits ne voyaient rien que des signes noirs incompréhensibles sur ces feuilles de papier puisque, à part le bref moment où le vieux curé s'était improvisé magister, le village n'avait plus eu de maître d'école.

Le conscrit regardait, disait :

— C'est vraiment marqué là-dessus ?

— Oui, mon gaillard, affirmait le maire-meunier. D'ailleurs ton père doit savoir lire. On savait lire, dans le temps. Il faudra quand même que je réussisse à vous trouver un instituteur.

Il donnait la brochure au père qui épelait lentement et confirmait la lecture du maire-meunier. Le père se méfiait aussi :

— C'est un soldat qui a écrit ça pour de vrai, ou bien c'est les patauds ?

— Il n'y a plus de patauds, voyons. Tous les soldats du grand Napoléon écrivent ça de leur main.

— Et pourquoi on n'en voit jamais revenir de ces soldats de l'Empereur ? Et pourquoi qu'ils ne viennent pas nous le dire eux-mêmes ?

— Ils ont autre chose à faire. Ils sont trop contents de leur sort. Il y en a qui deviennent capitaines. Qu'est-ce que je sais, moi ! Ils ont de l'or plein les mains. Ils sont riches. Comment veux-tu qu'ils se souviennent de notre village plein de boue !

Bien fou qui chercherait un plus beau sort, disait la brochure. Beaucoup de fous préféraient un sort moins beau puisque, un peu partout en France, près du quart des conscrits désertait. L'année qui suivit la visite de Napoléon en Vendée, au village deux appelés refusèrent de partir. On vit revenir les gendarmes et l'on crut d'abord qu'ils ramenaient Jacques-le-tisserand. Mais non. Ils attachèrent les poignets des deux recrues par une corde fixée à la selle de leurs chevaux et s'en allèrent au pas avec leurs prisonniers.

Le lendemain, les deux conscrits revenaient très exaltés, racontant qu'en chemin les trois gendarmes avaient été abattus à coups de fusil par des cavaliers portant un cœur rouge cousu sur leurs vestes. Il ne leur restait plus qu'à courir rejoindre le vieux curé dans la forêt. Ce qu'ils firent.

Le maire-meunier se mit dans tous ses états :

— Crétins que vous êtes ! Vous ne savez pas que les parents des réfractaires doivent payer une amende plus grosse que vos terres qui ne sont même pas à vous. Qui paiera ?

La réponse fut bientôt apportée par des gendarmes tout neufs, qui vinrent cette fois-ci en force ; dix qu'ils étaient, sur des chevaux gris. Et cette réponse frappa le maire-meunier de stupeur, d'indignation et de douleur : puisque les parents des réfractaires étaient insolvables, la commune paierait l'amende pour eux. Le seul contribuable de la commune étant le meunier-maire, c'est donc lui qui devrait régler la note. Le brigadier de gendarmerie trouvait d'ailleurs la plaisanterie amusante. Il disait, en lissant sa grosse moustache rousse :

— Ça vous apprendra, monsieur le Maire, à faire observer la loi.

Les gendarmes profitèrent de leur venue au village pour mettre le feu à quelques haies et repartirent en menaçant :

— La prochaine fois, c'est la forêt que l'on fera flamber, avec vos déserteurs dedans et votre foutu curé.

Un malheur n'arrivant jamais seul, le comte ci-devant émigré envoya son régisseur. Celui-ci apparut un matin, sur un cheval fourbu, et fit le tour des métairies. Il commença par se plaindre de ce que la forêt ne cessait pas d'être dévastée depuis que les bûcherons et les sabotiers en étaient partis. Bien au contraire, si ceux-là abattaient avec méthode, le bois avait été massacré après leur départ.

— Vous croyez, dit-il aux métayers rassemblés devant la grange-église fermée, que la forêt est inépuisable. Vous coupez n'importe comment, là un tronc pour faire une paire de sabots, ici une branche pour un outil. Vous saccagez la forêt pour votre bois de chauffage, pour vos meubles, pour vos charrettes. Et, en plus, vous tuez le gibier. Vous ne vous privez de rien, messeigneurs. Et votre maître, dans tout ça, que reçoit-il ? A qui sont les métairies, la terre, la forêt ? Depuis quand n'avez-vous pas versé vos redevances ? Le maître a d'autres revenus, Dieu merci. S'il devait compter sur des gueux comme vous, il ne s'en mettrait pas souvent plein la panse.

Le régisseur était habillé comme un laboureur, avec un grand chapeau de feutre noir, une veste serrée à la taille, des culottes bouffantes et des guêtres. De menaçant, il se fit tout à coup confident, presque complice, changeant de ton pour dire d'un air matois :

— Je ne suis pas un Monsieur. J'étais bordier dans le temps. Alors il ne faut pas me la faire. Je pense comme vous, mais je dois des comptes au maître. Je sais combien on a plaisir à couper un arbre. C'est comme de tuer une bête ou un homme. On aime les arbres, grand Dieu, et pourtant que c'est bon de leur foutre des coups de hache au pied et de les entendre geindre. Puis de les voir s'écrouler, comme ça, d'un seul coup, dans leur grand cri de branches. Et les chouettes, on les aime, hein ! C'est un oiseau de malheur et c'est l'oiseau dont le cri nous a servi d'appel pendant la grande guerre. Vous les aimez, les chouettes, hen ! et pourtant vous en avez tous cloué par les ailes sur les portes de vos granges.

Encore un bavard, se dit Dochâgne. Mais tous ces bavards

le troublaient. Ce qui le confirmait dans son idée qu'il fallait s'en défier.

Lorsque le régisseur vint visiter la métairie de la mère de Louise (il ne serait venu à l'idée de personne, au village, de dire « la métairie de Dochâgne » qui n'était que gendre) il s'étonna d'y trouver un métier à tisser, s'emporta contre cette présence d'un tisserand non stipulé dans les accords.

— Je n'ai pas signé les accords, dit Dochâgne, mais dans les accords trouvait-on la grande guerre, et les émigrés, et les Colonnes infernales, et tous ces malheurs qui sont venus !

Le régisseur cracha par terre, de mépris.

— Arrange-toi pour payer tes arrérages ou sans ça tu peux te préparer à prendre tes cliques et tes claques. Le maître ne patientera pas toujours. Quant au tisserand, je veux bien qu'il reste ici, mais il lui faudra aussi payer son écot.

La nuit, les loups furetaient autour de la métairie et la petite Louise se signait car elle savait que lorsque la place manque en enfer le diable transforme les damnés en loups. Si les loups venaient si nombreux depuis la fin de la grande guerre c'est que les bleus et les culs-blancs, morts sans confession, étaient damnés et que le trop-plein de l'enfer débordait toutes les nuits. Lorsque les loups s'approchaient du village, tous les chiens hurlaient dans les fermes. Dochâgne disait :

— Le diable a créé le loup, mais Dieu nous a donné le chien.

Ou plus précisément, il ne disait pas « le loup ». Il disait la beste, la chose, le chien gris, le chien de nuit, le chien d'enfer. Tellement était grande la peur du loup que l'on ne prononçait qu'à regret son nom. On l'appelait aussi le parisien.

Donc des parisiens tournicotaient ce soir-là dans la cour de la métairie et l'un d'eux vint gratter à la porte de l'habitation. Dochâgne prit son fusil et entrebâilla un volet de bois. Il ne vit pas de loup, mais l'un des deux conscrits déserteurs qui s'approcha de la fenêtre et dit :

— Le vieux curé a trépassé.

Dochâgne poussa un cri qui fit hurler les deux Louise, ce qui réveilla les enfants qui, à leur tour, s'égosillèrent.

Le lendemain le village se vida mystérieusement de tous ses habitants, à l'exception du maire-meunier et du sabotier de la Gâtine. Les deux conscrits avaient étendu le curé sur le dolmen. Il ressemblait ainsi à un gisant de pierre, dont il montrait la sécheresse et la pâleur. Raide, dans sa robe noire délavée et déchirée, le vieux curé étalait maintenant sa maigreur. Son visage aux os saillants ressemblait à un crâne de squelette. Les paroissiens venaient lui baiser les mains. Tout le monde pleurait et chapeletait. On creusa un trou profond au pied du dolmen d'où l'on déterra des monceaux d'os, des os très vieux, qui remontaient au temps des druides. Ceux du vieux curé se mêleraient à eux.

Quand la terre fut tassée autour de ce qu'ils n'appelaient jamais autrement que le Pavé de Gargantua, Chante-en-hiver dit :

— Et maintenant, que va-t-on devenir ? Notre bon père est mort. Nous voilà orphelins.

Aux longs gémissements des femmes, Dochâgne répondit :

— Je vas aller au bourg, demander au baron.

Le curé de la Petite-Eglise, le baron et sa sœur ne vivaient plus au presbytère. Dochâgne finit par trouver le baron dans une spacieuse gentilhommière, à la sortie du bourg.

— On m'a rendu cette propriété de famille, dit-il à Dochâgne. Le pataud qui l'avait achetée comme bien national a déplu à l'Antéchrist. Il paraît qu'il était républicain et complotait contre le soi-disant monarque. Toujours est-il que le républicain a été exproprié à son tour et dans ce mouvement oscillatoire qui fait que Buonaparté penche tantôt du côté de la Révolution avec Fouché, tantôt du côté de la monarchie avec Talleyrand, nous sommes aujourd'hui du côté blanc. Sais-tu que Napoléon a répudié Joséphine, et qu'il s'est marié avec la fille de l'empereur d'Autriche ? Si bien que l'ami de Robespierre est maintenant entré dans la famille des rois. Lorsqu'il parle de Louis XVI, il dit d'ailleurs « mon oncle ».

— Et le curé qui vous avait reçu, demanda Dochâgne, que toutes ces histoires de familles royales fatiguaient à la longue, est-il trépassé comme le nôtre ?

— Non, mais il doit se cacher. Il exerce son ministère tantôt dans une ferme, tantôt dans l'autre. Pour assister à une messe tous les dimanches il faut faire de longs chemins.

— Dites-lui, monsieur le Baron, que nous n'avons plus de prêtre. Et que nous l'attendons.

En revenant au village, Dochâgne traversa le bourg dont l'activité devenait de plus en plus grande. Il s'attarda à regarder un cordier qui filait à la main de longs brins de chanvre. Un compagnon passait les fils dans une machine à cordager. Un autre tournait la manivelle qui actionnait une roue de charrette entraînant des pignons dotés de crochets amarrés à un panneau de bois. La filasse s'y formait sous l'effet de la torsion, les fils devenaient ficelles, les ficelles câblées ensemble donnaient une corde. Les cordiers s'affairaient, les mains en sang. L'un d'eux demanda à Dochâgne s'il savait chier des cordes. Les autres se mirent à rire. Dochâgne s'en alla, gêné.

Il vit, dans la grande rue, plusieurs cabarets nouvellement ouverts, si remplis d'ivrognes qu'autour les dégueulis de boisson et de nourriture étalaient leurs flaques violettes.

Les buveurs encombraient la chaussée, certains jouant aux palets, d'autres, assis par terre, se disputaient des parties d'aluette. Dochâgne connaissait bien ce jeu de cartes, qui donnait lieu à des joutes enragées du temps des bivouacs de la grande guerre. Il s'amusa à voir les partenaires « poitriner » leur jeu, en tenant leurs cartons près du corps, tout en essayant de découvrir si l'adversaire possédait quelques-unes des cartes majeures : la vache ou le borgne.

Sur le champ de foire où jadis Dochâgne avait vendu son premier sac de blé, se tenait une gagerie. Les foires aux domestiques revenaient donc. Cultivateurs, laboureurs et métayers faisaient les cent pas, leur inséparable bâton à rotule fixé au poignet par une lanière de cuir, ce bâton de marche qui pouvait si aisément se transformer en massue. Ils lorgnaient la jeunesse à louer, qui s'affichait avec une certaine crânerie ; garçons et filles de ferme d'un côté, parés d'épis de blé et, de l'autre, valets et servantes aux chapeaux et aux bonnets fleuris.

Revenus aussi les artisans ambulants, leurs outils sur l'épaule ou dans des sacs de cuir, qui attendaient une offre d'ouvrage. Cloutiers, ferblantiers, tuiliers, scieurs de long, ourdisseurs, chamoiseurs, chaufourniers, foulonniers, salpêtriers, tonneliers... D'où sortaient-ils, tous ? La vie reprenait donc comme avant ? N'y avait-il que dans leur village coincé derrière la forêt, enfoui dans ses haies et sa boue, que l'on n'arrivait pas à se dépêtrer du temps de guerre ? Pas d'église de pierre, plus de curé, Jacques-le-tisserand emprisonné, un endettement si lourd auprès des maîtres de la terre que jamais on ne pourrait se sentir léger.

Mais les enfants, eux, portaient toute la légèreté du nouveau siècle. Tête-de-loup venait de dompter le Cheval Malet et il caracolait sur ce destrier aveugle que jamais personne n'avait réussi à monter plus d'une minute. Il est vrai que le Cheval Malet devait se faire vieux. Avec sa tête de loup et ses yeux bleus aux reflets de métal, l'enfant de la fille Eléhussard ressemblait de plus en plus à ces cavaliers venus de l'Est avec Kléber et Westermann. Dochâgne lui-même en fut frappé et exigea de Tête-de-loup qu'il cesse de galoper sur ce maudit animal.

Le petit Henri, lui, ne ressemblait à personne. En tout cas pas du tout au lourdaud Pierre, son inséparable compagnon de jeux, fils de Chante-en-hiver. Et pourtant il était bien le fils de Dochâgne et de Louise. De quel ancêtre lointain gardait-il ce regard angélique, ces manières raffinées, cette distinction qui émanait de tout son petit corps svelte ? Sa façon de porter ses haillons pouvait faire croire qu'il s'agissait d'un gosse de riches déguisé en pauvre. Il savait peigner ses cheveux blonds avec ses doigts de telle manière que, sorti de chez un perruquier, le résultat n'eût pas été plus joli. Lorsqu'il conduisait les moutons vers le haut de la colline, il devenait vraiment le petit pâtre rêvé par les poètes et les peintres. Tout naturellement, le village l'appela Monsieur Henri. A la moquerie qu'impliquait ce « monsieur », se mêlait un hommage au souvenir du si gracieux M. Henri de la Rochejaquelein, le plus aimé des chefs de la grande guerre.

Victorine et Victor, comme une couple de bœufs, s'attelaient à un travail commun et rien ni personne ne pouvait leur arracher ce joug qui unissait leurs têtes. Victorine refusait d'aider sa mère à la maison, préférant les plus durs travaux des champs au côté de Victor. Monsieur Henri restait donc souvent à la métairie et « faisait la fille », comme disaient les mauvaises langues jalouses de sa gracieuseté.

Monsieur Henri s'occupait aussi de son frère Jean-Marie, qui, dans l'insouciance de ses trois ans, ignorait que le village, en raison de sa date de naissance la première année de la Saint-Napoléon, ne l'appellerait jamais autrement que Poléon.

Monsieur Henri l'amusait avec des comptines dont on voit mal de qui il les tenait. Les inventait-il à mesure ? Lorsqu'il pleuvait et qu'il emmenait Poléon dans la grange, il lui chantait :

Mouille mouille paradis
Tout le monde est à l'abri.

Lorsqu'ils allaient à la recherche de champignons dans les prés et qu'il en trouvait un, il soufflait dessus et le montrait à Poléon en disant :

Potiron potirounet
Fais me trouver ton parsounet.

Il racontait à son petit frère des histoires si belles mais si absurdes que parfois Poléon se fâchait :

— Ol ê pas vrai !

Monsieur Henri répondait :

Si ol ê pas vrai
l'aim' mieux aller en enfer
Brûler avec les p'tits crapiauds verts.

D'Arsène il ne s'occupait guère. Arsène, roulé comme un paquet dans une peau de mouton, restait toute la journée accroché à une poutre, par un clou, mis à l'abri des morsures de rats. Il y hurlait pendant des heures, macérant dans ses déjections, malade de faim et de soif, jusqu'à ce que la fatigue l'endorme. Louise venait alors le réveiller pour lui donner le sein.

Louise n'oubliait pas son petit, mais ignorait l'usage de nourrir les bébés à heures fixes. Comme toutes les autres mères, elle venait lui donner son lait lorsqu'elle en avait le temps, lorsqu'elle n'était pas aux champs, lorsque l'envie lui en prenait. Elle allait même alors jusqu'à lui faire des gâteries, lui préparant du « mâché », ces croûtes de pain mastiquées et introduites ensuite dans la bouche des enfants comme de la panade.

Arsène souffrait des morsures de la gale et, de plus, son visage se craquelait de dartres. On ne le lavait pourtant jamais, la saleté protégeant de toutes les infections.

Forte des précédents malheureux d'Ernest et de Noémie, morts en bas âge, Louise prenait toutes ses précautions pour la survie d'Arsène. On lui avait suspendu au cou des colliers de racines de guimauve et des dents de taure (génisse), tondu les cheveux de bonne heure puisque les cheveux tirent la force, jamais coupé les ongles ce qui rogne l'esprit. Puisque pendant l'hiver il avait neigé quelques jours, on en profita pour lui garantir une aptitude de bon marcheur en lui mettant les pieds dans la neige. Et pourtant, malgré toutes ces attentions, Arsène mourut dans sa deuxième année.

Un dimanche, tout le village se déversa dans la métairie de la mère de Louise, à l'exception du maire-meunier et du sabotier de la Gâtine. Le curé réfractaire du bourg, apportant les hosties pour la messe, cachées dans des œufs de poule évidés, en profita pour faire un grand nombre de baptêmes, quelques mariages et donner l'extrême-onction à quelques vieillards en excellente santé, mais qui risquaient de ne pas le trouver le moment venu. Il repartit avec un panier d'œufs pleins et un beau pain rond.

La joie chez les Dochâgne fut quelque peu perturbée par le sabotier de la Gâtine qui, dans la semaine, aidant à la fenaison, ne cacha pas les dangers de recueillir, au vu et au su de tout le monde, un prêtre recherché par les gendarmes. Des fermes avaient été incendiées pour un pareil délit.

— Notre vieux curé est trépassé, dit Dochâgne, et ils ne nous ont pas rendu Jacques.

— Comment veux-tu qu'ils sachent s'il est mort ? Vous ne leur avez pas apporté sa peau. Et puis vous recommencez avec un autre. Pour eux c'est le même. Pauvre Jacques, je parierais qu'ils l'ont oublié ou qu'ils ne savent même plus pour quoi ils l'ont emmené. Ça s'est déjà vu. Mais dans ces cas-là ils ne lâchent pas leur gibier. Ils se disent qu'un homme en prison doit bien être coupable de quelque chose.

Brusquement, Dochâgne jeta son râteau de bois dans le pré et dit :

— Je t'ai jamais montré mon arbre ?

— Quel arbre ?

— Le châgne qui m'a gardé en vie au temps de l'Ogre-Turreau.

— Non.

— Laisse le foin. On y va.

Le sabotier de la Gâtine le suivit, interloqué par cette urgence. Habitué aux brusqueries de Dochâgne et à son laconisme, il se demandait néanmoins ce que cachait cette invitation inattendue. Voulait-il lui faire rencontrer le curé de la Petite-Eglise ou les deux déserteurs ? Et pourquoi ? Non, il voulait simplement lui montrer son chêne, qui se dressait tout seul au-dessus des taillis, immense. Il déblaya la cache, presque obstruée maintenant, arrachant le lierre et faisant débouler une chouette qui s'envola lourdement en ricanant.

Les deux hommes eurent un mouvement de peur, puis se mirent à rire :

— C'est Jean dô boué !

Jean des bois, perché au loin, se mit à hululer en saccades, comme s'il les engueulait de l'avoir dérangé dans son sommeil diurne.

Dochâgne caressait la peau de son arbre.

— C'est plus fort que moué. De temps en temps je n'y tiens plus et il faut que je vienne le voir. J'ai l'impression qu'il m'attend.

— Tu vois, dit le sabotier de la Gâtine, tes aristocrates parlent de leur arbre généalogique. Tu as aussi le tien. Regarde, au bout des branches, tous les cadavres de pendus... Ce sont tes père et mère et les père et mère de tes père et mère. Tous les tiens sont là. Et les miens aussi. Les miens sont dans les autres arbres. Et ceux de Louise. Et ceux de Jacques-le-tisserand. Et ceux de Chante-en-hiver. Tous les villageois ont leur arbre et aux branches de tous ces arbres se balancent des pendus.

— Je ne voué pas de pendus, dit Dochâgne.

— Tu ne les vois pas. Eux te voient. Nous, Dochâgne, nous n'avons pas d'arbre généalogique, nous avons une forêt.

Lorsqu'ils retournèrent à la métairie, ils entendirent venir du village un bruit de tambour, instrument de mauvais augure, mais on ne résiste pas à son appel. Ils montèrent donc et virent tout un attroupement devant l'ancienne grange-église. Un inconnu, vêtu d'une peau de bique, faisait danser un garou attaché par une chaîne de fer.

— C'est un ours, dit le sabotier de la Gâtine.

Puis l'étranger, aussi barbu que l'ours, ouvrit une cage d'osier d'où sortirent des espèces de gros rats. Le sabotier de la Gâtine ne savait pas ce que c'était. Le bateleur annonça dans une langue bizarre que ces animaux vivaient dans la même montagne que l'ours et qu'on les appelait des marmottes. Il précisa qu'elles dormaient tout l'hiver.

Les villageois commentèrent bruyamment ce phénomène, regrettant de ne pouvoir dormir de même sans manger. Le grand problème ne restait-il pas de passer l'hiver en économisant ses provisions pour ne pas mourir de faim ? En dormant trois mois sans repas, on arriverait mieux à boucler la boucle.

L'inconnu à la peau de bique sortit ensuite d'une caisse des petits livres bleus qu'il étala prestement devant les villageois ébahis, comme on déploie un jeu de cartes.

— J'ai des livres bleus pour tout un chacun, bonimenta-t-il. Des livres bleus comme la robe de la Sainte Vierge. Des contes bleus comme les yeux de ce gaillard qui voudrait bien manger une de mes marmottes.

Dochâgne et le sabotier de la Gâtine s'aperçurent alors que Tête-de-loup se trouvait dans le cercle des villageois et qu'il ne perdait pas un mot de ce que disait le colporteur, ne cessant de le regarder de ses yeux d'acier.

— Regardez, bonnes gens, j'en ai pour tous les goûts, pour toutes les bourses... Voici le *Catéchisme impérial* que tous vos enfants doivent savoir par cœur... Voici l'*Histoire du Bonhomme Misère* pour que vous appreniez comment vous en débarrasser... Voici l'*Almanach* où l'on trouve les dates de naissance et de mariage des rois, les prophéties, les recettes des jeux, les récits des accouchements les plus prodigieux, des vieillesses les plus extraordinaires, des mariages singuliers, et la description de phénomènes comme les bouches sans langue, les comètes, plus la narration des exécutions des criminels... Voici le *Calendrier des bergers* ; l'*Histoire générale des plantes et des herbes avec leurs propriétés* ; l'*Histoire du Juif errant* qui depuis l'an 33 jusqu'à l'heure présente ne fait que marcher ; l'*Histoire de la Belle Hélène de Constantinople ; La Médecine des pauvres* contenant des remèdes choisis, faciles à préparer, et sans dépense, pour la plupart des maladies internes qui attaquent le corps humain... Et enfin, si toutes ces merveilles ne vous plaisent point, voici encore deux petits livres qui ont toujours leurs amateurs, le *Discours et consolation des cocus* et l'*Art de péter.*

Les villageois regardaient l'étalage de livres bleus avec une véritable stupéfaction. Il y a bien longtemps que les plus vieux n'avaient pas vu de livres et les jeunes, comme Tête-de-loup, ne savaient pas qu'il pouvait en exister d'autres que le missel-état civil du vieux curé qui leur paraissait un instrument de prêtre.

Comme un certain nombre de paysans tournaient les brochures dans tous les sens, essayant de comprendre à quoi elles pouvaient bien servir, l'inconnu à la peau de bique reprit :

— C'est du papier qui parle. Même si vous ne savez pas lire, vous devez acheter un de mes petits livres. Ceux qui savent lire vous le liront.

Le maire-meunier montra qu'il savait lire, ce dont personne ne doutait, en achetant le *Catéchisme impérial.* Chante-en-hiver acquit un *Almanach* et le sabotier de la Gâtine opta pour l'*Histoire du Bonhomme Misère.*

Le colporteur relança alors sa clientèle en ouvrant un des petits livres bleus :

— Regardez, on lorgne comme ça le papier qui chante et on a de quoi nourrir toutes les veillées d'hiver. Que dites-vous des marchands ?

Personne ne répondit.

— Eh bien, moi, j'interroge le papier qui chante et il me lit ce que vous mijotez dans vos caboches. Il me dit ce que vous répondez tout bas. Vous pensez : *Quelle espérance ont tous les marchands ?* Et j'ai ici la réponse : *Périr car ce qu'ils acquièrent de leur vivant vient souvent par fraude et tromperie.* Vous pensez : *Que dis-tu des laboureurs de la terre ?* Et mon papier qui chante répond : *La plus grande partie sera sauvée, car les laboureurs vivent de leur simple gain, et le peuple de Dieu vit de leur travail.*

Cet intermède relança la vente.

L'inconnu à la peau de bique fit ensuite danser de nouveau son ours en jouant du tambour.

Il coucha la nuit avec ses bêtes dans un coin de l'écurie de la ferme du bas de la côte. Car il devait repartir de bon matin le lendemain vers le bourg, en contournant la forêt. Ce n'est qu'au bout de deux ou trois jours qu'il fallut bien se rendre à l'évidence : Tête-de-loup l'avait suivi, emmenant avec lui le Cheval Malet.

A partir du moment où Chante-en-hiver ouvrit un cabaret, jouxtant sa forge et tenu par sa femme au museau de souris, le village changea.

Avec les trois enfants, hérités avec la veuve, plus ses huit enfants vivants, Chante-en-hiver n'arrivait plus à joindre les deux bouts. Il avait été, dans ce village détruit voué au bois et à la pierre, le seul homme du fer. A la fois forgeron, maréchal, taillandier, ferronnier, charron. Il avait forgé tous les premiers outils des paysans : pelles, bêches, pioches, serpes, faux, faucilles, socs de charrue ; tous les instruments du foyer : crémaillères, tisonniers, tournebroches, trépieds ; cerclé les roues de charrettes. C'est lui qui, à cinq heures du matin, réveillait les coqs en martelant sur son enclume. C'est lui qui, le soir, continuait longtemps à travailler à la lueur de son brasier. Maintenant que le village sortait de son autarcie et que ses paysans se rendaient de plus en plus souvent au bourg, il perdait la clientèle du charronnage. Le bourg offrait une gamme étendue d'artisans et l'on ne sollicitait plus au village les services de Chante-en-hiver ni pour la réparation des charrettes, ni même parfois pour la maréchalerie. Certains paysans se rendant aux foires profitaient de l'inaction de leurs bœufs d'attelage pour les confier à des ateliers où l'abondance des compagnons faisait qu'il ne fallait qu'une petite heure pour ferrer quatre sabots.

Chante-en-hiver employait un aide, le fils aîné de la veuve, âgé de dix-huit ans. A eux deux, ils pouvaient forger soixante fers par jour. Mais le village ne possédait toujours pas d'autres chevaux que ceux des hussards, ou du moins ce qu'il en restait car la vieillesse ou l'ennui de la cécité avaient eu raison de la moitié d'entre eux. Les ânes, les mules, les bœufs étaient encore trop peu nombreux pour demander un tel renouvellement de fers. Alors Chante-en-hiver et son compagnon bricolaient, dans leur forge toujours ouverte. Ceinturés de leurs tabliers de cuir aux multiples poches, le visage tanné par la chaleur du brasier qu'avivait le grand soufflet pendu aux poutres, dans l'odeur de la corne brûlée, ils s'activaient au milieu de ces jaillissements d'étincelles, si nombreuses et parfois si piquantes sur les bras nus, qu'on les appelle les puces du forgeron.

Au fur et à mesure que sa clientèle diminuait, le nombre des enfants de Chante-en-hiver augmentait ; effet de compensation étrange et singulièrement déréglé. Une telle anomalie n'enlevait pas à Chante-en-hiver son incurable bonne humeur et il chantait :

Au bout d'un an, un enfant
C'est la joyeuserie
Au bout d' deux ans, deux enfants
C'est la mélancolie
Au bout d' trois ans, trois enfants
C'est la grand' diablerie
Un qui demande du pain
L'autre de la bouillie
L'autre qui demande à téter
Et les seins sont taris...

On s'était tellement habitué à la voix chanteuse de Chante-en-hiver que lorsqu'elle se fit plus rocailleuse, plus hésitante, et bientôt pâteuse, tout le village se montra surpris. C'est comme si, dans le clocher du village (à supposer que l'on retrouvât un clocher et des cloches, comme au lointain bourg) on eût entendu une cloche fêlée. Bientôt il fallut se rendre à l'évidence, Chante-en-hiver buvait.

On buvait peu au village. L'hiver on ne buvait même pas d'eau pendant les repas parce qu'on la trouvait trop froide. Ce qui n'empêchait pas que les vignes récupérées donnaient du vin que l'on vendit d'abord exclusivement au bourg.

Le père de Louise avait été tué par un ivrogne qui revenait des cabarets du bourg. Maintenant Chante-en-hiver et son fils adoptif buvaient. Les paysans qui le payaient une fois l'an en nature, à l'automne, après la vente des grains, avec du blé et du bois de chauffage, y ajoutaient dorénavant des barriques de ce vin auquel ils ne prenaient pas encore goût.

Ils allaient le prendre à partir du moment où Chante-en-hiver ouvrit son cabaret. Ils auraient pu boire chez eux, mais le cabaret a d'autres attraits que le vin. A la femme de Chante-en-hiver, s'adjoignit l'une de ses filles de veuve qui atteignait ses dix-sept ans. Une servante accorte, des jeux de cartes et de palets, le goût de la conversation soudain retrouvé après des années de silence, le goût de la compagnie soudain retrouvé après des années de solitude, et voilà que le cabaret de Chante-en-hiver devint vite une nouvelle église. Si vite, que le curé réfractaire accourut pour tenter de raisonner le forgeron :

— Mon fils, vous aviez fait mentir ces on-dit qui veulent que le forgeron soit une créature du diable. Et voilà que le diable a regagné l'un de ses valets. Votre cabaret sera la perdition du village. Il n'est pas trop tard pour le fermer.

— Comment voulez-vous, monsieur le Curé, que je fasse vivre ma nombreuse famille ? Il faut que je rembourse l'achat de la forge au meunier. Les paroissiens ont plus envie à cette heure d'un cabaretier que d'un forgeron.

— Vous avez une grande famille, il est vrai, mais Dieu bénit les grandes familles.

— C'est bien de la bonté de sa part, monsieur le Curé. S'il pouvait ajouter du froment avec sa bénédiction ce serait pain bénit.

— Chante-en-hiver, vous avez été capitaine de paroisse avec le grand Charette. N'avez-vous pas honte de descendre si bas ?

— Monsieur le Curé, c'est le grand Charette qui m'a appris à boire. Qu'est-ce qu'on a pu se saouler avec le vin des bourgeois et aussi, sauf votre respect, celui des curés ! Avant la grande guerre, personne d'entre nous ne buvait de vin. Puis les années de misère nous en ont fait oublier le goût. Si Dieu nous donne aujourd'hui du vin en abondance plutôt que du pain, c'est qu'il doit avoir ses raisons.

— Vous avez perdu la tête, dit le prêtre avec dégoût. Ce n'est pas Dieu qui vous donne du vin en abondance, mais l'Antéchrist. La Révolution savait ce qu'elle faisait en expropriant la noblesse et le clergé de ses vignes, pour en donner la jouissance aux paysans. Elle savait bien que ces paysans qu'elle ne pouvait vaincre par les armes, elle les materait un jour par l'alcool. La Révolution a républicanisé le vin, elle a aussi républicanisé l'ivresse. Buonaparté tarde à reconstruire les églises, mais il encourage l'ouverture de cabarets dans tous les bourgs et bientôt dans tous les villages. Vous qui avez été capitaine de paroisse, Chante-en-hiver, comment ne comprenez-vous pas que l'alcoolisme fait partie du second plan d'anéantissement de la Vendée ? Tous ceux que l'Ogre-Turreau n'avait pu tuer vont l'être maintenant. Et c'est vous qui allez aider Buonaparté... C'est vous...

Le curé s'étranglait d'émotion. Chante-en-hiver en eut la larme à l'œil, qu'il essuya rapidement d'un revers de manche :

— Alors ? interrogea le curé.

— Peut-être bien que vous avez raison, et que je n'aurais pas dû reprendre la forge du forgeron pataud. Peut-être que c'est lui qui souffle encore sur le feu que vous voyez là, avec son haleine de damné. Peut-être que le diable me tient. Alors, monsieur le Curé, c'est à vous de faire votre travail. C'est à vous de chasser le diable. C'est à vous de demander au Bon Dieu qu'il fasse fructifier le blé plutôt que la vigne. Nous, nous ne pouvons rien... que nous incliner devant sa volonté.

Le curé partit en levant les bras au ciel, comme un épouvantail.

Le 2 juin 1811, jour de baptême du premier-né de l'Antéchrist, des réjouissances furent organisées dans toutes les villes, bourgs et villages de France. Le préfet de la Vendée ordonna à tous les curés concordataires du département de faire chanter un Te Deum dans les églises. Chaque municipalité devait également choisir des rosières, qui seraient mariées aux frais de l'Etat et distribuer des rations de pain et de vin aux pauvres, les plus pauvres des pauvres recevant de surcroît des habits.

Au village, le maire-meunier fut désolé de ne pouvoir faire chanter un Te Deum puisqu'il ne disposait ni d'église ni de curé. Le choix des rosières étant subjectif, on couronna de roses quelques jeunes filles. Comme tout le monde était pauvre, il n'y eut pas de distribution de vivres ni de vêtements. En l'honneur du roi de Rome, le maire-meunier décida néanmoins d'organiser une petite fête civique, réunissant avec les rosières couronnées les enfants du village autour d'un mât de cocagne auquel il avait donné des allures d'arbre de la liberté. Il fit comme il se doit un petit discours, dans lequel il regrettait que le village fût encore privé d'un curé et d'un maître d'école, et, par là même, de l'enseignement du catéchisme comme ce *Catéchisme impérial* dont il avait fait l'acquisition auprès du colporteur montreur d'ours et dont il allait donner lecture. En réalité, tous les enfants de France auraient dû l'apprendre par cœur et il était déplorable que la population enfantine du village n'en sache pas les premiers mots.

DEMANDE — *Quels sont les devoirs envers Napoléon Ier, notre Empereur ?*

RÉPONSE — *Nous devons à Napoléon Ier, notre Empereur, l'amour, le respect, l'obéissance, la fidélité, le service militaire et les tributs ordonnés pour la conservation et la défense de l'Empire et du Trône.*

DEMANDE — *Que doit-on penser de ceux qui manqueraient à leurs devoirs envers Napoléon Ier, notre Empereur ?*

RÉPONSE — *Selon l'apôtre saint Paul, ceux qui résisteraient à l'ordre établi par Dieu se rendraient passibles de la damnation éternelle.*

Les enfants avaient écouté sans bien comprendre, mais les adultes réagissaient en murmurant ou en bougonnant. Dochâgne lança brutalement au maire-meunier :

— Dans notre catéchisme il est question d'obéissance à Dieu, pas à Napoléoné.

— Le *Catéchisme impérial* a été approuvé par le légat du pape.

C'est écrit ici, dit le maire-meunier en montrant une page du petit livre bleu avec son doigt. Si tu savais lire, Dochâgne, tu verrais...

— Je sais lire, dit Dochâgne.

Il alla vérifier sur le petit livre bleu. La signature imprimée du légat du pape, celle du cardinal de Paris et quelques autres paraphes authentifiaient en effet la légalité du catéchisme « impérial ».

— M. le Maire dit vrai. Mais peut-être ben que le pape lui-même est devenu fou.

— Voyons, Dochâgne, protesta le maire-meunier, comment peux-tu pareillement blasphémer, toi qui es si pieux ?

Dochâgne cracha par terre et grommela, comme pour lui-même :

— Moi j'ai vu ses yeux gris. C'est l'aloubi !

L'aloubi ? Tout le monde savait que l'aloubi est le roi des loups. Mais personne ne comprit que Dochâgne faisait allusion aux yeux gris fer de Napoléon-Antéchrist.

En 1812, Louise, debout, cramponnée à une barre placée en travers du manteau de la cheminée, accoucha d'un nouveau garçon que l'on prénomma, pour défier le sort, Arsène le second.

La vieille Louise, qui l'assistait, lui prépara très vite une tisane de seigle. Puis la petite Louise se mit au lit pour neuf jours.

On coiffa Arsène le second d'un bonnet en peau de taupe pour favoriser sa pousse de cheveux. On lui fit manger le premier des vers qu'il expulsa pour que ce ver réingurgité fasse la chasse à tous les autres. On lui mit entre les mains un quignon de pain dur pour qu'il se fasse les dents, et s'en serve accessoirement de hochet. Mais tous les sept ans l'un des anges de la mort, qui s'appelait Petite Vérole, semait dans les berceaux des pustules. Poléon n'avait échappé que de peu à la Petite Vérole de 1805. Arsène le second arriva à point pour l'épidémie de 1812.

Pour remonter Louise, affectée par la perte de ce nouvel enfant, on essaya un remède qui allait devenir bientôt le médicament universel, tuant les vers des bambins, coupant les coliques des adultes, ressuscitant les moribonds, effaçant les chagrins, chassant la mélancolie, fouettant le sang et les nerfs, délassant la fatigue — ce remède qui donnait à Chante-en-hiver du cœur à l'ouvrage et à la grande rue du bourg de la joyeuseté : le vin. Ce vin que chaque paysan s'était mis à produire, exploitant un petit bout de vigne. Ce vin que l'on confrontait d'une métairie à l'autre, passant de cave en cave pour en comparer le goût. Ce vin qui faisait causer. Ce vin qui soudain sortait le village de son silence. Ce vin qui égayait, qui amenait les chansons aux lèvres, qui faisait hucher plus fort les bergers, terlasser longuement les bouviers. Ce vin qui allait permettre de savourer les vieux coqs durs à cuire et les lièvres trop galopeurs. Ce vin que l'on allait biberonner, pinter, chopiner. Ce petit vin de terroir aigrelet, verdelet, amer. Ce vin sec qui rappelait le goût de la pierre à fusil. Ce vin gris, ce vin clairet, ce vin fruité, ce vin généreux, ce vin âpre, ce vin râpeux, ce vin gai, ce vin traître. Ce vin qui revigorait. Ce vin qui donnait du flou à la tête, comme une berceuse. Ce vin qui calmait la faim. Ce vin qui faisait oublier le pain. Ce vin qui était tout nouveau tout beau.

5

Gens de l'Ouest, hommes de la pluie et du vent

Gens de l'Ouest, hommes de la pluie et du vent. La petite pluie, fine, vient de la mer. Elle rappelle à l'habitant du marais tout proche, à ceux de la plate plaine, aux bocains dans leurs hauteurs, que l'Océan ne les oublie pas. Le vent souffle de la mer, enlève à la pointe des vagues des rouleaux de pluie et ensuite déferle pour chasser les nuages. C'est Jean qui pleure et Jean qui rit à perpétuité. Pluie et soleil. Soleil et pluie. Mais en permanence le vent souffle.

Si par hasard le vent cesse, l'inquiétude pointe. Le vent donne un bruit continu de feuilles agitées, s'il est discret, de branches tordues s'il enfle son haleine, de mugissements et de plaintes s'il déboule en rafales. Ne plus entendre aucun vent, c'est comme si la terre s'éteignait, comme si elle allait mourir. La nature semble avoir la respiration coupée. Aussi le laboureur dans son champ arrête-t-il ses bœufs, soudain inquiet. Il se dit que le temps est à l'écoute. Mais à l'écoute de quoi ? De tels phénomènes troublent. Dans les villages, les vieux, assis sur les pierres des cours de ferme, portent la main à leur cœur, se demandant si ce ne serait pas celui-ci qui s'arrêterait. Les vieilles se mettent à gémir et prier. Les enfants eux-mêmes abandonnent leurs jeux, relevant la tête pour humer l'air du large.

Si le vent ne souffle plus, l'homme de l'Ouest se sent abandonné. Plus rien ne le relie à la mer qu'il n'a peut-être jamais vue mais dont le vent lui redit sans cesse la proche présence.

En ce printemps 1814, le vent s'arrêta seulement pour que les paysans de tous les villages sans église puissent entendre le tocsin sonner aux clochers épargnés.

Le vent s'arrêta pendant trois jours et, pendant trois jours, les cloches ne cessèrent de tinter, les carillons succédant au glas. Dochâgne, Chante-en-hiver et une vingtaine de villageois, armés de leurs vieux fusils, de faux redressées, de fourches, accoururent au bourg. De loin, ils virent un grand drapeau blanc à fleurs de lys accroché au faîtage de l'église. Puis ils aperçurent, au sommet des collines, des feux qui donnaient une fumée épaisse. Dans la grande rue les gens dansaient, chantaient. Ils entendirent :

Bon. Bon. Vivent les Bourbons,
A bas la République !
Bon. Bon. Vivent les Bourbons,
Plus de Napoléon !

Une jeune fille leur apporta des cocardes blanches. Le bourg était sens dessus dessous. Aux portes des cabarets, des joueurs de flageolet, de chalumeau en roseau et de musette aux outres de peau, animaient les danses et les beuveries.

— L'Antéchrist est mort ? demanda Dochâgne.

— Oui, pays, et le sel va tomber à deux sous la livre.

— Mais non, dit un autre, il est prisonnier des Prussiens.

— Nos bons prêtres vont revenir des bois et les intrus seront punis.

— Et le roué ?

— Il est entré à Paris sur son cheval blanc.

— Quel roué ?

— Çui-là qui devait rejoindre Charette.

— Mais non, c'est son frère !

— Quel frère ?

— Le frère à Louis XVI.

— Louis XVI avait un frère ?

— Non, que je vous dis, c'est le fils d'Egalité qui se battait avec Dumouriez.

— J'en veux point de çui-là.

— Comme si on te demandait ton avis.

Dans ce flou des nouvelles, seule chose sûre l'Ogre-Napoléon s'était cassé la figure et le roi revenait. Quel roi ? On ne le savait pas très bien, mais le principal, cause de cette joie sans retenue, était la chute de l'Antéchrist.

Dochâgne se mit à la recherche du baron qu'il ne trouva pas, la gentilhommière montrant volets et portes closes. Lorsqu'il revint vers Chante-en-hiver et les autres villageois, tous étaient fin saouls. Si assommés par le vin qu'ils restaient étendus de tout leur long contre le mur du cabaret, ronflant comme des porcs. Dochâgne secoua Chante-en-hiver qui se réveilla un instant pour le regarder d'un œil torve.

— Viens-t'en, Chante-en-hiver.

Chante-en-hiver marmonna d'une voix pâteuse :

— La guerre est finie, Dochâgne. La guerre est finie. Finie !

Et il se rendormit pesamment.

Dochâgne rentra seul au village où la nouvelle de la chute de l'Antéchrist avait été apportée par un berger. Un grand brouhaha, si inhabituel, venait du côté de la grange-église où un groupe de paysans injuriait et malmenait le maire-meunier et le sabotier de la Gâtine. Le maire-meunier en avait perdu son chapeau. Ils firent entrer le maire et le sabotier dans la ci-devant grange-église et en barricadèrent la porte. Bien que Chante-en-hiver fût absent, il avait été proclamé chef de la paroisse. On chargea Dochâgne d'aller à Montaigu demander aux soldats du roi de venir saisir les deux prisonniers.

— J'en profiterai pour ramener Jacques-le-tisserand, dit Dochâgne.

Il partit, à califourchon sur une mule.

A Montaigu, il retrouva les gendarmes qui avaient arrêté Jacques. La cocarde blanche remplaçait à leurs chapeaux la cocarde tricolore. Sinon ils restaient en tous points semblables, aussi malpolis qu'avant.

— Arrêter le maire ? Mais pour qui se prend cet imbécile ? Mêlez-vous de vos affaires. Ramenez-nous plutôt votre faux curé et vos déserteurs. Bon. On va aller remettre de l'ordre dans votre foutu patelin.

— Et Jacques-le-tisserand, vous nous le rendez ?

— Quel tisserand ?

— Jacques, le borgne, que vous détenez depuis déjà six ans ?

— Et il s'était fourvoyé dans quelles conneries, votre tisserand borgne ?

— Vous étiez venus dans ma métairie. Vous cherchiez le curé et c'est Jacques, qui habitait chez nous...

— Ah oui, ça me revient maintenant, dit le brigadier. Et vous n'avez jamais échangé votre faux curé contre votre vrai tisserand. Pas étonnant que vous soyez habillés de guenilles.

— Le vieux curé a trépassé dans la forêt.

— Et vous n'avez rien dit ! De vraies têtes de mules !

— Maintenant, je ramène Jacques avec moi, dit Dochâgne d'une voix ferme et presque menaçante.

— Doucement l'ami ! Oh là ! Ton tisserand, nous, on ne le

retient plus depuis longtemps. Refilé aux gendarmes de Cholet puisqu'il se disait choletais. Depuis le temps il doit s'être remis à filer des dizaines et des dizaines de mouchoirs. Il a refait sa vie là-bas, tiens !

Dochâgne revint au village en compagnie des gendarmes, eux à cheval, lui sur sa mule. Il se tenait un peu à l'écart, pour bien signifier qu'il n'était pas leur prisonnier. Il pensait à Jacques. Oui, il se pouvait bien que Jacques soit resté à Cholet, dans son pays. Léonie la pleureuse ne lui donnait guère de gaieté. Sûr maintenant qu'elle n'aurait pas d'enfant, avec son retour d'âge qui devait déjà la travailler. A l'idée qu'il ne reverrait jamais Jacques, Dochâgne s'attristait. Il revivait cette rencontre des ouvriers tisserands qui, comme lui, allaient à la recherche des combattants de la troisième guerre ; leur amitié dans la lutte ; la participation de Jacques à la reconstruction du village. Il aimait bien Chante-en-hiver, mais Chante-en-hiver blaguait la tendresse. Ceux qui survivaient à 93, ceux qui avaient pu traverser l'enfer de 94, étaient bâtis de granit. Jacques-le-tisserand, lui, surprenait par sa douceur d'homme pieux et bon. A l'idée de ne plus revoir Jacques, Dochâgne sentait une boule gonfler dans sa poitrine. Il pensait aussi, avec mélancolie, à Tête-de-loup et à la fille Eléhussard, au vieux curé-Noé. Pourquoi Tête-de-loup s'était-il enfui ? Jamais, pourtant, il ne lui avait parlé des hussards. Jamais il n'avait rien dit ni fait qui puisse laisser croire à cet enfant que Dieu lui donna qu'il n'était pas son fils aîné. Peut-être Jacques-le-tisserand et Tête-de-loup avaient-ils marché sur l'herbe de la détourne qui égare les voyageurs ? Comment savoir ?

Les gendarmes cassèrent la porte de l'ex-grange-église et délivrèrent le maire et le sabotier de la Gâtine. Puis ils signifièrent à Chante-en-hiver que les capitaines de paroisse n'existaient plus depuis 1796, que le seul chef du village était le maire-meunier, nommé par le préfet.

— C'est pas le même préfet que du temps de l'Antéchrist, quand même ? s'exclama le forgeron.

— Pourquoi ce ne serait pas le même préfet ? Nous sommes bien les mêmes gendarmes. Et Talleyrand est toujours ministre !

Là, les gendarmes y allaient un peu fort et Chante-en-hiver se désopila de la plaisanterie. Pourquoi pas Fouché comme ministre de la Police, pendant qu'ils y étaient ! Il ne fallait quand même pas nous faire prendre des vessies pour des lanternes ! Chante-en-hiver et son compagnon en sifflèrent deux chopines de vin blanc dès que les gendarmes eurent le dos tourné, tellement la blague était grosse.

Dochâgne aurait bien voulu voir revenir Jacques-le-tisserand.

A la place, ce fut le sabotier de la Gâtine qui vint traîner ses sabots dans la cour de la métairie.

— Alors, tu m'aurais laissé mettre en prison sans rien dire ? Pourtant tu sais que je ne suis pas un pataud ?

Dochâgne ne regardait pas en face le sabotier, un peu gêné, autant agacé.

— Pendant que j'étais enfermé avec le maire, poursuivit le sabotier de la Gâtine, les sangliers sont sortis de la forêt et ont labouré mon champ de pommes de terre. Il n'en reste plus un plant. Un sanglier était si furieux qu'il en a cassé son sabot, un sabot en bois. J'ai retrouvé les débris dans les sillons. Voilà, je te les rapporte. Toi qui connais bien ces sangliers-là, redonne les morceaux à celui qui va pieds nus et dis-lui que s'il a besoin d'un sabotier...

— Je ne voulais pas qu'ils démolissent ton champ. Mais ce n'est pas après toi qu'ils en avaient. Ces pommes du diable qui se reproduisent comme de la vermine, on ne peut pas supporter ça. Ce n'est pas chrétien. Ils t'ont rendu service en te débarrassant de cette saloperie.

— Vous m'avez accueilli dans votre village et en échange je vous apportais de quoi nourrir vos enfants. Vous n'auriez plus jamais eu faim. Mais vous préférez crever dans vos préjugés. C'est comme la liberté. La liberté est venue frapper à vos portes. Vous l'avez chassée parce que vous ne l'avez pas comprise. Elle arrivait de loin. Elle ne parlait pas notre patois.

» Maintenant vous êtes tout joyeux parce que le roi est de retour. Vous aimez le roi, c'est votre affaire. Mais ce que je peux te dire, moi, c'est que le roi ne vous aime pas, qu'il ne vous a jamais aimés, que pour lui vous êtes des bouseux...

— Ne parle pas comme ça, sinon je ne réponds de rien...

— Souviens-toi de ce que je te dis. Que le roi ait gardé auprès de lui Talleyrand exactement comme l'avait fait Napoléon, devrait quand même t'éclairer !

— Tu répètes des menteries !

— C'est écrit dans le journal que le maire a ramené de Montaigu. Et c'est le journal du roi.

— Si tu dis vrai, le monde est devenu fou.

— Enfin, Dochâgne, tu commences à voir juste. Mais oui, mais oui, le monde est devenu fou.

Le sabotier de la Gâtine se trompait. Le roi aimait ses Vendéens puisqu'il envoyait dans tous les villages privés d'église des maçons pour les reconstruire. Après le désarroi causé par le maintien, en leurs mêmes lieu et place, de tous les patauds : maires, préfets, gendarmes, magistrats et jusqu'au défroqué, ancien évêque en chef du clergé constitutionnel, devenu ministre des Affaires étrangères, Talleyrand, le spectacle quotidien de l'édification des églises fit oublier cette déconvenue. Sans doute le roi ne pouvait-il autre chose pour l'instant ! Lorsqu'une charrette, traînée par trois couples de bœufs, amena de Nantes la cloche qui fut hissée jusque dans le clocher de pierre par tout un système de treuils imaginé par Chante-en-hiver ; lorsque la cloche sonna ; lorsqu'un jeune curé revêtu de sa soutane noire, comme au temps jadis, arriva pour la bénir et célébra la première messe dans l'église toute neuve, les paroissiens se dirent qu'ils ne s'étaient pas battus, qu'ils n'avaient pas souffert pour rien. Ce qu'ils espéraient depuis si longtemps arrivait enfin. Leur village était presque entièrement reconstruit et les seules choses qui leur manquaient : une église et un prêtre, le roi les leur donnait.

Toute la paroisse habillée en dimanche avait ressorti les cœurs rouges en étoffe épinglés sur les vestes, et les larges chapeaux « rabalet ». Le village, fertilisé, en arrivait maintenant à une trentaine de feux et comptait deux cent trente âmes, un peu moins de la moitié de sa population d'avant 93. Les villageois, sortis de leur misère noire, accédaient maintenant à la pauvreté. Des haillons, on passait à une garde-robe peu abondante, mais qui transformait la paroisse en une assemblée colorée où dominaient les rouges, les bleus, les bruns et les gris. Les hommes portaient des vestes rondes et courtes, noires ou bleues, sous lesquelles tranchait la blancheur du gilet de laine boutonné sur le côté. Les femmes, dont la taille était serrée par ces corsets à baleines en grosse toile si dure que les bleus se plaignaient jadis de ne pouvoir les percer aisément de leurs baïonnettes, ces corsets-cuirasses, qui leur donnaient un air guindé, soulevaient légèrement de leurs doigts, pour qu'ils ne traînent pas dans la boue, des cotillons de grosse étoffe ou de flanelle, à larges rayures rouges et bleues. Elles portaient toutes sur leurs épaules le collet, ce mouchoir de cou, rouge. Tout le monde chaussait des sabots, sauf les enfants encore pieds nus.

Pour la première fois, la paroisse se retrouvait paroisse légale, autour de son église. Le jeune prêtre, fraîchement sorti du séminaire voisin de Champagnes-en-Paillé, montrait une bonne figure. On chantait à tue-tête :

Ah ! doux Jésus
Rendez-nous nos bons prêtres.
Ah ! doux Jésus
Cholet et Montaigu !

Le drapeau blanc à fleurs de lys fut hissé au sommet du clocher et l'on eut la surprise d'entendre le maire-meunier faire un discours par lequel il remerciait Son Altesse royale d'avoir restauré la paix. Le sabotier de la Gâtine, qui se trouvait près de Dochâgne, lui envoya un coup de coude dans les côtes. Mais Dochâgne faillit lui flanquer son poing dans la figure :

— Tiens-te donc tranquille. Il a raison, la paix, on y a bien droit !

Chante-en-hiver s'était ingénié à confectionner une véze (qui est une cornemuse) et le métayer de la ferme près de l'étang l'accompagnait à la pibole (qui est une flûte de roseau). On possédait donc maintenant des musiciens qui pourraient faire danser les jours de noces. On dansa d'ailleurs ce jour-là, devant l'église.

Le soir, tout le village partit en procession dans la forêt, se recueillir autour du Pavé de Gargantua. La paroisse avait pris l'habitude d'y faire un pèlerinage annuel, à la date anniversaire de la mort du curé-Noé. On y apportait du pain, que l'on déposait sur le dolmen, et du vin que l'on versait lentement à l'endroit où le vieux curé avait été enseveli.

Le jeune prêtre, leur nouveau curé, qui les accompagnait dans les bois, se mit à protester contre de telles pratiques.

— Mes enfants... C'est une bonne piété que d'honorer votre vieux pasteur. Mais il ne faut pas faire des libations de pain et de vin. Ce sont des coutumes païennes. Il faudra d'ailleurs exhumer les restes de ce saint homme et les inhumer dans le cimetière que nous allons faire après la ferme du bas de la côte.

Stupéfaction ! D'abord ce jeune curé employait des mots inconnus. Qu'il les appelle « mes enfants » laissait les vétérans de 93 pantois. Le curé-Noé disait : « mes enfants ». Mais ils le considéraient vraiment comme leur père. Tout prêtre qu'il était, ce gamin les faisait rire à les appeler « mes enfants ».

— Le vieux curé restera ici, dit Dochâgne avec son habituel accent de brutalité. Il a fait la messe sur cette pierre pendant les persécutions. La forêt nous a protégés. Elle le protège encore.

— Et que signifie cette histoire de cimetière en dehors du village ? demanda Chante-en-hiver.

— C'est la nouvelle loi. Les cimetières ne doivent plus se situer autour des églises, mais au-delà des dernières maisons des villages ou des villes. C'est l'hygiène qui veut ça. Les morts empoisonnaient les puits.

Il y eut là tout un brouhaha de voix, d'exclamations, de plaintes.

— Monsieur le Curé, dit Dochâgne, les patauds avaient empoisonné nos puits en y jetant nos morts. Mais les morts que l'on enterre pieusement dans la terre de l'église n'ont jamais fait que sanctifier une paroisse.

Le jeune prêtre n'osa rien dire. La procession regagna le village. La belle joie de l'inauguration de l'église était tombée. On rangea ses habits du dimanche dans les armoires et l'on reprit ses hardes.

Peu de temps après, le curé itinérant de la Petite-Eglise arriva chez Dochâgne. Il devenait obèse et tenait avec difficulté sur sa mule. Essoufflé, il s'assit sur un banc au coin de la cheminée et des paroles bien étranges sortirent de sa bouche :

— On vous a envoyé un nouveau curé. C'est un faux prêtre. Il ne faut pas assister à sa messe sous peine de péché mortel. Seules les messes des prêtres qui refusent le Concordat sont légales. Attention ! Ne vous laissez pas abuser. Le Malin a plus d'un tour dans son sac. On vous construit une église toute neuve, on vous envoie un petit curé tout neuf et le tour est joué. Le roi est revenu, d'accord, mais quel roi ! C'est un roi philosophe, disciple de Rousseau et de Montesquieu comme son cousin Philippe-Egalité. D'émigration, il n'a jamais cessé d'écrire des lettres aimables à tous les tyrans. La preuve en est de sa duplicité qu'il a gardé avec lui Talleyrand, ce valet de Buonaparté. Non, ce n'est pas ce roi-là que nous voulions, mais son frère, le comte d'Artois, dont on sait la piété. Charette avait toujours espéré que le comte d'Artois débarquerait en Vendée. Par trois fois il a annoncé qu'il venait, qu'il débarquait. Mais c'est comme le reniement de saint Pierre. Par trois fois le coq a chanté et le prince n'a pas osé débarquer. Il ne voulait pas chouanner.

Le curé de la Petite-Eglise parlait, parlait, comme à lui-même, devant un Dochâgne muet qui sentait grossir dans sa poitrine la même boule que le jour où il n'avait pu ramener de Montaigu Jacques-le-tisserand.

— Je vous dis tout cela, mais vous ne pouvez comprendre, dit le prêtre.

— Je ne comprends pas tout ce que vous racontez, répliqua Dochâgne. Ce que je comprends c'est qu'il y a encore du mauvais monde.

Victorine et Victor se moquaient bien des changements de dynastie. Ils avaient tous les deux quinze ans, découvraient l'amour, mais ne le savaient pas.

Victorine, forte fille aux cheveux et aux yeux noirs, contrastant avec son teint pâle, avait accentué son caractère volontaire. Elle ressemblait peu à sa mère, la douce et très effacée Louise. De Dochâgne elle montrait l'âpreté, la rudesse, la ténacité. Si l'on comparait Victorine et Monsieur Henri il apparaissait d'une manière évidente que la nature s'était égarée, que Victorine l'aînée présentait tous les traits de caractère que l'on attend d'un mâle, et Monsieur Henri ceux de la féminité.

Les cheveux toujours bien lissés en bandeaux sous son bonnet blanc, le corsage serré, un mouchoir rouge au cou, des jupons qui balayaient le sol et qui en étaient tout effrangés, les pieds nus, Victorine s'affairait dans la maison qu'elle commençait à régenter, repoussant peu à peu la vieille Louise dans les communs : buanderie, laiterie, souillarde ; et confinant sa mère, de nouveau enceinte, dans un rôle de mère poule qui semblait d'ailleurs parfaitement lui convenir.

Monsieur Henri remplaçait Tête-de-loup auprès de Dochâgne. Il l'accompagnait pour tous les travaux des champs, mais Dochâgne se montrait souvent agacé par sa propension à la rêverie. Dans un autre contexte, Monsieur Henri eût été apprécié pour son charme gracile. A la charrue, il se révélait gauche et maladroit. Tête-de-loup, l'enfant adoptif, sauvage, brutal, peu bavard, paraissait beaucoup plus fils de Dochâgne que ce gracieux Monsieur Henri que l'on eût volontiers vu figurer dans une de ces bergeries chères aux aristocrates. La petite Louise, elle aussi, ressemblait, à l'âge de Monsieur Henri, au moment où Dochâgne l'avait remarquée et désirée, à une petite bergère de bergerie. Elle était fruitée, pulpeuse. Ses maternités, sa vie rude la vieillissaient prématurément. Elle gardait encore, dans ses rondeurs de femme mûre, cette sensualité qui lui conservait la grâce. Cette grâce féminine dont héritait Monsieur Henri.

Monsieur Henri ne paraissait aimer qu'une seule chose : jouer du tambour. Dès qu'il pouvait échapper aux travaux de la ferme, il accourait à la forge de Chante-en-hiver.

Depuis qu'il ne marchait plus à quatre pattes, Monsieur Henri n'avait guère manqué de soirées à la forge où il allait retrouver son ami Pierre. Mais depuis que Chante-en-hiver s'était mis en tête d'apprendre à jouer du tambour aux deux enfants, c'était moins Pierre qui attirait Monsieur Henri à la forge que le tambour. Très vite, Monsieur Henri devint expert dans le maniement des baguettes alors que Pierre s'en lassa. Il préférait les marteaux de la forge.

Une affectueuse complicité lia bientôt Chante-en-hiver et Monsieur Henri, à laquelle Pierre assistait, maussade. Dès que Monsieur Henri arrivait, le forgeron déposait son marteau, prenait sa vèze, donnait à Monsieur Henri le tambour qu'il avait confectionné lui-même avec une peau de veau et tous les deux jouaient des airs qu'ils inventaient à mesure.

Chante-en-hiver entreprit aussi d'alphabétiser les deux enfants en se servant de l'almanach acheté au montreur d'ours. Mais là encore, Monsieur Henri montrait beaucoup plus d'aptitude que Pierre qui, souvent malade, se contentait d'écouter les lecteurs. C'est ainsi que Pierre et Monsieur Henri apprirent, de la bouche de Chante-en-hiver, la véritable histoire du Pavé de Gargantua sous lequel dormait le vieux curé de son sommeil éternel.

Du temps que l'Océan n'était qu'un désert d'eau bouillonnante, on trouvait une île que l'on appelle aujourd'hui Noirmoutier, celle où d'Elbée fut fusillé par les bleus, et qu'habitaient en ce temps-là des sorciers. L'enchanteur Merlin y naquit d'une druidesse et d'un démon. A dix ans, l'enchanteur Merlin épousa une sorcière d'une grande beauté qui, dans ses cornues, cherchait à transformer le sable de la mer en lingots d'or. Elle fit tant chauffer ses cornues qu'elles explosèrent dans un grand bruit de tonnerre et que la belle sorcière disparut. Pour se désennuyer du veuvage, l'enchanteur Merlin se mit à composer avec de la glaise, un os de baleine et une fiole de sang, les géants Grandgousier et Gargamelle. C'est Grandgousier et Gargamelle qui, plus tard, engendrèrent Gargantua. Gargantua était un géant si grand que, lorsqu'il s'asseyait sur la cathédrale de Fontenay-le-Comte, et qu'il posait un pied sur celle de Luçon et l'autre sur celle de Niort, il pouvait se pencher sur le marais et boire dans une seule goulée la Sèvre Niortaise, la Vendée et l'Autize. S'il rencontrait sur son chemin une charrette d'épines attelée de six bœufs, il avalait les six bœufs, la charrette, les épines et le bouvier. C'était un grand malheur que le passage dans le bocage de ce maudit Gargantua (moins grand que l'Ogre-Turreau, intercalait Chante-en-hiver dans sa lecture), aussi les Bocains accouraient-ils pour nourrir grassement Gargantua en lui enfournant dans la goule, avec de grandes pelles, de la bouillie d'avoine et de la soupe aux choux. Pour se désennuyer, Gargantua plantait des menhirs qui lui servaient de but lorsqu'il jouait aux palets. Les palets de Gargantua, pierres grosses comme des meules de moulin...

Depuis qu'il savait un peu lire, Monsieur Henri demandait l'almanach de Chante-en-hiver et lentement, à la lueur de la forge, découvrait un monde fabuleux, celui des fées, celui de Mélusine et de Barbe-Bleue, celui des pactes avec le diable qui se signent avec une plume de hibou trempée dans le sang.

De ces veillées avec Chante-en-hiver et son ami Pierre il devenait encore plus rêveur. Dochâgne, Victorine, et même le petit Poléon qui à son tour faisait le berger, ne cessaient de le bousculer, de se moquer de ses distractions, de son air d'ailleurs. Seule Louise le défendait en disant qu'il était dans la lune mais qu'on se trouvait mieux dans la lune que dans ce monde-ci.

Victorine se souciait peu néanmoins de Monsieur Henri. Elle

n'avait d'yeux que pour Victor. Chose bien étrange puisque, depuis leur naissance, Victorine et Victor ne s'étaient guère quittés, sinon pour dormir. Or, justement, de ce sommeil, Victorine devenait jalouse. Elle voulait Victor à elle jour et nuit.

Victor n'avait pas la robustesse de Victorine. Toutefois comme elle, ses cheveux et ses yeux noirs, ses pommettes saillantes, hautes, lui donnaient un air asiate. Ils se ressemblaient beaucoup, ce qui ne pouvait étonner lorsque l'on se souvenait de leur consanguinité qu'eux-mêmes ignoraient.

Victor travaillait aux champs avec Dochâgne d'une manière beaucoup plus active que Monsieur Henri. Les houes des premiers temps de la reconquête des terres en friche, abandonnées pour l'araire au soc de bois appointé et durci au feu, ils ne creusaient plus la terre, mais l'ouvraient et dans cette ouverture du sol, dans ce sillon droit, ils oubliaient leur fatigue pour se laisser aller à une véritable jouissance de mâles.

Comme ils ne possédaient pas encore de herses, ils faisaient traîner derrière leurs bœufs des fagots d'épines qui enlevaient tant bien que mal à la terre les pierrailles.

Dans la cour de la métairie, Victor n'avait pas son pareil pour manier le van. Tenant des deux mains ce panier d'osier en forme de coquille, il le secouait pour amener à l'extérieur les épis mal égrenés, les petites pailles et les graines parasites. Puis, d'un brusque mouvement, il projetait le blé bien haut et le vent entraînait les impuretés.

Victorine tournait autour de Victor, le pinçait au passage, lui donnait de petites tapes et, s'il ne semblait pas s'en apercevoir, le bourrait de coups de poing.

— Finis donc, soupirait Victor, je suis tout ébobé.

Mais à lui aussi, il arrivait de tournicoter dans la cuisine, dénouant à la dérobée le tablier de Victorine qui affectait de s'en fâcher. Il s'ensuivait une lutte entre les deux jeunes gens où Victor s'amusait à tordre les bras de Victorine qui criait. Finalement ils s'embrassaient bruyamment sur les joues, trois fois, et parfois six, avec de gros rires.

La pauvre Léonie s'inquiétait de voir son fils si entiché de Victorine. En réalité l'aspect incestueux de leurs rapports la préoccupait moins que le caractère dominateur de Victorine. Victor se laissait régenter et y prenait plaisir, cela ne faisait aucun doute. Léonie se disait que Victorine en ferait ce qu'elle voudrait et cette soumission de son fils lui faisait mal. Elle l'aurait voulu aussi dur que Dochâgne et il montrait la douceur de Jacques-le-tisserand qui n'était pas son père. Jacques-le-tisserand dont elle se demandait si elle devait porter le deuil.

Au début du mois de juillet une nouvelle enthousiasmante parcourut le bocage. Pour témoigner son amour aux Vendéens, le roi Louis XVIII qui n'avait pas d'enfant leur envoyait le fils aîné de son frère, Louis de Bourbon, duc d'Angoulême. Le duc d'Angoulême n'était pas seulement le fils du comte d'Artois, que les Vendéens eussent préféré comme roi, mais aussi l'époux de sa cousine germaine Marie-Thérèse, fille de Louis XVI, la seule rescapée de la prison du Temple échangée à l'Autriche contre des prisonniers républicains.

De Cholet au marais de Challans, de Pouzauges au lac de Grandlieu, tous les débris des trois guerres de Vendée, faites au nom du Sacré-Cœur et du roi, se mirent en marche dans les chemins creux, reformés en paroisses. Chante-en-hiver conduisait la sienne et, ayant dû laisser son fils Pierre, une fois de plus malade, il emmenait avec lui le petit Henri et son tambour. Dochâgne ne l'accompagnait pas car il avait rejoint une troupe de cavaliers commandée par le baron.

Le duc d'Angoulême et sa suite traversèrent au galop Bourbon-Vendée (précédemment Napoléon-Vendée), Les Quatre-Chemins-de-l'Oie, Les Herbiers, Mortagne. Visiblement, ces hordes de paysans, les uns en sabots, les autres pieds nus, ces manchots, ces unijambistes, ces borgnes, ces balafrés, ces drapeaux en lambeaux et ces vieilles pétoires à la bretelle de cavaliers juchés sur des ânes, faisaient peur au prince. Il n'osait s'arrêter et pourtant il le fallait bien puisqu'à Beaupréau, non loin du Pin-en-Mauges où, en 93, le voiturier Cathelineau qui faisait cuire son pain laissa sa fournée brûler pour conduire la première paroisse qui serait l'embryon de la grande armée « catholique et royale », à Beaupréau les Vendéens devaient lui remettre en hommage le drapeau de Stofflet.

Dochâgne, ancien cavalier de Stofflet, se trouvait avec son officier le baron aux premières places. Six mille vétérans, venus de leurs villages et de leurs bourgs, s'agglutinaient des deux côtés de la route pour voir arriver leur prince. Dans un tourbillon de poussière, apparurent d'abord des cavaliers qui repoussèrent les paysans pour dégager la voie. Dochâgne eut un frémissement de mâchoires. Bien que leurs coiffures eussent changé, un bonnet à poil surmonté d'un plumet blanc grandissant encore ces colosses, Dochâgne reconnaissait les hussards à leurs dolmans bleus à brandebourgs et à leurs culottes rouges. Les hussards revenaient. Il ne comprenait pas. Il pensait à la fille Eléhussard, à Tête-de-loup. Ses mâchoires tremblaient. Ce frissonnement l'irritait. Il n'avait jamais tremblé devant les hussards de Westermann et voilà que les hussards du roi lui faisaient peur. D'autres cavaliers arrivèrent. Le baron, qui se trouvait près de Dochâgne, les regardait lui aussi avec stupéfaction. Il dit avec colère :

— Je reconnais ces officiers avec leurs Légions d'honneur rouges. Ce sont des républicains et des impériaux.

L'un d'eux s'avança vers le drapeau de Stofflet, ce drapeau blanc percé de balles, chercha un officier noble :

— Son Altesse ne veut pas voir ces paysans armés. Ils n'ont plus aucune raison de porter ces armes. Il existe une armée régulière, et nous sommes en paix. Veuillez dire à vos hommes de déposer leurs fusils en faisceaux au bord de la route.

L'officier transmit l'ordre qui passa de capitaine de paroisse en capitaine de paroisse. Chacun apporta son fusil au bord de la route. On remarqua alors un général, identifiable à son bicorne ourlé de fourrure et aux grosses broderies dorées du revers de son habit bleu. Il donnait d'autres directives aux officiers qui faisaient caracoler leurs chevaux autour du sien.

— C'est le prince ? demanda Dochâgne.

— Non, répondit le baron, mais je connais cette tête-là.

Les officiers s'approchèrent des Vendéens, massés derrière leurs fusils en faisceaux et crièrent :

— Son Altesse va venir, mais auparavant reculez-vous de quinze pas. Reculez-vous vers les fossés ! En arrière !

Les vétérans des trois guerres de Vendée obéirent. Lorsqu'ils furent désarmés et loin de leurs armes, un groupe de cavaliers arriva dans lequel se trouvait le duc d'Angoulême. Le général alla au-devant de lui et l'amena face au drapeau de Stofflet. Puis, comme quelqu'un qui connaît bien l'armée vendéenne, il lui présenta ce qui restait des paydrets de Charette, des cavaliers de Stofflet, des Poitevins de La Rochejaquelein et de Lescure, des Angevins de Cathelineau et de d'Elbée...

— Ce n'est pourtant pas un de nos généraux, dit le baron. Ce n'est ni d'Andigné, ni d'Autichamp, ni Sapinaud, ni...

Le duc d'Angoulême, descendu de cheval, s'avança près des rangs des paysans pour leur distribuer des fleurs de lys. Dochâgne regardait cette longue tête chevaline aux cheveux courts, frisés, ramenés sur le front. Des favoris allongeaient encore le visage mou, peu expressif. Il marchait en se dandinant, posant ses pieds avec précaution, comme s'il eût peur de salir dans la boue ses belles bottes noires cirées, toutes neuves, ou de faire craquer sa culotte blanche trop serrée aux cuisses. Son épée, au côté, paraissait entraver sa marche. Comme il ressemblait peu, ce prince, aux chefs que s'étaient donnés ces paysans et qui montraient, comme eux, liberté et crânerie d'allure. Timide, gauche, le Dauphin regardait toute cette assemblée d'un œil morne et si parfois quelques éveils passaient dans son regard ce n'étaient que des lueurs craintives. On s'attendait à un discours. Le prince ne balbutia que trois phrases :

— Mes amis, je vous remercie au nom du roi... Rentrez dans vos foyers, déposez vos armes... et soyez exacts à payer vos impôts.

Payer des impôts ? Napoléon avait exonéré la Vendée pour lui permettre de se relever de ses ruines. Napoléon n'avait non plus jamais demandé aux Vendéens de rendre leurs armes de guerre. Dochâgne, comme tous ses compagnons, ne comprenait pas. Un curé fit un discours en réponse aux paroles du prince. On l'entendit mal, car le curé parlait trop vite avec, eût-on dit, des larmes dans la voix. Mais ce que l'on perçut clairement fut sa conclusion, qui claqua comme un coup de fusil :

— Vive le roi quand même !

Le duc d'Angoulême sortit de sa torpeur, ouvrit la bouche toute grande comme pour crier quelque chose et se tut.

Le général qui l'accompagnait, et qui paraissait son confident, s'approcha du curé :

— Ce quand même est de trop !

— Vous aussi, vous êtes de trop, répliqua le curé avec une rage de chat mordu.

Le cheval du général, effrayé par la véhémence du curé, se cabra. La secousse décoiffa l'officier, qui perdit son bicorne. Tête nue, son visage, glabre comme celui d'un chef vendéen, contrastait avec les rouflaquettes, les favoris, les moustaches fantaisistes et les tresses des autres officiers. Ses cheveux courts, ondulés, dégageaient ses oreilles ornées d'anneaux d'or. Une bonne tête, se disait le baron, une bonne tête de prêtre au milieu de tous ces soudards. Puis soudain, comme une brusque apparition, il reconnut enfin dans ce fin visage l'un des plus pernicieux déguisements du diable.

— Seigneur Dieu ! Ce n'est pas possible ! Mais oui, c'est bien lui... C'est Turreau... C'est l'Ogre-Turreau que le roi a choisi pour présenter les Vendéens au Dauphin ! Enfer et malédiction !

Monsieur Henri, lui, revint tout joyeux avec Chante-en-hiver. Il n'avait vu ni le duc d'Angoulême, ni l'Ogre-Turreau, ni les fusils mis en faisceaux. Seuls les vétérans s'étaient trouvés au premier rang. Les jeunes accompagnant leurs aînés bivouaquèrent en arrière. Mais pendant tout le trajet, du bocage aux Mauges,

Monsieur Henri, petit tambour, crut conduire sa paroisse. Il marchait devant la colonne juste avant Chante-en-hiver qui portait l'étendard. Il tambourinait avec allégresse, allant du pas agile de ses quatorze ans. De temps en temps, Chante-en-hiver lui criait de sonner la halte, car, parmi les vieux de 93, beaucoup suivaient avec difficulté et il fallait faire des pauses, longues, pour qu'ils puissent reprendre leur souffle.

En passant à Tiffauges ils longèrent les ruines du château de Gilles, ancien seigneur du pays de Retz, qui accrochait ses femmes le long des murs de ses appartements à des crochets de boucher, et dont la barbe devint bleue à la suite d'un pacte qu'il signa avec un diable bleu.

Ils allaient, ils voyaient du pays. Parfois on entendait au loin le tambour d'une autre colonne qui, elle aussi, montait vers Beaupréau. Monsieur Henri jouait alors de toutes ses forces pour signaler la présence de la paroisse. Il lui semblait que sa peau de tambour, qui rythmait la marche des paroissiens, vibrait de leurs respirations, du battement de leurs cœurs.

Jamais Monsieur Henri n'était sorti de son village. Il pensait à Tête-de-loup, parti avec le montreur d'ours et dont on n'avait jamais eu de nouvelles. Comme son grand frère, il se sentait prêt à marcher droit devant lui, très loin, sans fatigue.

Lorsqu'il revint au village, toujours en tête de sa colonne et toujours tambourinant, Monsieur Henri trouva son père triste et las. Il avait toujours connu son père vieux, avec ses longs cheveux blancs, très raides, qui lui tombaient sur les épaules. Mais il lui sembla qu'il était encore devenu plus vieux. Il aurait bien voulu partager sa joie avec son père, mais celui-ci, agacé, le traitait de fainéant parce qu'il ne se précipitait pas pour prendre une fourche et brouetter le fumier.

Tout de suite arriva le temps des métives (de la moisson) qui requérait de multiples bras. D'autant plus que la moisson se faisait en deux fois. Les « grands blés », froment et seigle et les « petits blés », orge et avoine, se coupaient d'abord à moitié tige, à la faucille. L'absence de charrues, les mauvais araires, faisaient que les blés étaient envahis par les herbes et les ronces. Couper le blé haut permettait d'éviter de mélanger mauvaises graines et bon grain. On passait ensuite une seconde fois dans les champs pour couper à la faux les tiges basses.

Tous les Dochâgne n'étaient pas trop nombreux pour couper le blé, le lier en gerbes, le transporter dans les lentes charrettes à bœufs jusqu'à la métairie où il s'entassait alors en meules. Quand tout était fini, la vieille Louise et Léonie passaient encore dans les champs et glanaient les épis perdus.

Métiver représentait un dur travail, mais un travail qui se faisait dans l'allégresse. On récoltait le pain. On se trouvait tous ensemble du matin au soir. On mangeait mieux parce qu'il fallait utiliser le maximum de ses forces. Louise mettait un morceau de lard dans la soupe aux choux. On buvait du vin largement arrosé d'eau fraîche. Dochâgne avait retrouvé son allant. Il semblait heureux de réunir autour de lui toute sa famille, Victorine et Victor qui n'arrêtaient pas de se bousculer, de se pincer et de se tordre les bras, mais n'en abattaient pas moins de l'ouvrage ; Monsieur Henri, plus gaillard que d'habitude parce que la convivialité de la moisson lui rappelait son équipée avec les vétérans ; les trois femmes. Poléon, lui, gardait les moutons et les vaches, du côté du moulin du haut. Il ne manquait au bonheur de Dochâgne que Tête-de-loup et Jacques-le-tisserand. Ces deux absents lui pesaient lourd. S'il y pensait trop longtemps tout le découragement rapporté de Beaupréau lui retombait sur les épaules.

Chante-en-hiver hésitait. Sur le vieux curé mort dans la forêt, ses paroissiens avaient trouvé le bréviaire annoté qui constituait la seule mémoire du village. En tant que capitaine de paroisse Chante-en-hiver reçut le livre en dépôt. Il se demandait maintenant s'il devait le remettre au jeune curé qui légalement représentait l'Eglise. Le curé réfractaire desservait trop de paroisses pour qu'il puisse s'intéresser plus spécialement à la leur. Donner l'état civil au maire-meunier eût sans doute été une bonne idée, mais cet état civil était inscrit au crayon dans les marges du bréviaire et il apparaissait impensable de donner le bréviaire au maire pataud. Chante-en-hiver finit par opter pour la solution la plus simple : donner le livre si usagé à celui qu'il voyait tous les jours passer devant sa forge, dans sa soutane noire, les yeux baissés sur un autre bréviaire tout neuf. Si Chante-en-hiver avait su quels chambardements il allait produire, il aurait jeté le bouquin au feu. Mais il croyait bien faire.

En effet, en déchiffrant, avec les difficultés que l'on imagine, les gribouillis du curé-Noé, le curé-aux-bougies (c'est ainsi que les villageois l'appelaient depuis qu'il s'était confirmé que le jeune prêtre se trouvait parmi ces séminaristes qui accueillirent Napoléon-Antéchrist à la lueur des bougies en criant : Vivat Imperator !) s'aperçut de choses étranges. Les couples mariés enregistrés ne correspondaient pas exactement à ceux qu'il retrouvait à l'église. Quant aux enfants, l'embrouillamini le terrifiait. On eût dit que la paroisse, comme une quenouille ensorcelée, mélangeait tous ses fils.

Passant de ferme en ferme, pour tenter d'éclaircir les liens de famille, il n'arrivait qu'à les confondre davantage. Tout cela datait de quand ? On ne savait plus. Les enfants, reçus comme un don du Bon Dieu, élevés au petit bonheur, étaient grands maintenant, ou bien ils étaient morts. Les accouchements causèrent bien des décès parmi les femmes, mais comme elles demeuraient néanmoins plus nombreuses que les hommes, les valides se glissèrent dans le lit des mortes. La vie continua, comme elle put. Et Dieu bénit sa paroisse puisque le village fructifia, se reconstruisit, que beaucoup d'enfants vivants témoignaient aujourd'hui de la résurrection de la terre. Voilà ce qu'entendait, horrifié, le curé-aux-bougies. Il lui semblait tout à coup avoir été nommé par son évêque dans un village de réprouvés.

Ce jeune curé qui venait d'ailleurs, que se mêlait-il de leurs affaires ! Quand les accouplements s'étaient accomplis, au sortir de la forêt, quand les premiers enfants de la paix revenue avaient égayé les ruines, le curé-aux-bougies ne se trouvait-il pas lui-même dans la petite enfance ? Sa curiosité n'inquiétait personne. Elle prêtait plutôt à rire. Là où le curé-aux-bougies alla trop loin, c'est lorsque, après avoir voulu déménager le cimetière qui se trouvait autour de la grange-église parce qu'elle était redevenue simplement grange, il s'avisa un jour, à la fin de la messe, de donner des conseils agricoles. On le vit sortir d'une poche de sa soutane une de ces pommes du diable que l'on croyait bien avoir exterminées dans le champ du sabotier de la Gâtine et dire qu'il pourrait obtenir des semences, que la pomme de terre était une bénédiction pour les gueux.

— C'est une bénédiction pour les patauds, dit le métayer du bas de la côte. Notre vieux curé nous a bien avertis que ces racines sont du poison.

— M. le Curé du temps jadis ne pouvait pas savoir qu'aujourd'hui les paysans qui cultivent des pommes de terre sont sauvés de la famine.

— Et où est-ce qu'ils sont, ces paysans-là ?

— Dans les Vosges...

Les paroissiens se mirent à pouffer. Ils se donnaient de grandes claques dans le dos, se tapaient sur les cuisses en sautillant. Certains se précipitèrent le long des murs pour y pisser à leur aise, tellement les contorsions du rire leur portaient sur la vessie. Le curé-aux-bougies se disait avec effroi que sa paroisse était vraiment ensorcelée. Il se hasarda à faire de grands signes de croix pour déjouer les mauvais sorts, ce qui effectivement parut ramener la paroisse à la raison.

— C'est que, expliqua Chante-en-hiver, les Vosges, on connaît bien. La brigade Paris-Vosges, monsieur le Curé, on l'a eue sur l'échine pendant la grande guerre. C'étaient les plus terribles des culs-blancs. Pas étonnant qu'ils soient punis aujourd'hui et doivent manger les pommes du diable.

A court d'arguments, le curé-aux-bougies remit la pomme de terre dans la poche de sa soutane. Il la planterait dans le jardin du presbytère. Il leur montrerait... Un souvenir du séminaire lui revenait. Comme exemple des préjugés difficiles à vaincre, et de la difficulté qu'ils rencontreraient dans leur sacerdoce de curés de campagne, l'un de leurs professeurs leur avait raconté l'histoire de la marquise de Marbeuf qui, voulant sortir ses paysans de leur misère, leur enseigna la culture de la luzerne qui permet de faire alterner dans un même champ la nourriture pour le bétail et la nourriture pour les hommes évitant la solution traditionnelle de la jachère. Pour avoir osé s'attaquer à leurs habitudes, ses paysans l'avaient fait guillotiner sous la Terreur. Contre-révolutionnaire pour cause de progrès, la marquise ! Maintenant, le curé-aux-bougies s'apercevait bien que ses paroissiens le suspectaient d'être révolutionnaire pour cause de progrès. La sueur lui en perlait au visage. Révolutionnaire, lui, qui abhorrait la Convention ! Lui qui, avec ses condisciples, avait salué en Napoléon le fossoyeur des philosophes, le liquidateur des jacobins, le restaurateur du clergé et de la noblesse ! Ces paysans étaient des ignorants qu'il lui faudrait instruire. D'abord ouvrir une école. L'urgence allait à cette école. Avant la Révolution, plus de cent paroisses, en Vendée, étaient scolarisées. Le Boupère, Chambretaud, Les Epesses, Les Herbiers, L'Hermenault, Saint-Cyr-des-Gats, même des hameaux, avaient leurs magisters. Montaigu possédait un collège où l'on faisait sa rhétorique ; Mortagne une école de filles et plusieurs écoles de garçons. Les Colonnes infernales les avaient brûlées, comme les églises, et seuls les gros bourgs, sous l'Empire, purent recommencer l'alphabétisation des garçons sous la férule des frères à quatre-bras. Le jeune curé rêvait de classes aux pupitres noirs bien alignés, de coups de règle scandant les tables de multiplication, de phrases de morale écrites à la craie sur un tableau noir. Il rêvait de faire de sa paroisse un modèle de savoir et de vertu. Il rêvait comme on rêve à vingt ans, même si l'on est curé.

Au début de l'hiver, le baron arriva à cheval dans la cour de la métairie. Dochâgne et le petit Henri déchargeaient une charrette de bois de chauffage.

— Où prends-tu tout ce bois ? demanda le baron. Bientôt il ne restera plus un arbre dans le bocage.

— La forêt est grande, monsieur le Baron. Et l'hiver est bien froid.

— Mais la forêt n'est pas à toi. Ce que je t'en dis, c'est pour ton bien. Un jour tu vas avoir sur le dos le régisseur du comte et les gendarmes. Vous êtes vraiment incompréhensibles, vous autres paysans. Vous vous êtes battus avec nous pour faire respecter la propriété et la tradition et vous saccagez les domaines de vos maîtres. Vous brûlez leur bois, vous mangez leur gibier. Tu sais que l'on pendait pour moins que ça avant que viennent les patauds !

Dochâgne pensa à son chêne, aux grandes branches que le sabotier de la Gâtine lui avait demandé de regarder pour qu'il s'y représente ses ancêtres pendus. Il se contenta de répondre :

— Monsieur le Baron se fait du souci pour les émigrés.

— Il n'y a plus d'émigrés. Le roi restitue à *nos* émigrés tous leurs biens, ce qui est légitime. Mais il a tort d'exiger l'impôt de la Vendée. La Vendée restée fidèle au roi, sous la République et l'Empire, ne lui a rien demandé à son retour. Aussi n'a-t-elle rien reçu. Louis XVIII ne se rappelle à notre souvenir que pour nous réclamer des impôts. Mais il y a pire, et c'est pour ça que je suis venu. Un décret signé à Paris exige des Vendéens et des chouans qu'ils déposent leurs armes. Les gendarmes vont passer les chercher dans tous les villages. Bien sûr, il ne faut pas les rendre. Ni Hoche ni Buonaparté n'avaient osé nous demander de nous en séparer.

Dochâgne comprenait mal. Déposer ses armes à qui ? Au roi ? Mais puisque l'on était avec le roi ! Peut-être donnerait-il en échange des fusils neufs ? On avait bien offert au duc d'Angoulême le drapeau de Stofflet.

— Le roi est prisonnier des républicains et des bonapartistes, précisa le baron. Peut-être un jour aura-t-il encore besoin de nous !

Une question tourmentait Dochâgne. Elle le tourmentait depuis son retour de Beaupréau. Il n'osait la formuler toute brute, cherchait la manière. Enfin, il se risqua :

— Monsieur le Baron, vous vous souvenez lorsqu'on a vu Napoléoné et qu'il m'a appelé pour m'interroger. Il m'a demandé pourquoi je portais un fusil, mais il n'a pas eu peur. Il ne m'a pas ordonné de le jeter à terre. Le Dauphin, lui, à Beaupréau, c'est comme s'il avait eu peur de nous. Il a fait poser les fusils en faisceaux. Il nous a obligés à reculer de douze pas...

Le baron ne répondit rien, s'aperçut de la présence du fils cadet de Dochâgne, qui le regardait avec curiosité.

— C'est à toi, ce petit ?

— C'est Henri, monsieur le Baron.

— Il a une gentille figure et de l'allure. On dirait un monsieur.

— On l'appelle Monsieur Henri. Il a fait le chemin de Beaupréau, comme tambour de la paroisse.

— Monsieur Henri ! Tu as un nom bien difficile à porter. Tu sais d'où tu le tiens ?

— Oui, monsieur le Baron. Du Monsieur Henri de la grande guerre.

— C'est bien. N'oublie pas ton tambour. Peut-être en aurons-nous besoin. Laisse-moi un moment avec ton père, j'ai encore à lui parler.

Le baron, descendu de cheval, inspectait la métairie.

— Te voilà laboureur ! Tu as su faire fructifier la terre.

Dochâgne se taisait. Il attendait que le baron lui dise la raison de sa venue. En même temps, une grande lassitude le gagnait. Qu'attendait-on encore de lui ? Qu'allait-on lui demander de faire ? Les temps maudits ne cesseraient donc jamais !

Le baron se rapprocha et, d'une voix basse :

— Je ne t'ai jamais rien caché. Nous sommes de vieux compagnons d'armes. Tu as raison pour ce qui s'est passé à Beaupréau... Une belle saloperie ! Le Dauphin nous est venu encadré par des officiers républicains et bonapartistes. Mais tu ne sais pas le pire. Tu as remarqué le général qui dirigeait les opérations ? Eh bien, j'avais cru l'identifier ! Hélas ma mémoire ne faiblit pas. C'était bien Turreau !

— L'Ogre-Turreau, qui a brûlé la Vendée ?

— Lui-même ! Le roi n'a rien trouvé de mieux, pour accompagner le Dauphin en Vendée, que le bourreau de la Vendée. Il est vrai que la noblesse qui entoure le roi ne nous connaît guère et que Turreau nous connaît bien.

Le baron cracha par terre de mépris. Ce qu'imita Dochâgne.

Puis, comme le curé de Beaupréau, le baron bougonna :

— Vive le roi quand même !

A la porte de la salle commune les deux Louise, muettes, regardaient avec crainte ce cavalier qui discutait avec Dochâgne. Tout inconnu qui arrive dans un village, et à plus forte raison dans une ferme isolée, est source d'inquiétude. Et cette inquiétude n'est pas irraisonnée puisque le voyageur transporte avec lui les nouvelles du monde et que ces nouvelles sont rarement rassurantes. Seuls sont rassurants le rythme immuable des saisons, la germination des graines, l'éclosion des fleurs, la maturité des fruits. Seul est rassurant l'enfant qui déjoue les maladies. Seul est rassurant l'hiver qui rend les chemins impraticables, inonde les marais, isole les métairies où s'enferment gens et bestiaux.

Ce cavalier était l'un des ultimes qui pourraient passer. Bientôt les derniers bœufs, à revenir des champs, s'enfonceraient jusqu'au fessier dans la boue des chemins creux. L'hiver, le paysan ne craignait plus rien, sinon la famine. Mais on économisait à la fois ses gestes et son grain. On vivait dans un état de demi-torpeur, dans un silence seulement rompu par les hurlements des loups, les aboiements des chiens et les hululements des chouettes. L'hiver, le paysan, dans son gîte, s'enfermait comme dans un bateau, seul maître à bord. Plus de seigneur, plus de régisseur, plus de marchands aux foires, plus de gendarmes. Plus de nouvelles du monde. L'isolement total et bienheureux.

Le baron disait à Dochâgne :

— Ou bien le roi est un roi pataud ou bien il est prisonnier des patauds. Dans l'un ou l'autre cas, il faudra qu'un jour nous ressortions nos armes. Alors, ordre formel de ne pas les rendre. Avertis la paroisse et fais passer la consigne dans la contrée.

Le baron sauta sur son cheval et disparut dans la direction du bourg, sans paraître remarquer les deux femmes. Louise ne demanda pas à Dochâgne qui était cet homme, ni ce qu'il voulait. Elle savait bien qu'il ne le lui dirait pas.

Léonie, que l'interminable absence de Jacques-le-tisserand faisait dépérir, devint soudain très malade au cours de l'hiver. Elle ne se sentait plus maîtresse de son sang, disant que le sang lui montait à la tête, l'étouffait dans sa gorge, lui brisait les reins. Heureusement, le village avait hérité d'un toucheux. Le toucheux, ce n'était pas le rebouteux. Le rebouteux, qui remettait les os en place, malheureusement le village n'en possédait pas. Il fallait, si l'on s'était démis un membre, se rendre jusqu'au bourg. L'hiver, avec les chemins impraticables, il n'y avait d'autre solution que de garder son entorse ou son bras cassé jusqu'au printemps. Le rebouteux était homme de métier, le toucheux avait un don. Les vieux rois de France, qui guérissaient les écrouelles, recevaient à la naissance le don du toucheux. Mais chez les pauvres gens, des toucheux n'apparaissaient qu'à la septième naissance d'un enfant mâle sans fille intermédiaire. Le fermier près de l'étang avait eu sept garçons d'affilée. Le septième était un toucheux, ce que confirmait la tache en forme de cœur qu'il portait sur la cuisse.

Le toucheux, encore enfant, vint voir Léonie étendue sur sa paillasse, livide. Sur son visage, les rides formées par ses larmes s'étaient profondément creusées et lui faisaient comme des balafres. Elle geignait en disant que le sang lui donnait des douleurs à la gorge. L'enfant-toucheux posa sa main droite sur la gorge de Léonie, et marmonna une sorte de prière incantatoire. Aussitôt la douleur s'en alla aux extrémités des membres. Mais elle ne voulait pas sortir du corps, s'obstinant à demeurer dans les pieds et les mains, malgré les efforts de l'enfant-toucheux qui donnait à Léonie tant de son fluide qu'il en claquait des dents. Dès qu'il cessait d'imposer ses mains sur la gorge de la malade, la douleur remontait des extrémités des membres et revenait étouffer Léonie.

L'enfant-toucheux dit :

— Elle retient le mal. C'est qu'elle veut mouri.

Elle mourut en effet, seule, dans la nuit, après avoir vainement réclamé à l'Ogre-Turreau ses trois enfants morts et aux gendarmes de Montaigu son mari. Victor, qui dormait dans l'écurie pour moins sentir le froid près des bêtes, n'entendit rien. Il trouva le lendemain matin sa mère inanimée, déjà toute raide, comme gelée.

Dochâgne, en général impassible, parut bouleversé par cette mort soudaine. Les premiers temps du village, l'horreur du carnage des Colonnes infernales, la longue misère qui s'ensuivit et dont il commençait juste d'émerger, lui revenaient soudain en bouffées de colère. Il pensait aux confidences du baron, à l'Ogre-Turreau en face de lui à Beaupréau sans qu'il le sache, sinon il l'eût abattu d'un coup de fusil, comme un chien enragé. L'absence de Jacques-le-tisserand lui causait également un vrai chagrin. Et il lui semblait qu'avec la mort de Léonie, un peu plus de Jacques, encore, s'en allait. Dochâgne regardait Victor, lui aussi très abattu et Victorine qui s'efforçait de le consoler en l'embrassant. Devait-il dire à Victor qu'il était son père ? Le curé-aux-bougies, étudiant les marges du bréviaire du curé-Noé et cherchant à démêler l'imbroglio de la naissance de Victor, était venu interroger Léonie obstinée à répondre qu'elle ne se souvenait pas.

Une telle inconscience avait évidemment fait pousser des cris d'horreur au jeune curé. Dochâgne en voulait un peu à Chante-en-hiver qui, plutôt que de donner le livre au curé-aux-bougies, eût mieux fait de le remettre au curé de la Petite-Eglise. Chante-en-hiver l'agaçait souvent par son insouciance, et cette belle humeur peu de mise en des temps si durs, qu'augmentait son ivrognerie.

Les deux Louise jetèrent tous les seaux d'eau qui se trouvaient remplis, afin que l'âme de Léonie ne risque pas de s'y noyer. Puis elles ouvrirent la fenêtre de la chambre pour que son âme puisse sortir.

Dochâgne alla chercher, dans l'atelier de Jacques, le dernier drap qu'il tissait lorsque les gendarmes l'avaient emmené. On enveloppa la morte dans ce linge qui lui servit de linceul et, avant de lui recouvrir le visage, Dochâgne lui glissa dans la bouche une pièce de cuivre d'un liard pour qu'elle puisse payer à saint Pierre sa place au paradis.

Le curé-aux-bougies fit sonner le glas, mais très vite les choses s'envenimèrent sur la question du cimetière, Dochâgne refusant d'inhumer Léonie dans le cimetière hors du village, et le jeune curé s'obstinant à ne pas célébrer de messe des morts si Dochâgne venait enterrer Léonie près de l'ancienne grange-église, comme cela continuait à se faire couramment.

Finalement, Dochâgne et Victor portèrent le corps enveloppé du drap de chanvre sur lequel on avait posé un bouquet de buis, dans le petit enclos près de l'ex-grange-église et Léonie n'eut pas de messe des morts. Le curé de la Petite-Eglise ne pouvait être prévenu à temps, sinon il eût béni ce dernier voyage. Lui savait bien, comme tous les paroissiens, que les morts ne pourraient plus se promener librement la nuit dans la localité si le cimetière ne se trouvait pas près de l'église.

Louise devant accoucher bientôt ne suivit pas le convoi funèbre qui réunit tout le village, à l'exception du curé et du maire-meunier, ce dernier approuvant la décision du prêtre de transférer le cimetière hors de l'agglomération. Jamais une femme enceinte n'assistait à un enterrement, ce qui eût équivalu à préparer la tombe de son enfant. Pendant que la métairie était vide et que Louise brûlait dans la cour la paillasse de Léonie, elle vit arriver le premier voyageur du printemps, un bâton à la main et une besace sur l'épaule. Le temps de se remettre de sa peur, elle reconnut l'homme borgne qui lui souriait et lui ouvrait les bras :

— Doux Jésus ! Mais c'est Jacques ! C'est le Jacques de la Léonie ! Ah ! Jacques, regardez, il ne reste plus que de la cendre !

6

Le 1er mars 1815

Le 1er mars 1815, Napoléon s'échappe de l'île d'Elbe et débarque à Golfe-Juan. La nouvelle, portée par un relais de cavaliers au galop, n'arrive à Paris que le 5. Louis XVIII, affolé, ne voit alors d'autre secours à attendre que des Vendéens et des Bretons et envoie dans l'Ouest le vieux duc de Bourbon pour y reconstituer « l'armée catholique et royale ». Le temps que le duc de Bourbon prenne contact avec les frères et les neveux des chefs morts, les La Rochejaquelein et les Charette, Louis XVIII a pris peur. Au lieu de venir rejoindre ses défenseurs de l'Ouest, il fuit vers l'Est, ce qui est devenu une tradition chez les Bourbons depuis Varenne. Le 19, Louis XVIII passe en Belgique. Le 20, Napoléon est de retour aux Tuileries. La quatrième guerre de Vendée commence.

Au village, personne ne comprend plus rien. On croyait être débarrassé de Buonaparté et le voilà qui ressort comme d'une boîte à malice. On avait un roi et il est déjà parti. Le duc d'Angoulême aussi. Et toute la famille. Même le duc de Bourbon, ce vieux débris, que l'on appelle ironiquement à la cour le voltigeur de Louis XIV, et que Louis XVIII avait cru pouvoir sacrifier à sa cause, à peine a-t-il allumé le feu dans l'Ouest qu'il se sauve en Espagne. Mais La Rochejaquelein et Charette sont revenus. On les croyait morts. On ne sait plus. Tout s'embrouille.

Le maire-meunier s'interrogeait. Devait-il, une fois de plus, retourner sa veste. Et de quelle couleur la mettre ? Le curé-aux-bougies avait pensé que la paix retrouvée permettrait d'unir dans un syncrétisme catholique le souvenir de l'empereur restaurateur de la religion et la restauration de la monarchie. Or voilà que le roi tombait dans la trappe. Au bourg, le drapeau blanc, enlevé du clocher et remplacé par le drapeau tricolore, avait été ramené par des inconnus, réenlevé, remis. Prudemment, au village, le curé-aux-bougies ne hissa pas de drapeau sur son église.

Chacun tenait à son bout de vigne et le moment venait de la labourer et de la tailler. Les travaux de la terre n'attendent pas que l'Histoire se mette en place.

L'Histoire n'oublie pourtant jamais les hommes qui voudraient l'oublier. Tout le mois d'avril se passa en travaux agricoles. Il arrivait bien, de temps en temps au village, des rumeurs. Il s'organisait même des réunions animées dans la forge de Chante-en-hiver où, chaque soir, Monsieur Henri venait jouer du tambour. Le temps restait néanmoins en suspens. Jusqu'au jour où une petite troupe de cavaliers déboucha de la lisière de la forêt et bifurqua, au galop, jusqu'à la métairie de Dochâgne.

Dochâgne qui, en compagnie de Victor, changeait la litière des vaches, sortit de l'écurie au bruit des sabots de chevaux et reconnut le baron parmi d'autres hommes qui n'étaient pas des paysans.

— Je t'ai attendu, dit le baron.

— Je suis trop vieux.

— Regarde qui est avec moi...

Le baron lui désigna l'un des cavaliers au visage balafré.

— C'est Auguste de La Rochejaquelein, le second frère d'Henri. Charles d'Autichamp a pris le commandement de l'armée d'Anjou, Sapinaud dirige celle du centre et Suzannet s'occupe du pays de Retz. Le soulèvement est prévu pour le 15 mai. Nous serons cinquante mille.

— En 93 on était plus de cent mille.

— Les vétérans comme nous sont rares. C'est pourquoi il nous faut parler aux jeunes. Prends ta mule, Dochâgne, et va soulever le pays.

— Je suis trop vieux.

— Ne fais pas l'imbécile ! Regarde ces messieurs, avec moi, nous sommes tous nobles et nous payons de notre personne.

— Monsieur le Baron, en 93 les paysans sont allés chercher les nobles. Si c'est le contraire, ça ne marchera pas.

— C'est pourquoi nous avons besoin de recruteurs comme toi.

— J'ai fait ce que vous m'aviez demandé pour les armes qu'on ne devait pas rendre...

— Tu vois que j'avais raison. Parce que nous avons désobéi au roi qui nous demandait de rendre les armes, nous pouvons aujourd'hui les ressortir pour défendre le trône.

— J'ai fait ce que vous m'aviez demandé. Mais vous ne trouverez que nos vieux fusils à silex rouillés. Avec, pour chacun, trois ou quatre cartouches.

— Le marquis Louis de La Rochejaquelein a reçu mission du roi, à Gand, d'aller chercher une cargaison d'armes en Angleterre. Nous l'attendons du côté de Saint-Gilles. Allons, le temps presse ! Il nous faut aller de village en village. Jette ta fourche, Dochâgne, et prends ton fusil. Je t'attends au bourg le 15 mai, avec cent mille hommes si tu peux.

Les cavaliers partis, Victor demanda :

— M'emmènerez-vous ?

— Où veux-tu que je t'emmène ? Les arbres abattus cet hiver demandent qu'on leur enlève l'écorce. Il faut semer les citrouilles. Et ne pas oublier de planter l'aubépine en fleur sur le fumier si l'on veut que le blé ne germe pas dans le grenier.

— Et la guerre ?

— Cette guerre-là, c'est pas la nôtre. T'occupe pas.

Le 15 mai, le curé-aux-bougies refusa de faire sonner le tocsin, comme le lui demandait Chante-en-hiver. Le forgeron n'emmenait du village, comme volontaires, que sa clientèle du cabaret, le fils aîné de sa femme et Monsieur Henri avec son tambour. Le petit Pierre, une fois de plus malade d'une mauvaise fièvre, ne put les accompagner. Monsieur Henri l'embrassa avant de partir, lui promettant vaillance pour deux. Ils se joignirent dans la forêt à un garde-chasse qui y commandait une bande de déserteurs, déserteurs sous l'Empire, restés déserteurs sous Louis XVIII et qui, soudain, prenaient du service. Ils marchaient vers le marais et la mer, les uns en sabots, les autres pieds nus. Leur petite troupe se gonfla en route d'ouvriers sans travail auxquels les nobles promettaient une solde de cinq sous par jour, puis de faux-saulniers et de vagabonds. Le tiers ne brandissait que des gourdins. Quelques privilégiés, qui avaient réussi à désarmer des gendarmes, portaient des fusils.

A Aizenay, à une trentaine de kilomètres de la mer, toutes les bandes éparses, venues du bocage, du marais, du pays de Retz, firent jonction. L'enthousiasme fut grand lorsque l'on sut que M. de Charette se trouvait là. Ce n'était pas le même, l'autre avait été fusillé à Nantes en 1796, mais la présence de ce neveu, Ludovic, qui n'avait que vingt-sept ans, soulignait la permanence de la rébellion, comme celle des deux La Rochejaquelein.

On fêta la chose en mettant en perce des tonneaux de vin. Chante-en-hiver voulait apprendre à boire à Monsieur Henri, comme il lui avait appris à lire et à jouer du tambour. Mais Monsieur Henri n'aimait pas boire. Comme il se trouvait, par là même, l'un des rares à ne pas être ivre quand les huit cents soldats du général bonapartiste Travot attaquèrent le campement, c'est lui qui sonna l'appel. Debout, son tambour résonnant au-dessus d'une masse d'hommes qui ronflaient, Monsieur Henri vit Charette le second se précipiter au-devant des assaillants et tomber, blessé mortellement d'une balle en pleine poitrine. Dans l'affolement qui suivit et la débandade, Monsieur Henri ne perdit jamais son calme, toujours bien droit malgré les balles qui sifflaient, battant le rassemblement, puis le repli.

Chante-en-hiver pleurait, comme pleure un ivrogne, soutenu par son fils adoptif compagnon de la forge, qui n'était pas moins saoul mais tenait mieux la boisson.

Lorsqu'ils arrivèrent à Croix-de-Vie et qu'ils surent que, pour leur première bataille, huit cents soldats bonapartistes avaient battu huit mille insurgés, Chante-en-hiver eut honte. Jadis, il suffisait de quelques centaines de Vendéens pour écraser des milliers de culs-blancs, leur arracher leurs fusils, leur enlever leurs canons. Chante-en-hiver regardait la troupe débandée qui s'affalait sur le sable du rivage. On ne voyait presque pas de faux, ce qui signifiait que les paysans étaient peu nombreux. Chose étrange, aux habituelles cocardes blanches se substituaient des insignes de toutes sortes de couleurs. Certains arboraient des cocardes noires, d'autres des cocardes vertes. Ce refus d'une couleur uniforme apparaissait déjà comme une protestation contre l'embrigadement. Chante-en-hiver lui-même qui, en tant que capitaine de paroisse, avait reçu à Beaupréau, du duc d'Angoulême, une décoration en forme de fleur de lys, ne la portait qu'avec ironie, l'appelant, en riant, une bamboche. Comme bambocher : faire la bringue. Ils bambochaient en effet et Chante-en-hiver s'angoissait de honte, se reprochant d'avoir entraîné Monsieur Henri dans cette mascarade. Mais l'enfant ne s'apercevait de rien. Il n'avait pas vécu 93 et trouvait cette guerre-ci une vraie fête.

L'escadre anglaise débarqua le marquis Louis de La Rochejaquelein avec deux mille fusils. On en attendait trente mille. Au lieu de soulever cinquante mille Vendéens comme elle l'escomptait, la noblesse n'en avait entraîné que la moitié. Il fallait donc, quand même, vingt-cinq mille fusils.

La déconvenue grandissait, d'autant plus qu'à Aizenay la plupart des dormeurs saouls avaient perdu leurs armes, récupérées par Travot. Il paraissait plus simple d'accuser les Anglais.

— Ils se moquent de nous comme ils se sont moqués de nos pères.

— Et maintenant que les armes sont débarquées, qu'est-ce qu'on fait ?

— Les chefs ont dit qu'on allait prendre Poitiers, puis foncer sur Paris à travers la Touraine.

— Les chefs, quels chefs ?

— Il y a trop de cuisiniers dans la cuisine, le fricot ne vaudra rien.

— On n'a même pas de canon.

— D'Autichamp déteste La Rochejaquelein.

— Moi, je veux pas être mené.

Lorsque arriva le mois de juin, les troupes se mirent à fondre. Tous les paysans décampaient, rentrant chez eux pour faire les foins. Moins dociles, faux-saulniers, vagabonds, ouvriers insultaient les officiers nobles s'ils leur faisaient des observations et les menaçaient de leurs armes s'ils se risquaient à vouloir punir leur indiscipline.

Chante-en-hiver, pour ne pas voir un tel gâchis, n'en buvait que de plus belle.

Dans le marais de Monts, les effectifs diminuaient encore, les bocains prenant peur de ce pays plat. Mais Chante-en-hiver, ancien paydret de Charette le premier, connaissait bien le marais et s'y enfonça avec son fils adoptif et Monsieur Henri.

Malgré leurs fusils anglais tout neufs, les maraîchins attirés à découvert par les tirailleurs impériaux eurent l'imprudence de sortir de leurs joncs. Une salve de coups de feu tua un capitaine de paroisse. Les Vendéens, effrayés par ces soldats qui combattaient désormais de la même manière qu'eux, embusqués dans les fossés d'eau et les roseaux, s'enfuirent vers Saint-Jean-de-Monts.

La Rochejaquelein le second ne savait comment les retenir. A pied, tiraillant avec quelques fidèles, il crut astucieux de se faire amener un cheval, l'enfourcha, mit son chapeau à plumes blanches à la pointe de son sabre et s'écria :

— En avant ! Vive le roi !

— Regardez, les gars, hurla Chante-en-hiver, Monsieur Henri est revenu !

Mais le geste théâtral de La Rochejaquelein le second ne produisait aucun effet. La plupart des insurgés, trop jeunes, ne comprenaient pas de quel Monsieur Henri il s'agissait, ne connaissant que leur petit tambour. Ils avaient vingt ans et vingt ans s'étaient écoulés depuis que La Rochejaquelein le premier avait été tué par un grenadier blessé.

La Rochejaquelein le second galopa jusqu'à un tertre où il fit caracoler son cheval, comme à la parade, à quarante pas des troupes impériales qui le mettaient en joue. Brandissant toujours son panache blanc au bout de son sabre, La Rochejaquelein le second haranguait une illusoire armée en fuite, cible idéale se profilant sur la platitude grise du marais.

Fusillé à bout portant, le marquis Louis, émissaire de Louis XVIII, généralissime de la quatrième guerre de Vendée, fut rapidement étouffé par le sang qui giclait de sa poitrine trouée. Dérision supplémentaire, ceux qui venaient de tuer celui qui voulait mourir en héros, n'étaient que de simples gendarmes commandés par un lieutenant, des gendarmes qui l'avaient tiré comme un faux-saulnier pris la main dans le sac.

Monsieur Henri battit la retraite. Mais personne n'avait attendu le tambour. La débandade était complète. Certains jetaient leurs armes pour courir plus vite, perdaient leurs sabots. D'autres s'enlisaient dans la tourbe du marais. Soudain dégrisé, Chante-en-hiver reprit de son esprit d'initiative d'autrefois, rassembla une vingtaine d'hommes et ces vingt hommes, revigorés par l'un des leurs, firent front à l'armée napoléonienne avec leurs fusils de chasse, décimèrent les fantassins de ligne, désarçonnèrent les cavaliers. Chante-en-hiver avait plaqué Monsieur Henri au sol, invisible dans les herbes hautes, lui interdisant de se désigner au feu de l'ennemi avec son tambour. Monsieur Henri ramassa alors le fusil d'un mort et, un genou à terre, comme le faisait Chante-en-hiver, il visait les épaulettes rouges qui apparaissaient au-dessus des joncs.

Intrigués par ce noyau de résistance au milieu du marais, d'autres Vendéens revenaient. Ils furent bientôt assez nombreux pour réussir à bousculer l'adversaire et à le repousser dans un village.

Comme Chante-en-hiver regardait le clocher, il y apparut un uniforme bleu. L'homme, un officier, se pencha pour tenter d'apercevoir les Vendéens au-delà des maisons, les vit et, lentement, comme s'il ne courait aucun danger, et pour bien leur montrer en quel mépris il les tenait, se déculotta et leur montra ostensiblement ses fesses.

— Regardez, les gars, s'écria Chante-en-hiver. Vous avez déjà vu des culs-blancs, mais plus blanc que celui-là !...

— Apparemment, dit son fils adoptif, l'aîné de la femme au museau de souris, apparemment ce polisson réclame là-haut un apothicaire. Je vas lui en servir.

Il le mit en joue, tira. L'officier déculotté bascula du clocher et tomba dans le vide.

On entendit des cris dans le village, des ordres brefs, tout un remue-ménage et le bruit caractéristique d'une troupe au pas cadencé. Les impériaux se repliaient.

Chante-en-hiver, redevenu capitaine de paroisse (sans paroisse à conduire) dégagea sa petite troupe du marais et remonta vers le bocage. Monsieur Henri avait resanglé son tambour et allait devant, le roulement monotone de son instrument scandant la marche.

En chemin, ils rencontrèrent une vieille femme qui ressemblait à la mort, toute sèche et courbée sous son fagot de bois. Par plaisanterie, Chante-en-hiver l'apostropha :

— Eh, la mère ! Savez-vous où sont les brigands ?

Elle releva la tête, ouvrit une bouche édentée et dit en ricanant :

— Lesquels, mon brave homme, les blancs ou les bleus ?

Chante-en-hiver reprit sa marche, songeur. Il se souvenait du temps où ils se faisaient honneur d'être appelés brigands par les bleus, brigands et aristocrates. L'Ogre corse, lui, les appelait des géants. Brigands, aristocrates, géants... tous ces mots sentaient maintenant l'enflure. Ils avaient été l'armée vendéenne insurgée. Ils n'étaient plus que des chouans.

Mais comme pour lui donner tort, ou pour qu'il ne conserve pas de cette quatrième guerre de Vendée seulement la vision d'un désastre, une image digne de 93, une image anachronique, se présenta sur sa route. Simplement une troupe de cavaliers qui débouchèrent soudain d'un bois et s'élancèrent vers eux en tenant leurs chapeaux empanachés au bout de leurs sabres, comme l'avait fait La Rochejaquelein le second se jetant vers sa mort. Cette petite troupe d'aristocrates était commandée par une amazone qui rappela à Chante-en-hiver les romantiques compagnes de M. de Charette. Se trouvait aussi, parmi les cavaliers, un prêtre en soutane qui portait un grand crucifix sur sa poitrine, attaché par une chaîne.

— La noblesse et l'Eglise saluent leurs paysans fidèles, s'écria l'amazone. Voilà la plus jolie cohorte que nous ayons rencontrée et le plus joli tambour. Comment t'appelles-tu ?

— Monsieur Henri, répondit fièrement le tambour.

L'amazone eut comme un sursaut et son cheval se cabra. Chante-en-hiver la regardait un peu comme une apparition céleste, mi-fée Mélusine, mi-Vierge Marie, avec sa longue jupe bleue à parements rouges, son boléro serré à la taille. Ses cheveux frisés en rouleaux, à l'anglaise, débordaient de son chapeau enrubanné. Elle dit très vite :

— Monsieur Henri, Lucie de La Rochejaquelein te remercie.

Puis, s'adressant à Chante-en-hiver :

— D'où venez-vous ?

— Du marais. On a contraint un détachement d'impériaux à se replier. Avant, on était avec Monsieur Louis.

— Je suis arrivée trop tard, dit Lucie. J'avais rassemblé deux mille hommes. Toute la Petite-Eglise est avec nous, et ses prêtres. Je suis arrivée trop tard pour Monsieur Louis. Savez-vous que l'on a pris Cholet et Bressuire ?

— On a pris Cholet !

— Mais oui, nos troupes cèdent au découragement parce qu'elles n'apprennent que nos défaites. Pourtant nous avons enlevé, cette fois-ci encore, Cholet et Bressuire. Il faut que vous rejoigniez Bressuire. En chemin, rameutez les paysans.

Le prêtre en soutane ajouta en ricanant :

— S'ils refusent de vous suivre, vous mettez le feu. Ils croiront les patauds coupables et viendront grossir nos rangs.

Le 18 juin, jour de la bataille de Waterloo, Chante-en-hiver et sa troupe, intégrés à l'armée d'Auguste de La Rochejaquelein le balafré, entraient à Thouars, bousculant les impériaux.

Toute la nuit, les Vendéens firent bombance, vidant les caves, pillant les boulangeries, les boucheries, les épiceries. Ils tentaient de rattraper, en une nuit, vingt ans de disette et quelques siècles de famine. Quand les hussards arrivèrent le lendemain à l'aube, ils n'eurent aucune peine à sabrer les sentinelles qui cuvaient leur trop-plein de vin d'Anjou. Chante-en-hiver, affalé dans l'entrée d'une porte cochère, ouvrit juste les yeux pour voir apparaître l'éclat du sabre des hussards, et remarquer Monsieur Henri, debout, empêtré dans les sangles de son tambour, tombant sous les chevaux et comme recouvert d'un suaire rouge.

Chante-en-hiver eut beaucoup de peine à se relever. Il se traîna à genoux dans un recoin de la porte pour vomir et s'y endormit. Ce qui prouverait, si besoin était, qu'il existe un Bon Dieu pour les ivrognes puisque, lorsqu'il se réveilla quelques heures plus tard, les hussards étaient repartis et qu'il se trouvait seul vivant parmi des morts tailladés à coups de sabre. La rue était rouge. Des blessés geignaient doucement. De temps en temps l'un d'eux hurlait.

Chante-en-hiver, hébété, s'avança vers les cadavres, reconnut celui de Monsieur Henri, puis celui de son fils adoptif. Le tambour était crevé. Monsieur Henri conservait son visage de jolie fille.

Chante-en-hiver fut épouvanté. Comment pourrait-il maintenant rentrer au village, sans les deux enfants qu'il avait entraînés dans la mort ? Quelle réaction aurait sa femme au museau de souris ? Mais il redoutait surtout celle de Dochâgne qui n'avait pas voulu le suivre dans cette guerre, dont il disait qu'elle n'était pas la leur. Une nouvelle fois, comme en 95, lorsqu'il se croyait, lui aussi, seul survivant du génocide vendéen, avant qu'il rencontrât la paroisse du curé-Noé terrée dans la forêt, il regarda la jonchée de cadavres dans la grande rue de Thouars, stupéfait, anéanti.

Ce qu'il ne savait pas, ce qu'il ne saurait jamais, c'est qu'au même moment, dans la plaine de Waterloo, Napoléon contre lequel ils s'étaient insurgés et au nom duquel venait de s'accomplir cette tuerie inutile, Napoléon, lui aussi, regardait les débris de son armée.

Ce qu'il ne savait pas, ce qu'il ne saurait jamais, c'est qu'avant de partir pour sa dernière campagne, apprenant la nouvelle insurrection vendéenne, Napoléon avait dit à Fouché, qu'il avait bien sûr renommé ministre de la Police :

— Ces Vendéens sont fous ! Durant mon règne, je les ai laissés tranquilles, rétablissant leurs villes, leur donnant des routes, faisant pour eux tout ce que m'a permis le temps dont j'ai disposé, et en récompense de pareils traitements ils viennent se jeter sur moi pendant que j'ai l'Europe sur les bras ! Faites-leur entendre raison, duc d'Otrante, et proposez-leur une suspension d'armes. Je leur ferai cent fois plus de bien, par mes lois et mes travaux, que les Bourbons auxquels ils se sacrifient inutilement depuis vingt-cinq années.

Ce qu'il ne savait pas, ce qu'il ne saurait jamais, c'est que, le 1er juillet 1815, à dix heures du soir, lorsque arriva à Niort et s'arrêta devant l'Hôtel de la Boule d'or une calèche jaune tirée par quatre chevaux, Napoléon qui partait pour l'exil hésita à poursuivre sa route. Il descendit, fit les cent pas, les mains derrière le dos comme à l'ordinaire, appela l'officier d'ordonnance qui l'accompagnait :

— Et si j'avais encore une chance ? Mon dernier royaume pourrait être la Vendée. J'y ferais, avec les Vendéens, une guerre de partisans...

— Sire, je dois vous dire que les Vendéens ne vous aiment pas.

— Le monde est mal foutu. Les Vendéens et moi étions faits pour nous comprendre. Et ils se sont encore battus pour Louis XVIII qui les méprise.

Ce que Chante-en-hiver ne savait pas, ce qu'il ne saurait jamais...

LIVRE SECOND

1

C'est Jacques-le-tisserand qui, le premier,
vit revenir au village Chante-en-hiver

C'est Jacques-le-tisserand qui, le premier, vit revenir au village Chante-en-hiver et sa bande de vauriens. Il avait entendu brailler au loin, vers l'est, du côté d'où viennent le froid et les hussards, du côté de la bise et des mauvaises nouvelles et se porta à la rencontre des chanteurs qui reprenaient invariablement d'une voix avinée :

Roule ta bosse, Napoléon,
Tu n'auras plus la couronne de France.
Roule ta bosse, Napoléon,
Tu n'auras plus la couronne des Bourbons.

Jacques-le-tisserand reconnaissait bien sûr Chante-en-hiver, même si ses cheveux noirs avaient blanchi, même si son visage boursouflé prenait une teinte violacée, mais il n'identifiait aucun de ceux qui l'accompagnaient. En sept années d'absence, des enfants s'étaient transformés en ces hommes jeunes, insouciants, insolents.

— Tiens, le borgne est revenu, dit l'un d'eux.

— On a gagné la guerre, enchaîna un autre. Napoléoné est foutu. Louis le dix-huitième est à Paris.

Jacques-le-tisserand cherchait le petit tambour dont lui avait parlé Dochâgne. Chante-en-hiver s'approcha, prit Jacques par les épaules et, lui soufflant au visage une haleine de vinasse :

— Monsieur Henri a été tué. Et mon compagnon de forge.

Jacques-le-tisserand se dégagea si brusquement que Chante-en-hiver trébucha.

— Maudit sois-tu, toi qui vas faire pleurer ses yeux à Dochâgne. Maudit sois-tu, forgeron du diable !

La jeunesse qui entourait Chante-en-hiver eût fait un mauvais sort à Jacques si leur capitaine ne s'était interposé.

— Laissez, les gars, le borgne voit mal, il m'a pris pour un autre.

Jacques-le-tisserand, bousculé, se retrouva seul à l'entrée du village. La bande de Chante-en-hiver allait déjà vers l'église, en tirant des coups de fusil en l'air et en huchant. Jacques demeurait immobile, stupéfait. Il venait en effet de confondre Chante-en-hiver et le forgeron pataud. Ou plus précisément, il ne les confondait pas vraiment, mais Chante-en-hiver l'ivrogne, Chante-en-hiver qui avait conduit bien légèrement vers la mort Monsieur Henri, réincarnait le mal, réincarnait la force brutale et aveugle. Jacques demeurait immobile, stupéfait, parce que, aussi, pour la première fois le clan des vétérans du village allait se disloquer. Il le sentait. Il vivait déjà ce drame. Ces jeunes, qui l'appelaient le borgne, ce qu'aucun villageois n'avait jamais fait puisque pour eux il était d'abord le tisserand, ces jeunes qui se croyaient vainqueurs d'une épopée, alors qu'ils retournaient d'une mascarade de guerre, ces jeunes qui le rudoyaient lui faisaient mal augurer de l'avenir.

Tout d'abord, il fallait prévenir Dochâgne. Il ne fallait pas que Dochâgne apprenne la mort de son fils par des rumeurs. Il fallait qu'il aille au plus vite s'interposer entre Dochâgne et Chante-en-hiver, qu'il amortisse le choc de la sinistre nouvelle.

Jacques-le-tisserand retourna à la métairie de la mère de Louise, s'enquit du lieu où Dochâgne travaillait, courut vers la vigne où celui-ci passait la houe entre les rangées de ceps :

— J'ai vu Chante-en-hiver !

— Et mon petit Henri ?

— Dochâgne, il faut que je te dise... Monsieur Henri avait un nom trop lourd à porter...

— Il ne l'a pas ramené ?

— Il ne l'a pas ramené.

— S'il l'a laissé tuer, je le tuerai.

— Ne crie pas contre Dieu, Dochâgne. C'est Lui qui te l'a pris. Souviens-toi, il ne nous ressemblait pas. On aurait dit déjà un ange.

Une grande colère soulevait Dochâgne. Il tenait le manche de sa houe à deux mains et serrait le bois si fort que sur ses poignets maigres les veines saillaient comme des branches de lierre. Si Chante-en-hiver s'était trouvé dans la vigne, à la place de Jacques-le-tisserand, nul doute que la houe se serait transformée en arme.

A la colère succéda l'abattement. Dochâgne se mit à guener (gémir) comme une bête, affalé dans le sillon de vigne, se frappant la tête sur les mottes de terre :

— Il me l'avait pris... Je ne disais rien parce que c'était lui... Mais il n'aimait plus la ferme. Il ne se plaisait qu'à la forge, avec son tambour... C'est par le tambour qu'il me l'a pris... Quand j'ai su que l'Ogre-Turreau se trouvait à Beaupréau, avec le Dauphin, j'ai compris que pour nous tout était fini et qu'aucune guerre ne serait plus notre guerre. J'avais demandé à Chante-en-hiver de ne pas répondre aux nobles. Ce n'est pas à eux de venir nous chercher. Pour le travail, oui, mais pas pour la guerre.

— Lui as-tu dit que l'Ogre-Turreau accompagnait à Beaupréau le neveu du roi ?

Dochâgne grogna :

— Dame non ! J'ai pas osé.

— Tu n'aurais rien dû cacher à Chante-en-hiver.

— J'ai pas osé.

— Tu as eu peur de la vérité. Et c'est pour ça que tu as perdu Monsieur Henri.

Dochâgne se souvenait bien. Ce que lui avait confié le baron lui semblait si énorme, si terrible, et Chante-en-hiver se montrait si heureux de repartir se battre, que les mots ne purent sortir de sa gorge. Ils se disputèrent, le forgeron ne comprenant pas qu'il abandonne la lutte et lui s'acharnant à répéter que cette guerre n'était par leur guerre, qu'il ne bougerait pas de la métairie, qu'il ne voulait pas que Monsieur Henri le suive... Non, il ne pouvait raconter à un paydret de Charette que l'Ogre-Turreau revenait en Vendée, envoyé par le roi... Lui montrer le monde à l'envers, Chante-en-hiver l'aurait cru fou. Et parce qu'il n'avait rien dit, parce qu'il avait voulu cacher la lâcheté ou la perfidie du roi, Monsieur Henri était mort.

Dochâgne ne pleura pas. Depuis 93 ses larmes taries lui laissaient des yeux secs et durs. Il pensait à Louise. Comment allait-il lui annoncer la terrible nouvelle ? Une fois de plus, Jacques-le-tisserand prit les devants :

— Reste-t'en là, Dochâgne. Je vas parler à la petite Louise.

Comme on était en juillet, partout les épis gonflés de grains penchaient leurs têtes lourdes, prometteuses de pain. Toute la population du village, mobilisée une fois de plus pour couper le blé, oubliait les combats. Les céréales donnaient abondamment cette année, comme si cette fécondité voulait suppléer à la mortalité des Cent-Jours. Mais la quatrième guerre de Vendée, aux dires mêmes des paysans qui la prenaient à la légère, n'avait été qu'une guerre de velours. Napoléon, occupé à l'Est, confia l'Ouest à Fouché et Fouché, qui savait que l'Empire ne durerait pas, préparait sa rentrée chez les Bourbons. Il ménagea donc la Vendée, cherchant plus à créer la zizanie entre les chefs, qu'il opposait adroitement les uns aux autres, qu'à ravager le pays. Pendant les Cent-Jours, la Vendée ne fut ni pillée ni brûlée. Et Dieu bénissait le retour du roi puisque, juste après la fin des combats, la récolte s'avouait si belle.

Sur tous les coteaux, on voyait les moissonneurs, coiffés de leurs larges chapeaux de paille tressés pendant l'hiver, saisir les épis de la main gauche, la faucille dans la main droite coupant la tige à mi-hauteur, d'un geste vif. Des femmes liaient les gerbes avec des tresses de seigle. A l'écart, la petite Louise préparait les liens en les mettant à sécher le long d'une haie pour les protéger du soleil qui rend la paille cassante. Louise, que l'on appelait toujours la petite Louise, pour la distinguer de sa mère, bien qu'elle eût alors trente-trois ans, avait été mise à une tâche facile et peu fatigante car elle allait accoucher d'un jour à l'autre d'un nouvel enfant. Malgré son chagrin de la mort du petit Henri, elle ne pouvait s'empêcher de se laisser envahir par tout ce mûrissement des épis, des pruniers aux branches croulant de fruits, par l'odeur de miel qui arrivait des champs couverts de coquelicots et de bleuets, par toute cette activité joyeuse des moissonneurs, et par ce nouvel enfant qui gigotait dans son ventre. Elle était triste et elle était heureuse. Elle savait que l'enfant qu'elle portait serait un fils et qu'il s'appellerait Arsène, Arsène le troisième. Elle s'acharnait à donner ce nom, comme un défi pour annuler la mort des deux autres. Et dans cet été si beau, si chaud, en voyant cette moisson si abondante, la plus belle moisson qu'ils aient faite depuis tant d'années de misère, elle se persuadait qu'Arsène le troisième vivrait toujours, c'est-à-dire plus longtemps qu'eux, longtemps après que Dochâgne et elles se seraient endormis dans la paix. Elle ressentait un grand chagrin de la mort de Monsieur Henri et pourtant elle se laissait transporter par une allégresse qui ne venait pas d'elle, mais du soleil et de toute cette sève qui montait dans les arbres, de toute cette force qui faisait s'épanouir les épis, les fruits et les enfants. Elle titubait un peu, ivre de soleil, ivre des parfums de la terre, ivre de sa fatigue de femme enceinte s'obstinant, comme la coutume le voulait, à travailler jusqu'au moment ultime. Un instant, elle s'arrêta pour regarder Dochâgne, qu'elle reconnaissait au loin à ses cheveux blancs, sans chapeau. Il conduisait une charretée de gerbes attelée à six bœufs. Ils ne possédaient pas six bœufs, mais les métayers mettaient en commun leur bétail de trait et leurs charrettes pour les grands travaux. Elle ne put s'empêcher de sortir de l'ombre de la haie et de marcher vers son mari qui ne la voyait pas, tout occupé à son attelage. Elle l'écouta parler aux bêtes, leur chanter avec leurs noms une sorte de complainte très lente, au rythme du pas des couples de bœufs ployés sous leurs jougs :

Levreâ, Nobié,
Roué, Hérondet,
Tournay, Cadet,
Eh ! eh ! eh ! mon megnon,
Eh ! eh ! eh ! mon valet.

Dochâgne dariolait étrangement comme, parfois, avec une sorte de colère. Louise le vit, avec stupeur, frapper de son aiguillon le second bœuf de tête et le premier bœuf du deuxième rang. Pourtant jamais il ne maltraitait aucun animal et surtout pas les bœufs. Il frappait sur Nobié et sur Roué... Sur le noble et sur le roi. Il les piquait de son aiguillon, les injuriait. Il les traitait de fainéants, de menteurs. Louise était habituée à ce que l'on appelle les plus paresseux des bœufs, les moins aimés, Nobié ou Roué. Son père le faisait. Mais elle n'avait jamais établi le rapprochement entre les vrais nobles, les vrais rois, et ces noms de dérision donnés aux bœufs. Elle revoyait son père cogner sur son Nobié à lui, l'injurier aussi comme le faisait maintenant son mari. La rancune que Dochâgne exprimait par son aiguillon lui montrait tout à coup que ce rapprochement n'était pas fortuit. Et elle comprit que c'était à cause de Monsieur Henri, que les nobles et le roi leur avaient pris.

Jacques-le-tisserand, réinstallé chez Dochâgne, retrouvait à la fois son métier et son « fils ». Victor, l'enfant de feu Léonie-la-pleureuse, privé de mère, s'accommodait fort bien de ses deux pères. Aucune raison ne pouvait pousser Jacques et Dochâgne à se disputer Victor puisque celui-ci vivait avec eux et portait à l'un et à l'autre un même amour filial. Victor, devenu un parfait compagnon de travail pour Dochâgne, passait maintenant ses nuits avec Victorine sans que personne n'eût songé à s'en étonner. Ils avaient tous les deux seize ans.

A son retour au village, Jacques refit le circuit des métairies pour y quémander des écheveaux de chanvre ou de lin, que l'on appelait plus volontiers des étoupes. On le reçut bien partout, lui offrant omelette, pain gris, et ce gros pichet bleu empli de vin coupé d'eau que l'on se passait à la ronde en buvant à la régalade. La tournée du tisserand venant chercher des étoupes et prenant les commandes était un événement que l'on fêtait au passage par cette collation.

Disparu pendant sept ans, Jacques, dans chaque ferme, recommençait à raconter ses pérégrinations. Comment on l'emprisonna à Cholet, puis le libéra sans explications ; comment la recherche d'un travail le mena vers le sud, dans le marais poitevin, où les colliberts l'accueillirent un moment dans leurs barques-chaumières ; comment il connut les misérables huttiers, véritables serfs des opulents cabaniers qui règnent sur les terres inondées ; comment les moustiques du marais le piquèrent de leur venin et comment les colliberts le guérirent des fièvres avec des infusions de feuilles de saule ; comment il dut fuir les avances d'une cabanière qui ressemblait à la Putiphar et se retrouva dans la forêt de Mervent-Vouvant où il vit de ses propres yeux le château de la Merlusine aux sept tours construites en trois nuits avec trois dornées de pierre et une goulée d'eau ; comment il vécut longtemps à Fontenay-le-Comte devenu Fontenay-le-Peuple, dans la rue des Loges, de son métier de tisserand.

On l'interrogeait sur Fontenay, la grande ville du Bas-Poitou, que Buonaparté avait voulu détrôner avec son Napoléon-Vendée, maintenant Bourbon-Vendée, sans pour autant ravir à Fontenay son prestige dû à ses trois célèbres foires : celle de la Saint-Jean, en juin, qui dure huit jours, celle de la Saint-Pierre en août et celle de la Saint-Venant en octobre.

Jacques-le-tisserand racontait comment Fontenay est ronde de figure, telle Jérusalem : comment des fossés, des murs, des tours ruinées la cernent ; comment au mitan subsistent les débris du château qui commandait la ville au temps des comtes du Poitou ; comment aux trois grandes foires arrivent en caravanes des muletiers briançonnais, auvergnats, espagnols pour y acheter des baudets à longs poils ; arrivent des herbagers normands qui marchandent les bovins parthenays à pelage roux et des juifs du Languedoc qui enlèvent à prix d'or les plus beaux chevaux.

Jacques resta plusieurs années à Fontenay où il tissait ces mouchoirs de fil jadis achetés par les Espagnols pour les Amériques.

Le plus merveilleux de son récit ne tenait pas dans toutes ces aventures, mais dans sa description de la plaine qui s'étend de Fontenay à Luçon, avec ses champs de blé si grands qu'il faut appeler des moissonneurs de très loin pour les métives, formant comme une armée avec leurs faux sur l'épaule ; avec une récolte de grains si énorme que cinq cents moulins à vent tournent sans cesse leurs grandes ailes de bois dans l'arrondissement de Fontenay. Cette plaine sans arbres, plate, sans eau sinon au plus profond de la terre d'où on doit la puiser avec des seaux suspendus à des cordages ; cette plaine où le blé ondule comme les vagues de la mer que l'on devine au loin, derrière ses dunes de sable ; cette plaine opulente aux grandes maisons couvertes de tuiles romaines rouges ; cette plaine si différente, si contraire au bocage qu'elle paraissait en un pays très lointain, faisait rêver les villageois. Ils avaient du mal à comprendre qu'en descendant seulement pendant deux jours de marche vers le sud ils arriveraient à ce pays de cocagne. Seuls les vétérans de 93, qui avaient participé à la prise et au pillage de Fontenay, se souvenaient. Mais ils disaient que l'on ne pouvait vivre dans un pays sans arbres qu'en y perdant son âme ; la preuve : tous les plainauds étaient des patauds.

Donc Jacques se remit à son métier à tisser, dans un coin des écuries. Il confectionnait des gilets d'homme dont les femmes avaient foulé et filé l'étoffe et de gros draps rudes qui duraient toute une existence. La vie, à la métairie des Louise, reprenait apparemment son cours paisible, mais trois absents endeuillaient la ferme : Léonie, Monsieur Henri, Tête-de-loup. Si les deux premières disparitions étaient irrémédiables, on espérait toujours voir réapparaître un beau soir Tête-de-loup sur le Cheval Malet. Sans doute, lui aussi, aurait-il nombre d'aventures à raconter, comme Jacques-le-tisserand. L'espoir de son retour se mêlait à cette curiosité du monde que les vagabonds savent assouvir. On attendait Tête-de-loup comme un messager des ailleurs.

Dochâgne ne pardonnait pas à Chante-en-hiver de lui avoir pris Monsieur Henri et de ne pas le lui avoir rendu. Jacques-le-tisserand tenta bien de réconcilier les deux hommes. Il réussit même à emmener Dochâgne à la forge. Mais lorsque Dochâgne vit que Pierre, l'ami d'enfance de Monsieur Henri, avait remplacé à l'établi le fils aîné de la femme au museau de souris, mort également à Thouars ; lorsqu'il vit Pierre travailler sur la bigorne, cette enclume à deux pointes, l'une ronde et l'autre carrée, où il arrondissait des anneaux de fer, il ne put supporter la comparaison entre Pierre et Monsieur Henri et ne serra pas la main à Chante-en-hiver qui la lui tendait.

— Pourquoi ne lui as-tu pas appris à jouer du tambour, à çui-là ?

Chante-en-hiver ne répondit rien, mais le jour même il se rendit dans la forêt, avec son marteau d'enclume et un gros clou, l'enfonça dans le chêne de Dochâgne, à hauteur d'homme. Puis il envoya le petit Pierre planter un second clou à sa propre hauteur.

Quand Dochâgne l'apprit, il secoua sa tête aux longs cheveux blancs, comme s'il disait non :

— Chante-en-hiver sait bien parler, et mieux encore avec ses clous qu'avec sa grande gueule. Mais puisque maintenant il ne chantera plus, je ne l'appellerai que le forgeron. Chante-en-hiver est mort avec notre petit Henri.

Curieusement, en effet, on n'entendit plus jamais chanter le forgeron. Et dans les années qui allaient venir, on le nomma de moins en moins Chante-en-hiver. Ainsi, une partie des noms des anciens temps disparaissait, Jacques-le-tisserand étant le plus souvent appelé lui-même Leborgne.

La rupture entre Dochâgne et Chante-en-hiver s'insérait dans tout un système de cassures, d'oppositions, d'hostilités, qui, en une génération, faisait passer le village du curé-Noé, et sa vie unanime, de l'état de paroisse à celui de commune. Aux temps forts de la paroisse, la commune que représentait le meunier-maire n'était qu'une fiction. Plus on s'éloignait des Temps terribles, plus la paroisse, à son tour, devenait fiction. Aux divisions des propriétés revenues, au morcellement extrême des terres dues à de trop petites borderies où s'obstinaient à vivre de misérables mini-propriétaires, si misérables qu'ils devaient se louer aux métayers à l'époque des métives et des vendanges, à la reconstitution des grands domaines aristocratiques qui englobaient souvent plusieurs communes, s'ajoutait la division farouche des deux Eglises : celle des concordataires et celle des réfractaires.

Avec le retour du roi, qui approuvait les concordataires, le village perdit la moitié de ses réfractaires. Fréquenter l'église neuve du village où officiait le curé-aux-bougies plutôt que de courir les bois à la recherche du vieux prêtre obèse de la Petite-

Eglise présentait tant d'avantages que beaucoup s'y laissèrent prendre. Et puis, comme on s'égarait dans ces histoires de rois qui passaient leur temps à se bousculer pour s'asseoir sur le trône, on arrivait aussi à ne plus très bien s'y retrouver dans ces histoires de curés.

A la chute de Louis XVIII, au début des Cent-Jours, le maire-meunier n'avait pas retourné sa veste. Il avait eu raison, la même revenait à la mode. Pour s'être si bien tiré d'affaire depuis la Convention, le maire-meunier se croyait un petit Fouché. Et, comme Fouché, il misait maintenant sur les Bourbons et le clergé officiel. Si bien qu'il s'était mis au mieux avec le curé-aux-bougies et ne manquait pas un seul dimanche d'assister à son office. Chante-en-hiver et la jeunesse qui fréquentait son cabaret allaient à la même messe. Jacques-le-tisserand aussi. Dochâgne aurait peut-être suivi le mouvement, si Chante-en-hiver ne l'avait précédé. Tous les deux ne pouvaient plus être du même culte.

Dochâgne entraîna la moitié du village, surtout les plus vieux, ceux qui avaient vécu les anciens temps, à demeurer fidèles à la Petite-Eglise. Ce qui le fit renouer avec le baron.

Le baron, qui avait retrouvé la propriété de ses métairies, formant un bel amenage, bouda d'abord Dochâgne, lui gardant rancune de sa défection lors de la quatrième guerre. Néanmoins lorsqu'il sut que Dochâgne « avait donné son fils », il l'embrassa comme autrefois.

Dochâgne protesta qu'il n'avait pas donné son fils, qu'on le lui avait pris. Le baron lui coupa la parole :

— Ne fais pas ta mauvaise tête. Tu en étais fier de ton Monsieur Henri. Si tu voulais en faire un bouseux, il ne fallait pas lui épingler ce nom sur son chapeau. Tu n'as pas voulu te battre ; ton fils l'a fait pour toi. C'est toujours ton sang qui a parlé.

— Monsieur le Baron, parfois on parle et on ne sait pas ce qu'on dit. Si mon sang a parlé, il a menti, car la Vendée a été trahie et vous le savez mieux que moi.

Le baron fit la moue :

— La politique n'est pas notre affaire. Je la comprends aussi mal que toi.

— Il a fallu avaler la pilule de l'Ogre-Turreau, revenu en Vendée comme guide du prince. On nous crache à la figure et, tout ce que vous trouvez à me dire, c'est de m'essuyer. Maintenant que le roué donne sa police au défroqué Fouché, à ce pataud des patauds, à l'âme damnée de Napoléon-Antéchrist, à ce régicide qui a voté la mort du frère du roué, quels boniments allez-vous inventer ?

— Tu t'étonnes que Fouché soit redevenu ministre de la Police, que Talleyrand soit président du Conseil, que Turreau ait reçu la croix de Saint-Louis que le roi refuse de donner aux généraux vendéens. C'est que, mon bon Dochâgne, le roi nous sait dévoués. Donc il nous oublie. Son problème est de séduire les républicains et les bonapartistes. C'est pourquoi il alloue de belles pensions à la sœur de Robespierre et à l'Ogre-Turreau, tout en réduisant de moitié la pension que la veuve de Bonchamp avait reçue de Buonaparté, tout en laissant dans l'indigence les cinq enfants de Cathelineau et la famille de Stofflet. Nos billets de réquisition sont contestés, alors que les arriérés des armées républicaines sont payés. Nos officiers ne sont acceptés dans l'armée du roi que rétrogradés. On offre à des capitaines de paroisse de devenir gendarmes à pied. Tu te souviens de La Rochejaquelein le troisième, le balafré ? Indigné de tant d'injustice il a fait le voyage à Paris et son nom lui a permis de rencontrer le duc de Berry. Je peux te répéter par cœur ce que notre futur roi a répondu à ses plaintes : « La manière dont on demande le renvoi des autorités civiles est inconvenante et même séditieuse. Ces clameurs contre les préfets et les gendarmes portent un caractère révolutionnaire et ne peuvent être que le résultat d'un zèle inconsidéré... Je m'en rapporte, monsieur, à votre sagesse et à votre prudence pour achever de détruire cet esprit d'insubordination et pour calmer les têtes... Employez donc, monsieur, tous vos moyens à calmer les esprits et à persuader aux braves Vendéens qu'il n'y a point de vraie fidélité sans une soumission entière aux ordres et aux volontés du roi.

» Bon ! Tu sais ce qu'a fait La Rochejaquelein le troisième, dont les deux frères ont été tués pour défendre le roi ? Il a salué poliment, puis il est sorti en claquant derrière lui la porte si fort que les vitres du cabinet ministériel ont volé en éclats. Ensuite il est revenu nous voir, nous a tout raconté sans élever la voix, sauf à la fin où il s'est écrié : « Messieurs ! Ah ! que la monarchie était belle sous l'Empire ! » Oui, Dochâgne, c'est cela la morale de notre histoire : la monarchie était belle sous la République et l'Empire et c'est à cette idée-là de la monarchie que nous devons rester fidèles.

— La monarchie c'est votre affaire, monsieur le Baron. Nous, on s'est battus pour notre terre et notre foi. Nos bandes de paysans s'appelaient en 93 l'armée catholique. Après la mort de Cathelineau vous l'avez rebaptisée armée catholique et royale. Mais les roués de Paris, que ça soit le Robespierre, ou le Barras, ou le Buonaparté, ou les Bourbons, c'est pas des gens de chez nous.

— Je me laisse aller à te dire des choses que tu ne devrais pas savoir et après tu t'échauffes l'esprit... Je parlais pour moi, tu n'aurais pas dû écouter.

— Toutes mes excuses, monsieur le Baron, mais si les gueux n'écoutaient jamais aux portes ils vivraient comme des sots.

— Tais-toi !

— Tiens, voilà que vous parlez comme ce duc de Berry à M. de La Rochejaquelein... C'est comme si c'était vous qu'étiez le roué et moi le bon noble.

— Tu m'agaces.

— Quand j'ai les dents agacées, je mords dans une noix chaude. Ça me brûle la goule, mais je sens plus mon mal aux dents.

— Va-t'en, tu me fais perdre mon temps !

— Le temps de monsieur le Baron vaut combien la livre ?

Le baron prit le parti d'en rire. Il savait que, dans ses discussions avec ses paysans, qui s'envenimaient souvent en disputes et se gonflaient même parfois en injures réciproques, celui qui riait le premier gagnait toujours ou, du moins, en ressentait l'impression.

Il tendit la main à Dochâgne qui topa avec la sienne, comme pour conclure un marché.

— On se dispute, dit le baron, mais on s'aime bien.

— Quand on ne s'aimera plus, ce sera la fin des temps, répondit Dochâgne.

Et il ajouta, car il voulait avoir le dernier mot :

— Et les roués de Paris seront les maîtres du pays.

L'ambiguïté des relations entre Dochâgne et le baron, faites de fidélité et d'irrespect, de familiarité et de déférence, d'affection et de bouderies, se retrouvait dans la curieuse connivence entre le maire-meunier et le sabotier de la Gâtine. Bien que le maire-meunier fût devenu monarchiste et catholique pratiquant, il n'en conservait pas moins ses relations privilégiées avec le sabotier, seul au village à demeurer impie. Pour le maire-meunier, le sabotier faisait-il vibrer encore des fibres républicaines enfouies au plus profond de son bas de laine ? Evoquait-il le temps où tous les deux, maître et tâcheron, s'obstinaient à demeurer les réprouvés de la commune ? N'avaient-ils pas été enfermés ensemble par les villageois dans la grange-église lors de la première Restauration ? Le maire-meunier, si ladre, si dur avec tous, si près de ses sous, avait comme tous les hommes une faiblesse qui lui vaudrait peut-être malgré tout un coin de paradis : sa bienveillance pour le sabotier de la Gâtine.

C'est ainsi que le sabotier, qui n'était sabotier que de nom depuis son arrivée au village, put installer une saboterie près de la forge de Chante-en-hiver.

Le maire-meunier, depuis la paix revenue, avait fait construire de nombreuses maisons dans la commune. Malgré une monstrueuse mortalité infantile, la fécondité était telle que toutes les demeures devenaient surpeuplées et que les jeunes couples cherchaient d'autres ruches où essaimer. Répondant partiellement à la demande, le maire-meunier devint ainsi propriétaire de toute la partie neuve du village, la partie croulante restant la propriété du lointain comte qui, de temps en temps, envoyait son régisseur rafler les redevances.

La petite maison du sabotier, qui se composait de deux pièces, l'atelier et la chambre-cuisine, le tout en rez-de-chaussée sur un sol de terre battue, fut inaugurée par une pendaison de crémaillère où l'on dépeça, comme de coutume, la poule noire mise au pot, dont un œuf fut maçonné en offrande dans l'un des murs. Chante-en-hiver vint en voisin, ce qui exclut Dochâgne. Mais Jacques-le-tisserand était de la partie, ainsi que quelques métayers. Louison, la fille de la femme de Chante-en-hiver, celle qui servait au cabaret et qui entrait maintenant dans sa vingt et unième année, avait fait cuire la poule et versait le bouillon dans les écuelles de bois. Chante-en-hiver apporta des pichets de vin, un métayer une boule de pain, un autre un morceau de lard. On bâfra, on but et vint le moment des chansons. Au grand étonnement de tous, Chante-en-hiver refusa de chanter, alla chercher sa vèze et souffla dans la cornemuse à s'en faire craquer les veines du cou.

— Si tu ne veux plus chanter, tu perdras ton nom, dit le sabotier de la Gâtine.

— J'ai déjà perdu mon autre nom, celui de mes père et mère.

La veillée se prolongea à la lueur des chandelles de suif plantées dans la pierre de la cheminée. La nourriture et le vin aidant, la conversation s'anima et ses invités reprochèrent au sabotier d'être un mécréant :

— Tu es pourtant un bon gars, alors tu voudrais quand même pas péri sans religion !

— Vous en faites pas, j'ai ma religion à moi, qui n'a pas besoin d'église.

— On a toujours besoin d'une église, dit un des métayers.

— Vous en avez tellement besoin que vous en avez deux !

— Nous, on est pour l'église du roué, dit Chante-en-hiver.

— L'église du roi, l'église du roi, c'est la même que celle de Napoléon ? Et quand c'était Napoléon vous croyiez que c'était l'église de l'Antéchrist.

Comme toujours quand on parle politique après un bon repas,

la discussion s'envenima. Jacques-le-tisserand, qui pourtant buvait peu, chapitra Chante-en-hiver parti chouanner pendant les Cent-Jours, ce qui avait fait tuer *des gens* pour rien.

Chante-en-hiver prit la mouche :

— Pour rien ! Et les vingt-cinq mille soldats de Napoléon que l'on a retenus en Vendée, est-ce qu'ils ne lui ont pas manqué à Waterloo ? Moi je vous dis que c'est la Vendée qui a tant mordu Napoléon à ses chausses qu'il en est parti tout déculotté. C'est nous qu'avons ramené le roué. Toi, tu ne peux pas comprendre, sabotier, tu n'as jamais fait de guerre.

— Et j'en suis fier, il n'y a pas beaucoup de Vendéens qui peuvent en dire autant.

— Tu devrais avoir honte.

— Ne parle pas de honte, Chante-en-hiver, dit le plus doucement qu'il put Jacques-le-tisserand. Chacun a sa honte et tu le sais bien.

Chante-en-hiver se précipita vers la porte, revint pour appeler Louison :

— Viens-t'en, Louison. Viens-t'en, ma fille.

A la grande surprise des invités, Louison ne le suivit pas, se regimbant :

— Je ne suis pas votre fille. Laissez-moi faire ma vie.

Chante-en-hiver, comme La Rochejaquelein le troisième, partit en faisant claquer la porte très fort. Mais il ne cassa pas les vitres, car les portes des paysans n'en avaient pas.

La vieille Louise, ses cheveux en bandeaux de plus en plus gris, sous son bonnet blanc, son déhanchement de plus en plus claudiquant, se traînait de la porcherie à la cuisine et de la cuisine à la laiterie, en s'accotant aux murs. Elle disait que ses nerfs se croisaient sur son estomac et que, plus forts que le sang, ils l'étouffaient. Puis apparut le vrin, cette humeur mauvaise du corps qui sort d'un abcès, et la vieille Louise gémit qu'elle avait « mau au corps ».

On appela l'enfant-toucheux qui regarda la plaie et dit qu'une bête grandissait à l'intérieur du ventre de la vieille Louise en lui dévorant les entrailles. Il fallait poser sur l'ulcère un morceau de viande saignante pour que la bête puisse s'en repaître et ne plus mordre la malade. Puis l'enfant-toucheux mit ses mains sur le front de la vieille Louise, marmonna des prières, et la vieille Louise fut soulagée.

La viande saignante étant rare dans les fermes, la bête ne fut pas repue. La vieille Louise gémissait, comme une accouchée, criant de temps à autre :

— Ça me zague !

Un matin, on la trouva tournée sur sa paillasse, le visage contre le mur. Elle n'était pas morte, mais se mettait en position pour mourir. Le curé-aux-bougies vint porter l'extrême-onction et la vieille Louise s'éteignit. Son vieux corps usé resta immobile, mais son âme s'envola par la fenêtre restée ouverte à cette intention. Dès le seuil de la maison, elle rencontra un individu qui ne ressemblait pas à ceux du pays. A son suroît de toile cirée, elle reconnut un homme de la mer. L'inconnu l'emmena très vite par-dessus le bocage, par-dessus le marais, vers cet Océan qu'elle n'avait jamais vu. Ses pieds nus dans le sable mouillé, elle vit des barques, de grandes barques, qui se balançaient sur les vagues, des barques si chargées qu'elles semblaient en danger de couler. L'homme au suroît lui fit signe de monter et la vieille Louise s'aperçut alors que toute la flottille était remplie d'âmes à ras bord. L'homme au suroît parut se multiplier puisque, dans toutes les embarcations, surgissaient maintenant d'autres pêcheurs d'âmes identiques. Tous se mirent à ramer, sans un bruit, et la procession de barques chargées d'âmes s'en alla vers le pays où le soleil ne se couche jamais.

Le corps de la vieille Louise fut le premier, parmi les morts du village, à retrouver un enterrement fait dans les normes. Le sabotier de la Gâtine fabriqua même un cercueil que Dochâgne voulut en chêne. On mit l'écuelle à soupe de la morte dans la boîte avant de la refermer.

Le curé-aux-bougies avait fini par céder quant à l'emplacement du cimetière qui continuait à se trouver autour de l'ex-grange-église. On raccorda le terrain à l'église neuve toute proche. Ainsi les morts restaient entre eux, au milieu des vivants.

Comme la famille de la vieille Louise était une des plus anciennes du village, tout le monde vint, même des plus lointains écarts. Un fermier amena sa charrette à bœufs dont il enleva les ridelles, y plaça le cercueil et conduisit l'attelage vers le haut du village, chapeau à la main et l'aiguillon relevé. Les femmes suivaient d'abord, enveloppées dans un long manteau noir avec un capuchon rabattu sur leurs bonnets. Puis venaient les hommes, coiffés de leurs grands chapeaux, à part un seul qui restait tête nue et qui se tenait près de Dochâgne. C'était le baron. Les parents de Louise n'étaient pas métayers du baron, mais comme ni le comte, ni son régisseur, n'avaient cru bon de se déplacer, le baron ne voulut pas qu'il fût dit que la noblesse était absente à l'enterrement d'un paysan.

Lorsque le cortège arriva au carrefour, près de la ferme du bas de la côte, soulevant la colère hargneuse des chiens, on fit halte devant la grande croix de granit qui venait d'être érigée. Tout le monde s'agenouilla, récita une prière, puis les femmes sortirent de leurs capes des petites croix de bois qu'elles allèrent déposer au bas de la grande. Ces croix bénites, confectionnées par les assistants, s'accumulèrent en monceau, étranges offrandes individuelles périssables à la grande croix collective de pierre.

En rentrant de l'église à la métairie, Jacques-le-tisserand, avec quelque embarras, annonça à Dochâgne qu'il allait se remarier.

— Avec qui, grand Dieu, s'écria Dochâgne, que cette nouvelle stupéfia.

— Avec Augustine, la bouétouse.

Dochâgne connaissait Augustine la boiteuse, fille d'un bordier dont il allait parfois labourer un champ, en échange d'une corvée. Les bordiers étaient alors pratiquement les seuls cultivateurs propriétaires dans le bocage, mais d'un patrimoine si mince qu'ils ne possédaient ni bœuf ni cheval. Parfois un âne, toujours une vache et quelques chèvres qu'ils faisaient pâturer dans les communaux. Si les bordiers tiraient fierté de leur indépendance, celle-ci leur valait une pauvreté pire encore que celle des plus pauvres métayers, sans l'aide desquels ils n'auraient pu labourer leurs maigres terres.

— Mais, reprit Dochâgne, Augustine est une jeunette !

— Elle veut bien de moi.

— Et le bordier, qu'est-ce qu'il dit ?

— Je lui ai parlé. Il n'a pas refusé. Ça lui fera une bouche de moins à nourrir.

Bien que Jacques-le-tisserand comptât vingt années de plus qu'Augustine-la-bouétouse, cette union ne semblait donc poser aucun problème. Mais on oubliait les bachelleries !

Dès que le projet de mariage de celui qu'elle appelait Leborgne fut connu, la jeunesse du village se manifesta soudain en force. Cette seconde génération de la commune ressuscitée, celle des enfants nés après le génocide, ceux qui n'avaient pas enduré la grande guerre, les garçons et filles en âge de se marier, formaient une coterie qu'ils appelaient bachellerie et dont les tapageuses réunions se tenaient dans le cabaret de Chante-en-hiver. Louison était la reine des conscrites et le roi des conscrits un grand valet porté sur la bouteille, l'un de ces vauriens qui accompagnaient le forgeron pendant les Cent-Jours.

Dans le cabaret de Chante-en-hiver on buvait et chantait au rez-de-chaussée et on miguaillait au premier étage. Le premier étage n'était en fait qu'un grenier seulement meublé de bancs de bois. Sur ces bancs, conscrits et conscrites allaient s'asseoir à califourchon, chaque couple face à face, le dimanche après les vêpres, et restaient pendant des heures enlacés, se raclant réciproquement le fond de la gorge avec leurs langues fouineuses, les mains des conscrits s'aventurant dans les cotillons et les jupons à la recherche d'une échancrure où passer un doigt qui continuait seul le fouillage, et finissait après un long voyage par aboutir au merlandia. Les conscrites, de leur côté, glissaient leur main droite le long des jambes des conscrits en une lente reptation et remontaient vers la braguette.

Cette masturbation buccale et génitale réciproque constituait une pratique d'attente du mariage et d'essai d'accord sexuel conduisant les couples à changer de partenaires tous les dimanches afin, comme disaient les filles, d'essayer plusieurs galants avant de savoir quel était le bon.

Le curé-aux-bougies avait eu beau menacer ses jeunes paroissiens des tourments de l'enfer, le séminaire ne l'ayant pas informé de pratiques pourtant courantes depuis un temps immémorial aussi bien dans le bocage sous le nom de miguaillage, que dans le marais de Monts sous le nom de maraîchinage et dans la Gâtine sous le nom de fouillage, dès la fin des vêpres les bachelleries couraient au cabaret de Chante-en-hiver, se donnaient un coup de fouet en buvant un verre au rez-de-chaussée et montaient retrouver leurs bancs dans le grenier où une semi-obscurité offrait le minimum de pudeur à la promiscuité des couples.

Lorsque les bachelleries apprirent la promesse de mariage de Jacques-le-tisserand et d'Augustine, les plaisanteries fusèrent d'abord sur ces accordailles d'un borgne et d'une boiteuse. Augustine, trop pauvre pour s'offrir à boire au cabaret, n'était jamais apparue au miguaillage. Elle n'en était pas moins conscrite et le grand valet rappela que l'usage voulait qu'une fille fiancée à un étranger soit mise aux enchères. Heureusement pour Jacques, les enchères pour une boiteuse ne montèrent pas très haut et il put monnayer le rachat d'Augustine.

Ses tourmenteurs ne le lâchèrent pas pour autant. Le rachat était une chose, mais le droit de courtiser une fille du pays, pour un étranger, en était une autre. Jacques, qui ne buvait que très sobrement, comme Dochâgne, dut passer quelques veillées au cabaret et y payer des tournées à la bachellerie des garçons.

La veille du jour des noces, la métairie de Dochâgne, où logeait toujours Jacques-le-tisserand, fut cernée par une bande hurlante qui, tard dans la nuit, mena un tapage du diable en frappant sur des chaudrons, des casseroles, en agitant des grelots de mulet, en soufflant dans des boucans, ces cornes de bélier qui mugissent comme des sirènes de bateau. Victorine, Victor et Poléon s'en amusaient, cherchaient à discerner dans l'obscurité, par les fenêtres, l'identité des farceurs. Arsène le troisième, depuis peu venu dans ce monde absurde, tentait de couvrir le vacarme de la bachellerie par ses hurlements. Dochâgne et Jacques, livides, se bouchaient les oreilles de leurs mains. Tout ce charivari leur rappelait le tumulte de la guerre. Dochâgne se cramponnait pour ne pas décrocher son fusil du manteau de la cheminée et ne pas tirer dans le tas de cette jeunesse insouciante et cruelle.

Le mariage d'un veuf, se doublant du mariage d'un vieux avec une jeunette, ne permettait pas de grandes réjouissances. De plus, aussi bien le père d'Augustine que Jacques ne pouvaient payer une grande noce. Augustine avait même dû aller quêter de porte en porte un peu de lin et de chanvre pour filer son trousseau. Mais elle recevait quand même une dot, que son père amena lui-même chez Dochâgne dans une charrette traînée par un âne : un coffre presque neuf dans lequel la mère avait placé une paire de draps, un corset, un jupon de dessous et un jupon de dessus, deux bonnets blancs et beaucoup d'épingles ; un rouet qui avait servi à la grand-mère d'Augustine et une quenouille enrubannée pour la circonstance.

Il était inimaginable de s'offrir un lit neuf. Aussi, le curé-aux-bougies vint-il la veille de la noce bénir l'ancien lit conjugal pour en chasser le fantôme de Léonie.

La borderie des parents d'Augustine faisait partie de cet alignement de masures où Dochâgne et Jacques vécurent aux débuts de la résurrection du village. Elle se situait non loin de l'église, mais le cortège d'une vingtaine de personnes, qui composait la noce, et dans lequel figurait au complet la famille de Dochâgne, mit cependant longtemps pour y parvenir. Le cortège allait évidemment à pied, la mariée et son père en tête et, en queue, Jacques avec la Louise de Dochâgne qui lui tenait lieu de mère. Tous les couples se tenaient par le petit doigt. Le marié et la mariée portaient à la main un gros bouquet de fleurs des champs. Au départ de la maison paternelle, la bachellerie des garçons réapparut et se mit à tirer des coups de fusil en l'air et à hucher, pour écarter les mauvais esprits. Pour prix de ce service, elle avait posé une barrière de retardement faite de fagots en travers du chemin, peu avant l'arrivée à l'église et, arrêtant le cortège, présenté un verre de vin aux mariés. Jacques paya un droit de passage. Puis la bachellerie entraîna la noce vers le cabaret de Chante-en-hiver où tout le cortège s'attarda à boire. Jacques ne possédait plus un sou. Dochâgne lui passa quelques pièces en cachette. L'un des objectifs des perturbateurs, en détournant le plus longtemps possible le cortège de l'église, était d'impatienter le curé qui avait sonné le carillon des cloches depuis déjà longtemps. Objectif atteint car, lorsque la noce arriva, le curé-aux-bougies la reçut de fort méchante humeur et bâcla la première partie de l'office en marmonnant si vite les prières que personne ne pouvait suivre.

Au moment de la bénédiction nuptiale, Augustine, qui se souvenait avec quelque inquiétude de la stérilité du premier mariage de Jacques, glissa son tablier sur la marche de l'autel pour que son futur puisse s'agenouiller dessus. Peut-être bien que du temps de la Léonie on lui avait noué l'aiguillette ? Augustine savait que ce maléfice s'accomplit le plus souvent dans l'église et que c'est le prêtre, par jalouseté d'homme sans femme, qui noue souvent l'aiguillette au mari. Si Jacques s'agenouillait bien fort sur le tablier, au moment où le prêtre les bénirait, l'aiguillette ne pourrait être nouée. Jacques, qui pensait de même, mit ses deux genoux sur le devanteau, appuyant si vigoureusement qu'Augustine dut presque s'accroupir pour que l'étoffe ne se déchirât pas.

A la sortie de l'église la bachellerie se trouvait encore là, tirant des coups de fusil en l'air et huppant comme des chouans. Le grand valet, qui dirigeait les opérations, lança son fusil à Jacques, qui l'attrapa au vol, et lui montra au milieu de la place une perche en haut de laquelle se balançait une vessie de porc. Par un vieux réflexe, Jacques fit le signe de la croix avant d'épauler et creva du premier coup la vessie qui lâcha son eau. Puis relança à la volée le fusil au grand valet.

— Leborgne n'a qu'un œil, mais c'est le bon, dit le grand valet impressionné par la rapidité et la précision du tir. Sûr que tu vas nous faire toute une trâlée de drôles.

Pour le repas de noces, le bordier avait demandé à Dochâgne de lui prêter sa grange. Victorine, Victor, Poléon aidèrent la mère de la mariée à tendre les murs de draps sur lesquels on épingla des fleurs, comme pour la Fête-Dieu. On confectionna une grande table en plaçant une échelle sur des pieux, des planches recouvrant les degrés et des pièces de toile enveloppant le tout comme des nappes. Des lattes sur des tronçons de bois faisaient office de sièges. Au-dessus des mariés, on suspendit les bouquets qu'ils portaient dans le cortège. On mangea des cochonnailles, du poulet, une tarte aux prunes aussi large que la table et l'on but du vin sucré. Chacun avait apporté son couteau, sa cuillère et son écuelle. Les verres, rares, servaient pour plusieurs personnes.

On demanda à Dochâgne de chanter, mais il répondit comme il l'avait fait jadis :

— J'ai vu tant de misère que j'ai perdu mes chansons.

Victor n'en connaissait aucune. Louise pensa à Monsieur Henri qui eût joué du tambour. Dochâgne se demandait ce qu'il avait bien pu advenir de Tête-de-loup dont on était toujours sans nouvelles. Pourquoi cet enfant m'a-t-il été donné, se répétait-il souvent, et pourquoi m'a-t-il été repris ? Lorsque reviendrait Tête-de-loup, car Dochâgne restait persuadé qu'un jour Tête-de-loup réapparaîtrait au village, sans doute rapporterait-il avec lui plein de chansons inconnues.

Un vieux métayer, apparenté à Augustine, se leva et d'une voix chevrotante modula cette complainte qui mit toute la noce en mélancolie :

Dès l' premier soir des noces
Misère vint à ma porte
Qui demandait d'entrer
Dondaine
Qui demandait d'entrer
Donder.

Je loge point misère
Je loge que gaîté.

Dès l' second soir des noces
Misère vint à ma porte
Qui demandait d'entrer
Dondaine
Qui demandait d'entrer
Donder

Entre, entre misère
Entre, viens t'y chauffer
Misère a pris racine
J'ai pas pu l'envoyer...

Après un long silence, Dochâgne parla :

— Le sabotier de la Gâtine avait acheté à un colporteur, celui-là même qui a emmené Tête-de-loup, l'*Histoire du Bonhomme Misère*. Il me l'a racontée. C'est notre histoire à nous. C'est pas comme les histoires des roués...

Mais il s'arrêta brusquement, craignant d'en avoir trop dit, se leva de table et lança à Jacques :

— Alors, tu la fais danser, ta cavalière. Allez, vous autres, le bal est ouvert.

Le métayer de la ferme près de l'étang avait été invité à cause de sa pibole. C'est lui qui joua les airs de gavotte, de branle et de menuet.

Le sabotier de la Gâtine ouvrit son atelier sans succès. Les paysans conservaient l'habitude de faire eux-mêmes leurs sabots l'hiver et marchaient l'été pieds nus. La saboterie, comme la vannerie, était métier de pauvres. Beaucoup d'artisans tenaient en même temps un cabaret, ou une mercerie, ou encore faisaient office de barbiers. Chante-en-hiver assumait déjà le rôle de cabaretier, en plus de celui de forgeron et de maréchal. Seul célibataire du village, le sabotier ne pouvait prétendre à la mercerie qui demande une présence féminine. Quant à espérer qu'un client offrirait son cou à un barbier qui passait pour républicain, il ne fallait pas y songer.

Le sabotier de la Gâtine se refit la main en creusant d'abord de jolis sabots de femmes pour la maisonnée du maire-meunier. Cela ne lui rapporterait rien puisqu'il était endetté auprès du meunier pour jusqu'à sa mort et sans doute après, comme son voisin Chante-en-hiver qui s'en consolait en buvant le fonds de leur usurier, mais il pouvait montrer les élégants sabots noirs de dame et allécher la clientèle avec. Il façonna aussi des bols, des cuillères, des boîtes à sel et parvint à les vendre.

Ouvrager deux paires par jour lui fut vite aisé. En seize coups de la hache à bûcher dite en aile de pigeon, bien tenue en main par son gros manche court, il déterminait dans le morceau de bois brut la masse du sabot. La large lame recourbée dégrossissait la branche de vergne, une simple encoche marquant le talon. Sur l'établi, fabriqué avec du bois pris clandestinement dans la forêt du comte, il avait solidement fixé l'anneau de fer où s'accrochait le paroir, long couteau à allure de sabre. Avec le paroir qu'il appelait un pare-bot puisque les sabots n'étaient pas dits sabots, mais bots, il formait l'extérieur de la chaussure ; préparait le creusement de l'intérieur avec la tarière à bout arrondi et coupant ; continuait avec les cuillères ; reprenait le paroir pour fignoler les bavures.

Pour les coquets sabots de la femme et de la fille du meunier qui ne recouvraient que les orteils, une bride de cuir clouée aux flancs de la semelle enserrant le cou-de-pied, il avait raffiné en gravant au canif des ornements en forme de double cœur et en flambant légèrement le bois pour lui donner une couleur mordorée.

Installé à son établi, le sabotier de la Gâtine écoutait les allées et venues des villageois et des villageoises, identifiant chacun d'entre eux au seul bruit de leurs pas. Privé pendant si longtemps de son métier, il se sentait heureux de retrouver le langage du bois et des pieds.

Chante-en-hiver lui avait forgé ses outils. Comme le forgeron connaissait mal les outils d'un sabotier, ce dernier prit l'habitude de s'attarder dans la forge, aidant d'abord à marteler la lame ou l'arrondir suivant les besoins de sa profession. Puis, pour prix de son travail, il s'engagea de lui donner des coups de main, comme il continuait à le faire par ailleurs pour le compte du meunier.

Une certaine complicité finit par s'établir entre les deux artisans voisins, malgré leurs divergences d'idées. Le sabotier ne s'enivrait pas, mais savait lever allégrement le coude et le goût du vin rapprochait aussi les deux hommes. Lorsqu'ils avaient un peu trop bu, le ton montait néanmoins et, entre les coups de marteau ou les coups de maillet, on entendait dans la forge ou dans la saboterie des invectives à faire fuir toute clientèle.

— Depuis qu'on a ramené le roué, criait Chante-en-hiver, avoue que les récoltes n'ont jamais été si belles.

— Ce n'est pas le roi qui fait fondre le métal dans ta forge, c'est le feu ! S'il n'y avait pas eu de pluie au printemps et de soleil l'été, le roi ou pas le blé serait resté chétif.

— Mais qui apporte la pluie et allume le soleil ?

— Tu ne vas pas me dire que c'est ton curé-aux-bougies !

— Le Bon Dieu, qu'est-ce que tu en fais ?

— Rien du tout. Je te le laisse !

— Mécréant !

— Calotin !

— Pouilleux de la Gâtine !

— Maraîchin ramasseur de bouse !

Le forgeron et le sabotier s'insultaient, se fâchaient, boudaient pendant quelques jours, puis se raccommodaient devant un verre, servis par Louison qui les réprimandait en riant :

— Vous êtes aussi cabochards l'un que l'autre. Avec vos histoires de l'ancien temps, vous en perdez l'esprit.

— L'ancien temps n'est pas plus vieux que moi, répondait le sabotier qui en profitait pour pincer les fesses de Louison, en signe d'amitié.

Elle se trémoussait, faisait mine de se fâcher et restait à tournicoter autour des deux hommes.

— Quand j'étais à Nantes, reprenait le sabotier de la Gâtine, j'ai lu beaucoup de livres. C'est pourquoi je sais plus de choses que vous. Votre ignorance vous rassure. Tiens, Chante-en-hiver, explique-moi pourquoi ton bon roi a fait voter un milliard d'indemnités pour les émigrés qui s'étaient ensauvés avec lui chez les Prussiens et rien pour les Vendéens qui l'ont ramené sur le trône ? Toi qui étais capitaine de paroisse, tu aurais dû recevoir un grade dans l'armée du roi. Mais l'armée du roi est commandée par les officiers et les généraux de Napoléon, comme les armées de la République l'étaient par les officiers nobles de Louis XVI. Tu es redevenu forgeron pouilleux, comme devant, et tu es endetté jusqu'à la mort auprès du meunier qui a été nommé maire par la Convention et l'est toujours resté.

— Je ne me suis pas battu pour des récompenses !

— Ça arrange bien le roi, ça ! Il y a tellement de gens qui ne se sont pas battus pour lui et qui exigent des récompenses ! Mais tu ne m'as pas répondu au sujet du milliard des émigrés ?

— La République leur avait volé leurs biens, il faut bien leur rendre...

— C'est plus compliqué que ça. Le roi, pas plus que la République, n'aime les paysans. Ce qu'il veut, c'est que les domaines soient de plus en plus grands. Les biens des émigrés s'étaient morcelés, on va les reconstituer. On va appauvrir un peu plus les paysans pour qu'ils ne puissent garder l'envie de jouer au propriétaire. Il n'y aura que de grands possédants, nobles ou bourgeois, comme le comte et le meunier qui, à eux deux, se sont partagé la commune, et des gueux comme toi et moi, comme Dochâgne, comme tous les autres...

— Il y a du vrai... Mais ce n'est pas de la faute du roi. C'est à cause de Fouché, de Talleyrand, de tous ces patauds qui grouillent autour du trône, comme des rats. Ah ! si le roué savait !

— Dans tous les villages, on soupire : « Ah ! si le roi savait ! » Et dans tous les châteaux on s'inquiète : « Ah ! si les paysans savaient ! » Les nobles ne disent plus rien. Ils ont récupéré leur roi. Ils ne l'aiment guère, mais ils s'en contentent. Ce qu'ils craignent, c'est que les paysans s'aperçoivent de la supercherie et recommencent à chouanner pour leur propre compte. Tu sais, la chouannerie, ça n'a pas attendu la République. C'est aussi vieux que le Bonhomme Misère. De la nuit des temps, si tu regardes bien, Chante-en-hiver, tu verras sortir les croquants, les nu-pieds, les bonnets rouges, les tard-avisés. Tu les verras prendre les chemins caillouteux, armés de bâtons, répondant à l'appel du tocsin, de clocher en clocher, partant à l'assaut des villes... Tu les verras brûler les châteaux à cause du privilège de la chasse et du droit au pigeonnier réservés au seigneur... Tu les verras brûler les papiers des prévôts... Il y a eu des capitaines de paroisse bien avant toi, Chante-en-hiver, bien avant la République, et contre les soldats du roi...

— Tu me trevires l'esprit. Si tu allais à l'église le dimanche, tu penserais plus droit. Tu parles tout de travers, comme si tu suivais des chemins qui ne vont nulle part et qui viennent d'on ne sait où ! Louison, sers-nous à boire !

— Vous avez trop bu. Vous allez encore vous donner des coups de marteau sur les doigts.

— Ecoute-la, cette mâtine qui veut déjà régenter la maison. Comme si j'avais jamais tapé à côté d'un clou, aussi fin saoul que je sois. Verse à boire, Louison. T'occupe pas.

Louison prit le sabotier à témoin :

— Ce saoulot, il ne lui suffit pas d'avoir fait tuer mon frère. Maintenant, il me boit ma dot.

Chante-en-hiver hurla :

— Je n'ai fait tuer personne. C'est la fatalité ! Ta dot, tu l'auras, mais il faudrait avant que tu trouves un galant.

Louison tirait le sabotier par la manche de sa veste, pour le forcer à rester avec eux :

— Ecoutez-le ! Comme si les galants m'avaient manqué ! Mais quand on a une fille à marier c'est un état intéressant. Les prétendants paient un verre au futur beau-père, lui donnent un coup de main dans son travail. Vous en profitez de mes galants et vous ne tenez pas à ce que je me marie. Vous seriez obligé de leur dire que je n'aurai pas de dot et ça les ferait fuir comme des renards. En attendant que les petites sœurs soient d'âge à prendre des amoureux, vous essayez de gagner du temps, Louison fait marcher la buvette.

Louison accrochée aux vêtements du sabotier s'était si rapprochée de lui qu'il sentait la chaleur du corps de la jeune femme le pénétrer. Il restait planté là, mal à l'aise face à Chante-en-hiver furieux, et comme étourdi par ce contact et cette odeur femelle. Louison, vive et robuste comme sa mère, n'avait pas hérité de son museau de souris. Son visage au contraire était rond, potelé, avec des yeux marron qui devenaient presque noirs lorsqu'elle se mettait en colère, ou encore, le sabotier s'en souvenait maintenant, lorsque parfois elle l'observait à la dérobée et qu'il surprenait ce regard interrogateur posé sur lui.

Il repoussa brusquement Louison, salua Chante-en-hiver d'un grognement et s'en retourna à sa saboterie.

2

A l'automne 1816, le Bonhomme Misère réapparut

A l'automne 1816, le Bonhomme Misère réapparut au village avec sa besace vide, s'installa comme chez lui dans tous les foyers et refusa de repartir. En juillet, la moisson ne donna presque rien. La terre du bocage est peu propice aux céréales, mais les paysans s'acharnaient quand même à cultiver plus de blé que nécessaire pour leur propre pain, parce que le blé vendu au marché donnait l'impression de l'aisance, de la promotion sociale ; parce que le blé mûri dans des conditions difficiles était leur fierté et que tout le reste de leurs travaux, en comparaison, prenait figure d'agriculture du désespoir. A la fécondité des lits, qui en une génération repeupla les villages et les bourgs, ne répondait pas la fécondité de la terre. Les genêts envahissaient les champs. Bordiers et petits métayers, trop nombreux, avaient beau organiser des guerouées pour défricher les taillis, les landes, les garrigues ; ils avaient beau incendier les boisements du comte pour y substituer des essarts, il n'en fallait pas moins laisser reposer la terre trois ou six ans après les récoltes. Pour des fermes d'une moyenne de dix hectares, seul un tiers restait productif. Dans une telle agriculture de pénurie, la moindre année trop sèche, ou trop humide, devenait une catastrophe.

La sécheresse d'août ayant brûlé les prairies, la nourriture du bétail ne se composait plus que de feuillages d'arbres émondés. En novembre, les semailles du blé d'hiver ne purent être assumées qu'en vidant les greniers.

Les vétérans de 93 savaient encore faire du pain avec de la fougère et des glands. Ils connaissaient encore les espèces de racines comestibles. Mais la jeunesse acceptait mal cette période de vaches maigres et, comme les prêtres de la Petite-Eglise, murmurait que Dieu s'était détourné du roi qui l'avait trahi.

Le curé-aux-bougies passa de ferme en ferme pour distribuer la maigre récolte de pommes de terre de son jardin. Ceux de la Petite-Eglise les refusèrent, et ses propres fidèles les jetèrent à leurs cochons.

L'hiver fut terrible. Tous les enfants qui naquirent au printemps, comme le premier-né de Jacques-le-tisserand et d'Augustine-la-bouétouse, Eugène, dit Gène, demeurèrent toute leur vie chétifs. Chez les Dochâgne, on eut bien du mal à conserver en vie Arsène le troisième. Seule la bienveillance de saint André, évoqué avec ferveur par la famille, lui évita de ne pas périr de la coqueluche. Puis, comme son corps se recouvrait de dartres, on pria sainte Radegonde qui les lui effaça. Les dartres remplacées par des furoncles, il fallut faire appel à saint Cloud qui se montra lui aussi compatissant. Quant à la dysenterie, qui finalement le laissa hébété jusqu'à l'automne suivant, saint Fiacre ne fit pas trop de manières pour l'en débarrasser. C'était un habitué de la maison.

Sur les quatorze enfants de Chante-en-hiver, il en mourut deux, ce qui ne donna qu'une bien petite part de pain supplémentaire pour les autres. Le village, qui croyait à la prospérité définitivement venue avec le roi, déchantait cruellement. Ses âmes fuyaient par les deux bouts : la vieillesse et l'enfance. Les animaux trépassaient eux aussi, faute de fourrage. Il restait encore un cheval aveugle, souvenir des hussards de Hoche, les autres étant morts de vieillesse depuis déjà longtemps. Il succomba d'inanition pendant cet hiver de désolation, comme nombre de vaches au lait tari, comme une bonne partie de la volaille à laquelle on ne pouvait donner de grain.

C'est alors qu'une rumeur parcourut le pays. Deux cents cavaliers chouans galopant vers la plaine auraient arrêté des convois de blé qui descendaient vers Bordeaux, pris garnison à Sainte-Hermine, mais en auraient été délogés par des cuirassiers de Fontenay. Du marais de Monts parvenait le bruit d'autres révoltes : des employés d'octroi, sabrés devant les mulons de sel qu'ils gardaient. Puis de partout fusèrent les nouvelles de chevaux de gendarmerie volés, de maisons de patauds pillées, de juges de paix assommés, de curés concordataires chassés des presbytères. Cocardes blanches chouannes contre plumets blancs des soldats du roi. L'absurdité de la situation réjouissait le sabotier de la Gâtine et confirmait ce qu'il avait dit à Chante-en-hiver de la pérennité des révoltes paysannes, bien antérieures à la chouannerie. Mais il n'osait trop s'en glorifier, sachant bien que les esprits libres comme lui devenaient vite les boucs émissaires des clans ennemis qui se réconciliaient sur leur dos.

La jeunesse du village discutait tard à la nuitée dans le cabaret de Chante-en-hiver. Le grand valet, qui l'avait suivi pendant les Cent-Jours, essayait de convaincre le forgeron de redevenir capitaine de paroisse. Mais celui-ci revoyait son épopée lamentable et la tuerie de Thouars d'où le fils aîné de sa femme et Monsieur Henri lui tendaient des mains ensanglantées. Comme Dochâgne refusant la quatrième guerre de Vendée, Chante-en-hiver esquivait une cinquième possible en disant piteusement qu'il était trop vieux.

Les nouvelles des émeutes provoquaient une excitation qui aidait à surmonter la famine. Mais en même temps, une peur latente, le souvenir de trop de massacres, de trop de morts, de trop de veuves et d'orphelins, de trop de terres dévastées et de villages brûlés, empêchaient les villageois de s'aventurer sur les routes à la recherche de petites bandes chouannes. On restait dans les métairies, prostrés, attendant que passent la faim et la peur.

Un soir, chez les Dochâgne, on entendit aboyer furieusement les chiens de la ferme près de l'étang, puis ceux du bas de la côte.

Une meute de loups cerna la métairie, gratta contre les huis, hurla et disparut vers la forêt. Presque aussitôt après, on cogna très fort à la porte. Dochâgne prit son fusil, entrebâilla le vantail de la fenêtre et vit un homme enfoui dans un manteau de peau de chèvre. Sa tête nue montrait des cheveux blonds en broussaille. Il regarda Dochâgne et Dochâgne reconnut alors ces yeux bleu acier, comme il n'en avait vu que dans le visage de ces hussards qui, par malheur, se trouvaient jadis dans sa ligne de mire. Mais ce n'était pas un hussard. Dochâgne cria de joie :

— Tête-de-loup qui s'en revient !

Et il ouvrit la porte.

Tout le monde embrassa Tête-de-loup trois fois sur les joues, bien qu'il sentît le bouc. Puis on s'aperçut qu'il saignait au bras, blessé d'une balle tirée par un gendarme. C'est ainsi que l'on apprit que, s'étant trouvé parmi les nouveaux chouans et traqué par la maréchaussée, il avait fini par revenir tout naturellement au bercail.

On ne s'étonna pas plus de la longue absence de Tête-de-loup que l'on s'était étonné de celle de Jacques-le-tisserand. On se réjouissait simplement de son retour. La société, même la société paysanne, ne montrait pas alors cette stabilité que notre monde bureaucratisé a acquise. Les routes n'étaient jamais désertes, entre les processions de pèlerins qui partaient très loin pour rendre grâce d'un vœu exaucé et les cheminements de charrettes et de troupeaux pour les grandes foires. De mars à novembre les taillandiers, les rémouleurs, les chaudronniers, les fondeurs de cuillères, les colporteurs, les marchands d'habits, les chapeliers allaient de village en village. Le menuisier qui construisait une armoire et le tailleur qui coupait un habit se déplaçaient de ferme en ferme. Vagabondaient encore les bûcherons et les scieurs de long, les peigneurs de lin et de chanvre, les taupiers, les charlatans qui vendaient des remèdes et les arracheurs de dents, les chanteurs de complaintes et les vendeurs d'images d'Epinal.

Il n'y avait plus de peste. Mais les épidémies de choléra, de typhus jetaient encore sur les routes la population entière de villages épouvantés qui, transportant ses miasmes, faisait fuir devant elle les habitants des communes non encore contaminées. Des mendiants s'organisaient en bandes menaçantes et déferlaient sur les terres fécondes, comme ces dix mille gueux, avec femmes et enfants en guenilles, que Tête-de-loup raconta avoir vu en Beauce et qui s'étaient abattus dans les champs de blé comme une nuée de sauterelles.

Ce monde paysan restait encore semi-nomade. Toujours prêt à des migrations saisonnières. Faucheurs, moissonneurs, vendangeurs quittaient leurs villages pendant un mois, comme ces chouans qui désespéraient leurs officiers nobles parce qu'ils abandonnaient un combat pour rentrer précipitamment chez eux à la saison des foins. Puis abandonnaient la ferme pour repartir vers les aventures de la guerre.

Le service militaire durait lui-même six ans et pendant ces six ans le conscrit ne donnait aucune nouvelle — écrire des lettres était encore une occupation très intellectuelle — et l'on ne savait le plus souvent ni écrire au départ ni lire à l'arrivée. A l'absence ne pouvait répondre que l'attente ou l'oubli.

Dochâgne extirpa la balle du bras de Tête-de-loup avec la pointe de son couteau et, dès le lendemain, le fils prodigue partit travailler aux champs avec son père adoptif. Personne ne fut surpris de la réapparition de l'enfant qui avait suivi le montreur d'ours et qui revenait en homme de vingt ans. Seul son accoutrement étonna. Car, sous la peau de bique, il portait un pantalon fendu, boutonné jusqu'aux genoux, avec de longues raies bleues et rouges, à la mode des ouvriers des villes. Dans le village, seul le maire-meunier était aussi vêtu d'un pantalon, mais cela ne déconcertait pas d'un ancien sans-culotte.

Aux veillées, Tête-de-loup racontait ses années d'absence devant Louise tout étonnée de retrouver un fils si blond et aux yeux si bleus, le temps passé à l'élever, alors qu'elle-même sortait à peine de l'enfance, semblant lui avoir fait oublier la fille Eléhussard. Victorine écoutait en filant à la quenouille. Victor et le petit Poléon confectionnaient des paniers avec de l'osier écorcé et dolé (vidé de sa moelle). Victor taillait les tiges avec son fendoir en bois coché en étoile et jetait les déchets à Arsène le troisième qui se traînait par terre à quatre pattes comme un animal familier. Jacques-le-tisserand et Augustine-la-bouétouse bretonnaient dans les braises de la cheminée, comme pour se donner une contenance.

Tête-de-loup racontait, tout en sculptant une canne de berger dans une belle branche de noyer. Il racontait les paysages. Il racontait les gens. Il racontait les travaux et les jours.

— Avec le montreur d'ours et de marmottes, on est allés vendre des livres bleus à Challans, puis dans les villages du marais. Je faisais un numéro avec le Cheval Malet en invitant la compagnie à monter dessus, prévenant que c'était impossible, qu'un Cheval Malet n'acceptait jamais aucun cavalier, sauf votre serviteur ; que, bien qu'aveugle, le Cheval Malet voyait toujours la fontaine où jeter le téméraire qui voudrait l'enfourcher. On ne me croyait pas. On enjambait le Cheval Malet et on se retrouvait dans un abreuvoir. Alors moi, je montais dessus, debout, le tenant par la crinière, et je faisais le tour des villages. On me prenait pour un sorcier. Parfois, le montreur d'ours et moi, nous devions fuir devant les fourches dressées. Parfois on vendait beaucoup de petits livres bleus.

» On continua, comme ça, jusqu'au fleuve. Je suis resté longtemps à regarder les toues et les gabarres des mariniers. De longues et larges barques à fond plat, avec de hautes voiles carrées, poussées par le vent, glissaient vers la mer. Le montreur d'ours m'expliqua que c'étaient des mariniers de la Compagnie hollandaise des Indes.

— Le fleuve, c'est la Loire, dit Dochâgne. C'est le fleuve qui nous a coupé la route, après la longue virée de galerne et contre lequel la grande armée buta et mourut. Le fleuve a été bon pour moi puisqu'il m'a permis de passer. Si je suis vivant c'est par la grâce du fleuve et du châgne.

— Après, reprit Tête-de-loup, on est allés dans la grande ville de Nantes.

— C'est de là qu'est revenu le sabotier de la Gâtine, dit Jacques-le-tisserand.

— Je n'avais, continua Tête-de-loup, jamais vu tant de maisons, de voitures, de gens. Nantes est bâtie sur l'eau et on glisse dans des barques entre les habitations hautes comme des tours. Mais on rencontrait aussi beaucoup d'attelages dans les rues et le Cheval Malet a pris peur. Il s'est emballé comme j'étais dessus et me voilà galopant dans les faubourgs, renversant les barriques et les étals de victuailles, maudit au passage comme un cavalier du diable, galopant toujours, jusque dans des vignes comme vous n'avez pas idée. Des vignes à perte de vue.

— Comme les blés de la plaine, dit Jacques-le-tisserand.

— Je ne pouvais pas arrêter le Cheval Malet qui ne s'est remis de sa grande peur qu'aux portes d'Angers. C'est comme ça que j'ai perdu le montreur d'ours et ses livres bleus.

— Et après, qu'as-tu fait ? demanda Victorine. Pourquoi n'es-tu pas revenu ?

— Je ne pouvais pas. Le Cheval Malet m'emmenait vers l'est. On a traversé l'Anjou et la Touraine. Puis on est arrivés dans un pays plat, sans arbres, sans eau, couvert de blé.

— Comme la plaine de Luçon, souligna Jacques-le-tisserand.

— J'ai vu notre plaine. C'est un mouchoir de poche à côté de celle de la Beauce. Comme on se trouvait au mitan de l'été, des moissonneurs affluaient de partout avec leurs faux, venant de Bretagne, d'Auvergne, de Normandie. Ils processionnaient de très loin à pied, chantant pour se mettre en train des chansons chemineresses, dans leurs langues à eux que je ne comprenais pas. J'ai suivi une colonne qui marchait sur une route à travers les blés. On est arrivés dans une ferme aussi grande que notre village et le laboureur qui la commandait, me voyant sur le Cheval Malet, a cru que j'étais le chef de la colonne.

« Tu es bien jeune pour commander, qu'il m'a dit comme ça. Mais le temps presse. La pluie menace qui verserait les blés. Organise tes équipes et laisse ton cheval au charretier qui va l'atteler. » J'ai répondu que c'était un cheval aveugle et qu'il refusait les brancards. Il valait mieux l'attacher à un anneau de la cour et il m'attendrait. Le laboureur n'avait pas le cœur à discuter. Le ciel se couvrait de gros nuages noirs. Avec les faucheurs, nous avons tout de suite attaqué un grand champ qui se trouvait là et j'ai vu qu'ils coupaient le blé directement à la faux, très vite. J'ai fait venir les lieuses de gerbes et les hommes pour les mettre en tas. Les faucheurs avançaient à une vitesse incroyable. Chaque homme coupait soixante-dix ares par jour...

— Soixante-dix ares ! s'exclama Dochâgne. En es-tu sûr ? A la faucille, on coupe quinze ares...

— Je l'ai vu de mes yeux. Et si des faucheurs viennent de si loin en Beauce, c'est que les fermiers payent les moissonneurs plus du double de ce qu'ils gagneraient chez eux.

Dochâgne ne disait rien, comptait dans sa tête :

— Si je laissais pourrir mon blé et que j'aille là-bas travailler chez les autres, je gagnerais plus. C'est pas juste. Voilà une génération que l'on a remis ce village debout et fait refructifier les terres ; la famine est revenue. La misère nous colle aux talons.

— Raconte encore, dit Victorine.

— Je suis resté tout l'été chez le laboureur de la Beauce. Mais le Cheval Malet piaffait dans la cour. A l'automne, nous sommes repartis tous les deux. Impossible de lui faire prendre la direction de l'ouest. Il galopait encore vers le soleil levant. Il s'est arrêté en Champagne, encore pays de plaine et de craie ; mais au lieu du blé la vigne s'y étend à perte de vue. Comme le temps de la vendange arrivait et que, sur toutes les routes, des hommes venaient de leurs lointains pays, je suis resté à vendanger. La moisson et la vendange m'avaient fait riche et je me réjouissais de vous apporter de beaux écus. Seulement le Cheval Malet reprit son galop et m'emmena toujours plus à l'est. Il ne s'arrêta que devant une ligne de montagnes bleues, hautes et rondes, comme si soudain toute une chaîne de monts des Alouettes se dressait pour nous barrer le passage. Il faisait très froid. J'ai dormi la nuit dans une cabane de bûcherons abandonnée, avec le Cheval Malet qui me tenait tiède. Le lendemain, en ouvrant la porte, un grand sortilège s'était accompli. Toutes les montagnes étaient devenues blanches. Les arbres, les herbes, la cabane elle-même, tout avait blanchi. Il tombait une neige épaisse, qui brûlait les yeux et j'ai appelé le Cheval Malet. Mais il ne sortit pas de la cabane. Je suis rentré pour le tirer par le licol. Il refusait de se lever. Je lui criais de ne pas jouer à faire le mort, que l'heure n'était pas à la plaisanterie. Mais mon beau cheval gris pommelé ne jouait plus à se rendre intéressant. Il avait bel et bien trépassé pendant la nuit.

» Pourquoi m'avait-il emmené si loin, dans ce pays de neige ? Voulait-il me perdre ? Et pourquoi m'abandonnait-il juste au moment où toutes les traces disparaissaient ? On ne voyait plus d'arbres. Seulement des cônes recouverts d'un ruissellement de givre. J'ai voulu boire à un ruisseau. L'eau s'était solidifiée en glace. J'ai voulu courir. Mes sabots s'enfonçaient dans la neige qui les arrachait de mes pieds. Il semblait que cette terre étrange voulait me happer par mes jambes. J'ai marché quand même longtemps, droit devant moi, aveuglé par la neige et, puisque les maléfices continuaient, je me suis endormi debout. Quand je me suis réveillé, j'ai reconnu le bruit du métier à tisser de Jacques. Je me suis vu revenu chez nous. Mais non, je me trouvais chez le paysan qui m'avait ramassé à moitié gelé dans son champ. Comme dans ce pays la neige et la glace recouvrent les terres pendant tout l'hiver, les paysans se font alors tisserands.

» On a d'abord eu du mal à se comprendre, mais j'ai fini par apprendre leur manière de parler. Mon sauveur, plus très jeune, vivait seul avec sa vieille femme. Je pouvais les aider pour des travaux qui demandent de la jeunesse. J'étais content de les avoir trouvés et eux m'aimaient bien. Je crus bon de leur dire un jour que je venais de Vendée. Quelle idée j'avais eue là ! Mon bon hôte s'est transformé en lion, se précipitant sur moi, me serrant à la gorge et il m'aurait étranglé si je n'avais pas été plus fort que lui. « Va-t'en, qu'il m'a dit. Va-t'en, maudit ! » La vieille hurlait aussi, faisant des gestes avec les doigts, comme pour me jeter le mauvais sort.

» Je suis reparti dans la neige qui, maintenant, ne me faisait plus peur. En longeant les fermes j'entendais le bruit de la navette. Je ne m'expliquais guère pourquoi les tisserands détestaient les Vendéens, habitué que j'étais à notre Jacques ; mais ne tenant pas à recommencer ma mésaventure, je passais mon chemin. Finalement, à la lisière d'une forêt, j'entendis les coups d'une hache à bûcher et m'en fus chez un sabotier. Je lui demandai s'il avait de l'ouvrage. Il me dit qu'il travaillait pour un maître sabotier qui habitait plus loin, dans un bourg. J'allai trouver le maître sabotier qui me demanda d'où je venais. Je lui dis que j'étais vendéen et je crus qu'il allait tomber du haut mal. Je n'attendis pas mon reste et partis le plus vite que je pus, en me dépêtrant tant bien que mal dans cette foutue neige qui n'arrêtait pas de tomber comme d'une couette de plumes d'oies éventrée. Décidément quel était donc ce pays où le mot de Vendée mettait les gens en fureur ou en effroi ?

— Moi, je sais, dit Dochâgne gravement. Tu te trouvais dans les Vosges d'où sont venus les hussards. Le Cheval Malet s'en était retourné chez lui, avec toi sur le dos, mon pauvre drôle. Mais toi-même, tu...

Dochâgne laissa sa phrase en suspens et, après un assez long silence reprit :

— Raconte, mon drôle. Raconte après ce qui s'est passé.

— Oui, j'étais dans les Vosges, à l'autre bout du monde. Pour aller de notre Océan à leurs montagnes, il faut traverser cinq provinces. Derrière leurs cimes bleues, devenues blanches, se trouve un grand fleuve, dont on dit qu'il est aussi large que la Loire et après on arrive chez les Prussiens. J'ai marché dans la forêt et me suis arrêté à un bourg qu'ils appellent Darney. On entendait crisser les cuillères et les tarières des sabotiers. Je suis rentré dans un atelier et ai sollicité du travail à un vieux qui grelottait près d'un grand poêle de faïence éteint. Il m'a demandé d'où je venais et je me suis obstiné à dire « de Vendée ». Le vieux, aux oreilles toutes pelées par le froid, m'a regardé avec stupéfaction et m'a invité par gestes à entrer. « Tu es trop jeune pour avoir connu la guerre », qu'il m'a dit. Je lui ai répondu que oui, mais que mon père l'avait faite. « Moi aussi, je l'ai faite. Même que prisonnier je devais être fusillé, si l'un de vos généraux, Bonchamp qu'il s'appelait, n'avait demandé la grâce des captifs. As-tu déjà dit que tu es vendéen ? — Oui. Et on m'a chassé de partout. — Prends garde, on te tuerait. Ne le répète plus jamais ou bien sauve-toi très vite dans ton pays. Tu ne peux pas comprendre. Tu es trop jeune. Mais cette guerre de Vendée a été horrible. Nous, on ne se portait pas volontaires pour se battre en Vendée. Engagés pour aller chasser les Prussiens et les émigrés, on ne nous a pas demandé notre avis et, au lieu de nous mener à l'est, on nous a envoyés à l'ouest. Paysans et ouvriers, nous aussi, on ne s'était pas enrôlés pour combattre des paysans. On aurait dû s'accorder et on s'est entr'égorgés. J'ai compris ça, mais les autres, ici, ne pensent pas comme moi. Ils se souviennent seulement des horreurs commises par les chouans et pas de celles que nous avons faites. Ton père m'aurait sans doute tué. Mais les fils ne doivent pas être tenus pour débiteurs du crime des pères. Si tu veux du travail, va trouver le maître sabotier dans la grande maison près de l'église. Dis-lui que c'est le père Lavendée qui t'envoie et qu'il veut bien te prendre. Regarde, le poêle est froid. Je suis trop vieux pour aller dans la forêt ramasser du bois mort. Veux-tu m'aider ? Je suis seul. Ma femme est défunte. Je partagerai avec toi ce que j'ai, ce qui est facile puisque je n'ai rien. Dis-lui, au maître sabotier, que j'ai besoin d'un tâcheron, s'il veut encore que je puisse creuser ses sabots. Mais surtout ne lui dis pas d'où tu viens. »

» Le maître sabotier m'a engagé et je suis resté pendant des années à vivre chez le père Lavendée. Autour de Darney, on ne trouvait que des sabotiers, mi-paysans, mi-sabotiers. Des indépendants, qui allaient creuser leurs sabots dans la forêt et les emportaient ensuite aux marchés, toujours par monts et par vaux. Et des centaines d'ouvriers, comme le père Lavendée, qui fabriquaient chez eux, pour une vingtaine de maîtres sabotiers, aussi dodus que notre maire-meunier, des milliers de sabots envoyés à Paris. Il paraît qu'ils en usent, les patauds, des sabots et des sabots, sur les pavés de Paris.

» On mangeait du pain si dur que le pauvre père Lavendée avait les dents tout usées. On l'appelait, à Darney, Lavendée parce qu'il radotait avec son général Haxo qui l'avait commandé depuis son engagement à Epinal, en 91, jusqu'à ce que Haxo et la plupart des leurs soient tués chez nous en 94. Il radotait avec sa brigade Paris-Vosges, formée de volontaires vosgiens de l'an deux et de Parisiens qui, eux, s'étaient engagés pour de l'argent et qu'ils appelaient avec mépris les héros à cinq cents livres. Il radotait avec son Kléber, avec notre Bonchamp qui avait fait grâce aux prisonniers républicains. Il radotait, mais je l'aimais bien ce vieux, sans cheveux, sans dents, aux oreilles brûlées par le froid. Il m'a appris à lire dans un vieil almanach. Il m'a appris à braconner dans la forêt et, grâce à lui, vous n'aurez plus jamais faim. Il m'a appris à parler aux loups.

— Juste avant que tu arrives, dit Dochâgne, les loups sont venus autour de la métairie, comme s'ils te précédaient.

Tête-de-loup ne parut pas entendre et parla encore du père Lavendée, qui lui disait que la République avait mal agi avec les Vendéens et qu'il aurait suffi d'offrir en cadeau à la Vendée les princes de Hesse et des Deux-Ponts pour que les Vendéens soient tout de suite guéris de l'aristocratie et de l'Eglise.

Dochâgne craignit que le sang des hussards ne se mette à parler dans la bouche de Tête-de-loup et qu'il soit obligé de crier contre lui. Il détourna le récit du fils de la fille Eléhussard en racontant comment le petit Henri était devenu tambour pendant les Cent-Jours et comment il ne pardonnait pas à Chante-en-hiver qui l'avait fait tuer.

— Maudits soient le forgeron et les siens ! dit-il gravement. Maudites soient leur maison et leur descendance ! Béni sera celui qui punira le forgeron de son péché.

En devenant adulte, Tête-de-loup avait réellement pris une tête de carnassier. Il écoutait son père adoptif avec une intensité qui accentuait les reflets métalliques de ses yeux bleus.

— Tu ne devrais pas parler comme ça, intervint Jacques-le-tisserand. Tu sais bien que l'on doit pardonner à ses ennemis.

— A ses ennemis, oui, répondit Dochâgne. Mais nul n'est tenu de pardonner à ses amis.

La faim quitta la maison des Dochâgne, comme l'avait dit Tête-de-loup. Ce dernier s'absentait en effet de plus en plus longuement de la métairie, et revenait le soir avec sa peau de bique gonflée de bêtes saignantes : lapins sauvages, cailles, perdrix.

Dochâgne mangeait peu de cette viande, dont il disait que ce n'était pas là nourriture de chrétien, puisque fruit de la ruse et non du travail. La bonne nourriture, c'était ce pain qui manquait.

Tête-de-loup raconta que, dans les Vosges, on remplaçait le froment, également rare, par des pommes de terre et que, depuis que la République avait donné la pomme de terre aux Vosgiens, pour les récompenser de leur patriotisme, ils ne connaissaient plus de famine.

Que la pomme de terre soit républicaine, Dochâgne comme le vieux curé enterré sous le Pavé de Gargantua n'en doutèrent jamais. Les voyages de Tête-de-loup lui auraient-ils faussé l'esprit ? On avait détruit les pommes de terre du sabotier de la Gâtine et jeté aux cochons celles du curé-aux-bougies. Et maintenant voilà que Tête-de-loup, à son tour...

— J'espère que tu n'as pas rapporté avec toi de ce fruit du diable, demanda Dochâgne.

— Non. Malheureusement pour vous. Dieu nous a donné le pain de froment, c'est vrai. Mais quand Dieu nous oublie, pourquoi ne pas accepter le pain du diable ?

Dochâgne, effrayé, comprit alors que le sang des hussards s'était mis à couler à flots dans les veines de Tête-de-loup et qu'un plus grand malheur ne pouvait s'abattre sur leur foyer.

Quelques jours plus tard, une meute de loups déferla sur le village en plein jour, ce qui ne s'était jamais vu, courut jusqu'à la forge de Chante-en-hiver et attaqua le forgeron et son fils Pierre qui en tuèrent un certain nombre avec leurs marteaux et leurs barres de fer. Le temps que les voisins accourent avec leurs fourches et leurs fusils, Pierre avait été égorgé.

A la métairie des Dochâgne, on fut très frappé par ce drame.

— C'est Dieu qui a puni le forgeron en lui enlevant ce fils, dit

Louise. Il n'a pas voulu nous laisser seuls dans notre chagrin. Et il n'a pas voulu priver notre Henri de son ami Pierre.

Dochâgne soupçonnait Tête-de-loup qui souriait. Il savait qu'il existait des meneurs de loups. Le fils de la fille Eléhussard aurait-il reçu, dans les forêts vosgiennes, d'étranges pouvoirs ?

Il le vit prendre un grand clou de charpente et un marteau, lui demanda ce qu'il voulait faire.

— J'ai vu que votre chêne était marqué de deux clous. Pour gage de mon retour, il faut aussi que j'en plante un.

— C'est Chante-en-hiver qui a planté le premier clou. Le second, c'est son petit Pierre.

— Je planterai mon clou de l'autre côté de l'arbre.

Lorsqu'il revint de la forêt, ramenant comme d'habitude sous sa peau de bique la provision de gibier décroché de ses collets, Victorine lui annonça qu'elle allait être mère.

Tête-de-loup parut stupéfait et, furieux, lui demanda qui était le père. Ce fut au tour de Victorine de se montrer étonnée d'une question qui lui parut absurde :

— Dame ! C'est Victor ! Qui veux-tu que ce soit ?

Tête-de-loup se mit à rire. Victor ! Bien sûr, Victor ! Le fils de Léonie-la-pleureuse. Victorine menait tellement Victor par le bout du nez, on était tellement habitués à ce qu'ils soient inséparables, ils avaient à tel point le même type physique que l'on en oubliait que de tels jumeaux puissent, de surcroît, se reproduire. Dochâgne et Louise, qui n'ignoraient rien de leurs rapports, en furent eux-mêmes surpris. Mais puisqu'ils allaient procréer, il fallait que le sacrement du mariage légalise leurs habitudes.

Pressenti, le curé-aux-bougies, après avoir essayé une fois de plus de comprendre quelque chose à l'état civil du curé-Noé, se bloqua dans des soupçons qui ressemblaient beaucoup à des péchés mortels. Victorine et Victor n'étaient-ils pas demi-frères ? Et puis ils n'avaient que dix-huit ans, âge bien trop précoce pour un garçon.

Dochâgne monta sur sa mule et partit à la recherche du curé de la Petite-Eglise. Il le trouva au bourg, chez le baron, ce qui permit de faire d'une pierre deux coups car Victorine voulait devenir indépendante avec son mari et souhaitait exploiter une petite métairie. Le baron avait souvent sollicité Dochâgne pour qu'il vienne travailler sur ses terres. Il demanderait que l'offre soit reportée sur sa fille.

La gentilhommière du baron ne tenait debout que par la force de l'habitude. La misère des métayers rejaillissait sur le maître, qui ne pouvait faire réparer ses toitures. Le baron était de ces petits nobles de l'Ouest, que la monarchie, à laquelle ils s'obstinaient à demeurer fidèles *malgré tout*, comme ils disaient, oubliait dans sa décrépitude. Le mépris qu'ils portaient à Louis XVIII n'arrangeait certes pas leur situation. Lors de la formation, par le nouveau roi, de sa garde royale, pas un seul Vendéen ne s'y engagea. La Vendée protestait à sa manière contre le maintien à leurs postes, par la Restauration, des généraux de l'Empire. Le roi ne comprenait rien à l'attitude de ces chouans qu'il appelait des fanatiques. Et la noblesse vendéenne ne comprenait rien à ce roi pataud dont elle apprenait avec stupeur la correspondance aimable, du temps de son exil, avec Robespierre, avec Barras, avec Bonaparte.

Le baron et sa sœur vivaient dans la dèche, tout en affectant des airs de richesse avec leurs jabots de dentelles, leurs velours, leurs fourrures, les broderies en fils d'or de leurs habits. Toute la petite noblesse campagnarde vivotait ainsi, avec des airs de grandeur surannés et des costumes passés de mode, mangeant frugalement, faisant poser des seaux sous les gouttières dans le salon par une domesticité encore nombreuse qui prenait l'habitude de ne plus recevoir de gages.

Le baron possédait par chance une minuscule métairie à mi-chemin du village et du bourg, dont le précédent locataire venait de se pendre. Le métayage avait beau opprimer le paysan qui demeurait toute sa vie endetté, il n'existait pas d'autre alternative que d'être métayer ou bordier. Mais on ne devenait bordier que par héritage. La majorité des jeunes, qui ne pouvaient rester dans les fermes paternelles, trop petites, n'avait d'autre destinée que l'état de valets ou de domestiques. Là encore les places se raréfiaient. La misérable métairie que le baron offrait aux enfants de Dochâgne fut reçue comme un cadeau précieux. Comme le voulaient les usages, on ne signa aucun papier, ni pour les devoirs du maître envers ses métayers, ni pour les redevances du métayer au maître. La parole suffisait, jamais reniée.

Faire une fête de fiançailles pour Victorine et Victor eût été ridicule et le mariage lui-même ne pouvait donner lieu à l'une de ces grandes réjouissances qui marquent autant l'union de deux tribus que des mariés. Le mariage à la Petite-Eglise était illégal, mais la Petite-Eglise, bien que clandestine, ne souffrait plus d'oppression comme sous l'Empire. Elle mourait lentement dans l'oubli du reste de la France, anomalie parmi d'autres dans cette Vendée vraiment impossible. Il ne restait plus qu'un seul évêque réfractaire, toujours réfugié en Espagne, Monseigneur de Thomines, qui ne pardonnait pas au pape de l'avoir remplacé à Blois par un évêque constitutionnel. Dans l'Ouest, les membres de la Petite-Eglise avaient fondu de moitié, de moins en moins nombreux dans le Haut-Bocage, la plupart se regroupant dans le département des Deux-Sèvres.

Le curé de la Petite-Eglise, ami du baron, s'épuisait à parcourir un nombre de plus en plus grand de bourgades, son gros corps tenant difficilement en équilibre sur une mule elle-même fort fatiguée. Il menait une vie itinérante, reçu avec ferveur par de petites communautés où il apportait de plus en plus rarement l'eucharistie. Des petites communautés sans église, sans autel, où la messe était seulement lue le dimanche par un vieillard dans une grange et les cantiques chantés par des paroissiens sans prêtre.

C'est ce qui se passait au village, où le fenil de Dochâgne servait aux offices. C'est dans ce bâtiment que fut célébré le mariage de Victorine et de Victor, en présence du baron et avec la seule assistance de la famille Dochâgne, plus bien sûr Jacques-le-tisserand et Augustine-la-bouétouse.

Victor avait acheté au sabotier de la Gâtine, qui s'était mis à fabriquer des cœurs en or, faute de pouvoir écouler ses sabots en bois, une alliance pour Victorine, ornée du double cœur vendéen. Les hommes ne portaient pas encore d'alliance et celle des femmes ressemblait plutôt à une bague. La coutume voulait que le mari glisse l'anneau au doigt de sa femme. Mais il arrivait, comme ce fut le cas avec Victorine, que l'épousée qui voulait s'affirmer maîtresse du ménage et dominatrice de son mari, arrête l'alliance sur la deuxième phalange. Victor lutta un moment, sous le regard amusé du curé, essayant d'enfoncer l'anneau. Mais la lutte dura un peu trop longtemps et le curé de la Petite-Eglise, impatient, envoya une gifle à Victorine en lui disant, tout en la bénissant :

— Allonge ton doigt, sacrée coquine !

A table, le baron s'émerveilla de l'abondance du gibier, Tête-de-loup s'étant surpassé en ramenant de la forêt, sur son dos, un sanglier de belle taille. En même temps, il mit en garde Dochâgne :

— Je te l'ai déjà dit, un jour le comte se fâchera et tu paieras les pots cassés. Je ne devrais pas toucher à cette viande volée. Mais, ajouta-t-il en riant, elle est bien appétissante et ce n'est après tout que de la viande d'émigré. Allons, faisons la fête !

Seul le baron, comme hôte de marque, mangeait dans un plat d'étain. La famille Dochâgne utilisait ses habituelles écuelles de bois.

Au dessert, pour lequel on avait réussi à préparer des laitages de mil et quelques pâtisseries au miel, Victorine demanda à Tête-de-loup, l'ambiance aidant :

— Tu ne nous as pas parlé des filles, dans tes Vosges ?

Un moment décontenancé, Tête-de-loup reprit le récit de ses

voyages, racontant comment, après la mort du père Lavendée, il avait quitté la forêt de Darney pour se rendre dans la région des lacs où il s'était embauché chez des tisserands qui fabriquaient de la toile de Gérardmer. Il avait vécu dans un bourg entouré de rochers noirs, de cascades glissant au milieu des sapins que la neige, l'hiver, saupoudrait de blanc. Le maître du village habitait une grande demeure entourée d'un parc, que l'on appelait le château des aiguilles parce qu'il se l'était payé avec le travail des brodeuses. Tête-de-loup connut une de ces brodeuses et il semble bien qu'il l'aima.

— Comment était-elle ? interrogea Victorine, de plus en plus curieuse.

— Je ne m'en suis pas aperçu tout de suite. Mais à force de la regarder dans les yeux, j'ai vu un jour qu'ils étaient tout bleus, comme les miens. Et ensuite, ça m'a frappé, tous les gens, les hommes, les femmes, les enfants avaient les yeux bleus. Même le père Lavendée, je m'en souvins alors, avait encore, malgré son âge, des yeux bleus tout délavés. On ne me demandait plus, depuis longtemps, d'où je venais, parce que je ressemblais aux gens du pays, avec mes yeux bleus, comme leurs montagnes bleues.

— Pourquoi n'as-tu pas ramené ta brodeuse ? insista Victorine.

— Un jour, j'ai cru pouvoir lui dire que j'étais vendéen et elle est devenue comme un chat griffu. Ses yeux bleus, si doux, prirent des teintes de métal gris. Elle ne m'avait jamais parlé de son père, volontaire de l'an deux, détourné des Prussiens pour aller se faire massacrer chez nous. J'ai dû quitter le village du château aux aiguilles. J'ai travaillé dans la montagne avec des bûcherons. On débardait du bois jusque dans les vallées avec des traîneaux où l'on s'arc-boute devant la charge. Ils appellent ça du schlittage. Si on n'est pas assez fort, si on glisse, on est écrasé sous la charge de bois qui vous passe sur le corps.

— Et après ? demanda Dochâgne.

— Après, je suis revenu. Ça m'a pris une année. En arrivant dans l'Ouest, j'ai retrouvé la misère ; les garnisaires militaires installés dans les fermes et se faisant nourrir comme des rentiers par des paysans qui crèvent de faim, jusqu'à ce que leurs impôts soient payés ; les anciens de la Grande Armée pleurant d'être obligés de rendre leurs armes qu'ils avaient cru devoir garder pour défendre le roi ; les maires patauds nommés par le monarque pour surveiller les chouans... J'ai vu des bourgs, en Anjou, où des centaines de mendiantes tendaient la main dans les rues et c'étaient les veuves des combattants de Savenay, des derniers cavaliers tués dans les marais par les hussards de Westermann... Mon sang n'a fait qu'un tour et je me suis retrouvé dans la nouvelle chouannerie. J'avais emprunté la monture d'un gendarme qui ne valait pas le Cheval Malet, mais de me trouver en selle et de galoper avec d'autres bons diables, me donnait bien du plaisir. Puisque le roi ne savait pas le faire, on prenait le blé où il se trouvait et on le distribuait à ceux qui n'en avaient pas. On se faisait héberger par les patauds, comme le roi faisait héberger ses garnisaires chez les paysans. Œil pour œil...

— Ça n'est pas de la guerre, ça, Tête-de-loup, dit le baron. Prends garde à ne pas devenir brigand !

— Mais, monsieur le Baron, répliqua Dochâgne, souvenez-vous... Jadis, vous et moi, on était à la fois brigands et aristocrates !

— Les temps ont changé, mon gars ! Les aristocrates sont redevenus aristocrates et les brigands sont redevenus brigands.

— Comme vous le dites, monsieur le Baron. Le roi est redevenu le roi et les paysans sont redevenus gueux.

— Vous n'allez pas encore vous disputer avec M. le Baron, père ? s'inquiéta Victorine. M. le Baron qui est si bon pour nous.

Dochâgne se mit à rire, ce qui lui arrivait si rarement :

— Quand il sera ton maître, ma fille, tu le maudiras souvent. Mais ça ne t'empêchera pas de l'aimer.

Et il ajouta, en faisant un clin d'œil au baron :

— Si ton maître n'est pas trop rapiat.

Dochâgne et Tête-de-loup accompagnèrent Victor et Victorine avec la charrette à bœufs qui emmenait leur mobilier. Ils marchaient tous les quatre à pied, autour du véhicule où s'amoncelaient une maie, un coffre, une boiserie de lit, une paillasse, des ustensiles de cuisine, l'inévitable quenouille et un cadeau du sabotier de la Gâtine, qui pourtant n'avait pas été invité à la noce : une ruche, qu'il avait construite lui-même avec des chutes de bois de son atelier. Jacques-le-tisserand avait offert, bien sûr, la paire de draps en chanvre roux et raide, qui ne blanchirait qu'après des années de lessives. Victorine se sentait très fière de devenir sa patronne, mais, en même temps, au fur et à mesure que la charrette s'éloignait de la ferme paternelle, en faisant crisser ses grandes roues dans les chemins défoncés, fouettée par les branches des noisetiers, la jeune femme avait le cœur lourd. Elle savait combien il serait difficile de vivre des récoltes de quelques hectares de mauvaises terres, dont la moitié irait au baron. Le baron avait fourni une charrette, un araire, quelques outils, deux vaches, un âne. Ils essaieraient d'acquérir, avec leurs premiers grains, un goret qu'ils engraisseraient, et, pourquoi pas ? un bélier et une brebis. Victorine voyait déjà les moutons se multiplier. Plus tard, l'enfant qu'elle sentait dans son ventre serait berger.

Personne ne parlait, autour du convoi brinquebalant. Chacun demeurait dans ses songes. Victor pensait au clou qu'il était allé planter le matin même dans la forêt, dans le chêne de Dochâgne, en guise d'adieu. Tête-de-loup rêvait à la brodeuse aux yeux bleus. Seul Dochâgne, de temps en temps, berluettait pour énerver les bœufs.

La métairie, couverte de chaume, apparut enfin, en haut d'une butte, derrière des haies épaisses et de grands arbres : une fermette entourée de grandes solitudes. Le chemin qui y menait, caché sous les buissons, ressemblait à un souterrain. En débouchant sur la cour, devant la maison, les Dochâgne durent passer sur une épaisse litière d'ajoncs épineux et de genêts flétris qui la couvrait presque tout entière et que les précédents métayers avaient éparée là pour que, foulée aux pieds et dissoute par les pluies d'hiver, elle serve d'engrais.

La maison se composait d'un rez-de-chaussée avec une porte au milieu et une fenêtre des deux côtés. Au-dessus, un grenier avec ces petites ouvertures carrées que l'on appelle des boulites. Victorine se souvenait des parties faites avec Victor dans la métairie de sa mère et combien ils aimaient l'un et l'autre bouliter à se faire peur, d'une ouverture à l'autre.

Les fermes sont toujours bâties près des sources. L'eau suintait et ruisselait sur le sol de granit. Mais Victorine remarqua tout de suite le beau puits avec sa voûte de moellons en arceau couverte de joubarbe à fleurs roses, et de l'herbe du tonnerre qui protège de la foudre.

La première divinité du foyer, l'eau, était donc bien présente. Victorine apportait avec elle la seconde, le feu, ce feu du foyer paternel conservé dans une chaufferette et avec les braises duquel elle allumerait tout à l'heure son propre foyer dans la cheminée au linteau de granit. Le même feu servait toujours, jamais éteint, depuis la renaissance du village, passé de fermes anciennes en cheminées nouvelles, de chaufferettes de bergères en brûlots de bûcherons.

Des appentis, en annexes, jouxtaient au nord la petite métairie : une souillarde, une laiterie, un cellier. Victor mit dans le poulailler les deux poules et le coq que Louise lui avait donnés.

On déposa les meubles dans la seule pièce d'habitation au sol de terre battue et au plafond bas où les poutres et les solives de bois mal équarries étaient maintenues par un fût de chêne centenaire. Une grande pierre de grès creusée servait d'évier, les eaux souillées s'évacuant à travers le mur. L'eau fraîche, tirée du puits, serait mise dans un seau où l'on plongerait une coussotte de bois.

Au fur et à mesure que les hommes les sortaient de la charrette, Victorine disposait les objets en réfléchissant sur leur emplacement qui serait définitif. La vaste marmite allait tout naturellement s'accrocher à la crémaillère. Dans la cheminée, Victorine plaça également la poêle à longue queue que Chante-en-hiver avait jadis forgée d'un seul tenant. Elle aligna les pots et les plats de terre sur le linteau, fixa entre deux joints de pierre une torche de résine, accrocha à l'intérieur de la cheminée, à portée de la main, une boîte à sel rongée, mit non loin l'égrugeoir que Tête-de-loup avait creusé dans un bloc de noyer, du temps qu'il était berger. Tête-de-loup avait aussi offert à sa sœur et à son beau-frère une courge évidée, servant de gourde, décorée de cœurs et de rosaces et une outre en peau de bouc avec une fermeture d'étain.

Lorsque Dochâgne et Tête-de-loup furent repartis et que l'on n'entendit plus au loin le grincement des roues, Victorine et Victor se retrouvèrent seuls, heureux de l'être, mais en même temps envahis par le sentiment poignant de leur abandon, loin de tout village, de toute autre ferme, seuls dans la clairière paisible de leur défrichement, dans ce silence des champs qui est en même temps une victoire sur l'effroi ancestral des malfaisances. Ils se tenaient tous les deux par la main, anxieux et graves, sachant bien que le travail du paysan n'est qu'une longue lutte impossible du nécessaire ordre champêtre dans un monde de désordres ; qu'ils allaient tenter de mener dans la solitude d'un espace dont ils connaîtraient toutes les traces marquées une existence immobile environnée de violences et d'inexprimables ; que leur vie recluse n'aurait d'autre horizon que ces haies où nichaient les oiseaux, les belettes et les renards ; que, l'hiver, les chemins creux submergés d'eau les couperaient de tout lien avec le village, avec le bourg, avec leurs parents ; qu'ils ne recevraient plus aucune nouvelle ni du monde ni des leurs ; qu'ils ne devraient compter que sur eux-mêmes pour vivre et déjouer la misère et la mort.

Depuis l'attaque des loups et l'égorgement de son fils Pierre, Chante-en-hiver était devenu le meilleur client de son cabaret. Louison avait beau le jeter dehors et le pousser dans la forge, il revenait mendier un verre. Son marteau, le matin, ne réveillait plus les coqs. Il fallait que sa femme au museau de souris le secoue pour le tirer du sommeil. Il cuvait son vin toute une partie de la matinée, jusqu'à ce qu'il se décide à siffler un petit verre d'eau-de-vie, dit tue-ver, qui le remontait comme un ressort. Il invoquait alors saint Eloi, patron des forgerons, et se mettait à mouler des palets dans des anneaux d'attelage formant l'armature des disques. Les villageois ne se fiaient plus guère à Chante-en-hiver comme maréchal-ferrant. Il lui arrivait trop fréquemment de mal calculer les étampures pour loger les têtes de clous, si bien que les fers avaient du jeu sur la sole et que les bœufs boitaient.

Il en était réduit à ne travailler la maréchalerie que le dimanche matin, avant et après la messe, lorsque les hommes du village venaient à son cabaret et qu'ils lui concédaient alors le ferrement des ânes et des mulets. Dans la semaine il s'occupait à des bricoles, comme ces palets de plomb qu'il fabriquait pour retenir un peu plus longtemps les buveurs. Il fondait les balles de fusil, souvenirs de guerre, encore nombreuses dans les champs. Les balles se transformaient en jouets pour adultes. Les équipiers, leurs querelles et leurs exclamations joyeuses attiraient la clientèle dans le cabaret où Louison avait fort à faire pour servir d'une main et de l'autre taper sur des doigts empressés à tenter de dénouer son tablier. Les palets ne demandaient pas d'emplacement spécial, aussi jouait-on dans la rue, devant la forge, tenant le palet entre le pouce et l'index, les autres doigts repliés par-dessous, l'inclinaison au moment du lancer fixant la trajectoire vers le « maître », lui-même disque de métal plus petit, qu'il fallait approcher au plus près. Certains lançaient le palet à plat, en frôlant le sol, pour frapper la cible de plein fouet. On pariait sur les joueurs. On s'excitait. Les cruches de vin passaient de main en main et l'on buvait à la régalade. Si la forge de Chante-en-hiver périclitait, par contre son cabaret faisait de bonnes affaires. L'un compensait l'autre. Et si on ne lui amenait plus guère de bœufs à ferrer, par contre les porteurs de cercueil n'oubliaient jamais une dernière halte au cabaret, avant de conduire leur mort au cimetière, déposant la caisse sur des chaises, devant la porte, pendant qu'ils trinquaient à la santé du défunt à l'intérieur du débit de boissons.

Une nouvelle inattendue sortit Chante-en-hiver de sa débine : pour apaiser une nouvelle fois les Vendéens, le roi leur envoyait le fils du comte d'Artois, ce duc d'Angoulême qui, lors de son premier voyage, avait réussi à faire l'unanimité de son impopularité. Pendant l'hiver précédent, où la disette s'accentua, les émeutes reprirent sur les marchés. Par ailleurs les vexations imbéciles continuaient. La politique du roi excluait la paysannerie du pays légal puisque les métayers, les fermiers et tout l'immense prolétariat rural n'obtenaient pas le droit de vote. Seuls cent mille propriétaires devenaient électeurs exclusifs de la France de Louis XVIII. Comme pour mieux démontrer ce qu'il entendait par « Restauration », ce roi pataud s'était enfin décidé à admettre dans ses galeries les portraits des généraux vendéens, mais en excluant Cathelineau et Stofflet parce que roturiers. Et lorsque les restes de Bonchamp furent transportés dans l'église de Saint-Florent-le-Vieil, le gouvernement de Louis XVIII y refusa l'érection d'un monument.

La Vendée, humiliée, grognait et de temps en temps maltraitait la maréchaussée. Louis XVIII envoya donc son polichinelle de neveu pensant sans doute que ce spectacle serait bien suffisant pour des culs-terreux. Il suffit en tout cas à réveiller chez quelques esprits, comme celui de Chante-en-hiver, les souvenirs d'une épopée de plus en plus lointaine. Chante-en-hiver, accompagné de quelques habitués de son cabaret, partit saluer le Dauphin qui, après une visite à Bourbon-Vendée, aux Essarts, aux Quatre-Chemins-de-l'Oie, s'arrêta aux Herbiers. Le duc fit le même discours qu'en 1814, prêchant l'oubli du passé (alors que les paysans qui se trouvaient là n'étaient accourus que pour perpétuer ce passé), la soumission à la Charte, le bon ordre, l'obéissance, le paiement régulier des impôts...

Chante-en-hiver vit un cavalier aux cheveux blancs qui s'avançait vers le prince et il reconnut avec stupeur et agacement Dochâgne, venu de son côté avec le baron. Dochâgne apostropha le prince d'une voix sèche :

— Monseigneur, il n'y a que les patauds qui ont pu vous engager à nous faire ces contes. M'est avis que c'est parce que le roué a été oublieux envers nous, que vous nous prêchez l'oubli de nous-mêmes.

Le prince blêmit, grimaça, éperonna son cheval et courut se réfugier parmi les officiers ci-devant « bleus » de son escorte, plus goguenards qu'offusqués.

— Pauvre prince, dit un paysan près de Chante-en-hiver, on lui défend de dire qu'il nous aime.

Chante-en-hiver ne savait plus quoi penser. Il s'en revint déçu et triste. Ajoutée à l'image affreuse de la mort de son fils Pierre déchiqueté par les loups, qui se mélangeait souvent à celle de Monsieur Henri tombant sous les chevaux des hussards avec son tambour, cette caricature de monarchie entraperçue le laissa prostré. Il travaillait de moins en moins, buvant de plus en plus, et son esprit dérailla. La majeure partie de sa journée se passait à marmonner. Puis on le vit sortir de la forge et appeler aux armes. Il se croyait en guerre, imitait le tambour de Monsieur Henri, comptait l'ennemi.

Un moment inquiets, les villageois s'habituèrent à la nouvelle humeur de leur forgeron et les jeunes, qui ne comprenaient pas son drame, se mirent à l'appeler, par dérision, le conscrit.

Sa progéniture donnait le tournis à Chante-en-hiver. De la veuve, il ne restait que Louison, mais de la veuve et lui, sur quatorze enfants, il en vivait onze, performance exceptionnelle en un temps où la moitié des gosses mouraient avant l'âge de dix ans. Le plus âgé, Zacharie, qui allait sur ses quatorze ans, s'était gagé chez un métayer. Le plus jeune n'avait que deux ans, né le même printemps qu'Arsène le troisième. Toute cette marmaille piaillait du matin au soir, fientait dans tous les coins, se glissait au cabaret entre les jambes des buveurs, espérant glaner une lichée de vin, faute d'un morceau de pain. Le sabotier de la Gâtine qui prenait en pitié son voisin apportait en cachette aux enfants des pommes de terre chaudes. En cachette parce que Chante-en-hiver se serait fâché s'il avait vu ses enfants manger des fruits du diable. Mais les malheureux les avalaient si goulûment avec leurs peaux noircies par les braises qu'il n'en restait pas trace.

Car le sabotier de la Gâtine, comme le curé-aux-bougies, persistait à cultiver des pommes de terre. En réalité, dans le village, les deux hommes les plus aptes à se comprendre, les deux seuls tournés vers l'avenir plutôt qu'accrochés au passé étaient le sabotier et le curé. Mais si le premier voyait dans la pomme de terre un don de la République, le second demeurait persuadé qu'elle émanait de la générosité de l'Empire. Ils se trompaient tous les deux puisque, on le sait, Parmentier la préconisait sous Louis XVI. L'impie et le prêtre croyaient que le progrès amènerait sinon le bonheur du genre humain, en tout cas la suppression de la misère. Et ils s'obstinaient l'un et l'autre à vouloir faire le bonheur des villageois, leur donnant des conseils pour un meilleur rendement des terres, pour une préparation plus rationnelle des fumures, pour une modernisation des outils. L'un et l'autre n'arrivaient qu'à faire l'unanimité du village contre eux. Les paroissiens de l'église légale soutenaient quand même le curé-aux-bougies contre les fidèles de la Petite-Eglise, mais ils disaient que, s'ils respectaient le prêtre, l'homme qui se tenait dans la soutane avait eu l'esprit dérangé par l'Antéchrist. La méfiance qu'ils lui portaient leur permettait de se justifier de la modestie de leurs offrandes. A part les bergères qui sacrifiaient au curé des flocons de laine, en échange de la protection de sainte Lumoise, le traditionnel droit de boisselage n'était même pas observé. Au lieu de donner au curé un boisseau ou un demi-boisseau de blé par feu, ils arguaient de la disette bien réelle et, sans le secours du maire-meunier, le curé serait mort de faim.

Tout comme les Dochâgne ne saluaient plus les Chante-en-hiver, le curé-aux-bougies et le sabotier de la Gâtine ne s'adressaient jamais la parole et rebroussaient chemin s'ils se trouvaient nez à nez dans la rue. Divisé entre partisans de l'Eglise concordataire (et Louis XVIII venait de signer un nouveau Concordat avec le Vatican) et ceux de la Petite-Eglise, entre amis des Dochâgne et amis des Chante-en-hiver, le village conservait néanmoins son esprit de solidarité rurale. Si les guerouées ne mobilisaient plus toutes les familles, aujourd'hui trop nombreuses pour que cela soit nécessaire, on organisait encore des charrois collectifs pour les transports de matériaux. Quand un villageois voulait construire une maison, ou une grange, quand le sabotier avait besoin de vergnes ou d'ormeaux, quand la forge manquait de charbon, il se trouvait toujours cinq, dix, parfois vingt métayers qui amenaient leurs bœufs les plus vigoureux et leurs meilleures charrettes pour aller arracher la pierre dans une carrière, couper le bois dans la forêt du comte, ou même aller jusqu'aux mines de charbon de Chantonnay. Les guerouées demeuraient, comme au premier temps du village reconstitué dans ses ruines, des assemblées joyeuses et émulatrices. Les repas se prenaient en commun, à l'appel de la corne à bœuf et le soir on dansait très tard dans le terrain vague du cimetière. Ce qui, une fois de plus, opposait le curé-aux-bougies à ses paroissiens. Le curé-aux-bougies se reprochait alors de ne pas avoir maintenu son idée d'un cimetière neuf, en dehors du village, clos de murs. Ce mélange des vivants et des morts, autour de l'église, ces danses profanes sur les tombes, tout cela le contrariait. Comme le maire-meunier, que pourtant il n'aimait guère car il le suspectait à juste titre d'être resté voltairien sous une apparence conformiste, le curé-aux-bougies croyait dans la vertu d'un pouvoir central, que ce soit celui de l'empereur ou celui du roi, peu importait. Et il ne saisissait pas que la vitalité de sa paroisse tenait dans ce maintien, malgré toute la succession de régimes centralisateurs contradictoires, de l'esprit de la commune, expression de la solidarité devant les grands travaux, devant le péril. Sans cet esprit, les villages et les bourgs se seraient dissous dans les soubresauts de l'histoire. Bien au contraire, le malheur le renforçait. Le pouvoir royal se tenait si loin et si haut qu'il ne fallait pas compter sur lui pour la défense quotidienne. Il suffisait de sonner le tocsin pour que toute la commune accoure, même des fermes les plus éloignées, les plus isolées. On s'unissait contre l'incendie, contre les loups, contre les brigands, contre les gendarmes, contre les soldats du roi et tout naturellement ensuite contre ceux de la

République et de l'Empire. La commune exprimait un moi collectif, une union de familles autour d'un clocher.

Comme la plupart des artisans qui n'arrivaient jamais à joindre les deux bouts, entre leur endettement chronique envers le propriétaire de leur boutique et de leur logement et la longue attente du paiement de la clientèle, souvent annuel, le sabotier de la Gâtine multipliait ses activités. Il n'avait jamais cessé d'aider à la meunerie, cultivait un bout de terrain loué au meunier-maire qui lui assurait son pain de pommes de terre, ajoutait à la saboterie quelques travaux de menuisier et s'était mis, on l'a vu, à la bijouterie.

Reprenant une vieille tradition poitevine des cœurs enflammés, bien antérieure au cœur d'étoffe rouge cousu sur la poitrine des insurgés de 93, puisque le père de Montfort recouvrait les croix des calvaires qu'il érigeait aux carrefours par des cœurs enflammés et que, bien avant encore, les huguenots du Bas-Poitou s'étaient donné comme signe de ralliement un cœur percé d'une épingle, le sabotier de la Gâtine s'amusa d'abord à sculpter dans des morceaux de bois des moules à beurre en forme de cœur. Devant le succès remporté par ces objets auprès des fermières, il imagina ensuite d'aller confectionner dans la forge de Chante-en-hiver des tasses à vin en forme de cœur et des petits cœurs en plomb qui servaient d'ex-voto. Puis on l'appela dans les métairies pour qu'il vienne tailler sur place des cœurs en relief dans le bois des bahuts.

Ensuite, des fiancés vinrent le trouver, lui demandant s'il ne pourrait pas leur fournir, à meilleur marché qu'au bourg, des bagues-foi ou bagues gros-cœur. Il se rendit jusqu'à Challans pour en étudier la fabrication et en rapporta des os de seiche sculptés qui lui servirent à couler des bijoux d'or et d'argent.

C'est ainsi qu'il avait bosselé et ciselé l'alliance de Victorine pour laquelle Victor sacrifia le prix d'un veau.

Les travaux de bijouterie du sabotier fascinaient Louison qui s'échappait dès que le cabaret se désemplissait pour accourir chez son voisin, suivie par la marmaille de ses petits frères et sœurs.

— Tu ne pourrais pas t'arranger pour laisser ces mioches à leur mère ? lui disait en riant le sabotier de la Gâtine.

— Ils me suivent partout, comme une mère poule.

— Tu serais bien d'âge.

— C'est pas l'âge qui me manque.

— Qu'est-ce qui te manque ?

— La dot.

— Une jolie fille comme toi n'a pas besoin de dot.

— C'est vous qui le dites, parce que vous êtes vieux.

— Regarde Jacques-le-tisserand qui a mon âge et qui a fait un petit à la bouétouse.

— J'ai pas envie que vous m'en fassiez un.

— On pourrait s'arranger.

— Bas les pattes, gros cochon.

Louison regardait une breloque que le sabotier martelait en forme de cœur creux dans lequel on pourrait placer une boucle de cheveux de la personne aimée.

— Tu miguailles trop, Louison. Tout le monde a touché ton merlandia.

— C'est pas vrai.

— C'est ce qu'on dit.

Louison, impatientée par sa dizaine de petits frères et sœurs qui tiraient son cotillon et exaspérée par leurs piaillements, les chassa dehors à coups de torchon. Elle revint regarder travailler le sabotier, s'accroupissant près de lui. Le sabotier de la Gâtine lui saisit un genou d'une main ferme :

— En as-tu un autre aussi rond, coquine ?

— Tâtez, vous verrez.

Le sabotier tâta et trouva le second aussi charnu que le premier. Il en fit compliment à Louison qui en avait entendu d'autres et se contenta de hausser les épaules. Seule la breloque en forme de cœur évidé l'intéressait.

— Vous êtes bien habile.

— Je peux t'apprendre un jeu de mon pays, si tu veux.

— Je m'en méfie, des jeux de votre pays.

Le sabotier s'assit par terre, devant Louison, lui demanda d'appuyer ses pieds nus contre ses pieds nus, lui prit les mains :

— Laisse-toi te balancer... Chez moi la gâtinelle se balance comme ça avec son parsonnier. Jusqu'à en perdre la tête.

— La tête me vire.

Le sabotier de la Gâtine eut soudain l'impression d'une présence dans l'atelier. Tête-de-loup les regardait, narquois.

— Si je dérange, je repasserai.

Le sabotier et Louison se relevèrent prestement.

— On jouait à l'embertounage, bredouilla le sabotier qui ne savait trop quelle contenance prendre.

— Prenez garde que cette fille ne vous jette un sort. Tous les Chante-en-hiver sont maudits.

Louison se sauva, relevant ses jupes pour courir plus vite vers le cabaret, tellement Tête-de-loup lui faisait peur avec sa tête de carnassier et ses yeux bleus.

Depuis le départ de Victorine et de Victor, Tête-de-loup s'était appliqué à aider Dochâgne dans les travaux de la ferme. Mais il ne tenait pas longtemps en place et fuguait dans la forêt où il continuait à poser des collets, proposait son aide à Jacques-le-tisserand ou au sabotier de la Gâtine, chez lesquels il retrouvait ses travaux vosgiens, repartait épauler Dochâgne, ramenait du gibier ensanglanté. Sa longue itinérance lui laissait le goût du vagabondage. Le sabotier de la Gâtine, qui avait voyagé moins loin que lui, mais qui avait voyagé et en gardait un esprit ouvert, l'attirait. De temps en temps, Tête-de-loup lui offrait un lapin ou une caille et le sabotier lui montrait comment sculpter les cœurs.

— Il faut de la patience, disait Tête-de-loup. Je n'en ai pas. J'aimerais toujours marcher, piéger des bêtes. Je tue les bêtes, mais les bêtes et moi on se comprend. On est de même nature.

Un soir il apporta au sabotier de la Gâtine une petite chouette chevêche capturée dans le creux d'un vieux poirier.

— Vous vivez seul, sabotier. Voilà une compagne qui ferait bien, perchée sur votre épaule.

— Tu sais que les chouans détestent les chouettes. Elle fera fuir tous mes clients.

Tête-de-loup caressait la petite boule de plumes grises qui, effrayée, faisait pivoter sa tête et fixait le sabotier de la Gâtine de ses gros yeux ronds, immobiles dans le crâne, comme si elle eût voulu l'attendrir.

— Une drôle de compagne que tu m'amènes là ! On dit de la chouette qu'elle est un des déguisements du Malin. Si les paysans clouent des chouettes sur les portes de leurs granges c'est pour que le diable en soit épouvanté et passe son chemin.

— Que me chantez-vous là, sabotier, vous ne croyez pas au diable !

— Je ne crois pas au diable, comme tu y vas ! Je ne crois pas en Dieu, pour sûr, mais le diable c'est autre chose. Si Dieu ne se manifeste guère, le diable n'arrête pas de nous mordre les chausses.

— Cette chevêche vous portera bonheur. Vous en avez besoin pour vous garder de cette maison du malheur, à côté de chez vous.

— Tu m'agaces avec cette haine des tiens pour Chante-en-hiver. C'est un infortuné qui n'a pas besoin de ça.

— Sabotier, croyez-moi, j'ai une dette envers la saboterie à cause de ce sabotier vosgien qui m'a accueilli et appris tout ce que je sais. C'est un présent plus gros que vous ne pensez que cette chevêche. Je connais les bêtes. Tant qu'elle sera avec vous, la chevêche, vous n'aurez rien à craindre de la méchanceté qui vous guette. Vous vous êtes mis en danger, avec la Louison. Elle est maudite, comme tous les Chante-en-hiver.

— T'occupe pas de mes affaires, méchant drôle.

Tête-de-loup partit, en laissant la chouette perchée sur l'épaule du sabotier.

3

La surprise fut générale, lorsqu'à la messe du dimanche

La surprise fut générale lorsqu'à la messe du dimanche, la femme et la fille du maire-meunier apparurent avec, sur la tête, une espèce d'énorme papillon blanc. Elle éclipsa du même coup la cérémonie religieuse. Pour la première fois la paroisse voyait de ces coiffes blanches qui, d'abord portées par la bourgeoisie rurale, comme un signe de différenciation, allaient en un demi-siècle envahir les campagnes et rivaliser de formes les plus cocasses, la Vendée comptant à elle seule vingt-cinq coiffes différentes.

Depuis cent ans, le port du bonnet de toile blanche, enserrant les cheveux, restait immuable. La coiffe empesée, ornée de tulle brodé, de dentelles et de rubans, ne sera à la mode que pendant un siècle, mais elle marquera à tel point le costume paysan qu'on la croira vêtement traditionnel millénaire.

On saura plus tard que la femme du meunier et leur fille portaient ce jour-là une grisette bocaine. Il y eut toutes sortes de grisettes, la grisette de Niort, énorme, ne ressemblant guère à la grisette de Fontenay qui s'apparentait plutôt à la cabanière plainaude. Il exista une grisette tuyautée dite corne de Sainte-Hermine, petite et simple. Pour que la coiffe ne glisse pas, la femme et la fille du meunier avaient posé sur leurs cheveux lissés en bandeaux une toque, ruban de velours noir s'arrêtant à la hauteur des oreilles et se terminant par deux galons noués derrière le chignon.

Dans l'église, on ne priait guère. On murmurait. On chuchotait. Comme la séparation des sexes s'appliquait aux offices religieux et que les hommes se tenaient le plus près du sanctuaire, le curé-aux-bougies ne comprenait pas très bien les raisons de ce jacassage de femmes au fond de l'église. Ni pourquoi les hommes détournaient si souvent la tête et s'étiraient le cou pour essayer d'apercevoir il ne savait quoi.

Lorsque le maire-meunier, sa femme et sa fille se rejoignirent sur la place de l'église après la cérémonie, et que le curé-aux-bougies apparut en surplis blanc pour bavarder comme de coutume avec ses ouailles, la surprise le fit bégayer. Ces tulles gaufrés en fins tuyaux, cette mousseline de dentelle, échafaudés sur ces deux têtes, paraissaient de la provocation ou de la plaisanterie. Mais le curé-aux-bougies savait que la famille du meunier ne plaisantait jamais.

— Ma femme et ma fille se sont mises à la mode, monsieur le Curé, déclara le meunier comme pour s'excuser.

— Ah ! c'est la mode ! Bien. Bien..., balbutia le curé-aux-bougies.

Autour des deux femmes, les paysannes tournaient, regardaient de plus près, faisaient des commentaires à voix basse. La meunière avait noué sur sa robe un petit tablier de soie noire et, à sa ceinture, quatre chaînes d'argent supportaient les insignes de sa dignité : un petit couteau nacré, une paire de ciseaux, des clefs, un épinglier. La fille portait un mouchoir de cou en tissu imprimé, mais ce qui attirait le regard, outre la coiffe, c'était sa jupe ample, fendue sur le côté à laquelle les garçons donnèrent aussitôt un nom approprié : la miguallière.

Pourtant, la fille du meunier ne miguaillait pas avec la bachellerie, cette pimbêche ne se commettant pas avec les bouseux du village. Sa mère et elle montraient encore une autre particularité qui les hissait bien au-delà du commun des mortelles : elles avaient des chaussures.

Peu après, le maire-meunier annonça le mariage de sa fille avec le fils d'un sergier du bourg voisin, qui ajoutait au commerce de la serge, ceux de la flanellerie et de la chapellerie. Si Louison s'exaspérait de ne point obtenir de dot, la fille du moulin, dite Mouillefarine, n'en serait pas dépourvue. Son mariage ne pouvait être qu'un grand mariage, et le meunier-maire, auquel ne restait plus que cet unique enfant, ne lésina pas sur les invitations. Tous les métayers et les bordiers du village en reçurent, ainsi que les trois artisans : le forgeron, le sabotier et le tisserand. Furent seulement exclus de la fête les valets et les filles de ferme, les chambrières, les bergers et les vachères. Mais les deux familles réunies et leurs parentèles, on arriva à trois cents personnes. Le meunier chargea son protégé, le sabotier de la Gâtine, de faire office de convieur. C'est-à-dire d'aller de famille en famille porter l'invitation orale. Chaque famille visitée attachait un ruban au bouquet qu'il portait à sa veste, si bien que le soir il revint chez lui tout pavoisé.

Louison le héla au passage :

— On dirait que c'est vous le marié.

— Sois tranquille, celle qui m'attrapera n'est pas encore née.

Entrant à tâtons dans sa boutique obscure, le sabotier vit soudain avec inquiétude deux gros yeux jaunes qui le regardaient.

Il ne s'accoutumait pas encore à sa chouette, si habitué à vivre seul que cette présence animale lui causait souvent une impression de gêne. Comme si quelqu'un de silencieux l'épiait. Le sabotier de la Gâtine eut un mouvement de mauvaise humeur contre Tête-de-loup qui lui avait imposé cet oiseau sinistre.

Le mariage de la fille du meunier fut un événement moins important que l'apparition des deux premières coiffes, mais les deux choses restèrent liées dans la mémoire du village, d'autant plus qu'à la noce les deux femmes portaient bien sûr leurs coiffes blanches. Ces épousailles furent quand même la plus grande fête donnée au village depuis l'inauguration du moulin. Tous les mariages précédant celui-ci avaient été mariages de pauvres. Ce mariage de riches demeurera un modèle que chaque métayer aisé tentera plus tard de renouveler.

Le printemps de 1818 semblait clément. La semence de blé donnait une belle herbe vert clair. Les arbres fruitiers se couvraient de fleurs. On entendait partout les bouviers darioler :

Oh...o,o, OO... o da a !
Marjolin, Robin
Nobié, Muscadin
Rougeaud, Blanchet
Ho, da, mes valets, ho !

Sous les lourds jougs de bois, les bœufs roux, de toute la force de leurs têtes puissantes, tiraient les attelages. En ce temps-là, chaque région possédait sa race de bovins, comme son espèce de blé. Le Bas-Poitou s'enorgueillissait de ses parthenays, maigres, vifs, pointus d'échine, tout en os, mais à marche rapide. Assis derrière ses bœufs, sur une poutre taillée par lui-même, jadis, dans un arbre, une simple poutre qui permettait à deux traverses d'attacher les quatre grandes roues cerclées de fer, Dochâgne dariolait pour le plaisir, sans aiguillonner ses bêtes. Il dariolait pour bercer sa rêverie, en rentrant à sa métairie, heureux de retrouver celle qu'il appelait toujours sa petite Louise ; heureux du mariage de Victorine et de Victor, même si leur éloignement lui pesait ; heureux du retour de Tête-de-loup, même si les attitudes et les réactions de son fils adoptif l'inquiétaient ; heureux de la bonne santé de Poléon et d'Arsène le troisième ; heureux du printemps revenu.

Mais dès que Dochâgne arriva à sa ferme, son bonheur s'en alla d'un seul coup. Le régisseur du comte se trouvait devant l'écurie et discutait avec Tête-de-loup. Lui aussi portait maintenant un pantalon rayé, mais il conservait son grand chapeau de feutre. Il tenait son cheval par la bride, se retourna en entendant l'attelage et vint au-devant de Dochâgne :

— Monsieur le Comte vous envoie bien le bonjour.

— Vous remercierez monsieur not' maître et lui rendrez son bonjour.

— Monsieur not' maître n'est pas content. Vous l'avez oublié. Mais lui n'oublie pas ses terres. Il vous a laissé vous relever. Il ne vous a pas saigné. Mais maintenant ça ne peut plus durer. Puisque vous ne savez pas exploiter la terre qu'il vous prête, il a décidé de prendre ses affaires en main. Les sacs de blé que vous lui avez livrés l'an dernier ne couvrent pas l'intérêt du dixième des terres qui vous sont allouées.

— La récolte n'a jamais été si mauvaise depuis deux ans. On a donné ce qu'on a pu. Il ne nous est même pas resté de quoi faire du pain l'hiver.

— Vous ne savez que vous plaindre. Mais vous crevez dans vos habitudes. Vous faites trop de blé.

— Quoi ! s'exclama Dochâgne, stupéfait, on n'a pas assez de blé !

— Le bocage n'est pas une terre à blé. Il faut laisser ça aux cultivateurs de la plaine. Il faut réduire vos emblavures et augmenter vos pâtis.

— Mais le blé...

Dochâgne ne savait comment s'expliquer. Ce que le régisseur lui disait paraissait tellement absurde, tellement contraire à tous les usages qui voulaient que la noblesse d'un paysan se reconnaisse à la qualité de son blé, le blé et le pain quotidien étaient à tel point une seule et même chose, qu'il ne comprenait pas.

— C'est comme la vigne, reprit le régisseur. Tous les paysans ont des vignes, maintenant. Avant la Révolution, seuls la noblesse et le clergé bénéficiaient du droit au vin. Vous faites du mauvais vin avec de trop petites vignes, implantées n'importe où. Et vous vous saoulez comme des brutes.

— Le père ne boit que de l'eau, protesta Tête-de-loup.

— Et toi ?

— Moi aussi, je ne bois que de l'eau.

— Alors pourquoi cette vigne sur le coteau, que vous avez plantée sans demander la permission au maître ?

— Le vin est un médicament, répondit Dochâgne. On en a besoin contre les coliques.

Dochâgne ne disait pas que sa vigne lui assurait un petit profit.

Il vendait son vin au bourg. Et depuis la Révolution, la vigne, autant que le blé, devenait la fierté du paysan.

Le régisseur se mit à rire :

— Vous avez de grosses coliques ! Le maître ne veut pas votre mort. Dans les terrains trop pentus, trop caillouteux, juste bons pour les chèvres, vous pourrez toujours faire de la vigne pour vos coliques. Mais où les bœufs peuvent pâturer il faudra m'arracher ces ceps seulement bons à faire de la cendre. Le maître va réduire le nombre de ses métayers. Vous avez de la chance, père Dochâgne, votre métairie est une des plus grandes du village. Vous la garderez. Du moins vous la garderez si vous suivez bien les instructions du maître et lui donnez chaque année suffisamment de bœufs, de veaux et de génisses. Vous ferez de l'élevage désormais. Et il vous faudra plus de terres pour pacager. Les trop petites métairies seront détruites et les terres regroupées. Allons, il faut que je termine ma tournée. Je reviendrai souvent, maintenant, pour veiller à ce que les instructions du maître soient bien suivies.

Tête-de-loup et Dochâgne se regardèrent, atterrés. Dochâgne tremblait de fureur.

— Remettez-vous, père, dit Tête-de-loup. J'ai plus d'un tour dans mon sac.

— J'aurais dû accepter un métayage du baron, soupira Dochâgne. Mais ses terres sont si petites. Je vas lui parler.

Dochâgne monta son âne qui refusa d'abord d'avancer d'un pas. Il essaya de l'amadouer :

— Allons, Ministre, fais pas des manières.

Mais comme l'âne se raidissait, couchait ses longues oreilles sur son dos, il finit par le battre à coups de corde.

— T'es un bon à rien, mon Ministre. Te faut toujours la manière forte.

Ministre finit par démarrer d'un pas lent, en secouant vigoureusement la tête, comme s'il disait non.

Le baron reçut Dochâgne en l'embrassant trois fois, comme de coutume, le complimenta pour le bon travail de Victorine et de Victor, mais ajouta :

— Leur métairie est bien mal située, juste en plein milieu des terres du comte. Il m'a proposé de faire un échange, mais je n'ai pas voulu. Mes terres sont les terres de mes aïeux.

Dochâgne raconta la visite du régisseur et son désarroi.

— Si vous aviez, monsieur le Baron, une petite métairie pour moi. Maintenant que Victorine et Victor sont à leur compte, que Poléon est quasiment élevé, on pourrait se contenter de peu.

— Tu me demandes ça trop tard. Je n'ai plus rien. Et mes métairies sont si petites que tu y étoufferais, habitué à tes aises.

— On n'a vu le comte qu'une fois. Il n'a pas d'amitié pour son bien. Si on pouvait lui parler.

— Ce n'est pas quelqu'un avec qui on peut causer. Moi-même j'ai bien du mal à le comprendre. Il vit à Nantes et décide là-bas ce qu'il juge bon, sans s'inquiéter de ses gens qu'il ne voit jamais. Il ne fait d'ailleurs que suivre les instructions du roi qui encourage la grande propriété. Toi et moi, mon bon Dochâgne, nous sommes des gêneurs, des gens de l'ancien temps. Tiens, je ne devrais pas te le dire, mais on ne s'est jamais rien caché... Tu sais que les biens de l'Eglise n'avaient pas tous été vendus, sous la Révolution. Les patauds n'avaient pas eu le temps. Eh bien, le gouvernement du roi en achève la vente et le comte s'est porté acquéreur d'un gros lot qui arrondit son domaine. Mes pauvres terres sont coincées dans les siennes. Il voudrait bien me déloger, comme il veut déloger les trop petits métayers de ses propres terres. On ne sait pas où on va, mon bon Dochâgne. Souvent je me répète que c'est une chance de devenir vieux, que cela me préserve d'un avenir que je ne comprendrais pas.

— C'est donc ça, la vieillesse, monsieur le Baron ! Si je n'écoute que mon corps je ne me sens pas vieux. Je suis aussi fort qu'il y a vingt ans. Mais mon esprit ne suit pas. Si Jacques-le-tisserand ne vivait pas près de moi, si on ne causait pas parfois du temps de la grande guerre, j'en arriverais à penser que j'ai l'esprit dérangé par quelque manigance.

Il pensa : l'esprit dérangé comme celui de Chante-en-hiver. Mais il ne parlait jamais de Chante-en-hiver. Il ne prononçait plus ce nom. Il voyait dans la déchéance du forgeron une punition de Dieu mais, en même temps, que la jeunesse se moque du radotage de Chante-en-hiver et l'appelle « le conscrit », lui faisait mal. Chante-en-hiver avait beau avoir failli, il n'en restait pas moins un ancien capitaine de paroisse. L'irrespect des jeunes le révoltait. Finalement, dans cette décrépitude de Chante-en-hiver, sa propre vieillesse lui apparaissait.

En revenant à la métairie, monté sur Ministre qui s'arrêtait parfois brusquement, arc-bouté sur ses quatre pattes, et se mettait à braire sans raison apparente, Dochâgne pensait à l'étrange Tête-de-loup, au Cheval Malet gris pommelé qui l'avait emmené au pays des hussards, à son comportement bizarre qui le faisait ne jamais tenir en place bien longtemps. Le vagabond semblait dominer sur le paysan chez Tête-de-loup, et cela ne plaisait guère à Dochâgne. De tous ses enfants, l'adoptif, le bâtard, ou ceux du lit de Louise, le seul en qui il se reconnaissait vraiment, le seul qui fût un vrai paysan, c'était Victor. Victorine le lui avait pris. Il tentait bien de chasser cette mauvaise pensée, mais il en voulait quand même à Victorine de lui avoir pris Victor, et de le lui avoir pris tout petit. Victor lui manquait dans la solitude des champs. Tête-de-loup l'accompagnait bien, seulement il n'était jamais à ce qu'il faisait, toujours en alerte, comme un chien de chasse. Au lieu de s'appliquer à tracer un sillon bien droit avec l'araire, il s'arrêtait, flairait le vent, disait : « Il y a un cerf qui va boire à l'étang, là-bas, du côté de la châtaigneraie. » Ou bien : « Il viendra des loups, cette nuit. Je les sens dans le vent d'est. » Ou encore : « Après cette petite pluie, les champignons vont se lever. C'est bien assez de ce labour. Je vais vous en cri pour le dîner. »

Tête-de-loup aimait mieux poser des collets que travailler la terre. En même temps, grâce à ses collets, à ses champignons et à des racines qu'il apportait et savait cuisiner, on ne souffrait plus de la faim chez les Dochâgne. Dochâgne se demandait si les rapines de Tête-de-loup n'étaient pas responsables de la colère de Dieu qui leur envoyait ce régisseur du diable. Il fallait se méfier de ne pas déranger l'ordre de la nature.

A la veillée, Tête-de-loup qui écossait des fèves avec Poléon commença par reparler du père Lavendée, des sabots, puis du sabotier de la Gâtine. Dochâgne ne voyait pas où il voulait en venir. D'autant plus que Tête-de-loup prenait Poléon à témoin de l'agrément qu'il y avait à creuser des sabots dans une grosse branche de hêtre. Puis finalement, comme si cela allait de soi, il annonça :

— Je lui ai parlé de Poléon, au sabotier de la Gâtine. Il veut bien le prendre comme apprenti. Même qu'il lui apprendra à mouler des cœurs par la même occasion. Hen, Poléon, tu aimerais bien être sabotier, dis ?

— Oui, j'aimerais bien.

— Qu'est-ce que c'est que cette histoire ? s'exclama Dochâgne. Pas question que Poléon se laisse dévoyer l'esprit par cet impie de sabotier.

— Il apprendra un bon métier. Il ne sera pas une créature du comte, mais un ouvrier libre.

— Mais j'ai besoin de Poléon, s'entêta Dochâgne. Je vais quand même pas embaucher un valet.

— Vous avez bien assez de moi comme valet.

— Oh, toi... Tu ne tiens pas en place.

— Il se trouvera des valets à ne pas savoir qu'en faire, qui travailleront pour quelques sous. Si le comte détruit les petites métairies, il y en aura des bras à louer ! Vous avez entendu ce qu'a dit le régisseur, il y a trop de paysans...

— Il n'a pas dit ça !

— Il l'a dit autrement ! Mais si on regroupe les terres il y aura trop de paysans. Il en faut moins pour élever du bétail que pour couper du blé et le battre. Vous avez vu que les gens n'aiment plus marcher pieds nus. Tous les jeunes ont des bots. Il y a trop de paysans, mais il n'y aura bientôt pas assez de sabotiers.

Dochâgne se montrait contrarié par cet arrangement de Tête-de-loup, fait sans son consentement. De quoi se mêlait-il ? Puisque Poléon avait pour parrain Jacques-le-tisserand, on lui demanderait son avis.

Jacques trouva dommage que l'on ne puisse pas confier Poléon à un sabotier non mécréant, sinon, l'idée de Tête-de-loup lui paraissait en effet bonne.

Le lendemain matin, Tête-de-loup emmena Poléon qui venait d'avoir douze ans dans l'atelier du sabotier de la Gâtine. Le sabotier lui donna un marteau et deux gros clous :

— Poléon, on va commencer par sceller notre amitié dans le chêne de ton père. On va y planter ces deux clous.

Tête-de-loup les accompagna.

Comme ils arrivaient à l'orée de la forêt, trois cavaliers vêtus comme des paysans, mais armés de fusils, débouchèrent du couvert des arbres et galopèrent à leur rencontre, leur demandant où ils allaient avec leur marteau.

Surpris, les deux hommes et l'enfant demeurèrent muets.

— Vous n'allez pas couper des arbres, par hasard ? demanda un cavalier.

— On ne coupe pas un arbre avec un marteau, répliqua le sabotier de la Gâtine.

Et il ajouta, devinant que ces cavaliers devaient être des hommes du comte :

— On ne va pas dans la forêt. On va à nos affaires, en passant par là.

— Qui es-tu, toi ?

— Je suis le sabotier du village et je dépends du maire-meunier.

— Ah ! bon. Et toi ? demanda-t-il à Tête-de-loup.

— Je travaille dans une métairie du comte qui est à mon père. Celui-là est mon petit frère. Il sera sabotier.

— Nous, le comte nous envoie comme gardes pour protéger la forêt. On va aller chez votre maire et lui dire notre façon de penser. C'est pas croyable, les essartages ont détruit des cordes et des cordes de bois, dans tout le pourtour de la forêt. Et à l'intérieur le gibier est massacré avec si peu de bon sens que les bêtes éclopées sont plus nombreuses que les saines.

— La chasse n'est plus réservée au seigneur, dit calmement Tête-de-loup. Les paysans aussi ont le droit de chasser.

— Vous chasserez si le maître le permet. Vous avez bien assez à faire avec vos terres, sans encore perdre du temps à la chasse, comme des oisifs.

Les trois cavaliers éperonnèrent leurs chevaux et partirent au galop vers le village.

— Voilà qu'ils veulent maintenant nous interdire de chasser, grogna Tête-de-loup.

— Vous êtes drôles, répondit le sabotier de la Gâtine. Vous détestez la Révolution et en même temps vous voulez conserver la liberté qu'elle vous a donnée. Ton père entend conserver la liberté de la vigne, toi la liberté de la chasse.

— Oh, moi, répliqua Tête-de-loup, je ne m'intéresse pas à tout ça. Je suis pour ma liberté à moi. Allez, je vous laisse. J'ai envie de voir Victorine et Victor, et Jean, mon petit filleul. Occupez-vous bien de Poléon, sabotier.

Le sabotier sourit :

— Tu me l'as amené pour que j'en fasse un homme libre ? Comme toi et moi ?

— Comme vous. Pas comme moi.

— Tope là, mon gars.

Le sabotier de la Gâtine et Tête-de-loup se frappèrent les paumes de la main en signe d'accord.

— La métairie de ta sœur est bien loin. Tu y vas à pied ?

— Oui, j'ai tout mon temps.

— Dochâgne va s'inquiéter.

— Poléon lui dira qu'il fallait que j'aille voir Victorine. Il comprendra.

Le curé poussif de la Petite-Eglise ne vint baptiser Jean que plusieurs semaines après sa naissance. Victorine ne s'en inquiéta pas trop puisque les âmes des enfants morts avant le baptême deviennent des oiseaux et qu'elle aimait les oiseaux si nombreux autour de la ferme.

Le petit Jean profitait bien, suspendu dans un sac à la maîtresse poutre, pendant que sa mère travaillait. Victorine et Victor se colletaient à leur petite métairie, s'y accrochaient avec une énergie un peu folle. Pour reposer les deux vaches, qui servaient, à défaut de bœufs, d'animaux de trait, mais qui, lorsqu'elles travaillaient, donnaient moins de lait, Victorine s'attelait parfois à l'araire, avec l'âne. C'est elle seule qui cultivait le potager, derrière la maison, qui sortait le fumier de l'écurie, qui veillait aux abeilles. Victor avait construit dans le prolongement de la toiture basse un enclos pour le porc et les chèvres. Le baron leur avait promis un goret et un chevreau, après les récoltes d'été. Ils ne voulaient plus se trouver pris de court.

Tête-de-loup prétextait des visites à son filleul pour venir souvent donner un coup de main à la métairie. Lorsqu'il arriva ce jour-là, il trouva la maison vide, Victorine ayant accompagné Victor aux champs. Mais au milieu de la pièce, sur la longue table entourée de bancs, il vit un gros pain rond, entamé. Ce gros pain était posé là comme un défi à la famine. Victorine se conformait à un antique usage qui voulait que, dans les fermes les plus pauvres, un beau pain soit toujours placé en évidence sur la table, comme pour braver le sort. Pain de la fierté, pain du simulacre de l'abondance, il indiquait au vagabond qui passerait la tête dans la porte que la maison se tenait toujours prête à partager le pain.

Tête-de-loup sortit son couteau de sa poche, se coupa un chanteau. Il avait posé sur la table deux lièvres. Les visites à son filleul lui donnaient aussi l'occasion de ravitailler en gibier la maisonnée.

Il ne fallait pas aller bien loin à travers champs pour retrouver Victorine et Victor, les propriétés du baron étant minuscules. Il les vit affairés à chasser des pigeons avec des gaules, sur un terrain fraîchement ensemencé. Le petit Jean, couché dans un panier d'osier à l'ombre d'un buisson, gazouillait.

— Qu'est-ce que c'est que ces pigeons ? demanda Tête-de-loup.

— Ah ! dit Victorine, découragée, ça vient des terres du comte. Il a reconstruit son colombier et ses pijounes ne connaissent pas les bornages. Les métayers du comte les maudissent eux aussi, mais après tout qu'ils se débrouillent avec leur maître. Nous, ce n'est même pas not' maître et il faut subir ses pijounes.

Tête-de-loup sortit de sa poche une fronde, ramassa une pierre, tira et un pigeon s'abattit dans un bruit doux d'ailes froissées.

— Je vas t'en faire une fricassée.

Victorine lui arracha la fronde des mains.

— Tu vas nous envoyer aux galères !

— Ils avalent tes grains, c'est bien normal que tu les manges puisque tu les as nourris.

Victorine prit le pigeon mort et l'enterra profond en terre avec une bêche.

— Je te croyais moins peureuse, Victorine. Autrefois tu étais une petite mère j'ordonne...

Lorsqu'ils revinrent à la métairie, les trois gardes du comte attendaient. Descendus de cheval, ils se rafraîchissaient le visage en s'aspergeant de l'eau du taimbre (l'abreuvoir).

— Tiens, remarqua l'un d'eux en voyant Tête-de-loup, on se retrouve. Que fais-tu là ?

— Je suis chez ma sœur.

— Et ces lièvres sur la table, c'est ta sœur qui les a élevés ?

— Ils ont été chassés sur les terres du baron. Ça n'est pas vos terres.

Les trois hommes se mirent à rire :

— Les terres du baron... les terres du baron... Il faut se mettre sur la pointe des pieds pour les voir. Quand un lièvre saute, il les a déjà traversées, les terres de ton baron.

— Vous n'avez pas le droit de venir chez nous, cria Victorine, je me plaindrai à not' maître !

Les trois hommes s'esclaffèrent de plus en plus bruyamment. Celui qui semblait le chef fit mine d'être effrayé :

— C'est qu'elle va nous faire peur avec son baron ! Allez, les gars, on n'en tirera rien pour cette fois.

Puis, d'une voix qui ne plaisantait plus, il s'adressa à Tête-de-loup :

— Toi, mon gaillard, on t'aura à l'œil. Tu es facile à reconnaître avec ton grand nez et tes yeux bleus.

Lorsque les gardes furent partis, Victor dit à Tête-de-loup :

— Tu vois, la Victorine, si elle n'avait pas enterré la pijoune, on se trouvait dans de beaux draps. Elle a toujours l'œil, la Victorine.

La Restauration s'éternisant, le maire-meunier se lassa de cette inhabituelle stabilité politique et mourut. Le village s'en aperçut à peine car le maire-meunier, presque impotent à force d'obésité, n'intervenait plus guère dans les affaires de la commune, et son gendre s'arrangea pour lui succéder aussi bien aux moulins qu'à la mairie.

Le curé-aux-bougies soliloquait devant le jeune maire-meunier qui admirait ses références d'homme instruit, mais en même temps se méfiait de ses affirmations invérifiables.

— Monsieur le Maire, vous n'ignorez pas que seulement un quart de nos paroissiens peut signer de son nom. Le quart des hommes s'entend. Les femmes, aucune ne sait écrire. Alors qu'avant la Révolution, dans nos villages, les deux tiers des hommes et le tiers des femmes connaissaient leur alphabet.

— J'ai ouï dire qu'on ne lisait guère que le catéchisme et l'histoire sainte !

— Que voulez-vous lire de plus beau ! Dans tous les villages, avant 89, il existait des « petites écoles ». La Révolution décida un jour de fermer les institutions religieuses. Comme il n'existait pas d'autres pédagogues que ceux de notre Sainte Eglise, eh bien, la Révolution n'eut plus d'écoles du tout. Et aucun paysan ne sut plus lire !

— Je connais bien nos villageois. A la rigueur, la classe pourrait se tenir dans les trois ou quatre mois d'hiver, lorsqu'ils n'ont pas d'emploi pour leurs enfants. Prévoir un local spécial et un instituteur à temps complet serait de la folie.

— Monsieur le Maire, je n'ai jamais espéré obtenir une école neuve. Ni un maître à plein temps. Dans beaucoup de villages, on voit maintenant des régents qui se font un petit profit avec des élèves, en plus de leur métier habituel.

Le nouveau maire réfléchit puis, se rendant aux raisons du curé-aux-bougies, proposa comme instituteur le sabotier de la Gâtine.

— Impossible, monsieur le Maire, se récria le curé-aux-bougies, c'est un impie !

— Mais c'est le plus instruit de la commune. Mon beau-père m'a toujours dit...

— Il est trop instruit, monsieur le Maire. Un bon maître d'école doit surtout être pieux.

Le maire et le curé passèrent en revue leurs concitoyens susceptibles d'enseigner à lire et à écrire aux enfants, qui soient en même temps de bons chrétiens, sans être ivrognes ni blasphémateurs. De tels critères éliminaient presque tous les hommes.

— Il me semble, dit le jeune maire, que Dochâgne...

— Impossible, il est de la Petite-Eglise. Par contre, Jacques-le-tisserand, je ne dis pas...

— C'est un ignorant !

— C'est une âme pieuse. Il est bien méritant. Ça l'aiderait à joindre les deux bouts.

Ainsi Jacques-le-tisserand devint-il maître d'école, à sa plus grande surprise.

Cette nomination arrivait à point. Augustine-la-bouétouse venait d'accoucher d'un nouvel enfant que l'on avait prénommé Antoine (ou plutôt Touène). Comme le forgeron, le tisserand était concurrencé par ses nombreux collègues du bourg. Si le miracle des berceaux avait si rapidement repeuplé le bocage que les paysans s'y trouvaient à l'étroit, les bourgs regorgeaient d'artisans. Le bourg voisin ne comptait que mille trois cents habitants et l'on y dénombrait cinq maçons, huit sabotiers et savetiers, deux tonneliers, une dizaine de tisserands de lin et de chanvre. De plus, les foires amenaient de très loin des marchands drapiers et des tailleurs d'habits.

Jacques et Augustine vivaient misérablement. Sans l'aide de Dochâgne qu'ils compensaient en assumant des travaux à la ferme, ils seraient morts de misère depuis longtemps. Augustine-la-bouétouse, habituée à la pauvreté dans la borderie de son père, s'étonnait si peu de leur indigence qu'il lui paraissait naturel, lorsqu'elle faisait une course dans le village, de tenir ses sabots à la main de peur de les user.

Au début de leur mariage, ils eurent le désagrément de voir revenir presque toutes les nuits Léonie, qui voulait s'assurer de la bonne tenue du ménage de son ex-mari et vérifier si son fils Victor n'était pas maltraité. Mais depuis le départ de Victor de la ferme des Dochâgne, Léonie avait disparu. Les morts sont ainsi. Ils vont et viennent au gré de leurs humeurs. Peut-être Léonie veillait-elle maintenant sur Victor dans la métairie du baron ? Peut-être redoutait-elle trop Victorine pour s'y risquer ? Un jour les revenants s'évanouissent à tout jamais, ayant enfin gagné leur droit à l'éternel sommeil.

Jacques-le-tisserand ouvrit son école dans la salle commune de son logis. Les écoliers se plaçaient entre le métier à tisser et le haut lit entouré de rideaux. On poussait la table pour que le centre de la pièce se transforme en salle de classe. Dans un coin, Jacques étendit du sable. Les enfants, le premier hiver, ne furent qu'une dizaine, et seulement des garçons, les métayers refusant d'envoyer leurs filles de peur, disaient-ils, que, sachant signer, devenues femmes elles ne se lancent dans de mauvaises affaires. Ils s'agenouillaient, un bâtonnet dans la main, et traçaient sur le sable les lettres de l'alphabet en recopiant le modèle que Jacques dessinait lui-même. Lorsque tout était recouvert de signes, Jacques-le-tisserand effaçait avec une planche qui égalisait le sable et l'on recommençait.

Ni le curé ni le maire n'apportaient le moindre secours au maître d'école. Il ne pouvait donc acquérir ni tableau, ni cahiers, ni livres de lecture. Le maire et le curé l'avaient nommé maître d'école, en l'autorisant à se faire payer par les parents, un franc par élève et par mois. Ses dix élèves lui donnaient tout juste dix francs, le salaire d'un ouvrier agricole nourri et logé. Les élèves assuraient le chauffage, chacun venant le matin avec une bûche.

Comme la plupart des autres maîtres d'école de village, Jacques-le-tisserand enseignait donc les lettres dans le sable et le calcul avec des cailloux et des noix.

A la fin de l'hiver, faute de livres de lecture, Jacques demanda aux enfants de chercher chez eux ce qu'ils pourraient trouver à lire. La plupart n'amenèrent que des actes d'état civil, des mémoires d'achats, de ventes, de partages. Ils s'essayaient à la lecture de ces manuscrits sévères. Debout, devant la grande table des repas, chaque écolier lisait l'acte qu'il tenait à la main, avec une gravité de notaire.

Le curé-aux-bougies venait deux fois par semaine pour faire apprendre par cœur le catéchisme et se félicitait des progrès rapides des enfants. Pourtant, indépendamment du calcul, de la lecture et du catéchisme, les élèves ne recevaient d'autres notions d'histoire et de géographie, que celles improvisées par Jacques-le-tisserand. Mais la soif d'apprendre était très grande. Pendant vingt-trois ans le village n'avait pas eu d'école. Les dix privilégiés qui recevaient les leçons du tisserand, outre qu'ils se réjouissaient de rester tout l'hiver au chaud au lieu de subir les aléas des corvées de la ferme, pénétraient avec lui dans un monde tellement nouveau qu'ils en demeuraient toute la journée bouche bée, écoutant leur maître comme un oracle.

L'histoire et la géographie enseignées par Jacques ne procédaient que de sa propre expérience et de son vagabondage. Il ne connaissait que les vies de trois saints, saint Séverin parce qu'il est le patron des tisserands, saint Martin (mais il confondait le plus connu, celui qui partage son manteau, avec saint Martin de Vertou, ancien valet de ferme devenu anachorète et qui fit un marché avec Satan pour que ce dernier construise un pont pour aller à l'île d'Yeu dont on voit encore de nos jours les vestiges de la chaussée, près de Notre-Dame-de-Monts) et sainte Radegonde de Thuringe, captive des fils de Clovis. Lorsqu'il racontait comment sainte Radegonde, poursuivie par Clotaire Ier au Poiré-sur-Vie fut miraculeusement sauvée en se cachant dans un champ de mojettes, dites depuis Mojettes du Saint-Sacrement, la foudre eût pu tomber sur le clocher du village que la salle de classe n'eût pas été perturbée.

Il racontait aussi des histoires d'ogres et d'ogresses. L'ogre résultait d'un mélange de Gilles, seigneur de Retz, garde du corps de Jeanne d'Arc, maréchal de France, égorgeur d'enfants ; du Barbe-Bleue des petits livres bleus de colportage ; et du plus récent général Turreau, massacreur des Vendéens avec ses Colonnes infernales, que l'on croyait toujours vivant et ami du roi Louis XVIII mais que le Bon Dieu avait rappelé à lui, comme on dit, le plus doucement du monde, dans la retraite de ses terres normandes.

Ces trois ogres de Vendée ne faisaient plus qu'un dans l'histoire de Jacques-le-tisserand. Après avoir été garde du corps de Jeanne d'Arc, brûlée par les patauds, l'Ogre-Turreau s'était abattu sur l'Ouest, enfermant les femmes des capitaines de paroisse dans le château de Tiffauges et les pendant par le cou le long des murs, à des crochets de boucher ; puis avec de grands sacs il avait ramassé dans les villages tous les enfants des chouans pour en faire de la chair à pâté, hachée menu...

Au « hachée menu », les écoliers n'en menaient pas large. Et lorsque Jacques-le-tisserand enchaînait sur l'histoire de l'ogresse, Béatrix de Machecoul, dame de Talmont, qui dévorait le cœur des enfants pour se désennuyer pendant que son mari se trouvait aux croisades, les écoliers pourtant aguerris par une hérédité tragique n'en vomissaient pas moins leur maigre repas.

Dochâgne eût voulu envoyer Poléon à l'école de Jacques. Mais le sabotier lui rétorqua que Poléon était trop vieux pour se mélanger à des mioches de cinq à dix ans et qu'il lui apprendrait aussi bien à lire et à compter, sans bourse délier tout en faisant son apprentissage.

— Poléon, demanda un jour le sabotier, comment c'est ton nom de baptême ?

— Jean-Marie.

— Eh bien, je t'appellerai Jean-Marie. Ça me gêne ce sobriquet ridicule de Poléon. Bonjour, Jean-Marie. Tu as un peu peur de moi, pourquoi ?

— Ce n'est pas de vous, c'est de la chouette...

— C'est ton grand frère qui me l'a donnée. J'aurais bien préféré qu'il m'apporte un cochon gras. On en aurait fait du boudin. Mais on ne choisit pas, Jean-Marie. Toi-même, tu n'as pas choisi de devenir sabotier. Tu aurais pu devenir forgeron, si ton père ne s'était fâché avec Chante-en-hiver, ou bien tisserand, si le pauvre Jacques ne s'obstinait pas dans sa pauvreté. Mais tu seras sabotier parce que ton grand frère m'aime bien. Né pour être un homme de la terre, comme ton père, tu seras un homme du bois. Il faut d'abord que je t'apprenne le langage des arbres. Regarde ce tronc, coupé à la hache. A l'extérieur tu vois l'écorce, qui est la peau de l'arbre. A l'intérieur le cœur. La chair, c'est l'aubier, avec tous ces cercles. Tu comptes les cercles et tu connais l'âge de l'arbre. Il faudrait d'abord que je t'apprenne à compter. C'est facile : un cercle, un doigt. Tu lèves un doigt à chaque fois que tu comptes un cercle. Cinq, dix... Ah ! il n'y a pas assez de doigts dans tes deux mains. Ça ne fait rien. Tu comptes avec les miennes : quinze, vingt... Il n'y a pas encore assez de doigts... Alors tu prends des clous, tu les mets les uns à côté des autres, par cinq... A la fin, tu vois, il n'en faut plus que quatre. On additionne : ça fait quarante-quatre. L'arbre a vécu quarante-quatre ans. Tiens, vois-tu, c'est juste mon âge. En regardant ces signes du temps, dans le bois, tu ne lis pas seulement l'âge de l'arbre, tu vois aussi l'histoire du temps. Voyons, quarante-quatre ans en arrière, ça nous amène à la fin du roi Louis XV. C'est le roi Louis XVI qui arrive, celui qui sera guillotiné par la République. La mort du roi n'est pas inscrite dans l'arbre, la Révolution y est. Regarde, l'arbre avait quinze ans. Il a failli mourir. Le cercle de cette année-là est tout tremblant, tout chétif. C'est le terrible hiver de 1788... Les années fertiles font de gros beaux cercles dans le tronc de l'arbre et les années de famine des cercles tout riquiqui... Tu comprends, Jean-Marie ?

Jean-Marie s'émerveillait de découvrir si rapidement tant de choses. C'était un petit garçon qui n'avait pas la joliesse de Monsieur Henri, ni la robustesse de Victorine et de Victor. C'est parce qu'il le voyait un peu chétif, et par là même mal armé pour les travaux des champs, que Dochâgne ne s'était pas trop fait prier pour le confier au sabotier de la Gâtine. Dans un visage osseux, un peu asiate, comme ceux de Victorine et de Victor, ses petits yeux vifs, couleur noisette comme ceux de sa mère, lui donnaient un air malin. Le sabotier ne le disait pas, mais c'est à cause de ces yeux-là qu'il avait accepté d'en faire son apprenti.

— Jean-Marie, il faut que je t'apprenne l'histoire de ton métier. Au temps jadis, avant... (il chercha et ne trouva que Jésus-Christ. Contrarié, il faillit passer à autre chose. Puis il se dit que ne pas vouloir prononcer le nom de Jésus-Christ tombait aussi dans les préjugés)... au temps jadis, avant Jésus-Christ, les maîtres du monde s'appelaient des Romains. Et du temps de Jésus-Christ aussi. Comme c'étaient des gens du sud, de la sécheresse et du sable, ils ne connaissaient pas les sabots. Ils portaient aux pieds des lanières de cuir qu'ils appelaient des sandales. Le sabot, comme la barrique, est né de la forêt gauloise, de la forêt de notre pays. Le sabot, c'est la chaussure des pays de la pluie et de la boue. Avec de la paille bien sèche dedans, on n'a jamais froid aux pieds.

Le discours pédagogique du sabotier de la Gâtine fut interrompu par des hurlements provenant de la forge voisine.

— Egaillez-vous, les gars ! Egaillez-vous, les gars ! Y en a dix. Y en a vingt. Tirez dans le tas, mordienne ! Feu ! Feu !

Chante-en-hiver, dit plus souvent désormais Leconscrit, s'abandonnait à une de ses crises qui rappelaient aux quelques survivants de l'arche du curé-Noé celles de la fille Eléhussard. Si Dochâgne ne se trouvait pas trop éloigné du village pour l'entendre, il en frissonnait. Le pire advenait quand Chante-en-hiver se mettait à imiter le battement d'un tambour, car Dochâgne comprenait que Monsieur Henri rôdait alors dans la forge pour tourmenter celui auquel il avait donné imprudemment toute sa confiance. En même temps, de savoir que l'âme de Monsieur Henri continuait à se mouvoir parmi les hommes, inapaisée, le terrassait de chagrin.

Louison et sa mère, suivies par la marmaille qui ajoutait pleurs et hurlements aux vociférations du forgeron, tentaient de calmer le forcené et de l'emmener coucher. Parfois elles n'y arrivaient pas et demandaient l'aide du sabotier de la Gâtine. Mais la vue du sabotier n'arrangeait pas les choses. Chante-en-hiver le prenait pour un pataud et voulait lui fendre le crâne avec un de ses terribles marteaux.

Le soir, quand Poléon-Jean-Marie repartait dans la métairie paternelle, il arrivait que Louison vînt apporter une assiette calotte de soupe bien chaude au sabotier.

— Un homme seul, disait-elle, ça ne sait pas se soigner.

Une fois, elle trouva le sabotier dans une sorte de béatitude qui lui fit horreur. La chouette, perchée sur l'épaule de l'homme, lui lissait les moustaches d'un bec précautionneux, les effilant comme une caresse. Ses gros yeux jaunes fermés, elle roucoulait en émettant une espèce de ronflement.

— Ça, c'est le bouquet, s'exclama Louison. Je savais bien que les vieilles filles, après leur mort, devenaient des chouettes, mais de vous voir tous les deux à vous becqueter...

Du revers de la main, le sabotier chassa la chouette, qui s'envola et alla se percher sur le bois du lit.

— La voilà qui va dans votre lit, maintenant. Eh bien, c'est du propre !

Trêve de bavardages et de tergiversations, Louison se retrouva dans le lit, gigotant d'abord en criant qu'elle ne voulait pas que cette chouette les regarde. Mais la chouette, pudiquement, ferma les yeux.

La Saint-Jean, fête des bergers, jour de louage des valets et des filles de ferme, forme un entracte dans les durs travaux de l'été. Les foins sont faits, les métives approchent. La veille, les enfants, en bande, vont de ferme en ferme recueillir des fagots qu'ils placent en pyramide sur la plus haute colline.

L'habitude voulait que le curé jette un brandon enflammé sur les fagots, le soir de la Saint-Jean. Mais cette année-là le curé-aux-bougies refusa, disant que l'on se livrait autour du feu à des manigances païennes. Le plus vieux de la commune reçut donc ce privilège. Bienaimé, qui tenait son nom de sa naissance sous Louis XV et s'en faisait honneur, était si vieux qu'il ne pouvait plus marcher. On l'emmena jusqu'en haut de la colline sur une chaise paillée prêtée par le nouveau maire-meunier. Le feu de joie allumé, les femmes, la taille enveloppée d'herbes de la Saint-Jean, sautèrent au-dessus des flammes en poussant des petits cris d'effroi. D'autres, épouses stériles, lançaient des pierres dans la braise. Les futurs moissonneurs présentaient leur dos au brasier pour éviter les courbatures. Puis on forma des rondes autour du feu. Les jeunes hommes qui s'étaient loués le matin, pour trois, neuf, ou douze mois, portaient des feuilles de chêne à leurs chapeaux et les filles de ferme une fleur au corsage. On ne miguailla pas cette nuit-là dans le grenier du cabaret de Chante-en-hiver, mais dans les fourrés. La colline rougie par le grand feu eut des rires de filles chatouillées et des soupirs d'aise jusqu'à l'aube. Au matin, chacun emporta un tison qu'il jeta dans son puits pour se garder des fièvres.

Lorsque le jour vint, on s'aperçut que la colline brûlait et que, de partout, des flammes s'élevaient des buissons. Jamais les feux de la Saint-Jean n'avaient ainsi dévoré la campagne. Toujours ils s'éteignaient à l'aube en même temps que se levait le soleil. Un tel phénomène étonna à tel point que l'on crut revenu le temps du malheur, des soldats, du massacre. Mais on n'entendait que le crépitement des flammèches et aucun coup de fusil, aucun galop de cheval. Dochâgne vit que son plus beau champ de blé brûlait. Le jeune maire-meunier organisa des chaînes de sauveteurs pour protéger au moins le village de l'incendie, car on ne pouvait endiguer les flammes qui dévoraient les taillis.

Au bout de trois jours, l'incendie fut éteint par une pluie providentielle. On mesura alors l'étendue du désastre. La campagne parut à Dochâgne presque aussi calcinée que ce premier jour où il sortit de son chêne. Mais non, il se souvenait que toutes les herbes étaient noires alors que le feu n'avait guère détruit cette fois-ci que les haies.

Le régisseur du comte et les trois gardes arrivèrent au galop le quatrième jour. Le régisseur alla d'abord trouver le maire qu'il tint pour responsable de l'incendie :

— Vous devrez dédommager notre maître. Votre feu de la Saint-Jean a détruit ses propriétés. Les vôtres sont dans le village, vous avez bien su les protéger.

Le jeune maire-meunier bafouilla, s'excusa, comme s'il était coupable. Ce lointain gentilhomme, qu'il ne connaissait pas, lui faisait peur. Il se trouvait mal à l'aise dans les propriétés héritées de son beau-père cernées par les terres du comte. Comme tous les fils de la nouvelle bourgeoisie, qui n'ignoraient pas que leurs biens provenaient des spéculations de l'époque révolutionnaire, il se méfiait de la noblesse revenue qui cherchait à récupérer entièrement ses anciens pouvoirs.

Le régisseur et ses acolytes firent ensuite le tour de leurs métayers. Dochâgne se lamenta sur son champ de blé brûlé.

— La cendre est un bon engrais, répliqua le régisseur. L'herbe n'en repoussera que de plus belle. Not' maître vous enverra un bélier et quelques brebis. Il veut que le père Dochâgne ait le plus beau troupeau de moutons de la contrée.

— Des moutons ? Mais je ne suis pas berger. Je suis laboureur.

— Vous serez ce que le maître voudra.

— Il faudra des années pour que les haies repoussent, reprit Dochâgne.

— Les haies sont brûlées, tant pis. Je vous interdis de les faire reprendre. Not' maître veut que vous arrachiez les racines de ces saletés. Les terres étaient trop morcelées. Il faut accepter les choses comme elles viennent. Parfois malheur est bon. Je vous répète que not' maître veut que vous soyez son meilleur éleveur de bœufs.

— Des bœufs, je ne dis pas. Mais des moutons...

— Allez ! Ne discutez pas. Tout le monde n'a pas votre chance. Ici, aucune métairie n'a brûlé. Mais dans les écarts il y en a bien une dizaine qui ne sont plus que des ruines.

Dochâgne pensa aussitôt à Victorine et Victor.

— Savez-vous si la métairie de ma fille et de mon gendre, qui est au baron...

— Laquelle, celle qui est à mi-chemin du bourg ?

— Oui.

— Non. Il n'y a pas eu d'incendie de ce côté-là. Alors c'est votre fille, cette gamine effrontée ? Elle n'aime pas beaucoup nous voir.

— Elle ne dépend pas de vous.

— Vous devriez rappeler votre fille et votre gendre auprès de vous, père Dochâgne. Cette petite métairie du baron nous gêne. Ils n'arriveront là qu'à se crever pour ne pas mourir de faim.

Les quatre cavaliers repartirent au galop, comme ils étaient venus.

Toujours ces chevaux, messagers du malheur, des chevaux de hussards sabreurs, incendiaires et violeurs jusqu'à ce Cheval Malet qui avait emporté Tête-de-loup au pays du froid d'où il revint bien étrange. Depuis que le village ne possédait plus de chevaux, un certain bonheur s'était répandu. Dochâgne ne voulait pas se souvenir que jadis, lui-même, cavalier de Stofflet dans l'escadron du baron, il fonçait tête baissée, en hurlant comme une bête, accroché d'une main à la crinière de son cheval et de l'autre, tenant serré comme un bon outil, le sabre avec lequel il allait fendre les têtes des hussards de Hoche. Non, il ne voulait plus se souvenir. Ce passé, il le vomissait depuis qu'il s'était aperçu que les princes trahissaient les paysans, s'acharnant depuis lors à devenir un bon agriculteur, un homme de la semence et des fruits ; un homme de paix. L'homme de guerre qu'il avait été lui semblait un autre homme, dans une autre vie.

Ce qui l'inquiétait, en Tête-de-loup, c'est justement qu'il reconnaissait en son fils adoptif, revenu avec une balle de fusil de gendarme dans le bras, l'homme de guerre. Non pas que Tête-de-loup fût animé de leur idéal ancien, non pas qu'il se montrât prêt à se battre pour le roi, ni pour la religion, ni sans doute pour aucune autre cause, mais Tête-de-loup n'était pas un homme de paix. Il reconnaissait, dans ses mouvements d'humeur, ses propres colères. La manière dont il traquait les bêtes lui rappelait la façon dont lui-même dépistait jadis le pataud et le débusquait pour le tuer. Ce goût du vagabondage, cette incapacité à rester longtemps en place, à s'appliquer à son travail, n'avait-il pas vécu cela lorsque, parti pour la grande virée de galerne, il continua à se battre jusqu'à ce que Stofflet soit pris, lorsqu'il chouanna avec Jacques-le-tisserand, lorsqu'il tint Napoléon-Antéchrist au bout de son fusil ? La grande colère qui le lança dans cette épopée sanglante, il la retrouvait chez Tête-de-loup. Elle ne se manifestait, cette colère, par aucun signe violent. Mais Dochâgne la lisait dans les brèves lueurs métalliques qui passaient dans les yeux de son fils aîné. Elle couvait, cette colère, et Dochâgne s'en attristait. Il pensait emporter avec lui, dans la tombe, toute cette fureur rentrée que Chante-en-hiver, pour sa part, il le comprenait bien, tentait de noyer dans le vin. Il enviait la douceur et le calme de Jacques-le-tisserand qui ne se plaignait jamais dans sa pauvreté. Le curé-aux-bougies avait bien eu raison de le nommer maître d'école. Un sage, son ami Jacques, peut-être un saint.

Les disparitions de Tête-de-loup se répétaient si souvent que Dochâgne lui-même ne s'en inquiétait plus. Il revenait, matelassé de gibier sous sa peau de bouc. Son beau pantalon à rayures colorées s'effrangeait, partait en lambeaux malgré les raccommodages de Louise. Ses mains, et parfois son visage, montraient les égratignures sanglantes des ronces, des ajoncs, des houx.

Tête-de-loup ne se trouvait pas au village lors des incendies. Quand il arriva à la métairie, un soir, à l'heure du pansage des bœufs, il montrait une mine encore plus sombre que d'habitude. Il rejoignit Dochâgne à l'écurie :

— Père, j'ai trouvé le long d'un buisson mal brûlé des mulons de paille qui ne sont pas venus là tout seuls. Quelqu'un a mis le feu exprès, c'est sûr.

Dochâgne concevait bien quelques soupçons et d'autres villageois murmuraient aussi des noms. Les métayers suspectaient les bordiers de jalousie et les bordiers s'inquiétaient de se voir cernés par les terres du comte. Les vieux regardaient les jeunes de travers et les jeunes disaient que l'on n'aurait pas dû laisser un vieillard gâteux allumer les fagots de la Saint-Jean. Le curé-aux-bougies n'osait plus sortir de son presbytère. N'avait-il pas refusé de porter le brandon et ce refus n'était-il pas la cause du « mauvais feu » ? Les fidèles de la Petite-Eglise ricanaient, cette défection du curé-aux-bougies, pour un rite aussi traditionnel, le dénonçait pour le moins philosophe. Mais d'autres cherchaient dans l'herbe les traces de pas des fradets. Ceux de la ferme près de l'étang assuraient que, juste avant l'embrasement des collines, s'était formée une ronde au clair de lune de petits hommes contrefaits et poilus, vêtus de la bure des moines et coiffés d'un bonnet pointu. Une fileuse se souvint d'avoir repris son écheveau tout embrouillé. Une autre femme assura que les fibres de sa laine s'étaient brisées comme une arentelle déchirée. Un paysan ne retrouva plus ses outils, ni un invalide sa béquille. Nul doute, une colonie de fradets se répandait dans le village. Comme les fradets se réincarnent en forgerons et en tisserands, Chante-en-hiver et Jacques se sentirent visés. Qu'un fradet habitât le corps de Chante-en-hiver, de ce conscrit qui ne ressemblait plus en rien au capitaine de paroisse, rien ne paraissait plus logique. Mais le pauvre Jacques à qui on eût donné le Bon Dieu sans confession...

— Les fradets ? s'interrogea Dochâgne. Notre Jacques, ce n'est pas possible !

— Les fradets, on peut s'en défaire par la prière. Ceux qui ont mis le feu sont des diables autrement plus puissants !

— Quels diables ?

— Vous les avez vus, père, comme je les ai vus. J'ai pisté les traces de feux. On a brûlé que ce qu'on a voulu. La forêt est épargnée, alors que toutes les haies sont en cendres. J'ai couru chez la Victorine et le Victor. Ils n'en menaient pas large. Leur terre gêne les projets du comte. Ils ne pourront pas tenir. Rien qu'à cause des pigeons, ils doivent semer le double de grains. S'ils s'entêtent, comme le fait la Victorine, les gardes du comte mettront aussi le feu à la borderie du baron.

— Quoi, s'exclama Dochâgne stupéfait, tu ne veux pas dire que c'est not' maître qui a fait brûler ses terres. Ça ne s'est jamais vu !

— La terre n'a pas brûlé. Ce qui est détruit c'est ce qui, dessus, contrariait ses plans.

Dochâgne voyait bien que ce que disait Tête-de-loup n'était pas absurde. Mais il ne voulait pas en convenir. Il s'entêtait dans son fantasme des fradets. Que Chante-en-hiver soit changé en diable collait tellement avec la tradition des forgerons qu'on ne pouvait se montrer surpris. Chante-en-hiver, le paydret de Charette, son compagnon de guerre, disparu, un fradet habitait son corps. Une telle substitution justifiait la haine qu'il portait au forgeron depuis la mort de Monsieur Henri. Le vrai Chante-en-hiver était mort, lui aussi, pendant les Cent-Jours, avec les enfants emmenés dans son équipée. Celui qui revint au village avec une bande de vauriens, celui qui devint le plus grand ivrogne de la contrée, celui qui ne chantait plus, qui ne jouait plus de la vèze, pour sûr qu'il s'agissait d'un autre. Le conscrit n'était qu'un fradet. Tout s'éclaircissait, maintenant.

Décontenancé par les arguments de Dochâgne, Tête-de-loup s'en alla trouver le sabotier de la Gâtine. Poléon, l'œil tuméfié, saignait du nez et sa culotte de drap, déchirée, montrait sa jambe maigre et blanche.

— Il s'est battu avec l'Auguste, le fils du forgeron, dit le sabotier. Ils ont le même âge et, au lieu d'aller ensemble dénicher des grolles, ils se foutent des tripotées. Voilà t'y pas que ce mauvais drôle provoque l'Auguste dans la forge, appelle son père un fradet et dit que ce sont eux les allumeurs de feux. Seulement, l'Auguste, le marteau et les tenailles de son père lui ont donné des muscles. C'est lui le forgeron, maintenant, pour autant que ce pauvre Chante-en-hiver reçoive encore quelque chose à forger. Notre Jean-Marie s'est fait dérouiller...

— C'est pas vrai, pleurnicha Jean-Marie. Je l'ai graffigné et lui ai garoché un tabouret sur la goule.

— Chante-en-hiver n'a pas pu allumer les feux, dit Tête-de-loup. Ses mains tremblent et il ne sait plus marcher droit. Moi je connais ceux qui ont allumé les feux, mais on ne me croit pas.

Tête-de-loup raconta au sabotier son enquête.

— Tu ne me surprends point. Mais personne n'admettra ce que tu avances. Ils n'aiment pas le comte, mais c'est quand même m'sieur not' maître. Ils lui doivent le respect. Ils préfèrent s'en prendre au forgeron, ou au tisserand, ou même au sabotier, qui sait ! Moi, je ne m'en mêle pas. Tu ne m'as rien dit. Ton père n'est pourtant pas bête. J'aimais bien discuter avec lui. Même s'il a une tête de bois. Pour lui je suis une sorte de monstre car je ne vais pas à la messe. Mais il m'estime bien quand même un peu puisqu'un jour il m'a montré son chêne. Et qu'il a accepté que tu me confies Jean-Marie. Il ne doit pas comprendre qu'après m'avoir laissé enfermer avec l'ancien maire, je ne lui en aie pas voulu quand les gendarmes du roi m'ont libéré. C'est ça qui doit lui en boucher un coin ! Il me laisse enfermer parce qu'il me croit pataud et les gendarmes de son roi s'amènent dare-dare pour me sortir de prison. Le monde à l'envers, pour lui, hen ! Sacré calotin de Dochâgne, avec son baron et son curé fantôme. Comment veux-tu qu'il puisse croire aux manigances du comte ?

— La Victorine et le Victor ne pourront pas tenir. Les pigeons du comte s'empiffrent de grain au fur et à mesure qu'ils le sèment. Et ses gardes ne se privent pas de traverser à cheval le maigre blé qui lève. Et puis les corvées pour le baron leur mangent leur temps. Il faut toujours qu'ils aillent empierrer des chemins qu'ils n'empruntent jamais et faire des charrois jusqu'au bourg.

— Tu n'as pas connu le travail du paysan, avant la Révolution. Il défiait tout simplement la mort. C'est pourquoi la mort au combat ne lui a pas fait peur. Maintenant, il défie seulement la faim. C'est un progrès. Dans ma Gâtine, le seigneur, propriétaire en entier de plusieurs communes, terres et maisons, outils et bétail, levait une dîme sur tout ce que produisaient ses paysans : un droit de cornage sur chaque bœuf de labour, un droit de fournage pour pouvoir faire cuire son pain dans le four de sa propre maison, un arage sur chaque labour, un avrislage sur les ruches d'abeilles, le champart qui revenait à donner le quart des grains récoltés, le vif-herbage, dîme d'un mouton sur dix au pacage ce qui ne dispensait pas du moutonnage, droit sur les moutons vendus. Et puis il y avait encore le caninage, obligation de nourrir les chiens du seigneur ; le banvin, sur la vente du vin... J'en oublie ! Les paysans, aussi, ont oublié. Ils ne se souviennent que des crimes de la République.

— Le père Lavendée m'avait raconté la même chose, dans les Vosges. Vous me faites penser à lui.

On entendit chanter du côté de la forge de Chante-en-hiver. Mais ce n'était pas le forgeron qui, depuis longtemps ne chantait plus. La voix, féminine, un peu grasseyante, modulait une complainte :

J'avais promis à mon amant
Que j' l'aimerais jusqu'au tombeau.
Dessus la feuille d'un abricot
J'avais gravé cet engag'ment.
Mais il s'élève un petit vent :
Adieu la feuille et le serment...

Louison apparut à la porte de la saboterie, se montra décontenancée en apercevant Tête-de-loup et s'en prit à Jean-Marie :

— Regardez-moi ce drôle qui veut faire le faraud et qui va brenuser avec mon Guste. Il en a le plumail tout dépenaillé.

Jean-Marie se rebiffa, petit animal prêt à mordre. Il détestait Louison qui venait toujours déranger le sabotier, et qui appartenait à la famille ennemie :

— C'est Guste et Leconscrit qui sont les fradets. Je les ai vus.

Le sabotier de la Gâtine resta silencieux, mais Tête-de-loup saisit son petit frère et le secoua comme s'il pensait ainsi lui faire entendre raison :

— Ne dis pas ça, Poléon. Tu ne sais pas. Il ne faut pas mentir. Moi, je sais.

— Tiens donc, s'exclama Louison en se plantant, les deux mains aux hanches, provocante, devant Tête-de-loup, qu'est-ce que vous savez ?

Tête-de-loup n'eut pas envie de répondre à cette fille devant laquelle il éprouvait toujours une sensation de gêne.

— Moi, ça ne me déplaît pas qu'on nous prenne pour des fradets, reprit Louison.

La chouette, petite boule de laine grise, son cou enfoncé dans ses épaules, émit un petit cri chuintant.

— Est-ce que tu l'as vue, elle, demanda Louison à Poléon avec quelque brusquerie, est-ce que tu l'as vue, elle, s'envoler la nuit pour aller au ballet des sorcières ?

— Peut-être ben qu' oui, marmonna Poléon.

Louison se rapprocha de Tête-de-loup, le regarda droit dans les yeux et, le désignant du menton :

— Et lui, est-ce que tu l'as vu meneur de loups ?

Le fils de la fille Eléhussard recula brusquement, si brusquement qu'il faillit tomber en perdant un sabot. Il sortit précipitamment de l'atelier et on l'entendit longtemps courir dans les rues du village, le claquement de ses pas décroissant au fur et à mesure qu'il se rapprochait de la ferme du bas de la côte.

Le sabotier de la Gâtine demanda à Jean-Marie de venir près de lui.

— Laisse-nous, maintenant, Louison. Il faut que je lui apprenne... Regarde, Jean-Marie...

Le sabotier prit une grosse branche de bouleau :

— C'est de la méthode de bien creuser que tout dérive. Tu perces d'abord avec la mèche. Puis tu évases avec la cuillère jusqu'au milieu du sabot. Tu perces le talon avec la tarière que tu prends dans la main, comme ça. Puis tu le rognes avec la rase. Ne prends que des bois à fibre légère. Le bouleau est meilleur que le peuplier ; le hêtre trop cassant. Le plus beau bois de sabotier c'est le noyer, mais il est trop cher pour des paysans. Essaie maintenant. Oui, comme ça. Non, un peu plus fort...

Dans le travail minutieux et appliqué de l'homme et de l'enfant, dans leur affectueuse entente, pour un bref moment le monde retrouvait son accord.

4

A la Saint-Joseph, fête patronale du bourg voisin

A la Saint-Joseph, fête patronale du bourg voisin, métairies et borderies sortaient de leur hibernation. Comme les oiseaux qui, soudain, semblaient aussi se réanimer dans tous les buissons et s'appelaient pour s'apparier.

Même si l'hiver est peu rigoureux dans l'Ouest, il n'en marque pas moins un arrêt. La nature s'endort et une vieille crainte subsiste : la peur que la nature ne se réveille pas, que le gel s'étende, brûle les semences qui attendent en terre ; que le gel devienne glace, que les arbres ne retrouvent pas leurs feuilles. Entre la vieillesse de l'automne et la naissance du printemps, s'étend un vide dangereux, où il faut vivre sur ses réserves et où l'on se dit que, puisque les hommes meurent, la terre pourrait bien, un hiver, mourir aussi.

A Pâques les cloches proclament la résurrection. Le soleil est revenu. Dans le combat du jour et de la nuit, le jour triomphe de toute sa clarté. Mais, en mars, les anciens dieux qui refusent de s'éloigner à tout jamais dans la nuit des temps se fâchent et lancent sur la terre leurs orages et leurs pluies, leurs grêles et leurs vents. C'est alors que le bon saint Joseph intervient et qu'une joyeuse assemblée se tient au bourg.

On ne dit pas assemblée comme de la Normandie à la Touraine, ni kermesse comme dans les Flandres, ni pardon comme en Bretagne, ni frairie comme en Saintonge, ni fête comme en Lorraine, ni voto comme en Languedoc, mais préveil. Il n'y a de préveils qu'en Vendée.

De tous les villages, de tous les hameaux, de toutes les métairies et borderies isolées, paysans et artisans se rendaient au bourg qui, ce jour-là, quadruplait sa population. La fête du saint patron, grande retrouvaille de la jeunesse du canton, sorte d'immense mariage, grande bombance après la disette de l'hiver, donnait au bourg une affluence encore plus grande que pour les foires. Tous les cabarets débordaient dans les rues où des futailles avaient été mises en perce. Les bachelleries de chaque village entraient en rivalité en pariant à qui boirait la première une barrique entière.

Celui qui achevait le premier tonneau portait la cannelle à son chapeau, comme trophée. Sur des échafaudages de planches, se tenaient des orchestres où les violons donnaient la repartie aux cornemuses et aux musettes. Il était venu de très loin des marchands de verroterie, d'almanachs, d'images d'Epinal, de brochures de la Bibliothèque Bleue. Il était venu des jongleurs, des arracheurs de dents, des charlatans avec leur baume universel. Il était venu des bonimenteurs, des conteurs d'histoires, des poètes patoisants, des chanteurs de complaintes. Mais outre les cabarets, les étals de victuailles attiraient le plus la foule bruyante, qui se bousculait en jouant des coudes.

Toute fête paysanne s'épanouissait d'abord dans un grand repas collectif, une ripaille, une beuverie. Après la frugalité de l'hiver, la Saint-Joseph se devait d'offrir l'abondance ou l'illusion de l'abondance. On se gavait de fouace sucrée dont Rabelais, moine en Vendée, disait déjà qu'avec du raisin elle est « un délicieux manger ». On s'empiffrait d'échaudés ronds croustillants. On servait à la louche, dans de grandes bassines de cuivre, des morceaux de caillebottes, caillé de lait bouilli, coiffés de crème et de sucre.

Le paysan produisait tout ce qui conditionnait sa survie, sauf le fer, le sel et le sucre. Le fer et le sel représentaient l'indispensable. Le sucre, lui, appartenait au domaine de la fête, du superflu, de la fantaisie. Jusqu'aux fouaces et aux échaudés qui semblaient des pains pour rire, des petits pains confectionnés pour la consommation immédiate et entière. On n'utilisait jamais de sucre dans le quotidien, mais un peu de miel du rucher familial. Le sucre des villes valait au kilogramme le prix du beurre, soit l'équivalent d'une journée de travail.

Se gaver de sucreries, après tant de mets aigres et rances, quelle joie !

Ni Dochâgne, ni Chante-en-hiver, ni Jacques-le-tisserand, n'étaient venus au préveil. Ils se sentaient trop vieux. Bien que de leur âge, le sabotier de la Gâtine ferma son atelier, prétextant qu'il ne pouvait priver Poléon de la fête et l'y accompagnerait. La bachellerie, menée par Louison et le grand valet, se frayait brutalement un chemin dans la foule compacte. Elle se heurta bientôt à la bachellerie d'un autre village qui voulut l'empêcher de passer. Des cris, des injures s'ensuivirent et quelques horions.

On remarquait dans la foule de rares bourgeoises en coiffe, des bergers sous leur épaisse et lourde houppelande, des veuves enveloppées d'une mante à capuche noire qui cachait leur bonnet blanc. Mais le préveil appartenait surtout à la jeunesse qui, à la sucrerie des pâtisseries, ajoutait celle des baisers dérobés et des caresses furtives. Beaucoup de couples se formaient, s'échappant des bachelleries et se promenaient silencieusement en se tenant par le petit doigt. Des filles et garçons de ferme, qui s'étaient rencontrés à la louée de la Saint-Jean, ou de la Saint-Michel, se retrouvaient et se touchaient la main, comme pour conclure un marché. Et on les voyait partir ensemble vers un coin tranquille où ils pourraient se frotter les joues ou se pousser doucement, hanche contre hanche.

Les préveils, comme les foires, les pèlerinages et les fêtes religieuses, constituaient des prétextes à la galanterie. Le miguaillage s'y donnait libre cours. Des couples se crachaient mutuellement dans la bouche, en se raclant consciencieusement la gorge et paraissait y trouver grand plaisir. D'autres se contentaient de se tirer les doigts. Certains, assis par terre contre les maisons, se regardaient en silence pendant des heures, le garçon s'aventurant à plonger sa main dans le corset de sa belle. Mais la plupart des gars et des filles, une fois la fringale de sucreries apaisée, se donnaient à la danse, au son des orchestres. Des rondes, des promenades, des menuets, des gavottes, qui n'en finissaient pas ; ne s'arrêtant qu'exténués de fatigue et s'affalant à même le sol pour y dormir quelques instants, puis se relevant et entrant de nouveau dans la danse, comme ivres de tourbillons et de musiques, ivres de liberté et de jeunesse, ivres de ce grand défi, de cette grande délivrance du monde du travail et de la misère que représentait le préveil.

De danse en danse, Louison, par hasard, donna la main à Tête-de-loup qui fut aussi surpris qu'elle. Ils ne pouvaient desserrer leur pression au risque de casser la ronde. Mais il leur semblait, aussi bien à l'un qu'à l'autre, que leurs doigts étaient en feu.

Ces doigts brûlants tenaient du maléfice. Tête-de-loup qui, pourtant, dominait toute peur, ne pouvait s'empêcher de ressentir, à chaque fois qu'il rencontrait la fille du forgeron, un curieux malaise. C'est une diablesse, se disait-il, une espèce de sorcière de l'ancien temps. Ce contact qui brûlait la peau en donnait bien la preuve.

Louison, de son côté, s'expliquait mal la répulsion qu'elle éprouvait lorsqu'elle se trouvait en présence du fils de Dochâgne. Bien sûr, les deux familles maintenant se détestaient, mais elle soupçonnait autre chose. Ce physique étrange de Tête-de-loup, avec son grand nez et ses yeux bleus, son air sauvage, sa trop grande familiarité avec la forêt, ses errances, tout cela cachait un secret. Tête-de-loup ne ressemblait pas aux gens d'ici. Il ne ressemblait à personne, sinon aux loups de la forêt. Elle essaya de faire parler Chante-en-hiver, devinant que le jeune homme n'était pas un vrai fils de Dochâgne, mais Chante-en-hiver, repensant aux débuts du village, après les temps des grands massacres, s'enferma dans un mutisme prudent. Louison non plus n'était pas sa fille. Qu'ils s'arrangent, tous ces bâtards, au mieux du temps de la grande bâtardise qui serait le leur. Louison en vint à supposer que Tête-de-loup ne devait pas son nom à un seul mimétisme physique, mais qu'il était réellement fils de louve. Elle l'épia et, une nuit, le vit à l'orée du village en conversation avec un groupe de loups. Maintenant elle tenait la certitude que la meute lancée sur la forge en plein jour, égorgeuse de Pierre, son petit frère, devait être manipulée par l'escogriffe au grand nez. Elle en avait parlé au sabotier de la Gâtine qui s'était moqué :

— Ça ne tourne pas rond, dans votre patelin. Voilà que ton père est pris pour un fradet et toi tu veux faire du fils aîné de Dochâgne un meneur de loups. Ma parole, il faudrait bien que votre curé vous désensorcelle !

La danse avait séparé Tête-de-loup et Louison. Comme la tête lui tournait, Louison s'éloigna des danseurs. Elle s'attarda à regarder un groupe d'hommes qui, assis sur la chaussée, jouaient au jeu de l'oie avec des dés lancés d'un cornet de carton. Les images colorées, sur les soixante-trois cases numérotées, la fascinaient. Le pont... l'hôtellerie, le puits... le labyrinthe... la prison... la mort... et toutes ces oies sur lesquelles les joueurs ne pouvaient s'arrêter. Elle sentit qu'on lui touchait l'épaule. C'était le sabotier de la Gâtine :

— T'as pas vu Jean-Marie ? Je l'ai perdu !

— Que le diable l'emporte ! répondit Louison de mauvaise humeur.

Le sabotier repartit dans la foule de plus en plus bruyante, de plus en plus animée. L'excitation des danses, de la boisson, du plaisir, mettait les nerfs à vif et des rixes éclataient un peu partout sous des prétextes futiles. Le sabotier entrevit le jeune maire-meunier, sa femme en coiffe et ses parents sergiers, qui essayaient de se faufiler dans ce tumulte avec une apparente dignité. Il essaya d'abord d'appeler Jean-Marie, mais la voix la plus forte n'aurait pu se faire entendre dans cette grande clameur qui s'élevait de la foule. Alors il allait au hasard, espérant retrouver son apprenti par un coup de chance, de plus en plus inquiet. Des cris l'attirèrent vers le champ de foire où un attroupement l'empêcha d'abord de voir. Il s'informa. On lui dit que les gardes du comte s'étaient pris de querelle avec des domestiques de ferme et que le sang coulait. Se frayant un passage il aperçut en effet les trois gardes qui avaient perdu leurs chapeaux et se battaient à coups de pied et de poing contre une bande de jeunes qu'il ne connaissait pas. Rassuré, il repartit ailleurs, tomba sur le grand valet qui menait la bachellerie du village, lui demanda s'il avait vu Poléon.

— Poléon ? Il se porte comme un charme. Venez voir...

Le grand valet conduisit le sabotier devant une porte de grange. Jean-Marie, dit Poléon, s'y tenait étendu tout du long, comme mort. Un moment, le sabotier crut même que du sang s'étalait sous sa tête. Mais à l'odeur il reconnut le vomi de vin.

— Poléon, dit le grand valet, est un homme maintenant. Il a sa cuite. Il pourra entrer bientôt dans la bachellerie.

Et le grand valet ajouta en ricanant :

— Il n'est plus à vous, sabotier, ce gars-là, c'est maintenant le nôtre !

Le regroupage des terres entrepris par le comte n'avait rien d'exceptionnel. Dans toutes les provinces, la Restauration encourageait la grande propriété qui permettait une modernisation des méthodes de culture et de l'outillage immuables depuis le Moyen Age. Expulser de leurs borderies des paysans qui ne travaillaient que pour leur autosubsistance ou des métayers trop peu productifs, permettait de plus de récupérer pour les nouvelles usines urbaines une main-d'œuvre docile et bon marché. Tout un transfert de population s'opérait ainsi, la pauvreté des campagnes se déversant dans la misère du prolétariat urbain. A sa manière, le comte était donc un novateur.

Les premiers visés furent les métayers exploitant moins de vingt hectares et dont les biens, affermés plus cher qu'ils ne valaient, les mettaient dans l'impossibilité de se libérer de leurs dettes. N'ayant pour tout capital que leurs bras, exploitant une terre surévaluée, devant semer seulement ce que le propriétaire leur indiquait, ne pouvant innover en rien, leur sujétion absolue les confinait dans une routine dont ils devenaient les premières victimes.

On n'avait pas revu depuis longtemps les gendarmes, au village. Ils réapparurent en force, à cheval comme il se doit et fusil en bandoulière. Certains métayers tentèrent bien de résister, mais devant l'énormité des exigences du régisseur qu'accompagnaient les trois gardes et la brigade de gendarmes, ils finissaient par baisser les bras. L'usage voulait que les métayers cultivent pour leur propre compte quelques arpents de terre et possèdent deux ou trois moutons, parfois une vache et un cochon. Mais leurs dettes accumulaient de tels arrérages qu'ils quittaient leurs métairies plus nus qu'ils n'y étaient entrés. Parfois, ils ne pouvaient même pas emporter le coffre et la maie, qui leur venaient de famille, parce que le régisseur saisissait la charrette et l'âne.

Les métayers expulsés tentaient de se faire embaucher dans les métairies épargnées, malgré le nombre de valets et de filles de ferme déjà trop grand. Dochâgne avait tant cédé à son bon cœur qu'il apparaissait maintenant comme un riche laboureur au milieu d'une nombreuse domesticité, assis sur un tabouret à un bout de la longue table à bancs de bois longitudinaux. Louise, à l'autre extrémité, comme une dame, lui faisait face, tout étonnée de ne plus devoir servir les hommes debout, étant donné l'affluence d'une main-d'œuvre qui s'estimait déjà heureuse d'être nourrie, sans oser demander en plus un salaire que Dochâgne eût été bien incapable de lui offrir.

Les repas étaient de plus en plus frugaux. Chacun possédait sa cuillère et sa fourchette qu'il accrochait après le repas à une petite lanière fixée dans la muraille, mais tous mangeaient au même plat, buvaient à la même aiguière en étain (le pichet) et, après s'être désaltérés, laissaient tomber à terre quelques gouttes d'eau pour purifier le bord qui touchait leurs lèvres. Cette domesticité superflue mangeait à la table du métayer, mais couchait hors de la maison, dans l'écurie. Les couples et leur progéniture, c'est-à-dire le plus grand nombre, s'aménageaient des appentis et dormaient dans la paille. Pour commander tout ce monde, Dochâgne engagea un grand valet. Les grands valets jouaient le rôle de contremaître dans les fermes, entraînant les autres serviteurs, leur donnant l'exemple, mais vivant avec eux et comme eux.

Les parents d'Augustine-la-bouétouse dépendant des métayers chez lesquels ils s'employaient pour la fenaison, les métives, les vendanges, et sans lesquels ils ne pouvaient labourer, n'ayant pas de matériel agricole, se trouvèrent vite à la merci du comte à qui ils vendirent leur borderie à vil prix. Ils vinrent donc, eux aussi, habiter chez Dochâgne qui leur fit une place dans un coin de la grange.

Au fur et à mesure qu'il chassait ses métayers trop pauvres, le comte détruisait les métairies afin d'occulter tout souvenir parcellaire. Et comme il lui fallait des tâcherons pour abattre les murs et charroyer les pierres, le régisseur les embauchait parmi les valets sans emploi. Si bien que ces paysans, condamnés à la misère par le comte qui leur avait ravi leur instrument de travail, ne gagnaient leurs derniers sous qu'en effaçant les traces de leur traditionnel labeur.

Comme le comte ajoutait les terres récupérées aux lots de ses plus gros métayers, Dochâgne, sans avoir besoin d'un tel afflux de main-d'œuvre, occupait néanmoins de nombreux bras. Certains métayers ou bordiers se retrouvaient d'ailleurs à travailler sur ce qui avait été, hier encore, leurs propres terres.

Devant un tel bouleversement, Dochâgne éprouvait bien du mal à faire face, d'autant que Tête-de-loup, de plus en plus vagabond, ne l'aidait guère. Sinon qu'il ravitaillait la maisonnée en gibier et que, sans les ragoûts de lièvre, Dochâgne voyait mal comment il eût pu nourrir autant d'affamés. Curieusement, Dochâgne, et plus encore curieusement les métayers et bordiers expulsés, tout en maudissant le comte, ne devinaient pas son plan. Ils s'acharnaient à croire qu'un mauvais sort avait été jeté sur le village et en recevaient la confirmation dans la transformation de Chante-en-hiver en fradet, pour eux évidente, ou plutôt dans la substitution d'un fradet à Chante-en-hiver. Ils regardaient aussi de travers le sabotier, à cause de sa cohabitation avec la chouette. Comme il leur semblait probable qu'il y avait de la sorcellerie là-dessous ils s'en ouvrirent au curé-aux-bougies qui faillit se fâcher en leur répondant que depuis belle lurette le dernier sorcier avait été brûlé et qu'ils feraient mieux de regarder l'avenir en face en se préparant à aller travailler à Nantes ou à Cholet. Une telle réponse lui valut d'être considéré comme irrécupérablement malade de la tête. Ne s'obstinait-il pas à cultiver des pommes de terre dans le jardin du presbytère ! N'avait-il pas raconté un jour, après la messe, qu'il faudrait semer de l'herbe pour faire des prairies artificielles ? Semer de l'herbe ? Pourquoi pas planter des cailloux, pendant qu'il y était ! Voilà le résultat des séminaires du temps de Napoléon-Antéchrist ! Au lieu de s'employer à exorciser le diable, les curés se préoccupaient de semer de l'herbe ! Maudite engeance !

Les villageois décidèrent donc de prendre eux-mêmes leurs affaires en main et ils se mirent à épier le forgeron pour prendre le fradet en défaut.

Comme par un fait exprès, Chante-en-hiver ne criait plus à la manière de la fille Eléhussard depuis quelque temps. Le vin, au contraire, le mettait de bonne humeur. Ne pouvant plus jouer de la vèze, il avait décidé de se faire une cornemuse intestinale en se gavant de mojettes et ses pets tonitruants retentissaient tels des coups de fusil. On le voyait sortir en titubant sur le pas de sa porte, lever une jambe et une fesse et faire partir son pet d'un coup sec. Parfois, il réussissait à tirer deux coups à la suite, voire trois et alors il s'esclaffait, se tapait sur les cuisses. Sa cornemuse intestinale paraissait l'amuser beaucoup. Pour les villageois, elle constituait un nouveau signe de son ensorcellement.

Aux veillées, pendant que les fileuses de laine tournaient leurs rouets et leurs dévidoirs, les hommes, à la lueur tremblotante des mèches de résine piquées dans les bâtis de bois tentaient de se souvenir des histoires de fradets. Un valet de la ferme près de l'étang assura avoir vu, dans certaines veillées d'autrefois, des fradets s'asseoir au coin de l'âtre et se montrer galants auprès des fileuses. Une fois, dit-il, on convia l'un d'eux à se placer sur le trépied au-dessus des braises et le fradet sauta en l'air en se tenant les fesses. Cul-brûlé, qu'il s'appelait ce fradet ! On le huchait et il réapparaissait aux veillées : Cul-brûlé ! Cul-brûlé ! Seulement, jamais il ne voulut plus s'asseoir, sinon sur les genoux des filles.

— Moi, enchaîna un valet de la ferme du bas de la côte, je connais l'histoire du fradet qui se cachait au fond de l'étang et qui devint le bonami d'une lavandière. Pendant huit semaines, dès que son mari s'endormait, il veillait avec elle et à minuit s'échappait par le trou de la serrure. Le fradet aimé de la lavandière amena l'abondance au logis. Les enfants profitaient, le pain se multipliait au fur et à mesure qu'il était tranché, les grains devenaient gros comme des fèves. Si bien que le mari se douta de quelque chose, fit venir le curé qui désensorcela la maison et une nuit le fradet ne put repasser par le trou de la serrure, pris au piège. Fou de jalousie, le cocu brûla le fradet sur le trépied chauffé au rouge.

— Alors, s'écria quelqu'un, les fradets, ça se brûle toujours sur un trépied.

— C'est la seule manière de s'en débarrasser. Ils n'ont pas peur du feu, ces forgerons, et ne se méfient pas.

— Peut-être ben qu'on devrait essayer avec le nôtre ?

— En chauffant le fradet il sortira du corps du conscrit et Chante-en-hiver en sera purgé, comme d'un ténia.

— Chante-en-hiver est mort pendant les Cent-Jours avec son fils et Monsieur Henri. On sait bien qu'un fradet est revenu à sa place et qu'il pète dans la forge.

— C'est le fradet qui a égaillé les feux de la Saint-Jean.

— Si c'est un fradet, qu'on lui brûle le cul.

Le lendemain, de bon matin, tout un groupe de villageois arriva chez Chante-en-hiver qui, les voyant, se souleva sur une jambe et les salua d'un pet retentissant. Il se mit à rire lorsque les hommes l'empoignèrent, crut à un jeu. Le petit Guste voulut s'interposer, mais un des hommes le prit à bras-le-corps et le jeta hors de la forge. Pendant ce temps, les autres asseyaient Chante-en-hiver sur le brasier de charbon. Il poussa un hurlement et, à l'odeur de corne brûlée, si caractéristique de la maréchalerie, s'ajouta celle de l'étoffe et du cuir calcinés.

Les hommes s'agaçaient à entendre brailler le forgeron comme un porc qu'on égorge.

— Le fradet ne veut pas sortir, dit l'un d'eux.

Excédé, le valet de la ferme du bas de la côte prit un des énormes marteaux et en assena un coup sur la tête de Chante-en-hiver qui ne cria plus.

Devant la porte, celui qui avait jeté Guste dehors maintenait avec peine la troupe piaillante des enfants de Chante-en-hiver. La femme au museau de souris et Louison accouraient. Guste était allé prévenir le sabotier de la Gâtine qui arrivait à son tour.

— Voilà maintenant l'homme à la chouette, cria celui qui gardait la porte. Prends garde à toi, sabotier, si tu nous causes du malheur !

L'intérieur de la forge se mit à rougeoyer et soudain les hommes qui avaient tué Chante-en-hiver firent irruption, suivis de peu par les flammes qui embrasaient l'atelier. Ils bousculèrent la femme de Chante-en-hiver, Louison, la marmaille et le sabotier en criant :

— Cul-brûlé ! Cul-brûlé ! Le maudit fradet est en enfer !

Est-ce vrai ? Est-ce faux ? Toujours est-il qu'on raconta ensuite avoir vu la bistraque aux jambes bistournées, qui marche avec un bâton et porte sur l'épaule un crapaud qui n'est autre que son mari mué par le diable. Onze fradets la suivaient.

C'est ainsi que la femme au museau de souris, son fradet de mari sur l'épaule, et ses onze drôles et drôlesses à sa suite, quittèrent le pays. Louison échappa à ces sortilèges, mais elle n'était pas, on le sait, la fille de Chante-en-hiver.

Le cabaret détruit avec la forge, le jeune maire-meunier voulut bien recueillir Louison comme chambrière. D'autant plus que Chante-en-hiver n'avait pas tout à fait remboursé les dettes contractées pour acquérir sa maréchalerie auprès de l'ancien maire-meunier et que Louison pourrait finir de les payer sur ses gages.

Seul ennui, malgré le fradet brûlé la malédiction ne continua pas moins à s'abattre sur le village. Le nombre de métairies réduit, le nombre de journaliers et de valets accru, les vieillards sans ressources, les veuves sans emploi, un troupeau d'enfants bientôt plus important que celui du bétail à mener paître, les brimades des gardes du comte interdisant de ramasser des champignons, de chasser, de couper du bois... Ça n'en finissait pas ! Un grand pèlerinage fut organisé à ce que l'on n'appelait plus le Pavé de Gargantua, mais la Pierre-du-bon-curé. Les jeunes ne savaient pas qui était ce curé que l'on confondait avec le père de Montfort, mais, tous les ans, le village en son entier se rendait en pèlerinage dans la forêt. Cette année-là, il y eut deux processions : celle conduite par le curé-aux-bougies, et celle de la Petite-Eglise, menée par Dochâgne.

Bien peu nombreux survivaient ceux qui avaient connu le curé-Noé. Peu à peu, le houx, la fragonelle, de jeunes pousses de chêne, enserraient le dolmen verdi de mousse. Mais les deux processions chantèrent, chacune à leur manière, de fervents cantiques. Dochâgne et Jacques-le-tisserand priaient sincèrement, de toute leur foi, pour que le curé-Noé, dont ils ne doutaient pas qu'il soit au paradis, redonne la paix au village, son village. Qu'avaient-ils fait à Dieu pour qu'un tel châtiment retombe sur leurs têtes ? De quoi les punissait-on ? Ceux qui tuèrent Chante-en-hiver ne s'en vantèrent pas. Le feu mis à la forge fit croire à la mort accidentelle du forgeron dans l'incendie de sa demeure, incendie allumé certainement par un fradet. Dochâgne le croyait. La malédiction abattue sur Chante-en-hiver et sa famille lui paraissait une naturelle, mais terrible punition dont Monsieur Henri devait être, tout là-haut, l'instigateur. Dochâgne voyait maintenant son petit Henri sous les traits de l'archange saint Michel, sculpté en pierre dans l'église du bourg, et lançant sur le démon un glaive chargé d'éclairs. Ces éclairs avaient embrasé la forge.

Dochâgne, pour la première fois depuis sa sortie de l'arbre, pleura. Il pleura la mort de Chante-en-hiver, car il savait bien qu'une partie de lui-même venait de mourir avec le forgeron. Cette part de lui-même que personne ne connaissait plus, sinon Jacques et Louise. Il pleura sur la fille Eléhussard, sur Léonie, sur le père de Louise tué par le premier ivrogne du village, sur Monsieur Henri, sur la vieille Louise, sur la misère des parents d'Augustine-la-bouétouse, sur le roi qui les abandonnait aux convoitises des puissants. Il pleura sur la terre bouleversée par les remembrements du comte. Il pleura sur le village qui n'était plus le village du curé-Noé. Il pleura sur son interminable vieillesse. Il était certainement beaucoup moins vieux que ne l'indiquait son état civil, mais, à ce moment-là, il se sentit plus vieux que le dolmen.

De le voir sangloter si longtemps, un jeune homme s'approcha et lui toucha doucement le bras :

— Pourquoi pleurez-vous, père Dochâgne, vous qui n'êtes pas du pays...

Vous qui n'êtes pas du pays ! Comment expliquer ? Comment repartir du commencement, au moment où, avec Chante-en-hiver, ils avaient fabriqué les premiers outils, couvert de branchages les premières maisons... Mais à quoi bon ! Aujourd'hui les miséreux affluaient dans la métairie de Dochâgne et c'était comme un nouveau village qu'il lui fallait gouverner. Il s'essuya les yeux d'un revers de manche, releva le front et vit Tête-de-loup qui le regardait fixement, stupéfait de le voir pleurer. Puis, brusquement, Tête-de-loup s'enfonça à travers les arbres et, une fois de plus, disparut.

Non seulement le pèlerinage à la Pierre-du-bon-curé ne chassa pas la malédiction qui s'était inexplicablement abattue sur le village, mais la colère de Dieu ne s'apaisa pas. Sans pluies de printemps, les semailles se dessèchent, les plantations meurent sur pied. Or, dans ce pays d'ordinaire si mouillé, le nouveau printemps fut d'une sécheresse stupéfiante. Chaque jour amenait de nouveaux orages, mais des orages secs. Le ciel se couvrait, devenait presque noir, puis se déchirait en lézardes de feu. Tous les morts de la grande guerre, les cent mille qui n'étaient pas revenus de la grande virée de galerne, les trente mille massacrés par les Colonnes infernales de l'Ogre-Turreau, tous ceux tombés dans les autres guerres contre Barras, contre Bonaparte, contre Napoléon-Antéchrist ; tous ces morts s'étaient remis à galoper au-dessus des nuages noirs, faisant un vacarme épouvantable avec leurs sabots.

Les villageois demandèrent au curé-aux-bougies de calmer ce maudit orage et de faire tomber la pluie. Autrefois, les curés n'attendaient pas que leurs paroissiens les sollicitent pour une besogne aussi normale. Ils organisaient d'eux-mêmes des processions, prononçaient les prières qu'il fallait, et le temps se remettait à l'endroit. Le curé n'était-il pas l'intercesseur entre les hommes et les dieux ? A quoi eût-il servi sinon justement à ce dialogue interdit aux simples mortels ? Mais la jeunesse, élevée dans des séminaires au temps des patauds, ne connaissait plus les usages. Pas étonnant que Dieu se fâche !

Décidément tout le monde se fâchait. Après Dieu, le curé lui-même, qui ne voulut rien savoir au sujet de la pluie et de l'orage, disant qu'on le prenait pour un sorcier, que la honte en retomberait sur le village et un tas d'autres balivernes.

Ah ! ce n'était pas le curé-aux-bougies qui saurait lancer des monitoires comme le curé-Noé ! Il est vrai que le pauvre montrait un esprit de plus en plus dérangé, ne parlant plus que de luzerne et de trèfle, d'assolement et de chaulage.

L'enfant-toucheux, qui avait maintenant douze ans, était bien un peu sorcier, mais il ne savait soigner que les maladies, pas le temps. On le pressa quand même de questions et il se concentra, comme il le faisait avant de toucher un malade, parut au bord de tomber du haut mal, se convulsa, sua toutes les larmes de son petit corps maigre et finit par « voir » un sorcier, de l'autre côté de la forêt. Il ne savait pas exactement où, mais ce sorcier, grand magicien, pourrait agir sur le temps. Peut-être même que, si l'orage se condensait avec une telle force obstinée sur ce pays-ci, cela venait-il de ce que le sorcier détournait le mauvais temps de la contrée qu'il avait mission de protéger.

Comment trouver ce sorcier ? Le toucheux se concentra de nouveau et dit :

— Tête-de-loup connaît le sorcier.

Les villageois se regardèrent avec un air de connivence. Que perdaient-ils leur temps avec ce curé-pataud alors que Tête-de-loup, qui disparaissait si souvent dans la forêt, Tête-de-loup avec son air étrange, Tête-de-loup qui avait appris tant de choses dans son long voyage, Tête-de-loup seul, jadis, à pouvoir dompter le Cheval Malet... Bien sûr que le fils aîné de Dochâgne devait connaître des sorciers ! C'était l'évidence même.

Ainsi découvrit-on que le fils de la fille Eléhussard pas seulement braconnier, mais aussi chasseur de loups, approvisionnait en effet le grand sorcier qui vivait de l'autre côté de la forêt et dont les remèdes à base de cœur, de foie et d'os de loup faisaient miracle. Avec un foie cuit au four le grand sorcier guérissait à coup sûr l'hydropisie, les verrues et les maux de tête. Les dysentériques, si nombreux, venaient de très loin boire son bouillon de chauve-souris assaisonné des tripailles de *la chose*. Son besoin de viande de loup était très grand puisqu'il la réduisait en poudre pour soigner l'épilepsie, la passait saignante sur les goitres et qu'il réussissait même à guérir les chevaux de la colique en les bouchonnant avec de la chair de *chien gris*.

Le comte interdisait que l'on chasse dans sa forêt, que l'on pose des pièges ou que l'on creuse des fosses. Il accordait à ses paysans le droit d'effrayer les loups par des cris et des jets de pierre, mais leur défendait de se servir de fusils. Comme on le sait, la Restauration avait réussi ce que ni la Révolution, ni le Directoire, ni l'Empire, n'osèrent jamais faire : désarmer la Vendée. Toutes les armes de guerre avaient été ramassées par les soldats du roi qui se méfiaient de ces gueux rebelles au nom du roi. Les fusils de chasse, eux-mêmes, n'étaient que tolérés accrochés sur les manteaux de cheminée, à condition que les paysans ne s'en servent pas. La noblesse revenue de l'émigration s'apeurait beaucoup plus des paysans que des loups.

Le privilège de la chasse aux loups revenait aux gardes forestiers et aux lieutenants de louveterie, toujours grands propriétaires terriens, en habits bleus, que l'on voyait parfois courir la campagne avec leurs meutes.

Avant son accord avec Tête-de-loup, le grand sorcier n'arrivait plus à se procurer de la chair de *la beste*. Il ne savait pas comment le fils de la fille Eléhussard s'y prenait pour tuer ces chiens d'enfer, mais il les lui apportait, étranglés, les écorchait et prélevait la peau qu'il allait vendre à des paysans qui les accrochaient à la porte de leurs bergeries.

Tête-de-loup demanda au grand sorcier qu'il éloigne l'orage du village de son père et fasse tomber la pluie. Ce qui fut fait. Les villageois fêtèrent Tête-de-loup pendant trois jours. Au quatrième, ils commencèrent à le regarder de travers. Quelle étrange puissance n'exerçait-il pas sur les loups et ce commerce avec le grand sorcier restait bien inquiétant. S'il pouvait, avec ce magicien d'au-delà la forêt, arrêter l'orage et faire pleuvoir, ne pourrait-il pas aussi bien, si l'envie lui en prenait, déclencher la grêle, le gel ? N'avait-on pas eu tort de se confier à ce vagabond ? Désormais Louison ne fut plus la seule à s'en méfier. Louison, que son travail chez le jeune meunier-maire éloignait du sabotier de la Gâtine, puisqu'elle ne pouvait se rendre chez lui sans que tout le village l'apprenne. Mais, par contre, le sabotier continuant à assurer des corvées aux deux moulins, il arrivait qu'elle s'échappe de ses tâches ménagères et rejoigne le gâtineu dans les greniers où les sacs de blé leur offraient des lits immenses.

Depuis la catastrophe abattue sur sa famille, Louison avait beaucoup changé. Elle perdait de son enjouement, de sa gaieté railleuse. La douceur de ses yeux marron s'était égarée et il ne leur restait plus que leur éclat sombre. Les rondeurs et le potelé de l'enfance disparus de son visage, elle affirmait cette vivacité et cette robustesse qu'elle tenait de sa mère. A la jeune fille accorte de l'auberge, succédait une jeune femme volontaire qui, aux amuse-gueules du miguaillage, préférait désormais des ébats plus adultes avec le sabotier de la Gâtine. Mais en même temps, cette liaison secrète présentait bien des dangers. Si le miguaillage constituait une sorte de déverrouillage prudent de la chasteté préconjugale, s'il constituait des appariements à l'essai des jeunes couples, par contre ni l'adultère ni le dévergondage n'étaient tolérés dans cette société repliée sur elle-même où la moindre incartade des normes constituait un crime, aussitôt réprimé. Pour avoir dirigé la bachellerie des filles, Louison savait bien que les bachelleries veillaient jalousement à la stricte observation des coutumes et qu'une jeune fille fautant avec un vieux, célibataire de surcroît (alors que le célibat, comme la stérilité, représentaient déjà en soi des tares) ne pouvait attirer sur leurs têtes que réprobation et châtiment. Mais Louison et le sabotier avaient pris goût l'un à l'autre. Le plaisir qu'ils s'offraient était autant de bonheur arraché au malheur des temps.

Parmi tant de craintes, de peurs, de vieilles terreurs revenues, de sauvageries réveillées, Dochâgne éprouva une grande joie : une mule naquit dans sa métairie. Devant l'animal poisseux, qui tentait de se relever maladroitement sur ses pattes écartées, Dochâgne rêvait d'une famille de ces baudets du Poitou, aux longs poils filandreux et aux oreilles de lièvre géant, infatigables, marchant sans fers ni collier, seulement vêtus d'une simple sangle sur le poitrail ; ces baudets qui se vendaient si cher aux Espagnols lors des grandes foires de Fontenay. Il alla chercher Ministre pour lui présenter son fils. Mais Ministre regarda avec une indifférence absolue cet avorton tout en pattes qui gigotait dans la paille. Il salua néanmoins la mère jument d'un braiment conquérant puis tourna le dos à la crèche, regardant fixement le mur de l'écurie comme s'il espérait y voir éclore un bouquet de chardons.

Les bordiers trop pauvres pour disposer d'une pâture où mener leur seule vache, les journaliers dont la femme tentait d'élever une chèvre ou un mouton sans posséder aucune terre, tous ceux qui subsistaient en marge des fermes et des métairies, recouraient aux communaux. Les communaux étaient des lieux sans maître, des friches, des terrains incultes, parfois des bois. Chacun pouvait y mener paître son bétail. L'herbe, peu riche, ne pouvait y engraisser les animaux. Mais ils y trouvaient un minimum de nourriture qui concédait aux pauvres leur minimum de vie.

Ceux qui, comme les parents d'Augustine-la-bouétouse, connurent le village avant sa destruction par l'Ogre-Turreau disaient qu'autrefois les communaux permettaient à tous les pauvres d'éviter la mendicité. Ceux qui, comme Dochâgne, vécurent les premiers temps du village ressuscité, disaient qu'alors tout le village et tous les champs formaient des communaux puisque, au sortir des caches dans la forêt, ce qui appartenait à chacun appartenait à tous et ce qui appartenait à tous appartenait à chacun. Mais les plus jeunes hochaient la tête devant des radotages. En réalité, l'ancien maire-meunier s'en était approprié une bonne partie et maintenant le régisseur du comte affirmait que tous les bois proches de la forêt devaient être réintégrés à celle-ci car ils en avaient été abusivement détachés par la Révolution. En même temps certaines landes, qui s'inséraient entre les terres du comte se trouvaient envahies par les troupeaux de moutons de ses métayers et les miséreux qui tentaient d'y mener leurs bêtes, en prétextant qu'il s'agissait de communaux, étaient chassés par les gardes.

Peu à peu, les communaux se réduisirent à quelques bordures

de chemins, à des terrains si hérissés d'ajoncs que les chèvres elles-mêmes n'osaient s'y aventurer, ou encore à des bourbasses, ces sols mous, vaseux, d'où émergent des sources et où la boue liquide, souvent profonde, n'est qu'un piège où l'on s'enlise.

Bordiers et journaliers sans pâtures n'avaient plus qu'à vendre leurs bêtes qu'ils ne pouvaient plus nourrir. Comme par ailleurs la réduction de la culture du blé, l'arrachage des vignes amenaient une réduction des besoins de main-d'œuvre, ceux qui ne réussirent pas à se placer chez des métayers ou des fermiers n'eurent d'autre ressource que de partir.

Les plus jeunes s'en allèrent les premiers, sans regret, en chantant. Ils se rendirent au bourg voisin pour s'afficher au marché comme demandeurs d'ouvrage. Mais ils y rencontrèrent beaucoup d'autres jeunes, venus d'autres villages, en chantant eux aussi et qui demandaient des emplois.

Le départ des vieux fut moins gai. Ils entassaient leurs hardes, leurs ustensiles sur un âne et le suivaient la tête basse, déjà courbés vers cette terre qui les engloutirait bientôt, traînant la patte, se maintenant debout tant bien que mal en s'aidant de bâtons.

Le surplus des villages se déversant dans les bourgs devint bientôt tel que la moitié de leur population mendiait. Alors, les bourgs eux-mêmes refoulèrent ce déchet qui se retrouva sur les grands chemins menant aux chefs-lieux de cantons. Les grands chemins n'étaient pas des routes, mais ils n'étaient pas non plus des chemins creux. Les chemins creux contournaient les champs, chaque champ ayant droit à son chemin particulier. On comptait donc autant de chemins que de champs qui tous aboutissaient à la métairie. Chaque métairie se présentait comme le centre d'une toile d'araignée dont un des fils, plus long que les autres, s'accrochait au village. Sortir de ses chemins creux signifiait se présenter à découvert, monter vers l'inconnu. Au-delà du bourg le plus proche, commençait l'aventure.

Bien accueillie là, chassée ailleurs, exploitée dans des travaux temporaires faits à bas prix, parfois pour leur simple nourriture, effrayante en raison de son nombre, cette population errante et mendiante finit par rencontrer les routes, ces routes dressées par la Révolution, puis par l'Empire, contre les chemins creux ; ces routes qui venaient casser le bocage, l'empêchant de demeurer un sanctuaire impénétrable ; ces routes, tentacules de pieuvres dont la tête et le cœur se tenaient dans les villes ; ces routes qui imposaient la mainmise de l'urbain sur le rural, du citadin sur le paysan.

Ceux qui ne mouraient pas en chemin, ceux qui, trop vieux, ne se contentaient pas de s'asseoir sur le parvis d'une église et de tendre la main, finissaient donc, endigués par ces larges routes droites, par arriver à la Loire qu'ils n'osaient traverser, se souvenant confusément du désastre de la grande virée de galerne. Pourtant, de l'autre côté du fleuve, arrivaient les rumeurs de la ville énorme : Nantes, où les Vendéens s'étaient cassé les dents en 93. Certains s'y aventuraient. D'autres obliquaient à l'est, vers Cholet, Angers. Ils y arriveraient en loques, prêts à accepter n'importe quel emploi, n'importe quel logis, parfaitement conditionnés pour peupler les nouvelles filatures, les chantiers de navires, prêts à s'insérer dans cette armée du travail qui se mettait en place dans les villes, formée de la vomissure de la paysannerie.

La peur, une peur confuse, continuait à troubler le village. Le départ des plus miséreux avait été reçu comme un soulagement, mais, en même temps, chacun se sentait menacé d'expulsion. Le régisseur et ses trois gardes obsédaient, toujours présents, comme des gendarmes épiant vos faits et gestes. Eux-mêmes s'énervaient et demeuraient aux aguets depuis que, en plein jour, ils avaient été attaqués par une meute de loups. Etrange ce raid éclair des loups, bondissant de la forêt, attaquant de face les chevaux des gardes ! Louison ne fut pas la seule à établir le rapprochement avec l'agression des loups dans la forge de Chante-en-hiver, où son frère Pierre avait été égorgé. Il semblait que, cette fois-là encore, les loups obéissaient à un ordre. Elle en parla au sabotier de la Gâtine :

— Il y a un meneur de loups, derrière tout ça.

— Que vas-tu chercher ?

— Je vous dis qu'il y a un meneur de loups.

— Boniments !

— Vous le connaissez bien.

— Moi ?

— Oui. Et vous savez que son père n'est pas Dochâgne et que sa mère était une louve.

— Que me contes-tu là !

— S'il s'appelle Tête-de-loup, c'est bien pour quelque chose. Moi, je n'ai pas mes yeux dans ma poche. Je me souviens bien que le soir où il est revenu de l'est, et c'est de l'est que viennent les loups, une meute l'avait précédé...

— Il y a toujours des hasards, et avec ces hasards vous faites vos superstitions.

— C'est un hasard si Tête-de-loup connaît le grand sorcier qui arrête l'orage et fait tomber la pluie ?

— La pluie aurait bien fini par tomber toute seule.

— Vous êtes trop bête, à la fin. Votre bêtise de villadin vous perdra. C'est comme votre maudite chouette. Tout le monde se moque de vous. Mais on dit aussi que du ménage d'un vieux garçon et d'une vieille fille ne peut naître qu'un rat.

— C'est toi, ma vieille fille.

— Moquez-vous ! Si on nous découvre un jour, ce sera aussi terrible pour vous que pour moi.

Un grand bruit les fit se relever en hâte, rajuster leurs vêtements et courir vers la trappe. L'échelle avait glissé et, en bas, un garçon se relevait, penaud.

— Jean-Marie, que fais-tu là ?

— Je vous cherchais. Y a quelqu'un qui a apporté de l'ouvrage. Des cœurs pour un mariage. Il est pressé. Il voulait vous voir tout de suite. J'ai pensé qu'il fallait que je vienne.

Louison se rencogna brusquement dans le grenier. Mais Poléon l'avait vue.

— Remets l'échelle, dit le sabotier. Je pars avec toi.

Poléon, en chemin, boudait. Les relations entre le sabotier et son apprenti perdaient l'affectueuse complicité de leurs débuts. Depuis que Poléon s'était saoulé avec la bachellerie, il prétendait être un homme, croyait qu'il le devenait en montrant une agressivité sans cause contre son patron. En même temps, Poléon avait des réactions d'enfant. Il soupçonnait depuis longtemps la liaison du sabotier et de Louison et en éprouvait une jalousie obsédante. Il guettait Louison, lorsqu'elle tenait encore le cabaret, se faisait rabrouer par la jeune femme, s'en vexait. Lorsqu'elle venait à la saboterie en son absence, il savait à l'odeur âcre qu'elle laissait et qu'il humait comme un chien, que Louison s'était attardée. Le sabotier ignorait que lorsqu'il allait travailler aux moulins, souvent Poléon le suivait en se cachant, comme aujourd'hui où la malencontreuse chute de l'échelle avait révélé sa présence.

Pour se donner une contenance, le sabotier chantonnait :

Que l'on mette mon cœur
Dans une serviette blanche
Qu'on le porte à ma mie
Qui demeure au pays.

Lorsqu'ils arrivèrent à la saboterie, le client aux cœurs ne se trouvait plus là.

— Tu n'as pas menti, Jean-Marie ?

— Non, j' vous l'jure.

Le sabotier devint soudain soucieux. Il hésita, puis aborda le problème de front :

— Qu'as-tu vu, au moulin ?

— Ben, je vous ai vu.

— Seulement moi ?

Jean-Marie/Poléon ne répondit pas.

Le sabotier s'assit près de son établi, demanda à son apprenti de s'approcher :

— Tu as encore beaucoup à apprendre, Jean-Marie. Regarde cette grosse branche de vergne. Il y a un sabot dedans, mais c'est à nous de le trouver. C'était plus facile, avant que le comte revienne. On pouvait creuser des troncs. Maintenant, c'est comme avant la Révolution, les sabotiers n'ont plus droit aux troncs, seulement aux branches. Il faut prendre la branche dans le bon fil du bois, bien dresser le quartier à employer, pour qu'il n'y reste pas de flaches et que le sabot soit plein bois partout... Il faut laisser l'entrée du sabot bien ronde et bien droite, comme ça... Tu prends la mèche et tu perces droit au nez du sabot, mais pas jusqu'au bout. On appareille mieux à la cuillère. En perçant en deux fois, tu vois jusqu'où on peut porter sa creuse. C'est plus long, mais la creuse est meilleure. Puis tu dégourles chaque côté du trou que tu as fait, en remontant jusqu'à l'entrée du sabot. Tu perces ensuite le talon en faisant sauter ce qui correspond à l'entrée du dégourlage... Jean-Marie, à quoi rêves-tu ? Tu n'es plus le même depuis quelque temps. Qu'est-ce qui ne va pas ?

— Mais je vous écoute, dit Poléon, agacé.

— Tu ne m'écoutes pas pareil. Je t'ai appris les bois et je suis sûr que tu ne sais plus avec quel arbre on fait les barriques.

— Si, je m'en souviens. Avec du châtaignier.

— Bien, et les barreaux d'échelle sur lesquels tu t'es cassé la figure, ils étaient en quoi ?

— En frêne.

— Tu as eu le temps de voir qu'ils étaient en frêne ?

Jean-Marie/Poléon s'appliquait à creuser son sabot avec une cuillère. Il mit longtemps à répondre, puis répliqua avec malice :

— J'ai eu tout le temps. Pour sûr que j'ai eu tout le temps de voir.

Un nouvel hiver vint, que seul Jacques-le-tisserand reçut avec joie. Car, désormais, pour Jacques, l'hiver, au contraire des autres villageois, signifiait un peu plus d'aisance. L'école rouvrait en effet, dans leur seule pièce d'habitation où le métier à tisser et les lits occupaient la majeure partie de la place. Les parents d'Augustine-la-bouétouse se faisaient tout petits près de la cheminée. On les y oubliait. Gène et Touène étaient moins compréhensifs. Passait encore pour Touène qui restait suspendu dans sa peau de mouton à une poutre et se contentait de temps à autre de pousser des hurlements qui interrompaient les récitations, mais Gène-le-chétif, qui avait trois ans, se mêlait parfois de vouloir participer aux jeux d'écriture dans le sable et effaçait les lettres que les élèves avaient eu tant de mal à tracer. Entre les pleurs de Gène, puni, et les pleurs de l'élève, frustré, auxquels répondaient très vite les piaillements de Touène, la maisonnée savait se désennuyer.

Cet hiver serait pour Jacques et sa maisonnée un bon hiver. Le nombre d'élèves avait plus que doublé et certains métayers, que les remembrements du comte mettaient dans l'aisance, le payaient en boisseaux de blé, en beurre, en fromages. Chacun continuait à apporter sa bûche et, comme ils étaient plus nombreux, le feu lui aussi était mieux nourri. Les garçons arrivaient d'ailleurs le matin les pieds au chaud, leurs mères ayant pris soin de braiser leurs sabots d'une pelletée de cendres chaudes.

Jacques-le-tisserand évita de parler des fradets à ses élèves. Il leur raconta l'histoire des âmes des scélérats qui deviennent des chiens noirs et gardent les trésors ; celle des mirolaines, ces dames blanches qui la nuit se promènent avec des chandelles de cire allumées ; celle des lavandières nocturnes ; celle du bras rouge qui dévore les enfants s'approchant trop près des rivières ; celle des chats ferrés pour qu'ils ne se cassent pas les pattes sur la glace en allant au sabbat des sorcières le soir de la Chandeleur... Toutes ces évocations fantastiques de la nuit du bocage, toutes ces silhouettes nées de la peur de l'obscurité et des cauchemars du sommeil.

Mais ces enfants, qui connaissaient déjà la plupart de ces contes pour les avoir entendus aux veillées, ne se lassaient pas d'écouter les aventures de Mélusine, que certains appelaient Meurlusine, ou Mellusigne, ou Meleusine, les plus modernes allant jusqu'à dire Merlusine.

Jacques-le-tisserand racontait comment il avait vu l'un des châteaux construits par la fée dans la forêt de Mervent ; comment Mélusine, en trois nuits, éleva l'église de Parthenay-le-Vieux ; comment elle transporta dans sa dorne les pierres de maçonnerie et comment parfois certaines d'entre elles lui échappaient et devenaient ces grosses pierres de fées que personne ne pourrait bouger, comme la Pierre-du-bon-curé ; comment, juchée sur une acouette (un manche à balai) elle apporta au pays les grains de mojettes, les pauvres gens devant auparavant se contenter de la gesse de Saintonge ; comment Mélusine, de son mariage avec le chevalier Raymondin, neveu du comte de Poitiers, conçut dix enfants dont l'un montrait sur la joue une griffe de lion, un autre n'avait qu'un œil (et Jacques montrait son seul œil en disant : « Comme moi, mes enfants ! » Ce qui produisait son effet, chacun le considérant pour un moment comme le fils de la fée) et comment le sixième, Geoffroy, avait une dent de sanglier qui lui saillait de la bouche.

Le curé-aux-bougies eut vent de ces fables et s'en vint les reprocher à Jacques :

— Il vous faut parler de l'histoire de France, de ses héros et de ses saints. Pas de ces histoires à dormir debout !

— Monsieur le Curé, c'est que les histoires des saints, je les connais mal, sauf bien sûr le bon saint Martin, et aussi saint Joseph. L'histoire de France, je ne l'ai jamais apprise. Je raconte les histoires du pays.

— Racontez l'histoire du pays tant que vous voulez, mais pas ces histoires de sorciers.

— Oh ! monsieur le Curé, répondit Jacques, offusqué, vous savez que j'aime le Bon Dieu et que je récite tous les jours mon chapelet, mais s'il est maintenant défendu de croire aux sorciers, pas grand monde dans ce village n'ira au paradis.

5

Dans leur petite métairie, enfouie au milieu des halliers

Dans leur petite métairie, enfouie au milieu des halliers, Victorine et Victor semblaient les derniers défenseurs d'un fortin, obstinés à soutenir un siège sans espoir. Au-delà des talus hérissés de gros chênes têtards, les terres du comte cernaient de partout la propriété du baron. Non seulement les pigeons venant du lointain colombier représentaient une lourde dîme, mais les troupeaux de moutons et de chèvres du comte pénétraient souvent dans les champs cultivés par les enfants de Dochâgne. Si bergers et chevriers faisaient leurs excuses, les dégâts n'en étaient pas moins irréparables.

L'hiver, la métairie devenait une île. Les chemins creux, inondés, ne permettaient plus le passage ni d'une charrette ni d'un cavalier. Cet isolement avait au moins l'avantage de les débarrasser de la venue inopinée des gardes du comte qui prétextaient chasser un renard pour se lancer à cheval dans les blés. Victor, juché sur son tombereau chargé de choux, que traînaient ses deux vaches, les conduisait lentement, craignant le renversement de l'attelage. Les vaches s'enfonçaient en effet jusqu'au ventre dans la boue du chemin et ne se dégageaient qu'avec peine de cette glaise. Cette dernière charrette passée, Victorine et Victor seraient coupés du monde pour tout l'hiver.

Du monde, mais pas de Tête-de-loup qui arrivait à traverser. Jamais il ne s'écoulait plus d'un mois sans que Tête-de-loup apparaisse, été comme hiver, sa peau de bique gonflée par le gibier.

Victorine l'embrassait avec fougue de trois baisers sonores. Malgré sa misère, malgré la fatigue d'un proche enfantement, Victorine conservait son air passionné. Elle reprochait à Tête-de-loup l'imprudence de ses braconnages. En même temps ses cadeaux de viande étaient providentiels.

Non seulement Tête-de-loup apportait du gibier, mais il lui arrivait de faire à sa sœur des cadeaux encore plus précieux. Un jour il vint avec, sur son épaule, une cruche de grès, bouchée avec un trognon, remplie d'huile de noix. Une autre fois, il tira sous sa peau de bique un sac de sel. Victorine le vida prestement dans son grand saloir, tout en faisant promettre à Tête-de-loup, qui riait toujours de ses frayeurs, de ne jamais recommencer à transporter du sel. Le trafic du sel, dans ce pays si proche des marais salants de l'Atlantique, laissait de telles traces répressives que ce sel qui brûlait les mains, mais conservait la viande, avait une odeur diabolique. A toutes les branches des vieux chênes devaient se trouver encore les traces des cordes qui, pendant des siècles, servirent à pendre les faux-saulniers.

Plus Victorine et Victor s'inquiétaient des imprudences de Tête-de-loup, plus celui-ci en riait. Il leur racontait les nouvelles du village, la terrible fin de Chante-en-hiver devenu fradet, l'exil des expulsés, la prospérité inattendue de Dochâgne. Il leur apportait aussi des onguents et des poudres échangés au grand sorcier derrière la forêt contre de la viande de loup.

Le grand frère était la providence incarnée. Mais Tête-de-loup ne veillait pas sur sa sœur par charité. Il aimait se retrouver en compagnie de Victorine et de Victor, se réchauffait à leur amour conjugal aussi vif, aussi ardent, que leurs amours enfantines. En leur compagnie il perdait son air farouche, se détendait, prenait plaisir à vivre. Ceux qui voyaient en lui un diable de la forêt, eussent été bien surpris de le trouver assis au coin du feu, le petit Jean sur ses genoux, jouant de leurs mains à

crapaud pris
crapaud p'lé.

Au foyer de sa sœur, Tête-de-loup retrouvait la paix qu'il avait connue jadis dans les Vosges, chez le père Lavendée. Il s'y attardait plusieurs jours, parfois toute une semaine lorsque les travaux des champs sollicitaient son aide. Puis un matin il se levait avec un air un peu hagard, semblait renifler quelque chose, sortait dans la cour, son grand nez levé au vent. Victorine disait en soupirant :

— Toi, je vois que tu ne tiens plus en place.

Et Tête-de-loup repartait dans la forêt.

En février, le tocsin sonna à l'église du village. On se rendit aux nouvelles. Le jeune maire-meunier et le curé-aux-bougies, sur le porche, se tenaient très droits, avec un air d'enterrement. Le jeune maire-meunier portait une écharpe noire. Il annonça que le duc de Berry, l'héritier du trône, venait d'être assassiné à Paris.

Le soir, à la métairie de Dochâgne, la nouvelle fut bien sûr commentée, comme dans tous les foyers. On s'interrogeait pour savoir qui était exactement ce duc de Berry. Certains se rappelaient que le Dauphin s'appelait duc d'Angoulême, qu'il ressemblait à un pantin et que l'Ogre-Turreau l'avait conduit en Vendée. Ce duc d'Angoulême serait-il mort et ce duc de Berry serait-il son frère ? Certains savaient que, des deux frères de Louis XVI, seul le comte d'Artois leur donnait une progéniture. Que le comte de Provence, devenu Louis XVIII, soit sans postérité, ne les surprenait pas. Dieu ne pouvait bénir un roi pataud.

Dochâgne n'avait pas revu le baron depuis longtemps, trop occupé par la croissance de sa métairie, trop accaparé aussi par le régisseur du comte. Comme toujours, lorsque la grande histoire (l'Histoire) venait déranger le quotidien et apportait ses énigmes, Dochâgne éprouvait le besoin d'aller interroger le baron. De plus, une autre chose l'inquiétait : la disparition du curé de la Petite-Eglise. Depuis au moins un an ils n'avaient plus de messe. Si bien que les fidèles fondaient à vue d'œil, la plupart des villageois préférant une messe concordataire à pas de messe du tout. La métairie de Dochâgne devenait non seulement le refuge d'un certain nombre d'expulsés, mais ceux-ci se trouvaient tout naturellement parmi les membres de la Petite-Eglise. Les prières en commun dans la grange suppléaient au manque d'offices et de prêtre. Par là même Dochâgne se voyait investi de la double mission de nourrir une bande de miséreux et de leur assurer une continuité spirituelle.

Dochâgne trouva le baron dans un grand état d'abattement, tellement troublé qu'il en oublia de l'embrasser comme d'accoutumée et Dochâgne s'en offusqua. Si le baron lui-même renonçait aux usages, pas étonnant que le monde perde la tête. Perturbé par cet accueil inhabituel et par les allées et venues de son hôte, qui parlait tout seul en gesticulant, Dochâgne restait immobile, son grand chapeau à la main, regrettant d'être venu. Finalement, puisqu'il était là, il écouta ce que disait le baron et finit par distinguer, dans son flot de paroles :

— Malédiction... les Condé... stérilité... le Dauphin... Bourbons... Madame Royale...

Avait-on encore un roi ? N'en avait-on plus ? Dochâgne demeurait figé, comme jadis lorsque, à cheval, il se cramponnait aux rênes en attendant, crispé, l'ordre du baron de courir à l'ennemi qui éclatait, bref comme un aboiement.

— Hen, Dochâgne, que penses-tu de tout cela ? s'écria enfin le baron.

— Je n'ai rien compris.

— Il n'y a plus rien à comprendre. Nous sommes oubliés de Dieu.

— Qu'est devenu le curé de notre Eglise ?

— Il est mort. Et tu vois bien, là encore, Dieu aurait pu nous le conserver un peu plus longtemps, jusqu'à ce que de nouveaux prêtres nous arrivent. Mais non, il nous l'a enlevé. Comme il nous a enlevé le Dauphin. Les Bourbons n'ont plus d'héritiers, Dochâgne. C'est fini !

— Le duc d'Angoulême est mort ?

— Non, mais il n'a pas d'enfant. Dieu n'a pas voulu bénir le mariage du fils du comte d'Artois et de la fille de Louis XVI, comme il n'a pas voulu bénir le mariage de Louis XVIII. Le comte d'Artois sera notre futur roi, s'il survit à son frère. Mais il est vieux et il est veuf. Le duc d'Angoulême sera peut-être roi, mais il est stérile. Et le duc de Berry, marié depuis trois ans, ne nous a pas donné de petit prince. Et le voilà mort !

— Les Bourbons ont trahi la Vendée, dit Dochâgne, impassible. Leur stérilité est la juste punition de Dieu.

— Ne blasphème pas ! Ne te laisse pas égarer ! Les Bourbons ne nous ont ni compris ni aimés, mais ce sont nos princes !

— Les Bourbons ont trahi la Vendée, reprit Dochâgne. Si Dieu les a rendus stériles, c'est qu'il veut montrer à tous la malédiction sur cette famille.

— Mais tu es fou ! Qui donc veux-tu comme roi ?

— On n'a pas besoin de roué, ni de république. On veut être les maîtres chez nous. Vous le savez bien, c'est pour ça qu'on s'est battus en 93. Après, vous autres nobles, vous nous avez embobinés.

— Sans vos officiers nobles, vous auriez été attrapés par les gendarmes comme des voleurs de poulets.

— Stofflet n'était pas noble et c'était notre général, à vous comme à moi. Tout baron que vous êtes, vous obéissiez à un garde-chasse.

— C'est toi qui es venu me chercher dans mon château. Je n'avais pas envie de me joindre à votre bande de brigands. C'est toi qui m'as décidé.

— Vous aviez promis de servir notre cause. Et finalement c'est nous qui vous avons servi. Nous avons même servi le comte qui se prélassait à Koblenz et qui aujourd'hui nous pressure.

— Il me pressure aussi.

Un long silence arrêta leur dispute. Le baron cessa de marcher de long en large, invita Dochâgne à s'asseoir devant la cheminée :

— A propos du comte, j'ai fini par céder. Il m'échange une bonne terre près du bourg contre la métairie de ta fille Victorine. Je ne leur en ai pas encore parlé. J'irai les voir dès que les chemins creux ne seront plus des fondrières. Tu les reprendras avec toi, tu as de l'ouvrage maintenant.

— J'ai déjà beaucoup trop de monde. Et la Victorine aime être sa maîtresse.

— Ils s'échinaient dans cette trop petite métairie.

— Mieux vaut une petite métairie que de besogner chez les autres.

Puis Dochâgne pensa à Victor et au plaisir qu'il aurait de nouveau à travailler avec lui. Il pourrait devenir grand valet. Mais il se reprochait en même temps cette pensée égoïste, songeant à la déception et au chagrin de Victorine, obligée de regagner le toit paternel.

Le baron revint à ses préoccupations dynastiques. Il dit, comme s'il parlait pour lui-même :

— Les Condé ont longtemps aspiré au trône. Ils auraient pu nous fournir un nouveau roi. Napoléon-Antéchrist le savait bien qui fit fusiller dans les fossés de Vincennes leur dernier descendant mâle, le duc d'Enghien.

— Monsieur le Baron, vous me décevez, vous chassez Victorine et vous me parlez du duc d'Enghien.

— Je ne chasse pas Victorine, je te la rends.

— Je n'aurais jamais cru que vous céderiez au comte.

— Mais enfin, toi-même, tu exécutes tout ce qu'il veut. S'il ne t'avait pas pour le servir, il ne pourrait ruiner les petits métayers et les bordiers comme il le fait.

— Ce n'est pas le comte qui les ruine. C'est le mauvais sort. Il y a eu la sécheresse, puis les fradets. Le village est ensorcelé.

Il n'a plus de prêtre de la vraie Eglise pour l'exorciser. Tout vient de là.

Le baron prit Dochâgne par les deux épaules, affectueusement :

— Vieux compagnon ! Le comte a bien de la chance de ne trouver comme réponse à ses filouteries que votre naïveté ! Et c'est moi que tu engueules. Et c'est à moi que tu vas en vouloir !

Un domestique, entré précipitamment dans la pièce, informa le baron qu'un accident venait de se produire dans une de ses métairies. Encorné par un taureau, un paysan se trouvait au plus mal et le réclamait. Il partit hâtivement, en demandant à Dochâgne d'attendre son retour.

Dochâgne patienta au coin de la cheminée, en se morfondant. La malédiction qui s'abattait sur le village, n'était-elle pas liée à celle qui punissait les Bourbons ? Mais pourquoi punir à la fois les rois ingrats et les serviteurs floués ? Dochâgne ne comprenait pas. Pourquoi le baron ne l'avait-il pas embrassé comme de coutume lors de son arrivée ? Pourquoi chassait-il Victorine ? Pourquoi s'était-il moqué de ce qu'il appelait sa naïveté envers les filouteries du comte ? Il cherchait à se rappeler la phrase du baron à propos de son obéissance aux desseins du comte. Il n'y arrivait pas. Il lui fallait traduire en patois les propos du baron. Mais ça ne collait pas. Il n'y avait plus le ton. Soudain, comme il s'apercevait que le jour commençait à baisser et qu'il ne pouvait plus attendre, la phrase lui revint, décapante comme de l'acide : « S'il ne t'avait pas pour le servir il ne pourrait ruiner les petits métayers et les bordiers comme il le fait. »

Il dit au domestique du baron qu'il lui fallait partir avant la nuit, se jucha sur l'âne Ministre et s'en retourna. Tout en trottinant entre les haies d'arbres effeuillés, il s'aperçut alors que le baron l'avait quitté sans penser à lui donner ces trois baisers de paix également omis à son arrivée. Il frissonna dans la bise qui venait de l'est et arriva à la métairie bouleversé.

Dans la nuit du premier jour de mai, plus d'une fille n'avait pas ses yeux dans sa poche et plus d'une fenêtre restait ouverte. Si les yeux des donzelles s'allumaient dans la nuit comme ceux des chats, on eût vu aux croisées comme des guirlandes de lucioles. Les filles tentaient en effet de discerner, dans l'obscurité, leurs amoureux dont elles savaient qu'ils se roulaient nus dans l'aigail (la rosée) pour leur attendrir le cœur.

Au petit matin, elles couraient voir aux portes si les garçons leur avaient laissé une surprise. Celles qui trouvaient, suspendu, un bouquet de chèvrefeuille, ou d'aubépine, apprenaient qu'elles se marieraient dans l'année. Mais celles qui détachaient une fleur de tournesol, ou une branche de sureau, agissaient avec précipitation et confusion, car elles comprenaient que ce message les désignait comme sottes ou vaniteuses.

On appelait ces bouquets des mais, perpétuation de ces immémoriaux arbres de mai que la Révolution avait voulu récupérer sous le nom d'arbres de la liberté.

Louison eut la mauvaise surprise de trouver accroché au volet de sa soupente un gros chou. Un chou accusait une fille volage.

Comment osait-on lui faire un tel affront, à elle, ancienne reine de la bachellerie des filles ! Le soir, dès qu'elle fut libre de son service chez le meunier-maire, elle courut à la ferme du bas de la côte où, depuis l'incendie du cabaret de Chante-en-hiver, se réunissaient les jeunes gens à marier. Comme elle arrivait au carrefour, les chiens se mirent à aboyer avec fureur. Elle s'arrêta un moment près de la grande croix de granit, s'assit sur le socle autour duquel s'amoncelaient les petites croix de bois des enterrements. Son cœur battait, d'émotion et de rage. Que signifiait exactement ce chou suspendu ? Avait-on eu vent de sa liaison avec le sabotier ? Etait-ce une moquerie ou un avertissement ?

Les chiens ne cessant d'aboyer, un homme sortit de la ferme, élevant au-dessus de ses yeux une lanterne dans laquelle grésillait une chandelle de suif. Elle se dirigea vers lui, se fit reconnaître et entra dans la maison.

Garçons et filles se tenaient à califourchon sur les bancs, la plupart trop occupés par le miguaillage pour s'apercevoir de l'entrée de Louison. Dans la semi-obscurité, Louison distingua le nouveau roi de la bachellerie des garçons, un conscrit qui allait tirer au sort. Elle alla crânement vers lui :

— Ça veut dire quoi, ce chou ?

Le gars, un peu jeunot près de Louison qui venait d'avoir vingt-six ans, se mit à rire niaisement :

— Ça veut dire ce que ça veut dire.

Une fille, qui servait des fils-en-trois dans des timbales d'étain, passa en bousculant un peu Louison :

— Qu'est-ce qu'elle vient faire ici, cette vieille ?

Le roi de la bachellerie des garçons, en se dandinant, but son fil-en-trois d'un trait et ajouta :

— C'est vrai, tu as passé le temps des amusements. Tu as coiffé Sainte-Catherine. A ton âge, ou bien on est mariée, ou bien on est catin.

Louison gifla le garçon à la volée. Des vociférations fusèrent de tous les bancs. On criait sur Louison, on la traitait de garce, de traînée. L'homme à la lanterne, qui l'avait accueillie, la sépara d'un groupe de filles qui lui tiraient les vêtements et cherchaient à l'agripper par les cheveux. Il la poussa précipitamment dehors et l'accompagna jusqu'à la croix du carrefour, l'éclairant de sa lanterne :

— C'est vrai que tu es une foutue drôlesse ! Mais tu as de quoi tenir avec ta famille de fradets.

Louison courut vers le village, hésita, puis bifurqua du côté de l'ancienne forge et alla frapper doucement à la porte du sabotier. Un long cri tremblé, aigu, lugubre, lui répondit. Louison frappa de nouveau, plus fort. Le sabotier de la Gâtine vint ouvrir :

— C'est toi ? Tu es folle !

— Les bachelleries me veulent du mal. Elles doivent savoir quelque chose.

— Entre vite.

Louison raconta. La chouette volait sans bruit d'un bout à l'autre de la salle, de son vol ondoyant, gémissant de ce cri tremblé, insupportable.

— C'est de la faute à cet oiseau de malheur, sanglota Louison. Regardez-la qui vole comme un fantôme.

— Elle m'inquiète un peu, dit le sabotier. Je ne sais pas ce qu'elle a. Elle ne tient pas en place et elle crie. De temps en temps elle vient se percher sur mon épaule et me lisse la moustache avec son bec. On dirait qu'elle veut me dire quelque chose.

— J'ai peur. Je voudrais rester avec vous cette nuitée.

— On ne t'a peut-être pas vue entrer, mais on te verra sortir. Prends garde, Louison, le village n'est plus ce qu'il était. La misère rend méchant et l'ignorance aussi. Les gens se guettent, s'épient. On ne peut plus faire un pet, sans que le monde en sursaute.

Louison resta, malgré les protestations véhémentes de la chevêche qui se gonfla, s'ébouriffa les plumes, cracha comme un chat en colère. Excédé, le sabotier de la Gâtine l'enferma dans sa réserve à bois et elle se tut.

De bon matin, le sabotier et Louison furent brutalement tirés du sommeil par un tintamarre qui les laissa d'abord stupéfaits. Puis ils comprirent très vite. Les bachelleries leur servaient un charivari. Les bachelleries savaient. Des sonnailles de grelots de mulets, des raclements de chaudrons, des feulements de cornes de vaches puis, plus inquiétants, les déchirements des cartouches. Ils étaient venus avec des fusils, ce qui indiquait qu'il ne s'agissait pas seulement d'un jeu. Louison rabattit la couette sur sa tête, pour ne pas entendre. Le sabotier de la Gâtine ne savait quelle attitude prendre. Se montrer à une bande de jeunes surexcités n'était pas sans danger. Ne pas ouvrir la porte révélait qu'il se sentait en faute. Il saisit sur son établi l'un de ses outils qu'il tenait bien en main, vérifiant le tranchant de la lame. Mais il le reposa, haussant les épaules. A quoi bon ! Il ranima la braise dans la cheminée, mit à réchauffer la soupe dans un pot de terre, prit deux bols sur une étagère et appela Louison :

— A la soupe !

Ahurie, Louison émergea de sa couette, vit le sabotier assis sur un tabouret, son bol à la main, attendant que la soupe se réchauffe. Dehors, le tintamarre continuait. On entendait aussi des cris, des rires. Le village était maintenant réveillé et l'on reconnaissait des voix familières.

— C'est tout ce que ça vous fait ?

Le sabotier de la Gâtine cligna de l'œil :

— Faut toujours commencer la journée par une soupe bien trempée. Après, tout va bien.

Dehors, la bachellerie finit par se lasser. Les sabots piétinèrent un moment dans la rue, puis s'éloignèrent. On entendit encore les commentaires des voisins, puis plus rien. Un coq chanta, puis un autre. De poulailler en poulailler les coqs saluaient la lumière du soleil revenue. Louison se mit à rire :

— Comment je vas faire, maintenant, pour sortir sans être vue.

Le mot Restauration sous-entendait restauration de la monarchie et de l'Eglise, après l'entracte de la République et de l'Empire. Mais si la monarchie était en effet restaurée, dans sa pompe dérisoire, comme une sorte de décor démodé, si l'Eglise retrouvait elle aussi son apparat d'évêques mitrés et de chanoines en dentelles, par contre l'Eglise populaire demeurait anéantie. A l'anticléricalisme de la Révolution, du Directoire, du Consulat, de l'Empire, s'ajoutaient maintenant le scepticisme voltairien de Louis XVIII et sa profonde méfiance pour tout ce qui était plébéien. Les curés de campagne, trop près du peuple, restaient suspects.

Comme beaucoup de ses collègues, le curé-aux-bougies se transformait peu à peu en prêtre paysan. On le voyait, chaque automne, courbé sur son champ de pommes de terre, une houe à la main, ayant l'air de creuser sa tombe. On le voyait partir dans les bois, un sac sur l'épaule, et revenir chargé de châtaignes. Il se faisait de la soupe d'ortie, allait glaner des épis de blé après le passage des moissonneurs, s'offrait à travailler dans les fermes mais la main-d'œuvre était déjà bien trop abondante. Comme il n'avait pas d'âne, il lui fallait chaque dimanche faire des randonnées épuisantes, à pied, pour desservir ses paroisses. Que ce pays si pieux traite aussi légèrement son curé paraîtra étrange. Pour les paysans d'alors, il eût semblé anormal de faire d'un curé un chapon gras. Ils disaient que tout le monde travaillait la terre et qu'ils ne voyaient aucune raison pour que les curés ne gagnent pas leur pain à la sueur de leur front, comme il est écrit dans les Evangiles. Certains ajoutaient :

— Dochâgne, paysan comme nous, s'occupe bien de son Eglise !

La mort du curé de la Petite-Eglise avait en effet conduit ses fidèles à demander à Dochâgne non pas de devenir leur prêtre, ce qui était inconcevable, mais leur chef spirituel. Tous les soirs, les derniers fidèles de l'Eglise non concordataire se réunissaient dans la métairie de Dochâgne pour y réciter leur chapelet et, le dimanche matin, Dochâgne assurait le rituel.

Une table, dans la grange, servait d'autel. Dochâgne y plaçait le surplis blanc à dentelles du vieux curé-Noé. Ce surplis, pieusement conservé, indiquait à la fois la présence et l'absence du prêtre. Puis il lisait de sa voix forte, bien claire, en latin, tout l'office de la messe dans un vieux missel écorné rapporté du bourg. On chantait, avant de se séparer, le « Vexilla Regis ».

Dans les marges du missel, Dochâgne inscrivait désormais les baptêmes, les mariages, les décès, comme il l'avait vu faire jadis au curé-Noé.

Lorsque Poléon arriva chez le sabotier, après le départ de Louison, la chevêche se roula en boule, comme une pelote de laine grise et se mit à gémir.

— Tiens, tiens, dit le sabotier, elle fait bien mauvais accueil à Jean-Marie, ma vieille fille.

— Elle est jalouse, ronchonna l'apprenti.

— Et toi, tu n'es pas jaloux ?

— Peuh ! De quoé ?

— Je ne sais pas, moi, peut-être que ça ne te plaît pas que je tourne autour de la Louison ?

— C'est pas vous. C'est elle qui n'arrête pas de virouner dans vos jambes.

— Je croyais que tu l'aimais bien et que tu montrais de la jalouseté pour ton vieux maître ?

Jean-Marie/Poléon cracha par terre de mépris :

— C'est une fradette. Plus dure à cuire que Chante-en-hiver. Même le diable n'en a pas voulu quand il a pris toute la famille.

— Mais qu'est-ce que vous avez tous, à vous détester comme

ça ? s'emporta le sabotier. Moi qui croyais t'apprendre à piéger le temps dans le cœur du bois !

Poléon gardait la tête basse, s'appliquant à écorcer une branche.

La chouette, toujours ramassée en boule, continuait à chuinter.

— Elle sait parler, cette chevêche, reprit le sabotier. Elle me raconte des choses pas très gentilles sur toi, tu l'entends ?

Poléon regarda la chouette, inquiet, puis bougonna :

— Les chouettes, ça ne dit que des menteries.

— Tu détestes Louison, ça te regarde. Mais je croyais que tu avais un peu d'estime pour moi.

— Oh oui ! s'emporta Poléon. Pour sûr que je vous aime bien. C'est pour ça que je veux vous désembobeliner de cette diablesse.

Le sabotier ne put se retenir, saisit l'enfant par les oreilles :

— Tu ne sais pas ce que tu as fait. C'est toi qui nous as dénoncés, hein ? Je ne me méfiais pas de ce gamin !

Poléon se débattit, cherchant à dégager ses oreilles qui lui cuisaient, pleurnicha :

— C'est pour vous que j'ai fait ça, pour vous débarrasser...

Le sabotier de la Gâtine lâcha Poléon et dit :

— Si tu voulais te débarrasser aussi de moi, par la même occasion, tu ne t'y prendrais pas mieux. Bon, le mal est fait. Il n'y a plus qu'à attendre la suite des événements.

Le métayage de Victorine et de Victor prenait fin à la Saint-Jean. Mais ils restèrent jusqu'en juillet dans leur petite métairie, devant assurer la coupe du blé qu'ils avaient semé et qu'ils n'auraient pas le temps de battre au fléau. Ils attelèrent leurs deux vaches à une charrette et y entassèrent les gerbes qu'ils conduisirent près du bourg, dans une immense grange où les paysans du baron se retrouvaient chaque année avec leurs récoltes. Certains de ses métayers exploitaient des lopins de terre si minuscules qu'un âne suffisait pour amener les sacs de grain sur son dos.

Lorsque Victor accompagna sa dernière charrette de gerbes, il trouva à une lieue de la grange un attroupement de charretiers et un vielleux. Le plus âgé des paysans du baron dit à Victor :

— Puisque c'est toi qui t'en vas, la coutume de la dernière charrette te revient.

Ils tirèrent de l'avant de la charrette de Victor une maîtresse gerbe qu'ils ornèrent de fleurs et de rubans. Puis le vielleux se mit en tête et toutes les charrettes le suivirent en cortège, les métiveurs portant leur faucille en sautoir, accrochée à leur large ceinture de laine rouge.

Le baron et sa sœur attendaient leurs métayers sur la grande aire à battre le blé qui entourait la grange. Malgré leur relative pauvreté, ces deux petits nobles affichaient un luxe vestimentaire qui jurait avec la drigaille de leurs paysans, ces hardes maintes fois raccommodées et toujours déchirées aux ronces et aux branches basses des haies. Le baron vêtu d'une redingote bleue, serrée à la taille, était coiffé d'un chapeau gris perle et sa sœur recouvrait ses épaules d'un de ces châles des Indes que l'on appelait des cachemires et qui apparaissaient alors comme une sorte de brevet de la richesse rurale.

Le vielleux jouait sur son instrument un air grêle et tressautant. Le doyen des métayers monta dans la charrette de Victor et l'aida à décrocher la maîtresse gerbe. Puis tous les deux, lentement, portant ce faisceau d'épis avec précaution, vinrent le déposer devant le baron et sa sœur. Le vieux métayer dit à Victor :

— Si tu ne sais pas les paroles, tu les répètes après moi : « Not' maître, on vous apporte la gerbe que Dieu nous a donnée. Nous l'avons semée et moissonnée. On vous souhaite abondance dans votre maisonnée. »

Une servante apporta une bouteille et trois verres. Le baron prit un verre, offrit les deux autres au vieux métayer et à Victor, versa le vin. Ils trinquèrent cérémonieusement. Le vieux métayer souffla à Victor, à voix basse :

— Verse avec ton verre quelques gouttes sur les épis du maître.

Victor, ému par tout ce cérémonial, obéit.

Le baron enleva son chapeau, qu'il mit sous son bras, bomba un peu le torse comme pour prononcer un discours :

— Mes amis...

Puis il se tut brusquement, regarda Victor d'un air gêné :

— Tu diras à Dochâgne...

Mais rien ne vint, sinon quelques bafouillements inintelligibles. Le baron se recoiffa, prit sa sœur par le bras et tous les deux s'éloignèrent à pas lents vers leur manoir.

Quelques jours plus tard, Victorine, Victor et le petit Jean arrivaient chez Dochâgne dans leur charrette traînée par une seule vache et un âne. Ils avaient dû, bien sûr, laisser l'autre vache au baron, comme la moitié de tout ce qu'ils possédaient. Victorine, peu après, accouchait d'une fille qu'elle appela Marthe. A peu de jours d'intervalle, Louise, sa mère, donna aussi naissance à une fille qui, tout naturellement, fut appelée Marie.

Lorsque les deux femmes relevèrent de leurs couches, Louise donna sa place à Victorine, au bout de la grande table, face à son père, prit son écuelle et alla manger debout près de la cheminée. Elle signifiait ainsi à toute la maisonnée qu'elle devenait maintenant la vieille Louise et que Victorine sa fille serait la patronne après Dochâgne.

Un matin, en revenant du moulin où il avait passé dans le grenier la nuit avec Louison, le sabotier trouva sa chouette clouée par les ailes sur la porte de son atelier.

Il ressentit alors, à son tour, une envie de meurtre. Depuis le charivari du mois de mai, la bachellerie les laissait relativement tranquilles. Ils se sentaient épiés, subissaient des tracasseries stupides, mais il leur semblait que leurs ennemis desserraient leurs griffes. Le crucifiement de la chevêche indiquait cruellement qu'il n'en était rien. Le sabotier ressentait des envies de meurtre et, pour la première fois, la peur l'étreignait. Il revoyait Tête-de-loup lui apporter la chouette, son hostilité première à l'oiseau de nuit. Il lui semblait réentendre Tête-de-loup : « Je vous dis que cette chevêche vous portera bonheur... Tant qu'elle sera avec vous, vous n'aurez rien à craindre de la méchanceté qui vous guette... » Habitué à la chevêche, c'est vrai qu'ils formaient un étrange couple, tous les deux. C'est vrai qu'elle le prévenait du danger, mais qu'il n'en avait pas tenu compte. « Tant qu'elle sera avec vous, vous n'aurez rien à craindre. » Qu'en savait-il, l'homme des bois ? Tout cela n'était que fables de bonnes femmes. Mais il n'en restait pas moins que la crucifixion de la chouette se voulait un nouvel avertissement. Les bachelleries ne désarmeraient pas.

Le sabotier et Louison laissèrent passer une dizaine de jours sans se voir. Puis, une nuit, ils commirent l'imprudence de se retrouver dans le grenier à blé. Lorsqu'ils voulurent en redescendre à l'aube, l'échelle était enlevée. Que faire ? Le grenier, trop haut perché, ne leur permettait pas de sauter. Prisonniers de la grange, ils se sentaient néanmoins en sécurité dans ce bâtiment qui, tout près de la demeure du maire-meunier, ne risquait quand même pas d'être incendié comme la forge et le cabaret de Chante-en-hiver. Vers six heures du matin, ils s'inquiétèrent d'un bruit de foule, puis de piétinements. Soudain la grange fut envahie par une multitude qui criait, s'esclaffait. Des sons rauques de trompes venaient des cornes à bœufs dans lesquelles soufflaient des conscrits. Le sabotier et Louison entendirent que l'on posait l'échelle et que quelqu'un montait les échelons. Le jeune maire-meunier apparut.

On cria d'en bas :

— Alors, c'est-y des menteries ! Vous les voyez bouliter entre les sacs ?

Le jeune maire-meunier montrait une tête consternée. De toute évidence, il eût préféré ne rien voir. Mais on continuait à l'interpeller d'en bas :

— Alors, où qu'ils sont mottés ? Faut-y qu'on monte leur frotter le cul ?

— Oui, ils sont là, dit enfin le maire-meunier.

Puis s'adressant au sabotier de la Gâtine :

— Vous vous êtes mis dans un drôle de pétrin. C'est à cause de cette garce. Si j'avais su, je l'aurais laissée mendier sur les routes.

D'en bas, les exclamations continuaient, plus pressantes :

— Faites-les descendre ! On va leur donner une escorte ! Faut les bénir avec du purin ! Si z'on fait un petit, gardez-nous-le, m'sieu l'maire !

Le maire-meunier descendit à moitié l'échelle, se retourna et, regardant avec un mépris qu'il essaya d'atténuer la meute hilare qui se trouvait à ses pieds, dit le plus fermement qu'il put :

— Le sabotier et la Louison sont des gens à moi. Vous n'y toucherez pas dans ma maison. Je n'ai pas appelé les gendarmes lorsque la forge de Chante-en-hiver, qui m'appartenait, a été brûlée. La mort de Chante-en-hiver, ce n'est pas bien clair. Si vous voulez avoir les gendarmes sur le dos, essayez d'approcher de cette échelle !

La meute grogna, jura, cracha par terre. Puis le nouveau roi de la bachellerie des garçons qui avait jeté l'anathème sur Louison, dans la ferme du bas de la côte, lança avec colère :

— On va aller chercher le curé-aux-bougies.

— C'est ça, répondit le maire-meunier, allez chercher le curé. Il nous dira ce qu'il faut faire.

Dès que la bande s'éloigna, le maire-meunier fit descendre le sabotier et Louison.

— Toi, dit-il à Louison, je ne te veux plus ici. C'est vrai que les Chante-en-hiver apportent le malheur partout où ils passent.

— Vous savez qu'ils ont tué Chante-en-hiver, répliqua le sabotier. Mais c'est plus commode de faire de la victime un accusé. Si vous chassez Louison, je partirai aussi.

Le curé-aux-bougies vint rapidement, poussé par la horde. Enervé, véhément, il montrait les deux amants du doigt, comme pour leur lancer un mauvais sort :

— Monsieur le Maire, cet homme est un impie. Son impiété est le scandale de la paroisse. Nous l'avons déjà toléré depuis trop longtemps. Pas étonnant que Dieu se soit détourné de notre village... Et de plus il a déshonoré cette brave fille qui...

Profitant de l'attention portée au curé, Louison s'était échappée de la maison du maire-meunier. Déchaussée pour courir plus vite, ses sabots restaient sur le dallage de la salle, étranges objets que chacun regardait avec une certaine stupeur, comme si Louison, volatilisée, seules ses chaussures de bois témoignaient encore de son existence.

— Monsieur le Maire, reprit le curé-aux-bougies, je vous demande d'expulser le sabotier de la Gâtine.

Etrange renouvellement que cette opposition du curé et du maire. On se serait cru revenu au temps du curé-Noé et du maire-meunier républicain. Le curé-aux-bougies et le jeune maire-meunier, à peu près du même âge, s'entendaient pourtant assez bien. Il n'existait plus entre eux d'opposition politique ni religieuse. L'un et l'autre véhiculaient le même conformisme. De temps en temps, le curé, pourtant élevé dans un esprit progressiste, s'exaltait d'un fanatisme qui lui remontait du fond des sacristies. Ce jour-là il eût bien conduit le sabotier de la Gâtine sur un bûcher de sorcier, lui qui pourtant reprochait à Jacques-le-tisserand ses histoires obscurantistes.

— Le sabotier quittera le village, c'est entendu, dit le jeune maire-meunier d'une voix ferme. Mais pas sous la menace. Rentrez chez vous.

Il fut le premier étonné d'être obéi.

Louison ne revint pas. Le sabotier de la Gâtine s'inquiétait. Où avait-elle bien pu se rendre ? Qui accepterait de la cacher ? Le village, après son éclat, tombait dans une étrange torpeur. Aucune nouvelle alarmante n'arrivait au moulin où le maire-meunier protégeait le sabotier qui avait récupéré ses outils apportés par Poléon tout penaud. Mais le maire-meunier lui conseillait d'attendre encore un peu, que la colère des villageois se calme. On entendait rôder, la nuit, autour du moulin.

Un soir, dans la pénombre, Tête-de-loup apparut :

— Je viens vous chercher, sabotier. Où voulez-vous vous rendre ?

— A Nantes je trouverai bien du travail. J'ai envie de revoir la ville. Il faudrait que je puisse gagner Montaigu sans encombre. Après, c'est la grande route jusqu'à la Loire.

— Je vais vous sortir d'ici, sabotier.

— Quand ?

— Maintenant.

— Tu es fou. Il fait nuit noire.

— C'est justement le moment.

— Il fouine des rôdeurs autour du moulin, qui ne me disent rien qui vaille.

— Je connais le moyen de les chasser.

Le sabotier de la Gâtine hésita, se dit que Tête-de-loup connaissait les passages les plus sûrs depuis le temps qu'il vagabondait par monts et par vaux par tous les temps, prit ses outils dans leur sac de cuir et suivit le fils de la fille Eléhussard.

Dès qu'ils furent dehors, des ombres se profilèrent le long de la grange et l'on entendit des pas sur la pierraille.

— Ecoute... Je t'avais averti...

Tête-de-loup se mit à siffler, doucement, puis de plus en plus fort. On entendit le halètement d'animaux qui couraient, puis la fuite des rôdeurs pieds nus hurlant et entrechoquant leurs sabots comme des battoirs.

Tête-de-loup se remit à siffler, modulant le son d'une autre manière plus douce et le sabotier de la Gâtine vit arriver autour d'eux de grands chiens au museau fin, les oreilles droites, qui les regardaient de leurs yeux obliques, jaune or, lumineux dans les ténèbres.

— Mais, s'exclama-t-il, ce sont des loups !

— Allons, sabotier. Maintenant la route est libre. Et nous avons ces yeux luisants pour nous guider.

— C'est vrai, ce que disait Louison, que tu es un meneur de loups ?

— Vous le voyez bien.

Ils allèrent toute la nuit, dans le méandre des chemins creux, si obscurs qu'il semblait au sabotier de la Gâtine déambuler dans un dédale de souterrains. Les loups les précédaient, le nez au sol, flairant des traces. Aux premières lueurs du jour, Tête-de-loup montra au loin un clocher qui surmontait la ligne des arbres :

— Voilà Montaigu ! Adieu, sabotier !

Le sabotier hésita :

— Tu n'as pas vu Louison ?

— Non.

— Si tu la vois, dis-lui que je suis à Nantes. Et puis non, ne lui dis rien.

Ils se serrèrent la main. Tête-de-loup parut se souvenir de quelque chose :

— Mon père m'a demandé de vous dire qu'il n'approuve pas... Dommage que vous soyez un mécréant... Vous auriez pu, tous les deux, être de bonne compagnie. Il dit qu'au fond vous êtes un bon gars. C'est lui qui a voulu que je vous conduise...

— Ah ! Dochâgne ! Moi aussi, j'aurais bien aimé... Tant pis... Et on ne se retrouvera même pas dans un monde meilleur !

Le sabotier de la Gâtine rajusta son sac de cuir sur son dos et partit en direction de Montaigu.

La dernière entrevue de Dochâgne avec le baron lui barbouillait le cœur. Il repensait toujours à ce reproche de docilité envers le comte : « Mais enfin, toi-même, tu exécutes tout ce qu'il veut. S'il ne t'avait pas pour le servir, il ne pourrait ruiner les petits métayers et les bordiers comme il le fait... » C'est vrai que, finalement, toutes ces catastrophes qui bouleversaient ce village dont il était l'un des créateurs ne pouvaient entièrement être mises sur le compte des maléfices. Chante-en-hiver avait été puni et les malédictions n'en continuaient pas moins. Voilà que maintenant le sabotier partait. Il ne resterait bientôt plus d'artisan au village. Jacques, lui-même, ne recevant plus guère de pratique devenait plus maître d'école que tisserand. Et puis, il fallait bien aussi l'admettre, l'amitié de Dochâgne et de Jacques s'affaiblissait. Dochâgne reconnaissait avec peine l'ouvrier choletais qu'il avait ramené au village après leur chouannerie de la troisième guerre. Jacques-le-tisserand n'était pas resté fidèle à la Petite-Eglise et ses relations privilégiées avec le curé-aux-bougies agaçaient Dochâgne. Oui, il y avait du vrai dans ce reproche du baron. Dochâgne comprenait enfin qu'il s'était laissé prendre dans les rets du régisseur du comte et que sa docilité n'était pas innocente car, en échange, il échappait à la misère. Quel chemin, depuis la sortie de son chêne, à demi nu, jusqu'à cette grande métairie qu'il dirigeait maintenant ! Insidieusement transformé en laboureur que les valets appelaient maître, il en éprouvait une fierté qui l'aveuglait. Maître Dochâgne... Depuis sa discussion avec le baron, il lui apparaissait que Maître Dochâgne n'était lui aussi qu'un valet, le valet du régisseur, valet lui-même du comte et ce comte, que l'on ne voyait jamais, peut-être lui-même valet du roi ? Et le roi ? Valet des patauds qui continuaient à tirer les ficelles du fond de l'enfer !

Dochâgne avait envie de vomir. Il se sentait soudain très las. Il se sentait soudain très vieux. Si le bréviaire du curé-Noé disait vrai, sans doute dépassait-il les soixante ans. Il se sentait sexagénaire, mais en réalité, et bien que tout ce qui s'était passé avant qu'il ne se réfugie dans le creux du vieux chêne demeurât confus dans sa mémoire, il se remémorait qu'on lui racontait jadis la coïncidence de sa venue au monde avec la mort du roi Louis le quinzième. En tel cas, il ne devait être que quadragénaire. Mais qu'importe ! On a l'âge que l'on ressent. Et depuis la mort de Louis XV jusqu'à cette année 1820 il semblait bien à Dochâgne qu'il avait vécu plusieurs siècles.

Une autre phrase du baron l'obsédait aussi : « Et c'est à moi que tu vas en vouloir ! »

Oui, il en voulait plus au baron qu'au comte. Le baron, lui aussi, comme les autres nobles, ne finissait-il pas par abandonner ses paysans ? Resté son ami, il n'aurait jamais chassé Victorine et Victor. Et pourquoi ne lui avait-il pas donné ces baisers de paix qui se souvenaient de 93 ?

Dochâgne interrogea Jacques-le-tisserand sur ces plaines à blé du sud dont il parlait au retour de son errance. Jacques confirma son récit d'un pays de cocagne, tout plat, où les champs de grains ondulaient dans le vent. Et tout à côté, dans les herbages du marais, les bestiaux s'élevaient tout seuls, en quasi-liberté, sans qu'il soit besoin de vachers, des fossés d'eau formant les enclos. Dans son extrême pauvreté, Jacques ne voyait plus ce pays plat que comme une terre d'abondance et de facilité. Il est vrai que, comparée au bocage, la vie y était facile, mais, les années passant, Jacques transformait cette plaine du sud en une sorte de paradis terrestre.

— Le village ne me plaît plus guère, dit Dochâgne à Jacques-le-tisserand. Si je m'en allais vers les terres du sud, viendrais-tu ?

Jacques-le-tisserand montra un véritable affolement :

— Partir ? Pourquoi ? Le maire-meunier et le curé-aux-bougies sont bien bons pour moi. Ils m'ont fait maître d'école. Maintenant que le sabotier a disparu, le maire m'a dit que je pourrais faire des journées au moulin.

Tout l'été, Dochâgne continua à mener sa métairie, mais sans entrain. Victor avait pris la place du grand valet et Victorine celle de Louise. C'était surtout sur eux deux que reposait la bonne marche de l'ouvrage. Mais Victor, plus rationnel que Dochâgne, se plaignait du trop grand nombre de valets et surtout de toute cette kyrielle de vieillards, de femmes et d'enfants qui encombraient.

— Ce n'est plus une métairie, père, c'est une arche de Noé.

C'est vrai que la métairie de Dochâgne finissait par ressembler à une arche dans ce naufrage du village. Une arche de secours où venaient se réfugier bordiers et métayers en détresse. Des vieux, des éclopés, des veuves avec leurs couvées de marmots, des jeunes peu dociles qui acceptaient mal leur dénuement et pour lesquels Dochâgne apparaissait comme un patron avare.

Dochâgne se rendait bien compte que l'arche, trop chargée, risquait de couler. A force de ressasser la phrase du baron, il se voyait sous un autre jour qui l'effrayait. Il avait cru sauver ces bordiers et métayers en détresse et, en fait, le régisseur se servant de lui ne les étranglait que plus aisément. Avait-il été vraiment dupe ? Ne s'était-il pas laissé aller, poussé par ce vieil instinct de rapacité de la terre offerte, de cette terre soudain agrandie, de ce vaste espace à exploiter que lui offrait le comte ? Bien sûr, la terre ne lui appartenait pas, mais la vraie possession de la terre tient moins dans les livres des notaires, que dans la main de celui qui la travaille, qui l'ensemence, qui en récolte les fruits. Son esprit profondément religieux lui révélait son péché. Le régisseur réincarnait le Malin, le Tentateur qu'il n'avait su deviner. Se laissant glisser dans le péché de convoitise celui-ci l'avait mené tout naturellement au péché d'orgueil.

Il fallait qu'il se ressaisisse. Quand le régisseur passera, se promit-il, je lui demanderai mon congé pour la Saint-Michel.

Tête-de-loup vivait maintenant la plupart du temps dans la forêt, ne faisant que de brèves apparitions au village car il savait que les gardes du comte le pourchassaient et il se méfiait des villageois qui le regardaient de travers. Il n'était plus question qu'il puisse habiter dans la métairie de Dochâgne où, plusieurs fois, les gardes, inopinément, faillirent le découvrir. Lorsqu'il se rendait quand même chez son père, c'était dans l'obscurité et, avant lui, des loups venaient toujours fureter autour de la maison, comme en cette nuit déjà lointaine où il était arrivé des Vosges. Sous sa peau de bique, Tête-de-loup sortait toujours des lièvres, un marcassin, des perdrix. C'était lui, le mât de cocagne. Dochâgne protestait pour la forme, gêné par ces largesses. Non pas que le braconnage l'offusquât. Tout paysan considérait le braconnage comme une juste compensation du droit de chasse contesté par les nobles. Toutefois Tête-de-loup ne gagnait pas son pain, et le pain, c'était écrit dans les Livres, devait se gagner à la sueur de son front. Tête-de-loup trichait. Comme tout tricheur il serait un jour pris la main dans le sac. Les hussards, se lamentait Dochâgne, le sang des hussards m'a enlevé ce petit !

Tête-de-loup repartait avant l'aube. Il suivait dans la forêt des itinéraires de prédilection, avec des points de repère, comme le chêne aux clous dont le tronc se recouvrait maintenant de pointes jusqu'à six pieds de hauteur. Chaque ouvrier itinérant, charpentier, menuisier, charron, maçon, y fichait un clou en passant. Ils ne s'arrêtaient pas là en hommage à Dochâgne, comme les premiers qui commencèrent cette coutume. Un rite beaucoup plus ancien les animait puisqu'ils appelaient cet arbre le chêne du druide.

Tête-de-loup aimait aussi revenir régulièrement à ce Pavé de Gargantua devenu la Pierre-du-bon-curé. Un jour, comme il y arrivait, il perçut un bruit de broussailles et se précipita vers les branches remuées pour y saisir la bête qui s'y cachait. Ce n'était pas une bête. La Louison apparut, tout amaigrie, en guenilles, les pieds en sang, à peine reconnaissable. Elle se débattit, mais Tête-de-loup la maintenait de ses doigts maigres, durs comme des serres, furieux de la voir dans *sa* forêt. En même temps il savait bien qu'elle ne pouvait retourner au village au risque de s'y faire écharper. Il desserra son étreinte. Louison se précipita contre le dolmen, comme si elle pensait y trouver refuge.

Ils restèrent tous les deux un moment immobiles, tendus, l'un et l'autre à la fois chasseur et proie, si loin des hommes, si loin du village, dans cette immense solitude d'arbres et de fougères. Tête-de-loup regardait Louison qui ne ressemblait plus guère à la jeune fille émoustillante et ironique du cabaret de la forge. Elle s'était transformée en sauvagine, en animal de griffes et de dents, prêt à mordre. Il détestait la fille de Chante-en-hiver, trop sûre d'elle, trop superficielle, trop féminine sans doute pour sa rudesse. Mais cet être affamé, prêt à bondir, lui devenait soudain tout à fait proche. Il ne voyait plus Louison. Il voyait la louve. Sortant de sa besace un morceau de pain, il le lui tendit.

Le dernier jour de septembre, une caravane de charrettes quitta le village en direction du sud. En tête s'avançait une limonière attelée à deux bœufs, conduite par Victor. Dochâgne avait dû batailler ferme contre le régisseur pour obtenir ces deux bœufs dans le partage. Il avait sauvé aussi une vache qui, ajoutée à celle de Victor, tirait la charrette dans laquelle se tenaient Louise et Victorine, avec leurs nouveau-nés : Marthe et Marie, empaquetées dans des paniers d'osier. Suivaient les carrioles des métayers et des bordiers qui accompagnaient Dochâgne. Les vieux, les malades, les tout petits enfants s'y entassaient, juchés sur les coffres, les cages à poules, entre les ustensiles de cuisine en fer, les poteries, les quenouilles et les rouets. Les adultes allaient à pied, le long des voitures. Certains poussaient devant eux quelques chèvres, quelques moutons. Les ânes et les mulets, chargés de sacs, de barils, se suivaient à la queue leu leu. Le petit Jean, le filleul de Tête-de-loup (qui n'était pas du voyage) se tenait perché sur les épaules de Dochâgne. S'accrochant d'une main à la culotte bouffante de son père, Arsène le troisième marchait gravement, avec tout le sérieux de ses cinq ans, portant ostensiblement sur la poitrine un sachet de cuir dans lequel il transportait, roulé, son cordon ombilical. Il l'enterrerait sous un rosier, là-bas, dans le pays où l'on s'arrêterait.

Poléon pleurnichait, sans que l'on sache pourquoi. Il semblait le seul à regretter de quitter le village et se faisait houspiller par les autres jeunes qui le traitaient de poule mouillée.

Jacques-le-tisserand et Augustine-la-bouétouse n'avaient pas voulu suivre le convoi. Comme ils ne pouvaient, bien sûr, rester dans la métairie, le curé-aux-bougies les avait invités à s'installer dans le presbytère. Y mettant leur misère en commun, faisant d'un même lieu la cure et l'école, ils pensaient l'un et l'autre y trouver leur compte.

Dochâgne, comme les autres métayers qui le suivaient, avait presque tout perdu du fruit de son travail. Le régisseur trouvait toujours des prétextes pour retenir un porc, un bœuf, une vache, un mouton de plus. Mais le régisseur appliquait la loi. Dochâgne le savait. Il avait fait fructifier la terre du comte, multiplié les têtes de bétail, restauré les bâtiments, mais arrivé dans cette métairie les bras nus, comme il en repartait avec un petit bien, il remerciait le Seigneur de sa générosité.

Les premières pluies d'automne commençaient à détremper les pistes. Les ridelles des charrettes accrochaient les branches mouillées qui dégoulinaient. Il était temps de se sortir du labyrinthe des chemins creux et d'aborder aux routes où les voitures risquaient moins de s'embourber. Victor, en tête, chantait une de ces chansons de bouvier, tout en onomatopées, sorte de conversation avec les bœufs, appelés par leurs noms dans une lente mélopée grasseyante. Dochâgne, le petit Jean sur ses épaules, Arsène le troisième accroché à sa culotte, se sentit soudain heureux comme il ne l'avait plus été depuis bien longtemps. Il amenait son arche vers un nouveau village qu'il espérait fonder dans le sud, aux confins de la plaine et du marais, entre les blés et les herbages. Tous ceux qui le suivaient étaient adeptes de la Petite-Eglise. Il pensa au curé-Noé, se demanda si celui-ci l'eût approuvé de conduire ses fidèles dans cet exode. Tous les hommes arboraient leurs grands chapelets aux gros grains de buis autour du cou, comme des colliers. Et puisque certains portaient en bandoulière leurs fusils de chasse, on se serait cru en 93. Dochâgne se mit à chantonner un vieil air, qui lui revenait, une de ces chansons chemineresses de sa jeunesse. Puis il chanta avec plus d'assurance, de plus en plus fort. Dans leur limonière, Louise et Victorine se dressèrent pour le regarder, étonnées de voir Dochâgne, qu'elles n'avaient jamais entendu même fredonner, retrouver soudain ses chansons.

Alexandre Dumas

LES LOUVES DE MACHECOUL

1

L'aide de camp de Charette

S'il vous est arrivé par hasard, cher lecteur, d'aller de Nantes à Bourgneuf, vous avez, en arrivant à Saint-Philbert, écorné, pour ainsi dire, l'angle méridional du lac de Grand-Lieu, et, continuant votre chemin, vous êtes arrivé, au bout d'une ou deux heures de marche, selon que vous étiez à pied ou en voiture, aux premiers arbres de la forêt de Machecoul.

Là, à gauche du chemin, dans un grand bouquet d'arbres qui semble appartenir à la forêt, dont il n'est séparé que par la grande route, vous avez dû apercevoir les pointes aiguës de deux minces tourelles et le toit grisâtre d'un petit castel perdu au milieu des feuilles.

Les murs lézardés de cette gentilhommière, ses fenêtres ébréchées, sa couverture rougie par les iris sauvages et les mousses parasites lui donnent, malgré ses prétentions féodales et les deux tours qui la flanquent, une si pauvre apparence, qu'elle n'exciterait certainement la convoitise d'aucun de ceux qui la regardent en cheminant, sans sa délicieuse position en face des futaies séculaires de la forêt de Machecoul, dont les vagues verdoyantes montent à l'horizon aussi loin que la vue peut s'étendre.

En 1831, ce petit castel était la propriété d'un vieux gentilhomme nommé le marquis de Souday, et s'appelait le château de Souday, du nom de son propriétaire.

Faisons connaître le propriétaire, après avoir fait connaître le château.

Le marquis de Souday était l'unique représentant et le dernier héritier d'une vieille et illustre maison de Bretagne ; car le lac de Grand-Lieu, la forêt de Machecoul, la ville de Bourgneuf, situés dans cette partie de la France circonscrite aujourd'hui dans le département de la Loire-Inférieure, faisaient partie de la province de Bretagne, avant que la France fût divisée par départements. La famille du marquis de Souday avait été jadis un de ces arbres féodaux aux rameaux immenses dont l'ombrage s'étendait sur toute une province ; mais les ancêtres du marquis, à force de se mettre en frais pour monter dignement dans les carrosses du roi, l'avaient peu à peu si bien ébranché, que 89 était venu fort à propos pour empêcher le tronc vermoulu d'être jeté bas par la main d'un huissier, en lui réservant une fin peu digne de son illustration.

Lorsque sonna l'heure de la Bastille, lorsque croula la vieille maison des rois présageant l'écroulement de la royauté, le marquis de Souday, déjà héritier, sinon des biens — il n'en restait d'autres que la petite gentilhommière que nous avons dite — au moins du nom de son père, était premier page de Son Altesse royale M. le comte de Provence.

A seize ans — c'était l'âge qu'avait alors le marquis — les événements ne sont guère que des accidents ; il était, au reste, difficile de ne pas devenir profondément insoucieux à la cour épicurienne, voltairienne et constitutionnelle du Luxembourg, où l'égoïsme avait ses coudées franches.

C'était M. de Souday qui avait été envoyé sur la place de Grève pour guetter le moment où le bourreau serrerait la corde autour du cou de Favras, et où celui-ci, en rendant le dernier soupir, rendrait à Son Altesse royale sa tranquillité un instant troublée.

Il était revenu à grande course dire au Luxembourg :

— Monseigneur, c'est fait !

Et monseigneur, de sa voix claire et flûtée, avait dit :

— A table, messieurs ! à table !

Et l'on avait soupé, comme si un brave gentilhomme, qui donnait gratuitement sa vie à Son Altesse, ne venait pas d'être pendu comme un meurtrier et comme un vagabond.

Puis étaient arrivés les premiers jours sombres de la Révolution, la publication du livre rouge, la retraite de Necker, la mort de Mirabeau.

Un jour, le 22 février 1791, une grande foule était accourue et avait enveloppé le palais du Luxembourg.

Il s'agissait de bruits répandus. Monsieur, disait-on, voulait fuir et aller rejoindre les émigrés qui se rassemblaient sur le Rhin.

Mais Monsieur se montra au balcon, et fit le serment solennel de ne point quitter le roi.

Et, en effet, le 21 juin, il partit avec le roi, sans doute pour ne point manquer à sa parole de ne le pas quitter.

Il le quitta néanmoins, et pour son bonheur ; car il arriva tranquillement à la frontière avec son compagnon de voyage le marquis d'Avaray, tandis que Louis XVI était arrêté à Varennes.

Notre jeune page tenait trop à sa réputation de jeune homme à la mode pour demeurer en France, où cependant la monarchie allait avoir besoin de ses plus zélés serviteurs ; il émigra donc à son tour, et, comme personne ne fit attention à un page de dix-huit ans, il arriva sans accident à Coblence, et aida à compléter les cadres des compagnies de mousquetaires qui se reformaient là-bas, sous les ordres du marquis de Montmorin. Pendant les premières rencontres, il fit bravement campagne avec les trois Condés, fut blessé devant Thionville, puis, après bien des déceptions, éprouva la plus forte de toutes par le licenciement des corps d'émigrés ; mesure qui, avec leurs espérances, enlevait à tant de pauvres diables le pain du soldat, leur dernière ressource.

Il est vrai que ces soldats servaient contre la France, et que ce pain était pétri par la main de l'étranger.

Le marquis de Souday tourna alors les yeux vers la Bretagne et la Vendée, où, depuis deux ans, on combattait.

Voici où en était la Vendée.

Tous les premiers chefs de l'insurrection étaient morts : Cathelineau avait été tué à Vannes, Lescure avait été tué à la Tremblaye, Bonchamp avait été tué à Cholet, d'Elbée avait été ou allait être fusillé à Noirmoutiers.

Enfin, ce que l'on appelait la grande armée venait d'être anéantie au Mans.

Cette grande armée avait été vaincue à Fontenay, à Saumur, à Torfou, à Laval et à Dol ; elle avait eu l'avantage dans soixante combats ; elle avait tenu tête à toutes les forces de la République, commandées successivement par Biron, Rossignol, Kléber, Westermann, Marceau ; elle avait, en repoussant l'appui de l'Angleterre, vu incendier ses chaumières, massacrer ses enfants, égorger ses pères ; elle avait eu pour chefs Cathelineau, Henri de la Rochejaquelein, Stofflet, Bonchamp, Forestier, d'Elbée, Lescure, Marigny et Talmont ; elle était restée fidèle à son roi quand le reste de la France l'abandonnait ; elle avait adoré son Dieu quand Paris avait proclamé qu'il n'y avait plus de Dieu ; grâce à elle, enfin, la Vendée avait mérité d'être appelée, un jour, devant l'histoire, *la terre des géants*.

Charette et la Rochejaquelein étaient restés à peu près seuls debout.

Or, si Charette avait des soldats, la Rochejaquelein n'en avait plus.

C'est que, pendant que la grande armée se faisait détruire au Mans, Charette, nommé général en chef du bas Poitou, et secondé par le chevalier de Couëtu et Jolly, avait rassemblé une armée.

Charette, à la tête de cette armée, et la Rochejaquelein, suivi d'une dizaine d'hommes seulement, se rencontrèrent près de Maulevrier.

En voyant arriver la Rochejaquelein, Charette comprit que c'était un général qui lui arrivait et non un soldat ; il avait la conscience de lui-même, et ne voulait point partager son commandement ; il resta froid et hautain.

Il allait déjeuner : il n'invita pas même la Rochejaquelein à déjeuner avec lui.

Le même jour, huit cents hommes se détachaient de l'armée de Charette et passaient à la Rochejaquelein.

Le lendemain, Charette dit à son jeune rival :

— Je pars pour Mortagne ; vous allez me suivre.

— J'ai été habitué, jusqu'ici, non à suivre, dit la Rochejaquelein, mais à être suivi.

Et il partit de son côté, laissant Charette opérer du sien comme il l'entendait.

C'est celui-ci que nous suivrons, parce qu'il est le seul dont les derniers combats et l'exécution se rattachent à notre histoire.

Louis XVII était mort, et, le 26 juin 1795, Louis XVIII avait été proclamé roi de France, au quartier général de Belleville.

Le 15 août 1795, c'est-à-dire moins de deux mois après cette proclamation, un jeune homme apportait à Charette une lettre du nouveau roi.

Cette lettre, écrite de Vérone et en date du 8 juillet 1795, conférait à Charette le commandement légitime de l'armée royaliste.

Charette voulait répondre au roi par le même messager et le remercier de la faveur qu'il lui accordait ; mais le jeune homme fit observer qu'il était rentré en France pour y rester et pour y combattre, demandant que la dépêche apportée par lui lui servît de recommandation près du général en chef.

Charette, à l'instant même, l'attacha à sa personne.

Ce jeune messager n'était autre que l'ancien page de Monsieur, le marquis de Souday.

En se retirant, pour se reposer des vingt dernières lieues qu'il venait de faire à cheval, le marquis trouva sur son chemin un jeune garde de cinq ou six ans plus âgé que lui, et qui, le chapeau à la main, le regardait avec un affectueux respect.

Il reconnut le fils d'un des métayers de son père avec lequel il avait chassé et aimait fort à chasser autrefois, nul ne détournant mieux un sanglier et n'appuyant mieux les chiens quand l'animal était détourné.

— Eh ! Jean Oullier, s'écria-t-il, est-ce toi ?

— Moi-même en personne, pour vous servir, monsieur le marquis, répondit le jeune paysan.

— Ma foi, mon ami, bien volontiers ! Es-tu toujours bon chasseur ?

— Oh ! oui, monsieur le marquis ! seulement, pour le quart

d'heure, ce n'est plus le sanglier que nous chassons, c'est un autre gibier.

— N'importe ; si tu veux, nous chasserons celui-ci ensemble comme nous chassions l'autre.

— Ça n'est pas de refus ; au contraire, monsieur le marquis, repartit Jean Oullier.

Et, à partir de ce moment, Jean Oullier fut attaché au marquis de Souday comme le marquis de Souday était attaché à Charette ; c'est-à-dire que Jean Oullier était l'aide de camp de l'aide de camp du général en chef.

Outre ses talents de chasseur, Jean Oullier était un homme précieux. Dans les campements, il était bon à tout, et le marquis de Souday n'avait à s'occuper de rien ; dans les plus mauvais jours, le marquis ne manqua jamais d'un morceau de pain, d'un verre d'eau et d'une botte de paille — ce qui, en Vendée, était un luxe dont ne jouissait pas toujours le général en chef.

Nous serions fort tenté de suivre Charette et, par contrecoup, notre jeune héros dans quelques-unes de ces expéditions aventureuses tentées par le général royaliste et qui lui méritèrent la réputation de premier partisan du monde ; mais l'histoire est une sirène des plus décevantes, et, lorsqu'on est assez imprudent pour obéir au signe qu'elle vous fait de la suivre, on ne sait plus où elle vous mène.

Nous simplifierons donc notre récit autant que possible, laissant à un autre le soin de raconter l'expédition de M. le comte d'Artois à Noirmoutiers et à l'île Dieu, l'étrange conduite du prince, qui resta trois semaines en vue des côtes de France sans y aborder, et le découragement de l'armée royaliste en se voyant abandonnée par ceux-là pour lesquels elle combattait depuis plus de deux ans !

Charette n'en remporta pas moins, quelque temps après, la terrible victoire des Quatre-Chemins : ce fut la dernière ; car la trahison allait se mettre de la partie.

Victime d'un guet-apens, de Couëtu, le bras droit de Charette, son autre lui-même depuis la mort de Jolly, fut pris et fusillé.

Dans les derniers temps de sa vie, Charette ne peut pas faire un pas, que son adversaire, quel qu'il soit, Hoche ou Travot, n'en soit averti sur-le-champ.

Environné de troupes républicaines, cerné de tous côtés, poursuivi jour et nuit, traqué de buissons en buissons, rampant de fossés en fossés, sachant qu'un peu plus tôt ou un peu plus tard il doit être tué dans quelque rencontre, ou, s'il est pris vivant, fusillé sur place ; sans asile, brûlé de la fièvre, mourant de soif et de faim, n'osant demander, aux fermes qu'il rencontre, ni un peu de pain, ni un peu d'eau, ni un peu de paille, il n'a plus autour de lui que trente-deux hommes dont font partie le marquis de Souday et Jean Oullier, quand, le 25 mars 1796, on lui annonce que quatre colonnes républicaines marchent simultanément contre lui.

— Bien ! dit-il ; en ce cas, c'est ici qu'il faut se battre jusqu'à la mort et vendre chèrement sa vie.

C'était à la Prélinière, dans la paroisse de Saint-Sulpice. Mais, avec ses trente-deux hommes, Charette ne se contente pas d'attendre les républicains : il marche au-devant d'eux. A la Guyonnière, il rencontre le général Valentin, à la tête de deux cents grenadiers et chasseurs.

Charette trouve une bonne position, et s'y retranche.

Là, pendant trois heures, il soutient les charges et le feu de deux cents républicains.

Douze de ses hommes tombent autour de lui. L'armée de la chouannerie, qui se composait de vingt-quatre mille hommes lorsque M. le comte d'Artois était à l'île Dieu, est aujourd'hui réduite à vingt hommes.

Ces vingt hommes tiennent autour de leur général, et pas un ne songe à fuir.

Pour en finir, le général Valentin prend un fusil, et, à la tête de cent quatre-vingts hommes qui lui restent, charge à la baïonnette.

Dans cette charge, Charette est blessé d'une balle à la tête et a trois doigts de la main gauche coupés d'un coup de sabre.

Il va être pris, quand un Alsacien nommé Pfeffer, qui a pour Charette plus que du dévouement — une religion — prend le chapeau empanaché de son général, lui donne le sien, et, s'élançant à gauche, lui crie :

— Sauvez-vous à droite !... C'est moi qu'ils vont poursuivre.

Et, en effet, c'est sur lui que s'acharnent les républicains, tandis que Charette s'élance du côté opposé avec ses quinze derniers hommes.

Charette touchait au bois de la Chabotière, lorsque la colonne du général Travot paraît.

Une nouvelle, une suprême lutte s'engage, dans laquelle Charette n'a d'autre but que de se faire tuer.

Perdant son sang par trois blessures, il chancelle et va tomber. Un Vendéen nommé Bossard le charge sur ses épaules et l'emporte vers le bois ; mais, avant d'y arriver, il tombe percé d'une balle.

Un autre, nommé Laroche-Davo, lui succède, fait cinquante pas et tombe à son tour dans le fossé qui sépare le bois de la plaine.

Le marquis de Souday prend à son tour Charette entre ses bras, et, tandis que Jean Oullier tue de ses deux coups de fusil les deux soldats républicains qui le pressent de plus près, il se jette dans le bois avec son général et sept hommes qui restent. A cinquante pas de la lisière, Charette semble reprendre sa force.

— Souday, dit-il, écoute mon dernier ordre.

Le jeune homme s'arrête.

— Dépose-moi au pied de ce chêne.

Souday hésitait à obéir.

— Je suis toujours ton général, lui dit Charette d'une voix impérieuse ; obéis-moi donc !

Le jeune homme, vaincu, obéit et dépose son général au pied du chêne.

— Là ! maintenant, dit Charette, écoute-moi bien. Il faut que le roi, qui m'a fait général en chef, sache comment son général en chef est mort. Retourne auprès de Sa Majesté Louis XVIII, et raconte-lui ce que tu as vu ; je le veux !

Charette parlait avec une telle solennité, que le marquis de Souday, qu'il tutoyait pour la première fois, n'eut pas même l'idée de désobéir.

— Allons, reprit Charette, tu n'as pas une minute à perdre, fuis ; voilà les bleus !

En effet, les républicains paraissaient à la lisière du bois.

Souday prit la main que lui tendait Charette.

— Embrasse-moi, dit celui-ci.

Le jeune homme l'embrassa.

— Assez, dit le général. Pars !

Souday jeta un regard à Jean Oullier.

— Viens-tu ? lui dit-il.

Mais celui-ci secoua la tête d'un air sombre.

— Que voulez-vous que j'aille faire là-bas, monsieur le marquis, dit-il, tandis qu'ici...

— Ici, que feras-tu ?

— Je vous dirai cela si, un jour, nous nous revoyons, monsieur le marquis.

Et il envoya ses deux balles aux deux républicains les plus proches.

Les deux républicains tombèrent.

L'un des deux était un officier supérieur ; ses soldats s'empressèrent autour de lui.

Jean Oullier et le marquis de Souday profitèrent de cette espèce de sursis pour s'enfoncer dans la profondeur du bois.

Seulement, au bout de cinquante pas, Jean Oullier, trouvant un épais buisson, s'y glissa comme un serpent en faisant un signe d'adieu au marquis de Souday.

Le marquis de Souday continua son chemin.

2

La reconnaissance des rois

Le marquis de Souday gagna les bords de la Loire, et trouva un pêcheur qui le conduisit à la pointe de Saint-Gildas.

Une frégate croisait en vue ; c'était une frégate anglaise.

Pour quelques louis de plus, le pêcheur conduisit le marquis jusqu'à la frégate.

Arrivé là, il était sauvé.

Deux ou trois jours après, la frégate héla un trois-mâts du commerce qui gouvernait pour entrer dans la Manche.

C'était un bâtiment hollandais.

Le marquis de Souday demanda à passer à son bord ; le capitaine anglais l'y fit conduire.

Le trois-mâts hollandais déposa le marquis à Rotterdam.

De Rotterdam, celui-ci gagna Blankenbourg, petite ville du duché de Brunswick que Louis XVIII avait choisie pour sa résidence.

Il avait à s'acquitter des dernières recommandations de Charette.

Louis XVIII était à table ; l'heure du repas fut toujours une heure solennelle pour lui.

L'ex-page dut attendre que Sa Majesté eût dîné.

Après le dîner, il fut introduit.

Il raconta les événements qu'il avait vus se dérouler sous ses yeux, et surtout la dernière catastrophe, avec une telle éloquence, que Sa Majesté, qui cependant était assez peu impressionnable, fut impressionnée au point de lui dire :

— Assez, assez, marquis ! Oui, le chevalier de Charette était un brave serviteur, nous le reconnaissons.

Et il lui fit signe de se retirer.

Le messager obéit ; mais, en se retirant, il entendit le roi qui disait d'un ton maussade :

— Cet imbécile de Souday qui vient me raconter ces choses-là après dîner ! c'est capable de troubler ma digestion !

Le marquis était susceptible ; il trouva que, après avoir exposé sa vie pendant six mois, être appelé imbécile par celui-là même pour qui il l'avait exposée, était une médiocre récompense.

Il lui restait une centaine de louis dans sa poche ; il quitta le même soir Blankenbourg, en se disant :

— Si j'avais su être reçu de cette façon-là, je ne me serais pas donné tant de peine pour venir !

Il regagna la Hollande, et, de la Hollande, passa en Angleterre. Là commença une nouvelle phase de l'existence du marquis de Souday. Il était de ces hommes que les circonstances façonnent selon leurs besoins ; qui sont forts ou faibles, valeureux ou pusillanimes selon le milieu où le hasard les jette. Pendant six mois, il s'était mis au niveau de cette terrible épopée vendéenne : il avait teint de son sang les buissons et les landes du haut et du bas Poitou ; il avait supporté avec une constance stoïque non seulement la mauvaise chance des combats, mais encore toutes les privations qui résultaient de cette lutte de guérillas, bivouaquant dans les neiges, errant sans pain, sans vêtements, sans asile dans les forêts boueuses de la Vendée ; jamais il n'avait eu une pensée pour les regrets, une parole pour la plainte !

Eh bien, avec tous ces antécédents, isolé au milieu de cette grande ville de Londres, où il errait tristement, en regrettant les jours de lutte, il se trouva sans courage en face du désœuvrement, sans constance en face de l'ennui, sans énergie en face de la misère qui l'attendait dans l'exil.

Cet homme, qui avait bravé les poursuites des colonnes infernales, ne sut pas résister aux méchantes suggestions de l'oisiveté ; il chercha le plaisir partout et à tout prix, pour combler le vide qui s'était fait dans son existence depuis qu'il n'avait plus, pour l'occuper, les péripéties d'une lutte exterminatrice.

Or, ces plaisirs que demandait l'exilé, il était trop pauvre pour les choisir d'un ordre bien relevé : aussi, peu à peu, perdit-il de cette élégance de gentilhomme que l'habit de paysan porté pendant plus de deux mois n'avait pas pu amoindrir, et, avec cette élégance, la distinction de ses goûts ; il compara l'ale et le porter au champagne, et fit cas de ces filles enrubannées de Grosvenor et de Haymarket, lui qui avait eu à choisir pour ses premières amours parmi des duchesses !

Bientôt, la facilité de ses principes et les besoins sans cesse renaissants de la vie l'amenèrent à des compositions dont sa réputation se trouva mal ; il accepta ce qu'il ne pouvait plus payer ; il fit ses amis de compagnons de débauche d'une classe inférieure à lui ; il en résulta que ses camarades d'émigration se détournèrent de lui, et, par la pente toute naturelle des choses, plus l'isolement se faisait autour de sa personne, plus le marquis de Souday s'enfonçait dans la mauvaise voie où il était entré.

Il y avait deux ans qu'il menait cette existence, lorsque le hasard lui fit rencontrer, dans un tripot de la Cité dont il était un des hôtes les plus assidus, une jeune ouvrière qu'une de ces hideuses créatures qui pullulent à Londres arrachait de sa mansarde et produisait pour la première fois.

Malgré les changements que la mauvaise fortune avait apportés en lui, la pauvre jeune fille reconnut cependant un reste de seigneurie ; elle se jeta en pleurant aux pieds du marquis, le suppliant de la sauver de la vie infâme à laquelle on voulait la consacrer et pour laquelle elle n'était point faite, ayant été sage jusque-là.

La jeune fille était belle ; le marquis lui offrit de le suivre.

La jeune fille se jeta à son cou, et promit de lui donner tout son amour, de lui consacrer tout son dévouement.

Sans avoir le moins du monde l'intention d'accomplir une bonne action, le marquis fit donc échouer la spéculation échafaudée sur la beauté d'Eva.

La malheureuse enfant s'appelait Eva.

Elle tint parole, la pauvre et honnête fille qu'elle était : le marquis fut son premier et son dernier amour.

Au reste, le moment était heureux pour tous deux. Le marquis commençait à se fatiguer des combats de coqs, des aigres vapeurs de la bière, des démêlés avec les constables et des bonnes fortunes de carrefour ; la tendresse de cette jeune fille le reposa ; la possession de cette enfant, blanche comme les cygnes qui ont été l'emblème de la Grande-Bretagne, sa patrie, satisfit l'amour-propre de M. de Souday. Peu à peu, il changea donc d'existence, et, sans revenir aux habitudes d'un homme de son rang, au moins la vie qu'il adopta fut-elle la vie d'un honnête homme.

Il se réfugia avec Eva dans une mansarde de Piccadilly. La jeune fille savait très bien coudre ; elle trouva du travail chez une lingère. Le marquis donna des leçons d'escrime.

A partir de ce moment, ils vécurent un peu du modique produit des leçons du marquis et des travaux d'Eva, beaucoup du bonheur qu'ils trouvaient dans un amour devenu assez puissant pour dorer leur indigence.

Et cependant cet amour, comme toutes les choses mortelles, s'usa, mais à la longue.

Heureusement pour Eva que les émotions de la guerre vendéenne et les joies effrénées des enfers de Londres avaient absorbé la sève surabondante que pouvait avoir son amant ; il avait vieilli avant l'âge.

Effectivement, le jour où le marquis de Souday s'aperçut que son amour pour Eva n'était plus qu'un feu éteint, ou du moins bien près de s'éteindre ; le jour où les baisers de la jeune femme se trouvèrent impuissants, non pas à le rassasier, mais à le réveiller, l'habitude avait pris sur son esprit un tel ascendant, que, quand bien même il eût cédé au besoin de chercher des distractions au-dehors, il n'eût plus trouvé en lui ni la force ni le courage de rompre une liaison dans laquelle son égoïsme trouvait les monotones satisfactions du jour le jour.

Ce ci-devant viveur, dont les ancêtres avaient eu, pendant trois siècles, droit de haute et basse justice dans leur comté ; cet ex-*brigand*, aide de camp du *brigand* Charette, mena ainsi, pendant douze ans, l'existence triste, précaire, souffreteuse, d'un modeste employé, ou d'un artisan plus modeste encore.

Le ciel avait été longtemps sans se décider à bénir cette union illégitime ; mais enfin les vœux que formait depuis douze ans Eva furent exaucés. La pauvre femme devint enceinte et donna le jour à deux jumelles.

Malheureusement, Eva ne jouit que quelques heures de ces joies maternelles qu'elle avait tant souhaitées : la fièvre de lait l'emporta.

Sa tendresse pour le marquis de Souday était aussi vive et aussi profonde, après ces douze années, qu'aux premiers jours de leur liaison ; cependant son amour, si grand qu'il fût, n'avait pu l'empêcher de reconnaître que la frivolité et l'égoïsme faisaient le fond du caractère de son amant ; aussi mourut-elle partagée entre la douleur de dire un éternel adieu à cet homme tant aimé et la terreur de voir entre ses mains frivoles l'avenir de ses deux enfants.

Cette perte produisit sur le marquis de Souday des impressions que nous reproduirons minutieusement, parce qu'elles nous semblent donner la mesure de l'humeur de ce personnage, destiné à jouer un rôle important dans le récit que nous entreprenons.

Il commença par pleurer sérieusement et sincèrement sa compagne ; car il ne pouvait s'empêcher de rendre hommage à ses qualités et de reconnaître le bonheur qu'il avait dû à son affection.

Puis, cette première douleur apaisée, il éprouva un peu de la joie de l'écolier qui se sent débarrassé de ses entraves. Un jour ou l'autre, son nom, son rang, sa naissance, pouvaient rendre nécessaire la rupture de ce lien ; le marquis n'en voulait donc pas trop à la Providence de s'être chargée d'un soin qui lui eût été cruel.

Mais cette satisfaction fut courte ; la tendresse d'Eva, la continuité des petits soins dont il était l'objet avaient gâté le marquis, et ces petits soins, qui lui manquaient tout à coup, lui parurent plus nécessaires qu'autrefois ils ne lui avaient paru doux.

La mansarde, du moment où la voix pure et fraîche de l'Anglaise ne fut plus là pour l'animer, redevint ce qu'elle était en réalité, un affreux taudis, de même que, du moment où il chercha en vain sur son oreiller la chevelure soyeuse de son amie épanchée en flots blonds et abondants, son lit ne fut plus qu'un galetas.

Où trouverait-il maintenant les douces câlineries, les tendres prévenances dont, pendant douze ans, Eva l'avait entouré ?

Arrivé à cette période de son isolement, le marquis comprit qu'il les chercherait en vain ; en conséquence, il se remit de plus belle à pleurer sa maîtresse, et, quand il lui fallut se séparer des deux petites filles, qu'il mettait en nourrice dans le Yorkshire, il trouva dans sa douleur des élans de tendresse qui touchèrent bien vivement la paysanne qui les emmenait.

Lorsqu'il se fut ainsi séparé de tout ce qui le rattachait au passé, le marquis de Souday succomba sous le poids de son isolement ; il devint sombre et taciturne ; le dégoût de la vie s'empara de lui, et, comme sa foi religieuse n'était pas des plus solides, il eût fini, selon toute probabilité, par faire un saut dans la Tamise, si la catastrophe de 1814 n'était point arrivée à propos pour le distraire de ses idées lugubres.

Rentré dans sa patrie, qu'il n'espérait plus revoir, le marquis de Souday vint tout naturellement demander à Louis XVIII, à qui il n'avait rien demandé pendant tout le temps qu'avait duré son exil, le prix du sang qu'il avait répandu pour lui ; mais les princes ne cherchent souvent qu'un prétexte pour se montrer ingrats, et Louis XVIII en avait trois vis-à-vis de son ancien page :

Le premier, c'était la façon intempestive dont celui-ci était venu annoncer à Sa Majesté la mort de Charette, annonce qui avait, en effet, troublé la royale digestion.

Le second était son départ inconvenant de Blankenbourg, départ qui avait été accompagné de paroles plus inconvenantes encore que le départ lui-même.

Enfin, le troisième prétexte — et le plus grave — était l'irrégularité de sa conduite pendant l'émigration.

On donna de grands éloges à la bravoure et au dévouement de l'ex-page ; mais on lui fit comprendre tout doucement qu'avec de pareils scandales à se reprocher il ne pouvait avoir la prétention de remplir un emploi public.

Le roi n'était plus le maître absolu, lui dit-on ; il avait à compter avec l'opinion publique ; à un règne d'immortalité, il devait faire succéder une ère nouvelle et sévère.

On représenta au marquis combien il serait beau de sa part de couronner une vie d'abnégation et de dévouement en faisant aux nécessités de la situation le sacrifice de ses velléités ambitieuses.

Bref, on l'amena à se contenter de la croix de Saint-Louis, du grade et de la retraite de chef d'escadron, et à s'en aller manger le pain du roi dans sa terre de Souday, seule épave que le pauvre émigré eût recueillie de l'immense fortune de ses ancêtres.

Ce qu'il y eut de beau, c'est que ces déceptions n'empêchèrent point le marquis de Souday de faire son devoir, c'est-à-dire de quitter de nouveau son pauvre castel lorsque Napoléon opéra son merveilleux retour de l'île d'Elbe.

Napoléon tombé une seconde fois, une seconde fois le marquis de Souday rentra à la suite de ses princes légitimes.

Mais, cette fois, mieux avisé qu'en 1814, il se contenta de demander à la Restauration la place de lieutenant de louveterie de l'arrondissement de Machecoul, qui, étant gratuite, lui fut accordée avec empressement.

Privé pendant toute sa jeunesse d'un plaisir qui, dans sa famille, était une passion héréditaire, le marquis de Souday commença de s'adonner à la chasse avec fureur. Toujours triste de la vie solitaire, pour laquelle il n'était pas fait ; devenu encore plus misanthrope à la suite de ses déconvenues politiques, il trouvait dans cet exercice l'oubli momentané de ses souvenirs amers. Aussi la possession d'une louveterie qui lui donnait le droit de parcourir gratuitement les forêts de l'Etat lui causa-t-elle plus de satisfaction qu'il n'en avait éprouvé en recevant du ministre sa croix de Saint-Louis et son brevet de chef d'escadron.

Or, le marquis de Souday vivait depuis deux ans déjà dans son petit castel, battant les bois jour et nuit avec ses six chiens, seul équipage que lui permît son mince revenu, voyant ses voisins tout juste autant qu'il le fallait pour ne point passer pour un ours et songeant le moins possible aux héritages comme aux gloires du passé, lorsqu'un matin, qu'il partait pour aller explorer la partie nord de la forêt de Machecoul, il se croisa sur la route avec une paysanne qui portait une enfant de trois à quatre ans sur chacun de ses bras.

Le marquis de Souday reconnut cette paysanne et rougit en la reconnaissant.

C'était la nourrice du Yorkshire, à laquelle, depuis trente-six à trente-huit mois, il oubliait régulièrement de payer la pension de ses deux nourrissonnes.

La brave femme s'était rendue à Londres, et avait fort intelligemment été demander des renseignements à l'ambassade française. Elle arrivait donc par l'intermédiaire de M. le ministre de France, qui ne doutait point que le marquis de Souday ne fût on ne peut plus heureux de retrouver ses enfants.

Ce qu'il y a d'extraordinaire, c'est qu'il ne s'était pas tout à fait trompé.

Les petites filles rappelaient si parfaitement la pauvre Eva, que le marquis eut un moment d'émotion ; il les embrassa avec une tendresse qui n'était pas feinte, donna son fusil à porter à l'Anglaise, prit les deux enfants dans ses bras et rapporta à son castel ce butin inattendu, à la grande stupéfaction de la cuisinière nantaise qui composait son domestique, et qui l'accabla de questions sur la singulière trouvaille qu'il venait de faire.

Cet interrogatoire épouvanta le marquis.

Il n'avait que trente-neuf ans et songeait vaguement à se marier, regardant comme un devoir de ne pas laisser finir dans sa personne une maison aussi illustre que l'était la sienne ; il n'eût point été fâché, d'ailleurs, de se décharger sur une femme des soins du ménage, qui lui étaient odieux.

Mais la réalisation de ce projet devenait difficile si les deux petites filles restaient sous son toit.

Il le comprit, paya largement l'Anglaise et la fit repartir le lendemain.

Pendant la nuit, il avait pris une résolution qui lui avait paru tout concilier.

Quelle était cette résolution ?

C'est ce que nous allons voir dans le chapitre suivant.

3

Les deux jumelles

Le marquis de Souday s'était mis au lit, en se répétant à lui-même ce vieil axiome : « La nuit porte conseil. »

Puis, dans cette espérance, il s'était endormi.

En dormant, il avait rêvé.

Il avait rêvé à ses vieilles guerres de Vendée avec Charette, dont il avait été l'aide de camp, et surtout il avait rêvé à ce brave fils d'un métayer de son père qui avait été son aide de camp, à lui : il avait rêvé à Jean Oullier, auquel il n'avait jamais songé, qu'il n'avait jamais revu depuis le jour où, Charette mourant, ils s'étaient séparés dans le bois de la Chabotière.

Autant qu'il pouvait se le rappeler, Jean Oullier, avant de se joindre à l'armée de Charette, habitait le village de la Chevrolière, près du lac de Grand-Lieu.

Le marquis de Souday fit monter à cheval un homme de Machecoul qui lui faisait d'habitude ses commissions, et, en lui remettant une lettre, le chargea d'aller à la Chevrolière s'informer si un nommé Jean Oullier vivait encore et habitait toujours le pays.

S'il vivait encore et habitait toujours le pays, l'homme de Machecoul aurait à lui porter la lettre et à le ramener, s'il était possible, avec lui.

S'il demeurait aux environs, le messager devait le joindre où il était.

S'il était trop loin pour le suivre, il fallait s'informer de la localité qu'il habitait.

S'il était mort, il fallait revenir dire qu'il était mort.

Jean Oullier n'était pas mort, Jean Oullier n'était pas dans un pays lointain, Jean Oullier n'était pas même aux environs de la Chevrolière.

Jean Oullier était à la Chevrolière même.

Voici ce qu'il était advenu de lui après sa séparation d'avec le marquis de Souday.

Il était resté caché dans le buisson d'où, sans être vu, il pouvait voir.

Il avait vu le général Travot faisant Charette prisonnier, et le traitant avec tous les égards qu'un homme comme le général Travot pouvait avoir pour Charette.

Mais il paraît que ce n'était pas là tout ce que voulait voir Jean Oullier, puisque, Charette placé sur un brancard et emporté, il resta encore, lui, dans son buisson.

Il est vrai qu'un officier et un piquet de douze hommes étaient, de leur côté, restés dans le bois.

Une heure après que ce poste était installé là, un paysan vendéen avait passé à dix pas de Jean Oullier, et avait répondu au qui-vive de la sentinelle bleue par le mot *ami*, réponse bizarre dans la bouche d'un paysan royaliste parlant à des soldats républicains.

Puis le paysan avait échangé un mot d'ordre avec la sentinelle, qui l'avait laissé passer.

Puis, enfin, il s'était approché de l'officier, qui, avec une expression de dégoût impossible à décrire, lui avait remis une bourse pleine d'or.

Après quoi, le paysan avait disparu.

Selon toute probabilité, l'officier et les douze hommes n'avaient été laissés dans le bois que pour attendre ce paysan ; car à peine avait-il disparu, qu'eux-mêmes s'étaient ralliés et avaient disparu à leur tour.

Selon toute probabilité encore, Jean Oullier avait vu ce qu'il voulait voir ; car il sortit de son buisson comme il y était entré, c'est-à-dire en rampant, se remit sur les pieds, arracha la cocarde blanche de son chapeau, et, avec l'insouciance d'un homme qui, depuis trois ans, joue sa vie chaque jour sur un coup de dés, s'enfonça dans la forêt.

La même nuit, il arriva à la Chevrolière.

Il alla droit à la place où il croyait trouver sa maison.

A la place de sa maison était une ruine noircie par la fumée.

Il s'assit sur une pierre et pleura.

C'est que, dans cette maison, il avait laissé une femme et deux enfants...

Mais, bientôt, Jean Oullier entendit un bruit de pas ; il releva la tête.

Un paysan passait ; Jean Oullier le reconnut dans l'obscurité.

Il appela :

— Tinguy !

Le paysan s'approcha.

— Qui es-tu, demanda-t-il, toi qui m'appelles ?

— Je suis Jean Oullier, répondit le chouan.

— Dieu te garde ! répondit Tinguy.

Et il voulut continuer son chemin.

Jean Oullier l'arrêta.

— Il faut que tu me répondes, lui dit-il.

— Es-tu un homme ?

— Oui.

— Eh bien, alors interroge, je répondrai.

— Mon père ?

— Mort.

— Ma femme ?

— Morte.

— Mes deux enfants ?

— Morts.

— Merci.

Jean Oullier se rassit ; il ne pleurait plus.

Un instant après, il se laissa tomber à genoux et pria.

Il était temps ; il allait blasphémer.

Il pria pour ceux qui étaient morts.

Puis, retrempé par cette foi profonde qui lui donnait l'espoir de les retrouver un jour dans un monde meilleur, il bivouaqua sur ces tristes ruines.

Le lendemain, au point du jour, il était à la besogne, aussi calme, aussi résolu, que si son père eût toujours été à la charrue, sa femme devant la cheminée, et ses enfants devant la porte.

Seul, et sans demander d'aide à personne, il rebâtit sa chaumière.

Il y vécut de son humble travail de journalier ; et qui eût conseillé à Jean Oullier de demander aux Bourbons le prix de ce qu'à tort ou à raison il regardait comme un devoir accompli, celui-là eût fort risqué de révolter la simplicité pleine de grandeur du pauvre paysan.

On comprend qu'avec ce caractère Jean Oullier, recevant une lettre du marquis de Souday, qui l'appelait son vieux camarade et le priait de se rendre à l'instant même au château, on comprend que Jean Oullier ne se fit pas attendre.

Il ferma la porte de sa maison, mit la clef dans sa poche, et, comme il vivait seul, n'ayant personne à prévenir, il partit à l'instant même.

Le messager voulut lui céder le cheval, ou du moins le faire monter en croupe, mais Jean Oullier secoua la tête.

— Grâce à Dieu, dit-il, les jambes sont bonnes.

Et, appuyant sa main sur le cou du cheval, il indiqua lui-même par une espèce de pas gymnastique l'allure que le cheval pouvait prendre.

C'était un petit trot de deux lieues à l'heure.

Le soir, Jean Oullier était au château de Souday.

Le marquis le reçut avec une joie visible ; toute la journée, il avait été tourmenté à l'idée que Jean Oullier était absent ou mort.

Il va sans dire que cette absence ou cette mort le tourmentait, non pas pour Jean Oullier, mais pour lui-même.

Nous avons prévenu nos lecteurs que le marquis de Souday était légèrement égoïste.

La première chose que fit le marquis, ce fut de prendre Jean Oullier à part et de lui confier sa position et les embarras qui en résultaient pour lui.

Jean Oullier, qui avait eu ses deux enfants massacrés, ne comprenait pas très bien qu'un père se séparât volontiers de ses deux enfants.

Il accepta cependant la proposition que lui fit le marquis de Souday de lui faire élever ses deux enfants, jusqu'au moment où elles auraient atteint l'âge d'aller en pension.

Il chercherait, à la Chevrolière ou aux environs, quelque brave femme qui leur tînt lieu de mère — si toutefois quelque chose tient lieu de mère à des orphelins.

Quand bien même les deux jumelles eussent été laides et désagréables, Jean Oullier eût accepté ; mais elles étaient si gentilles, si avenantes, si gracieuses, leur sourire était si engageant, que le bonhomme les avait tout de suite aimées comme ces gens-là savent aimer.

Il prétendait qu'avec leurs petites figures blanches et roses et leurs longs cheveux bouclés, elles lui rappelaient si bien les anges qui, avant qu'on les eût brisés, entouraient la madone du maître-autel de Grand-Lieu, qu'en les apercevant il avait eu l'idée de s'agenouiller.

Il fut donc décidé que le lendemain, Jean Oullier emmènerait les deux enfants.

Malheureusement, pendant tout le temps qui s'était écoulé entre le départ de la nourrice et l'arrivée de Jean Oullier, il avait plu.

Le marquis, confiné dans son castel, avait senti qu'il commençait à s'ennuyer.

S'ennuyant, il avait appelé auprès de lui ses deux filles et s'était mis à jouer avec elles ; puis, plaçant l'une à califourchon sur son cou, asseyant l'autre sur ses reins, il s'était, comme le Béarnais, promené à quatre pattes tout autour de l'appartement.

Seulement, il avait raffiné sur les amusements qu'Henri IV donnait à sa progéniture : avec sa bouche, le marquis de Souday imitait tour à tour le son du cor et l'aboi de toute une meute.

Cette chasse à l'intérieur avait énormément amusé le marquis de Souday.

Il va sans dire que les petites filles, elles, n'avaient jamais tant ri.

En outre, elles avaient pris goût à la tendresse accompagnée de toutes sortes de chatteries que leur père leur avait prodiguée pendant ces quelques heures, afin d'atténuer, selon toute probabilité, les reproches que lui faisait sa conscience à propos de cette séparation si prompte après une si longue absence.

Les deux enfants témoignaient donc au marquis un attachement féroce et une reconnaissance dangereuse pour ses projets.

Aussi, à huit heures du matin, lorsque la carriole fut amenée devant le perron du château, lorsque les deux jumelles eurent compris qu'on allait les emmener, commencèrent-elles à pousser des cris de désespoir.

Bertha se rua sur son père, embrassa une de ses jambes, et, se cramponnant aux jarretières du monsieur qui lui donnait tant de bonbon, et qui faisait si bien le cheval, elle y enchevêtra ses petites mains de telle façon, que le pauvre marquis craignit de lui briser les poignets en essayant de les détacher.

Quant à Mary, elle s'était assise sur une marche et se contentait de pleurer ; mais elle pleurait avec une telle expression de douleur, que Jean Oullier se sentit encore plus remué de ce chagrin muet que du désespoir bruyant de l'autre petite fille.

Le marquis de Souday employa toute son éloquence à persuader aux deux petites filles qu'en montant dans la voiture elles auraient bien plus de friandises et de plaisir qu'en restant auprès de lui ; mais plus il parlait, plus Mary sanglotait et plus Bertha trépignait et l'étreignait avec rage.

L'impatience commençait à gagner le marquis ; et, voyant que la persuasion ne pouvait rien, il allait employer la force, lorsque, en levant les yeux, son regard se fixa sur Jean Oullier.

Deux grosses larmes roulaient le long des joues bronzées du paysan et allaient se perdre dans l'épais collier de favoris roux qui lui encadrait le visage.

Ces larmes étaient à la fois une prière pour le marquis et un reproche pour le père.

M. de Souday fit signe à Jean Oullier de dételer le cheval, et, tandis que Bertha, qui avait compris ce signe, dansait de joie sur le perron, il dit à l'oreille du métayer :

— Tu partiras demain.

Ce jour-là, comme il faisait très beau, le marquis voulut utiliser la présence de Jean Oullier en allant à la chasse et en s'y faisant accompagner par lui. Il le conduisit, en conséquence, dans sa chambre, pour qu'il l'aidât à revêtir son costume d'expédition.

Le paysan fut frappé de l'affreux désordre qui régnait dans cette petite chambre, et ce fut une occasion pour le marquis d'achever ses confidences intimes en se plaignant de son maître Jacques femelle, qui, convenable devant ses fourneaux, était d'une incurie odieuse dans tous les autres soins du ménage, et particulièrement dans ceux qui regardaient la toilette du marquis.

Ce dernier fut plus de dix minutes avant d'avoir trouvé une veste qui ne fût pas veuve de tous ses boutons ou une culotte qui ne fût pas affligée d'une solution de continuité par trop indécente.

Enfin, on y arriva.

Tout louvetier qu'il était, comme nous l'avons dit, le marquis était trop pauvre pour se donner le luxe d'un valet de chiens ; et il conduisait lui-même son petit équipage. Aussi, forcé de se partager entre le soin du défaut et la préoccupation du tir, était-il rare qu'il ne rentrât point bredouille.

Avec Jean Oullier, ce fut tout autre chose.

Le vigoureux paysan, dans toute la force de l'âge, gravissait les rampes les plus escarpées de la forêt avec la force et la légèreté d'un chevreuil : il bondissait au-dessus des halliers quand il lui semblait trop long de les tourner, et, grâce à ses jarrets d'acier, il ne quittait pas ses chiens d'une semelle ; enfin, dans deux ou trois occasions, il les appuya avec tant de bonheur, que le sanglier qu'on chassait, comprenant que ce n'était pas en fuyant qu'il se débarrasserait de ses ennemis, finit par les attendre et par faire tête dans un fourré où le marquis eut la joie de le tuer au ferme ; ce qui ne lui était pas encore arrivé.

Le marquis rentra chez lui transporté d'allégresse, en remerciant Jean Oullier de la délicieuse journée qu'il lui devait.

Pendant le dîner, il fut d'une humeur charmante et inventa de nouveaux jeux pour mettre les petites filles à l'unisson de son humeur.

Le soir, lorsqu'il rentra dans sa chambre, le marquis de Souday trouva Jean Oullier assis les jambes croisées, dans un coin, à la manière des Turcs ou des tailleurs.

Le brave homme avait en face de lui une montagne de vêtements et tenait à la main une vieille culotte de velours dans laquelle il promenait l'aiguille avec fureur.

— Que diable fais-tu là ? lui demanda le marquis.

— L'hiver est froid dans ce pays de plaine, surtout quand le vent vient de la mer ; et, rentré chez moi, j'aurais froid aux jambes, rien qu'en pensant que la bise peut arriver aux vôtres par de telles ouvertures ! répondit Jean Oullier en montrant à son maître une fente qui allait du genou à la ceinture, dans la culotte qu'il réparait.

— Ah çà ! tu es donc tailleur ? fit le marquis.

— Hélas ! dit Jean Oullier, est-ce qu'on ne sait pas un peu de tout quand, depuis plus de vingt ans, on vit seul ? D'ailleurs, on n'est jamais embarrassé quand on a été soldat.

— Bon ! est-ce que je ne l'ai pas été aussi, moi ? demanda le marquis.

— Non ; vous avez été officier, vous, et ce n'est pas la même chose.

Le marquis de Souday regarda Jean Oullier avec admiration, puis se coucha, s'endormit et ronfla sans que cela interrompît le moins du monde la besogne de l'ancien chouan.

Au milieu de la nuit, le marquis se réveilla.

Jean Oullier travaillait toujours.

La montagne de vêtements n'avait pas sensiblement diminué.

— Mais tu n'auras jamais fini, même en travaillant jusqu'au jour, mon pauvre Jean ! lui dit le marquis.

— Hélas ! j'en ai grand-peur !

— Alors, va te coucher, mon vieux camarade ; tu ne partiras que lorsqu'il y aura un peu d'ordre dans toute cette défroque, et nous chasserons encore demain.

4

Comment, en venant pour une heure chez le marquis de Souday, Jean Oullier y serait encore, si le marquis et lui ne fussent pas morts depuis dix ans

Le matin, avant de partir pour la chasse, le marquis de Souday eut l'idée d'aller embrasser ses enfants.

En conséquence, il monta à leur chambre et fut fort étonné de trouver l'universel Jean Oullier qui l'avait devancé, et qui débarbouillait les deux petites filles avec la conscience et l'obstination de la meilleure gouvernante.

Et le pauvre homme, à qui cette occupation rappelait les enfants qu'il avait perdus, semblait y trouver une satisfaction complète.

L'admiration du marquis se changea en respect.

Pendant huit jours, les chasses se succédèrent sans interruption, toutes plus belles et plus fructueuses les unes que les autres.

Pendant ces huit jours, tour à tour piqueur et économe, Jean Oullier, en cette dernière qualité, une fois rentré à la maison, travailla sans relâche à rajeunir la toilette de son maître ; et il trouva encore le temps de ranger la maison du haut en bas.

Le marquis de Souday, loin de vouloir maintenant presser son départ, songeait avec effroi qu'il allait lui falloir se séparer d'un serviteur si précieux.

Du matin jusqu'au soir, et quelquefois du soir jusqu'au matin, il repassait dans son cerveau quelle était celle des qualités du Vendéen qui le touchait le plus sensiblement.

Jean Oullier avait le flair d'un limier pour découvrir une rentrée au bris des ronces ou sur l'herbe mouillée de rosée.

Dans les chemins secs et pierreux de Machecoul, de Bourgneuf et d'Aigrefeuille, il déterminait sans hésitation l'âge et le sexe du sanglier dont la trace semblait imperceptible.

Jamais piqueur à cheval n'avait appuyé des chiens comme Jean Oullier le savait faire, monté sur deux longues jambes.

Enfin, les jours où la fatigue le forçait de donner relâche à la petite meute, il était sans pareil pour deviner les enceintes fertiles en bécasses et y conduire son maître.

— Ah ! par ma foi, au diable le mariage ! s'écriait parfois le marquis lorsqu'on le croyait occupé de songer à tout autre chose. Qu'irais-je faire dans cette galère, où j'ai vu si tristement ramer les plus honnêtes gens ? Par la mort-Dieu ! je ne suis plus un tout jeune homme : voilà que je prends mes quarante ans ; je ne me fais aucune illusion, je ne compte séduire personne par mes agréments personnels. Je ne puis donc espérer autre chose que de tenter une vieille douairière avec mes trois mille livres de rente, dont la moitié meurt avec moi ; j'aurai une marquise de Souday grondeuse, quinteuse, hargneuse, qui m'interdira peut-être la chasse, que ce brave Jean sert si bien, et qui, à coup sûr, ne tiendra pas le ménage plus décemment qu'il ne le fait. Et cependant, reprenait-il en se redressant et en balançant le haut du corps, sommes-nous dans une époque où il soit permis de laisser finir les grandes races, soutiens naturels de la monarchie ? ne me serait-il pas bien doux de voir mon fils relever l'honneur de ma maison ? tandis qu'au contraire, moi à qui l'on n'a jamais connu de femme — légitime du moins — que vais-je faire penser de moi ? Que diront mes voisins de la présence de ces deux petites filles à la maison ?

Ces réflexions, lorsqu'elles lui venaient — et c'était d'ordinaire les jours de pluie, quand le mauvais temps l'empêchait de se livrer à son plaisir favori — ces réflexions jetaient parfois le marquis de Souday dans de cruelles perplexités.

Il en sortit, comme sortent de pareilles situations tous les tempéraments indécis, les caractères faibles, tous les hommes qui ne savent pas prendre un parti : en restant dans le provisoire.

Bertha et Mary, en 1831, avaient atteint leurs dix-sept ans, et le provisoire durait toujours.

Et, cependant, quoi qu'on en pût croire, le marquis de Souday ne s'était point encore décidé positivement à garder ses filles près de lui.

Jean Oullier, qui avait accroché à un clou la clef de sa maison de la Chevrolière, n'avait pas eu, depuis quatorze ans, l'idée de la décrocher de ce clou.

Il avait patiemment attendu que son maître lui donnât l'ordre de retourner chez lui, et, comme, depuis son arrivée au château, le château était propre et net, comme le marquis n'avait pas eu une seule fois à se lamenter sur l'inconvénient de se passer de boutons ; comme les bottes de chasse avaient toujours été convenablement graissées ; comme les fusils étaient tenus ni plus ni moins que dans la première armurerie de Nantes ; comme Jean Oullier, à l'aide de certains procédés coercitifs dont il tenait la tradition d'un de ses camarades à l'armée *brigande*, avait peu à peu amené la cuisinière à perdre l'habitude de faire supporter à son maître sa mauvaise humeur ; comme les chiens étaient constamment en bon état, brillants de poil, ni trop gras, ni trop maigres, capables de soutenir quatre fois par semaine une grande course de huit à dix heures et de la terminer autant de fois par un hallali ; comme aussi le babil et la gentillesse des enfants, leur tendresse expansive rompaient la monotonie de son existence ; comme ses causeries et ses entretiens avec Jean Oullier sur l'ancienne guerre, passée aujourd'hui à l'état de tradition — elle remontait à trente-cinq ou trente-six ans — rompaient la monotonie de son existence et allégeaient la longueur des soirées et des jours de pluie, le marquis, retrouvant les bons soins, la douce quiétude, le bonheur tranquille dont il avait joui près de la pauvre Eva, avec l'enivrant plaisir de la chasse en plus, le marquis, disons-nous, avait remis de jour en jour, de mois en mois, d'année en année, à fixer le moment de la séparation.

Quant à Jean Oullier, il avait, de son côté, ses motifs pour ne point provoquer de décision. Ce n'était pas seulement un homme brave, que celui-là, c'était encore un brave homme.

Ainsi que nous l'avons raconté, il s'était pris tout de suite d'affection pour Bertha et Mary ; cette affection, dans ce pauvre cœur veuf de ses propres enfants, s'était promptement changée en tendresse, et, avec le temps, cette tendresse était devenue du fanatisme. Il ne s'était point tout d'abord rendu un compte bien exact de la distinction que le marquis voulait établir entre leur situation et celle des enfants légitimes que celui-ci espérait obtenir d'une union quelconque pour perpétuer son nom : dans le bas Poitou, quand on a fait deuil à une brave fille, on ne connaît qu'un seul moyen de réparation, le mariage. Jean Oullier trouvait logique, puisque son maître ne pouvait légitimer sa liaison, de ne pas désavouer au moins la paternité qu'Eva lui avait léguée en mourant. Aussi, après deux mois de séjour au château, ces réflexions faites, pesées par son esprit, ratifiées par son cœur, le Vendéen eût reçu de fort mauvaise grâce un ordre de départ, et le respect qu'il portait à M. de Souday ne l'eût point empêché d'exposer vertement, dans ce cas extrême, ses sentiments à l'endroit de ce chapitre.

Heureusement, le marquis n'initia point son serviteur aux tergiversations de son esprit ; de sorte que Jean Oullier put prendre le provisoire pour un définitif, et croire que le marquis regardait la présence de ses deux filles au château comme un droit pour elles, et en même temps comme un devoir pour lui.

Au moment où nous sortons de ces préliminaires, peut-être un peu longs, Bertha et Mary ont donc entre dix-sept et dix-huit ans.

La pureté de race des marquis de Souday a fait merveille en se retrempant dans le sang plein de sève de la plébéienne Saxonne : les enfants d'Eva sont deux splendides jeunes filles aux traits fins et délicats, à la taille svelte et élancée, à la tournure pleine de noblesse et de distinction.

Elles se ressemblent comme se ressemblent tous les jumeaux ; seulement, Bertha est brune comme était son père, Mary est blonde comme était sa mère.

Malheureusement, l'éducation que ces deux belles personnes ont reçue, en développant, autant que possible, leurs avantages physiques, ne s'est pas suffisamment préoccupée des besoins de leur sexe.

Vivant au jour le jour auprès de leur père, avec le laisser-aller de ce dernier, et son parti pris de jouir du présent sans s'inquiéter de l'avenir, il était impossible qu'il en fût autrement.

Jean Oullier avait été le seul instituteur des enfants d'Eva, comme il avait été leur seule gouvernante.

Le digne Vendéen leur avait appris tout ce qu'il savait, à lire, à écrire, à compter, à prier avec une tendre et profonde ferveur Dieu et la Vierge ; puis à courir les bois, à escalader les rochers, à traverser les halliers de houx, de ronces, d'épines, le tout sans fatigue, sans peur et sans faiblesse ; à arrêter d'une balle un oiseau dans son vol, un chevreuil dans sa course ; enfin, à monter à poil ces indomptables chevaux de Mellerault, aussi sauvages dans leurs prairies ou dans leurs landes que les chevaux des gauchos dans leurs pampas.

Le marquis de Souday avait vu tout cela sans être aucunement tenté d'imprimer une autre direction à l'éducation de ses filles, et sans avoir même l'idée de contrarier les goûts qu'elles puisaient dans ces exercices virils : le digne gentilhomme était trop heureux de trouver en elles de vaillants camarades dc chasse, réunissant à une tendresse respectueuse pour leur père une gaieté, un entrain et une ardeur cynégétique qui, depuis qu'elles les partageaient, doublaient le charme de toutes ses parties.

Cependant, pour être juste, nous devons dire que le marquis avait ajouté quelque chose de son cru aux leçons de Jean Oullier.

Lorsque Bertha et Mary eurent atteint leur quatorzième année, lorsqu'elles commencèrent à accompagner leur père dans ses expéditions en forêt, les jeux enfantins qui remplissaient autrefois les soirées au château perdirent tout leur attrait.

Alors, pour combler le vide qui en résultait, le marquis de Souday apprit le whist à Bertha et à Mary.

De leur côté, les deux enfants avaient complété, aussi bien qu'elles avaient pu, au moral, leur éducation, si vigoureusement développée par Jean Oullier sous le rapport physique ; elles avaient, en jouant à cache-cache dans le château, découvert une chambre qui, selon toute probabilité, n'avait pas été ouverte depuis trente ans.

C'était la bibliothèque.

Là, elles avaient trouvé un millier de volumes, à peu près.

Chacune, dans ces volumes, avait choisi selon son goût.

La sentimentale et douce Mary avait donné la préférence aux romans, la turbulente et positive Bertha, à l'histoire.

Puis elles avaient fondu le tout ensemble : Mary en racontant *Amadis* et *Paul et Virginie* à Bertha, Bertha en racontant Mézeray et Velly à Mary.

De ces lectures tronquées, il était résulté pour les deux jeunes filles des notions assez fausses sur la vie réelle et sur les habitudes et les exigences d'un monde qu'elles n'avaient jamais vu, dont elles avaient à peine entendu parler.

Lors de la première communion des deux petites filles, le curé de Machecoul, qui les aimait pour leur piété et la bonté de leur cœur, avait hasardé quelques observations sur la singulière existence qu'on leur préparait en les élevant de la sorte ; mais ces amicales remontrances étaient venues se briser contre l'indifférence égoïste du marquis de Souday.

Et l'éducation que nous avons décrite avait continué, et, de cette éducation, il était résulté des habitudes qui avaient fait — grâce à leur position déjà si fausse — une fort méchante réputation à Bertha et à sa sœur, dans tout le pays.

Et, en effet, le marquis de Souday était entouré de gentillâtres qui lui enviaient fort l'illustration de son nom, et qui ne demandaient qu'une occasion de lui rendre le dédain que les ancêtres du marquis avaient probablement témoigné aux leurs ; aussi, lorsqu'on le vit conserver dans sa demeure et appeler ses filles les fruits d'une liaison illégitime, se mit-on à publier à son de trompe ce qu'avait été sa vie à Londres ; on exagéra ses fautes ; on fit de la pauvre Eva, qu'un miracle de la Providence avait conservée si pure, une fille des rues, et, peu à peu, les hobereaux de Beauvoir, de Saint-Léger, de Bourgneuf, de Saint-Philbert et de Grand-Lieu se détournèrent du marquis, sous prétexte qu'il avilissait la noblesse, dont, vu la roture de la plupart d'entre eux, ils étaient bien bons de prendre tant de souci.

Bientôt, ce ne furent pas seulement les hommes qui désapprouvèrent la conduite actuelle du marquis de Souday et calomnièrent sa conduite passée : la beauté des deux sœurs ameuta contre elles toutes les mères et toutes les filles, à dix lieues à la ronde, et cela, dès lors, devint infiniment plus grave.

Si Bertha et Mary eussent été laides, le cœur de ces charitables dames et de ces pieuses demoiselles, naturellement porté à l'indulgence chrétienne, eût peut-être pardonné sa paternité inconvenante au pauvre diable de châtelain ; mais il n'y avait pas moyen de ne point être révolté en voyant ces deux pécores écraser de leur distinction, de leur noblesse et des charmes de leur extérieur, les jeunes personnes les mieux nées des environs.

Ces insolentes supériorités ne méritaient donc ni merci ni miséricorde.

L'indignation contre les deux pauvres enfants était si générale, que, n'eussent-elles donné en rien matière à la médisance ou à la calomnie, la médisance et la calomnie les eussent encore touchées du bout de l'aile ; qu'on juge de ce qui devait arriver et de ce qui arriva avec les habitudes masculines et excentriques des deux sœurs !

Ce fut donc bientôt un tollé universel et réprobateur, qui, du département de la Loire-Inférieure, gagna les départements de la Vendée et de Maine-et-Loire.

Sans la mer qui borne les côtes de la Loire-Inférieure, bien certainement cette réprobation eût fait autant de chemin vers l'occident qu'elle en faisait au sud et à l'est.

Bourgeois et gentilshommes, citadins et campagnards, tout s'en mêla.

Les jeunes gens qui avaient à peine rencontré Mary et Bertha, qui les avaient à peine vues, parlaient des filles du marquis de Souday avec un sourire avantageux, gros d'espérances lorsqu'il n'était pas gros de souvenirs.

Les douairières se signaient lorsqu'on prononçait leur nom ; les gouvernantes menaçaient d'elles les petits enfants lorsqu'ils n'étaient pas sages.

Les plus indulgents se bornaient à prêter aux deux jumelles les trois vertus d'Arlequin, qui passent généralement pour être le lot des disciples de saint Hubert, dont elles affectaient les goûts : c'est-à-dire l'amour, le jeu et le vin ; mais d'autres assuraient gravement que le petit castel de Souday était, chaque soir, le théâtre d'orgies dont la tradition se retrouvait dans les chroniques de la régence ; quelques romantiques, brochant sur le tout, voulaient absolument voir, dans une des petites tourelles abandonnées aux amours innocentes d'une vingtaine de pigeons, une réminiscence de la fameuse tour de Nesle, de luxurieuse et homicide mémoire.

Bref, on en dit tant sur Bertha et sur Mary, que, quelles qu'eussent été jusque-là, et quelles que fussent encore en réalité la pureté de leur vie et l'innocence de leurs actions, elles devinrent un objet d'horreur pour tout le pays.

Par les valets des châteaux, par les ouvriers qui approchaient des bourgeois, par les gens même qu'elles employaient ou à qui elles rendaient service, cette haine s'infiltra dans le populaire ; de sorte que — à l'exception de quelques pauvres aveugles ou de quelques bonnes vieilles femmes impotentes que les orphelines secouraient directement — toute la population en blouse et en sabots servait d'écho aux contes absurdes inventés par les gros bonnets des environs ; et il n'était pas un bûcheron, pas un sabotier de Machecoul, pas un cultivateur de Saint-Philbert ou d'Aigrefeuille qui ne se fût cru déshonoré de leur ôter son chapeau.

Enfin, les paysans avaient donné à Bertha et à Mary un sobriquet, et ce sobriquet, parti d'en bas, avait été acclamé dans les régions supérieures, comme caractérisant parfaitement les appétits et les dérèglements que l'on prêtait aux jeunes filles.

Ils les appelaient les *louves de Machecoul.*

5

Une portée de louvarts

Le marquis de Souday resta complètement indifférent à ces manifestations de l'animadversion publique ; bien plus, il ne sembla pas même se douter qu'elle existât. Lorsqu'il s'aperçut qu'on ne lui rendait plus les rares visites que, de loin en loin, il se croyait obligé de faire à ses voisins, il se frotta joyeusement les mains, se tenant pour débarrassé de corvées qui lui étaient odieuses, et qu'il n'accomplissait jamais que contraint et forcé, soit par ses filles, soit par Jean Oullier.

Il lui revint bien par-ci par-là quelque chose des calomnies qui circulaient sur le compte de Bertha et de Mary ; mais il était si heureux entre son factotum, ses filles et ses chiens, qu'il jugea que ce serait compromettre la félicité dont il jouissait que d'accorder la moindre attention à ces absurdes propos ; de sorte qu'il continua de fesser ses lièvres tous les jours, de forcer un sanglier dans les grandes occasions, et de faire son whist chaque soir en compagnie des deux pauvres calomniées.

Jean Oullier fut loin d'être aussi philosophe que son maître, il faut dire aussi que, sa condition imposant beaucoup moins, il en apprit davantage.

Sa tendresse pour les deux jeunes filles était devenue du fanatisme ; il passait sa vie à les regarder, soit que, doucement souriantes, elles fussent assises dans le salon du château, soit que, penchées sur l'encolure de leurs chevaux, les yeux étincelants, la figure animée, leurs beaux cheveux dénoués au vent, sous leurs feutres aux larges bords et à la plume onduleuse, elles galopassent à ses côtés. En les voyant si fièrement accomplies, et en même temps si bonnes et si tendres pour leur père et pour lui, son cœur tressaillait d'orgueil, de fierté et de bonheur ; il se regardait comme ayant été pour quelque chose dans le développement de ces deux admirables créatures, et il se demandait comment l'univers pouvait ne pas s'agenouiller devant elles.

Aussi, les premiers qui se hasardèrent à l'entretenir des rumeurs qui couraient le pays, furent-ils si vertement redressés, que cela en dégoûta les autres ; mais, véritable père de Bertha et de Mary, Jean Oullier n'avait pas besoin qu'on lui en parlât pour savoir ce que l'on pensait des deux objets de sa tendresse.

Dans un sourire, dans un regard, dans un geste, dans un signe, il devinait les méchantes idées de chacun, et cela, avec une sagacité qui le rendait vraiment misérable.

Le mépris, que les pauvres comme les riches ne prenaient point la peine de déguiser pour les orphelines, l'affectait profondément ; s'il se fût laissé aller aux mouvements de son sang, il eût cherché querelle à toute physionomie qui lui semblait irrespectueuse, et il eût corrigé les uns à coups de poing, et proposé aux autres le champ clos ; mais son bon sens lui faisait comprendre que Bertha et Mary avaient besoin d'une autre réhabilitation, et que des coups donnés ou reçus ne prouveraient absolument rien pour leur justification. Il redoutait, en outre — et c'était là sa plus grande crainte — qu'à la suite d'une des scènes qu'il eût si volontiers provoquées, les jeunes filles ne fussent instruites du sentiment public à leur égard.

Le pauvre Jean Oullier courbait donc la tête sous cette injuste réprobation, et de grosses larmes, de ferventes prières à Dieu, ce suprême redresseur des torts et des injustices des hommes, témoignaient seules de son chagrin. Il y gagna une misanthropie profonde. Ne voyant autour de lui que des ennemis de ses chères enfants, il ne pouvait faire autrement que de haïr les hommes, et il se préparait, tout en rêvant aux futures révolutions, à leur rendre le mal pour le mal.

La révolution de 1830 était arrivée sans donner l'occasion à Jean Oullier, qui comptait un peu là-dessus, de mettre ses mauvais désirs à exécution.

Mais, comme l'émeute, qui, tous les jours, grondait dans les rues de Paris, pouvait bien, dans un temps donné, déborder en province, il attendait.

Or, par une belle matinée de septembre, le marquis de Souday, ses filles, Jean Oullier et la meute — qui, pour avoir été plusieurs fois renouvelée depuis que nous avons fait sa connaissance, n'avait point augmenté en nombre — chassaient dans la forêt de Machecoul.

C'était une journée impatiemment attendue par le marquis, et dont, depuis trois mois, il se promettait grande liesse ; il s'agissait tout simplement de prendre une portée de louvarts dont Jean Oullier avait découvert le liteau, alors qu'ils n'avaient point encore les yeux ouverts, et que, depuis, il avait choyés, soignés, ménagés en digne piqueur de louvetier qu'il était.

Cette dernière phrase, pour ceux de nos lecteurs qui ne sont point familiers avec le noble art de la vénerie, demande peut-être quelques explications.

Tout enfant, le duc de Biron, décapité en 1602 par ordre d'Henri IV, disait à son père :

— Donne-moi cinquante hommes de cavalerie, et voilà deux cents hommes qui vont au fourrage que je vais détruire depuis le premier jusqu'au dernier ; ces deux cents hommes pris, la ville sera forcée de se rendre.

— Et puis après ?

— Eh bien, après, la ville sera rendue.

— Et le roi n'aura plus besoin de nous. Il nous faut rester *nécessaires*, niais !

Les deux cents fourrageurs ne furent pas tués, la ville ne fut pas prise, et Biron et son fils restèrent *nécessaires*, c'est-à-dire qu'étant nécessaires ils restèrent dans la faveur et aux gages du roi.

Eh bien, il en est des loups comme de ces fourrageurs que ménageait le père de Biron. S'il n'y avait plus de loups, il n'y aurait plus de lieutenant de louveterie.

On doit donc pardonner à Jean Oullier, caporal de louveterie, d'avoir montré quelques velléités de tendresse à ces jeunes nourrissons de la louve, et de ne pas les avoir occis, eux et leur mère, avec toute la rigueur qu'il eût montrée pour un vieux loup du sexe masculin.

Ce n'est pas tout.

Autant la chasse d'un vieux loup est impraticable en laisser courre, et autant elle est ennuyeuse et monotone en battue, autant celle d'un louvart de cinq à sept mois est facile, agréable et amusante.

Aussi, pour ménager ces charmants loisirs à son maître, Jean Oullier, lorsqu'il avait découvert la portée, s'était bien gardé de troubler et d'effrayer la louve ; il n'avait point regardé aux quelques moutons du prochain que la mère devait inévitablement partager avec ses petits ; durant leur croissance, il les avait visités avec un touchant intérêt, pour s'assurer que personne ne portait sur eux une main irrespectueuse, et avait été, ma foi, fort joyeux le jour où il avait trouvé le liteau vide et où il avait compris que la louve mère les avait emmenés dans ses excursions.

Enfin, un jour, jugeant qu'ils devaient être mûrs pour ce qu'il en voulait faire, il les avait rembûchés dans une vente de quelques centaines d'hectares, et avait découplé les six chiens du marquis de Souday sur l'un d'entre eux.

Le pauvre diable de louvart, qui ne savait pas ce que signifiaient ces abois et ces éclats de trompe, perdit la tête : il quitta immédiatement l'enceinte, où il laissait sa mère et ses frères, et où il y avait encore, pour sauver sa peau, les chances d'un change ; il gagna un autre triage, dans lequel il se fit battre pendant une demi-heure en randonnant comme un lièvre ; puis, fatigué par cette course forcenée dont il n'avait pas l'habitude, sentant ses grosses pattes tout engourdies, il s'assit naïvement sur sa queue, et attendit.

Il n'attendit pas longtemps pour apprendre ce qu'on lui voulait ; car Domino, le chien de tête du marquis, un Vendéen au poil dur et grisâtre, arrivant presque immédiatement, d'un coup de gueule lui brisa les reins.

Jean Oullier reprit ses chiens, les ramena à sa brisée, et, dix minutes après, l'un des frères du défunt était sur pied et la meute lui soufflait au poil.

Celui-ci, plus avisé, ne quitta point les environs ; aussi, des changes fréquents, donnés tantôt par les louvarts survivants, tantôt par la louve, qui s'offraient volontairement aux chiens, retardèrent-ils l'instant de son trépas ; mais Jean Oullier connaissait trop bien son métier pour laisser compromettre le succès par de semblables erreurs : aussitôt que la chasse prenait les allures vives et directes qui caractérisent les allures d'un vieux loup, il rompait ses chiens, les ramenait à l'endroit où avait eu lieu le défaut, et les remettait sur la bonne voie.

Enfin, serré de trop près par ses persécuteurs, le pauvre louveteau essaya d'un hourvari ; il revint sur ses pas et sortit si naïvement du bois, qu'il donna dans le marquis et dans ses filles ; surpris, perdant la tête, il essaya de se couler entre les jambes des chevaux ; mais M. de Souday, se penchant sur l'encolure de son cheval, le saisit vivement par la queue et le lança aux chiens, qui l'avaient suivi dans son retour.

Ces deux hallalis successifs avaient prodigieusement diverti le châtelain de Souday, et il ne voulait point s'en tenir là. Il discutait avec Jean Oullier pour savoir si l'on retournerait attaquer aux brisées ou si on laisserait aller les chiens sous bois à la billebaude, ce qui restait de louvarts devant être sur pied.

Mais la louve, qui se doutait probablement qu'on en voulait encore à ce qui lui restait de sa progéniture, traversa la route à dix pas des chiens, au plus fort de la discussion entre Jean Oullier et le marquis.

A la vue de l'animal, la petite meute, que l'on avait négligé de recoupler, ne poussa qu'un aboi, et, ivre d'ardeur, se précipita sur sa trace.

Appels, cris désespérés, coups de fouet, rien ne put la retenir, rien ne parvint à l'arrêter.

Jean Oullier joua des jambes pour la rejoindre ; le marquis et ses filles mirent leurs chevaux au galop dans le même dessein ; mais ce n'était plus un louvart timide et hésitant que les chiens avaient devant eux : c'était un animal hardi, vigoureux, entreprenant, qui marchait d'assurance comme s'il regagnait son fort, perçant droit, insoucieux des vallons, des rochers, des montagnes, des torrents qu'il trouvait sur sa route, et cela, sans frayeur, sans précipitation, enveloppé de temps en temps par le petit équipage qui le poursuivait, trottant au milieu des chiens et les dominant de la puissance de son regard oblique et surtout par les craquements de sa formidable mâchoire.

La louve, traversant les trois quarts de la forêt, prit son débouché en plaine, comme si elle se dirigeait sur la forêt de la Grand-Lande.

Jean Oullier maintenait sa distance, et, grâce à l'élasticité de ses jambes, restait à trois ou quatre cents pas de ses chiens. Forcés, par les escarpements, de suivre les lignes courbes et les routes, le marquis et ses filles étaient restés en arrière.

Lorsque ces derniers furent arrivés à leur tour sur la lisière de la forêt, et qu'ils eurent gravi le coteau qui domine le petit village de la Marne, ils aperçurent, à une demi-lieue devant eux, entre Machecoul et la Brillardière, au milieu des ajoncs semés entre ce village et la Jacquelerie, Jean Oullier, ses chiens et sa louve, toujours dans la même allure et suivant la ligne droite dans la même position.

Le succès des deux premières chasses, la rapidité de la course avaient fort échauffé le sang du marquis de Souday.

— Mordieu ! dit-il, je donnerais dix jours de ma vie, pour être en ce moment entre Saint-Etienne-de-Mer-morte et la Guimarière, pour envoyer une balle à cette coquine de louve.

— Elle se rend, bien sûr, à la forêt de la Grand-Lande, répondit Mary.

— Oui, dit Bertha ; mais, certainement, elle reviendra à son lancer du moment où les petits ne l'ont pas quitté ; elle ne peut continuer à se forlonger ainsi.

— Il vaudrait mieux, en effet, revenir au lancer que de la courre plus loin, dit Mary. Rappelez-vous, mon père, que, l'an dernier, nous avons poursuivi un grand loup qui nous a promenés pendant dix heures et quinze lieues, et cela, pour rien ; de sorte que nous sommes rentrés à la maison avec nos chevaux fourbus, nos chiens éclopés et la honte d'un buisson creux.

— Ta ta ta ! fit le marquis, ton loup n'était pas notre louve. Retournez, si vous voulez, au lancer, mesdemoiselles ; moi, j'appuie les chiens. Par la corbleu ! il ne sera pas dit que j'aurai fait défaut à un hallali.

— Nous irons où vous irez, père, dirent ensemble les deux jeunes filles.

— Eh bien, en avant, alors ! s'écria le marquis en accompagnant ses paroles de deux vigoureux coups d'éperon et en lançant son cheval sur la pente.

Le chemin dans lequel venait de se lancer le marquis était pierreux et coupé de ces ornières impraticables dont le bas Poitou conserve religieusement la tradition ; à chaque instant, les chevaux buttaient ; à chaque pas, s'ils n'eussent été vigoureusement tenus, ils se fussent abattus, et il était impossible, quelque traverse qu'on prît, d'arriver à la forêt de la Grand-Lande avant la chasse.

M. de Souday, mieux monté que ses filles, pouvant plus vivement qu'elles actionner sa bête, avait pris sur elles un avantage de quelques centaines de pas ; rebuté par les difficultés de la route, apercevant un champ ouvert, il y lança son cheval, et, sans avertir ses enfants, il coupa à travers la plaine.

Bertha et Mary, croyant toujours suivre leur père, continuèrent leur course périlleuse le long du chemin creux.

Il y avait un quart d'heure à peu près qu'elles couraient, séparées de leur père, lorsqu'elles se trouvèrent dans un endroit où la route était profondément encaissée entre deux talus bordés de haies dont les branches se croisaient au-dessus de leurs têtes ; là, elles s'arrêtèrent tout à coup, croyant entendre à peu de distance l'aboi bien connu de leurs chiens.

Presque au même instant, un coup de fusil retentit à quelques pas d'elles, et un gros lièvre, les oreilles ensanglantées et pendantes, sortit de la haie et déboula dans le chemin, tandis que des cris furieux de « Après ! après, chiens ! Taïaut ! taïaut ! » partaient du champ qui dominait l'étroit sentier.

Les deux sœurs croyaient être tombées dans la chasse d'un de leurs voisins, et elles allaient discrètement s'éloigner, lorsque, à l'endroit où le lièvre avait fait sa trouée, elles virent apparaître hurlant à pleine gorge, Rustaud, un des chiens de leur père, puis, après Rustaud, Faraud, puis Bellaude, puis Domino, puis Fanfare, tous se succédant sans intervalle, tous chassant ce malheureux lièvre, comme si, de la journée, ils n'eussent eu connaissance de plus noble gibier.

Mais la queue du sixième chien venait à peine de se dégager de l'étroite ouverture, qu'elle y fut remplacée par une tête humaine.

Cette tête était la figure d'un jeune homme pâle, effaré, aux cheveux ébouriffés, aux yeux hagards, faisant des efforts surhumains, pour que le corps suivît la tête à travers l'étroite coulée, et poussant, tout en luttant contre les ronces et les épines, les *taïaut* que Bertha et Mary avaient entendus après le coup de fusil tiré cinq minutes auparavant.

6

Un lièvre blessé

Dans les haies du bas Poitou — façonnées un peu comme les haies bretonnes, au moyen de baliveaux courbés et entrelacés — ce n'est point une raison parce qu'un lièvre a passé, parce que six chiens courants ont passé après un lièvre, ce n'est pas une raison, disons-nous, pour que la trouée qui leur a donné passage devienne une porte cochère ; aussi le malheureux jeune homme, pris comme à la lucarne d'une guillotine, eut-il beau pousser, s'arc-bouter, se démener, s'ensanglanter les mains et le visage, il lui fut impossible d'avancer d'un pouce.

Cependant le jeune chasseur ne perdait point courage ; il continuait la lutte en désespéré, lorsque, tout à coup, de bruyants éclats de rire l'arrachèrent à sa préoccupation.

Il tourna la tête et aperçut les deux amazones penchées sur l'encolure de leurs chevaux et ne dissimulant aucunement ni leur gaieté, ni ce qui la causait.

Tout honteux d'avoir si fort prêté à rire à deux jolies personnes, comprenant tout ce que sa situation devait avoir de grotesque, l'adolescent — le jeune homme avait vingt ans à peine — voulut se rejeter en arrière, mais il était dit que cette haie malencontreuse lui serait fatale jusque dans sa retraite ; les épines s'étaient si bien enchevêtrées dans ses vêtements et les branches dans sa carnassière, qu'il lui fut impossible de reculer ; il demeura pris dans la haie comme dans un traquenard, et cette seconde mésaventure rendit convulsive l'hilarité des deux spectatrices.

Alors ce ne fut plus avec la vigoureuse énergie que nous lui avons vu déployer, ce fut avec fureur, ce fut avec rage que le pauvre garçon essaya de nouveau de se dépêtrer, et, dans ce nouvel et suprême effort qu'il fit, sa physionomie prit une telle expression de désespoir, que Mary, la première, s'en sentit touchée.

— Taisons-nous, Bertha, dit-elle à sa sœur ; tu vois bien que nous lui faisons de la peine.

— Vraiment, oui, répondit Bertha ; mais, que veux-tu ! c'est plus fort que moi.

Et, tout en continuant de rire, elle sauta à bas de son cheval, et courut au pauvre garçon pour lui porter secours.

— Monsieur, dit Bertha au jeune homme, je crois qu'un peu d'aide ne vous serait point inutile pour sortir d'ici ; voulez-vous accepter le secours que ma sœur et moi sommes prêtes à vous offrir ?

Mais les rires des deux jeunes filles avaient aiguillonné l'amour-propre de celui auquel elles s'adressaient, plus encore que les ronces n'avaient déchiré son épiderme ; si bien que, quelle que fût la courtoisie des paroles de Bertha, elles ne firent point oublier au malheureux captif les moqueries dont il avait été l'objet.

Aussi continua-t-il de garder le silence, et, en homme bien décidé à se tirer d'affaire sans avoir recours à l'aide de personne, tenta-t-il un dernier effort.

Il se dressa sur ses poignets et chercha à se mouvoir en avant, donnant à la partie antérieure de son corps la force diagonale qui fait marcher les animaux de l'ordre des serpents ; par malheur, dans ce mouvement, son front porta avec force contre le tronçon d'une branche de pommier sauvage que la serpe du cultivateur, en façonnant cette haie, avait taillée en biseau aigu et tranchant ; la branche coupa la peau comme eût fait le rasoir le mieux affilé ; le jeune homme, se sentant sérieusement blessé, poussa un cri, et le sang, jaillissant aussitôt en abondance, lui couvrit tout le visage.

A la vue de l'accident dont, bien involontairement, elles étaient devenues la cause, les deux sœurs s'élancèrent vers le jeune homme, le saisirent par les épaules, et, réunissant leurs efforts avec une vigueur que l'on n'eût point rencontrée dans des femmes ordinaires, elles parvinrent à l'attirer en dehors de la haie et à l'asseoir sur le talus.

Ne pouvant se rendre compte du peu de gravité réelle de la blessure et la jugeant sur l'apparence, Mary devint pâle et tremblante ; quant à Bertha, moins impressionnable que sa sœur, elle ne perdit pas la tête un seul instant.

— Cours à ce ruisseau, dit-elle à Mary, et trempes-y ton mouchoir afin que nous débarrassions ce malheureux du sang qui l'aveugle.

Puis, tandis que Mary obéissait, se retournant vers le jeune homme :

— Souffrez-vous beaucoup, monsieur ? demanda-t-elle.

— Pardon, mademoiselle, répondit le jeune homme, mais tant de choses me préoccupent en ce moment, que je ne sais trop si c'est le dedans ou le dehors de la tête qui me fait mal.

Puis, éclatant en des sanglots jusque-là à grand-peine retenus par lui :

— Ah ! s'écria-t-il, le bon Dieu me punit d'avoir désobéi à maman !

Bien que celui qui parlait ainsi fût fort jeune, puisque nous avons dit qu'il atteignait à peine sa vingtième année, il y avait, dans les étranges paroles qu'il venait de prononcer, un accent enfantin qui jurait si plaisamment avec sa taille, avec son harnachement de chasseur, que, malgré la commisération que la blessure avait excitée en elles, les jeunes filles ne purent retenir un nouvel éclat de rire.

Le pauvre garçon lança aux deux sœurs un regard de reproche et de prière, tandis que deux grosses larmes perlaient à ses paupières.

Et, en même temps, avec un mouvement d'impatience, il arracha le mouchoir trempé d'eau fraîche que Mary lui avait appliqué au front.

— Eh bien, demanda Bertha, que faites-vous donc ?

— Laissez-moi ! s'écria le jeune homme ; je ne suis nullement disposé à recevoir des soins que l'on me fait payer par des moqueries. Oh ! je me repens bien maintenant de ne pas avoir obéi à ma première idée, qui était de m'enfuir, au risque de me blesser cent fois plus gravement.

— Oui ; mais, puisque vous avez été assez raisonnable pour ne l'avoir pas fait, repartit Mary, soyez assez raisonnable encore pour me laisser remettre ce bandeau sur votre front.

Et, ramassant le mouchoir, la jeune fille s'approcha du blessé avec une telle expression d'intérêt, que celui-ci, secouant la tête, non pas en signe de refus, mais en signe d'abattement, répondit :

— Faites comme vous voudrez, mademoiselle.

— Oh ! oh ! fit Bertha, qui n'avait rien perdu des mouvements de physionomie du jeune homme, pour un chasseur, vous êtes un peu bien susceptible, mon cher monsieur.

— D'abord, mademoiselle, je ne suis point chasseur, et, moins que jamais, après ce qui vient de m'arriver, je suis disposé à le devenir.

— A mon tour, pardon, reprit Bertha sur ce même ton de raillerie qui avait déjà révolté le jeune homme, pardon ; mais, à en juger par l'acharnement avec lequel vous vous escrimiez contre les ronces et les épines, et surtout par l'ardeur avec laquelle vous excitiez nos chiens, il m'était permis de supposer que vous aspiriez, au moins, à ce titre de chasseur.

— Oh ! non, mademoiselle : j'ai cédé à un entraînement que je ne comprends plus, à présent que je suis de sang-froid et que je sens combien ma mère avait raison d'appeler ridicule et barbare ce délassement qui consiste à tirer plaisir et vanité de l'agonie et de la mort d'un pauvre animal sans défense.

— Prenez garde, mon cher monsieur ! dit Bertha ; pour nous qui avons le ridicule et la barbarie de nous complaire à ce délassement, vous allez ressembler au renard de la fable.

En ce moment, Mary, qui avait été de nouveau tremper son mouchoir dans le ruisseau, s'apprêtait à le nouer pour la seconde fois autour du front du jeune homme.

Mais celui-ci, la repoussant :

— Au nom du ciel, mademoiselle, lui dit-il, faites-moi grâce de vos soins. Ne voyez-vous pas que votre sœur continue à se moquer de moi ?

— Voyons, je vous en prie, dit Mary de sa voix la plus douce.

Mais lui, sans se laisser prendre à la douceur de cette voix, se leva sur son genou dans le dessein bien visible de s'éloigner.

Cette obstination, qui était bien plus celle d'un enfant que celle d'un homme, exaspéra l'irascible Bertha, et son impatience, pour être inspirée par un sentiment d'humanité très respectable, ne s'en traduisit pas moins par des expressions un peu trop énergiques pour son sexe.

— Morbleu ! s'écria-t-elle comme se fût écrié son père en pareille circonstance, ce méchant petit bonhomme n'entendra donc pas raison ? Occupe-toi de le panser, Mary ; je vais lui tenir les mains, moi — et du diable s'il bouge !

Et, en effet, Bertha, saisissant les poignets du blessé avec une puissance musculaire qui paralysa tous les efforts qu'il fit pour se dégager, parvint à faciliter la tâche dévolue à Mary, qui, dès lors, assura solidement le mouchoir sur la blessure.

Lorsque cette dernière, avec une adresse qui eût fait honneur à un élève de Dupuytren ou de Jobert, eut suffisamment consolidé les ligatures :

— Maintenant, monsieur, dit Bertha, vous voilà à peu près en état de regagner votre demeure ; vous pouvez donc en revenir à votre idée première, et nous tourner les talons sans même nous dire merci. Vous êtes libre.

Mais, malgré cette permission donnée, malgré cette liberté rendue, le jeune homme resta immobile.

Le pauvre garçon semblait à la fois prodigieusement surpris et profondément humilié d'être tombé, lui si faible, aux mains de deux femmes si fortes ; ses regards allaient de Bertha à Mary et de Mary à Bertha, sans qu'il pût trouver une parole pour leur répondre.

Enfin, il ne vit d'autre moyen pour échapper à son embarras que de se cacher le visage entre les deux mains.

— Mon Dieu ! dit Mary inquiète, vous trouveriez-vous mal ?

Le jeune homme ne répondit pas.

Bertha lui écarta doucement les mains du visage, et, s'apercevant qu'il pleurait, devint à l'instant même aussi douce et aussi compatissante que sa sœur.

— Vous êtes donc blessé plus que vous ne paraissez l'être et vos douleurs sont donc bien vives, que vous pleurez ainsi ? demanda Bertha. En ce cas, montez, soit sur mon cheval, soit sur celui de ma sœur, et nous allons, Mary et moi, vous reconduire jusque chez vous.

Mais le jeune homme fit de la tête un signe vivement négatif.

— Voyons, dit Bertha insistant, c'est assez d'enfantillage. Nous vous avons offensé ; mais pouvions-nous supposer que nous trouverions sous votre veste de chasse l'épiderme d'une jeune fille ? Quoi qu'il en soit, nous avons eu tort, nous le reconnaissons, et nous vous présentons nos excuses ; peut-être n'y trouverez-vous pas toutes les formes requises ; mais il faut vous en prendre à la singularité de la situation, et vous dire que la sincérité est tout ce que l'on peut attendre de deux jeunes filles assez disgraciées du ciel pour donner tout leur temps à cette distraction ridicule qui a le malheur de déplaire à madame votre mère. Voyons, nous gardez-vous rancune ?

— Non, mademoiselle, répondit le jeune homme, et c'est contre moi seulement que je suis de méchante humeur.

— Pourquoi cela ?

— Je ne sais que vous dire... Peut-être ai-je honte d'avoir été plus faible que vous, moi qui suis un homme ; peut-être encore suis-je tout simplement tourmenté par cette idée de rentrer à la maison... Que vais-je dire à ma mère pour expliquer cette blessure ?

Les deux jeunes filles se regardèrent ; elles, qui étaient des femmes, n'eussent point été embarrassées pour si peu ; mais, cette fois, elles se privèrent de rire, quelle que fût l'envie qu'elles en eussent, en voyant de quelle susceptibilité nerveuse était doué celui à qui elles avaient affaire.

— Eh bien, alors, dit Bertha, si vous ne nous gardez pas rancune, donnez-moi une poignée de main, et quittons-nous comme de nouveaux, mais comme de bons amis.

Et elle tendit la main au blessé, ainsi qu'un homme eût fait à un homme.

Celui-ci, de son côté, allait sans doute lui répondre par le même geste, lorsque Mary fit le signe de quelqu'un qui demande l'attention, en levant un doigt en l'air.

— Chut ! fit à son tour Bertha.

Et elle écouta comme sa sœur, sa main restant à moitié chemin de celle du jeune homme.

On entendait au lointain, mais se rapprochant avec rapidité, des abois vifs, tumultueux, prolongés : ceux de chiens qui sentent que la curée va venir.

C'était la meute du marquis de Souday, qui, n'ayant pas, pour rester dans le chemin creux, les mêmes raisons que les deux jeunes filles, s'était lancée à la poursuite du lièvre blessé, et qui le ramenait en lui soufflant au poil.

Bertha sauta sur le fusil du jeune homme, dont le côté droit était désarmé et déchargé.

Celui-ci fit un geste comme s'il eût voulu prévenir une imprudence ; le sourire de la jeune fille le rassura.

Elle passa rapidement la baguette dans le canon chargé, comme fait tout chasseur prudent lorsqu'il est sur le point de se servir d'un fusil qu'il n'a pas chargé lui-même, et, reconnaissant que l'arme était préparée dans de bonnes conditions, elle fit quelques pas en avant, en maniant le fusil avec une aisance qui prouvait combien cet exercice lui était familier.

Presque au même instant, le lièvre sortit de la haie, revenant par le côté opposé avec l'intention probable de suivre le chemin qu'il avait déjà pris ; mais, en apercevant nos trois personnages, il fit une volte rapide pour retourner sur ses pas.

Si prompt qu'eût été son mouvement, Bertha avait eu le temps de l'ajuster ; elle fit feu, et l'animal, foudroyé, roula le long du talus et resta mort au milieu du chemin.

Sur ces entrefaites, Mary avait pris la place de sa sœur et tendu la main au jeune homme.

Pendant quelques secondes, attendant ce qui allait se passer, les deux jeunes gens restèrent les mains entrelacées.

Bertha alla ramasser le lièvre, et, revenant à l'inconnu, qui tenait toujours la main de Mary :

— Tenez, monsieur, voilà votre excuse, dit-elle.

— Comment cela ? demanda-t-il.

— Vous raconterez que le lièvre s'est levé dans vos jambes ; vous direz que votre fusil est parti malgré vous, par entraînement, et vous ferez amende honorable à madame votre mère en jurant, comme vous nous l'avez juré tout à l'heure, que cela ne vous arrivera plus. Le lièvre plaidera les circonstances atténuantes.

Le jeune homme secoua la tête avec découragement.

— Non, dit-il, je n'oserai jamais avouer à ma mère que je lui ai désobéi.

— Elle vous a donc positivement défendu de chasser ?

— Je le crois bien !

— Et vous braconnez ! dit Bertha ; vous commencez juste par où l'on finit. Avouez, du moins, que vous avez la vocation.

— Ne plaisantez pas, mademoiselle ; vous avez été si bonne pour moi, que je ne saurais plus vous bouder : il en résulterait que le chagrin que vous me feriez serait double.

— Alors, vous n'avez qu'une alternative, monsieur, dit Mary : mentir — et c'est ce que vous ne voulez point faire, et surtout ce que nous ne voulons point vous conseiller — ou bien avouer tout franchement la vérité. Croyez-moi, quelle que soit l'opinion de madame votre mère sur la distraction que vous aurez prise sans son aveu, votre franchise la désarmera. Après tout, ce n'est point un si grand crime que la mort d'un lièvre.

— C'est égal, je n'oserai jamais !

— Oh ! mais elle est donc bien terrible, madame votre mère ? ajouta Bertha.

— Non, mademoiselle ; elle est bien bonne, bien tendre ; elle va au-devant de tous mes désirs ; elle prévient tous mes caprices ; mais, sur ce qui est de me laisser toucher à un fusil, elle est intraitable, et cela se conçoit, dit le jeune homme avec un soupir : mon père a été tué à la chasse.

Les deux jeunes filles tressaillirent.

— Alors, monsieur, dit Bertha devenue aussi grave que celui à qui elle s'adressait, nos plaisanteries n'ont été que plus déplacées, et nos regrets ne sont que plus vifs. J'espère donc que vous oublierez les plaisanteries et ne vous souviendrez que des regrets.

— Je ne me souviendrai, mademoiselle, que des bons soins que vous avez bien voulu me donner, et c'est moi qui espère que vous voudrez bien oublier mes craintes puériles et ma niaise susceptibilité.

— Si fait, nous nous en souviendrons, monsieur, dit Mary, pour ne plus jamais nous donner, vis-à-vis d'un autre, les torts que nous avons eus vis-à-vis de vous et dont les conséquences ont été si fâcheuses.

Pendant que Mary répondait, Bertha était remontée à cheval.

Le jeune homme, une seconde fois, tendit timidement la main à Mary.

Mary la lui toucha du bout des doigts et s'élança à son tour légèrement en selle.

Alors, rappelant leurs chiens, qui, à leur voix, vinrent se rallier autour d'elles, les deux sœurs donnèrent de l'éperon à leurs chevaux, qui s'éloignèrent rapidement.

Le blessé, muet et immobile, resta quelque temps à regarder les deux jeunes filles, jusqu'à ce qu'un angle du sentier les eût fait disparaître à ses yeux. Puis il laissa tomber sa tête sur sa poitrine et demeura pensif.

Restons près de ce nouveau personnage, avec lequel nous avons besoin de faire plus ample connaissance.

7

M. Michel

Ce qui venait de se passer avait produit sur le jeune homme une impression si vive, qu'il lui sembla, lorsque les deux jeunes filles eurent disparu, qu'il sortait d'un rêve.

En effet, il était à cette époque de la vie où ceux-là même qui sont destinés à devenir plus tard des hommes positifs payent leur tribut au romanesque ; et cette rencontre avec les deux jeunes filles si différentes de celles qu'il avait l'habitude de voir le transportait dans le monde fantastique des premières rêveries, où son imagination put s'égarer à loisir, et chercher ces châteaux bâtis par la main des fées, et qui s'écroulent aux deux côtés du chemin, au fur et à mesure que nous avançons dans la vie.

Nous ne voulons pas dire, cependant, que notre jeune homme en fût arrivé le moins du monde à éprouver de l'amour pour l'une ou l'autre des deux amazones ; mais il se sentait aiguillonné d'une curiosité extrême, tant ce mélange de distinction, de beauté, de manières élégantes et d'habitudes cavalières et viriles lui semblait extraordinaire.

Il se promettait donc bien de chercher à les revoir, ou, tout au moins, de s'informer qui elles étaient.

Le ciel sembla un instant vouloir satisfaire immédiatement sa curiosité ; car, s'étant mis en route pour regagner sa demeure, à cinq cents pas, à peu près, de l'endroit où s'était passée la scène entre lui et les deux jeunes filles, il se croisa avec un individu chaussé de grandes guêtres de cuir, portant par-dessus sa blouse une trompe de chasse et une carabine en sautoir, et tenant un fouet à la main.

Cet individu marchait vite, et semblait de fort mauvaise humeur.

C'était évidemment quelque piqueur de la chasse que suivaient les deux jeunes filles.

Aussi le jeune homme, appelant à son aide sa mine la plus gracieuse et son sourire le plus engageant pour l'aborder :

— Mon ami, lui dit-il, vous cherchez deux demoiselles, n'est-ce pas ; l'une montée sur un cheval bai brun, l'autre sur une jument rouanne ?

— D'abord, je ne suis pas votre ami, monsieur, attendu que je ne vous connais pas ; ensuite, je ne cherche pas deux demoiselles : je cherche mes chiens, répondit brutalement l'homme à la blouse, mes chiens, qu'un imbécile a tout à l'heure détournés de la voie d'un loup qu'ils conduisaient, pour les mettre sur la trace d'un lièvre qu'il venait de manquer, lui, comme une mazette qu'il est.

Le jeune homme se mordit les lèvres.

L'homme à la blouse, que nos lecteurs ont sans doute déjà reconnu pour Jean Oullier, continua :

— Oui, moi, je voyais tout cela des hauteurs de la Benaste, que je descendais après le hourvari de notre animal, et j'eusse volontiers cédé mes droits à la prime que M. le marquis de Souday m'abandonne, pour n'être en ce moment qu'à deux ou trois longueurs de fouet de l'échine de ce malappris !

Celui auquel il parlait ne jugea point à propos de revendiquer en aucune façon, au dénouement de cette scène, le rôle qu'il avait ébauché au commencement, et, de toute l'apostrophe de Jean Oullier, qu'il laissait parler comme s'il n'avait absolument rien à y apprendre, il ne releva qu'un mot.

— Ah ! dit-il, vous appartenez à M. le marquis de Souday ?

Jean Oullier regarda de travers le malencontreux interrogateur.

— Je m'appartiens à moi-même, répondit le vieux Vendéen ; je mène les chiens de M. le marquis de Souday ; mais voilà tout, et c'est autant pour mon plaisir que pour le sien.

— Tiens, dit le jeune homme comme se parlant à lui-même, depuis six mois que je suis revenu chez maman, je n'avais jamais entendu dire que M. le marquis de Souday fût marié...

— Eh bien, moi, interrompit Oullier, je vous l'apprends, mon cher monsieur ; et, si vous avez à répondre à cela, je vous apprendrai bien autre chose encore, entendez-vous ?

Et, après avoir prononcé ces mots avec un ton de menace auquel son interlocuteur sembla ne rien comprendre, Jean Oullier, sans se préoccuper davantage de la disposition d'esprit où il le laissait, tourna les talons et rompit la conférence en reprenant avec rapidité le chemin de Machecoul.

Resté seul, le jeune homme fit encore quelques pas dans la ligne suivie par lui depuis qu'il avait quitté les deux jeunes filles, puis, prenant à gauche, il entra dans un champ.

Dans ce champ, un paysan conduisait sa charrue.

Ce paysan était un homme d'une quarantaine d'années qui se distinguait des Poitevins ses compatriotes par cette physionomie fine et rusée qui est particulièrement l'apanage du Normand ; il était haut en couleur, avait l'œil vif et perçant, et sa préoccupation constante semblait être d'en diminuer ou plutôt d'en dissimuler l'audace, par un clignotement perpétuel ; il espérait sans doute arriver, par ce procédé, à l'expression de bêtise ou du moins de bonhomie qui paralyse la méfiance chez l'interlocuteur ; mais sa bouche narquoise, aux coins vivement accusés et retroussés à la façon du Pan antique, révélait, malgré ses soins, un des plus merveilleux produits du croisement manceau et normand.

Bien que le jeune homme se dirigeât visiblement vers lui, le laboureur ne suspendit point son travail ; il savait le prix du coup de collier qui serait nécessaire à ses chevaux pour reprendre leur travail interrompu, dans cette terre forte et argileuse ; il continua donc de maintenir son soc comme s'il eût été seul, et ce ne fut qu'à l'extrémité du sillon, lorsqu'il eut fait faire volte-face à son attelage et ajusté son instrument pour recommencer la besogne, ce ne fut, disons-nous, qu'à ce moment qu'il se montra disposé à entrer en conversation, tandis que ses bêtes soufflaient.

— Eh bien, dit-il alors d'un ton presque familier au nouveau venu, avons-nous fait bonne chasse, monsieur Michel ?

Le jeune homme, sans répondre, dégagea la gibecière de son épaule et la laissa tomber aux pieds du paysan.

Celui-ci, à travers l'épais tissu du filet, aperçut le poil jaunâtre du lièvre.

— Oh ! oh ! fit-il, un capucin ! Vous n'y allez pas de main morte pour votre début, monsieur Michel.

Sur quoi, il tira l'animal du sac, le prit, l'examina en connaisseur et lui pressa légèrement l'abdomen, comme si, à l'endroit de la conservation du gibier, il ne se fût fié que médiocrement aux précautions qu'avait dû prendre un chasseur aussi inexpérimenté que paraissait l'être M. Michel.

— Ah ! sapredienne ! s'écria-t-il après avoir ainsi examiné l'animal, voilà qui vaut trois francs dix sous comme un liard. C'est un beau coup de fusil que vous avez fait là, savez-vous, monsieur Michel ? et vous avez dû trouver que c'était plus divertissant de rouler les bouquins que de les lire, comme vous le faisiez il y a une heure quand je vous ai rencontré.

— Ma foi, non, père Courtin, répondit le jeune homme ; j'aime encore mieux mes livres que votre fusil.

— Vous avez peut-être raison, monsieur Michel, reprit Courtin, sur le visage duquel passa un nuage de mécontentement ; et, si votre défunt père eût pensé comme vous, mieux lui en eût pris peut-être ; mais c'est égal, moi, si j'avais le moyen, si je n'étais pas un pauvre diable obligé de travailler douze heures sur vingt-quatre, je passerais mieux que mes nuits à la chasse.

— Vous allez donc toujours à l'affût, Courtin ? demanda le jeune homme.

— Oui, monsieur Michel, de temps à autre, pour me distraire.

— Vous vous ferez une affaire avec les gendarmes !

— Bah ! ce sont des fainéants, vos gendarmes, et ils ne se lèvent pas encore assez matin pour me prendre.

Puis, laissant à son visage toute cette expression de finesse qu'il essayait de lui enlever d'habitude :

— J'en sais plus long qu'eux, allez, monsieur Michel, dit-il ; il n'y a pas deux Courtin dans le pays, et le seul moyen de m'empêcher d'affûter, ce serait de me faire garde comme Jean Oullier.

Mais M. Michel ne répondit point à cette proposition indirecte, et, comme le jeune homme ignorait ce que c'était que Jean Oullier, il ne releva pas plus la seconde partie de la phrase que la première.

— Voici votre fusil, Courtin, dit-il en tendant l'arme au paysan. Je vous remercie d'avoir eu l'idée de me le proposer ; votre intention était bonne, et ce n'est pas votre faute si je ne sais pas me distraire à la chasse comme tout le monde.

— Faut essayer encore, monsieur Michel, faut en goûter ; les meilleurs chiens sont ceux qui se déclarent le plus tard. J'ai entendu dire à des amateurs qui mangent trente douzaines d'huîtres à leur déjeuner qu'ils ont été jusqu'à l'âge de vingt ans sans pouvoir seulement les regarder. Sortez du château, comme vous avez fait ce matin, avec le livre ; madame la baronne ne se méfiera de rien ; venez trouver le père Courtin dans ses pièces ; son flocard sera toujours à votre disposition, et, si l'ouvrage ne presse pas trop, je vous battrai les buissons. En attendant, je vais remettre l'outil au râtelier.

Le râtelier du père Courtin, c'était tout simplement la haie qui séparait son champ de celui du voisin.

Il y glissa le fusil, le cacha dans les herbes et dressa les ronces et les épines de façon à le masquer aux regards des passants, en même temps qu'il le sauvegardait de la pluie et de l'humidité, deux choses dont, au reste, un véritable braconnier ne s'embarrassera guère, tant qu'il restera des bouts de chandelle et des morceaux de linge.

— Courtin, dit M. Michel en affectant le ton de la plus profonde indifférence, saviez-vous que M. le marquis de Souday fût marié ?

— Non, par ma foi, dit le paysan, je ne le savais pas.

M. Michel fut la dupe de son apparence de bonhomie.

— Et qu'il eût deux filles ? continua-t-il.

Courtin, qui donnait le dernier coup de main à son opération en entrelaçant quelques ronces rebelles, releva vivement la tête et regarda le jeune homme avec une fixité tellement interrogative, que, bien qu'une vague curiosité eût seule dicté cette question, celui-ci rougit jusqu'au blanc des yeux.

— Auriez-vous rencontré les louves ? demanda Courtin. En effet, j'ai entendu le cor du vieux chouan.

— Qu'appelez-vous les louves ? demanda M. Michel.

— J'appelle *les louves* les bâtardes du marquis, donc !

— Ces deux jeunes filles, vous les appelez les louves ?

— Dame, c'est ainsi qu'on les nomme au pays ; mais vous arrivez de Paris, vous : vous ne pouvez point savoir cela.

La grossièreté avec laquelle maître Courtin s'exprimait en parlant des deux jeunes filles embarrassa si bien le timide jeune homme, que, sans savoir pourquoi, il répondit par un mensonge.

— Non, dit-il, je ne les ai point rencontrées.

A la façon dont M. Michel répondit, Courtin douta.

— Tant pis pour vous, répliqua-t-il ; car ce sont deux jolis brins de filles, bons à voir et plaisants à crocher.

Puis, regardant M. Michel avec son clignotement habituel :

— On dit, continua-t-il, qu'elles aiment un peu trop à rire ; mais il en faut comme cela pour les bons enfants, n'est-il pas vrai, monsieur Michel ?

Sans qu'il se rendît compte du motif réel de cette sensation, le jeune homme sentit son cœur se serrer de plus en plus en entendant ce grossier paysan traiter avec cette indulgence insultante les deux charmantes amazones qu'il avait quittées sous l'impression d'un sentiment d'admiration et de reconnaissance assez vif.

Sa mauvaise humeur se refléta sur sa physionomie.

Courtin ne douta plus que M. Michel n'eût rencontré les *louves*, comme il les appelait, et sa négation de cette rencontre le fit aller, quant aux résultats qu'elle avait pu avoir, bien au-delà de la réalité.

Il était certain que le marquis de Souday était, il y avait peu d'heures, dans les environs de la Logerie ; il semblait plus que probable que M. Michel avait dû apercevoir Mary et Bertha, qui, lorsqu'il s'agissait de chasse, quittaient rarement leur père ; peut-être même le jeune homme avait-il fait plus que de les voir ; peut-être avait-il causé avec elles ; et, grâce à l'opinion que l'on avait des deux sœurs dans le pays, une conversation avec mesdemoiselles de Souday ne pouvait être que l'ébauche d'une intrigue.

De déduction en déduction, Courtin, qui était un homme logique, conclut que son jeune maître en était là.

Nous disons son jeune maître, parce que Courtin exploitait un bordage qui appartenait à M. Michel.

Mais ce n'était point la besogne de laboureur qui convenait à Courtin ; c'était le métier de garde particulier de la mère et du fils qu'il ambitionnait.

Or, le rusé paysan tenait, par tous les moyens possibles, à établir une solidarité quelconque entre son jeune maître et lui.

Il venait d'échouer en cherchant à stimuler sa désobéissance aux prescriptions maternelles touchant la chasse ; partager le secret de ses amours lui sembla un rôle tout à fait propre à servir ses intérêts et sa petite ambition ; aussi comprit-il, au nuage de mécontentement qui s'était répandu sur le visage de M. Michel, qu'il avait fait fausse route en se faisant l'écho de la malveillance générale à l'endroit des deux amazones, et chercha-t-il à regagner le terrain qu'il avait perdu.

Nous l'avons vu déjà faire retour sur la mauvaise opinion exprimée par lui d'abord.

Il continua de marcher dans la même voie.

— Au reste, reprit-il avec une bonhomie passablement jouée, on en dit toujours — et sur les jeunes filles surtout — bien plus long qu'il n'y en a. Mademoiselle Bertha et mademoiselle Mary...

— Elles s'appellent Mary et Bertha ? demanda vivement le jeune homme.

— Mary et Bertha, oui. Mademoiselle Bertha est la brune et mademoiselle Mary la blonde.

Et, comme il regardait M. Michel avec toute l'acuité dont son regard était capable, il lui sembla qu'au nom de Mary, le jeune homme avait légèrement rougi.

— Je disais donc, reprit l'obstiné paysan, que mademoiselle Mary et mademoiselle Bertha aiment la chasse, les chiens, les chevaux ; mais cela n'empêche pas d'être honnête, et défunt M. le curé de la Benaste, qui était un fin braconnier, n'a pas dit les plus méchantes messes parce que son chien était dans la sacristie et son fusil le long de l'autel.

— Le fait est, répliqua M. Michel oubliant qu'il contredisait sa première assertion, le fait est qu'elles ont l'air doux et bon, mademoiselle Mary surtout.

— Et elles sont douces et bonnes, monsieur Michel ; elles le sont ! L'année passée, pendant les chaleurs humides, quand cette espèce de fièvre de marécage, dont tant de pauvres diables sont morts, a couru dans le pays, qui a soigné les malades, et sans bouder encore, alors que les médecins, les pharmaciens et tout le tremblement jusqu'aux vétérinaires avaient déserté ? Les louves, comme ils disent tous. Ah ! elles ne font point la charité au prône, celles-là ; mais elles visitent en cachette les maisons des malheureux ; elles sèment des aumônes et elles récoltent des bénédictions. Aussi, si les riches les haïssent et si les nobles les jalousent, ah ! l'on peut dire hardiment que les pauvres gens sont pour elles.

— Et d'où vient donc alors qu'elles sont si mal vues ? demanda M. Michel.

— Bon ! est-ce que l'on sait cela ? est-ce qu'on se le demande ? est-ce que l'on s'en rend compte ? Les hommes, voyez-vous, monsieur Michel, c'est, sans comparaison, comme les oiseaux : quand il y en a un de malade et qui fait le houssu, tous viennent lui arracher des plumes ; ce qu'il y a de sûr au fin fond de tout cela, c'est que ceux de leur rang leur tournent le dos et leur jettent la pierre, à ces pauvres demoiselles. Tenez, par exemple, votre maman est bien bonne, n'est-ce pas, monsieur Michel ? eh bien, je suis sûr que vous lui en parleriez qu'elle répondrait comme tout le monde : « Ce sont des gueuses ! »

Mais, malgré le changement de front de Courtin, M. Michel ne paraissait pas disposé à entrer dans une causerie plus intime ; quant à maître Courtin lui-même, il jugea, de son côté, que, pour une séance, il avait suffisamment préparé la voie à la confidence qu'il espérait.

Puis, comme M. Michel semblait vouloir se retirer, il le reconduisit jusqu'à l'extrémité de son champ.

Seulement, en le reconduisant, il remarqua que les regards du jeune homme se dirigeaient bien souvent vers les masses sombres de la forêt de Machecoul.

8

La baronne de la Logerie

Maître Courtin abaissait respectueusement devant son jeune maître la barrière mobile qui fermait son champ, lorsqu'une voix de femme appelant Michel se fit entendre derrière la haie.

A cette voix, le jeune homme tressaillit et s'arrêta.

Au même instant, la personne qui avait appelé parut en face de l'échalier qui servait de communication entre le champ de maître Courtin et le champ voisin.

Cette personne, cette *dame* pouvait avoir de quarante à quarante-cinq ans. Essayons de l'*expliquer* à nos lecteurs.

Sa figure était insignifiante et sans autre caractère qu'un air de hauteur apprêtée qui contrastait avec sa tournure vulgaire. Elle était petite et replète ; elle portait une robe de soie trop riche pour quelqu'un qui court les champs, et un chapeau dont la batiste écrue et flottante retombait sur son visage et sur son cou. On eût pu croire, tant le reste de sa toilette était recherché qu'elle venait de faire quelque visite à la Chaussée d'Antin ou au faubourg Saint-Honoré.

C'était la personne dont les futurs reproches avaient paru inspirer d'avance une si grande appréhension au pauvre jeune homme.

— Eh quoi ! s'écria-t-elle, vous êtes ici, Michel ? Vraiment, mon ami, vous êtes bien peu raisonnable et vous avez bien peu d'égards pour votre mère ! Il y a plus d'une heure que la cloche du château vous a appelé pour le dîner ; vous savez combien je déteste attendre, et combien je tiens à des repas bien réglés, et je vous trouve causant tranquillement avec ce rustre !

Michel commença par balbutier une excuse ; mais, presque au même instant, l'œil de sa mère aperçut ce qui avait échappé à Courtin, ou ce sur quoi Courtin n'avait pas voulu demander d'explication : c'est-à-dire que la tête du jeune homme était entourée d'un mouchoir, et que ce mouchoir était maculé de taches sanglantes que son chapeau de paille, si larges qu'en fussent les bords, ne dissimulait qu'imparfaitement.

— Ah ! mon Dieu ! s'écria-t-elle en élevant une voix qui, dans son diapason ordinaire, était déjà trop élevée, vous êtes blessé !

Que vous est-il arrivé ? Parlez, malheureux ! Vous voyez bien que je meurs d'inquiétude.

Et alors, enjambant l'échalier avec une impatience et surtout avec une légèreté qu'on n'eût point osé attendre de son âge et de sa corpulence, la mère du jeune homme arriva près de lui, et, avant qu'il eût pu s'y opposer, enleva le chapeau et le mouchoir.

La plaie, ravivée par l'arrachement de l'appareil, recommença de saigner.

M. Michel, comme l'appelait Courtin, était si peu préparé à voir le dénouement qu'il redoutait se brusquer de la sorte, qu'il demeura tout interdit et ne sut que répondre.

Maître Courtin vint à son aide.

Le madré paysan avait compris, à l'embarras de son jeune maître, que celui-ci, ne voulant pas avouer qu'il avait désobéi à sa mère, hésitait cependant à se disculper par un mensonge ; il n'avait pas, lui, Courtin, les mêmes scrupules que le jeune homme, et il chargea résolument sa conscience du péché que, dans sa naïveté, Michel n'osait commettre.

— Oh ! que madame la baronne ne soit aucunement inquiète ! Ce n'est rien, dit-il, absolument rien !

— Mais, enfin, comment cela lui est-il arrivé ? Répondez pour lui, Courtin, puisque Monsieur s'obstine à garder le silence.

Et, en effet, le jeune homme demeurait toujours muet.

— Vous allez le savoir, madame la baronne, répondit Courtin. Il faut vous dire que j'avais ici un fagot des émondes d'automne ; il était bien trop lourd pour que je le misse seul sur mes épaules ; M. Michel a eu la bonté de m'aider, et une branche du maudit fagot lui a fait au front une égratignure, comme vous voyez.

— Mais c'est plus qu'une égratignure ! Vous auriez pu l'éborgner ! Une autre fois, maître Courtin, cherchez vos pareils pour charger vos fagots, entendez-vous ? Outre que vous eussiez pu estropier cet enfant, c'est très inconvenant, ce que vous avez fait là.

Maître Courtin baissa humblement la tête, comme s'il eût apprécié toute l'étendue de son méfait ; mais cela ne l'empêcha point, en apercevant la gibecière qui était restée sur le gazon, d'envoyer, d'un coup de pied habilement calculé, le lièvre rejoindre le fusil dans la haie.

— Allons, venez, *monsieur Michel*, dit la baronne, dont la soumission du paysan ne semblait point calmer la mauvaise humeur ; venez, nous ferons examiner votre blessure par le médecin.

Puis, se retournant après avoir fait quelques pas :

— A propos, maître Courtin, dit-elle, vous n'avez point encore soldé votre terme de la Saint-Jean, et cependant votre bail expire à Pâques. Pensez-y ; car je suis bien résolue à ne point garder des fermiers inexacts à tenir leurs engagements.

La physionomie de maître Courtin devint plus piteuse encore qu'elle ne l'était quelques minutes auparavant ; cependant, elle se dérida, lorsque, pendant que sa mère franchissait les palissades avec incomparablement plus de difficultés que la première fois, le jeune homme lui dit tout bas ces deux mots :

— A demain !

Aussi, malgré la menace qu'il venait d'entendre, ce fut très allégrement qu'il reprit le manche de sa charrue et qu'il se remit à la pousser dans le sillon, tandis que ses maîtres regagnaient le château ; et, tout le reste de la soirée, il anima ses chevaux en leur chantant *La Parisienne*, hymne patriotique très en vogue à cette époque.

Pendant que maître Courtin chante l'hymne susdit, à la grande satisfaction de son attelage, disons quelques mots de la famille Michel.

Vous avez vu le fils, chers lecteurs ; vous avez vu la mère.

La mère était la veuve d'un de ces fournisseurs qui avaient su faire, aux dépens de l'Etat, une fortune rapide et considérable à la suite des armées impériales, et que les soldats caractérisaient du sobriquet parlant de *riz-pain-sel*.

Ce fournisseur s'appelait Michel de son nom de famille ; il était originaire du département de la Mayenne, fils d'un simple paysan, neveu d'un magistrat de village qui, en ajoutant quelques notions d'arithmétique aux leçons de lecture et d'écriture qu'il lui donnait ainsi gratuitement, décida de l'avenir de son neveu.

Enlevé par la première réquisition de 1791, Michel le paysan arriva à la 22e demi-brigade avec fort peu d'enthousiasme ; cet homme, qui devait plus tard devenir un comptable si distingué, avait déjà supputé les chances qui s'offraient à lui d'être tué ou de passer général ; or, le résultat de ce calcul ne l'ayant satisfait que médiocrement, il fit, avec beaucoup d'adresse, valoir la beauté de son écriture pour être attaché aux bureaux du quartier-maître ; il reçut cette faveur et en témoigna autant de satisfaction qu'un autre eût fait en obtenant de l'avancement.

Ce fut donc au dépôt que Michel père fit les campagnes de 1792 et 1793.

Vers le milieu de cette dernière année, le général Rossignol, qui était envoyé pour pacifier ou exterminer la Vendée, s'étant, par hasard, trouvé en contact dans les bureaux avec le commis Michel, et ayant appris de lui qu'il était du pays insurgé et avait tous ses amis dans les rangs des Vendéens, songea à utiliser cette circonstance providentielle. Il fit délivrer à Michel un congé définitif et le renvoya chez lui sans autre condition que de prendre du service parmi les chouans, et, de temps en temps, de faire pour lui ce que M. de Maurepas faisait pour Sa Majesté Louis XV, c'est-à-dire de lui donner les nouvelles du jour ; or, Michel, qui avait trouvé de grands avantages pécuniaires à cet engagement, l'avait tenu avec une scrupuleuse fidélité, non seulement à l'endroit du général Rossignol, mais même à l'endroit de ses successeurs.

Michel était au plus fort de cette correspondance anecdotique avec les chefs républicains, lorsque le général Travot avait à son tour été envoyé dans la Vendée.

On connaît le résultat des opérations du général Travot ; elles ont fait l'objet d'un des premiers chapitres de ce livre ; d'ailleurs, en voici le résumé : l'armée vendéenne battue, Jolly tué, de Couëtu pris dans un guet-apens dressé par un traître demeuré inconnu, enfin Charette fait prisonnier dans le bois de la Chabotière et fusillé sur la place de Viarmes, à Nantes.

Quel rôle joua Michel dans les péripéties successives de ce terrible drame ? C'est ce que nous apprendrons peut-être plus tard ; toujours est-il que, quelque temps après ce sanglant épisode, Michel, toujours recommandé par sa belle écriture et son infaillible arithmétique, entrait en qualité de commis dans les bureaux d'un munitionnaire fameux.

Il y fit un chemin rapide ; car, en 1805, nous le retrouvons soumissionnant, pour son propre compte, une partie des fournitures de l'armée d'Allemagne.

En 1806, ses souliers et ses guêtres prirent une part active à l'héroïque campagne de Prusse.

En 1809, il obtint l'entière alimentation de l'armée qui entrait en Espagne.

En 1810, il épousait la fille unique d'un de ses confrères et doublait ainsi sa fortune.

En outre, il allongeait son nom, ce qui était, pour tous les gens ayant un nom un peu court, la plus grande ambition de cette époque.

Voici de quelle façon cette adjonction tant ambitionnée s'opéra.

Le père de la femme de M. Michel s'appelait Baptiste Durand ; il était du petit village de la Logerie, et, pour se distinguer d'un autre Durand qu'il avait plusieurs fois rencontré sur son chemin, il se faisait appeler Durand de la Logerie.

C'était du moins le prétexte qu'il donnait.

Il avait fait élever sa fille dans un des meilleurs pensionnats de

Paris, où elle avait été inscrite, lors de son entrée, sous le nom de Stéphanie Durand de la Logerie.

Une fois marié à la fille de son confrère, M. le munitionnaire Michel trouva que le nom de sa femme ferait bien au bout du sien et se fit appeler Michel de la Logerie.

Enfin, à la Restauration, un titre du saint-empire, acheté à beaux deniers comptants, lui permit de s'appeler le baron Michel de la Logerie, et de marquer ainsi sa place, à la fois, dans l'aristocratie financière et territoriale du moment.

Quelques années après le retour des Bourbons, c'est-à-dire vers 1819 ou 1820, le baron Michel de la Logerie perdit son beau-père, messire Baptiste Durand de la Logerie.

Celui-ci laissait à sa fille et, par conséquent, à son beau-fils, sa terre de la Logerie, située, comme on a pu le comprendre par les détails donnés dans les chapitres précédents, à cinq ou six lieues de la forêt de Machecoul.

Le baron Michel de la Logerie décida, en bon seigneur qu'il était, d'aller prendre possession de sa terre et de se montrer à ses vassaux. Le baron Michel était homme d'esprit ; il désirait arriver à la Chambre ; il n'y pouvait arriver que par l'élection, et l'élection du baron dépendait de la popularité dont il jouirait dans le département de la Loire-Inférieure.

Il était né paysan ; il avait vécu jusqu'à vingt-cinq ans avec des paysans, sauf les deux ou trois années passées dans les bureaux ; il savait donc comment prendre les paysans.

Il avait, d'ailleurs, à se faire pardonner son bonheur.

Il fut ce que l'on appelle bon prince, retrouva là quelques camarades des vieilles guerres de la Vendée, leur toucha la main, parla, les larmes aux yeux, de la mort de ce pauvre M. Jolly, de ce cher M. de Couëtu et de ce digne M. Charette ; il s'enquit des besoins de la commune, qu'il ne connaissait pas, fit faire un pont qui établit les communications les plus importantes entre le département de la Loire-Inférieure et celui de la Vendée, fit réparer trois chemins vicinaux et rebâtir une église, dota un hospice d'orphelins et un hôpital de vieillards, recueillit force bénédictions et se complut si bien dans ce rôle patriarcal, qu'il manifesta l'intention de passer désormais six mois seulement dans la capitale et les six autres mois en son château de la Logerie.

Enfin, cédant aux sollicitations de sa femme, qui de Paris, où elle était restée, ne comprenant rien à ce féroce amour des champs qui s'était emparé de lui, écrivait lettres sur lettres pour presser son retour, le baron Michel décida que ce retour aurait lieu le lundi suivant, la journée du dimanche devant être consacrée à une grande battue aux loups que l'on faisait dans les bois de la

Pauvrière et dans la forêt de la Grand-Lande, infestés de ces animaux.

C'était encore une œuvre philanthropique qu'accomplissait le baron Michel de la Logerie.

A cette battue, du reste, le baron Michel continua son rôle de riche bon enfant ; il se chargea des rafraîchissements, fit suivre la traque par deux barriques de vin portées sur des charrettes, et auxquelles buvait qui voulait ; il commanda pour le retour un véritable repas de Gamache, auquel deux ou trois villages étaient conviés, refusa le poste d'honneur qu'on lui avait offert dans la battue, voulut que le sort décidât de lui comme du plus humble tireur, et, le hasard l'ayant envoyé à l'extrémité de la ligne, il prit cette mauvaise fortune avec une bonne humeur qui enchanta tout le monde.

La battue fut splendide : de chaque enceinte, il sortait des animaux ; de chaque ligne, il partait une fusillade si bien nourrie, que l'on eût cru à une petite guerre. Les loups et les sangliers commencèrent à s'amonceler dans la charrette à côté des barriques du baron, sans compter le gibier de contrebande, tel que lièvres et chevreuils, que l'on tuait dans cette battue comme on les tue dans toutes les battues sous couleur d'animaux *nuisibles*, et que l'on cachait discrètement avec l'intention de les venir prendre à la nuit tombée.

Les enivrements du succès furent tels, qu'ils firent oublier le héros de la journée : ce ne fut donc qu'après les dernières traques que l'on s'aperçut que le baron Michel n'avait pas reparu depuis le matin. On s'enquit de lui : personne, depuis cette traque où le hasard du numéro l'avait envoyé si loin, ne l'avait revu ; on supposa que, ennuyé de ce divertissement, ou poussant trop loin sa sollicitude pour ses hôtes, il était revenu à la petite ville de Légé, où le repas avait été préparé par ses ordres.

Mais, en arrivant à Légé, les chasseurs ne le trouvèrent point ; quelques-uns, plus insoucieux que les autres, s'attablèrent sans lui. Mais cinq ou six, atteints de pressentiments funestes, retournèrent aux bois de la Pauvrière, et, munis de torches et de lanternes, se mirent à le chercher.

Au bout de deux heures d'investigations infructueuses, on le trouva dans le fossé de la seconde enceinte où l'on avait traqué.

Il était roide mort : une balle lui avait traversé le cœur.

Cette mort fit grand bruit ; le parquet de Nantes évoqua l'affaire ; le chasseur placé immédiatement au-dessous du baron fut arrêté ; il déclara qu'éloigné de cent cinquante pas du baron, dont un angle de bois le séparait, il n'avait rien vu ni rien entendu. Il fut prouvé, en outre, que le fusil du paysan mis en cause n'avait point été déchargé de la journée ; d'ailleurs, de l'endroit où il était placé, le chasseur ne pouvait frapper la victime qu'au côté droit et c'était au côté gauche que le baron Michel avait été atteint.

L'instruction en resta donc là ; on fut réduit à attribuer au hasard la mort de l'ex-munitionnaire, et l'on supposa qu'une balle égarée, comme cela arrive si souvent dans les traques, était venue l'atteindre sans mauvaise intention de la part de celui au fusil duquel elle avait échappé.

Cependant, il resta dans le pays une rumeur confuse de vengeance accomplie ; on disait — mais on disait bien bas, comme si chaque touffe de genêts eût encore pu receler le fusil d'un chouan — on disait que quelqu'un des vieux soldats de Jolly, de Couëtu et de Charette avait fait expier au malheureux fournisseur sa trahison et la mort de ces trois illustres chefs ; mais il y avait trop de gens intéressés au secret pour qu'une accusation directe pût jamais être formulée.

La baronne Michel de la Logerie demeura donc veuve avec un fils unique.

La baronne Michel était une de ces femmes aux vertus négatives comme on en rencontre tant dans le monde. Des vices, madame la baronne Michel n'en possédait pas l'ombre ; des passions, elle en avait jusque-là ignoré le nom. Attelée à dix-sept ans à la charrue du mariage, elle avait marché dans le sillon conjugal sans jamais dévier ni à droite ni à gauche, et ne se demandant même point s'il n'y avait pas une autre route ; jamais l'idée n'était venue à son cerveau qu'une femme pût regimber contre l'aiguillon. Débarrassée du joug, elle eut peur de sa liberté, et instinctivement elle chercha de nouvelles chaînes ; ces nouvelles chaînes, ce fut la religion qui les lui donna, et, comme tous les esprits étroits, elle commença de végéter dans une dévotion fausse, exagérée et cependant consciencieuse.

Madame la baronne Michel se croyait tout simplement une sainte ; elle était régulière aux offices, soumise aux jeûnes, fidèle aux prescriptions de l'Eglise ; et qui lui eût dit qu'elle péchait sept fois par jour l'eût fort étonnée. Cependant, rien n'était plus vrai ; il était certain que, rien qu'en incriminant l'humilité de madame la baronne de la Logerie, on pouvait, à chaque instant de la journée, la prendre en flagrant délit de désobéissance aux préceptes du Sauveur des hommes ; car, si mal ou si peu justifié qu'il fût, elle poussait son orgueil nobiliaire jusqu'à la folie.

Aussi avons-nous vu que notre rusé paysan, maître Courtin, qui avait sans façon appelé le fils *monsieur Michel*, n'avait pas une seule fois manqué de donner de la baronne à la mère.

Naturellement, madame de la Logerie avait le monde et le siècle en horreur ; elle ne lisait point un compte rendu de police correctionnelle, dans son journal, sans les accuser l'un et l'autre — monde et siècle — de l'immoralité la plus noire ; à l'entendre, l'âge de fer datait de 1800 ; aussi, son plus grand souci avait-il été de préserver son fils de la contagion des idées du jour, en l'élevant loin du monde et de ses dangers ; jamais elle ne voulut entendre parler pour lui d'éducation publique ; les établissements des jésuites eux-mêmes lui furent suspects, par la facilité avec laquelle les bons pères composaient avec les obligations sociales des jeunes gens qu'on leur confiait ; et, si l'héritier des Michel reçut quelques leçons d'étrangers auxquels, pour les sciences et les arts indispensables à l'éducation d'un jeune homme, on fut forcé d'avoir recours, ce ne fut jamais qu'en présence de sa mère et sur un programme approuvé par elle, qui seule se chargeait d'imprimer la direction à donner aux idées, aux travaux et surtout à la partie morale de cette éducation.

Il fallait l'assez forte dose d'intelligence que le bonheur avait placée dans cette jeune cervelle pour qu'elle sortît saine et sauve de la torture à laquelle elle avait été soumise depuis dix ans.

Mais elle en sortit, comme on l'a vu, faible et indécise, et n'ayant rien de cette force et de cette résolution qui caractérisent l'homme, c'est-à-dire le représentant de la vigueur, de la décision et de l'intelligence.

9

Galon-d'or et Allégro

Comme Michel s'en était douté et surtout l'avait craint, il avait été vigoureusement grondé par sa mère.

Celle-ci n'avait pas été la dupe du récit de maître Courtin ; la blessure que son fils avait à la tête n'était point une égratignure faite par une épine.

Aussi, ignorant quel intérêt son fils pouvait avoir à cacher la cause de cette blessure, convaincue que, même en l'interrogeant, elle n'arriverait pas à la vérité, elle se contentait de fixer de temps en temps les yeux sur cette plaie mystérieuse, en secouant la tête, en poussant un soupir et en ridant son front maternel.

Le jeune homme, pendant tout le dîner, se sentit mal à son aise, baissant les yeux et mangeant à peine ; mais, il faut le dire, l'incessant examen de sa mère n'était point la seule chose qui le troublât.

Entre ses paupières baissées et le regard maternel, il voyait continuellement flotter comme deux ombres.

Ces deux ombres, c'était la double image de Bertha et de Mary.

Michel pensait à Bertha avec une certaine impatience, il faut l'avouer. Qu'était-ce donc que cette amazone qui maniait un fusil comme un chasseur de profession, qui bandait les blessures comme un chirurgien, et qui, lorsqu'elle trouvait de la résistance dans le patient, lui tordait les poignets, avec ses mains blanches et féminines, comme eût pu le faire Jean Oullier avec ses mains viriles et calleuses ?

Mais aussi comme Mary était charmante, avec ses longs cheveux blonds et ses grands yeux bleus ! comme sa voix était douce et son accent persuasif ! avec quelle légèreté elle avait touché la plaie, lavé le sang, serré le bandage !

En vérité, Michel ne regrettait pas sa blessure, lorsqu'il calculait que, sans cette blessure, il n'y eût eu aucune raison pour que les deux jeunes filles lui eussent adressé la parole et se fussent occupées de lui.

Il est vrai qu'il y avait une chose bien autrement grave que sa blessure : c'était la mauvaise humeur qu'elle avait causée à sa mère et les doutes qu'elle pouvait faire naître dans l'esprit de celle-ci ; mais la colère de Mme de la Logerie passerait ; et ce qui ne passerait pas, c'est l'impression qu'avaient laissée dans son cœur, à lui, ces quelques secondes pendant lesquelles il avait tenu dans sa main la main de Mary.

Aussi, comme tout cœur qui commence à aimer, mais qui doute encore de son amour, le plus grand besoin qu'éprouvât le jeune homme était celui de la solitude.

Il en résulta qu'aussitôt après le dîner, profitant du moment où la baronne causait avec un domestique, il s'éloigna sans entendre ce que lui disait sa mère, ou plutôt, sans se rendre compte des paroles qu'elle lui adressait.

Ces paroles avaient cependant leur importance.

Madame de la Logerie défendait à son fils de diriger ses courses vers Saint-Christophe-du-Ligneron, où, d'après le dire de son domestique, régnait une mauvaise fièvre.

Puis elle recommandait qu'un cordon sanitaire s'organisât autour de la Logerie, afin qu'aucun habitant du village infesté ne fût reçu au château.

L'ordre devait s'exécuter à l'instant même, à l'endroit d'une jeune fille qui venait demander, pour son père, atteint d'une première attaque de fièvre, du secours à la baronne de la Logerie.

Sans doute, si Michel n'eût pas été si préoccupé, eût-il fait quelque attention à ces paroles de sa mère ; car le malade, c'était son père nourricier, le métayer Tinguy, et la ménagère qui venait réclamer secours, sa sœur de lait, Rosine, pour laquelle il avait conservé une grande affection.

Mais, en ce moment, c'était du côté de Souday que les yeux du jeune homme étaient tournés, et celle à laquelle il pensait, c'était cette charmante *louve* ayant nom Mary.

Aussi fut-il bientôt perdu dans la partie la plus profonde et la plus épaisse du parc.

Il avait pris un livre en manière de contenance ; mais, quoiqu'il eût eu l'air de lire jusqu'à ce qu'il eût gagné la lisière des grands arbres, quiconque lui eût demandé le titre de son livre l'eût bien embarrassé.

Il s'assit sur un banc et se mit à réfléchir.

A quoi réfléchissait Michel ?

La réponse est facile à faire.

Comment reverrait-il Mary et sa sœur ?

Le hasard l'avait servi en les lui faisant rencontrer une première fois, mais six mois seulement après son retour dans le pays.

Le hasard y avait donc mis le temps.

S'il allait plaire au hasard d'être six autres mois sans ménager au jeune baron une seconde rencontre avec ses voisines, ce serait long pour l'état où était son cœur !

D'un autre côté, ouvrir des communications avec le château de Souday n'était pas chose commode.

Il n'existait pas une grande sympathie entre le marquis de Souday, émigré de 1790, et le baron Michel de la Logerie, noble de l'Empire.

D'ailleurs, Jean Oullier, dans le peu de mots qu'il avait dits au jeune homme, ne lui avait pas laissé entrevoir un bien grand désir de faire sa connaissance.

Restaient les jeunes filles, qui lui avaient marqué cet intérêt, brusque chez Bertha, doux chez Mary ; mais comment arriver aux jeunes filles, qui, si elles chassaient deux ou trois fois par semaine, ne chassaient jamais qu'en la compagnie de leur père et de Jean Oullier ?

Michel se promettait de lire, les uns après les autres, tous les romans qu'il trouverait dans la bibliothèque du château, espérant découvrir dans l'un d'eux quelque ingénieux moyen qu'il commençait à craindre que son esprit, réduit à ses propres inspirations, ne lui fournît pas.

En ce moment, il sentit qu'on lui touchait doucement l'épaule ; il se retourna en tressaillant.

C'était maître Courtin.

La figure du digne métayer exprimait une satisfaction qu'il ne se donnait pas la peine de dissimuler.

— Pardon, excuse, monsieur Michel, dit le métayer ; mais, en ne vous voyant pas plus bouger qu'une souche, j'ai cru que c'était votre statue et non pas vous.

— Et tu vois que c'est moi, Courtin.

— J'en suis bien aise, monsieur Michel. J'étais inquiet de savoir comment cela s'était passé entre vous et Mme la baronne.

— Elle a un peu grondé.

— Oh ! je m'en doute bien. Est-ce que vous lui avez parlé du lièvre ?

— Je m'en suis bien gardé !

— Et des *louves* ?

— Quelles louves ? demanda le jeune homme, qui n'était pas fâché de ramener la conversation sur ce point.

— Les louves de Machecoul... Il me semblait vous avoir dit que c'était ainsi que l'on nommait les demoiselles de Souday.

— Encore moins que du lièvre, tu comprends bien, Courtin ! Je crois que les chiens de Souday et ceux de la Logerie, comme on dit, ne chassent pas ensemble.

— Dans tous les cas, reprit Courtin avec cet air narquois que, malgré ses efforts, il n'était pas toujours maître de dissimuler, si vos chiens ne chassent pas ensemble, vous pourrez chasser, vous, avec leurs chiens.

— Que veux-tu dire ?

— Regardez, fit Courtin en tirant à soi et en faisant en quelque sorte entrer en scène deux chiens courants couplés et qu'il tenait en laisse.

— Qu'est-ce que cela ? demanda le jeune baron.

— Qu'est-ce que cela ? Galon-d'or et Allégro, donc !

— Mais je ne sais pas ce que c'est que Galon-d'or et Allégro.

— Ce sont les chiens de ce bandit de Jean Oullier.

— Pourquoi lui as-tu pris ses chiens ?

— Je ne les lui ai pas pris ; je les lui ai mis tout simplement en fourrière.

— Et de quel droit ?

— De deux droits : d'abord comme propriétaire, et ensuite comme maire.

Courtin était maire au village de la Logerie, qui se composait d'une vingtaine de maisons, et il était très fier de ce titre.

— Veux-tu m'expliquer tes droits, Courtin ?

— Eh bien d'abord, monsieur Michel, comme maire, je les confisque parce qu'ils chassent en temps prohibé.

— Je ne croyais pas qu'il y eût de temps prohibé pour chasser le loup, et, comme M. de Souday est louvetier...

— Très bien ! s'il est louvetier, qu'il chasse ses loups dans la forêt de Machecoul, et non dans la plaine ; d'ailleurs, vous avez bien vu, ajouta avec son sourire matois maître Courtin, vous avez bien vu que ce n'était pas un loup qu'ils chassaient, puisque c'était un lièvre, et que même, ce lièvre, c'est une des louves qui l'a tué.

Le jeune homme fut sur le point de dire à Courtin que ce nom de *louves*, appliqué aux demoiselles de Souday, lui était désagréable, et qu'il le priait de ne plus s'en servir désormais ; mais il n'osa formuler sa prière d'une façon aussi nette.

— C'est Mlle Bertha qui l'a tué, Courtin, dit-il ; mais c'est moi qui l'avais tiré et blessé d'abord ; c'est donc moi qui suis le coupable.

— Bon, bon, bon ! comment entendez-vous cela ? L'auriez-vous tiré si les chiens ne l'avaient pas chassé ? Non. C'est donc la faute des chiens si vous l'avez tiré, et si Mlle Bertha l'a tué ; c'est donc les chiens que je punis, comme maire, d'avoir, sous prétexte de courre le loup, chassé un lièvre en temps prohibé. Mais ce n'est pas le tout ; après les avoir punis comme maire, je les repunis comme propriétaire. Est-ce que je leur ai donné permis de chasse sur mes terres, aux chiens de M. le marquis ?

— Sur tes terres, Courtin ? dit en riant Michel. Il me semble que tu te trompes, et que c'était sur les miennes, ou plutôt sur celles de ma mère, qu'ils chassaient.

— C'est tout un, monsieur le baron, puisque, vos terres, je les afferme. Or, vous savez, nous ne sommes plus en 1789, où les seigneurs avaient le droit de passer avec leurs meutes à travers les moissons du paysan et de tout coucher à terre sans rien payer ; non, non, non ! aujourd'hui, nous sommes en 1832, monsieur Michel : chacun est maître chez soi, et le gibier est à celui qui le nourrit. Donc, le lièvre chassé par les chiens de M. le marquis est à moi, puisqu'il mange le blé que j'ai semé sur les terres de Mme Michel, et c'est moi qui dois manger le lièvre blessé par vous et tué par la louve.

Michel fit un mouvement que Courtin surprit du coin de l'œil ; cependant, il n'osa point manifester son mécontentement.

— Il y a une chose qui m'étonne, dit le jeune homme ; c'est que ces chiens, qui tirent si fort sur leur corde et qui paraissent te suivre avec tant de répugnance, se soient laissé rejoindre par toi.

— Oh ! dit Courtin, je n'ai pas eu de peine à cela. Quand je suis revenu de vous lever l'échalier, à vous et à Mme la baronne, j'ai trouvé ces messieurs à table.

— A table ?

— Oui, à table dans la haie, où j'avais caché le lièvre ; ils l'avaient trouvé, et ils dînaient. Il paraît qu'ils ne sont pas chèrement nourris au château de Souday et qu'ils chassent pour leur compte. Tenez, voyez l'état où ils l'ont mis, *mon* lièvre.

Et, en disant ces mots, Courtin tira de la vaste poche de sa veste le train de derrière de l'animal faisant la pièce principale du délit.

La tête et le train de devant avaient complètement disparu.

— Et quand on pense, ajouta Courtin, qu'ils ont fait ce beau coup-là le temps d'aller vous reconduire. Ah ! il faudra que vous nous en fassiez tuer quelques-uns, mes drôles, pour me faire oublier celui-là !

— Courtin, laisse-moi te dire une chose, fit le jeune baron.

— Oh ! dites, ne vous gênez pas, monsieur Michel.

— C'est que, comme maire, tu dois doublement respecter la légalité.

— La légalité, je la porte dans mon cœur. Liberté ! ordre public ! Est-ce que vous n'avez pas vu que ces trois mots-là sont écrits sur la façade de la mairie, monsieur Michel ?

— Eh bien, raison de plus pour que je te dise que ce que tu fais là n'est pas légal et porte atteinte à la liberté et à l'ordre public.

— Comment ! dit Courtin, les chiens des *louves* ne troublent pas l'ordre public en chassant sur mes terres en temps prohibé, et je ne suis pas libre de les mettre en fourrière ?

— Ils ne troublent pas l'ordre public, Courtin : ils blessent des intérêts privés ; et tu as le droit, non pas de les mettre en fourrière, mais de leur faire un procès-verbal.

— Ah ! c'est bien long, tout cela, et, s'il faut laisser chasser les chiens et se contenter de leur faire des procès-verbaux, alors ce ne sont plus les hommes qui sont libres, ce sont les chiens.

— Courtin, dit le jeune homme avec cette petite pointe de morgue dont est toujours plus ou moins atteint l'homme qui a feuilleté un code, tu commets l'erreur que commettent beaucoup de gens : tu confonds la liberté avec l'indépendance : l'indépendance est la liberté des hommes qui ne sont pas libres, mon ami.

— Mais qu'est-ce donc que la liberté, monsieur Michel ?

— La liberté, mon cher Courtin, c'est l'abandon que chacun fait, au profit de tous, de son indépendance personnelle. C'est dans le fonds général d'indépendance qu'un peuple entier ou chaque citoyen puise la liberté ; nous sommes libres et non indépendants, Courtin.

— Oh ! moi, dit Courtin, je ne connais pas tout cela. Je suis maire et propriétaire ; je tiens les deux meilleurs chiens de la meute du marquis, Galon-d'or et Allégro, je ne les lâche pas. Qu'il vienne les chercher, et je lui demanderai, moi, ce qu'il va faire aux réunions de Torfou et de Montaigu.

— Que veux-tu dire ?

— Oh ! je m'entends.

— Oui ; mais, moi, je ne t'entends pas.

— Il n'y a pas besoin que vous m'entendiez, vous : vous n'êtes pas maire.

— Oui ; mais je suis habitant du pays, et j'ai intérêt à savoir ce qui s'y passe.

— Oh ! ce qui s'y passe, ça n'est pas difficile à voir ; il s'y passe que les messieurs se remettent à conspirer.

— Les messieurs ?

— Eh ! oui, les nobles ! ces... Je me tais, quoique vous ne soyez pas de cette noblesse-là, vous.

Michel rougit jusqu'au blanc des yeux.

— Tu dis que les nobles conspirent, Courtin ?

— Et pourquoi donc qu'ils feraient comme cela des assemblées, la nuit ? Qu'ils se réunissent, le jour, pour boire et manger, ces fainéants, très bien, c'est permis, et l'autorité n'a rien à y voir ; mais, quand on se réunit la nuit, ce n'est pas dans de bonnes intentions. En tout cas, qu'ils se tiennent bien ! J'ai l'œil sur eux, moi. Je suis maire, et, si je n'ai pas le droit de tenir les chiens en fourrière, j'ai celui d'envoyer les hommes en prison ; je connais le Code à cet endroit-là.

— Et tu dis que M. de Souday fréquente ces assemblées ?

— Ah bien, ce serait bon qu'il ne les fréquentât point, un vieux chouan, un ancien aide de camp de Charette ! Qu'il vienne réclamer ses chiens, oui, qu'il y vienne, et je l'envoie à Nantes, lui et ses louves ! elles expliqueront ce qu'elles font à courir les bois, comme la chose leur arrive, la nuit.

— Mais, dit Michel avec une vivacité à laquelle il n'y avait point à se tromper, tu m'as dit toi-même, Courtin, que, si elles couraient les bois la nuit, c'était pour porter secours aux pauvres malades.

Courtin recula d'un pas, et, montrant avec son sourire habituel son jeune maître du doigt :

— Ah ! je vous y prends, vous ! dit-il.

— Moi ! fit le jeune homme rougissant ; et à quoi me prends-tu ?

— Elles vous tiennent au cœur.

— A moi ?

— Oui, oui, oui... Ah ! je ne vous donne pas tort, au contraire ; quoique ce soient des *demoiselles*, ce n'est pas moi qui dirai qu'elles ne sont pas jolies. Allons, ne rougissez pas comme vous faites ; vous ne sortez pas du séminaire ; vous n'êtes ni prêtre, ni diacre, ni vicaire : vous êtes un beau garçon de vingt ans. Allez de l'avant, monsieur Michel ; elles seraient bien dégoûtées, si elles ne vous trouvaient pas de leur goût quand vous les trouvez du vôtre.

— Mais, mon cher Courtin, dit Michel, en supposant que tu dises vrai, ce qui n'est pas, est-ce que je les connais ? est-ce que je connais le marquis ? est-ce qu'il suffit d'avoir rencontré deux jeunes filles à cheval pour se présenter chez elles ?

— Ah ! oui, je comprends, fit Courtin d'un air railleur ; ça n'a pas le sou, mais ça a de grandes manières. Il faudrait une occasion, un motif, un prétexte. Cherchez, monsieur Michel, cherchez ! vous êtes un savant, vous parlez le latin et le grec, vous avez étudié le Code, vous devez trouver cela.

Michel secoua la tête.

— Bon ! dit Courtin, vous avez cherché et vous n'avez pas trouvé.

— Je ne dis pas cela, fit vivement le jeune baron.

— Ah ! oui ; mais je le dis, moi... On n'est pas encore si vieux à quarante ans, qu'on ne se souvienne du temps où l'on en avait vingt...

Michel se tut et resta la tête baissée ; il sentait l'œil du paysan qui pesait sur lui.

— Ainsi, vous n'avez pas trouvé le moyen ?... Eh bien, je l'ai trouvé, moi.

— Toi ?... s'écria vivement le jeune homme en relevant la tête.

Puis, comprenant qu'il venait de laisser échapper sa plus secrète pensée :

— Mais où diable as-tu vu que je voulais aller au château ? dit-il en haussant les épaules.

— Et le moyen, continua Courtin comme si son maître n'avait pas essayé de nier, le moyen, le voici...

Michel affectait la distraction de l'indifférence, mais écoutait de toutes ses oreilles.

— Vous dites au père Courtin : « Père Courtin, vous vous trompez sur vos droits ; ni comme maire, ni comme propriétaire, vous n'avez droit de mettre les chiens du marquis de Souday en fourrière ; vous avez droit à une indemnité ; mais cette indemnité, nous la réglerons de gré à gré. » Ce à quoi le père Courtin répond : « Oh ! avec vous, monsieur Michel, je ne compte pas ; nous connaissons votre générosité. » Sur quoi, vous ajoutez : « Courtin, tu vas donc me remettre les chiens ; le reste me regarde. » Je vous dis : « Voilà les chiens, monsieur Michel. Quant à l'indemnité, dame, avec un ou deux jaunets, on en verra le jeu ; on ne veut pas la mort du pécheur. » Alors, vous comprenez, vous écrivez un petit billet au marquis. Vous avez rallié ses chiens, et vous les lui renvoyez, de peur qu'il n'en soit inquiet, par Rousseau ou par la Belette ; alors, il ne peut pas se dispenser de vous remercier et de vous inviter à l'aller voir... A moins que, pour plus de sûreté encore, vous ne les lui reconduisiez vous-même.

— C'est bien, c'est bien, Courtin, dit le jeune baron. Laisse-moi les chiens ; je les renverrai au marquis, non point pour qu'il m'invite à aller au château, car il n'y a pas un mot de vrai dans tout ce que tu supposes, mais parce que, entre voisins on se doit de bons procédés.

— Alors, prenons que je n'ai rien dit... Mais, c'est égal, cela fait deux jolis brins de filles que les demoiselles de Souday ! Et, quant à l'indemnité...

— Tiens, dit le jeune baron en souriant, c'est trop juste, voilà pour le tort que les chiens t'ont fait en passant sur mes terres et en mangeant la moitié du lièvre que Bertha avait tué.

Et il donna au métayer ce qu'il avait dans sa bourse, c'est-à-dire trois ou quatre louis.

Et c'était bien heureux qu'il n'eût pas davantage ; car le jeune homme était si enchanté d'avoir enfin le moyen de s'introduire au château de Souday, qu'il eût donné au métayer dix fois la somme, si cette somme décuple se fût trouvée dans sa poche.

Courtin jeta un coup d'œil appréciateur sur les quelques louis qu'il venait de recevoir à titre d'*indemnité*, et, mettant la laisse aux mains du jeune baron, il s'éloigna.

Mais, au bout de quelques pas, se retournant et revenant à son maître :

— N'importe, monsieur Michel, dit-il, ne vous liez pas trop avec tous ces gens-là. Vous savez ce que je vous ai raconté des *messieurs* à Torfou et à Montaigu ; c'est moi qui vous le dis, monsieur Michel, avant quinze jours, il y aura du grabuge.

Et, cette fois, il s'éloigna pour tout de bon, chantonnant *La Parisienne*, pour les paroles et l'air de laquelle il avait une véritable prédilection.

Le jeune homme resta seul avec les deux chiens.

10

Où les choses ne se passent pas tout à fait comme les avait rêvées le baron Michel

Notre amoureux avait d'abord songé à suivre le premier conseil de Courtin, c'est-à-dire à renvoyer les chiens au marquis de Souday, par Rousseau ou par la Belette, deux serviteurs attachés, moitié à la ferme et moitié au château, et qui devaient les sobriquets sous lesquels Courtin vient de les présenter à nos lecteurs, le premier à la couleur un peu hasardée de sa chevelure, le second à la ressemblance de son visage avec le museau de l'animal dont La Fontaine a illustré l'obésité dans une de ses plus jolies fables.

Mais, en y réfléchissant bien, le jeune homme avait songé que le marquis de Souday pouvait se contenter d'une simple lettre de remerciement, sans invitation aucune.

Si, par malheur, le marquis agissait ainsi, l'occasion était manquée ; il faudrait en attendre une autre, et il ne s'en présenterait pas tous les jours de pareille.

Si, au contraire, le jeune homme reconduisait les chiens lui-même, il était infailliblement reçu : on ne laisse pas franchir six ou sept kilomètres à un voisin qui a l'obligeance de vous ramener en personne des chiens que l'on croit perdus, et auxquels on tient, sans l'inviter à se reposer un instant, et même, s'il est tard, à passer la nuit au château.

Michel tira sa montre : elle marquait six heures et quelques minutes.

Nous croyons avoir dit que Mme la baronne Michel avait conservé, ou plutôt avait pris l'habitude de dîner à quatre heures. Chez le père de Mme la baronne Michel, on dînait à midi.

Le jeune baron avait donc tout le temps d'aller au château, s'il se décidait à y aller.

Mais c'était une grande résolution à prendre que d'aller au château, et la décision n'était pas la qualité dominante de M. Michel, nous en avons déjà prévenu le lecteur.

Il perdit un quart d'heure à hésiter. Heureusement, dans les premiers jours de mai, le soleil ne se couche qu'à huit heures ; il y avait donc encore une heure et demie de soleil.

D'ailleurs, jusqu'à neuf heures, on pouvait, sans indiscrétion, se présenter.

Mais, par un jour de chasse, les jeunes filles, fatiguées, ne seraient-elles pas couchées de bonne heure ?

Or, ce n'était point le marquis de Souday que le jeune baron désirait voir. Pour lui personnellement, il n'eût pas fait six kilomètres, tandis que, pour revoir Mary, il lui semblait qu'il ferait cent lieues !

Il se décida donc à partir sans plus de retard.

Seulement, le jeune homme s'aperçut alors qu'il n'avait pas de chapeau.

Mais, pour aller prendre son chapeau, il lui fallait rentrer, risquer de rencontrer sa mère ; de là les interrogations : où allait-il ? à qui les chiens ?

Il n'avait pas besoin de chapeau ; le chapeau, ou plutôt l'absence de chapeau serait mise sur le compte de l'empressement ; le vent l'aurait emporté, une branche l'aurait fait rouler dans un ravin, les chiens n'auraient pas permis qu'il courût après.

L'inconvénient était bien plus grave à affronter la baronne qu'à partir sans chapeau.

Le jeune homme partit donc sans chapeau, tenant les chiens en laisse.

A peine eut-il fait quelques pas, qu'il comprit qu'il ne lui faudrait pas, pour aller à Souday, les soixante et quinze minutes qu'il avait calculées.

Du moment où les chiens avaient reconnu la direction adoptée par le conducteur, celui-ci avait eu plutôt besoin de les retenir que de les tirer.

Ils flairaient le chenil et tendaient la corde de toutes leurs forces ; attelés à une voiture légère, ils eussent fait faire le chemin au baron Michel en une demi-heure.

A pied et avec leur aide, le jeune homme, rien qu'en se mettant au petit trot, devait le faire en trois quarts d'heure.

Or, l'impatience des deux chiens étant d'accord avec la sienne, le petit trot fut l'allure adoptée.

Après vingt minutes de petit trot, on était dans la forêt de Machecoul, que, pour raccourcir le chemin, on devait écorner dans le tiers de sa largeur.

En entrant dans la forêt, il fallait débuter par une côte un peu roide.

Le jeune baron monta la côte au pas gymnastique ; mais, arrivé au sommet, il éprouva le besoin de souffler.

Il n'en était pas ainsi des chiens, qui soufflaient tout en marchant.

Les chiens manifestèrent le désir de continuer leur chemin.

Leur conducteur s'opposa à ce désir en s'arc-boutant de son mieux et en tirant en arrière, tandis qu'ils tiraient en avant.

Deux forces égales se neutralisent, suivant les premiers principes de mécanique.

Le jeune baron avait une force supérieure ; il neutralisa la force des deux chiens.

Le groupe une fois au repos, il profita de cette halte pour tirer son mouchoir de sa poche et s'essuyer le front.

Tandis qu'il s'essuyait le front, tout en jouissant de cette douce fraîcheur que soufflait sur son visage la bouche invisible du soir, il lui sembla qu'un cri d'appel venait jusqu'à lui, porté par le vent.

Les chiens entendirent ce cri, comme l'avait entendu le baron ; seulement eux y répondirent par ce long et triste hurlement que jettent les chiens perdus.

Puis ils se mirent à tirer la corde avec une recrudescence d'énergie.

Leur conducteur s'était reposé ; il s'était essuyé le front ; il n'avait plus aucun motif de s'opposer au désir que manifestaient Galon-d'or et Allégro de se remettre en chemin. Au lieu de se pencher en arrière, il se pencha en avant, et reprit son petit trot un instant interrompu.

Il n'avait pas fait trois cents pas, qu'un second cri d'appel se fit entendre, plus rapproché et, par conséquent, plus distinct que le premier.

Les chiens y répondirent par un hurlement plus prolongé et par un coup de collier plus solide.

Le jeune homme comprit que quelqu'un était à la recherche des chiens, et les *haulait*.

Nous demandons pardon à nos lecteurs d'introduire dans le langage écrit un mot si peu académique ; mais c'est celui dont se servent nos paysans pour rendre le cri particulier par lequel le chasseur appelle ses chiens. Il a l'avantage d'être assez expressif ; puis, dernière et suprême raison, je n'en connais pas d'autre.

Au bout d'un demi-kilomètre, les mêmes cris se firent entendre pour la troisième fois, de la part de l'homme en quête et des animaux quêtés.

Cette fois, Galon-d'or et Allégro tirèrent avec une telle énergie, que leur conducteur, emporté par eux, fut forcé de passer du petit trot au grand trot, et du grand trot au galop.

Il suivait cette allure depuis cinq minutes à peine, quand un homme parut à la lisière du bois, bondit par-dessus le fossé et se trouva, de ce seul bond, au milieu de la route, barrant le chemin au jeune baron.

Cet homme, c'était Jean Oullier.

— Ah ! ah ! dit-il, c'est donc vous, monsieur Jolicœur, qui non seulement détournez mes chiens du loup que je chasse pour les mettre sur le lièvre que vous chassez, mais qui encore vous donnez la peine de les coupler et de les mener en laisse ?

— Monsieur, dit le jeune homme tout essoufflé, monsieur, si j'ai couplé et enlaissé les chiens, c'était pour avoir l'honneur de les reconduire moi-même à M. le marquis de Souday.

— Ah ! oui, comme cela, sans chapeau et sans façon ? Ne vous donnez pas la peine, mon cher monsieur ! Maintenant que vous m'avez rencontré, je les reconduirai bien moi-même.

Et, avant que M. Michel eût pu s'y opposer ou même eût deviné son intention. Jean Oullier lui avait arraché la chaîne des mains et l'avait jetée sur le cou des chiens, comme on jette la bride sur le cou d'un cheval.

En se sentant libres, les chiens partirent à fond de train dans la direction du château, suivis par Jean Oullier, qui ne courait guère moins vite qu'eux, tout en faisant claquer son fouet et en criant :

— Au chenil, au chenil, drôles !

Cette scène avait été si rapide, que les chiens et Jean Oullier étaient déjà à un kilomètre du baron avant que celui-ci fût revenu de sa surprise.

Il resta anéanti sur le chemin.

Il y était depuis dix minutes, à peu près, la bouche ouverte et les yeux fixés dans la direction où avaient disparu Jean Oullier et les chiens, lorsqu'une voix de jeune fille, caressante et douce, fit entendre ces quelques mots à deux pas de lui :

— Jésus Dieu ! monsieur le baron, que faites-vous donc à cette heure-ci, nu-tête, sur le grand chemin ?

Ce qu'il faisait, le jeune homme eût été bien embarrassé de le dire ; il suivait ses espérances, qui s'envolaient du côté du château de Souday et à la poursuite desquelles il n'osait se mettre.

Il se retourna pour voir qui lui adressait la parole.

Il reconnut sa sœur de lait, la fille du métayer Tinguy.

— Ah ! c'est toi, Rosine, dit-il ; et d'où viens-tu donc toi-même ?

— Hélas ! monsieur le baron, dit l'enfant avec des larmes plein la voix, je viens du château de la Logerie, où j'ai été bien mal reçue par Mme la baronne.

— Comment cela, Rosine ? Tu sais bien que ma mère t'aime et te protège.

— Oui, dans les temps ordinaires, mais pas aujourd'hui.

— Comment, pas aujourd'hui ?

— Certes ! car, il y a une heure, pas plus tard que cela, elle m'a fait mettre à la porte.

— Pourquoi ne m'as-tu pas demandé ?

— Je vous ai demandé, monsieur le baron ; mais il m'a été répondu que vous n'y étiez pas.

— Comment ! je n'étais pas au château ? Mais j'en sors, ma chère ! or, si vite que tu aies couru, tu n'as pas couru si vite que moi, j'en réponds !

— Ah ! dame, c'est possible, monsieur le baron, parce que, voyez-vous, repoussée comme je l'ai été par Mme votre mère, l'idée m'est bien venue d'aller trouver les louves ; mais je ne m'y suis pas décidée tout de suite.

— Et qu'as-tu donc à leur demander, aux louves ?

Michel s'efforça pour prononcer ce mot *louves*.

— Ce que je venais demander à Mme la baronne : des secours pour mon pauvre père, qui est bien malade.

— Malade de quoi ?

— D'une mauvaise fièvre qu'il a prise dans les marais.

— D'une mauvaise fièvre ? répéta Michel. Est-ce une fièvre maligne, intermittente ou typhoïde ?

— Je ne sais pas, monsieur le baron.

— Qu'a dit le médecin ?

— Dame, monsieur le baron, le médecin loge à Palluau ; il ne se dérange pas à moins de cent sous, et nous ne sommes pas assez riches pour payer cent sous une visite de médecin.

— Et ma mère ne t'a pas donné d'argent ?

— Mais quand je vous dis qu'elle n'a pas même voulu me voir ! « Une mauvaise fièvre ! s'est-elle écriée. Elle est venue au château quand son père est malade d'une mauvaise fièvre ? Qu'on la chasse ! »

— C'est impossible.

— Je l'ai entendue, monsieur le baron, tant elle criait haut ; d'ailleurs, la preuve est que l'on m'a chassée.

— Attends, attends, dit vivement le jeune homme, je vais t'en donner, moi, de l'argent.

Et il fouilla dans ses poches.

Mais, on se le rappelle, il avait donné à Courtin tout ce qu'il avait sur lui.

— Ah ! mon Dieu, dit-il, je n'ai pas un sou sur moi, ma pauvre enfant ! Reviens avec moi au château, Rosine, et je te donnerai ce dont tu auras besoin.

— Oh ! non, dit la jeune fille : pour tout l'or du monde, je n'y retournerais pas, au château ; non ! puisque ma résolution est prise, tant pis, je m'adresserai aux louves ; elles sont charitables et ne mettront pas à la porte une pauvre enfant qui vient leur demander secours pour son père qui se meurt.

— Mais... mais, répliqua le jeune homme en hésitant, on dit qu'elles ne sont pas riches.

— Qui cela ?

— Mesdemoiselles de Souday.

— Oh ! ce n'est pas de l'argent qu'on va leur demander, à elles... ce n'est pas l'aumône qu'elles font : elles font mieux que cela, le bon Dieu le sait.

— Que font-elles donc ?

— Elles vont elles-mêmes où est la maladie, et, quand elles ne peuvent pas guérir le malade, elles soutiennent le mourant et pleurent avec ceux qui survivent.

— Oui, dit le jeune homme, quand c'est une maladie ordinaire ; mais quand c'est une fièvre pernicieuse... ?

— Est-ce qu'elles regardent à cela, elles ? est-ce qu'il y a des fièvres pernicieuses pour les bons cœurs ? Vous voyez bien, j'y vais, n'est-ce pas ?

— Oui.

— Eh bien, dans dix minutes, si vous restez là, vous me verrez repasser en compagnie de l'une ou de l'autre des deux sœurs, qui reviendra avec moi pour soigner mon père. Au revoir, monsieur Michel ! Ah ! je n'aurais jamais cru cela de la part de Mme la baronne : faire chasser comme une voleuse la fille de celle qui vous a nourri !

Et la jeune fille s'éloigna sans que le jeune homme trouvât un mot à lui répondre.

Mais Rosine avait dit une parole qui lui était demeurée dans le cœur.

Elle avait dit : « Dans dix minutes, si vous restez là, vous me verrez repasser avec l'une ou l'autre des deux sœurs. »

Michel était bien décidé à rester là ; l'occasion, manquée d'une façon, devait se rattraper de l'autre.

Si le hasard faisait que ce fût Mary qui sortît avec Rosine !

Mais le moyen de supposer qu'une jeune fille de dix-huit ans, la fille du marquis de Souday, sortirait, à huit heures du soir, pour aller secourir, à une lieue et demie de chez elle, un pauvre paysan atteint d'une fièvre pernicieuse !

Ce n'était pas probable, ce n'était même pas possible.

Rosine faisait les deux sœurs meilleures qu'elles n'étaient, comme d'autres les faisaient pires.

D'ailleurs, comment était-il croyable que la baronne Michel, une âme dévote, ayant prétention à toutes les vertus, se fût conduite dans cette circonstance tout au contraire des deux jeunes filles dont on disait tant de mal dans tout le canton ?

Si cela se passait ainsi que l'avait prédit Rosine, ne seraient-ce pas les jeunes filles qui seraient les vraies âmes selon le cœur de Dieu ?

Mais, bien certainement, ni l'une ni l'autre ne viendrait.

Le jeune homme se répétait cela pour la dixième fois depuis dix minutes, lorsqu'il vit, à l'angle de la route où avait disparu Rosine, reparaître deux ombres de jeunes filles.

Malgré l'obscurité, il reconnut Rosine ; mais, quant à la personne qui l'accompagnait, impossible de la reconnaître : elle était enveloppée d'une mante.

L'esprit du baron Michel était tellement perplexe et son cœur surtout tellement ému, que les jambes lui manquèrent pour aller jusqu'aux jeunes filles, et qu'il attendit qu'elles vinssent à lui.

— Eh bien, monsieur le baron, fit Rosine toute fière, que vous avais-je dit ?

— Que lui avais-tu donc dit ? demanda la jeune fille à la mante.

Michel poussa un soupir : à son accent ferme et décidé, il avait reconnu Bertha.

— Je lui avais dit, répliqua Rosine, qu'on ne me ferait pas chez vous ce que l'on m'avait fait au château de la Logerie, qu'on ne me chasserait pas.

— Mais, dit Michel, tu n'as peut-être pas dit à Mlle de Souday quelle sorte de maladie a ton père ?

— D'après les symptômes, répondit Bertha, cela me fait tout l'effet d'être une fièvre typhoïde. Voilà pourquoi il serait bon de ne pas perdre une minute ; c'est une maladie qui demande à être prise à temps. Venez-vous avec nous, monsieur Michel ?

— Mais, mademoiselle, dit le jeune homme, la fièvre typhoïde est contagieuse.

— Les uns disent que oui, les autres disent que non, répondit indifféremment Bertha.

— Mais, insista Michel, la fièvre typhoïde est mortelle !

— Dans beaucoup de cas ; cependant, il y a quelques exemples de guérison.

Le jeune homme tira Bertha à lui.

— Et vous allez vous exposer à un pareil danger ? demanda-t-il.

— Sans doute.

— Pour un inconnu, pour un étranger ?

— Celui qui est un étranger pour nous, répondit Bertha avec une suprême douceur, est, pour d'autres créatures, un père, un frère, un mari ! Il n'y a pas d'étranger dans ce monde, monsieur

Michel, et, à vous-même, ce malheureux ne vous est-il pas quelque chose ?

— C'est le mari de ma nourrice, balbutia Michel.

— Vous voyez bien, répliqua Bertha, que vous aviez tort de le traiter d'étranger.

— Aussi j'avais offert à Rosine de revenir au château avec moi ; je lui aurais donné de l'argent pour aller chercher un médecin.

— Et tu as refusé, préférant t'adresser à nous ? dit Bertha. Merci, Rosine.

Le jeune homme était confondu. Il avait beaucoup entendu parler de la charité, mais il ne l'avait jamais vue ; et voilà qu'elle lui apparaissait tout à coup sous les traits de Bertha.

Il suivait les deux jeunes filles, pensif et la tête inclinée.

— Si vous venez avec nous, dit Bertha, ayez la bonté, monsieur Michel, de nous aider en portant cette petite boîte qui contient des médicaments.

— Oui, dit Rosine ; mais M. le baron ne vient pas avec nous : il sait la peur qu'a Mme de la Logerie des mauvaises fièvres.

— Tu te trompes, Rosine, dit le jeune homme, j'y vais.

Et il prit des mains de Bertha la boîte que celle-ci lui présentait.

Une heure après, tous trois arrivaient à la chaumière du père de Rosine.

11

Le père nourricier

Cette chaumière était située, non pas dans le village même, mais en dehors, à une portée de fusil, à peu près ; elle attenait à un petit bois avec lequel elle communiquait par une porte de derrière.

Le bonhomme Tinguy — c'était ainsi que, d'habitude, on appelait le père de Rosine — était un chouan d'ancienne roche ; tout enfant, il avait fait la première guerre de la Vendée, avec les Jolly, les de Couëtu, les Charette et les la Rochejaquelein.

Il s'était marié et avait eu deux enfants ; le premier était un fils qui, subissant les lois de la conscription, servait en ce moment dans l'armée ; l'autre était Rosine.

A la naissance de chacun d'eux, la mère — comme font ordinairement les paysannes pauvres — avait pris un nourrisson.

Le frère de lait du jeune Tinguy était le dernier rejeton d'une famille noble du Maine ; il se nommait Henri de Bonneville ; il apparaîtra bientôt dans cette histoire.

Le frère de lait de Rosine était, comme nous le savons déjà, Michel de la Logerie, qui est un des principaux acteurs de notre drame.

Henri de Bonneville avait deux ans de plus que Michel ; les deux enfants avaient bien souvent joué ensemble au seuil de cette porte que Michel allait franchir, à la suite de Rosine et de Bertha.

Plus tard, ils s'étaient revus à Paris. Mme de la Logerie avait fort encouragé cette amitié de son fils avec un jeune homme ayant, dans les provinces de l'Ouest, une grande position de fortune et d'aristocratie.

Ces deux nourrissons avaient amené un peu d'aisance dans la maison Tinguy ; mais le paysan vendéen est ainsi fait, qu'il n'avoue jamais son aisance. Tinguy se faisait donc pauvre aux dépens de sa propre vie, et, si malade qu'il fût, il se serait bien gardé d'envoyer chercher à Palluau un médecin dont la visite lui eût coûté cinq francs.

D'ailleurs, les paysans, et les paysans vendéens moins encore que les autres, ne croient ni à la médecine ni au médecin. Voilà comment Rosine s'était adressée d'abord au château de la Logerie, où elle avait son entrée toute faite comme sœur de lait de Michel, et comment ensuite, expulsée du château, elle avait eu recours aux demoiselles de Souday.

Au bruit que les trois jeunes gens firent en entrant, le malade se souleva avec peine ; mais aussitôt il retomba sur son lit en poussant une plainte douloureuse. Une chandelle brûlait, éclairant le lit, la seule partie de la chambre qui fût dans la lumière, tandis que tout le reste demeurait dans les ténèbres ; cette lumière montrait, sur une espèce de grabat, un homme d'une quarantaine d'années, en lutte avec le terrible démon de la fièvre.

Il était pâle jusqu'à la lividité ; son œil était vitreux et abattu, et, de temps en temps, tout son corps était secoué des pieds à la tête comme si on l'eût mis en contact avec la pile galvanique.

Michel frissonna à cette vue, et comprit qu'ayant eu l'intuition de l'état dans lequel était le malade, sa mère eût hésité à laisser entrer Rosine, sachant que la jeune fille arrivait tout imprégnée de ces miasmes fébriles qui flottaient, atomes visibles en quelque sorte, autour du lit du moribond et dans ce cercle de lumière qui l'entourait.

Il songeait au camphre, au chlore, au vinaigre des quatre voleurs, à tous ces préservatifs, enfin, qui peuvent isoler du malade l'homme qui se porte bien, et, n'ayant ni vinaigre, ni chlore, ni camphre, il resta du moins près de la porte pour se mettre en communication avec l'air extérieur.

Quant à Bertha, elle ne songea à rien de tout cela : elle alla droit au lit du malade, et prit sa main, brûlante de fièvre.

Le jeune homme fit un mouvement pour l'arrêter, ouvrit la bouche pour pousser un cri ; mais il demeura en quelque sorte pétrifié de cette audacieuse charité et il resta sous le poids d'une terreur admirative.

Bertha interrogea le malade. Voici ce qu'il avait éprouvé :

La veille au matin, au moment de se lever, il s'était senti si fatigué, qu'en descendant du lit les jambes lui avaient manqué : c'était un avertissement que lui donnait la nature ; mais les paysans suivent rarement les conseils de la nature.

Au lieu de se remettre au lit et d'envoyer chercher un médecin, Tinguy avait continué de s'habiller, et, faisant un effort pour vaincre le mal, était descendu à la cave, d'où il était remonté avec un pot de cidre ; puis il avait coupé un morceau de pain : à son avis, il s'agissait de *se donner des forces*.

Il avait bu son pot de cidre avec délice, mais n'avait pas pu avaler la première bouchée de son morceau de pain.

Après quoi, il était parti pour son travail des champs.

Pendant la route, il avait été pris d'un violent mal de tête et d'un grand saignement de nez ; la lassitude avait dégénéré en courbature ; deux ou trois fois, il avait été obligé de s'asseoir. Il avait rencontré deux sources et y avait bu avidement ; mais, au lieu de se calmer, sa soif était devenue si grande, que, la troisième fois, il avait bu à une ornière.

Enfin, il était arrivé jusqu'à son champ ; mais alors il n'avait pas eu la force de donner son premier coup de bêche dans le sillon commencé la veille ; il s'était, pendant quelques instants, tenu debout, appuyé sur son instrument ; puis la tête lui avait tourné, et il s'était couché ou plutôt il était tombé à terre dans une prostration complète.

Il était resté là jusqu'à sept heures du soir, et il y serait resté toute la nuit, si le hasard n'eût fait passer à quelques pas de lui un paysan du village de Légé ; ce paysan vit un homme couché ; il appela : l'homme ne répondit point, mais fit un mouvement. Le paysan s'approcha et reconnut Tinguy.

A grand-peine il parvint à ramener le malade chez lui : celui-ci était si faible, qu'il avait mis plus d'une grande heure à faire un quart de lieue.

Rosine attendait, inquiète ; à la vue de son père, elle s'était effrayée et avait voulu courir à Palluau chercher le médecin ; mais le bonhomme le lui défendit positivement, et se coucha en disant que ce ne serait rien et que le lendemain, il serait guéri ; seulement, comme sa soif, au lieu de s'apaiser, allait toujours augmentant, il recommanda à Rosine de mettre une cruche d'eau sur une chaise, auprès de son lit.

Il avait passé la nuit ainsi, dévoré par la fièvre, buvant chaque instant sans pouvoir éteindre le feu qui le brûlait. Le matin, il avait essayé de se lever ; mais à peine avait-il pu se mettre sur son séant ; la tête, dans laquelle il sentait d'horribles élancements, lui avait tourné, et il s'était plaint d'une violente douleur au côté droit.

Rosine avait insisté de nouveau pour aller chercher M. Roger — c'était le nom du médecin de Palluau — mais de nouveau, son père le lui avait expressément défendu ; l'enfant était restée alors près du lit, prête à obéir aux désirs du malade et à l'aider dans ses besoins.

Son besoin le plus intense était de boire ; de dix minutes en dix minutes, il demandait de l'eau.

Rosine demeura ainsi jusqu'à quatre heures du soir.

A quatre heures du soir, le malade dit en secouant la tête :

— Allons, je vois bien que je suis pris par une mauvaise fièvre ; il faut aller demander un remède aux bonnes dames du château.

Nous avons vu le résultat de cette détermination.

Après avoir tâté le pouls du malade, et écouté ce récit, qu'il fit à grand-peine et d'une voix entrecoupée, Bertha, comptant jusqu'à cent pulsations à la minute, comprit que le bonhomme Tinguy était aux prises avec une fièvre violente.

Seulement, de quelle nature était cette fièvre ? Voilà ce qu'elle était trop ignorante en médecine pour décider.

Mais, comme le malade n'avait qu'un cri : « A boire ! à boire ! » elle coupa un citron par tranches, le fit bouillir dans une grande cafetière d'eau, sucra légèrement cette limonade, et la donna au bonhomme au lieu d'eau pure.

Notons qu'au moment de sucrer l'infusion, elle avait reçu de Rosine cette réponse qu'il n'y avait pas de sucre à la maison — le sucre, pour le paysan vendéen, c'est le suprême du luxe ! Heureusement, la prévoyante Bertha en avait mis quelques morceaux dans la boîte qui contenait sa petite pharmacie.

Elle jeta les yeux autour d'elle pour chercher cette boîte.

Elle la vit sous le bras de Michel, qui se tenait toujours près de la porte.

Elle lui fit signe de venir à elle ; mais, avant qu'il eût bougé de sa place, elle lui fit un second signe qui voulait, au contraire, lui dire d'y rester.

Ce fut elle, en conséquence, qui vint à lui en mettant un doigt sur sa bouche.

Et, tout bas, pour que le malade ne l'entendît point :

— L'état de cet homme, dit-elle, est fort grave, et je n'ose rien prendre sur moi. La présence d'un médecin est de toute nécessité, et encore j'ai bien peur qu'il n'arrive trop tard ! Pendant que je vais donner au malade quelque calmant, courez jusqu'à Palluau, cher monsieur Michel, et ramenez le docteur Roger.

— Mais vous... vous ? demanda le jeune baron avec anxiété.

— Moi, je reste ici ; vous m'y retrouverez. J'ai à causer de choses importantes avec le malade.

— De choses importantes ? demanda Michel étonné.

— Oui, répondit Bertha.

— Cependant... insista le jeune homme.

— Je vous dis, interrompit la jeune fille, que tout retard peut avoir des conséquences graves. Prises à temps, ces sortes de fièvres sont souvent mortelles ; prises où en est celle-ci, elles le sont presque toujours. Partez donc sans perdre une minute, et, sans perdre une minute, ramenez le docteur.

— Mais, demanda le jeune homme, mais si la fièvre est contagieuse ?

— Eh bien ? répliqua Bertha.

— Ne courez-vous donc pas risque de la gagner ?

— Mais, cher monsieur, dit Bertha, si l'on pensait à ces choses-là, la moitié de nos paysans mourrait sans secours. Allez, et rapportez-vous-en à Dieu de veiller sur moi.

Et elle tendit la main au messager.

Le jeune homme prit cette main que Bertha lui tendait, et, emporté par l'admiration que lui causait, chez une femme, ce courage à la fois si simple et si grand, que lui, homme, se sentait incapable de l'avoir, il appuya, avec une espèce de passion, cette main contre ses lèvres.

Ce mouvement fut si prompt, et il était si inattendu, que Bertha tressaillit, devint très pâle et poussa un soupir en disant :

— Allez, ami ! allez !

Elle n'eut pas besoin, cette fois, de réitérer l'ordre donné : Michel s'élança hors de la chaumière ; une flamme inconnue circulait par tout son corps et en doublait la puissance vitale ; il se sentait une force étrange, il était capable d'accomplir des miracles ; il lui semblait que, comme au Mercure antique, il venait de lui pousser des ailes à la tête et aux talons. Un mur lui eût barré le passage, qu'il l'eût escaladé ; une rivière se fût trouvée sur son chemin, sans pont ni gué, que ne songeant pas même à se débarrasser de ses vêtements, il se fût jeté à la nage et l'eût traversée sans hésitation.

Il regrettait que ce fût une chose si facile que lui eût demandée Bertha ; il eût voulu des obstacles, une chose difficile, impossible même.

Quel gré Bertha pouvait-elle lui savoir de faire cinq quarts de lieue à pied pour aller chercher un médecin ?

Ce n'était pas deux lieues et demie qu'il eût voulu faire ; c'était au bout du monde qu'il eût voulu aller !

Il eût été heureux de se donner à lui-même quelque preuve d'héroïsme qui lui permît de mesurer son courage à celui de Bertha.

On comprend que, dans l'état d'exaltation où était le jeune baron, il ne songeait point à la fatigue : les cinq quarts de lieue qui séparent Légé de Palluau furent donc faits en moins d'une demi-heure.

Le docteur Roger était un des familiers du château de la Logerie, dont Palluau n'est distant que d'une heure à peine. Le jeune baron n'eut qu'à se nommer pour que le docteur, ignorant encore que le malade fût un simple paysan, sautât à bas du lit et criât, à travers la porte de sa chambre à coucher, que dans cinq minutes il serait prêt.

Au bout de cinq minutes, en effet, il entra dans le salon, demandant au jeune homme la cause de cette visite nocturne et inattendue.

En deux mots, Michel mit le docteur au courant de la situation ; et, comme M. Roger s'étonnait de le voir prendre un si vif intérêt à un paysan, qu'il vînt à pied, la nuit, la voix émue, le front en sueur, chercher un médecin pour aller porter secours à ce paysan, le jeune baron de la Logerie expliqua cet intérêt par les liens d'affection qui l'attachaient au malade, lequel était son père nourricier.

Puis, interrogé par le docteur sur les symptômes du mal, Michel répéta fidèlement tout ce qu'il avait entendu, priant M. Roger de prendre avec lui les médicaments nécessaires, le village de Légé n'étant pas encore entré dans le cercle de la civilisation, au point de posséder un pharmacien.

En voyant le jeune baron ruisselant de sueur et en apprenant qu'il était venu à pied, le docteur, qui avait déjà donné l'ordre de seller son cheval, changea cet ordre en disant à son domestique d'atteler sa carriole.

Michel voulait, à toute force, empêcher ce changement ; il soutenait qu'il irait à pied plus vite que le docteur n'irait à cheval ; il se sentait fort de cette vigueur vaillante de la jeunesse et du cœur, et, comme il le disait, il eût marché aussi vite à pied que le docteur à cheval, s'il n'eût pas marché plus vite.

Le docteur insistait, Michel refusait ; le jeune homme termina la discussion en s'élançant dehors et en criant au docteur :

— Venez le plus vite que vous pourrez ; je vais devant, et je vous annonce.

Le docteur crut que le fils de Mme la baronne Michel était devenu fou.

Il se dit qu'il l'aurait bientôt rejoint, et maintint son ordre de mettre le cheval à la carriole.

C'était l'idée de reparaître aux yeux de la jeune fille dans une carriole qui exaspérait notre amoureux.

Il lui semblait que Bertha lui saurait bien autrement gré de sa promptitude en le voyant revenir tout courant, et ouvrir la porte de la cabane en criant : « Me voilà ! le docteur me suit ! » que si elle le voyait arriver en carriole avec le docteur.

Il comprenait encore cette course, à cheval sur un beau coursier, la crinière et la queue au vent, soufflant le feu par les naseaux, et annonçant son arrivée par des hennissements... Mais en carriole !

Mieux cent fois valait arriver à pied.

C'est une chose si poétique qu'un premier amour, qu'il a une haine profonde de tout ce qui est prose.

Or, que dirait Mary quand sa sœur Bertha lui raconterait qu'elle avait envoyé le jeune baron chercher le docteur Roger à Palluau, et que le jeune baron était revenu en carriole avec le docteur !

Nous l'avons dit, mieux valait dix fois, vingt fois, cent fois, arriver à pied.

Le jeune homme comprenait que, dans cette mise en scène d'un premier amour, la sueur au front, les yeux ardents, la poitrine haletante, la poussière sur les vêtements, les cheveux rejetés en arrière par le vent, tout cela est bon, tout cela fait bien.

Quant au malade, eh ! mon Dieu, il était à peu près oublié, avouons-le, au milieu de cette exaltation fébrile ; ce n'était pas à lui que pensait Michel : c'était aux deux sœurs ; ce n'était pas pour lui qu'il courait, d'une course à faire trois lieues à l'heure : c'était pour Bertha et pour Mary.

La cause principale, dans ce grand cataclysme physiologique qui s'opérait chez notre héros, était devenue un accessoire ; ce n'était plus un but, c'était un prétexte.

Michel, s'appelant Hippomène et disputant le prix de la course à Atalante, n'eût pas eu besoin, pour remporter ce prix, de laisser tomber les pommes d'or sur sa route.

Il riait de dédain à l'idée que le docteur poussait son cheval avec l'espoir de le rejoindre ; il éprouvait une sensation d'une volupté infinie à sentir le vent froid de la nuit glacer la sueur sur son front.

Rejoint par le docteur ! Il serait plutôt mort que de se laisser rejoindre.

Il avait, en allant, mis une demi-heure à faire le chemin ; il le fit en vingt-cinq minutes au retour.

Comme si elle eût pu deviner cette célérité impossible, Bertha était venue attendre son messager sur le seuil de la porte ; elle savait bien que, logiquement, il ne pouvait être de retour que dans une demi-heure au plus tôt, et cependant elle écoutait.

Il lui sembla entendre des bruits de pas, mais imperceptibles, dans le lointain.

Il était impossible que ce fût déjà le jeune homme, et cependant elle ne douta pas une seconde que ce ne fût lui.

Et, en effet, au bout d'un instant, elle le vit poindre, apparaître, se dessiner dans les ténèbres, en même temps que lui-même, l'œil fixé sur la porte, mais doutant de ses yeux, la découvrait de son côté, immobile et la main appuyée sur son cœur, que, pour la première fois, elle sentait battre avec une violence inaccoutumée.

En arrivant à Bertha, le jeune homme, comme le Grec de Marathon, était sans voix, sans souffle, sans haleine, et peu s'en fallut que, comme lui, il ne tombât, sinon mort, du moins évanoui.

Il n'eut que la force de prononcer ces paroles :

— Le docteur me suit.

Puis, pour ne pas tomber, il s'appuya de la main à la muraille.

S'il eût pu parler, il se fût écrié : « Vous direz à Mlle Mary, n'est-ce pas ? que, pour l'amour d'elle et de vous, j'ai fait deux lieues et demie en cinquante minutes ! » Mais il ne pouvait parler ; de sorte que Bertha dut croire et crut que c'était pour l'amour d'elle seule que son envoyé avait accompli son tour de force.

Elle sourit de joie, et, tirant son mouchoir de sa poche :

— Oh ! mon Dieu, dit-elle en essuyant doucement le visage du jeune homme, et ayant bien soin de ne pas toucher à la blessure du front, que je suis fâchée que vous ayez pris si fort à cœur ma recommandation de faire diligence ; vous voilà dans un bel état !

Puis, comme une mère qui gronde, elle ajouta avec un accent d'une douceur infinie, et tout en haussant les épaules :

— Enfant que vous êtes !

Ce mot *enfant* avait été prononcé d'un ton de si indicible tendresse, qu'il fit tressaillir Michel.

Il saisit la main de Bertha.

Elle était moite et tremblante.

En ce moment, on entendit le bruit de la carriole sur la grande route.

— Ah ! voilà le docteur, dit Bertha en repoussant la main de Michel.

Lui la regarda avec étonnement. Pourquoi repoussait-elle sa main ? Il lui était impossible de se rendre compte de ce qui se passait dans le cœur de la jeune fille ; mais il sentait instinctivement que, si la jeune fille avait repoussé sa main, ce n'était ni par haine, ni par dégoût, ni par colère.

Bertha rentra, sans doute pour annoncer au malade l'arrivée du médecin.

Michel resta à la porte pour attendre celui-ci.

En le voyant venir dans cette carriole d'osier qui le secouait si grotesquement, Michel se félicita plus que jamais de la détermination qu'il avait prise de venir à pied.

Il est vrai que, si Bertha fût rentrée au bruit des roues, comme elle venait de le faire, elle n'eût pas vu le jeune homme dans le vulgaire véhicule.

Mais, si elle n'eût pas vu Michel, n'aurait-elle pas attendu jusqu'à ce qu'elle le vît ?

Michel se dit à lui-même que c'était plus que probable, et il sentit dans son cœur, sinon l'ardente satisfaction de l'amour, du moins le doux chatouillement de l'orgueil.

12

Noblesse oblige

Lorsque le docteur entra dans la chambre du malade, Bertha avait repris sa place au chevet du lit.

La première chose qui frappa M. Roger fut cette forme gracieuse, pareille à ces anges des légendes allemandes qui s'inclinent pour recevoir les âmes des mourants.

Mais, en même temps, il reconnut la jeune fille : il était rare qu'il eût visité la chaumière d'un pauvre paysan sans l'avoir trouvée, elle ou sa sœur, entre le mourant ou la mort.

— Oh ! docteur, dit-elle, venez ! venez vite ! voilà le pauvre Tinguy qui délire.

Et, en effet, le malade manifestait la plus vive agitation.

Le docteur s'approcha de lui.

— Voyons, mon ami, dit-il, calmez-vous !

— Laissez-moi, dit le malade, laissez-moi ! Il faut que je me lève ; on m'attend à Montaigu.

— Non, mon cher Tinguy, lui dit Bertha ; non, on ne vous attend pas encore...

— Si fait, mademoiselle, si fait ! C'était pour cette nuit. Qui ira de château en château, annoncer la nouvelle, si je ne suis pas là ?

— Taisez-vous, Tinguy ! taisez-vous ! dit Bertha. Songez que vous êtes malade et que vous avez près de votre lit le docteur Roger.

— Le docteur Roger est des nôtres, mademoiselle ; nous pouvons donc tout dire devant lui. Il sait qu'on m'attend, il sait qu'il faut que je me lève sans retard, il sait qu'il faut que j'aille à Montaigu.

Le docteur Roger et la jeune fille échangèrent un regard rapide.

— *Massa*, dit le docteur.

— *Marseille*, répondit Bertha.

Et tous deux, d'un mouvement spontané, se tendirent et se serrèrent la main.

Bertha revint au malade.

— Oui, c'est vrai, lui répondit-elle en se penchant à son oreille ; oui, le docteur Roger est des nôtres ; mais il y a là quelqu'un qui n'en est pas...

Elle baissa encore la voix pour que Tinguy seul pût l'entendre.

— Et ce quelqu'un, ajouta-t-elle, c'est le jeune baron de la Logerie.

— Ah ! c'est vrai, dit le bonhomme, il n'en est pas, lui. Ne lui dites rien ! Courtin est un traître. Mais si je ne vais pas à Montaigu, qui ira ?

— Jean Oullier ! Soyez tranquille, Tinguy.

— Oh ! si Jean Oullier y va, dit le malade, si Jean Oullier y va, je n'ai pas besoin d'y aller ! il a bon pied, bon œil, et il tire bien un coup de fusil, lui !

Et il éclata de rire.

Mais, dans cet éclat de rire, il sembla avoir épuisé toute sa force et retomba sur son lit.

Le jeune baron avait écouté tout ce dialogue, dont, au reste, il n'avait surpris que quelques parties, sans y rien comprendre.

Il avait seulement entendu : « Courtin est un traître ! » et, à la direction de l'œil de la jeune fille parlant au malade, il avait deviné qu'il était question de lui.

Il s'approcha, le cœur serré ; il y avait là quelque secret dont il n'était point.

— Mademoiselle, dit-il à Bertha, si maintenant je vous gêne, ou si seulement vous n'avez plus besoin de moi, dites un mot, et je me retire.

Il y avait un tel accent de tristesse dans ces quelques paroles, que Bertha en fut touchée.

— Non, dit-elle, non, restez... Nous avons encore besoin de vous, au contraire : vous allez aider Rosine à préparer les prescriptions de M. Roger, tandis que je causerai avec lui du traitement qu'il faudra faire suivre à notre malade.

Puis, au médecin :

— Docteur, ajouta-t-elle tout bas, occupez-les ; vous me direz ce que vous savez, et je vous dirai ce que je sais.

Puis, se retournant vers Michel :

— N'est-ce pas, mon ami, dit-elle de sa voix la plus douce, n'est-ce pas que vous voudrez bien aider Rosine ?

— Tout ce qu'il vous plaira, mademoiselle, répondit le jeune homme ; ordonnez et vous serez obéie.

— Docteur, vous voyez, dit Bertha, vous avez là deux aides pleins de bonne volonté.

Le docteur courut à sa voiture, en tira une bouteille d'eau de Sedlitz et un sac de farine de moutarde.

— Tenez, vous, dit-il au jeune homme en lui présentant la bouteille, débouchez cela, et faites-en boire au malade un demi-verre, de dix minutes en dix minutes.

Puis, à Rosine en lui remettant le sac de moutarde :

— Délaye-moi cela dans de l'eau bouillante, dit-il, c'est pour mettre aux pieds de ton père.

Le malade était retombé dans l'atonie qui avait précédé le moment d'exaltation que Bertha n'avait calmé qu'en lui promettant que Jean Oullier prendrait sa place.

Le docteur jeta un regard sur lui, et, voyant que momentanément, on pouvait, grâce à la prostration dans laquelle il était tombé, le laisser aux soins du jeune baron, il s'avança vivement vers Bertha.

— Voyons, mademoiselle de Souday, lui dit-il, puisque nous nous sommes reconnus pour gens de la même opinion, que savez-vous ?

— Mais que Madame est partie de Massa le 21 avril dernier, et qu'elle a dû aborder à Marseille le 29 ou le 30 avril. Nous sommes aujourd'hui le 6 mai : Madame doit être débarquée, et le Midi doit être en pleine révolte.

— Voilà tout ce que vous savez ? demanda le docteur.

— Oui, tout, répondit Bertha.

— Vous n'avez pas lu les journaux du 3 au soir ?

Bertha sourit.

— Nous ne recevons pas de journaux au château de Souday, dit-elle.

— Eh bien, fit le docteur, tout est manqué !

— Comment ! tout est manqué ?

— Madame a complètement échoué.

— Ah ! mon Dieu, que me dites-vous là !

— La vérité tout entière. Madame, après une heureuse traversée sur le *Carlo-Alberto*, a débarqué sur la côte, à quelques lieues de Marseille ; un guide l'attendait, qui la conduisit dans une maison isolée, entourée de bois et de rochers. Madame avait six personnes seulement avec elle...

— J'écoute, j'écoute.

— Elle expédia aussitôt une de ces personnes à Marseille, pour dire au chef du complot qu'elle était débarquée et qu'elle attendait le résultat des promesses qui l'avaient attirée en France.

— Après ?

— Le soir, le messager revint avec un billet qui félicitait la princesse de son heureuse arrivée et qui lui annonçait que Marseille ferait son mouvement le lendemain.

— Eh bien ?

— Eh bien, le lendemain, le mouvement se fit ; mais Marseille n'y prit aucune part ; de sorte qu'il a complètement échoué.

— Et Madame ?

— On ignore où elle est ; on espère qu'elle s'est rembarquée sur le *Carlo-Alberto*.

— Les lâches ! murmura Bertha. Oh ! je ne suis qu'une femme ; mais, si Madame était venue dans la Vendée, je jure Dieu que j'eusse donné l'exemple à certains hommes ! Adieu, docteur, et merci.

— Vous nous quittez ?

— Il est important que mon père sache ces détails. Il y avait, ce soir, réunion au château de Montaigu. Je retourne à Souday. Je vous recommande mon pauvre malade, n'est-ce pas ? Laissez une ordonnance bien en règle ; moi, ou ma sœur, à moins de nouveaux événements, viendrons passer la nuit prochaine près de lui.

— Voulez-vous prendre ma voiture ? Je m'en irai à pied, et, demain, vous me la renverrez par Jean Oullier ou tout autre.

— Merci ; je ne sais où Jean Oullier sera demain ; d'ailleurs, j'aime mieux marcher. J'étouffe un peu ; la marche me fera du bien.

Bertha tendit la main au docteur, serra la sienne avec une force toute masculine, jeta sa mante sur ses épaules et sortit.

Mais, à la porte, elle trouva Michel, qui, sans entendre la conversation, n'avait pas un instant perdu de vue la jeune fille, et qui, ayant deviné qu'elle allait sortir, avait, avant elle, gagné la porte.

— Ah ! mademoiselle, dit Michel, que se passe-t-il donc et qu'avez-vous appris ?

— Rien, dit Bertha.

— Oh ! rien !... Si vous n'aviez rien appris, vous ne seriez point partie ainsi, sans vous occuper de moi, sans me dire adieu, sans me faire un signe.

— Pourquoi vous dirais-je adieu, puisque vous me reconduisez ? A la porte du château de Souday, il sera temps de vous dire adieu.

— Comment ! vous permettez ?...

— Quoi ? que vous m'accompagniez ? Mais, après tout ce que je vous ai fait faire cette nuit, c'est votre droit, mon cher monsieur... à moins, toutefois, que vous ne soyez trop fatigué.

— Moi, mademoiselle, fatigué, quand il s'agit de vous suivre ? Mais, avec vous ou avec Mlle Mary, j'irais au bout du monde ! Fatigué ? Oh ! jamais !

Bertha sourit ; puis, regardant de côté le jeune baron :

— Quel malheur, murmura-t-elle, qu'il ne soit pas des nôtres !

Mais, bientôt, avec un sourire :

— Bah ! dit-elle, avec ce caractère-là, il sera ce que l'on voudra qu'il soit.

— Il me semble que vous me parlez, dit Michel, et cependant, je n'entends pas ce que vous me dites.

— Cela tient à ce que je vous parle tout bas.

— Pourquoi me parlez-vous tout bas ?

— Parce que ce que je vous dis ne peut se dire tout haut, en ce moment du moins.

— Mais plus tard ? demanda le jeune homme.

— Ah ! plus tard, peut-être...

A son tour, le jeune homme remua les lèvres, mais sans que sa bouche laissât échapper aucun son.

— Eh bien, demanda Bertha, que signifie cette pantomime ?

— Que je vous parle bas à mon tour, avec cette différence que ce que je dis tout bas, je vous le dirais tout haut et à l'instant même si j'osais...

— Je ne suis pas une femme comme les autres femmes, dit Bertha avec un sourire presque dédaigneux, et ce que l'on me dit tout bas, on peut me le dire tout haut.

— Eh bien, ce que je vous disais tout bas, c'est que je vous voyais, avec un profond regret, vous jeter dans un danger certain... aussi certain qu'inutile.

— De quel danger parlez-vous, cher voisin ? demanda la jeune fille d'un ton légèrement railleur.

— Mais de celui dont vous entretenait tout à l'heure le docteur Roger. Il va y avoir un soulèvement en Vendée.

— Vraiment ?

— Vous ne le nierez pas, j'espère ?

— Moi ! et pourquoi le nierais-je ?

— Votre père et vous y prendrez part.

— Vous oubliez ma sœur, dit en riant Bertha.

— Oh ! non, je n'oublie personne, répliqua Michel avec un soupir.

— Eh bien ?

— Eh bien, laissez-moi vous dire en ami tendre, en ami dévoué... que vous avez tort.

— Et pourquoi ai-je tort, ami tendre, ami dévoué ? demanda Bertha avec une nuance de moquerie qu'elle ne pouvait entièrement chasser de son caractère.

— Parce que la Vendée n'est plus, en 1832, ce qu'elle était en 1793, ou plutôt parce qu'il n'y a plus de Vendée.

— Tant pis pour la Vendée ! Mais, par bonheur, il y a toujours une noblesse, monsieur Michel ; et il est une chose que vous ne savez peut-être pas encore, mais que vos descendants sauront, dans cinq ou six générations, c'est que noblesse oblige.

Le jeune homme fit un mouvement.

— Maintenant, dit Bertha, parlons d'autre chose, s'il vous plaît ; car, sur ce point, je ne vous répondrai plus, attendu — comme le disait le pauvre Tinguy — que vous n'êtes pas des nôtres, monsieur Michel.

— Mais, dit le jeune homme désespéré de la dureté de Bertha à son égard, de quoi voulez-vous que je vous parle ?

— De quoi je veux que vous me parliez ? Mais de tout au monde ! La nuit est magnifique : parlez-moi de la nuit ; la lune est brillante : parlez-moi de la lune ; les étoiles sont de flamme : parlez-moi des étoiles ; le ciel est pur : parlez-moi du ciel.

Et la jeune fille resta la tête levée et les yeux fixés sur la voûte transparente du firmament.

Michel poussa un soupir, et, sans parler, marcha près d'elle. Que lui eût-il dit, lui, homme des cités et des livres, en face de cette belle nature, qui semblait son royaume, à elle ?... Avait-il été, comme Bertha, en contact depuis son enfance avec tous les miracles de la Création ? Avait-il vu, comme elle, toutes les gradations par lesquelles passent l'aurore qui naît et le soleil qui se couche ? Connaissait-il, comme elle, tous les bruits mystérieux de la nuit ? Quand l'alouette sonnait le réveil de la nature, savait-il ce que disait l'alouette ? Quand le rossignol emplissait les ténèbres d'harmonie, savait-il ce que disait le rossignol ? Non ; il savait toutes les choses de la science, qu'ignorait Bertha ; mais Bertha savait toutes les choses de la nature, qu'ignorait Michel.

Oh ! si la jeune fille eût voulu parler, comme il eût écouté religieusement !

Par malheur, Bertha se tut ; elle avait le cœur plein de ces pensées qui s'échappent, non pas en bruit et en paroles, mais en regards et en soupirs.

Lui, de son côté, rêvait.

Il se voyait cheminant auprès de la douce Mary, au lieu de marcher près de la rude et sévère Bertha ; au lieu de cet isolement que Bertha puisait dans sa force, il sentait Mary s'alanguissant peu à peu et s'appuyant sur son bras...

Oh ! c'est alors que la parole lui eût semblé facile ! c'est alors qu'il eût eu mille choses à dire, de la nuit, de la lune, des étoiles et du ciel !

Avec Mary, il eût été l'instituteur et le maître.

Avec Bertha, il était l'écolier et l'esclave.

Les deux jeunes gens marchaient ainsi côte à côte depuis un quart d'heure, à peu près, et gardant tous les deux le silence, quand, tout à coup, Bertha s'arrêta en faisant signe à Michel de s'arrêter.

Le jeune homme obéit : avec Bertha, c'était son rôle d'obéir.

— Entendez-vous ? demanda Bertha.

— Non, dit Michel en secouant la tête.

— J'entends, moi, dit la jeune fille l'œil brillant, l'oreille tendue.

Et elle écouta avec une nouvelle attention.

— Mais qu'entendez-vous ?

— Le pas de mon cheval et de celui de Mary ; on est en quête de moi. Il y a quelque chose de nouveau.

Elle écouta encore.

— C'est Mary qui me cherche, dit-elle.

— Mais à quoi reconnaissez-vous cela ? demanda le jeune homme.

— A la manière dont les chevaux galopent. Doublons le pas, s'il vous plaît.

Le bruit se rapprochait rapidement, et, au bout de cinq minutes, on vit un groupe se dessiner dans l'obscurité.

Il se composait de deux chevaux et d'une femme montant un de ces deux chevaux et conduisant l'autre en main.

— Je vous disais bien que c'était ma sœur, fit Bertha.

En effet, le jeune homme avait reconnu Mary, moins encore à la forme de la jeune fille, devenue visible dans les ténèbres, qu'aux battements précipités de son cœur.

Mary, elle aussi, l'avait reconnu, et ce fut facile à voir au geste d'étonnement qui lui échappa.

Il était évident qu'elle s'attendait à retrouver sa sœur seule ou avec Rosine, mais aucunement avec le jeune baron.

Michel vit l'impression produite par sa présence et s'avança.

— Mademoiselle, dit-il à Mary, j'ai rencontré votre sœur, qui allait porter des secours à Tinguy, et, pour qu'elle ne fût pas seule, je l'ai accompagnée.

— Et vous avez parfaitement fait, monsieur, dit Mary.

— Tu ne comprends pas, répondit Bertha en riant : il croit qu'il a besoin de m'excuser, ou peut-être même de s'excuser. Il faut lui pardonner quelque chose, pauvre garçon. Il va joliment être grondé par sa maman !

Puis, s'appuyant à l'arçon de la selle de Mary :

— Qu'y a-t-il donc, blondine ? lui demanda-t-elle.

— Il y a que la tentative de Marseille a échoué.

— Je sais cela. Madame est embarquée.

— Voilà où est l'erreur !

— Comment ! voilà où est l'erreur ?

— Oui. Madame a déclaré que, puisqu'elle était en France, elle n'en sortirait plus.

— Vraiment ?

— De sorte qu'à cette heure, elle est en route pour la Vendée, si elle n'y est pas arrivée déjà.

— Et par qui savez-vous cela ?

— Par un message reçu ce soir, au château de Montaigu, pendant la réunion et au moment où tout le monde désespérait.

— Ame vaillante, s'écria Bertha dans son enthousiasme.

— De sorte que mon père est revenu au grand galop et, quand il a appris où tu étais, m'a ordonné de prendre les chevaux et de te venir chercher.

— Oh ! me voilà ! dit Bertha.

Et elle mit le pied à l'étrier.

— Eh bien, lui demanda Mary, tu ne dis pas adieu à mon pauvre chevalier ?

— Si fait.

Et Bertha tendit la main au jeune homme, qui s'avança lentement et tristement.

— Ah ! mademoiselle Bertha, murmura-t-il en lui prenant la main, je suis bien malheureux !

— Et de quoi ? fit la jeune fille.

— De ne pas être un des vôtres, comme vous disiez tout à l'heure.

— Et qui vous empêche de le devenir ? demanda Mary en lui tendant la main à son tour.

Le jeune homme se précipita sur cette main qu'on lui tendait, et la baisa avec la double passion de l'amour et de la reconnaissance.

— Oh ! oui, oui, oui, murmura-t-il assez bas pour que Mary seule l'entendît, pour vous et avec vous !

Mais la main de Mary fut en quelque sorte arrachée des mains du jeune homme par le brusque mouvement que fit le cheval de Mary.

Bertha, en aiguillonnant le sien du talon, avait cinglé un coup de baguette sur la croupe de celui de sa sœur.

Chevaux et cavalières partirent au galop et s'enfoncèrent dans l'obscurité comme des ombres.

Le jeune homme resta seul et immobile au milieu du chemin.

— Adieu ! lui cria Bertha.

— Au revoir ! lui cria Mary.

— Oh ! oui, oui, dit-il en tendant les bras vers les deux fugitives, oui, au revoir ! au revoir !

Les deux jeunes filles continuèrent leur chemin sans échanger une parole.

Seulement, en arrivant à la porte du château :

— Mary, dit Bertha, tu vas bien te moquer de moi.

— Pourquoi cela ? demanda Mary tressaillant malgré elle.

— Je l'aime, dit Bertha.

Un cri de douleur fut près de s'échapper de la poitrine de Mary. Elle eut la force de l'étouffer.

— Et moi qui lui ai crié : « Au revoir ! » dit-elle. Dieu veuille que je ne le revoie pas.

13

La cousine de cinquante lieues

Le lendemain du jour où s'étaient passés les événements que nous venons de raconter, c'est-à-dire le 7 mai 1832, il y avait grande réunion au château de Vouillé.

On célébrait l'anniversaire de la naissance de Mme la comtesse de Vouillé, qui était en train d'accomplir sa vingt-quatrième année.

On venait de se mettre à table, et, à cette table de vingt-cinq ou vingt-six couverts étaient assis le préfet de la Vienne, le maire de Châtellerault, parents à des degrés plus ou moins éloignés de Mme de Vouillé.

On achevait de manger le potage, lorsqu'un domestique, se penchant à l'oreille de M. de Vouillé, lui dit quelques mots tout bas.

M. de Vouillé se fit répéter deux fois les mêmes paroles par le domestique.

Puis, s'adressant à ses convives :

— Veuillez m'excuser un instant, dit-il, mais il y a à la grille une dame qui arrive en poste, et qui ne veut, à ce qu'il paraît, parler qu'à moi seul. Ai-je congé d'aller voir ce que me veut cette dame ?

La permission fut accordée au comte d'une voix unanime ; seulement, Mme de Vouillé suivit des yeux son mari jusqu'à la porte, avec une certaine inquiétude.

M. de Vouillé courut à la grille ; une voiture, en effet, y stationnait.

Elle contenait deux personnes, une femme et un homme.

Un domestique en livrée bleu de ciel à galons d'argent était près du postillon.

En apercevant M. de Vouillé, qu'il paraissait attendre avec impatience, le domestique sauta lestement du siège à terre.

— Mais arrive donc, lambin ! cria-t-il dès qu'il crut que le comte pouvait l'entendre.

M. de Vouillé s'arrêta étonné, plus qu'étonné, stupéfait.

Quel était donc le domestique qui se permettait de l'apostropher de pareille façon ?

Il s'approcha pour laver la tête du drôle.

Mais tout à coup, éclatant de rire :

— Comment ! c'est toi, de Lussac ? lui demanda-t-il.

— Certainement, c'est moi.

— Que signifie cette mascarade ?

Le faux domestique ouvrit la voiture, et présenta son bras à la dame pour l'aider à descendre. Puis :

— Mon cher comte, dit-il, j'ai l'honneur de te présenter Mme la duchesse de Berry.

Puis, s'adressant à la duchesse :

— Madame la duchesse, M. le comte de Vouillé, l'un de mes meilleurs amis, et l'un de vos plus fidèles serviteurs.

Le comte recula de deux pas.

— Madame la duchesse de Berry ! s'écria-t-il stupéfait.

— Elle-même, monsieur, dit la duchesse.

— N'es-tu pas heureux et fier de recevoir Son Altesse royale ? demanda de Lussac.

— Aussi heureux et aussi fier que puisse l'être un ardent royaliste ; mais...

— Comment ! il y a un mais ? demanda la duchesse.

— Mais c'est aujourd'hui l'anniversaire de la naissance de ma femme, et j'ai vingt-cinq personnes à table !

— Eh bien, monsieur, puisqu'il y a un proverbe français qui dit que « quand il y en a pour deux, il y en a pour trois », vous donnerez bien cette extension au proverbe de dire : « Quand il y en a pour vingt-cinq, il y en a pour vingt-huit », car je vous préviens que M. le baron de Lussac, tout mon domestique qu'il est pour le moment, compte dîner à table, attendu qu'il meurt de faim.

— Oh ! mais, sois tranquille, j'ôterai ma livrée, dit le baron.

M. de Vouillé se prit les cheveux à pleine main, tout prêt à se les arracher.

— Mais comment faire ? comment faire ? s'écria-t-il.

— Voyons, dit la duchesse, parlons raison.

— Oh ! oui, parlons raison, dit le comte, le moment est bien choisi ! Je suis à moitié fou.

— Ce n'est pas de joie, il me semble, dit la duchesse.

— C'est de terreur, Madame !

— Oh ! vous vous exagérez la situation.

— Mais comprenez donc, Madame, que j'ai le préfet de la Vienne et le maire de Châtellerault à ma table.

— Eh bien, vous me présenterez à eux.

— A quel titre, bon Dieu ?

— A titre de votre cousine. Vous avez bien une cousine qui demeure à cinquante lieues d'ici !

— Oh ! quelle idée, Madame !

— Allons donc !

— Oui, j'ai, à Toulouse, une cousine à moi : Mme de la Myre.

— Voilà justement l'affaire ! je suis Mme de la Myre.

Puis, se retournant vers la voiture et tendant le bras à un vieillard de soixante à soixante-cinq ans qui attendait, pour se montrer, que la discussion fût finie :

— Venez, monsieur de la Myre, venez ! dit-elle ; c'est une surprise que nous faisons à notre cousin, d'arriver juste pour l'anniversaire de sa femme. Allons, mon cousin, ajouta la duchesse en sautant à bas de la voiture.

Et elle passa gaiement son bras sous celui du comte de Vouillé.

— Allons, dit M. de Vouillé décidé à risquer l'aventure que la duchesse entamait si joyeusement, allons !

— Et moi donc, cria le baron de Lussac, lequel, monté dans la voiture, qu'il transformait en cabinet de toilette, changeait sa redingote de livrée bleu de ciel contre une redingote noire, est-ce qu'on m'oublie ici, par hasard ?

— Mais que diable seras-tu, toi ? demanda M. de Vouillé.

— Pardieu ! je serai le baron de Lussac, et, si madame le permet, le cousin de ta cousine.

— Holà ! holà ! monsieur le baron, dit le vieillard qui accompagnait la duchesse, il me semble que vous prenez bien des libertés.

— Bah ! à la campagne, dit la duchesse.

— En campagne, vous voulez dire ! fit de Lussac.

Et, comme il avait achevé sa transformation :

— Allons ! dit-il à son tour.

M. de Vouillé, qui faisait tête de colonne, prit bravement le chemin de la salle à manger.

La curiosité des convives et l'inquiétude de la maîtresse de la maison avaient été d'autant plus excitées que l'absence du comte s'était prolongée outre mesure.

Aussi, quand la porte de la salle à manger se rouvrit tous les regards se tournèrent-ils vers les nouveaux arrivants.

Mais, quelle que fût la difficulté du rôle qu'ils avaient à jouer, les acteurs ne se déconcertèrent point.

— Chère amie, dit le comte à sa femme, je t'ai souvent parlé d'une cousine à moi, qui habite les environs de Toulouse.

— Mme de la Myre ? interrompit vivement la comtesse.

— Mme de la Myre, c'est cela. Eh bien, elle va à Nantes et n'a pas voulu passer devant le château sans faire connaissance avec toi : le hasard veut qu'elle arrive un jour de fête ; j'espère que cela lui portera bonheur.

— Chère cousine ! dit la duchesse en ouvrant les bras à Mme de Vouillé.

Les deux femmes s'embrassèrent.

Quant aux deux hommes, M. de Vouillé se contenta de dire à haute voix :

— M. de la Myre... M. de Lussac...

On s'inclina.

— Maintenant, dit M. de Vouillé, il s'agit de trouver des places aux nouveaux venus, qui ne m'ont point caché qu'ils mouraient de faim.

Il se fit un mouvement ; la table était grande, les convives avaient leurs coudées franches ; il n'était point difficile de trouver trois places.

— Ne m'avez-vous pas dit que vous aviez à dîner M. le préfet de la Vienne, cher cousin ? demanda la duchesse.

— Mais, oui, Madame ; c'est cet honnête citoyen que vous voyez à la droite de la comtesse, avec des lunettes, une cravate blanche et la rosette d'officier de la Légion d'honneur à sa boutonnière.

— Oh ! présentez-moi donc à lui.

M. de Vouillé était hardiment entré dans la comédie ; il pensa qu'il fallait la pousser jusqu'au bout.

Il s'avança vers le préfet, qui se tenait majestueusement appuyé sur sa chaise.

— Monsieur le préfet, dit-il, voici ma cousine qui, dans son respect traditionnel pour l'autorité, pense qu'une présentation générale est insuffisante vis-à-vis de vous, et qui veut vous être présentée particulièrement.

— Généralement, particulièrement et officiellement, répondit le galant fonctionnaire, Madame sera toujours la bienvenue.

— J'en accepte l'augure, monsieur, dit la duchesse.

— Et Madame va à Nantes ? dit le préfet pour dire quelque chose.

— Oui, monsieur, et, de là, à Paris ; je l'espère du moins.

— Ce n'est pas la première fois que Madame va dans la capitale ?

— Non, monsieur ; je l'ai habitée douze ans.

— Et Madame l'a quittée ?...

— Oh ! bien malgré moi, je vous jure.

— Depuis longtemps ?

— Il y aura deux ans au mois de juillet.

— Je comprends que lorsqu'on a habité Paris...

— On désire y revenir ! Je suis bien aise que vous compreniez cela.

— Oh ! Paris ! Paris ! fit le fonctionnaire.

— Vous avez raison : c'est le paradis du monde, répondit la duchesse.

Et elle se retourna vivement, car elle sentait qu'une larme mouillait sa paupière.

— Allons, allons, à table ! dit M. de Vouillé.

— Oh ! mon cher cousin, dit la duchesse en jetant un regard vers la place qui lui était destinée, laissez-moi près de M. le préfet, je vous prie ; il vient de faire des vœux si bien sentis pour la chose que je désire le plus au monde qu'il s'est, du premier coup, inscrit au nombre de mes amis.

Le préfet, enchanté du compliment, recula vivement sa chaise, et Madame fut installée à sa gauche, au détriment de la personne à laquelle cette place d'honneur était échue.

Les deux hommes se placèrent sans objection aucune aux postes qui leur étaient destinés, et s'occupèrent bientôt — M. de

Lussac surtout — à faire, comme ils s'y étaient engagés, honneur au repas.

Chacun suivant l'exemple donné par M. de Lussac, il se fit un de ces moments de silence solennel qui ne se retrouvent qu'au commencement des dîners impatiemment attendus.

Madame fut la première qui rompit le silence : son esprit aventureux était, comme l'oiseau de mer, surtout à l'aise dans la tempête.

— Eh bien, dit-elle, il me semble que notre arrivée a interrompu la conversation. Rien n'est triste comme un dîner muet ; je déteste ces dîners-là, je vous en préviens, mon cher comte : ils ressemblent à des dîners d'étiquette, à ces repas des Tuileries, où l'on ne parlait, dit-on, que quand le roi avait parlé. On causait avant notre arrivée ; de quoi causait-on ?

— Chère cousine, dit M. de Vouillé, M. le préfet avait la bonté de nous donner des détails officiels sur l'*échauffourée* de Marseille.

— Echauffourée ? dit la duchesse.

— C'est le mot dont il s'est servi.

— Et c'est bien véritablement celui qui convient à la chose, dit le fonctionnaire. Comprenez-vous une expédition de ce genre-là, dont les dispositions sont si légèrement prises, qu'il suffise d'un sous-lieutenant du 13e de ligne, qui arrête un chef de rassemblement, pour que tout le coup de main tombe à l'eau ?

— Eh ! mon Dieu, monsieur le préfet, dit la duchesse avec mélancolie, il y a toujours, dans les grands événements, un moment suprême où la destinée des princes et des empires vacille comme la feuille au vent ! Si, à la Mure, par exemple, lorsque Napoléon s'est avancé au-devant des soldats envoyés contre lui, un sous-lieutenant quelconque l'eût pris au collet, le retour de l'île d'Elbe n'était plus, lui aussi, qu'une *échauffourée*.

Il se fit un silence, tant Madame avait prononcé ces mots d'un ton pénétré.

Ce fut elle qui reprit la parole.

— Et la duchesse de Berry, demanda-t-elle, sait-on, au milieu de tout cela, ce qu'elle est devenue ?

— Elle a regagné le *Carlo-Alberto* et s'est rembarquée.

— Ah !

— C'était la seule chose raisonnable qu'elle eût à faire, ce me semble, ajouta le préfet.

— Vous avez raison, monsieur, dit le vieillard qui accompagnait Madame, et qui parlait pour la première fois ; et, si j'avais eu l'honneur d'être près de Son Altesse, et qu'elle m'eût accordé quelque autorité, je lui eusse donné bien sincèrement ce conseil.

— On ne vous parle pas, à vous, monsieur mon mari, dit la duchesse ; je parle à M. le préfet, et je lui demande s'il est bien sûr que Son Altesse royale se soit rembarquée.

— Madame, dit le préfet — avec un de ces gestes administratifs qui n'admettent pas la dénégation — le gouvernement en a la nouvelle officielle.

— Ah ! fit la duchesse, si le gouvernement en a la nouvelle officielle, il n'y a rien à objecter à cela, ajouta-t-elle, se hasardant sur un terrain plus glissant encore que celui qu'elle avait parcouru jusque-là. J'avais, moi, entendu dire autre chose.

— Madame ! dit le vieillard avec un léger accent de reproche.

— Qu'aviez-vous entendu dire, ma cousine ? dit M. de Vouillé, qui, lui aussi, commençait à prendre à la situation un intérêt de joueur.

— Oui, qu'avez-vous entendu dire, Madame ? insista le préfet.

— Oh ! vous comprenez, monsieur le fonctionnaire, dit la duchesse, je ne vous donne rien d'officiel, moi : je vous parle de bruits qui n'ont peut-être pas le sens commun.

— Madame de la Myre ! dit le vieillard.

— Ah ! monsieur de la Myre, dit la duchesse.

— Savez-vous, Madame, insinua le préfet, que M. votre mari me paraît fort contrariant ! Je gage que c'est lui qui ne veut pas vous laisser retourner à Paris ?

— Justement ! Mais j'espère bien y aller malgré lui. « Ce que femme veut, Dieu le veut. »

— Oh ! les femmes ! les femmes ! s'écria le fonctionnaire public.

— Quoi ? demanda la duchesse.

— Rien, dit le préfet. J'attends, Madame, que vous vouliez bien nous faire part de ces bruits dont vous parliez tout à l'heure.

— Oh ! mon Dieu, c'est fort simple. J'avais entendu dire — mais remarquez bien que je ne vous donne la chose que comme un bruit —, j'avais entendu dire, au contraire, que la duchesse de Berry avait repoussé toutes les instances de ses amis, et avait obstinément refusé de regagner le *Carlo-Alberto*.

— Eh bien, mais où serait-elle donc, alors ? demanda le préfet.

— En France.

— En France ! Et pour quoi faire, en France ?

— Dame, vous savez bien, monsieur le préfet, dit la duchesse, que le but principal de Son Altesse royale était la Vendée.

— Sans doute ; mais, du moment où elle avait échoué dans le Midi...

— Raison de plus pour tenter de réussir dans l'Ouest.

Le préfet sourit dédaigneusement.

— Alors, vous croyez au rembarquement de Madame ? demanda la duchesse.

— Je puis vous affirmer, dit le préfet, qu'elle est en ce moment dans les Etats du roi de Sardaigne, auquel la France va demander des explications.

— Pauvre roi de Sardaigne ! il en donnera une toute simple.

— Laquelle ?

— « Je savais bien que Madame était une folle ; mais je ne savais point qu'elle le fût assez pour faire ce qu'elle a fait. »

— Madame ! Madame ! fit le vieillard.

— Ah çà ! dit la duchesse, j'espère bien, monsieur de la Myre, que, si vous gênez mes volontés, vous me ferez la grâce de respecter mes opinions, qui, d'ailleurs j'en suis sûre, sont celles de M. le préfet. N'est-ce pas, monsieur le préfet ?

— Le fait est, répondit en riant le fonctionnaire, que Son Altesse royale, à mon avis, a agi, dans toute cette affaire, avec une grande légèreté.

— Là ! voyez-vous ! dit la duchesse ; que sera-ce donc si les bruits se réalisent et si Madame se rend en Vendée !

— Mais par où s'y rendrait-elle ? demanda le préfet.

— Dame, par la préfecture de votre voisin, par la vôtre... On dit qu'elle a été vue et reconnue à Toulouse au moment où elle changeait de chevaux à la porte de la poste, dans une voiture découverte.

— Ah ! par exemple, dit le préfet, ce serait trop fort !

— Si fort, dit le comte, que M. le préfet n'en croit rien.

— Pas un mot, dit le fonctionnaire en appuyant sur chacun des trois monosyllabes qu'il venait de prononcer.

En ce moment, la porte s'ouvrit, et un des domestiques du comte annonça qu'un huissier de la préfecture demandait à remettre au premier fonctionnaire du département une dépêche télégraphique arrivée de Paris à l'instant même.

— Vous permettez qu'il entre ? demanda le préfet au comte de Vouillé.

— Je crois bien ! répondit celui-ci.

L'huissier entra et remit une dépêche cachetée au préfet, qui s'inclina en offrant ses excuses aux convives comme il l'avait fait au maître de la maison.

Le silence était profond, et tous les yeux étaient fixés sur le fonctionnaire.

Madame échangeait des signes avec M. de Vouillé, qui riait tout bas, avec M. de Lussac, qui riait tout haut, et avec son faux mari, qui gardait un imperturbable sérieux.

— Ouais ! s'écria tout à coup le fonctionnaire public, tandis que ses traits avaient l'indiscrétion d'exprimer la plus profonde surprise.

— Qu'y a-t-il donc ? demanda M. de Vouillé.

— Il y a, s'exclama le fonctionnaire, que Mme de la Myre nous disait la vérité à l'endroit de Son Altesse royale ; que Son Altesse royale n'a pas quitté la France ; que Son Altesse royale se dirige sur la Vendée par Toulouse, Libourne et Poitiers.

Et, sur ces paroles, le préfet se leva.

— Mais où allez-vous donc, monsieur le préfet ? demanda la duchesse.

— Faire mon devoir, Madame, si pénible qu'il soit, et donner des ordres pour que Son Altesse royale soit arrêtée, si, comme me le dit la dépêche de Paris, elle a l'imprudence de passer par mon département.

— Faites, monsieur le préfet, faites, dit Madame ; je ne puis qu'applaudir à votre zèle, et vous promettre de m'en souvenir dans l'occasion.

Et elle tendit sa main au préfet, qui la lui baisa galamment après avoir, d'un regard, demandé à M. de la Myre une permission que celui-ci lui accorda du regard.

14

Petit-Pierre

Revenons à la chaumière du bonhomme Tinguy, que nous avons quittée pour faire une pointe au château de Vouillé.

Quarante-huit heures se sont écoulées.

Nous retrouvons Bertha et Michel au chevet du malade.

Bien que les visites régulières du docteur Roger rendissent la présence de la jeune fille tout à fait inutile dans ce foyer pestilentiel, Bertha, malgré les observations de Mary, avait voulu continuer de donner des soins au Vendéen.

La charité chrétienne n'était peut-être plus le seul mobile qui l'attirât dans la cabane du métayer.

Quoi qu'il en fût, par une coïncidence assez naturelle Michel, abjurant ses terreurs, avait devancé Mlle de Souday, et se trouvait déjà installé dans la chaumière, lorsque Bertha s'y était présentée.

Etait-ce bien Bertha sur laquelle Michel avait compté ? Nous n'oserions en répondre. Peut-être avait-il pensé que Mary avait son jour dans ces fonctions de charité.

Peut-être aussi espérait-il vaguement que cette dernière ne laisserait pas échapper cette occasion de se rapprocher de lui, et son cœur battait violemment lorsqu'il vit se dessiner sur le volet de la porte de la chaumière une silhouette que l'ombre rendait encore indécise, mais qui, par son élégance, ne pouvait appartenir qu'à l'une des filles du marquis de Souday.

En reconnaissant Bertha, Michel éprouva un léger désappointement ; mais le jeune homme, qui, par la vertu de son amour, se sentait plein de tendresse pour M. le marquis de Souday, de sympathie pour le rébarbatif Jean Oullier, et de bienveillance pour leurs chiens, pouvait-il ne pas aimer la sœur de Mary ?

L'affection de celle-là ne devait-elle pas le rapprocher de celle-ci ? ne serait-ce pas un bonheur pour lui d'entendre parler de celle qui était absente ?

Il fut donc plein de prévenances et d'attentions pour Bertha, et la jeune fille lui répondit avec une satisfaction qu'elle ne prit pas la peine de déguiser.

Malheureusement pour Michel, il était difficile de s'occuper d'autre chose que du malade.

La situation de Tinguy empirait d'heure en heure.

Il était tombé dans cet état de torpeur et d'insensibilité que les médecins appellent le *coma*, et qui, dans les maladies inflammatoires, caractérise la période qui va précéder la mort.

Il ne voyait plus ce qui se passait autour de lui ; il ne répondait plus lorsqu'on lui adressait la parole ; sa pupille, effroyablement dilatée, restait fixe ; il était presque constamment immobile ; seulement, de temps en temps ses mains essayaient de ramener la couverture sur son visage, ou d'attirer à lui des objets imaginaires qu'il croyait apercevoir près de son lit.

Bertha, qui, malgré sa jeunesse, avait plus d'une fois assisté à ces tristes scènes, ne pouvait conserver d'illusion sur l'état du pauvre paysan. Elle voulut épargner à Rosine les angoisses de l'agonie de son père, agonie qu'elle s'attendait à voir commencer d'un instant à l'autre, et elle lui ordonna d'aller chercher le docteur Roger.

— Mais, si vous voulez, mademoiselle, dit Michel, je pourrai faire cette course ; j'ai de meilleures jambes que cette enfant, et, d'ailleurs, il n'est pas très prudent de l'exposer la nuit sur les chemins.

— Non, monsieur Michel, Rosine ne court aucun danger, et j'ai mes raisons pour tenir à vous garder près de moi. Cela vous est-il donc désagréable ?

— Oh ! mademoiselle, vous ne le pensez pas ! mais je suis si heureux de pouvoir vous être utile, que je tiens à n'en jamais laisser échapper l'occasion.

— Soyez tranquille, il est probable que, d'ici à peu de temps, j'aurai plus d'une fois besoin de mettre votre dévouement à l'épreuve.

Rosine était sortie depuis dix minutes à peine, lorsque le malade sembla tout à coup éprouver un mieux sensible et très extraordinaire : ses yeux perdirent leur fixité, la respiration lui devint plus facile, ses doigts crispés se détendirent, il les passa à plusieurs reprises sur son front pour essuyer la sueur qui le baignait.

— Comment vous trouvez-vous, mon père Tinguy ? demanda la jeune fille au paysan.

— Mieux, répondit-il d'une voix faible. Le bon Dieu voudrait-il que je ne déserte pas avant la bataille ? ajouta-t-il en essayant de sourire.

— Peut-être ! puisque c'est pour lui aussi que vous allez combattre.

Le paysan hocha tristement la tête, en poussant un profond soupir.

— Monsieur Michel, dit Bertha au jeune homme en l'attirant dans un angle de la chambre, de façon à ce que sa voix n'arrivât pas jusqu'au malade, monsieur Michel, courez chez le curé ; qu'il vienne, et réveillez les voisins.

— Ne va-t-il donc pas mieux, mademoiselle ? Il vous le disait tout à l'heure.

— Enfant que vous êtes ! n'avez-vous donc jamais vu s'éteindre une lampe ? Sa dernière flamme est toujours la plus vive ; il en est ainsi de notre misérable corps. Courez vite ! nous n'aurons pas d'agonie ; la fièvre a épuisé les forces de ce malheureux ; l'âme s'envolera sans lutte, sans effort, sans secousse.

— Et vous allez rester seule auprès de lui ?

— Allez vite et ne vous inquiétez pas de moi.

Michel sortit, et Bertha se rapprocha du lit de Tinguy, qui lui tendit la main.

— Merci, ma brave demoiselle, dit le paysan.

— Merci de quoi, mon père Tinguy ?

— Merci de vos soins d'abord... ensuite de votre idée d'envoyer chercher M. le curé.

— Vous avez entendu ?

Tinguy, cette fois, sourit tout à fait.

— Oui, répondit-il, quoique vous ayez parlé bien bas.

— Mais il ne faut pas que la présence du prêtre vous fasse

supposer que vous allez mourir, mon bon Tinguy ; n'allez pas prendre peur.

— Prendre peur ! s'écria le paysan en essayant de se lever sur son séant. Prendre peur ! et pourquoi ? J'ai respecté les vieux et chéri les petiots ; j'ai souffert sans murmurer ; j'ai travaillé sans me plaindre, louant Dieu quand la grêle ravageait mon petit champ, le bénissant quand la moisson était drue ; jamais je n'ai chassé le mendiant que sainte Anne envoyait à mon pauvre foyer ; j'ai pratiqué les commandements de Dieu et ceux de l'Eglise ; quand nos prêtres nous ont dit : « Levez-vous et prenez vos fusils », j'ai combattu les ennemis de ma foi et de mon roi, et je suis resté humble dans la victoire et confiant dans la défaite, j'étais encore prêt à donner ma vie pour cette sainte cause, et j'aurais peur ? Oh ! non, mademoiselle ; c'est notre beau jour, à nous autres pauvres chrétiens, que celui de notre mort. Tout ignorant que je suis, je le comprends : c'est celui qui nous fait les égaux de tous les grands, de tous les heureux de la terre ; s'il est venu pour moi, ce jour, si Dieu m'appelle à lui, je suis prêt et je paraîtrai devant son tribunal plein d'espérance en sa miséricorde.

La figure de Tinguy s'était illuminée pendant qu'il prononçait ces paroles ; mais le dernier enthousiasme religieux du pauvre paysan avait achevé d'épuiser ses forces.

Il retomba lourdement sur son lit, et ne balbutia plus que quelques paroles inintelligibles, parmi lesquelles on distinguait encore les mots de *bleus*, de *paroisse*, le nom de Dieu et celui de la Vierge.

Le curé entra en ce moment. Bertha lui montra le malade, et le prêtre, comprenant sur-le-champ ce qu'elle attendait de lui, commença les prières des agonisants.

Michel supplia Bertha de se retirer, et, la jeune fille y ayant consenti, ils sortirent tous deux après avoir fait une dernière prière au chevet de Tinguy.

Les voisins arrivaient les uns après les autres ; chacun s'agenouillait et répétait après le prêtre les litanies de la mort.

Deux minces chandelles de cire jaune, placées de chaque côté d'un crucifix de cuivre, éclairaient cette scène lugubre.

Tout à coup, et dans un moment où le prêtre et les assistants récitaient l'*Ave Maria*, un cri de chat-huant, parti à peu de distance de la chaumière, domina leur bourdonnement monotone.

Tous les paysans tressaillirent.

A ce cri, le moribond, dont, depuis quelques instants, les yeux étaient voilés, dont la respiration était devenue sifflante, releva la tête.

— Me voilà ! s'écria-t-il, me voilà !... C'est moi qui suis le guide !

Puis il essaya de contrefaire le huhulement de la chouette en répondant au cri qu'il avait entendu.

Il ne put y parvenir ; son souffle éteint ne donna qu'une sorte de sanglot, sa tête fléchit en arrière, ses yeux s'ouvrirent largement. Il était mort.

Alors, un étranger apparut au seuil de la chaumière.

C'était un jeune paysan breton, vêtu d'un chapeau à larges bords, d'un gilet rouge à boutons argentés, d'une veste bleue bordée de rouge, et de hautes guêtres de cuir ; il tenait à la main un de ces bâtons ferrés dont les hommes de la campagne se servent lorsqu'ils vont en voyage.

Il parut surpris du spectacle qu'il avait devant les yeux ; cependant il n'adressa de question à personne.

Il s'agenouilla et se mit en prière ; ensuite, il s'approcha du lit, considéra attentivement la figure pâle et décolorée du pauvre Tinguy ; deux grosses larmes roulèrent sur ses joues ; il les essuya, puis il sortit en silence comme il était entré.

Les paysans, accoutumés à cette pratique religieuse qui veut qu'on ne passe pas devant le logis d'un mort sans donner une prière à son âme et une bénédiction à son corps, ne s'étonnèrent point de la présence de l'étranger et ne firent aucune attention à son départ.

Celui-ci retrouva, à quelques pas de là, un autre paysan plus petit et plus jeune que lui et qui paraissait être son frère. Ce dernier était monté sur un cheval harnaché à la mode du pays.

— Eh bien, Rameau-d'or, dit le petit paysan, qu'y a-t-il donc ?

— Il y a... qu'il n'y a point de place pour nous dans la maison ; un hôte y est entré qui l'occupe tout entière.

— Lequel ?

— La mort.

— Qui est mort ?

— Celui-là même à qui nous venions demander l'hospitalité. Je vous dirais bien : Faisons-nous une égide de cette mort ; cachons-nous sous un coin du linceul que nul ne viendra lever ; mais j'ai entendu dire que Tinguy est mort d'une fièvre typhoïde, et, quoique les médecins nient la contagion, je ne vous exposerai pas à un pareil danger.

— Vous ne craignez pas d'avoir été vu et reconnu ?

— Impossible ! Il y avait huit ou dix personnes, hommes et femmes, priant autour du lit. Je suis entré, je me suis agenouillé, j'ai prié comme les autres. C'est ce que fait, dans ce cas, tout paysan breton ou vendéen.

— Et, maintenant, qu'allons-nous faire ? demanda le plus jeune des deux paysans.

— Je vous l'avais dit : nous avions à nous décider entre le château de mon camarade et la cabane du pauvre paysan qui devait être notre guide, entre les douceurs du luxe et d'une demeure princière, avec une sécurité médiocre, et la chaumière étroite, le mauvais lit, le pain de sarrasin, avec une sécurité entière. Le bon Dieu a tranché la question ; nous n'avons plus de choix à faire ; il faut donc nous contenter du confortable.

— Mais le château n'est pas sûr, m'avez-vous dit ?

— Le château appartient à un de mes amis d'enfance, dont le père a été fait baron par la Restauration ; le père est mort ; le château est habité, à cette heure, par sa veuve et son fils. Si le fils était seul, je serais tranquille : quoique faible, c'est un cœur honnête ; mais je crois sa mère égoïste et ambitieuse, ce qui ne laisse pas que de m'inquiéter.

— Bah ! pour une nuit ! Vous n'êtes pas aventureux, Rameau-d'or.

— Si fait, pour mon propre compte ; mais je réponds à la France, ou tout au moins à mon parti, des jours de Mad...

— De Petit-Pierre, voulez-vous dire... Ah ! Rameau-d'or, depuis deux heures que nous marchons, voilà le dixième gage que vous me devez.

— Ce sera le dernier, Mad... Petit-Pierre, voulais-je dire ; désormais, je ne vous connais plus d'autre nom que celui-là, je ne vous sais plus d'autre condition que d'être mon frère.

— Allons, allons, au château ! Je me sens si fatigué, que j'irais demander un gîte à celui de l'ogresse du conte bleu.

— Nous allons prendre un chemin de traverse, grâce auquel nous serons arrivés en dix minutes, fit le jeune homme. Mettez-vous en selle le plus commodément que vous pourrez ; je marcherai à pied, et vous n'aurez qu'à me suivre ; sans quoi, nous pourrions perdre un chemin à peine tracé.

— Attendez, dit Petit-Pierre.

Et il se laissa glisser à bas du cheval.

— Où allez-vous ? dit Rameau-d'or avec inquiétude.

— Vous avez fait votre prière au lit de cet humble paysan : à moi de faire la mienne.

— Y pensez-vous ?

— C'était un brave et honnête cœur, insista Petit-Pierre ; s'il eût vécu, il eût risqué sa vie pour nous. Je dois bien une pauvre prière à son cadavre.

Rameau-d'or leva son chapeau et s'écarta pour laisser passer son jeune compagnon.

Comme l'avait fait Rameau-d'or, le petit paysan entra dans la cabane, prit la branche de buis, la trempa dans l'eau bénite et la secoua sur le corps ; puis il s'agenouilla, fit sa prière au pied du lit, et sortit sans que sa prière eût été plus remarquée que ne l'avait été celle de son compagnon.

Petit-Pierre, à son tour, vint rejoindre Rameau-d'or comme, cinq minutes auparavant, celui-ci était venu le rejoindre.

Le jeune homme aida Petit-Pierre à remonter à cheval ; puis tous deux, le plus jeune en selle, l'autre à pied, prirent silencieusement et à travers champs ce sentier presque invisible qui conduisait, comme nous l'avons dit, par une ligne plus courte, au château de la Logerie.

A peine avaient-ils fait cinq cents pas dans les terres, que Rameau-d'or s'arrêta et arrêta le cheval de Petit-Pierre.

— Qu'y a-t-il encore ? demanda celui-ci.

— J'entends un bruit de pas, dit le jeune homme. Rangez-vous contre ce buisson ; moi, je reste derrière cet arbre. Celui qui va nous croiser passera probablement sans nous voir.

L'évolution eut la rapidité d'une manœuvre stratégique. Bien en prit aux deux voyageurs ; car celui qui venait, s'avançait si rapidement, qu'il fut en vue, malgré l'obscurité, au moment même où chacun venait de prendre son poste, Petit-Pierre contre la haie, Rameau-d'or derrière son arbre.

L'inconnu auquel ils venaient de céder la place ne se trouva bientôt plus qu'à une trentaine de pas de Rameau-d'or, dont les yeux, déjà habitués aux ténèbres, commencèrent à distinguer un jeune homme de vingt ans, courant plutôt qu'il ne marchait dans la même direction qu'eux.

Il avait son chapeau à la main, et ce qui devait servir encore à le faire reconnaître, c'est que ses cheveux, rejetés en arrière par le vent, laissaient le visage complètement découvert.

Rameau-d'or poussa une exclamation de surprise ; mais, comme s'il demeurait encore dans le doute, et hésitait dans son désir, il laissa le jeune homme le dépasser de trois ou quatre pas, et ce ne fut que lorsque celui-ci eut complètement tourné le dos qu'il cria :

— Michel !

Le jeune homme, qui ne s'attendait pas à entendre retentir son nom au milieu des ténèbres et dans cet endroit désert, fit un bond de côté, et, d'une voix toute frissonnante d'émotion :

— Qui m'appelle ? demanda-t-il.

— Moi, dit Rameau-d'or en enlevant son chapeau et une perruque qu'il jeta au pied de l'arbre et en s'avançant vers son ami sans autre déguisement que le complément du costume breton, qui, au reste, ne devait rien changer à sa physionomie.

— Henri de Bonneville ! s'écria le baron Michel au comble de l'étonnement.

— Moi-même. Mais ne prononce pas mon nom si haut ; nous sommes dans un pays et dans un moment où les buissons, les fossés et les arbres partagent avec les murs le privilège d'avoir des oreilles.

— Ah ! oui, dit Michel effrayé ; et puis...

— Oui, et puis... fit M. de Bonneville.

— Alors, tu viens peut-être pour le soulèvement dont on parle ?

— Justement ! Maintenant, voyons, en deux mots, qui es tu ?

— Moi ?

— Oui, toi.

— Mon ami, répondit le jeune baron, je n'ai pas d'opinion bien arrêtée encore ; cependant je t'avouerai tout bas...

— Aussi bas que tu voudras, mais dépêche-toi d'avouer !

— Eh bien, je t'avouerai tout bas que je penche pour Henri V.

— Eh bien, mon cher Michel, dit gaiement le comte de Bonneville, si tu penches pour Henri V, c'est tout ce qu'il me faut.

— Permets... C'est que je ne suis pas complètement décidé encore.

— Tant mieux ! j'aurai le plaisir d'achever ta conversion, et, pour que je l'entreprenne avec plus de chance de succès, tu vas t'empresser d'offrir un gîte dans ton château à moi et à un de mes amis qui m'accompagne.

— Où est-il, ton ami ?

— Le voici, dit Petit-Pierre en s'avançant et en saluant le jeune homme avec une aisance et une grâce qui contrastaient singulièrement avec le costume qu'il portait.

Michel considéra quelques instants le petit paysan, et, se rapprochant de Rameau-d'or, ou plutôt du comte de Bonneville :

— Henri, lui dit-il, comment s'appelle ton ami ?

— Michel, tu manques aux traditions de l'hospitalité antique ; tu as oublié l'*Odyssée*, mon cher, et tu m'affliges ! Que t'importe le nom de mon ami ? Ne te suffit-il pas de savoir que c'est un homme parfaitement bien né ?

— Es-tu bien sûr que ce soit un homme ?

Le comte et Petit-Pierre se mirent à rire aux éclats.

— Décidément, mon pauvre Michel, tu tiens à savoir qui tu recevras chez toi ?

— Non pas pour moi, mon bon Henri, pas pour moi, je te jure ; mais c'est qu'au château de la Logerie...

— Eh bien, au château de la Logerie ?

— Ce n'est pas moi qui suis le maître.

— Oui, c'est la baronne Michel qui est la maîtresse ; j'en avais prévenu mon ami Petit-Pierre ; mais, au lieu d'y séjourner, nous n'y resterons qu'une nuit. Tu nous conduiras à ton appartement, je ferai une visite à la cave et au garde-manger — tout cela est encore à la même place —, mon jeune compagnon se jettera sur ton lit, où il dormira tant bien que mal ; puis, demain au point du jour, je me mettrai en quête d'un gîte, et, ce gîte trouvé, ce qui ne sera pas difficile, j'espère, nous te débarrasserons de notre présence.

— C'est impossible, Henri ! Ne crois pas que ce soit pour moi que je craigne ; mais ce serait compromettre ta sûreté que de te laisser pénétrer dans le château.

— Comment cela ?

— Ma mère veille encore, j'en suis sûr ; elle attend mon retour ; elle nous verra entrer ; ton déguisement, nous le motiverons, je le crois ; mais celui de ton compagnon, qui ne m'a pas échappé, comment le lui expliquerons-nous ?

— Il a raison, dit Petit-Pierre.

— Mais que faire, alors ?

— Et, continua Michel, il ne s'agit pas seulement de ma mère.

— De quoi s'agit-il donc encore ?

— Attends ! fit le jeune homme en jetant un regard d'inquiétude autour de lui, éloignons-nous encore de cette haie et de ce buisson.

— Diable !

— Il s'agit de Courtin.

— De Courtin ? qu'est-ce que cela ?

— Tu ne te souviens pas de Courtin le métayer ?

— Oh ! si fait ! un bon diable qui était toujours de ton avis contre tout le monde, et même contre ta mère.

— Justement ! Eh bien, Courtin est maire du village, philippiste enragé ! S'il te voyait courant les champs, la nuit, sous ce costume, sans autre forme de procès, il te ferait arrêter.

— Voilà qui mérite d'être pris en considération, dit Henri devenu plus grave. Qu'en pense Petit-Pierre ?

— Je ne pense rien, mon cher Rameau-d'or ; je vous laisse penser pour moi.

— Et le résultat de tout cela, c'est que tu nous fermes ta porte ? dit Bonneville.

— Que vous importe, dit le baron Michel, dont les yeux venaient de s'allumer brillants d'espérance, que vous importe, si je vous en ouvre une autre, et plus sûre que celle du château de la Logerie ?

— Comment ! que nous importe ? Il nous importe fort, au contraire. Qu'en dit mon jeune compagnon ?

— Je dis que, pourvu qu'une porte s'ouvre, c'est tout ce qu'il me faut. Je tombe de fatigue, je dois l'avouer.

— Alors suivez-moi, dit le baron.

— Attends... Est-ce bien loin ?

— Une heure... cinq quarts de lieue à peine.

— Petit-Pierre se sent-il la force ? demanda Henri.

— Petit-Pierre la trouvera, répondit le petit paysan en riant. Suivons donc le baron Michel.

— Suivons le baron Michel, répéta Bonneville. En route, baron !

Et le petit groupe, immobile depuis dix minutes, sortit de son immobilité, et, conduit par le jeune homme, se remit en chemin.

Mais à peine Michel avait-il fait cinquante pas, que son ami lui mit la main sur l'épaule.

— Où nous mènes-tu ? lui dit-il.

— Sois tranquille.

— Je te suis, pourvu que tu me promettes pour Petit-Pierre, qui est, tu le vois, passablement délicat, un bon souper et un bon lit.

— Il aura tout ce que je voudrais pouvoir lui offrir moi-même : le meilleur plat du garde-manger, le meilleur vin de la cave, le meilleur lit du château.

On se remit en chemin.

— Je cours devant, pour que vous n'attendiez pas, fit tout à coup Michel.

— Un instant, demanda Henri, où cours-tu ?

— Au château de Souday.

— Comment ! au château de Souday ?

— Oui ; tu connais bien le château de Souday, avec ses tourelles pointues et couvertes d'ardoise, à gauche de la route, en face de la forêt de Machecoul ?

— Le château des louves ?

— Des louves, si tu veux.

— Et c'est là que tu nous conduis ?

— Et c'est là que je te conduis.

— Tu as bien réfléchi à ce que tu fais, Michel ?

— Je réponds de tout.

Et, certain que son ami était suffisamment renseigné, le jeune baron s'élança dans la direction du château de Souday, avec cette vélocité dont il avait donné une si irrécusable preuve le jour ou plutôt la nuit où il avait été chercher, pour le moribond Tinguy, le médecin de Palluau.

— Eh bien, demanda Petit-Pierre, que faisons-nous ?

— Eh bien, comme nous n'avons pas le choix, il faut le suivre.

— Au château des louves ?

— Au château des louves.

— Soit ; mais, pour me faire paraître le chemin moins long, mon cher Rameau-d'or, dit le jeune paysan, vous allez me dire ce que c'est que les louves.

— Je vous dirai ce que j'en sais, du moins.

— C'est tout ce que je puis exiger de vous.

Alors, la main appuyée à l'arçon de la selle, le comte de Bonneville raconta à Petit-Pierre l'espèce de légende qui avait cours, dans le département de la Loire-Inférieure et dans les départements environnants, sur les deux sauvages héritières du marquis de Souday, sur leurs chasses de jour, sur leurs excursions de nuit et sur les meutes aux aboiements fantastiques avec lesquelles elles forçaient à grande course de chevaux, les loups et les sangliers.

Le comte en était au point le plus dramatique de la légende, lorsque, tout à coup, il aperçut les tourelles du château de Souday, et, s'arrêtant court dans son récit, annonça à son compagnon qu'ils étaient parvenus au terme de leur course.

Petit-Pierre, convaincu qu'il allait voir quelque chose de pareil aux sorcières de *Macbeth*, appelait à lui tout son courage pour aborder le château terrible, quand, au détour de la route, il se trouva en face de la porte ouverte et, devant cette porte, aperçut deux ombres blanches qui semblaient attendre, éclairées par une torche que portait derrière elles un homme au rude visage et au costume rustique.

Petit-Pierre jeta un regard craintif sur Bertha et sur Mary ; car c'étaient elles qui, prévenues par le baron Michel, étaient venues au-devant des deux voyageurs.

Il vit deux adorables jeunes filles : l'une blonde aux yeux bleus et à la figure angélique ; l'autre aux yeux et aux cheveux noirs, à la physionomie fière et résolue, au visage loyal ; et souriant toutes deux.

Le jeune compagnon de Rameau-d'or descendit de cheval, et tous deux s'avancèrent vers les jeunes filles.

— Mon ami M. le baron Michel m'a fait espérer, mesdemoiselles, que M. le marquis de Souday, votre père, voudrait bien nous accorder l'hospitalité, dit le comte de Bonneville, en abordant Bertha et Mary.

— Mon père est absent, monsieur, répondit Bertha ; il regrettera d'avoir perdu cette occasion d'exercer une vertu que l'on trouve peu à pratiquer de nos jours.

— Mais je ne sais si Michel vous aura dit, mademoiselle, que cette hospitalité pouvait bien ne pas être sans danger. Mon jeune compagnon et moi, nous sommes presque des proscrits ; la persécution peut être le prix de l'asile que vous nous offrez.

— Vous venez au nom d'une cause qui est la nôtre, monsieur. Etrangers, nous vous eussions accueillis ; proscrits, royalistes, vous êtes les bienvenus, quand bien même la mort et la ruine devraient entrer avec vous dans notre pauvre demeure. Mon père serait là, qu'il vous parlerait comme je vous parle.

— M. le baron Michel vous a, sans doute, appris mon nom ; il me reste à vous dire celui de mon jeune compagnon.

— Nous ne vous le demandons pas, monsieur ; votre qualité vaut mieux pour nous que votre nom, quel qu'il soit ; vous êtes royalistes et proscrits pour une cause à laquelle, toutes femmes que nous sommes, nous voudrions donner notre sang ! Entrez dans cette maison ; si elle n'est ni riche ni somptueuse, au moins la trouverez-vous discrète et fidèle.

Et, d'un geste de suprême majesté, Bertha indiqua la porte aux deux jeunes gens en les invitant à en passer le seuil.

— Que saint Julien soit béni ! dit Petit-Pierre à l'oreille du comte de Bonneville ; voilà le château et la chaumière, entre lesquels vous vouliez que je choisisse, résumés en un même gîte. Elles me plaisent tout plein, vos louves !

Et il franchit la poterne, en faisant une gracieuse inclination de tête aux deux jeunes filles.

Le comte de Bonneville suivit.

Mary et Bertha firent un amical signe d'adieu à Michel, et la dernière lui tendit la main.

Mais Jean Oullier poussa si rudement la porte, que le pauvre jeune homme n'eut pas le temps de saisir cette main.

Il regarda pendant quelques instants les tourelles du château, qui se dessinaient tout en noir sur le fond brun du ciel, les fenêtres qui s'illuminaient les unes après les autres et il s'éloigna.

Lorsqu'il eut disparu, les buissons s'écartèrent et livrèrent passage à un personnage qui, dans un intérêt bien différent de celui des autres acteurs, avait assisté à cette scène.

Ce personnage était Courtin, qui, après s'être assuré que personne n'était dans les environs, reprit le chemin par lequel avait disparu son jeune maître pour retourner à la Logerie.

15

Heure indue

Il était deux heures du matin, à peu près, lorsque le jeune baron Michel se retrouva au bout de l'avenue par laquelle on arrivait au château de la Logerie.

L'air était calme ; le silence majestueux de la nuit, que troublait seul le bruissement des trembles, l'avait plongé dans une profonde rêverie.

Il va sans dire que les deux sœurs étaient l'objet de cette rêverie, et que celle des deux dont le baron suivait l'image avec autant de respect et d'amour que, dans la Bible, le jeune Tobie suit l'ange, c'était Mary.

Mais, lorsqu'il aperçut, à cinq cents pas de lui, de l'extrémité de la sombre ligne d'arbres sous la voûte de verdure desquels il marchait, les fenêtres du château, qui scintillaient aux rayons de la lune, les charmants songes qu'il faisait s'évanouirent, et ses idées prirent immédiatement une direction plus positive.

Au lieu de ces deux ravissantes figures de jeune fille qui avaient jusque-là cheminé à ses côtés, son imagination lui montra le profil sévère et menaçant de sa mère.

On sait quelle crainte profonde la baronne Michel inspirait à son fils.

Le jeune homme s'arrêta.

Si dans les environs, fût-ce à une lieue, il eût connu une maison, une auberge même, où il pût trouver un gîte, ses appréhensions étaient si vives, qu'il ne fût rentré au château que le lendemain. C'était la première fois, non pas qu'il découchait, mais qu'il se mettait ainsi en retard, et il sentait instinctivement que son absence était connue et que sa mère veillait.

Or, qu'allait-il répondre à cette terrible interrogation : « D'où venez-vous ? »

Courtin, seul, pouvait lui donner un asile ; mais, en demandant un asile à Courtin, il fallait tout lui dire, et le jeune baron comprenait tout le danger qu'il y avait à prendre pour confident un homme comme Courtin.

Il se décida donc à braver le courroux maternel — mais comme le condamné se décide à braver l'échafaud, c'est-à-dire parce qu'il ne peut faire autrement — et continua sa route.

Cependant, plus il approchait du château, plus il sentait vaciller sa résolution.

Lorsqu'il se trouva à l'extrémité de l'avenue, lorsqu'il lui fallut marcher à découvert le long des pelouses, lorsqu'il aperçut la fenêtre de la chambre de sa mère, qui se détachait sur la façade sombre, cette fenêtre étant la seule éclairée, le cœur lui faillit tout à fait.

Ses pressentiments ne l'avaient donc pas trompé, la baronne guettait le retour de son fils.

La détermination du jeune homme, comme nous l'avons dit, s'évanouit alors tout entière, et la peur, développant les ressources de son imagination, lui donna l'idée d'essayer d'une ruse qui pouvait, sinon conjurer la colère de sa mère, du moins en retarder l'explosion.

Il se jeta sur la gauche suivit une charmille, perdu dans son ombre, gagna le mur du potager, qu'il escalada, et passa par la porte de communication, du potager dans le parc.

Une fois dans le parc, il pouvait, grâce aux massifs, atteindre aisément les fenêtres du château.

Jusque-là, l'opération lui avait réussi à merveille ; mais le plus difficile ou plutôt le plus chanceux restait à accomplir : il s'agissait de trouver une fenêtre que la négligence de quelque domestique eût laissée ouverte et par laquelle il pût pénétrer dans le logis et regagner son appartement.

Le château de la Logerie consistait en un grand corps de logis carré, flanqué de quatre tourelles de même forme.

Les cuisines et les offices étaient sous terre ; les appartements de réception au rez-de-chaussée, ceux de la baronne au premier étage, ceux de son fils au second.

Michel interrogea le château par trois côtés, ébranlant doucement mais consciencieusement toutes les portes et toutes les fenêtres, se collant le long des murs, marchant sur la pointe des pieds, retenant son haleine.

Ni portes ni fenêtres ne bougèrent.

Restait à explorer la façade principale.

C'était la partie dangereuse à aborder ; les fenêtres de la baronne étaient, comme nous l'avons dit, percées sur cette façade, dégarnie des arbustes qui entouraient le reste de l'édifice, et l'une de ces fenêtres, celle de la chambre à coucher, était ouverte.

Cependant, Michel, qui pensait que, grondé pour grondé, autant valait l'être dehors que dedans, se décida de tenter l'aventure.

Il avançait, en conséquence, la tête le long de la tourelle et s'apprêtait à la contourner, lorsqu'il aperçut une ombre qui glissait le long des pelouses.

Cette ombre faisait naturellement supposer un corps.

Michel s'arrêta et porta toute son attention sur le nouvel arrivant.

Il reconnut que c'était un homme et que cet homme suivait le chemin que lui-même eût dû suivre s'il se fût décidé à rentrer directement au château.

Le jeune baron fit quelques pas en arrière, et se tapit dans l'ombre portée par la saillie de la tourelle.

Cependant, l'homme approchait.

Lorsqu'il ne fut plus qu'à une cinquantaine de pas du château, Michel entendit retentir à la fenêtre la voix sèche de sa mère.

Il s'applaudit de ne point avoir passé sur les pelouses par lesquelles cet homme arrivait.

— Est-ce vous, enfin, Michel ? demanda la baronne.

— Non, Madame, non, répondit une voix que le jeune homme reconnut avec un étonnement mêlé de crainte pour celle du métayer ; et c'est beaucoup trop d'honneur que vous faites au pauvre Courtin que de le prendre pour M. le baron.

— Grand Dieu ! s'écria la baronne, qui vous amène à cette heure ?

— Ah ! vous vous doutez bien que c'est quelque chose d'important, n'est-ce pas, madame la baronne ?

— Serait-il arrivé malheur à mon fils ?

L'accent de profonde angoisse avec lequel sa mère avait prononcé ces paroles toucha si vivement le jeune homme, qu'il allait s'élancer pour la rassurer.

Mais la réponse de Courtin, qu'il entendit presque immédiatement, paralysa cette bonne disposition.

Michel rentra donc dans l'ombre qui lui servait de cachette.

— Oh ! que nenni, Madame, répondait le métayer ; le jeune gars, si j'ose m'exprimer ainsi en parlant de M. le baron, est sain comme l'œil, jusqu'ici du moins.

— Jusqu'ici ! interrompit la baronne. Est-il donc sur le point de courir quelque danger ?

— Eh ! eh ! fit Courtin, oui bien ! il pourrait lui arriver quelque dommage s'il continuait à se laisser affrioler par des espèces du calibre de ces satanées femelles que l'enfer confonde ! et c'est pour prévenir ce malheur que j'ai pris la liberté de venir vous trouver ainsi au milieu de la nuit, me doutant bien, du reste, que, vous étant aperçue de l'absence de M. le baron, vous ne vous seriez pas couchée.

— Et vous avez bien fait, Courtin. Mais, enfin, où est-il, ce malheureux enfant ? le savez-vous ?

Courtin regarda autour de lui.

— Je suis étonné, par ma foi, qu'il ne soit pas encore rentré, dit-il. J'ai pris tout exprès le chemin vicinal pour lui laisser le sentier libre, et le sentier est d'un bon quart de lieue plus court que le chemin vicinal.

— Mais, encore une fois, d'où vient-il ? où était-il ? qu'a-t-il fait ? pourquoi court-il les champs, la nuit, à deux heures du matin, sans souci de mes inquiétudes, sans réfléchir qu'il compromet sa santé et la mienne ?

— Madame la baronne, dit Courtin, ne trouvez-vous pas vous-même que voilà bien des questions pour que j'y réponde en plein air ?

Puis, baissant la voix :

— Ce que j'ai à raconter à madame la baronne est si grave, qu'elle ne sera pas trop en sûreté dans sa chambre pour m'écouter... sans compter que, si le jeune maître n'est point au château, il ne peut tarder à y arriver, ajouta le métayer en regardant de nouveau avec inquiétude autour de lui, et que je ne me soucierais pas le moins du monde qu'il sût que je l'espionne, quoique ce soit pour son bien-être et surtout pour vous rendre service.

— Entrez, alors, s'écria la baronne ; vous avez raison, entrez vite !

— Faites excuse, Madame, mais par où, s'il vous plaît ?

— En effet, dit la baronne, la porte est fermée.

— Si Madame voulait me jeter la clef...

— Elle est à la porte, et en dedans.

— Ah ! dame...

— Voulant cacher à mes gens la conduite de mon fils, je les ai envoyés se coucher ; mais attendez, je vais sonner la femme de chambre.

— Eh ! que Madame n'en fasse rien ! dit Courtin ; il est inutile de mettre quelqu'un dans nos secrets ; d'ailleurs, m'est avis que les circonstances sont trop graves pour que Madame se soucie de l'étiquette. On sait bien que madame la baronne n'est pas faite pour venir ouvrir la porte à un pauvre métayer comme moi ; mais une fois n'est pas coutume. Si tout le monde dort dans le château, tant mieux ! Nous serons, du moins, à l'abri des curieux.

— Vraiment, vous m'effrayez ! Courtin, dit la baronne, retenue, en effet, par le sentiment de puéril orgueil qui n'avait point échappé au métayer ; et je n'hésite plus.

La baronne se retira de la fenêtre, et, un instant après, Michel entendit grincer la clef et les verrous de la porte d'entrée. Il écouta d'abord avec angoisse ; mais bientôt il reconnut que cette porte qui venait de s'ouvrir avec tant de difficulté, sa mère et Courtin, dans leur préoccupation, oubliaient de la refermer.

Le jeune homme attendit quelques secondes pour leur laisser le temps de gagner les étages supérieurs ; puis, se glissant le long du mur, il gravit le perron, poussa la porte, qui tourna sans bruit sur ses gonds, et se trouva dans le vestibule.

Son projet primitif avait été de rentrer dans sa chambre à coucher et d'y attendre les événements en faisant semblant de dormir. En ce cas, l'heure de sa rentrée ne pouvant être précisée, il avait encore la chance de se tirer de ce mauvais pas par un audacieux mensonge.

Mais les choses étaient bien changées depuis qu'il avait pris cette première détermination.

Courtin l'avait suivi, Courtin l'avait vu, Courtin connaissait sans doute la retraite du comte de Bonneville et de son compagnon ; Michel s'oublia un instant lui-même pour ne songer qu'à la sûreté de son ami, que le métayer, avec les opinions que lui connaissait Michel, pouvait singulièrement compromettre.

Au lieu de monter au second étage, le jeune homme s'arrêta au premier ; au lieu de monter à sa chambre, il se glissa à pas de loup dans le corridor.

Puis, s'arrêtant à la porte de la chambre de sa mère, il écouta.

— Ainsi, vous croyez, Courtin, demandait la baronne, vous croyez sérieusement que mon fils s'est laissé prendre aux gluaux d'une de ces malheureuses ?

— Ah ! oui, Madame, quant à cela, j'en suis sûr ; et il y est si bien pris même, que vous aurez grand-peine, j'en ai peur, à l'en dépêtrer.

— Des filles sans le sou !

— Dame, elles viennent du plus vieux sang du pays, madame la baronne, dit Courtin, qui voulait sonder le terrain ; et, pour vous autres nobles, ça fait quelque chose, à ce qu'il paraît.

— Pouah ! dit la baronne, des bâtardes !

— Mais jolies, l'une comme un ange, l'autre comme un démon !

— Que Michel ait voulu s'en amuser quelques instants, comme tant d'autres l'ont fait dans le pays, dit-on, c'est possible ; mais avoir songé à épouser l'une d'elles, cela ne se peut pas, et il me connaît trop pour avoir pensé que je consentisse jamais à une pareille union.

— Sauf le respect que je lui dois, madame la baronne, mon avis est que M. Michel n'a pas encore réfléchi à tout cela, et ne se rend peut-être pas compte lui-même du sentiment qu'il éprouve pour les donzelles ; mais ce dont je suis certain, c'est que, d'une autre façon, d'une façon plus grave, là, il est rudement en train de se compromettre.

— Que voulez-vous dire, Courtin ?

— Dame, fit le métayer, savez-vous, madame la baronne, qu'il serait bien dur, pour moi qui vous aime et qui vous respecte, de faire arrêter mon jeune maître ?

Michel tressaillit dans le corridor ; cependant ce fut la baronne qui reçut la plus violente commotion.

— Arrêter Michel ! fit-elle en se redressant ; mais il me semble que vous vous oubliez, maître Courtin.

— Non, madame la baronne, je ne m'oublie pas.

— Cependant...

— Je suis votre métayer, cela est vrai, continua Courtin en faisant de la main un signe par lequel il invitait la fière dame à se calmer ; je suis tenu de vous donner un compte exact des récoltes dont vous avez moitié et de vous payer au jour et à l'heure mes redevances, ce que je fais de mon mieux, malgré la dureté des temps, mais, avant d'être votre métayer, je suis citoyen et, de plus, maire, et, de ce côté-là aussi, j'ai des devoirs que je dois remplir, madame la baronne, si marri qu'en soit mon pauvre cœur.

— Quel galimatias me faites-vous là, maître Courtin, et quel rapprochement peut-il y avoir entre mon fils, votre qualité de citoyen et votre titre de maire ?

— Le rapprochement, le voici, madame la baronne : c'est que M. votre fils a des accointances avec les ennemis de l'Etat.

— Je sais bien, dit la baronne, que M. le marquis de Souday a des opinions très exagérées ; mais les amourettes de Michel avec l'une ou l'autre de ses filles ne sauraient, il me semble, constituer un délit.

— Ces amourettes mèneront M. Michel plus loin que vous ne le croyez, madame la baronne, c'est moi qui vous le dis. Je sais bien qu'il ne trempe encore que le bout du bec dans l'eau trouble que l'on fait autour de lui ; mais cela suffit pour lui obscurcir la vue.

— Voyons, assez de métaphores comme cela, expliquez-vous, Courtin.

— Eh bien, madame la baronne, voici l'explication tout entière. Ce soir, après avoir assisté à la mort de ce vieux chouan de Tinguy, au risque de rapporter la fièvre pernicieuse au château, après avoir reconduit la plus grande des deux louves jusque chez elle, M. le baron a servi de guide à deux paysans qui n'étaient pas plus des paysans que je ne suis un monsieur, et il les a conduits au château de Souday.

— Qui vous a dit cela, Courtin ?

— Mes deux yeux, madame la baronne : ils sont bons, et j'y crois.

— Mais, à votre avis, quels étaient ces deux paysans ?

— Ces deux paysans ?

— Oui.

— L'un, j'en mettrais ma main au feu, était le comte de Bonneville, un chouan fini, celui-là ! Il n'y a pas à me dire non, il a été assez longtemps dans le pays, et je l'ai reconnu. Quant à l'autre...

— Eh bien, achevez.

— Quant à l'autre, si je ne me trompe, c'est encore mieux que cela.

— Et qui donc ?... Voyons, nommez-le, Courtin.

— Suffit, madame la baronne ; s'il le faut — et il le faudra probablement — je le nommerai à qui de droit.

— A qui de droit ? Mais vous allez donc dénoncer mon fils ? s'écria la baronne stupéfaite du ton de son métayer, ordinairement si humble avec elle.

— Assurément, madame la baronne, répondit Courtin avec aplomb.

— Mais vous n'y pensez pas, Courtin !

— J'y pense si bien, madame la baronne, que je serais déjà en route pour Montaigu ou même pour Nantes, si je n'avais tenu à vous prévenir auparavant, afin que vous avisiez à mettre M. Michel en sûreté.

— Mais, en supposant même que Michel ne soit pas enveloppé dans cette affaire, dit vivement la baronne, vous allez me compromettre vis-à-vis de mes voisins, et, qui sait ! peut-être attirer sur la Logerie d'affreuses représailles.

— Eh bien, nous défendrons la Logerie, madame la baronne.

— Courtin...

— J'ai vu la grande guerre, madame la baronne ; j'étais tout petiot, mais je m'en souviens, et, foi d'homme, là, je ne me soucie point de la revoir ; je ne me soucie pas de voir mes vingt arpents servir de champ de bataille aux deux partis, mes moissons mangées par les uns, et brûlées par les autres ; je me soucie encore moins de voir remettre la main sur les biens nationaux, ce qui ne manquera pas d'arriver si les blancs ont le dessus. Sur mes vingt arpents, j'en ai cinq d'émigrés, bien achetés, bien payés : c'est le quart de mon bien. Enfin, enfin, le gouvernement compte sur moi, et je veux justifier la confiance du gouvernement.

— Mais, Courtin, fit la baronne prête à descendre à la prière, ce n'est pas aussi grave que vous le supposez, j'en suis sûre.

— Eh ! pardieu ! si, madame la baronne, c'est très grave. Je ne suis qu'un paysan ; mais cela n'empêche point que je n'en sache aussi long qu'un autre, attendu que j'écoute beaucoup et que j'ai l'oreille fine. Le pays de Retz est en ébullition ; encore un coup de feu, et le bouillon passera par-dessus la marmite.

— Courtin, vous vous trompez.

— Mais non, madame la baronne, mais non. Je sais ce que je sais, mon Dieu ! les nobles se sont déjà réunis trois fois, quoi ! une fois chez le marquis de Souday, une fois chez celui qu'ils appellent Louis Renaud, et une fois chez le comte de Saint-Amand. Toutes ces réunions-là sentent la poudre, madame la baronne ; et, à propos de poudre, il y en a deux quintaux et pas mal de sacs de balles chez le curé de Montbert. Enfin — et ceci est le plus grave — enfin, puisqu'il faut vous le dire, on attend dans le pays la duchesse de Berry, et m'est avis, d'après ce que je viens de voir, qu'il pourrait bien se faire qu'on ne l'attendît pas longtemps.

— Pourquoi cela ?

— Parce que je crois qu'elle y est.

— Où cela, grand Dieu ?

— Eh bien, au château de Souday, donc.

— Au château de Souday ?

— Oui, où M. Michel l'aurait conduite ce soir.

— Michel ? Ah ! le malheureux enfant. Mais vous vous tairez, n'est-ce pas, Courtin ? Je le veux, je vous l'ordonne. D'ailleurs, le gouvernement a pris ses mesures, et si la duchesse tentait de revenir en Vendée, elle serait arrêtée avant que d'y arriver.

— Avec tout cela, si elle y est pourtant, madame la baronne ?

— Raison de plus pour que vous vous taisiez.

— Oui-da ! et la gloire et les profits d'une prise comme celle-là m'échapperont, sans compter que, d'ici à ce que la capture soit faite par un autre, si je ne la fais pas moi-même, le pays sera à feu et à sang... Non, madame la baronne, non, cela ne se peut pas.

— Mais que faire, grand Dieu ! que faire ?

— Ecoutez, madame la baronne, dit Courtin, ce qu'il faut faire, le voici.

— Parlez, Courtin, parlez.

— Comme, tout en étant un bon citoyen, je veux rester votre serviteur fidèle et zélé ; comme j'espère qu'en reconnaissance de ce que j'aurai fait pour vous, on me laissera ma métairie à des conditions que je pourrai accepter, je ne prononcerai pas le nom de M. Michel. Vous tâcherez seulement qu'il ne se fourre plus à l'avenir dans un semblable guêpier : il y est, c'est vrai ; mais pour cette fois-ci, il est encore temps de l'en tirer.

— Soyez tranquille, Courtin.

— Mais, voyez-vous, madame la baronne, fit le métayer.

— Eh bien, quoi ?

— Dame, c'est que je n'ose donner un conseil à madame la baronne : ça n'est pas de ma compétence.

— Dites, Courtin, dites.

— Eh bien, pour mettre M. Michel tout à fait hors de ce guêpier-là, il faudrait, selon moi, par un moyen quelconque, prières ou menaces, le décider à quitter la Logerie et à partir pour Paris.

— Oui, Courtin, oui, vous avez raison.

— Seulement, je crois qu'il ne le voudra pas.

— Quand j'aurai décidé, Courtin, il faudra bien qu'il veuille.

— Il aura vingt et un ans dans onze mois : il est bien près d'être majeur.

— Et moi, je vous dis qu'il partira, Courtin. Mais qu'avez-vous ?

En effet, Courtin tendait l'oreille du côté de la porte.

— Il me semble que l'on a marché dans le corridor, dit Courtin.

— Voyez.

Courtin prit la lumière et se précipita vers le corridor.

— Il n'y a personne, dit-il en rentrant ; et, cependant, il me semblait bien avoir entendu des pas.

— Mais où pensez-vous qu'il soit, à cette heure, le malheureux enfant ?

— Dame, fit Courtin, peut-être chez moi à m'attendre. Le jeune baron a confiance en moi, et ce ne serait pas la première fois qu'il serait venu me conter ses petits chagrins.

— Vous avez raison, Courtin, c'est possible ; retournez chez vous, et surtout n'oubliez pas votre promesse.

— Ni vous la vôtre, madame la baronne. S'il rentre, séquestrez-le ; ne le laissez point communiquer avec les louves car, s'il les revoit...

— Eh bien ?

— Eh bien, je ne serais point étonné d'apprendre qu'un de ces jours il fait le coup de fusil dans les genêts.

— Oh ! il me fera mourir de chagrin ! Quelle malencontreuse idée mon mari a-t-il eue de revenir dans ce maudit pays !

— Malencontreuse idée, oui, madame la baronne, pour lui surtout !

La baronne pencha tristement la tête sous le souvenir que venait d'évoquer Courtin, lequel se retira après avoir exploré les environs et s'être assuré que personne ne pouvait le voir sortir du château de la Logerie.

16

La diplomatie de Courtin

Courtin avait fait à peine deux cents pas sur le chemin qui conduisait à sa métairie, lorsqu'il entendit un froissement dans les buissons près desquels il passait.

— Qui va là ? demanda-t-il en prenant le large et en se mettant en garde avec le bâton qu'il tenait à la main.

— Ami, répondit une voix juvénile.

Et celui auquel appartenait cette voix apparut sur le bord du sentier.

— Mais c'est monsieur le baron ! s'écria le métayer.

— Lui-même, Courtin.

— Et où donc allez-vous à cette heure ? Grand Dieu ! Si Mme la baronne vous savait dans les champs, en pleine nuit, que dirait-elle ? fit le métayer en jouant la surprise.

— C'est comme cela, Courtin.

— Dame, fit le métayer d'un air narquois, il est présumable que monsieur le baron a ses raisons ?

— Oui, et tu les sauras, dit Michel, lorsque nous serons chez toi.

— Chez moi ! vous venez chez moi ? s'écria Courtin étonné.

— Refuses-tu de me recevoir ? demanda le jeune homme.

— Juste Dieu ! moi, refuser de vous recevoir dans une maison qui, à tout prendre, est à vous !

— Alors, comme il est tard, ne perdons pas de temps. Marche devant, je te suis.

Courtin, assez inquiet du ton impératif de son jeune maître, obéit ; puis, après une centaine de pas, il franchit un échalier, traversa un verger et se trouva à la porte de sa métairie.

Une fois entré dans la salle d'en bas, qui servait en même temps de salle commune et de cuisine, il rassembla quelques tisons épars dans le foyer, souffla sur l'un d'eux qui s'était conservé embrasé, et alluma une chandelle de cire jaune, qu'il accrocha dans la cheminée.

Alors seulement, et à la lueur de cette bougie, il vit ce qu'il n'avait pu voir à la lumière de la lune : c'est que Michel était pâle comme la mort !

— Ah ! monsieur le baron, fit Courtin, Jésus Dieu ! qu'avez-vous donc ?

— Courtin, fit le jeune homme en fronçant le sourcil, j'ai entendu ta conversation avec ma mère.

— Oui-da, vous écoutiez ? fit le métayer un peu surpris.

Mais, se remettant aussitôt :

— Eh bien, après ? demanda-t-il.

— Tu désires beaucoup voir renouveler ton bail l'année prochaine.

— Moi, monsieur le baron ?...

— Toi, Courtin, et beaucoup plus que tu ne le dis.

— Dame, je n'en serais pas fâché, monsieur le baron, et, cependant, s'il y avait empêchement, on n'en mourrait pas.

— Courtin, c'est moi qui renouvellerai ton bail, dit le jeune homme ; car, au moment de la signature, je serai majeur.

— Oui, comme vous dites, monsieur le baron.

— Mais tu comprends bien, poursuivit le jeune homme, auquel le désir de sauver le comte de Bonneville et de rester près de Mary donnait une résolution tout à fait en dehors de son caractère, tu comprends bien, n'est-ce pas ? que, si tu fais ce que tu as dit ce soir, c'est-à-dire si tu dénonces mes amis, ce n'est point moi qui renouvellerai le bail d'un dénonciateur ?

— Oh ! oh ! fit Courtin.

— C'est comme cela. Une fois sorti de la métairie, Courtin, il faut lui dire adieu ; tu n'y rentreras plus.

— Mais le gouvernement ! mais madame la baronne !

— Tout cela ne me regarde pas, Courtin. Je m'appelle le baron Michel de la Logerie ; la terre et le château de la Logerie m'appartiennent, par abandon de ma mère, aussitôt ma majorité ; je suis majeur dans onze mois, et ton bail échoit dans treize.

— Mais si je renonce à mon projet, monsieur le baron ? dit le métayer d'un air câlin.

— Si tu renonces à ton projet, tu auras ton bail.

— Aux mêmes conditions que par le passé ?

— Aux mêmes conditions que par le passé.

— Ah ! monsieur le baron, si ce n'était pas la peur de vous compromettre, dit Courtin en allant chercher dans le tiroir d'un bahut une petite bouteille remplie d'encre, une feuille de papier et une plume qu'il mit sur la table.

— Qu'est-ce que cela ? demanda Michel.

— Dame, si monsieur le baron voulait avoir la complaisance d'écrire ce qu'il vient de dire... On ne sait qui meurt ni qui vit, et moi, de mon côté... voilà le Christ, eh bien, sur le Christ, je ferai serment à monsieur le baron...

— Je n'ai pas besoin de tes serments, Courtin ; car, en sortant d'ici, je retourne à Souday ; j'avertis Jean Oullier de se tenir sur ses gardes, et Bonneville de chercher un autre gîte.

— Eh bien, alors, raison de plus, dit Courtin en présentant la plume à son jeune maître.

Michel prit la plume des mains du métayer et écrivit sur le papier :

« Moi, soussigné, Auguste-François Michel, baron de la Logerie, m'engage à renouveler le bail de Courtin aux mêmes conditions que celui qu'il tient en ce moment. »

Et, comme il allait mettre la date :

— Non, dit le métayer, ne datez point, s'il vous plaît, mon jeune maître. Nous daterons cela le lendemain de votre majorité.

— Soit, dit Michel.

Et il se contenta de signer, en laissant, entre le texte de l'engagement et la signature, la place nécessaire pour mettre une date.

— Si monsieur le baron voulait se reposer plus à son aise que sur cette escabelle et s'il ne tenait pas à rentrer au château avant le jour, reprit Courtin, je dirais à monsieur le baron : J'ai là-haut, et à son service, un lit qui n'est pas trop méchant.

— Non, répondit Michel ; n'as-tu pas entendu que je t'ai dit que j'allais retourner à Souday ?

— Pourquoi faire ? Puisque monsieur le baron a ma promesse, foi de Courtin, de ne rien dire, il a bien le temps.

— Ce que tu as vu, Courtin, un autre a pu le voir, et, si tu te tais parce que tu as promis, un autre, qui n'a pas promis, peut parler. Au revoir donc !

— Monsieur le baron fera ce qu'il voudra, dit Courtin ; mais il a tort, là, vraiment tort, de retourner dans cette souricière.

— Bon, bon ! je te remercie de tes conseils ; mais je suis bien aise que tu saches que je suis d'âge à faire ce que je veux.

Et, se levant à ces mots, prononcés avec une fermeté dont le métayer l'eût cru incapable, il se dirigea vers la porte et sortit.

Courtin le suivit des yeux jusqu'à ce que la porte fût refermée ; alors, portant vivement la main sur la promesse de bail, il la relut, la plia soigneusement en quatre, et la serra dans son portefeuille.

Puis, comme il lui semblait entendre parler aux environs de la métairie, il alla à la fenêtre, en entrouvrit le rideau et vit le jeune baron face à face avec sa mère.

— Ah ! ah ! mon jeune coq, dit-il, avec moi vous chantiez bien haut ; mais voilà une maîtresse poule qui va rabattre votre caquet !

En effet, la baronne, ne voyant pas revenir son fils, avait pensé que ce que lui avait dit Courtin pourrait bien être vrai et qu'il n'y aurait rien d'étonnant à ce que son fils fût chez le métayer.

Elle avait balancé un instant, moitié fierté, moitié crainte de sortir la nuit ; mais, enfin, les inquiétudes maternelles l'avaient emporté, et, s'enveloppant d'un grand châle, elle avait pris le chemin de la métairie.

En arrivant à la porte, elle en avait vu sortir son fils.

Alors, délivrée de toute crainte en revoyant le jeune homme sain et sauf, son caractère impérieux avait repris le dessus.

Michel, de son côté, en apercevant sa mère, avait reculé d'un pas avec stupéfaction.

— Suivez-moi, monsieur, lui dit la baronne ; ce n'est point trop tôt, ce me semble, pour rentrer au château.

Le pauvre garçon n'eut l'idée ni de discuter, ni de fuir ; il suivit sa mère, obéissant et passif comme un enfant.

Pas une parole ne fut échangée entre la baronne et son fils pendant tout le chemin.

En somme, Michel aimait encore mieux ce silence qu'une discussion dans laquelle son obéissance filiale, ou plutôt sa faiblesse de caractère, lui eût nécessairement donné le dessous.

Lorsque tous deux rentrèrent au château, le jour commençait à poindre.

La baronne, toujours muette, conduisit le jeune homme à sa chambre.

Il y trouva une table servie.

— Vous devez avoir faim et être fatigué, lui dit la baronne.

Et, lui montrant successivement la table et le lit :

— Voici pour la faim et voici pour le sommeil, ajouta-t-elle.

Après quoi, elle se retira, fermant la porte derrière elle.

Le jeune homme entendit, en frissonnant, tourner deux fois la clef dans la serrure.

Il était prisonnier.

Il tomba anéanti sur un fauteuil.

Les événements se précipitaient comme une avalanche et eussent fait plier une organisation plus vigoureuse que celle du baron Michel.

D'ailleurs, il n'avait qu'une certaine somme d'énergie, et il venait de l'épuiser avec Courtin.

Peut-être avait-il trop présumé de ses forces, lorsqu'il avait annoncé à Courtin qu'il allait retourner au château de Souday.

Comme avait dit sa mère, il était fatigué, et il avait faim.

A l'âge de Michel, la nature est une mère impérieuse qui réclame aussi ses droits.

Et puis une certaine tranquillité se faisait dans l'esprit du jeune homme.

Ces mots de la baronne en lui montrant la table et le lit : « Voici pour la faim et voici pour le sommeil », indiquaient qu'elle ne comptait pas rentrer dans la chambre qu'il n'eût mangé et dormi.

C'étaient toujours quelques heures de calme avant l'explication.

Michel mangea à la hâte, et, après avoir été à la porte et s'être assuré qu'il était bien réellement prisonnier, il se coucha et s'endormit.

Il se réveilla vers les dix heures du matin.

Les rayons d'un splendide soleil de mai entraient joyeusement dans sa chambre à travers les vitres.

Il ouvrit les fenêtres.

Les oiseaux chantaient dans les branches, couvertes de leurs jeunes feuilles vertes et tendres ; les premières roses s'ouvraient ; les premiers papillons voletaient dans l'air.

Il semblait que, par un si beau jour, le malheur fût prisonnier et ne pût atteindre personne.

Le jeune homme puisa une certaine force dans toute cette recrudescence de la nature, et attendit plus tranquillement sa mère.

Mais les heures s'écoulèrent, midi sonna, la baronne ne parut point.

Michel s'aperçut, avec une certaine inquiétude, que la table avait été assez copieusement servie pour faire face non seulement au dîner de la veille, mais encore au déjeuner et même au dîner du jour.

Il commença, dès lors, à craindre que sa captivité ne durât plus longtemps qu'il ne l'avait cru.

Cette crainte se confirma quand il vit venir successivement deux et trois heures.

En ce moment, et comme il prêtait avec attention l'oreille au moindre bruit, il lui sembla entendre des détonations du côté de Montaigu.

Ces détonations avaient la régularité de feux de peloton.

Cependant, il était impossible de dire si bien réellement ces détonations venaient d'une fusillade.

Montaigu était à plus de deux lieues de la Logerie, et un orage lointain pouvait produire un bruit à peu près pareil.

Mais non, le ciel était pur.

Ces détonations durèrent environ une heure ; puis tout rentra dans le silence.

Les inquiétudes du baron étaient si grandes, qu'il avait — à part le déjeuner pris le matin — complètement oublié de manger.

Au reste, il avait décidé une chose : c'était, la nuit venue, et quand tout le monde serait couché au château, de dévisser la serrure de sa chambre avec son couteau, et de sortir, non point par la porte du perron, qui serait probablement fermée, elle aussi, mais par une fenêtre quelconque.

Cette possibilité de fuir rendit l'appétit au prisonnier.

Il dîna en homme qui pense avoir à traverser une nuit orageuse et qui prend des forces pour faire face à tous les accidents de cette nuit.

Michel avait fini de dîner vers sept heures, à peu près ; la nuit devait venir dans une heure ; il se jeta sur son lit pour attendre.

Il eût fort désiré dormir : le sommeil lui eût fait paraître l'attente moins longue ; mais il était trop inquiet. Il avait beau fermer les yeux, son oreille, constamment au guet, percevait les moindres bruits.

Une chose aussi l'étonnait fort : il n'avait pas revu sa mère depuis le matin ; elle devait, de son côté, supposer que, la nuit venue, le prisonnier ferait tout ce qu'il pourrait pour s'échapper.

Sans doute méditait-elle quelque chose ; mais que pouvait-elle méditer ?

Tout à coup, il sembla au jeune baron qu'il entendait le bruit des grelots que l'on attelle au collier des chevaux de poste.

Il courut à la fenêtre.

Il lui sembla voir, sur la route de Montaigu, une espèce de groupe se mouvant assez rapidement dans l'ombre et se dirigeant vers le château de la Logerie.

Au bruit des sonnettes se mêlait celui du trot de deux chevaux.

En ce moment, le postillon qui montait l'un de ces deux chevaux fit claquer son fouet, probablement pour annoncer son arrivée.

Il n'y avait aucun doute à conserver : c'était un postillon qui venait avec des chevaux de poste.

En même temps, et par un mouvement instinctif, le jeune homme jeta les yeux sur les communs.

Il vit les domestiques qui tiraient de dessous la remise la calèche de voyage de sa mère.

Une lueur illumina son cerveau.

Ces chevaux de poste qui venaient de Montaigu, ce postillon qui faisait claquer son fouet, cette calèche de voyage que l'on tirait de dessous la remise... plus de doute : sa mère partait et l'emmenait avec elle ! Voilà pourquoi elle l'avait enfermé, pourquoi elle le retenait prisonnier. Elle viendrait le chercher au moment du départ, le ferait monter en voiture avec elle, et fouette postillon !

Elle connaissait assez son ascendant sur le jeune homme pour être sûre qu'il n'oserait lui résister.

Cette idée de dépendance, dont sa mère avait une conviction si positive, exaspéra d'autant plus le jeune homme qu'il en sentit toute la réalité ; il était évident pour lui-même qu'une fois en face de la baronne il n'oserait lui rompre en visière.

Mais quitter Mary, renoncer à cette vie d'émotions à laquelle les deux sœurs l'avaient initié, ne point prendre sa part du drame que venaient jouer en Vendée le comte de Bonneville et son compagnon inconnu, lui semblait une chose impossible et surtout déshonorante.

Que penseraient de lui les deux jeunes filles ?

Michel résolut de tout risquer plutôt que de subir une pareille humiliation.

Il s'approcha de la fenêtre, et mesura la hauteur : elle était de trente pieds, à peu près.

Le jeune baron demeura un instant pensif ; évidemment une grande lutte se livrait en lui.

Enfin, il parut prendre son parti ; il alla à son secrétaire, en tira une somme assez considérable en or, et en garnit ses poches.

En ce moment, il lui sembla entendre des pas dans le corridor.

Il referma vivement le secrétaire, alla se jeter sur son lit et attendit.

Seulement, à la fermeté peu habituelle des muscles de son visage, un observateur attentif eût pu voir que sa résolution était bien prise.

Quelle était cette résolution ? C'est ce que, selon toute probabilité, nous saurons tôt ou tard.

17

Le cabaret d'Aubin Courte-Joie

Il était clair — même pour les autorités, qui sont ordinairement les dernières à être instruites de l'état des esprits dans les pays qu'elles sont appelées à diriger — il était clair, disons-nous, qu'un soulèvement se préparait dans la Bretagne et dans la Vendée.

Comme nous avons entendu Courtin l'expliquer à la baronne de la Logerie, les rassemblements des chefs légitimistes n'étaient un mystère pour personne : les noms des Bonchamp et des d'Elbée modernes qui devaient se mettre à la tête des corps vendéens étaient connus et signalés ; les anciennes organisations en *paroisses*, *capitaineries* et *divisions* se reformaient ; les curés refusaient de chanter le *Domine salvum fac regem Philippum* et recommandaient au prône, Henri V, *roi de France*, et Marie-Caroline, *régente* ; enfin, dans les départements riverains de la Loire, et particulièrement dans ceux de la Loire-Inférieure et de Maine-et-Loire, l'air était imprégné de cette saveur de poudre qui précède les grandes commotions politiques.

Malgré la fermentation générale, peut-être même à cause de cette fermentation, la foire de Montaigu promettait d'être brillante.

Bien que cette foire ne soit ordinairement que d'une importance médiocre, l'affluence des paysans y était considérable ; les hommes des pays de Mauges et de Retz y coudoyaient les habitants du bocage et de la plaine, et ce qui était déjà un indice des dispositions belliqueuses de ces populations, c'est qu'au milieu de cette foule de chapeaux aux larges bords et de têtes aux longs cheveux, on apercevait peu de coiffes.

En effet, les femmes qui, d'habitude, forment la majorité de ces assemblées commerciales, n'étaient point venues, ce jour-là, à la foire de Montaigu.

Enfin — et cela eût suffi pour indiquer aux moins clairvoyants cette espèce de comice de la révolte — si les chalands étaient nombreux à la foire de Montaigu, les chevaux, les vaches, les moutons, le beurre et les graines, dont on y trafique d'ordinaire, manquaient complètement.

Qu'ils fussent venus de Beaupréau, de Mortagne, de Bressuire, de Saint-Fulgent ou de Machecoul, les paysans, au lieu des denrées habituelles qu'ils charriaient au marché, n'avaient apporté que leurs bâtons de cornouiller garnis de cuir ; et, à la façon dont ils les serraient dans leurs mains, il semblait peu probable qu'ils eussent l'intention d'en faire commerce.

La place et la grande et unique rue de Montaigu, qui servaient de champ à la foire, avaient une physionomie grave, presque menaçante, mais, à coup sûr, solennelle, et qui n'est aucunement celle de ces sortes de réunions.

Quelques bateleurs, quelques débitants de drogues malsaines, quelques arracheurs de dents avaient beau frapper sur leurs grosses caisses, souffler dans leurs instruments de cuivre, faire vibrer leurs cymbales, débiter leurs boniments les plus facétieux, ils ne parvenaient point à dérider les figures soucieuses qui passaient près d'eux sans daigner s'arrêter à écouter leur musique ou leur bavardage.

Comme les Bretons, leurs voisins du Nord, les Vendéens parlent peu d'ordinaire ; mais, ce jour-là, ils parlaient moins encore.

La plupart d'entre eux se tenaient le dos appuyé contre les maisons, contre les murs des jardins ou contre les traverses de bois qui encadraient la place, et ils demeuraient là, immobiles, les jambes croisées, la tête inclinée sous leurs larges chapeaux, et les mains appuyées sur leurs bâtons comme autant de statues.

D'autres étaient réunis par petits groupes, et ces petits groupes, qui semblaient attendre, chose étrange ! n'étaient pas moins silencieux que les individus isolés.

Dans les cabarets, l'affluence était grande ; le cidre, l'eau-de-vie et le café s'y débitaient par quantités prodigieuses ; mais le tempérament du paysan vendéen est si robuste, que les quantités énormes de liquide absorbé n'exerçaient ni sur les visages ni sur les caractères une influence sensible : le teint des buveurs était un peu plus allumé, les yeux étaient un peu plus brillants ; mais les hommes restaient d'autant plus maîtres d'eux-mêmes qu'ils se méfiaient et de ceux qui tenaient les cabarets, et des citadins qu'ils pouvaient y rencontrer.

En effet, dans les villes, le long des grandes routes de la Vendée et de la Bretagne, les esprits sont, en général, dévoués aux idées de progrès et de liberté ; mais ce sentiment, qui s'attiédit aussitôt que l'on pénètre dans l'intérieur des terres, disparaît pour peu que l'on s'y enfonce.

Aussi tous les habitants des grands centres de population, à moins qu'ils n'aient donné à la cause royaliste des gages éclatants de dévouement, sont indistinctement des patriotes pour les paysans, et les patriotes sont pour ceux-ci des ennemis auxquels ils attribuent tous les malheurs qui ont suivi la grande insurrection ; aussi leur portent-ils cette haine profonde et vivace qui caractérise les guerres civiles et les dissidences religieuses.

En venant à la foire de Montaigu, centre de population, occupé en ce moment par une colonne mobile d'une centaine d'hommes, les habitants des campagnes avaient donc pénétré au milieu de leurs adversaires. Ils le comprenaient parfaitement ; c'est pourquoi ils conservaient, sous leur attitude pacifique, la réserve et la vigilance qu'un soldat conserve sous les armes.

Un seul des nombreux cabarets de Montaigu était tenu par un homme sur lequel les Vendéens pouvaient compter et vis-à-vis duquel, en conséquence, ils se dispensaient de toute contrainte.

Ce cabaret était situé au centre de la ville, sur le champ même de la foire, à l'angle de la place et côtoyant une ruelle qui aboutissait, non pas à une autre rue, non pas aux champs, mais à la rivière la Maine, qui contourne la ville au sud-ouest.

Ce cabaret n'avait point d'enseigne.

Une branche de houx, desséchée, fixée horizontalement dans une fissure de la muraille, quelques pommes que l'on apercevait à travers un vitrage tellement surchargé de poussière, qu'il pouvait se passer de rideaux, indiquaient au consommateur la nature de l'établissement.

Quant aux habitués, ils n'avaient pas besoin d'indication.

Le propriétaire de ce cabaret se nommait Aubin Courte-Joie.

Aubin était son nom de famille ; Courte-Joie était un sobriquet qu'il devait à la railleuse prodigalité de ses amis.

Voici à quelle occasion ceux-ci le lui avaient donné.

Le rôle, si infime qu'il soit, qu'Aubin Courte-Joie remplit dans cette histoire, nous impose l'obligation de dire un mot de ses antécédents.

A vingt ans, Aubin était si frêle, si débile, si souffreteux, que la conscription de 1812, qui pourtant n'y regardait pas de bien près, l'avait rejeté comme indigne des faveurs dont Sa Majesté l'empereur et roi comblait d'ordinaire les conscrits.

Mais, en 1814, cette même conscription, en vieillissant de deux ans, était devenue moins pudibonde : elle s'avisa qu'à tout prendre ce qu'elle avait considéré jusque-là comme un avorton faisait nombre entre l'unité et le zéro, et pouvait au moins, ne fût-ce que sur le papier, contribuer à imposer aux rois de l'Europe coalisée.

En conséquence, la conscription requit Aubin.

Mais Aubin, que le dédain primitif manifesté pour sa personne avait indisposé contre le service militaire, résolut de bouder le gouvernement ; et, en vertu de cette résolution, il prit la fuite, et alla se réfugier au milieu d'une des bandes de réfractaires qui tenaient campagne dans le pays.

Plus les hommes devenaient rares, plus MM. les agents de l'autorité impériale se montraient impitoyables envers les insoumis.

Aubin, que la nature n'avait pas doué d'une fatuité bien grande, ne se serait jamais cru si nécessaire au gouvernement, s'il n'avait vu, de ses yeux, la peine que le gouvernement se donnait pour le venir chercher jusqu'au milieu des forêts de la Bretagne et des marais de la Vendée.

Les gendarmes poursuivaient activement les réfractaires.

Dans une des rencontres qui résultaient de ces poursuites, Aubin avait fait le coup de fusil avec une bravoure et une ténacité qui prouvaient que la conscription de 1814 n'avait pas eu tout à fait tort de vouloir le compter parmi ses élus ; dans une de ces rencontres, disons-nous, Aubin avait été atteint d'une balle et laissé pour mort au milieu du chemin.

Ce jour-là, une bourgeoise d'Ancenis suivait la route qui longe la rivière et qui va d'Ancenis à Nantes.

Cette bourgeoise était dans sa carriole, et il pouvait être de huit à neuf heures du soir, c'est-à-dire qu'il faisait nuit close.

Arrivé devant le cadavre, le cheval frémit dans les brancards et refusa positivement d'avancer.

La bourgeoise fouetta son cheval ; la bête se cabra.

A de nouveaux coups de fouet, l'animal fit tête à la queue et voulut à toute force reprendre la route d'Ancenis.

La bourgeoise, qui n'avait pas l'habitude de voir son cheval faire de pareilles façons, descendit de sa carriole.

Tout lui fut expliqué. C'était le corps d'Aubin qui barrait la route.

Ces sortes de rencontres n'étaient pas rares à cette époque.

La bourgeoise ne s'en effraya que médiocrement ; elle attacha son cheval à un arbre et se disposa à traîner le corps d'Aubin dans un fossé pour faire le passage à sa carriole et aux autres voitures qui pourraient suivre la sienne.

Mais, en touchant le corps, elle s'aperçut qu'il était encore chaud.

Le mouvement qu'elle lui imprimait, peut-être la douleur que lui occasionnait ce mouvement, tira Aubin de son évanouissement ; il poussa un soupir et remua les bras.

Il en résulta qu'au lieu de le mettre dans le fossé, la bourgeoise le mit dans sa carriole, et qu'au lieu de continuer son chemin vers Nantes, elle revint à Ancenis.

La dame était royaliste et dévote ; la cause pour laquelle Aubin avait été blessé, le scapulaire qu'elle trouva sur sa poitrine, l'intéressèrent tout à fait.

Elle fit venir un chirurgien.

Le malheureux Aubin avait eu les deux jambes brisées par une balle ; il fallut les lui amputer toutes les deux.

La dame soigna Aubin, veilla Aubin avec le dévouement d'une sœur de charité ; sa bonne œuvre, comme cela arrive presque toujours, l'attacha à celui qui en avait été l'objet, et, lorsque Aubin fut rétabli, ce ne fut pas sans un profond étonnement que le pauvre invalide vit la bourgeoise lui offrir son cœur et sa main.

Il va sans dire qu'Aubin accepta.

Dès lors, Aubin devint, à l'ébahissement de tout le pays, un des petits propriétaires du canton.

Mais, hélas ! le bonheur d'Aubin ne fut pas de longue durée : sa femme mourut au bout d'un an ; un testament qu'elle avait eu la précaution de faire lui laissait bien toute la fortune ; mais les héritiers légitimes de Mme Aubin attaquèrent ce testament pour vice de forme, et, le tribunal de Nantes leur ayant donné gain de cause, le pauvre réfractaire se trouva Gros-Jean comme devant.

Nous nous trompons, Gros-Jean avait deux jambes de moins.

C'est en raison du peu de temps qu'avait duré l'opulence

d'Aubin, que les habitants de Montaigu qui n'avaient point été, comme on le présume bien, sans lui porter envie et sans se réjouir de l'infortune qui avait si promptement succédé à son incroyable bonheur, avait spirituellement ajouté à son nom d'Aubin le sobriquet de Courte-Joie.

Or, les héritiers qui avaient poursuivi l'annulation du testament, appartenaient à l'opinion libérale : Aubin ne pouvait faire moins que de reporter à tout le parti la colère qu'excitait en lui la perte de son procès.

Ce fut, en effet, ce qu'il fit, et consciencieusement.

Aigri par son infirmité, ulcéré par ce qui lui semblait une effroyable injustice, Aubin Courte-Joie portait à tous ceux qu'il accusait de son malheur, adversaires, juges et patriotes, une haine farouche, que les événements avaient entretenue et qui n'attendait qu'un moment favorable pour se traduire en actes, que son caractère sombre et vindicatif promettait de rendre terribles.

Avec sa double infirmité, il était impossible qu'Aubin songeât à reprendre ses anciens travaux de la campagne et à se faire métayer comme l'avaient été son père et son grand-père.

Force lui fut donc, malgré sa profonde répugnance à habiter les villes, de se réfugier dans une ville ; et, réunissant les débris de sa passagère opulence, il vint se fixer au milieu de ceux qu'il haïssait, à Montaigu même et dans le cabaret où nous le retrouvons dix-huit ans après les événements que nous venons de raconter.

L'opinion royaliste n'avait pas, en 1832, un séide plus enthousiaste qu'Aubin Courte-Joie. En servant cette opinion, n'était-ce pas, en somme, une vengeance personnelle qu'il accomplissait ?

Malgré ses deux jambes de bois, Aubin Courte-Joie était donc l'agent le plus actif et le plus intelligent du mouvement qui s'organisait.

Sentinelle avancée au milieu du camp ennemi, il renseignait les chefs vendéens sur tout ce que le gouvernement préparait pour sa défense, non seulement dans le canton de Montaigu, mais encore dans tous ceux des environs.

Les mendiants nomades, ces hôtes d'un jour auxquels personne ne suppose une valeur, dont jamais on ne se méfie, étaient dans ses mains des auxiliaires merveilleux qu'il faisait rayonner à dix lieues à la ronde ; ils lui servaient à la fois d'espions et d'intermédiaires avec les habitants des campagnes.

Son cabaret était le rendez-vous naturel de ceux que l'on appelait les chouans ; c'était le seul, nous l'avons dit, dans lequel ils ne se crussent pas obligés de comprimer les élans de leur royalisme.

Le jour de la foire de Montaigu, le cabaret d'Aubin Courte-

Joie ne paraissait pas tout d'abord aussi peuplé de consommateurs que l'on eût pu le supposer en raison de l'affluence considérable des gens de la campagne.

Dans la première des deux pièces qui le composaient, pièce sombre et noire, meublée d'un comptoir en bois à peine poli, de quelques bancs et de quelques escabelles, une dizaine de paysans tout au plus étaient attablés.

A la propreté, nous dirons presque à l'élégance de leur costume, il était facile de voir que ces paysans appartenaient à la classe aisée des métayers.

Cette première pièce était séparée de la seconde par un large vitrage garni de rideaux de coton à carreaux rouges et blancs.

Cette seconde pièce servait à la fois de cuisine, de salle à manger, de chambre à coucher, de cabinet à Aubin Courte-Joie, et devenait encore, dans les grandes occasions, une annexe à la salle commune ; on y recevait des amis.

L'ameublement de cette chambre se ressentait de sa quintuple destination.

Au fond, il y avait un lit très bas avec baldaquin et rideaux en serge verte ; c'était évidemment celui du propriétaire.

Ce lit était flanqué de deux énormes tonneaux où l'on venait puiser, pour les besoins des consommateurs, le cidre et l'eau-de-vie.

A droite, en entrant, se trouvait la cheminée, large et haute comme le sont les cheminées des chaumières ; au milieu de la chambre, une table en chêne entourée d'un double banc de bois ; en face de la cheminée, un bahut à dressoir avec ses assiettes et ses brocs d'étain.

Un crucifix surmonté d'une branche de buis bénit, quelques figurines de dévotion en cire, des images grossièrement enluminées, formaient toute la décoration de l'appartement.

Le jour de la foire de Montaigu, Aubin Courte-Joie avait ouvert ce qui pouvait passer pour son sanctuaire à de nombreux amis.

Si, dans la salle commune, il ne se trouvait pas plus de dix ou douze consommateurs, on pouvait compter plus de vingt personnes dans l'arrière-boutique.

De ces hommes, la plus grande partie étaient assis autour de la table et buvaient en causant avec animation.

Trois ou quatre vidaient de grands sacs amoncelés dans un angle de l'appartement, en tiraient des galettes de forme ronde, les comptaient, les plaçaient dans des paniers et remettaient ces paniers, tantôt à des mendiants, tantôt à des femmes qui se présentaient à une porte située à l'angle de la chambre, à côté des tonneaux.

Cette porte donnait sur une petite cour qui ouvrait elle-même sur la ruelle dont nous avons parlé.

Aubin Courte-Joie était assis dans une espèce de fauteuil de bois sous le manteau de la cheminée ; à ses côtés était un homme revêtu d'un sayon en peau de bique, coiffé d'un bonnet de laine noire, et dans lequel nous retrouvons notre ancienne connaissance Jean Oullier avec son chien couché entre ses jambes.

Derrière eux, la nièce de Courte-Joie, jeune et belle paysanne que le cabaretier avait prise avec lui pour s'occuper des soins de son négoce, activait le feu et veillait sur une douzaine de tasses brunes, dans lesquelles mijotait doucement, à la chaleur du foyer, ce que les paysans appellent la rôtie au cidre.

Aubin Courte-Joie parlait très vivement, quoique à voix basse, à Jean Oullier, lorsqu'un petit sifflement qui imitait le cri d'alarme et de ralliement de la perdrix partit de la salle du cabaret.

— Qui nous vient là ? s'écria Courte-Joie en se penchant pour regarder à travers une meurtrière qu'il s'était ménagée dans les rideaux. L'homme de la Logerie... Attention !

Avant que cette recommandation fût arrivée à ceux qu'elle concernait, tout était rentré en ordre, dans la chambre de Courte-Joie.

La petite porte s'était doucement close ; les femmes, les mendiants avaient disparu.

Les hommes qui comptaient les galettes avaient fermé et renversé leurs sacs, s'étaient assis dessus et fumaient leur pipe dans une attitude nonchalante.

Quant aux buveurs, tous s'étaient tus et trois ou quatre s'étaient endormis sur la table comme par enchantement.

Jean Oullier lui-même s'était tourné du côté du foyer, de façon à dérober ses traits à la première inspection de ceux qui entreraient.

18

L'homme de la Logerie

Courtin — car c'était lui que Courte-Joie avait désigné sous le nom de *l'homme de la Logerie* — Courtin était effectivement entré dans la première pièce du cabaret.

Sauf le petit cri d'alarme — si bien imité, qu'on eût pu le prendre pour le cri d'une perdrix privée — qui avait servi d'avertissement à son arrivée, sa personne ne semblait avoir fait aucune sensation dans la salle commune ; les buveurs continuaient de causer ; seulement, de sérieuse qu'elle était d'abord, leur conversation, depuis l'apparition de Courtin, était devenue très gaie et très bruyante.

Le métayer regarda autour de lui, sembla ne pas trouver dans la pièce d'entrée la figure qu'il cherchait, puis ouvrit résolument le vitrage et montra sa figure de fouine sur le seuil de la seconde pièce.

Ici encore, personne n'eut l'air de faire attention à lui.

Seule, Mariette, la nièce d'Aubin Courte-Joie, occupée à servir les pratiques, fit trêve à la sollicitude avec laquelle elle surveillait les tassées de cidre, se redressa et demanda à Courtin, comme elle eût fait à l'un des habitués de l'établissement de son oncle :

— Quoi qu'il faut vous servir, monsieur Courtin ?

— Un café, répondit Courtin en inspectant tour à tour les physionomies qui garnissaient les bancs, et tous les coins de la salle.

— C'est bien... Allez vous asseoir, répondit Mariette ; je vais vous porter cela tout à l'heure à votre place.

— Oh ! ce n'est point la peine, répondit Courtin avec bonhomie ; baillez-la-moi tout de suite, ma tasse ; je la boirai au coin du feu avec les amis.

Personne ne parut s'offenser de la qualification que se donnait Courtin, ou plutôt de celle qu'il donnait aux assistants ; mais aussi personne ne se dérangea pour lui offrir une place.

Courtin fut donc obligé de faire un nouveau pas en avant.

— Vous allez bien, gars Aubin ? demanda-t-il en s'adressant au cabaretier.

— Comme vous voyez, répondit celui-ci sans même retourner la tête de son côté.

Il était facile à Courtin de s'apercevoir qu'il n'était pas reçu par la société avec une extrême bienveillance ; mais il n'était pas homme à se démonter pour si peu.

— Allons, la Mariette, dit-il, donne-moi une escabelle, que je me sise à côté de ton oncle.

— Il n'y en a pas, maître Courtin, répondit la jeune fille ; vous avez, Dieu merci, d'assez bons yeux pour le voir.

— Eh bien, ton oncle va me donner la sienne, continua Courtin avec une audacieuse familiarité, quoique, au fond, il se sentît peu encouragé par l'attitude du cabaretier et de ses hôtes.

— S'il le faut absolument, grommela Aubin Courte-Joie, on te la donnera, attendu qu'on est le maître de la maison, et qu'il ne sera pas dit qu'à la *Branche de houx*, il a été refusé un siège à qui a voulu s'asseoir.

— Alors donne-le-moi donc, ton siège, comme tu dis, beau parleur ; car j'aperçois là celui que je cherche.

— Qui cherches-tu donc ? demanda Aubin, qui se leva et auquel, à l'instant même, vingt escabelles furent offertes.

— Je cherche Jean Oullier, donc ! dit Courtin, et m'est avis que le voilà.

En entendant prononcer son nom, Jean Oullier se leva à son tour, et, d'un ton presque menaçant :

— Voyons, que me voulez-vous ? demanda-t-il à Courtin.

— Eh bien, eh bien, il ne faut pas me dévorer pour cela ! répondit le maire de la Logerie. Ce que j'ai à vous dire vous intéresse encore plus que moi.

— Maître Courtin, reprit Jean Oullier d'une voix grave, quoi que vous en ayez dit tout à l'heure, nous ne sommes pas des amis, il s'en faut même, et du tout au tout ! vous le savez trop pour être venu au milieu de nous avec de bonnes intentions.

— Eh bien, c'est ce qui vous trompe, gars Oullier.

— Maître Courtin, continua Jean Oullier sans s'arrêter aux signes que lui adressait Aubin Courte-Joie pour l'engager à la prudence, maître Courtin, depuis que nous nous connaissons, vous avez été bleu, vous avez acheté du mauvais bien.

— Du mauvais bien ? interrompit le métayer avec son sourire narquois.

— Oh ! je m'entends, et vous m'entendez aussi. Je veux dire du bien venant de mauvaise source. Vous avez fait alliance avec les patauds des villes ; vous avez persécuté les gens des bourgs et des villages, ceux qui avaient conservé leur foi à Dieu et au roi. Que peut-il donc y avoir de commun aujourd'hui entre vous qui avez fait cela et moi qui ai fait tout le contraire ?

— Non, répliqua Courtin, non, gars Oullier, je n'ai pas navigué dans vos eaux, c'est vrai ; mais, quoique d'un autre parti que vous, je dis qu'entre voisins on ne doit pas vouloir la mort l'un de l'autre. Je vous ai donc cherché et suis venu à vous pour vous rendre service, je le jure.

— Je n'ai que faire de vos services, maître Courtin, répondit Jean Oullier.

— Et pourquoi cela ? demanda le métayer.

— Parce que je suis sûr que vos services cacheraient une trahison.

— Ainsi vous refusez de m'entendre ?

— Je refuse, répliqua brutalement le garde-chasse.

— Et tu as tort, dit à demi-voix le cabaretier, auquel la rudesse franche et loyale de son compagnon semblait une fausse manœuvre.

— Eh bien, alors, reprit lentement Courtin, si malheur arrive aux habitants du château de Souday, n'en accusez que vous, gars Oullier.

Il y avait évidemment une intention extensive dans la façon dont Courtin avait prononcé le mot *habitants* ; au nombre des *habitants*, les *hôtes* étaient certainement compris. Jean Oullier ne put se méprendre à cette intention et, malgré sa force d'âme habituelle, il devint fort pâle.

Il regretta de s'être si fort avancé ; mais il était dangereux de revenir sur sa détermination première.

Si Courtin avait des soupçons, cette reculade ne ferait que les confirmer.

Oullier s'appliqua donc à maîtriser son émotion, et se rassit en tournant le dos à Courtin de l'air le plus indifférent du monde. Son attitude était si dégagée, que Courtin, tout matois qu'il était, s'y laissa prendre.

Il ne sortit donc pas avec la précipitation qui eût dû naturellement suivre sa réplique ; il fouilla longtemps dans sa bourse de cuir pour y chercher la menue monnaie qui devait payer son café.

Aubin Courte-Joie comprit ce retard, et profita du moment pour prendre la parole.

— Mon Jean, dit-il en s'adressant à Oullier avec une bonhomie parfaite, mon Jean, il y a longtemps que nous sommes des amis et que nous suivons la même route, j'espère : voilà deux jambes de bois qui le prouvent ! eh bien, je ne crains pas de te dire, devant M. Courtin, que tu as tort, entends-tu ? Tant qu'une main est fermée, il n'y a qu'un fou qui puisse dire : « Je sais ce qu'elle contient. » Certes, M. Courtin, continua Aubin Courte-Joie en insistant sur le titre qu'il donnait au maire de la Logerie, certes, M. Courtin n'a pas été des nôtres ; mais il n'a pas été contre nous non plus ; il a été pour lui ; voilà tout ce qu'on peut lui reprocher. Mais, aujourd'hui que les querelles sont mortes ; aujourd'hui qu'il n'y a plus ni bleus ni chouans ; aujourd'hui que nous sommes sous la paix, Dieu merci, que t'importe la couleur de sa cocarde ? Et, par ma foi, si M. Courtin a, comme il dit, de bonnes choses à te communiquer, pourquoi ne pas les entendre, ces bonnes choses ?

Jean Oullier haussa les épaules d'un air d'impatience.

— Vieux renard ! pensa Courtin, trop bien renseigné sur ce qui se passait pour se laisser abuser par les fleurs de rhétorique pacifique dont Aubin Courte-Joie jugeait à propos d'émailler son discours.

Mais, tout haut :

— D'autant mieux, ajouta-t-il, que la politique n'est pour rien dans ce dont je voulais l'entretenir.

— Là, tu le vois bien, dit Courte-Joie ; rien n'empêche que tu ne devises avec M. le maire. Allons, allons, fais-lui place auprès de toi, et vous jaserez tout à votre aise.

Tout cela ne détermina point Jean Oullier à faire meilleure mine à Courtin, ni même à se tourner de son côté.

Seulement, il ne se leva point — ce qui était à craindre — en sentant le métayer prendre place près de lui.

— Gars Oullier, dit Courtin en manière de préambule, m'est avis que les bonnes causeries sont celles qui sont bien arrosées. « Le vin, c'est du miel sur les mots », disait notre curé... non pas au prône ; mais ça n'empêchait pas son dire d'être une vérité. Si nous buvions une bouteille, peut-être cela ferait-il germer mes paroles.

— Comme vous plaira, répondit Jean Oullier, qui, tout en éprouvant une profonde répugnance à trinquer avec Courtin, n'en regardait pas moins le sacrifice qu'il faisait comme nécessaire à la cause à laquelle il s'était dévoué.

— Avez-vous du vin ? demanda Courtin à Mariette.

— Ah ! par exemple, répondit celle-ci, si nous avons du vin ! en voilà une belle demande !

— Mais du bon, je veux dire ; du vin cacheté.

— Du vin cacheté, on en a, fit Mariette avec un mouvement d'orgueil ; seulement, il vaut quarante sous la bouteille.

— Bah ! reprit Aubin, qui s'était assis de l'autre côté de la cheminée pour saisir au passage, s'il était possible, quelques mots des confidences que Courtin allait faire au garde, M. le maire est un homme qui a de quoi, petiote, et quarante sous ne l'empêcheront point de payer sa redevance à Mme la baronne Michel.

Courtin regretta de s'être tant avancé ; si des temps comme ceux de la grande guerre allaient revenir, par malheur, il était peut-être dangereux de passer pour être trop riche.

— De quoi ! reprit-il, de quoi ! comme vous y allez, gars Aubin ! Oui, certes, j'ai de quoi payer mon fermage ; mais, mon fermage payé, croyez que je me tiens pour bienheureux quand j'ai joint les deux bouts. La v'là, ma richesse !

— Que vous soyez riche ou pauvre, ce ne sont point nos affaires, répondit Jean Oullier. Voyons, qu'avez-vous à me dire ? Et dépêchons !

Courtin prit la bouteille que lui présentait Mariette, essuya soigneusement le goulot avec sa manche, versa quelques gouttes de vin dans son verre, remplit celui de Jean Oullier, puis le sien, trinqua, et, dégustant lentement sa boisson :

— Ils ne sont pas à plaindre, dit-il en faisant claquer sa langue contre son palais, ceux qui tous les jours, en boivent de semblable !

— Surtout s'ils le boivent avec une conscience calme et tranquille, répondit Jean Oullier ; car, à mon avis, c'est ce qui fait le vin bon.

— Jean Oullier, reprit Courtin sans s'arrêter à la réflexion philosophique de son interlocuteur, et en se penchant sur le foyer de façon à n'être entendu que de celui auquel il s'adressait, Jean Oullier, vous me gardez rancune et vous avez tort, là, parole d'honneur, c'est moi qui vous le dis.

— Prouvez-le, et je vous croirai. Voilà la confiance que j'ai en vous.

— Je ne vous veux pas de mal ; je me veux du bien à moi-même, comme disait tout à l'heure Aubin Courte-Joie, qui est un homme de jugement, et c'est tout ; ce n'est point là un grand crime, il me semble. Je m'occupe de mes petites affaires, sans me mêler beaucoup de celles des autres, parce que je me dis : « Mon bonhomme, si, au terme de Pâques ou à celui de Noël, tu n'as pas ton argent prêt dans ton boursicot, le roi, qu'il s'appelle Henri V ou Louis-Philippe, ne s'en souciera pas plus que son fisc, et tu recevras un papier à son image ; ce qui sera bien de l'honneur pour toi, mais ce qui te coûtera cher. Laisse donc Henri V et Louis-Philippe s'arranger comme il leur plaira, et songe à toi. » Vous, vous raisonnez autrement, je le sais, c'est votre affaire ; je ne vous blâme point et ne puis tout au plus que vous plaindre.

— Gardez votre pitié pour d'autres, maître Courtin, repartit Jean Oullier avec hauteur ; je n'en ai souci, je vous jure, non plus que je n'avais souci de vos confidences.

— Quand je dis *je vous plains*, mon gars Oullier, c'est de votre maître aussi bien que de vous que je veux parler. M. le marquis est un homme que je vénère ; il s'est fait massacrer dans la grande guerre... Eh bien, qu'y a-t-il gagné ?

— Maître Courtin, vous aviez dit que vous ne parleriez pas politique ; voilà déjà que vous manquez à votre parole, il me semble.

— Oui, je l'ai dit, c'est vrai ; mais ce n'est pas ma faute si, dans ce satané pays, la politique est si bien entortillée à nos affaires, que l'une ne va plus sans les autres ! Je vous disais donc, mon gars Oullier, que M. le marquis était un homme que je vénère et que cela me fait deuil, grand deuil, de le voir écrasé par un tas d'enrichis, lui qui jadis marchait le premier de la province.

— S'il est content de son sort, que vous importe ? répondit Jean Oullier. Vous ne l'avez pas entendu se plaindre, et il ne vous a pas demandé d'argent à emprunter ?

— Que diriez-vous d'un homme qui vous proposerait de rendre

au château de Souday toute la fortune, toute la richesse qui en sont sorties ? Voyons, dit Courtin sans s'arrêter aux duretés de son interlocuteur, pensez-vous que cet homme serait votre ennemi, et ne vous semble-t-il pas que M. le marquis lui devrait une fière reconnaissance ?... Là, répondez carrément, comme on vous parle.

— Assurément, si c'était par des moyens honnêtes qu'il voulût faire tout cela, l'homme dont vous parlez... mais j'en doute.

— Des moyens honnêtes ! Est-ce qu'on oserait vous en proposer d'autres, Jean Oullier ? Tenez, mon gars, je suis franc comme jonc et je n'y vais pas par quatre chemins : je peux faire, moi qui vous parle, que les mille et les cents deviennent plus communs au château de Souday que les écus de cinq livres ne le sont aujourd'hui ; seulement...

— Seulement, quoi ? Voyons ! Ah ! voilà où le bât vous blesse, n'est-ce pas ?

— Seulement, dame, il faudrait que j'y trouvasse mon profit, moi.

— Si l'affaire est bonne, ça serait juste et l'on vous y ferait votre part.

— N'est-ce pas, donc ! et ce que je demande pour pousser à la roue, c'est bien peu de chose.

— Mais encore qu'est-ce que vous demandez ? répliqua Jean Oullier, qui devenait à son tour très curieux de connaître la pensée de Courtin.

— Oh ! mon Dieu ! c'est simple comme bonjour ! Je voudrais d'abord qu'on s'arrangeât de façon à ce que je n'aie plus à renouveler le bail, ni à payer de fermage pour la métairie que j'occupe pour douze années encore.

— C'est-à-dire qu'on vous en ferait cadeau ?

— Si M. le marquis le voulait, je ne le refuserais pas, vous comprenez ; non, je ne suis pas si fort ennemi de moi-même.

— Mais comment cela s'arrangerait-il ? Votre métairie appartient au fils Michel ou à sa mère ; je n'ai point entendu dire qu'ils voulussent la vendre. Comment pourrait-on vous donner ce qui ne nous appartient pas ?

— Bon ! continua Courtin ; mais, si je me mêlais de l'affaire que je vous propose, peut-être que cette métairie ne tarderait pas à vous appartenir, ou à peu près, et alors l'affaire serait facile. Qu'en dites-vous ?

— Je dis que je ne vous comprends pas, maître Courtin.

— Farceur !... Ah ! c'est que c'est un beau parti que notre jeune homme ! Savez-vous que, outre la Logerie, il a encore la Coudraie, les moulins de la Ferronnerie, les bois de Gervaise, et que tout cela, bon an mal an, donne bien huit mille pistoles ?

Savez-vous que la vieille baronne lui en réserve autant, après sa mort, bien entendu ?

— Qu'est-ce que le fils Michel, dit Oullier, a de commun avec M. le marquis de Souday, et en quoi la fortune de votre maître peut-elle intéresser le mien ?

— Allons, voyons, jouons franc jeu, mon gars Oullier. Pardine ! vous n'avez pas été sans vous apercevoir que notre monsieur est amoureux d'une de vos demoiselles, et fièrement encore ! Laquelle, je n'en sais rien ; mais que M. le marquis dise un mot, qu'il me baille un bout d'écrit, par rapport à la métairie ; une fois mariée, la jeune fille — elles sont fines comme des mouches ! — maniera son mari à sa guise et aura de lui tout ce qu'elle voudra ; celui-ci n'aura garde de lui refuser quelques méchants arpents, surtout lorsqu'il s'agira de les donner à un homme envers lequel, de son côté, il sera reconnaissant tout plein. Alors, je fais mon affaire et la vôtre. Nous n'avons qu'un obstacle, voyez-vous, c'est la mère ; eh bien, je me charge, moi, de lever cet obstacle, ajouta Courtin en se penchant sur Jean Oullier.

Celui-ci ne répondit pas ; mais il regarda fixement son interlocuteur.

— Oui, continua le maire de la Logerie, lorsque nous le voudrons tous, Mme la baronne n'aura rien à nous refuser. Vois-tu, mon Oullier, ajouta Courtin en frappant amicalement sur la cuisse de son interlocuteur, j'en sais long sur le compte de M. Michel.

— Eh bien, alors, qu'avez-vous besoin de nous ? qui vous empêche d'exiger d'elle, et tout de suite, ce dont vous avez ambition ?

— Ce qui m'en empêche, c'est qu'il faudrait qu'au dire d'un enfant qui, tout en gardant ses brebis, a entendu conclure le marché, je pusse ajouter le témoignage de celui qui, dans le bois de la Chabotière, a vu recevoir le prix du sang. Et ce témoignage, tu sais bien qui peut le donner, toi, gars Oullier ? Le jour où nous ferons cause commune, la baronne deviendra souple comme une poignée de lin. Elle est avare, mais elle est encore plus fière : la crainte d'un déshonneur public, des jaseries du pays, la rendra tout plein accommodante. Elle trouvera qu'après tout, Mlle de Souday, si pauvre et si bâtarde qu'elle soit, vaut bien le fils du baron Michel, dont le grand-père était un paysan comme nous, et dont le père était... suffit !... Votre demoiselle sera riche ; notre jeune homme sera heureux ; moi, je serai bien aise. Qu'est-ce qu'il y a à opposer à tout cela ? Sans compter que nous serons amis, mon gars Oullier, et, vanité à part, tout en ambitionnant votre amitié, je crois que la mienne a bien son prix.

— Votre amitié ?... répondit Jean Oullier, qui avait peine à réprimer l'indignation qu'excitait en lui la singulière proposition que venait de lui faire Courtin.

— Oui, mon amitié, dit celui-ci. Tu as beau hocher la tête, c'est comme cela. Je t'ai dit que j'en savais autant que pas un sur la vie de défunt M. Michel ; j'aurais pu ajouter que j'en sais plus que personne sur sa mort. J'étais un des rabatteurs de la traque où il fut tué, et ma place dans le rang m'amenait juste en face de son poste... J'étais bien jeune, et déjà j'avais l'habitude — que Dieu me la conserve ! — de ne jaser que quand mon intérêt voulait que je le fisse. Maintenant, comptes-tu pour rien les services que ton parti pourrait attendre de moi, lorsque mon intérêt me rangerait de votre bord ?

— Maître Courtin, répondit Jean Oullier en fronçant le sourcil, je n'ai aucune influence sur les déterminations de M. le marquis de Souday ; mais, si j'en avais une, si petite qu'elle fût, jamais cette métairie n'entrerait dans la famille, et, y entrât-elle, jamais elle ne servirait à payer la trahison !

— De grands mots que tout cela, fit Courtin.

— Non ; si pauvres que soient Mlles de Souday, jamais je ne voudrais pour elles du jeune homme dont vous me parlez ; si riche que soit ce jeune homme, et portât-il un autre nom que le sien, jamais Mlle de Souday ne devrait acheter une alliance par une bassesse.

— Tu appelles cela une bassesse, toi ? Moi, je n'y vois qu'une bonne affaire.

— Pour vous, c'est possible ; mais, pour ceux dont je suis le serviteur, acheter l'alliance de M. Michel par un accord avec vous, ce serait pis qu'une bassesse, ce serait une infamie.

— Jean Oullier, prends garde ! Je veux rester bon enfant, sans trop m'inquiéter de l'étiquette que tu mets sur mes sacs. Je suis venu à toi dans de bonnes intentions ; tâche qu'il ne m'en soit pas venu de mauvaises lorsque je sortirai d'ici.

— Je ne me soucie pas plus de vos menaces que de vos avances, maître Courtin, tenez-vous-le pour dit, et, s'il faut absolument vous le répéter, eh bien, on vous le répétera !

— Encore une fois, Jean Oullier, écoute-moi. Je te l'ai avoué, je veux être riche ; c'est ma marotte, comme c'est la tienne d'être fidèle comme un chien à des gens qui s'inquiètent moins de toi que tu ne t'inquiètes de ton basset ; j'avais imaginé que je pouvais être utile à ton maître, j'avais espéré qu'il ne laisserait pas un tel service sans récompense. C'est impossible, me dis-tu ? N'en parlons plus. Mais, si les nobles que tu sers voulaient, eux, se montrer reconnaissants à ma guise, j'aimerais à les obliger plutôt que les autres, je tenais à te le dire encore.

— Parce que vous espériez que les nobles vous payeraient plus cher que les autres, n'est-ce pas ?

— Sans doute, mon Jean Oullier, je ne fais pas le fier avec toi, c'est cela même, tu l'as dit ; et, comme tu le disais aussi tout à l'heure, s'il faut te le répéter, on te le répétera.

— Je ne sers point d'intermédiaire à de tels marchés, maître Courtin. D'ailleurs, la récompense que j'aurais à vous proposer, si elle était proportionnée à ce qu'ils pourraient attendre de vous, serait si peu de chose, que ce n'est pas la peine d'en parler.

— Eh ! eh ! qui sait ? Tu ne te doutais guère, mon gars, que je connusse l'affaire de la Chabotière ! Peut-être je t'étonnerais bien si je te disais tout ce que je sais.

Jean Oullier eut peur de paraître effrayé.

— Tenez, dit-il à Courtin, en voilà assez. Si vous voulez vous vendre, adressez-vous à d'autres. De semblables marchés me répugneraient, quand bien même je serais en mesure de les faire. Ils ne me regardent pas, Dieu merci !

— C'est votre dernier mot, Jean Oullier ?

— Mon premier et mon dernier. Suivez votre chemin, maître Courtin, et laissez-nous dans le nôtre.

— Eh bien, tant pis, dit Courtin en se levant ; car, foi d'homme, j'aurais été bien aise de marcher avec vous autres.

En achevant ces paroles, Courtin se leva, fit un signe de tête à Jean Oullier et sortit.

A peine avait-il passé le seuil de la porte, qu'Aubin Courte-Joie, trottant sur ses deux jambes de bois, se rapprocha de Jean Oullier.

— Tu as fait une sottise, dit-il à voix basse.

— Que fallait-il faire ?

— Le conduire à Louis Renaud ou à Gaspard ; ils l'eussent acheté.

— Qui ? ce méchant traître ?

— Mon Jean, en 1815, quand j'étais maire, j'ai été à Nantes ; j'ai vu là un homme que l'on appelait***, qui était ou avait été ministre, et je lui ai entendu dire deux choses que j'ai retenues : la première, que ce sont les traîtres qui font et défont les empires ; la seconde, que la trahison est la seule chose en ce monde qui ne se mesure pas à la taille de celui qui la fait.

— Que me conseilles-tu, à présent ?

— De le suivre et de veiller sur lui.

Jean Oullier réfléchit un instant.

Puis, se levant à son tour :

— Je crois, par ma foi, que tu pourrais bien avoir raison.

Et il sortit tout soucieux.

19

La foire de Montaigu

L'état d'effervescence des esprits dans l'ouest de la France ne prenait pas le gouvernement au dépourvu.

La foi politique était devenue trop tiède pour qu'une insurrection qui embrassait une si vaste étendue de territoire, pour qu'un complot qui supposait tant de conjurés demeurât longtemps secret.

Bien avant l'apparition de Madame sur les côtes de Provence, on était renseigné à Paris sur le mouvement qui se préparait ; des mesures de répression promptes et vigoureuses avaient été concertées ; du moment où il devint évident que la princesse s'était dirigée vers les provinces de l'Ouest, il ne s'agissait plus que de les mettre à exécution, que d'en confier la direction à des hommes sûrs et habiles.

Les départements dont on craignait le soulèvement avaient été divisés en autant d'arrondissements militaires qu'ils comptaient de sous-préfectures.

Chacun de ces arrondissements, commandé par un chef de bataillon, était le centre de plusieurs cantonnements secondaires, commandés par des capitaines autour desquels des détachements plus faibles encore, commandés par des lieutenants ou des sous-lieutenants, servaient de grand-gardes et s'avançaient dans l'intérieur des terres aussi loin que la facilité des communications pouvait le permettre.

Montaigu, placé dans l'arrondissement de Clisson, avait sa garnison, qui consistait en une compagnie du 32e régiment de ligne.

Le jour où s'étaient passés les événements que nous venons de raconter, cette garnison avait été renforcée de deux brigades de gendarmerie, arrivées de Nantes le matin même, et d'une vingtaine de chasseurs à cheval.

Les chasseurs à cheval avaient servi d'escorte à un officier général de la garnison de Nantes qui était en tournée pour inspecter les détachements.

Cet officier général était le général Dermoncourt.

L'inspection de la garnison de Montaigu étant terminée,

Dermoncourt, vieux soldat aussi intelligent qu'énergique, pensa qu'il ne serait pas hors de propos de passer l'inspection de ceux qu'il appelait ses vieux amis les Vendéens, et qu'il avait aperçus en rangs si pressés sur la place et dans les rues de Montaigu.

Il se dépouilla de son uniforme, revêtit des habits bourgeois et descendit au milieu de la foule, accompagné d'un membre de l'administration civile qui se trouvait à Montaigu en même temps que lui.

Quoique toujours sombre, l'attitude de la population restait calme.

La foule s'ouvrait sur le passage des deux messieurs, et, bien que la tournure martiale du général, son épaisse moustache, noire malgré ses soixante-cinq ans, sa figure balafrée, et aussi l'air suffisant de son acolyte les désignassent à la curiosité pénétrante de la multitude, et rendissent leur déguisement à peu près inutile, pas une manifestation hostile ne signala leur promenade.

— Allons ! allons ! dit le général, mes vieux amis les Vendéens ne sont pas trop changés, et je les retrouve aussi peu communicatifs que je les ai laissés, il y a tantôt trente-huit ans.

— Ils me semblent, à moi, d'une indifférence de bon augure, repartit l'administrateur d'un ton important. Les deux mois que je viens de passer à Paris, et pendant lesquels chaque jour avait son émeute, m'ont donné quelque expérience en semblable matière, et je crois pouvoir affirmer que ce ne sont point là les allures d'un peuple qui se prépare à l'insurrection. Voyez donc, mon cher général : peu ou point de groupes, pas un seul orateur en plein vent, nulle animation, nulle rumeur, un calme parfait ! Allons donc ! ces gens-là songent à leur petit commerce et pas à autre chose, c'est moi qui vous en réponds.

— Vous avez raison, mon cher monsieur, et je suis parfaitement de votre avis : ces braves gens, comme vous les appelez, ne songent absolument qu'à leur petit commerce ; mais ce commerce, c'est la façon la plus avantageuse de détailler les balles de plomb et les lames de sabre qui forment leur fond de boutique pour le quart d'heure et qu'ils comptent nous repasser le plus tôt possible.

— Croyez-vous ?

— Je ne le crois pas, j'en suis sûr. Si l'élément religieux ne manquait pas, très heureusement pour nous, à cette nouvelle levée de boucliers et ne me faisait penser qu'elle ne peut pas être générale, je vous répondrais hardiment qu'il n'est pas un des gaillards que vous voyez là en veste de bure, en culotte de toile et en sabots, qui n'ait son poste, son rang, son numéro dans un des bataillons qu'enrégimentent MM. les nobles.

— Quoi ! les mendiants aussi ?

— Oui, les mendiants surtout. Ce qui caractérise cette guerre, mon cher monsieur, c'est que nous avons affaire à un ennemi qui est partout et n'est nulle part ; vous le cherchez, et vous n'apercevez qu'un paysan comme ceux-ci, qui vous salue, qu'un mendiant qui vous tend la main, qu'un colporteur qui vous offre sa marchandise, qu'un musicien qui vous écorche les oreilles avec sa trompette, qu'un charlatan qui débite sa drogue, qu'un petit pâtre qui vous sourit, qu'une femme qui allaite son enfant sur le seuil de sa chaumière, qu'un buisson parfaitement honnête et parfaitement inoffensif qui se penche sur le chemin ; vous passez sans méfiance. Eh bien, paysan, pâtre, mendiant, musicien, charlatan, femme, colporteur, sont autant d'adversaires ! le buisson lui-même en est un ! Les uns, rampant dans les genêts, vous suivront comme votre ombre, remplissant leur métier d'espions infatigables, et, à la moindre manœuvre suspecte, avertiront ceux que vous poursuivez, longtemps avant que vous puissiez les surprendre ; les autres auront ramassé dans un fossé sous les ronces, dans un sillon sous les herbes de la friche, un long fusil rouillé, et, si vous en valez la peine, vous suivront comme les premiers jusqu'à ce qu'ils trouvent l'occasion bonne et la portée favorable. Ils sont fort avares de leur poudre. Le buisson vous enverra un coup de fusil, et, si vous avez la chance que le buisson manque son coup, lorsque vous en sonderez les profondeurs, vous ne trouverez qu'un buisson, c'est-à-dire des branches, des épines et des feuilles. Voilà comment ils sont inoffensifs dans ce pays, mon cher monsieur.

— N'exagérez-vous pas un peu, général ? dit l'officier civil d'un air de doute.

— Pardieu ! nous pouvons en tenter l'expérience, monsieur le sous-préfet. Nous voici au milieu d'une foule parfaitement pacifique ; nous n'avons autour de nous que des amis, des Français, des compatriotes, eh bien, faites seulement arrêter l'un de ces hommes !

— Qu'arriverait-il donc si je l'arrêtais ?

— Il arriverait que l'un d'eux que nous ne connaissons pas, peut-être ce jeune gars en veste blanche, peut-être ce mendiant qui mange de si bon appétit sur le seuil de cette porte, et qui se trouverait être Diot Jambe-d'argent, Bras-de-fer ou tout autre chef de bande, se lèverait et ferait un signe ; qu'à ce signe, douze ou quinze cents bâtons qui se promènent fondraient sur notre tête, et qu'avant que mon escorte eût pu venir à notre aide, nous serions moulus comme deux gerbes de blé sous le fléau. Vous ne me semblez pas convaincu ? Allons, décidément, vous voulez en faire l'expérience.

— Si fait, si, je vous crois, général, s'écria le sous-préfet avec vivacité. Pas de mauvaise plaisanterie, diable ! depuis que vous m'avez éclairé sur leurs intentions, toutes ces figures me semblent rembrunies de moitié ; je leur trouve l'air de vrais coquins.

— Allons donc ! ce sont de braves gens, de très braves gens ; seulement, il faut savoir les prendre, et, malheureusement, cela n'est pas donné à tous ceux qu'on leur envoie, dit le général avec un sourire narquois. Voulez-vous avoir un échantillon de leur conversation ? Vous êtes, vous avez été ou vous avez dû être avocat ; je gage que jamais vous n'avez rencontré, parmi vos confrères, un gaillard aussi habile à parler sans rien dire que le sont ces gens-là. — Hé ! gars, continua le général en s'adressant à un paysan de trente-cinq à quarante ans, qui tournait autour d'eux en examinant avec curiosité une galette qu'il tenait à la main. Hé ! gars, indiquez-moi donc où l'on vend de ces beaux gâteaux comme vous en avez là et dont la mine seule m'affriande.

— On ne les vend pas, monsieur ; on les donne.

— Peste ! mais voilà qui me décide, j'en veux un.

— C'est bien curieux, dit le paysan, c'est bien curieux tout de même qu'on donne ainsi de bonne galette de blé blanc que l'on pourrait si bien vendre !

— Oui, c'est assez singulier ; mais ce qui ne l'est pas moins, c'est que le premier individu sur lequel nous tombons, non seulement réponde à nos questions, mais encore aille au-devant de celles que nous pourrions lui adresser. Montrez-moi donc votre galette, mon brave homme.

Le général examina à son tour l'objet que lui remit le paysan.

C'était un simple gâteau de farine et de lait ; seulement, avant la cuisson, on avait, avec un couteau, dessiné une croix et quatre barres parallèles sur la croûte.

— Diable ! mais c'est d'autant plus agréable de recevoir un semblable cadeau qu'il réunit l'utile à l'agréable. Cela doit être un rébus, ce joli petit dessin. Dites-moi donc, mon brave, qui vous a donné ce gâteau ?

— On ne me l'a pas donné, on se méfie de moi.

— Ah ! vous êtes patriote ?

— Je suis maire de ma commune, je tiens pour le gouvernement. J'ai vu une femme en remettre de semblables à des gens de Machecoul, et cela, sans qu'ils les lui demandassent, sans qu'ils lui offrissent rien en échange. Alors, je l'ai priée de m'en vendre, elle n'a pas osé me refuser. J'en ai pris deux, j'en ai mangé un devant elle, et j'ai mis l'autre, que voici, dans ma poche.

— Et voulez-vous me le céder, mon brave homme ? Je fais collection de rébus, et celui-là m'intéresse.

— Je puis vous le donner ou vous le vendre, comme vous voudrez.

— Ah ! ah ! fit Dermoncourt en regardant son interlocuteur avec plus d'attention qu'il ne l'avait fait jusqu'alors ; je crois te comprendre. Tu peux donc expliquer ces hiéroglyphes ?

— Peut-être, et, à coup sûr, vous fournir d'autres renseignements qui ne sont pas à dédaigner.

— Mais tu veux qu'on te paye ?

— Sans doute, reprit effrontément le paysan.

— C'est ainsi que tu sers le gouvernement qui t'a nommé maire ?

— Parbleu ! le gouvernement n'a pas mis un toit de tuiles à ma maison, il n'a pas changé les murs de bauge en murs de pierre ; elle est couverte de paille, bâtie de bois et de terre : cela s'enflamme tout de suite, brûle vite, et il ne reste rien que des cendres. Qui risque gros doit gagner gros ; car tout cela, vous entendez bien, peut être brûlé en une nuit.

— Tu as raison. Allons, monsieur l'administrateur, voici qui rentre dans vos attributions. Grâce à Dieu, je ne suis qu'un soldat, et la marchandise doit être payée quand on me la livre. Payez donc et livrez-la-moi.

— Faites vite, dit le métayer ; car de tous côtés on nous observe.

En effet, les paysans s'étaient rapprochés peu à peu du groupe formé par les deux messieurs et par leur compatriote. Sans autre motif apparent que la curiosité qu'excitent toujours les étrangers, ils avaient fini par former un cercle assez compact autour des trois personnages.

Le général s'en aperçut.

— Mon cher, dit-il tout haut en s'adressant au sous-préfet, je ne vous engage point à vous fier à la parole de cet homme ; il vous vend deux cents sacs d'avoine à dix-neuf francs le sac ; reste à savoir s'il vous les livrera. Donnez-lui des arrhes et qu'il vous signe une promesse.

— Mais je n'ai ni papier ni crayon, dit le sous-préfet, qui comprenait l'intention du général.

— Allez à l'hôtel, morbleu ! — Voyons, continua le général, y en a-t-il d'autres ici qui aient de l'avoine à vendre ? Nous avons des chevaux à nourrir.

Un paysan répondit affirmativement, et, pendant que le général discutait du prix avec lui, le sous-préfet et l'homme à la galette purent s'éloigner sans trop exciter l'attention.

Cet homme, nos lecteurs ont dû s'en douter, n'était autre que Courtin.

Tâchons d'expliquer les manœuvres que Courtin avait exécutées depuis le matin.

Après l'entretien qu'il avait eu avec son jeune maître, Courtin avait longuement réfléchi.

Il lui avait semblé qu'une dénonciation pure et simple n'était pas ce qui pouvait être le plus profitable à ses intérêts.

Il pouvait se faire que le gouvernement laissât sans récompense ce service d'un de ses agents subalternes. L'acte restait dangereux, sans profit ; car Courtin attirait sur lui l'inimitié des royalistes, si nombreux dans le canton.

C'est alors qu'il avait imaginé le petit plan que nous l'avons vu communiquer à Jean Oullier.

Il espérait, en servant les amours du jeune baron, en en tirant un lucre raisonnable, se concilier la bienveillance du marquis de Souday, dont il pensait qu'un semblable mariage devait être toute l'ambition, et arriver, au moyen de cette bienveillance, à se faire payer bien cher un silence qui sauvegarderait la tête qui, s'il ne s'était pas trompé, devait être si précieuse au parti royaliste.

Nous avons vu comment Jean Oullier avait reçu les avances de Courtin. Alors, celui-ci, manquant ce qui lui semblait une excellente affaire, s'était décidé à se contenter d'une médiocre et s'était retourné du côté du gouvernement.

20

L'émeute

Une demi-heure après la conférence du sous-préfet et de Courtin, un gendarme parcourait les groupes, cherchant le général, qu'il trouva causant très intimement avec un respectable mendiant couvert de haillons ; le gendarme dit quelques mots à l'oreille du général, et celui-ci revint précipitamment à l'hôtel du *Cheval-Blanc*.

Le sous-préfet l'attendait à la porte.

— Eh bien ? demanda le général en voyant l'air satisfait du fonctionnaire public.

— Ah ! général, grande nouvelle et bonne nouvelle ! répondit celui-ci.

— Voyons un peu cela.

— L'homme à qui j'ai eu affaire est véritablement très fort.

— La belle nouvelle ! ils le sont tous, très forts ! Le plus niais d'entre eux en remontrerait à M. de Talleyrand. Que vous a-t-il dit, l'homme très fort ?

— Il a vu arriver avant-hier au soir, au château de Souday, le comte de Bonneville déguisé en paysan et, avec lui, un autre petit paysan qui lui a paru être une femme.

— Eh bien, après ?

— Eh bien, général, il n'y a pas de doute.

— Achevez, monsieur le sous-préfet ! vous voyez mon impatience, dit le général du ton le plus calme.

— Je veux dire qu'à mon avis, il n'y a point de doute que cette femme ne soit celle qui nous est signalée, c'est-à-dire la princesse.

— Qu'il n'y ait pas doute pour vous, soit ; mais il y a doute pour moi.

— Pourquoi cela, général ?

— Parce que, moi aussi, j'ai reçu des confidences.

— Volontaires ou involontaires ?

— Est-ce qu'on en sait quelque chose avec ces gens-là !

— Mais, enfin, que vous a-t-on dit ?

— On ne m'a rien dit.

— Eh bien, alors ?

— Eh bien, alors, quand je vous ai quitté, j'ai continué mon marché d'avoine.

— Oui ; ensuite ?

— Ensuite, le paysan auquel je m'étais adressé m'a demandé des arrhes ; c'était trop juste. Moi, de mon côté, je lui ai demandé un reçu ; c'était plus juste encore. Il a voulu l'aller écrire chez un marchand quelconque. Bah ! lui ai-je dit, voilà un crayon, vous avez bien un bout de papier sur vous ; mon chapeau vous servira de table. Il a déchiré une lettre, m'a donné son reçu, et le voici. Lisez.

Le sous-préfet prit le papier et lut :

Reçu de M. Jean-Louis Robier la somme de cinquante francs, à compte sur trente sacs d'avoine que je m'engage à lui livrer le 28 courant,

Ce 14 mai 1832,

F. Terrien.

— Eh bien, observa le sous-préfet, je ne vois là aucun renseignement, moi.

— Tournez le papier, s'il vous plaît.

— Ah ! ah ! fit le sous-préfet.

Le papier que tenait le fonctionnaire public était la moitié d'une lettre déchirée par le milieu. Au verso, il lut les lignes suivantes :

arquis,
ois à l'instant la nouvelle
celle que nous attendons
à Beaufays le 26 au soir.
officiers de votre division
présentés à Madame.
votre monde sous la main.
respectueux,
oux.

— Ah ! diable, fit le sous-préfet, c'est tout simplement l'annonce d'une prise d'armes que vous me communiquez là ; car il est facile de reconstruire ce qui manque.

— On ne peut plus facile, dit le général.

Puis à voix basse :

— Peut-être trop facile même.

— Ah çà ! que me disiez-vous donc ? fit le fonctionnaire public, de la finesse de ces gens-là ; mais, au contraire, ils me semblent d'une innocence qui me confond.

— Attendez donc ! dit Dermoncourt ; ce n'est pas tout.

— Ah ! ah !

— Après avoir quitté mon marchand d'avoine, j'ai abordé un mendiant, une espèce d'idiot. Je lui ai parlé du bon Dieu, de ses saints, de la Vierge, du sarrasin, de la récolte de pommes — remarquez que les pommiers sont en fleur — et j'ai fini par lui demander s'il voulait nous servir de guide pour nous conduire au Loroux, où nous devions, vous vous le rappelez, aller faire un tour. « Je ne peux pas, m'a répondu mon idiot d'un air malin. — Pourquoi cela ? lui ai-je demandé de l'air le plus bête que j'ai pu. — Parce que je suis commandé, m'a-t-il dit, pour conduire une belle dame et deux messieurs comme vous, de Puy-Laurens à la Flocelière. »

— Ah ! diable ! cela se complique, il me semble.

— Au contraire, cela s'éclaircit.

— Expliquez-vous.

— Les confidences qui viennent sans qu'on les appelle, dans ce pays où il est si difficile de les obtenir quand on les cherche, me paraissent des pièges assez grossiers pour qu'un vieux renard comme moi ne donne pas dedans. La duchesse de Berry, si duchesse de Berry il y a, ne peut être à la fois à Souday, à Beaufays et à Puy-Laurens. Voyons, que vous en semble, mon cher sous-préfet ?

— Dame, répondit le fonctionnaire public en se grattant l'oreille, je crois qu'elle a pu être ou pourra être tour à tour dans les trois endroits, et, ma foi, sans aller courir au gîte où elle était ou au gîte où elle sera, j'irais droit à la Flocelière, c'est-à-dire à l'endroit où votre idiot la signale aujourd'hui.

— Vous êtes un mauvais limier, mon cher, dit le général. Le seul renseignement exact que nous ayons reçu est celui de ce drôle qui nous a donné de la galette et que vous avez amené ici...

— Mais les autres ?

— Je parierais mes épaulettes de général contre des épaulettes de sous-lieutenant que les autres nous sont envoyés par quelque madré compère qui avait vu M. le maire causer avec nous, et qui avait intérêt à nous faire prendre le change. En chasse donc, mon cher sous-préfet, et occupons-nous de Souday, si nous ne voulons pas faire buisson creux.

— Bravo ! s'écria le sous-préfet ; je craignais d'avoir fait un pas de clerc ; mais ce que vous me dites me rassure.

— Qu'avez-vous fait ?

— Eh bien, ce maire, j'ai là son nom : il s'appelle Courtin et est maire d'un petit village qu'on nomme la Logerie.

— Je connais cela : nous avons failli y prendre Charette, il y a tantôt trente-sept ans.

— Eh bien, cet homme m'a désigné un individu qui pouvait nous servir de guide, et qu'en tout cas il était prudent d'arrêter afin qu'il ne retournât point au château pour donner l'alarme.

— Et cet homme ?

— C'est l'intendant du marquis, son garde. Voici son signalement.

Le général prit un papier et lut :

Cheveux grisonnants et courts, front bas, yeux noirs et vifs, sourcils hérissés, nez orné d'une verrue, avec du poil dans les narines, favoris encadrant le visage, chapeau rond, veste de velours, gilet et culotte pareils, guêtres et ceinture en cuir. Signes particuliers : un chien d'arrêt braque de poil marron. — La seconde incisive de gauche cassée.

— Bon ! s'écria le général ; mon marchand d'avoine trait pour trait ! maître Terrien, qui ne s'appelle pas plus Terrien, j'en répondrais, que je ne m'appelle Barrabas.

— Eh bien, général, vous pourrez vous en assurer tout à l'heure.

— Comment cela ?

— Dans un instant, il sera ici.

— Ici ?

— Sans doute.

— Il va venir ici ?

— Il va y venir.

— De bonne volonté ?

— De bonne volonté ou de force.

— De force ?

— Oui ; j'ai donné l'ordre de l'arrêter, et ce doit être fait au moment où je vous parle.

— Mille tonnerres ! s'écria le général en laissant tomber sur la table un si violent coup de poing, que le magistrat en rebondit sur son fauteuil. Mille tonnerres ! répéta-t-il, qu'avez-vous fait là ?

— Il me semble, général, que, si c'est un homme aussi dangereux qu'on me l'a dit, il n'y avait qu'un parti à prendre : c'était de l'arrêter.

— Dangereux ! dangereux !... Il est bien plus dangereux maintenant qu'il ne l'était il y a un quart d'heure.

— Mais s'il est arrêté ?

— Il ne l'aura pas été si vite, croyez-moi, qu'il n'ait eu le temps de donner l'éveil. La princesse sera avertie avant que nous soyons à une lieue d'ici. Bien heureux encore si vous ne nous avez pas mis toute cette gredine de population sur les bras, de telle sorte que nous ne pourrons distraire un homme de la garnison.

— Mais peut-être y a-t-il encore moyen... dit le sous-préfet en se précipitant vers la porte.

— Oui, courez... Ah ! mille tonnerres ! il est trop tard !

En effet, une rumeur sourde venait du dehors, grossissant de seconde en seconde jusqu'à ce qu'elle eût atteint le diapason de ce concert terrible que font les multitudes qui préludent à la bataille.

Le général ouvrit la fenêtre.

Il aperçut, à cent pas de l'auberge, les gendarmes qui amenaient Jean Oullier, garrotté au milieu d'eux.

La foule les entourait, hurlante et menaçante ; les gendarmes n'avançaient que lentement et avec peine.

Cependant ils n'avaient point encore fait usage de leurs armes ; mais il n'y avait pas une minute à perdre.

— Allons, le vin est tiré, il faut le boire ! dit le général en se dépouillant de sa redingote et en revêtant à la hâte son uniforme.

Puis, appelant son secrétaire :

— Rusconi, mon cheval ! mon cheval ! cria-t-il. Vous, monsieur le sous-préfet, tâchez de rassembler les gardes nationaux, s'il y en a ; mais que pas un fusil ne s'abaisse sans mon ordre.

Un capitaine, envoyé par le secrétaire, entra.

— Vous, capitaine, continua le général, réunissez vos hommes dans la cour ; que mes vingt chasseurs montent à cheval ; deux jours de vivres et vingt-cinq cartouches par homme ; et tenez-vous prêts à sortir au premier signal que je donnerai.

Le vieux général, qui avait retrouvé tout le feu de sa jeunesse, descendit dans la cour, et, tout en envoyant au diable les pékins, ordonna que l'on ouvrît la porte cochère qui donnait sur la rue.

— Comment ! s'écria le sous-préfet, vous allez vous présenter seul à ces furieux ? Vous n'y songez pas, général !

— Au contraire, je ne songe qu'à cela. Morbleu ! ne faut-il pas que je dégage mes hommes ? Allons, place ! place ! ce n'est pas le moment de faire du sentiment.

En effet, aussitôt que les deux battants furent ouverts, et que la porte, en roulant sur ses gonds, lui eut donné passage, le général, enlevant vigoureusement son cheval de deux coups d'éperon, se trouva, du premier bond de l'animal, au milieu de la rue et au plus fort de la mêlée.

Cette soudaine apparition d'un vieux soldat à la figure énergique, à la haute stature, à l'uniforme brodé et constellé de décorations, l'audace merveilleuse dont il faisait preuve produisirent sur la foule l'effet d'une commotion électrique.

Les clameurs cessèrent comme par enchantement ; les bâtons levés s'abaissèrent. Les paysans les plus voisins du général portèrent la main à leur chapeau ; les rangs compacts s'ouvrirent, et le soldat de Rivoli et des Pyramides put avancer d'une vingtaine de pas dans la direction des gendarmes.

— Eh bien, qu'avez-vous donc, mes gars ? s'écria-t-il d'une voix si retentissante, qu'on l'entendit jusque dans les rues attenantes à la place.

— Nous avons que l'on vient d'arrêter Jean Oullier, dit une voix.

— Et que Jean Oullier est un brave homme, dit une autre voix.

— Ce sont les malfaiteurs que l'on arrête, et non pas les honnêtes gens, dit une troisième.

— Ce qui fait que nous ne laisserons pas prendre Jean Oullier, dit une quatrième.

— Silence ! dit le général d'un ton de commandement si impérieux, que toutes les voix se turent.

Puis alors :

— Si Jean Oullier est un brave homme, un honnête homme, dit-il, ce dont je ne doute pas, Jean Oullier sera relâché ; s'il est un de ceux qui cherchent à vous tromper, à abuser de vos bons et loyaux sentiments, Jean Oullier sera puni. Croyez-vous donc qu'il soit injuste de punir ceux qui cherchent à replonger le pays dans les effroyables désastres dont les vieux ne parlent aux jeunes qu'en pleurant ?

— Jean Oullier est un homme paisible et qui ne veut de mal à personne, dit une voix.

— Que vous manque-t-il donc ? continua le général sans s'arrêter à l'interruption. Vos prêtres, on les respecte ; votre religion, c'est la nôtre. Avons-nous tué le roi comme en 1793 ? aboli Dieu comme en 1794 ? En veut-on à vos biens ? Non ; ils sont sous la sauvegarde de la loi commune. Jamais votre commerce n'a été si florissant.

— Cela est vrai, dit un jeune paysan.

— N'écoutez donc pas les mauvais Français qui, pour satisfaire leurs passions égoïstes, ne craignent pas d'appeler sur le pays toutes les horreurs de la guerre civile. Ne vous souvient-il plus de ce qu'elles sont, et faut-il vous le rappeler ? Faut-il que je vous rappelle vos vieillards, vos mères, vos femmes, vos enfants massacrés, vos moissons foulées aux pieds, vos chaumières en feu, la mort et la ruine à chacun de vos foyers ?

— Ce sont les bleus qui ont fait tout cela ! cria une voix.

— Non, ce ne sont pas les bleus, poursuivit le général ; ce sont ceux qui vous ont poussés à cette lutte insensée... insensée alors et qui serait impie aujourd'hui ; lutte qui avait au moins son prétexte dans ce temps-là, mais qui n'en a plus aujourd'hui.

Et, tout en parlant, le général poussait son cheval dans la direction des gendarmes, qui, de leur côté, faisaient tous leurs efforts pour arriver au général.

Cela leur devenait d'autant plus possible que son discours tout soldatesque faisait une évidente impression sur quelques paysans ; les uns baissaient la tête et demeuraient muets ; les autres communiquaient à leurs voisins des réflexions qui, à l'air dont elles étaient faites, devaient être approbatives.

Mais, à mesure que le général avançait dans le cercle qui entourait les gendarmes et leur prisonnier, il trouvait des physionomies moins favorablement disposées ; les plus rapprochées étaient tout à fait menaçantes. Les porteurs de ces sortes de physionomie étaient évidemment les meneurs, les chefs de bande, les capitaines de paroisse.

Pour ceux-là, il était inutile de se mettre en frais d'éloquence : il y avait chez eux parti pris de ne jamais écouter et d'empêcher les autres d'écouter.

Ils ne criaient pas, ils hurlaient.

Le général comprit la situation, et résolut d'imposer à ces hommes par un de ces actes de vigueur corporelle qui ont tant de pouvoir sur les multitudes.

Aubin Courte-Joie était au premier rang des mutins.

Avec l'infirmité que nous lui connaissons, cela paraîtra d'abord étrange.

Mais Aubin Courte-Joie, à ses deux mauvaises jambes de bois, avait, pour le moment, substitué deux bonnes jambes de chair et d'os ; Aubin Courte-Joie s'était fait une monture d'un mendiant à taille colossale.

Il était assis à califourchon sur les épaules de ce mendiant, lequel, au moyen des courroies qui entouraient les jambes postiches du cabaretier, le maintenait dans cette posture aussi solidement que le général se maintenait sur sa selle.

Ainsi juché, Aubin Courte-Joie arrivait à la hauteur de l'épaule du général, et le poursuivait de ses vociférations frénétiques et de ses gestes menaçants.

Le général allongea la main de son côté, le saisit par le collet de sa veste, l'enleva à la force du poignet, le tint quelque temps suspendu au-dessus de la foule, et, le jetant enfin à un gendarme :

— Serrez-moi ce polichinelle, dit-il, il finirait par me donner la migraine.

Le mendiant, débarrassé de son cavalier, avait relevé la tête, et le général reconnut l'idiot avec lequel il s'était entretenu dans la matinée ; seulement, à cette heure, l'idiot avait l'air aussi spirituel que pas un.

L'action du général avait soulevé l'hilarité de la foule ; mais cette hilarité ne dura pas longtemps.

En effet, Aubin Courte-Joie se trouvait entre les bras du gendarme à la gauche duquel était Jean Oullier.

Il tira doucement de sa poche son couteau tout ouvert et le plongea jusqu'au manche dans la poitrine du gendarme en criant :

— Vive Henri V ! Sauve-toi, mon gars Oullier.

En même temps, le mendiant, qui, par un légitime sentiment d'émulation, voulait sans doute répondre dignement à l'acte athlétique du général, se glissait sous son cheval, et, par un brusque et vigoureux mouvement, saisissant le général par sa botte, le jetait de l'autre côté.

Le général et le gendarme tombèrent en même temps : on eût pu les croire tués tous deux.

Mais le général se releva immédiatement et se remit en selle avec autant de force que d'adresse.

En se remettant en selle, il donna un si vigoureux coup de poing sur la tête nue du mendiant, que celui-ci, sans pousser un cri, tomba à la renverse comme s'il eût eu le crâne brisé.

Ni le gendarme ni le mendiant ne se relevèrent ; le mendiant était évanoui, le gendarme était mort.

De son côté, Jean Oullier, quoiqu'il eût les mains liées, donna un si brusque coup d'épaule au second gendarme, que celui-ci chancela.

Jean Oullier franchit le corps du soldat mort et se jeta dans la foule.

Mais le général avait l'œil partout, même sur ce qui se passait derrière lui.

Il fit faire une volte à son cheval, qui bondit au milieu de cette houle vivante, empoigna Jean Oullier comme il avait empoigné Aubin Courte-Joie, et le plaça en travers de son cheval.

Alors, les pierres commencèrent à pleuvoir et les bâtons à reprendre leur position offensive.

Les gendarmes tinrent bon ; ils enveloppèrent le général et firent autour de lui une ceinture, présentant leurs baïonnettes à la foule, qui, n'osant plus les attaquer corps à corps, se contenta de les attaquer de ses projectiles.

Ils avancèrent ainsi jusqu'à vingt pas de l'auberge.

A ce moment, la situation du général et de ses hommes devenait critique.

Les paysans, qui semblaient décidés à ne pas laisser Jean Oullier au pouvoir de ses ennemis, se montraient de plus en plus audacieux dans leur agression.

Déjà quelques baïonnettes s'étaient teintes de sang, et cependant l'ardeur des mutins ne faisait que s'accroître.

Heureusement qu'à la distance où étaient placés les soldats, la voix du général pouvait arriver jusqu'à eux.

— A moi les grenadiers du 32e ! cria-t-il.

Au même instant, les portes de l'auberge s'ouvrirent, les soldats se précipitèrent la baïonnette en avant et refoulèrent les paysans.

Le général et son escorte purent pénétrer dans la cour.

Le général y trouva le sous-préfet, qui l'attendait.

— Voilà votre homme, dit-il en lui jetant Jean Oullier comme un paquet ; il nous a coûté cher. Dieu veuille qu'il rapporte son prix !

On entendit alors une fusillade bien nourrie qui partait de l'extrémité de la place.

— Qu'est-ce que cela ? dit le général dressant les oreilles et ouvrant les narines.

— La garde nationale, sans doute, répondit le sous-préfet ; la garde nationale, à qui j'ai donné l'ordre de se réunir, et qui, selon mes instructions, a dû tourner les mutins.

— Et qui lui a donné ordre de faire feu ?

— Moi, général ; il fallait bien vous dégager.

— Eh ! mille tonnerres ! vous voyez bien que je me suis dégagé tout seul, dit le vieux soldat.

Puis, secouant la tête :

— Monsieur, dit-il, retenez bien ceci : en guerre civile, tout sang inutilement versé est plus qu'un crime, c'est une faute.

Une ordonnance entra au galop dans la cour.

— Mon général, dit l'officier, les insurgés fuient dans toutes les directions. Les chasseurs arrivent, faut-il qu'ils les poursuivent ?

— Que pas un homme ne bouge ! dit le général. Laissez faire la garde nationale. Ce sont des amis, ils s'arrangeront entre eux.

En effet, une seconde fusillade annonça que paysans et gardes nationaux s'arrangeaient.

C'étaient ces deux détonations qu'avait entendues, de la Logerie, le baron Michel.

— Ah ! dit le général, maintenant, il s'agit tout simplement de profiter de cette triste journée.

Puis, montrant Jean Oullier :

— Nous n'avons qu'une chance pour nous, ajouta-t-il, c'est que cet homme ait été seul dans le secret. A-t-il communiqué avec quelqu'un depuis que vous l'avez arrêté, gendarmes ?

— Non, mon général, pas même par signes, attendu qu'il a les mains liées.

— Lui avez-vous vu faire un geste de la tête, dire un mot ? Vous le savez, avec ces gaillards-là, un geste suffit, un mot dit tout.

— Non, mon général.

— Eh bien, alors, courons-en la chance. Faites manger vos hommes, capitaine ; dans un quart d'heure, nous nous mettrons en route. Les gendarmes et la garde nationale suffiront pour maintenir la ville ; j'emmène mes vingt chasseurs pour éclairer la route.

Le général rentra dans l'intérieur de l'auberge.

Les soldats firent leurs préparatifs de départ.

Pendant ce temps, Jean Oullier restait assis sur une pierre, au milieu de la cour, gardé à vue par deux gendarmes.

Sa figure conservait son impassibilité habituelle ; il caressait, de ses deux mains liées, son chien, qui l'avait suivi, et qui appuyait sa tête sur les genoux de son maître, en léchant de temps en temps les mains par lesquelles il était caressé, comme pour rappeler au prisonnier que, dans son infortune, il avait conservé un ami.

Jean Oullier le caressait doucement avec une plume de canard sauvage qu'il avait ramassée dans la cour ; puis, profitant d'un moment où ses deux gardiens avaient cessé de regarder de son côté, il glissa cette plume entre les dents de l'animal, lui fit un signe d'intelligence, et se leva en disant tout bas :

— Va, Pataud !

Le chien s'éloigna doucement, en regardant de temps en temps son maître ; puis, arrivé à la porte, il la franchit sans être remarqué de personne et disparut.

— Bon ! dit Jean Oullier, voilà qui arrivera avant nous.

Malheureusement, les gendarmes n'étaient pas seuls à surveiller le prisonnier !

21

Les ressources de Jean Oullier

Il n'y a encore aujourd'hui, dans toute la Vendée, que fort peu de grandes et belles routes, et le peu qu'il y en a ont été faites depuis 1832, c'est-à-dire depuis l'époque où se sont passés les événements que nous avons entrepris de raconter.

C'est principalement l'absence des grandes voies de communication qui avait fait la force des insurgés de la grande guerre.

Disons un mot de celles qui existaient alors, en nous occupant seulement de celles de la rive gauche de la Loire.

Elles sont au nombre de deux.

La première va de Nantes à La Rochelle par Montaigu ; la seconde, de Nantes à Paimbœuf par le Pellerin, en côtoyant presque toujours les bords du fleuve.

Il existe, outre ces routes de premier ordre, quelques mauvaises routes secondaires ou transversales ; elles se dirigent de Nantes sur Beaupréau par Vallet, de Nantes sur Mortagne, Cholet et Bressuire par Clisson, de Nantes sur les Sables-d'Olonne par Légé, de Nantes sur Challans par Machecoul.

Pour arriver de Montaigu à Machecoul en suivant ces routes, il était absolument nécessaire de faire un détour considérable ; en effet, il fallait aller jusqu'à Légé, déboucher, de là, sur la route de Nantes aux Sables-d'Olonne, la suivre jusqu'au point où elle coupe celle de Challans et remonter ensuite jusqu'à Machecoul.

Le général comprenait trop bien que tout le succès de son expédition dépendait de la rapidité avec laquelle elle serait conduite, pour se résigner à une marche si longue.

D'ailleurs, ces routes n'étaient pas plus favorables aux opérations militaires que les chemins de traverse.

Bordées de fossés larges et profonds, de buissons et d'arbres, encaissées la plupart du temps, enfoncées entre deux talus couronnés de haies, elles sont, dans presque toute leur longueur, très favorables aux embuscades.

Le peu d'avantages qu'elles offraient ne compensaient aucunement leurs inconvénients ; le général se décida donc à suivre le chemin de traverse qui conduisait à Machecoul par Vieille-Vigne et qui raccourcissait le chemin de près d'une lieue et demie.

Le système de cantonnements adopté par le général avait eu pour conséquence de familiariser les soldats avec le pays et de leur donner une connaissance exacte des mauvais sentiers.

Jusqu'à la rivière de la Boulogne, le capitaine qui commandait le détachement d'infanterie connaissait la route pour l'avoir explorée de jour ; lorsqu'on serait arrivé là, comme il était évident que Jean Oullier se refuserait à montrer la route, on trouverait un guide envoyé par Courtin, lequel n'avait point osé prêter ostensiblement son concours à l'expédition.

Tout en se résignant à suivre le chemin de traverse, le général avait pris ses précautions pour n'être pas surpris.

Deux chasseurs, le pistolet au poing, marchaient en avant et éclairaient la colonne, qu'une douzaine d'hommes flanquaient des deux côtés de la route, de manière à fouiller les buissons et les genêts qui l'entouraient toujours et la dominaient quelquefois.

Le général marchait en tête de sa petite troupe, au milieu de laquelle il avait placé Jean Oullier.

Le vieux Vendéen, les poignets attachés, avait été mis en croupe d'un chasseur ; une sangle qui le serrait par le milieu du corps avait été, pour plus de sûreté, bouclée sur la poitrine du cavalier, de façon à ce que Jean Oullier, quand bien même il fût parvenu à se débarrasser des entraves qui lui liaient les mains, ne pût échapper au soldat.

Deux autres chasseurs marchaient à droite et à gauche du premier, et avaient été spécialement chargés de veiller sur le prisonnier.

Il était un peu plus de six heures du soir lorsque l'on sortit de Montaigu ; on avait cinq lieues à faire, et, en supposant que ces cinq lieues prissent cinq heures, on devait se trouver vers onze heures au château de Souday.

Cette heure semblait très favorable au général pour exécuter son coup de main.

Si le rapport de Courtin était exact, si ses présomptions ne l'avaient pas trompé, les chefs du mouvement vendéen devaient être réunis à Souday pour conférer avec la princesse, et il était possible qu'ils ne se fussent pas encore retirés lorsque l'on arriverait devant le château. Si cela était ainsi, rien n'empêchait qu'on ne les prît tous du même coup de filet.

Après une demi-heure de marche, c'est-à-dire à une demi-lieue de Montaigu, et comme la petite colonne traversait le carrefour de Saint-Corentin, une vieille femme en haillons priait, agenouillée devant un calvaire.

Au bruit que faisait la troupe, elle détourna la tête, et, comme entraînée par la curiosité, elle se leva et se plaça sur le bord de la route pour la voir défiler ; puis, comme si la vue de l'habit brodé du général lui en eût donné l'idée, elle marmotta une de ces prières à l'aide desquelles les mendiants demandent l'aumône.

Officiers et soldats, absorbés dans d'autres préoccupations et s'assombrissant au fur et à mesure que le jour s'assombrissait lui-même, passèrent sans prendre garde à la vieille femme.

— Votre général n'a donc pas vu cette chercheuse de pain ? demanda Jean Oullier au chasseur qui était à sa droite.

— Pourquoi dites-vous cela ?

— Parce qu'il ne lui a pas ouvert sa bourse. Qu'il y prenne garde ! qui repousse la main ouverte, doit craindre la main fermée. Il nous arrivera malheur.

— Si tu veux prendre la prédiction pour toi, mon bonhomme, je crois que tu peux dire cela sans crainte de te tromper, attendu que, de nous tous, il me semble que c'est toi qui cours le plus gros risque.

— Oui ; aussi voudrais-je le conjurer.

— Comment cela ?

— Fouillez dans ma poche et prenez-y une pièce de monnaie.

— Pour quoi faire ?

— Pour la donner à cette femme ; et elle partagera ses prières entre moi qui lui aurai fait l'aumône et vous qui m'aurez aidé à la lui faire.

Le chasseur haussa les épaules ; mais la superstition est singulièrement contagieuse, et celle qui se rattache aux idées de charité l'est plus encore que les autres.

Le soldat, tout en se prétendant au-dessus de pareilles puérilités, ne crut donc pas devoir refuser à Jean Oullier le service que réclamait celui-ci et qui devait attirer sur eux deux la bénédiction du ciel.

La troupe faisait en ce moment un à-droite pour l'engager dans le chemin creux qui conduisait à Vieille-Vigne ; le général avait arrêté son cheval et regardait défiler ses soldats pour s'assurer de ses yeux que toutes les dispositions qu'il avait ordonnées étaient bien suivies ; il s'aperçut que Jean Oullier causait avec son voisin et il vit le geste du soldat.

— Pourquoi laisses-tu communiquer le prisonnier avec les passants ? demanda-t-il au chasseur.

Le chasseur raconta au général ce dont il s'agissait.

— Halte ! cria le général ; arrêtez cette femme et fouillez-la.

On lui obéit à l'instant même, et l'on ne trouva sur la mendiante que quelques pièces de monnaie que le général examina cependant avec le plus grand soin.

Mais il eut beau les tourner et les retourner, il n'y put rien découvrir de suspect.

Il n'en mit pas moins la monnaie dans sa poche en donnant, en échange, à la vieille une pièce de cinq francs.

Jean Oullier regardait faire le général avec un sourire narquois.

— Eh bien, vous le voyez, dit-il à demi-voix, et cependant de façon à ce que la mendiante ne perdît pas une de ses paroles, la pauvre aumône du *prisonnier* (il appuya sur le mot) vous aura porté bonheur, la mère ; et c'est une raison de plus pour que vous ne m'oubliiez pas dans vos prières. Une douzaine d'*Ave Maria* qui intercèdent pour lui peuvent singulièrement faciliter le salut d'un pauvre diable.

Jean Oullier avait élevé la voix en prononçant cette dernière phrase.

— Mon bonhomme, dit le général s'adressant à Jean Oullier lorsque la colonne eut repris sa marche, désormais c'est à moi qu'il faudra vous adresser lorsque vous aurez quelque charité à faire ; c'est moi qui vous recommanderai aux prières de ceux que vous voudrez bien secourir ; mon intermédiaire ne saurait vous faire de tort là-haut, et il peut vous épargner une foule de désagréments ici-bas. — Et vous autres, continua d'une voix rude le général s'adressant aux cavaliers, n'oubliez plus mes ordres à l'avenir ; car c'est à vous, je vous le dis, qu'il arriverait malheur.

A Vieille-Vigne, on fit halte pour donner un quart d'heure de repos aux fantassins.

On plaça le Vendéen au milieu du carré, de manière à l'isoler de la population qui était accourue et qui se pressait, curieuse, autour des soldats.

Le cheval qui portait Jean Oullier était déferré, et fatiguait beaucoup sous son double poids ; le général désigna, pour le remplacer, celui de l'escorte qui semblait le plus vigoureux.

Ce cheval appartenait à un des cavaliers de l'avant-garde qui, malgré les dangers qu'il courait en espèce de sentinelle perdue, ne sembla prendre le poste de son camarade qu'avec beaucoup de mauvaise grâce.

Ce cavalier était un homme petit, trapu, vigoureux, à la figure douce et intelligente, et qui n'avait pas dans la tournure l'air de crânerie qui distinguait ses compagnons.

Pendant les préparatifs de cette substitution, à la lueur de la lanterne que l'on avait approchée — la nuit était tout à fait venue — que l'on avait approchée, disons-nous, pour examiner si les sangles et les liens étaient en bon état, Jean Oullier put apercevoir les traits de l'homme avec lequel il allait faire la route ; ses yeux rencontrèrent les yeux du soldat, et il remarqua que celui-ci avait rougi en le regardant.

On se remit en marche en redoublant de précautions ; car plus on avançait, plus le pays devenait couvert et, par conséquent, favorable à une attaque.

La perspective du danger qu'ils pouvaient courir, la fatigue qu'ils avaient à supporter dans des chemins qui ne sont, pour la plupart du temps, que des ravins jonchés de pierres énormes, n'altéraient en rien la gaieté des soldats, qui commençaient à se faire un amusement du danger, et qui, après avoir gardé un instant le silence à la tombée de la nuit, s'étaient, la nuit venue, remis à causer entre eux avec cette insouciance qui, chez les Français, peut disparaître un instant, mais qui revient toujours.

Seul, le chasseur dont Jean Oullier partageait la monture restait singulièrement morne et soucieux.

— Sacredié ! Thomas, dit le cavalier de droite en s'adressant à celui-ci, tu n'es jamais bien gai d'habitude ; mais, aujourd'hui, parole d'honneur, tu as l'air de porter le diable en terre.

— Dame, dit le chasseur de gauche, s'il ne porte pas le diable en terre, il m'a bien l'air de le porter en croupe.

— Mais figure-toi, Thomas, que c'est une payse que tu as en croupe, au lieu d'un pays, et pince-lui les mollets.

— Le gaillard doit savoir comment cela se pratique : c'est la mode de son pays, d'aller à cheval avec une fille qui vous embrasse par-derrière.

— C'est vrai, dit le premier, sais-tu que tu es à moitié chouan, Thomas ?

— Dis donc qu'il est chouan tout à fait ! Ne va-t-il pas à la messe tous les dimanches ?

Le chasseur auquel s'adressaient ces brocards n'eut pas le temps de répondre ; la voix du général ordonnait de rompre les rangs et de marcher par file, le sentier étant devenu si étroit, les talus si rapprochés les uns des autres, qu'il était impossible à deux cavaliers d'y cheminer de front.

Pendant le moment de confusion que nécessite cette manœuvre, Jean Oullier se mit à siffler tout bas l'air breton dont les paroles commencent ainsi : *Les chouans sont des hommes de bien...*

A la première note de l'air, le cavalier ne put s'empêcher de tressaillir.

Alors, comme, des deux chasseurs, l'un était devant, l'autre derrière, Jean Oullier, débarrassé de leur surveillance, approcha sa lèvre de l'oreille du cavalier silencieux.

— Ah ! tu as beau te taire, dit-il ; je t'ai reconnu du premier coup, Thomas Tinguy, comme, du premier coup, tu m'as reconnu toi-même.

Le soldat poussa un soupir et fit un mouvement d'épaules qui semblait dire qu'il agissait contre son gré.

Mais il ne répondit pas encore.

— Thomas Tinguy, continua Jean Oullier, sais-tu où tu vas ? sais-tu où tu conduis le vieil ami de ton père ? Au pillage et à la désolation du château de Souday, dont les maîtres ont été de tout temps les bienfaiteurs de ta famille !

Thomas Tinguy poussa un nouveau soupir.

— Ton père est mort ! reprit Jean Oullier.

Thomas ne répondit pas, mais frissonna sur sa selle ; seulement, ce monosyllabe sortit de sa bouche, entendu de Jean Oullier seul :

— Mort ?...

— Oui, mort ! murmura le garde-chasse. Et qui veillait à son chevet, avec ta sœur Rosine, quand le vieux a rendu le dernier soupir ? Les deux jeunes demoiselles de Souday, que tu connais bien, Mlle Bertha et Mlle Mary ; et cela, au risque de leur vie, puisque ton père est mort d'une fièvre pernicieuse. Ne pouvant prolonger son existence, comme deux anges qu'elles sont, elles ont adouci son agonie. Où est maintenant ta sœur, qui n'avait plus d'asile ? Au château de Souday. Ah ! Thomas Tinguy, j'aime mieux être le pauvre Jean Oullier que l'on va fusiller dans un coin, peut-être, que celui qui le mène garrotté au supplice !

— Tais-toi, Jean ! tais-toi ! dit Thomas Tinguy, avec une voix sanglotante ; nous ne sommes pas encore arrivés... On verra.

Pendant que cela se passait entre Jean Oullier et le fils de Tinguy, le ravin dans lequel cheminait la petite troupe avait pris une pente rapide.

On descendait vers un des gués de la Boulogne.

La nuit était venue, nuit sombre, obscure, sans une étoile au ciel ; et cette nuit qui, d'un côté, pouvait favoriser le dénouement de l'expédition, pouvait aussi, de l'autre, devenir pour sa marche, dans ce pays sauvage et inconnu, une source de graves inconvénients.

En arrivant au bord de la rivière, on y trouva les deux chasseurs d'avant-garde qui attendaient, le pistolet au poing.

Ils étaient arrêtés et inquiets.

En effet, au lieu d'une eau claire et limpide, bondissant sur des cailloux, comme on la voit ordinairement aux endroits guéables, ils avaient trouvé devant eux une onde noire et stagnante qui battait mollement les bords des rochers dans lesquels la Boulogne est encaissée.

On avait beau regarder de tous côtés, on ne voyait pas le guide que Courtin avait promis d'envoyer.

Le général jeta un cri d'appel.

— Qui vive ? répondit-on de l'autre côté de la rivière.

— Souday ! dit le général.

— Alors, c'est à vous que j'ai affaire, cria la voix.

— Sommes-nous au gué de la Boulogne ? demanda le général.

— Oui.

— Pourquoi les eaux sont-elles si hautes ?

— Il y a une grande crue à cause des dernières pluies.

— Malgré cette crue, le passage est-il possible ?

— Dame, jamais je n'ai vu la rivière à cette hauteur-là ; je crois donc qu'il serait plus prudent...

La voix du guide s'arrêta tout à coup et parut se perdre dans un sourd gémissement.

Puis on entendit le bruit d'une lutte comme serait celle de plusieurs hommes qui font rouler des cailloux sous leurs pieds.

— Mille tonnerres ! cria le général, on assassine notre guide !

Un cri d'angoisse et d'agonie répondit à cette exclamation du général et la confirma.

— Un grenadier à cheval derrière chaque cavalier libre ! cria le général ; le capitaine derrière moi ! les deux lieutenants ici, avec le reste de la troupe, le prisonnier et les trois chasseurs de garde ! Allons et vivement !

En un instant chacun des dix-sept chasseurs eut un grenadier derrière lui.

Quatre-vingts grenadiers et les deux lieutenants, le prisonnier et les trois chasseurs, y compris Tinguy, restaient sur la rive droite de la Boulogne.

L'ordre s'exécuta avec la rapidité de la pensée, et le général, suivi de ces dix-sept chasseurs, ainsi doublés d'autant de grenadiers, entra dans le lit de la rivière.

A vingt pas du bord, les chevaux perdirent pied ; mais ils se mirent à nager pendant quelques instants et atteignirent sans accident le bord opposé.

A peine sur la rive, les fantassins mirent pied à terre.

— Ne voyez-vous rien ? dit le général essayant de sonder l'obscurité qui entourait la petite troupe.

— Non, mon général, répondirent les soldats tout d'une voix.

— Cependant, c'est bien d'ici, répliqua le général comme se parlant à lui-même, que le brave homme nous a répondu. Fouillez les buissons, mais sans vous écarter les uns des autres ; peut-être trouverez-vous son cadavre.

Les soldats obéirent, cherchant dans un rayon de cinquante mètres environ autour de leur chef ; mais ils revinrent au bout d'un quart d'heure sans avoir rien découvert et assez décontenancés de cette subite disparition de leur guide.

— Vous n'avez rien trouvé ? demanda le général.

Un seul grenadier s'avança, tenant à la main un bonnet de coton.

— J'ai trouvé ce bonnet de coton, dit-il.

— Où cela ?

— Accroché aux épines d'un buisson.

— C'est le bonnet de coton de notre guide, dit le général.

— Comment cela ? demanda le capitaine.

— Parce que, répondit sans hésitation le général, les hommes qui l'ont attaqué devaient porter des chapeaux.

Le capitaine se tut, n'osant pas interroger davantage ; mais il était évident que l'explication du général ne lui avait rien expliqué.

Dermoncourt comprit son silence.

— C'est bien simple, dit-il : les hommes qui viennent d'assassiner notre guide nous suivaient évidemment depuis que nous avons quitté Montaigu, et cela, dans l'intention de nous enlever notre prisonnier. — Il paraît que la prise est plus importante que je ne l'avais pensé d'abord ! — Ces hommes qui nous suivaient étaient à la foire et devaient être, comme ils le sont quand ils vont à la ville, coiffés de chapeaux, tandis qu'au contraire, le guide, pris dans son lit à l'improviste, réveillé par l'homme qui devait nous l'envoyer, a dû mettre la première coiffure qui lui sera tombée sous la main, ou bien plutôt encore garder celle qu'il avait sur la tête ; de là le bonnet de coton.

— Et vous pensez, général, dit le capitaine, que les chouans ont osé s'aventurer si près de notre colonne ?

— Ils marchent de conserve avec nous depuis Montaigu, et ne nous ont pas quittés de vue un seul instant. Mordieu ! on se plaint toujours de l'inhumanité qui dirige cette guerre, et, en toute occasion, on s'aperçoit, à ses dépens, qu'on n'est jamais assez inhumain... Niais que je suis !

— Je comprends de moins en moins, général, dit le capitaine en riant.

— Vous rappelez-vous cette mendiante qui nous a accostés en sortant de Montaigu ?

— Oui, général.

— Eh bien, c'est cette drôlesse qui nous a mis cette bande sur les bras. Je voulais la faire reconduire à la ville ; j'ai eu tort de ne pas suivre mon inspiration : j'aurais sauvé la vie à ce pauvre diable. Ah ! j'y suis maintenant : les *Ave Maria* auxquels notre prisonnier recommandait son salut avant d'être à Souday, nous venons d'en entendre le plain-chant.

— Croyez-vous donc qu'ils oseront nous attaquer ?

— S'ils étaient en force, ce serait déjà fait ; mais ils sont cinq ou six hommes, tout au plus.

— Voulez-vous que je fasse passer les hommes restés sur l'autre rive, général ?

— Attendez ! Nos chevaux ont perdu pied : nos fantassins se noieraient. Il doit y avoir un autre gué plus praticable dans les environs.

— Vous le supposez, général ?

— Parbleu ! j'en suis sûr.

— Vous connaissez donc la rivière ?

— Pas le moins du monde.

— Eh bien, alors ?

— Ah ! capitaine, on voit bien que vous n'avez pas fait, comme moi, la grande guerre, cette guerre de sauvages dans laquelle il fallait sans cesse procéder par induction. Ces gens-là n'étaient point placés en embuscade sur cette partie de la rive au moment où nous nous sommes présentés sur l'autre, c'est clair.

— Pour vous, général.

— Eh ! mon Dieu, pour tout le monde. S'ils eussent été placés sur cette rive-ci, ils eussent entendu marcher le guide, qui marchait sans défiance, et n'eussent point attendu notre arrivée pour s'emparer de sa personne ou le tuer ; donc, cette bande marchait sur nos ailes, flanquait nos flanqueurs.

— Effectivement, général, c'est probable.

— Ils ont dû arriver sur les bords de la Boulogne un instant avant nous. Or, l'intervalle qui a séparé l'instant où nous sommes arrivés et où nous avons fait halte, de celui où notre homme a été assailli, a été trop court pour qu'ils aient fait un long détour, afin de chercher un passage.

— Pourquoi n'auraient-ils point passé au même endroit que nous ?

— Parce que la plupart des paysans, surtout dans l'intérieur des terres, ne savent pas nager. C'est donc tout près d'ici que doit exister ce passage. Que quatre hommes remontent la rivière, et que quatre hommes la descendent pendant cinq cents pas. Allons, et lestement ! Il s'agit de ne pas mourir ici... Avec cela que nous sommes mouillés !

Au bout de dix minutes, l'officier était de retour.

— Vous aviez parfaitement raison, général, dit-il ; à trois cents pas d'ici, il y a un îlot au milieu de la rivière ; un arbre relie cet îlot à la rive gauche, et un autre arbre va de l'îlot au bord opposé.

— Bravo ! dit le général ; le reste de notre troupe pourra passer sans mouiller une cartouche.

Puis, s'adressant au petit corps resté sur l'autre rive :

— Ohé ! lieutenant, cria-t-il, remontez la Boulogne jusqu'à ce que vous trouviez un arbre jeté en travers de la rivière, et veillez sur le prisonnier.

22

« Apporte, Pataud ! Apporte ! »

Pendant cinq minutes, à peu près, les deux petites troupes remontèrent parallèlement les deux rives de la Boulogne.

Enfin, le général, arrivé devant l'endroit désigné par le capitaine, cria halte.

— Un lieutenant et quarante hommes en avant ! dit-il.

Quarante hommes et un lieutenant descendirent à la rivière et passèrent, ayant de l'eau jusqu'aux épaules, mais pouvant soutenir au-dessus de la rivière leurs fusils et leurs cartouches, qui ne furent point mouillés.

Les quarante soldats abordèrent et se rangèrent en bataille.

— Maintenant, dit le général, faites passer le prisonnier.

Thomas Tinguy se mit à l'eau, flanqué d'un chasseur à droite et à gauche.

— En vérité, Thomas, dit Jean Oullier d'une voix basse et pénétrante, à ta place, je craindrais une chose : c'est que le spectre de mon père ne se dressât devant moi pour avoir mis en balance le sang de son meilleur ami avec une méchante sangle qu'il s'agit de déboucler.

Le chasseur passa la main sur son front baigné de sueur et fit le signe de la croix.

En ce moment, les trois cavaliers étaient arrivés au milieu de la rivière ; mais le courant les avait un peu séparés les uns des autres.

Tout à coup, un grand bruit, accompagné du rejaillissement de l'eau, prouva que ce n'était point vainement que Jean Oullier avait évoqué devant le pauvre soldat breton l'image vénérée de celui qui lui avait donné la vie.

Le général ne se méprit pas un instant sur la cause du bruit qu'il avait entendu.

— Le prisonnier s'évade ! cria-t-il d'une voix de tonnerre. Allumez les torches et dispersez-vous sur la rive, et feu sur lui s'il se montre ! Quant à toi, ajouta-t-il en s'adressant à Thomas Tinguy, qui prenait terre à deux pas de lui sans avoir un seul instant cherché à fuir, quant à toi, tu n'iras pas plus loin !

Et, tirant un pistolet de ses fontes :

— Meurent ainsi tous les traîtres ! cria-t-il.

Et il fit feu.

Thomas Tinguy, atteint en pleine poitrine, tomba roide mort...

Les soldats, obéissant avec une rapidité qui témoignait hautement de la connaissance qu'ils avaient de la gravité de leur situation, s'étaient, en effet, élancés le long de la rivière pour en suivre le courant.

Une douzaine de torches, allumées tant sur la rive droite que sur la rive gauche de la Boulogne, projetaient leur sanglante clarté sur les eaux.

Jean Oullier, débarrassé de son lien principal au moment où Thomas Tinguy avait consenti à déboucler la sangle qui le retenait, s'était laissé glisser à bas du cheval et avait plongé dans la rivière en passant entre les jambes de la monture du cavalier de droite.

Maintenant, on nous demandera comment Jean Oullier faisait pour nager avec ses mains garrottées.

Jean Oullier comptait tellement sur le succès que son éloquence devait avoir près du fils de son vieux camarade, que, depuis que la nuit était venue, tout le temps qu'il n'employait pas à convaincre Thomas Tinguy, il le consacrait à ronger avec ses dents la corde qui lui liait les poignets.

Jean Oullier avait de bonnes dents ; aussi, en arrivant à la Boulogne, sa corde ne tenait-elle qu'à un fil ; et, une fois à l'eau, le moindre effort lui suffit pour s'en débarrasser complètement.

Au bout de quelques secondes, Jean Oullier eut besoin de respirer ; force lui fut donc de reparaître à la surface de l'eau. Mais, au même instant, dix coups de feu éclatèrent sur l'une et l'autre rive, et autant de balles soulevèrent l'écume autour du nageur.

Par un miracle, aucune ne l'atteignit ; mais il avait senti sur son visage le souffle strident des projectiles.

Il n'était point prudent de tenter une seconde fois le hasard ; car, cette fois, ce ne serait plus tenter le hasard, ce serait tenter Dieu.

Il replongea, et, comme il trouvait du fond, au lieu de continuer à descendre la rivière, il se mit à la remonter, essayant de ce qu'en termes de vénerie, il appelait un hourvari.

Pourquoi ce qui réussissait parfois au lièvre, au renard ou au loup qu'il chassait, ne lui réussirait-il pas, à lui ?

Jean Oullier fit donc un hourvari, remontant la rivière, retenant sa respiration à faire éclater sa poitrine, et ne reparaissant qu'en évitant d'entrer dans les lignes de lumière que les torches traçaient sur les deux bords de la rivière.

La manœuvre, en effet, trompa ses ennemis.

Ne présumant pas qu'il ajoutât une difficulté nouvelle à celle que présentait déjà sa fuite, les soldats continuèrent de le chercher en descendant la Boulogne, tenant leur fusil comme des chasseurs qui attendent le gibier et prêts à faire feu aussitôt qu'il se montrerait.

Parce que le gibier était un homme, l'attente n'en était que plus vive et plus ardente.

Une demi-douzaine de grenadiers seulement battirent les bords supérieurs de la Boulogne ; ceux-là n'avaient avec eux qu'une seule torche.

Etouffant, autant que possible, le bruit de sa respiration, Jean Oullier parvint à atteindre un saule dont les branches s'avançaient au-dessus de la rivière, et dont l'extrémité des branches pendait à fleur d'eau.

Le nageur saisit une de ces branches, la mit entre ses dents et se soutint la tête renversée en arrière, de manière que sa bouche et son nez seuls fussent à l'air.

Il venait à peine de reprendre sa respiration lorsqu'il entendit un hurlement plaintif partant de l'endroit où la colonne avait fait halte et où il était entré dans la rivière.

Ce hurlement, il le reconnut.

— Pataud ! murmura-t-il, Pataud, ici ? Pataud, que j'avais renvoyé à Souday ? Il doit lui être arrivé quelque malheur pour qu'il n'y soit point parvenu... Oh ! mon Dieu, mon Dieu, ajouta-t-il avec une incroyable ferveur et une foi suprême, c'est maintenant qu'il est nécessaire que ces gens ne me reprennent pas !

Les soldats qui avaient vu le chien de Jean Oullier dans la cour de l'auberge le reconnurent aussi.

— Voilà son chien ! voilà son chien ! s'écrièrent-ils.

— Bravo ! dit un sergent, le chien nous aidera à retrouver le maître.

Et il essaya de mettre la main sur Pataud.

Mais, bien que la marche du pauvre animal parût alourdie, Pataud lui échappa, et, ayant humé l'air dans la direction du courant, il se jeta à la rivière.

— Par ici, camarades ! par ici ! cria le sergent s'adressant aux soldats qui exploraient les bords de la rivière, et en étendant le bras dans la direction qu'avait prise le chien. Nous allons trouver le chien en arrêt. Tout beau, Pataud ! tout beau !

Jean Oullier, du moment où il avait reconnu le cri de Pataud, avait, au risque de ce qui pouvait lui arriver, mis la tête hors de l'eau.

Il vit le chien qui, coupant diagonalement la rivière, nageait droit de son côté ; il comprit qu'il était perdu s'il ne prenait point un parti suprême.

Or, sacrifier son chien était pour Jean Oullier un parti suprême.

S'il ne se fût agi que de sa vie, Jean Oullier se fût perdu ou sauvé avec son chien, ou tout au moins eût-il hésité à se sauver aux dépens de la vie de Pataud.

Il détacha doucement la casaque de poil de chèvre qui recouvrait son gilet et la laissa aller au fil de l'eau, tout en la poussant vers le milieu du courant.

Pataud n'était plus qu'à cinq ou six pas de lui.

— Cherche ! apporte ! lui dit doucement Jean Oullier en lui indiquant la direction qu'il devait prendre.

Puis, comme le chien, sentant sans doute ses forces diminuer, hésitait à obéir :

— Apporte, Pataud ! apporte ! dit Jean Oullier d'un ton plus impératif.

Pataud s'élança dans la direction du sayon de poil, qui avait déjà gagné une vingtaine de pas sur lui.

Voyant que sa ruse réussissait, Jean Oullier fit provision d'air et plongea de nouveau, au moment même où les soldats arrivaient au pied du grand saule.

L'un d'eux grimpa lestement sur l'arbre, et, allongeant la torche, éclaira tout le lit de la Boulogne.

On vit alors la casaque rapidement entraînée par le courant et Pataud nageant après cette casaque en poussant des plaintes et des gémissements, comme s'il eût déploré l'impossibilité où le mettaient ses forces épuisées d'accomplir l'ordre de son maître.

Les soldats, qui suivaient la manœuvre de l'animal, redescendirent la rivière, s'éloignant de Jean Oullier, et, comme l'un d'eux aperçut la casaque qui flottait à fleur d'eau :

— Ici ! cria-t-il, mes amis, ici, ici, le brigand !

Et il fit feu sur la casaque.

Grenadiers et chasseurs coururent en tumulte le long des deux rives, s'éloignant de plus en plus de l'endroit où s'était réfugié Jean Oullier, et criblant de leurs balles la peau de bique, vers laquelle Pataud nageait en désespéré.

Pendant quelques minutes, le feu fut si vivement soutenu, qu'il n'était plus besoin de torches : les éclairs de soufre enflammé qui jaillissaient des fusils illuminaient le ravin sauvage où coule la Boulogne, et les rochers, répercutant le bruit des détonations, doublaient celui de la fusillade.

Le général s'aperçut le premier de l'erreur de ses soldats.

— Faites cesser le feu, dit-il au capitaine, qui marchait à son côté ; ces imbéciles ont lâché la proie pour l'ombre !

En ce moment, un éclair brilla sur la crête d'un rocher avoisinant la rivière ; un sifflement aigu se fit entendre au-dessus de la tête des deux officiers et une balle alla s'enfoncer à deux pas en avant d'eux dans le tronc d'un arbre.

— Ah ! ah ! fit le général avec le plus grand sang-froid, notre drôle n'avait demandé qu'une douzaine d'*Ave Maria* ; m'est avis que ses amis vont faire plus largement les choses.

En effet, trois ou quatre nouvelles détonations se firent entendre et les balles ricochèrent sur le rivage. Un homme jeta un cri.

Alors, d'une voix qui dominait le tumulte :

— Clairons, cria le général, sonnez le ralliement, et vous autres, éteignez les torches !

Puis, tout bas au capitaine :

— Faites passer au gué les quarante hommes de l'autre rive ; nous aurons peut-être tout à l'heure besoin de tout notre monde.

En un instant, les soldats, alarmés par cette attaque nocturne, s'étaient groupés autour de leur chef.

Cinq ou six éclairs, venant de points éloignés les uns des autres, brillèrent encore sur la crête du ravin, rayant la voûte noire du ciel ; un grenadier tomba mort ; le cheval d'un chasseur se cabra et se renversa sur son cavalier : une balle l'avait frappé dans le poitrail.

— En avant, mille tonnerres ! cria le général, et voyons si ces oiseaux de nuit oseront nous attendre.

Et, se mettant à la tête de ses soldats, il commença de gravir l'escarpement du ravin avec tant d'élan, que, malgré l'obscurité qui rendait l'ascension plus difficile, malgré les balles qui venaient ricocher au milieu des soldats et blessèrent encore deux hommes, en un instant la petite troupe eut couronné les hauteurs.

Le feu des ennemis s'éteignit alors comme par enchantement, et, si quelques buissons de genêts qui ondulaient encore n'eussent témoigné de la récente présence des chouans, on eût pu croire que ceux-ci s'étaient abîmés sous terre.

— Triste guerre ! triste guerre ! murmura le général. Et maintenant notre expédition doit nécessairement avorter. N'importe ! tentons-la. D'ailleurs, Souday est sur la route de Machecoul, et c'est à Machecoul seulement que nous pouvons faire reposer nos hommes.

— Mais un guide, général ? dit le capitaine.

— Un guide ? Voyez-vous cette lumière, à cinq cents pas d'ici ?

— Une lumière ?

— Oui, là.

— Non, mon général.

— Eh bien, je la vois. Cette lumière indique une cabane ; une cabane indique un paysan, et, homme, femme ou enfant, il faudra bien que l'habitant de cette cabane nous conduise à travers la forêt.

Et, d'un ton qui était de mauvais augure pour l'habitant de la cabane, quel qu'il fût, le général ordonna de se remettre en marche, après avoir eu soin d'étendre ses lignes d'éclaireurs et de flanqueurs aussi loin que la sûreté individuelle de ses hommes lui permettait de le faire.

Le général, suivi de sa petite troupe, n'avait pas encore quitté la hauteur, qu'un homme sortait de l'eau, s'arrêtait un instant pour écouter derrière le tronc d'un saule, et se glissait le long des buissons, dans l'intention évidente de suivre la même route que les soldats avaient prise.

Comme il empoignait une touffe de bruyère pour gravir le rocher, un faible gémissement se fit entendre à quelques pas de lui.

Jean Oullier — car cet homme n'était autre que notre fugitif — s'avança du côté où il avait entendu gémir.

Au fur et à mesure qu'il approchait, les plaintes prenaient un accent plus douloureux.

Il se baissa, étendit la main et sentit qu'une langue douce et chaude se promenait sur cette main.

— Pataud ! mon pauvre Pataud ! murmura le Vendéen.

C'était effectivement Pataud, qui, usant ce qui lui restait de forces, avait amené sur la rive la peau de bique de son maître et s'était couché dessus pour y mourir.

Jean Oullier prit le chien dans ses bras pour l'emporter ; mais le chien ne faisait plus aucun mouvement.

La main avec laquelle le Vendéen soutenait l'animal se mouillait d'un liquide tiède et visqueux.

Le Vendéen porta cette main à sa bouche et reconnut la fade saveur du sang.

Il essaya de desserrer les dents de l'animal et ne put y parvenir.

Pataud était mort en sauvant son maître, que le hasard avait ramené là pour recevoir sa dernière caresse.

Seulement, avait-il été tué par une des balles lancées par les soldats, ou n'était-il point déjà blessé lorsqu'il s'était mis à l'eau pour rejoindre Jean Oullier ?

Le Vendéen penchait pour ce dernier avis ; cette halte de Pataud près de la rivière, la faiblesse avec laquelle il nageait, tout portait Jean Oullier à croire à une blessure antérieure.

— C'est bon, dit-il ; demain, il fera jour, et malheur à celui qui t'aura tué, mon pauvre chien !

Et, à ces mots, il déposa le corps de Pataud dans une cépée, et, s'élançant sur la colline, il s'enfonça dans les genêts.

23

A qui appartenait la chaumière

La chaumière dont le général avait vu étinceler la vitre dans l'obscurité et qu'il avait signalée au capitaine était habitée par deux ménages.

Ces deux ménages avaient pour chefs les deux frères.

Ces deux frères se nommaient, l'aîné Joseph, le cadet Pascal Picaut.

Le père des deux Picaut avait fait, dès 1792, partie des premiers rassemblements du pays de Retz ; il s'était attaché au sanguinaire Souchu, comme le pilote s'attache au requin, comme le chacal s'attache au lion, et il avait pris sa part des affreux massacres qui signalèrent les débuts de l'insurrection sur la rive gauche de la Loire.

Lorsque Charette fit justice de ce Carrier à cocarde blanche, Picaut, dont les appétits sanguinaires s'étaient développés, bouda le nouveau chef, qui, à ses yeux, avait le tort grave de ne vouloir de sang que sur le champ de bataille, quitta la division et passa dans celle que commandait le terrible Jolly, le vieux chirurgien de Machecoul : celui-là, du moins, était à la hauteur de l'exaltation de Picaut.

Mais, Jolly, reconnaissant le besoin d'unité, pressentant le génie militaire du chef de la basse Vendée, se rangea sous les drapeaux de Charette, et Picaut, qui n'avait point été consulté, se dispensa de consulter lui-même son commandant pour abandonner de nouveau ses camarades.

Fatigué, au reste, de ces mutations perpétuelles, profondément convaincu que le temps ne pourrait rien contre la rancune qu'il conservait aux meurtriers de Souchu, il chercha un général que les exploits de Charette ne pussent séduire et ne trouva rien de mieux que Stofflet, dont l'antagonisme contre le héros du pays de Retz s'était déjà révélé en mainte circonstance.

Le 25 février 1796, Stofflet fut fait prisonnier à la ferme de la Poitevinière, avec deux aides de camp et deux chasseurs qui l'accompagnaient.

On fusilla le chef vendéen et les deux officiers ; on renvoya les deux paysans à leurs chaumières.

Il y avait deux ans que Picaut, qui était un des deux chasseurs de Stofflet, n'avait revu sa maison.

En y arrivant, il aperçut sur le seuil deux grands jeunes gens vigoureux et bien bâtis, qui se jetèrent à son cou et l'embrassèrent.

C'étaient ses fils.

L'aîné avait dix-sept ans, l'autre seize.

Picaut se prêta de bonne grâce à leurs caresses ; puis, lorsqu'ils eurent fini, il se mit à contempler leur structure, leur carrure d'athlète, à tâter leurs membres musculeux avec une satisfaction évidente.

Picaut avait laissé chez lui deux enfants, il retrouvait deux soldats.

Seulement, comme lui, ces soldats étaient absolument désarmés.

La République, en effet, avait pris à Picaut la carabine et le sabre qu'il tenait de la munificence anglaise.

Or, Picaut comptait bien que la République les lui rendrait et qu'elle serait même assez généreuse pour armer ses deux fils, afin de le dédommager du tort qu'elle lui avait fait.

Il est vrai qu'il ne comptait pas la consulter pour cela.

En conséquence, dès le lendemain, il ordonnait aux deux jeunes gens de prendre leurs bâtons de pommier sauvage, et il se mettait en route avec eux dans la direction de Torfou.

Il y avait à Torfou une demi-brigade d'infanterie.

Lorsque Picaut, qui marchait de nuit et qui, dédaignant les sentiers frayés, cheminait à travers champs, aperçut, à une demi-lieue de lui, une agglomération de lumières qui lui signalait la ville et lui indiquait qu'il touchait au but de son voyage, il commanda à ses deux fils de continuer à le suivre, mais d'imiter tous ses mouvements, et de rester immobiles à la place où ils se trouveraient du moment qu'ils entendraient le gazouillement du merle réveillé en sursaut.

Il n'y a point de chasseur qui ne sache que le merle, réveillé en sursaut, s'échappe en jetant trois ou quatre cris rapides et répétés qui n'appartiennent qu'à lui.

Alors, au lieu de marcher droit comme il avait fait jusque-là, Picaut se mit à ramper, suivant toujours l'ombre des haies, tournant autour de la ville et écoutant, de vingt pas en vingt pas, avec la plus grande attention.

Enfin, le bruit d'une marche lente, mesurée, monotone, arriva jusqu'à lui.

Cette marche était celle d'un homme seul.

Picaut se mit à plat ventre et continua d'avancer dans la direction du bruit et se soulevant sur les coudes et sur les genoux.

Ses enfants l'imitèrent.

Au bout du champ qu'il suivait, Picaut entrouvrit la haie, regarda au travers, et, satisfait de son inspection, se fit une trouée, y passa la tête, et, sans trop s'embarrasser des épines que son corps rencontrait, se glissa comme une couleuvre à travers les branches.

Arrivé de l'autre côté, il imita le sifflement du merle effarouché.

C'était, nous l'avons dit, le signal convenu avec ses deux fils.

Ils s'arrêtèrent suivant la consigne reçue ; seulement, se dressant pour regarder au-dessus de la haie, ils suivirent des yeux la manœuvre de leur père.

La pièce qui s'étendait de l'autre côté de la haie, et dans laquelle Picaut avait passé, était un pré dont l'herbe haute et épaisse ondoyait au gré du vent.

A l'extrémité du pré, c'est-à-dire à cinquante pas à peu près, on apercevait la route.

Sur cette route se promenait une sentinelle placée à cent pas d'une maison qui servait de grand-garde, et à la porte de laquelle était une seconde sentinelle.

Les deux jeunes gens embrassèrent d'un regard tout cet ensemble, puis ramenèrent leurs yeux sur leur père, qui continuait de ramper dans l'herbe et se dirigeait du côté de la sentinelle.

Lorsque Picaut ne fut plus qu'à deux pas de la route, il s'arrêta derrière un buisson.

Le soldat se promenait de long en large, et, chaque fois que, dans sa promenade, il tournait le dos à la ville, ses vêtements ou ses armes effleuraient les branches du buisson.

A chaque fois les deux jeunes gens frissonnaient pour leur père.

Tout à coup, et au moment où le vent s'élevait avec une certaine force, la brise qui venait dans leur direction leur apporta un cri étouffé ; puis, avec cette acuité de regard des hommes habitués à y voir la nuit, ils aperçurent, sur la ligne blanche du chemin, comme une masse noirâtre qui se débattait.

Cette masse se composait de Picaut et de la sentinelle.

Picaut, après avoir frappé la sentinelle d'un coup de couteau, l'achevait en l'étranglant.

Un instant plus tard, le Vendéen revenait vers ses deux fils, et, comme après le carnage, la louve partage le butin à ses petits, Picaut partageait aux siens le fusil, le sabre et la giberne du soldat.

Avec ce fusil, ce sabre et cette giberne garnie de cartouches, le second équipement fut plus facile à se procurer que le premier, le troisième que le second.

Mais ce n'était point assez, pour Picaut, que d'avoir des armes : il lui fallait encore trouver l'occasion de s'en servir ; il regarda autour de lui, et, dans MM. Autichamp, de Scepeaux, de Puisaye et de Bourmont, qui tenaient encore la campagne, il ne trouva que des royalistes à l'eau de rose qui ne faisaient point la guerre à son gré et dont aucun ne ressemblait même de loin à Souchu, qui était resté le type que Picaut cherchait dans un chef.

Il en résulta que, plutôt que d'être mal commandé, Picaut se décida à se faire chef et à commander aux autres.

Il recruta quelques mécontents comme lui, et devint chef d'une bande qui, quoique peu nombreuse, ne laissa pas que de témoigner de ses sentiments de haine pour la République.

La tactique de Picaut était des plus simples.

Il habitait d'ordinaire les forêts.

Pendant le jour, il laissait reposer ses hommes.

La nuit venue, il sortait du bois qui lui servait d'asile, embusquait sa petite troupe le long des haies ; puis, si un convoi ou une diligence venait à passer, il l'attaquait et l'enlevait ; quand les convois étaient rares ou les diligences trop bien escortées, Picaut se dédommageait sur les avant-postes, qu'il fusillait, et sur les fermes des patriotes, qu'il incendiait.

Après une ou deux expéditions, ses compagnons lui avaient donné le surnom de *Sans-Quartier*, et Picaut, qui tenait à mériter consciencieusement ce titre, ne manqua jamais, depuis, de faire pendre, fusiller ou éventrer tous les républicains, mâles ou femelles, bourgeois ou militaires, vieillards ou enfants, qui tombaient entre ses mains.

Il continua ses opérations jusqu'en 1800 ; mais, à cette époque, l'Europe laissant quelque répit au premier consul — ou le premier consul laissant quelque répit à l'Europe — Bonaparte, qui avait sans doute entendu vanter les exploits de Picaut Sans-Quartier, résolut de lui consacrer ses loisirs et dépêcha contre lui, non pas un corps d'armée, mais deux chouans recrutés rue de Jérusalem et deux brigades de gendarmerie.

Picaut, sans défiance, reçut les deux faux frères dans sa bande.

Quelques jours après, il tombait dans une souricière.

On le prit, lui et la meilleure partie de sa bande.

Picaut paya de sa tête la sanglante renommée qu'il s'était acquise : comme c'était encore plus un coureur de grandes routes et un arrêteur de diligences qu'un soldat, il fut condamné, non pas à la fusillade, mais à la guillotine.

Il monta, au reste, bravement à l'échafaud, ne demandant pas plus de quartier aux autres qu'il n'en avait accordé lui-même.

Joseph, son fils aîné, fut envoyé au bagne avec les autres prisonniers. Quant à Pascal, qui avait échappé à l'embuscade et regagné ses forêts, il continua à chouanner avec des restes de bande.

Mais cette vie de sauvage ne tarda point à lui devenir odieuse ; il se rapprocha des villes, et, un beau jour, il entra dans Beaupréau, remit au premier soldat qu'il rencontra son sabre et son fusil, et se fit conduire chez le commandant de la ville, auquel il raconta son histoire.

Ce commandant, qui était chef d'une brigade de dragons, s'intéressa au pauvre diable, et, en considération de sa jeunesse et de la singulière confiance avec laquelle il avait agi à son endroit, il lui offrit d'entrer dans son régiment.

En cas de refus, il était forcé de le livrer à l'autorité judiciaire.

Devant une semblable alternative, Pascal Picaut, qui, du reste, ayant appris le sort de son père et de son frère, ne tenait plus à retourner au pays, Pascal Picaut, disons-nous, ne pouvait hésiter et n'hésita point.

Il endossa l'uniforme.

Quatorze ans après, les deux fils de Sans-Quartier se retrouvaient en venant prendre possession du petit héritage que leur avait laissé leur père.

La rentrée des Bourbons avait ouvert à Joseph les portes du bagne, et licencié Pascal, qui, de brigand de la Vendée, était devenu brigand de la Loire.

Joseph, sortant du bagne, rentrait dans sa chaumière plus exalté que ne l'avait jamais été son père, brûlant à la fois de venger, dans le sang des patriotes, et la mort de son père, et les tortures que lui-même avait subies.

Pascal, au contraire, revenait avec des pensées toutes différentes de ses idées primitives, changées par le monde nouveau qu'il avait vu, et surtout par son contact avec des hommes pour lesquels la haine des Bourbons était un devoir, la chute de Napoléon une douleur, l'entrée des alliés une honte ; sentiment qu'entretenait dans son cœur la vue de la croix qu'il portait sur sa poitrine.

Cependant, et malgré une dissidence d'opinion qui amenait des discussions fréquentes, malgré la mésintelligence habituelle qui régnait entre eux, les deux frères ne s'étaient point séparés et avaient continué d'habiter en commun la maison que leur père leur avait laissée, et de cultiver la moitié des champs qui l'entouraient.

Tous deux s'étaient mariés : Joseph avec la fille d'un pauvre paysan ; Pascal, auquel sa croix et sa petite pension donnaient une certaine considération dans le pays, avait épousé la fille d'un bourgeois de Saint-Philbert, patriote comme il l'était lui-même.

La présence des deux femmes dans la maison commune, femmes qui toutes deux, l'une par envie, l'autre par rancune, exagérèrent les sentiments de leurs maris, augmenta ces dispositions à la discorde ; cependant, jusqu'en 1830, les deux frères continuèrent de vivre ensemble.

La révolution de juillet, à laquelle Pascal avait applaudi, réveilla toute l'exaltation fanatique de Joseph ; d'un autre côté, le beau-père de Pascal devint maire de Saint-Philbert, et le chouan et sa femme vomirent tant d'injures contre ces *patauds*, que Mme Pascal déclara à son mari qu'elle ne voulait plus vivre avec de pareils forcenés, au milieu desquels elle ne se croyait plus en sûreté.

Le vieux soldat n'avait pas d'enfants ; il s'était singulièrement attaché à ceux de son frère. Il y avait surtout un petit garçon aux cheveux cendrés, aux joues rebondies et rouges comme des pommes de pigeonnet, dont il ne savait pas se passer : sa plus grande, sa seule distraction était de faire sauter le petit bonhomme sur ses genoux pendant des heures entières. Pascal sentit son cœur se serrer à l'idée de s'éloigner de son fils adoptif ; malgré les torts de son aîné, il n'avait pas cessé d'aimer son frère ; il voyait celui-ci appauvri par les frais qu'avait nécessités l'entretien de sa nombreuse famille ; il craignait que son départ ne le laissât dans la misère : en conséquence, il refusa ce que lui demandait sa femme.

Seulement, on cessa de manger en commun, et, comme la maison se composait de trois pièces, Pascal en laissa deux à son frère, et se retira dans la troisième, après avoir fait murer la porte de communication.

Le soir du jour où Jean Oullier avait été fait prisonnier, la femme de Pascal Picaut était fort inquiète.

Son mari avait quitté le logis vers quatre heures, c'est-à-dire au moment même où la colonne du général Dermoncourt sortait de Montaigu. Pascal devait aller, disait-il, régler un compte avec Courtin, de la Logerie, et, quoiqu'il fût près de huit heures, il n'était pas encore rentré.

Mais l'inquiétude de la pauvre femme était devenue de l'angoisse quand elle avait, à trois cents pas de sa maison, entendu retentir les différents coups de feu tirés sur les bords de la Boulogne.

Marianne Picaut attendait donc son mari avec la plus vive anxiété, et, de temps en temps, elle quittait son rouet, installé au coin de la cheminée, pour aller écouter à la porte.

Les détonations éteintes, elle n'entendit plus rien, que le bruit du vent qui agitait la cime des arbres, ou le cri d'un chien qui, dans le lointain, poussait un hurlement plaintif.

Le petit Louis — l'enfant que Pascal aimait tant — vint à son tour, au bruit de ces coups de feu, s'informer si son oncle était rentré ; mais à peine avait-il montré sa jolie petite tête blonde et rose à la porte, que la voix de sa mère, qui le rappelait durement, le fit disparaître.

Depuis quelques jours, Joseph était devenu plus hautain, plus menaçant, et, le matin même, avant de partir pour la foire de Montaigu, à laquelle il devait se rendre, il avait eu avec son frère une scène qui, sans la patience du vieux soldat, fût certainement devenue une rixe.

La femme de Pascal n'osa donc pas aller communiquer ses inquiétudes à sa belle-sœur.

Tout à coup, elle entendit un bruit de voix chuchotant avec mystère dans le verger qui précédait la chaumière. Elle se leva si précipitamment, qu'elle renversa son rouet.

Au même instant, la porte s'ouvrit, et Joseph Picaut parut sur le seuil.

24

Comment Marianne Picaut pleura son mari

La présence de son beau-frère, que Marianne Picaut attendait si peu en ce moment, un vague pressentiment de malheur qui vint la saisir à sa vue, produisirent sur la pauvre Marianne une si vive impression, qu'elle retomba sur sa chaise à demi morte de terreur.

Cependant, Joseph s'avançait lentement, et sans proférer une parole, vers la femme de son frère, qui le regardait du même œil qu'elle eût regardé une apparition.

Arrivé près de la cheminée, Joseph, toujours muet, prit une chaise, s'assit et se mit à remuer les cendres du foyer avec le bâton qu'il tenait à la main.

Comme il était entré dans le cercle de lumière que renvoyait le foyer, Marianne put voir que son beau-frère, lui aussi, était fort pâle.

— Au nom du bon Dieu, Joseph, lui demanda-t-elle, qu'avez-vous ?

— Quels sont donc les patauds qui sont venus chez vous, ce

soir, Marianne ? demanda le chouan répondant à une question par une autre question.

— Personne n'est venu, dit Marianne en secouant la tête pour donner plus de force à sa dénégation.

Puis, à son tour :

— Joseph, dit-elle, vous n'avez pas rencontré votre frère ?

— Qui donc l'avait emmené hors de chez lui ? demanda le chouan, qui semblait avoir pris le parti d'interroger sans jamais vouloir répondre.

— Encore une fois, personne, je vous dis ; seulement, vers les quatre heures de l'après-midi, il a quitté la maison pour aller payer au maire de la Logerie le sarrasin que, la semaine dernière, il lui avait acheté pour vous.

— Le maire de la Logerie ? répliqua Joseph Picaut en fronçant le sourcil. Ah ! oui, maître Courtin... Encore un fier brigand, celui-là ! Il y a cependant longtemps que je dis à Pascal, et, ce matin encore, je le lui ai répété : « Ne tente pas le Dieu que tu renies, ou il t'arrivera malheur ! »

— Joseph ! Joseph ! s'écria Marianne, osez-vous bien mêler le nom de Dieu à ces paroles de haine contre votre frère, qui vous chérit si bien, vous et les vôtres, qu'il s'ôterait le pain de la bouche pour le donner à vos enfants ! Si le malheur veut qu'il y ait des discordes civiles dans notre pauvre pays, est-ce une raison pour que vous les introduisiez jusque dans notre chaumière ? Gardez votre opinion, mon Dieu, et laissez-lui la sienne, la sienne est inoffensive, et la vôtre ne l'est pas. Son fusil reste accroché à la cheminée, ne se mêle à aucune intrigue et ne menace aucun parti ; tandis que, depuis six mois, il n'est pas de jour où vous ne soyez sorti armé jusqu'aux dents ! tandis que, depuis six mois, il n'est point de menaces que vous n'ayez proférées contre les gens des villes où j'ai mes parents, et même contre nous !

— Il vaut mieux sortir le fusil au poing, il vaut mieux affronter les patauds, comme je le fais, que de trahir lâchement ceux au milieu desquels on vit, que d'amener chez nous les nouveaux bleus, que de leur servir de guide quand ils se répandent dans nos campagnes pour aller piller les châteaux de ceux qui ont gardé la foi.

— Qui a servi de guide aux soldats ?

— Pascal.

— Quand cela ? où cela ?

— Ce soir, au gué de Pont-Farcy.

— Grand Dieu ! c'est du côté du gué que venaient les coups de fusil ! s'écria Marianne.

Tout à coup, les yeux de la pauvre femme devinrent fixes et hagards.

Ils venaient de s'arrêter sur les mains de Joseph.

— Vous avez du sang aux mains ! s'écria-t-elle. A qui ce sang, Joseph ? dites-le-moi ! à qui ce sang ?

Le premier mouvement du chouan avait été de cacher ses mains ; mais il paya d'audace.

— Ce sang, répondit Joseph, dont le visage, de pâle qu'il était, devint pourpre ; ce sang, c'est celui d'un traître à son Dieu, à son pays et à son roi ; c'est le sang d'un homme qui a oublié que les bleus avaient envoyé son père à l'échafaud et son frère au bagne, et qui n'a pas craint de servir les bleus !

— Vous avez tué mon mari ! vous avez assassiné votre frère, s'écria Marianne en se dressant en face de Joseph avec une violence sauvage.

— Non, pas moi, dit Joseph.

— Tu mens !

— Je vous jure que ce n'est pas moi.

— Alors, si tu jures que ce n'est pas toi, jure aussi que tu m'aideras à le venger.

— Vous aider à le venger ? moi, Joseph Picaut ? Non, non, répondit le chouan d'une voix sombre ; car, quoique je n'aie point porté la main sur lui, j'approuve ceux qui l'ont frappé ; et, si j'avais été à leur place, quoiqu'il fût mon frère, je jure Notre Seigneur que je l'aurais frappé comme eux !

— Répète ce que tu viens de dire, s'écria Marianne ; car j'espère avoir mal entendu.

Le chouan répéta mot pour mot les mêmes paroles.

— Sois donc maudit alors, comme je les maudis ! s'écria Marianne en levant la main avec un geste terrible au-dessus de la tête de son beau-frère ; et cette vengeance que tu répudies, et dans laquelle je t'enveloppe, fratricide d'intention, sinon de fait, nous resterons deux pour l'accomplir : Dieu et moi ! et, si Dieu me manque, eh bien, seule, j'y suffirai !

Puis, avec une énergie qui domina complètement le chouan :

— Et maintenant, où est-il ? reprit Marianne ; qu'ont-ils fait de son corps ? Parle ! mais parle donc ! Tu me rendras bien son cadavre, n'est-ce pas ?

— Quand je suis arrivé au bruit des coups de fusil, dit Joseph, il respirait encore. Je l'ai pris dans mes bras pour l'apporter ici ; mais il est mort en chemin.

— Et, alors, tu l'as jeté dans un fossé comme un chien, n'est-ce pas, Caïn ? Oh ! moi qui ne voulais pas y croire quand je lisais cela dans la Bible !

— Non, dit Joseph, je l'ai déposé dans le verger.

— Mon Dieu ! mon Dieu ! s'écria la pauvre femme dont tout le corps fut agité d'un tremblement convulsif. Mon Dieu, peut-être t'es-tu trompé, Joseph... peut-être respire-t-il encore ; peut-être, avec des soins, des secours, est-il possible de le sauver ! Viens avec moi, Joseph, viens ! et, si nous le retrouvons vivant, eh bien, je te pardonnerai d'être l'ami des meurtriers de ton frère...

Elle décrocha la lampe et s'élança vers la porte.

Mais, au lieu de la suivre, Joseph Picaut, qui, depuis quelques instants, prêtait l'oreille aux bruits du dehors, entendant ces bruits — qui étaient évidemment d'une troupe en marche — se rapprocher de la chaumière, attendit que le reflet de la lampe que portait sa belle-sœur n'éclairât plus la porte de la maison, sortit par cette porte, contourna les bâtiments, et, franchissant la haie qui les séparait des champs, s'élança dans la direction de la forêt de Machecoul, dont les masses noires se dessinaient à cinq cents pas de là.

La pauvre Marianne, de son côté, courait çà et là dans le verger.

Eperdue, à moitié folle, elle promenait sa lampe autour d'elle, oubliant de concentrer ses regards sur le cercle de lumière que celle-ci projetait sur le gazon, il lui semblait que, pour retrouver le cadavre de son mari, ses yeux perceraient les ténèbres.

Tout à coup, en passant à un endroit où deux ou trois fois déjà elle avait passé, elle trébucha, faillit tomber, et, dans ce mouvement, ses mains, en se portant vers la terre, rencontrèrent un corps humain adossé contre l'échalier.

Elle poussa un cri terrible, se précipita sur le cadavre, l'embrassa étroitement ; puis, l'enlevant entre ses bras comme, en d'autres circonstances, elle eût fait d'un enfant, elle le porta dans l'intérieur de la chaumière et le déposa sur le lit.

Quelle que fût la mésintelligence qui régnait entre les deux frères, la femme de Joseph se leva et accourut chez Pascal.

En apercevant le cadavre de son beau-frère, elle tomba à genoux près du lit en sanglotant.

Marianne prit la lumière que sa belle-sœur avait apportée — car, pour elle, elle avait laissé la sienne à l'endroit où elle avait retrouvé Pascal — Marianne, disons-nous, prit la lumière et la promena sur le visage de son mari.

Pascal Picaut avait la bouche et les yeux ouverts comme s'il vivait encore.

Marianne mit vivement la main sur la poitrine du cadavre : le cœur ne battait plus.

Alors, se tournant vers sa belle-sœur, qui pleurait et priait toujours, la veuve de Pascal Picaut, dont les yeux étaient devenus rouges et flamboyants comme les tisons de l'âtre, s'écria :

— Voilà ce que les chouans ont fait de mon mari ! voilà ce que Joseph a fait de son frère ! eh bien, sur ce cadavre, je jure de ne me donner ni paix ni trêve, jusqu'à ce que les assassins aient payé le prix du sang !

— Et vous n'attendrez pas longtemps, pauvre femme ! ou j'y perdrai mon nom, dit une voix d'homme derrière les deux femmes.

Toutes deux se retournèrent et aperçurent un officier enveloppé d'un manteau.

Cet officier était entré sans qu'elles l'entendissent.

A la porte, on voyait dans l'ombre étinceler les baïonnettes.

On entendait hennir les chevaux, qui respiraient dans la brise l'odeur du sang.

— Qui êtes-vous ? demanda Marianne.

— Un vieux soldat comme votre mari, un homme qui a vu assez de champs de bataille pour qu'il ait le droit de vous dire qu'il ne faut pas gémir sur le sort de ceux qui, comme lui, tombent pour la patrie, mais qu'il faut les venger.

— Je ne gémis pas, monsieur, répondit la veuve en redressant la tête et en secouant ses cheveux épars. Que vous amène dans notre chaumière en même temps que le mort ?

— Votre mari devait nous servir de guide dans une expédition importante pour le salut de votre malheureux pays : cette expédition peut empêcher que des flots de sang ne coulent pour une cause perdue ; ne pourriez-vous me donner quelqu'un pour le remplacer ?

— Rencontrerez-vous des chouans dans votre expédition ? demanda Marianne.

— C'est probable, répondit l'officier.

— Eh bien, alors, c'est moi qui serai votre guide, s'écria la veuve en décrochant le fusil de son mari, suspendu au manteau de la cheminée. Où voulez-vous aller ? Je vous conduis ; vous me payerez avec des cartouches.

— Nous voulons aller au château de Souday.

— Bien ; je vous y conduirai, je sais les chemins.

Et, jetant un dernier regard sur le cadavre de son mari, la veuve de Pascal Picaut sortit la première de sa maison, suivie par le général.

La femme de Joseph resta à prier près du corps de son beau-frère.

25

Où l'amour prête des opinions politiques à ceux qui n'en ont pas

Nous avons laissé le jeune baron Michel sur le point de prendre un grand parti.

Seulement, au moment de prendre ce parti, il avait entendu des pas dans le corridor.

Il s'était alors jeté sur son lit, les yeux fermés, mais l'oreille ouverte.

Ces pas avaient passé et, un instant après, repassé devant sa porte sans s'arrêter.

Ce n'étaient point les pas de sa mère, ce n'était point à lui que l'on en voulait.

Le jeune baron rouvrit les yeux, et, reprenant une position semi-verticale, se mit à réfléchir, assis sur son lit.

Ses réflexions étaient graves.

Il fallait ou rompre avec sa mère, dont les moindres volontés étaient des lois pour lui, renoncer aux idées ambitieuses que celle-ci caressait pour son fils, et qui par instant, n'avaient point été sans séduire la vacillante imagination du jeune baron ; il fallait dire adieu aux honneurs dont la royauté de juillet avait promis de ne point se montrer avare envers le jeune millionnaire, se lancer dans une équipée qui, à coup sûr, pouvait être sanglante, ramener à sa suite l'exil, la confiscation, la mort, mais que Michel, malgré sa jeunesse, jugeait, avec beaucoup de bon sens, devoir demeurer impuissante ; il fallait tout cela — ou bien se résigner et oublier Mary.

Disons-le, Michel réfléchit un instant, mais n'hésita point.

L'entêtement est la première conséquence de la faiblesse, qui s'obstine parfois jusqu'à la férocité.

Trop de bonnes raisons aiguillonnaient, d'ailleurs, le désir du jeune baron pour qu'il y résistât.

L'honneur lui faisait un devoir de prévenir le comte de Bonneville des dangers qui pouvaient le menacer, lui et la personne qu'il accompagnait.

Et, sur ce point, s'il se reprochait une chose, c'était d'avoir trop tardé.

Aussi, après quelques secondes de réflexion, prit-il son parti.

Malgré les précautions de sa mère, Michel avait lu assez de

romans pour savoir comment, au besoin, une simple paire de draps peut devenir une échelle fort satisfaisante et c'était ce à quoi, tout naturellement, il avait songé d'abord. Malheureusement, les fenêtres de sa chambre étaient juste au-dessus de celles de l'office, d'où l'on devait immanquablement le voir flotter entre ciel et terre lorsqu'il entreprendrait sa descente, quoique, comme nous l'avons dit, la nuit commençât à tomber ; en outre, il y avait si loin de sa chambre au sol, que, malgré sa résolution de conquérir au prix de mille dangers le cœur de celle qu'il aimait, notre jeune homme sentait une sueur froide passer sur tout son corps, à l'idée de se trouver suspendu au-dessus d'un pareil abîme par un si fragile lien.

Il y avait, en face de ses fenêtres, un énorme peuplier du Canada dont les branches s'avançaient à quatre ou cinq pieds du balcon.

Descendre le long de ce peuplier, si inexpérimenté que fût Michel dans les exercices du corps, cela lui semblait facile ; mais il fallait atteindre les branches, et le jeune homme ne comptait point assez sur l'élasticité de ses jarrets pour l'essayer.

La nécessité le rendit ingénieux.

Il avait trouvé, en furetant dans la chambre, tout un attirail de pêche qui jadis lui avait servi à s'escrimer contre les carpes et les gardons du lac de Grand-Lieu, plaisir innocent que la sollicitude maternelle, si exagérée qu'elle fût, avait cru pouvoir autoriser.

Il prit une de ses cannes de pêche, qu'il munit d'un hameçon.

Il déposa la canne dressée près de la fenêtre.

Il alla à son lit et prit un drap.

A l'extrémité du drap, il noua un chandelier — il lui fallait un objet d'un certain poids : un chandelier tomba sous sa main, il prit un chandelier.

Il lança son chandelier de manière à le faire retomber de l'autre côté d'une des plus grandes branches du peuplier.

Puis, avec le bout de sa ligne armée d'un hameçon, il saisit le bout flottant et le ramena à lui.

Après quoi, il lia les deux bouts énergiquement au balcon de sa fenêtre ; une espèce de pont suspendu, d'une solidité à toute épreuve, se trouva ainsi érigé entre la fenêtre et le peuplier.

Le jeune homme se mit à califourchon sur ce pont comme un matelot sur sa vergue, et, en avançant doucement, il eut bientôt atteint la branche, puis enfin la terre.

Alors, et sans se soucier si on le verrait ou non, il traversa la pelouse en courant et se dirigea vers Souday dont, à présent, il savait le chemin mieux que personne.

Lorsqu'il fut à la hauteur de la Roche-Servière il entendit

une fusillade qui lui parut éclater entre Montaigu et le lac de Grand-Lieu.

Son émotion fut vive et profonde.

Chacune des détonations qui lui arrivaient avec la brise produisait une commotion douloureuse qui se répercutait dans son cœur ; ce bruit, en effet, semblait indiquer le danger, peut-être même l'agonie de ceux qu'il aimait, et cette pensée le glaçait d'épouvante ; puis, lorsqu'il songeait que Mary pouvait l'accuser, rejeter sur lui les malheurs qu'il n'avait pas su écarter de sa tête et de celles de son père, de sa sœur et de leurs amis, ses yeux se remplissaient de larmes.

Aussi, loin de ralentir sa marche au bruit de cette fusillade, ne pensa-t-il qu'à redoubler de vitesse ; du pas accéléré, il passa au pas de course, et arriva bientôt aux premiers arbres de la forêt de Machecoul.

Là, au lieu de suivre la route, qui eût retardé son arrivée de quelques minutes, il se jeta dans un sentier qu'il avait pris plus d'une fois dans ce même but de raccourcir son chemin.

Sous la voûte obscure des arbres, tombant de temps en temps dans un fossé, se heurtant à une pierre, s'accrochant à un buisson, tant l'obscurité était grande, tant le sentier était étroit, il arriva enfin à ce que l'on appelle le val du Diable.

Il franchissait le ruisseau qui en suit le fond, lorsqu'un homme, s'élançant brusquement d'une touffe de genêts, se précipita sur lui et le saisit si brusquement, qu'il le renversa en arrière dans le lit fangeux du ruisseau ; et, lui faisant sentir contre la tempe le froid du canon d'un pistolet :

— Pas un cri ! pas un mot ! ou vous êtes mort ! lui dit-il.

Cette position affreuse pour le jeune homme se prolongea pendant une minute qui lui sembla un siècle.

L'homme lui avait mis un genou sur la poitrine, le maintenait renversé, et restait lui-même immobile comme s'il attendait quelqu'un.

Enfin, voyant que ce quelqu'un ne venait pas, il poussa un cri de chat-huant.

Un cri semblable, venu de l'intérieur du bois, lui répondit ; puis le pas rapide d'un homme se fit entendre, et un nouveau personnage arriva sur le lieu de la scène.

— Est-ce toi, Picaut ? dit l'homme qui tenait sous son genou le jeune baron.

— Non, ce n'est pas Picaut, répondit l'homme ; c'est moi.

— Qui, toi ?

— Moi, Jean Oullier ! répondit le nouveau venu.

— Jean Oullier, s'écria le premier avec tant de joie qu'il se dressa à moitié et soulagea d'autant son prisonnier. Vrai, c'est vous ? vrai, vous avez échappé aux culottes rouges ?

— Oui, grâce à vous autres, mes amis ; mais nous n'avons pas une minute à perdre si nous voulons éviter de grands malheurs.

— Que faut-il faire ? Maintenant que te voilà libre et que tu es avec nous, tout ira bien.

— Combien as-tu d'hommes avec toi ?

— Nous étions huit en sortant de Montaigu ; les gars de Vieille-Vigne nous ont ralliés : nous devons bien être quinze ou dix-huit à cette heure.

— Et des fusils ?

— Tous en ont.

— Bien. Où les as-tu égaillés ?

— Sur la lisière de la forêt.

— Il faut rassembler tout ton monde.

— Oui.

— Tu connais le carrefour des Ragots ?

— Comme ma poche.

— Vous y attendrez les soldats, non pas en embuscade, mais à découvert ; tu ordonneras le feu quand ils seront à vingt pas de tes hommes. Tuez-en le plus que vous pourrez ; ce sera toujours autant de vermine de moins.

— Bien ; et après ?

— Aussitôt les fusils déchargés, vous vous séparerez en deux bandes : l'une fuira par le sentier de la Cloutière, l'autre par le chemin de Bourgnieux. Vous fuirez en tiraillant, bien entendu ; faut leur donner du goût à vous suivre.

— Pour les détourner de leur route, quoi !

— Justement, Guérin ! c'est cela.

— Oui, mais... et vous ?

— Moi, je cours à Souday. Il faut que j'y sois dans dix minutes.

— Oh ! oh ! Jean Oullier, fit le paysan d'un air de doute.

— Eh bien, après ? demanda Jean Oullier. Se défie-t-on de moi, par hasard ?

— On ne dit pas qu'on se défie de toi, on dit qu'on ne se fie à aucun autre.

— Il faut que je sois dans dix minutes à Souday, te dis-je et, quand Jean Oullier dit *il faut*, c'est qu'il faut ! Toi, tu occuperas les soldats pendant une demi-heure, c'est tout ce que je te demande.

— Jean Oullier ! Jean Oullier !

— Quoi ?

— Eh bien, si les gars allaient ne pas vouloir attendre les culottes rouges à découvert ?

— Tu le leur ordonnerais au nom du bon Dieu !

— Si c'était toi qui leur ordonnasses, ils obéiraient ; mais, moi, avec ça qu'il y a là Joseph Picaut, et tu sais bien que Joseph Picaut ne fait qu'à sa manière.

— Mais, si je ne vais pas à Souday, qui ira à ma place ?

— Moi, si vous voulez bien, monsieur Jean Oullier, dit une voix qui semblait sortir de terre.

— Qui est-ce qui parle ? demanda le garde.

— Un prisonnier que je viens de faire, répondit le chouan.

— Comment s'appelle-t-il ?

— Oh ! je ne lui ai pas demandé son nom.

— Votre nom ? demanda durement Jean Oullier.

— Je suis le baron de la Logerie, répliqua le jeune homme en parvenant à s'asseoir.

Car la main de fer du Vendéen s'était desserrée, lui avait rendu la liberté de ses mouvements, et il en profitait pour respirer.

— Ah ! le fils Michel... Encore vous par ici ? murmura Jean Oullier à demi-voix et d'un ton farouche.

— Oui ; lorsque M. Guérin m'a arrêté, j'allais justement à Souday prévenir mon ami Bonneville et Petit-Pierre que leur retraite était connue.

— Et comment saviez-vous cela ?

— Je l'ai appris hier au soir, en écoutant une conversation de ma mère avec Courtin.

— Comment alors, ayant de si belles intentions, avez-vous tant tardé à avertir votre ami ? repartit Jean Oullier, avec un accent tout à la fois de doute et d'ironie.

— Parce que la baronne m'avait enfermé dans ma chambre, que cette chambre est située au second étage, que je n'ai pu sortir que cette nuit, par la fenêtre, et au risque de me tuer.

Jean Oullier réfléchit pendant quelques secondes : ses préventions contre tout ce qui venait de la Logerie étaient si fortes, sa haine contre tout ce qui portait le nom de Michel était si profonde, qu'il lui répugna d'accepter le moindre service du jeune homme ; car, malgré l'accent de naïve franchise de ce dernier, le méfiant Vendéen se demandait encore si sa bonne volonté ne cachait pas quelque trahison.

Cependant, il comprenait que Guérin avait raison, que, seul, dans une circonstance suprême, il saurait donner aux chouans assez de confiance en eux-mêmes pour se laisser aborder par leurs ennemis ; que, seul, il pourrait prendre les mesures nécessaires pour ralentir la marche de ceux-ci.

D'un autre côté, il se disait que Michel, mieux qu'aucun des paysans, saurait expliquer au comte de Bonneville le danger qui le menaçait, et, tout en rechignant encore, il se résigna à avoir une obligation au jeune rejeton de la famille Michel.

Mais ce ne fut point sans murmurer :

— Ah ! louveteau ! il faut bien que je ne puisse faire autrement, va !

Puis, tout haut :

— Eh bien, soit, dit-il enfin. Allez-y donc ! Mais avez-vous des jambes, au moins ?

— D'acier !

— Hum ! fit Jean Oullier.

— Si Mlle Bertha était là, elle vous le certifierait.

— Mlle Bertha ? dit Jean Oullier, dont les sourcils se froncèrent.

— Oui ; c'est moi qui ai été chercher le médecin pour le père Tinguy, et je n'ai mis que cinquante minutes à faire deux lieues et demie, aller et retour.

Jean Oullier secoua la tête en homme qui est loin d'être convaincu.

— Occupez-vous de vos ennemis, dit Michel, et comptez sur moi. Il vous fallait dix minutes pour aller à Souday ; moi, j'y serai dans cinq, je vous en réponds.

Et, le jeune homme secoua la fange dont il était couvert et s'apprêta à partir.

— Connaissez-vous bien le chemin ? lui demanda Jean Oullier.

— Si je le connais ! Comme les sentiers du parc de la Logerie.

Et s'élançant dans la direction du château de Souday :

— Bonne chance, monsieur Jean Oullier ! cria-t-il au Vendéen.

Jean Oullier resta un instant rêveur : la connaissance que le jeune baron déclarait avoir des environs du château de son maître le contrariait singulièrement.

— Bon, bon, dit-il enfin en grommelant, nous mettrons ordre à tout cela quand nous en aurons le temps.

Puis, à Guérin :

— Voyons, toi, dit-il, appelle les gars.

Le chouan déchaussa un de ses sabots, et, l'approchant de sa bouche, il souffla dedans de façon à imiter le hurlement du loup.

— Crois-tu qu'ils t'entendront ? demanda Jean Oullier.

— A coup sûr ! J'ai pris le dessus du vent pour les rallier au besoin.

— Alors, inutile de les attendre ici. Gagnons le carrefour des Ragots ; tu les hauleras tout en marchant, et ce sera autant de temps de gagné.

— Combien, à peu près, avez-vous d'avance sur les soldats ?

demanda Guérin en se jetant dans le fourré à la suite de Jean Oullier.

— Une grande demi-heure ; ils se sont arrêtés à la ferme de la Pichardière.

— De la Pichardière ? fit Guérin devenu rêveur.

— Sans doute ; le Pascal Picaut, qu'ils auront réveillé, leur aura servi de guide. N'est-il pas homme à cela ?

— Le Pascal Picaut ne servira plus de guide à personne : le Pascal Picaut ne se réveillera plus ! dit Guérin d'une voix sombre.

— Ah ! ah ! dit Jean Oullier, tantôt... c'était donc lui ?

— Oui, c'était lui.

— Et vous l'avez tué ?

— Il se débattait, il appelait à l'aide, les soldats étaient à demi-portée de fusil de nous. Il a bien fallu !

— Pauvre Pascal ! fit Jean Oullier.

— Oui, reprit Guérin, quoique pataud, c'était un brave homme.

— Et son frère ? demanda Jean Oullier.

— Son frère ?...

— Oui, Joseph.

— Il regardait, dit Guérin.

Jean Oullier se secoua comme un loup qui reçoit dans le flanc une charge de chevrotines. Cette vigoureuse nature avait accepté toutes les conséquences d'une lutte terrible, comme le sont d'ordinaire les luttes des guerres civiles ; mais il n'avait pas prévu celle-là, et elle le faisait frissonner d'horreur.

Pour dérober son émotion à Guérin, il se mit à hâter le pas et, malgré les ténèbres, à franchir les cépées avec la rapidité qu'il y mettait quand il appuyait ses chiens.

Guérin, qui, du reste, s'arrêtait de temps en temps pour souffler dans son sabot, avait peine à le suivre.

Tout à coup, il l'entendit qui sifflait doucement pour l'avertir de faire halte.

En ce moment, ils étaient arrivés à un endroit de la forêt que l'on appelle le saut de Baugé.

Ils n'étaient qu'à peu de distance du carrefour des Ragots.

26

Le saut de Baugé

Le saut de Baugé est un marécage au-dessus duquel le chemin qui conduit à Souday monte presque perpendiculairement.

C'est un des escarpements les plus abrupts de cette montueuse forêt.

La colonne des *culottes rouges*, comme Guérin appelait les soldats, devait d'abord traverser ces marécages, puis gravir cette côte rapide.

Jean Oullier était arrivé à l'endroit de la route où le chemin s'étend, à l'aide de fascines, à travers le marécage, pour monter ensuite la colline.

Arrivé là, il avait, comme nous l'avons dit, sifflé Guérin, qui le trouva réfléchissant.

— Eh bien, demanda Guérin, à quoi penses-tu ?

— Je pense, répondit Jean Oullier, que ceci vaudrait peut-être mieux que le carrefour des Ragots.

— D'autant plus, fit Guérin, que voici une charrette derrière laquelle on pourrait s'embusquer.

Jean Oullier, qui n'y avait pas fait attention, examina l'objet que lui indiquait son compagnon.

C'était une lourde voiture chargée de bois, que ses conducteurs avaient abandonnée pour la nuit au bord du marais, sans doute parce que, surpris par l'obscurité, ils n'avaient pas osé se hasarder sur l'étroit chemin qui, pareil à un pont, traversait le marais fangeux.

— J'ai une idée, dit Jean Oullier en regardant alternativement la charrette et la colline qui se dressait comme un rempart sombre de l'autre côté du marais ; seulement, il faudrait...

Et Jean Oullier regarda autour de lui.

— Il faudrait quoi ?

— Que les gars arrivassent.

— Les voici, dit Guérin. Tiens, regarde ; voici Patry, voici les deux frères Gambier, voilà les gens de Vieille-Vigne, et puis Joseph Picaut.

Jean Oullier se détourna pour ne pas voir celui-ci.

Effectivement, les chouans arrivaient de tous les côtés ; il en sortait un de derrière chaque haie, il en surgissait un de chaque buisson.

Bientôt ils furent tous réunis.

— Mes gars, leur dit Jean Oullier, depuis que la Vendée est Vendée, c'est-à-dire qu'elle se bat, jamais ses enfants ne se sont trouvés plus qu'aujourd'hui dans l'obligation de montrer leur cœur et leur foi. Si nous n'arrêtons pas les soldats de Louis-Philippe, je crois qu'un grand malheur arrivera ; un malheur tel, mes enfants, que toute la gloire dont notre pays s'est couvert en sera effacée. Quant à moi, je suis bien décidé à laisser mes os dans le saut de Baugé avant de permettre que cette infernale colonne aille plus loin.

— Nous aussi, Jean Oullier, dirent toutes les voix.

— Bien ! je n'attendais pas moins des hommes qui m'ont suivi depuis Montaigu pour me délivrer, et qui y ont réussi. Voyons, pour commencer, cela vous effrayerait-il de m'aider à pousser cette charrette jusqu'au haut de la côte ?

— Essayons, dirent les Vendéens.

Jean Oullier se mit à leur tête, et la lourde voiture, que les uns poussaient par les roues, les autres par-derrière, tandis que huit ou dix la tiraient par les brancards, traversa sans encombre le marais, et fut hissée plutôt que traînée sur le sommet de l'escarpement.

Lorsque Jean Oullier l'eut calée avec des pierres, de façon qu'elle ne redescendît pas d'elle-même, entraînée par son propre poids, cette rampe qu'elle avait eu tant de peine à gravir :

— Maintenant, dit-il, vous allez vous embusquer de chaque côté du marais, moitié à droite, moitié à gauche, et, quand il sera temps, c'est-à-dire quand je crierai « Feu ! » vous tirerez. Si les soldats se retournent et vous suivent, comme je l'espère, battez doucement en retraite du côté de Grand-Lieu, toujours de façon à les entraîner à votre poursuite, à dégager Souday, où ils veulent arriver. Si, au contraire, ils continuent leur chemin à grande course, alors, chacun de notre côté, nous irons les attendre au carrefour des Ragots. C'est là qu'il s'agira de tenir ferme et de mourir à son poste.

Les chouans allèrent s'embusquer aux deux côtés du marécage ; Jean Oullier resta seul avec Guérin.

Alors, il se jeta à plat ventre, collant son oreille contre terre :

— Ils approchent, dit-il ; ils suivent le chemin de Souday comme s'ils le connaissaient. Qui diable peut donc les conduire, puisque Pascal Picaut est mort ?

— Ils auront trouvé à la ferme quelque paysan qu'ils auront contraint.

— Alors, c'en est encore un qu'il faudra leur enlever... En fin fond de forêt de Machecoul, sans guide, il n'en rentrera pas un dans Montaigu !

— Ah çà ! mais tu n'as pas d'armes, Jean Oullier.

— Moi, répliqua le vieux Vendéen en riant entre ses dents, j'en ai une qui en abattra plus que ta carabine, et, dans dix minutes, sois tranquille, si tout va comme je l'espère, les fusils ne seront pas rares le long du saut de Baugé.

En achevant ces mots, Jean Oullier se releva, et, remontant la pente qu'il avait descendue à moitié pour faire prendre à ses hommes leurs dispositions de bataille, il se rapprocha de la charrette.

Il était temps : comme il arrivait au sommet de la colline, il entendit sur la descente le bruit des pierres qui roulaient sous les pieds des chevaux, et il vit deux ou trois étincelles que leurs fers tiraient des cailloux.

L'air, en outre, était imprégné de ce frémissement qui, dans la nuit, annonce l'approche d'une troupe armée.

— Allons, va rejoindre les hommes, dit-il à Guérin ; moi, je reste ici.

— Pour quoi faire ?

— Tu le verras tout à l'heure.

Guérin obéit.

Jean Oullier se glissa sous la charrette et attendit.

A peine Guérin avait-il pris son poste près de ses compagnons, que les deux chasseurs d'avant-garde se trouvèrent au bord du marécage.

Voyant la difficulté du terrain, ils s'arrêtèrent hésitants.

— Tout droit ! cria une voix fermement accentuée, quoique avec un timbre féminin, tout droit !

Les deux chasseurs s'engagèrent dans le marécage, et, grâce au chemin tracé par les fascines, ils le traversèrent sans accident, et se mirent alors à gravir la hauteur, se rapprochant de plus en plus de la charrette et par conséquent de Jean Oullier.

Lorsqu'ils ne furent plus qu'à vingt pas de lui, Jean Oullier, toujours sous la charrette, se suspendit par les mains à l'essieu, par les pieds aux barres de devant, et demeura immobile.

Bientôt les deux chasseurs d'avant-garde arrivèrent à la hauteur de la charrette.

Ils l'examinèrent attentivement, du haut de leur monture ; mais, ne voyant rien qui pût exciter leur méfiance, ils continuèrent leur chemin.

Le gros de la colonne était alors au bord du marais.

La veuve passa d'abord, puis le général, puis les chasseurs.

Derrière les chasseurs, vint l'infanterie.

On traversa le marécage dans cet ordre.

Mais, au moment où l'on atteignait le bas de la pente, un bruit semblable au roulement du tonnerre partit du sommet de l'escarpement que les soldats allaient gravir ; le sol trembla sous leurs pas, et une sorte d'avalanche descendit du haut de la colline avec la rapidité de la foudre.

— Rangez-vous ! cria Dermoncourt d'une voix qui dominait tout cet horrible fracas.

Et, saisissant la veuve par le bras, il donna un coup d'éperon à son cheval, qui bondit et se jeta dans les buissons.

Le général avait surtout pensé à son guide : c'était pour le moment ce qu'il avait de plus précieux.

Son guide et lui étaient sauvés.

Mais les soldats, pour la plupart, n'eurent pas le temps d'exécuter l'ordre de leur chef. Paralysés par le bruit étrange qu'ils entendaient, ne sachant à quel nouvel ennemi ils avaient affaire, aveuglés par les ténèbres, se sentant enveloppés par le danger, ils demeurèrent au milieu du chemin, et la charrette — car c'était elle que Jean Oullier avait lancée sur la déclivité de la route — troua leur masse comme eût pu le faire un énorme boulet, et s'abattit au milieu d'eux, tuant ceux qui se trouvaient sous ses roues, blessant ceux qu'elle couvrait de ses débris.

Un moment de stupeur suivit cette catastrophe ; mais elle n'eut point de prise sur Dermoncourt, qui, d'une voix forte, cria :

— En avant, soldats ! en avant ! et sortons au plus vite de ce coupe-gorge.

Au même instant, une voix non moins forte que celle du général cria :

— Feu, les gars !

Un éclair sortit de chacun des buissons qui bordaient le marécage, et une pluie de balles vint crépiter autour de la petite colonne.

La voix qui avait commandé le feu s'était fait entendre en avant de la colonne, les coups de feu pétillaient derrière elle ; le général, vieux loup de guerre, aussi rusé que Jean Oullier, comprit la manœuvre.

On voulait le détourner de son chemin.

— En avant ! cria-t-il ; ne perdez pas votre temps à riposter... En avant ! en avant !

La troupe prit le pas de course, et, malgré la fusillade, elle arriva au sommet de la colline.

En même temps que le général et les soldats accomplissaient leur mouvement ascensionnel, Jean Oullier, se masquant derrière les bruyères, descendait rapidement la colline et se retrouvait au milieu de ses compagnons.

— Bravo ! lui dit Guérin. Ah ! si nous avions eu seulement dix bras comme les tiens et quelques charrettes de bois comme celle-là, nous serions à cette heure délivrés de ces maudits soldats.

— Hum ! répondit Jean Oullier, je ne suis pas aussi satisfait que toi. J'avais espéré qu'ils retourneraient en arrière, et il n'en est rien : ils m'ont tout l'air de continuer leur route. Au carrefour des Ragots, donc ! et aussi vite que nos jambes pourront nous y porter.

— Qui donc prétend que les culottes rouges continuent leur route ? demanda une voix.

Jean Oullier s'approcha de la clairière marécageuse d'où cette voix était partie et reconnut Joseph Picaut.

Le Vendéen, un genou en terre et son fusil près de lui, vidait consciencieusement les poches de trois soldats que l'énorme projectile de Jean Oullier avait renversés et écrasés.

Le vieux garde se détourna avec dégoût.

— Ecoutez Joseph, dit Guérin parlant bas à l'oreille de Jean Oullier ; écoutez-le ; car il y voit la nuit comme les chats, et son conseil n'est point à dédaigner.

— Eh ! je prétends, moi, continua Joseph Picaut en enfermant son butin dans un bissac qu'il portait toujours avec lui, je prétends, moi, que, depuis qu'ils sont arrivés au faîte de la montagne, les bleus n'ont point bougé de place. Vous n'avez donc pas d'oreilles, vous autres, que vous ne les entendez pas qui trépignent là-haut comme des moutons dans leur parc ? Eh bien, si vous ne les entendez pas, je les entends, moi.

— Il faudrait s'en assurer, dit Jean Oullier à Guérin, évitant ainsi de répondre à Joseph.

— Vous avez raison, Jean Oullier, et j'y vais moi-même, répondit Guérin.

Le Vendéen traversa le marais, se jeta dans les roseaux, gravit la moitié de la rampe, puis, arrivé là, se coucha à plat-ventre, rampant comme une couleuvre le long des rochers, et glissant si doucement entre les bruyères, que c'était à peine si son passage agitait leur cime.

Il arriva ainsi jusqu'aux deux tiers de la colline.

Lorsqu'il ne fut plus qu'à trente pas du point culminant, il se redressa, mit son chapeau au bout d'une branche, et l'agita au-dessus de sa tête.

Aussitôt un coup de feu, parti de la hauteur, fit voler le chapeau de Guérin à vingt pas de son propriétaire.

— Il a raison, dit Jean Oullier, qui entendit d'en bas la détonation. Mais comment se fait-il qu'ils renoncent à leur projet ? Leur guide a-t-il été tué ?

— Leur guide n'a pas été tué, dit Joseph Picaut d'une voix sinistre.

— Tu l'as donc vu ? demanda une voix ; car Jean Oullier semblait décidé à ne plus adresser la parole à Picaut.

— Oui, répondit le chouan.

— Reconnu ?

— Oui.

— Alors, murmura Jean Oullier se parlant à lui-même, c'est qu'ils n'aiment pas les fondrières, et que l'air des marais leur semble malsain. Derrière ces rochers, ils sont à l'abri de nos balles, et ils y vont sans doute demeurer jusqu'au jour.

Effectivement, on aperçut bientôt de faibles lueurs briller sur la hauteur ; puis, peu à peu, ces lueurs s'activèrent, grandirent, et quatre ou cinq feux éclairèrent de leurs reflets sanglants les maigres buissons qui poussaient entre les interstices des roches.

— Voilà qui est bien étrange, si leur guide est encore avec eux, dit Jean Oullier. Enfin, c'est possible, et, comme, s'ils changent d'idée, c'est toujours par le carrefour des Ragots qu'ils doivent passer...

Il regarda autour de lui, et, voyant Guérin qui était revenu prendre sa place à son côté :

— Tu vas, continua-t-il, t'y rendre avec tes hommes, Guérin.

— Bien, fit celui-ci.

— S'ils continuent leur route, tu sais ce que tu as à faire ; si au contraire, ils ont décidément établi leur bivouac au saut de Baugé, dans une heure tu pourras les laisser grelotter à leur aise autour de leur feu : il sera inutile de les attaquer.

— Pourquoi cela ? dit Joseph Picaut.

Interpellé directement comme chef, et sur l'ordre donné par lui, Jean Oullier fut forcé de répondre.

— Parce que, dit-il, c'est un crime d'exposer inutilement la vie de braves gens.

— Dites tout simplement, Jean Oullier...

— Quoi ? demanda le vieux garde interrompant vivement Joseph Picaut.

— Dites : « Parce que mes maîtres, les nobles que je sers, n'ont plus besoin de la vie de ces braves gens. » Et, cette fois-là, vous direz la vérité, Jean Oullier.

— Qui est-ce qui dit que Jean Oullier a jamais menti ? demanda le vieux garde en fronçant le sourcil.

— Moi ! dit Joseph Picaut.

Jean Oullier serra les dents, mais se contint ; il semblait décidé à n'avoir ni amitié ni rixe avec l'ex-galérien.

— Moi ! répéta celui-ci ; moi qui prétends que ce n'est point par souci de nos corps que vous voulez nous empêcher de profiter de notre victoire, mais parce que vous ne nous avez fait battre que pour empêcher les culottes rouges d'aller piller le château de Souday.

— Joseph Picaut, répliqua Jean Oullier avec calme, quoique nous portions la même cocarde, nous ne suivons pas les mêmes voies et ne tendons pas au même but. J'ai toujours pensé que, quelles que fussent leurs opinions, les hommes étaient frères, et je ne me plais pas à voir répandre inutilement le sang de mon frère... Quant à ce qui est de mes relations avec mes maîtres, j'ai toujours regardé l'humilité comme le premier devoir d'un chrétien, surtout lorsque ce chrétien est un pauvre paysan comme vous et moi. Enfin, j'ai toujours envisagé l'obéissance comme la plus impérieuse loi du soldat. Je sais que vous ne pensez pas ainsi ; tant pis pour vous ! En d'autres circonstances, je vous eusse peut-être fait repentir de ce que vous venez de dire ; mais, en ce moment, je ne m'appartiens pas... rendez-en grâce à Dieu !

— Eh bien, dit en ricanant Joseph Picaut, quand vous serez redevenu propriétaire de votre individu, vous savez où me trouver, n'est-ce pas, Jean Oullier ? et vous ne me chercherez pas longtemps.

Puis, se retournant vers la petite troupe :

— Maintenant, dit-il, si parmi vous autres il en est qui pensent qu'il est fou d'attendre le lièvre à l'affût, quand on peut le prendre au gîte, que ceux-là viennent avec moi.

Et il fit un mouvement pour s'éloigner.

Personne ne bougea ; personne même ne répondit.

Joseph Picaut, voyant le silence général qui accueillait sa proposition, fit un geste de colère et s'enfonça dans le hallier.

Jean Oullier prit ses paroles pour une forfanterie et se contenta de hausser les épaules.

— Allons, allons, vous autres, dit Jean Oullier aux chouans, au carrefour des Ragots, et vivement ! Suivez le lit du ruisseau jusqu'à la taille des Quatre-Vents, et, dans un quart d'heure, vous y serez.

— Et toi, Jean Oullier ? demanda Guérin.

— Moi, répondit le vieux garde, je cours à Souday ; je veux m'assurer que ce Michel a rempli sa mission.

La petite troupe s'éloigna obéissante, suivant, comme l'avait dit Jean Oullier, le cours du ruisseau qu'elle descendait.

Le vieux garde resta seul.

Il écouta pendant quelques instants le bruit de l'eau que les chouans agitaient en marchant ; mais bientôt ce bruit finit par se confondre avec celui des cascatelles, et Jean Oullier tourna la tête du côté des soldats.

Les rochers sur lesquels la colonne avait fait halte formaient une petite chaîne qui allait de l'est à l'ouest, dans la direction de Souday.

A l'est, elle se terminait à deux cents pas environ de l'endroit où s'était passée la scène que nous venons de raconter, finissant par une pente douce qui allait aboutir au ruisseau dont les chouans avaient remonté le cours pour tourner le campement des soldats.

Du côté de l'ouest, elle se prolongeait pendant une demi-lieue à peu près, et plus elle avançait du côté de Souday, plus elle devenait escarpée, plus elle s'élevait, plus ses flancs étaient abrupts et dénués de végétation.

De ce côté, elle se terminait par un véritable précipice, formé d'énormes rochers perpendiculaires, qui surplombaient le ruisseau mouillant leur base.

Une ou deux fois peut-être dans sa vie, et pour gagner de vitesse le sanglier que ses chiens poursuivaient, Jean Oullier s'était risqué à descendre ce précipice.

Cette descente s'était opérée par un sentier perdu dans les touffes de genêts, large d'un pied à peine, et que l'on appelait la *viette des Biques*, c'est-à-dire le sentier des chèvres.

Ce sentier n'était connu que de quelques chasseurs.

Mais Jean Oullier lui-même l'avait descendu avec tant de difficultés et en affrontant de si grands périls, qu'il lui semblait impossible que l'on pût, pendant la nuit, avoir l'idée d'utiliser ce passage.

Si le chef de la colonne ennemie voulait continuer son mouvement agressif contre Souday, il devait donc, ou suivre le chemin, et alors rencontrer les chouans au carrefour des Ragots, ou prendre par la pente praticable, c'est-à-dire revenir sur ses pas, et suivre le ruisseau que les Vendéens venaient de remonter.

Mais le ruisseau recevait, à quelques pas de là, un affluent considérable : il devenait torrent et torrent profond et rapide ; ses bords étaient garnis de ronces qui les rendaient impénétrables. Il n'y avait donc aucun danger à redouter de ce côté.

Et cependant, par une espèce de pressentiment, Jean Oullier n'était pas tranquille.

Il lui semblait tout à fait extraordinaire que la volonté de Dermoncourt eût ainsi cédé à la première attaque, et que le général eût si subitement et si facilement renoncé à son dessein de marcher sur Souday.

Au lieu de s'éloigner, comme il l'avait dit, il regardait donc les hauteurs d'un air pensif et inquiet, lorsqu'il lui sembla que les feux perdaient de leur vivacité et de leur éclat, et que la lumière qu'ils projetaient sur les rochers qui leur servaient d'abri devenait de plus en plus pâle.

Jean Oullier eut bien vite pris son parti ; il s'élança par le même chemin qu'avait pris Guérin, et en employant la même tactique que lui ; seulement, il ne s'arrêta point, comme Guérin, aux deux tiers de la montée : il continua de ramper jusqu'à ce qu'il fût au pied des blocs de pierre qui entouraient la hauteur d'une espèce de ceinture.

Puis il écouta ; mais il n'entendit aucun bruit.

Alors, il se dressa doucement sur ses pieds, et, par l'intervalle que laissaient entre elles deux énormes roches, il regarda et ne vit rien.

La place était déserte, les feux étaient solitaires, et les branches de genêts dont on les avait couverts crépitaient seules en s'éteignant dans le silence.

Jean Oullier gravit un versant des rochers, se laissa glisser sur l'autre, et tomba à la place où il avait supposé les soldats.

Les soldats avaient disparu.

Alors, il poussa un cri terrible, cri de rage et d'appel à ses compagnons, et, avec la légèreté d'un daim poursuivi, en appelant à ses muscles d'acier, il s'élança le long de la chaîne de rochers dans la direction de Souday.

Il n'y avait plus à en douter, le guide inconnu, ou plutôt connu de Joseph Picaut seul, avait dirigé les soldats du côté de la viette des Biques.

Quelles que fussent les difficultés que la nature du terrain opposait à la marche de Jean Oullier, glissant sur les roches plates couchées dans la mousse comme autant de pierres funèbres, se heurtant aux rocs de granit qui se dressaient sur la bruyère comme des soldats en sentinelle, s'enchevêtrant les pieds dans les ronces qui lui déchiraient la chair, il ne mit pas plus de dix minutes à parcourir la colline dans toute sa longueur.

Arrivé à son extrémité, il escalada un dernier monticule qui dominait le vallon et aperçut les soldats.

Ils achevaient de franchir la déclivité de la colline ; ils s'étaient hasardés contre toute attente dans la viette des Biques, et, à la lueur des torches qu'ils avaient allumées pour éclairer leurs pas, on voyait leur file serpenter le long de l'abîme.

Jean Oullier se cramponna à l'énorme pierre sur laquelle il était monté, la secoua, espérant l'ébranler et la faire rouler sur leurs têtes.

Mais les efforts de cette rage folle furent impuissants, et un ricanement moqueur répondit aux imprécations dont il les accompagnait.

Jean Oullier se retourna, pensant que Satan seul pouvait rire ainsi.

Le rieur était Joseph Picaut.

— Eh bien, maître Jean, dit celui-ci en sortant d'une touffe de genêts, m'est avis que mon affût valait mieux que le vôtre ;

seulement, vous m'avez fait perdre mon temps : je suis arrivé trop tard, et il en pourra cuire à vos amis.

— Mon Dieu, mon Dieu, s'écria Jean Oullier en prenant ses cheveux à pleines mains, qui donc a pu les conduire par la viette des Biques ?

— En tout cas, dit Joseph Picaut, celle qui les y a conduits ne les ramènera ni par ce chemin ni par un autre. Regarde-la bien maintenant, Jean Oullier, si tu tiens à la voir vivante.

Jean Oullier se pencha de nouveau.

Les soldats avaient traversé le ruisseau, ils se reformaient autour du général. Au milieu d'eux, à cent pas à peine, mais séparée des deux hommes par un abîme, on apercevait une femme, les cheveux épars, qui, du doigt, indiquait au général le chemin qu'il devait suivre.

— Marianne Picaut, s'écria Jean Oullier.

Le chouan ne répondit rien ; mais il mit son fusil sur l'épaule et chercha lentement son point de mire.

Jean Oullier s'était retourné au bruit qu'avait fait le chien en s'armant. Au moment où le tireur allait appuyer sur la gâchette, il releva brusquement le canon du fusil.

— Malheureux ! lui dit-il, laisse-lui au moins le temps d'ensevelir ton frère.

Le coup partit en l'air ; la balle alla se perdre dans l'espace.

— Tiens ! s'écria Joseph Picaut furieux, en saisissant son fusil par le canon et en déchargeant un coup terrible par la crosse sur la tête de Jean Oullier, qui ne s'attendait point à cette attaque ; tiens ! les blancs comme toi, je les traite comme des bleus !

Malgré sa force herculéenne, le vieux Vendéen tomba d'abord sur les genoux, puis, ne pouvant pas même se maintenir dans cette position, roula le long du rocher. Dans cette chute, il voulut se retenir à une touffe de bruyère que sa main avait saisie instinctivement ; mais peu à peu il la sentit qui cédait sous le poids de son corps.

Tout étourdi qu'il était, Jean Oullier n'avait cependant pas tout à fait perdu connaissance, et, s'attendant à chaque instant à sentir se briser dans ses doigts les rameaux fragiles qui le soutenaient au-dessus de l'abîme, il recommandait son âme à Dieu.

En ce moment, il entendit quelques détonations d'armes à feu retentir sur la bruyère, et, à travers ses paupières à moitié fermées, vit briller comme des étincelles.

Espérant que c'étaient les chouans qui arrivaient, conduits par Guérin, il essaya de crier ; mais il lui sembla que sa voix était emprisonnée dans sa poitrine, et ne pouvait soulever cette espèce de main de plomb qui arrêtait le souffle sur ses lèvres.

Il était comme un homme en proie à un affreux cauchemar, et la douleur que lui causait l'attente devint si violente, qu'il croyait — oubliant le coup qu'il avait reçu — voir ruisseler de son front sur sa poitrine une sueur de sang.

Peu à peu, ses forces l'abandonnèrent, ses doigts se détendirent, ses muscles se relâchèrent, et l'angoisse qu'il ressentait devint d'autant plus terrible, qu'il lui semblait que c'était volontairement qu'il abandonnait les branches qui le maintenaient au-dessus du vide.

Bientôt il lui parut qu'il était attiré vers l'abîme comme par une force irrésistible ; ses doigts quittèrent leur dernier appui.

Mais, au moment même où il s'imaginait qu'il allait entendre l'air tourbillonner et siffler à son passage, qu'il allait sentir la pointe aiguë des rochers déchirer son corps, des bras vigoureux le tirèrent et le transportèrent sur une petite plate-forme qui s'étendait à quelques pas du précipice.

Il était sauvé !

Seulement, ces bras le secouaient bien brutalement pour être des bras amis.

27

Les hôtes de Souday

Le lendemain de l'arrivée du comte de Bonneville et de son compagnon au château de Souday, le marquis était revenu de son expédition, ou plutôt de sa conférence.

En descendant de cheval, le digne gentilhomme manifesta une humeur massacrante.

Il gourmanda ses filles, qui n'étaient pas venues au-devant de lui au moins jusqu'à la porte, pesta après Jean Oullier, qui avait pris la licence d'aller à la foire de Montaigu sans son consentement, et querella la cuisinière, qui, à défaut de son majordome, était venue lui tenir l'étrier et qui, au lieu de lui tenir celui de droite, tirait de toutes ses forces sur l'étrivière de gauche ; ce qui força le marquis à descendre du côté opposé au perron.

En entrant dans le salon, M. de Souday continua d'exhaler sa colère par des monosyllabes qui avaient une telle énergie, que Bertha et Mary, si accoutumées que fussent leurs oreilles aux licences de langage que se permettait le vieil émigré, ne savaient plus quelle contenance garder.

Vainement elles essayèrent leurs plus douces câlineries pour dérider le front soucieux de leur père : rien n'y faisait, et, tout en chauffant ses pieds au feu de la cheminée, le marquis continuait de frapper sur ses grandes bottes avec le fouet qu'il tenait à la main, paraissant très désolé que lesdites bottes ne fussent pas MM. tels et tels, auxquels il adressait, en même temps qu'il jouait avec le manche de son fouet, les épithètes les plus malsonnantes.

Décidément, le marquis était furieux.

En effet, depuis quelque temps, il se blasait sur les plaisirs de la chasse ; il s'était surpris bâillant en accomplissant le whist qui terminait régulièrement toutes ses soirées ; les jouissances du faire-valoir lui semblaient insipides et le séjour de Souday lui était devenu nauséabond.

En outre, jamais, depuis dix ans, ses jambes n'avaient eu autant d'élasticité ; jamais sa poitrine n'avait respiré si libre ; jamais son cerveau n'avait été aussi entreprenant.

Il entrait dans cet été de la Saint-Martin des vieillards, époque où leur esprit jette une lueur plus vive avant de pâlir, où leur corps rassemble toutes ses forces, comme pour se préparer à la dernière lutte ; et le marquis, se trouvant plus gaillard, plus dispos qu'il ne l'était depuis de longues années, mal à l'aise dans le petit cercle de ses occupations ordinaires, devenues insuffisantes, sentant l'ennui le gagner, avait pensé que les émotions d'une nouvelle Vendée iraient merveilleusement à sa nouvelle jeunesse, et n'avait pas douté un instant qu'il ne retrouvât dans la vie accidentée du partisan ces profondes jouissances dont le souvenir seul charmait ses vieux jours.

Il avait donc accueilli avec enthousiasme l'annonce d'une prise d'armes, et une commotion politique de cette espèce, venue à point, lui prouvait une fois de plus ce que déjà bien des fois il avait supposé dans son placide et naïf égoïsme : à savoir, que le monde entier avait été créé et manœuvrait pour la plus complète satisfaction d'un aussi digne gentilhomme que l'était M. le marquis de Souday.

Mais il avait trouvé, chez ses coreligionnaires, une tiédeur, un désir d'atermoiement qui l'avaient exaspéré.

Les uns avaient prétendu que l'esprit public n'était pas mûr ; les autres, qu'il était imprudent de rien tenter sans s'être assuré d'une défection dans l'armée ; les autres avaient avancé que l'enthousiasme religieux et politique était singulièrement refroidi chez les paysans, qu'il serait difficile de les conduire au combat ; et l'héroïque marquis, qui ne pouvait comprendre que la France entière ne fût pas prête, alors qu'une petite campagne lui semblait un passe-temps tout à fait agréable, que Jean Oullier avait fourbi sa meilleure carabine, que ses filles lui avaient brodé une écharpe et un cœur sanglant, le marquis, disons-nous, avait rompu brusquement en visière avec ses amis et avait regagné son château sans vouloir en écouter davantage.

Mary, qui savait à quel point son père respectait la tradition de l'hospitalité, profita d'une recrudescence de mauvaise humeur chez le digne gentilhomme pour lui annoncer doucement la présence du comte de Bonneville au château, espérant opérer ainsi une diversion au courroux que manifestait l'irascible vieillard.

— Bonneville ! Bonneville ! Qu'est-ce que c'est que cela, Bonneville ? grommelait le marquis de Souday. Quelque *pancalier* ou quelque avocat ; un de ces officiers poussés tout épauletés, ou un de ces bavards qui n'ont jamais fait feu que de la langue ; un mirliflore qui va nous prouver qu'il faut attendre, laisser Philippe user sa popularité ! comme si, en supposant que cela fût nécessaire, une popularité, il n'était pas bien plus simple et bien plus facile d'en acquérir une à notre roi !

— Je vois que M. le marquis est pour une prise d'armes immédiate, fit une petite voix douce et flûtée, à côté du marquis de Souday.

Celui-ci se retourna et aperçut un tout jeune homme vêtu en paysan, qui, appuyé comme lui à la cheminée, se chauffait comme lui les pieds au foyer.

L'étranger était entré sans bruit par une porte latérale, et le marquis, qui, du reste, lui tournait le dos au moment de son entrée, emporté par la chaleur de ses imprécations, n'avait pas pris garde aux signes par lesquels ses filles l'avertissaient de la présence d'un de leurs hôtes.

Petit-Pierre — car c'était lui — paraissait avoir de seize à dix-huit ans ; mais il était bien mince et bien frêle pour son âge ; sa figure était pâle, et les longues boucles de cheveux noirs qui l'encadraient en faisaient encore ressortir la blancheur ; ses grands yeux bleus rayonnaient d'intelligence et de courage ; sa bouche, fine et légèrement retroussée dans les coins, s'animait d'un sourire malicieux ; son menton, fortement proéminent, indiquait une force de volonté peu commune ; enfin, un nez légèrement aquilin complétait une physionomie dont la distinction contrastait étrangement avec son costume.

— M. Petit-Pierre, dit Bertha en prenant la main du nouveau venu et en le présentant à son père.

Le marquis fit une profonde inclination, à laquelle le jeune paysan répondit par un salut des plus gracieux.

Le vieil émigré n'était que légèrement intrigué par le costume et par le nom de Petit-Pierre : la grande guerre l'avait habitué à ces sobriquets sous lesquels les gens de la plus haute naissance dissimulaient leurs qualités, aux travestissements sous lesquels ils cherchaient à cacher leur distinction native ; ce qui le préoccupait singulièrement, c'était l'excessive jeunesse de son hôte.

— Mlles de Souday m'ont dit, monsieur, qu'elles avaient été assez heureuses pour pouvoir être, hier au soir, de quelque utilité à vous et à votre ami M. le comte de Bonneville ; ce m'est un double regret d'avoir été absent de ma maison. Sans la désagréable corvée que ces messieurs m'ont fait faire, j'aurais eu l'honneur de vous ouvrir moi-même mon pauvre château. Enfin, j'espère que ces péronnelles auront compris qu'il était de leur devoir de me remplacer convenablement, et que rien de ce que comporte notre médiocre position n'aura été épargné pour vous rendre ce maussade séjour supportable.

— Votre hospitalité, monsieur le marquis, ne pouvait que gagner à être exercée par d'aussi gracieux intermédiaires, répondit galamment Petit-Pierre.

— Humph ! fit le marquis en allongeant la lèvre inférieure ; en d'autres temps que ceux où nous sommes, elles pourraient assez bien s'entendre à procurer quelques divertissements à leurs hôtes. Bertha, que voici, relève fort proprement une brisée et détourne un sanglier comme personne. Mary, de son côté, n'a point sa pareille pour connaître les gaulées que hantent les bécasses. Mais, à part une certaine force au whist qu'elles tiennent de moi, je les regarde comme tout à fait impropres à faire les honneurs d'un salon ; et, pour quelque temps, nous voici confinés en tête à tête avec nos tisons, ajouta M. de Souday en rapprochant ceux de son foyer par un coup de pied qui témoignait de la persistance de sa colère.

— Je crois que bien peu de femmes de la cour possèdent autant de grâce et de distinction que ces demoiselles, et je vous assure qu'il n'en est pas qui allient ces qualités à la noblesse de cœur et de sentiments dont vos deux filles, monsieur le marquis, ont donné des preuves.

— La cour ? fit le marquis de Souday, avec une surprise interrogative et en regardant Petit-Pierre.

Petit-Pierre rougit en souriant, comme un acteur qui se fourvoie devant un auditoire bénévole.

— Je parle par présomption, monsieur le marquis, dit-il avec un embarras trop profond pour n'être pas factice ; je dis la cour, parce que c'est là que leur nom a marqué la place de vos deux filles, parce que c'est là, enfin, que je voudrais les voir.

Le marquis de Souday rougit aussi d'avoir fait rougir son hôte ; il venait de toucher involontairement à l'incognito dans lequel celui-ci tenait à rester, et l'exquise urbanité du vieux gentilhomme se reprochait amèrement sa faute.

Petit-Pierre se hâta de reprendre la parole.

— Je vous disais, monsieur le marquis, lorsque ces demoiselles m'ont fait l'honneur de me présenter à vous, que vous me sembliez être de ceux qui désirent une prise d'armes immédiate.

— Ventrebleu ! je puis vous l'avouer, à vous, monsieur, qui, à ce que je vois, êtes des nôtres...

Petit-Pierre inclina la tête en signe d'affirmation.

— Oui, c'est mon avis, continua le marquis ; mais j'aurai beau dire et beau faire, on ne croira pas le vieux gentilhomme qui a roussi sa peau au terrible feu qui a brûlé le pays de 93 à 97 ; on écoutera un tas de bavards, d'avocats sans cause, de beaux mignons qui ont peur de coucher en plein air, de gâter leurs habits aux buissons, des poules mouillées, des... ajouta le marquis en recommençant à trépigner avec rage sur les tisons, qui se vengeaient en lançant sur ses bottes des milliers d'étincelles.

— Mon père, fit doucement Mary, qui avait remarqué un sourire échappé à Petit-Pierre, mon père, calmez-vous !

— Non, je ne me calmerai pas, repartit le fougueux vieillard. Tout était prêt ; Jean Oullier m'avait assuré que ma division rugissait d'enthousiasme ; et, du 14 mai, nous voici ajournés aux calendes grecques !

— Patience, monsieur le marquis, dit Petit-Pierre, l'heure sonnera.

— Patience ! patience ! cela vous est facile à dire, fit en soupirant le marquis ; vous êtes jeune, vous avez le temps d'attendre ; mais moi, qui sait si Dieu me donnera encore assez de jours pour voir déployer le bon vieux drapeau sous lequel j'ai si joyeusement combattu ?

La plainte du vieillard toucha Petit-Pierre.

— Mais n'avez-vous pas entendu dire comme moi, monsieur le marquis, demanda-t-il, que la prise d'armes n'était différée qu'à cause de l'incertitude où l'on était sur l'arrivée de la princesse ?

Cette phrase sembla redoubler la mauvaise humeur du marquis.

— Laissez-moi tranquille, jeune homme, dit-il d'un accent profondément courroucé. Est-ce que je ne connais pas cette vieille plaisanterie ? est-ce que, pendant cinq ans que j'ai guerroyé en Vendée, on n'a pas cessé de nous promettre cette épée royale qui devait rallier autour d'elle toutes les ambitions ? est-ce que je n'étais pas de ceux qui, le 2 octobre, attendaient le comte d'Artois sur la côte de l'île Dieu ? Nous ne verrons pas plus cette princesse, en 1832, que nous n'avons vu de prince en 1796 ! Cela ne m'empêchera pas de me faire tuer pour eux, comme c'est le devoir d'un gentilhomme. Les branches doivent tomber avec le vieux tronc.

— Monsieur le marquis de Souday, dit Petit-Pierre d'une voix singulièrement émue, je vous jure, moi, que Mme la duchesse de Berry, n'eût-elle eu qu'une coquille de noix à son service, eût traversé la mer pour venir se ranger sous le drapeau que Charette portait d'une main si vaillante et si noble ; je vous jure qu'aujourd'hui, elle viendra, sinon vaincre, du moins mourir avec ceux qui se lèveront pour défendre les droits de son fils !

Il y avait tant d'énergie dans cet accent, et il était si extraordinaire que de semblables paroles sortissent de la bouche d'un petit paysan de seize ans, que le marquis de Souday regarda son interlocuteur avec une surprise profonde.

— Mais qui êtes-vous donc, lui dit-il en cédant à son étonnement ; qui êtes-vous donc pour parler ainsi des résolutions de Son Altesse royale et vous engager pour elle, jeune homme... ou plutôt enfant ?

— Il me semblait, monsieur le marquis, que Mlle de Souday, en me présentant à vous, m'avait fait l'honneur de vous dire mon nom.

— C'est juste, monsieur Petit-Pierre, fit le marquis tout confus. Mille pardons ! mais, continua-t-il en s'adressant avec plus d'intérêt à son interlocuteur, qu'il supposait le fils de quelque grand personnage, serait-il indiscret de vous demander votre opinion sur l'opportunité de la prise d'armes ? Quelle que soit votre jeunesse, vous parlez avec tant de raison, que je ne vous cacherai pas mon désir de la connaître.

— Cette opinion, je vous la communiquerai d'autant plus volontiers, monsieur le marquis, qu'elle se rapproche beaucoup de la vôtre.

— Vraiment ?

— Mon avis, si je puis me permettre d'en émettre un...

— Comment donc ! mais, auprès des piètres sires que j'ai entendus causer cette nuit, vous me semblez un des sept sages de la Grèce.

— Vous êtes trop indulgent. Je suis donc d'avis, monsieur le marquis, qu'il est fort malheureux que nous n'ayons pu sortir de nos bauges, comme il était convenu, dans la nuit du 13 au 14 mai.

— Voyez-vous ! que leur disais-je ! Et vos raisons, monsieur ?

— Mes raisons, les voici. Les soldats sont cantonnés dans les villages, logés chez les habitants, dispersés, éloignés les uns des autres, sans direction, sans drapeau ; rien n'était plus facile que de les surprendre et de les désarmer dans le premier moment de la surprise.

— C'est fort juste ; tandis qu'à présent... ?

— A présent... depuis deux jours, l'ordre est donné d'évacuer les petits cantonnements, de resserrer le réseau militaire qui couvre le pays, de se grouper, non plus par compagnie, mais par bataillon, par régiment ; aujourd'hui, il nous faut une bataille rangée pour obtenir le résultat que nous donnait une nuit de sommeil.

— C'est concluant ! s'écria le marquis avec enthousiasme ; et ce qui me désole, c'est que, dans ces trente-six raisons que j'ai données à mes adversaires je n'ai pas songé à celle-là ! Mais, continua-t-il, cet ordre envoyé aux troupes, êtes-vous bien certain, monsieur, qu'il ait été donné ?

— Très certain, dit Petit-Pierre avec l'expression la plus modeste qu'il put donner à sa physionomie.

Le marquis regarda son hôte avec stupéfaction.

— C'est fâcheux, reprit-il, très fâcheux ! Enfin, comme vous dites, mon jeune ami — permettez-moi de vous donner ce titre — le mieux est de prendre patience et d'attendre que la nouvelle Marie-Thérèse vienne se placer au milieu de ses nouveaux Hongrois, et de boire, en attendant ce jour, à la santé de son royal rejeton et du drapeau sans tache. Pour cela, il faudrait que ces demoiselles daignassent s'occuper de notre déjeuner, puisque Jean Oullier est parti, puisque quelqu'un, ajouta-t-il en lançant un regard demi-courroucé à ses filles, s'est permis de l'envoyer à Montaigu sans mon ordre.

— Ce quelqu'un, c'est moi, monsieur le marquis, dit Petit-Pierre avec un ton dont la courtoisie n'était pas exempte de fermeté. Et je vous demande pardon d'avoir disposé ainsi d'un de vos hommes ; mais il était urgent que nous sussions à quoi nous en tenir sur les dispositions des paysans rassemblés à la foire de Montaigu.

Il y avait dans cette voix douce et suave, un tel accent d'assurance aisée et naturelle, une telle conscience de la supériorité de celui qui parlait, que le marquis demeura très interdit ; et, repassant dans sa cervelle tous les grands personnages qu'il avait connus autrefois pour deviner de qui ce jeune homme pouvait être le rejeton, il ne put que balbutier quelques paroles d'acquiescement.

Le comte de Bonneville entra dans le salon en ce moment.

En sa qualité de vieille connaissance du marquis, Petit-Pierre réclama l'honneur de présenter lui-même son ami à leur hôte.

La physionomie ouverte, franche et joyeuse du comte séduisit immédiatement le marquis de Souday, déjà très enchanté du jeune compagnon ; il abjura sa mauvaise humeur, fit serment de ne pas plus penser à la couardise de ses futurs compagnons d'armes qu'aux buissons creux de l'an passé ; seulement, en invitant ses hôtes à le précéder dans la salle à manger, il se promit d'user de toute son adresse pour obtenir du comte de Bonneville qu'il trahît l'incognito de ce singulier Petit-Pierre.

Sur ces entrefaites, Mary rentra et annonça à son père qu'il était servi.

28

Où le marquis de Souday regrette amèrement que Petit-Pierre ne soit pas gentilhomme

Les deux jeunes gens, que le marquis de Souday poussait devant lui, s'arrêtèrent sur le seuil de la salle à manger.

L'aspect de la table, en effet, était formidable.

A son centre se dressait, comme la citadelle antique dominant toute la ville, un majestueux pâté de sanglier et de chevreuil ; un brochet d'une quinzaine de livres, trois ou quatre poulets en daube, une véritable tour de Babel de côtelettes, une pyramide de lapereaux à la sauce verte flanquaient cette citadelle, au nord, au midi, à l'est et à l'ouest ; et, comme pour leur servir de postes avancés, la cuisinière de M. de Souday les avait entourés d'un épais cordon de plats qui se touchaient les uns les autres, et qui garnissaient les approches d'aliments de toutes sortes ; hors-d'œuvre, entrées, entremets, légumes, salade, fruits et marmelades ; tout cela pressé, entassé, amoncelé dans une confusion peu pittoresque, mais pleine de charme, cependant, pour des appétits qu'avait aiguisés l'air incisif des forêts du pays de Mauges.

— Tudieu ! dit Petit-Pierre en reculant, comme nous l'avons dit, à la vue de toute cette victuaille ; vous traitez, en vérité, de pauvres paysans avec trop de cérémonie, monsieur de Souday.

— Oh ! quant à cela, je n'y suis pour rien, mon jeune ami, et il ne faut ni m'en vouloir, ni me remercier ; c'est l'affaire de ces demoiselles. Mais il est inutile de vous dire, n'est-ce pas, que je serai heureux si vous faites honneur à la chère d'un pauvre gentilhomme campagnard !

Et le marquis poussa devant lui Petit-Pierre, afin qu'il allât prendre place à cette table de laquelle il paraissait hésiter à s'approcher.

Petit-Pierre céda à la pression, mais en faisant ses réserves.

— Je n'oserais jurer de répondre dignement à ce que vous attendez de moi, monsieur le marquis, dit le jeune homme ; car, je vous l'avouerai humblement, je suis un pauvre mangeur.

— J'entends, fit le marquis : vous êtes habitué à des plats plus délicats. Quant à moi, je suis un vrai paysan, et, à toutes les friandises des grandes tables, je préfère les aliments substantiels et chargés de suc qui réparent convenablement les forces débilitées de l'estomac.

— J'ai entendu de bien grandes dissertations là-dessus, dit Petit-Pierre, entre le roi Louis XVIII et le marquis d'Avaray.

Le comte de Bonneville poussa Petit-Pierre du coude.

— Vous avez connu le roi Louis XVIII et le marquis d'Avaray ? dit le vieux gentilhomme au comble de l'étonnement, et en regardant Petit-Pierre comme pour s'assurer que celui-ci ne se moquait pas de lui.

— Dans ma jeunesse, oui, beaucoup, répondit simplement Petit-Pierre.

— Hum ! fit le marquis, à la bonne heure.

On avait pris place autour de la table, et chacun, Bertha et Mary comme les autres, commença d'attaquer le formidable déjeuner.

Mais le marquis de Souday eut beau offrir, tour à tour, à son jeune convive de tous les plats qui chargeaient la table, Petit-Pierre refusa et dit qu'il se contenterait, si son hôte le voulait bien, d'une tasse de thé et de deux œufs frais pondus par les poules qu'il avait si joyeusement entendues coqueter dans la matinée.

— Quant aux œufs frais, dit le marquis, ce sera chose facile, et Mary va se charger de les aller prendre tout chauds au poulailler ; mais, quant au thé, diable ! diable ! je doute qu'il y en ait à la maison.

Mary n'avait point attendu d'être chargée de la mission dont son père se reposait sur elle pour se lever et se préparer à sortir ; mais, au doute exprimé par le marquis à l'endroit du thé, elle s'arrêta, aussi embarrassée que lui.

Evidemment, le thé manquait.

Petit-Pierre vit l'embarras de ses hôtes.

— Oh ! dit-il, ne vous inquiétez pas : M. de Bonneville aura la bonté d'aller prendre dans mon nécessaire quelques pincées de thé...

— Dans votre nécessaire ?

— Oui, dit Petit-Pierre, comme j'ai contracté la mauvaise habitude de boire du thé, j'en porte toujours avec moi.

Et il remit au comte de Bonneville une petite clef qu'il tira d'un trousseau pendu à une chaîne d'or.

Le comte de Bonneville s'empressa de sortir d'un côté tandis que Mary sortait de l'autre.

— Par le diable ! s'écria le marquis en engloutissant un énorme morceau de venaison, vous êtes une véritable femmelette, mon jeune ami, et, sans l'opinion que vous avez émise tout à l'heure et que je trouve beaucoup trop profonde pour être sortie d'un cerveau féminin, je douterais presque de votre sexe.

Petit-Pierre sourit.

— Bah ! dit-il, vous me verrez à l'œuvre, monsieur le marquis, lorsque nous rencontrerons les soldats de Philippe, et vous reviendrez, je l'espère, sur la mauvaise opinion que je vous donne de moi en ce moment.

— Comment ! vous serez de nos bandes ? demanda le marquis de plus en plus étonné.

— Je l'espère, répondit le jeune homme.

— Et moi, dit Bonneville en rentrant et en remettant à Petit-Pierre la clef qu'il avait reçue de lui, je vous réponds que vous le verrez toujours à mes côtés.

— J'en serai ravi, mon jeune ami, dit le marquis ; mais cela n'aura rien d'étonnant pour moi. Dieu n'a point mesuré le courage aux corps auxquels il le donne, et j'ai vu, dans la grande guerre, une des dames qui ont suivi M. de Charette faire très vaillamment le coup de pistolet.

En ce moment, Mary rentra : elle tenait d'une main la théière, et, de l'autre, les deux œufs à la coque sur une assiette.

— Merci, ma bien belle enfant, dit Petit-Pierre avec un ton de galante protection qui rappela à M. de Souday les seigneurs de la vieille cour, et mille excuses pour la peine que je vous ai donnée.

— Vous parliez tout à l'heure de Sa Majesté Louis XVIII, dit le marquis de Souday, et de ses opinions culinaires ; j'ai souvent entendu dire, en effet, qu'il avait, à propos de ses repas, des délicatesses suprêmes.

— C'est vrai, dit Petit-Pierre, il avait, ce bon roi, une façon de manger les ortolans et les côtelettes qui n'appartenait qu'à lui.

— Il me semble, cependant, dit le marquis de Souday en mordant à belles dents dans une côtelette dont il enleva la noix d'un seul coup, qu'il n'y a pas deux façons de manger les côtelettes...

— C'est celle que vous pratiquez, n'est-ce pas, monsieur le marquis ? dit en riant Bonneville.

— Oui, par ma foi ! Et, quant aux ortolans, lorsque, par hasard, Bertha ou Mary s'amusent à la petite guerre et rapportent, non pas des ortolans, mais des mauviettes et des becfigues, je les prends par le bec, je les saupoudre délicatement de poivre et de sel, je les introduis tout entiers dans ma bouche, et leur coupe avec mes dents le bec au ras des yeux. C'est excellent ainsi ! seulement, il en faut deux ou trois douzaines par personne.

Petit-Pierre se mit à rire ; cela lui rappelait l'histoire du cent-suisse qui avait parié de manger un veau de six semaines à son dîner.

— J'ai eu tort de dire que le roi Louis XVIII avait une façon particulière de manger les ortolans et les côtelettes ; j'aurais dû dire une façon de les faire cuire, c'eût été plus exact.

— Dame ! fit le marquis de Souday, il me semble que l'on cuit les ortolans à la broche et les côtelettes sur le gril.

— C'est vrai, dit Petit-Pierre, qui s'amusait visiblement à ces souvenirs ; mais Sa Majesté Louis XVIII avait raffiné sur leur cuisson. Pour les côtelettes, le maître d'hôtel des Tuileries avait soin de faire cuire celles qui *devaient avoir l'honneur*, comme il le disait, d'être mangées par le roi, entre deux autres côtelettes de manière à ce que la côtelette du milieu cuisît dans le jus des deux autres. Il en était de même des ortolans : ceux qui devaient avoir l'honneur d'être mangés par le roi étaient introduits dans une grive, laquelle était elle-même introduite dans une bécasse ; lorsque l'ortolan était cuit, la bécasse n'était pas mangeable, mais la grive était excellente et l'ortolan superfin.

— Mais, en vérité, jeune homme, dit le marquis de Souday en se renversant en arrière et en regardant Petit-Pierre avec un suprême étonnement, on dirait que vous avez vu le bon roi Louis XVIII accomplir toutes ces prouesses gastronomiques.

— Je l'ai vu, en effet, répondit Petit-Pierre.

— Vous aviez donc une charge à la cour ? demanda en riant le marquis.

— J'étais page, répondit Petit-Pierre.

— Ah ! voilà qui m'explique tout, fit le marquis. Pardieu ! vous avez, en vérité, beaucoup vu pour votre âge.

— Oui, répondit Petit-Pierre avec un soupir ; trop vu même !

Les deux jeunes filles jetèrent un coup d'œil de profonde sympathie sur le jeune homme.

En effet, sur cette figure qui paraissait si jeune au premier aspect, on eût dit, après un mûr examen, que déjà un certain nombre d'années avaient passé, et que le malheur avait laissé sa trace à leur suite.

Le marquis fit deux ou trois tentatives pour relever la conversation ; mais Petit-Pierre, plongé dans ses pensées, semblait avoir dit tout ce qu'il avait à dire, et, soit qu'il n'entendît point les différentes théories que fit le marquis sur les viandes noires et sur les viandes blanches, sur la différence des sucs que contenaient le gibier des forêts et le gibier de basse-cour, soit qu'il ne jugeât point à propos de les approuver ou de les réfuter, il garda obstinément le silence.

Malgré ce mutisme, lorsqu'on se leva de table, le marquis de Souday, que la satisfaction de son appétit avait rendu fort expansif, était enchanté de son jeune ami.

On rentra au salon ; mais Petit-Pierre, au lieu de se réunir aux deux jeunes filles, au comte de Bonneville et au marquis de Souday autour de la cheminée — où brûlait un feu qui indiquait que, grâce au voisinage de la forêt, le bois était abondant au château de Souday — Petit-Pierre, toujours soucieux ou rêveur, comme on voudra, alla droit à la fenêtre et appuya son front contre la vitre.

Au bout d'un instant, et comme le marquis de Souday faisait au comte de Bonneville force compliments sur son jeune compagnon, le nom du jeune gentilhomme, prononcé d'une voix brève et avec un accent impérieux, le fit tressaillir.

C'était Petit-Pierre qui l'appelait.

Il se retourna vivement, et courut plutôt qu'il ne marcha au jeune paysan.

Celui-ci lui parla tout bas pendant quelques instants et comme s'il lui donnait des ordres.

Après chaque phrase de Petit-Pierre, Bonneville s'inclinait en signe d'assentiment.

Quand Petit-Pierre eut fini, Bonneville prit son chapeau, salua et sortit.

Petit-Pierre alors s'avança vers le marquis.

— Monsieur de Souday, dit-il, je viens d'affirmer au comte de Bonneville que vous ne trouveriez pas mauvais qu'il prît un de vos chevaux pour faire une tournée dans les châteaux des environs, et donner rendez-vous ce soir, à Souday, à ces mêmes hommes contre lesquels vous êtes entré ce matin en lutte ; on les trouvera sans doute encore réunis à Saint-Philbert. Voilà pourquoi je lui ai enjoint de se hâter.

— Mais, fit le marquis, quelques-uns de ces messieurs me garderont peut-être rancune de la façon dont je leur ai parlé ce matin, et feront probablement quelques façons pour venir chez moi.

— Un ordre décidera ceux-là qu'une invitation trouverait rétifs.

— Un ordre de qui ? demanda le marquis étonné.

— Mais de Mme la duchesse de Berry, dont M. de Bonneville a les pleins pouvoirs. Maintenant, demanda Petit-Pierre avec une certaine hésitation, peut-être craignez-vous qu'une pareille réunion au château de Souday n'ait une funeste conséquence pour vous et votre famille ? En ce cas, marquis, dites un mot ; le comte de Bonneville n'est pas encore parti.

— Corbleu ! dit le marquis, qu'il parte et au galop, dût-il crever mon meilleur cheval !

Le marquis n'avait pas achevé ces paroles, que, comme s'il les eût entendues et qu'il profitât de la permission qui lui était donnée, le comte de Bonneville passait à fond de train devant les fenêtres du salon, et, franchissant la grande porte, s'élançait sur la route de Saint-Philbert.

Le marquis alla à la fenêtre en face pour le suivre plus longtemps des yeux et ne se retourna que lorsqu'il l'eut perdu de vue.

Il chercha alors du regard Petit-Pierre ; mais Petit-Pierre avait disparu, et, quand le marquis s'informa de lui à ses filles, elles lui répondirent que le jeune homme s'était retiré en disant qu'il montait à sa chambre pour faire sa correspondance.

— Drôle de petit bonhomme ! murmura le marquis de Souday.

29

Les Vendéens de 1832

Le même jour, à cinq heures de l'après-midi, le comte de Bonneville était de retour.

Il avait vu cinq des principaux chefs, et ceux-ci devaient être au château de Souday, entre huit et neuf heures.

Le marquis, toujours hospitalier, ordonna à la cuisinière de s'entendre comme elle le voudrait avec la basse-cour et le garde-manger, mais de tenir prêt le plus copieux souper qu'il lui serait possible.

Les cinq chefs rejoints par le comte, et qui devaient se réunir le soir, étaient Louis Renaud, Pascal, Cœur-de-Lion, Gaspard et Achille.

Ceux de nos lecteurs qui sont quelque peu familiers avec les événements de 1832 reconnaîtront facilement les personnages dont il est question, qui se déguisaient sous ces différents noms de guerre, destinés à les masquer aux yeux de l'autorité dans le cas où quelque dépêche serait surprise.

En conséquence, à huit heures du soir, Oullier n'étant pas revenu — au grand désespoir du marquis — la porte du château fut confiée à Mary, qui ne devait ouvrir qu'à ceux qui frapperaient d'une certaine façon.

Le salon, contrevents fermés, rideaux tirés, fut destiné à la conférence.

Dès sept heures du soir, quatre personnages attendaient dans ce salon : c'étaient le marquis de Souday, le comte de Bonneville, Petit-Pierre et Bertha.

Mary, nous l'avons dit, faisait le guet dans une espèce de petite logette percée, du côté de la grande route, d'une fenêtre à travers les barreaux de laquelle on pouvait voir qui frappait, de manière à n'ouvrir qu'après s'être assuré de l'identité du visiteur.

Des personnages du salon, le plus impatient était Petit-Pierre, dont le calme ne paraissait pas être la vertu dominante. Quoique la pendule marquât sept heures et demie à peine, et que le rendez-vous eût été fixé pour huit heures, il allait sans cesse écouter à la porte entrouverte si quelque chose n'annonçait pas un des gentilshommes attendus.

Enfin, à huit heures précises, on entendit frapper à la porte et l'on reconnut, aux trois coups espacés d'une certaine façon, que ce devait être un des chefs convoqués.

— Ah ! fit Petit-Pierre en allant vivement à la porte.

Mais le comte de Bonneville l'arrêta d'un geste et d'un sourire respectueux.

— C'est juste, dit le jeune homme.

Et il alla se perdre dans le coin le plus obscur du salon.

Presque au même moment, le chef convoqué apparaissait dans l'encadrement de la porte.

— M. Louis Renaud, dit le comte de Bonneville assez haut pour que Petit-Pierre entendît, et pût, d'après le nom de guerre, connaître le nom véritable.

Le marquis de Souday alla au-devant de Louis Renaud avec d'autant plus d'empressement qu'il avait reconnu dans ce jeune homme un de ceux qui, comme lui, avaient été pour une prise d'armes immédiate.

— Ah ! venez, mon cher comte ; vous êtes le premier arrivé ; c'est de bon augure.

— Si j'arrive le premier, mon cher marquis, dit Louis Renaud, ce n'est pas, j'en suis certain, que j'y aie mis plus d'empressement que mes compagnons ; c'est que, étant plus rapproché de vous, j'ai eu moins de chemin à faire.

Et, achevant ces mots, celui qui s'annonçait sous le nom de Louis Renaud, quoique revêtu d'un simple costume de paysan breton, se présentait avec une grâce juvénile si parfaite et saluait Bertha avec une aisance si aristocratique, que ces deux qualités, devenues des défauts, lui eussent considérablement nui s'il eût été forcé d'emprunter, même momentanément, les manières et le langage de la caste sociale à laquelle il avait emprunté son costume.

Ces devoirs de politesse rendus au maître de la maison et à Bertha, le comte de Bonneville eut son tour.

Mais celui-ci, comprenant l'impatience de Petit-Pierre, qui, pour être caché dans son coin, ne rappelait pas moins sa présence par des mouvements dont le comte de Bonneville semblait pouvoir donner seul l'interprétation, aborda nettement la question.

— Mon cher comte, dit-il à Louis Renaud, vous connaissez l'étendue de mes pouvoirs ; vous avez lu la lettre de Son Altesse royale Madame, et vous savez que, momentanément du moins, je suis son intermédiaire auprès de vous... Quel est votre avis sur la situation ?

— Mon avis, mon cher comte, je l'ai dit ce matin, pas tel peut-être que je vais le dire ici ; mais, ici, où je sais être avec d'ardents partisans de Madame, je puis risquer la vérité tout entière.

— Oui, la vérité tout entière, dit Bonneville, c'est ce qu'il faut surtout que sache Madame ; et, ce que vous me direz, mon cher comte, vous n'en avez aucun doute, ce sera comme si elle l'entendait.

— Eh bien, mon avis serait de ne rien commencer avant l'arrivée du maréchal.

— Le maréchal, fit Petit-Pierre, n'est-il point à Nantes ?

Louis Renaud, qui n'avait pas encore remarqué le jeune homme, tourna les yeux vers lui en entendant cette interpellation, puis salua, et répondit :

— Aujourd'hui seulement, en rentrant chez moi, j'ai appris qu'à la nouvelle des événements du Midi le maréchal avait quitté Nantes, et que personne ne savait, ni la route qu'il avait prise, ni la résolution qu'il avait arrêtée.

Petit-Pierre frappa du pied avec impatience.

— Mais, s'écria-t-il, le maréchal était l'âme de l'entreprise cependant ! son absence va nuire au soulèvement, diminuer la confiance du soldat. En son absence, tous les droits vont être égaux, et nous allons voir renaître parmi les chefs ces rivalités qui furent si fatales au parti royaliste dans les premières guerres de la Vendée.

Voyant que Petit-Pierre s'était emparé de la conversation, le comte de Bonneville s'effaça, démasquant le jeune homme, qui fit deux pas en avant et entra dans le cercle de lumière projeté par les lampes.

Louis Renaud regarda avec étonnement ce jeune homme,

presque enfant, qui venait de parler avec tant d'assurance et de précision.

— C'est un retard, monsieur, dit-il, et voilà tout. Ne doutez point que, dès que le maréchal sera assuré de la présence de Madame en Vendée, il ne s'empresse de se rendre à son poste.

— M. de Bonneville ne vous a-t-il donc pas dit que Madame était en route et serait incessamment au milieu de ses amis ?

— Si fait, monsieur, et cette nouvelle m'a, pour une part, causé une vive joie.

— Un retard ! un retard ! murmura Petit-Pierre. J'avais toujours entendu dire, il me semble, que tout soulèvement dans votre pays devait avoir lieu dans la première quinzaine de mai, afin qu'on pût disposer plus facilement des habitants des campagnes, qui, plus tard, sont occupés de leurs travaux. Or, nous sommes au 14 ; donc, nous sommes en retard. Quant aux chefs, ils sont convoqués, n'est-ce pas ?

— Oui, monsieur, répondit Louis Renaud avec une certaine gravité triste ; je dis plus, c'est que vous ne devez même guère compter que sur les chefs.

Puis il ajouta avec un soupir :

— Et pas sur tous encore, ainsi qu'a pu le voir, ce matin, M. le marquis de Souday.

— Que me dites-vous là, monsieur ! s'écria Petit-Pierre. De la tiédeur en Vendée, quand nos amis de Marseille — et je vous en parle pertinemment, j'en arrive — quand nos amis de Marseille sont furieux contre eux-mêmes et ne demandent qu'à prendre leur revanche !

Un pâle sourire passa sur les lèvres du jeune chef.

— Vous êtes du Midi, monsieur, dit-il au jeune homme, quoique vous n'en ayez point l'accent.

— C'est vrai, fit Petit-Pierre. Eh bien, après ?

— Il ne faut point confondre le Midi avec l'Ouest, monsieur, le Marseillais avec le Vendéen. Une proclamation soulève le Midi, un échec l'abat. La Vendée, au contraire — et, quand vous y serez resté quelque temps, vous apprécierez la vérité de ce que je vous dis — la Vendée, au contraire, est grave, froide, silencieuse ; tout projet s'y discute lentement et laborieusement ; toutes chances de revers et de succès sont exposées à leur tour ; puis, lorsque les chances de succès paraissent l'emporter sur les autres, la Vendée tend la main, dit *oui* et meurt, s'il le faut, pour accomplir sa promesse. Mais, comme elle sait que *oui* et *non* sont pour elle des paroles de vie et de mort, elle est lente à les prononcer.

— Mais l'enthousiasme, monsieur ! s'écria Petit-Pierre.

Le jeune chef sourit.

— Oui, l'enthousiasme, dit-il, j'en ai entendu parler dans ma jeunesse : c'est une divinité de l'autre siècle, qui est descendue de son autel depuis que tant de promesses ont été faites à nos pères qui n'ont point été tenues. Savez-vous ce qui s'est passé, ce matin, à Saint-Philbert ?

— En partie, oui ; le marquis me l'a dit.

— Mais après le départ du marquis ?

— Non.

— Eh bien, sur douze chefs qui devaient commander les douze divisions, sept ont protesté au nom de leurs hommes, et doivent, à cette heure, les avoir renvoyés chez eux ; et cela, tout en déclarant, les uns et les autres, qu'en toute circonstance, et personnellement, leur sang était au service de Madame et prêt à couler pour elle ; seulement, ils ne voulaient point, ajoutaient-ils, prendre devant Dieu la terrible responsabilité d'entraîner leurs paysans dans une entreprise qui semblait ne devoir être qu'une sanglante échauffourée.

— Mais, alors, dit Petit-Pierre, il faudra donc renoncer à tout espoir, à toute tentative ?

Le même sourire triste passa sur les lèvres du jeune homme :

— A tout espoir, *oui*, peut-être ; à toute tentative, *non*. Madame nous a fait écrire qu'elle était poussée par le comité directeur de Paris ; Madame nous a fait affirmer qu'elle avait des ramifications dans l'armée ; essayons ! Peut-être une émeute à Paris, peut-être une désertion parmi les soldats lui donnera-t-elle raison contre nous. Si nous ne tentions rien pour elle, Madame serait convaincue, en se retirant, que, si l'on avait tenté quelque chose, on eût pu réussir — et il ne faut pas que Madame ait un doute.

— Cependant, si l'on échoue ? s'écria Petit-Pierre.

— Ce sera cinq ou six cents personnes qui se seront fait tuer inutilement, voilà tout ; et il est bon que, de temps en temps, un parti, dût-il échouer, donne ces sortes d'exemples, non seulement à son pays, mais encore aux nations voisines.

— Vous n'êtes point de ceux qui ont renvoyé leurs hommes, vous ? demanda Petit-Pierre.

— Si fait, monsieur ; mais je suis de ceux qui ont fait le serment de mourir pour Son Altesse royale. D'ailleurs, continua le jeune homme, peut-être l'affaire est-elle déjà engagée, et n'aurons-nous d'autre mérite que de suivre le mouvement.

— Comment cela ? demandèrent en même temps Petit-Pierre, Bonneville et le marquis.

— Il y a eu des coups de fusil tirés aujourd'hui, à la foire de Montaigu.

— Et on en tire en ce moment du côté du gué de la Boulogne,

dit une voix inconnue et qui venait du côté de la porte, dans l'encadrement de laquelle apparaissait un nouveau personnage.

30

L'alarme

Celui que nous venons d'introduire, ou plutôt qui s'introduisait lui-même dans le salon du marquis de Souday, était le commissaire général de la future armée vendéenne, qui avait changé son nom, fort connu au barreau de Nantes, contre le pseudonyme de Pascal.

Plusieurs fois, il avait été à l'étranger pour y conférer avec Madame et la connaissait parfaitement. Il y avait deux mois à peine qu'il avait fait un dernier voyage de ce genre, et que, portant à Son Altesse royale des nouvelles de la France, il avait, en échange, reçu ses ordres.

C'était lui qui était revenu dire à la Vendée de se tenir prête.

— Ah ! ah ! fit le marquis de Souday avec un certain mouvement des lèvres qui annonçait qu'il n'avait pas les avocats dans une inattaquable admiration, M. le commissaire général Pascal...

— Qui nous apporte des nouvelles, à ce qu'il paraît, dit Petit-Pierre dans l'intention bien visible d'attirer sur lui toute l'attention du nouveau venu.

En effet, au son de la voix qui venait de prononcer ces paroles, le commissaire civil tressaillit, et se retourna du côté de Petit-Pierre, lequel lui fit des yeux et des lèvres un signe imperceptible, mais qui parut suffire à lui indiquer ce qu'il avait à faire.

— Des nouvelles, oui, répéta-t-il.

— Bonnes ou mauvaises ? demanda Louis Renaud.

— Mélangées... Mais commençons par la bonne.

— Dites !

— Son Altesse royale a traversé heureusement le Midi et est arrivée saine et sauve en Vendée.

— Etes-vous sûr de cela ? demandèrent en même temps le marquis de Souday et Louis Renaud.

— Aussi sûr qu'il est sûr que je vous vois tous cinq dans ce salon, et en bonne santé, répondit Pascal. Maintenant, passons aux autres nouvelles.

— Avez-vous appris quelque chose de Montaigu ? demanda Louis Renaud.

— On s'y est battu aujourd'hui, dit Pascal ; quelques coups de fusil ont été tirés par la garde nationale, quelques paysans ont été tués ou blessés.

— Mais à quel propos ? demanda Petit-Pierre.

— A propos d'une rixe survenue à la foire, et qui a dégénéré en émeute.

— Qui commande à Montaigu ? demanda encore Petit-Pierre.

— Un simple capitaine, répondit Pascal ; mais, aujourd'hui, en considération de la foire, le sous-préfet et le général commandant la subdivision militaire s'y étaient rendus.

— Et savez-vous le nom du général ?

— Le général Dermoncourt.

— Qu'est-ce que c'est que cela, le général Dermoncourt ?

— Sous quel rapport voulez-vous le connaître, monsieur ? Est-ce comme homme, comme opinion, comme caractère ?

— Sous ces trois rapports.

— Comme homme, c'est un homme de soixante à soixante-deux ans, de cette race de fer qui a fait toutes les guerres de la Révolution et de l'Empire ; il sera nuit et jour à cheval et ne nous laissera pas un moment de repos.

— C'est bien, repartit en riant Louis Renaud ; on tâchera de le fatiguer, et, comme nous n'avons, en moyenne, que la moitié de son âge, nous serons bien malheureux ou bien maladroits si nous n'y réussissons pas.

— Son opinion ? demanda Petit-Pierre.

— Au fond, répondit Pascal, je le crois républicain.

— Malgré douze ans de service sous l'Empire ? Il était bon teint !

— Il y en a encore comme cela. Vous vous rappelez ce que Henri IV disait des ligueurs : « La caque sent toujours le hareng. »

— Et comme caractère ?

— Oh ! quant à cela, la loyauté même ! Ce n'est ni un Amadis ni un Galaor ; mais c'est un Ferragus, et, si jamais Madame avait le malheur de tomber entre ses mains...

— Eh ! que dites-vous donc là, monsieur Pascal ! fit Petit-Pierre.

— Je suis avocat, monsieur, répondit le commissaire civil, et, en ma qualité d'avocat, je prévois toutes les chances d'un procès. Je répète donc : si jamais Madame avait le malheur de tomber entre les mains du général Dermoncourt, elle pourrait juger de sa courtoisie.

— Alors, dit Petit-Pierre, voilà un ennemi comme Madame l'eût choisi elle-même, vigoureux, brave et loyal. Monsieur, nous avons de la chance... Mais vous parliez de coups de fusil au gué de la Boulogne.

— Je présume, du moins que ceux que je viens d'entendre sur la route se tirent par là.

— Peut-être, dit le marquis, serait-il bon que Bertha allât à la découverte et écoutât ; elle nous rendrait compte de ce qui se passe.

Bertha se leva.

— Comment ! dit Petit-Pierre, mademoiselle ?

— Pourquoi pas ? demanda le marquis.

— Parce qu'il me semble que c'est la besogne d'un homme, et non celle d'une femme.

— Mon jeune ami, dit le vieux gentilhomme, en pareille matière, je ne m'en rapporte qu'à moi ; après moi, à Jean Oullier, et, après Jean Oullier, à Bertha ou à Mary. Je désire avoir l'honneur de vous tenir compagnie ; mon drôle de Jean Oullier court les champs ; laissez donc faire Bertha.

Bertha, en conséquence, continua son chemin vers la porte ; mais, à la porte, elle rencontra sa sœur, qui échangea tout bas quelques mots avec elle.

— Voilà Mary, dit Bertha.

— Ah ! fit le marquis. As-tu entendu des coups de fusil, petite ?

— Oui, père, dit Mary ; on se bat.

— Et où cela ?

— Au saut de Baugé.

— Tu es sûre ?

— Oui ; seulement, les coups de fusil partent du marais.

— Vous voyez, dit le marquis, c'est précis. Qui garde la porte en ton absence ?

— Rosine Tinguy.

— Ecoutez, dit Petit-Pierre.

En effet, on frappait à la porte à coups redoublés.

— Diable ! fit le marquis, ce n'est pas un des nôtres.

On écouta avec plus d'attention.

— Ouvrez ! criait une voix, ouvrez ! Il n'y a pas un instant à perdre.

— C'est sa voix ! dit vivement Mary.

— Sa voix ! répéta le marquis ; la voix de qui ?

— Oui, la voix du jeune baron Michel, dit Bertha, qui, comme sa sœur, l'avait reconnue.

— Et que vient faire ici ce pancalier ? dit le marquis en faisant un pas vers la porte comme pour s'opposer à son entrée.

— Laissez-le venir, marquis, laissez-le venir ! s'écria Bonneville. Il n'est point à craindre, et je réponds de lui.

A peine avait-il prononcé ces mots, que l'on entendit le bruit d'un pas rapide, qui se précipitait vers le salon, et que l'on vit paraître le jeune baron, pâle, haletant, couvert de boue, ruisselant de sueur, n'ayant plus de souffle que pour dire :

— Pas un instant à perdre ! fuyez ! Ils viennent !

Et il tomba sur un genou, appuyant une de ses mains contre la terre ; la respiration lui manquait, ses forces étaient épuisées. Comme il l'avait promis à Jean Oullier, il avait fait plus d'une demi-lieue en six minutes.

Il y eut dans le salon un moment de trouble et de confusion suprêmes.

— Aux armes ! cria le marquis.

Et, sautant sur son fusil, il indiqua du doigt un râtelier placé dans le coin du salon et supportant trois ou quatre carabines et fusils de chasse.

Le comte de Bonneville et Pascal, d'un seul et même mouvement, se jetèrent au-devant de Petit-Pierre pour le défendre.

Mary s'élança vers le jeune baron pour le relever et lui porter secours s'il était besoin.

Bertha courut à la fenêtre qui donnait sur la forêt et l'ouvrit.

On entendit alors quelques coups de fusil plus rapprochés, et cependant à une certaine distance.

— Ils sont à la viette des Biques, dit Bertha.

— Allons donc ! fit le marquis, impossible qu'ils tentent une pareille route.

— Ils y sont, père, dit Bertha.

— Oui, oui, murmura Michel, je les ai vus ; ils avaient des torches ; une femme les guidait, marchant la première ; le général marchait le second.

— Oh ! maudit Jean ! dit le marquis, pourquoi n'es-tu pas ici ?

— Il se bat, monsieur le marquis, dit le jeune baron ; il m'a envoyé, ne pouvant venir.

— Lui ! fit le marquis.

— Mais je venais, mademoiselle, dit-il, je venais de moi-même. Depuis hier, je sais que l'on doit attaquer le château ; mais j'étais prisonnier, je suis descendu par la fenêtre du second...

— Grand Dieu ! fit Mary en pâlissant.

— Bravo ! fit Bertha.

— Messieurs, dit tranquillement Petit-Pierre, je crois qu'il s'agirait de prendre un parti. Combattons-nous ? En ce cas, il faut nous armer, fermer les portes du château et prendre nos postes. Fuyons-nous ? Je crois qu'il y a encore moins de temps à perdre.

— Défendons-nous ! dit le marquis.

— Fuyons ! dit Bonneville. Quand Petit-Pierre sera en sûreté, nous nous défendrons.

— Eh bien, fit Petit-Pierre, que dites-vous là, comte ?

— Je dis que rien n'est prêt et que nous ne pouvons pas nous battre... N'est-ce pas, messieurs ?

— On peut toujours se battre, dit la voix jeune et nonchalante d'un nouveau venu, en s'adressant moitié à ceux qui étaient dans le salon, moitié à deux autres jeunes gens qui le suivaient et que, sans doute, il avait rencontrés à la porte.

— Ah ! Gaspard ! Gaspard ! s'écria Bonneville.

Et, s'élançant à la rencontre du nouvel arrivant, il lui dit quelques mots à l'oreille.

— Messieurs, dit Gaspard, le comte de Bonneville a parfaitement raison : en retraite !

Puis, s'adressant au marquis :

— Y a-t-il à votre château quelque porte, quelque sortie secrète, marquis ? Nous n'avons pas de temps à perdre : les derniers coups de fusil que nous écoutions à la porte, Achille, Cœur-de-Lion et moi, n'étaient pas tirés à plus de cinq cents pas d'ici.

— Messieurs, dit le marquis de Souday, vous êtes chez moi ; c'est à moi de prendre la responsabilité de tout. Silence ! que l'on m'écoute et que l'on m'obéisse aujourd'hui : j'obéirai à mon tour demain.

Il se fit un profond silence.

— Mary, dit le marquis, faites fermer la porte du château, mais sans la barricader, afin qu'on puisse l'ouvrir au premier coup qui sera frappé. Bertha, au souterrain sans perdre un instant ! Moi et mes deux filles, nous recevrons le général et lui ferons les honneurs du château, et, demain, partout où vous serez, nous vous rejoindrons ; seulement, faites-le-nous savoir.

Mary s'élança hors de la chambre pour exécuter l'ordre de son père, tandis que Bertha, faisant signe à Petit-Pierre de la suivre, sortait par la porte opposée, traversait la cour, entrait dans la chapelle, prenait deux cierges sur l'autel, les allumait à une lampe, les mettait aux mains de Bonneville et de Pascal, et, poussant un ressort qui faisait tourner sur lui-même le devant de l'autel, découvrait un escalier conduisant aux caveaux qui servaient autrefois de sépulture aux seigneurs de Souday.

— Il n'y a point à vous égarer, dit Bertha : vous trouverez la porte à l'extrémité, et la clef est en dedans. Cette porte donne sur la campagne.

Petit-Pierre prit la main de Bertha, la serra vivement et s'élança dans le souterrain derrière Bonneville et Pascal, qui éclairaient le chemin.

Louis Renaud, Achille, Cœur-de-Lion et Gaspard suivirent Petit-Pierre.

Bertha referma la porte sur eux.

Elle avait remarqué que le baron Michel n'était point parmi les fugitifs.

31

Mon compère Loriot

Le marquis de Souday, après avoir suivi des yeux les fugitifs jusqu'à ce qu'ils eussent disparu dans la chapelle, poussa une de ces exclamations qui indique que la poitrine est dégagée d'un certain poids, et rentra dans le vestibule.

Mais, au lieu de passer du vestibule au salon, il passa du vestibule à la cuisine.

Contre toutes ses habitudes, et au grand étonnement de la cuisinière, il s'approcha des fourneaux, souleva avec sollicitude le couvercle de chaque casserole, s'assura qu'aucun ragoût n'était attaché au fond, fit reculer les broches afin qu'un coup de feu *in extremis* ne vînt point déshonorer les rôtis, remonta dans le vestibule, passa du vestibule dans la salle à manger, inspecta les bouteilles, fit doubler leurs rangs, regarda si la table était dressée dans les règles, et, satisfait de ce qu'il venait de voir, rentra dans le salon.

Il y retrouva ses deux filles, la porte du château ayant été confiée à Rosine, dont toute la mission se bornait, au reste, à tirer les cordons au premier coup de marteau qui retentirait.

Toutes deux étaient assises chacune à un coin du feu ; Mary était inquiète, Bertha rêveuse. Toutes deux pensaient à Michel.

Mary supposait que le jeune baron avait suivi le comte de Bonneville et Petit-Pierre, et se préoccupait grandement des fatigues qu'il allait éprouver, des dangers qu'il allait courir.

Bertha, elle, était tout enivrée par cette poignante jouissance qui suit la révélation de l'amour de l'être qu'on aime ; il lui semblait qu'elle avait acquis dans les regards du jeune baron la certitude que c'était pour elle que le pauvre enfant, si craintif, si hésitant, avait dompté sa faiblesse et bravé des périls réels ; elle mesurait la grandeur de l'amour qu'elle lui supposait à l'étendue de la révolution que cet amour avait produite dans le caractère du jeune homme ; elle bâtissait mille châteaux en Espagne, et se reprochait amèrement de ne pas l'avoir contraint à rentrer au château lorsqu'elle s'était aperçue qu'il ne suivait pas ceux que son dévouement avait sauvés.

Puis elle souriait ; car, tout à coup, une pensée lui traversait l'esprit : c'est qu'il était resté au château, qu'il s'y était caché dans quelque coin pour la voir à la dérobée, et que, si elle se hasardait dans les cours ou dans le parc, elle le verrait surgir devant elle et l'entendrait lui dire : « Voyez ce dont je suis capable pour obtenir un regard de vous ! »

Le marquis venait à peine de s'asseoir dans son fauteuil et n'avait pas encore eu le temps de remarquer la préoccupation de ses deux filles qu'il pouvait, d'ailleurs, attribuer à toute autre cause, lorsqu'un coup de marteau retentit sur la porte.

Le marquis de Souday tressaillit, non pas qu'il n'attendît point ce coup de marteau ; mais ce coup de marteau n'était point tel qu'il l'attendait ; il était timide, presque obséquieux et, par conséquent, n'avait rien de militaire.

— Oh ! oh ! fit le marquis, qu'est-ce que cela ?

— On a frappé, je crois, dit Bertha sortant de sa rêverie.

— Oui, un coup, dit Mary.

Le marquis secoua la tête, en homme qui dit : « Ce n'est pas cela, » mais qui, toutefois, pensant qu'en pareille circonstance il faut tout voir par soi-même, ne s'en décide pas moins à voir ce que cela est.

En conséquence, il sortit du salon, traversa le vestibule et s'avança sur la première marche du perron.

En effet, au lieu des sabres et des baïonnettes qu'il s'attendait à voir étinceler dans l'ombre, au lieu des figures soldatesques et des moustaches avec lesquelles il croyait avoir à faire connaissance, le marquis de Souday ne voyait rien autre chose que la coupole d'un immense parapluie de toile bleue qui se dirigeait vers lui la pointe en avant, gravissant le perron marche à marche.

Comme ce parapluie, qui avançait toujours, pareil à la carapace d'une tortue, menaçait de lui crever l'œil avec la pointe qui sortait de son centre telle que la pointe d'un bouclier antique, le marquis releva l'orbe de ce bouclier et se trouva face à face avec un museau de fouine surmonté de deux petits points brillants comme des escarboucles, et coiffé d'un chapeau très haut de forme, très étroit de bords, et si souvent brossé et rebrossé, qu'il brillait dans l'ombre comme s'il eût été verni.

— Par les mille diables d'enfer ! s'écria le marquis de Souday, c'est mon compère Loriot !

— Prêt à vous rendre ses petits services, si vous l'en jugez digne, fit le dernier venu d'une voix de fausset qui devenait caverneuse, tant son propriétaire s'efforçait de la rendre pateline.

— Vous êtes le très bienvenu à Souday, maître Loriot, dit le marquis avec un accent de bonne humeur et comme s'il se promettait quelque joie de la présence de celui qu'il accueillait par un cordial salut. J'y attends ce soir nombreuse compagnie, et, en votre qualité de notaire du maître du logis, vous m'aiderez à en faire les honneurs. Venez saluer ces demoiselles.

Et le vieux gentilhomme, avec une aisance qui prouvait à quel degré il était pénétré de la distance qui existait entre un marquis de Souday et un notaire de village, précéda son hôte dans le salon.

Il est vrai que maître Loriot mettait un soin si minutieux à frotter ses pieds sur le paillasson gisant à la porte de ce sanctuaire, que la politesse que le marquis eût jugé à propos de lui faire en restant derrière lui eût dégénéré en une véritable corvée.

Profitons du moment où le tabellion, éclairé par l'entrebâillement de la porte, referme son parapluie et se frotte les pieds, pour esquisser son portrait, si toutefois l'entreprise ne dépasse pas nos moyens.

Maître Loriot, notaire à Machecoul, était un petit bonhomme, maigre et fluet, paraissant encore de moitié plus exigu par suite de l'habitude qu'il avait prise de ne jamais parler que courbé en deux et dans l'attitude du plus profond respect.

Un nez long et pointu lui tenait lieu de visage ; en développant outre mesure ce trait de sa physionomie, la nature avait voulu se rattraper sur le reste, et, avec une incroyable parcimonie, elle lui avait mesuré tout ce qui n'appartenait point à la partie saillante de la face ; si bien qu'il fallait le regarder de bien près et fort longtemps pour s'apercevoir que maître Loriot avait des yeux et une bouche comme le reste des hommes ; mais aussi lorsqu'on en était arrivé là, on remarquait que ces yeux étaient pleins de vivacité, et que cette bouche ne manquait pas de finesse.

Et, en effet, maître Loriot — ou le compère Loriot — comme l'appelait le marquis de Souday, qui, en sa qualité de grand chasseur, était quelque peu ornithologue — le compère Loriot, disons-nous, tenait toutes les promesses de son prospectus physiognomonique : il était assez habile pour faire suer une trentaine de mille francs à une étude de campagne dans laquelle ses prédécesseurs avaient réussi à grand-peine.

Pour arriver à ce résultat, regardé jusqu'à lui comme impossible, M. Loriot avait étudié, non pas le Code, mais les hommes ; il avait conclu de ses études que la vanité et l'orgueil étaient leurs prédispositions dominantes ; il avait, en conséquence, cherché à se rendre agréable à ces deux vices, et n'avait pas tardé à devenir nécessaire à ceux qui les possédaient.

Chez maître Loriot, en raison de ce système, la politesse

touchait presque à l'obséquiosité : il ne saluait pas, il se prosternait, et, comme les fakirs de l'Inde, il avait si bien brisé son corps à certaines manœuvres, qu'il s'était habitué littéralement à cette attitude ; c'était une parenthèse toujours ouverte, jamais fermée, dans laquelle s'encadraient les titres de ses clients, qui revenaient à chaque phrase avec une intarissable abondance ; pour peu que son interlocuteur fût baron, ou même chevalier, ou seulement gentilhomme, jamais le notaire ne lui eût parlé autrement qu'à la troisième personne. Au reste, il se montrait d'une reconnaissance à la fois humble et expansive pour les procédés affables que l'on avait à son égard, et, comme, en même temps, il manifestait un dévouement exagéré aux intérêts qu'on lui confiait, il avait su mériter tant d'éloges que, peu à peu, il avait conquis une clientèle considérable dans la noblesse des environs.

Ce qui avait surtout contribué au succès de maître Loriot dans le département de la Loire-Inférieure et même dans les départements voisins, c'était l'exaltation de ses opinions politiques.

Maître Loriot était de ceux dont on pouvait dire : « Plus royaliste que le roi. »

Son petit œil gris étincelait lorsqu'il entendait prononcer le nom d'un jacobin, et, pour lui, toutes les fractions libérales, depuis M. de Chateaubriand jusqu'à M. de La Fayette, étaient des jacobins.

Jamais il n'avait voulu reconnaître la royauté de juillet et il n'appelait jamais Louis-Philippe autrement que « M. le duc d'Orléans », ne lui accordant pas même le titre d'altesse royale que lui avait accordé Charles X.

Maître Loriot était un des visiteurs les plus habituels du château de Souday.

Il entrait dans sa tactique de faire parade du plus profond respect pour cet illustre débris de l'ancien ordre social, ordre social qui avait tous ses regrets, et il avait poussé le respect jusqu'à consentir à quelques emprunts dont le marquis de Souday, fort insouciant, comme nous l'avons dit, des choses d'argent, négligeait régulièrement de lui payer les intérêts.

Le marquis de Souday accueillait volontiers son compère Loriot : d'abord, en raison des susdits emprunts, ensuite, parce que la fibre orgueilleuse du vieux gentilhomme n'était pas plus qu'une autre insensible à la flatterie ; enfin, parce que, la froideur dans laquelle le propriétaire de Souday vivait avec son voisinage le rendant fort isolé, il accueillait avec joie tout ce qui venait rompre la monotonie de sa vie.

Lorsque le petit notaire se crut certain que ses chaussures n'avaient pas conservé un vestige de crotte, il entra dans le salon.

Il salua de nouveau le marquis, qui avait déjà repris sa place dans le fauteuil, et commença de complimenter les deux jeunes filles.

Mais le marquis ne lui laissa pas le loisir d'achever ses compliments.

— Loriot, lui dit-il, je serai toujours enchanté de vous voir.

Le notaire s'inclina jusqu'à terre.

— Seulement, continua le marquis, vous me permettrez de vous demander, n'est-ce pas ? ce qui peut vous amener dans notre désert à neuf heures et demie du soir, et par un temps pareil. Je sais bien que, lorsqu'on a un parapluie comme le vôtre, la voûte du ciel est toujours bleue.

Loriot crut convenable de ne pas laisser passer la plaisanterie du marquis sans en rire et sans murmurer :

— Ah ! très bien ! très bien !

Puis, répondant directement :

— Voici, dit-il. J'étais au château de la Logerie, d'où je suis parti fort tard, ayant, sur un ordre reçu à deux heures seulement, été porter de l'argent à la propriétaire du susdit château ; je revenais à pied, selon ma coutume, lorsque j'ai entendu dans la forêt des bruits de fâcheux augure, et qui m'ont confirmé ce que je savais déjà de l'émeute de Montaigu ; j'ai appréhendé, si j'allais plus loin, de rencontrer, sur mon chemin, des soldats du duc d'Orléans, et j'ai pensé que monsieur le marquis daignerait m'accorder l'hospitalité pour cette nuit.

Au nom de la Logerie, Bertha et Mary avaient relevé la tête comme deux chevaux qui entendent au loin et tout à coup le bruit du clairon.

— Vous venez de la Logerie ? fit le marquis.

— Comme j'ai eu l'honneur de le dire à monsieur le marquis, répliqua maître Loriot.

— Tiens ! tiens ! tiens ! Nous avons déjà eu quelqu'un de la Logerie, ce soir.

— Le jeune baron, peut-être ? répondit le notaire.

— Oui.

— C'est justement lui que je cherche.

— Loriot, dit le marquis, je m'étonne de vous voir, vous que je considère comme un homme dont les principes sont solides, je m'étonne de vous voir prostituer de la sorte, en l'accolant au nom de ces Michel, un titre que, d'habitude, vous respectez.

En entendant le marquis prononcer cette phrase avec un suprême dédain, Bertha devint pourpre, et Mary pâlit.

L'impression que les paroles qu'il avait dites produisaient sur les jeunes filles ne fut pas remarquée du vieux gentilhomme ; mais elle n'échappa point au petit œil gris du notaire. Il allait parler, quand, de la main, M. de Souday lui fit signe qu'il n'avait pas tout dit.

— Puis, continua celui-ci, pourquoi vous, compère, que nous traitons avec bonté, avec bienveillance, pourquoi croyez-vous nécessaire de vous servir d'un subterfuge pour entrer dans notre maison ?

— Monsieur le marquis... balbutia Loriot.

— Vous y venez chercher Michel, n'est-ce pas ? Rien de mieux ! Pourquoi mentir ?

— Que monsieur le marquis daigne agréer mes très humbles excuses !... La mère de ce jeune homme, que j'ai été forcé d'accepter au nombre de mes clientes, attendu que c'est un legs de mon prédécesseur, est fort inquiète : au risque de se casser le cou, son fils est descendu d'une fenêtre du deuxième étage, et, au mépris de ses volontés maternelles, il a pris la fuite ; de sorte que Mme Michel m'avait chargé...

— Ah ! ah ! fit le marquis, il a fait tout cela ?

— Littéralement, monsieur le marquis.

— Eh bien, voilà qui me raccommode avec lui... Pas tout à fait, entendons-nous bien, mais un peu.

— Si monsieur le marquis pouvait m'indiquer où j'ai la chance de trouver le jeune homme, dit Loriot, je le reconduirais à la Logerie.

— Ah ! quant à cela, du diable si je sais comment ni par où il s'est esquivé ! Voyons, le savez-vous, vous autres ? demanda le marquis s'adressant à ses filles.

Bertha et Mary firent toutes deux un signe négatif.

— Vous le voyez, mon pauvre compère, dit le marquis, nous ne pouvons vous être d'aucune utilité. Mais pourquoi la mère Michel avait-elle séquestré son fils ?

— Il paraîtrait, répondit le notaire, que le jeune Michel, jusqu'aujourd'hui si doux, si docile et si obéissant, est devenu tout à coup amoureux.

— Ah ! ah ! il a pris le mors aux dents, dit le marquis ; je connais cela. Eh bien, compère Loriot, si vous êtes appelé en conseil, dites à la mère de lui rendre la bride et de lui donner du champ : cela vaut mieux que la martingale. Au fond, pour le peu que je l'ai vu, il m'a eu l'air d'un bon petit diable.

— Un excellent cœur, monsieur le marquis ! et, avec cela, fils unique, plus de cent mille livres de rente ! dit le notaire.

— Hum ! fit le marquis, s'il n'a que cela, ce sera bien peu pour racheter les vilenies du nom qu'il porte.

— Mon père ! s'écria Bertha, tandis que Mary se contentait de soupirer, vous oubliez le service qu'il nous a rendu ce soir.

— Eh ! eh ! fit Loriot regardant Bertha, la baronne aurait-elle raison ? Par ma foi, ce serait un beau contrat à faire !

Et il se mit à supputer ce que pourrait lui rapporter d'honoraires le contrat de mariage du baron Michel de la Logerie avec Mlle Bertha de Souday.

— Tu as raison, mon enfant, dit le marquis ; aussi laissons Loriot chercher le chaton de la mère Michel, et ne nous en inquiétons pas aujourd'hui.

Puis, se retournant vers le notaire :

— Allez-vous donc vous remettre en quête, monsieur le tabellion ?

— Monsieur le marquis, si vous daigniez me le permettre, je préférerais...

— Tout à l'heure, vous me donniez comme prétexte votre crainte de rencontrer les soldats, interrompit le marquis : vous en avez donc bien peur ? Morbleu ! qu'est-ce que c'est que cela ? Vous, un des nôtres !

— Je n'en ai pas peur, répliqua Loriot, monsieur le marquis peut m'en croire ; mais ces maudits bleus me causent une si profonde aversion, que, quand j'aperçois un de leurs uniformes, mon estomac se resserre, et je suis vingt-quatre heures sans pouvoir manger.

— Cela m'explique votre maigreur, compère ; mais ce qui est encore plus triste, c'est que cela m'oblige à vous mettre à la porte.

— Monsieur le marquis veut rire aux dépens de son humble serviteur.

— Pas le moins du monde ; seulement, je ne veux pas votre mort, compère.

— Comment cela ?

— Si la vue d'un soldat vous cause vingt-quatre heures d'inanition, vous ne pouvez manquer de mourir de faim tout de bon, quand, pendant une nuit entière, vous aurez été sous le même toit qu'un régiment.

— Un régiment !

— Sans doute ; j'ai invité un régiment à souper ce soir à Souday, et l'amitié que j'ai pour vous, compère, m'oblige à vous faire déguerpir au plus vite ; seulement mettez-y quelques précautions, car ces drôles, en vous voyant courir les champs, ou plutôt les bois, à pareille heure, pourraient bien vous prendre pour ce que vous n'êtes pas... je veux dire pour ce que vous êtes.

— Eh bien ?

— Eh bien, dans ce cas, ils ne manqueraient pas de vous honorer de quelques coups de fusil, et les fusils des soldats de M. le duc d'Orléans sont chargés à balle.

Le notaire devint fort pâle et balbutia quelques paroles inintelligibles.

— Alors décidez-vous ! vous avez le choix : mourir de faim ou d'un coup de fusil. Vous n'avez pas de temps à perdre ; car, cette fois, j'entends la marche de toute une troupe... et tenez, voilà, selon toute probabilité, le général qui frappe à la porte.

En effet, le marteau retentit, mais vigoureusement cette fois, et ainsi qu'il convenait à l'hôte dont il annonçait l'arrivée.

— En compagnie de monsieur le marquis, fit Loriot, je me sens de force à vaincre mes répugnances, si invincibles qu'elles soient.

— Bien ! Alors, prenez ce flambeau et venez au-devant de mes invités.

— Vos invités ? Mais, en vérité, monsieur le marquis, je ne puis croire...

— Venez, venez, *Thomas* Loriot ! vous allez voir et vous croirez après.

Et le marquis de Souday, prenant lui-même un flambeau, s'avança sur le perron.

Bertha et Mary le suivirent, Mary pensive, Bertha inquiète, toutes deux regardant, au plus profond de l'ombre de la cour, pour voir si elles ne découvriraient point celui auquel elles ne cessaient pas de songer.

32

Où le général mange un dîner qui n'avait pas été préparé pour lui

Selon les instructions du marquis, transmises par Mary à Rosine, la porte avait été ouverte aux soldats dès le premier coup de marteau. La porte ouverte, ils avaient envahi la cour, et se hâtaient de cerner la maison.

Au moment où le vieux général descendait de cheval, il aperçut les deux porte-flambeaux, et, à côté d'eux, moitié dans l'ombre, moitié dans la lumière, les deux jeunes filles.

Tout cela s'avançait vers lui d'un air tout à la fois empressé et gracieux qui le surprit.

— Ma foi, général, s'écria le marquis en descendant jusqu'au dernier degré de l'escalier pour aller aussi loin que possible à la recherche du général, je désespérais presque de vous voir... ce soir, du moins.

— Vous désespériez, dites-vous, monsieur le marquis, fit le général stupéfait de cet exorde.

— Je désespérais de vous voir, je le répète. A quelle heure êtes-vous parti de Montaigu ? vers sept heures ?

— A sept heures précises.

— Eh bien, c'est cela ! j'avais calculé qu'il fallait un peu plus de deux heures pour venir ; je vous attendais donc vers neuf heures un quart, neuf heures et demie ; mais voilà qu'il en est plus de dix ! J'en étais à me dire : « Mon Dieu, serait-il arrivé quelque accident qui me prive de l'honneur de recevoir un si brave et si estimable officier ? »

— Ainsi, vous m'attendiez, monsieur ?

— Pardieu ! Je parie que c'est ce maudit gué de Pont-Farcy qui vous aura retardé. Quel abominable pays, général ! des ruisseaux qui, à la moindre pluie, deviennent des torrents impraticables ; des chemins... ils appellent cela des chemins ! moi, j'appelle cela des fondrières ! Au reste, vous en savez bien quelque chose ; car je présume que ce n'est pas sans quelque difficulté que vous avez franchi le maudit saut de Baugé, une mer de boue où l'on enfonce jusqu'à la ceinture quand on n'enfonce pas jusque par-dessus la tête ! Mais avouez que tout cela n'est rien à côté de la viette des Biques, où, tout jeune, moi, un chasseur enragé, je n'osais pas me hasarder sans frémir... Vraiment, général, en pensant à tout ce que l'honneur que vous me faites vous aura coûté de peines et de fatigues, je ne sais comment vous en témoigner ma reconnaissance.

Le général vit que, pour le moment, il avait affaire à plus fin que lui.

Il se résolut à manger franchement le plat que le marquis lui servait.

— Croyez bien, monsieur le marquis, répondit-il, que je regrette de m'être tant fait attendre, et qu'il n'y a aucunement de ma faute dans le retard que vous me reprochez. En tout cas, je tâcherai de profiter de la leçon que vous voulez bien me donner, et, une autre fois, en dépit des gués, des sauts et des viettes, j'arriverai selon les règles les plus rigoureuses de la politesse.

En ce moment, un officier s'approcha du général pour prendre ses ordres relativement à la perquisition que l'on devait faire dans le château.

— C'est inutile, mon cher capitaine, dit le général. N'entendez-vous pas que notre hôte nous dit que nous arrivons trop tard ? C'est nous dire que nous n'avons aucune peine à prendre et que nous trouverons tout en ordre dans le château.

— Comment donc ! comment donc ! dit le marquis ; mais, en ordre ou non, mon château est tout à votre disposition, général : usez-en donc comme s'il vous appartenait.

— Ceci m'est offert de trop bonne grâce pour que je refuse, dit le général en s'inclinant.

— Oh ! que vous êtes étourdies, mesdemoiselles ! fit le marquis de Souday s'adressant à ses filles ; vous ne me faites pas remarquer que je tiens ces messieurs à la porte, et par le temps qu'il fait ! des gens qui ont traversé le gué de Pont-Farcy ! Mais entrez donc, général, entrez donc, messieurs ! J'ai fait préparer un excellent feu au salon, un feu devant lequel vous pourrez sécher vos habits, que l'eau de la Boulogne doit rendre inhabitables.

— Comment reconnaîtrai-je jamais la délicatesse de vos procédés ? dit le général en se mordant les moustaches et un peu les lèvres.

— Oh ! vous êtes un homme à me revaloir cela, général ! répliqua le marquis en précédant les officiers qu'il éclairait, tandis que le petit notaire, plus modeste, illuminait les flancs de la colonne. Mais, permettez-moi, ajouta-t-il en posant le candélabre sur la cheminée du salon, manœuvre qu'imita en tout point maître Loriot, permettez-moi d'accomplir une formalité par laquelle j'eusse dû commencer peut-être, en vous présentant mes deux filles, Mlles Bertha et Mary de Souday.

— Par ma foi, marquis, dit galamment le général, la vue de si gracieux visages valait bien que l'on risquât de s'enrhumer en traversant le gué de Pont-Farcy, de s'envaser au saut de Baugé et de se casser le cou à la viette des Biques !

— Eh bien, mesdemoiselles, dit le marquis, pour utiliser ces beaux yeux, allez vous assurer que le dîner, après avoir attendu ces messieurs, ne se fera pas attendre à son tour.

— En vérité, marquis, dit Dermoncourt se tournant vers ses officiers, nous sommes confus de vos bontés, et notre reconnaissance...

— S'acquitte par la distraction que votre visite nous cause. Vous comprenez, général, moi qui suis habitué aux deux gracieux visages auxquels vous adressez de si jolis compliments, moi qui, en outre, suis leur père, je trouve parfois le séjour de mon pauvre petit castel bien insipide et bien monotone ; jugez donc de ce qu'a été ma joie lorsque, tantôt, un lutin de ma connaissance est venu me dire à l'oreille : « Le général Dermoncourt est parti à sept heures du soir de Montaigu pour venir, avec son état-major, vous rendre visite à Souday ! »

— Alors, c'est un lutin qui vous a averti ?

— Certainement ! est-ce qu'il n'y en a pas dans chaque château, dans chaque chaumière de ce pays ? Aussi, la perspective de l'excellente soirée que j'allais vous devoir, général, m'a rendu une activité que, depuis longtemps, je ne connaissais plus ; j'ai pressé tout le monde, j'ai mis mon poulailler à contribution, j'ai actionné Mlles de Souday, j'ai retenu mon compère Loriot, notaire à Machecoul, pour qu'il ait le plaisir de faire votre connaissance ; enfin, Dieu me damne ! j'ai mis moi-même la main à la pâte, et, tant bien que mal, nous sommes arrivés à préparer le dîner qui vous attend, et celui qui sera servi à vos soldats, que je n'avais garde d'oublier en ma qualité d'ancien soldat.

— Vous avez servi, monsieur le marquis ? demanda Dermoncourt.

— Peut-être pas dans les mêmes rangs que vous ; aussi, au lieu de dire que j'ai servi, je dirai simplement que je me suis battu.

— Dans ce pays ?

— Justement ! sous les ordres de Charette.

— Ah ! ah !

— J'étais son aide de camp.

— Alors, ce n'est point la première fois que nous nous rencontrons, marquis.

— Vraiment ?

— Certes ! j'ai fait les deux campagnes de 1795 et de 1796 en Vendée.

— Ah ! bravo ! et voilà qui me transporte ! s'écria le marquis. Nous allons parler, au dessert, des vaillances de notre jeunesse. Ah ! général, fit le vieux gentilhomme avec une certaine mélancolie, dans un camp comme dans l'autre, ils commencent à se faire rares, ceux qui peuvent s'entretenir de ces campagnes !... Mais voici ces demoiselles qui viennent nous annoncer que le souper nous réclame. Général, voulez-vous être le cavalier de l'une des deux ? Le capitaine sera celui de l'autre.

Puis, s'adressant aux autres officiers :

— Messieurs, dit-il, voulez-vous bien suivre le général et passer dans la salle à manger ?

On se mit à table : le général entre Mary et Bertha, le marquis entre deux officiers.

Maître Loriot s'assit à côté de Bertha ; il ne désespérait pas, pendant le souper, de placer tout bas un mot sur le jeune Michel.

Il avait décidé, à part lui, que le contrat de mariage se ferait dans son étude.

Durant quelques instants, on n'entendit que le bruit des assiettes et des verres ; chacun restait silencieux.

Les officiers, entraînés par l'exemple de leur général, se prêtaient avec complaisance au dénouement inattendu de leur expédition.

Le marquis, qui dînait ordinairement à cinq heures, et qui se trouvait de près de six heures en retard, dédommageait son estomac de cette longue attente.

Mary et Bertha, toutes pensives, n'étaient point fâchées d'avoir, dans la répulsion que leur inspiraient les cocardes tricolores, un prétexte pour se recueillir.

Le général réfléchissait évidemment aux moyens de prendre une revanche.

Il comprenait fort bien que M. de Souday avait été averti de son approche ; rompu à cette guerre, il connaissait la facilité et la rapidité avec lesquelles se transmettaient les communications entre un village et un autre. Etonné d'abord de la spontanéité de la réception que lui avait faite le marquis de Souday, peu à peu il recouvrait son sang-froid, et, revenu à ses habitudes de minutieuse observation, il trouvait dans tout ce qu'il voyait, dans l'empressement de son hôte comme dans la profusion de ce repas, bien splendide pour avoir été préparé à l'intention d'ennemis, quelque chose qui confirmait ses soupçons ; mais, patient comme doit l'être tout bon chasseur d'hommes et de gibier, certain que, dans l'obscurité — si l'illustre proie qu'il convoitait avait pris la fuite, comme tout le lui faisait croire — ce serait en vain qu'il se mettrait à sa poursuite, il résolut d'attendre à plus tard pour commencer de sérieuses investigations, et de ne point laisser échapper jusque-là un des indices qu'il pourrait trouver dans ce qui se passait autour de lui.

Ce fut lui qui le premier rompit le silence.

— Monsieur le marquis, dit-il en élevant son verre, le choix d'un toast serait assez difficile pour vous comme pour nous ; mais il en est un qui n'embarrassera personne et qui doit avoir le pas sur tous les autres. Veuillez me permettre de porter la santé de Mlles de Souday, en les remerciant d'avoir bien voulu s'associer à la courtoise réception dont vous nous honorez.

— Ma sœur et moi, nous vous remercions, monsieur le général, dit Bertha, et nous sommes heureuses d'avoir pu vous être agréables en nous conformant à la volonté de notre père.

— Ce qui veut dire, répliqua le général en souriant, que vous ne nous faites bonne mine que par ordre, et que c'est à M. le marquis que nous devons en être reconnaissants... A la bonne heure ! j'aime cette franchise toute militaire, qui, du camp de vos admirateurs, me ferait passer dans celui de vos amis, si je croyais que l'on pût y être reçu avec la cocarde que je porte.

— Les éloges que vous venez de donner à ma franchise m'encouragent, monsieur, dit Bertha, et cette même franchise osera vous avouer que vos couleurs ne sont point celles que j'aime à voir à mes amis ; mais, si vous ambitionnez vraiment ce titre, je vous l'accorderai volontiers, dans l'espoir qu'un jour viendra où vous pourrez porter les miennes.

— Général, dit à son tour le marquis en se grattant l'oreille, votre réflexion de tantôt était parfaitement juste : comment, sans nous compromettre ni l'un ni l'autre, vais-je répondre à votre gracieux toast à mes filles ? Avez-vous une femme ?

Le général tenait à embarrasser le marquis.

— Non, dit-il.

— Une sœur ?

— Non.

— Une mère, peut-être ?...

— Oui, dit le général, qui semblait s'être embusqué et attendre là le marquis : j'ai la France, notre mère commune.

— Eh bien, bravo ! je bois à la France ! et puissent se continuer pour elle les huit siècles de gloire et de grandeur qu'elle doit à ses rois !

— Et permettez-moi d'ajouter, dit le général, le demi-siècle de liberté qu'elle doit à ses enfants.

— C'est non seulement une adjonction, dit le marquis, mais encore une modification.

Puis, après un instant de silence :

— Par ma foi, dit-il, j'accepte le toast : blanche ou tricolore, la France est toujours la France !

Tous les convives tendirent leurs verres, et compère Loriot lui-même, entraîné par l'exemple du marquis, fit raison au toast du maître de la maison, modifié par le général, et vida son verre.

Une fois lancée sur cette pente et arrosée avec cette abondance, la conversation prit des allures si vagabondes, que, comprenant, aux deux tiers du dîner, qu'elles ne pourraient la suivre jusqu'au dessert dans de pareils écarts, Bertha et Mary se levèrent de table et passèrent, sans bruit, dans le salon.

Maître Loriot, qui semblait être venu pour avoir autant affaire aux jeunes filles qu'au marquis, se leva à son tour, et les suivit.

33

Où la curiosité de maître Loriot n'est pas précisément satisfaite

Maître Loriot profita donc immédiatement de l'exemple que lui donnaient Mlles de Souday, et, laissant le marquis et ses hôtes évoquer tout à leur aise les souvenirs de la *guerre des géants*, il se leva tout doucement de la table et suivit les deux jeunes filles dans le salon.

Il avança en faisant courbette sur courbette et en se frottant joyeusement les mains.

— Ah ! ah ! dit Bertha, vous paraissez bien satisfait, monsieur le notaire.

— Mesdemoiselles, répondit maître Loriot à demi-voix, j'ai fait de mon mieux pour seconder les ruses de monsieur votre père ; j'espère qu'au besoin vous ne vous refuserez point à témoigner de l'aplomb et du sang-froid que j'ai montrés dans cette circonstance.

— De quelles ruses de guerre parlez-vous, cher monsieur Loriot ? dit Mary en riant. Ni Bertha ni moi ne savons ce que vous voulez dire.

— Mon Dieu, reprit le notaire, je n'en sais pas plus que vous ; mais j'ai pensé que M. le marquis devait avoir de puissantes et sérieuses raisons pour traiter comme de vieux amis, et mieux que l'on ne traite parfois de vieux amis, les affreux soudards qu'il a admis à sa table ; les prévenances dont il accable les séides de l'usurpateur m'ont semblé si étranges, que je me suis figuré qu'elles avaient un but.

— Et lequel ? demanda Bertha.

— Dame, celui de leur inspirer tant de sécurité, qu'ils négligent le soin de leur sûreté, et de profiter de leur insouciance pour leur faire subir le sort...

— Le sort ?

— Le sort de... répéta le notaire.

— Le sort de qui ?

Le notaire fit le geste de trancher une tête.

— D'Holopherne, peut-être ? s'écria Bertha en éclatant de rire.

— Justement, dit maître Loriot.

Mary se joignit à sa sœur dans la bruyante explosion où celle-ci l'avait devancée.

La supposition du petit notaire avait réjoui les deux sœurs au-delà de toute expression.

— Ainsi, vous nous destiniez au rôle de Judith ? demanda Bertha faisant trêve la première à son hilarité.

— Dame, mesdemoiselles...

— Monsieur Loriot, si mon père était là, il pourrait se fâcher de ce que vous l'avez supposé capable d'user de ces sortes de procédés, à mon avis, un peu trop bibliques ; mais, soyez tranquille, nous ne le lui dirons pas plus qu'au général, qui certainement serait, de son côté, très peu flatté de l'enthousiasme avec lequel vous acceptiez notre dévouement.

— Mesdemoiselles, répliqua maître Loriot, pardonnez-moi si ma ferveur politique, si mon horreur pour tous les partisans de ces malheureuses doctrines m'ont entraîné un peu loin.

— Je vous pardonne, monsieur Loriot, répondit Bertha, qu'à cause de son caractère franc et décidé, ayant été la plus soupçonnée, avait le plus à pardonner ; je vous pardonne, et, pour que vous ne soyez plus exposé à de semblables méprises, je vais vous mettre au courant de la situation. Sachez donc que le général Dermoncourt, que vous regardez comme l'antéchrist, est tout simplement venu faire au château une perquisition du genre de celles que l'on a faites dans les châteaux environnants.

— Mais, alors, demanda le petit notaire, qui s'embrouillait de plus en plus dans la situation, pourquoi les traiter avec... par ma foi ! je dirai le mot, avec tant de faste ? La loi est formelle !

— Comment, la loi ?

— Oui : elle interdit aux magistrats, aux officiers civils et militaires, chargés de mettre à exécution le mandat de l'autorité judiciaire, de saisir, enlever, s'approprier tous autres objets que ceux désignés audit mandat ; que font ces gens des mets, des viandes, des vins de toutes sortes dont ils ont trouvé la table de M. le marquis de Souday chargée ? Ils se les ap-pro-prient !

— Mais il me semble, mon cher monsieur Loriot, dit Mary, que mon père est bien libre d'inviter qui il veut à sa table.

— Même les gens qui viennent exercer... représenter chez lui... un pouvoir tyrannique et odieux ? Certainement, mademoiselle ; mais vous me permettrez de regarder cela comme chose peu naturelle et d'y supposer une cause ou un but !

— C'est-à-dire, monsieur Loriot, que vous voyez là un secret que vous cherchez tout simplement à pénétrer.

— Oh ! mademoiselle...

— Eh bien, je vous le confierai, ou à peu près, mon cher monsieur Loriot ; car je sais que l'on peut compter sur vous, si, toutefois, vous, de votre côté, vous voulez m'apprendre comment il se fait qu'ayant à chercher quelque part M. Michel de la Logerie, vous soyez venu tout droit au château de Souday.

Bertha avait prononcé ces paroles d'une voix ferme et accentuée, et le notaire, auquel elles étaient adressées, les écouta avec beaucoup plus d'embarras que n'en éprouvait son interlocutrice.

Quant à Mary, elle s'était rapprochée de sa sœur, avait passé son bras sous le sien, avait appuyé sa tête sur son épaule, et attendait, avec une curiosité qu'elle ne cherchait pas à dissimuler, la réponse de maître Loriot.

— Eh bien, puisque vous désirez savoir le pourquoi, mademoiselle...

Le notaire fit une pause comme pour être encouragé.

Bertha, en effet, l'encouragea d'un signe de tête.

— Je suis venu, continua maître Loriot, parce que Mme la baronne de la Logerie m'avait indiqué le château de Souday comme le lieu où son fils s'était très probablement retiré après sa fuite.

— Et sur quoi Mme de la Logerie appuyait-elle ses suppositions ? demanda Bertha avec le même regard interrogateur, la même voix ferme et accentuée.

— Mademoiselle, répliqua le notaire de plus en plus embarrassé, après ce que j'ai dit tantôt à votre père, vraiment je ne sais si, malgré la récompense que vous avez attachée à ma franchise, j'aurai le courage d'aller jusqu'au bout.

— Pourquoi pas, monsieur le notaire ? continua Bertha gardant le même aplomb. Voulez-vous que je vous aide ? C'est parce qu'elle croit, avez-vous dit, que l'objet de l'amour de monsieur son fils est au château de Souday.

— C'est justement cela, mademoiselle.

— Bien ! Mais ce que je désirerais connaître, ce que je tiendrais à savoir, c'est l'opinion de Mme de la Logerie sur cet amour.

— Cette opinion ne lui est point positivement favorable, mademoiselle, reprit le notaire ; cela, je dois l'avouer.

— Voilà déjà un point sur lequel mon père et la baronne s'entendent, dit en riant Bertha.

— Mais, continua le notaire avec intention, M. Michel sera majeur dans quelques mois, libre, par conséquent, de ses actions, maître de son immense fortune...

— De ses actions, dit Bertha, tant mieux ! cela pourra lui servir.

— A quoi, mademoiselle ? demanda malignement le notaire.

— Mais à réhabiliter le nom qu'il porte, à faire oublier les tristes souvenirs que son père a laissés dans le pays. Quant à la fortune, si j'étais celle que M. Michel honore de son affection, je lui conseillerais d'en faire un tel usage, que bientôt, il n'y aurait pas, dans toute la province, un nom plus honorable et plus honoré que le sien.

— Que lui conseilleriez-vous donc, mademoiselle ? fit le notaire tout étonné.

— De rendre cette fortune à ceux à qui l'on prétend que son père l'a prise, de restituer à leurs propriétaires les biens nationaux que M. Michel avait achetés.

— Mais, en ce cas, mademoiselle, dit le petit notaire tout à fait désorienté, vous ruineriez celui qui aurait l'honneur de vous aimer !

— Qu'importe, s'il lui restait la considération de tous et la tendresse de celle qui lui aurait conseillé le sacrifice ?

En ce moment, Rosine parut à la porte, et, passant sa tête entre les deux battants :

— Mademoiselle, dit-elle, sans s'adresser particulièrement ni à Mary ni à Bertha, voulez-vous venir, s'il vous plaît ?

Bertha tenait à continuer la conversation avec le notaire ; elle était avide de se renseigner sur les sentiments que Mme de la Logerie nourrissait contre elle, encore plus peut-être que de ceux que son fils nourrissait pour elle ; enfin, elle était heureuse de s'entretenir, si vaguement que ce fût, des projets qui formaient, depuis quelque temps, le thème invariable de ses méditations ; aussi dit-elle à Mary d'aller voir ce dont il s'agissait.

Mais, de son côté, Mary ne quittait le salon qu'à regret ; elle était épouvantée de voir à quel point l'amour de Bertha pour Michel s'était développé, depuis quelques jours ; chacune des paroles de sa sœur retentissait douloureusement dans son âme ; elle croyait être sûre que l'amour de Michel était tout entier à elle, et elle songeait avec terreur à ce que serait le désespoir de Bertha, lorsqu'elle s'apercevrait qu'elle s'était si étrangement abusée. Puis, comme, malgré l'immense affection de Mary pour Bertha, l'amour avait déjà versé dans son cœur une petite dose de l'égoïsme qui accompagne ce sentiment, Mary était tout heureuse, à un autre point de vue, de ce qu'elle entendait ; elle se réservait tout bas le rôle que sa sœur traçait pour la femme aimée de Michel ; aussi fallut-il que Bertha lui répétât une seconde fois d'aller voir pour quelle cause Rosine appelait l'une d'elles.

— Allons, va, ma chérie ! dit Bertha en appuyant ses lèvres sur le front de Mary ; va ! et, en même temps, occupe-toi de la chambre de M. Loriot ; car je crains que, dans tout ce bouleversement, on n'ait oublié de lui préparer un gîte.

Mary avait l'habitude d'obéir, elle obéit : des deux sœurs, elle était la nature douce et flexible.

Elle trouva Rosine à la porte.

— Que nous veux-tu ? lui demanda-t-elle.

Celle-ci ne répondit point ; et, comme si elle eût craint d'être entendue de la salle à manger, où le marquis racontait la dernière journée de Charette, elle tira Mary par le bras, et l'emmena sous l'escalier qui se trouvait à l'autre extrémité du vestibule.

— Mademoiselle, lui dit-elle, il a faim.

— Il a faim ? répéta Mary.

— Oui ; il vient de me le dire à l'instant même.

— Mais de qui parles-tu ? et qui donc a faim ?

— Lui, le pauvre garçon !

— Qui, lui ?

— M. Michel, donc !

— Comment ! M. Michel est ici ?

— Ne le savez-vous donc point ?

— Mais non.

— Il y a deux heures — après que Mlle votre sœur fut rentrée au salon, un peu avant que les soldats fussent arrivés — eh bien, il est entré à la cuisine.

— Il n'est donc pas parti avec Petit-Pierre ?

— Mais non.

— Et tu dis qu'il est entré à la cuisine ?

— Oui ; il était si las, que cela faisait pitié. « Monsieur Michel, lui ai-je dit comme cela, pourquoi donc vous n'allez pas au salon ? — Dame, ma chère Rosine, a-t-il répondu avec sa voix si douce, c'est qu'on ne m'a pas invité à y rester. » Alors, il voulait s'en aller coucher à Machecoul ; car, de rentrer à la Logerie, il ne le fera pour rien au monde ! Il paraît que sa mère veut l'emmener à Paris. Je n'ai point voulu le laisser courir ainsi la nuit.

— Tu as bien fait, Rosine. Et où est-il ?

— Je l'ai mis dans la chambre de la tourelle ; mais, comme les soldats ont pris le rez-de-chaussée, on n'y peut plus entrer que par le corridor qui est au bout du grenier, et je viens vous en demander la clef.

Le premier mouvement de Mary — c'était le bon — fut de prévenir sa sœur ; mais, à ce premier mouvement, il ne tarda pas à en succéder un second, et celui-là, il faut l'avouer, était le moins généreux : c'était de voir Michel seule et la première.

Rosine, d'ailleurs, lui fournit un prétexte pour suivre celui-là.

— Voici la clef, lui dit Mary.

— Oh ! mademoiselle, répliqua Rosine, venez avec moi, je vous en supplie. Il y a tant d'hommes dans le château, que je n'ose m'y hasarder seule, et que je mourrais de peur pour monter là-haut ; tandis que vous, la fille de M. le marquis, tout le monde vous respectera.

— Mais les provisions ?

— Les voici.

— Où ?

— Dans ce panier.

— Alors, viens !

Et Mary s'élança dans l'escalier avec la légèreté d'un de ces chevreuils qu'elle poursuivait dans les rochers de la forêt de Machecoul.

34

La chambre de la tourelle

Arrivé au second étage, Mary s'arrêta devant la chambre que Jean Oullier occupait au château : c'était dans cette chambre que se trouvait la clef qui lui était nécessaire.

Puis elle ouvrit une porte qui, de cet étage, donnait sur l'escalier en colimaçon par lequel on arrivait à la partie supérieure de la tourelle, et, devançant de quelques marches Rosine, que son panier embarrassait, elle continua rapidement son ascension, assez périlleuse, car l'escalier de cette petite tour à moitié abandonnée était alors dans un état de vétusté et de délabrement des plus caractérisés.

C'était au sommet de cette tourelle, dans une petite chambre située sous le toit, que Rosine et la cuisinière, réunies en comité délibérateur, avaient placé le jeune baron de la Logerie.

Si l'intention des deux braves filles avait été excellente, l'exécution n'avait nullement répondu à leur bon vouloir ; car il était impossible d'imaginer un plus pauvre gîte, un lieu, enfin, où il fût plus difficile de se reposer d'une fatigue, si mince qu'elle fût.

Cette chambre, en effet, servait à Jean Oullier pour serrer les menues graines du jardin et les outils nécessaires à ses fonctions de maître Jacques. Les murs étaient littéralement palissadés de tiges de haricots, de choux, de laitues et d'oignons montés en graines, le tout de diverses variétés, le tout exposé à l'air afin que les semences pussent acquérir le degré de maturité et de sécheresse convenable. Par malheur, tous ces échantillons botaniques avaient, depuis six mois qu'ils attendaient le moment d'être mis en terre, absorbé une telle quantité de poussière, qu'au moindre mouvement que l'on exécutait dans l'étroite chambre, des milliers d'atomes se détachaient de ces amas de légumineuses et épaississaient désagréablement l'atmosphère.

Pour tout meuble, cette petite pièce avait un établi de menuisier ; ce n'était pas un siège bien commode, on le voit ; aussi Michel, qui s'était résigné à l'accepter en cette qualité, ne tarda-t-il point à l'échanger contre un tas d'avoine d'une espèce nouvelle, et à laquelle sa rareté avait mérité les honneurs du cabinet aux graines précieuses. Il s'assit au centre du monceau, et là, du moins, à part quelques inconvénients — quel siège, si confortable qu'il soit, n'en a point ? — il trouva assez d'élasticité pour reposer un peu la fatigue qui courbaturait ses membres.

Mais, bientôt, Michel s'était lassé de s'étendre sur ce sofa mobile et piquant. Lorsque Guérin l'avait renversé dans le ruisseau, une assez notable quantité de boue était restée à la surface de ses habits, et l'humidité avait pénétré à l'intérieur. Il en résultait que le séjour qu'il avait fait devant le foyer de la cuisine lui avait paru bien court ; si court, que l'humidité, qu'il avait un moment crue partie, était revenue plus pénétrante que jamais. Il s'était mis alors à se promener en long et en large dans sa tourelle, manœuvre qu'il accomplissait tout en maudissant la sotte timidité qui lui valait non seulement ce froid, cette fatigue et la faim qu'il commençait à éprouver, mais encore — et c'était là le plus douloureux — qui le privait de la présence de Mary ! Il se gourmandait de n'avoir pas su profiter de ce qu'il avait si vaillamment entrepris et de ce que le cœur lui eût failli au moment d'achever ce qu'il avait si bien commencé.

Hâtons-nous de dire, pour ne point mentir au caractère de notre héros, que la conscience de sa faute ne le rendait pas plus brave, et qu'au milieu des reproches qu'il s'adressait à lui-même, l'idée ne lui vint pas un seul instant de descendre et de demander franchement au marquis l'hospitalité qui n'avait pas été la moindre des perspectives qui l'avaient décidé à la fuite.

Les soldats étaient arrivés sur ces entrefaites, et Michel, que le bruit qu'ils avaient fait en entrant avait attiré à l'étroite lucarne qui donnait sur les derrières du château, vit, dans les salles du corps de logis principal, passer et repasser, à travers les fenêtres brillamment éclairées, Mlles de Souday, le général, les officiers et le marquis.

C'est alors qu'apercevant Rosine au pied de la petite tourelle dont il occupait le faîte, il avait jugé à propos de ramener à lui l'intérêt que de nouveaux hôtes avaient singulièrement détaché de sa personne ; et, avec toute la modestie de son caractère, il avait demandé à la nouvelle commensale du château de Souday un petit morceau de pain ; demande qui n'était nullement en harmonie avec sa faim, que les aiguillonnements des contrariétés morales et physiques qu'il éprouvait, de légère, avaient rendue canine !

En entendant un pas léger qui se rapprochait de sa prison, il éprouva une vive reconnaissance.

En effet, ce pas lui annonçait deux choses, l'une certaine, l'autre probable.

La chose certaine, c'est qu'il allait satisfaire son appétit ; la chose probable, qu'il allait entendre parler de Mary.

— Est-ce toi, Rosine ? demanda-t-il quand il entendit une main qui cherchait à ouvrir la porte.

— Non, ce n'est pas Rosine, monsieur Michel ; c'est moi.

Michel reconnut la voix de Mary ; mais il n'en pouvait croire ses oreilles.

La voix continua :

— Oui, moi... moi qui suis furieuse contre vous !

Mais, comme l'accent jurait avec la voix, Michel ne fut pas trop effrayé de cette fureur.

— Mademoiselle Mary ! s'écria-t-il, mademoiselle Mary ! mon Dieu !

Et il s'appuya contre la muraille pour ne pas tomber.

Pendant ce temps, la jeune fille ouvrait la porte.

— Vous ! s'écria Michel, vous, mademoiselle Mary ! Oh ! que je suis heureux !

— Oh ! pas tant que vous le dites.

— Comment cela ?

— Puisque vous avouez, au milieu de votre bonheur, que vous mourez de faim.

— Ah ! mademoiselle, qui vous a dit cela ? balbutia Michel en rougissant jusqu'au blanc des yeux.

— Rosine... Voyons, arrive, Rosine ! continua Mary. Bien ! commence par poser ta lanterne sur cet établi, et ouvre vite ton panier. Ne vois-tu pas que M. Michel le dévore du regard ?

Ces paroles de la railleuse Mary rendirent le jeune baron un peu honteux du besoin vulgaire qu'il avait exprimé à sa sœur de lait.

Il pensa bien que saisir le panier de Rosine, réintégrer dans ses flancs les comestibles qui en étaient déjà sortis et que la jeune fille avait étalés sur l'établi, lancer le tout par la fenêtre, au risque d'assommer un soldat, tomber aux genoux de la jeune fille en lui disant, les deux mains sur le cœur et d'une voix pathétique : « Puis-je songer à mon estomac lorsque mon cœur est si heureux ? » serait une déclaration un peu bien galante.

Mais c'étaient là de ces idées qui pouvaient venir à Michel

pendant plusieurs années consécutives sans qu'il se résignât à pratiquer jamais des façons si cavalières ; il laissa donc Mary le traiter en véritable frère de lait de Rosine. Sur son invitation, il reprit son canapé d'avoine et trouva fort agréable de manger les morceaux que lui découpait la main blanche de la jeune fille.

— Oh ! que vous êtes donc enfant ! lui disait Mary. Pourquoi, après avoir accompli un acte aussi vaillant, après être venu à nous pour nous rendre un service de cette importance, au risque de vous rompre les os, pourquoi n'avoir pas, comme cela était si naturel de le faire, dit à mon père : « Monsieur, il me serait impossible de rentrer chez ma mère ce soir ; veuillez me garder jusqu'à demain matin ? »

— Oh ! je n'eusse jamais osé ! s'écria Michel en laissant tomber ses bras de chaque côté de son corps, comme un homme auquel on fait une proposition à laquelle il n'eût jamais songé.

— Pourquoi cela ? demanda Mary.

— Parce qu'il m'impose énormément, M. votre père !

— Mon père ! mais c'est le meilleur homme du monde. Et puis n'êtes-vous pas notre ami, à nous ?

— Oh ! que vous êtes donc bonne, mademoiselle, de me donner ce titre !

Puis, se hasardant à faire un pas en avant :

— Mais est-il bien vrai, demanda le jeune baron, que je l'aie déjà gagné ?

Mary rougit légèrement.

Quelques jours auparavant, elle n'eût point hésité à répondre à Michel qu'il était si bien son ami, que peu d'instants du jour et même de la nuit s'écoulaient sans qu'elle songeât à lui ; mais, depuis ces quelques jours, l'amour avait singulièrement modifié ses sentiments, et, dès ses premiers élans, il lui avait donné une pudeur instinctive que, dans son innocence, elle n'avait point encore soupçonnée. Au fur et à mesure qu'elle s'était sentie femme par la révélation des sensations qui, jusque-là, lui avaient été inconnues, elle avait compris tout ce que les manières, les habitudes et le langage qui résultaient de l'éducation étrange qu'elle avait reçue, avaient d'insolite, et, avec cette faculté d'intuition particulière aux femmes, elle s'était rendu un compte exact de ce qu'elle avait à acquérir du côté de la réserve pour arriver aux qualités qui lui manquaient et dont le sentiment qui dominait son âme lui faisait sentir la nécessité.

Aussi, Mary, qui, jusque-là, n'avait jamais eu l'idée de dissimuler une seule de ses pensées, commença-t-elle à comprendre qu'une jeune fille devait quelquefois, sinon mentir, du moins éluder, et voila-t-elle par une banalité la réponse qu'elle eût voulu faire.

— Mais il me semble, répondit-elle au jeune baron, que vous avez assez fait pour cela.

Puis, sans lui laisser le temps de revenir à ce sujet, qui mettait la conversation sur un terrain trop scabreux :

— Allons, voyons, continua-t-elle, prouvez-nous ce bon appétit dont vous vous vantiez tout à l'heure, en mangeant encore cette aile de volaille.

— Mais, mademoiselle, dit naïvement Michel, j'étouffe !

— Oh ! que vous êtes un pauvre mangeur ! Voyons, obéissez, ou sinon, comme je ne suis ici que pour vous servir, je m'en vais !

— Mademoiselle, dit Michel en tendant vers Mary ses deux mains, dont l'une était armée d'une fourchette et l'autre munie d'un morceau de pain, mademoiselle, vous n'aurez pas cette cruauté ! Oh ! si vous saviez combien j'ai été triste et malheureux depuis deux heures que je suis dans cette solitude !

— Cela s'explique, dit en riant Mary : vous aviez faim.

— Oh ! non, non, non, ce n'était pas seulement cela ! Imaginez-vous que, d'ici, je vous voyais passer avec tous ces officiers...

— C'est votre faute ! au lieu de vous réfugier dans cette vieille tour comme un hibou, vous pouviez rester au salon, nous suivre dans la salle à manger et dîner sur une chaise et devant une table comme un chrétien ; vous eussiez entendu raconter à mon père et au général Dermoncourt des hauts faits qui vous eussent donné la chair de poule, et vous eussiez vu manger notre compère Loriot, comme l'appelle mon père ; ce qui n'est pas moins effrayant !

— Ah ! mon Dieu ! s'écria Michel.

— Quoi ? demanda Mary, surprise par l'exclamation du jeune homme.

— Maître Loriot, de Machecoul ?...

— Maître Loriot, de Machecoul, répéta Mary.

— Le notaire de ma mère ?

— Ah ! oui, tiens, c'est vrai, fit Mary.

— Il est ici ? demanda le jeune homme.

— Sans doute, il est ici... Et même, à propos, continua Mary en riant, savez-vous ce qu'il vient, ou plutôt, ce qu'il venait faire ici ?

— Non.

— Il venait vous chercher.

— Moi ?

— Tout simplement, de la part de la baronne.

— Mais, mademoiselle, fit Michel effrayé, je ne veux pas retourner à la Logerie, moi.

— Pourquoi cela ?

— Mais... parce qu'on m'y enferme, parce qu'on m'y séquestre, parce qu'on veut m'y retenir loin de... mes amis !

— Bah ! la Logerie n'est pas loin de Souday.

— Non ; mais Paris est loin de la Logerie, et la baronne veut m'emmener à Paris. Est-ce que vous lui avez dit que j'étais ici, à ce notaire ?

— Je m'en suis bien gardée !

— Oh ! mademoiselle, que je vous remercie !

— Il ne faut pas m'en savoir gré ; je ne le savais pas.

— Mais maintenant que vous le savez...

Michel hésita.

— Eh bien ?

— Il ne faut pas le lui dire, mademoiselle, répliqua Michel honteux de sa propre faiblesse.

— Ah ! ma foi, monsieur Michel, dit Mary, je vous avouerai une chose...

— Avouez, mademoiselle, avouez !

— Eh bien, c'est qu'il me semble que, si j'étais homme, dans aucune circonstance maître Loriot ne pourrait m'embarrasser beaucoup.

Michel parut rassembler toutes ses forces pour prendre une résolution.

— Au fait, vous avez raison, dit-il, et je vais lui déclarer que je ne rentrerai jamais à la Logerie.

En ce moment, les deux enfants tressaillirent.

La cuisinière appelait Rosine à grands cris.

— Oh ! mon Dieu ! firent-ils en même temps, presque aussi tremblants l'un que l'autre.

— Entendez-vous, mademoiselle ? dit Rosine.

— Oui.

— On m'appelle.

— Mon Dieu ! fit Mary se relevant et toute prête à fuir, se douterait-on que nous sommes ici ?

— Eh bien, quand on s'en douterait, quand on le saurait même, répondit Rosine, il n'y aurait pas grand mal à cela.

— Sans doute... mais.

— Ecoutez, dit Rosine.

Il se fit un moment de silence ; la voix de la cuisinière s'éloigna.

— Tenez, continua Rosine, la voilà maintenant qui appelle dans le jardin.

Et Rosine s'apprêta à descendre.

— Ah çà ! tu ne vas pas me quitter, lui dit Mary ; tu ne vas pas me laisser seule ici, j'espère !

— Mais, dit naïvement Rosine, il me semble que vous n'êtes pas seule, puisque vous êtes avec M. Michel.

— Oui ; mais pour retourner à la maison... balbutia Mary.

— Ah bien, fit Rosine étonnée, est-ce que vous êtes devenue poltronne, par hasard, vous si vaillante d'habitude, vous qui courez les bois, la nuit comme le jour ? Mais je ne vous reconnais plus !

— N'importe ! reste, Rosine.

— Bon ! pour l'aide que je vous prête depuis une demi-heure que je suis là, je puis bien m'en aller.

— Oui, sans doute, Rosine ; aussi n'est-ce point cela.

— Qu'est-ce donc ?

— Je voulais te dire...

— Quoi ?

— Mais... mais que ce malheureux enfant ne peut point passer la nuit ici.

— Eh bien, demanda Rosine, où la passera-t-il donc ?

— Je ne sais ; mais il faut lui trouver une chambre.

— Sans le dire à M. le marquis ?

— C'est vrai, et mon père qui ignore... Mon Dieu, mon Dieu, que faire ?... Ah ! monsieur Michel, tout cela, c'est votre faute !

— Mademoiselle, dit Michel, je suis prêt à partir, si vous l'exigez.

— Qui vous dit cela ? fit vivement Mary. Non, restez, au contraire.

— Une idée, mademoiselle Mary, interrompit Rosine.

— Laquelle ? demanda la jeune fille.

— Si j'en parlais à mademoiselle Bertha ?

— Non, répondit Mary avec une vivacité qui l'étonna elle-même, non, inutile ! c'est moi qui lui en parlerai tout à l'heure en descendant, lorsque M. Michel aura achevé son malheureux petit souper.

— Alors, je m'en vais, dit Rosine.

Mary n'osa pas la retenir davantage.

Rosine partit donc et laissa les deux jeunes gens seuls.

35

Qui finit tout autrement que ne s'y attendait Mary

La petite chambre n'était éclairée que par la réverbération de la lanterne, dont la lumière, comme celle d'un réflecteur, se portait tout entière sur la porte d'entrée et laissait dans l'obscurité, ou à peu près, le reste de la chambre — si toutefois on peut appeler une chambre l'espèce de pigeonnier où se trouvaient nos deux jeunes gens.

Michel était toujours assis sur le tas d'avoine ; Mary était agenouillée devant lui, et cherchait dans tous les coins du panier, avec plus d'embarras peut-être que d'amour du prochain, si elle ne trouverait pas quelque friandise qui pût terminer le repas que Rosine avait improvisé au pauvre reclus.

Mais tant de choses s'étaient passées que Michel n'avait plus faim.

Sa tête s'était appuyée sur sa main, soutenue elle-même par son genou ; il contemplait avec amour la suave et douce figure qui se présentait à lui dans un raccourci qui doublait le charme de ses traits mignons, et il aspirait avec délice les effluves parfumés qui lui venaient des longues boucles blondes que le vent de la fenêtre agitait doucement et soulevait jusqu'à ses lèvres ; à ce contact, à ce parfum, à cette vue, son sang circulait plus rapide dans ses veines ; il entendait battre les artères de ses tempes ; il éprouvait un frissonnement qui passait par tous ses membres pour se fixer au cerveau. Sous l'empire de ces sensations si nouvelles pour lui, le jeune homme sentait son cœur animé d'aspirations inconnues ; il apprenait à vouloir.

Ce qu'il voulait, il le sentait au fond de son cœur : c'était un moyen quelconque de dire à Mary qu'il l'aimait.

Il cherchait lequel employer ; mais il eut beau chercher, il trouva que le plus simple était de lui prendre la main et de la porter à ses lèvres.

Ce fut ce qu'il fit tout à coup, sans même avoir la conscience de ce qu'il faisait.

— Monsieur Michel ! monsieur Michel ! lui dit Mary plus étonnée que colère, que faites-vous donc ?

Et la jeune fille se releva vivement.

Michel comprit qu'il s'était trop avancé, et qu'il fallait maintenant tout dire.

Ce fut lui à son tour qui prit la posture que venait de quitter Mary, c'est-à-dire qui tomba à genoux, et qui, dans ce mouvement, parvint à ressaisir la main qui lui avait échappé.

Il est vrai que la main ne chercha point à se retirer.

— Oh ! vous aurais-je offensée ? s'écria le jeune homme. Si cela était, je serais bien malheureux et je vous demanderais bien humblement pardon à genoux.

— Monsieur Michel ! fit la jeune fille sans savoir ce qu'elle disait.

Mais le baron, de peur que cette petite main ne s'échappât, l'avait enveloppée des deux siennes, et, comme il ne savait pas trop ce qu'il disait non plus de son côté, il continua :

— Oh ! si j'ai abusé des bontés que vous avez eues pour moi, mademoiselle, dites-moi, je vous en conjure, que vous ne m'en voulez pas.

— Je vous le dirai, monsieur, quand vous vous serez relevé, dit Mary en faisant un faible effort pour retirer sa main.

Mais l'effort était si faible, qu'il n'eut d'autre résultat que de prouver à Michel que la captivité de cette main n'était pas tout à fait forcée.

— Non, reprit le jeune baron sous l'empire de cette exaltation croissante que donne l'espérance à peu près changée en certitude ; non, laissez-moi à vos genoux... Oh ! si vous saviez combien de fois, depuis que je vous connais, j'ai rêvé que j'étais ainsi à vos pieds ! si vous saviez ce que ce rêve, tout rêve qu'il était, produisait en moi de douces sensations, de délicieuses angoisses... oh ! vous me laisseriez jouir de ce bonheur qui en ce moment est une réalité.

— Mais, monsieur Michel, répondit Mary d'une voix que l'émotion gagnait de plus en plus — car elle sentait qu'elle touchait au moment où il ne resterait plus pour elle de doute sur la nature de l'affection que lui portait le jeune homme — mais, monsieur Michel, on ne s'agenouille ainsi que devant Dieu et devant les saints.

— En vérité, dit le jeune homme, je ne sais ni devant qui on s'agenouille, ni pourquoi je m'agenouille devant vous ; ce que j'éprouve est si loin de ce que j'ai jamais éprouvé, même de la tendresse que je ressens pour ma mère, que je ne sais à quoi rattacher le sentiment qui me fait vous adorer... C'est quelque chose qui tient, comme vous le disiez tout à l'heure, de la vénération avec laquelle on se prosterne devant Dieu et les saints.

Pour moi, vous résumez toute la création, et, en vous adorant, il me semble que je l'adore tout entière.

— Oh ! de grâce, monsieur, cessez de me parler ainsi... Michel, mon ami !

— Oh ! non, non, laissez-moi comme je suis ! laissez-moi vous supplier de permettre que je me consacre à vous, avec un dévouement absolu. Hélas ! je le sens — et croyez que je ne m'abuse pas — depuis que j'ai entrevu ceux qui sont vraiment des hommes, c'est bien peu de chose que le dévouement d'un pauvre enfant faible et timide comme je le suis, et, cependant, il me semble qu'il doit y avoir un si grand bonheur à souffrir, à verser son sang, à mourir, s'il le fallait, pour vous, que l'espoir de le conquérir me ferait trouver la force et le courage qui me manquent.

— Pourquoi parler de souffrance et de mort ? répondit Mary de sa voix douce ; croyez-vous que la mort et la souffrance soient absolument nécessaires pour prouver qu'une affection est vraie ?

— Pourquoi j'en parle, mademoiselle Mary ? pourquoi je les appelle à mon secours ? Mais parce que je n'ose espérer un autre bonheur, parce que vivre heureux, calme et paisible à vos côtés avec votre tendresse, vous nommer ma femme enfin, me semble un rêve au-dessus de toutes les espérances humaines, et que je ne puis me figurer qu'il me soit permis de faire même un semblable rêve.

— Pauvre enfant ! dit Mary d'une voix dans laquelle il y avait au moins autant de compassion que de tendresse, vous m'aimez donc bien !

— Oh ! mademoiselle Mary, à quoi sert de vous le dire, de vous le répéter ? Ne le voyez-vous pas, avec vos yeux et avec votre cœur ? Passez votre main sur mon front que la sueur inonde, posez-la sur mon cœur tout bouleversé ; voyez le tremblement qui agite tout mon corps, et demandez encore si je vous aime !

La fiévreuse exaltation qui avait si subitement transformé le jeune homme s'était communiquée à Mary : elle n'était ni moins émue ni moins tremblante que lui-même ; elle avait tout oublié, et la haine de son père pour le nom que portait Michel, et les répulsions de Mme de la Logerie pour sa famille, et même les illusions que Bertha s'était faites sur l'amour de Michel, qu'elle, Mary, s'était tant de fois promis à elle-même de respecter ; les ardeurs juvéniles de cette nature vigoureuse et primitive avaient repris le dessus sur la réserve que, depuis quelque temps, elle avait cru convenable de s'imposer. Elle allait s'abandonner à la tendresse qui débordait de son cœur, elle allait répondre à cet amour passionné, par un amour plus passionné encore peut-être, lorsqu'un léger bruit qu'elle entendit du côté de la porte lui fit retourner la tête.

Alors elle aperçut Bertha, qui se tenait droite et immobile sur le seuil.

L'ouverture de la lanterne, comme nous l'avons déjà dit, faisait face à la porte ; en sorte que la lumière qui s'en échappait était toute concentrée sur le visage de Bertha.

Mary put donc juger combien sa sœur était pâle, combien il y avait de douleur et de colère amassées sur ces sourcils froncés et dans ces lèvres contractées violemment.

Elle fut si effrayée de cette apparition inattendue et presque menaçante, qu'elle repoussa le jeune homme, dont la main n'avait point quitté la sienne, et s'avança vers sa sœur.

Mais celle-ci, qui, de son côté, entrait dans la tourelle, ne s'arrêta point à Mary, et, l'écartant de la main comme elle eût fait d'un obstacle inerte, elle marcha droit à Michel.

— Monsieur, lui dit-elle d'une voix vibrante, ma sœur ne vous a-t-elle point dit que M. Loriot, le notaire de Mme la baronne, vient de sa part vous chercher et désire vous parler ?

Michel balbutia quelques paroles.

— Vous le trouverez au salon, dit Bertha de la même voix dont elle eût formulé un ordre.

Michel, rendu à toutes ses timidités, à toutes ses terreurs, se redressa en vacillant, et si confus, qu'il ne put trouver un mot pour répondre, et gagna la porte comme un enfant pris en faute, qui obéit sans avoir le courage de se disculper.

Mary prit la lumière pour éclairer le pauvre garçon ; mais Bertha la lui arracha des mains, et la mit dans celle du jeune homme en lui faisant signe de sortir.

— Mais vous, mademoiselle ? hasarda Michel.

— Nous, nous connaissons la maison, répondit Bertha.

Puis, frappant du pied avec impatience en voyant que Michel regardait Mary :

— Allez ! mais allez donc ! dit-elle.

Le jeune homme disparut, laissant les deux jeunes filles sans autre lumière que la pâle lueur qui pénétrait dans la tourelle par la petite fenêtre, et qui venait des rayons d'une lune maladive et à chaque instant voilée par les nuages.

Restée seule avec sa sœur, Mary s'attendait à subir ses reproches, reproches basés sur l'inconvenance d'un tête-à-tête dont elle appréciait en ce moment la portée.

Mary se trompait.

Aussitôt que Michel eut disparu dans la spirale de l'escalier, et que, de son oreille tendue vers la porte, Bertha l'eut senti s'éloigner, elle saisit la main de sa sœur, et, la serrant avec une force qui témoignait de la violence de ses sensations :

— Que vous disait-il ainsi, à vos genoux ? demanda-t-elle d'une voix étranglée.

Pour toute réponse, Mary se jeta au cou de sa sœur, et, malgré tous les efforts de celle-ci pour la repousser, elle l'entoura de ses bras, l'embrassant et mouillant le visage de Bertha des pleurs qui lui montaient aux yeux.

— Pourquoi es-tu fâchée contre moi, chère sœur ? lui dit-elle.

— Ce n'est point être fâchée contre vous, Mary, que de vous demander ce que vous disait ce jeune homme, que je viens de surprendre à vos genoux.

— Mais est-ce ainsi que tu me parles d'ordinaire ?

— Qu'importe à ma question la façon dont je te parle ? Ce que je veux, ce que j'exige, c'est que tu me répondes.

— Bertha ! Bertha !

— Oh ! voyons, parle ! Que te disait-il ? Je te demande ce qu'il te disait ! s'écria la rude jeune fille en secouant si violemment le poignet de sa sœur, que Mary poussa un cri et s'affaissa sur elle-même comme si elle allait s'évanouir.

Ce cri rendit à Bertha tout son sang-froid.

Cette nature impétueuse et violente, mais souverainement bonne, se fondit à cette expression de la douleur et du désespoir qu'elle causait à sa sœur ; elle ne la laissa point tomber jusqu'à terre ; elle la reçut dans ses bras, elle l'enleva comme elle eût fait d'un enfant et la coucha sur l'établi, tout en la tenant toujours étroitement embrassée ; enfin, elle la couvrit de ses baisers, et quelques larmes jaillirent de ses yeux comme des étincelles d'un brasier et vinrent tomber sur les joues de Mary.

Bertha pleurait à la façon de Marie-Thérèse : au lieu de couler de ses yeux, les pleurs en jaillissaient comme des éclairs.

— Pauvre petite ! pauvre petite ! disait Bertha parlant à sa sœur comme à un enfant que l'on a blessé par mégarde, pardonne-moi ! je t'ai fait du mal... je t'ai fait de la peine, ce qui est bien pis ! pardonne-moi !

Puis, faisant un retour sur elle-même :

— Pardonne-moi ! répéta-t-elle. C'est ma faute aussi : j'aurais dû t'ouvrir mon cœur avant de te faire voir que l'étrange amour que j'éprouve pour cet homme... pour cet enfant, ajouta-t-elle avec une nuance de dédain, a si bien su me dominer tout entière, qu'il a pu me rendre jalouse de celle que j'aime plus que tout au monde, plus que ma vie, plus que lui !... Me rendre jalouse de toi ! Ah ! si tu savais, ma pauvre Mary, combien de douleur il a déjà menée à sa suite, cet amour insensé, et que je reconnais inférieur ! si tu savais toutes les luttes que j'ai soutenues avant de le subir ! combien j'ai amèrement déploré ma faiblesse ! Il n'a rien de ce que j'estime ; il n'a rien de ce que j'aime : ni l'illustration de la race, ni la foi, ni l'ardeur, ni la force indomptable, ni le courage indompté, et, malgré tout cela, que veux-tu ! je l'aime... Je l'ai aimé en le voyant. Je l'aime tant, vois-tu, que quelquefois, baignée de sueur, haletante, éperdue, en proie à une indicible angoisse, je m'écrie comme le ferait une folle : « Mon Dieu ! faites-moi mourir, mais laissez-moi son amour ! » Depuis les quelques mois que, pour mon malheur, nous l'avons rencontré, son souvenir ne m'a pas quittée un seul instant ; j'éprouve pour lui quelque chose d'étrange qui doit être bien certainement ce que la femme éprouve pour son amant, mais qui ressemble encore bien plus à l'affection de la mère pour son fils. Chaque jour, ma vie se ramasse, se concentre davantage en lui ; j'y mets non seulement toutes mes pensées, mais encore tous mes rêves, toutes mes espérances. Ah ! Mary, Mary, tout à l'heure, je te demandais de me pardonner ; maintenant, je te dis : Plains-moi, ma sœur ! ma sœur, aie pitié de moi !

Et, tout éperdue, Bertha étreignait sa sœur entre ses bras.

La pauvre Mary avait écouté, toute tremblante, l'explosion de la passion presque sauvage que devait ressentir une organisation aussi puissante et aussi absolue que l'était celle de Bertha ; chacun de ses cris, chacune de ses paroles, chacune de ses phrases mettait en lambeaux les jolis nuages roses que, pendant quelques instants, elle avait entrevus dans son avenir, et la voix impétueuse de sa sœur en balayait les débris, comme l'ouragan le fait de quelques flocons de vapeur qui flottent dans l'air après la tempête. A chaque mot, ses pleurs coulaient plus amers, plus abondants ; mais, à chaque mot, elle sentait combien son affection pour Bertha rendait impérieux le sacrifice que, plus d'une fois déjà, elle avait pressenti sans oser y arrêter sa pensée.

Sa douleur et son égarement à elle-même étaient tels, pendant les dernières paroles de Bertha, que le silence de celle-ci lui indiqua seul qu'elle avait à lui répondre.

Elle fit un premier effort sur elle-même et essaya de dompter ses sanglots.

— Mon Dieu ! dit-elle, chère sœur, j'ai le cœur brisé, et ma douleur est d'autant plus vive que tout ce qui est arrivé ce soir est un peu de ma faute.

— Eh ! non, s'écria Bertha avec sa violence accoutumée, c'est moi qui aurais dû m'inquiéter de ce qu'il était devenu, lorsque je suis sortie de la chapelle. Mais, enfin, continua Bertha avec cette fixité d'idées qui caractérise les gens violemment épris, que te disait-il, et pourquoi était-il à tes genoux ?

Mary sentit que Bertha frissonnait de tout son corps en répétant cette question ; elle-même était en proie à une angoisse douloureuse en songeant à ce qu'elle allait répondre : il lui semblait que chacune des paroles par lesquelles elle allait expliquer à Bertha ce qui venait de se passer lui brûlerait les lèvres en sortant de son cœur.

— Voyons, voyons, reprit Bertha avec des larmes qui touchèrent encore plus Mary que ne l'avait fait la colère de sa sœur, voyons, parle, ma chère enfant ! Aie pitié de moi ! L'anxiété dans laquelle je suis est cent fois plus cruelle que ne le serait la douleur. Dis ! dis ! il ne te parlait pas d'amour ?

Mary ne savait pas mentir, ou, du moins, le dévouement ne lui avait point encore appris le mensonge.

— Si, dit-elle.

— Oh ! mon Dieu ! mon Dieu ! fit Bertha en s'arrachant de la poitrine de Mary et en allant se jeter, les bras ouverts et étendus, la face contre la muraille.

Il y avait un tel accent de désespoir dans ces deux exclamations, que Mary en fut épouvantée ; elle oublia Michel, elle oublia son amour, elle oublia tout pour ne songer qu'à sa sœur. Ce sacrifice en face duquel son cœur hésitait depuis le moment où elle avait appris que Bertha aimait Michel, elle l'accomplit vaillamment et avec une abnégation sublime, en ce qu'elle souriait le cœur brisé.

— Folle que tu es ! s'écria-t-elle en s'élançant au cou de Bertha ; mais laisse-moi donc achever !

— Oh ! ne m'as-tu pas dit qu'il te parlait d'amour ? répliqua la louve blessée.

— Sans doute ; mais je ne t'ai pas dit qui était l'objet de cet amour.

— Mary, Mary, aie pitié de mon pauvre cœur !

— Bertha ! chère Bertha !

— C'était de moi qu'il te parlait ?

Mary n'eut pas la force de répondre : elle fit avec la tête un signe affirmatif.

Bertha respira avec bruit, passa plusieurs fois sa main sur son front brûlant ; la secousse avait été trop violente pour qu'elle rentrât immédiatement dans son état normal.

— Mary, dit-elle à sa sœur, ce que tu viens de me dire me paraît si fou, si impossible, si insensé, que j'ai besoin que tu me rassures par serment. Jure-moi...

La jeune fille hésita.

— Tout ce que tu voudras, ma sœur, dit Mary, qui avait

hâte elle-même de mettre entre son cœur et son amour un abîme infranchissable.

— Jure-moi que tu n'aimes pas Michel et que Michel ne t'aime pas.

Elle lui mit une main sur l'épaule.

— Jure-le-moi par la tombe de notre mère.

— Par la tombe de notre mère, dit résolument Mary, je ne serai jamais à Michel.

Et elle se jeta dans les bras de sa sœur, cherchant dans les caresses de celle-ci la récompense de son sacrifice.

Si l'obscurité de la nuit n'avait pas été si profonde, Bertha eût pu juger par la décomposition des traits de Mary tout ce que lui coûtait le serment qu'elle venait de faire.

Ce serment parut rendre complètement le calme à Bertha. Et, cette fois, elle soupira doucement comme si son cœur eût été débarrassé d'un grand poids.

— Merci ! dit-elle ; oh ! merci ! merci ! Maintenant, descendons.

Mais, chemin faisant, Mary trouva un prétexte pour regagner sa chambre.

Elle s'enferma pour prier et pleurer !

On n'avait pas encore quitté la table, et, en traversant le vestibule pour passer au salon, Bertha put entendre les éclats de voix des convives.

Elle entra au salon.

M. Loriot y était en tête à tête avec le jeune baron, auquel il essayait de persuader qu'il était de son bien comme de son devoir de revenir à la Logerie.

Mais le silence négatif du jeune homme était si éloquent, que M. Loriot se trouvait au bout de ses arguments.

Il est vrai qu'il parlait depuis plus d'une demi-heure.

Michel n'était probablement pas moins embarrassé que son interlocuteur lui-même ; car il accueillit Bertha comme un bataillon carré cerné de tous côtés accueille les auxiliaires qui vont l'aider à se faire une trouée.

Il bondit vers la jeune fille avec une vivacité qui tenait aussi à son inquiétude de ce qui avait résulté de son tête-à-tête avec Mary.

A sa grande surprise, Bertha, incapable de cacher une seconde ce qu'elle éprouvait, lui tendit la main et serra la sienne avec expression.

Elle s'était méprise au mouvement du jeune homme et, de contente, elle était devenue radieuse.

Michel, qui s'attendait à tout autre chose, ne se sentait pas d'aise. Aussi recouvra-t-il immédiatement la parole pour dire à maître Loriot :

— Vous répondrez à ma mère, monsieur, qu'un homme de cœur trouve dans ses opinions politiques de véritables devoirs, et que je suis décidé à mourir, s'il le faut, pour accomplir les miens.

Pauvre enfant ! qui confondait ses devoirs avec son amour.

36

Bleu et blanc

Il était près de deux heures du matin lorsque le marquis de Souday proposa à ses hôtes de regagner le salon.

Les convives étaient sortis de table dans cet état satisfaisant qui suit toujours un repas bien entendu, lorsque le maître de la maison est aimable, lorsque les invités ont bon appétit, lorsque enfin une causerie intéressante a rempli les entractes dont était coupée l'occupation principale.

En proposant de passer au salon, le marquis n'avait eu probablement d'autre intention que de changer d'atmosphère ; car il avait, en se levant, ordonné à Rosine et à la cuisinière de le suivre avec les bouteilles de liqueur, et de les dresser, accompagnées de verres en nombre suffisant, sur la table du salon.

Puis, tout en chantonnant le grand air de *Richard Cœur de Lion* sans prendre garde que le général lui répondait par le refrain de *La Marseillaise*, que les nobles lambris du château de Souday entendaient, selon toute probabilité, pour la première fois, le vieux gentilhomme, après avoir rempli les verres, se disposait à reprendre une intéressante controverse à l'endroit du traité de la Jaunaye, que le général soutenait n'avoir pas seize articles, lorsque celui-ci lui montra du doigt la pendule.

Dermoncourt dit, en riant, qu'il soupçonnait le digne gentilhomme de vouloir engourdir ses ennemis dans les délices d'une nouvelle Capoue, et le marquis, prenant la plaisanterie avec infiniment de tact et de bon goût, s'empressa de se rendre au désir de ses hôtes et de les conduire dans les appartements qu'il leur destinait ; après quoi, il rentra lui-même dans le sien.

Le marquis de Souday, échauffé par les dispositions guerrières de son esprit et par la conversation qui avait défrayé la soirée, ne rêva que combats.

Il assistait à une bataille auprès de laquelle celles de Torfou, de Laval et de Saumur n'étaient que des jeux d'enfant ; à travers une grêle de balles et de mitraille, il conduisait sa division à l'assaut d'une redoute et plantait le drapeau blanc au milieu des retranchements ennemis, lorsque quelques coups heurtés à la porte de sa chambre vinrent le distraire de ses exploits.

Pendant le demi-sommeil qui servait de transition à son réveil, le rêve se continuait encore, et le bruit qui se faisait à sa porte ne lui semblait pas moins que la voix du canon, puis, peu à peu, tout s'effaça dans le brouillard, le digne gentilhomme ouvrit les yeux, et, au lieu du champ de bataille jonché d'affûts brisés, de chevaux pantelants, de cadavres sur lesquels il croyait marcher, il se retrouva sur son étroite couchette de bois peint, entre ses modestes rideaux de percale blanche encadrés de rouge.

En ce moment, on heurta de nouveau.

— Entrez ! s'écria le marquis en se frottant les yeux. Ah ! ma foi, général, continua-t-il, vous arrivez bien : deux minutes de plus, et vous étiez mort !

— Comment cela ?

— Oui, d'un coup d'estoc je vous pourfendais.

— A charge de revanche, mon digne ami, dit le général en lui tendant la main.

— C'est bien ainsi que je le comprends... Mais vous regardez ma pauvre chambre d'un œil étonné ; sa médiocrité vous surprend. Oui, il y a loin de cette pièce triste et nue, de ces chaises de crin, de ce carreau sans tapis aux appartements dans lesquels vivent vos grands seigneurs parisiens. Que voulez-vous ! j'ai passé un tiers de ma vie dans les camps, un autre tiers dans l'indigence, et cette couchette, avec son mince matelas de crin, me semble un luxe digne de ma vieillesse... Mais, voyons, qui vous amène si matin, mon cher général ? car il ne me semble pas qu'il y ait plus d'une heure que le jour a paru.

— Je viens vous faire mes adieux, mon cher hôte, répondit le général.

— Déjà ! ce que c'est que la vie ! Tenez, je vous l'avoue aujourd'hui, j'avais hier toutes sortes de méchantes préventions contre vous lorsque vous êtes arrivé.

— Vraiment ! et vous me faisiez si bonne mine ?

— Bah ! répondit le marquis en riant, vous avez été en Egypte ; n'avez-vous donc jamais reçu des coups de fusil dans une oasis toute fraîche et toute souriante ?

— Pardieu, si ! les Arabes les tiennent pour les meilleures positions d'embuscade.

— Eh bien, je m'accuse d'avoir été un peu arabe hier au soir ; j'en fais mon *mea culpa* et je le regrette d'autant plus que, ce matin, j'éprouve un vrai chagrin en songeant que vous m'allez quitter si vite.

— Parce qu'il vous reste le coin le plus mystérieux de votre oasis à me faire connaître !

— Non, parce que votre franchise, votre loyauté, cette communauté de dangers courus dans des camps opposés, m'ont inspiré pour vous — je ne sais comment, mais tout de suite — une amitié profonde et sincère.

— Foi de gentilhomme ?

— Foi de gentilhomme et de soldat.

— Eh bien, je vous en offre autant, mon cher ennemi, répondit le général. Je m'attendais à trouver un vieil émigré poudré à frimas, sec, plein de morgue et farci de préjugés gothiques...

— Et vous avez reconnu qu'on pouvait porter la poudre sans les préjugés.

— J'ai reconnu un cœur franc, loyal, un caractère aimable... bah ! disons le mot, jovial, avec les manières exquises qui semblent ordinairement exclure tout cela ; et il s'ensuit que vous avez séduit le grognard et qu'il vous aime tout plein.

— Eh bien, cela me fait plaisir, ce que vous me dites là. Voyons, sans arrière-pensée, restez avec moi aujourd'hui.

— Impossible.

— Il n'y a rien à objecter à ce mot-là ; mais, au moins donnez-moi votre parole que vous viendrez me voir après la paix, si tous deux nous sommes encore de ce monde.

— Comment ! après la paix ? Nous sommes donc en guerre ? demanda le général en riant.

— Nous sommes entre la paix et la guerre.

— Oui, dans le juste milieu.

— Eh bien, mettons après le juste milieu.

— Je vous en donne ma parole.

— Et je la retiens.

— Mais, voyons, parlons raison, fit le général en prenant une chaise et en s'asseyant au pied du lit du vieil émigré.

— Je ne demande pas mieux, répondit celui-ci. Une fois n'est pas coutume.

— Vous aimez la chasse, n'est-ce pas ?

— Passionnément.

— Laquelle ?

— Toutes les chasses.

— Mais, enfin, il y en a bien une que vous préférez ?

— La chasse aux sangliers... Cela me rappelle la chasse aux bleus.

— Merci.

— Sangliers et bleus ont le même coup de boutoir.

— Et la chasse au renard, qu'en dites-vous ?

— Peuh ! fit le marquis en avançant la lèvre inférieure comme un prince de la maison d'Autriche.

— Ah ! c'est une belle chasse, dit le général.

— Je laisse cela à Jean Oullier, qui a un tact merveilleux et une patience admirable pour attendre le renard à l'affût.

— Dites donc, marquis, il affûte encore autre chose que le renard, votre Jean Oullier ?

— Eh ! eh ! il pratique assez agréablement tous les gibiers, en effet.

— Marquis, je voudrais vous voir prendre goût à la chasse au renard.

— Pourquoi cela ?

— Parce qu'elle se pratique surtout en Angleterre, et que, je ne sais pourquoi, j'ai tout lieu de croire que l'air de l'Angleterre serait, à cette heure, excellent pour vous et vos deux filles.

— Bah ! fit le marquis en se tirant à moitié de son lit et en se mettant sur son séant.

— C'est comme j'ai l'honneur de vous le dire, mon hôte.

— Ce qui signifie que vous me conseillez une seconde émigration ? Merci !

— Si vous voulez appeler émigration un petit voyage d'agrément, soit.

— Mon cher général, ces petits voyages-là, je les connais. C'est pis que le tour du monde : on sait quand ils commencent, on ne sait pas quand ils finissent ; et puis il y a une chose que vous ne sauriez croire peut-être...

— Laquelle ?

— Vous avez vu hier, et même ce matin, que, malgré mon âge, je jouis d'un appétit raisonnable, et je puis vous certifier que j'attends encore ma première indigestion ; je mange de tout sans être incommodé.

— Eh bien ?

— Eh bien, ce diable de brouillard anglais, je n'ai jamais pu le digérer ! Est-ce curieux cela ?

— Alors, allez en Suisse, allez en Espagne, allez en Italie, allez où vous voudrez ; mais quittez Souday, quittez Machecoul, quittez la Vendée.

— Ah ! ah ! ah !

— Oui.

— Nous sommes donc compromis ? demanda à demi voix le marquis en se frottant allégrement les mains.

— Si vous ne l'êtes pas encore, vous ne tarderez pas à l'être.

— Enfin ! s'écria le vieux gentilhomme tout joyeux, car il pensait que l'initiative du gouvernement déciderait sans doute ses coreligionnaires à prendre les armes.

— Ne plaisantons pas, dit le général, prenant, en effet, un air sérieux ; si je n'écoutais que mon devoir, mon cher marquis, je ne vous cache pas que vous auriez deux sentinelles à votre porte et un sous-officier assis sur la chaise où je suis moi-même.

— Hein ! fit le marquis un peu plus sérieux.

— Oh ! mon Dieu, oui, c'est comme cela ! Mais je comprends tout ce qu'un homme de votre âge, habitué comme vous l'êtes à la vie active, à l'air des forêts, aurait à souffrir dans l'enceinte étroite de la prison où ces MM. du parquet vous confineraient probablement, et je vous donne une preuve de la sympathique amitié dont je vous parlais tout à l'heure en transigeant avec la rigueur de mes devoirs.

— Mais, si l'on vous fait un crime de cette transaction, général ?...

— Bah ! croyez-vous donc que les excuses me manqueront ? Un vieillard cacochyme, usé, à moitié perclus, qui aurait arrêté la colonne dans sa marche ?

— De qui parlez-vous, et qui nommez-vous un vieillard ? demanda le marquis.

— Mais vous, donc !

— Moi, un vieillard cacochyme, usé, à moitié perclus ? s'écria le marquis de Souday en sortant à demi sa jambe osseuse de dessous les couvertures. Je ne sais à quoi tient, mon cher général, que je ne vous propose de décrocher une des deux épées appendues à cette muraille, et de jouer notre déjeuner au premier sang, comme nous faisions, il y a quarante-cinq ans, lorsque j'étais aux pages.

— Allons, vieil enfant, répliqua Dermoncourt, vous allez tant et si bien me prouver que je commets une faute, que je serai forcé d'appeler les deux soldats.

Et le général fit mine de se lever.

— Non pas, dit le marquis, non pas, peste ! je suis cacochyme, usé, perclus à moitié, perclus tout à fait ! Je suis tout ce que vous voudrez, enfin.

— A la bonne heure.

— Mais, voyons, voulez-vous m'apprendre comment et par qui je vais me trouver compromis ?

— D'abord, votre domestique Jean Oullier...

— Oui.

— L'homme aux renards...

— J'entends bien.

— Votre domestique Jean Oullier — chose que j'ai négligé de vous dire hier au soir, attendu que j'ai présumé que vous la saviez aussi bien que moi — votre domestique Jean Oullier, à la tête d'un rassemblement séditieux, a tenté d'arrêter dans sa marche la colonne qui devait investir le château ; dans cette tentative, il a amené diverses collisions, où nous avons perdu trois hommes, sans compter celui dont j'ai fait justice, et que je soupçonne fort d'être de vos environs.

— Comment se nommait-il ?

— François Tinguy.

— Chut ! général, ne parlez pas si haut, par pitié ! sa sœur est ici : c'est la jeune fille qui nous a servis à table, et son père est à peine enterré.

— Ah ! les guerres civiles ! que le diable les emporte ! dit le général.

— Ce sont cependant les seules logiques.

— C'est possible. N'importe, je l'avais pris, votre Jean Oullier, et il s'est sauvé.

— Comme il a bien fait, avouez-le !

— Oui ; mais qu'il ne retombe pas dans mes griffes.

— Oh ! il n'y a pas de danger ; maintenant qu'il est prévenu, je vous réponds de lui.

— Tant mieux ! car, à son endroit, je ne suis pas disposé à l'indulgence ; je n'ai pas causé avec lui de la grande guerre, comme je l'ai fait avec vous.

— Il l'a pourtant faite aussi, et bravement encore, je vous en réponds.

— Raison de plus : il y a récidive.

— Mais, général, dit le marquis, je ne vois pas, jusqu'à présent, en quoi la conduite de mon garde peut m'être imputée à crime.

— Attendez donc ! vous m'avez parlé hier au soir des lutins qui vous avaient raconté tout ce que j'avais fait, de sept heures à dix heures du soir.

— Oui.

— Eh bien, moi aussi, j'ai des lutins, et même qui valent bien les vôtres.

— J'en doute.

— Ils m'ont raconté, à moi, ce qui s'était fait dans votre château pendant toute la journée d'hier.

— Voyons, dit le marquis d'un air incrédule, j'écoute.

— Vous avez, depuis avant-hier, logé deux personnes au château de Souday.

— Bon ! voilà que vous tenez plus que vous n'aviez promis :

vous aviez promis de me dire ce qui s'est passé à partir d'hier seulement et vous commencez à partir d'avant-hier.

— Ces deux personnes étaient un homme et une femme.

Le marquis secoua la tête négativement.

— Soit ; mettons deux hommes, quoique l'un des deux n'ait, de notre sexe, que les habits.

Le marquis se tut ; le général continua :

— De ces deux personnages, lui, le plus petit, a passé toute la journée au château ; l'autre a couru les environs, afin de donner rendez-vous pour le soir à divers gentilshommes dont, si j'étais indiscret, je pourrais vous citer les noms, comme je vous cite, par exemple, celui du comte de Bonneville.

Le marquis se tut ; il fallait avouer ou mentir.

— Après ? dit-il.

— Ces gentilshommes sont venus les uns après les autres ; on a agité plusieurs questions, dont la plus anodine n'avait pas pour but la plus grande gloire, la plus grande prospérité et la plus longue durée du gouvernement de juillet.

— Avouez, général, que vous n'en êtes pas plus fou que moi, quoique vous le serviez, votre gouvernement de juillet.

— Que dites-vous donc là ?

— Eh ! mon Dieu, je dis que vous êtes républicain, bleu, bleu foncé même, et le bleu foncé est bon teint.

— La question n'est pas là.

— Où est-elle ?

— Sur les étrangers qui se sont réunis chez vous hier, de huit à neuf heures du soir.

— Eh bien, quand j'aurais reçu chez moi quelques voisins, quand j'aurais accueilli deux étrangers, où serait le délit, général ? Voyons, là, je parle le Code en main... Ah ! à moins que la loi des suspects ne soit proclamée à nouveau.

— Il n'y a pas délit parce que des voisins sont venus chez vous ; il y a délit parce que ces voisins y ont ouvert un conciliabule dans lequel s'est agitée la question de la prise d'armes.

— Qui le prouvera ?

— La présence des deux étrangers.

— Bah !

— Très certainement ; car, de ces deux étrangers, le plus petit, qui, étant blond, ou plutôt blonde, doit nécessairement porter une perruque noire, puisqu'il se déguise, n'est pas moins que la princesse Marie-Caroline, que vous appelez la régente du royaume, ou Son Altesse royale Mme la duchesse de Berry ; quand vous ne l'appelez pas Petit-Pierre.

Le marquis fit un bond dans son lit. Le général était mieux

renseigné que lui-même, et ce qu'il venait de lui dire était un trait de lumière ; il ne se sentait pas de joie d'avoir eu l'honneur de recevoir dans son château Mme la duchesse de Berry ; mais, par malheur, comme aucune joie n'est complète en ce monde, il était forcé de contenir sa satisfaction.

— Après ? dit-il.

— Eh bien, après, tandis que vous étiez au plus intéressant de la conversation, un jeune homme que l'on ne devait pas s'attendre à rencontrer dans votre camp est venu vous avertir que la troupe se dirigeait sur votre château ; alors, vous, monsieur le marquis, vous avez proposé de résister... ne le niez pas, j'en suis sûr ; mais bientôt l'avis contraire a été adopté. Mlle votre fille, celle qui est brune...

— Bertha.

— Mlle Bertha a pris un flambeau ; elle est sortie, et tout le monde — excepté vous, monsieur le marquis, qui avez probablement jugé à propos de vous occuper par avance des nouveaux hôtes que le ciel vous envoyait — tout le monde est sorti avec elle. Elle a traversé la cour et s'est dirigée du côté de la chapelle ; elle en a ouvert la porte, elle est passée la première, elle a été droit à l'autel. En poussant un ressort qui est caché dans la patte gauche de l'agneau sculpté sur le devant de l'autel, elle a cherché à faire jouer une trappe ; le ressort, qui depuis longtemps n'avait probablement pas fait son office, a résisté ; alors, elle a pris la sonnette qui sert pour la messe, sonnette dont le manche est en bois, et l'a appuyée sur le bouton d'acier ; le panneau a basculé et a découvert un escalier qui descend dans un souterrain. Mlle Bertha a pris alors deux cierges sur l'autel, les a allumés et les a remis à deux des personnes qu'elle accompagnait ; puis, vos hôtes entrés dans le souterrain, elle en a refermé la trappe par-dessus eux, et est revenue, ainsi qu'une autre personne qui, elle, n'est pas rentrée immédiatement, mais, au contraire, a erré dans le parc. Quant aux fugitifs, arrivés à l'extrémité du souterrain, dont la sortie donne dans les ruines de ce vieux château que l'on voit d'ici, ils ont eu quelque peine à se frayer un passage à travers les pierres ; l'un d'eux est même tombé ; enfin, ils sont descendus dans le chemin creux qui contourne les murs du parc et ils ont délibéré ; trois ont été rejoindre la route de Nantes à Machecoul, deux ont pris la traverse qui conduit à Légé, et le sixième et le septième se sont dédoublés, ou plutôt doublés...

— Ah çà ! mais c'est un conte bleu que vous me faites là, général !

— Attendez donc ! vous m'interrompez précisément à l'endroit le plus intéressant... Je vous disais que le sixième et le septième fugitifs s'étaient doublés : c'est-à-dire que le plus grand a pris le plus petit sur ses épaules et marché ainsi jusqu'à un petit ru qui va se jeter dans le grand ruisseau coulant au pied de la viette des Biques, et, ma foi, c'est à celui-là ou à ceux-là que je donne la préférence ; c'est donc sur eux que je découplerai mes chiens.

— Mais, encore une fois, général, s'écria le marquis de Souday, je vous le répète, tout cela n'a existé que dans votre imagination.

— Laissez donc, mon vieil ennemi ! vous êtes capitaine de louveterie, n'est-ce pas ?

— Oui.

— Eh bien, quand vous voyez dans la terre molle le pied d'un ragot, bien net, bien accentué, une voie saignante, comme vous appelez cela, êtes-vous disposé à vous laisser persuader que ce ragot n'est qu'un fantôme de sanglier ? Eh bien, tout cela, marquis, je l'ai vu, plutôt, je l'ai lu.

— Ah ! pardieu ! dit le marquis en se retournant dans son lit, et avec la curiosité admirative d'un amateur, vous devriez bien m'apprendre comment.

— Très volontiers, répondit le général ; nous avons encore une demi-heure devant nous ; faites-moi monter ici une tranche de pâté, une bouteille de vin, et je vous conterai tout cela entre deux bouchées.

— A une condition.

— Laquelle ?

— C'est que je vous tiendrai compagnie.

— De si bonne heure ?

— Est-ce que les vrais appétits savent ce que c'est qu'une horloge ?

Le marquis sauta à bas de son lit, passa son pantalon de molleton à pieds, chaussa ses pantoufles, sonna, fit dresser, couvrir une table et s'assit d'un air interrogateur devant le général.

Le général, mis en demeure de donner ses preuves, commença en ces termes, et, comme il l'avait dit, entre deux bouchées, c'était un beau conteur, mais c'était encore un plus beau mangeur que le marquis.

37

Qui prouve que ce n'est point pour les mouches seules que les toiles d'araignée sont perfides

— Vous savez, mon cher marquis, dit le général en forme d'exorde, que je ne vous demande aucunement vos secrets, et je suis si parfaitement sûr, si profondément convaincu que tout s'est passé comme je le prétends, que je vous dispense de me dire si je me trompe ou si je ne me trompe pas ; je tiens seulement à vous prouver, par amour-propre, que nous avons le flair aussi fin dans notre camp que dans vos landes : petite satisfaction vaniteuse que je veux me donner, et voilà tout.

— Allez donc ! allez donc ! fit le marquis aussi impatient que quand Jean Oullier venait lui dire, par une belle neige, qu'il avait relevé un loup.

— Commençons par le commencement. Je savais que M. le comte de Bonneville était arrivé chez vous, dans la nuit d'avant-hier, accompagné d'un petit paysan qui avait tout l'air d'une femme déguisée en homme, et que nous soupçonnions être Madame... Ceci est un bénéfice d'espion, que je ne fais point figurer dans mon inventaire, ajouta le général.

— Vous avez raison... Pouah ! fit le marquis.

— Mais, en arrivant ici de ma personne, comme nous disons, nous autres militaires, dans notre français de bulletin, sans être le moins du monde distancé par l'assaut de politesses que vous nous faisiez subir, vous l'avouerez, j'avais déjà remarqué deux choses...

— Voyons, lesquelles ?

— La première, c'est que, sur les dix couverts qui étaient dressés, cinq serviettes étaient roulées comme appartenant aux hôtes habituels du château ; ce qui, en cas de procès, mon cher marquis, ne l'oubliez pas, serait une circonstance éminemment atténuante.

— Comment cela ?

— Sans doute : si vous eussiez su la valeur réelle de vos hôtes, eussiez-vous permis qu'ils roulassent leurs serviettes comme de simples voisins de campagne ? Non, n'est-ce pas ? Les armoires de noyer du château de Souday ne sont pas tellement à court de linge, que Mme la duchesse de Berry n'eût eu sa serviette blanche à chaque repas. Je suis donc tenté de croire que la dame blonde déguisée sous une perruque noire n'était pour vous qu'un petit jeune homme brun.

— Allez toujours ! allez toujours ! fit le marquis se mordant les lèvres en face d'une perspicacité si supérieure à la sienne.

— Mais je ne compte point m'arrêter non plus, dit le général. Je remarquai donc cinq serviettes roulées ; ce qui prouvait que le dîner n'était point autant préparé pour nous que vous vouliez bien nous le faire accroire, mais que vous nous donniez tout simplement, parmi d'autres, les places de M. de Bonneville et de son compagnon, qui n'avaient pas jugé à propos de nous attendre.

— Et, maintenant, la seconde observation ? demanda le marquis.

— C'est que Mlle Bertha, que je suppose et que je tiens même pour une fille propre et soigneuse, était, lorsque j'ai eu l'honneur de lui être présenté, singulièrement couverte de toiles d'araignée : elle en avait jusque dans sa belle chevelure.

— Alors ?

— Alors, certain que j'étais qu'elle n'avait point adopté cette coiffure par coquetterie, j'ai tout simplement cherché ce matin l'endroit du château le plus abondamment fourni des produits du travail de ces intéressants insectes...

— Et vous avez découvert... ?

— Par ma foi, cela ne fait pas honneur à vos sentiments religieux, dans leur pratique du moins, mon cher marquis ; car j'ai découvert que c'était justement la porte de votre chapelle, porte à laquelle j'en ai aperçu une douzaine qui travaillaient avec un zèle inimaginable à réparer le dégât que l'on avait, cette nuit, occasionné dans leurs filets ; zèle qui leur était inspiré par la confiance que l'ouverture de la porte sur laquelle elles avaient fixé leur atelier n'était qu'un accident qui n'avait aucun motif pour se renouveler.

— Ce ne sont là, vous en conviendrez, que des indices un peu vagues, mon cher général.

— Oui ; mais, lorsque votre limier porte le nez au vent en tirant légèrement sur sa botte, ce n'est là qu'un indice encore plus vague, n'est-ce pas ? et cependant, sur ces indices, vous faites le bois avec soin et très grand soin même !

— Certainement ! dit le marquis.

— Eh bien, c'est aussi mon système ; et, dans vos allées où le sable manque essentiellement, marquis, je découvris des voies fort significatives.

— Des pas d'hommes et de femmes ? fit le marquis. Bon ! il y en a partout.

— Non, il n'y a point partout des pas agglomérés juste selon la quantité des acteurs que je supposais en scène, en ce moment, et des pas de gens qui ne marchent point, mais qui courent, et qui courent simultanément.

— Mais à quoi avez-vous reconnu que ces personnes couraient ?

— Ah ! marquis, c'est l'A B C du métier.

— Enfin, dites toujours.

— Parce qu'elles enfonçaient plus de la pince que du talon, et que la terre était refoulée en arrière. Est-ce cela, monsieur le louvetier ?

— Bien, fit le marquis d'un air de connaisseur, bien ! Ensuite ?

— Ensuite ?

— Oui.

— J'ai examiné ces empreintes ; il y avait des pieds d'hommes de toutes les formes, des bottes, des brodequins, des souliers ferrés ; puis, au milieu de tous ces pieds d'hommes, un pied de femme mince et délié, un pied de Cendrillon, un pied à faire damner les Andalouses de Cordoue à Cadix, en dépit des souliers ferrés qui le contenaient.

— Passez, passez.

— Et pourquoi cela ?

— Parce que, si vous vous y arrêtez un instant, vous allez devenir amoureux de ce soulier ferré.

— Le fait est que je voudrais fort le tenir. Cela viendra peut-être ! Mais c'était sur les marches du porche de la chapelle et sur les dalles de l'intérieur que les traces étaient devenues palpables ; la boue avait fait des siennes sur ces dalles polies. Je trouvai, en outre, près de l'autel, des gouttelettes de cire en grand nombre et précisément autour d'une empreinte fine et allongée que je jurerais être celle de Mlle Bertha ; et, comme d'autres taches de bougie existaient sur la marche extérieure de la porte, juste dans la direction verticale de la serrure, j'en conclus que c'était Mlle votre fille qui tenait la lumière et qui s'était servie de la clef, tout en s'éclairant de la main gauche, et en inclinant la lumière, tandis qu'elle introduisait, de la droite, la clef dans la serrure ; au surplus, les débris de toile d'araignée arrachés à la porte et retrouvés dans ses cheveux prouvent surabondamment que ce fut elle qui fraya le passage.

— Allons, continuez.

— Le reste en vaut-il bien la peine ? J'ai vu que tous ces pas s'arrêtaient devant l'autel ; la patte de l'agneau pascal était écrasée et laissait à découvert le petit bouton d'acier qui aboutissait au ressort ; de sorte que je n'ai pas eu grand mérite à le découvrir. Il a résisté à mes efforts, comme il avait résisté à ceux de

Mlle Bertha, qui s'y est si bien écorché les doigts, qu'elle a laissé une petite ligne de sang sur la brisure toute fraîche du bois sculpté. Comme elle, alors, j'ai cherché un corps dur pour pousser la tige du petit levier, et, comme elle, j'ai avisé le manche de bois de la sonnette, qui avait conservé la trace de la pression de la veille, plus, de son côté, une petite trace de sang.

— Bravo ! fit le marquis, lequel prenait évidemment un double intérêt à la narration.

— Alors, comme vous le comprenez bien, continua Dermoncourt, je suis descendu dans le souterrain. Les pieds des fuyards étaient parfaitement empreints dans un sable humide ; l'un d'eux est tombé en traversant les ruines : ce fait m'a été démontré parce que j'ai vu une grosse touffe d'orties froissée et brisée, comme si on l'avait saisie, froissée et brisée avec la main ; ce qui certainement n'a pas été fait avec intention, vu la nature peu caressante de la plante. Dans un angle des ruines, en face d'une porte, des pierres avaient été dérangées pour faciliter le passage à une personne plus faible ; dans les orties poussant contre la muraille, j'ai retrouvé les deux cierges, que l'on avait jetés là avant de passer à l'air libre. Enfin, et pour conclusion, j'ai retrouvé les pas dans le chemin, et, comme ils se séparaient, j'ai pu les classer dans l'ordre que je vous ai indiqué.

— Non, ce n'est pas la conclusion.

— Comment ! ce n'est pas la conclusion ? Si fait !

— Non. Qui a pu vous apprendre qu'un des voyageurs avait pris l'autre sur son dos ?

— Ah ! marquis, vous tenez à me faire faire parade de mon peu d'intelligence. Le fameux petit pied au soulier ferré, ce petit pied que j'affectionne tant, que je ne veux me donner ni trêve ni repos jusqu'à ce que je l'aie retrouvé, ce joli petit pied, pas plus long qu'un pied d'enfant, pas plus large que mes deux doigts, je n'ai point fait son hourvari comme pour celui de Mlle Bertha : je l'ai revu dans le souterrain, puis encore dans le chemin creux qui est derrière les ruines, à l'endroit où l'on s'est arrêté et où l'on a délibéré, chose facile à voir au piétinement de la terre ; il se montre encore une fois dans la direction qui mène au ru ; puis, tout à coup, près d'une grosse pierre que la pluie aurait dû laver et que j'ai trouvée, au contraire, maculée de boue, il disparaît ! A partir de ce moment, comme les hippogriffes ne sont plus de notre siècle, je présume que M. de Bonneville a pris son jeune compagnon sur ses épaules ; d'ailleurs, le pas du susdit M. de Bonneville s'est fort alourdi ; ce n'est plus celui d'un jeune homme frais et gaillard comme nous l'étions à son âge. Marquis, vous rappelez-vous les laies, quand elles sont pleines et que leur poids s'est doublé de celui qu'elles portent ? Eh bien, leur pince, au lieu de piquer la terre, s'y pose à plat et s'écarte : à partir de la pierre, il en est de même du pied de M. de Bonneville.

— Mais vous avez oublié quelque chose, général.

— Je ne crois pas.

— Oh ! je ne vous tiendrai pas quitte d'une panse d'*a* : qui peut vous faire croire que M. de Bonneville ait couru toute la journée pour appeler des voisins au conseil ?

— Vous m'avez dit vous-même que vous n'étiez pas sorti.

— Eh bien ?

— Eh bien, votre cheval, votre cheval favori — à ce que m'a dit cette gentille fillette qui a ramassé la bride du mien — votre cheval favori, que j'ai vu à l'écurie en allant m'assurer que mon Bucéphale avait sa provende, était couvert de boue jusqu'au garrot ; or, vous n'auriez pas confié votre cheval à un autre qu'un homme pour lequel vous auriez toute considération.

— Bien ! Encore une question.

— Volontiers ; je suis là pour vous répondre.

— Qui vous fait présumer que le compagnon de M. de Bonneville soit l'auguste personne que vous désigniez tout à l'heure ?

— D'abord, parce qu'on le fait passer partout et toujours avant les autres et que l'on dérange les pierres pour qu'il passe.

— Reconnaissez-vous donc, au pied, si celui ou celle qui passe est blond ou brun, brune ou blonde ?

— Non ; mais je le reconnais à autre chose.

— A quoi ? Voyons ! ce sera ma dernière question ; et si vous y répondez...

— Si j'y réponds... ?

— Rien... Continuez.

— Eh bien, mon cher marquis, vous m'avez fait l'honneur de me donner précisément la chambre qu'occupait hier le compagnon de M. de Bonneville.

— Oui, je vous ai fait cet honneur ; après ?

— Honneur dont je vous suis tout à fait reconnaissant, et voici un joli petit peigne d'écaille que j'ai trouvé au pied du lit. Avouez, cher marquis, que ce peigne est bien coquet pour appartenir à un petit paysan ; en outre, il contenait et contient encore, comme vous pouvez le voir, des cheveux d'un blond cendré qui n'est pas le moins du monde le blond doré de votre seconde fille, la seule blonde qu'il y ait dans votre maison.

— Général, s'écria le marquis en bondissant de sa chaise et en jetant sa fourchette par la chambre, général, faites-moi arrêter, si bon vous semble ; mais, je vous le dis une fois pour cent, une fois pour mille, je n'irai pas en Angleterre ; non, non, non, je n'irai pas !

— Oh ! oh ! marquis, quelle mouche vous pique ?

— Non ; vous avez stimulé mon émulation, aiguillonné mon amour-propre, que diable ! Lorsque, après la campagne, vous viendrez à Souday, ainsi que vous me l'avez promis, je n'aurai rien à vous raconter qui puisse faire le pendant de vos histoires.

— Ecoutez, mon vieil et bon ennemi, dit le général, je vous ai donné ma parole de ne pas vous prendre, cette fois, du moins ; cette parole, quoi que vous fassiez, ou plutôt quoi que vous ayez fait, je la tiendrai ; mais, je vous en conjure, au nom de tout l'intérêt que vous m'inspirez, au nom de vos charmantes filles, n'agissez plus à la légère, et, si vous ne voulez point sortir de France, au moins tenez-vous tranquille chez vous.

— Et pourquoi ?

— Parce que les souvenirs des temps héroïques, qui vous font battre le cœur, ne sont plus que des souvenirs ; parce que ces émotions de nobles et grandes actions que vous voudriez voir renaître, vous ne les retrouverez pas ; parce qu'il est passé, le temps des grands coups d'épée, des dévouements sans condition, des morts sublimes... Oh ! je l'ai connue, et bien connue, cette Vendée si longtemps indomptable ; je puis le dire, moi, qu'elle a glorieusement marqué de son fer à la poitrine ; et, depuis un mois que je suis au milieu d'elle et de vous, eh bien, je la cherche inutilement, je ne la retrouve plus ! Comptez-vous, mon pauvre marquis ; comptez les quelques jeunes gens au cœur aventureux qui affronteront les périls d'une lutte à main armée ; comptez les vieillards héroïques qui, comme vous, trouveront que ce qui était un devoir en 1793 l'est encore en 1832, et voyez si une lutte si inégale n'est pas une lutte insensée.

— Elle n'en sera que plus glorieuse pour être folle, mon cher général, s'écria le marquis avec une exaltation qui lui faisait complètement oublier la position politique de son interlocuteur.

— Eh ! mais non, elle ne sera pas même glorieuse. Tout ce qui va se passer — vous le verrez, et souvenez-vous que je vous le prédis avant que rien soit commencé — tout ce qui va se passer sera pâle, terne, chétif, rabougri, et cela, mon Dieu, chez nous comme chez vous ; chez nous, vous trouverez des petitesses, d'ignobles trahisons ; à vos côtés, des compositions égoïstes, des lâchetés mesquines, qui vous frapperont au cœur, qui vous tueront, vous que les balles des bleus avaient respecté.

— Vous voyez les choses en partisan du gouvernement établi, général, dit le marquis ; vous oubliez que nous comptons des amis, même dans vos rangs, et que, sur un mot que nous dirons, tout ce pays va se lever comme un seul homme.

Le général haussa les épaules.

— De mon temps, mon vieux camarade, dit-il, permettez-moi de vous donner ce titre, tout ce qui était bleu était bleu, tout ce qui était blanc était blanc ; il y avait bien ce qui était rouge ; mais c'était le bourreau et la guillotine ; n'en parlons pas. Vous n'aviez point d'amis dans nos rangs ; nous n'en comptions pas dans les vôtres ; et c'est pour cela que nous étions également forts, également grands, également terribles. Sur un mot de vous, la Vendée se lèvera, dites-vous ? Erreur ! la Vendée, qui s'est fait égorger en 1795 dans l'espérance de l'arrivée d'un prince à la parole duquel elle croyait et qui lui a manqué de parole, ne bougera même pas à la vue de la duchesse de Berry ; vos paysans ont perdu cette foi politique qui soulève les montagnes humaines, les pousse les unes contre les autres, les fait se heurter, jusqu'à ce qu'elles s'abîment dans des mers de sang ; cette foi religieuse, qui engendre et qui perpétue les martyrs. Nous autres non plus, mon pauvre marquis, il faut bien que je l'avoue, nous ne possédons plus ces ardeurs de liberté, de progrès et de gloire qui ébranlent les vieux mondes et qui enfantent les héros. La guerre civile qui va commencer, si toutefois il y a guerre civile, si toutefois elle commence, sera une guerre dont Barrême aura tracé la tactique, une guerre où la victoire se rangera nécessairement du côté des plus gros bataillons et des sacs d'écus les plus rebondis ; et voilà pourquoi je vous disais : comptez-vous bien, comptez-vous plutôt deux fois qu'une avant que de participer à cette insigne folie.

— Vous vous trompez, encore une fois, vous vous trompez, général ! les soldats ne nous manqueront pas et, plus heureux qu'autrefois, nous aurons un chef dont le sexe électrisera les plus timides, ralliera tous les dévouements, imposera silence à toutes les ambitions.

— Pauvre valeureuse jeune femme ! pauvre esprit poétique ! dit le vieux soldat avec un accent de pitié profonde, et en laissant tomber sur sa poitrine son front balafré ; tout à l'heure elle ne va pas avoir d'ennemi plus acharné que moi ; mais, pendant que je suis encore dans cette chambre, sur ce terrain neutre, laissez-moi vous dire combien j'admire sa résolution, son courage, sa persistance, sa ténacité, mais, en même temps combien je déplore qu'elle soit née à une époque qui n'est plus à sa taille. Il est passé, marquis, le temps où Jeanne de Montfort n'avait qu'à frapper de son pied éperonné la vieille terre de Bretagne pour en faire jaillir des combattants tout armés. Marquis, retenez bien pour le lui redire, à la pauvre femme, si vous la voyez, ce que je lui prédis aujourd'hui : que ce noble cœur, plus vaillant encore que ne l'était celui de la comtesse Jeanne, ne recueillera, pour prix de son abnégation, de son énergie, de son dévouement, de l'élévation sublime de ses sentiments de princesse et de mère, qu'indifférence, ingratitude, lâcheté, dégoût, perfidies de toutes sortes... Et maintenant, mon cher marquis, votre dernier mot ?

— Mon dernier mot ressemble au premier, général.

— Répétez-le, alors.

— Je ne vais pas en Angleterre, articula fermement le vieil émigré.

— Voyons, continua Dermoncourt en regardant le marquis dans le blanc des yeux et en lui posant la main sur l'épaule, vous êtes fier comme un Gascon, tout Vendéen que vous êtes ; vos revenus sont médiocres, je le sais... Oh ! voyons, ne froncez pas le sourcil et laissez-moi achever ce que j'ai à dire ; que diable ! vous savez bien que je ne vous offrirai que des choses que j'accepterais moi-même.

La physionomie du marquis reprit son expression première.

— Je disais donc que vos revenus étaient médiocres et que, dans ce maudit pays, médiocres ou considérables, ce n'est pas le tout que d'avoir des revenus, il faut encore les faire rentrer ! Eh bien, voyons, si c'est l'argent qui vous manque pour passer le marché et prendre un petit cottage dans un coin de l'Angleterre — je ne suis pas riche non plus, je n'ai que ma solde, mais elle m'a servi à mettre du côté du cœur et de l'épée quelques centaines de louis ; d'un camarade, cela s'accepte : les voulez-vous ? Après la paix, comme vous dites, vous me les rendrez.

— Assez ! assez ! dit le marquis, vous ne me connaissez que d'hier, général, et vous me traitez comme un ami de vingt ans.

Le vieux Vendéen se gratta l'oreille, et, comme se parlant à lui-même :

— Comment diable reconnaîtrai-je jamais ce que vous faites pour moi ! demanda-t-il.

— Vous acceptez, alors ?

— Non pas, non pas ! je refuse.

— Mais vous partez ?

— Je reste.

— Que Dieu vous garde et vous tienne en santé, alors, dit le vieux général à bout de patience ; seulement, il est probable que le hasard — et que le diable l'emporte ! — nous mettra encore en face l'un de l'autre, comme il nous y a mis jadis ; mais, à présent, je vous connais, et, s'il y a une mêlée comme celle qui eut lieu il y a trente-six ans, à Laval, ah ! je vous chercherai, je vous jure !

— Et moi donc ! s'écria le marquis ; je vous promets que je vous appellerai de tous mes poumons ! Je serais si aise et si fier à la fois de montrer à tous ces blancs-becs ce que c'était que les hommes de la grande guerre.

— Allons, voilà le clairon qui m'appelle. Adieu donc, marquis, et merci de votre hospitalité.

— Au revoir, général, et merci pour une amitié qu'il me reste à vous prouver que je partage.

Les deux vieillards se serrèrent les mains ; Dermoncourt sortit.

Le marquis s'habilla et regarda par la fenêtre défiler la petite colonne, qui montait l'avenue dans la direction de la forêt. A cent pas du château, le général commanda un à droite ; puis, arrêtant son cheval, il jeta un dernier regard sur les petites tourelles pointues de la demeure de son nouvel ami ; il aperçut celui-ci, lui envoya de la main un dernier adieu ; puis, tournant bride, il rejoignit ses soldats.

Au moment où, après avoir suivi des yeux, le plus longtemps qu'il lui fut possible, le petit détachement et celui qui le commandait, le marquis de Souday se retirait de la fenêtre, il entendit gratter légèrement à une petite porte qui donnait dans son alcôve et qui, par un cabinet, communiquait avec l'escalier de service.

— Qui diable peut venir par là ? se demanda-t-il.

Et il alla tirer le verrou.

La porte s'ouvrit immédiatement et il aperçut Jean Oullier.

— Jean Oullier ! s'écria-t-il avec un accent de joie véritable ; c'est toi ; te voilà, mon brave Jean Oullier ! Ah ! par ma foi, la journée s'annonce sous d'heureux auspices.

Et il tendit les deux mains au vieux garde, qui les serra avec une vive expression de reconnaissance et de respect.

Puis, dégageant sa main, Jean Oullier fouilla à sa poche et présenta au marquis un papier grossier, mais plié en forme de lettre. M. de Souday le prit, l'ouvrit et le lut.

Au fur et à mesure qu'il le lisait, son visage s'illuminait d'une joie indicible.

— Jean Oullier, dit-il, appelle ces demoiselles, assemble tout mon monde... Non, ne rassemble encore personne ; mais fourbis mon épée, mes pistolets, ma carabine, tout mon harnais de guerre ; donne l'avoine à Tristan. La campagne s'ouvre, mon cher Jean Oullier, elle s'ouvre ! — Bertha ! Mary ! Bertha !

— Monsieur le marquis, dit froidement Jean Oullier, la campagne est ouverte pour moi depuis hier à trois heures.

Aux cris du marquis, les deux jeunes filles étaient accourues.

Mary avait les yeux rouges et gonflés.

Bertha était rayonnante.

— Mesdemoiselles, mesdemoiselles, fit le marquis, vous en êtes, vous venez avec moi ! Lisez, lisez plutôt.

Et il tendit à Bertha la lettre qu'il venait de recevoir de Jean Oullier.

Cette lettre était conçue en ces termes :

Monsieur le marquis de Souday,

Il est utile à la cause du roi Henri V que vous avanciez de quelques jours le moment où l'on prendra les armes. Veuillez donc rassembler le plus d'hommes dévoués qu'il vous sera possible dans la division dont vous avez le commandement, et vous tenir, ainsi qu'eux, mais vous surtout, à ma disposition immédiate.

Je crois que deux amazones de plus dans notre petite armée pourraient aiguillonner à la fois l'amour et l'amour-propre de nos amis, et je vous demande, monsieur le marquis, de vouloir bien me donner vos deux belles et charmantes chasseresses pour aides de camp.

Votre affectionné
Petit-Pierre.

— Ainsi, demanda Bertha, nous partons ?

— Parbleu ! fit le marquis.

— Alors, mon père, dit Bertha, permettez-moi de vous présenter une recrue.

— Toujours !

Mary resta muette et immobile.

Bertha sortit, et, une minute après, rentra tenant Michel par la main.

— M. Michel de la Logerie, dit la jeune fille en accentuant ce titre, lequel demande à vous prouver, mon père, que Sa Majesté Louis XVIII ne s'est point trompée en lui décernant la noblesse.

Le marquis, qui avait froncé le sourcil au nom de Michel, chercha à se dérider.

— Je suivrai avec intérêt les efforts que M. Michel fera pour arriver à ce but, dit-il enfin.

Et il prononça ces sobres paroles du ton que l'empereur Napoléon eût pu prendre la veille de la bataille de Marengo et d'Austerlitz.

38

Où le pied le plus mignon de France et de Navarre trouve que les pantoufles de Cendrillon le chausseraient moins bien que des bottes de sept lieues

Ici, nous sommes obligé de faire un hourvari, comme disait Jean Oullier en termes de chasse, et de demander à nos lecteurs la permission de rétrograder de quelques heures, pour suivre dans leur fuite le comte de Bonneville et Petit-Pierre, qui, comme on s'en doute probablement, ne sont pas les personnages les moins importants de cette histoire.

Les suppositions du général étaient parfaitement justes : à la sortie du souterrain, les gentilshommes vendéens avaient traversé les ruines, avaient gagné le chemin creux, et, là, avaient délibéré pendant quelques instants sur la route qu'il convenait de prendre.

Celui qui se cachait sous le nom de Gaspard[1] était d'avis de cheminer de conserve. L'émotion de Bonneville, lorsque Michel avait annoncé l'arrivée de la colonne, ne lui avait point échappé ; il avait entendu le cri que le comte n'avait pu retenir : « Avant tout, sauvons Petit-Pierre ! » et, en conséquence, pendant tout le trajet, il n'avait cessé — autant que le permettait la faible lueur des flambeaux qui éclairaient leur marche — d'examiner le visage de Petit-Pierre, et il avait, à la suite de cet examen, pris, vis-à-vis du jeune paysan, des manières dont la réserve n'excluait pas les démonstrations du plus profond respect.

Aussi prit-il, au milieu de cette délibération, hautement et chaudement la parole.

— Vous avez dit, monsieur, fit-il en s'adressant au comte de Bonneville, que le salut de la personne que vous accompagnez passait avant le nôtre, réclamait notre sollicitude et importait à la cause que nous sommes résolus de soutenir. N'est-il pas alors bien naturel que nous servions d'escorte à cette personne, afin que, si le danger se présente — et nous pouvons le rencontrer à chaque pas — nous soyons là pour lui faire un rempart de nos corps ?

— Oui, monsieur, sans doute, répondit le comte de Bonneville, s'il s'agissait de combattre ; mais, pour le moment, il ne s'agit

1. Ceux de nos lecteurs qui voudront avoir la clef des noms pourront recourir à l'ouvrage si curieux du général Dermoncourt, intitulé : *La Vendée et Madame*.

que de fuir, et, pour fuir, moins nous serons nombreux, plus la retraite sera sûre et facile.

— Faites attention, comte ! dit Gaspard en fronçant le sourcil ; vous assumez sur une tête de vingt-deux ans toute la responsabilité d'un dépôt bien précieux.

— Mon dévouement en a été jugé digne, monsieur, répondit le comte avec hauteur, et je tâcherai de répondre à la confiance dont on m'a honoré.

Petit-Pierre, qui tenait, silencieux, sa place au milieu du petit groupe, jugea que le moment était arrivé pour lui d'intervenir.

— Allons, dit-il, voilà que le soin de la sécurité d'un pauvre petit paysan va devenir un brandon de discorde entre les plus nobles champions de la cause dont vous parliez tout à l'heure ! Je vois donc qu'il est nécessaire que je donne mon avis ; nous n'avons pas de temps à perdre en discussions inutiles. Mais je veux d'abord, mes amis, continua Petit-Pierre d'une voix pleine d'affection et de reconnaissance, je veux d'abord vous demander pardon de l'incognito que j'ai cru devoir garder avec vous, et qui n'avait qu'un but, celui de connaître vos pensées les plus franches, votre opinion la plus vraie, sans que l'on fût tenté de supposer que vous aviez voulu complaire à ce que l'on sait être le plus ardent de mes désirs. Or, maintenant que Petit-Pierre est suffisamment renseigné, la régente avisera. Mais, en attendant, séparons-nous ; le moindre gîte me suffira pour passer le reste de la nuit, et M. de Bonneville, qui connaît parfaitement le pays, saura bien me trouver ce gîte.

— Mais quand serons-nous admis à conférer directement avec Son Altesse royale ? demanda Pascal s'inclinant devant Petit-Pierre.

— Aussitôt que Son Altesse royale aura trouvé un palais pour sa majesté errante, Petit-Pierre vous appellera près de lui ; ce qui ne tardera pas : Petit-Pierre est bien décidé à ne pas abandonner ses amis.

— Petit-Pierre est un brave garçon ! s'écria Gaspard tout joyeux, et ses amis lui prouveront, je l'espère, qu'ils sont dignes de lui.

— Adieu donc, reprit Petit-Pierre. Et maintenant que l'incognito est levé, je remercie votre cœur de ne pas s'y être trop longtemps laissé prendre, mon brave Gaspard ! Allons, il est temps de nous serrer la main et de nous séparer.

Chacun des gentilshommes prit tour à tour la main que Petit-Pierre lui tendait et la baisa respectueusement.

Puis chacun prit la direction assignée à leur retraite, et, s'enfonçant dans le chemin creux, les uns à droite, les autres à gauche, ils ne tardèrent pas à disparaître.

Bonneville et Petit-Pierre restèrent seuls.

— Et nous ? demanda alors celui-ci à son compagnon.

— Nous, nous allons suivre une direction diamétralement opposée à celle de ces messieurs.

— Alors, en route et sans perdre une minute ! dit Petit-Pierre en courant vers le chemin.

— Un instant ! un instant ! cria Bonneville. Oh ! pas comme cela, s'il vous plaît ! Il faut que Votre Altesse...

— Bonneville ! Bonneville ! fit Petit-Pierre, vous oubliez nos conventions.

— C'est vrai ; que Madame veuille bien m'excuser.

— Encore ! Ah çà ! mais vous êtes incorrigible.

— Il faut que Petit-Pierre me permette de le prendre sur mes épaules.

— Comment donc ! mais très volontiers. Voilà justement une borne qui semble plantée là à cet effet. Approchez, approchez, comte.

Petit-Pierre était déjà monté sur la borne.

Le jeune comte s'approcha ; Petit-Pierre se plaça à califourchon sur ses épaules.

— Vous vous y prenez, ma foi, très bien, dit Bonneville en se mettant en marche.

— Parbleu ! fit Petit-Pierre, le cheval fondu, c'est un jeu très bien porté, et je m'y suis fort amusé dans ma jeunesse.

— Vous voyez, dit Bonneville, qu'une bonne éducation n'est jamais perdue.

— Dites donc, comte, demanda Petit-Pierre, il n'est pas défendu de causer, hein ?

— Au contraire !

— Eh bien, alors, comme vous êtes un vieux chouan, tandis que, moi, j'entre en apprentissage de chouannerie, dites-moi pourquoi je suis sur vos épaules.

— Quel curieux que ce Petit-Pierre ! dit Bonneville.

— Non ; car je m'y suis mis, sur votre première invitation et sans discuter, quoique la position soit un peu bien risquée, convenez-en, pour une princesse de la maison de Bourbon.

— Une princesse de la maison de Bourbon ! dit Bonneville ; qu'est-ce que cela, et où voyez-vous ici une princesse de la maison de Bourbon ?

— C'est juste... Eh bien, alors, pourquoi Petit-Pierre, qui pourrait marcher, courir, sauter les fossés, est-il sur les épaules de son ami Bonneville, qui, lui, ne peut plus rien de tout cela depuis qu'il a Petit-Pierre sur les épaules ?

— Eh bien, je vais vous le dire : c'est parce que Petit-Pierre a le pied trop petit.

— Petit, c'est vrai, mais solide ! fit Petit-Pierre comme si son interlocuteur avait offensé sa vanité.

— Oui ; mais, si solide qu'il soit, il est trop petit pour n'être pas reconnu.

— Par qui ?

— Mais par ceux qui suivront nos traces, donc !

— Mon Dieu ! fit Madame avec une tristesse comique, qui m'eût jamais dit qu'un jour ou une nuit je regretterais de n'avoir pas le pied de Mme la duchesse de*** !

— Pauvre marquis de Souday, dit Bonneville, qu'eût-il pensé, lui déjà si ébouriffé de vos connaissances à la cour, s'il vous eût entendu parler avec tant d'aplomb et d'expérience du pied des duchesses ?

— Bah ! ce serait dans mon rôle de page.

Puis, après un moment de silence :

— Je comprends très bien, reprit Petit-Pierre, que vous vouliez faire perdre ma trace ; mais, enfin, nous ne pourrons pas toujours voyager comme cela : saint Christophe s'y lasserait ; et ce maudit pied rencontrera toujours tôt ou tard quelque flaque de boue pour conserver son empreinte.

— Nous allons aviser à rompre les chiens, dit Bonneville, pour quelque temps du moins.

Et le jeune homme appuya vers la gauche, attiré, eût-on dit, par le murmure d'un ruisseau.

— Eh bien, que faites-vous donc ? demanda Petit-Pierre. Vous perdez le chemin ! Vous voilà dans l'eau jusqu'aux genoux.

— Sans doute, dit Bonneville en remontant, d'un tour de reins, Petit-Pierre sur ses épaules. Et maintenant, qu'ils nous cherchent ! continua-t-il en marchant rapidement dans le lit du petit ruisseau.

— Ah ! ah ! fort ingénieux, dit Petit-Pierre. Vous avez manqué votre vocation, Bonneville. Vous eussiez dû naître dans une forêt vierge ou dans les pampas. Le fait est que, si, pour nous suivre, il faut une trace, celle-ci ne sera point facile à trouver.

— Ne riez pas : celui qui nous cherche est fait à toutes les ruses de ce genre. Il a combattu en Vendée à l'époque où Charette, quoique presque seul, donnait aux bleus une terrible besogne.

— Eh bien, tant mieux ! dit joyeusement Petit-Pierre, il y aura plaisir à lutter avec des gens qui en valent la peine.

Malgré l'assurance qu'il témoignait, Petit-Pierre, après avoir prononcé ces paroles, demeura pensif, tandis que Bonneville luttait courageusement contre les cailloux foulants et les branches mortes qui entravaient considérablement sa marche ; car il continua de suivre le lit du petit ruisseau pendant un quart d'heure, à peu près.

A cette distance de leur point de départ, le ruisseau se déversait dans un autre plus considérable que le premier, et lequel n'était autre que celui qui contournait la viette des Biques.

Dans celui-là, Bonneville eut bientôt de l'eau jusqu'à la ceinture, et il dut inviter Petit-Pierre à remonter d'un étage, c'est-à-dire à s'asseoir sur sa tête au lieu de s'asseoir sur ses épaules, s'il voulait éviter le désagrément d'un bain de pieds ; puis l'eau devint si profonde, qu'à son grand regret, Bonneville dut reprendre terre et se décider à faire route le long des rives du petit torrent.

Mais les deux fugitifs étaient tombés de Charybde en Scylla ; car les rives du torrent, véritables forts à sangliers, hérissés d'épines, garnis de ronces entrelacées, devinrent presque immédiatement impraticables.

Bonneville posa Petit-Pierre à terre ; il n'y avait plus moyen de le porter, ni sur la tête, ni sur les épaules.

Alors, Bonneville entra hardiment dans le taillis, recommandant à Petit-Pierre de le suivre pas à pas ; et, malgré les broussailles, malgré l'épaisseur du bois, malgré l'obscurité si profonde de la nuit, il avança en ligne exactement droite, comme ceux qui ont une pratique constante de la vie de forêt peuvent seuls y parvenir.

Le procédé leur réussit à merveille ; car, au bout d'une cinquantaine de pas, ils se trouvèrent dans un de ces sentiers que l'on appelle des lignes et qui sont tracées parallèlement les unes aux autres dans les forêts, autant pour marquer la limite des coupes que pour servir à l'exploitation.

— A la bonne heure ! dit Petit-Pierre, qui s'accommodait assez mal de cheminer dans les bruyères, quelquefois aussi hautes que lui ; au moins, ici, nous allons pouvoir jouer des jambes.

— Oui, et sans laisser de traces, dit Bonneville en frappant le sol, qui était sec et rocailleux en cet endroit.

— Reste à savoir, demanda Petit-Pierre, de quel côté nous allons nous diriger.

— Maintenant que nous avons, je crois, donné du fil à retordre à ceux qui seraient tentés de nous suivre, nous irons du côté où vous voudrez aller.

— Vous savez que, demain au soir, j'ai rendez-vous à la Cloutière avec nos amis de Paris.

— Nous pourrons nous rendre à la Cloutière sans presque quitter les bois, où nous serons toujours plus en sûreté que dans la plaine. Nous gagnerons, par un sentier que je connais, la forêt de Touvois et des Grandes-Landes, à l'ouest de laquelle est la Cloutière ; seulement, il est impossible que nous y arrivions aujourd'hui.

— Et pourquoi cela ?

— Parce que, avec les détours que nous sommes obligés de faire, nous aurons à marcher pendant six heures ; ce qui est bien au-dessus de vos forces.

Petit-Pierre frappa du pied avec impatience.

— A une lieue avant la Benaste, dit Bonneville, je connais une métairie où nous serons les bienvenus et où nous pourrons nous reposer avant d'achever notre étape.

— Allons, en route, en route ! dit Petit-Pierre ; mais de quel côté ?

— Laissez-moi vous précéder, dit Bonneville, et prenons à droite.

Bonneville fit le mouvement indiqué et marcha devant lui avec la même persévérance qu'il l'avait fait en quittant les bords du ruisseau.

Petit-Pierre le suivit.

De temps en temps, le comte de Bonneville s'arrêtait pour reconnaître son chemin et pour donner à son jeune compagnon le temps de respirer ; il annonçait d'avance à celui-ci tous les accidents de terrain qu'ils rencontraient sur leur route, et cela, avec une précision qui indiquait combien la forêt de Machecoul lui était familière.

— Comme vous le voyez, dit-il dans une de ces haltes, nous évitons les sentiers.

— Oui ; et pourquoi faisons-nous cela ?

— Parce que ce sera certainement dans les sentiers, dont le terrain est mou, que l'on cherchera nos traces ; parce que celui-ci, moins frayé, moins attendri par le passage des voitures et des chevaux, nous trahira moins.

— Mais c'est plus long, peut-être ?

— Oui ; mais c'est plus sûr.

Ils marchaient depuis dix minutes en silence, lorsque Bonneville s'arrêta et saisit le bras de son compagnon, dont le premier mouvement fut de demander ce qu'il y avait.

— Silence ! et parlez très bas, dit Bonneville.

— Pourquoi ?

— N'entendez-vous rien ?

— Non.

— Moi, j'entends des voix.

— Où ?

— Là, à cinq cents pas de nous environ ; et il me semble même qu'à travers les branches je distingue une lueur rouge.

— En effet, je la vois aussi.

— Qu'est-ce que cela ?

— Je vous le demande.

— Diable !

— Des charbonniers peut-être.

— Non : nous ne sommes point dans le mois où ils exploitent leurs coupes, et, nous serions certains que ce sont des charbonniers, que je ne voudrais pas encore me confier à eux ; je n'ai pas le droit, étant votre guide, de donner quelque chose à l'imprévu.

— N'avez-vous donc pas un autre chemin ?

— Si fait.

— Eh bien, alors ?

— Je n'eusse voulu le prendre qu'à la dernière extrémité.

— Pourquoi cela ?

— Parce qu'il faut traverser un marais.

— Bah ! vous qui marchez sur l'eau comme saint Pierre, ne le connaissez-vous pas, votre marais ?

— Cent fois, j'y ai chassé la bécassine ; mais...

— Mais ?

— Mais c'était le jour.

— Et votre marais ?

— Est une tourbière où dix fois, même dans le jour, j'ai failli enfoncer.

— Alors, risquons-nous auprès du feu de ces braves gens. Je vous avoue que je ne serais point fâché de me réchauffer un peu.

— Restez ici, et laissez-moi aller à la découverte.

— Cependant...

— Ne craignez rien.

En disant ces mots, Bonneville avait disparu sans bruit dans l'obscurité.

39

Où Petit-Pierre fait le meilleur repas qu'il ait fait de sa vie

Petit-Pierre, resté seul, s'appuya contre un arbre, et, muet, immobile, les yeux fixes, l'oreille tendue, il attendit, essayant de saisir au passage le plus petit bruit.

Pendant cinq minutes, à part l'espèce de bourdonnement qui semblait venir du même côté que la lueur, il n'entendit rien.

Tout à coup, le hennissement d'un cheval retentit dans la forêt et fit tressaillir Petit-Pierre.

Presque au même moment, il entendit un léger bruit dans les broussailles et une ombre se dressa devant lui : c'était Bonneville.

Bonneville, qui ne voyait pas Petit-Pierre, collé au tronc de l'arbre, l'appela deux fois.

Petit-Pierre bondit vers lui.

— Alerte ! alerte ! dit Bonneville en entraînant Petit-Pierre.

— Qu'y a-t-il ?

— Pas un instant à perdre ! Venez ! venez !

Puis, tout en courant :

— Un bivouac de chasseurs. S'il n'y avait eu que des hommes, j'aurais pu me chauffer au même feu qu'eux, sans qu'ils me vissent ou qu'ils m'entendissent ; mais un cheval m'a éventé et a henni.

— Je l'ai entendu.

— Alors, vous comprenez... Pas un mot ! des jambes, voilà tout.

Et, en effet, sans prononcer une parole, Bonneville et Petit-Pierre firent à peu près cinq cents pas dans un layon, que, par bonheur, ils avaient rencontré sur le chemin.

Puis, il tira Petit-Pierre dans la lisière et, s'arrêtant :

— Maintenant, dit-il, respirez.

Pendant que Petit-Pierre respirait, Bonneville essaya de s'orienter.

— Sommes-nous perdus ? demanda Petit-Pierre inquiet.

— Oh ! il n'y a pas de danger ! dit Bonneville ; seulement, je cherche s'il n'y a pas un moyen d'éviter ce maudit marais.

— S'il doit nous mener plus directement à notre but, prenons-le, dit Petit-Pierre.

— Il le faudra bien, répondit Bonneville ; je ne vois pas d'autre chemin.

— Alors, en route ! dit Petit-Pierre ; seulement, guidez-moi.

Bonneville ne répondit rien ; mais, comme preuve d'urgence il se mit immédiatement en marche, et, au lieu de suivre la ligne dans laquelle ils s'étaient engagés, il tourna à droite, et se remit à marcher dans le taillis.

Au bout de dix minutes, les buissons devinrent plus rares ; l'obscurité devint moins profonde ; ils étaient à la lisière de la forêt, et ils entendaient devant eux le murmure des roseaux entrechoqués par le vent.

— Ah ! ah ! fit Petit-Pierre, qui reconnaissait ce bruit, il paraît que nous y sommes.

— Oui, répondit Bonneville, et je ne vous cacherai point que voilà le moment le plus critique de notre nuit.

Et, à ces mots, le jeune homme sortit de sa poche un couteau, qui, à la rigueur, pouvait passer pour un poignard, et coupa un petit arbre qu'il ébrancha et dont il eut soin de cacher les émondes.

— Maintenant, dit-il, mon pauvre Petit-Pierre, il faut vous résigner et reprendre votre siège sur mes épaules.

Petit-Pierre fit à l'instant même ce que lui demandait son guide, et celui-ci s'avança vers le marais.

La marche de Bonneville, alourdie par le poids qu'il portait, embarrassée par la longue gaule qu'il tenait à la main et avec laquelle il sondait le terrain à chaque pas qu'il faisait, était horriblement difficile.

Souvent, il enfonçait dans la vase, jusqu'au-dessus du genou, et ce terrain, qui semblait mou et peu compact lorsqu'il s'agissait d'y entrer, offrait une véritable résistance lorsqu'il s'agissait d'en sortir ; ce n'était alors qu'avec la plus grande peine que Bonneville parvenait à en arracher ses jambes ; on eût dit que le gouffre ouvert sous leurs pieds ne pouvait se décider à lâcher sa proie.

— Laissez-moi vous donner un avis, mon cher comte, dit Petit-Pierre.

Bonneville s'arrêta et s'essuya le front.

— Si, au lieu de patauger dans cette vase, vous marchiez sur ces touffes de jonc qu'il me semble entrevoir çà et là, je crois que vous y trouveriez un terrain plus solide.

— Oui, dit Bonneville, sans doute ; mais aussi nous y laisserions une trace plus visible.

Mais, après un instant :

— N'importe ! dit-il, vous avez raison, cela vaut encore mieux.

Et, changeant de direction, Bonneville gagna les touffes de jonc.

En effet, la racine chevelue des roseaux avait formé çà et là des espèces d'îlots d'un pied de largeur, qui présentaient sur ce terrain bourbeux des surfaces d'une certaine solidité : le jeune homme les reconnaissait à l'aide de sa perche et s'élançait de l'un sur l'autre.

Mais, de temps en temps, alourdi par le poid de Petit-Pierre, il prenait mal sa mesure, glissait, et ne se retenait qu'avec la plus grande peine ; et ce manège eut bientôt si complètement épuisé ses forces, qu'il dut prier Petit-Pierre de descendre et de s'asseoir pour le laisser reprendre haleine.

— Vous voilà épuisé, mon pauvre Bonneville, dit Petit-Pierre. Est-ce encore bien long, votre marais ?

— Nous avons encore deux ou trois cents pas à parcourir, après quoi, nous rentrerons en forêt, jusqu'à la ligne de Benaste, qui nous conduira directement à notre métairie.

— Pourrez-vous aller jusque-là ?

— Je l'espère.

— Oh ! mon Dieu, mon Dieu, que je voudrais donc pouvoir vous porter à mon tour ou tout au moins marcher près de vous !

Ces mots rendirent au comte toute sa force ; et, renonçant à sa seconde façon d'avancer, il entra résolument dans la boue.

Mais plus il avançait, plus le sol devenait mouvant et bourbeux.

Tout à coup, Bonneville, qui, entraîné par un faux pas, venait de poser son pied dans un endroit qu'il n'avait pas eu le temps de sonder, se sentit enfoncer rapidement et sembla près de disparaître.

— Si j'enfonce tout à fait, dit-il, jetez-vous à droite ou à gauche ; le passage dangereux n'est jamais large.

Petit-Pierre sauta, en effet, de côté, non pas pour chercher à se sauver, mais pour ne pas alourdir Bonneville d'un poids étranger.

— Oh ! mon ami, s'écria-t-il le cœur serré, les yeux mouillés de larmes, à ce cri sublime de dévouement et d'abnégation, songez à vous, je vous l'ordonne !

Le jeune comte était déjà enfoncé jusqu'à la ceinture ; par bonheur, il avait eu le temps de mettre sa perche en travers, et, comme elle reposait sur deux touffes de jonc qui présentaient un appui suffisant, il put, grâce à la résistance qu'elle lui offrait et aidé de Petit-Pierre, qui le retenait par le collet de son habit, parvenir à se tirer de ce mauvais pas.

Bientôt le terrain devint plus solide ; la ligne noire de bois qui avait toujours marqué l'horizon se rapprocha et grandit ; les deux fugitifs touchaient à l'extrémité du marécage.

— Enfin ! dit Bonneville.

— Ouf ! fit Petit-Pierre en se laissant glisser à terre, aussitôt qu'il sentit le sol résister sous les pieds de son compagnon ; ouf ! vous devez être brisé, mon cher comte.

— Non, répondit Bonneville, je suis essoufflé, voilà tout.

— Oh ! mon Dieu ! dit Petit-Pierre, et n'avoir rien pour vous rendre vos forces, pas même la gourde du soldat ou du pèlerin, pas même le morceau de pain du mendiant !

— Bah ! dit le comte, mes forces, ce n'est point de l'estomac que je les tire.

— Alors, dites-moi d'où vous les tirez, mon cher comte : je tâcherai de faire comme vous.

— Auriez-vous faim ?

— J'avoue que je mangerais bien quelque chose.

— Hélas ! dit le comte, voilà que vous me faites regretter à mon tour ce dont je me souciais si peu tout à l'heure.

Petit-Pierre se mit à rire, et, plaisantant pour rendre le courage à son compagnon :

— Bonneville, dit-il, appelez l'huissier, faites avertir le chambellan de service, afin qu'il prévienne les officiers de bouche de m'apporter mon en-cas. Je goûterais volontiers de ces bécassines que j'ai tout à l'heure entendues crier en partant sous nos pieds.

— Son Altesse royale est servie, dit le comte en mettant un genou en terre et en offrant, sur la forme de son chapeau, un objet que Petit-Pierre saisit avec empressement.

— Du pain ! s'écria-t-il.

— Du pain noir, fit Bonneville.

— Bon ! la nuit, on ne voit pas de quelle couleur il est.

— Du pain sec, deux fois sec !

— C'est toujours du pain.

Et Petit-Pierre mordit à belles dents dans le croûton, qui, depuis deux jours, séchait dans la poche du comte.

— Et quand je pense, dit Petit-Pierre, que c'est le général Dermoncourt qui, à cette heure, mange mon souper à Souday, n'est-ce pas enrageant ?

Puis, tout à coup :

— Oh ! pardon, mon cher guide, continua Petit-Pierre ; mais l'estomac chez moi l'a si bien emporté sur le cœur, que j'ai oublié de vous offrir la moitié de mon souper.

— Merci, répondit Bonneville ; mon appétit ne va pas encore jusqu'à croquer des cailloux ; mais, en échange de votre offre si gracieuse, je vais vous montrer comment il faut faire pour rendre votre pauvre souper moins coriace.

Bonneville prit le pain, le rompit en petits morceaux, non sans peine, alla les plonger dans une source qui coulait à deux pas de là, appela Petit-Pierre, s'assit d'un côté de la source, et Petit-Pierre de l'autre, et, retirant une à une les croûtes détrempées et amollies, il les présenta à son compagnon affamé.

— Ma foi, dit celui-ci lorsqu'il fut au dernier lopin, il y a vingt ans que je n'ai si bien soupé ! Bonneville, je vous nomme mon majordome.

— Et moi, dit le comte, je redeviens votre guide. Assez de délices comme cela, continuons notre chemin.

— Je suis prêt, dit Petit-Pierre en se dressant gaiement sur ses pieds.

On se remit en marche à travers bois, et, une demi-heure après, on se retrouva au bord d'une rivière qu'il fallait traverser.

Bonneville essaya de son procédé ordinaire ; mais, au premier pas qu'il fit dans le lit du ruisseau, l'eau lui monta jusqu'à la ceinture ; au second, il en avait jusqu'au cou, et les jambes de Petit-Pierre trempaient dans la rivière.

Bonneville, qui se sentait entraîné par le courant, attrapa une branche d'arbre et regagna le bord.

Il fallait chercher un passage.

Au bout de trois cents pas, Bonneville crut l'avoir trouvé.

Ce passage, c'était le tronc d'un arbre renversé par le vent en travers du ruisseau et encore tout garni de ses branches.

— Croyez-vous pouvoir marcher là-dessus ? demanda-t-il à Petit-Pierre.

— Si vous y marchez, j'y marcherai, répondit celui-ci.

— Tenez-vous aux branches, n'y mettez pas d'amour-propre ; ne levez un pied que quand vous serez bien sûr que l'autre est d'aplomb, dit Bonneville en grimpant sur le tronc de l'arbre.

— Je vous suis, n'est-ce pas ?

— Attendez, je vais vous donner la main.

— M'y voilà ! Mon Dieu, qu'il faut donc savoir de choses pour courir les champs ! je n'aurais jamais cru cela.

— Ne parlez pas, pour Dieu ! faites attention à vos pieds... Un instant ! n'avancez pas : voici une branche qui vous gênerait ; je vais la couper.

Au moment où le jeune comte se baissait pour exécuter ce qu'il venait de dire, il entendit derrière lui un cri étouffé, puis le bruit d'un corps qui tombait à l'eau.

Il se retourna : Petit-Pierre avait disparu.

Sans perdre une seconde, Bonneville se laissa tomber à la même place, et le hasard le servit si bien, qu'en allant au fond de la rivière, qui, dans cet endroit, n'avait pas moins de sept ou huit pieds de profondeur, sa main rencontra la jambe de son compagnon.

Il la saisit, et, la tête perdue, tremblant d'émotion, sans se rendre compte de la position tout à fait désagréable dans laquelle il maintenait celui qu'il sauvait, en deux brasses, il atteignit la rive du ruisseau, fort heureusement aussi peu large qu'il était profond.

Petit-Pierre ne faisait plus le moindre mouvement.

Bonneville le prit entre ses bras, et le déposa sur les feuilles sèches, lui parlant, l'appelant, le secouant.

Mais Petit-Pierre restait muet et immobile.

Le comte de Bonneville s'arrachait les cheveux de désespoir.

— Oh ! c'est ma faute, c'est ma faute ! murmurait-il. Mon Dieu, vous me punissez de mon orgueil ! J'ai trop présumé de moi-même, j'ai répondu de lui. Oh ! ma vie, mon Dieu ! pour un soupir, pour un souffle, pour une haleine.

L'air frais de la nuit fit plus pour la résurrection de Petit-Pierre que toutes les lamentations de Bonneville ; au bout de quelques minutes, il ouvrit les yeux et éternua.

Bonneville, qui était au paroxysme de la douleur, et jurait de ne pas survivre à celui dont il croyait avoir causé la mort, poussa un cri de joie, et tomba devant Petit-Pierre, qui était déjà assez revenu à lui pour comprendre les dernières paroles du jeune homme.

— Bonneville, dit Petit-Pierre, vous ne m'avez pas dit : « Dieu vous bénisse ! » Je vais être enrhumé du cerveau !

— Vivante ! vivante ! s'écriait Bonneville, aussi expansif dans sa joie qu'il l'avait été dans sa douleur.

— Oui, bien vivante, grâce à vous ! Si vous étiez un autre, je vous jurerais de ne jamais l'oublier.

— Vous êtes trempée, mon Dieu !

— Oui ; mes souliers surtout sont trempés. Bonneville, cela descend, cela descend d'une façon bien désagréable.

— Et pas de feu ! pas moyen d'en faire !

— Bon ! nous nous réchaufferons en marchant. Je parle au pluriel ; car vous ne devez pas être moins mouillé que moi, vous qui en êtes à votre troisième bain, dont un de boue !

— Oh ! ne vous occupez pas de moi. Pourrez-vous marcher ?

— Je le crois, quand j'aurai vidé mes souliers.

Bonneville aida Petit-Pierre à se débarrasser de l'eau qui effectivement remplissait sa chaussure ; il lui ôta sa veste de gros drap, qu'il tordit avant de la lui remettre sur les épaules ; puis, cette double opération finie :

— Et, maintenant, à la Benaste, dit-il, et rondement !

— Hein ! Bonneville, fit Petit-Pierre, ce que nous avons gagné à vouloir éviter un feu qui nous irait si bien maintenant !

— Nous ne pouvions pas cependant aller nous livrer ! répondit Bonneville d'un air désespéré.

— Bon ! n'allez-vous pas prendre ma réflexion pour un reproche ? Oh ! que vous avez le caractère mal fait !... Allons, marchons, marchons ! Depuis que je joue des jambes, il me semble que tout cela sèche ; dans dix minutes, je vais transpirer.

Bonneville n'avait pas besoin d'être excité ; il avançait si rapidement, que Petit-Pierre avait de la peine à le suivre et, de temps en temps, était obligé de lui rappeler que leurs jambes étaient de longueur fort inégale.

Mais Bonneville était resté sous le coup de l'émotion profonde que lui avait causée l'accident de son jeune compagnon, et ce qui achevait de lui faire perdre la tête, c'est que, dans ces buissons qui lui étaient si familiers cependant, il ne retrouvait pas son chemin.

Dix fois déjà, en entrant dans une ligne, il s'était arrêté pour regarder autour de lui, et dix fois aussi, après avoir secoué la tête, il avait repris sa marche avec une sorte de frénésie.

Enfin, Petit-Pierre, qui avait été forcé de faire quelques pas en courant pour le rejoindre, lui dit, à la suite d'une nouvelle hésitation :

— Eh bien, voyons, qu'y a-t-il, mon cher comte ?

— Il y a que je suis un misérable, dit Bonneville, que j'ai trop présumé de ma connaissance des localités et que... et que...

— Et que nous sommes égarés ?

— J'en ai peur !

— Et moi, j'en suis sûr : voilà une branche que j'ai cassée tout à l'heure ; nous avons déjà passé par ici, et nous tournons sur nous-mêmes. Vous voyez que je profite de vos leçons, ajouta Petit-Pierre triomphant.

— Ah ! dit Bonneville, je vois ce qui a causé mon erreur.

— Qu'est-ce ?

— En sortant de l'eau, j'ai repris terre du côté par lequel nous étions venus, et j'étais si bouleversé, que je n'y ai pas fait attention.

— En sorte que notre plongeon a été tout à fait inutile, dit Petit-Pierre en éclatant de rire.

— Oh ! je vous en prie, madame, ne riez pas comme cela, dit Bonneville : votre gaieté me fend le cœur.

— Soit ; mais elle me réchauffe, moi.

— Vous avez donc froid ?

— Un peu... mais ce n'est pas le pis.

— Qu'y a-t-il ?

— Il y a une demi-heure que vous n'osez pas m'avouer que nous sommes perdus, et il y a une demi-heure que je n'ose vous dire, moi, que, décidément, mes jambes semblent vouloir refuser le service.

— Qu'allons-nous devenir, alors ?

— Eh bien, vais-je donc être forcée de jouer votre rôle d'homme et de vous donner de la fermeté ? Voyons, le conseil est ouvert ; quel est votre avis ?

— Qu'il est impossible de gagner la Benaste cette nuit.

— Mais, alors ?

— Alors, il faut tâcher de joindre, avant le jour, la métairie la plus proche.

— Soit. Pouvez-vous vous orienter ?

— Pas d'étoiles au ciel, pas de lune.

— Et pas de boussole, dit Petit-Pierre, qui essayait, en plaisantant, de rendre le courage à son compagnon.

— Attendez.

— Bon ! voilà une idée qui vous point, j'en suis sûr.

— A cinq heures du soir, j'ai, par hasard, examiné les girouettes du château : le vent était de l'est.

Bonneville leva en l'air son index, mouillé de salive.

— Que faites-vous ?

— Une girouette.

Puis, après un instant :

— Le nord est là, dit-il sans hésitation ; en marchant dans le vent, nous déboucherons sur la plaine du côté de Saint-Philbert.

— Oui, en marchant : voilà justement le difficile.

— Voulez-vous que j'essaye de vous prendre dans mes bras ?

— Bon ! vous avez déjà bien assez de vous porter, mon pauvre Bonneville.

La duchesse se releva avec effort ; car, pendant ces quelques mots, elle s'était assise ou plutôt laissée tomber au pied d'un arbre.

— Là ! dit-elle ; maintenant, me voilà debout. Je veux qu'elles avancent, mes jambes rebelles, et je les dompterai comme tous les rebelles : je suis ici pour cela.

Et la vaillante femme fit quatre ou cinq pas ; mais sa fatigue était si grande, ses membres si bien roidis par le bain glacial qu'elle avait pris, qu'elle chancela et faillit tomber.

Bonneville s'élança pour la soutenir.

— Cordieu ! s'écria Petit-Pierre, laissez-moi, monsieur de Bonneville ; je veux qu'il soit au niveau de l'âme qu'il renferme, ce misérable corps, que Dieu a fait si frêle et si débile ! Ne lui donnez point d'aide, comte ; ne lui portez pas de secours. Ah ! tu chancelles ! ah ! tu plies ! Eh bien, ce n'est plus le pas ordinaire que tu vas prendre, c'est le pas de charge, et, dans quinze jours, je veux que tu te prêtes avec la soumission de la bête de somme à toutes les exigences de ma volonté.

Effectivement, joignant l'action aux paroles, Petit-Pierre prit sa course et avança avec tant de rapidité, que son guide eut quelque peine à le rattraper.

Mais ce dernier effort l'avait épuisé, et, lorsque Bonneville fut parvenu à le rejoindre, il le trouva de nouveau assis et la figure cachée entre ses deux mains.

Petit-Pierre pleurait, encore plus de rage que de douleur.

— Mon Dieu ! mon Dieu ! murmurait-il, vous m'avez mesuré la tâche d'un géant, et vous ne m'avez donné que les forces d'une femme !

Bon gré mal gré, Bonneville prit Petit-Pierre dans ses bras et se mit à courir à son tour.

Les paroles que Gaspard lui avait adressées en sortant du souterrain retentissaient à son oreille.

Il sentait qu'un corps si délicat ne pouvait résister plus longtemps à de si violentes secousses, et il avait résolu de faire tous ses efforts pour mettre en sûreté le dépôt qui lui avait été confié.

Il sentait qu'une minute perdue pouvait compromettre la vie de son compagnon.

La marche du brave gentilhomme se soutint ainsi rapide pendant près d'un quart d'heure. Son chapeau tomba ; mais, ne s'inquiétant plus des traces qu'il laissait, le comte ne prit point la peine de le ramasser ; il sentait le corps de Petit-Pierre frissonner entre ses bras, il entendait ses dents que le froid faisait entrechoquer, et ce bruit l'aiguillonnait comme les clameurs de la foule aiguillonnent un cheval de course et lui prêtent une force surhumaine.

Mais, peu à peu, cette vigueur factice s'éteignit ; les jambes de Bonneville ne lui obéirent plus que par un mouvement machinal ; le sang se fixa à sa poitrine et l'étouffa. Il sentit son cœur se gonfler ; il ne respirait plus, il râlait ; une sueur glacée inondait son front, ses artères battaient comme si sa tête eût dû se fendre ; de temps en temps, un voile épais passait sur ses yeux, tout marbrés de flammes. Bientôt, il glissa à la moindre pente, chancela à la moindre pierre, trébucha au plus petit obstacle, et ses genoux pliés, impuissants à se redresser, n'avancèrent plus qu'avec effort.

— Arrêtez-vous ! arrêtez-vous, monsieur de Bonneville ! criait Petit-Pierre ; arrêtez-vous, je vous l'ordonne !

— Non, non ! je ne m'arrêterai pas, répondit Bonneville ; j'ai encore des forces, Dieu merci ! et je les userai jusqu'au bout... M'arrêter ! m'arrêter ! quand nous touchons au port ; quand, au prix de quelques efforts, je vous aurai mise en sûreté !... m'arrêter quand nous sommes au bout de notre course... Tenez, tenez, regardez plutôt !

Et, en effet, à l'extrémité du layon qu'ils suivaient, on apercevait une large bande rougeâtre qui s'élevait insensiblement à l'horizon, et sur cette bande se détachaient en noir des lignes à angles droits, à bords précis, qui indiquaient une maison.

Le jour commençait à paraître.

On arrivait au bord des champs.

Mais, au moment où Bonneville poussait un cri de joie, ses jambes plièrent sous lui, il s'affaissa, tomba sur les genoux, puis son corps se renversa doucement en arrière comme si un effort suprême de sa volonté eût voulu, au moment où tout sentiment l'abandonnait, éviter à celui qu'il tenait dans ses bras les dangers d'une chute.

Petit-Pierre se dégagea de l'étreinte et se trouva debout sur ses pieds, mais si vacillant, qu'il ne valait guère mieux que son compagnon.

Il essaya de soulever le comte et ne put y parvenir.

Bonneville, de son côté, tenta de rapprocher les mains de sa bouche, sans doute pour faire entendre le signal d'appel ordinaire des chouans ; mais le souffle lui manqua, et à peine eut-il assez de force pour dire à Petit-Pierre :

— N'oubliez pas...

Et il s'évanouit.

La maison que l'on avait en vue n'était guère à plus de sept ou huit cents pas de l'endroit où se trouvaient Bonneville et Petit-Pierre.

Celui-ci résolut de s'y rendre et d'y demander à tout risque du secours pour son ami.

Il fit donc un effort suprême et s'élança dans la direction de cette maison.

Au moment où il croisait un carrefour, Petit-Pierre vit, dans une des lignes aboutissant à ce carrefour, un homme qui marchait dans la direction opposée à la campagne.

Il appela cet homme, qui ne tourna même pas la tête.

Mais alors Petit-Pierre, soit par une inspiration soudaine, soit qu'il se rappelât les dernières paroles de Bonneville, utilisant les leçons que le comte lui avait données, rapprocha à son tour les mains de sa bouche et fit entendre le cri de la chouette.

L'homme s'arrêta aussitôt, rebroussa chemin et vint à Petit-Pierre.

— Mon ami, lui cria celui-ci lorsqu'il le vit à portée de la voix, si vous voulez de l'or, je vous en donnerai ; mais, d'abord, au nom de Dieu ! venez m'aider à sauver un malheureux qui se meurt !

Puis, autant que ses forces le lui permettaient, et certain que l'homme allait le suivre, Petit-Pierre se hâta de retourner vers Bonneville, dont il souleva la tête avec effort.

Le comte était toujours évanoui.

Aussitôt que le nouveau venu eut jeté les yeux sur ce corps étendu dans le chemin :

— Il n'est pas besoin que l'on me promette de l'or, dit-il, pour que je porte secours à M. le comte de Bonneville.

Petit-Pierre regarda l'homme avec plus d'attention.

— Jean Oullier ! s'écria-t-il en reconnaissant le garde du marquis de Souday aux premiers rayons du jour, qui commençait à naître. Jean Oullier, pouvez-vous me trouver un asile tout près d'ici pour mon ami et pour moi ?

Le garde n'eut pas même besoin de chercher pour répondre.

— Il n'y a que cette maison à une demi-lieue à la ronde.

Et il prononça ces mots avec une répugnance visible.

Mais Petit-Pierre ne remarqua point ou ne parut pas remarquer cette répugnance.

— Il faut m'y conduire et l'y porter, dit-il.

— Là-bas ? fit Jean Oullier.

— Oui ; ne sont-ce pas des royalistes, les gens qui habitent cette maison ?

— Je n'en sais rien encore, fit Jean Oullier.

— Allez ! je vous remets nos existences entre les mains, Jean Oullier, et je sais que vous méritez toute ma confiance.

Jean Oullier chargea Bonneville, toujours évanoui, sur ses épaules et prit Petit-Pierre par la main.

Puis il s'achemina vers la maison, qui n'était autre que celle de Joseph Picaut et de sa belle-sœur.

Jean Oullier franchit l'échalier aussi légèrement que si, à la place du comte de Bonneville, il n'eût porté que son carnier ; mais, une fois dans le verger, il s'avança avec une certaine prudence.

Tout dormait chez Joseph Picaut.

Mais il n'en était point ainsi chez la veuve ; on apercevait une lueur, et l'on voyait une ombre passer et repasser derrière les rideaux.

Entre les deux, Jean Oullier prit aussitôt son parti.

— Ma foi, tout bien pesé, j'aime autant cela, dit-il à lui-même en s'avançant résolument du côté de la maison de Pascal.

Arrivé à la porte, il l'ouvrit.

Le cadavre de Pascal était couché sur le lit.

La veuve avait allumé deux chandelles et priait devant le mort.

En entendant la porte tourner sur ses gonds, elle se releva.

— Veuve Pascal, lui dit Jean Oullier sans lâcher ni son fardeau ni la main de Petit-Pierre, je vous ai sauvé la vie cette nuit à la viette des Biques.

Marianne regarda avec étonnement et comme rappelant ses souvenirs.

— Vous ne me croyez pas ?

— Si, Jean, je vous crois ; je sais que vous n'êtes point homme à dire un mensonge, fût-ce pour sauver votre vie ; d'ailleurs, j'ai entendu le coup et j'ai doutance de la main qui l'a lâché.

— Veuve Pascal, voulez-vous venger votre mari et faire votre fortune du même coup ? Je vous en amène les moyens.

— Comment cela ?

— Voici, poursuivit Jean Oullier, Mme la duchesse de Berry et M. le comte de Bonneville, qui allaient mourir tous deux peut-être de fatigue et de faim, si je n'étais pas venu vous demander pour eux un asile ; les voici !

La veuve regarda toute stupéfaite, mais avec un intérêt visible.

— Cette tête que vous voyez, continua Jean Oullier, vaut son pesant d'or ; vous pouvez la livrer si bon vous semble, et, comme je vous le disais, votre mari est vengé et votre fortune est faite.

— Jean Oullier, répondit la veuve d'une voix grave, Dieu nous a ordonné la charité pour tous, grands ou petits. Deux malheureux viennent frapper à ma porte, je ne les repousserai pas ; deux proscrits viennent me demander un asile, ma maison s'écroulera avant que je les livre.

Puis, avec un geste simple, mais auquel l'action prêtait une sublime grandeur :

— Jean Oullier, dit-elle, entrez chez moi, entrez hardiment, vous et ceux qui vous accompagnent.

Ils entrèrent.

Seulement, tandis que Petit-Pierre aidait Jean Oullier à déposer le comte de Bonneville sur une chaise, le vieux garde lui dit tout bas :

— Madame, rajustez vos cheveux blonds qui sortent de dessous votre perruque ; ce qu'ils m'ont fait deviner et ce que je viens d'apprendre à cette femme, il ne serait pas bon que tout le monde le sût.

40

L'égalité devant les morts

Le même jour, vers deux heures de l'après-midi, maître Courtin avait quitté la Logerie et s'était mis en route sous prétexte de se rendre à Machecoul, pour acheter un bœuf de labour, mais en réalité pour avoir des nouvelles des événements de la nuit, événements auxquels le digne fonctionnaire s'intéressait d'une façon toute spéciale, les lecteurs le comprendront facilement.

Arrivé au gué de Pont-Farcy, il trouva les garçons meuniers qui relevaient le corps du fils de Tinguy, et autour d'eux quelques femmes et quelques enfants qui considéraient le cadavre avec la curiosité naturelle à leur sexe et à leur âge.

Lorsque le maire de la Logerie, stimulant son bidet d'un coup de bâton à tige de cuir qu'il tenait à la main, l'eut fait entrer dans la rivière, tous les yeux se tournèrent de son côté, et la conversation cessa comme par enchantement, bien que, jusque-là, elle eût été des plus vives et des plus animées.

— Eh bien, qu'y a-t-il donc, gars ? demanda Courtin en faisant fendre diagonalement l'eau à son cheval, de façon à prendre terre précisément en face du groupe.

— Un mort, répondit un des meuniers avec le laconisme du paysan vendéen.

Courtin arrêta son regard sur le cadavre, et vit qu'il était revêtu d'un uniforme.

— Heureusement encore, dit-il, que ce n'est pas un du pays.

Malgré ses opinions philippistes, le maire de la Logerie ne croyait pas prudent de témoigner de la sympathie à un soldat de Louis-Philippe.

— C'est ce qui vous trompe, monsieur Courtin, répondit d'une voix sombre un homme à veste brune.

Le titre de *monsieur* qui lui était donné, et même avec une certaine affectation, ne flatta aucunement le métayer de la Logerie ; dans les circonstances où l'on se trouvait, dans la phase où le pays venait d'entrer, il savait que ce titre de *monsieur*, dans la bouche d'un paysan, lorsqu'il n'était pas un témoignage de respect, équivalait à une injure ou à une menace, ce qui inquiétait bien autrement Courtin.

En effet, le maire de la Logerie se rendait la justice de ne pas prendre le titre qu'on venait de lui donner comme une marque de considération ; aussi résolut-il d'être de plus en plus circonspect.

— Il me semble cependant, continua-t-il d'un ton doucereux, que l'uniforme qu'il porte est celui des chasseurs.

— Bah ! l'uniforme ! répliqua le même paysan ; comme si vous ne saviez pas que la *chasse aux hommes* (c'est ainsi que les Vendéens nomment la conscription) ne respecte pas plus nos fils et nos frères que les autres ; il me semble, pourtant, que vous devriez le savoir, vous qui êtes maire.

Il se fit un nouveau silence ; ce silence parut si lourd à porter à Courtin, qu'il l'interrompit.

— Et sait-on le nom du pauvre gars qui a péri si malheureusement ? demanda Courtin, qui faisait des efforts inouïs mais infructueux pour amener une larme dans son œil.

Personne ne répondit.

Le silence devenait de plus en plus significatif.

— Et connaît-on d'autres victimes ? Par exemple, parmi les nôtres, parmi les gars du pays, y en a-t-il eu de tués ? J'ai entendu dire que bon nombre de coups de fusil avaient été tirés.

— En fait d'autres victimes, répondit le même paysan, je ne

connais encore que celle-là, quoique ce soit presque un péché d'en parler auprès du cadavre d'un chrétien.

En disant ces mots, le paysan s'était détourné, et, tout en fixant les yeux sur Courtin, il lui indiquait du doigt le corps du chien de Jean Oullier, resté sur la rive et caressé par le courant, dans lequel il baignait à moitié.

Maître Courtin devint fort pâle ; il toussa comme si une main invisible lui serrait la gorge.

— Qu'est-ce que cela ? dit-il. Un chien ! Ah ! si nous n'avions à pleurer que des victimes de cette espèce, nous garderions nos larmes pour une autre occasion.

— Eh ! eh ! fit l'homme à la veste brune, le sang d'un chien, ça se paye comme autre chose, monsieur Courtin ; et je suis sûr que le maître du pauvre Pataud n'en tiendra pas quitte pour peu celui qui a tiré sur son chien à la sortie de Montaigu, avec du plomb à loup, dont trois grains lui sont entrés dans le corps.

En achevant ces mots, l'homme, comme si, ayant échangé, à son avis, assez de paroles avec Courtin, trouvait inutile d'attendre sa réponse, tourna les talons, passa un échalier et disparut derrière une haie.

Quant aux meuniers, ils reprirent leur marche avec le cadavre.

Les femmes et les enfants suivirent le funèbre cortège en priant tumultueusement et à voix haute.

Courtin resta seul.

— Bon ! pour que je paye ce que le gars Oullier aura établi à mon compte, dit le maire de la Logerie en éperonnant de son unique éperon son bidet, qui avait pris goût à la halte, il faut qu'il se tire d'abord des griffes qui le serrent grâce à moi ; ce qui n'est pas commode, quoique, à la rigueur, ce soit possible.

Maître Courtin continua sa route ; mais, la curiosité l'aiguillonnant de plus en plus, il trouva que c'était bien longtemps souffrir que d'attendre, pour la satisfaire, que l'amble modeste de son cheval l'eût conduit jusqu'à Machecoul.

Or, en ce moment, il passait justement devant la croix de la Bertaudière, où aboutissait le chemin qui menait à la maison des Picaut.

Il pensa à Pascal, qui pouvait mieux que personne lui donner des nouvelles, puisque, la veille, il avait dû servir de guide aux soldats.

— Mais que je suis donc bonasse ! s'écria-t-il se parlant à lui-même ; sans me rallonger de plus d'une petite demi-heure, je puis savoir tout ce qui s'est passé, et cela, d'une bouche qui ne me cachera rien. Allons donc chez Pascal : il me dira, lui, ce que le coup a produit.

Maître Courtin tourna donc à droite, et, cinq minutes après, il débouchait du petit verger et faisait son entrée sur le fumier de la cour de la demeure de Picaut.

Joseph, assis sur le collier d'un cheval, fumait sa pipe devant la porte de la partie de la maison qu'il habitait.

En voyant le maire de la Logerie, il ne jugea point qu'il fût utile qu'il se dérangeât.

Maître Courtin, qui avait une admirable perspicacité pour tout voir sans avoir l'air de rien remarquer, attacha son bidet à un des anneaux de fer scellés dans le mur.

Puis, se tournant vers Joseph :

— Votre frère est-il chez lui ? demanda-t-il.

— Oui, il y est encore, répondit Picaut en appuyant sur le mot *encore*, d'un air qui sembla singulier au maire de la Logerie. Vous le faut-il aujourd'hui pour conduire les culottes rouges au château de Souday ?

Courtin se mordit les lèvres, mais ne répondit rien à Joseph.

Seulement, à lui-même :

— Comment cet imbécile de Pascal a-t-il été confier à son gredin de frère que c'était moi qui lui avais donné cette commission, se dit-il en heurtant à la porte du second des Picaut. On ne peut, sur ma foi, rien faire depuis vingt-quatre heures sans que tout le monde en jase.

Le monologue de Courtin l'empêcha de remarquer que l'on tardait beaucoup à lui ouvrir, et que, contre l'habitude pleine de confiance des gens de la campagne, la porte avait été verrouillée en dedans.

Enfin, la porte s'ouvrit.

Lorsque, par cette ouverture, les yeux de Courtin purent plonger dans l'intérieur de la chambre, le spectacle qu'il aperçut et auquel il s'attendait si peu le fit reculer sur le seuil.

— Qui donc est mort ici ? demanda-t-il.

— Regardez, répondit la veuve sans quitter sa place du coin de la cheminée, qu'elle était allée reprendre après lui avoir ouvert la porte.

Courtin reporta les yeux sur le lit, et, quoiqu'il ne vît, à travers le drap, que la forme du cadavre, il devina tout.

— Pascal ! s'écria-t-il, Pascal !

— Je croyais que vous le saviez, dit la veuve.

— Moi ?

— Oui, vous... vous qui êtes la première cause de sa mort.

— Moi ? moi ? répliqua Courtin, qui pensa à l'instant même à ce que venait de lui dire le frère de la victime et qui sentait combien il était important pour sa sécurité de se disculper ; moi ?

Je vous jure, foi d'homme, qu'il y a plus de huit jours que je n'ai vu seulement votre défunt mari.

— Ne jurez pas, répondit la veuve. Pascal ne jurait jamais, lui ; car, lui, jamais il ne mentait.

— Mais, enfin, qui vous a donc dit que je l'avais vu ? demanda Courtin. Voilà qui est fort, par exemple !

— Ne mentez pas en face d'un mort, monsieur Courtin, dit Marianne ; cela vous porterait malheur.

— Je ne mens pas, balbutia le métayer.

— Il est parti d'ici pour aller chez vous ; c'est vous qui l'avez engagé à servir de guide aux soldats.

Courtin fit un nouveau mouvement de dénégation.

— Oh ! ce n'est pas que je vous en blâme, continua la veuve en regardant fixement une petite paysanne de vingt-cinq à trente ans, qui filait sa quenouille dans l'autre angle de la cheminée ; c'était son devoir de prêter assistance à ceux qui veulent empêcher que le pays ne soit, une fois de plus, ravagé par la guerre civile.

— C'était aussi mon but, à moi, mon unique but, répondit Courtin, mais en baissant si fort la voix, que c'était à peine si la jeune paysanne pouvait l'entendre. Je voudrais que le gouvernement nous débarrassât, une bonne fois, de tous ces fauteurs de troubles, de tous ces nobles qui nous écrasent de leurs richesses pendant la paix, et qui nous font massacrer quand vient la guerre ; j'y travaille, maîtresse Picaut ; mais il ne faut pas s'en vanter, voyez-vous : on ne sait que trop ce dont ces gens-là sont capables.

— De quoi vous plaindrez-vous s'ils vous frappent par-derrière, vous qui vous cachez pour les attaquer ? dit Marianne avec l'expression d'un profond mépris.

— Dame, on ose ce que l'on peut oser, maîtresse Picaut, répondit Courtin avec embarras ; il n'est pas donné à tout le monde d'être brave et hardi comme l'était votre pauvre défunt. Mais nous le vengerons, le pauvre Pascal ! nous le vengerons, je vous le jure !

— Merci ! je n'ai pas besoin de vous pour cela, monsieur Courtin, dit la veuve d'un ton presque menaçant, tant il était dur. Vous ne vous êtes déjà que trop mêlé des affaires de cette pauvre maison ; gardez donc désormais pour d'autres votre bonne volonté.

— Comme il vous plaira, la maîtresse Picaut. Hélas ! j'aimais tant votre pauvre cher homme, que je ferais tout pour vous complaire...

Puis, tout à coup, se tournant du côté de la petite paysanne, que déjà, depuis un instant, sans paraître la voir, il regardait du coin de l'œil :

— Mais quelle est donc cette jeunesse ? demanda le métayer.

— Une cousine à moi, venue ce matin de Port-Saint-Père, pour m'aider à rendre les derniers devoirs à mon pauvre Pascal et pour me tenir compagnie.

— De Port-Saint-Père, ce matin ? Ah ! ah ! maîtresse Picaut, c'est une bonne marcheuse, et elle a fait promptement la route.

La pauvre veuve, peu habituée au mensonge, et n'ayant jamais eu de motifs de mentir, mentait mal ; elle se mordit les lèvres et lança à Courtin un coup d'œil de colère qui, par bonheur, ne rencontra point les yeux de celui-ci, occupé en ce moment à examiner un habillement complet de paysan qui séchait devant la cheminée.

Mais, dans tout le costume, ce qui semblait le plus particulièrement intriguer Courtin, c'était une paire de souliers et une chemise.

Il est vrai que la paire de souliers était, quoique ferrée, d'un cuir et d'une forme qui ne sont pas très communs dans les chaumières, et que, de son côté, la chemise était de la plus fine batiste qui se pût voir.

— Joli lin ! joli lin ! marmottait le métayer froissant entre ses doigts le moelleux tissu ; m'est avis qu'il ne doit pas écorcher le cuir de celui qui le porte.

La jeune paysanne crut qu'il était temps de venir en aide à la veuve, qui semblait sur les épines et dont le front se chargeait d'une manière visible de nuages de plus en plus menaçants.

— Oui, dit-elle, ce sont des hardes que j'avais achetées à Nantes d'un fripier, pour tailler dedans un déshabillé au petit neveu de feu mon cousin Pascal.

— Et vous les avez lavées avant de les donner à un couseur et vous avez, par ma foi, bien fait, la jolie fille ! car, enfin, ajouta Courtin en regardant plus fixement encore la jeune paysanne, des défroques de friperie, on ne sait jamais qui les a portées : ça peut être un prince et ça peut être un galeux.

— Maître Courtin, interrompit Marianne, que cette conversation semblait impatienter de plus en plus, il me semble que voilà votre bidet qui se tourmente à la porte.

Courtin parut écouter.

— Si je n'entendais pas, dit-il, votre beau-frère, qui marche dans le grenier au-dessus de nos têtes, je dirais que c'est lui qui le tourmente, le mauvais gars.

A cette nouvelle preuve de l'esprit essentiellement observateur du maire de la Logerie, ce fut au tour de la jeune paysanne de pâlir ; et cette pâleur augmenta encore lorsqu'elle entendit Courtin, qui s'était levé pour aller observer son cheval à travers les carreaux, dire comme se parlant à lui-même :

— Mais non, il est bien là, le garnement ! C'est bien lui qui asticote ma bête avec la mèche de son fouet.

Puis, revenant à la veuve :

— Mais qui donc, alors, avez-vous dans votre grenier, la maîtresse ?

La fileuse allait répondre que Joseph avait une femme et des enfants, et que le grenier était commun aux deux familles ; mais la veuve ne lui donna pas même le temps de commencer sa phrase.

— Maître Courtin, dit-elle en se redressant, toutes vos questions ne vont-elles pas bientôt prendre fin ? Je hais les espions, moi, je vous en préviens, qu'ils soient rouges ou blancs.

— Mais, depuis quand une simple causette entre amis est-elle de l'espionnage, la Picaut ? Ouais ! vous êtes devenue bien susceptible.

Les yeux de la jeune paysanne suppliaient la veuve d'être plus prudente ; mais son impétueuse hôtesse ne savait plus se contenir.

— Entre amis, entre amis ?... dit-elle. Oh ! cherchez vos amis parmi ceux qui vous ressemblent, c'est-à-dire les traîtres et les lâches, et sachez que la veuve de Pascal Picaut ne sera jamais de ceux-là. Allez ! et laissez-nous à notre douleur, que depuis trop longtemps vous troublez.

— Oui, oui, dit Courtin avec une bonhomie parfaitement jouée, ma présence vous est odieuse ; j'aurais dû le comprendre plus tôt, et je vous demande excuse de ne l'avoir pas fait. Vous vous obstinez à voir en moi la cause de la mort du pauvre défunt ; oh ! cela me fait vraiment deuil, grand deuil, la maîtresse ; car je l'aimais tout plein, et pour beaucoup je ne lui eusse pas causé dommage. Mais, allons, puisque vous le voulez absolument, puisque vous me chassez, je m'en vais, je m'en vais ; ne vous chagrinez point comme cela.

En ce moment, la veuve, qui, depuis un instant, paraissait de plus en plus préoccupée, indiqua d'un coup d'œil rapide à la jeune paysanne une huche à pain qui se trouvait derrière la porte.

Sur cette huche, on avait oublié une écritoire qui était restée là tout ouverte — l'écritoire, sans doute, qui avait servi à donner à Jean Oullier l'ordre qu'il avait apporté le matin même au marquis de Souday.

Cette écritoire consistait en une poche de maroquin vert qui s'enroulait autour d'une espèce de tube en carton, lequel tube contenait tout ce qu'il fallait pour écrire.

En allant vers la porte, Courtin ne manquerait pas de voir le portefeuille et les papiers épars qui le recouvraient à moitié !

La jeune paysanne comprit le signe, vit le danger, et, avant que le maire de la Logerie se fût retourné, leste comme une biche, elle avait passé derrière lui, et s'était assise sur la huche, de façon à masquer complètement le malencontreux portefeuille.

Courtin ne parut pas prêter la moindre attention à cette manœuvre.

— Allons, allons, adieu, la maîtresse Picaut ! dit-il. J'ai perdu dans votre homme un camarade que j'aimais grandement ; vous en avez douté ; mais l'avenir vous l'apprendra. Si quelqu'un vous gêne ou vous moleste dans le pays, vous n'avez qu'à me venir trouver, entendez-vous ? on a une écharpe, et vous verrez.

La veuve ne répondit pas ; elle avait dit à Courtin ce qu'elle avait à lui dire, et ne semblait plus prêter la moindre attention au métayer, qui s'acheminait vers la porte : immobile, les bras croisés, elle regardait le cadavre, dont la forme rigide se dessinait sous le drap qui le recouvrait.

— Tiens, vous voilà revenue là, la belle enfant ? dit Courtin en passant devant la paysanne.

— Oui, j'avais trop chaud là-bas.

— Soignez bien votre cousine, ma fille, continua Courtin : cette mort-là a fait d'elle une bête féroce ; la voilà aussi peu avenante que les louves de Machecoul ! Et puis filez, filez, ma fille ! mais vous avez beau tordre votre fuseau ou faire tourner votre bobine, vous aurez du mal à tirer de votre quenouille un fil aussi fin que celui qui a servi à tisser la chemisette qui est là-bas !

Puis, se décidant enfin à sortir :

— Quel joli lin ! quel joli lin ! dit Courtin en fermant la porte.

— Eh ! vite, vite, cachez tous ces ustensiles ! dit la veuve : il ne sort que pour rentrer.

Prompte comme la pensée, la jeune paysanne avait poussé l'écritoire entre la muraille et la huche : mais, si rapide qu'eût été son mouvement, il était encore trop tard.

Le volet qui coupait en deux la porte de la chambre s'était ouvert brusquement, et la tête de Courtin avait paru au-dessus de la partie inférieure.

— Je vous ai fait peur... Pardon, dit Courtin, mais c'était pour un bon motif. Dites-moi donc, à quand les obsèques ?

— Demain, je crois, répondit la paysanne.

— T'en iras-tu, méchant gueux ? s'écria la veuve en s'élançant du côté de Courtin et en levant sur sa tête la pincette massive qui servait à saisir les tisons dans la gigantesque cheminée.

Courtin, épouvanté, se retira.

La maîtresse Picaut, comme l'appelait Courtin, ferma le volet avec violence.

Le maire de la Logerie détacha son bidet, ramassa une poignée de paille et bouchonna la selle, que Joseph avait fait malicieusement, et en raison de la haine qu'il inculquait à ses enfants pour les patauds, souiller par eux de bouse de vache depuis le pommeau jusqu'au troussequin.

Puis, sans se plaindre, sans récriminer, comme si l'accident auquel il venait de porter remède était tout naturel, il enfourcha sa monture de l'air le plus indifférent du monde ; il s'arrêta même assez longtemps dans le verger pour examiner, avec la curiosité d'un amateur, si les pommes avaient convenablement noué ; mais, aussitôt qu'il eut gagné la croix de la Bertaudière et mis son cheval dans le chemin de Machecoul, prenant son bâton par le gros bout, il se servit de la lanière de cuir d'un côté, de son unique éperon de l'autre, avec tant de persistance et de furie, qu'il parvint à faire prendre à son bidet une allure dont, jusque-là, personne n'eût pu le croire susceptible.

— Enfin, le voilà parti ! dit en le perdant de vue la jeune paysanne, qui, de derrière la fenêtre, avait suivi tous les mouvements du maire de la Logerie.

— Oui ; mais peut-être cela n'en vaut-il pas mieux pour vous, madame.

— Comment cela ?

— Oh ! je m'entends.

— Croiriez-vous qu'il est allé nous dénoncer ?

— Il passe pour en être capable ; je n'en sais rien personnellement, car je ne me mêle guère aux propos ; mais sa méchante mine m'a toujours fait penser qu'on ne le calomniait pas même parmi les blancs.

— En effet, dit la jeune paysanne, qui commençait à s'inquiéter, sa physionomie ne me paraît point faite pour inspirer la confiance.

— Ah ! madame, pourquoi donc n'avez-vous pas gardé près de vous Jean Oullier ? dit la veuve. C'était un honnête homme, celui-là, et un homme sûr.

— J'avais des ordres à donner au château de Souday ; puis il doit nous amener des chevaux ce soir, afin que nous puissions au plus tôt quitter votre maison, où je suis tout à la fois un aliment à votre douleur et un embarras.

La veuve ne répondit rien.

Le visage caché entre ses deux mains, elle pleurait.

— Pauvre femme ! murmura la duchesse, vos larmes tombent goutte à goutte sur mon cœur et chacune d'elles y laisse un douloureux sillon. Hélas ! c'est la conséquence terrible, inévitable des révolutions : c'est sur la tête de ceux qui les font que doivent retomber toutes ces larmes et tout ce sang.

— Ne serait-ce pas plutôt, si Dieu était juste, sur la tête de ceux qui les causent ? repartit la veuve d'une voix sourde qui fit tressaillir son interlocutrice.

— Vous nous haïssez donc bien ? demanda la jeune paysanne avec douleur.

— Oh ! oui, je vous hais ! répondit la veuve. Comment voulez-vous que je vous aime ?...

— Hélas ! je comprends, oui, la mort de votre mari...

— Non, vous ne comprenez pas, dit Marianne en secouant la tête.

La jeune paysanne fit un geste qui signifiait : « Expliquez-vous, alors. »

— Non, dit la veuve, ce n'est pas parce que l'homme qui, depuis quinze ans, était toute ma vie, sera demain dans sa couche de terre ; ce n'est pas parce que, tout enfant, j'ai assisté aux massacres de Légé, qu'à l'ombre de votre drapeau blanc, j'y ai vu égorger mes proches, dont le sang a rejailli jusque sur mon visage ; ce n'est point parce que, pendant dix années, ceux qui combattaient pour vos ancêtres ont persécuté les miens, brûlé leurs maisons, ravagé leurs champs ; non, je vous le répète, non, ce n'est pas pour cela que je vous hais.

— Pourquoi donc, alors ?

— C'est parce qu'il me semble impie qu'une famille, une race se substitue à Dieu, notre seul maître ici-bas, à tous tant que nous sommes, grands et petits ; qu'elle prétende que nous avons tous été faits pour elle ; qu'elle suppose qu'un peuple que l'on torture n'a pas le droit de se retourner sur le lit de douleur où il est étendu, si auparavant il n'en a pas obtenu d'elle la permission ! Or, vous êtes de cette famille égoïste, vous êtes de cette race absolue ; voilà pourquoi je vous hais !

— Et, cependant, vous m'avez donné asile ; cependant, vous avez fait trêve à votre douleur pour prodiguer vos soins non seulement à moi, mais encore à celui qui m'accompagnait ; vous vous êtes dépouillée de vos vêtements pour m'en couvrir moi-même ; vous lui avez donné, à lui, ceux de ce pauvre mort, pour lequel je prie ici-bas, et qui, je l'espère bien, prie pour moi là-haut.

— Ce qui ne m'empêchera point, une fois que vous aurez quitté ma demeure, une fois que j'aurai rempli près de vous les devoirs de l'hospitalité, ce qui ne m'empêchera point de faire des vœux pour que ceux qui vous poursuivent vous atteignent.

— Mais pourquoi donc ne me livrez-vous pas à eux, si tels sont vos sentiments ?

— Parce que ces sentiments sont moins puissants que mon respect pour l'infortune, que ma religion pour le serment, que mon culte pour l'hospitalité ; parce que j'ai juré que vous seriez sauvée aujourd'hui ; puis aussi un peu, parce que j'espère que ce que vous avez vu ici ne sera pas une leçon perdue, et vous dégoûtera de vos projets ; car vous êtes humaine, vous êtes bonne, je le sais.

— Qui pourrait donc m'y faire renoncer, à ces projets que je nourris depuis dix-huit mois ?

— Ceci ! dit la veuve.

Et, d'un mouvement rapide et violent comme tout ce qu'elle faisait, elle arracha le drap qui recouvrait le mort, dont on aperçut la face livide et les plaies qu'entourait un large cercle violacé.

La jeune paysanne se détourna ; malgré la fermeté dont elle avait déjà donné tant de preuves, elle ne pouvait supporter ce terrible spectacle.

— Songez, madame, reprit la veuve, songez qu'avant que ce que vous venez tenter soit accompli, bien des pauvres gens dont le seul crime est de vous aimer, bien des pères, bien des fils, bien des frères, seront, comme celui-ci, couchés sur leur lit funèbre ; que bien des mères, bien des veuves, bien des sœurs, bien des orphelins pleureront, comme je le fais, celui qui était leur amour et leur appui !

— Mon Dieu ! mon Dieu ! fit la jeune femme en éclatant en sanglots, et, tombant à genoux et levant les deux bras vers le ciel : si nous nous trompions, s'il fallait vous rendre compte de tous les cœurs que nous allons briser !...

Et sa voix, trempée de larmes, se perdit dans un gémissement.

41

La perquisition

En ce moment, on heurta à une trappe qui communiquait avec le grenier.

— Qu'avez-vous donc ? demanda la voix de Bonneville.

Il avait entendu quelques mots de ce que venait de dire la veuve, et il s'inquiétait.

— Rien, rien, répliqua la jeune paysanne en serrant la main de son hôtesse avec une énergie affectueuse et qui témoignait de l'impression que les paroles de celle-ci avaient produite sur elle.

Puis, donnant un autre accent à sa voix :

— Et vous ?... demanda-t-elle en montant, pour converser plus aisément, les premiers degrés d'une échelle qui conduisait du plancher à la trappe.

La trappe se souleva et la figure souriante du jeune homme apparut.

— Comment vous trouvez-vous ? acheva la paysanne.

— Tout prêt à recommencer si votre service l'exige, répondit-il.

La paysanne lui envoya un remerciement dans un sourire.

— Mais qui donc est venu tout à l'heure ? demanda Bonneville.

— Un paysan nommé Courtin, que je ne crois pas précisément de nos amis.

— Ah ! ah ! le maire de la Logerie ?

— C'est cela.

— Oui, continua Bonneville, Michel m'en a parlé : c'est un homme dangereux. Vous auriez dû le faire suivre.

— Par qui ? Nous n'avons personne.

— Mais par le beau-frère de notre hôtesse.

— Vous avez vu la répugnance que notre brave Oullier avait contre lui.

— Et cependant, c'est un blanc, s'écria la veuve, c'est un blanc, ce frère qui a laissé égorger son frère !

La paysanne et Bonneville firent tous deux un mouvement d'horreur.

— Alors, nous ferons très bien de ne pas le mêler à nos affaires, dit Bonneville ; il y porterait malheur ! Mais n'avez-vous personne, ma chère dame, que l'on puisse mettre en sentinelle dans les environs ?

— Jean Oullier y a pourvu, répondit la veuve ; et moi, de mon côté, j'ai envoyé mon neveu sur la lande de Saint-Pierre, d'où l'on découvre tous les environs.

— C'est un enfant, hasarda la paysanne.

— Plus sûr que certains hommes, dit la veuve.

— Du reste, reprit Bonneville, nous n'avons plus bien longtemps à attendre : dans trois heures, il fera nuit ; dans trois heures, nous aurons des chevaux et nos amis seront là.

— Trois heures, dit la paysanne, qui, depuis les paroles de la veuve, semblait en proie à une triste préoccupation. En trois heures, il peut se passer bien des choses, mon pauvre Bonneville !

— Qui vient en courant ? s'écria la femme Picaut en se précipitant de la fenêtre vers la porte qu'elle ouvrit. C'est toi, petit ?

— Oui, tante, oui, répondit l'enfant tout essoufflé.

— Qu'y a-t-il donc ?

— Tante ! tante ! s'écria l'enfant, les soldats ! les soldats ! ils arrivent là-bas. Ils ont surpris et tué l'homme qui faisait le guet.

— Les soldats ? les soldats ? dit, en rentrant dans sa chaumière, Joseph Picaut, qui, de sa porte, avait entendu le cri de son petit garçon.

— Qu'allons-nous faire ? demanda Bonneville.

— Les attendre, dit la jeune paysanne.

— Pourquoi ne pas essayer de fuir ?

— Si c'est l'homme de tout à l'heure qui les amène ou qui les a prévenus, ils doivent avoir cerné la maison.

— Qui parle de fuir ? demanda la veuve Picaut. N'ai-je pas dit que cette maison était sûre ? n'ai-je pas juré que, tant que vous seriez chez moi, il ne vous arriverait point malheur ?

Ici, la scène se compliqua d'un nouveau personnage.

Pensant probablement que c'était pour lui que les soldats venaient, Joseph Picaut parut sur le seuil.

La maison de sa sœur, bien connue comme bleue, lui paraissait sans doute un asile.

Mais, en apercevant les deux hôtes de sa belle-sœur, il recula de surprise.

— Ah ! vous avez ici des gentilshommes ? dit-il. Je ne m'étonne plus si voilà les soldats qui arrivent : vous avez vendu vos hôtes !

— Misérable ! lui répondit Marianne en saisissant le sabre de son mari accroché à la cheminée, et en s'élançant sur Joseph, qui la coucha en joue.

Bonneville sauta à bas de l'échelle ; mais déjà la jeune paysanne s'était jetée entre le frère et la sœur, couvrant la veuve de son corps.

— Abaisse ton arme ! cria-t-elle au Vendéen avec un accent qui ne semblait pas sortir de ce corps si frêle et si délicat, tant il était mâle et énergique ; abaisse ton arme ! au nom du roi, je te l'ordonne !

— Mais qui êtes-vous pour me parler ainsi ? demanda Joseph Picaut, toujours prêt à se révolter contre toute autorité.

— Je suis celle que l'on attendait, je suis celle qui commande.

A ces mots, dits avec une suprême majesté, Joseph Picaut, tout interdit et comme frappé de stupeur, laissa tomber son fusil.

— Maintenant, continua la jeune paysanne, tu vas monter là-haut avec monsieur.

— Et vous ? demanda Bonneville.

— Moi, je reste ici.

— Mais...

— Nous n'avons pas le temps de discuter. Allez ! mais allez donc !

Les deux hommes montèrent et la trappe se referma derrière eux.

— Que faites-vous donc ? demanda la paysanne à la veuve Picaut, qu'elle regardait avec surprise déranger le lit sur lequel était couché son mari, et le tirer au milieu de la chambre.

— Je vous prépare un asile où personne n'ira vous chercher.

— Mais je ne veux pas me cacher, moi. Sous cet habit, ils ne me reconnaîtront pas ; je veux les attendre.

— Et moi, je ne veux pas que vous les attendiez, dit la femme Picaut avec un accent tellement énergique, qu'il domina son interlocutrice. Vous avez entendu ce qu'a dit cet homme : si vous étiez découverte chez moi, on penserait que je vous ai vendue, et il ne me plaît pas de courir cette chance qu'on vous découvre.

— Vous, mon ennemie.

— Oui, votre ennemie, mais qui se coucherait sur ce lit pour mourir près de celui qui y est déjà, si elle vous voyait prisonnière.

Il n'y avait pas à répliquer.

La veuve de Pascal Picaut souleva le matelas sur lequel le cadavre était étendu et y cacha d'abord les habits, la chemise et les souliers qui avaient si fort éveillé la curiosité de Courtin ; puis, entre le matelas et la paillasse, elle indiqua une place à la jeune paysanne, qui s'y glissa sans résistance, tout en se ménageant une ouverture pour pouvoir respirer du côté de la ruelle.

Puis le lit fut remis à sa place.

La maîtresse Picaut achevait à peine d'inspecter du regard tous les coins de la chambre et de s'assurer que rien n'avait été oublié qui pût compromettre ses hôtes, qu'elle entendit le cliquetis des armes et que la silhouette d'un officier se dessina devant les carreaux.

— C'est bien ici ? dit l'officier s'adressant à un de ses camarades qui marchait derrière lui.

— Que voulez-vous ? fit la veuve en ouvrant la porte.

— Vous avez des étrangers ici ; nous voulons les voir, répondit l'officier.

— Ah çà ! vous ne me reconnaissez donc pas ? interrompit Marianne Picaut évitant de répondre directement à la question qui lui était faite.

— Si, pardieu ! je vous reconnais : vous êtes la femme qui nous a servi de guide cette nuit.

— Eh bien, alors, si, cette nuit, je vous ai menés à la recherche des ennemis du gouvernement, il n'y a pas d'apparence que j'en cache aujourd'hui chez moi.

— Dame ! c'est assez logique, capitaine, ce qu'elle dit, fit le second officier.

— Bah ! est-ce qu'on peut se fier à ces gens-là ? Ils sont tous brigands dès la mamelle, repartit le lieutenant. N'avez-vous pas vu ce petit bonhomme, un mioche de dix ans, qui, malgré nos menaces, a descendu la lande en courant ? C'était leur sentinelle ; il les a avertis. Par bonheur, comme ils n'ont pas eu le temps de fuir, ils doivent être cachés quelque part.

— C'est possible, au fait.

— Allons donc, c'est sûr.

Puis, se tournant vers la veuve :

— Voyons, dit l'officier, il ne vous sera fait aucun mal, mais on va fouiller votre maison.

— Faites, répondit-elle avec le plus grand sang-froid.

Et, s'asseyant au coin de la cheminée, elle prit la quenouille et le fuseau qu'elle avait laissés sur la chaise et se mit à filer.

Le lieutenant fit un signe de la main à cinq ou six soldats qui entrèrent ; puis, après avoir promené un regard tout autour de la chambre, il alla droit au lit.

La veuve devint plus pâle que le lin qui chargeait sa quenouille ; ses yeux flamboyèrent ; le fuseau s'échappa de ses doigts.

L'officier regarda sous le lit, puis dans la ruelle, puis étendit la main comme pour soulever le drap qui recouvrait le cadavre.

La veuve de Pascal n'en put supporter davantage.

Elle se leva, bondit vers l'angle de la chambre où était déposé le fusil de son mari, l'arma résolument, et, menaçant l'officier :

— Si vous portez la main sur ce cadavre, dit-elle, aussi vrai que je suis une honnête femme, je vous tue comme un chien.

Le second lieutenant tira son camarade par le bras.

La femme Picaut, sans quitter son arme, se rapprocha du lit, et, pour la seconde fois, elle enleva le linceul qui couvrait le corps.

— Et, maintenant, voyez !... dit-elle. Cet homme, qui était mon mari, est mort hier, à votre service.

— Ah ! notre premier guide, celui du gué de Pont-Farcy ! fit le lieutenant.

— Pauvre femme ! dit son compagnon, laissons-la tranquille ; c'est une pitié que de la tourmenter encore dans l'état où elle est.

— Cependant, reprit le premier, la déclaration de l'homme que nous avons rencontré était précise et catégorique...

— Nous avons eu tort de ne pas le forcer de nous suivre.

— Avez-vous d'autres pièces que celle-ci ?

— J'ai le grenier au-dessus d'ici et l'étable à côté.

— Fouillez le grenier et l'étable ; mais, auparavant, ouvrez les bahuts et visitez le four.

Les soldats se répandirent dans la maison pour exécuter l'ordre du chef.

Du terrible asile où elle était blottie, la jeune paysanne ne perdait pas un détail de la conversation, elle entendait le pas des soldats qui gravissaient l'échelle, et elle frémit plus vivement encore à ce bruit qu'elle ne l'avait fait quand les soldats s'étaient approchés du lit mortuaire qui la recélait ; car elle pensait avec terreur que la cachette du Vendéen et de Bonneville était bien loin d'être aussi sûre que la sienne.

Aussi, lorsqu'elle entendit redescendre ceux qui avaient été chargés d'explorer le grenier, sans qu'aucun cri, aucun choc, aucune lutte eût indiqué la découverte des deux hommes, son cœur fut soulagé d'un poids énorme.

Le premier lieutenant attendait dans la chambre d'en bas, adossé à la huche.

Le second avait dirigé les recherches de huit ou dix soldats dans l'étable.

— Eh bien, demanda le premier lieutenant, n'avez-vous rien trouvé ?

— Non, répondit un caporal.

— Avez-vous au moins remué la paille, le foin et tout le tremblement ?

— Nous avons sondé partout avec nos baïonnettes ; s'il y avait eu un homme quelque part, il est impossible qu'il n'en eût pas senti la pointe.

— Soit ; visitons l'autre maison ; il faut bien qu'ils soient quelque part.

Les hommes sortirent de la chambre ; l'officier les suivit.

Tandis que les soldats continuaient leur exploration, le lieutenant se tenait appuyé contre la muraille extérieure, et regardait, d'un air soupçonneux, un petit appentis qu'il se proposait de faire visiter à son tour.

En ce moment, un morceau de plâtre à peine gros comme la moitié du petit doigt tomba aux pieds du lieutenant.

L'officier releva vivement la tête, et il lui semblait avoir vu une main disparaître entre deux des chevrons du toit.

— A moi ! s'écria-t-il d'une voix de tonnerre.

Tous les soldats accoururent.

— Vous êtes de jolis cadets ! et vous avez bien fait votre métier ! leur dit-il.

— Que se passe-t-il donc, lieutenant ? demandèrent les soldats.

— Il se passe que ces hommes sont là-haut, dans le grenier que vous prétendez avoir visité. Qu'on ne laisse pas un fétu de paille sans le retourner. Allons, alerte !

Les soldats rentrèrent chez la veuve.

Ils allèrent droit à la trappe et cherchèrent à la soulever ; mais, cette fois, elle résista : elle avait été assujettie en dedans.

— A la bonne heure ! voilà que la chose se dessine ! cria l'officier en mettant lui-même le pied sur le premier échelon. Allons, continua-t-il en élevant la voix, sortez de votre tanière, ou nous irons vous y chercher.

On entendit alors un colloque assez vif dans le grenier.

Il était évident que les assiégés n'étaient point d'accord sur la marche à suivre.

En effet, voici ce qui s'était passé.

Bonneville et son compagnon, au lieu de se cacher dans l'endroit où le foin était le plus épais, et qui devait tout d'abord attirer l'attention des soldats, s'étaient glissés sous une couche qui n'avait pas plus de deux pieds de hauteur et qui se trouvait tout près de la trappe.

Ce qu'ils avaient espéré était arrivé : les soldats leur marchèrent presque sur le dos, sondèrent les tas de foin les plus élevés, remuèrent les bottes de paille à l'endroit où elles avaient été amoncelées en plus grand nombre ; mais ils négligèrent de regarder tout ce qui, comparativement au reste du grenier, ne leur paraissait pas avoir plus d'épaisseur qu'un tapis.

Nous avons vu qu'ils s'étaient retirés sans avoir trouvé ceux qu'ils cherchaient.

De leur cachette, l'oreille collée au plancher, qui était mince, Bonneville et le Vendéen entendaient distinctement tout ce qui se disait à l'étage inférieur.

En entendant que l'officier donnait l'ordre de visiter sa maison, Joseph Picaut conçut une vive inquiétude ; il avait chez lui un dépôt de poudre dont la possession lui était fort désagréable en ce moment.

Malgré les représentations de son compagnon, il quitta son asile pour aller observer les soldats, qu'il commença de regarder à travers les interstices que les poutres laissaient entre le toit et la muraille.

C'est ainsi qu'il avait fait tomber un atome de maçonnerie sur l'officier ; c'est ainsi qu'il avait éveillé l'attention de celui-ci ; c'est ainsi que le lieutenant avait vu disparaître la main sur laquelle Joseph Picaut s'appuyait pour regarder dans la cour.

Lorsqu'il entendit retentir la voix de l'officier, lorsqu'il comprit que lui et son compagnon étaient découverts, Bonneville sauta sur la trappe et l'assujettit, tout en reprochant amèrement au Vendéen l'imprudence qui les perdait.

C'étaient ces reproches dont on avait entendu le murmure de la chambre de la veuve.

Mais, enfin, puisqu'ils étaient reconnus, les reproches étaient inutiles ; il fallait prendre un parti.

— Vous avez dû les apercevoir, au moins ? demanda Bonneville à Joseph Picaut.

— Oui.

— Combien sont-ils ?

— Une trentaine, à ce qu'il m'a semblé.

— Alors, toute résistance serait une folie ; d'ailleurs, ils n'ont pas découvert Madame, et notre arrestation, en les entraînant loin d'ici, complétera l'œuvre de salut que votre brave belle-sœur a si bien commencée.

— De sorte que votre avis, à vous... ? demanda Picaut.

— Est de nous rendre.

— Nous rendre ? s'écria le Vendéen. Jamais !

— Comment ! jamais ?

— Oui, je comprends que vous y pensez, vous : vous êtes noble, vous êtes riche ; on vous mettra dans une bonne prison où vous aurez toutes vos aises ; mais, moi, on me renverra au bagne, où j'ai déjà passé quatorze ans ! Non, non, j'aime mieux un lit de terre que le lit du forçat, la fosse que le cabanon.

— Si une lutte ne compromettait que nous, répliqua Bonneville, je vous jure que je partagerais votre sort, et que, comme vous, ils ne m'auraient pas vivant ; mais c'est la mère de notre roi que nous avons à sauver, et ce n'est le moment de consulter ni nos goûts ni nos intérêts.

— Tuons-en le plus possible, au contraire ! ce sera autant d'ennemis de moins pour Henri V. Jamais je ne me rendrai, je vous le répète, continua le Vendéen en posant son pied sur la trappe, que Bonneville avait fait mine de rouvrir.

— Oh ! dit le comte en fronçant le sourcil, vous allez m'obéir et sans répliquer, n'est-ce pas ?

Picaut éclata de rire.

Mais, au milieu de sa menaçante gaieté, un coup de poing de Bonneville l'envoya rouler au bout du grenier.

Il tomba et laissa échapper son fusil.

Mais, en tombant, il s'était trouvé vis-à-vis d'une lucarne fermée par un volet plein.

Alors, une idée subite avait illuminé son esprit : c'était de laisser le jeune homme se rendre et de profiter de cette diversion pour fuir.

En effet, il parut se rendre à l'ordre de Bonneville ; mais, tandis que celui-ci dégageait la trappe, d'un coup de doigt, il fit sauter le crochet qui fermait la lucarne, ramassa son fusil, et, au moment où le comte, ayant ouvert la trappe, descendait les premiers échelons en criant : « Ne tirez pas ! nous nous rendons ! » le Vendéen se pencha, fit feu par l'ouverture sur le groupe de soldats, se retourna, s'élança d'un bond prodigieux de la lucarne dans le jardin, d'où, après avoir essuyé le feu de deux ou trois soldats placés en sentinelle, il s'enfuit vers la forêt.

Au coup parti du grenier, un soldat était tombé grièvement blessé ; mais, en même temps, dix fusils s'étaient abaissés sur Bonneville, et, avant que la maîtresse du logis, qui se précipitait pour lui faire un rempart de son corps, fût arrivée au niveau de la trappe, le malheureux jeune homme, frappé de sept à huit balles, roulait des échelons, et venait s'abattre aux pieds de la veuve en s'écriant :

— Vive Henri V !

A ce cri suprême de Bonneville, un autre cri de douleur et de désespoir répondit.

Le tumulte qui suivit l'explosion empêcha les soldats de remarquer que ce cri venait précisément du lit où Pascal Picaut reposait, et qu'il semblait sortir de la poitrine de ce cadavre, seul majestueusement calme et impassible au milieu de cette terrible scène.

Les soldats s'étaient élancés dans le grenier, afin de s'emparer du meurtrier, ignorant qu'il s'était échappé par la fenêtre.

Le lieutenant, au travers de la fumée, aperçut la veuve qui s'était agenouillée et qui pressait contre sa poitrine la tête de Bonneville, qu'elle avait soulevée.

— Est-il mort ? demanda-t-il.

— Oui, répondit Marianne d'une voix étranglée par l'émotion.

— Mais, vous-même, vous êtes blessée !

Et, en effet, de larges gouttes de sang tombaient, vives et pressées, du front de la veuve Pascal sur la poitrine de Bonneville.

— Moi ? demanda-t-elle.

— Oui ; votre sang coule.

— Qu'importe mon sang, répondit la veuve, quand il n'en reste plus une goutte dans le corps de celui pour lequel je n'ai pas su mourir comme j'avais juré de le faire !

En ce moment, un soldat parut à la trappe.

— Lieutenant, dit-il, l'autre s'est enfui par le grenier ; on a tiré dessus et on l'a manqué.

— C'est l'autre qu'il nous faut ! cria le lieutenant, prenant naturellement celui qui s'était sauvé pour Petit-Pierre ; à moins qu'il ne retrouve un autre guide, nous aurons aisément celui-là. Allons sus ! à sa poursuite !

Puis, réfléchissant.

— Mais, auparavant, bonne femme, continua-t-il, dérangez-vous. Vous autres, fouillez le mort.

L'ordre fut exécuté ; mais on ne trouva rien dans les poches de Bonneville, par la raison qu'il avait les habits de Pascal Picaut, que la veuve lui avait donnés pour laisser sécher les siens.

— Et, maintenant, reprit la femme Picaut lorsque l'ordre du lieutenant fut accompli, est-il bien à moi ?

Et elle étendit la main vers le corps du jeune homme.

— Oui ; faites-en ce que vous voudrez ; mais en même temps rendez grâce à Dieu qu'il vous ait permis de nous être utile hier au soir ; car, sans cela, je vous aurais envoyée à Nantes, où l'on vous aurait appris ce qu'il en coûte pour donner asile aux rebelles.

En achevant ces mots, le lieutenant rassembla sa troupe et s'éloigna dans la direction que ses soldats avaient vu prendre au fuyard.

Aussitôt qu'ils se furent éloignés, la veuve courut au lit, et, soulevant le matelas, elle en tira la princesse évanouie.

Dix minutes après, le corps de Bonneville avait été déposé à côté de celui de Pascal Picaut, et les deux femmes, la prétendue régente et l'humble paysanne, agenouillées toutes deux au pied du lit, priaient ensemble pour ces deux premières victimes de l'insurrection de 1832.

42

Où Jean Oullier dit ce qu'il pense du jeune baron Michel

Pendant que les funèbres événements dont on vient de lire le récit se passaient dans la maison où Jean Oullier avait déposé le pauvre Bonneville et son compagnon, tout était rumeur, mouvement, joie et tumulte dans le château du marquis de Souday.

Le vieux gentilhomme ne se sentait pas d'aise. Il était enfin arrivé, ce moment tant attendu ! Il avait choisi pour son costume de guerre le moins fané des habits de chasse qu'il avait pu retrouver dans sa garde-robe ; et, ceint, comme chef de division, d'une écharpe blanche — que, depuis longtemps, lui avaient brodée ses filles dans la prévision de cette prise d'armes — le cœur sanglant sur la poitrine, le chapelet à la boutonnière, c'est-à-dire dans la grande tenue des grands jours, il essayait le fil de son sabre sur tous les meubles qui se trouvaient à sa portée.

En outre, de temps en temps, il dérouillait sa voix de commandement en apprenant l'exercice à Michel, voire même au notaire, qu'il voulait absolument adjoindre à celui-ci dans le nombre de ses recrues, mais qui, quelle que fût l'exagération de ses opinions légitimistes, ne croyait pas devoir les manifester d'une façon extra-légale.

Bertha, à l'exemple de son père, avait revêtu le costume qu'elle devait porter pendant cette expédition. Il se composait d'une petite redingote de velours vert, ouverte sur la poitrine et laissant apercevoir un jabot d'une éblouissante blancheur ; elle était ornée de passementeries et de brandebourgs de soie noire et serrée à la taille ; ce costume se complétait par de larges chausses de drap gris qui venaient retomber sur des bottes à la hussarde montant jusqu'au genou.

La jeune fille ne portait pas d'écharpe à la ceinture, l'écharpe, chez les Vendéens, étant le signe du commandement ; mais elle l'avait attachée à son bras gauche par un ruban rouge.

Ces vêtements faisaient ressortir la souplesse et l'élégance de la taille de Bertha, et son chapeau de feutre gris à plumes blanches se prêtait merveilleusement au caractère mâle de sa physionomie. Bertha était charmante ainsi.

Aussi, bien qu'en raison de ses habitudes masculines, Bertha fût peu coquette, elle n'avait pu s'empêcher, dans la situation d'esprit, ou plutôt de cœur, où elle était, de remarquer avec satisfaction la plus-value que ses avantages physiques tiraient de cet équipement, et, ayant cru remarquer qu'il avait produit sur Michel une profonde impression, elle était devenue aussi expansivement joyeuse que le marquis de Souday.

La vérité est que Michel, dont l'esprit avait, de son côté aussi, atteint un certain degré d'exaltation, n'avait pu voir sans une admiration, qu'il ne s'était pas donné la peine de dissimuler, la haute mine et la tournure cavalière de Bertha, sous ses nouveaux habits ; mais cette admiration, hâtons-nous de le dire, venait surtout de ce qu'il songeait à toute la grâce qu'aurait sa bien-aimée Mary lorsqu'elle aurait revêtu un semblable costume ; — car il ne doutait point que les deux sœurs ne dussent faire la campagne ensemble et porter des vêtements pareils.

Aussi ses yeux avaient doucement interrogé Mary, comme pour lui demander si elle n'allait pas se faire belle à son tour ; mais Mary était apparue, dès le matin de ce jour, tellement froide, tellement réservée avec Michel ; depuis la scène de la tourelle, elle évitait si soigneusement de lui adresser la parole, que la timidité naturelle du jeune homme s'en était accrue, et qu'il n'osa rien risquer de plus que ce regard suppliant dont nous venons de dire le but.

Ce fut donc Bertha, et non Michel, qui engagea Mary à se hâter de mettre ses habits de cavalier. Mary ne répondit pas ; sa tristesse, sa physionomie mélancolique tranchaient, depuis le matin, sur l'allégresse générale. Cependant elle obéit à Bertha et monta dans sa chambre.

Les vêtements qu'elle devait endosser étaient tout préparés sur une chaise ; elle les regarda avec un pâle sourire, mais n'étendit point la main pour les prendre : elle s'assit sur son petit lit de bois d'érable, et de grosses larmes perlèrent à ses cils et tombèrent le long de ses joues.

Mary, pieuse et naïve, avait été sincère et vraie dans le mouvement qui l'avait amenée à ce rôle de sacrifice et d'abnégation qu'elle s'était imposé par tendresse pour sa sœur ; mais elle avait peut-être un peu trop présumé de ses forces en l'adoptant.

Dès le début de la lutte qu'elle allait avoir à subir contre elle-même, elle sentait, non point faiblir sa résolution — sa résolution était toujours la même — mais diminuer sa confiance dans le résultat de ses efforts.

Depuis le matin, elle se disait sans cesse : « Tu ne dois pas, tu ne peux pas l'aimer », et, depuis le matin, l'écho de son cœur lui disait : « Tu l'aimes ! »

A chaque pas qu'elle faisait en avant sous l'empire de ces sensations, Mary se détachait davantage de tout ce qui avait été jusqu'à ce jour son espérance et sa joie ; le bruit, le mouvement, les distractions viriles qui avaient amusé son enfance et sa jeunesse lui devenaient insupportables ; les préoccupations politiques elles-mêmes s'effaçaient devant la préoccupation qui dominait toutes les autres ; tout ce qui eût pu distraire son cœur de la pensée qu'elle en voulait chasser fuyait ce cœur et s'envolait comme s'envole une nuée d'oiseaux chanteurs lorsque l'épervier s'abat tout à coup au milieu d'eux.

A chaque instant, elle s'apercevait davantage combien, dans le combat qu'elle aurait à soutenir contre elle-même, elle serait abandonnée, isolée, sans autre appui que celui de sa volonté, sans autre consolation que celle qui semblait devoir s'attacher à son dévouement ; et elle pleurait, autant de douleur que de crainte, autant de regret que d'appréhension.

Par sa souffrance présente, elle mesurait sa souffrance à venir.

Il y avait une demi-heure, à peu près, qu'elle restait ainsi triste, pensive, absorbée en elle-même, roulant sans pouvoir se retenir dans les abîmes de sa propre douleur, lorsque, du seuil de sa porte, qu'elle avait laissée entrouverte, elle entendit la voix de Jean Oullier, qui lui disait avec l'accent tout particulier qu'il tenait en réserve pour parler aux deux jeunes filles, dont il s'était, nous l'avons vu, constitué, pour ainsi dire, le second père :

— Mais qu'avez-vous donc, chère mademoiselle Mary ?

Mary tressaillit comme si elle sortait d'un songe, et, avec un embarras profond, elle répondit au brave paysan en essayant de sourire :

— Moi ? Je n'ai rien, mon pauvre Jean, je te le jure.

Mais, pendant ce temps, Jean Oullier l'avait considérée avec attention.

Alors, s'approchant d'elle de quelques pas, secouant la tête et la regardant fixement :

— Pourquoi parler ainsi, petite Mary ? lui dit-il d'un ton de douce et respectueuse gronderie ? Vous doutez donc de mon amitié ?

— Moi ? moi ? s'écria Mary.

— Dame, il faut bien que vous en doutiez, puisque vous pensez pouvoir la tromper.

Mary lui tendit la main.

Jean Oullier prit cette main fine et délicate entre ses grosses mains, et, regardant la jeune fille avec tristesse :

— Ah ! douce petite Mary, dit-il, comme si elle avait encore dix ans, il n'y a pas de pluie sans nuages, il n'y a pas de larmes sans chagrin ! Vous souvient-il de ce jour où, tout enfant, vous pleuriez, parce que Bertha avait jeté vos coquillages dans le puits ? Eh bien, le lendemain, Jean Oullier avait fait quinze lieues dans sa nuit, mais vos joujoux de mer étaient remplacés, mais vos beaux yeux bleus étaient secs et souriants.

— Oui, mon bon Jean Oullier, oui, je me le rappelle, dit Mary, qui, dans ce moment surtout, avait besoin d'expansion.

— Eh bien, reprit Jean Oullier, j'ai vieilli ; mais ma tendresse pour vous n'a fait que grandir. Dites-moi donc votre pensée, Mary, et, s'il y a remède, je le trouverai ; et, s'il n'y en a pas, mes vieux yeux racornis pleureront avec les vôtres.

Mary savait combien il lui serait difficile d'abuser la clairvoyante sollicitude du vieux serviteur ; elle hésita, elle rougit ; mais, sans se décider à dire la cause de ses larmes, elle essaya de les expliquer.

— Je pleure, mon pauvre Jean, répondit-elle, parce que je songe que cette guerre me coûtera peut-être la vie de tous ceux que j'aime.

Hélas ! depuis la veille au soir, la pauvre Mary avait appris à mentir.

Mais Jean Oullier ne se laissa point prendre à cette réponse, et, secouant doucement la tête :

— Non, petite Mary, dit-il, ce n'est point cela qui cause vos larmes. Quand des gens d'âge comme M. le marquis et moi, nous nous laissons prendre à l'illusion, et, dans le combat, ne voyons que la victoire, ce ne serait pas un jeune cœur comme le vôtre qui prévoirait les revers.

Mary ne se tint point pour battue.

— Et, cependant, Jean, dit-elle, je t'assure que c'est cela.

Et la jeune fille prit une de ces attitudes câlines dont elle avait, par une longue pratique, expérimenté la toute-puissance vis-à-vis du bonhomme.

— Non, non, ce n'est point cela, vous dis-je ! reprit Jean Oullier toujours grave et de plus en plus soucieux.

— Qu'est-ce donc, alors ? demanda Mary.

— Bon ! fit le vieux garde, vous voulez que ce soit moi qui vous éclaire sur la cause de vos larmes ? vous le voulez ?

— Oui, si tu le peux !

— Eh bien, vos larmes, c'est dur à dire, mais je pense, moi, que c'est tout simplement ce méchant petit M. Michel qui les cause.

Mary devint blanche comme les blancs rideaux qui encadraient sa figure ; tout son sang reflua vers son cœur.

— Que veux-tu dire, Jean ? balbutia-t-elle.

— Je veux dire que, tout aussi bien que moi, vous avez vu ce qui se passe, et que, pas plus que moi, vous n'en êtes satisfaite ; seulement, comme je suis un homme, moi, je rage, et, comme vous êtes une jeune fille, vous, vous pleurez.

Mary ne put réprimer un sanglot en sentant le doigt de Jean Oullier s'appesantir sur sa plaie.

— Ce n'est point étonnant, au reste, continua le vieux garde comme se parlant à lui-même ; toute *louve* que vous appellent ces canailles de pataudS, vous n'êtes encore qu'une femme, et une femme pétrie du meilleur et du plus doux levain qui soit jamais tombé dans le pétrin du bon Dieu.

— En vérité, je ne te comprends pas, Jean, je t'assure.

— Oh ! que si, vous me comprenez fort bien, au contraire, petite Mary. Oui, vous l'avez vu comme je l'ai vu, ce qui arrive... Et qui ne le verrait pas, mon Dieu ? Il faudrait être aveugle, car elle ne s'en cache guère.

— Mais de qui veux-tu parler, Jean ? Dis-le-moi. Ne vois-tu pas que tu me fais mourir d'angoisse ?

— Et de qui parlerais-je donc si ce n'était de Mlle Bertha ?

— De ma sœur ?

— Oui, de votre sœur, qui parade avec ce blanc-bec ; qui va le traîner à sa suite dans notre camp ; qui, en attendant, semble l'avoir cousu à sa jupe, de peur qu'il ne s'en s'éloigne, le montre comme une conquête à tout le monde, sans se soucier des commentaires que vont faire là-dessus les gens de la maison et les amis de M. le marquis, sans compter ce méchant notaire qui est là, qui regarde tout cela avec ses petits yeux et a déjà l'air de tailler sa plume pour griffonner le contrat de mariage.

— Mais, en supposant que cela soit, demanda Mary, dont la pâleur avait fait place à la rougeur la plus vive, et dont le cœur battait à se rompre, en supposant que cela soit, quel mal y vois-tu donc ?

— Comment ! quel mal ? Mais tout à l'heure mon sang bouillonnait lorsque je voyais Mlle de Souday... Oh ! tenez, ne m'en parlez pas !

— Si, si, au contraire, parlons-en ! insista Mary. Que faisait Bertha tout à l'heure, mon bon Jean Oullier ?

Et, du regard, la jeune fille aspirait les paroles du vieux garde.

— Eh bien, Mlle Bertha de Souday attachait l'écharpe blanche au bras de M. Michel. Les couleurs que portait Charette au bras du fils de celui qui... Ah ! tenez, petite Mary, vous me feriez dire plus de choses que je n'en veux dire ! Bien lui en prend, à Mlle Bertha, que votre père soit de mauvaise humeur contre moi en ce moment !

— Mon père ! lui aurais-tu donc parlé... ?

Mary s'arrêta.

— Sans doute, dit Jean, qui prenait la question pour ce qu'elle semblait être, sans doute, je lui ai parlé.

— Quand cela ?

— Ce matin : d'abord, en lui remettant la lettre de Petit-Pierre ; ensuite, en lui donnant la liste des hommes de sa division qui marchent avec nous. Je sais bien que la liste n'est pas si nombreuse que l'on eût pu s'y attendre ; mais, enfin, qui fait ce qu'il peut, fait ce qu'il doit. Savez-vous ce qu'il m'a répondu quand je lui ai demandé si le jeune monsieur était décidément des nôtres ? le savez-vous ?

— Non, dit Mary.

— « Mort-Dieu ! a-t-il répondu, tu recrutes si mal, que je suis bien forcé de t'adjoindre des aides ! Oui, M. Michel sera des nôtres, et, si cela ne te satisfait pas, prends-t'en à Mlle Bertha... »

— Il t'a dit cela, mon pauvre Jean ?

— Oui... Aussi je vais lui parler, moi, à Mlle Bertha !

— Jean, mon ami, prends garde !

— De quoi prendre garde ?

— De faire de la peine à Bertha ! prends garde de la froisser ! Elle l'aime, vois-tu, dit Mary d'une voix à peine intelligible.

— Ah ! vous avouez donc qu'elle l'aime ? s'écria Jean Oullier.

— J'y suis bien forcée, dit Mary.

— Aimer une petite poupée qu'un souffle renverserait, continua Jean Oullier, elle, Mlle Bertha ! songer à échanger son nom, un des plus vieux noms du pays, un des noms qui sont notre gloire, à nous autres, comme ils sont la gloire de ceux qui les portent, contre le nom d'un traître et d'un lâche !

Mary sentit son cœur se serrer.

— Jean, dit-elle, mon ami, tu vas trop loin ! Jean, ne dis pas cela, je t'en conjure !

— Oh ! oui ; mais cela ne sera pas, poursuivit Jean sans écouter la jeune fille et en se promenant de long en large dans la chambre ; non, cela ne sera pas ! Si tout le monde est indifférent à votre honneur, c'est à moi d'y veiller, et, s'il le fallait, plutôt que de voir ternir ainsi la gloire de la maison que je sers, eh bien, je le...

Et Jean Oullier fit un geste de menace auquel il n'y avait point à se méprendre.

— Non, Jean, non, tu ne feras pas cela ! s'écria Mary avec un accent déchirant ; je te le demande à mains jointes.

Et elle tomba presque à ses genoux.

Le Vendéen recula, effrayé.

— Et vous aussi, petite Mary, s'écria-t-il, vous aussi, vous l'... ?

Mais la jeune fille ne lui donna pas le temps d'achever.

— Songe, Jean, songe, dit-elle, au chagrin que tu ferais à ma pauvre Bertha !

Jean Oullier la regardait avec stupéfaction, mal guéri des soupçons qu'il venait de concevoir, lorsqu'il entendit la voix de Bertha qui ordonnait à Michel de l'attendre dans le jardin et de ne pas s'éloigner.

Presque au même instant, la jeune fille ouvrit la porte.

— Eh bien, dit-elle à sa sœur, voilà comme tu es prête ?

Puis, regardant Mary avec plus d'attention et s'apercevant du bouleversement de sa physionomie.

— Qu'as-tu donc ? continua-t-elle. On dirait que tu pleures ! Et toi-même, Jean Oullier, tu nous montres une figure fort maussade. Holà ! que se passe-t-il donc ici ?

— Ce qui se passe, mademoiselle Bertha, je vais vous le dire, répondit le Vendéen.

— Non, non, s'écria Mary, non, je t'en supplie, Jean ! tais-toi ! tais-toi !

— Oh ! mais vous m'effrayez, vous autres, avec tous vos préambules ! et l'air inquisitorial avec lequel Jean me regarde me fait tout l'effet de cacher l'accusation d'un gros crime. Allons, voyons, parle, mon Jean ; je me sens tout plein disposée à être indulgente et bonne aujourd'hui ; je suis si joyeuse de voir le plus ardent de mes rêves se réaliser, de partager avec vous le plus beau privilège des hommes, la guerre !

— Soyez franche, demoiselle Bertha, demanda le Vendéen : est-ce bien cela qui vous rend si joyeuse ?

— Ah ! j'y suis ! répondit la jeune fille abordant franchement la question : M. le major général Oullier veut me gronder de ce que j'ai empiété sur ses fonctions.

Puis, se tournant vers sa sœur :

— Je gage, Mary, dit-elle, qu'il s'agit de mon pauvre Michel ?

— Justement, mademoiselle, dit Jean Oullier sans laisser à la jeune fille le temps de répondre à sa sœur.

— Eh bien, mais qu'as-tu à dire, Jean ? Mon père est tout heureux d'avoir un soldat de plus, et je ne vois pas là un péché qui mérite des sourcils aussi froncés que le sont les tiens !

— Que ce soit là l'idée de M. votre père, repartit le vieux garde, c'est possible ; mais nous en avons une autre, nous.

— Et peut-on la connaître ?

— C'est qu'il faut que chacun reste dans son camp.

— Eh bien ?

— Eh bien...

— Après ? Voyons, achève.

— Eh bien, M. Michel n'est pas à sa place dans le nôtre.

— Pourquoi cela ? M. Michel n'est-il pas royaliste ? Il me semble, cependant, qu'il a, depuis deux jours, donné assez de preuves de son dévouement.

— Soit ; mais, que voulez-vous ! demoiselle Bertha, nous avons l'habitude, nous autres paysans, de dire : « Tel père, tel fils », et par ainsi, nous ne pouvons pas croire au royalisme de M. Michel.

— Bon ! il vous forcera bien à le reconnaître.

— C'est possible ; mais, en attendant...

Le Vendéen fronça le sourcil.

— En attendant quoi ?... dit Bertha.

— Eh bien, je vous le dis, il sera pénible à de vieux soldats comme moi de marcher coude à coude avec un homme que nous n'estimons pas.

— Et qu'avez-vous donc à lui reprocher ? demanda Bertha d'un ton qui commençait à prendre une légère teinte d'amertume.

— Tout.

— Tout ne signifie rien, quand on ne détaille pas.

— Eh bien, son père, sa naissance...

— Son père ! sa naissance ! toujours la même sottise. Eh bien, sachez, maître Jean Oullier, dit Bertha fronçant le sourcil à son tour, que c'est en raison même de son père et de sa naissance que je m'intéresse, moi, à ce jeune homme.

— Comment cela ?

— Oui ; mon cœur est indigné des reproches injustes qui, chez nos voisins comme chez nous, ont accablé ce malheureux jeune homme ; je suis fatiguée de lui entendre reprocher une naissance qu'il n'a pas choisie, un père qu'il n'a pas connu, des fautes qu'il n'a pas commises, et qui peut-être même ne l'ont pas été par son père ; tout cela m'indigne, Jean ; tout cela me dégoûte ; tout cela, enfin, me fait penser que ce serait une action vraiment noble et vraiment généreuse de l'encourager, de l'aider à réparer s'il y a à réparer dans le passé, et à se montrer si courageux et si dévoué, qu'aucune calomnie n'ose plus s'attaquer à son nom.

— N'importe ! riposta Jean Oullier, il aura beaucoup à faire pour que jamais je le respecte, ce nom.

— Il faut cependant bien que vous le respectiez, maître Jean, dit Bertha d'une voix ferme, lorsque ce nom sera devenu le mien, comme je l'espère.

— Oh ! je vous l'entends dire, s'écria Jean Oullier, mais je ne crois pas encore que ce soit votre pensée.

— Demande à Mary, dit Bertha en se retournant vers sa sœur, qui, pâle et haletante, écoutait cette discussion comme si sa vie y eût été attachée ; demande à ma sœur, à qui j'ai ouvert mon âme et qui a pu juger de mes angoisses et de mes espérances. Tenez, Jean, tout masque, toute contrainte me répugne, à moi, et avec vous surtout, je suis heureuse d'avoir jeté le mien et de parler à cœur ouvert ; eh bien, je vous le dis hardiment comme je dis tout ce que je pense, Jean Oullier, je l'aime !

— Non, non, je vous en conjure, ne parlez point ainsi, demoiselle Bertha ! Je ne suis qu'un pauvre paysan ; mais, autrefois... Il est vrai que c'est quand vous étiez petite, vous m'avez donné le droit de vous appeler mon enfant, et je vous ai aimées et je vous aime toutes deux comme jamais père n'a aimé ses propres filles : eh bien, le vieillard qui a veillé sur votre enfance, qui, toute petite, vous tenait sur ses genoux, qui, chaque soir, vous endormait en vous berçant, ce vieillard dont vous êtes toute la joie ici-bas, se jette à vos genoux pour vous dire : N'aimez pas cet homme, demoiselle Bertha !

— Et pourquoi ? demanda celle-ci, impatiente.

— Parce que, je vous le dis du fond de mon cœur, sur mon âme et sur ma conscience, parce qu'une alliance entre vous et lui est une chose mauvaise, monstrueuse, impossible !

— Ton attachement pour nous te fait tout exagérer, mon pauvre Jean. M. Michel m'aime, je crois ; je l'aime, j'en suis sûre, et, s'il accomplit courageusement la tâche de réhabilitation qu'il s'impose, je serai très heureuse de devenir sa femme.

— Eh bien, alors, dit Jean Oullier du ton du plus profond découragement, sur mes vieux jours il me faudra donc aller chercher d'autres maîtres et un autre gîte.

— Pourquoi cela ?

— Parce que Jean Oullier, si pauvre et si dénué qu'il soit ou qu'il sera, ne saurait jamais se décider à faire son logis du logis du fils d'un renégat ou d'un traître.

— Tais-toi, Jean Oullier, s'écria Bertha, tais-toi ! car, moi aussi, je pourrais briser ton cœur.

— Jean ! mon bon Jean ! murmura Mary.

— Non, non, dit le vieux garde, il faut que vous connaissiez toutes les belles actions qui ont signalé le nom que vous avez si grande hâte d'échanger contre le vôtre.

— N'ajoute pas un mot, Jean Oullier, reprit Bertha presque menaçante. Tiens, en ce moment, je puis te le dire, j'ai souvent tâté mon cœur pour savoir qui il préférait, de mon père ou de toi ; mais encore une injure... encore une injure contre Michel, et tu ne serais plus pour moi...

— Qu'un valet ? interrompit Jean Oullier. Oui ; mais un valet resté honnête et qui, toute sa vie, a fait son devoir de valet sans jamais trahir, ce valet a encore le droit de crier : Honte au fils de celui qui a vendu Charette, comme Judas a vendu le Christ pour une somme d'argent !

— Eh ! que m'importe, à moi, ce qui s'est passé il y a trente-six ans, c'est-à-dire dix-huit ans avant ma naissance ? Je connais celui qui vit, non celui qui est mort ; le fils, non le père. Je l'aime, entends-tu, Jean ? comme tu m'as appris à aimer et à haïr. Si son père a fait cela, ce que je ne veux pas croire, eh bien, nous mettrons tant de gloire sur le nom de Michel, sur le nom du traître et du maudit, qu'il faudra bien que l'on s'incline, quand passera celui qui portera ce nom, et tu m'aideras, toi... oui, tu m'aideras, Jean ; car, je te le répète, je l'aime, et rien, rien que la mort ne saurait tarir la source de tendresse que j'ai pour lui dans mon cœur.

Mary laissa échapper un gémissement ; mais, si faible que fût la plainte, Jean Oullier l'entendit.

Il se retourna du côté de la jeune fille.

Puis, comme écrasé entre la plainte de l'une et l'explosion de l'autre, il se laissa tomber sur une chaise et cacha son visage entre ses mains.

Le vieux Vendéen pleurait et voulait cacher ses larmes.

Bertha comprit tout ce qui se passait dans ce cœur si dévoué. Elle alla à lui, et s'agenouilla devant lui.

— Eh bien, dit-elle, tu as pu juger de ce qu'était ma tendresse pour le jeune homme, n'est-ce pas ? puisqu'elle a failli me faire oublier mon attachement si vrai et si profond pour toi !

Jean Oullier secoua tristement la tête.

— Je conçois ton antipathie, je comprends tes répugnances, continua Bertha, et j'étais préparée à leur expression ; mais patience, mon vieil ami, patience et résignation ! Dieu seul pourrait ôter de mon cœur ce qu'il y a mis, et il ne le voudra pas, car ce serait me tuer. Donne-nous le temps de te prouver que les préjugés te rendent injuste, et que celui que j'ai choisi est bien digne de moi.

En ce moment, on entendit la voix du marquis.

Il appelait Jean Oullier avec un accent qui annonçait que quelque chose de nouveau et de grave venait d'arriver.

Jean Oullier se leva et fit un pas vers la porte.

— Eh bien, lui demanda Bertha en l'arrêtant, tu t'en vas sans me répondre ?

— M. le marquis m'appelle, mademoiselle, répondit le Vendéen d'un ton glacé.

— *Mademoiselle !* s'écria Bertha, *mademoiselle !* Ah ! tu ne te rends pas à mes prières ? Eh bien, retiens ceci, c'est que je défends, entends-tu ? je défends qu'aucune insulte soit faite à M. Michel ; que je veux que sa vie te soit sacrée ; que, s'il lui arrive quelque chose par ton fait, je l'en vengerai, non pas sur toi, mais sur moi-même ; et tu sais, Jean Oullier, que j'ai l'habitude de faire ce que je dis.

Jean Oullier regarda Bertha, et, lui prenant les bras :

— Cela vaudrait peut-être encore mieux, dit-il, que devenir la femme de cet homme.

Et, comme le marquis redoublait ses appels, Jean Oullier s'élança hors de la chambre, laissant Bertha étourdie de sa résistance, et Mary courbée sous la terreur que lui inspirait la violence de l'amour de Bertha.

43

Où le jeune baron Michel devient l'aide de camp de Bertha

Jean Oullier descendit en toute hâte, peut-être plus pressé de s'éloigner de la jeune fille que de se rendre aux ordres du marquis.

Il trouva ce dernier dans la cour, ayant près de lui un paysan couvert de sueur et de boue.

Ce paysan apportait la nouvelle que les soldats avaient envahi la maison de Pascal Picaut. Il les avait vus y entrer, mais il ne savait rien de plus.

Il était placé dans les genêts du chemin de la Sablonnière avec mission de courir au château si les soldats se dirigeaient vers la maison où étaient les deux réfugiés. Il avait rempli sa mission à la lettre.

Le marquis — auquel Oullier avait raconté qu'il avait laissé Petit-Pierre et le comte de Bonneville dans la maison de Pascal Picaut — le marquis était en proie à une vive agitation.

— Jean Oullier, Jean Oullier, répétait-il du ton dont Auguste disait : « Varus ! Varus ! » Jean Oullier, pourquoi t'être fié à d'autres que toi-même ? Si un malheur est arrivé, ma pauvre maison aura donc été déshonorée, avant que sa ruine soit accomplie !

Jean Oullier ne répondit pas au marquis ; il baissait la tête et restait sombre et muet.

Ce silence et cette immobilité exaspérèrent le marquis.

— Allons, mon cheval, Jean Oullier ! s'écria-t-il ; et, si celui qu'hier encore, sans savoir qui il était, j'appelais *mon jeune ami*, est prisonnier des bleus, montrons, en mourant pour le délivrer, que nous n'étions pas indignes de sa confiance.

Mais Jean Oullier secoua la tête.

— Comment ! dit le marquis, tu ne veux pas me donner mon cheval ?

— Et il a raison, dit Bertha, qui venait d'arriver, et qui avait entendu l'ordre donné par le marquis, et le refus de Jean Oullier ; gardons-nous de rien compromettre par une précipitation irréfléchie.

Puis, s'adressant au messager :

— As-tu vu, lui demanda-t-elle, les soldats quitter la maison de Picaut et en emmener des prisonniers ?

— Non ; je les ai vus quasi assommer le gars Malherbe, que Jean Oullier avait mis en vedette au coin de la haute lande. Je les ai guettés jusqu'à ce que je les aie vus entrer dans le verger de Picaut, et je suis accouru pour vous prévenir, comme maître Jean m'en avait donné l'ordre.

— Maintenant, Jean Oullier, reprit Bertha, croyez-vous pouvoir répondre de la femme à laquelle vous les avez confiés ?

Jean Oullier se retourna vers Bertha, et, la regardant d'un œil de reproche :

— Hier, fit-il, j'aurais dit de Marianne Picaut : je réponds d'elle comme de moi-même ; mais...

— Mais ! reprit Bertha.

— Mais, aujourd'hui, reprit le vieux garde avec un soupir, je doute de tout.

— Allons, allons, tout cela, c'est du temps de perdu. Mon cheval ! Qu'on m'amène mon cheval ! Et, dans dix minutes, je saurai à quoi m'en tenir.

Bertha arrêta le marquis.

— Ah ! fit celui-ci, est-ce comme cela que l'on m'obéit dans la maison ? Que pourrai-je donc attendre des autres, si, chez moi, on commence par ne pas exécuter mes ordres ?

— Vos ordres sont sacrés, mon père, dit Bertha, et pour vos filles surtout ; mais votre dévouement vous emporte. N'oublions pas que ceux qui causent nos inquiétudes sont, aux yeux de tous, de simples paysans. Or, le marquis de Souday s'enquérant lui-même à cheval de deux paysans dénonce l'importance qu'il attache à leurs personnes et les signale sur-le-champ à l'attention de nos ennemis.

— Mlle Bertha a raison, dit Jean Oullier, et c'est moi qui vais m'y rendre.

— Pas plus vous que mon père.

— Pourquoi cela ?

— Parce que vous courez trop gros risque en allant de ce côté.

— J'y ai bien été ce matin, et j'ai bien couru ce gros risque pour voir avec quel plomb avait été tué mon pauvre Pataud ; je ferai bien la même course pour m'informer de M. de Bonneville et de Petit-Pierre.

— Et moi, reprit Bertha, je vous dis, Jean, qu'après tout ce qui est arrivé la nuit dernière, vous ne pouvez vous montrer là où il y a des soldats ; il nous faut, pour une semblable mission, quelqu'un qui ne soit nullement compromis, qui puisse arriver au cœur de la place sans exciter aucun soupçon, se renseigner sur ce qui s'est passé et même, s'il est possible, sur ce qui se passera.

— Quel malheur que cet animal de Loriot se soit entêté à retourner à Machecoul ! dit le marquis de Souday. Je l'ai pourtant assez prié de rester. J'avais un pressentiment de tout cela en voulant l'attacher à ma division.

— Eh bien, mais ne vous reste-t-il pas M. Michel ? dit Jean Oullier avec ironie. Vous pouvez l'envoyer à la maison de Picaut, lui, là et partout où vous voudrez. Y eût-il dix mille hommes autour de cette maison, qu'on l'y laissera pénétrer, et nul n'aura doutance qu'il y vienne pour faire votre affaire.

— Eh ! mais voilà justement ce qu'il nous faut, dit Bertha

acceptant le concours que Jean Oullier apportait au but secret de sa proposition, quelque mauvaise intention qu'y eût mise celui-ci, sans doute, n'est-ce pas, mon père ?

— Par la sambleu ! je le crois bien ! s'écria le marquis de Souday. Malgré ses apparences tant soit peu féminines, ce jeune homme nous sera décidément fort utile.

Aux premiers mots qui avaient été dits, au reste, Michel s'était approché et attendait respectueusement les ordres du marquis.

Lorsqu'il vit que celui-ci acceptait la proposition de Bertha son visage devint radieux.

Bertha rayonnait elle-même.

— Etes-vous prêt à faire ce que le salut de Petit-Pierre exige, monsieur Michel ? demanda la jeune fille au baron.

— Je suis prêt à faire tout ce qu'il vous plaira, mademoiselle, afin de prouver à M. le marquis ma reconnaissance pour le bienveillant accueil que j'ai reçu de lui.

— Bien ! alors, prenez un cheval — pas le mien, on le reconnaîtrait — et ne faites qu'un temps de galop jusque-là. Entrez sans armes dans la maison, comme si la curiosité seule vous y amenait, et, s'il y a danger pour nos amis...

Le marquis chercha ; il n'avait l'initiative ni prompte ni facile.

— S'il y a danger pour nos amis, reprit Bertha, allumez un feu de bruyère sur la grand-lande ; pendant ce temps, Jean Oullier aura rassemblé ses hommes, et alors, réunis et bien armés, nous volerons au secours de ceux qui nous sont si chers.

— Bravo ! fit le marquis de Souday ; j'ai toujours dit, moi, que Bertha était la forte tête de la famille.

Bertha sourit d'orgueil en regardant Michel.

— Et toi, dit-elle à sa sœur, qui était descendue à son tour, et qui s'était approchée doucement, tandis qu'au contraire Michel s'éloignait pour aller prendre le cheval, et toi, ne vas-tu donc pas songer à t'habiller, enfin ?

— Non, répondit Mary.

— Comment ! non ?

— Je compte rester ainsi.

— Y penses-tu ?

— Sans doute, dit Mary avec un triste sourire : dans une armée, à côté des soldats qui combattent et qui meurent, il faut les sœurs de charité qui les soignent et qui les consolent ; je serai votre sœur de charité.

Bertha regarda Mary avec étonnement.

Peut-être allait-elle lui adresser quelque question à l'endroit du changement de résolution qui s'était fait dans l'esprit de la jeune fille, lorsque Michel, déjà monté sur le cheval qui lui était destiné, reparut, et, s'approchant de Bertha, arrêta la parole sur ses lèvres.

Alors, s'adressant à celle qui lui avait donné des ordres :

— Vous m'avez bien dit ce que je devais faire, mademoiselle, dans le cas où il serait arrivé quelque malheur dans la maison de Pascal Picaut ; mais vous ne m'avez pas dit ce que je devais faire si Petit-Pierre était sain et sauf.

— En ce cas, dit le marquis, revenir, pour nous rassurer.

— Non pas, répondit Bertha, qui tenait à ménager le rôle le plus important possible à celui qu'elle aimait : ces allées et venues donneraient des soupçons aux troupes qui doivent rôder autour de la forêt. Vous resterez chez les Picaut ou aux environs, et, à la tombée de la nuit, vous irez nous attendre au chêne de Jailhay. Le connaissez-vous ?

— Je le crois bien ! dit Michel, c'est sur le chemin de Souday.

Michel connaissait tous les chênes du chemin de Souday.

— Bien ! reprit la jeune fille ; nous serons cachés près de là. Vous ferez le signal : trois fois le cri du chat-huant, une fois le cri de la chouette, et nous vous rejoindrons. Allez donc, cher monsieur Michel !

Michel salua le marquis de Souday et les deux jeunes filles ; puis, s'inclinant sur le cou de sa monture, il partit au galop.

C'était au reste, un excellent cavalier, et Bertha fit remarquer qu'en tournant court à la porte cochère, il avait fait faire à son cheval un très habile changement de pied.

— C'est incroyable combien il est facile de faire d'un rustre un homme comme il faut ! dit le marquis en rentrant au château. Il est vrai qu'il faut que les femmes s'en mêlent. Ce jeune homme est vraiment fort bien.

— Oui, répondit Jean Oullier, des hommes comme il faut ! on en fait tant qu'on en veut ; ce sont les hommes de cœur qui ne se font pas si facilement.

— Jean Oullier, répliqua Bertha, vous avez déjà oublié ma recommandation ; prenez garde !

— Vous vous trompez, mademoiselle, répondit Jean Oullier : c'est parce que je n'oublie rien, au contraire, que vous me voyez tant souffrir jusqu'à présent. J'avais pris pour un remords l'aversion que je porte à ce jeune homme ; mais, à partir d'aujourd'hui, je commence à craindre que ce ne soit un pressentiment.

— Un remords, vous, Jean Oullier ?

— Ah ! vous avez entendu ?

— Oui.

— Eh bien, je ne m'en dédis pas.

— Qu'avez-vous donc à vous reprocher envers lui ?

— Rien envers lui, dit Jean Oullier d'une voix sombre ; mais envers son père...

— Envers son père ? dit Bertha frissonnant malgré elle.

— Oui, dit Jean Oullier, un jour, pour lui, j'ai changé de nom ; je ne me suis plus appelé Jean Oullier.

— Et comment vous êtes-vous appelé ?

— Je me suis appelé le Châtiment.

— Pour son père ? répéta Bertha.

Puis, se rappelant tout ce qui s'était raconté dans le pays à propos de la mort du baron Michel :

— Pour son père, trouvé mort, à une partie de chasse ! Ah ! qu'avez-vous dit, malheureux !

— Que le fils pourrait bien venger le père en nous rendant deuil pour deuil.

— Et pourquoi cela ?

— Parce que vous l'aimez follement.

— Après ?

— Et que je puis vous certifier une chose, moi...

— Laquelle ?

— C'est que, foi de Jean Oullier, il ne vous aime pas.

Bertha haussa les épaules avec dédain ; mais elle n'en avait pas moins reçu le trait en plein cœur.

Elle éprouva presque un sentiment de haine pour le vieux Vendéen.

— Occupez-vous donc de rassembler vos hommes, mon pauvre Jean Oullier, lui dit-elle.

— Je vous obéis, mademoiselle, répondit le chouan.

Et il s'avança vers la porte.

Bertha rentra sans jeter un regard sur lui.

Mais, avant de quitter le château, Jean Oullier appela le paysan qui tantôt était venu apporter la nouvelle.

— Avant les soldats, lui demanda-t-il, avais-tu vu entrer quelqu'un dans la maison des Picaut ?

— Chez Joseph ou chez Pascal ?

— Chez Pascal.

— Oui, maître Jean Oullier.

— Et ce quelqu'un, qui était-ce ?

— Le maire de la Logerie.

— Et tu dis qu'il est entré chez la Pascal ?

— J'en suis sûr.

— Tu l'as vu ?

— Comme je vous vois.

— Et de quel côté s'est-il éloigné ?

— Par le sentier de Machecoul.

— Par où sont venus les soldats, un instant après, n'est-ce pas ?

— Justement ! Il ne s'est pas écoulé un quart d'heure entre le départ de l'un et la venue des autres.

— Bien ! fit Jean Oullier.

Puis, étendant son poing fermé dans la direction de la Logerie :

— Courtin ! Courtin ! dit-il, tu tentes Dieu. Mon chien hier tué par toi, cette trahison aujourd'hui !... C'est trop pour ma patience !

44

Les lapins de maître Jacques

Au sud de Machecoul, formant triangle autour du bourg de Légé, s'étendent trois forêts.

On les nomme les forêts de Touvois, des Grandes-Landes et de la Roche-Servière.

L'importance territoriale de ces forêts est médiocre, en les prenant chacune séparément ; mais, placées à trois kilomètres à peine les unes des autres, elles se relient entre elles par les haies, par les champs de genêts et d'ajoncs, plus nombreux de ce côté qu'en aucune autre partie de la Vendée, et forment ainsi une agglomération forestière très considérable.

Il en résulte que, par suite de ces dispositions topographiques, elles sont devenues de véritables foyers de révolte, où, dans les temps de guerre civile, l'insurrection se concentre, avant de s'élancer dans les pays circonvoisins.

Le bourg de Légé, outre qu'il était la patrie du fameux médecin Jolly, demeura presque constamment le quartier général de Charette, pendant la grande guerre ; c'est là, au milieu de la ceinture de bois qui entoure cette bourgade, qu'il venait se réfugier après une défaite, reformer ses bandes décimées et se préparer à de nouveaux combats.

En 1832, et bien que la route de Nantes aux Sables-d'Olonne, qui traverse Légé, en eût modifié la situation stratégique, ses environs accidentés et boisés n'en étaient pas moins restés un des centres les plus ardents du mouvement qui s'organisait.

Les trois forêts des environs cachaient, dans les impénétrables taillis de houx entrelacés de fougère qui poussent à l'ombre de leurs futaies, des bandes de réfractaires dont les rangs se grossissaient tous les jours et qui devaient servir de noyau aux divisions insurrectionnelles du pays de Retz et de la plaine.

Les fouilles que l'autorité avait fait faire, les battues qu'elle avait fait pratiquer dans ces bois n'avaient amené aucun résultat. La rumeur publique prétendait que les insoumis avaient su s'y pratiquer des demeures souterraines dans le genre de celles que les premiers chouans s'étaient creusées dans les forêts de Gralla et du fond desquelles ils avaient si souvent bravé toutes les recherches dirigées contre eux.

Cette fois, la rumeur publique ne se trompait pas.

Vers la fin de la journée où nous avons laissé Michel, sortant du château de Souday, s'élancer sur le cheval du marquis vers la maison de Picaut, celui qui se fût trouvé caché derrière un des hêtres centenaires qui entourent la clairière de Folleron, dans la forêt de Touvois, eût assisté à un curieux spectacle.

A l'heure où le soleil, en s'abaissant à l'horizon, fait place à une espèce de crépuscule, à l'heure où le taillis est déjà dans l'ombre qui semble monter de la terre, et où un dernier rayon éteint de ses feux mourants le cintre des grands arbres, il eût vu venir de loin un personnage qu'avec un peu de bonne volonté il eût pu prendre pour un être fantastique, et qui, tout en venant à petits pas, regardait avec précaution autour de lui — chose, qui au premier abord, semblait lui être d'autant plus facile, qu'il paraissait avoir deux têtes pour veiller doublement à sa sûreté.

Ce personnage vêtu de haillons sordides, d'une veste et de semblants de culotte dont le drap primitif avait complètement disparu sous les mille pièces de toutes couleurs par lesquelles on avait cherché à remédier à sa vétusté, paraissait, comme nous l'avons dit, appartenir à un de ces monstres bicéphales qui occupent une place distinguée dans les rares exceptions que la nature se plaît à créer dans ses heures de folle fantaisie.

Ces deux têtes étaient fort distinctes l'une de l'autre et, quoique en apparence soudées au même tronc, étaient loin d'avoir un air de famille.

A côté d'une large face d'un rouge de brique, couturée par la petite vérole, presque entièrement couverte par une barbe inculte, apparaissait une seconde figure moins repoussante, pleine d'astuce et de malice dans sa laideur, tandis que la première n'exprimait que l'idiotisme pouvant monter parfois jusqu'à la férocité.

Au reste, ces deux physionomies si distinctes appartenaient à deux de nos anciennes connaissances que nous avons entrevues à la foire de Montaigu et que nous retrouvons ici : à Aubin Courte-Joie, le cabaretier de Montaigu, et — qu'on nous pardonne le nom peut-être un peu trop expressif, mais que nous ne nous croyons pas le droit de changer — à Trigaud *la Vermine*, le mendiant à la force herculéenne qui, on se le rappelle sans doute, a joué son rôle dans l'émeute de Montaigu en soulevant de terre le cheval du général, et en jetant celui-ci hors des étriers.

Par un calcul assez sage et dont nous avons déjà dit un mot, Aubin Courte-Joie avait recomplété son individu à l'aide de cette espèce de bête de somme, qu'il avait, par bonheur, rencontrée sur son chemin ; en échange des deux jambes qu'il avait laissées sur la route d'Ancenis, le cul-de-jatte avait retrouvé des membres d'acier qui ne reculaient devant aucune fatigue, qui ne s'épouvantaient devant aucune tâche, qui le servaient comme jamais ses membres personnels ne l'avaient servi, qui exécutaient, enfin, ses volontés avec une obéissance passive, et qui en étaient arrivés, après quelque temps de cette association, à deviner la pensée même d'Aubin Courte-Joie, pour peu qu'elle se traduisît par un simple mot, un simple signe et même une simple pression de la main sur l'épaule ou du genou sur les flancs.

Ce qui était surtout le plus étrange, c'est que le moins satisfait de la communauté, ce n'était pas Trigaud la Vermine ; tout au contraire : son épaisse intelligence comprenait qu'Aubin Courte-Joie dirigeait ses forces dans le sens qui avait toutes ses sympathies ; quelques mots de *blancs* et de *bleus* qui tombaient dans ses larges oreilles, toujours dressées, toujours ouvertes, lui prouvaient qu'il soutenait, en servant de locomotive à l'hôtelier, une cause dont le culte était le seul objet qui eût survécu à l'affaissement de son cerveau. Il en était glorieux ; sa confiance dans Aubin Courte-Joie était sans bornes ; il était fier d'être lié corps et âme à un esprit dont il reconnaissait la supériorité, et s'était attaché à celui que l'on pouvait appeler son maître avec l'abnégation qui caractérise tous les attachements où l'instinct domine.

Trigaud portait Aubin tantôt sur son dos, tantôt sur ses épaules, aussi affectueusement qu'une mère eût porté son enfant ; il lui prodiguait des soins, il avait pour lui des attentions qui semblaient démentir l'état d'idiotisme dans lequel était le pauvre diable, qui jamais ne regardait à ses propres pieds s'il n'allait pas les meurtrir à quelque caillou tranchant, mais qui, en marchant, écartait avec sollicitude les branches qui eussent pu froisser le corps ou fouetter le visage de son guide.

Lorsqu'ils furent arrivés au tiers à peu près de la clairière, Aubin Courte-Joie toucha du doigt l'épaule de Trigaud, et le géant s'arrêta court.

Alors, sans avoir besoin de parler, l'aubergiste indiqua du doigt une grosse pierre placée au pied d'un énorme hêtre, à l'angle de droite de la clairière.

Le géant se dirigea vers le hêtre, ramassa la pierre et attendit le commandement.

— Maintenant, dit Aubin Courte-Joie, frappe trois coups.

Trigaud fit ce qu'on lui disait de faire, en espaçant les coups de façon à ce que le premier et le second se suivissent rapidement et que le troisième ne retentît qu'après un certain intervalle.

A ce signal, qui avait résonné sourdement sur le tronc de l'arbre, une petite plaque de gazon et de mousse se souleva et une tête sortit de dessous terre.

— Ah ! c'est vous, maître Jacques, qui faites aujourd'hui le guet à la gueule du terrier ? demanda Aubin visiblement satisfait de trouver là une connaissance tout à fait intime.

— Dame ! mon gars Courte-Joie, c'est que c'est l'heure de l'affût, vois-tu, et je veux toujours m'être assuré par moi-même si les environs sont nets de chasseurs avant de laisser sortir mes lapins.

— Et vous faites bien, maître Jacques, vous faites bien, répliqua Courte-Joie, aujourd'hui surtout ; car il n'y a pas mal de fusils dans la plaine.

— Ah bien, conte-moi donc cela !

— Volontiers.

— Entres-tu ?

— Oh ! nenni, Jacques ! nous avons déjà bien assez chaud comme cela, mon garçon — pas vrai, Trigaud ?

Le géant poussa un grognement qui, avec beaucoup de bonne volonté, pouvait se traduire par une affirmation.

— Tiens, il parle donc maintenant ? dit maître Jacques. Autrefois, on disait qu'il était muet. Sais-tu que tu es fièrement chanceux, gars Trigaud, que notre Aubin t'ait pris comme cela en amitié ? A présent, te voilà presque un homme, sans compter que tu as la pâtée assurée ; ce que tous les chiens ne peuvent pas dire, même ceux du château de Souday.

Le mendiant ouvrit sa large bouche et commença un ricanement qu'il n'acheva pas, un geste d'Aubin ayant refoulé dans les cavités du larynx cet élan d'hilarité que les larges poumons du géant rendaient dangereux.

— Plus bas donc ! plus bas, Trigaud ! dit-il rudement.

Puis, à maître Jacques :

— Il se croit toujours sur la grand-place de Montaigu, le pauvre innocent.

— Eh bien, voyons alors, puisque vous ne voulez pas entrer, je vais faire sortir les gars. Vous avez raison, au reste, mon Courte-Joie, il fait rudement chaud là-dedans ! il y en a plusieurs qui disent qu'ils sont cuits ; mais, vous savez, ces gaillards-là, ça se plaint toujours.

— Ce n'est pas comme Trigaud, répliqua Aubin en assenant par manière de caresse un grand coup de poing sur la tête de l'éléphant qui lui servait de monture ; il ne se plaint jamais, lui.

Trigaud fit avec son gros rire un signe de la tête plein de reconnaissance pour les signes d'amitié dont l'honorait Courte-Joie.

Maître Jacques, que nous venons de présenter à nos lecteurs, mais avec lequel il nous reste à leur faire faire connaissance, était un homme de cinquante à cinquante-cinq ans, qui avait tous les dehors d'un honnête métayer du pays de Retz.

Si ses cheveux étaient longs et flottants sur ses épaules, sa barbe, en revanche, était faite de près et rasée avec le plus grand soin ; il portait une veste de drap fort propre, d'une forme presque moderne si on la comparait à celles qui sont encore de mise en Vendée ; un gilet également de drap, à larges raies alternativement blanches et chamois ; une culotte de toile bise et des guêtres de cotonnade bleue, étaient la seule partie de son costume qui se rapprochât de celui de ses compatriotes.

Une paire de pistolets dont les crosses reluisantes soulevaient cette veste étaient le seul ornement militaire qu'il portât en ce moment.

Avec sa physionomie placide et bonasse, maître Jacques était tout simplement le chef d'une des bandes les plus audacieuses du pays et le chouan le plus déterminé qu'il y eût à dix lieues à la ronde, où il jouissait d'une formidable réputation.

Maître Jacques n'avait jamais sérieusement posé les armes pendant les quinze années qu'avait, en réalité, duré le règne de Napoléon. Avec deux ou trois hommes, plus souvent encore seul et isolé, il avait tenu tête à des brigades entières détachées à sa poursuite ; son courage et son bonheur avaient quelque chose de surnaturel qui avait fait naître, parmi la population superstitieuse du Bocage, cette idée qu'il était invulnérable et que les balles des bleus ne pouvaient rien contre lui. Aussi, après la révolution de juillet, dès les premiers jours d'août 1830, lorsque maître Jacques annonça qu'il allait se mettre en campagne, tous les réfractaires des environs étaient-ils venus se grouper autour de lui et n'avaient-ils point tardé à lui former une troupe respectable, avec laquelle il avait déjà commencé la seconde série de ses exploits de partisan.

Après avoir demandé quelques instants à Aubin Courte-Joie, maître Jacques, qui, pour converser avec le nouveau venu, avait sorti la tête d'abord, puis le buste au-dessus de la trappe, se pencha vers l'ouverture et fit entendre un petit sifflement bizarrement modulé.

A ce signal, on entendit sortir des entrailles de la terre un bourdonnement qui ressemblait assez à celui qui sort d'une ruche d'abeilles ; puis, à quelques pas de là, entre deux buissons, une large claire-voie recouverte, comme la petite trappe, de gazon, de mousse, de feuilles mortes dont l'aspect était parfaitement semblable à celui du terrain environnant, se leva verticalement, soutenue qu'elle était par quatre pieux à ses quatre angles.

En se levant, elle découvrit l'orifice d'une espèce de silo très large et très profond, et, de ce silo, une vingtaine d'hommes sortirent successivement.

Les costumes de ces hommes n'avaient rien de l'élégance pittoresque qui caractérise les brigands qu'on voit sortir des cavernes en carton de l'Opéra-Comique : il s'en fallait de beaucoup. Quelques-uns d'entre eux avaient des uniformes qui ressemblaient à s'y méprendre à celui de Trigaud la Vermine ; d'autres, et c'étaient les plus élégants, portaient des vestes de drap ; mais la plupart étaient vêtus de toile.

La même variété, au reste, se faisait remarquer dans l'armement. Trois ou quatre fusils de munition, une demi-douzaine de fusils de chasse, autant de pistolets formaient la série des armes à feu ; mais celle de l'arme blanche était bien loin d'être aussi respectable ; car elle ne consistait guère que dans le sabre qui appartenait à maître Jacques, dans deux piques datant de la première guerre, et dans huit ou dix fourches soigneusement aiguisées par leurs propriétaires.

Lorsque tous ces braves eurent émergé dans la clairière, maître Jacques se dirigea vers le tronc d'un arbre abattu sur lequel il s'assit, et Trigaud déposa Aubin Courte-Joie à côté de lui, puis s'éloigna à quelques pas de façon à rester cependant à portée du geste de son associé.

— Oui, mon Courte-Joie, dit maître Jacques, les loups sont en chasse ; mais ça me fait plaisir tout de même de voir que tu t'es dérangé pour m'avertir.

Puis, tout à coup :

— Ah çà ! mais, au fait, demanda-t-il, comment es-tu là ? Tu as été pincé en même temps que Jean Oullier. Jean Oullier s'est sauvé en passant le gué de Pont-Farcy ; qu'il se soit sauvé, lui, il n'y a rien là qui m'étonne ; mais toi, mon pauvre sans pattes, comment t'y es-tu donc pris ?

— Et les pattes de Trigaud, répondit en riant Aubin Courte-Joie, pour quoi les comptez-vous ? J'ai un peu piqué le gendarme qui me tenait ; il paraît que ça lui a fait mal, puisqu'il m'a lâché, et la poigne de mon compère Trigaud a fait le reste. Mais qui vous a donc raconté cela, maître Jacques ?

Maître Jacques haussa les épaules d'un air insouciant.

Puis, sans répondre à la question, qui lui paraissait sans doute oiseuse :

— Ah çà ! dit-il, est-ce que tu viendrais m'avertir, par hasard, que le jour est changé ?

— Non, cela tient toujours pour le 24.

— Tant mieux ! répliqua maître Jacques ; car, en vérité, ils me font perdre patience avec leurs remises et leurs lésineries. Est-ce qu'il faut tant de façons, bon Jésus ! pour prendre son fusil, dire au revoir à sa femme et sortir de chez soi ?

— Patience ! vous n'avez plus longtemps à attendre, maître Jacques.

— Quatre jours ! fit celui-ci avec impatience.

— Eh bien ?

— Eh bien, je trouve que c'est trop de trois. Je n'ai pas, moi, la chance de Jean Oullier, qui, la nuit dernière, a pu les abîmer un peu, au saut de Baugé.

— Oui, le gars me l'a dit.

— Malheureusement, répliqua maître Jacques, ils ont cruellement pris leur revanche.

— Comment cela ?

— Tu ne sais donc pas ?

— Non ; je viens de Montaigu en droite ligne.

— En effet, tu ne peux rien savoir.

— Eh bien, qu'est-il arrivé ?

— Qu'ils ont tué, dans la maison de Pascal Picaut, un brave jeune homme que j'estimais, moi qui n'estime guère ses pareils.

— Lequel ?

— Le comte de Bonneville.

— Bon ! et quand cela ?

— Dame, aujourd'hui même, vers les deux heures de l'après-midi.

— Comment diable, de votre terrier, avez-vous pu savoir cela, mon Jacques ?

— Est-ce que je ne sais pas tout ce qui peut m'être utile, moi ?

— Alors, je ne sais pas si c'est la peine de vous dire ce qui m'amène.

— Pourquoi donc ?

— Parce que vous le savez probablement déjà.

— Ça se pourrait bien.

— Je voudrais en être sûr.

— Bon !

— Par ma foi, oui, cela m'épargnerait une commission désagréable, et dont je ne me suis chargé qu'en rechignant.

— Ah ! tu viens de la part de *ces messieurs*, alors.

Et maître Jacques prononça les deux mots que nous avons soulignés d'un ton qui flottait entre le mépris et la menace.

— Oui, d'abord, répondit Aubin Courte-Joie ; et puis, ensuite, Jean Oullier, que j'ai rencontré, m'a donné aussi un message pour vous.

— Jean Oullier ? Ah ! venant de la part de celui-là, tu es le bienvenu ! C'est un gars que j'aime, Jean Oullier ; il a fait dans sa vie une chose qui lui a donné en moi un ami.

— Laquelle ?

— C'est son secret, ça n'est pas le mien. Mais voyons d'abord ce que me veulent les gens des grandes maisons.

— C'est ton chef de division qui m'envoie à toi.

— Le marquis de Souday ?

— Justement.

— Eh bien, que me veut-il ?

— Il se plaint que tu attires, par tes sorties trop fréquentes, l'attention des soldats du gouvernement ; que, par tes exactions, tu irrites les populations des villes, et que tu paralyses ainsi d'avance le mouvement commun, en le rendant plus difficile.

— Bon ! pourquoi ne l'ont-ils pas fait plus tôt, leur mouvement ? Il y a, Dieu merci, assez de temps que nous l'attendons ; moi, pour mon compte, je l'attends depuis le 30 juillet.

— Et puis...

— Comment ! ce n'est pas tout ?

— Non, il t'ordonne...

— Il m'ordonne ?

— Attends donc ! tu obéiras ou tu n'obéiras pas ; mais il t'ordonne...

— Ecoute bien ceci, Courte-Joie, quelque chose qu'il m'ordonne, je fais d'avance un serment.

— Lequel ?

— C'est de lui désobéir. Maintenant, parle ; je t'écoute !

— Eh bien, il t'ordonne de te tenir tranquille dans ton cantonnement jusqu'au 24, et surtout de n'arrêter ni diligence, ni voyageur, sur la route, comme tu l'as fait ces jours passés.

— Eh bien, je jure, moi, répondit maître Jacques, que le premier qui, ce soir, ira de Légé à Saint-Etienne ou de Saint-Etienne à Légé me passera par les mains ! Quant à toi, tu resteras ici, gars Courte-Joie, et, pour réponse, tu iras lui raconter demain ce que tu auras vu.

— Ah ! fit Aubin, non.

— Quoi, non ?

— Vous ne ferez pas cela, maître Jacques.

— Si pardieu ! je le ferai.

— Jacques ! Jacques ! insista le cabaretier, tu comprendras que c'est compromettre gravement notre cause.

— C'est possible ; mais je lui prouverai, à ce vieux reître que je n'ai pas nommé, que j'entends que moi et mes hommes restions parfaitement en dehors de sa division, et que jamais ici ses ordres ne seront exécutés. Et, maintenant que tu en as fini avec *les ordres* du marquis de Souday, passe à la commission de Jean Oullier.

— Soit ! Comme j'arrivais à la hauteur du pont Servières, je l'ai rencontré ; il m'a demandé où j'allais, et, quand il a su que c'était ici : « Parbleu ! a-t-il dit, cela ferait joliment notre affaire ! Demande donc au maître Jacques s'il voudrait déménager pour quelques jours et laisser son terrier à la disposition de quelqu'un. »

— Ah ! ah ! Et te l'a-t-il nommé, ce quelqu'un, mon Courte-Joie ?

— Non.

— N'importe ! quel qu'il soit, s'il vient au nom de Jean Oullier, il sera le bienvenu ; car je suis sûr que Jean ne me dérangerait pas si cela n'en valait pas la peine. Ce n'est pas comme ce tas de fainéants de messieurs qui font le bruit et qui nous laissent faire la besogne.

— Il y en a des bons, il y en a des mauvais, dit philosophiquement Aubin.

— Et quand viendra celui qu'il veut cacher ? demanda maître Jacques.

— Cette nuit.

— A quoi le reconnaîtrai-je ?

— Jean Oullier l'amènera lui-même.

— Bon ! Et c'est tout ce qu'il demande ?

— Non pas ; il désire, en outre, que vous éloigniez soigneusement, cette nuit, de la forêt, toute personne suspecte, et que vous fassiez visiter tous les environs, et principalement le sentier de Grand-Lieu.

— Tu vois ! le divisionnaire m'*ordonne* de n'arrêter personne, et Jean Oullier me demande que le chemin soit libre de culottes rouges et de patauds ; voilà une raison de plus pour que je tienne la parole que je te donnais tout à l'heure. Et comment Jean Oullier saura-t-il que je l'attends ?

— S'il peut venir, s'il n'y a pas de troupes en Touvois, je dois l'en avertir.

— Comment ?

— Par une branche de houx chargée de quinze feuilles qui se

trouvera à moitié chemin de Machecoul, au carrefour de la Benaste, la pointe tournée du côté de Touvois, sur le milieu de la route.

— T'a-t-on donné un mot de reconnaissance ? Jean Oullier ne doit certainement pas avoir oublié cela.

— Oui ; on dira : *Vaincre*, et on répondra : *Vendée*.

— Bien ! dit maître Jacques en se levant et en se dirigeant vers le centre de la clairière.

Arrivé là, il appela quatre de ses hommes, leur dit quelques mots tout bas, et les quatre hommes, sans répondre, s'éloignèrent dans quatre directions différentes.

Au bout de quelques instants, pendant lesquels maître Jacques avait fait monter une cruche qui paraissait contenir de l'eau-de-vie, et en avait offert à son compagnon, on vit reparaître quatre individus des quatre côtés par où les premiers s'étaient éloignés.

C'étaient les sentinelles qui venaient d'être relevées par leurs camarades.

— Y a-t-il du nouveau ? leur demanda maître Jacques.

— Non, répondirent trois de ces hommes.

— Bien ! Et toi, tu ne dis rien ? demanda-t-il au quatrième. C'est pourtant toi qui avais le bon poste.

— La diligence de Nantes était escortée de quatre gendarmes.

— Ah ! ah ! tu as le flair bon, toi ! tu sens les espèces... Et quand on pense qu'il y a des gens qui voudraient nous brouiller avec elles ! Mais soyez tranquilles, les amis, on est là !...

— Eh bien ? demanda Courte-Joie.

— Eh bien, pas une culotte rouge dans les environs. Dis à Jean Oullier qu'il peut amener son monde.

— Bon ! fit Courte-Joie, qui, pendant l'interrogatoire des vedettes, avait préparé une branche de houx dans la forme convenue avec Jean Oullier ; bon, je vais envoyer Trigaud.

Puis, se retournant du côté du géant :

— Arrive ici, la Vermine ! dit-il.

Maître Jacques l'arrêta.

— Ah çà ! mais es-tu fou de te séparer de tes jambes ? lui dit-il. Et si tu allais avoir besoin de lui ! Allons donc ! est-ce que nous n'avons pas ici une quarantaine d'hommes qui ne demandent qu'à se détirer ? Attends, et tu vas voir ! — Hé ! Joseph Picaut ! cria maître Jacques.

A cet appel, notre vieille connaissance, qui dormait sur l'herbe d'un sommeil dont il semblait avoir grand besoin, se dressa sur son séant.

— Joseph Picaut ! répéta maître Jacques avec impatience.

Celui-ci se décida, se leva en grommelant, et arriva devant maître Jacques.

— Voilà une branche de houx, dit le chef des lapins ; tu n'en détacheras pas une feuille, et tu iras tout de suite la porter sur le chemin de Machecoul, au carrefour de la Benaste, en face du calvaire, la pointe tournée du côté de Touvois.

Et maître Jacques se signa en prononçant le mot *calvaire*.

— Mais... fit Picaut en rechignant.

— Comment ! mais ?

— C'est que quatre heures d'une course comme je viens d'en faire une ont brisé mes jambes.

— Joseph Picaut, répliqua maître Jacques, dont la voix devint stridente et cuivrée comme le son d'une trompette, tu as quitté ta paroisse pour t'enrôler dans ma bande ; tu es venu, je ne t'ai point cherché. Maintenant, rappelle-toi bien une chose : c'est qu'à la première observation, je frappe, et qu'au premier murmure, je tue.

En disant ces mots maître Jacques avait pris sous sa veste un de ses pistolets, l'avait empoigné par le canon et avait assené un vigoureux coup de pommeau sur la tête du paysan.

La commotion fut si violente, que Joseph Picaut, tout étourdi, tomba sur un genou. Selon toute probabilité, sans son chapeau, dont le feutre était fort épais, il eût eu le crâne fendu.

— Et maintenant, va ! dit maître Jacques en regardant avec le plus grand calme si la secousse n'avait pas fait tomber la poudre du bassinet.

Joseph Picaut, sans répondre une parole, s'était relevé, avait secoué la tête et s'était éloigné.

Courte-Joie le suivit des yeux jusqu'à ce qu'il eût disparu.

— Vous avez donc ça dans votre bande ! demanda-t-il à maître Jacques.

— Oui ; ne m'en parle pas.

— Depuis longtemps ?

— Depuis quelques heures.

— Mauvaise acquisition que vous avez faite là.

— Je ne dis pas cela tout à fait ; le gars est brave comme était feu son père, que j'ai connu ; simplement, il a besoin de prendre un peu les allures de mes lapins et de se faire au terrier. Ça viendra ! ça viendra !

— Oh ! je n'en doute pas. Vous avez un fier talent pour les éduquer.

— Dame, ce n'est pas d'hier que je m'en mêle. Mais, continua maître Jacques, c'est l'heure de ma ronde, il faut que je te quitte, mon pauvre Courte-Joie. Ainsi donc, c'est bien convenu, les amis de Jean Oullier sont chez eux ici ; quant au divisionnaire, il aura ma réponse ce soir. C'est bien tout ce que le gars Oullier t'a dit ?

— Oui.

— Fouille dans ta mémoire.

— C'est tout.

— N'en parlons plus, alors. Si le terrier lui convient, on le lui cédera, à lui et à ses gens. Je ne suis pas embarrassé de mes gars : ces lapins-là, c'est comme les souris, ça a plus d'un trou. A tout à l'heure donc, gars Aubin, et, en m'attendant, mange la soupe. Tiens, je les vois là-bas qui s'apprêtent à fricoter.

Maître Jacques descendit dans ce qu'il appelait son terrier, puis il en remonta l'instant d'après, armé d'une carabine dont il visita l'amorce avec le plus grand soin.

Puis il disparut entre les arbres.

Cependant la clairière s'était animée et présentait en ce moment un coup d'œil des plus pittoresques.

Un grand feu avait été allumé dans le silo, et sa réverbération, passant à travers la trappe, éclairait les buissons des lueurs les plus fantasques et les plus bizarres.

A ce feu cuisait le souper des réfractaires disséminés dans la clairière : les uns agenouillés disant leur chapelet ; les autres assis et chantant à demi-voix ces chansons nationales dont les mélodies plaintives et traînantes allaient parfaitement au caractère du paysage. Deux Bretons couchés sur le ventre à côté même de l'orifice du silo, et éclairés par sa réverbération, se disputaient, au moyen de deux osselets donc chaque face était teinte d'une couleur différente, la possession de quelques pièces de monnaie, tandis qu'un gars, qu'à son teint pâle et jauni par la fièvre on reconnaissait pour un habitant du marais, s'évertuait, sans un grand succès, à enlever l'épais enduit de rouille qui couvrait le canon et la batterie d'une vieille carabine.

Aubin, habitué à ces sortes de scènes, n'y prenait point garde. Trigaud lui avait fabriqué une espèce de lit avec des feuilles ; Aubin s'était assis sur ce matelas improvisé, et il y fumait sa pipe aussi tranquillement que s'il eût été dans son cabaret de Montaigu.

Tout à coup, il lui sembla entendre dans l'éloignement un cri d'alarme, le cri du chat-huant, mais modulé d'une façon sinistre et prolongée qui indiquait un danger.

Courte-Joie siffla doucement pour avertir les réfractaires de faire silence ; puis, presque au même instant, un coup de feu retentit à un millier de pas environ.

En un clin d'œil, les seaux d'eau, tenus tout exprès en réserve pour cet usage, avaient été jetés sur le feu ; la claie avait été abaissée, la trappe s'était refermée, et les lapins de maître Jacques, y compris Aubin Courte-Joie, que son compère avait repris sur ses épaules, s'étaient éparpillés dans toutes les directions, attendant pour agir le signal de leur chef.

45

Du danger qu'il peut y avoir à se trouver dans les bois en mauvaise compagnie

Il était près de sept heures du soir, lorsque Petit-Pierre, accompagné du baron Michel, devenu son guide en remplacement du pauvre Bonneville, quitta la chaumière où il avait couru de si grands dangers.

Ce ne fut point, on le comprend bien, sans une vive et profonde émotion que Petit-Pierre franchit le seuil de cette chambre où il laissait froid et inanimé le valeureux jeune homme qu'il connaissait depuis quelques jours à peine et qu'il aimait déjà comme on aime ses vieux amis.

Ce cœur vaillant éprouva une espèce de défaillance en songeant qu'il allait retourner seul aux périls que, depuis quatre ou cinq jours, le pauvre Bonneville partageait avec lui : la cause royale n'avait perdu qu'un soldat, et cependant Petit-Pierre croyait avoir perdu une armée !

C'était le premier grain des sanglantes semailles qui allaient encore une fois tomber dans la terre de la Vendée, et Petit-Pierre se demandait avec angoisse si, cette fois au moins, elles produiraient autre chose que le deuil et les regrets.

Petit-Pierre ne fit point à Marianne l'injure de lui recommander le corps de son compagnon ; quelque étranges que lui eussent semblé les idées de cette femme, il avait su apprécier l'élévation de ses sentiments, et avait reconnu tout ce qu'il y avait de vraiment bon et de profondément religieux sous cette rude écorce.

Lorsque Michel eut amené son cheval devant la porte, il rappela à Petit-Pierre que les moments étaient précieux et que leurs amis les attendaient ; alors celui-ci se retourna vers la veuve de Pascal Picaut, et, lui tendant la main :

— Comment vous remercierai-je de ce que vous avez fait pour moi ? lui dit-il.

— Je n'ai rien fait pour vous, répondit Marianne ; j'ai payé une dette, acquitté un serment, voilà tout.

— Alors demanda Petit-Pierre les larmes aux yeux, vous ne voulez pas même de ma reconnaissance ?

— Si vous tenez absolument à me devoir quelque chose, reprit la veuve, lorsque vous prierez pour ceux qui seront morts pour vous, ajoutez à vos prières quelques mots pour ceux qui seront morts à cause de vous.

— Vous me croyez donc quelque crédit auprès de Dieu ? dit Petit-Pierre sans pouvoir s'empêcher de sourire à travers ses larmes.

— Oui, parce que je vous crois destinée à souffrir.

— Acceptez au moins ceci, reprit Petit-Pierre en détachant de son cou une médaille suspendue à un mince cordonnet de soie noire ; ce n'est que de l'argent, mais le saint-père l'a bénie devant moi, et m'a dit, en me le remettant, que Dieu exaucerait les vœux que l'on formulerait sur cette médaille, pourvu qu'ils fussent justes et pieux.

Marianne commença par prendre la médaille ; puis :

— Merci, dit-elle. Sur cette médaille, je vais prier Dieu afin qu'il écarte la guerre civile de notre pays, et qu'il nous conserve la grandeur et la liberté.

— Bien ! répliqua Petit-Pierre ; la dernière partie de votre vœu rentrera tout à fait dans les miens.

Et, sur ces mots, aidé par Michel, il enfourcha le cheval, que celui-ci prit par la bride.

Puis, après un dernier signe d'adieu à la veuve, tous deux disparurent derrière la haie.

Pendant quelque temps, Petit-Pierre, la tête penchée sur sa poitrine, se laissant aller au mouvement de sa monture, parut plongé dans de profondes et mélancoliques réflexions.

Enfin, il fit un effort sur lui-même, et, secouant la douleur qui l'oppressait, il se tourna du côté de Michel, qui marchait à côté de lui.

— Monsieur, lui dit-il, je sais déjà de vous deux choses qui vous assurent toute ma confiance : la première, c'est que c'est à vous que nous dûmes, hier au soir, l'avis que les soldats marchaient sur le château de Souday ; la seconde, c'est que, aujourd'hui, vous venez, au nom du marquis et de ses aimables filles ; mais il me reste à en apprendre une troisième : c'est qui vous êtes. Mes amis sont assez rares dans la circonstance où je suis pour que je désire savoir leur nom et que je puisse promettre de ne pas l'oublier.

— Je m'appelle le baron Michel de la Logerie, répondit le jeune homme.

— De la Logerie ? Attendez donc, monsieur ? mais il me

semble que ce n'est pas la première fois que j'entends prononcer ce nom.

— Effectivement, Madame, dit le jeune homme, notre pauvre Bonneville conduisait Votre Altesse chez ma mère...

— Eh bien, que dites-vous donc là ? *Votre Altesse !* A qui parlez-vous ? Je ne vois pas d'altesse ici ; je ne vois qu'un pauvre paysan nommé Petit-Pierre.

— C'est vrai ; mais Madame m'excusera...

— Encore !

— Eh bien, mon pauvre Bonneville vous conduisait chez ma mère, lorsque j'eus l'honneur de vous rencontrer et de vous mener au château de Souday.

— De sorte que c'est déjà une triple reconnaissance que je vous dois. Oh ! cela ne m'effraye pas, et, si grands que soient les services rendus, j'espère bien qu'un jour viendra où je pourrai les acquitter tous.

Michel balbutia quelques mots qui n'arrivèrent point à l'oreille de son interlocuteur ; mais les paroles de ce dernier ne parurent pas moins avoir produit sur lui une certaine impression ; car, à partir de ce moment, tout en se conformant, autant que possible, à l'injonction qui lui avait été faite, il redoubla encore de soins et d'égards pour celui qu'il avait à conduire.

— Mais il me semble, reprit Petit-Pierre après un moment de réflexion, que, d'après ce que m'avait dit M. de Bonneville, l'opinion royaliste n'était pas précisément celle de votre famille.

— Effectivement, Mad... mon...

— Appelez-moi Petit-Pierre, ou ne m'appelez pas du tout ; c'est le seul moyen que vous ne soyez jamais embarrassé. Ainsi, c'est donc à une conversion que je dois l'honneur de vous avoir pour chevalier ?

— Conversion facile ! A mon âge, les opinions ne sont pas encore des convictions, ce sont de simples sentiments.

— Vous êtes fort jeune, dit Petit-Pierre en regardant son guide.

Petit-Pierre poussa un soupir.

— C'est le bel âge, dit-il, pour aimer et pour combattre.

Le jeune baron poussa un gros soupir, et Petit-Pierre, qui l'entendit, sourit imperceptiblement.

— Eh ! eh ! reprit ce dernier, voilà un soupir qui m'en dit bien long sur la cause de la conversion politique dont nous parlions tout à l'heure ! Je gagerais qu'il y a quelque part deux beaux yeux qui n'y sont point étrangers, et que, si les soldats de Louis-Philippe vous fouillaient pour le quart d'heure, ils trouveraient sur vous, selon toute apparence, une écharpe qui vous est encore plus chère par les mains qui l'ont brodée que par les principes dont sa couleur est l'emblème.

— Je puis vous assurer, Madame, balbutia Michel, que ce n'est point là la cause de ma détermination.

— Allons, allons, il ne faut pas vous en défendre : ceci est de la vraie chevalerie, monsieur Michel. N'oublions pas, soit que nous descendions d'eux, soit que nous voulions leur ressembler, que les preux mettaient les dames presque au niveau de Dieu et au niveau des rois, en les confondant tous les trois dans la même devise. N'allez-vous pas être honteux d'aimer, à présent ? Mais c'est là votre meilleur titre à ma sympathie. Ventre-saint-gris ! comme eût dit Henri IV, avec une armée de vingt mille amoureux, je voudrais conquérir non seulement la France, mais le monde ! Voyons maintenant le nom de votre belle, monsieur le baron de la Logerie.

— Oh ! fit Michel d'un air profondément scandalisé.

— Ah ! vous êtes discret, jeune homme ! Je vous en fais mon compliment ; c'est une qualité d'autant plus précieuse qu'elle devient de jour en jour plus rare ; mais, bah ! à un camarade de voyage, en lui recommandant de garder le secret le plus absolu, cela se dit, croyez-moi, baron. Voyons, voulez-vous que je vous aide ? Gageons qu'en ce moment nous marchons vers la dame de nos pensées.

— Vous dites vrai, répondit Michel.

— Gageons que ce n'est ni plus ni moins qu'une de nos belles amazones de Souday.

— Oh ! mon Dieu, qui a pu vous le dire ?

— Eh bien, je vous en félicite, mon jeune camarade ; toutes louves qu'on les dit, à ce qu'il paraît, je les tiens pour de braves et nobles cœurs, parfaitement capables de donner le bonheur à ceux qu'ils choisiront. Vous êtes riche, monsieur de la Logerie ?

— Hélas ! oui, répondit Michel.

— Tant mieux, et non pas hélas ! car vous pourrez enrichir votre femme ; ce qui est, il me semble, un grand bonheur. En tout cas, comme dans toutes les amours il y a toujours une certaine somme de difficultés à vaincre, si Petit-Pierre peut vous être bon à quelque chose, vous n'aurez qu'à disposer de lui : il sera heureux de reconnaître ainsi les services que vous voudrez bien lui rendre. Mais, si je ne me trompe, voici quelqu'un qui vient à nous ; voyez donc.

Effectivement, on entendait le pas d'un homme.

Ce pas était encore à quelque distance, mais il allait se rapprochant.

— Il me semble que cet homme est seul, dit Petit-Pierre.

— Oui ; mais nous n'en devons pas moins être sur nos gardes, répondit le baron, et je vais vous demander la permission de monter sur le cheval près de vous.

— Volontiers ; mais êtes-vous donc déjà fatigué ?

— Non, du tout ! seulement, je suis fort connu dans le pays, et, si l'on m'y rencontrait à pied, à côté d'un paysan monté sur un cheval que je conduis par la bride, comme Aman conduisait Mardochée, cela donnerait très certainement à penser.

— Bravo ! ce que vous dites là est on ne peut plus juste, et je commence à croire que l'on fera quelque chose de vous.

Petit-Pierre descendit ; Michel sauta lestement en selle, et Petit-Pierre se remit modestement en croupe.

Ils n'avaient pas achevé de s'accommoder sur leur monture, qu'ils se trouvèrent à trente pas de l'individu qui marchait dans leur direction, et qu'à son tour ils l'entendirent s'arrêter.

— Oh ! oh ! dit Petit-Pierre, il paraît que, si nous avons peur des passants, voilà un passant qui a peur de nous.

— Qui va là ? dit Michel en grossissant sa voix.

— Eh ! c'est monsieur le baron ! répondit l'homme en s'avançant ; du diable si je m'attendais à vous rencontrer sur la route à une pareille heure !

— Vous disiez vrai quand vous disiez que vous étiez connu, fit Petit-Pierre en riant.

— Oh ! oui, par malheur, dit Michel d'un ton qui fit comprendre à Petit-Pierre que l'on se trouvait en face d'un danger.

— Quel est donc cet homme ? demanda Petit-Pierre.

— Courtin, mon métayer, celui que nous soupçonnons d'avoir dénoncé votre présence chez Marianne Picaut.

Puis, avec une vivacité et un ton impératif qui firent comprendre à son compagnon l'urgence de la situation :

— Cachez-vous derrière moi, dit-il à Petit-Pierre.

Celui-ci se hâta de se soumettre à cet avis.

— C'est vous, Courtin ? fit Michel, tandis que Petit-Pierre s'effaçait de son mieux.

— Oui, c'est moi, répondit le métayer.

— Et d'où venez-vous donc, vous-même ? demanda Michel.

— De Machecoul, où j'étais allé pour acheter un bœuf.

— Où est votre bœuf, alors ? Je ne le vois pas.

— Je n'ai point fait affaire ; avec toute cette damnée politique, le commerce ne va pas et l'on ne trouve plus rien sur les marchés, dit Courtin, qui, tout en parlant, examinait, autant que l'obscurité pouvait le permettre, le cheval que montait le jeune baron.

Puis, comme Michel laissait tomber la conversation :

— Ah çà ! continua Courtin, mais vous tournez encore le dos à la Logerie, à ce qu'il me semble, monsieur le baron.

— Rien d'étonnant à cela : je vais à Souday.

— M'est-il permis de vous faire observer que vous n'êtes pas tout à fait dans la route ?

— Oh ! je le sais bien ; mais je crains de trouver la vraie route gardée, et je prends un détour.

— En ce cas, et si vous allez véritablement à Souday, dit Courtin, je crois devoir vous donner un avis.

— Lequel ? Un avis, s'il est sincère, est toujours le bienvenu.

— C'est que vous trouverez la cage vide.

— Bah !

— Oui ; et ce n'est point là qu'il faut vous rendre, monsieur le baron, si vous voulez trouver l'oiseau qui vous fait courir les champs.

— Qui t'a dit cela, Courtin ? fit Michel tout en manœuvrant son cheval de façon à mettre constamment son corps de face avec celui de son interlocuteur et à masquer ainsi Petit-Pierre.

— Qui me l'a dit ? fit Courtin. Pardieu ! mon œil ! J'ai vu sortir toute la bande, que l'enfer confonde ! Elle a défilé à mes pieds dans le chemin des Grandes-Landes.

— Est-ce que les soldats étaient de ce côté ? demanda le jeune baron.

Petit-Pierre pensa que cette question était de trop, et pinça le bras de Michel.

— Les soldats ? reprit Courtin. Voilà que, vous aussi, vous avez peur des soldats ! Eh bien, en ce cas, je ne vous conseille point de vous hasarder, cette nuit, dans la plaine ; car vous ne feriez pas une lieue sans apercevoir des baïonnettes. Faites mieux, monsieur Michel...

— Que veux-tu que je fasse ? Voyons et, si c'est mieux, je le ferai.

— Revenez-vous-en avec moi à la Logerie ; vous causerez une grande joie à votre mère, à qui cela fait deuil de vous savoir dehors avec d'aussi pauvres intentions.

— Maître Courtin, fit Michel, à mon tour, je vous donnerai un avis.

— Lequel, monsieur le baron ?

— C'est de vous taire.

— Non, je ne me tairai pas, répondit le métayer en affectant une émotion douloureuse ; non, il m'est trop cruel de voir mon jeune maître exposé à mille dangers, et tout cela pour...

— Taisez-vous, Courtin !

— Pour une de ces maudites louves dont le fils d'un paysan comme moi ne voudrait pas !

— Misérable ! te tairas-tu ? s'écria le jeune homme en levant sur Courtin la cravache qu'il tenait à la main.

Ce mouvement, que Courtin cherchait sans aucun doute à provoquer, fit avancer le cheval de Michel d'un pas, et le maire de la Logerie se trouva ainsi à la hauteur des deux cavaliers.

— Pardonnez-moi si je vous offense, monsieur le baron, dit-il d'un ton pleurard, pardonnez-moi ; mais voici deux nuits que je ne dors pas en pensant à tout cela.

Petit-Pierre frissonna : il retrouvait dans la voix du maire de la Logerie ces mêmes intonations patelines et fausses qu'il avait déjà entendues dans la chaumière de la femme Picaut, et qui s'étaient traduites, le métayer parti, par de si tristes événements. Il fit à Michel un second appel, qui voulait dire : « A quelque prix que ce soit, finissons-en avec cet homme. »

— C'est bien, dit Michel ; passez votre chemin, et laissez-*nous* passer le nôtre.

Courtin fit comme s'il s'apercevait seulement alors que le jeune baron avait quelqu'un en croupe.

— Ah ! mon Dieu ! dit-il, vous n'êtes pas seul ?... Ah ! je comprends, monsieur le baron, que ce que je vous ai dit vous ait blessé. Allons, monsieur, qui que vous soyez, vous vous montrerez sans doute plus raisonnable que votre jeune ami. Joignez-vous à moi pour lui dire qu'il n'y a rien de bon à gagner en bravant les lois et la force dont dispose le gouvernement, comme il semble disposé à le faire pour plaire à ces louves.

— Encore une fois, Courtin, dit Michel avec un ton de véritable menace, retirez-vous ! J'agis comme bon me semble, et je vous trouve bien hardi de vous permettre de juger ma conduite.

Mais Courtin, dont on connaît la mielleuse persistance, semblait disposé à ne pas s'éloigner avant d'avoir vu les traits du mystérieux personnage que son jeune maître portait en croupe, et qui, autant qu'il le pouvait, lui tournait le dos.

— Voyons, dit-il en essayant de donner à ses paroles l'accent de la bonne foi la plus parfaite, demain, vous ferez ce qu'il vous plaira de faire ; mais, pour cette nuit au moins, venez vous reposer dans votre métairie, vous et la personne, homme ou dame, qui vous accompagne. Je vous jure, monsieur le baron, qu'il y a danger à être dehors cette nuit.

— Le danger ne peut exister ni pour mon compagnon ni pour moi ; car nous ne nous mêlons en rien à la politique... Eh bien, que faites-vous donc à ma selle, Courtin ? continua le jeune homme en remarquant chez son métayer un mouvement qu'il ne s'expliquait pas.

— Mais rien, monsieur Michel, rien, dit Courtin avec une parfaite bonhomie. Ainsi vous ne voulez écouter ni mes conseils ni mes prières ?

— Non ; passez votre chemin et laissez-moi suivre ma route.

— Allez, alors ! fit le métayer de son ton cauteleux, et que Dieu vous conserve ! Mais rappelez-vous seulement que votre pauvre Courtin a fait tout ce qui dépendait de lui pour empêcher qu'un malheur ne vous arrivât.

Et, ce disant, Courtin se décida enfin à se ranger de côté. Et Michel, ayant donné de l'éperon à son cheval, s'éloigna.

— Au galop ! au galop ! dit Petit-Pierre. Oui, j'ai reconnu l'homme qui est cause de la mort du pauvre Bonneville ! Eloignons-nous au plus vite ; cet homme est un porte-malheur !

Le jeune baron piqua son cheval des deux ; mais à peine l'animal eut-il fourni une douzaine de temps, que la selle tourna et que les deux cavaliers tombèrent lourdement sur les cailloux.

Petit-Pierre se releva le premier.

— Etes-vous blessé ? demanda-t-il à Michel, qui se relevait à son tour.

— Non, répondit celui-ci ; mais je me demande comment...

— Comment nous sommes tombés ? La question n'est pas là. Nous sommes tombés, voilà le fait. Ressanglez votre cheval, et le plus vite qu'il vous sera possible !

— Aïe ! dit Michel, qui avait déjà jeté la selle sur le dos de l'animal, les deux sangles sont cassées à la même hauteur toutes deux.

— Dites qu'elles sont coupées, fit Petit-Pierre ; c'est un tour de votre infernal Courtin ; et cela ne nous annonce rien de bon. Attendez donc, et regardez par ici...

Michel, dont Petit-Pierre avait saisi le bras, tourna les yeux dans la direction que lui indiquait Petit-Pierre, et, à un demi-quart de lieue dans la vallée, il aperçut trois ou quatre feux qui brillaient dans les ténèbres.

— C'est un bivouac, dit Michel. Si ce drôle a des soupçons, et sans aucun doute il en a, comme sa course le conduit du côté de ce bivouac il va, une seconde fois, nous mettre les culottes rouges sur les bras. Ah ! croyez-vous que, me sachant avec vous, moi, son maître, il ose...

— Je suis payé pour tout supposer, monsieur Michel.

— Vous avez raison, et il ne faut rien donner au hasard.

— Nous ferons bien de quitter le sentier frayé, alors.

— J'y pensais.

— Combien nous faut-il de temps pour gagner à pied l'endroit où le marquis nous attend ?

— Une heure, au moins ; aussi nous n'avons pas de temps à perdre. Mais qu'allons-nous faire du cheval du marquis ? Nous ne pouvons lui faire franchir les échaliers.

— Jetons-lui la bride sur le cou ; il retournera à son écurie, et, si nos amis l'arrêtent au passage, ils comprendront qu'il nous est arrivé quelque accident et se mettront à notre recherche... Mais chut !

— Quoi ?

— N'entendez-vous rien ? demanda Petit-Pierre.

— Si fait, des pas de chevaux dans la direction du bivouac.

— Voyez-vous que ce n'était pas sans intention que votre brave homme de fermier avait coupé la sangle de notre cheval ! Détalons donc, mon pauvre baron !

— Mais, si nous laissons le cheval ici, ceux qui nous poursuivent le trouveront et devineront facilement que les cavaliers ne sont pas loin.

— Attendez, dit Petit-Pierre, il me vient une idée...

— D'où ?

— D'Italie... Les courses de *barberi*... oui, c'est cela. Imitez-moi, monsieur Michel.

— Faites et ordonnez.

Petit-Pierre s'était mis à l'œuvre.

De ses mains délicates, et au risque de se déchirer les doigts, il brisait des branches d'épine et de houx dans la haie voisine ; il en forma un paquet assez volumineux, et, comme, de son côté, Michel avait fait ce qu'il avait vu faire à Petit-Pierre, on eut deux petits fagots.

— Qu'allez-vous faire de cela ? demanda Michel.

— Déchirez la marque de votre mouchoir, et donnez-moi le reste.

Michel obéissait à la parole.

Petit-Pierre déchira deux bandes du mouchoir et noua les fagots.

Puis il en attacha un à la crinière du cheval qui était longue et soyeuse ; l'autre, à la queue.

Le pauvre animal, qui sentait les aiguillons pénétrer dans ses chairs, commença de se cabrer et de ruer.

De son côté, le jeune baron commençait de comprendre.

— Maintenant, dit Petit-Pierre, enlevez-lui la bride, afin qu'il ne se casse pas le cou, et laissez aller l'animal.

Le cheval fut à peine débarrassé de l'entrave qui le retenait, qu'il hennit, secoua encore une fois avec rage sa crinière et sa queue, puis partit comme une trombe, laissant derrière lui toute une traînée d'étincelles.

— Bravo ! dit Petit-Pierre. A présent, ramassez la selle, et mettons-nous promptement à l'abri.

Ils se jetèrent de l'autre côté de la haie, Michel traînant après lui selle et bride.

Là, ils se baissèrent, puis prêtèrent l'oreille.

Ils entendaient encore le galop du cheval qui résonnait sur les cailloux.

— Entendez-vous ? dit le baron satisfait.

— Oui ; mais nous ne sommes pas seuls à écouter, monsieur le baron, dit Petit-Pierre, et voici l'écho !

46

Où maître Jacques tient le serment qu'il a fait à Aubin Courte-Joie

Effectivement, le bruit que le baron Michel et Petit-Pierre avaient entendu, du côté par où Courtin venait de disparaître, se changeait en un fracas tumultueux qui allait toujours se rapprochant ; et, deux minutes après, une douzaine de chasseurs, lancés au galop sur les traces ou plutôt sur le bruit que faisait en fuyant le cheval du marquis de Souday — lequel accompagnait sa fuite de hennissements furieux — passèrent comme une tempête à dix pas de Petit-Pierre et de son compagnon, qui se redressant au fur et à mesure que les cavaliers s'éloignaient, les suivirent de l'œil dans leur course enragée.

— Ils vont bien, dit Petit-Pierre ; mais, c'est égal, je doute qu'ils le rattrapent.

— D'autant plus, répondit le baron, qu'ils vont justement passer à l'endroit où nos amis nous attendent, et que le marquis me paraît tout à fait d'humeur à ralentir leur poursuite.

— Bataille, alors ! fit Petit-Pierre. Hier dans l'eau, aujourd'hui dans le feu ; j'aime mieux cela !

Et il essaya d'entraîner le baron Michel du côté où il comptait que la bataille allait avoir lieu.

— Oh ! non, non, dit Michel résistant ; non, je vous en prie, n'y allez pas !

— N'êtes-vous pas curieux de combattre sous les yeux de votre belle, baron ? Elle est là, cependant !

— Je le crois, dit tristement le jeune homme ; mais, vous le voyez, les soldats sillonnent la campagne dans toutes les directions ; si l'on tire quelques coups de fusil, ils accourront au feu ; nous pouvons tomber dans un de leurs partis, et, si j'accomplissais si malheureusement la mission dont je me suis chargé, je n'oserais plus jamais me présenter devant le marquis...

— Voyons, dites devant sa fille.

— Eh bien, oui.

— Alors, pour ne pas vous brouiller avec votre belle amie, je vous promets de vous obéir.

— Merci, merci, dit Michel saisissant vivement les mains de Petit-Pierre.

Puis, s'apercevant de l'inconvenance qu'il commettait :

— Oh ! pardon, pardon, dit-il en faisant vivement un pas en arrière.

— Bon ! dit Petit-Pierre, ne faites pas attention. Où le marquis de Souday m'avait-il ménagé un asile ?

— Chez moi, dans une métairie à moi.

— Pas dans celle de Courtin, j'espère ?

— Non, dans une autre, parfaitement isolée, perdue dans les bois, de l'autre côté de Légé... Vous savez le village où était la maison de Tinguy ?

— Oui ; mais connaissez-vous les chemins qui y conduisent ?

— Parfaitement.

— Je me défie un peu de cet adverbe-là en France ; mon pauvre Bonneville, lui aussi, connaissait parfaitement les chemins, et cependant il s'est égaré.

Petit-Pierre poussa un soupir et murmura :

— Pauvre Bonneville !... Hélas ! C'est peut-être cette erreur qui est la cause de sa mort.

Ce retour que faisait Petit-Pierre en arrière le ramenait naturellement aux pensées mélancoliques qui avaient déjà occupé son esprit lorsqu'il avait quitté la maison où s'était accomplie la catastrophe qui avait coûté la vie à son premier compagnon ; il redevint silencieux, et, après un signe de consentement, il se mit à suivre son nouveau guide, ne répondant que par des monosyllabes aux rares questions que lui adressait Michel.

Quant à celui-ci, il se tira de ses nouvelles fonctions avec infiniment plus d'adresse et de bonheur que l'on n'aurait pu s'y attendre. Il se jeta sur la gauche, et, traversant la plaine, il gagna un ruisseau qu'il connaissait pour y avoir maintes fois pêché des écrevisses dans son enfance ; ce ruisseau traverse d'un bout à l'autre le vallon de la Benaste, remonte vers le sud pour redescendre au nord et rejoindre la Boulogne auprès de Saint-Colombin.

Les deux rives, bordées de prairies, offraient un chemin à la fois sûr et commode. Michel le suivit quelque temps en portant Petit-Pierre sur ses épaules comme avait fait le pauvre Bonneville.

Puis, sortant du ruisseau après y avoir fait un kilomètre environ, il appuya de nouveau à gauche, gravit une colline et montra à Petit-Pierre les masses sombres de la forêt de Touvois, que, dans l'obscurité, on entrevoyait au pied de la colline sur laquelle ils étaient parvenus.

— Est-ce donc déjà votre métairie ? demanda Petit-Pierre.

— Non ; nous avons encore à traverser la forêt de Touvois ; mais, dans trois quarts d'heure, nous y serons arrivés.

— Et la forêt de Touvois est-elle sûre ?

— C'est probable : les soldats savent bien qu'il n'y a rien de bon, pour eux, à traverser nos forêts la nuit.

— Et vous ne craignez pas de vous y perdre ?

— Non ; car nous n'irons point à travers le fourré ; nous n'y entrerons même que quand nous aurons trouvé le chemin de Machecoul à Légé ; en suivant la lisière de l'est, nous devons nécessairement le rencontrer.

— Et alors ?

— Alors, nous n'aurons plus qu'à le suivre en remontant.

— Allons, allons, dit Petit-Pierre, je rendrai bon compte de vous, mon jeune guide, et, ma foi, il ne tiendra pas à Petit-Pierre que votre courageux dévouement n'obtienne la récompense qu'il ambitionne. Mais voici un chemin à peu près praticable ; ne serait-ce pas celui que nous cherchons ?

— C'est bien facile à reconnaître : il doit y avoir un poteau à droite... Et ! tenez, le voici ! C'est cela même. Et, maintenant, Petit-Pierre, j'ose vous promettre une bonne nuit.

— Tant mieux ! dit Petit-Pierre en soupirant ; car je ne puis pas vous cacher que les terribles émotions de la journée ont mal réparé les fatigues de l'autre nuit.

Petit-Pierre n'avait pas achevé ces mots, qu'une silhouette noire se dressa sur le revers du fossé, bondit sur la route, et qu'un homme le saisissant violemment au collet, lui cria d'une voix de tonnerre :

— Arrêtez, ou vous êtes mort !

Michel s'élança au secours de son jeune compagnon en assenant sur la tête de l'agresseur un vigoureux coup de la pomme de plomb de sa cravache.

Mais il faillit payer cher sa généreuse intervention.

L'homme, sans lâcher Petit-Pierre, qu'il contenait de la main gauche, tira un pistolet de dessous sa veste et fit feu sur le baron Michel.

Heureusement pour le pauvre jeune homme que, quelle que fût la faiblesse de Petit-Pierre, ce n'était point un gaillard à se tenir aussi parfaitement tranquille que l'eût souhaité l'homme au pistolet : il vit le geste, et, d'un geste plus rapide encore, il releva si à propos le bras qui ajustait l'arme meurtrière, que la balle, qui, sans ce mouvement, traversait infailliblement la poitrine du baron Michel, ne fit que lui labourer le haut de l'épaule.

Il revenait à la charge et l'assaillant sortait un second pistolet de sa ceinture, lorsque deux autres individus s'élancèrent hors des buissons et le saisirent par-derrière.

Alors, l'homme, le voyant hors d'état de nuire, se contenta de dire à ses deux coopérateurs :

— Fusillez-moi ce gaillard-là ! et, quand vous en aurez fini avec lui, vous me débarrasserez de celui-ci.

— Mais, se hasarda de dire Petit-Pierre, de quel droit nous arrêtez-vous de la sorte ?

— Du droit de ceci, répondit l'homme en montrant la carabine qu'il portait en sautoir sur son épaule. Pourquoi ? Vous le saurez tout à l'heure. Attachez solidement l'homme à la cravache ; quant à celui-ci, ajouta-t-il avec mépris en désignant Petit-Pierre, ce n'est pas la peine : je crois que nous n'aurons pas grande difficulté à nous en faire suivre.

— Mais, enfin, où nous conduisez-vous ? demanda Petit-Pierre.

— Oh ! vous êtes bien curieux, mon jeune ami, répondit l'homme.

— Mais encore ?...

— Eh ! pardieu ! marchez, si vous tenez tant à le savoir. Vous le verrez tout à l'heure par vos propres yeux.

Et l'homme, prenant le bras de Petit-Pierre sous le sien, l'entraîna dans le fourré, tandis que Michel, qui regimbait encore vigoureusement, poussé par les deux acolytes, y pénétrait à son tour.

Ils marchèrent ainsi pendant dix minutes, après lesquelles ils arrivèrent à la clairière que nous connaissons pour la demeure de Jacques, le maître des lapins ; car c'était lui qui, pour tenir saintement la promesse qu'il avait faite à Courte-Joie, avait arrêté les deux premiers voyageurs que le hasard avait envoyés sur la route et c'était son coup de pistolet qui avait mis en rumeur tout le camp des réfractaires, ainsi que nous l'avons vu à la fin d'un des chapitres précédents.

47

Où il est démontré que tous les juifs ne sont pas de Jérusalem, et tous les Turcs de Tunis

— Holà ! hé ! les lapins ! fit maître Jacques en arrivant à la clairière.

Et à la voix de leur chef, les lapins obéissants sortirent des buissons, des touffes de genêts et de broussailles, sous lesquels ils s'étaient gîtés au premier cri d'alarme, et rentrèrent dans la clairière, où autant que le leur permettait l'obscurité, ils examinèrent curieusement les deux prisonniers.

Puis, comme cet examen dans les ténèbres ne leur suffisait pas, l'un d'eux descendit dans le terrier, y alluma deux morceaux de sapin et revint les mettre sous le nez de Petit-Pierre et de son compagnon.

Maître Jacques avait été reprendre sa place habituelle sur le tronc d'arbre, et il causait paisiblement avec Aubin Courte-Joie, auquel il racontait les incidents de la prise qu'il venait d'opérer avec la même conscience qu'un villageois raconte à sa femme les détails d'une acquisition qu'il a faite au marché.

Michel, que cette première affaire et la blessure qu'il avait reçue avaient nécessairement ému, s'était assis ou plutôt couché sur l'herbe ; Petit-Pierre, debout à côté de lui, regardait, avec une attention qui n'était pas exempte de dégoût, les figures des bandits ; ce qui lui était d'autant plus facile que ceux-ci, leur curiosité satisfaite, avaient repris leurs occupations interrompues, c'est-à-dire leurs psalmodies, leurs jeux, leur sommeil et le soin de leurs armes.

Cependant, tout en jouant, tout en buvant, tout en chantant, tout en nettoyant leurs fusils, leurs carabines et leurs pistolets, ils ne perdaient pas un seul instant de l'œil les deux prisonniers, que, pour surcroît de précaution, on avait placés au centre de la clairière.

Ce fut alors seulement, en ramenant ses regards des bandits sur son compagnon, que Petit-Pierre s'aperçut de la blessure de celui-ci.

— Oh ! mon Dieu ! s'écria-t-il en voyant le sang qui, coulant de son bras, était descendu jusqu'à sa main, vous êtes blessé ?

— Je crois que oui, Mad... mons...

— Oh ! par grâce, jusqu'à nouvel ordre, *Petit-Pierre*, et plus que jamais ! Souffrez-vous beaucoup ?

— Non ; il m'a semblé que je recevais un coup de bâton sur l'épaule, et, maintenant, j'ai le bras tout engourdi.

— Essayez de le remuer.

— Oh ! dans tous les cas, il n'y a rien de cassé. Voyez !

Et, effectivement, il remua assez facilement le bras.

— Allons, tant mieux ! Voilà qui va enlever d'assaut le cœur de celle que vous aimez, et, si votre noble conduite ne suffisait pas, je vous promets d'intervenir ; j'ai de bonnes raisons pour croire que mon intervention sera efficace.

— Que vous êtes bonne !

— Que je suis *bon ! bon ! bon !* Ne l'oubliez donc plus, malheureux que vous êtes !

— Oui, Petit-Pierre ; et, quoique vous m'ordonniez après une pareille promesse, s'agît-il d'enlever à moi tout seul une batterie de cent pièces de canon, je marcherais tête baissée sur la redoute. Ah ! si vous vouliez parler au marquis de Souday, je serais le plus heureux des hommes !

— Ne gesticulez donc pas ainsi : vous allez empêcher le sang de s'arrêter. Ah ! il paraît que c'est le marquis que vous redoutez particulièrement. Eh bien, je lui parlerai, à ce terrible marquis, foi de... Petit-Pierre ; seulement, pendant qu'on nous laisse tranquilles, continua Petit-Pierre en jetant un regard autour de lui, causons de nos affaires. Où sommes-nous, et quelles sont ces gens-là ?

— Mais, dit Michel, cela m'a tout l'air d'être des chouans.

— Des chouans qui arrêtent des voyageurs inoffensifs ? C'est impossible.

— Cela s'est vu cependant.

— Oh !

— Et, si cela ne s'est pas vu, j'ai bien peur que cela ne se voie aujourd'hui.

— Mais que vont-ils faire de nous ?

— Nous allons le savoir ; car voici qu'ils se remuent, et c'est sans doute pour nous faire l'honneur de s'occuper de nos personnes.

— Ah ! par exemple, fit Petit-Pierre, il serait curieux que ce fût de mes partisans que vînt pour nous le danger. En tout cas, silence !

Michel fit un signe pour indiquer qu'il n'y avait de sa part aucune indiscrétion à redouter.

Comme l'avait fort judicieusement remarqué le jeune baron, maître Jacques, après avoir conféré avec Aubin Courte-Joie et quelques-uns de ses hommes, venait de donner l'ordre qu'on lui amenât les prisonniers.

Petit-Pierre s'avança avec assurance vers l'arbre sous lequel le maître des lapins tenait ses assises ; mais Michel, qui, à cause de sa blessure et de ses mains liées, éprouvait quelque difficulté à se dresser sur ses jambes, mit un peu plus de temps à obéir ; ce que voyant, Aubin Courte-Joie fit signe à Trigaud la Vermine, qui, saisissant le jeune homme par la ceinture, l'enleva avec autant de facilité qu'un autre eût fait d'un enfant de trois ans, et le posa devant maître Jacques en ayant soin de le placer dans une situation exactement semblable à celle où il était lorsqu'il avait été ramassé, manœuvre que Trigaud la Vermine opéra en lançant fort adroitement en avant les extrémités inférieures de Michel, puis en donnant une secousse au centre de gravité avant de laisser retomber le tout sur le sol.

— Butor ! murmura Michel, auquel la douleur avait fait perdre sa timidité naturelle.

— Vous n'êtes pas poli, dit maître Jacques ; non, je vous le répète, vous n'êtes pas poli, monsieur le baron Michel de la Logerie ! et le procédé de ce brave garçon valait mieux que cela. Mais voyons, laissons toutes ces futilités, et arrivons-en à nos petites affaires.

Jetant alors un coup d'œil plus arrêté sur le jeune homme :

— Je ne me suis pas trompé, continua-t-il : vous êtes bien M. le baron Michel de la Logerie ?

— Oui, répondit brièvement Michel.

— Bien ! qu'aviez-vous à faire sur la route de Légé, en pleine forêt de Touvois, à cette heure de la nuit ?

— Je pourrais vous répondre que je n'ai pas de comptes à vous rendre, et que les routes sont libres.

— Mais vous ne me répondrez pas cela, monsieur le baron.

— Pourquoi ?

— Parce que, sauf le respect que je vous dois, vous répondriez une sottise, et que vous avez trop d'esprit pour cela.

— Comment ?

— Sans doute : vous voyez bien que vous avez des comptes à me rendre, puisque je vous en demande ; vous voyez bien que les routes ne sont pas libres, puisque vous n'avez pas pu continuer votre chemin.

— Soit ; je ne discuterai pas avec vous. J'allais à ma métairie de la Banlœuvre, qui, vous le savez, est située à l'une des extrémités de la forêt de Touvois, où nous sommes.

— Eh bien, à la bonne heure, monsieur le baron, faites-moi toujours l'honneur de me répondre ainsi, et nous serons d'accord.

Maintenant, comment se fait-il que M. le baron de la Logerie, qui a tant de bons chevaux dans ses écuries, tant de bons carrosses sous ses remises, voyage à pied comme les simples manants, comme nous pourrions le faire ?

— Nous avions un cheval ; mais, dans une chute que nous avons faite, il s'est échappé, et nous n'avons pas pu le rejoindre.

— Bien encore. A présent, monsieur le baron, j'espère que vous serez assez bon pour nous donner des nouvelles.

— Moi ?

— Oui. Que se passe-t-il par là-bas, monsieur le baron ?

— En quoi ce qui se passe de nos côtés peut-il vous intéresser ? demanda Michel, qui, ne devinant pas encore tout à fait à qui il avait affaire, ne savait trop quelle couleur il devait donner à ses réponses.

— Dites toujours, monsieur le baron, reprit maître Jacques ; ne vous inquiétez pas de ce qui peut m'être utile ou de ce qui peut m'être indifférent. Voyons, rappelez bien vos souvenirs. Qu'avez-vous rencontré sur votre route ?

Michel regarda Petit-Pierre avec embarras.

Maître Jacques surprit ce regard ; il appela Trigaud la Vermine et lui ordonna de se placer entre les deux prisonniers, comme la Muraille du *Songe d'une nuit d'été*.

— Eh bien, continua Michel, nous avons rencontré ce que l'on rencontre à toute heure et sur tous les chemins, depuis trois jours, dans les environs de Machecoul : des soldats.

— Et sans doute ils vous ont parlé ?

— Non.

— Comment ! non ? Ils vous ont laissés passer sans vous parler ?

— Nous les avons évités.

— Bah ! fit maître Jacques d'un ton dubitatif.

— Voyageant pour nos affaires, il ne nous convenait point d'être mêlés malgré nous dans celles qui ne nous regardent pas.

— Et quel est ce jeune homme qui vous accompagne ?

Petit-Pierre s'empressa de répondre avant que Michel eût eu le temps de le faire :

— Je suis, dit-il, le domestique de M. le baron.

— Alors, mon ami, dit maître Jacques répliquant à Petit-Pierre, permettez-moi de vous dire que vous êtes un bien mauvais domestique ; et, en vérité, tout paysan que je suis, cela me chagrine de voir un domestique répondre pour son maître, surtout quand on ne lui adresse pas la parole, à lui.

Puis, revenant à Michel :

— Ah ! Ce jeune garçon est votre domestique ? continua maître Jacques. Eh bien, il est fort gentil !

Et le maître des lapins regarda Petit-Pierre avec une profonde attention, tandis que l'un de ses hommes passait sa torche devant le visage de ce dernier pour faciliter l'examen.

— Voyons, de fait, que voulez-vous ? demanda Michel. Si c'est ma bourse, je ne compte pas la défendre, prenez-la ; mais laissez-nous aller à nos affaires.

— Ah ! fi donc ! répondit maître Jacques, si j'étais un gentilhomme comme vous, monsieur Michel, je vous demanderais raison d'une pareille offense. Voyons, vous nous prenez donc pour des voleurs de grand chemin ? Voilà qui n'est pas du tout flatteur, et, sans la crainte de vous être désagréable, je vous révélerais mes qualités ; mais vous ne vous occupez pas de politique... Monsieur votre père, cependant, que j'ai eu l'avantage de connaître quelque peu, s'en mêlait, lui, et il n'y a pas perdu sa fortune ; je vous avoue donc que je croyais trouver en vous un serviteur zélé de Sa Majesté Louis-Philippe.

— Eh bien, vous vous seriez trompé, mon cher monsieur, répondit très irrévérencieusement Petit-Pierre : M. le baron est, au contraire, un partisan très zélé d'Henri V.

— Vraiment, mon jeune ami ? s'écria maître Jacques.

Puis se tournant vers Michel :

— Voyons, monsieur le baron, continua-t-il, ce que vient de dire là votre compagnon... non, je me trompe, votre domestique, est-ce bien vrai ?

— C'est l'exacte vérité, répondit Michel.

— Ah ! Voilà qui me comble de joie ! Et moi qui croyais avoir affaire à d'affreux pataudś ! Mon Dieu, que je suis donc honteux de vous avoir traités de la sorte, et que d'excuses j'ai à vous faire ! Recevez-les, monsieur le baron ; vous-même, prenez-en votre part, mon jeune ami, et touchez là tous deux, le domestique comme le maître... Je ne suis pas fier, moi.

— Eh ! pardieu ! dit Michel, dont la politesse railleuse de maître Jacques était loin d'apaiser la mauvaise humeur, vous avez un moyen bien simple de nous témoigner vos regrets : c'est de nous renvoyer où vous nous avez pris.

— Oh ! fit maître Jacques, non.

— Comment ! non ?

— Non, non, non ; je ne souffrirai pas que vous nous quittiez de la sorte ; d'ailleurs, deux partisans de la légitimité comme nous, monsieur le baron Michel, doivent avoir à s'entretenir ensemble de la grande question de la prise d'armes. N'êtes-vous pas de cet avis, monsieur le baron ?

— Soit ; mais l'intérêt même de cette cause exige que, moi et mon domestique, nous nous mettions promptement en sûreté à la Banlœuvre.

— Monsieur le baron, nul asile, je vous jure, n'est plus sûr que celui que vous trouverez parmi nous ; puis je ne souffrirai pas que vous nous quittiez avant que je vous aie donné une preuve de l'intérêt vraiment touchant que je vous porte.

— Hum ! murmura Petit-Pierre, il me semble que cela se gâte.

— Voyons, dit Michel.

— Vous êtes dévoué à Henri V ?

— Oui.

— Très dévoué ?

— Oui.

— Enormément ?

— Je vous l'ai dit.

— Vous l'avez dit, et je n'en doute pas. Eh bien, je vais vous fournir les moyens de manifester ce dévouement d'une manière éclatante.

— Faites.

— Vous voyez tous ces braves, fit maître Jacques en montrant à Michel sa troupe, c'est-à-dire une quarantaine de drôles ayant bien plus l'air de bandits de Callot que d'honnêtes paysans ; ils ne demandent qu'à se faire tuer pour notre jeune roi et son héroïque mère ; seulement, ils manquent de tout ce qui est nécessaire pour atteindre ce but : d'armes pour combattre, d'habits pour se présenter convenablement au feu, d'argent pour alléger les fatigues du bivouac. Vous ne souffrirez pas, je le présume, monsieur le baron, que tous ces dignes serviteurs, en accomplissant ce que vous-même regardez comme un devoir, s'exposent à toutes les maladies, rhumes, fluxions de poitrine, qui résultent de l'intempérie des saisons ?

— Mais où diable, répliqua Michel, voulez-vous que je trouve de quoi vêtir et armer vos hommes ? Est-ce que j'ai des magasins à ma disposition ?

— Ah ! monsieur le baron, reprit maître Jacques, croyez-vous donc que je sache assez peu mon monde pour avoir pensé à donner à un homme comme vous l'ennui de tous ces détails ? Non ; j'ai là un serviteur merveilleux (et il montra Aubin Courte-Joie) qui vous épargnera toute peine ; il vous suffira de le fournir d'argent, et il fera pour le mieux, tout en ménageant votre bourse.

— S'il ne s'agit que de cela, dit Michel avec la facilité de la jeunesse et l'enthousiasme d'une opinion naissante, de grand cœur ! Combien vous faut-il ?

— A la bonne heure ! fit maître Jacques assez étonné de cette facilité. Eh bien, croyez-vous que ce soit exagérer les choses que de vous demander cinq cents francs par homme ? Vous comprenez que je voudrais, outre la tenue — verte comme celle des chasseurs de M. de Charette — leur voir un havresac convenablement garni ; cinq cents francs, c'est à peu près moitié du prix que Philippe compte à la France pour chaque homme qu'elle lui fournit, et chacun de mes hommes vaut bien deux soldats de Philippe. Vous voyez que je suis raisonnable.

— Dites-moi en deux mots la somme que vous exigez, et finissons.

— Eh bien, j'ai une quarantaine d'hommes, y compris les absents par congé en règle, mais qui doivent rejoindre les drapeaux au premier signal : cela fait tout juste vingt mille francs, c'est-à-dire une misère pour un homme riche comme vous êtes, monsieur le baron.

— Soit ; dans deux jours, vous aurez vos vingt mille francs, dit Michel en essayant de se lever, je vous en donne ma parole.

— Oh ! que non pas !... Nous voulons vous épargner toute peine, monsieur le baron. Vous avez bien aux environs un ami, un notaire qui vous avancera cette somme : vous allez lui écrire un petit mot bien pressant, bien poli, et l'un de mes hommes se chargera de le lui remettre.

— Volontiers ! donnez-moi ce qu'il faut pour écrire et déliez-moi les mains.

— Mon compère Courte-Joie va vous fournir plume, encre et papier.

Maître Courte-Joie, en effet, commença de tirer de sa poche un encrier garni.

Mais Petit-Pierre fit un pas en avant.

— Un instant, monsieur Michel, dit-il avec résolution. Et vous, maître Courte-Joie, comme on vous appelle, rengainez vos ustensiles ; cela ne se fera pas.

— Bah ! vraiment, monsieur le domestique ? demanda maître Jacques. Et pourquoi cela ne se ferait-il pas, s'il vous plaît ?

— Parce que de pareils procédés, monsieur, rappellent un peu trop les bandits de la Calabre et de l'Estramadure pour être de mise chez des hommes qui se prétendent les soldats du roi Henri V ; parce que c'est une véritable extorsion, et que je ne la souffrirai pas.

— Vous, mon jeune ami ?

— Oui, moi !

— Si je vous considérais comme étant réellement ce que vous avez prétendu être, je vous traiterais comme on traite un laquais impertinent ; mais il me semble que vous avez quelque droit au respect que l'on porte à une femme, et je n'aurai garde de compromettre ma réputation de galanterie en vous brutalisant. Je me bornerai donc, pour le moment, à vous engager à ne point vous mêler de ce qui ne vous regarde pas.

— Cela me regarde beaucoup, au contraire, monsieur, reprit Petit-Pierre avec une suprême hauteur ; car il m'importe que vous ne vous serviez point du nom d'Henri V pour commettre des actes de brigandage.

— Oh ! mais vous prenez grand souci, ce me semble, des affaires de Sa Majesté, mon jeune ami. Vous aurez bien la bonté de me dire à quel titre, n'est-ce pas ?

— Faites éloigner vos hommes, et je vous le dirai, monsieur.

— Ah ! ah ! fit maître Jacques.

Puis se tournant vers ses hommes :

— Eloignez-vous un peu, les lapins, dit-il.

Les hommes obéirent.

— Ce n'était pas nécessaire, fit maître Jacques, attendu que je n'ai pas de secret pour ces braves gens ; mais, enfin, pour vous plaire, il n'y a rien que je ne fasse, comme vous voyez. Nous voilà seuls ; parlez donc.

— Monsieur, dit Petit-Pierre en faisant un pas vers maître Jacques, je vous ordonne de mettre ce jeune homme en liberté ; je veux que vous nous donniez une escorte, que vous nous fassiez conduire à l'instant même où nous voulons aller, et que vous envoyiez à la recherche d'amis que nous attendons.

— Vous voulez ! vous ordonnez ! Ah çà ! ma tourterelle, vous parlez comme le roi sur son trône. Et, si je refuse, que direz-vous ?

— Si vous refusez, avant vingt-quatre heures, je vous aurai fait fusiller.

— Voyez-vous cela ! C'est donc à Mme la régente que j'ai l'honneur de parler ?

— A elle-même, monsieur.

Ici, maître Jacques fut pris d'un accès de rire convulsif ; ses lapins, le voyant si joyeux, se rapprochèrent pour avoir leur part d'hilarité.

— Ouf ! dit-il les voyant revenus à leur premier poste, je n'en puis plus. Mes pauvres lapins, vous avez été bien étonnés tout à l'heure, n'est-ce pas ? lorsque M. le baron de la Logerie, fils du Michel que vous savez, nous a déclaré qu'Henri V n'avait pas de meilleur ami que lui ; mais ce qui se passe à cette heure est bien autrement fort, bien autrement sérieux, bien autrement incroyable ! Voici qui dépasse tout ce que l'imagination la plus galopante aurait pu concevoir : savez-vous ce que c'est que ce joli petit paysan, que vous avez pu prendre pour ce que vous avez voulu, mais que, moi, j'ai purement et simplement regardé comme la maîtresse de M. le baron ? Eh bien, mes petits lapins, vous vous trompiez, je me trompais, nous nous trompions tous : ce jeune homme inconnu n'est ni plus ni moins que la mère de notre roi !

Un murmure d'incrédulité ironique parcourut les rangs des réfractaires.

— Et moi, je vous jure, s'écria Michel, que ce que l'on vous dit est la vérité.

— Ah ! beau témoignage, par ma foi ! s'écria à son tour maître Jacques.

— Je vous assure... interrompit Petit-Pierre.

— Non pas, reprit maître Jacques, c'est moi qui vous assure que, si, d'ici à dix minutes que je lui ai données pour réfléchir, votre écuyer, ma belle dame errante, n'a pas pris le parti que je lui ai indiqué comme pouvant seul le sauver, il ira tenir compagnie aux glands qui poussent au-dessus de nos têtes... Qu'il choisisse vite, du sac ou de la corde ; si je n'ai pas l'un, l'autre ne lui manquera pas.

— Mais c'est une infamie ! s'écria Petit-Pierre hors de lui.

— Qu'on le saisisse ! dit maître Jacques.

Quatre réfractaires s'avançaient pour exécuter cet ordre.

— Voyons, dit Petit-Pierre, qui de vous osera porter la main sur moi !

Et comme Trigaud, peu sensible à la majesté de la parole et du geste, avançait toujours :

— Eh quoi ! reprit Petit-Pierre reculant devant le contact de cette main sordide, et arrachant du même coup son chapeau et sa perruque, quoi ! parmi tous ces bandits, il ne se trouvera pas un soldat pour me reconnaître ? quoi ! Dieu me laissera sans secours, à la merci de pareils brigands ?

— Oh ! non pas, fit une voix derrière maître Jacques, et voici venir quelqu'un qui dira à monsieur que sa conduite est indigne d'un homme portant une cocarde qui n'est blanche que parce qu'elle est sans tache.

Maître Jacques se retourna prompt comme la foudre, et braquant déjà un de ses pistolets sur le nouvel arrivant ; tous les bandits avaient sauté sur leurs armes, et ce fut sous une voûte de fer que Bertha — car c'était elle — fit son entrée dans le cercle qui entourait les deux prisonniers.

— La louve ! la louve ! murmurèrent quelques-uns des hommes de maître Jacques qui connaissaient Mlle de Souday.

— Que venez-vous faire ici ? s'écria le chef des lapins, ignorez-vous que je ne reconnais aucunement l'autorité que monsieur votre père s'arroge sur ma troupe, et que je refuse de faire partie de sa division ?

— Taisez-vous, drôle ! dit Bertha.

Et, allant droit à Petit-Pierre et mettant un genou en terre devant lui :

— Je vous demande pardon, lui dit-elle, pour ces hommes qui vous ont injurié et menacé, vous qui aviez tant de droits à leurs respects !

— Ah ! par ma foi, dit gaiement Petit-Pierre, vous arrivez fort à propos ! Sans vous, la position devenait mauvaise, et voilà un pauvre garçon qui vous devra quelque chose comme la vie ; car ces messieurs ne parlaient pas moins que de le pendre et de m'envoyer lui tenir compagnie.

— Oh ! mon Dieu oui, dit Michel, qu'Aubin Courte-Joie, en voyant la tournure que prenait la chose, s'était hâté de délier.

— Et ce qui m'eût paru le plus fâcheux dans tout cela, dit Petit-Pierre en souriant et en montrant Michel, c'est que ce jeune homme est tout à fait digne qu'une bonne royaliste comme vous s'intéresse à lui.

Bertha sourit à son tour, et baissa les yeux.

— C'est donc vous qui m'acquitterez envers lui, continua Petit-Pierre ; et, de votre côté, vous ne m'en voudrez pas trop, n'est-ce pas ? si, pour dégager la promesse que je lui ai faite, je touche quelques mots de tout cela à monsieur votre père.

Bertha se pencha, et ce mouvement, qu'elle fit pour saisir la main de Petit-Pierre et la baiser, dissimula la rougeur qui couvrait ses joues.

Cependant maître Jacques, tout honteux de sa méprise, s'était approché et balbutiait quelques excuses.

Malgré la répulsion profonde que lui inspirait cet homme, Petit-Pierre comprit qu'il serait impolitique de lui témoigner autre chose que du ressentiment.

— Vos intentions sont peut-être excellentes, monsieur, lui dit-il ; mais vos façons sont déplorables et ne tendent pas à moins qu'à nous faire passer tous pour des détrousseurs de grande route, comme étaient autrefois MM. les compagnons de Jéhu. J'espère que vous vous en abstiendrez désormais.

Puis, se détournant, et comme si ces gens n'existaient plus pour lui :

— Et maintenant, dit Petit-Pierre à Bertha, racontez-moi comment vous êtes arrivée jusqu'à nous.

— Votre cheval a senti les nôtres, répondit la jeune fille ; en passant, nous l'avons recueilli, et nous nous sommes éloignés ; car nous entendions les chasseurs qui le suivaient. En voyant le double fagot d'épines dont la pauvre bête était ornée, nous avons bien pensé que c'était pour vous échapper que vous vous étiez débarrassés de l'animal ; alors, nous nous sommes tous dispersés, et, nous donnant rendez-vous à la Banlœuvre, nous nous sommes mis à votre recherche. Je traversais la forêt ; les lumières ont attiré mon attention, ainsi que le bruit des voix ; j'ai quitté mon cheval, de peur qu'un hennissement ne me trahît, je me suis approchée, et, dans la préoccupation générale, personne ne m'a vue ni entendue. Vous savez le reste, Madame.

— Bien, répondit Petit-Pierre ; et, si maintenant monsieur veut bien me donner un guide, à la Banlœuvre, Bertha ! car je vous avoue que je tombe de fatigue...

— Je vous conduirai moi-même, Madame, répondit respectueusement maître Jacques.

Petit-Pierre inclina la tête en signe d'assentiment.

Maître Jacques fit bien les choses.

Dix de ses hommes marchèrent en avant pour éclairer la route, tandis que lui-même, accompagné de dix autres, escortait Petit-Pierre, monté sur le cheval de Bertha.

Deux heures après, et au moment où Petit-Pierre, Bertha et Michel achevaient de souper, le marquis et Mary arrivèrent à leur tour, et M. de Souday témoigna une grande joie de trouver en sûreté celui qu'il appelait son jeune ami.

Nous devons avouer que, toujours homme de l'ancien régime, cette joie du marquis, si vive et si réelle qu'elle fût, était tempérée par les témoignages du plus profond respect.

Dans la soirée, Petit-Pierre eut avec le marquis de Souday, dans un coin de la salle, un long entretien que Bertha et Michel suivirent tous deux avec un vif intérêt, qui s'accrut encore lorsque Jean Oullier entra dans la métairie ; en ce moment, M. de Souday s'approcha des jeunes gens, et, prenant la main de Bertha, tout en s'adressant à Michel :

— M. Petit-Pierre, dit-il, vient de m'assurer que vous aspiriez à la main de Mlle Bertha, ma fille. J'eusse peut-être eu d'autres idées pour son établissement ; mais, en face de ses gracieuses insistances, je ne puis que vous répondre, monsieur, qu'après la campagne, ma fille sera votre femme.

La foudre tombant aux pieds de Michel ne l'eût pas stupéfié davantage.

Pendant que le marquis mettait la main de Bertha dans la sienne, il voulut se tourner vers Mary, comme pour implorer son intervention.

Mais la voix de celle-ci murmura à son oreille ces mots terribles :

— Je ne vous aime pas !

Accablé de douleur, confondu de surprise, Michel prit machinalement la main que le marquis lui présentait.

48

Maître Marc

Le même jour où se passaient, dans la maison de la veuve Picaut, au château de Souday, dans la forêt de Touvois et à la métairie de la Banlœuvre, les divers événements qui ont fait le sujet de nos derniers chapitres, la porte de la maison du n° 17 de la rue du Château, à Nantes, s'ouvrait, vers cinq heures du soir, pour donner passage à deux individus dans l'un desquels on eût pu reconnaître le commissaire civil Pascal, avec lequel nos lecteurs ont déjà fait connaissance au château de Souday, et qui, après en être sorti comme nous le savons, avait, pendant la nuit, regagné sans encombre son domicile politique et social.

L'autre, c'est-à-dire celui dont nous allons momentanément nous occuper, était un homme d'une quarantaine d'années, à l'œil vif, intelligent, profond, au nez recourbé, aux dents blanches, aux lèvres épaisses et sensuelles, comme les ont d'habitude les gens d'imagination ; son habit noir, sa cravate blanche, son ruban de la Légion d'honneur indiquaient, autant qu'on peut en juger sur les apparences, un homme appartenant à la magistrature du pays. Ce personnage était, en effet, un des avocats les plus distingués du barreau de Paris, arrivé depuis la veille à Nantes et descendu chez son confrère, le commissaire civil.

Dans le vocabulaire royaliste, il portait le nom de Marc, c'est-à-dire un des prénoms de Cicéron.

Arrivé à la porte de la rue, conduit, comme nous l'avons dit, par le commissaire civil, il y trouva un cabriolet qui stationnait.

Il serra affectueusement la main de son hôte et monta dans le véhicule, tandis que le cocher, se penchant vers le commissaire civil, lui demandait, comme s'il eût connu, sur ce point, l'ignorance du voyageur :

— Où faut-il conduire Monsieur ?

— Vous voyez bien ce paysan qui se tient au bout de la rue sur un cheval gris pommelé ? dit le commissaire civil.

— Parfaitement, répliqua le cocher.

— Eh bien, il s'agit tout simplement de le suivre.

A peine ce renseignement eut-il été donné, que, comme si l'homme au cheval gris pommelé eût pu entendre les paroles qui venaient de sortir de la bouche de l'agent légitimiste, il se mit en route, descendant le bas de la rue du Château et tournant à droite, de manière à longer la rivière qui coulait à sa gauche.

En même temps, le cocher enlevait son cheval d'un coup de fouet, et la machine criarde à laquelle nous avons donné le nom un peu ambitieux de cabriolet se mettait à danser sur les pavés inégaux de la capitale du département de la Loire-Inférieure, suivant tant bien que mal le guide mystérieux qui lui était donné.

Au moment où le cabriolet arrivait à son tour à l'angle de la rue du Château et tournait dans la direction indiquée, le voyageur revit le cavalier, qui, sans jeter un regard en arrière, prenait le pont Rousseau, qui traverse la Loire et conduit à la route de Saint-Philbert-de-Grand-Lieu.

Le voyageur traversa le pont et enfila la route.

Le paysan avait mis son cheval au trot, mais à un trot assez modéré pour que le voyageur pût le suivre.

Cependant le paysan ne retournait même pas la tête et paraissait non seulement si indifférent à ce qui se passait derrière lui, mais encore si ignorant de la mission qu'il remplissait comme guide, qu'il y avait des moments où le voyageur se croyait dupe d'une mystification.

Quant au cocher, n'étant pas dans la confidence, il ne pouvait donner aucun renseignement capable de calmer l'inquiétude de maître Marc, et, comme, lorsqu'il avait demandé au commissaire civil : « Où allons-nous ? » celui-ci lui avait répondu : « Suivez l'homme au cheval gris pommelé », il suivait l'homme au cheval gris pommelé, ne paraissant pas plus s'occuper de son guide que son guide ne s'occupait de lui.

Après deux heures de marche, et comme le jour commençait de tomber, on arriva à Saint-Philbert-de-Grand-Lieu.

L'homme au cheval gris s'arrêta devant l'auberge du *Cygne de la Croix*, descendit de cheval, remit le cheval aux mains d'un garçon d'écurie et entra dans l'auberge.

Le voyageur arriva cinq minutes après lui, et descendit à la même auberge que lui.

Dans la cuisine, le paysan le croisa, et, tout en le croisant, sans avoir l'air de le connaître, sans que personne le vît, il lui glissa un petit papier dans la main.

Le voyageur passa dans la salle commune, vide pour le moment, demanda une bouteille de vin et de la lumière.

On lui apporta ce qu'il demandait.

Il ne toucha point à la bouteille, mais déplia le billet, qui contenait ces mots :

« Je vais vous attendre sur la grande route de Légé ; suivez-moi, mais sans chercher à me rejoindre ni à me parler. Le cocher restera à l'auberge, avec le cabriolet. »

Le voyageur brûla le billet, se versa un verre de vin dans lequel il trempa ses lèvres, donna rendez-vous pour le lendemain soir au cocher, et sortit de l'auberge sans avoir éveillé l'attention de l'aubergiste, ou tout au moins sans que l'aubergiste eût paru faire attention à lui.

Arrivé à l'extrémité du village, il aperçut son homme, qui se taillait une canne dans une haie d'aubépine.

La canne étant coupée, le paysan se mit en route, tout en taillant les branches.

Maître Marc le suivit pendant une demi-lieue, à peu près.

Au bout d'une demi-lieue — et comme la nuit était tout à fait venue — le paysan entra dans une maison isolée, située à la droite de la route.

Le voyageur avait forcé le pas et y entra presque en même temps que lui.

Au moment où il arriva sur le seuil, il n'y avait qu'une femme dans la pièce donnant sur la route.

Le paysan était devant elle et semblait attendre l'arrivée du voyageur.

Dès que celui-ci parut :

— Voilà, dit le paysan, un monsieur qu'il faut conduire.

Puis, en achevant ces mots, il sortit sans donner le temps à celui qu'il annonçait de le remercier, ni de parole, ni d'argent.

Lorsque le voyageur, qui l'avait suivi des yeux, ramena son regard étonné vers la maîtresse de la maison, celle-ci lui fit signe de s'asseoir, et, sans s'inquiéter aucunement de sa présence, sans lui adresser un seul mot, continua à vaquer aux affaires de la maison.

Un silence de plus d'une demi-heure succéda à cette marque de stricte politesse, et le voyageur commençait à s'impatienter lorsque le maître de la maison rentra, et, sans manifester aucun signe d'étonnement ni de curiosité, salua son hôte.

Seulement, il chercha des yeux sa femme, qui lui répéta textuellement cette phrase du guide :

— Voilà un monsieur qu'il faut conduire.

Le maître de la maison jeta alors sur l'étranger un de ces regards inquiets, fins et rapides qui n'appartiennent qu'aux paysans vendéens ; mais, presque aussitôt, sa physionomie reprenant le caractère qui lui était habituel, c'est-à-dire celui de la bonhomie et de la naïveté, il s'avança vers son hôte le chapeau à la main.

— Monsieur désire voyager dans le pays ? dit-il.

— Oui, mon ami, répondit maître Marc, je désirerais aller plus avant.

— Monsieur a des papiers, sans doute ?

— Certainement.

— En règle ?

— Tout ce qu'il y a de plus en règle.

— Sous son nom de guerre, ou sous son véritable nom ?

— Sous mon véritable nom.

— Je suis forcé, pour ne point faire erreur, de prier Monsieur de me les montrer.

— C'est absolument nécessaire ?

— Oh ! oui ; car, seulement après les avoir vus, je pourrai dire à Monsieur s'il peut voyager tranquillement dans le pays.

Le voyageur tira son passeport, qui portait la date du 28 février.

— Voici, dit-il.

Le paysan prit le passeport, y jeta les yeux pour voir si le signalement correspondait au visage, et, rendant le passeport au voyageur après l'avoir replié :

— C'est très bien, dit-il ; Monsieur peut aller partout avec ce papier-là.

— Et vous vous chargez de me faire conduire ?

— Oui, Monsieur.

— Je désirerais bien que ce fût le plus vite possible.

— Je vais faire seller les chevaux.

Le maître de la maison sortit. Dix minutes après, il rentra.

— Les chevaux sont prêts, dit-il.

— Et le guide ?

— Il attend.

Le voyageur sortit et trouva à la porte un garçon de ferme, déjà en selle et tenant un cheval de main. Maître Marc comprit que ce cheval était sa monture, ce garçon de ferme son guide.

Et, en effet, à peine eut-il le pied dans l'étrier, que son nouveau conducteur se mit en route non moins silencieusement que ne l'avait fait son prédécesseur.

Il était neuf heures du soir ; il faisait nuit close.

49

De quelle façon on voyageait dans le département de la Loire-Inférieure, au mois de mai 1832

Après une heure et demie de marche pendant laquelle pas une parole ne fut échangée entre le voyageur et son guide, on arriva à la porte d'un de ces bâtiments particuliers au pays et qui sont moitié métairie, moitié château.

Le guide s'arrêta, fit signe au voyageur d'en faire autant ; puis il descendit et frappa à la porte.

Un domestique vint ouvrir.

— Voilà un monsieur qui doit parler à Monsieur, dit le garçon de ferme.

— Ce n'est pas possible, répondit celui-ci ; Monsieur est couché.

— Déjà ? demanda le voyageur.

Le domestique se rapprocha.

— Monsieur a passé la nuit dernière à un rendez-vous et une grande partie de la journée à cheval.

— N'importe ! dit le guide, il faut que ce monsieur-là lui parle ; il vient de la part de M. Pascal, et va rejoindre Petit-Pierre.

— En ce cas, c'est différent, dit le domestique ; je vais réveiller Monsieur.

— Demandez-lui, dit le voyageur, s'il peut me donner un guide sûr... Un guide me suffira.

— Je ne crois pas que Monsieur fasse cela, répondit le domestique.

— Que fera-t-il, alors ?

— Il conduira Monsieur lui-même, répondit le garçon.

Et il rentra.

Au bout de cinq minutes, il reparut.

— Monsieur fait demander à Monsieur s'il a besoin de prendre quelque chose, ou s'il préfère continuer son chemin sans s'arrêter.

— J'ai dîné à Nantes, je n'ai besoin de rien. J'aimerais mieux continuer ma route.

Le domestique disparut de nouveau.

Quelques instants après, un jeune homme s'approcha.

Cette fois, ce n'était plus le domestique, c'était le maître.

— Dans toute autre circonstance, dit-il au voyageur, j'insisterais, Monsieur, pour que vous me fissiez l'honneur de vous arrêter un moment sous mon toit ; mais vous êtes sans doute la personne que Petit-Pierre attend et qui arrive de Paris ?

— Justement, Monsieur.

— Monsieur Marc, alors ?

— M. Marc.

— En ce cas, ne perdons pas une minute ; car vous êtes attendu avec impatience.

Se tournant alors vers le garçon de ferme :

— Ton cheval est-il frais ? lui demanda-t-il.

— Il a fait une lieue et demie depuis le matin.

— En ce cas, je le prends ; les miens sont éreintés. Reste ici à vider une bouteille avec Louis ; je serai de retour dans deux heures. Louis, fais les honneurs de la maison à ce camarade-là.

Et le jeune homme se mit en selle aussi légèrement que si, comme sa monture, il n'avait fait qu'une lieue et demie dans la journée.

Puis, se tournant vers le voyageur :

— Etes-vous prêt, Monsieur ? demanda-t-il.

Sur le signe affirmatif de celui-ci, tous deux partirent.

Au bout d'un quart d'heure de silence, un cri retentit à cent pas devant eux.

Maître Marc tressaillit et demanda quel était ce cri.

— C'est notre éclaireur, répondit le chef vendéen. Il demande à sa manière si la route est libre. Ecoutez, et vous allez entendre la réponse.

Il étendit sa main, la posa sur l'épaule du voyageur, et, arrêtant lui-même son cheval, donna à maître Marc l'exemple d'en faire autant.

En effet, presque aussitôt un second cri se fit entendre, venant d'un point plus éloigné ; il semblait l'écho du premier, tant il était pareil.

— Nous pouvons avancer ; la route est libre, dit le chef vendéen en remettant son cheval au pas.

— Nous sommes donc précédés d'un éclaireur ?

— Précédés et suivis. Nous avons un homme à deux cents pas devant nous et un homme à deux cents pas derrière nous.

— Mais quels sont ceux qui répondent à notre éclaireur d'avant-garde ?

— Les paysans dont les chaumières bordent la route. Faites attention lorsque vous passerez devant l'une de ces chaumières, vous verrez une petite lucarne s'ouvrir, une tête d'homme se glisser par cette lucarne, demeurer immobile comme si elle était de pierre et ne disparaître que lorsque nous serons hors de vue.

Si nous étions des soldats de quelque cantonnement environnant, l'homme qui nous aurait regardés passer sortirait aussitôt par une porte de derrière ; puis, s'il y avait aux alentours quelque rassemblement, ce rassemblement serait prévenu en temps utile de l'approche de la colonne qui pouvait le surprendre.

En ce moment le chef vendéen s'interrompit.

— Ecoutez, fit-il.

Les deux cavaliers s'arrêtèrent.

— Mais, dit le voyageur, je n'ai entendu que le cri de notre éclaireur, il me semble.

— Justement ; aucun cri ne lui a répondu.

— Ce qui veut dire ?...

— Qu'il y a des soldats aux environs.

A ces mots, il mit son cheval au trot ; le voyageur en fit autant. Presque au même moment, ils entendirent des pas pressés : c'était l'homme placé derrière eux, qui les rejoignait de toute la vitesse de ses jambes.

A l'embranchement de deux routes, ils trouvèrent celui qui marchait devant eux, immobile et indécis.

Le chemin bifurquait, et, comme on n'avait, ni d'un côté, ni de l'autre, répondu à son cri, il ignorait lequel des deux sentiers il fallait prendre.

Tous deux, au reste, conduisaient à la même destination ; seulement, celui de gauche était un peu plus long que celui de droite.

Après un moment de délibération entre le chef et le guide, ce dernier s'enfonça dans le sentier de droite, où bientôt le chef vendéen et le voyageur s'enfoncèrent à leur tour, laissant à la place qu'ils quittaient leur quatrième compagnon, qui, cinq minutes après, les suivit.

Les mêmes distances continuaient d'être observées entre le corps d'armée et ses avant-garde et arrière-garde.

A trois cents pas plus loin, les deux royalistes trouvèrent leur éclaireur arrêté.

Celui-ci leur fit, de la main, un signe qui commandait le silence.

Puis, à voix basse, il laissa tomber ces mots :

— Une patrouille !

En effet, en écoutant attentivement, on entendait, mais au loin encore, le bruit régulier des pas que fait une troupe en marche ; c'était une des colonnes mobiles du général Dermoncourt qui faisait sa ronde de nuit.

On était dans un de ces chemins creux si fréquents en Vendée à cette époque, et surtout à celle de la première guerre, mais qui disparaissent maintenant tous les jours pour faire place à des routes vicinales ; les deux talus en étaient si rapides, qu'il était impossible de faire gravir l'un ou l'autre à des chevaux ; il n'y avait donc qu'un moyen d'éviter la patrouille, c'était de tourner bride, de regagner un endroit découvert et de s'écarter à droite ou à gauche.

Mais, de même que les cavaliers entendaient le bruit des pas des fantassins, les fantassins pouvaient entendre le bruit des pas des chevaux, et se mettre à la poursuite de ceux-ci.

Tout à coup, l'éclaireur attira l'attention du chef vendéen par un signe.

Il avait vu, grâce à un rayon de lune fugitif et déjà disparu, le reflet des baïonnettes lançant un éclair, et son doigt, levé diagonalement, indiquait à l'œil du chef vendéen et du voyageur la direction qu'ils devaient suivre.

En effet, les soldats — pour éviter l'eau qui, en général coule dans les chemins creux, après les pluies abondantes — au lieu de suivre le sentier dominé par son double talus, avaient gravi un de ces talus, et marchaient de l'autre côté de la haie naturelle qui s'étendait à la gauche des voyageurs.

En suivant cette route, ils allaient passer à dix pas des deux cavaliers et des deux piétons perdus dans les profondeurs du chemin creux.

Si un seul des deux chevaux eût henni, la petite troupe était prisonnière ; mais, comme s'ils eussent compris le danger, ils restèrent aussi silencieux que leurs maîtres, et les soldats passèrent, sans se douter près de qui ils avaient passé.

Quand le bruit des pas des soldats se fut perdu dans l'éloignement, la respiration revint aux voyageurs, et ils se remirent en marche.

Un quart d'heure après, on se détourna de la route, et l'on rentra dans la forêt de Machecoul.

Là, on était plus à l'aise ; il n'était point probable que les soldats s'engageassent la nuit dans cette forêt ou, du moins, qu'ils suivissent d'autres routes que les grandes artères qui la traversent ; en prenant un des sentiers connus des gens du pays, et que fraye l'indiscipline des piétons, il n'y avait donc rien à craindre.

On descendit de cheval, on laissa les deux montures aux mains d'un des éclaireurs, tandis que l'autre disparaissait rapidement dans les ténèbres, rendues plus épaisses encore par les premières feuilles de mai.

Le chef vendéen et le voyageur prirent la même route que lui.

Il était évident que l'on approchait du but de la course, l'abandon que l'on faisait des chevaux en était une preuve.

En effet, à peine maître Marc et son guide eurent-ils fait deux cents pas, qu'ils entendirent le houhoulement du chat-huant.

Le chef vendéen rapprocha ses mains, et, en réponse à ce houhoulement prolongé et lugubre, fit entendre le cri aigu de la chouette.

Le cri du chat-huant se fit entendre de nouveau.

— Voilà notre homme, dit le chef vendéen.

Quelques minutes après, on entendait le bruit des pas faisant crier l'herbe du sentier, et le guide reparaissait accompagné d'un étranger.

Cet étranger n'était autre que notre ami Jean Oullier, seul et, par conséquent, premier piqueur du marquis de Souday, qui momentanément avait renoncé à ses chasses, tout occupé qu'il était des événements politiques qui allaient se dérouler autour de lui.

Dans les deux autres présentations de ce genre, le voyageur avait entendu ces paroles échangées entre son guide et celui auquel il s'adressait : « Voici un monsieur qui désire parler à Monsieur. » Cette fois la formule changea, et le chef vendéen dit à Jean Oullier :

— Mon ami, voici un monsieur qui a besoin de parler à Petit-Pierre.

Ce à quoi Jean Oullier se contenta de répondre :

— Qu'il vienne avec moi.

Le voyageur tendit la main au chef vendéen, qui la lui serra cordialement ; puis il porta cette même main à sa poche dans l'intention de partager sa bourse entre les deux guides ; mais le chef vendéen devina cette intention, et, lui posant à son tour la main sur le bras, lui fit signe de ne pas donner suite à une libéralité que les braves paysans prendraient pour une offense.

Maître Marc comprit, et une poignée de main l'acquitta envers les paysans, comme elle l'avait acquitté envers le chef.

Après quoi, Jean Oullier reprit le chemin par lequel il était venu en disant ces deux mots, qui avaient la brièveté d'un ordre et l'accent d'une invitation :

— Suivez-moi.

La séparation fut aussi courte que l'invitation avait été laconique. Le voyageur commençait à s'habituer à ces formes mystérieuses et brèves, insolites pour lui, et qui révélaient, sinon la conspiration flagrante, du moins l'insurrection prochaine.

Ombragés qu'ils étaient par leurs grands chapeaux, à peine avait-il vu le visage du chef vendéen et des deux guides.

A peine, dans l'épaisseur du bois, voyait-il se mouvoir la forme de Jean Oullier.

Cependant, peu à peu, cette forme qui marchait devant lui ralentit le pas de manière à se trouver à ses côtés.

Le voyageur sentit vaguement que son guide avait quelque chose à lui dire, et il prêta l'oreille.

En effet, il entendit ces mots passer comme un murmure :

— Nous sommes espionnés ; un homme nous suit dans le bois. Ne vous inquiétez pas de me voir disparaître. Attendez-moi à l'endroit où j'aurai disparu.

Le voyageur répondit par un simple signe de tête, qui voulait dire : « C'est bien ; allez ! »

On fit cinquante pas encore.

Tout à coup, Jean Oullier s'élança dans le bois.

On entendit, à vingt ou trente pas dans l'épaisseur de la forêt, le bruit que ferait un chevreuil, se levant d'effroi.

Ce bruit s'éloigna aussi rapidement que si c'eût été, en effet, un chevreuil qui l'eût causé.

Dans la même direction, on entendit s'éloigner les pas de Jean Oullier.

Puis le bruit s'éteignit.

Le voyageur s'appuya contre un chêne et attendit.

Au bout de vingt minutes d'attente, une voix dit près de lui :

— Allons !

Il tressaillit ; cette voix était celle de Jean Oullier ; seulement, le vieux garde-chasse était revenu si doucement, qu'aucun bruit n'avait révélé son retour.

— Eh bien ! demanda le voyageur.

— Buisson creux ! fit Jean Oullier.

— Personne ?

— Quelqu'un... mais c'est un drôle qui connaît le bois aussi bien que moi.

— De sorte que vous n'avez pas pu le rejoindre ?

Oullier secoua négativement la tête comme s'il lui eût coûté de dire de la voix qu'un homme lui avait échappé.

— Et vous ne savez pas qui ? continua le voyageur.

— Je m'en doute, répondit Jean Oullier en étendant le bras dans la direction du midi ; mais, en tout cas, c'est un malin.

Puis, comme on était arrivé à la lisière de la forêt :

— Nous y sommes, dit-il.

Et, en effet, maître Marc vit se dresser devant lui la métairie de la Banlœuvre.

Jean Oullier regarda avec attention les deux côtés de la route.

Aussi loin que la vue pouvait s'étendre, la route était libre.

Il traversa la route seul, puis, avec un passe-partout, ouvrit la porte.

La porte ouverte :

— Venez ! dit-il.

Maître Marc traversa rapidement à son tour le grand chemin et disparut sous le porche béant.

La porte se referma derrière les deux hommes.

Une forme blanche apparut sur le perron.

— Qui va là ? demanda une voix de femme, mais une voix forte et impérative.

— Moi, mademoiselle Bertha, répondit Jean Oullier.

— Vous n'êtes pas seul, mon ami ?

— Je suis avec le monsieur de Paris qui demande à parler à Petit-Pierre.

Bertha descendit et alla au-devant du voyageur.

— Venez, monsieur, dit-elle.

Et la jeune fille conduisit maître Marc dans un salon assez pauvrement meublé, mais dont le parquet était parfaitement ciré, dont les rideaux étaient irréprochablement blancs.

Un grand feu était allumé, et, près du feu, une table dressée supportait un souper tout servi.

— Asseyez-vous, monsieur, dit la jeune fille avec une grâce parfaite, et qui, cependant n'était pas dénuée d'un côté viril qui lui donnait une grande originalité ; vous devez avoir faim et soif ; buvez et mangez. Petit-Pierre dort ; mais il a donné l'ordre de l'éveiller si quelqu'un venait de Paris. Vous venez de Paris ?

— Oui, mademoiselle.

— Dans dix minutes, je suis à vous.

Et Bertha disparut comme une vision.

Le voyageur resta quelques secondes immobile d'étonnement. C'était un observateur, et jamais il n'avait vu plus de grâce et plus de charme joints à une pareille décision de volonté.

On eût dit le jeune Achille déguisé en femme et n'ayant pas encore vu briller le glaive d'Ulysse.

Aussi, tout absorbé, soit dans cette pensée, soit dans celles qui s'y rattachaient, le voyageur ne songea-t-il ni à boire ni à manger.

Un instant après, la jeune fille rentra.

— Petit-Pierre est prêt à vous recevoir, monsieur, dit-elle.

Le voyageur se leva ; Bertha marcha devant lui. Elle tenait à la main un court flambeau, qu'elle levait pour éclairer l'escalier, et qui éclairait en même temps son visage.

Le voyageur regardait avec admiration ces beaux cheveux et ces beaux yeux noirs ; ce teint mat, portant le hâle juvénile de la santé, et cette allure ferme et dégagée qui semblait révéler la déesse.

Il murmura avec un sourire, en se rappelant son Virgile, cet homme qui lui-même est un sourire de l'Antiquité :

— *Incessu patuit dea !*

La jeune fille frappa à la porte d'une chambre.

— Entrez, répondit une voix de femme.

La porte s'ouvrit ; la jeune fille s'inclina légèrement pour laisser passer le voyageur. Il était facile de voir que l'humilité n'était point sa principale vertu.

Le voyageur passa, la porte se referma derrière lui ; la jeune fille resta dehors.

50

Un peu d'histoire ne gâte rien

Le voyageur fut conduit, par un mauvais escalier qui semblait collé contre la muraille, jusqu'au premier étage de la maison ; son conducteur ouvrit une porte et il aperçut une grande chambre de construction récente dont les parois suaient l'humidité et dont les boiseries montraient leur bois blanc à travers le mince badigeon qui les couvrait.

Dans cette chambre, couchée sur un lit de sapin grossièrement équarri, il aperçut une femme, et dans cette femme il reconnut Mme la duchesse de Berry.

L'attention de maître Marc se concentra tout entière sur elle.

Les draps de sa misérable couchette étaient de batiste très fine ; ce luxe de linge blanc et soyeux était la seule chose qui rappelât son rang dans le monde.

Un châle à carreaux rouges et verts servait de couverture.

Une mauvaise cheminée en plâtre, garnie d'une légère boiserie, chauffait l'appartement, qui n'avait pour tous meubles qu'une table couverte de papiers sur lesquels était posée une paire de pistolets.

Deux chaises où étaient jetés un costume complet de jeune paysan et une perruque brune, se trouvaient placées l'une près de la table — c'était celle où était la perruque — l'autre au pied du lit — c'était celle où étaient les vêtements.

La princesse portait sur sa tête une de ces coiffes de laine comme en portent les femmes du pays et dont les boucles retombaient sur ses épaules.

A la lueur des deux bougies posées sur une table de nuit de

bois de rose fortement éraillée, débris évident de quelque mobilier de château, la duchesse dépouillait sa correspondance.

Un assez grand nombre de lettres placées sur cette même table de nuit, et maintenues en guise de serre-papier par une seconde paire de pistolets, n'était pas encore décacheté.

Madame paraissait attendre avec impatience l'arrivée du voyageur ; car, en l'apercevant, elle sortit à moitié du lit pour tendre vers lui ses deux mains.

Celui-ci les prit, les baisa respectueusement, et la duchesse sentit une larme qui tombait des yeux du fidèle partisan sur celle des deux mains qu'il avait gardée dans les siennes.

— Une larme, monsieur ! dit la duchesse ; m'apportez-vous de mauvaises nouvelles ?

— Cette larme sort de mon cœur, Madame, répondit maître Marc ; elle n'exprime que mon dévouement et le profond regret que j'éprouve de vous voir ainsi isolée et perdue, au fond d'une métairie de la Vendée, vous que j'ai vue...

Il s'arrêta ; les larmes l'empêchaient de parler.

La duchesse reprit sa phrase où il l'avait laissée et continua :

— Oui, aux Tuileries, n'est-ce pas, sur les marches d'un trône ? Eh bien, cher monsieur, j'y étais, à coup sûr, plus mal gardée et moins bien servie qu'ici car, ici, je suis servie et gardée par la fidélité qui se dévoue, tandis que là-bas, je l'étais par l'intérêt qui calcule... Mais arrivons au but, que je ne vous vois pas éloigner sans inquiétude, je l'avoue. Des nouvelles de Paris, vite ! M'apportez-vous de bonnes nouvelles ?

— Croyez, Madame, répondit maître Marc, croyez à mon profond regret, moi, homme d'enthousiasme, d'avoir été forcé de me faire le messager de la prudence.

— Ah ! ah ! fit la duchesse, pendant que mes amis de Vendée se font tuer, mes amis de Paris sont prudents, à ce qu'il paraît. Vous voyez bien que j'avais raison de vous dire que j'étais ici mieux gardée et surtout mieux servie qu'aux Tuileries.

— Mieux gardée peut-être, oui, Madame ; mais mieux servie, non ! Il y a des moments où la prudence est le génie du succès.

— Mais, monsieur, reprit la duchesse impatiente, je suis aussi bien renseignée sur Paris que vous, et je sais qu'une révolution y est instante.

— Madame, répondit l'avocat de sa voix ferme et sonore, nous vivons depuis un an et demi dans les émeutes, et aucune de ces émeutes n'a pu monter encore à la hauteur d'une révolution.

— Louis-Philippe est impopulaire.

— Je vous l'accorde ; mais cela ne veut pas dire qu'Henri V soit populaire, lui.

— Henri V ! Henri V ! mon fils ne s'appelle pas Henri V, monsieur, dit la duchesse ; il s'appelle Henri IV second.

— Sous ce rapport, Madame, repartit l'avocat, il est bien jeune encore, permettez-moi de vous le dire, pour que nous sachions son vrai nom ; puis, plus on est dévoué à un chef, plus on lui doit la vérité.

— Oh ! oui, la vérité ! je la demande, je la veux ; mais la vérité !

— Eh bien, madame, la vérité, la voici. Par malheur, les souvenirs des peuples se perdent dans un horizon étroit ; pour le peuple français, c'est-à-dire pour cette force matérielle et brutale qui fait les émeutes, et quelquefois même, quand l'haleine d'en haut souffle sur elle, les révolutions, il y a deux grands souvenirs dont le premier remonte à quarante-trois ans et le second à dix-sept : le premier, c'est la prise de la Bastille, c'est-à-dire la victoire du peuple sur la royauté, victoire qui a donné le drapeau tricolore à la nation ; le second, c'est la double restauration de 1814 et de 1815, victoire de la royauté sur le peuple, victoire qui a imposé le drapeau blanc au pays. Or, Madame, dans les grands mouvements, tout est symbole ; le drapeau tricolore, c'est la liberté ; il porte écrit sur sa flamme : *Par ce signe, tu vaincras !* le drapeau blanc, c'est la bannière du despotisme ; il porte sur sa double face : *Par ce signe, tu as été vaincu !*

— Monsieur !

— Ah ! vous voulez la vérité, Madame ; alors laissez-moi donc vous la dire.

— Soit ; mais, quand vous aurez dit, vous me permettrez de vous répondre.

— Oui, Madame, et je serai bien heureux si cette réponse peut me convaincre.

— Continuez.

— Vous avez quitté Paris, le 28 juillet, Madame ; vous n'avez donc pas vu avec quelle rage le peuple a mis en pièces le drapeau blanc et foulé aux pieds les fleurs de lis...

— Le drapeau de Denain et de Taillebourg ! les fleurs de lis de saint Louis et de Louis XIV !

— Par malheur, Madame, le peuple ne se souvient, lui, que de Waterloo ; le peuple ne connaît que Louis XVI : une défaite et une exécution... Eh bien, savez-vous, Madame, la grande difficulté que je prévois pour votre fils, c'est-à-dire pour le dernier descendant de saint Louis et de Louis XIV ? C'est justement le drapeau de Taillebourg et de Denain. Si Sa Majesté Henri V ou Henri IV second, comme vous l'appelez si intelligemment, rentre dans

Paris avec le drapeau blanc, il ne passera pas le faubourg Saint-Antoine : avant d'arriver à la Bastille, il est mort.

— Et... s'il rentre avec le drapeau tricolore ?

— C'est bien pis, Madame ! avant d'arriver aux Tuileries, il est déshonoré.

La duchesse fit un soubresaut ; pourtant elle resta muette.

— C'est peut-être la vérité, dit-elle après une minute de silence ; mais elle est dure !

— Je vous l'ai promise tout entière, et je tiens ma promesse.

— Mais, si telle est votre conviction, monsieur, demanda la duchesse, comment restez-vous attaché à un parti qui n'a aucune chance de succès ?

— Parce que j'ai fait serment des lèvres et du cœur à ce drapeau blanc, sans lequel et avec lequel votre fils ne peut revenir, et que j'aime mieux être tué que déshonoré.

La duchesse redevint muette un instant encore.

— Ce ne sont point là les renseignements que j'avais reçus et qui m'ont déterminée à revenir en France, dit-elle.

— Non, sans doute, Madame ; mais il faut songer à une chose : c'est que, si la vérité arrive quelquefois jusqu'aux princes régnants, elle n'arrive jamais jusqu'aux princes détrônés.

— Permettez-moi de vous dire qu'en votre qualité d'avocat, monsieur, vous pouvez être soupçonné de cultiver le paradoxe.

— Le paradoxe, en effet, Madame, est une des faces de l'éloquence ; seulement, ici, avec Votre Altesse royale, il s'agit non pas d'être éloquent, mais d'être vrai.

— Pardon... vous disiez tout à l'heure que la vérité n'arrivait jamais aux princes détrônés : ou vous vous trompiez tout à l'heure, ou vous me trompez maintenant.

L'avocat se mordit les lèvres ; il était pris par son propre dilemme.

— Ai-je dit *jamais*, Madame ?

— Vous avez dit *jamais*.

— Alors supposons qu'il y a une exception, et que, cette exception, Dieu a permis que j'en sois le représentant.

— Je le suppose, et je vous demande : pourquoi la vérité n'arrive-t-elle jamais aux princes détrônés ?

— Parce que les princes sur le trône peuvent, à la rigueur, être entourés d'ambitions satisfaites, mais que les princes détrônés le sont nécessairement d'ambitions à satisfaire. Sans doute, Madame, il y a autour de vous quelques cœurs généreux qui se dévouent avec une complète abnégation ; mais il y a aussi pas mal de personnes qui voient, dans votre retour en France, une voie frayée à votre suite, et par laquelle elles monteront à la réputation, à la fortune, aux honneurs ; il y a aussi les mécontents qui ont perdu leur position et qui veulent tout à la fois la reconquérir et se venger de ceux qui la leur ont prise. Eh bien, tous ces gens-là voient mal les faits, apprécient mal la situation ; leur désir se traduit en espérances, leurs espérances en certitude ; ceux-là rêvent sans cesse une révolution qui viendra peut-être, mais qui, à coup sûr, ne viendra pas à l'heure où ils l'attendent. Ils se trompent et vous trompent ; ils commencent par se mentir à eux-mêmes et ensuite vous mentent, à vous ; ils vous attirent dans un danger où ils sont prêts à se jeter ; de là l'erreur ! erreur fatale, qu'ils vous ont fait partager, Madame, et qu'il faut que vous reconnaissiez être une erreur, en face de la vérité incontestable que je dévoile brutalement, peut-être, mais fidèlement à vos regards.

— En somme, dit la duchesse d'autant plus impatiente que ces paroles confirmaient celles qu'elle avait déjà entendues au château de Souday, qu'apportez-vous dans les plis de votre toge, maître Cicéron ? est-ce la paix ? est-ce la guerre ?

— Comme il est entendu que nous restons dans les traditions de la royauté constitutionnelle, je répondrai à Son Altesse royale qu'en sa qualité de régente, c'est à elle qu'il appartient d'en décider.

— Oui, n'est-ce pas ? quitte à mes Chambres à me refuser des subsides, si je ne décide pas comme il leur convient. Oh ! maître Marc, je connais toutes les fictions de votre régime constitutionnel, dont le principal inconvénient, à mon avis, est de faire surtout les affaires, non pas de ceux qui parlent le mieux, mais de ceux qui parlent le plus. Enfin, vous avez dû recueillir les opinions de mes fidèles et féaux conseillers sur l'opportunité de la prise d'armes. Quelle est-elle ? qu'en pensez-vous vous-même ? Nous avons beaucoup parlé de la vérité ; c'est parfois un spectre terrible. N'importe ! quoique femme, je n'hésite pas à l'évoquer.

— C'est parce que je suis bien convaincu qu'il y a l'étoffe de vingt rois dans la tête et dans le cœur de Madame que je n'ai point hésité non plus à me charger d'une mission que je regarde comme douloureuse.

— Ah ! nous y voilà enfin !... Allons, moins de diplomatie, maître Marc ; parlez haut et ferme, comme il convient que l'on parle à ce que je suis ici, c'est-à-dire à un soldat.

Puis s'apercevant que le voyageur, après avoir arraché sa cravate, cherchait à la découdre pour en tirer un papier :

— Donnez, donnez, dit-elle avec impatience ; j'aurai plus tôt fait que vous.

C'était une lettre écrite en chiffres.

La duchesse y jeta les yeux ; puis, la rendant à maître Marc :

— Je perdrais du temps à l'épeler, dit-elle ; lisez-la-moi : cela doit vous être facile ; car vous savez sans doute ce qu'elle contient.

Maître Marc prit le papier des mains de la duchesse, et, en effet, lut sans hésitation ce qui suit :

« Les personnes en qui l'on a reporté une honorable confiance ne peuvent s'empêcher de témoigner leur douleur des conseils en vertu desquels on est arrivé à la crise présente ; ces conseils ont été donnés, sans doute, par des hommes pleins de zèle, mais qui ne connaissent ni l'état actuel des choses, ni la disposition des esprits.

» On se trompe quand on croit à la possibilité d'un mouvement dans Paris : on ne trouverait pas douze cents hommes non mêlés d'agents de police qui, pour quelques écus, fissent du bruit dans la rue et se risquassent à combattre la garde nationale et une garnison fidèle.

» On se trompe sur la Vendée, comme on s'est trompé sur le Midi : cette terre de dévouement et de sacrifices est désolée par une nombreuse armée aidée de la population des villes, presque toute antilégitimiste ; une levée de paysans n'aboutirait désormais qu'à faire saccager les campagnes et à consolider le gouvernement par un triomphe facile.

» On pense que, si la mère d'Henri V était en France, elle devrait se hâter d'en sortir après avoir ordonné à tous les chefs de se tenir tranquilles. Ainsi, au lieu d'être venue organiser la guerre civile, elle serait venue demander la paix ; elle aurait eu la double gloire d'accomplir une action de grand courage et d'arrêter l'effusion du sang français.

» Les sages amis de la légitimité, que l'on n'a jamais prévenus de ce que l'on voulait faire, qui n'ont jamais été consultés sur les partis hasardeux que l'on voulait prendre, et qui n'ont connu les faits que lorsqu'ils étaient accomplis, renvoient la responsabilité de ces faits à ceux qui en ont été les conseillers et les auteurs : ils ne peuvent ni mériter l'honneur ni encourir le blâme dans les chances de l'une ou de l'autre fortune. »

Pendant cette lecture, Madame avait été en proie à une vive agitation ; sa figure, habituellement pâle, s'était couverte de rougeur ; sa main tremblante passait et repassait dans ses cheveux et repoussait en arrière le bonnet de laine qu'elle portait sur sa tête. Elle n'avait pas prononcé un mot, elle n'avait point interrompu le lecteur ; mais il était évident que son calme précédait une tempête. Pour la détourner, maître Marc se hâta de dire en lui rendant la lettre, qu'il avait repliée :

— Ce n'est point moi, Madame, qui ai écrit cette lettre.

— Non, répondit la duchesse incapable de se contenir plus

longtemps ; mais celui qui l'a apportée était bien capable de l'écrire.

Le voyageur comprit qu'avec cette nature vive et impressionnable, il ne gagnerait rien en courbant la tête ; il se redressa donc de toute sa hauteur.

— Oui, dit-il ; et il rougit d'un moment de faiblesse, et il déclare à Votre Altesse royale que, s'il n'approuve pas certaines expressions de cette lettre, il partage au moins le sentiment qui l'a dictée.

— Le sentiment ! répéta la duchesse ; appelez ce sentiment-là de l'égoïsme, appelez-le de la prudence qui ressemble fort à de la...

— Lâcheté, n'est-ce pas, Madame ? Et, en effet, il est bien lâche, le cœur qui a tout quitté pour venir partager une situation qu'il n'avait pas conseillée ! Il est vraiment égoïste, celui qui est venu vous dire : « Vous voulez la vérité, Madame, la voici ! mais, s'il plaît à Votre Altesse royale de marcher à une mort inutile autant que certaine, elle va m'y voir marcher à ses côtés ! »

La duchesse resta quelques instants silencieuse ; puis elle reprit avec plus de douceur :

— J'apprécie votre dévouement, monsieur ; mais vous connaissez mal l'état de la Vendée ; vous n'en êtes informé que par ceux qui sont opposés au mouvement.

— Soit ; supposons ce qui n'est pas, supposons que la Vendée va se lever comme un seul homme ; supposons qu'elle va vous entourer de ses bataillons, supposons qu'elle ne vous marchandera ni le sang, ni les sacrifices : la Vendée n'est pas la France !

— Après m'avoir dit que le peuple de Paris hait les fleurs de lis et méprise le drapeau blanc, voulez-vous en arriver à me dire que toute la France partage les sentiments du peuple de Paris ?

— Hélas ! Madame, la France est logique, et c'est nous qui poursuivons une chimère en rêvant une alliance entre le droit divin et la souveraineté populaire, deux mots qui hurlent en se sentant accouplés. Le droit divin semble fatalement conduire à l'absolutisme, et la France ne veut plus de l'absolutisme.

— L'absolutisme ! l'absolutisme ! un grand mot pour effrayer les petits enfants.

— Non, ce n'est point un grand mot ; c'est tout simplement un mot terrible. Peut-être sommes-nous plus près de la chose que nous ne le pensons ; cependant j'ai regret de vous l'avouer, Madame, je ne crois point que ce soit à votre royal fils que Dieu réserve le dangereux honneur de museler le lion populaire.

— Et pourquoi, monsieur ?

— Parce que c'est de lui surtout qu'il se défie, parce que, d'aussi loin qu'il le verra venir, le lion secouera sa crinière, aiguisera ses griffes et ses dents, et ne le laissera approcher que pour bondir à lui. Oh ! l'on n'est pas impunément le petit-fils de Louis XIV, Madame.

— Alors, d'après vous, tout serait dit pour la dynastie bourbonienne ?

— A Dieu ne plaise qu'une semblable idée me vienne jamais, Madame ! Seulement, je crois qu'on ne fait pas rebrousser chemin aux révolutions ; je crois que, lorsqu'une fois on les a laissées naître, il ne faut pas les arrêter dans leurs développements ; c'est tenter l'impossible, c'est vouloir faire remonter le torrent à sa source. Ou celle-ci sera féconde, et, dans ce cas, Madame, je connais assez le patriotisme de vos sentiments pour croire que vous lui pardonnerez ; ou elle sera stérile, et alors les fautes de ceux qui se sont emparés du pouvoir serviront votre fils mieux que ne le feraient tous ses efforts.

— Mais alors, monsieur, cela peut durer ainsi jusqu'à la consommation des siècles !

— Madame, Sa Majesté Henri V est un principe, et les principes partagent avec Dieu le privilège d'avoir l'éternité dans leur domaine.

— Ainsi, à votre avis, je dois renoncer à toutes mes espérances, abandonner mes amis compromis, et, dans trois jours, quand ils prendront les armes, les laisser me chercher inutilement dans leurs rangs et leur faire dire par un étranger : « Marie-Caroline, pour laquelle vous étiez prêts à combattre, pour laquelle vous étiez prêts à mourir, a désespéré de sa fortune et a reculé devant la destinée ; Marie-Caroline a eu peur... » Oh ! non, jamais, jamais, monsieur !

— Vos amis n'auront pas ce reproche à vous faire, Madame ; car, dans trois jours, vos amis ne se réuniront pas.

— Mais vous ignorez donc que la prise d'armes est fixée au 24 ?

— Vos amis, Madame, ont dû recevoir contrordre.

— Quand cela ?

— Aujourd'hui.

— Aujourd'hui ? s'écria la duchesse en fronçant le sourcil, et en se dressant sur ses deux poings. Et d'où leur est venu cet ordre ?

— De Nantes.

— Qui le leur a donné ?

— Celui à qui vous-même leur avez commandé d'obéir.

— Le maréchal ?

— Le maréchal n'a fait que suivre les instructions du comité parisien.

— Mais alors, s'écria la duchesse, je ne suis donc plus rien, moi ?

— Vous, Madame, au contraire, s'écria le messager en se laissant tomber sur un genou et en joignant les mains, vous êtes tout, et c'est pour cela que nous vous sauvegardons ; c'est pour cela que nous ne voulons pas vous user dans un mouvement inutile ; c'est pour cela que nous tremblons de vous dépopulariser par une défaite !

— Monsieur, monsieur, dit la duchesse, si Marie-Thérèse avait eu des conseillers aussi timides que les miens, elle n'eût pas reconquis le trône à son fils.

— C'est au contraire, pour l'assurer plus tard au vôtre, Madame, que nous vous disons : « Quittez la France et laissez-nous faire de vous l'ange de la paix, au lieu du démon de la guerre ! »

— Oh ! oh ! dit la duchesse en appuyant, non pas ses mains, mais ses poings sur ses yeux, quelle honte ! quelle lâcheté !

Maître Marc continua comme s'il n'eût pas entendu, ou plutôt comme si la résolution qu'il était chargé de faire connaître à Madame était si bien arrêtée, que rien ne pouvait la changer :

— Toutes les précautions sont prises pour que Madame puisse quitter la France sans être inquiétée : un navire croise dans la baie de Bourgneuf ; en trois heures, Votre Altesse peut l'avoir joint.

— O noble terre de la Vendée ! s'écria la duchesse, qui m'aurait dit cela, que tu me repousserais, que tu me chasserais quand je venais au nom de ton Dieu et de ton roi ! Ah ! je croyais qu'il n'y avait que ce Paris sans foi qui fût infidèle et ingrat ; mais toi, toi à qui je venais redemander un trône, toi me refuser une tombe ? Oh ! non, non, je n'eusse jamais cru cela !

— Vous partirez, n'est-ce pas, Madame ? dit le messager toujours à genoux et les mains jointes.

— Oui, je partirai, dit la duchesse ; oui, je quitterai la France ; mais prenez garde, je n'y reviendrai pas ; car je ne veux pas y revenir avec les étrangers. Ils n'attendent qu'un moment pour se coaliser contre Philippe, vous le savez bien, et, ce moment arrivé, ils viendront me demander mon fils, non pas qu'ils s'inquiètent plus de lui véritablement qu'ils ne s'inquiétaient de Louis XVI en 1792 et de Louis XVIII en 1813, mais ce sera un moyen pour eux d'avoir un parti à Paris. Eh bien, alors, non, ils n'auront pas mon fils ; non, ils ne l'auront pour rien au monde ! je l'emporterai plutôt dans les montagnes de la Calabre. Voyez-vous, monsieur, s'il faut qu'il achète le trône de France par la cession d'une province, d'une ville, d'une forteresse, d'une maison, d'une chaumière comme celle dans laquelle je suis, je vous donne ma parole de régente et de mère qu'il ne sera jamais roi ! et maintenant, je n'ai plus rien à vous dire. Allez, monsieur, et reportez mes paroles à ceux qui vous ont envoyé.

Maître Marc se releva et s'inclina devant la duchesse, attendant qu'au moment de son départ, elle lui tendît une des deux mains qu'elle lui avait tendues à son arrivée ; mais elle resta menaçante, les poings fermés, les sourcils froncés.

— Dieu garde Votre Altesse ! dit le messager ne jugeant pas à propos d'attendre plus longtemps, et pensant avec raison que, tant qu'il serait là, pas un muscle de cette généreuse organisation ne fléchirait.

Il ne se trompait pas ; mais à peine la porte se fut-elle refermée derrière lui, que Madame, brisée par ce long effort, retomba sur son lit en éclatant en sanglots et en murmurant :

— Oh ! Bonneville ! mon pauvre Bonneville !

51

Où Petit-Pierre se décide à faire contre fortune bon cœur

Immédiatement après la conversation que nous venons de rapporter, le voyageur quitta la métairie de la Banlœuvre ; il tenait à être de retour à Nantes avant le milieu de la journée.

Quelques minutes après son départ, et bien que le jour parût à peine, Petit-Pierre, sous ses habits de paysan, descendit de sa chambre et entra dans la salle basse de la ferme.

C'était une vaste pièce dont les murs grisâtres étaient en maints endroits veufs du plâtre qui les avait primitivement recouverts, et dont les solives étaient noircies par la fumée ; elle était meublée d'une grande armoire de chêne poli, dont la serrurerie étincelait dans l'ombre, au milieu des masses brunes et ternes : le reste de l'ameublement se composait de deux lits parallèles, entourés de rideaux d'une serge verdâtre, de deux cruches grossières et d'une horloge enfermée dans une haute caisse de bois sculpté, et dont le mouvement rappelait seul la vie au milieu du silence de la nuit.

La cheminée était haute et large ; son manteau était entouré d'une bande d'étoffe semblable à l'étoffe des rideaux ; seulement, du vert-roux, cette bande avait passé au noir-brun.

Cette cheminée avait ses ornements habituels, comme les poutres du plafond avaient les leurs : ces ornements étaient une figurine de cire protégée par un globe et représentant l'Enfant

Jésus, deux pots de porcelaine contenant des fleurs artificielles, recouvertes d'une gaze pour les préserver du contact des mouches, un fusil à deux coups, et un rameau de buis bénit.

Cette salle n'était séparée de l'étable que par une cloison de planches, et c'est à travers cette cloison, percée de trappes, que les vaches du métayer passaient la tête pour manger leur provende, que l'on déposait sur l'aire de la pièce.

Lorsque Petit-Pierre ouvrit la porte, un homme, qui se chauffait sous le manteau de la cheminée, se leva et s'éloigna respectueusement, pour céder au nouvel arrivant sa place en face du foyer.

Mais Petit-Pierre lui fit signe de la main de reprendre sa chaise, tout en la repoussant dans le coin.

Petit-Pierre prit une escabelle et s'assit à l'autre coin, vis-à-vis de cet homme, qui n'était autre que Jean Oullier.

Puis il posa sa tête sur sa main, appuya son coude sur son genou, et resta abîmé dans ses réflexions, tandis que son pied, qu'il agitait par un mouvement fébrile, et qui communiquait ce tremblement à tout le corps, témoignait que Petit-Pierre était sous le coup d'une vive contrariété.

Jean Oullier, qui, lui aussi, avait, de son côté, ses préoccupations et ses soucis, demeurait morne et silencieux ; sa pipe, qu'il avait ôtée de sa bouche lorsque Petit-Pierre était entré dans la chambre, roulait machinalement entre ses doigts, et il ne sortait de ses méditations que pour pousser des soupirs qui ressemblaient à des menaces, ou pour rapprocher les morceaux de bois qui brûlaient dans l'âtre.

Ce fut Petit-Pierre qui le premier prit la parole :

— Ne fumiez-vous pas lorsque je suis entré, mon brave homme ? demanda-t-il.

— Oui, répondit laconiquement celui-ci avec une nuance de respect très remarquable dans la voix.

— Pourquoi ne continuez-vous pas ?

— Je crains de vous incommoder.

— Bah ! ne sommes-nous pas au bivouac ou à peu près, mon brave ? Or, je tiens d'autant plus à ce que vous ayez vos aises, que c'est malheureusement notre dernier bivouac.

Quelque énigmatiques que fussent pour lui ces paroles, Jean Oullier ne se permit pas d'interroger Petit-Pierre. Avec ce tact merveilleux qui caractérise le paysan vendéen, sans laisser apercevoir qu'il sût à quoi s'en tenir sur la qualité réelle de Petit-Pierre, il ne profita point de la permission donnée, et se garda de toute question qui lui eût paru irrévérencieuse.

Malgré les préoccupations dont il était lui-même agité, Petit-Pierre remarqua les nuages qui chargeaient le front du paysan.

Il rompit à nouveau le silence.

— Mais qu'avez-vous donc, mon cher Jean Oullier, demanda-t-il, et pourquoi cet air morne lorsque j'aurais cru, au contraire, vous trouver tout joyeux ?

— Et pourquoi serais-je joyeux ? demanda le vieux garde.

— Mais parce qu'un bon et fidèle serviteur comme vous prend toujours part au bonheur de ses maîtres, et que notre amazone a l'air assez satisfaite, depuis vingt-quatre heures, pour que cette joie se reflète un peu sur votre visage.

— Dieu veuille qu'elle dure longtemps, cette joie ! répondit Jean Oullier avec un sourire de doute et en levant les yeux au ciel.

— Comment donc, mon cher Jean ! auriez-vous quelque prévention contre les mariages d'inclination ? Moi, je les aime à la folie ; ce sont les seuls dans toute ma vie dont j'aie voulu me mêler.

— Je n'ai point de prévention contre le mariage, répondit Jean Oullier ; seulement, j'en ai contre le mari.

— Et pourquoi cela ?

Jean Oullier se tut.

— Parlez, fit Petit-Pierre.

Le Vendéen secoua la tête.

— Je vous en prie, mon cher Jean ; j'aime assez vos deux filles — car je sais qu'à vous surtout, elles sont vos filles — pour que vous ne me fassiez pas de secrets. Quoique je ne sois pas notre saint-père le pape, vous n'ignorez pas que j'ai pouvoir de lier et de délier.

— Je sais que vous pouvez beaucoup, répondit Jean Oullier.

— Eh bien, alors, dites-moi pourquoi vous n'approuvez pas ce mariage ?

— Parce qu'il y a une flétrissure sur le nom que doit porter la femme qui épousera M. Michel de la Logerie, et ce n'est pas la peine de quitter un des plus vieux noms du pays pour prendre celui-là.

— Hélas ! mon brave Jean, reprit Petit-Pierre avec un triste sourire, vous ignorez sans doute que nous ne sommes plus au temps où les enfants étaient solidaires des vertus ou des fautes de leurs ancêtres.

— Oui, j'ignorais cela, dit Jean Oullier.

— C'est, continua Petit-Pierre, une assez forte tâche, à ce qu'il paraît, pour les gens de nos jours, que d'avoir à répondre d'eux-mêmes ; aussi voyez combien y succombent ! combien manquent dans nos rangs, auxquels le nom qu'ils portent y assignait une place ! Soyons donc reconnaissants pour ceux qui, malgré l'exemple de leur père, malgré la situation de leur famille, malgré les tentations de l'ambition, viennent continuer au milieu de nous les traditions chevaleresques du dévouement et de la fidélité au malheur.

Jean Oullier releva la tête, et, avec une expression de haine qu'il ne chercha même pas à dissimuler :

— Mais vous ignorez peut-être... dit-il.

Petit-Pierre l'interrompit :

— Je n'ignore rien, dit-il. Je sais ce que vous reprochez à la Logerie père ; mais je sais aussi ce que je dois à son fils, blessé pour moi, et encore tout sanglant de cette blessure. Quant au crime de son père — si son père a véritablement commis un crime, ce qu'à Dieu seul il appartient de décider — ce crime, ne l'a-t-il pas expié par une mort violente ?

— Oui, répondit Jean Oullier en baissant, malgré lui, la tête, c'est vrai.

— Oseriez-vous pénétrer le jugement de la Providence ? oseriez-vous prétendre que celui devant lequel, à son tour, il a comparu, pâle et ensanglanté d'une mort violente et inattendue, n'a pas étendu sa miséricorde sur sa tête ? Et pourquoi, lorsque Dieu peut-être a été satisfait, pourquoi vous montreriez-vous plus rigoureux et plus implacable que Dieu ?

Jean Oullier écoutait sans répondre.

C'est que chacune des paroles de Petit-Pierre faisait vibrer les cordes religieuses de son âme, ébranlait ses convictions haineuses à l'endroit du baron Michel, mais ne parvenait point à les déraciner tout à fait.

— M. Michel, poursuivit Petit-Pierre, est un bon et brave jeune homme, doux et modeste, simple et dévoué ; il est riche, ce qui n'a jamais rien gâté ; je crois que votre jeune maîtresse, avec son caractère un peu entier, avec ses habitudes indépendantes, ne pouvait mieux rencontrer ; je suis convaincu qu'elle sera parfaitement heureuse avec lui. N'en demandons pas davantage à Dieu, mon pauvre Jean Oullier. Oubliez le passé, ajouta Petit-Pierre avec un soupir. Hélas ! s'il nous fallait nous souvenir, il n'y aurait plus moyen de rien aimer.

Jean Oullier secoua la tête.

— Monsieur Petit-Pierre, dit-il, vous parlez à merveille et en excellent chrétien ; mais il est des choses que l'on ne peut comme on le voudrait chasser de sa mémoire, et, malheureusement pour M. Michel, mes rapports avec son père ont été de ces choses-là.

— Je ne vous demande point vos secrets, Jean, répondit gravement Petit-Pierre ; mais le jeune baron, comme je vous l'ai déjà dit, a répandu son sang pour moi ; il a été mon guide, il m'a offert un asile dans cette maison, qui est la sienne ; j'ai pour lui plus que de l'affection, j'ai de la reconnaissance, et ce me serait un véritable chagrin de penser que la désunion règne parmi mes amis. Aussi, mon cher Jean Oullier, au nom du dévouement que je vous reconnais pour ma personne, je vous demande, sinon d'abjurer vos souvenirs — vous l'avez dit, on n'est pas maître de perdre la mémoire — au moins d'étouffer votre haine jusqu'à ce que le temps, jusqu'à ce que la certitude que le fils de celui qui fut votre ennemi fait le bonheur de la jeune fille que vous avez élevée, aient pu effacer cette haine de votre âme.

— Que le bonheur vienne du côté qu'il plaira à Dieu et j'en remercierai Dieu ; mais je ne crois pas qu'il entre au château de Souday avec M. Michel.

— Et pourquoi cela, s'il vous plaît, mon brave Jean ?

— Parce que plus je vais, monsieur Petit-Pierre, plus je doute de l'amour de M. Michel pour Mlle Bertha.

Petit-Pierre haussa les épaules avec impatience.

— Permettez-moi, mon cher Jean Oullier, dit-il, de douter un peu de votre perspicacité en amour.

— C'est possible, repartit le vieux Vendéen ; mais, si cette union avec Mlle Bertha, c'est-à-dire le plus grand honneur que puisse espérer le jeune homme, comble les vœux de votre protégé, pourquoi donc a-t-il été si pressé de quitter la métairie et a-t-il passé la nuit à errer comme un fou ?

— S'il a erré toute la nuit, répondit Petit-Pierre, c'est que le bonheur l'empêchait de se tenir en place, et, s'il a quitté la métairie, c'est, selon toute probabilité, pour les besoins de notre service.

— Je le souhaite ; je ne suis pas de ceux qui ne pensent qu'à eux-mêmes, et, bien que décidé à sortir de la maison le jour où le fils de Michel y entrera, je n'en prierai pas moins Dieu, matin et soir, pour qu'il fasse le bonheur de l'enfant, et, en même temps, je veillerai sur cet homme : je tâcherai que mes pressentiments ne se réalisent pas, et qu'au lieu du bonheur qu'il promet à sa femme, ce ne soit pas le désespoir qu'il lui apporte.

— Merci, Jean Oullier ! Ainsi, je puis espérer que vous ne montrerez plus les dents à mon jeune protégé, n'est-ce pas, vous me le promettez ?

— Je garderai ma haine et ma méfiance au fond de mon cœur, pour ne les en tirer que s'il justifiait l'une ou l'autre ; c'est tout ce que j'oserai vous promettre ; mais ne me demandez ni de l'aimer, ni de l'estimer.

— Race indomptable ! dit Petit-Pierre à demi-voix ; il est vrai que c'est ce qui te fait grande et forte.

— Oui, répondit Jean Oullier à l'espèce d'aparté de Petit-

Pierre, prononcé assez haut pour qu'il eût été entendu du vieux Vendéen ; oui, nous n'avons guère, nous autres, qu'une haine et qu'un amour ; mais est-ce vous qui vous en plaindrez, monsieur Petit-Pierre ?

Et il regarda fixement le jeune homme comme s'il lui portait un respectueux défi.

— Non, reprit ce dernier ; je m'en plaindrai d'autant moins, que c'est à peu près tout ce qui reste à Henri V de sa monarchie de quatorze siècles, et cela ne suffit pas, paraît-il.

— Qui dit cela ? fit le Vendéen en se levant, et d'un ton presque menaçant.

— Vous le saurez tout à l'heure. Nous venons de parler de vos affaires, Jean Oullier, et je ne le regrette pas ; car cette causerie a fait trêve à de bien tristes pensées. Maintenant, il est temps de m'occuper un peu des miennes. Quelle heure est-il ?

— Quatre heures et demie.

— Allez réveiller nos amis ; la politique les laisse dormir, eux ; mais, moi, je ne le saurais ; car ma politique, c'est de l'amour maternel. Allez, mon ami !

Jean Oullier sortit. Petit-Pierre, la tête inclinée, fit quelques tours dans la chambre ; il frappa du pied avec impatience, il se tordit les mains avec désespoir, et, lorsqu'il revint devant l'âtre, deux grosses larmes roulaient le long de ses joues et sa poitrine semblait oppressée. Alors il se jeta à genoux, et, joignant les mains, il pria Dieu, qui dispense les couronnes, d'éclairer ses résolutions, de lui donner la force indomptable de continuer sa tâche, ou la résignation de subir son malheur.

52

Comment Jean Oullier prouva que, lorsque le vin est tiré, il n'y a rien de mieux à faire que de le boire

Quelques instants après, Gaspard, Louis Renaud et le marquis de Souday entrèrent dans la pièce.

En apercevant Petit-Pierre, qui restait abîmé dans sa méditation et dans sa prière, ils s'arrêtèrent sur le seuil, et le marquis de Souday, qui, comme au bon temps, avait cru à propos de saluer la diane par une chanson, s'interrompit respectueusement.

Mais Petit-Pierre avait entendu ouvrir la porte ; il se releva et, s'adressant aux nouveaux venus :

— Approchez, messieurs, et pardonnez-moi d'avoir interrompu votre sommeil ; mais j'avais à vous communiquer des déterminations importantes.

— C'est nous qui avons à demander pardon à Votre Altesse royale de n'avoir pas prévenu sa volonté, d'avoir dormi lorsque nous pouvions lui être utiles, dit Louis Renaud.

— Trêve de compliments, mon ami, interrompit Petit-Pierre ; cet apanage de la royauté triomphante est mal venu au moment où elle s'abîme pour la seconde fois.

— Que voulez-vous dire ?

— Je veux dire, mes bons et chers amis, reprit Petit-Pierre en tournant le dos à la cheminée, tandis que les Vendéens faisaient cercle autour de lui, je veux dire que je vous ai appelés pour vous rendre votre parole et vous faire mes adieux.

— Nous rendre notre parole ! nous faire vos adieux ! s'écrièrent les jeunes partisans étonnés. Votre Altesse royale songerait-elle à nous quitter ?

Puis, tous ensemble, se regardant :

— Mais c'est impossible ! dirent-ils.

— Il le faut cependant.

— Pourquoi cela ?

— Parce qu'on me le conseille, parce qu'on fait plus, parce qu'on m'en conjure.

— Mais qui ?

— Des gens dont je ne puis suspecter ni la pénétration, ni l'intelligence, ni le dévouement, ni la fidélité.

— Mais sous quel prétexte ? pour quelles raisons ?

— Il paraît que la cause royaliste est désespérée même en Vendée ; que le drapeau blanc n'est plus qu'un haillon que la France répudie ; que l'on ne trouverait pas dans Paris douze cents hommes qui, pour quelques écus, fissent, en notre nom, du bruit dans la rue ; qu'il est faux que nous ayons des sympathies dans l'armée, faux qu'il nous reste des intelligences dans l'administration, faux que le Bocage soit une seconde fois prêt à se lever comme un seul homme pour défendre les droits d'Henri V !

— Mais encore une fois, interrompit le noble Vendéen qui avait momentanément changé un nom illustré dans la première guerre contre celui de Gaspard, et qui se sentait incapable de se contenir plus longtemps, de qui viennent ces avis ? qui parle de la Vendée avec cette assurance ? qui mesure notre dévouement de la sorte en disant : « Il ira jusque-là et pas plus loin ? »

— Différents comités royalistes que je n'ai point à vous nommer, mais de l'opinion desquels nous avons à tenir compte.

— Les comités royalistes ! s'écria le marquis de Souday. Ah !

parbleu ! je connais cela, et, si Madame veut m'en croire, nous ferons de leur avis ce que feu M. le marquis de Charette faisait de l'avis des comités royalistes de son temps.

— Et qu'en faisait-il, mon brave Souday ? demanda Petit-Pierre.

— Le respect que je porte à Votre Altesse royale, répondit le marquis avec un magnifique sang-froid, ne me permet malheureusement pas de préciser davantage.

Petit-Pierre ne put s'empêcher de sourire.

— Oui, dit-il ; mais nous ne vivons plus dans ce bon temps, mon pauvre marquis. M. de Charette était un souverain absolu dans son camp, et la régente Marie-Caroline ne sera jamais qu'une régente très constitutionnelle. Le mouvement projeté ne doit réussir qu'à la condition d'une entente complète entre tous ceux qui peuvent souhaiter son succès ; or, cette entente existe-t-elle, je vous le demande, lorsque, la veille du combat, on vient prévenir le général que les trois quarts de ceux sur lesquels il croyait pouvoir compter ne se trouveront point au rendez-vous ?

— Eh ! qu'importe ! s'écria le marquis de Souday ; moins nous serons à ce rendez-vous, plus la gloire sera grande pour ceux qui s'y trouveront.

— Madame, dit gravement Gaspard à Petit-Pierre, on a été à vous, et l'on vous a dit, quand peut-être vous ne pensiez pas à rentrer en France : « Les hommes qui ont renversé le roi Charles X sont éloignés par le nouveau gouvernement, et réduits à l'impuissance ; le ministère est composé de telle sorte, que vous n'aurez que peu ou point de modifications à y faire ; le clergé, puissance inamovible et stationnaire, appuiera de toute son influence le rétablissement de la royauté de droit divin ; les tribunaux sont encore peuplés d'hommes qui doivent tout à la Restauration ; l'armée, essentiellement obéissante, est sous les ordres d'un chef qui a dit qu'en politique il fallait avoir plus d'un drapeau ; le peuple, proclamé souverain en 1830, est tombé sous le joug de la plus stupide et de la plus inepte des aristocraties... Venez donc ! a-t-on ajouté ; votre entrée en France sera un véritable retour de l'île d'Elbe ; les populations s'empresseront autour de vous pour saluer le rejeton de nos rois, que le pays demande à acclamer ! » Sur la foi de ces paroles, vous êtes venue, Madame ; et, lorsque vous avez paru au milieu de nous, nous nous sommes levés. Maintenant, je tiens que ce serait un malheur pour notre cause et une honte pour nous que cette retraite, qui accuserait à la fois votre intelligence politique et notre impuissance personnelle.

— Oui, dit Petit-Pierre, qui, par un singulier revirement, se trouvait défendre une opinion qui lui brisait le cœur, oui, tout ce que vous venez de dire est vrai ; oui, l'on m'a promis tout cela ; mais ce ne sera ni votre faute ni la mienne, mes braves amis, si des insensés ont pris de folles espérances pour la réalité ; l'histoire impartiale dira que, le jour où l'on m'a accusée d'être mauvaise mère — et on l'a fait — j'ai répondu comme je devais répondre, en disant : « Me voilà prête au sacrifice ! » Elle dira que vous, mes fidèles, plus ma cause vous a semblé abandonnée, moins vous m'avez marchandé votre dévouement ; mais c'est une question d'honneur pour moi de ne pas le mettre inutilement à l'épreuve. Parlons raison, mes amis ; faisons des chiffres, c'est ce qu'il y a de plus positif. De combien d'hommes croyez-vous que nous puissions disposer en ce moment ?

— De dix mille au premier signal.

— Hélas ! dit Petit-Pierre, c'est beaucoup et ce n'est point assez : le roi Louis-Philippe, outre la garde nationale, dispose de quatre cent quatre-vingt mille hommes de troupes inoccupés !

— Mais les défections, mais les officiers démissionnaires, objecta le marquis.

— Eh bien, reprit Petit-Pierre en se tournant vers Gaspard, je mets entre vos mains mes destinées et celles de mon fils. Dites-moi, assurez-moi, et cela sur votre honneur de gentilhomme, que, contre dix chances contraires, nous en avons deux favorables, et, loin de vous ordonner de déposer les armes, je reste au milieu de vous pour partager vos périls et votre sort.

A cet appel direct, non plus à ses sentiments, mais à sa conviction, Gaspard courba la tête et resta muet.

— Vous le voyez, reprit Petit-Pierre, votre raison n'est point d'accord avec votre cœur, et ce serait presque un crime de profiter d'une chevalerie que le bon sens condamne. Ne discutons donc plus de ce qui a été décidé, et peut-être bien décidé ; prions Dieu pour qu'il me renvoie près de vous dans un temps et dans des conditions meilleurs, et ne pensons plus qu'au départ.

Sans doute, les gentilshommes reconnaissaient la nécessité de cette résolution, quoiqu'elle s'accordât si peu avec leurs sentiments ; car, voyant que la duchesse semblait s'y être arrêtée, ils ne répondirent rien, se contentant de se détourner pour cacher leurs larmes.

Le marquis de Souday se promenait seul dans la chambre avec une impatience qu'il ne se donnait pas la peine de dissimuler.

— Oui, continua Petit-Pierre après un silence et avec amertume, oui, les uns ont dit comme Pilate : « Je m'en lave les mains », et mon cœur, si fort contre le danger, si fort contre la mort, a plié ; car il ne saurait envisager de sang-froid la responsabilité de l'insuccès et le sang inutilement versé qu'ils rejettent d'avance sur ma tête ; les autres...

— Le sang qui coule pour la foi ne sera jamais du sang perdu ! fit une voix qui partait de l'angle de la cheminée. C'est Dieu qui l'a dit, et, si humble que soit celui qui parle, il ne craint point de le répéter après Dieu : tout homme qui croit et qui meurt est un martyr ; son sang féconde la terre qui le reçoit et hâte le jour de la moisson.

— Qui a dit cela ? s'écria vivement Petit-Pierre en se haussant sur la pointe du pied.

— Moi, dit simplement Jean Oullier se levant de l'escabeau sur lequel il se tenait accroupi et entrant dans le cercle des nobles et des chefs.

— Toi, mon brave ? s'écria Petit-Pierre enchanté de trouver ce renfort au moment où il se croyait abandonné de tous. Alors, tu n'es pas de l'avis de ces messieurs de Paris ? Voyons, approche et parle. Au temps où nous vivons, Jacques Bonhomme ne saurait être déplacé, même dans un conseil de rois.

— Je suis si peu de l'avis de vous voir quitter la France, reprit Jean Oullier, que, si j'avais l'honneur d'être un gentilhomme comme ces messieurs, j'aurais déjà fermé la porte, et, me mettant en travers de votre passage, je vous aurais déjà dit : « Vous ne sortirez pas ! »

— Et tes raisons ? J'ai hâte de les entendre. Parle, parle, mon Jean !

— Mes raisons ! c'est que vous êtes notre drapeau, et que, tant qu'un soldat est debout, fût-il le dernier de l'armée, il a droit de le tenir haut et ferme jusqu'à ce que la mort le lui donne pour linceul.

— Après, après, Jean Oullier ? Parle ! tu parles bien.

— Mes raisons ! c'est que vous êtes la première de votre race qui soit venue combattre au milieu de ceux qui combattaient pour elle, et qu'il sera mauvais que vous vous retiriez avant d'avoir sorti l'épée.

— Va, va, toujours, Jacques Bonhomme ! dit Petit-Pierre en se frottant les mains.

— Mes raisons, enfin, continua Jean Oullier, c'est que votre retraite avant le combat ressemble à une fuite, et que nous ne pouvons pas vous laisser fuir.

— Mais, interrompit Louis Renaud alarmé par l'attention avec laquelle Petit-Pierre écoutait Jean Oullier, mais les défections que l'on vient de nous signaler ôteront au mouvement toute son importance ; ce ne sera plus qu'une échauffourée.

— Non, non, cet homme a raison ! s'écria Gaspard, qui n'avait cédé qu'à son grand regret aux raisons de Petit-Pierre. Une échauffourée vaut mieux que le néant dans lequel nous allons retomber ; une échauffourée, c'est une date : elle témoigne dans l'histoire, et le jour vient où le peuple a tout oublié, excepté le courage de ceux qui l'ont conduite ; si elle ne laisse pas sa trace sur le trône, elle laisse sa trace dans les souvenirs. Qui se rappellerait le nom de Charles-Edouard sans ses échauffourées de Preston et de Culloden ? Ah ! Madame, j'ai grande envie, je vous l'avoue, de faire ce que nous a conseillé ce brave paysan.

— Et vous aurez d'autant plus raison, monsieur le comte, reprit Jean Oullier avec une assurance qui prouvait que ces questions, tout au-dessus de lui qu'elles semblaient être, lui étaient néanmoins familières ; vous aurez d'autant plus raison que le but principal de Son Altesse royale, celui auquel elle veut sacrifier l'avenir de la monarchie confiée à sa tutelle, sera manqué.

— Comment cela ? demanda Petit-Pierre.

— Dès que Madame sera retirée, aussitôt que le gouvernement la saura loin de nos côtes, les persécutions commenceront, et elles seront d'autant plus vives, d'autant plus violentes, que nous nous serons montrés moins redoutables. Vous êtes riches, vous, messieurs ; vous pourrez encore y échapper par la fuite : vous aurez des vaisseaux qui vous attendront à l'embouchure de la Loire et de la Charente ; votre patrie est un peu partout, à vous autres ; mais nous, pauvres paysans, nous sommes, comme la chèvre, attachés au sol qui nous nourrit, et nous préférons la mort à l'exil.

— Et la conclusion de tout cela, mon brave Oullier ?

— Ma conclusion, monsieur Petit-Pierre, répondit le Vendéen, est que, quand le vin est tiré, il faut le boire ; que nous avons pris les armes, et que, du moment où nous les avons prises, il faut nous battre sans perdre de temps à nous compter.

— Battons-nous donc ! s'écria Petit-Pierre avec exaltation. La voix du peuple est la voix de Dieu ! j'ai foi dans celle de Jean Oullier.

— Battons-nous ! répéta le marquis.

— Battons-nous ! dit Louis Renaud.

— Eh bien, demanda Petit-Pierre, à quel jour fixons-nous la prise d'armes ?

— Mais, fit Gaspard, n'a-t-il pas été décidé qu'elle aurait lieu le 24 ?

— Oui ; mais ces messieurs ont envoyé un contrordre.

— Quels messieurs ?

— Ces messieurs de Paris.

— Sans vous en prévenir ? s'écria le marquis. Savez-vous que l'on en fusille pour moins que cela ?

— J'ai pardonné, dit Petit-Pierre en étendant la main. D'ailleurs, ceux qui ont fait cela ne sont pas des gens de guerre.

— Oh ! cette remise est un bien grand malheur ! dit Gaspard à demi-voix, et, si je l'eusse connue...

— Eh bien ? demanda Petit-Pierre.

— Peut-être n'eussé-je point été de l'avis du paysan.

— Bah ! bah ! dit Petit-Pierre, vous l'avez entendu, mon cher Gaspard : le vin est tiré, il faut le boire ! Buvons-le donc gaiement, messieurs, quand même ce devrait être celui dont le sire de Beaumanoir se rafraîchissait au combat des Trente. Allons, marquis de Souday, tâchez de me trouver une plume, de l'encre et du papier, dans la métairie où votre futur gendre a bien voulu m'offrir l'hospitalité.

Le marquis s'empressa de chercher ce que Petit-Pierre venait de lui demander ; mais, tout en furetant dans les tiroirs de l'armoire et de la commode ; tout en soulevant les hardes et le linge du métayer, il ne put se défendre de serrer la main de Jean Oullier et de lui dire :

— Sais-tu que tu parles d'or, mon brave gars, et que jamais une de tes fanfares ne m'a si fort réjoui le cœur que le boute-selle que tu viens de nous sonner ?

Puis, ayant trouvé ce qu'il cherchait, il se hâta de le porter devant Petit-Pierre.

Celui-ci trempa un tronçon de plume dans la bouteille d'encre, et, de son écriture large, ferme et hardie, il écrivit ce qui suit :

Mon cher maréchal,

» Je reste parmi vous !

» Veuillez vous rendre auprès de moi.

» Je reste, attendu que ma présence a compromis un grand nombre de mes fidèles serviteurs ; il y aurait donc, en pareille circonstance, lâcheté à moi de les abandonner. D'ailleurs, j'espère que, malgré ce malheureux contrordre, Dieu nous donnera la victoire.

» Adieu, monsieur le maréchal ; ne donnez pas votre démission, puisque Petit-Pierre ne donne pas la sienne.

Petit-Pierre.

— Et maintenant, continua Petit-Pierre tout en pliant la lettre, quel jour fixons-nous pour le soulèvement ?

— Le jeudi 31 mai, dit le marquis de Souday pensant que le terme le plus rapproché était le meilleur — si cela vous convient toutefois.

— Non, non, dit Gaspard. Excusez, monsieur le marquis, mais il me semble que mieux vaut choisir la nuit du dimanche au lundi 4 juin. Le dimanche, après la grand-messe, dans toutes les paroisses, les paysans se rassembleront sous le porche des églises, et les capitaines, sans éveiller les soupçons, auront le loisir de leur communiquer l'ordre de la prise d'armes.

— Votre connaissance des mœurs du pays vous sert à merveille, mon ami, dit Petit-Pierre, et je me rallie à votre avis. Va donc pour la nuit du 3 au 4 juin.

Et, immédiatement, il se mit à rédiger l'ordre du jour suivant :

Ayant pris la résolution de ne pas quitter les provinces de l'Ouest, et de me confier à leur fidélité si longtemps éprouvée, je compte sur vous, Monsieur, pour prendre toutes les mesures nécessaires à la prise d'armes qui aura lieu dans la nuit du 3 au 4 juin.

J'appelle à moi tous les gens de cœur. Dieu nous aidera à sauver notre patrie ; aucun danger, aucune fatigue ne me découragera ; on me verra paraître au premier rassemblement.

Et, cette fois, Petit-Pierre signa : « Marie-Caroline, régente de France. »

— Allons, le sort en est jeté ! s'écria Petit-Pierre. Maintenant, il faut vaincre ou mourir !

— Maintenant, répéta le marquis, quand même vingt contrordres me viendraient, le 4 juin, je fais sonner le tocsin, et, par ma foi... eh bien, après nous le déluge !

— Oui, mais il s'agit d'une chose, dit Petit-Pierre en montrant son ordre : c'est que ceci arrive sûrement et immédiatement aux divisionnaires, afin de neutraliser le mauvais effet qu'auront produit les injonctions venues de Nantes.

— Hélas ! dit Gaspard, Dieu veuille que ce malheureux contrordre ait fait la diligence que nous allons faire nous-mêmes ! Dieu veuille qu'il soit parvenu dans les campagnes à temps pour paralyser le premier mouvement et laisser toute sa force au second ! J'ai peur du contraire, je crains que bien des braves ne soient victimes de leur courage et de leur isolement.

— C'est pour cela qu'il ne faut pas perdre une minute, messieurs, dit Petit-Pierre, et se servir des jambes en attendant que l'on se serve des bras. Vous, Gaspard, chargez-vous de prévenir les divisionnaires du haut et du bas Poitou. M. le marquis de Souday en fera autant dans le pays de Retz et de Mauges. Vous, mon cher Louis Renaud, entendez-vous de cela avec vos Bretons. Ah ! mais qui va se charger maintenant de porter ma dépêche au maréchal ? Il est à Nantes, et vos visages y sont un peu trop connus, messieurs, pour que j'expose aucun de vous à cette mission.

— Moi, dit Bertha, qui, de l'alcôve où elle reposait avec sa sœur, avait entendu le bruit des voix et s'était levée ; n'est-ce point là un des privilèges de mes fonctions d'aide de camp ?

— Oui, certes ; mais votre costume, ma chère enfant, répondit Petit-Pierre, ne sera peut-être pas du goût de MM. les Nantais, tout charmant que je le trouve.

— Aussi n'est-ce point ma sœur qui ira à Nantes, Madame, dit Mary en s'avançant à son tour ; ce sera moi, si vous voulez bien le permettre. Je prendrai des habits de paysanne et je laisserai à Votre Altesse royale son premier aide de camp.

Bertha voulut insister ; mais Petit-Pierre, se penchant à son oreille, lui dit tout bas :

— Restez, ma chère Bertha ! nous parlerons de M. le baron Michel, et nous ferons ensemble de beaux projets qu'il ne contredira pas, j'en suis sûr.

Bertha rougit, baissa la tête et laissa sa sœur s'emparer de la lettre destinée au maréchal.

53

Où il est expliqué comment et pourquoi le baron Michel avait pris le parti d'aller à Nantes

Nous avons annoncé que Michel avait quitté la Banlœuvre ; mais nous ne nous sommes point suffisamment appesanti, ce nous semble, sur les causes de cette fugue et les circonstances qui l'avaient accompagnée.

Pour la première fois de sa vie, Michel avait agi de ruse et avait montré quelque duplicité.

Sous le coup de l'émotion profonde qu'avaient produite sur lui les paroles de Petit-Pierre, en voyant s'évanouir, par la déclaration inattendue de Mary, les espérances qu'il avait si complaisamment caressées chez maître Jacques, il était resté anéanti.

Il comprenait que le penchant que Bertha avait si librement manifesté pour lui le séparait de Mary mieux que ne l'eût pu faire l'aversion de cette dernière. Il se reprochait de l'avoir encouragé par son silence et par sa sotte timidité ; mais il avait beau se gourmander lui-même, il ne trouvait pas dans son âme la force nécessaire pour couper court à un imbroglio qui le frappait dans une affection plus chère pour lui que la vie. Il n'avait point au cœur cette résolution qui peut amener une explication franche et catégorique, et il regardait comme chose tout à fait impossible de dire à cette belle jeune fille, à l'intervention de laquelle il avait peut-être dû la vie, quelques heures auparavant : « Mademoiselle, ce n'est pas vous que j'aime. »

Aussi, et bien que, pendant cette même soirée, les occasions ne lui eussent pas manqué d'ouvrir son cœur à Bertha — qui, très inquiète d'une blessure que, pour son compte, elle eût vue sans sourciller, toute femme qu'elle était, voulut la panser elle-même — resta-t-il dans cette situation dont chaque minute augmentait la difficulté.

Il chercha bien à parler à Mary ; mais Mary mettait à l'éviter autant de soin qu'il en apportait à s'approcher d'elle, et il dut renoncer à en faire son intermédiaire, comme il y avait pensé un moment.

D'ailleurs, ces fatales paroles : « Je ne vous aime pas ! » bourdonnaient incessamment comme un glas funèbre à ses oreilles.

Il profita donc d'un instant où personne, pas même Bertha, n'avait les yeux sur lui pour se retirer, ou plutôt s'enfuir dans sa chambre.

Il se jeta sur le lit de paille que Bertha, de ses blanches mains, avait préparé pour lui ; mais, la tête de plus en plus en feu, le cœur de plus en plus bouleversé, il se releva bientôt, appuya sur son visage brûlant une serviette trempée d'eau, et, maintenant cette serviette comme un rafraîchissant, il songea à profiter de son insomnie pour se mettre à la poursuite d'une idée.

Après un travail d'imagination qui ne dura pas moins de trois quarts d'heure, cette idée lui vint.

Ce fut que ce qui ne saurait se dire de vive voix pouvait s'écrire, et Michel avait pensé que ce procédé serait tout à fait à la hauteur de la détermination de son caractère.

Mais, pour y trouver quelque avantage, il était nécessaire de ne pas assister à la lecture de la lettre qui révélerait à Bertha le secret du cœur du jeune homme.

Non seulement les gens timides n'aiment point à rougir, mais encore ils ont peur de faire rougir les autres.

La conséquence des réflexions de Michel fut donc qu'il s'éloignerait de la Banlœuvre, momentanément, bien entendu, car, une fois que la position serait nettement dessinée, une fois que le terrain serait déblayé autour de Mary, rien n'empêcherait plus le baron de revenir prendre sa place auprès de celle qu'il aimait.

Pourquoi, d'ailleurs, le marquis de Souday, qui lui avait accordé la main de Bertha, lui refuserait-il celle de Mary lorsqu'il apprendrait que c'était Mary, et non Bertha, qu'aimait le protégé de Petit-Pierre ?

Il n'y avait aucune raison qui pût motiver ce refus.

Très encouragé par cette perspective, Michel avait donc, avec une profonde ingratitude, jeté loin de lui la serviette à laquelle il devait peut-être — grâce au calme que sa fraîcheur avait ramené dans son cerveau — la bonne idée qu'il allait mettre à exécution ; il était descendu dans la cour de la métairie et avait commencé de lever les barres de la porte charretière.

Mais, au moment où, après avoir enlevé et déposé le long du mur la première de ces barres, il faisait jouer la seconde, il avait aperçu, sous un hangar situé à droite de cette porte, un tas de paille qui s'agitait, et, de ce tas de paille, il avait vu sortir une tête qu'il reconnut pour celle de Jean Oullier.

— Peste ! lui dit celui-ci avec son accent le plus bourru, vous êtes matinal, monsieur Michel !

Et en effet, au même instant, deux heures sonnaient à l'église du village voisin.

— Avez-vous donc, continua Jean Oullier, quelque message à remplir ?

— Non, répondit le jeune baron, car il lui semblait que l'œil du Vendéen perçait dans les plus profonds replis de son âme ; non, mais j'ai un grand mal de tête, et je voulais voir si l'air de la nuit ne le calmerait pas.

— Voyez... mais je vous préviens que nous avons des sentinelles au-dehors, et que, si vous n'êtes pas muni du mot d'ordre, il pourra bien vous arriver malheur.

— A moi ?

— Dame, à vous comme à un autre ; à dix pas, vous comprenez bien, on ne verra pas que vous êtes le maître de la maison.

— Mais ce mot d'ordre, vous le connaissez, monsieur Jean ?

— Sans doute.

— Dites-le-moi.

Jean Oullier secoua la tête.

— C'est le marquis de Souday que cela regarde : montez à sa chambre ; dites-lui que vous voulez sortir ; que, pour sortir, vous avez besoin du mot d'ordre, et il vous le dira... s'il juge à propos de vous le dire.

Michel n'avait garde d'employer ce moyen, et il était resté la main sur la seconde barre.

Quant à Jean Oullier, il s'était renfoncé dans sa paille.

Michel, tout décontenancé, alla s'asseoir sur une auge renversée qui faisait banc à la porte intérieure de la cour de la métairie.

Là, il eut le loisir de continuer ses méditations ; car, si le tas de paille ne bougeait plus, il semblait à Michel qu'une ouverture s'était faite dans son milieu le plus compact et que, dans ce vide, il voyait reluire quelque chose qui devait être l'œil de Jean Oullier.

Or, il n'y avait point à espérer de tromper l'œil de ce nouveau chien de garde.

Heureusement, nous l'avons dit, les méditations étaient singulièrement profitables à Michel.

Il s'agissait de trouver un prétexte pour quitter convenablement la Banlœuvre.

Ce prétexte, Michel le cherchait encore lorsque les premiers rayons du jour s'allumèrent à l'horizon, vinrent dorer le toit de chaume de la métairie, et colorer de leurs reflets d'opale les carreaux de ses étroites fenêtres.

Peu à peu, la vie se faisait autour de Michel ; on entendait les bœufs mugir pour appeler leur provende ; les moutons, impatients d'aller aux champs, bêlaient en passant leurs mufles gris à travers les barreaux de la porte à claire-voie de leur bergerie ; la poule descendait de son perchoir, et s'étirait en gloussant sur le fumier qui jonchait le sol ; les pigeons sortaient du colombier et gagnaient le toit pour y roucouler leur hymne éternel d'amour, tandis que les canards, plus prosaïques, rangés en une longue file devant la porte charretière, remplissaient l'air de leurs sons discordants, sons destinés, selon toute probabilité, à exprimer leur surprise de voir cette porte si bien close lorsqu'ils étaient si pressés d'aller barboter dans la mare.

A ces différents bruits, formant le concert matinal d'une ferme bien organisée, une fenêtre située juste au-dessus du banc où Michel était assis, s'ouvrit doucement, et la tête de Petit-Pierre parut à cette fenêtre.

Mais Petit-Pierre n'aperçut pas Michel ; il avait les yeux au ciel et semblait complètement absorbé, soit par ses pensées intérieures, soit par la grandeur du spectacle que lui offrait l'horizon.

Tout œil, en effet, et surtout celui d'une princesse, peu habitué à voir se lever le soleil, eût été ébloui par les jets de flamme que le roi du jour envoyait dans la plaine, où ils faisaient scintiller, comme des milliers de pierres précieuses, les feuilles humides et tremblantes des arbres de la forêt, tandis qu'une main invisible enlevait doucement le voile de vapeurs étendu sur la vallée en découvrant une à une, comme fait une vierge pudibonde, ses beautés, ses grâces, ses splendeurs.

Pendant quelque temps, Petit-Pierre s'abandonna à la contemplation de ce magique tableau, puis, appuyant sa tête sur sa main, il murmura avec mélancolie :

— Hélas ! dans le dénuement de cette pauvre maison, ceux qui l'habitent sont cependant plus heureux que moi !

Cette phrase fut le coup de baguette magique qui éclaira le cerveau du jeune baron et y fit luire l'idée ou plutôt le prétexte qu'il avait inutilement cherché pendant deux heures.

Il se tint coi le long du mur, où il s'était collé, au bruit qu'avait fait la fenêtre en s'ouvrant, et il ne se détacha de la muraille que lorsque le bruit qu'elle fit en se refermant lui indiqua qu'il pouvait quitter sa place sans être vu.

Il alla droit au hangar.

— Monsieur, dit-il à Jean Oullier, Petit-Pierre vient de se mettre à la fenêtre.

— Je l'ai vu, dit le Vendéen.

— Il a parlé ; avez-vous entendu ce qu'il disait ?

— Cela ne me regardait pas, et, par conséquent, je n'ai point écouté.

— Plus rapproché que j'étais de lui, j'ai entendu, moi, sans le vouloir.

— Eh bien ?

— Eh bien, notre hôte trouve sa demeure malplaisante et incommode ; en effet, elle manque de ce que ses habitudes aristocratiques font pour lui des objets de première nécessité. Ne pouvez-vous — moi vous donnant l'argent, bien entendu — vous charger de lui procurer ces objets ?

— Et où cela, s'il vous plaît ?

— Dame, au bourg ou à la ville la plus proche, à Légé ou à Machecoul.

Jean Oullier secoua la tête.

— Impossible, dit-il.

— Et pourquoi cela ? demanda Michel.

— Parce que acheter en ce moment des objets de luxe dans les endroits que vous me désignez, où pas un geste de certaines gens n'est perdu, ce serait éveiller de dangereux soupçons.

— Ne pourriez-vous donc, alors, pousser jusqu'à Nantes ? demanda Michel.

— Non pas, répondit sèchement Jean Oullier ; la leçon que j'ai reçue à Montaigu m'a rendu prudent, et je ne quitterai pas mon poste ; mais, continua-t-il avec un accent légèrement railleur, vous qui avez besoin de prendre l'air pour guérir votre mal de tête, que n'y allez-vous, à Nantes ?

En voyant sa ruse couronnée d'un si grand succès, Michel se

sentit rougir jusqu'au blanc des yeux ; et cependant il tremblait en approchant du moment où il allait mettre cette ruse à exécution.

— Vous avez peut-être raison, balbutia-t-il ; mais, moi aussi, j'ai peur.

— Bon ! un brave comme vous ne doit rien redouter, dit Jean Oullier en secouant sa couverture, en se dégageant de sa paille et en se dirigeant vers la porte, comme pour ne pas laisser au jeune homme le temps de réfléchir.

— Mais alors... dit Michel.

— Quoi encore ? demanda Jean Oullier impatient.

— Vous vous chargerez de dire les motifs de mon départ à M. le marquis, et de présenter mes excuses à...

— Mlle Bertha ? dit Jean Oullier d'un ton ironique. Soyez tranquille.

— Je reviendrai demain, dit Michel en franchissant le seuil.

— Oh ! ne vous gênez pas, prenez votre temps, monsieur le baron. Si ce n'est pas demain, ce sera après-demain, continua Jean Oullier en refermant la lourde porte derrière le jeune homme.

Le bruit de la porte qui se rebarricadait derrière lui serra douloureusement le cœur de Michel ; il songea moins aux difficultés de la position qu'il voulait fuir qu'à sa séparation d'avec celle qu'il aimait.

Il lui sembla que cette porte à moitié vermoulue était de bronze, et qu'à l'avenir il la rencontrerait toujours entre la douce figure de Mary et lui.

Alors, au lieu de s'éloigner, comme à l'intérieur il s'était assis sur l'auge, à l'extérieur il s'assit sur le revers du chemin, et se mit à pleurer. Il y eut un moment où, s'il n'eût pas craint de subir les railleries de Jean Oullier, sur la malveillance duquel, malgré son inexpérience, il ne pouvait se méprendre, il eût heurté à cette porte et fût rentré, pour revoir au moins une fois encore sa douce Mary ; mais un mouvement, nous allions dire de fausse honte, disons mieux, de vraie honte, le retint, et il s'éloigna sans trop savoir de quel côté il allait diriger ses pas.

Comme il suivait la route de Légé, un bruit de roues lui fit tourner la tête ; il aperçut la diligence qui allait des Sables-d'Olonne à Nantes ; elle se dirigeait sur lui. Michel sentit que ses forces, épuisées par la perte de son sang, si légère que fût la blessure par laquelle il avait coulé, ne lui permettraient pas de fournir une longue marche.

La vue de cette voiture fixa ses irrésolutions ; il la fit arrêter, monta dans un de ses compartiments, et, quelques heures après, il était à Nantes.

Ce fut arrivé là qu'il sentit douloureusement les tristesses de sa situation.

Habitué dès son enfance à vivre de la vie des autres, à obéir à des volontés qui n'étaient pas les siennes ; maintenu dans cette servitude morale par la substitution même qui venait de s'opérer dans son adolescence ; n'ayant, pour ainsi dire, fait que changer de maître en abandonnant sa mère pour suivre la femme qu'il aimait, la liberté était pour lui si nouvelle, qu'il n'en ressentait pas les charmes, tandis qu'au contraire son isolement lui était devenu odieux.

Pour les cœurs profondément blessés, il n'est point de solitude plus cruelle que celle qu'ils trouvent au sein des villes ; plus la ville est vaste et peuplée, plus la solitude est grande ; l'isolement au milieu de la foule, le rapprochement de la joie ou de l'indifférence de ceux qu'ils rencontrent avec la tristesse et l'angoisse qu'ils ressentent, les accablent et les navrent.

Ce fut ce qui arriva à Michel.

En se voyant presque malgré lui en route pour Nantes, il avait espéré qu'il trouverait là quelque distraction à ses chagrins, et ce fut là, au contraire, qu'il les ressentit plus vifs et plus cuisants. L'image de Mary le suivait au milieu de la multitude ; il lui semblait qu'il allait la reconnaître dans chaque femme qui se dirigeait de son côté, et son cœur se fondait à la fois en regrets amers et en désirs impuissants.

Dans cette disposition d'esprit, il ne songea bientôt plus qu'à regagner la chambre de l'auberge dans laquelle il était descendu ; il s'y enferma, et, comme il avait fait après avoir franchi la porte de la métairie, il se mit à pleurer.

Il pensa à retourner à l'instant même à la Banlœuvre, à se jeter aux genoux de Petit-Pierre, à lui demander d'être son intermédiaire auprès des deux jeunes filles. Il se reprochait de ne pas l'avoir fait le matin, et d'avoir cédé à la crainte de blesser, par cette confidence, la fierté de Bertha.

Cet ordre d'idée le ramena tout naturellement au but ou plutôt au prétexte de son voyage, c'est-à-dire à acheter les quelques objets de luxe campagnard qui devaient, pour les indifférents, légitimer son absence ; puis ensuite, ces emplettes achevées, à écrire la terrible lettre qui était la seule, l'unique, la véritable cause de son voyage à Nantes.

Il jugea même que c'était par là qu'il devait commencer.

Cette résolution une fois prise, sans perdre une minute, il s'assit devant la table, et écrivit la lettre suivante, sur laquelle tombaient autant de larmes qu'il écrivait de mots :

Mademoiselle,

Je devrais être le plus heureux des hommes, et cependant mon cœur est brisé ! et cependant je me demande s'il ne vaudrait pas mieux être mort que de souffrir ce que je souffre !

Qu'allez-vous penser, qu'allez-vous dire lorsque cette lettre vous apprendra ce que je ne puis vous cacher plus longtemps sans me montrer tout à fait indigne de vos bontés pour moi ? Et pourtant il me faut tout le souvenir de votre bienveillance, il me faut toute la certitude de la grandeur et de la générosité de votre âme, il me faut surtout la pensée que c'est l'être que vous aimez le plus au monde qui nous sépare, pour que j'ose me décider à cette démarche.

Oui, mademoiselle, j'aime votre sœur Mary ; je l'aime de toute la puissance de mon cœur ! je l'aime à ne vouloir, à ne pouvoir vivre sans elle ! Je l'aime tant, qu'au moment où je me rends coupable envers vous de ce qu'un caractère moins élevé que le vôtre prendrait peut-être pour une sanglante injure, j'étends vers vous des mains suppliantes et je vous dis : Laissez-moi espérer que je pourrai acquérir le droit de vous aimer comme un frère aime sa sœur !

Ce n'est que lorsque cette lettre fut pliée et cachetée que Michel pensa aux moyens par lesquels il pourrait la faire parvenir à Bertha.

Il ne fallait pas songer à en charger personne à Nantes ; c'était ou trop dangereux pour le messager s'il était fidèle, ou trop dangereux pour celui qui expédiait le messager si le messager était un traître ; seulement Michel pouvait regagner la campagne, trouver, dans les environs de Machecoul, un paysan sur la discrétion duquel il pût compter, et attendre dans la forêt cette réponse qui allait décider de son avenir.

Ce fut là le parti auquel s'arrêta le jeune homme. Il employa le reste de la soirée aux différentes emplettes qui lui restaient à faire, enferma tous ces objets dans une valise et remit au lendemain matin l'acquisition d'un cheval qui lui était nécessaire s'il avait, comme il l'espérait, à continuer la campagne qu'il avait commencée.

Le lendemain, en effet, vers neuf heures, Michel, un excellent normand entre les jambes et sa valise en croupe, se disposait à rentrer dans le pays de Retz.

54

Où la brebis, croyant rentrer au bercail, tombe dans une chausse-trape

C'était un jour de marché et l'affluence des campagnards était considérable dans les rues et sur les quais de Nantes ; au moment où Michel se présenta au pont Rousseau, le passage était littéralement obstrué par une file compacte de lourdes voitures chargées de grains, de charrettes pleines de légumes, de chevaux, de mulets, de paysans, de paysannes, ayant tous, dans leurs paniers, sur leurs bâts, dans leurs vases de fer-blanc, les denrées qu'ils apportaient pour l'approvisionnement de la ville.

L'impatience de Michel était si vive, qu'il n'hésita point à s'engager dans cette cohue ; mais, comme il venait d'y pousser son cheval, il aperçut, débouchant du côté opposé à celui qu'il suivait, une jeune fille dont l'aspect le fit tressaillir.

Elle était, ainsi que les autres paysannes, vêtue d'une jupe à raies rouges et bleues et d'un mantelet d'indienne à capuchon ; elle était coiffée d'un mantelet à barbes tombantes des plus communs ; mais, sous cet humble costume, elle ressemblait si fort à Mary, que le jeune baron ne put retenir le cri de surprise qui lui échappa.

Il voulait rebrousser chemin ; par malheur, le mouvement qui se fit dans la foule, lorsqu'il arrêta son cheval, souleva une tempête de jurons et de cris qu'il ne se sentit pas le courage de braver ; il laissa sa monture poursuivre son chemin, maugréant lui-même contre la lenteur que tant d'obstacles apportaient à sa marche ; mais, aussitôt le pont franchi, il sauta à bas de son cheval et chercha des yeux à qui il pourrait le confier, tandis qu'il retournerait pour s'assurer que ses yeux ne l'avaient pas trompé et tâcher de savoir ce que Mary pouvait être venue faire à Nantes.

En ce moment, une voix nasillarde, comme l'est celle des mendiants de tous les pays, lui demanda l'aumône.

Il se retourna brusquement, car il lui sembla que cette voix ne lui était pas inconnue.

Il aperçut alors, appuyé contre la dernière borne du pont Rousseau, deux individus à la physionomie trop caractéristique pour qu'elle ne fût pas gravée dans sa mémoire : c'était Aubin Courte-Joie, et Trigaud la Vermine, dont, pour l'instant, l'association paraissait n'avoir d'autre but que d'exploiter la pitié des passants, mais qui, selon toute probabilité, étaient là dans un but qui n'était pas étranger aux intérêts politiques et même commerciaux de maître Jacques.

Michel alla vivement à eux.

— Vous me reconnaissez ? dit-il.

Aubin Courte-Joie cligna de l'œil.

— Mon bon monsieur, dit-il, ayez pitié d'un pauvre voiturier qui a eu les deux jambes coupées par les roues de sa voiture, à la descente du saut de Baugé.

— Oui, oui, mon brave homme, dit Michel, qui comprenait.

Et le jeune homme descendit de sa monture, comme pour faire l'aumône au pauvre voiturier.

Cette aumône était une pièce d'or qu'il glissa dans la large patte de Trigaud.

— Je suis ici par l'ordre de Petit-Pierre, dit-il tout bas au vrai et faux mendiant ; gardez-moi mon cheval pendant quelques minutes ; je vais faire une course importante.

Le cul-de-jatte fit un signe d'assentiment ; le baron Michel lui jeta au bras la bride de son cheval et s'élança dans la direction de la ville.

Malheureusement, si le passage était difficile pour un cavalier, il ne l'était guère moins pour un piéton ; Michel eut beau prendre le dessus et commander à son caractère timide de se faire agressif, il eut beau jouer des coudes, se glisser dans tous les intervalles, risquer dix fois de se faire écraser par les charrettes de foin et de choux, il dut se résigner à prendre la file, à marcher avec le torrent, et la jeune paysanne devait évidemment avoir pris une large avance lorsqu'il arriva à l'endroit où il l'avait aperçue.

Il pensa avec sagacité qu'elle avait dû, comme ses compagnes, se diriger, du côté du marché ; il prit, en conséquence, cette direction, regardant toutes les campagnardes qui le dépassaient avec une anxieuse curiosité qui lui valut quelques plaisanteries et faillit même lui attirer une ou deux querelles.

Aucune de ces campagnardes n'était celle qu'il cherchait.

Il parcourut la place du marché et les rues adjacentes sans rien apercevoir qui lui rappelât la gracieuse apparition du pont Rousseau...

Complètement découragé, il ne songeait donc plus qu'à revenir sur ses pas et à retrouver son cheval, lorsque, en tournant l'angle de la rue du Château, il aperçut, à vingt pas de lui, la jupe à raies rouges et bleues, et le mantelet d'indienne qui avaient si fort excité son attention.

La démarche de celle qui portait tout cela était bien, sous son costume vulgaire, la démarche élégante de Mary ; c'était bien sa taille fine et mince qu'il voyait se dessiner à travers les plis de l'étoffe grossière qui l'enveloppait ; c'étaient bien les courbes gracieuses de son cou qui faisaient de sa coiffe un charmant encadrement à son visage ; enfin, le chignon qui débordait à flots de dessous cette coiffe était bien formé par les mêmes cheveux blonds qui fournissaient ces belles tresses blondes que Michel avait si souvent admirées.

Il n'y avait pas à s'y tromper, la jeune campagnarde et Mary ne faisaient qu'une seule et même personne, et la conviction de Michel à cet endroit était si profonde, qu'il n'osa point dépasser la paysanne pour la regarder de près, comme il avait fait avec les autres, et il se contenta de traverser la rue.

En effet, cette manœuvre stratégique suffit pour lui prouver qu'il ne s'était pas trompé.

Que venait faire Mary à Nantes ? Pourquoi, venant à Nantes, avait-elle pris ce déguisement ?

Voilà la question que Michel s'adressait sans pouvoir la résoudre, et il allait, après avoir fait un violent effort sur lui-même, se décider à aborder la jeune fille, lorsque, en arrivant en face du n° 17 de cette même rue du Château, il la vit pousser la porte de la maison, et, comme cette porte n'était pas fermée, entrer dans une allée, repousser la porte derrière elle, et disparaître.

Michel alla vivement à cette porte ; cette fois, elle était fermée.

Le jeune baron resta debout sur le seuil dans une stupéfaction profonde et douloureuse, ne sachant quel parti prendre et croyant avoir rêvé.

Tout à coup, il se sentit frapper doucement sur le bras ; il tressaillit, tant son esprit se trouvait ailleurs qu'où se trouvait son corps, et il se retourna.

C'était le notaire Loriot qui l'abordait.

— Comment ! vous ici ? lui demanda ce dernier avec un accent qui dénotait sa surprise.

— Et qu'y a-t-il donc d'étonnant à ce que je sois à Nantes, maître Loriot ? demanda Michel.

— Voyons, parlez plus bas et ne restez pas planté devant cette porte comme si vous vouliez y prendre racine ; c'est un conseil que je vous donne.

— Ah çà ! quelle mouche vous pique donc, maître Loriot ? Je vous savais prudent, mais pas à ce point-là.

— On ne saurait jamais l'être trop. Marchons en causant ; c'est le moyen de ne pas être remarqué.

Puis passant son mouchoir à carreaux sur son front baigné de sueur :

— Allons, continua le notaire, voilà encore que je me compromets horriblement !

— Je vous jure, maître Loriot, que je ne comprends pas un mot de ce que vous voulez me dire, fit Michel.

— Vous ne comprenez pas ce que je veux dire, malheureux jeune homme ? Mais vous ne savez donc pas que vous êtes compris sur la liste des personnes suspectes, et que l'on a donné l'ordre de vous arrêter ?

— Eh bien, que l'on m'arrête ! reprit Michel avec impatience, en essayant de ramener le notaire en face de la maison où il avait vu disparaître Mary.

— Ah ! qu'on vous arrête ? Eh bien, vous prenez gaiement la nouvelle, monsieur Michel ! Soit, c'est d'un philosophe ; je dois cependant vous dire que cette même nouvelle, qui vous paraît si indifférente, a produit sur Mme votre mère une telle impression, que, si le hasard ne vous avait pas placé sur mon chemin à Nantes, aussitôt après mon retour à Légé, je me fusse mis en quête pour vous rejoindre.

— Ma mère ! s'écria le jeune homme, que le notaire venait de toucher au plus faible de son cœur ; que lui est-il donc arrivé, à ma mère ?

— Il ne lui est rien arrivé, monsieur Michel, et, grâce au ciel, elle va aussi bien qu'on peut aller quand on a l'âme bourrelée d'inquiétude et le cœur rongé de chagrin ; car je ne dois pas vous cacher que c'est là la situation morale de Mme votre mère.

— Oh ! mon Dieu, que me dites-vous là ! soupira douloureusement Michel.

— Vous savez tout ce que vous étiez pour elle, monsieur le baron ; vous n'avez pu oublier les soins qu'elle avait pris de votre jeunesse, la sollicitude dont elle vous entourait, quoique vous fussiez arrivé à l'âge où l'on commence à glisser entre les mains d'une mère. Jugez donc ce que doivent être ses tortures lorsqu'elle vous sait exposé tous les jours à des dangers aussi terribles que ceux qui vous environnent ! Je ne dois pas vous cacher qu'il était de mon devoir de l'avertir de ce que je suppose vos intentions et que, ce devoir, je l'ai rempli.

— Oh !... et que lui avez-vous donc dit, maître Loriot ?

— Je lui ai dit en toutes lettres que je vous croyais fort épris de Mlle Bertha de Souday...

— Allons bon, fit Michel, lui aussi !

— Et que, continua le notaire sans s'arrêter à l'interruption, selon toute apparence, vous pensiez à l'épouser.

— Qu'a répondu ma mère ? demanda Michel avec une anxiété visible.

— Parbleu ! ce que répondent toutes les mères lorsqu'on leur parle d'un mariage qu'elles désapprouvent. Mais, voyons, laissez-moi vous interroger moi-même, mon jeune ami ; ma position de notaire des deux familles me devrait donner auprès de vous une certaine influence. Avez-vous bien réfléchi à ce que vous allez faire ?

— Partagez-vous, demanda Michel, les préventions de ma mère, ou savez-vous quelque chose de fâcheux touchant la réputation de Mlles de Souday ?

— En aucune façon, mon jeune ami, répondit maître Loriot, tandis que Michel regardait avec inquiétude la fenêtre de la maison où était entrée Mary ; en aucune façon ! Je tiens, au contraire, ces jeunes filles, que je connais depuis leur enfance, pour les plus pures et les plus vertueuses du pays, et cela, comprenez-vous, malgré la réputation que quelques méchantes langues leur ont faite et malgré le ridicule sobriquet dont on les a affublées.

— Eh bien alors, demanda Michel, comment se fait-il que, vous aussi, vous me désapprouviez ?

— Mon jeune ami, répliqua le notaire, souvenez-vous que je n'émets aucun avis ; seulement, je crois devoir vous engager à beaucoup de prudence... Il vous faudra dépenser trois fois plus d'énergie pour arriver à ce qui, d'un certain point de vue, peut sembler... pardonnez-moi l'expression... une sottise, qu'il ne vous en faudrait pour renoncer à un attachement que les qualités de ces jeunes personnes justifient, je n'en disconviens pas.

— Mon cher monsieur Loriot, reprit Michel, qui, loin de sa mère, n'était point fâché de brûler ses vaisseaux, le marquis de Souday a bien voulu m'accorder la main de sa fille ; il n'y a donc pas à revenir là-dessus.

— Oh ! ceci, c'est autre chose, dit maître Loriot. Du moment que vous en êtes là, je n'ai plus qu'un conseil à vous donner et qu'une chose à vous dire : c'est que c'est toujours un acte grave qu'un mariage conclu en dépit de la volonté des parents. Persistez dans vos idées, rien de mieux ; mais allez voir votre mère, ne lui donnez pas le droit de se plaindre de votre ingratitude, tâchez de la faire revenir de ses injustes préventions.

— Hum ! fit Michel, qui sentait la justesse de ces observations.

— Voyons, insista Loriot, ce que je vous demande là, me promettez-vous de le faire ?

— Oui, oui, répondit le jeune homme, qui avait hâte de se débarrasser du notaire, croyant avoir entendu du bruit dans l'allée et craignant que Mary ne vînt à sortir tandis qu'il causait avec maître Loriot.

— Bien, fit celui-ci. Songez-y, d'ailleurs, c'est toujours à la Logerie que vous serez en sûreté ; le crédit de Mme votre mère peut seul vous sauvegarder des conséquences de votre conduite. Vous commettez, depuis quelque temps, bien des étourderies dont on ne vous aurait pas cru capable, jeune homme, convenez-en.

— J'en conviens, fit Michel impatienté.

— C'est tout ce que je voulais. Pécheur qui se confesse est à moitié repentant. Ça ! maintenant, je vous quitte ; je dois partir à onze heures.

— Vous retournez à Légé ?

— Oui, avec une jeune dame que l'on doit amener tout à l'heure à mon hôtel, et à laquelle je donnerai une place dans mon cabriolet, une place que, sans cela, je me fusse empressé de vous offrir.

— Mais vous vous détournerez bien d'une demi-lieue, n'est-ce pas, pour me rendre un service ?

— Certainement, et avec le plus grand plaisir, mon cher monsieur Michel, répondit le notaire.

— Alors, allez à la Banlœuvre, et remettez, je vous en supplie, cette lettre à Mlle Bertha.

— Soit ; mais, pour Dieu, dit le notaire avec effroi, donnez-la donc avec quelques précautions ! Vous oubliez toujours les circonstances dans lesquelles nous sommes, et cet oubli me fait mourir de peur.

— Effectivement vous ne tenez pas en place, cher monsieur Loriot ; lorsque viennent à nous certains passants, vous sautez en bas du trottoir comme s'ils vous apportaient la peste. Qu'avez-vous ? Voyons, parlez, notaire.

— J'ai que je changerais mon étude en ce moment pour la plus misérable étude du département de la Sarthe ou de l'Eure ; il y a que je ressens de telles émotions, que, si cela se prolonge, mes jours en seront abrégés. Tenez, monsieur Michel, continua le notaire en baissant la voix, tel que vous me voyez, on m'a fourré, malgré moi, quatre livres de poudre dans les poches ! et je ne marche qu'en tremblant sur le pavé ; chaque cigare que je vois passer près de moi me donne la fièvre. Allons, adieu ! Retournez à la Logerie, croyez-moi.

Michel, dont les angoisses augmentaient à chaque instant, comme celles de maître Loriot, laissa celui-ci s'éloigner. Il en avait tiré tout ce qu'il désirait, c'est-à-dire la certitude que sa lettre serait portée à la Banlœuvre.

Puis, le notaire parti, ses yeux, ramenés naturellement vers la maison, s'y fixèrent avec une ténacité plus intense que jamais ; ils étaient surtout attirés vers une fenêtre dont il avait cru remarquer que le rideau se soulevait, et par la vague silhouette d'un visage qui l'observait à travers la vitre.

Il pensa que c'était à cause de sa persistance à demeurer devant la maison que la jeune fille l'observait ; il s'éloigna donc dans la direction du quai, et se cacha derrière un angle de maison, de manière à ne rien perdre de ce qui se passait dans la rue du Château.

En effet, bientôt la porte se rouvrit et la jeune paysanne reparut.

Seulement, elle n'était pas seule.

Un jeune homme vêtu d'une longue blouse et affectant des manières rustiques l'accompagnait. Si rapidement que tous deux eussent passé devant Michel, il remarqua que cet individu était jeune et que la distinction de sa physionomie faisait un contraste étrange avec son costume ; il vit qu'il plaisantait sur le pied de l'égalité avec Mary, et que celle-ci refusait en riant de lui donner le panier qu'elle portait au bras et dont il lui offrait probablement de la débarrasser.

Les mille serpents de la jalousie le mordirent au cœur, et, convaincu, surtout d'après ce que lui avait dit tout bas Mary, que ces déguisements simultanés cachaient peut-être aussi bien une intrigue amoureuse qu'une intrigue politique, il s'éloigna précipitamment, se dirigeant vers le pont Rousseau, c'est-à-dire suivant une ligne parfaitement opposée à celle que les deux jeunes gens avaient prise.

L'encombrement n'était plus le même ; il traversa donc facilement le quai ; mais, arrivé à son extrémité, il chercha inutilement des yeux Courte-Joie, Trigaud et son cheval ; tous trois avaient disparu.

Michel était si bouleversé, qu'il ne songea point une minute à les chercher aux environs ; d'après ce que lui avait dit le notaire, il était, d'ailleurs, dangereux pour lui de déposer une plainte qui pouvait amener sa propre arrestation en révélant, en outre, les accointances qu'il avait eues avec les deux mendiants.

Il prit donc son parti de cheminer à pied et se dirigea du côté de Saint-Philbert-de-Grand-Lieu.

Maudissant Mary, pleurant la trahison dont il était la victime, il ne songeait plus qu'à suivre le conseil de maître Loriot, c'est-à-dire à regagner la Logerie et à se jeter dans les bras de sa mère, vers laquelle ce qu'il avait vu le ramenait bien mieux encore que n'avaient fait les remontrances du notaire.

Il était arrivé à la hauteur de Saint-Colombin, et n'entendit pas venir deux gendarmes qui avaient marché derrière lui.

— Vos papiers, monsieur ! lui demanda le brigadier après l'avoir examiné des pieds à la tête.

— Mes papiers ? fit avec étonnement Michel, auquel, pour la première fois de sa vie, une pareille question était adressée. Mais je n'en ai pas.

— Et pourquoi n'en avez-vous pas ?

— Parce que je n'ai pas cru que, pour venir de mon château à Nantes, j'eusse besoin de passeport.

— Et quel est votre château ?

— Le château de la Logerie.

— Et votre nom ?

— Le baron Michel.

— Le baron Michel de la Logerie ?

— Le baron Michel de la Logerie, oui.

— Alors, si vous êtes le baron Michel de la Logerie, dit le brigadier, je vous arrête.

Et, sans plus de cérémonie, avant que le jeune homme songeât même à prendre la fuite — ce qui eût peut-être été possible, vu la disposition du terrain — le brigadier lui mit la main sur le collet, tandis que le gendarme, partisan de l'égalité devant la loi, lui passait des menottes.

Cette opération achevée, et elle ne dura que quelques secondes, grâce à la stupéfaction du prisonnier et à la dextérité du gendarme, les deux agents de la force armée conduisirent le baron Michel à Saint-Colombin, où ils l'enfermèrent dans une sorte de caveau attenant au poste qu'avaient là les troupes cantonnées et qui servait de prison provisoire.

55

Où Trigaud montre que, s'il eût été à la place d'Hercule, il eût probablement accompli vingt-quatre travaux au lieu de douze

Il était à peu près quatre heures de l'après-midi lorsque Michel, introduit dans le violon du poste de Saint-Colombin, put apprécier tous les agréments du logement qui lui était destiné.

En entrant dans cette espèce de cachot, les yeux du jeune homme, habitués à la lumière éclatante de l'extérieur, ne surent d'abord rien distinguer autour de lui : il fallut que peu à peu, ils s'accoutumassent à l'obscurité, et ce fut alors seulement que le prisonnier put reconnaître l'endroit qui lui avait été donné pour gîte.

C'était un ancien cellier ou pressoir d'une douzaine de pieds carrés, qui, quelle qu'eût été sa destination primitive, remplissait parfaitement les conditions de sûreté et d'isolement qu'on lui demandait aujourd'hui.

Il était situé moitié au-dessous, moitié au-dessus du sol ; ses murs étaient d'une maçonnerie plus épaisse et mieux façonnée qu'ils ne le sont d'habitude dans ces sortes de bâtisse, et cela parce qu'ils servaient de fondation au reste de la maison qu'ils supportaient.

La terre nue formait, bien entendu, le plancher, et, en raison de l'humidité du lieu, cette terre était presque boueuse ; le plafond était fait de solives extrêmement rapprochées les unes des autres.

Ordinairement, le jour arrivait dans ce réduit par un large soupirail, ménagé au niveau du sol ; mais, pour les nécessités de la circonstance, ce soupirail avait été fermé en dedans par de fortes planches et en dehors par une énorme meule de moulin, posée verticalement le long et précisément en face de l'ouverture du cellier.

Un trou qui existait à l'axe de la meule, et qui correspondait avec la partie supérieure du soupirail, laissait seul arriver un faible rayon de lumière dont la barricade en planches interceptait encore les deux tiers, et qui n'éclairait de sa lumière fauve que le milieu du cellier.

Précisément dans ce milieu se trouvaient les débris d'un pressoir à cidre, c'est-à-dire un reste d'arbre équarri par un bout, à moitié vermoulu, et une auge circulaire en pierre de taille, toute constellée d'arabesques argentées par les promenades capricieuses des limaces et des limaçons.

Pour tout autre prisonnier que Michel, l'inspection qu'il venait de terminer eût été foncièrement désespérante, car elle laissait peu ou point de chances d'évasion ; mais lui, n'avait obéi, en y procédant, qu'à un vague sentiment de curiosité. La première douleur que venait si cruellement d'éprouver son cœur l'avait plongé dans cet état de prostration où l'âme est indifférente à tout ce qui se passe autour d'elle, et, au moment où il lui fallait renoncer à la douce espérance qu'il avait si longtemps caressée d'être aimé de Mary, palais ou prison, tout lui était à peu près la même chose.

Il s'assit sur l'auge du pressoir, cherchant quel pouvait être ce jeune homme en blouse qui accompagnait Mary, ne faisant trêve à ses transports jaloux que pour s'abandonner au souvenir des premiers jours de ses relations avec les deux sœurs, également déchiré par les uns et par les autres ; car, dit le poète florentin, ce grand peintre des tortures infernales, le souvenir du temps heureux, au milieu de l'infortune, est la pire de toutes les douleurs.

Mais nous laisserons le jeune baron à son chagrin pour voir ce qui se passait dans les autres parties du poste de Saint-Colombin.

Ce poste, matériellement parlant, était occupé depuis quelques jours par un détachement de troupes de ligne, et consistait en un vaste bâtiment dont la façade regardait la cour, et dont les derrières se trouvaient sur le chemin vicinal qui va de Saint-Colombin à Saint-Philbert-de-Grand-Lieu, à un kilomètre environ du premier de ces deux villages, à deux cents pas de la route de Nantes aux Sables-d'Olonne.

Ce bâtiment, construit sur les ruines et avec les débris d'une vieille forteresse féodale, était placé sur une éminence qui dominait tous les alentours.

Les avantages de la situation avaient attiré l'attention de Dermoncourt, lorsqu'il revenait de son expédition dans la forêt de Machecoul.

Il avait laissé là une vingtaine d'hommes. C'était comme une espèce de blockhaus dans lequel les colonnes expéditionnaires pouvaient trouver, au besoin, un gîte ou un refuge, et en même temps une sorte de dépôt où les prisonniers attendaient que la correspondance, régulièrement établie entre Saint-Philbert et Nantes, permît de les envoyer dans cette dernière ville avec une escorte assez imposante pour qu'ils fussent à l'abri d'un coup de main.

Les bâtiments du poste de Saint-Colombin consistaient en une assez vaste chambre et dans une grange.

La chambre, située précisément au-dessus du cellier où Michel était enfermé et, par conséquent, à cinq ou six pieds du sol, servait de corps de garde : on y arrivait par un escalier confectionné avec les débris du donjon, et placé parallèlement à la muraille.

La grange servait de caserne aux soldats ; ils y couchaient sur la paille.

Le poste était gardé militairement : il y avait une sentinelle devant le porche de la cour, porche qui ouvrait sur le chemin, et une vigie au haut d'une tour couronnée de lierre, et qui était le seul débris resté debout du vieux château féodal.

Or, vers six heures du soir, les soldats qui composaient la petite garnison du poste s'étaient assis sur des rouleaux à fouler la terre que l'on avait abandonnés le long des murs extérieurs de la maison. C'était l'endroit favori de leur sieste ; ils jouissaient là de la douce chaleur qu'envoie le soleil à son déclin, des splendides perspectives du lac de Grand-Lieu, qu'ils apercevaient dans le lointain et dont la surface, colorée par les rayons de l'astre du jour, ressemblait, pour le moment, à une immense nappe de tôle rougie ; puis, à leurs pieds, se déroulait la route de Nantes, pareille à un large ruban au milieu de la verdure qui, à cette époque de l'année, couvrait la plaine ; et, nous devons l'avouer, nos héros en pantalons rouges étaient bien plus attentifs à ce qui se passait sur cette route qu'aux magnificences du spectacle que leur donnait la nature.

Avec le soir qui se faisait, les laboureurs quittaient les champs, les troupeaux regagnaient les étables, et la route était, en ce moment, assez fréquentée pour que le panorama fût varié. Chaque voiture chargée de foin, chaque groupe revenant du marché de Nantes, et surtout chaque paysanne court vêtue, était un prétexte à réflexions et à lazzi ; et nous devons dire encore que, depuis quelque temps, les unes et les autres ne tarissaient pas.

— Tiens ! dit l'un tout à coup, qu'est-ce que je vois donc là-bas ?

— Un joueur de biniou qui nous arrive, dit l'autre.

— Ça, un joueur de biniou ? fit un troisième. Ah çà ! mais tu te crois donc encore en Bretagne ? Ici, il n'y a pas de joueur de biniou, apprends cela ; il n'y a que des diseurs de complaintes.

— Eh bien, alors, que porte-t-il sur son dos, si ce n'est son instrument ?

— C'est, en effet, son instrument, dit un quatrième soldat ; mais cet instrument est un orgue.

— Drôle d'orgue ! répliqua le premier. Je te dis que c'est sa besace, moi ; c'est un mendiant, tu le vois bien à son uniforme.

— Oh ! une besace qui a des yeux et un nez comme toi et moi pourrions en avoir. Mais regarde donc, Limousin !

— Limousin a les bras gros, mais n'a pas la vue longue, dit un autre ; on ne peut pas tout avoir.

— Allons, allons, dit le caporal, résumons : c'est tout bonnement un homme qui en porte un autre sur ses épaules.

— Le caporal a raison, firent en chœur les soldats.

— J'ai toujours raison, dit l'homme aux galons de laine, d'abord comme votre caporal, ensuite comme votre supérieur ; et, s'il y en a qui doutent encore quand j'ai dit une chose, ils vont être convaincus, car voilà nos hommes qui s'en viennent par ici.

Effectivement, le mendiant qui avait donné lieu à la discussion que nous venons de rapporter, et dans lequel nos lecteurs ont déjà reconnu Trigaud, comme dans le biniou, dans l'orgue, dans la besace, ils ont reconnu son guide Aubin Courte-Joie, avait tourné à gauche et suivait la rampe qui conduisait au poste de Saint-Colombin.

— Quel tas de brigands ! reprit un des soldats ; quand on pense que, si ce drôle-là nous trouvait seuls, au coin d'une haie, il nous enverrait une prune. Pas vrai, caporal ?

— C'est encore possible, répondit celui-ci.

— Et, comme il nous voit en nombre, continua le soldat, il vient nous demander l'aumône, le lâche !

— Plus souvent que je lui donnerai quoi que ce soit de mon sou de poche ! dit le premier soldat qui avait parlé.

— Attends, dit un autre en ramassant une pierre, je vais lui mettre cela dans son chapeau.

— Je te le défends, dit le caporal.

— Et pourquoi cela ?

— Parce qu'il n'en a pas, de chapeau.

Les soldats éclatèrent de rire à cette plaisanterie, reconnue à l'unanimité pour être du meilleur goût.

— Voyons, voyons, dit un soldat, quelle que soit la chose dont joue le bonhomme, ne le décourageons pas. Trouvez-vous donc qu'il y ait tant de plaisirs dans cette gueuse de cassine, que vous dédaigniez une façon de spectacle qui nous arrive ?

— De spectacle ?

— Ou de concert... Tous les chercheurs de pain de ce pays-ci sont des espèces de troubadours. Nous lui ferons chanter tout ce qu'il sait et tout ce qu'il ne sait pas ; cela nous aidera à passer notre soirée.

En ce moment, le mendiant, qui, depuis longtemps déjà, n'était plus une énigme pour les soldats, se trouvait arrivé à quatre pas d'eux et leur tendait la main.

— Vous l'aviez bien dit, caporal, que c'était un homme qu'il avait sur les épaules.

— Non, je m'étais trompé, répliqua le caporal.

— Comment cela ?

— Ce n'était pas un homme, ce n'en était qu'une moitié.

Et les soldats se mirent à rire à ce second lazzi comme ils avaient ri au premier.

— En voilà un qui ne doit pas dépenser gros pour s'acheter des pantalons !

— Et encore moins pour s'acheter des bottes ! enchérit le facétieux caporal, dont la plaisanterie produisit son effet ordinaire.

— Sont-ils laids ! fit observer le Limousin ; on dirait, ma parole d'honneur, un singe monté sur un ours.

Pendant que ces quolibets se croisaient et lui arrivaient de tous les côtés, Trigaud restait impassible. Il avançait la main en donnant à sa physionomie une expression de plus en plus attendrissante, tandis que Courte-Joie, en sa qualité d'orateur de l'association, répétait invariablement, de son ton nasillard :

— La charité, s'il vous plaît, mes bons messieurs ! la charité à un pauvre voiturier qui a eu les deux jambes coupées par sa voiture, à la descente d'Ancenis.

— Faut-il qu'ils soient sauvages, dit un des soldats, de demander la charité à des tourlourous ! Mais, gueux finis que vous êtes ! en fouillant toutes nos poches, peut-être qu'on n'y trouverait pas la moitié de ce que contiennent les vôtres.

Ce qu'entendant Aubin Courte-Joie, il modifia la formule, et, précisant l'objet de ses sollicitations :

— Un petit morceau de pain, s'il vous plaît, mes bons messieurs, dit-il. Si vous n'avez pas d'argent, vous devez bien avoir un pauvre morceau de pain.

— Le pain, repartit le caporal, tu l'auras, mon bonhomme, et, avec le pain, la soupe, et, avec la soupe, un morceau de carne, s'il en reste. Voilà ce que nous vous donnerons. Mais, à présent, voyons, que nous offres-tu, toi ?

— Mes bons messieurs, je prierai Dieu pour vous, répondit Courte-Joie de sa voix nasillarde, qui était la basse continue du chant de son compagnon.

— Ça ne peut pas nuire, répliqua le caporal, certainement ça ne peut pas nuire ; mais ça ne suffit pas. Voyons, as-tu quelque drôlerie dans ta giberne ?

— Qu'est-ce que vous voulez dire ? demanda Courte-Joie faisant l'innocent.

— Je veux dire que, tout vilains merles que vous êtes, vous savez peut-être siffler quelques jolis airs. Alors, dans ce cas, en avant la musique ! c'est ce qui payera le pain, la soupe et la viande.

— Ah ! bon ! bon ! j'entends. Eh bien, ça n'est pas de refus, au contraire, mon officier ! dit Aubin flattant son interlocuteur. Si vous nous faites la charité du bon Dieu, n'est-ce pas le moins qu'en revanche nous tâchions de vous amuser un peu, vous et votre société ?

— Amuse-nous, et tant que tu pourras ! il n'y aura rien de trop ; car nous nous ennuyons drôlement dans ton coquin de pays !

— Pour lors, dit Courte-Joie, nous allons tâcher de vous faire voir quelque chose que vous n'avez jamais vu.

Toute vulgaire qu'était cette promesse, exorde ordinaire des saltimbanques, elle piqua vivement la curiosité des soldats, qui firent silence et entourèrent les deux mendiants avec un empressement que la curiosité rendait presque respectueux.

Courte-Joie, qui, jusqu'alors, était resté sur les épaules de Trigaud, fit un mouvement des jambes qui indiquait qu'il voulait être déposé à terre, et Trigaud, avec cette obéissance passive qu'il professait pour les volontés de son maître, l'assit sur un reste de créneau à moitié couvert par les orties, et gisant à droite du rouleau qui servait de siège aux soldats.

— Hein ! comme c'est dressé, dit le caporal : j'ai envie de m'emparer de ce gaillard-là, et de le vendre au gros major, qui ne peut pas trouver un poulet d'Inde à son idée.

Pendant ce temps, Courte-Joie avait ramassé une pierre et l'avait présentée à Trigaud.

Celui-ci, sans qu'il fut besoin d'autres instructions, la serra entre ses doigts, rouvrit la main et montra la pierre réduite en poudre.

— Tiens, c'est un hercule ! Voilà ton affaire, Pinguet, dit le caporal au soldat que nous avons déjà deux ou trois fois désigné sous le nom de Limousin.

— Ah bien, alors, nous allons voir, répondit celui-ci en s'élançant dans la cour.

Trigaud, sans s'arrêter aux paroles ni à l'action de Pinguet, continua flegmatiquement ses exercices.

Il saisit deux soldats par le ceinturon de leur giberne, les souleva doucement et les tint pendant quelques secondes à bout de bras, puis les reposa à terre avec une aisance parfaite.

Les soldats éclatèrent en bravos.

— Pinguet ! Pinguet ! crièrent-ils. Eh bien, où es-tu donc ? Ah ! par exemple, en voilà un qui te dégomme joliment !

Trigaud continuait toujours, comme si ces expériences sur sa force eussent été réglées à l'avance. Il avait invité deux autres soldats à s'asseoir à califourchon sur les épaules des deux premiers, et il les avait enlevés tous les quatre avec presque autant de facilité que lorsqu'ils n'étaient que deux.

Comme il les reposait par terre, Pinguet arriva portant un fusil sur chaque épaule.

— Bravo, Limousin ! bravo ! dirent les soldats.

Encouragé par les acclamations de ses camarades :

— Tout cela est de la Saint-Jean ! dit Pinguet. Tiens, toi, le mangeur d'hommes, fais seulement ce que je vais faire.

Et, introduisant un doigt de chacune de ses mains dans chacun des canons de fusil, il les souleva tous deux à bras tendu.

— Bah ! dit Courte-Joie tandis que Trigaud regardait, avec un mouvement des lèvres qui pouvait passer pour un sourire, le tour de force du Limousin, bah ! allez-en donc chercher deux autres !

Effectivement, les deux autres fusils apportés, Trigaud les enfila tous les quatre aux doigts d'une seule de ses mains, et les fit monter à la hauteur de son œil sans qu'une contraction de muscles trahît chez lui le moindre effort.

Du premier coup, Pinguet était distancé au point d'abandonner à tout jamais la lutte.

Alors, fouillant dans sa poche, Trigaud en tira un fer à cheval qu'il ploya en deux aussi aisément qu'un homme ordinaire eût fait d'une lanière de cuir.

Après chacune de ces expériences, Trigaud tournait vers Courte-Joie des yeux qui mendiaient un sourire, et, d'un signe de tête, Courte-Joie lui indiquait qu'il était content.

— Voyons, dit ce dernier, tu n'as encore gagné que notre souper ; maintenant, il s'agit de nous mériter un gîte pour la nuit. N'est-ce pas, mes bons messieurs, que, si mon camarade fait quelque chose de plus merveilleux encore que tout ce que vous avez vu, n'est-ce pas que vous nous donnerez bien une botte de paille et un coin dans l'étable pour nous reposer ?

— Oh ! quant à cela, c'est respectivement impossible, dit le sergent, qui, attiré par les cris et par les bravos des soldats, était venu prendre sa part du spectacle ; la consigne est formelle.

Cette réponse sembla tout à fait décontenancer Courte-Joie et sa figure de fouine devint sérieuse.

— Bah ! reprit un des militaires, nous nous cotiserons pour vous faire dix sous, avec lesquels, dans la première auberge venue, vous vous payerez un lit qui sera autrement doux que de la plume de seigle.

— Et, si l'espèce de bœuf qui te sert de monture, ajouta un autre, a les jambes aussi solides que les bras, ce n'est pas un kilomètre ou deux qui doivent vous embarrasser.

— Voyons d'abord le tour ! voyons d'abord le chef-d'œuvre ! crièrent en chœur les soldats.

Il eût été d'un mauvais camarade de laisser Trigaud perdre le bénéfice de cet enthousiasme, et Courte-Joie se rendit à ces instances avec une facilité qui prouvait sa confiance dans les biceps de son compagnon.

— Avez-vous ici, dit-il, une pierre de taille, un madrier, quelque chose qui pèse douze ou quinze cents ?

— Il y a le bloc sur lequel vous êtes assis, dit un soldat.

Courte-Joie haussa les épaules.

— Si cette pierre avait une poignée, dit-il, Trigaud vous la soulèverait d'une seule main.

— Il y a encore la meule que nous avons placée devant le soupirail du cachot, fit un soldat.

— Pourquoi pas la maison tout de suite ? dit le caporal. Que vous étiez préalablement six hommes pour la mouvoir, et que vous aviez de la peine, et avec le levier encore ! que j'enrageais même que mon grade ne me permettait pas de vous donner un coup de main, et que je vous appelais tas de fainéants !

— D'ailleurs, il ne faut pas y toucher, à la meule, dit le sergent ; c'est encore dans la consigne, vu qu'il y a un prisonnier dans le cachot.

Courte-Joie cligna de l'œil en regardant Trigaud, et celui-ci, sans s'inquiéter de ce que venait de dire le sergent, se dirigea vers la masse de pierre.

— Entendez-vous ce que je vous fais l'honneur de vous dire ? reprit le sergent en haussant la voix et en arrêtant Trigaud par le bras ; on ne touche pas à cela !

— Pourquoi pas ? dit Courte-Joie. S'il ôte la meule de sa place, il l'y remettra, soyez tranquille.

— Au surplus, dit un soldat, quand on a vu la souris qui est dans la ratière, on n'a pas peur qu'elle ne s'évade : un pauvre petit monsieur que l'on prendrait pour une femme déguisée ; j'ai cru d'abord que c'était la duchesse de Berry.

— Sans compter qu'il est trop occupé à pleurer pour que l'idée lui vienne de s'en sauver, reprit à son tour le caporal, qui évidemment grillait d'envie de voir l'expérience : quand nous avons été lui porter sa pitance, Pinguet et moi, c'est-à-dire moi et Pinguet, il fondait en larmes, que l'on eût dit que ses deux yeux avaient deux robinets.

— Allons, voyons, dit le sergent, qui n'était sans doute pas moins curieux que les autres de voir comment le mendiant viendrait à bout de cette tâche titanique, je permets sous ma responsabilité.

Trigaud profita de la permission ; en deux pas, il fut près de la meule, et, la saisissant entre ses bras vers la base, il appuya son épaule sur le centre, et, d'un vigoureux effort, essaya de la soulever.

Mais le poids de cette énorme masse de pierre avait défoncé le sol peu compact sur lequel elle reposait, de sorte qu'elle y était entrée de quatre à cinq pouces et que l'adhérence de l'alvéole qu'elle s'était ainsi creusée paralysait les forces de Trigaud.

Courte-Joie, qui s'était approché du cercle formé par les soldats, en rampant sur les mains et les genoux à la façon d'un gros scarabée, fit remarquer ce qui s'opposait à ce que les efforts du géant fussent couronnés de succès ; il alla chercher une large pierre plate, et, moitié avec cette pierre, moitié avec ses mains, il dégagea la meule de la terre qui l'entourait.

Alors Trigaud se remit à l'œuvre, et, plus heureux cette fois, il souleva le bloc, et, pendant quelques secondes, il le tint appuyé contre son épaule, pressé contre le mur, et suspendu à un pied du sol.

L'enthousiasme des soldats ne connaissait plus de bornes ; ils se pressaient autour de Trigaud, en l'accablant de félicitations auxquelles le géant paraissait parfaitement insensible ; ils poussaient des cris d'admiration frénétiques, qui se communiquaient au caporal, et, du caporal par la hiérarchie naturelle des grades, montaient jusqu'au sergent lui-même ; ils ne parlaient pas moins que de porter Trigaud en triomphe jusqu'à la cantine, où l'attendait le prix de sa vigueur, jurant, par tous les jurons connus et inconnus aux disciples du dieu Mars, que ce n'était pas seulement le pain, la soupe et la carne promis que Trigaud avait mérités, mais encore que l'ordinaire du général ou même du roi des Français ne serait pas de trop pour entretenir la force nécessaire à de pareilles prouesses.

Comme nous venons de le dire, Trigaud ne semblait nullement enorgueilli par son triomphe ; sa physionomie demeurait aussi impassible que celle du bœuf qu'on laisse souffler après le travail ; seulement, ses yeux, qui ne quittaient pas les yeux d'Aubin Courte-Joie, demandaient à celui-ci : « Maître, es-tu content ? »

Tout au rebours de Trigaud, Courte-Joie paraissait radieux ; sans doute était-ce par suite de l'impression que faisaient sur les spectateurs les témoignages d'une force que, bien plutôt que celui auquel la nature l'avait dévolue, il pouvait appeler la sienne, peut-être aussi était-ce tout simplement en raison du succès d'une petite manœuvre qu'il avait très habilement opérée, tandis que l'attention générale était concentrée sur son compagnon : — laquelle manœuvre avait consisté à glisser sous la meule la large pierre plate qu'il tenait à la main et à la placer de telle sorte que la masse énorme qui fermait le soupirail de la prison reposait en équilibre sur cette surface plane, et qu'il suffisait désormais de l'effort d'un enfant pour la déplacer.

Les deux mendiants furent conduits à la cantine, et, là, Trigaud fournit un nouveau texte à l'admiration des soldats.

Après qu'il eut avalé un énorme bidon de soupe, on mit devant lui quatre rations de bœuf et deux pains de munition.

Trigaud mangea son premier pain avec ses deux premières rations ; puis, comme si, en changeant le mode de déglutition, il changeait et améliorait le goût des objets déglutis, il prit son second pain, le fendit en deux dans sa largeur, ménagea une concavité au centre, avala, en manière de passe-temps, la mie qu'il retirait de sa fouille, plaça la viande dans le vide qu'il avait opéré, reposa les deux moitiés de la miche l'une sur l'autre, et mordit à même avec un sang-froid et une force de cohésion qui ravirent l'assemblée et lui arrachèrent des tonnerres de bravos.

Au bout de cinq minutes de cet exercice, le pain de munition était broyé comme s'il eût passé entre deux meules semblables à celle que Trigaud avait soulevée à l'ébahissement de la société, et il n'en restait que des miettes que Trigaud, qui paraissait prêt à recommencer, recueillait avec le plus grand soin.

On se hâta de lui apporter un troisième pain, et, quoique sec, Trigaud le traita comme les deux premiers.

Les soldats ne se sentaient pas d'aise ; ils eussent volontiers sacrifié tous leurs vivres pour pousser l'expérience jusqu'au bout ; mais le sergent jugea prudent de mettre des bornes à leur curiosité scientifique.

Courte-Joie était redevenu pensif, et son attitude attira l'attention des soldats.

— Ah çà ! tu manges et tu bois, lui dit le caporal, et cela, aux frais de ton camarade ; ce n'est pas juste, et il me semble que tu nous devrais bien un bout de chanson, ne fût-ce que pour payer ton écot.

— Indubitablement ! dit le sergent.

— Allons, allons, une chanson ! crièrent les soldats, et la noce sera complète.

— Hum ! fit Courte-Joie, j'en sais, des chansons.

— Eh bien, tant mieux, alors !

— Oui ; mais elles ne seront peut-être pas de votre goût.

— Pourvu que ce ne soient pas de vos cantiques à porter le diable en terre, cela nous amusera ; à Saint-Colombin, on n'est pas difficile.

— Oui, dit Courte-Joie, je comprends, vous vous ennuyez.

— Fastidieusement ! fit le sergent.

— Oh ! nous ne demandons pas que tu chantes comme M. Nourrit, fit un Parisien.

— Tant plus que ce sera cocasse, dit un autre soldat, tant plus que ce sera meilleur.

— Puisque j'ai mangé de votre pain et bu de votre vin, dit Courte-Joie, je n'ai pas le droit de vous refuser ; mais, je vous le répète, vous ne trouverez probablement pas mes chansons de votre goût.

Et il entonna le couplet suivant :

Alerte ! alerte ! A l'horizon, là-bas,
Voyez-vous l'infernale bande ?
Pour la surprendre, égaillez-vous, les gars,

A vau les bois, à vau la lande !
Eh gai ! eh gai ! égaillez-vous, les gars !

Fusil au poing, l'œil au guet, en silence,
Attendez le bataillon bleu,
Comme un serpent, il avance, il avance...
Soldats du roi, soldats de Dieu,
Enfermez-le dans un cercle de feu !...

Courte-Joie n'alla pas plus loin. Au mouvement de surprise qu'avaient excité ses premières paroles, avaient succédé des cris d'indignation ; dix soldats s'étaient élancés sur lui, et le sergent, le saisissant à la gorge, l'avait renversé sur le carreau.

— Ah ! canaille ! lui dit celui-ci, je vais t'apprendre à venir chanter au milieu de nous les louanges des brigands !

Mais, avant que le sous-officier eût achevé sa phrase, phrase dans laquelle il n'eût pas manqué d'introduire un des adverbes qui lui étaient familiers, Trigaud, l'œil étincelant de colère, se fit jour à travers les assaillants, repoussa le sous-officier et se plaça devant son compagnon dans une attitude si menaçante, que, pendant quelques instants, les militaires demeurèrent muets et incertains.

Mais, rougissant d'être tenus en échec par un homme sans armes, ils tirèrent leurs sabres, et se précipitèrent sur les deux mendiants.

— Tuons-les ! tuons-les ! criaient-ils ; ce sont des chouans.

— Vous m'avez demandé une chanson ; je vous ai prévenus que les chansons que je savais pourraient ne pas vous plaire ! s'écria Courte-Joie d'une voix qui domina le tumulte. Il ne fallait pas insister. De quoi vous plaignez-vous ?

— Si tu ne sais que des chansons pareilles à celle que nous venons d'entendre, répondit le sergent, tu es un rebelle, et je t'arrête péremptoirement.

— Je sais les chansons qui plaisent aux gens des bourgs dont les aumônes me font vivre. Ce n'est pas un pauvre infirme comme moi et un idiot comme mon compagnon qui peuvent être dangereux. Arrêtez-nous si vous voulez, mais ce ne sont pas des prises comme celles-là qui vous feront honneur.

— Soit ; mais en attendant, vous coucherez au violon ! Vous étiez embarrassés d'un gîte pour la nuit, mes jolis garçons : je vais vous en donner un, moi ! Allons, allons, qu'on les saisisse, qu'on les fouille et qu'on les encage incontinent.

Mais, Trigaud conservant son attitude menaçante, personne ne s'empressait d'exécuter l'ordre que le sous-officier venait de donner.

— Et, si vous ne vous rendez pas de bonne grâce, dit le sergent, je vais envoyer chercher quelques fusils tout chargés, et nous verrons si votre cuir est à l'épreuve de la balle.

— Allons, Trigaud, allons, mon garçon, dit Courte-Joie, il faut se résigner ; d'ailleurs, sois tranquille, va ! notre détention ne sera pas longue : ce n'est point pour de pauvres diables comme nous que l'on bâtit de si belles prisons.

— A la bonne heure ! dit le sergent très satisfait de la tournure pacifique que prenait la discussion ; on va vous fouiller, et, si l'on ne trouve sur vous rien de suspect, si vous êtes sages pendant la nuit, demain matin, on verra à vous rendre la liberté.

On fouilla les deux mendiants, et l'on ne trouva sur eux que quelques pièces de menue monnaie ; ce qui confirma le sergent dans ses idées de clémence.

— Au fait, dit-il en désignant Trigaud, ce gros butor-là n'est pas coupable, et je ne vois pas pourquoi je l'enfermerais intérieurement.

— Sans compter, reprit le Limousin, que, s'il lui prend, comme à son aïeul Samson, l'envie de secouer les murs, il nous les fera tomber sur la tête.

— Tu as raison, Pinguet, dit le sergent, d'autant plus que tu es du même avis que moi. Ce serait un embarras que nous nous mettrions conjointement sur les bras. Allons, dehors, l'ami, et lestement !

— Oh ! mon bon monsieur, ne nous séparez pas, fit Courte-Joie d'une voix larmoyante ; nous ne saurions nous passer l'un de l'autre : il marche pour moi, j'y vois pour lui.

— En vérité, dit un soldat, c'est pis que des amoureux.

— Non, dit le sergent à Courte-Joie, je veux te faire passer la nuit au violon pour te punir, et, demain, l'officier de ronde décidera ce qu'il faudra faire de ta carcasse. Allons en route, et rondement !

Deux soldats s'approchaient pour saisir Courte-Joie ; mais celui-ci, avec une agilité que l'on devait peu s'attendre à trouver dans ce corps incomplet, sauta sur les épaules de Trigaud, qui s'achemina paisiblement du côté du cellier sous l'escorte des soldats.

Chemin faisant, Aubin appuya sa bouche à l'oreille de son compagnon et lui dit quelques mots à voix basse. Trigaud le déposa à la porte du cellier, dans lequel le sergent poussa l'invalide et où celui-ci fit son entrée en roulant comme une énorme boule.

Puis, on conduisit Trigaud hors de la porte charretière, que l'on referma sur lui.

Trigaud resta debout pendant quelques minutes, immobile et

abasourdi, comme s'il ne savait à quel parti se résoudre ; il essaya d'abord de s'asseoir sur le rouleau où nous avons vu les soldats faire leur sieste ; mais la sentinelle lui fit observer qu'il était impossible qu'il restât là, et le mendiant s'éloigna dans la direction du bourg de Saint-Colombin.

56

La clef des champs

Environ deux heures après l'incarcération d'Aubin Courte-Joie, la sentinelle du petit poste entendit une charrette qui montait le chemin de l'intérieur des terres ; selon sa consigne, elle cria : « Qui vive ? » et, lorsque la charrette ne fut plus qu'à quelque distance, elle lui ordonna d'arrêter.

La charrette ou plutôt le charretier obéit.

Le caporal et quatre soldats sortirent du poste pour reconnaître charretier et charrette.

La charrette était une honnête voiture chargée de foin qui ressemblait à toutes celles qui avaient défilé sur la route de Nantes, pendant la soirée ; un homme seul la conduisait : il expliqua qu'il allait à Saint-Philbert porter ce foin à son propriétaire ; il ajouta qu'il avait pris sur sa nuit pour économiser un temps précieux à cette époque de l'année, et le sous-officier ordonna de le laisser passer.

Mais cette bonne volonté sembla complètement perdue pour le pauvre homme : sa charrette, attelée d'un seul cheval, s'était arrêtée sur le point le plus vertical de la montée, et, quelques efforts que fissent le cheval et le charretier, il fut impossible à la voiture de faire un pas de plus.

— S'il y a du bon sens, dit le caporal, d'accabler ainsi une pauvre bête ! Vous voyez bien que votre cheval en a deux fois plus qu'il n'en peut porter.

— Quel dommage, dit un autre, que le sergent ait mis à la porte cette espèce de taureau mal astiqué que nous avions tout à l'heure ! nous l'aurions attelé à côté du cheval, et il aurait donné un fier coup de collier.

— Oh ! il faut encore supposer qu'il eût bien voulu se laisser atteler, dit un autre.

Si celui qui venait de prononcer ces paroles eût pu voir ce qui se passait à l'arrière de la charrette, il eût immédiatement compris qu'en effet Trigaud ne se serait pas laissé atteler, si on l'eût attelé pour tirer en avant.

En outre, il se fût rendu compte de la difficulté que le cheval éprouvait à enlever la voiture ; car cette difficulté n'était due, pour la plus grande part, qu'au mendiant, qui, complètement perdu, au reste, dans l'obscurité, avait saisi la barre de bois qui servait à assujettir la charge, et qui, renversé en arrière, opposait — avec un succès qui dépassait tous ceux qu'il avait obtenus dans la soirée — sa force à la force du cheval.

— Voulez-vous que nous vous donnions un coup de main ? dit le caporal.

— Attendez que j'essaye encore, répondit le conducteur, qui avait obliqué sa voiture de façon à diminuer la rapidité de la pente, et qui, rassemblant son cheval par la bride, se disposait à faire une tentative qui le disculpât du reproche qui lui était adressé.

Il fouetta vigoureusement la bête en l'actionnant de la voix et en tirant sur le bridon ; les soldats joignirent leurs excitations aux siennes ; le cheval roidit ses quatre membres en faisant jaillir des milliers d'étincelles des cailloux du chemin, puis l'animal s'abattit, et, au même instant, comme si les roues eussent rencontré quelque obstacle qui eût dérangé leur équilibre, la charrette pencha à gauche et versa le long du bâtiment.

Les soldats se précipitèrent sur le devant et s'empressèrent à dégager le cheval du harnais. Il résulta de cet empressement qu'ils n'aperçurent pas Trigaud, qui, satisfait, sans doute, d'un résultat auquel il avait puissamment contribué en se glissant sous la voiture, en la soulevant avec ses épaules herculéennes, et enfin en lui faisant perdre son centre de gravité, se retirait tranquillement et disparaissait derrière une haie.

— Veux-tu que nous t'aidions à remettre ton chariot sur sa quille ? dit le caporal au paysan. Seulement, il faudra que tu ailles chercher un cheval de renfort.

— Ah ! par ma foi, non, dit le charretier. Demain, il fera jour ! C'est le bon Dieu qui ne veut pas que je continue ma route : il ne faut pas aller contre sa volonté.

Et, en achevant ces mots, le paysan jeta les traits sur la croupe de son cheval, repoussa la sellette, monta sa bête, et s'éloigna après avoir souhaité le bonsoir aux soldats.

A deux cents pas du corps de garde, Trigaud le rejoignit.

— Eh bien, lui demanda le paysan, est-ce bien manœuvré et es-tu content ?

— Oui, répondit Trigaud, c'est bien ainsi que le gars Aubin Courte-Joie l'avait ordonné.

— Bonne chance, alors ! Moi, je vais remettre le cheval où je l'avais pris ; c'est plus commode que la charrette. Mais, quand le charretier s'éveillera demain et qu'il cherchera son foin, il sera bien étonné de le trouver là-haut !

— Bon ! tu lui raconteras que c'est pour le bien de la chose, repartit Trigaud, et il ne dira rien.

Les deux hommes se quittèrent.

Trigaud, seulement, ne s'éloigna point ; il continua de rôder dans les environs jusqu'à ce qu'il entendît sonner onze heures à Saint-Colombin ; alors il remonta vers le poste, ses sabots à la main, et, sans faire aucun bruit, sans éveiller l'attention de la sentinelle qu'il entendait aller et venir, il put se rapprocher du soupirail de la prison.

Une fois là, il tira doucement le foin de la voiture et le renversa sur le sol de façon à en former un lit très épais ; puis, sur ce lit, il abaissa doucement la meule qui fermait le soupirail du cachot, se pencha vers cette ouverture, brisa les planches qui la fermaient intérieurement, tira à lui Courte-Joie, que Michel poussait par-derrière, amena ensuite le jeune baron en lui tendant les mains ; après quoi, plaçant chacun d'eux sur une de ses épaules, et toujours pieds nus, Trigaud, malgré sa corpulence et le double poids dont il était chargé, s'éloigna du poste sans faire plus de bruit qu'un chat qui marche sur un tapis.

Lorsque Trigaud eut fait environ cinq cents pas, il s'arrêta, non qu'il fût fatigué, mais parce qu'Aubin Courte-Joie le voulait ainsi.

Michel se laissa glisser à terre, et, fouillant dans sa poche, il y prit une poignée de monnaie mêlée de pièces d'or qu'il déposa dans la large main de Trigaud.

Trigaud fit mine de verser ce qu'il venait de recevoir dans une poche encore deux fois plus large que la main à laquelle elle servait de récipient.

Mais Aubin l'arrêta.

— Rends cela à monsieur, dit-il : nous ne recevons pas des deux mains.

— Comment ! des deux mains ? demanda Michel.

— Oui ; nous ne vous avons pas obligé, personnellement, autant que vous le supposez peut-être, dit Courte-Joie.

— Je ne vous comprends pas, mon ami.

— Mon jeune monsieur, continua le cul-de-jatte, à présent que nous sommes dehors, j'avouerai franchement que je vous ai un peu menti tout à l'heure, quand je vous ai dit que je m'étais fait mettre sous les verrous dans le seul but de vous en tirer ; mais il fallait bien obtenir de vous un peu d'aide ; sans cela, il m'eût été impossible de me hisser jusqu'au soupirail et de vous en sortir après moi ! A présent donc que, grâce à votre bonne volonté et à la poigne de mon ami Trigaud, notre évasion s'est opérée sans encombre, je dois vous confesser que vous n'avez fait qu'échanger votre captivité contre une autre.

— Qu'est-ce que cela signifie ?

— Cela signifie que tout à l'heure vous étiez dans une prison humide et malsaine, que maintenant vous vous trouvez au milieu des champs par une nuit sereine et calme, mais que vous n'en êtes pas moins en prison.

— En prison ?

— Ou du moins prisonnier.

— Prisonnier de qui ?

— De moi, donc !

— De vous ? fit Michel en riant.

— Oui, pour le quart d'heure. Ah ! vous avez beau rire : prisonnier, jusqu'à ce que je vous aie consigné aux mains qui vous réclament.

— Et quelles sont ces mains ?

— Quant à cela, vous le verrez par vous-même... Je m'acquitte de ma mission, rien de plus, rien de moins. Il ne faut pas vous désespérer, voilà tout ce que je puis vous dire ; on pourrait tomber plus mal que vous ne l'avez fait.

— Mais enfin... ?

— Eh bien, au nom de services qui m'avaient été rendus, et en payant grassement mon pauvre diable de Trigaud, on m'a dit : « Délivrez M. le baron Michel de la Logerie et amenez-le-moi. » Je vous ai délivré, monsieur le baron, et je vous amène.

— Ecoutez, dit le jeune homme, qui ne comprenait absolument rien à ce que lui disait l'hôtelier de Montaigu, cette fois, voici ma bourse tout entière ; seulement, mettez-moi sur le chemin de la Logerie, où je veux rentrer ce soir, et recevez mes remerciements.

Michel pensait que ses deux libérateurs n'avaient point trouvé la récompense à la hauteur du service qu'ils lui avaient rendu.

— Monsieur, répondit Courte-Joie avec toute la dignité dont il était susceptible, mon compère Trigaud ne peut accepter de vous cette récompense, puisqu'il a été payé pour faire exactement le contraire de ce que vous lui demandez ; quant à moi je ne sais si vous me connaissez ; en tout cas, je vais me faire connaître. Je suis un honnête négociant que quelques différences d'opinion avec le gouvernement ont contraint de quitter son établissement ; mais, si misérable que soit en ce moment mon extérieur, sachez que je rends des services et que je n'en vends pas.

— Mais où diable allez-vous me conduire ? demanda Michel, qui était bien loin de s'attendre à tant de susceptibilité de la part de son interlocuteur.

— Veuillez nous suivre, et, avant une heure, je vous promets que vous le saurez.

— Vous suivre, quand vous me déclarez que je suis votre prisonnier ? Ah ! par exemple, ce serait trop de bonne volonté de ma part ; n'y comptez pas.

Courte-Joie ne répondit rien ; mais un seul coup d'œil lui suffit pour indiquer à Trigaud ce qu'il avait à faire, et le jeune baron n'avait point achevé sa phrase et fait un pas en avant, que le mendiant, allongeant son bras comme un grappin, l'avait saisi au collet.

Il voulut crier, aimant mieux être le prisonnier des soldats que celui de Trigaud ; mais, de la main qui lui restait libre, le mendiant emprisonna le visage du baron aussi bien qu'eût pu le faire la fameuse poire d'angoisse de M. de Vendôme, et ils firent ainsi six ou sept cents pas à travers champs, avec la rapidité de chevaux de course ; car Michel, à demi suspendu en l'air par le bras du colosse, ne faisait qu'effleurer le sol de la pointe de ses pieds.

— Assez, Trigaud ! reprit Courte-Joie, qui avait repris sa place sur les épaules du mendiant, que cette double charge ne semblait préoccuper en aucun point ; assez ! le jeune baron doit être à présent suffisamment dégoûté de son idée de retourner à la Logerie. On nous l'a, d'ailleurs, assez recommandé pour que nous n'avariions pas la marchandise.

Puis, au moment où Trigaud faisait halte :

— Voyons, dit Aubin s'adressant à Michel à demi suffoqué, serez-vous raisonnable maintenant ?

— Vous êtes les plus forts, je n'ai point d'armes, répondit le jeune baron ; il faut bien que je me résigne à endurer vos mauvais traitements.

— Mauvais traitements ? Ah ! n'allez pas prononcer ces mots-là ; car je m'adresserais à votre honneur et je vous prierais de déclarer s'il n'est pas vrai, que tant dans le cachot des bleus que sur la route, vous n'avez cessé de me dire que vous vouliez rentrer à la Logerie, et que c'est par cette obstination que vous m'avez forcé d'employer la violence.

— Eh bien, au moins, nommez-moi maintenant la personne qui vous a enjoint de vous occuper de moi et de me conduire à elle.

— Ceci m'a été défendu positivement, dit Aubin Courte-Joie ; mais, sans transgresser les ordres que j'ai reçus, je puis vous dire que cette personne est tout à fait de vos amies.

Un froid mortel passa dans le cœur de Michel.

Il songeait à Bertha.

Le pauvre garçon pensait que Mlle de Souday avait reçu sa lettre, que la *louve* offensée l'attendait, et, bien que l'explication qui devait résulter de l'entrevue lui fût pénible, il sentait que sa délicatesse ne pouvait s'y refuser.

— Bien, dit-il, je sais qui m'attend.

— Vous le savez ?

— Oui : c'est Mlle de Souday.

Aubin Courte-Joie ne répondit pas ; mais il regarda Trigaud d'un air qui voulait dire : « Il a, par ma foi, deviné ! »

Michel surprit et comprit ce regard.

— Marchons, dit-il.

— Et vous n'essayerez plus de vous sauver ?

— Non.

— Parole d'honneur ?

— Parole d'honneur.

— Eh bien, puisque vous voilà raisonnable, nous allons vous rendre les moyens de ne pas vous écorcher les pieds dans les ronces et de ne pas les engluer dans cette maudite terre glaise, qui nous fait des bottes de sept livres.

Michel eut bientôt l'explication de ces paroles ; car, ayant traversé la route à la suite de Trigaud, il n'eut pas fait une centaine de pas dans le bois qui bordait cette route, qu'il entendit le hennissement d'un cheval.

— Mon cheval ! s'écria le jeune baron sans même essayer de dissimuler sa surprise.

— Croyiez-vous donc que nous vous l'avions volé ? demanda Aubin Courte-Joie.

— Alors, comment se fait-il que je ne vous aie pas retrouvés à l'endroit où je vous l'avais confié ?

— Dame, répondit Aubin, je vais vous dire : nous avons vu rôder autour de nous des gens qui nous regardaient avec un intérêt qui nous a paru trop profond pour ne pas être inquiétant, et, ma foi, comme les curieux ne sont pas de notre goût, et que les heures se passaient sans vous voir revenir, nous nous sommes décidés à reconduire votre bête à la Banlœuvre, où nous supposions que vous retourneriez si vous n'étiez pas arrêté, et c'est en route que nous avons vu que vous ne l'étiez pas... encore.

— Pas encore ?

— Oui ; mais vous n'avez point tardé à l'être.

— Vous étiez donc près de moi lorsque les gendarmes m'ont arrêté ?

— Mon jeune monsieur, reprit Aubin Courte-Joie avec son air goguenard, il faut que vous soyez vraiment bien inexpérimenté pour rêver à vos affaires lorsque vous vous trouvez sur les grands chemins, au lieu de regarder, autour de vous, qui va, qui vient, qui passe ! Il y avait plus de dix minutes que vous eussiez dû entendre le trot des chevaux de ces messieurs, puisque nous l'entendions bien, nous ; et rien n'était plus facile que de vous jeter dans le bois comme nous l'avons fait.

Mais Michel n'avait garde de dire ce qui absorbait si complètement sa pensée au moment que lui rappelait Aubin Courte-Joie ; il se contenta de pousser un gros soupir à ce souvenir de toutes ses douleurs, et d'enfourcher sa monture, que Trigaud avait détachée et lui présentait gauchement, tandis que Courte-Joie essayait d'indiquer à celui-ci comment il fallait s'y prendre pour tenir l'étrier d'une façon convenable.

Puis ils rejoignirent la route, et le mendiant, sa main sur le garrot du cheval, suivit parfaitement l'allure que Michel fit prendre à ce dernier.

A une demi-lieue de là, ils prirent un sentier de traverse, et, malgré l'obscurité, il sembla à Michel, d'après certaines formes qu'affectait la masse noire des arbres, qu'il connaissait ce sentier.

Bientôt, on arriva à un carrefour dont la vue fit tressaillir le jeune homme : il y avait passé le soir où, pour la première fois, il reconduisait Bertha.

Au moment où, après avoir traversé ce carrefour, les voyageurs allaient s'engager dans le sentier qui menait à la chaumière de Tinguy, où, malgré l'heure avancée de la nuit, on voyait étinceler une lumière, un petit cri d'appel partit de derrière la haie d'un jardin qui longeait le chemin.

Courte-Joie répondit aussitôt.

— Est-ce vous, maître Courte-Joie ? demanda une voix de femme, en même temps qu'une forme blanche apparaissait au-dessus de la haie.

— Oui ; mais qui êtes-vous vous-même ?

— Rosine, la fille de Tinguy ; ne me remettez-vous pas ?

— Rosine ! fit Michel, que la présence de la jeune fille confirmait dans l'idée qu'il était attendu par Bertha.

Courte-Joie se laissa glisser, avec son habileté de singe, le long du corps de Trigaud, et s'avança vers l'échalier d'un mouvement pareil à celui d'un crapaud qui saute, tandis que Trigaud restait à la garde de Michel.

— Dame, petiote, fit Courte-Joie, la nuit est si noire, qu'on prendrait volontiers du blanc pour du gris. Mais, continua-t-il en baissant la voix, comment n'es-tu pas chez toi, où l'on nous a donné rendez-vous ?

— Parce qu'il y a du monde à la maison, et que vous n'y pouvez pas conduire M. Michel.

— Du monde ? Ah çà ! ces damnés bleus ont donc mis garnison partout ?

— Ce ne sont point des soldats qui sont chez nous : c'est Jean Oullier, qui a passé la journée à courir le pays et qui est là avec des gens de Montaigu.

— Qu'est-ce qu'ils y font ?

— Ils jasent. Allez les retrouver ; vous boirez un coup avec eux, et vous vous chaufferez un brin.

— Eh bien, oui ; mais notre jeune monsieur, qu'en ferons-nous, la belle fille ?

— Vous me le laisserez. N'est-ce pas convenu, maître Courte-Joie ?

— Nous devions le remettre dans ta maison, oui, à la bonne heure ! là, on aurait trouvé un coin de cave ou de grenier pour le serrer, et cela, d'autant plus facilement qu'il n'est pas méchant, mon Dieu ! Mais, en plein champ, nous risquons fort de le perdre : il est glissant comme une anguille !

— Bon, dit Rosine en essayant un de ces sourires qui, depuis la mort de son père et de son frère, éclairaient si rarement ses lèvres ; croyez-vous qu'il fera plus de façon pour suivre une jolie fille que deux vieux bonshommes comme vous ?

— Et si le prisonnier enlève son gardien ? demanda maître Courte-Joie.

— Oh ! ne vous inquiétez pas de cela ; j'ai bon pied, bon œil et le cœur droit ; d'ailleurs, le baron Michel est mon frère de lait ; nous nous connaissons il y a vieux temps, et je ne le crois pas plus capable de forcer la vertu des filles que les verrous de la geôle. Et puis, en somme, que vous a-t-on dit de faire ?

— De le délivrer si nous pouvions, et de l'amener, bon gré mal gré, à la maison de ton père, où nous te trouverions.

— Eh bien, me voilà ; la maison est devant vous, et l'oiseau hors de cage ; c'est tout ce que l'on voulait de vous, convenez-en.

— Dame, je le crois.

— Alors, bonsoir.

— Dis donc, Rosine, tu ne veux pas que, pour plus grande sûreté, nous lui mettions un fil à la patte ? fit Courte-Joie en ricanant.

— Merci, merci, gars Courte-Joie, dit Rosine en s'avançant du côté où Michel attendait ; tâchez d'en mettre un, vous, à votre langue.

Michel, malgré la distance à laquelle il était demeuré pendant ce colloque, avait distingué le nom de Rosine, et, comme nous l'avons dit, reconnu la connivence qui existait entre elle et ses deux libérateurs, devenus subséquemment ses gardiens.

Il se confirmait donc de plus en plus dans l'idée que c'était à Bertha qu'il devait sa délivrance.

Les procédés de Courte-Joie, l'espèce de violence dont il avait usé envers lui par l'intermédiaire de Trigaud, le mystère dont le cabaretier avait entouré l'origine et la cause de son dévouement à un homme qu'il connaissait à peine, tout cela s'accordait à merveille avec l'irritation que la lettre remise par lui au notaire Loriot avait pu faire naître dans le cœur irascible et violent de la jeune fille.

— C'est toi, Rosine ! c'est toi ! dit Michel en haussant la voix lorsqu'il vit sa sœur de lait, qui, dans l'obscurité, se dirigeait vers lui.

— A la bonne heure ! fit Rosine, vous n'êtes pas comme ce vilain Courte-Joie, qui ne voulait pas à toute force me reconnaître ; vous me reconnaissez tout de suite, vous, n'est-ce pas, monsieur Michel ?

— Oui, certainement. Et, maintenant, dis-moi, Rosine...

— Quoi ?

— Mlle Bertha, où est-elle ?

— Mlle Bertha ?

— Oui.

— Je ne sais pas, moi, dit Rosine avec une simplicité que Michel apprécia à l'instant même à sa juste valeur.

— Comment ! tu ne sais pas ? répéta le jeune homme.

— Mais elle est à Souday, je crois.

— Tu ne sais pas, tu crois ?

— Dame...

— Tu ne l'as donc pas vue aujourd'hui ?

— Pour cela, non, monsieur Michel ! Je sais seulement qu'elle a dû aller au château aujourd'hui avec M. le marquis ; mais, moi, j'étais à Nantes pendant ce temps-là.

— A Nantes ! s'écria le jeune homme ; tu as été à Nantes, aujourd'hui ?

— Certes, oui.

— Et à quelle heure y étais-tu, Rosine ?

— Neuf heures du matin sonnaient comme nous traversions le pont Rousseau.

— Tu dis *nous* ?

— Sans doute.

— Tu n'étais donc pas seule ?

— Mais non, puisque j'y allais pour accompagner Mlle Mary ; c'est même cela qui a retardé le voyage, parce qu'il a fallu m'envoyer chercher au château.

— Mais où est-elle, Mlle Mary ?

— A présent ?

— Oui.

— Elle est à l'îlot de la Jonchère, où je vais vous mener la rejoindre. Mais comme vous êtes drôle en disant tout cela, monsieur Michel.

— Tu dois me conduire auprès d'elle ? s'écria Michel au comble de la joie. Mais viens donc vite ! viens donc vite, ma petite Rosine !

— Bon ! et ce vieux fou de Courte-Joie qui disait que j'aurais du mal à vous emmener. Est-ce bête, ces hommes !

— Rosine, mon enfant, au nom du ciel, ne perdons pas de temps !

— Je ne demande pas mieux ; mais, pour aller plus vite, voulez-vous me prendre en croupe ?

— Je crois bien ! dit Michel, dont le cœur, à la seule idée de revoir Mary, avait en une minute abjuré tous ses soupçons jaloux, et qui ne se possédait plus à l'idée que c'était celle qu'il aimait qui venait si activement de s'occuper de son salut. Viens ! mais viens donc !

— Me voilà ! Donnez-moi la main, fit Rosine en appuyant son sabot sur le pied du jeune homme.

Et, prenant son élan :

— Là ! m'y voilà, continua-t-elle en s'asseyant sur le porte-manteau. Maintenant, prenez à droite.

Le jeune homme obéit sans plus s'inquiéter de Trigaud et de Courte-Joie que s'ils n'existaient pas.

Pour lui, depuis un instant, il n'y avait au monde que Mary.

On fit quelques pas.

— Mais, dit le jeune baron, qui, à présent que l'on était en marche, ne demandait pas mieux que de causer, et surtout de causer de Mary, comment Mademoiselle a-t-elle donc su que j'avais été arrêté par les gendarmes ?

— Ah ! dame, c'est qu'il faut vous reprendre cela de plus haut, monsieur Michel.

— Reprends d'aussi haut que tu voudras, ma bonne Rosine ; mais parle ! je brûle d'impatience. Ah ! que c'est bon d'être libre, dit le jeune homme, et d'aller revoir Mlle Mary !

— Il faut donc vous dire, monsieur Michel, que, ce matin, au petit point du jour, Mlle Mary était arrivée à Souday ; elle m'avait emprunté mon déshabillé des dimanches, et m'avait dit : « Rosine, tu m'accompagneras... »

— Va, Rosine ! va ! je t'écoute.

— Alors, nous sommes parties comme cela, avec des œufs dans nos paniers, comme de vraies paysannes. A Nantes, et pendant que je vendais mes œufs, Mademoiselle a été faire ses commissions.

— Et quelles étaient ces commissions, Rosine ? demanda Michel, devant les yeux duquel la figure du jeune homme déguisé en paysan venait de passer comme un spectre.

— Ah ! dame, cela, monsieur Michel, je ne sais point.

Et, sans s'arrêter au soupir par lequel Michel lui répondait.

— Alors continua Rosine, comme Mademoiselle était tout plein fatiguée, on avait demandé à M. Loriot, le notaire de Légé, de nous ramener dans sa carriole. Nous nous sommes arrêtées en route pour faire manger l'avoine au cheval, et, tandis que le notaire jasait avec l'aubergiste du cours des denrées, nous étions allées dans le jardin, parce que tous les passants dévisageaient Mademoiselle, qui était vraiment trop belle pour une paysanne. Là, elle se mit à lire une lettre qui la fit pleurer à chaudes larmes.

— Une lettre ? demanda Michel.

— Oui, une lettre que M. Loriot lui avait remise en route.

— Ma lettre ! murmura Michel, elle a lu ma lettre à sa sœur !... oh !

Et il arrêta son cheval tout court ; car il ne savait pas s'il devait se réjouir ou s'effrayer de cet incident.

— Eh bien, que faites-vous donc ? demanda Rosine, qui ne comprenait pas la cause de cette halte.

— Rien, rien, fit Michel en rendant la bride à son cheval qui reprit le trot.

Le cheval reprenant le trot, Rosine reprit son récit :

— Elle pleurait donc sur cette lettre, lorsque voilà qu'on nous appelle de l'autre côté de la haie : c'était Courte-Joie et Trigaud ; ils nous racontent votre aventure, ils demandent à Mademoiselle comment ils doivent faire pour votre cheval, que vous leur aviez laissé. Alors, pauvre demoiselle, ce fut bien pis que lorsqu'elle lisait ! Elle était toute bouleversée, et elle en dit tant et tant à Courte-Joie — qui, du reste, a bien des obligations à M. le marquis — qu'elle le décida à essayer de vous tirer des mains des soldats. C'est une fière amie que vous avez là, monsieur Michel !

Michel écoutait dans le ravissement ; il ne se sentait pas d'aise et de bonheur ; il eût payé d'une pièce d'or chacune des syllabes du récit de Rosine. Il commençait à trouver que son cheval allait bien lentement ; il avait cassé une branche de noisetier, et, tout en écoutant la jeune fille, il essayait de donner à leur monture une allure en rapport avec les mouvements de son cœur.

— Mais, demanda-t-il, pourquoi ne m'avoir pas attendu dans la maison de ton père, Rosine ?

— C'était bien notre idée aussi, monsieur le baron, et nous nous étions fait descendre là, en disant que nous irions à pied à Souday ; Mademoiselle avait bien recommandé à Courte-Joie de vous y reconduire et de ne pas vous laisser aller à la Banlœuvre avant que vous m'ayez vue ; mais c'était comme un guignon ! Notre maison, si solitaire depuis la mort de mon pauvre père, a été pleine comme une auberge toute la soirée. D'abord, ç'a été le marquis et Mlle Bertha, qui s'y sont arrêtés en allant à Souday ; puis Jean Oullier, qui y a rassemblé les chefs de paroisse ! Aussi, à la brune, Mlle Mary, qui s'était cachée dans le grenier, m'a priée de la conduire dans un endroit où elle pût vous parler sans témoins si Courte-Joie vous délivrait. Mais nous voilà tout à l'heure à la hauteur du moulin de Saint-Philbert et nous ne tarderons pas à voir l'eau de Grand-Lieu.

L'annonce que Rosine faisait à Michel, et qui indiquait à celui-ci qu'ils approchaient de l'endroit où Mary les attendait, valut au cheval un coup de houssine mieux accentué encore que les précédents. Il était clair pour Michel qu'il touchait au dénouement de la situation dans laquelle il était entré. Mary connaissait son amour pour elle ; elle savait que cet amour avait été assez puissant pour amener le jeune homme à repousser l'union qui lui avait été offerte ; elle ne s'en offensait pas, puisque l'intérêt qu'elle lui portait allait encore jusqu'à lui rendre le plus signalé des services, jusqu'à compromettre sa réputation dans ce but. Si timide, si réservé, si peu avantageux que fût Michel, ses espérances montaient au niveau des témoignages d'affection qu'il lui semblait recevoir de Mary ; il lui paraissait impossible que la jeune fille, qui bravait l'opinion publique, le courroux de son père, les reproches de sa sœur pour assurer le salut d'un homme dont elle connaissait l'amour et les espérances, se refusât aux désirs de cet amour et à la réalisation de ces espérances.

Il entrevoyait son avenir dans un milieu nuageux encore mais d'un nuageux couleur de rose, lorsque son cheval commença de descendre la colline qui borne au sud-est le lac de Grand-Lieu, dont il voyait sombrement reluire la surface comme un miroir d'acier terni.

— Arrivons-nous ? demanda-t-il à Rosine.

— Oui, répliqua celle-ci en se laissant couler à bas du cheval. Et, maintenant, suivez-moi.

Michel descendit à son tour ; tous deux entrèrent dans les oseraies, où Michel attacha son cheval au tronc d'un saule ; puis ils firent encore une centaine de pas à travers ce fourré de branches flexibles, et se trouvèrent au bord d'une espèce de crique qui ouvrait sur le lac.

Rosine sauta dans un petit batelet à fond plat amarré sur la rive. Michel voulut prendre les rames ; mais Rosine, devinant qu'il était assez novice dans la manœuvre, le repoussa et s'assit à l'avant, un aviron dans chaque main.

— Laissez-donc ! dit-elle, je m'en tirerai mieux que vous. Que de fois j'ai conduit mon pauvre père lorsqu'il allait jeter ses filets dans le lac !

Et la jeune fille leva au ciel, comme pour y chercher le vieillard, ses deux beaux yeux, d'où s'échappèrent deux larmes.

— Mais, demanda Michel avec l'égoïsme de l'amour, sauras-tu trouver dans l'obscurité l'îlot de la Jonchère ?

— Regardez, dit-elle sans même se retourner ; ne voyez-vous rien sur l'eau ?

— Si fait, répondit le jeune homme, je vois comme une étoile.

— Eh bien, cette étoile, c'est Mlle Mary qui la tient dans sa main ; elle a dû nous entendre, et elle vient au-devant de nous.

Michel eût voulu se jeter à la nage pour devancer la barquette, qui, malgré la science nautique de Rosine, avançait assez lentement ; il lui semblait qu'on n'arriverait jamais à franchir la distance qui le séparait encore de la lumière, que cependant on voyait de minute en minute augmenter de volume et d'éclat.

Mais contre l'espoir que lui avaient donné les paroles de la fille de Tinguy, lorsqu'il fut assez près de l'îlot pour distinguer l'unique saule qui en faisait l'ornement, il n'aperçut point Mary sur la rive : c'était un feu de roseaux qu'elle avait allumé sans doute et qui brûlait doucement au bord de l'eau.

— Rosine ! s'écria Michel tout éperdu en se dressant dans la barque, qu'il faillit faire chavirer, je ne vois pas Mlle Mary.

— C'est qu'elle est dans la cabane aux affûts, alors, dit la jeune fille en abordant. Prenez un de ces morceaux de bois enflammé, et vous trouverez la hutte sur l'autre rive, du côté du large.

Michel sauta légèrement à terre, fit ce que lui indiquait sa sœur de lait, et se dirigea rapidement du côté de la hutte.

L'îlot de la Jonchère pouvait avoir deux ou trois cents mètres carrés ; il était couvert de joncs dans toutes les parties basses, qui sont inondées lorsque, par les grandes pluies d'hiver, montent les eaux du lac ; seul, un espace d'une cinquantaine de pieds se trouve, par son élévation, à l'abri de l'inondation. C'était sur cet espace, au bord de l'eau, que le vieux Tinguy avait construit une petite hutte où, pendant les longues nuits d'hiver, il venait affûter les canards.

C'était dans cette hutte que Rosine avait conduit Mary.

Quelles que fussent ses espérances, le cœur de Michel battait à lui rompre la poitrine lorsqu'il approcha de la hutte.

Au moment de poser la main sur le loquet de bois qui fermait la porte, cette oppression devint si vive, qu'il hésita.

Alors, ses yeux se fixèrent sur un morceau de vitre enchâssé dans la partie supérieure de cette porte, et par lequel on pouvait voir dans la cabane.

Il y aperçut Mary, assise sur une botte de joncs et la tête penchée sur sa poitrine.

A la lueur d'une mauvaise lanterne brûlant sur un escabeau, il lui sembla voir deux larmes étinceler aux paupières frangées de la jeune fille, et la pensée que, ces deux larmes, c'était à cause de lui qu'elles étaient là, lui fit perdre toute sa timidité.

Il poussa la porte et se précipita aux pieds de la jeune fille en criant :

— Mary, Mary, je vous aime !

57

Où Mary est victorieuse à la façon de Pyrrhus

Quelle qu'eût été la résolution prise par Mary de conserver son empire sur elle-même, l'entrée de Michel avait été si soudaine, sa voix avait vibré avec un tel accent, il y avait eu dans son premier cri tant de prière et d'amour, que la douce enfant ne put s'empêcher de céder à son émotion ; son sein palpitait, ses doigts tremblaient, et les larmes que le jeune baron avait cru entrevoir entre ses cils se détachaient et tombaient goutte à goutte, comme autant de perles liquides, sur les mains de Michel, qui étreignaient les siennes. Par bonheur, cette émotion, le pauvre amoureux était lui-même trop bouleversé pour la remarquer, et Mary eut le temps de se remettre avant qu'il eût repris la parole.

Elle l'écarta doucement et chercha autour d'elle.

Le regard de Michel suivit celui de Mary, puis revint se fixer sur elle, inquiet et interrogateur.

— Comment se fait-il que vous soyez seul, monsieur ? demanda-t-elle : où est Rosine ?

— Et vous, Mary, dit le jeune homme d'une voix pleine de tristesse, comment se fait-il que vous ne soyez pas, ainsi que moi, tout entière au bonheur de nous revoir ?

— Ah ! mon ami, dit Mary en appuyant sur ce mot, vous n'avez pas le droit, en ce moment surtout, de douter de l'intérêt que j'ai pris à votre situation.

— Non, s'écria Michel en essayant de ressaisir les mains de Mary, qui lui avaient échappé ; non, puisque c'est à vous que je dois la liberté et, selon toute probabilité, la vie !

— Mais, interrompit Mary s'efforçant de sourire, tout cela ne doit pas me faire oublier notre solitude ; si *louve* que l'on soit, cher monsieur Michel, il y a certaines convenances dont on ne doit jamais s'affranchir. Faites-moi donc l'amitié d'appeler Rosine.

Michel poussa un profond soupir, et resta à genoux, tandis que de grosses larmes jaillissaient de ses paupières.

Mary détourna les yeux afin de ne pas voir ces larmes ; puis elle fit un mouvement pour se lever.

Mais Michel la retint.

Le pauvre garçon n'avait pas assez d'expérience du cœur humain pour remarquer que, plusieurs fois, Mary n'avait manifesté aucune appréhension de se trouver avec lui dans un tête-à-tête aussi solitaire que pouvait l'être celui de l'îlot de la Jonchère, et pour tirer, de cette défiance envers elle-même et envers lui, une conclusion favorable à ses espérances amoureuses ; tout au contraire, ses beaux rêves s'en allaient en fumée, et il revit tout à coup Mary aussi froide et aussi indifférente qu'elle l'avait été dans les derniers temps.

— Ah ! s'écria-t-il avec un accent de douloureux reproche, pourquoi m'avoir arraché des mains des soldats ? Ils m'eussent fusillé peut-être, et j'eusse préféré ce sort à celui qui m'attend si vous ne m'aimez pas !

— Michel ! Michel ! s'écria Mary.

— Oh ! fit celui-ci, je l'ai dit et je le répète.

— Ne parlez point ainsi, méchant enfant que vous êtes ! répliqua Mary en affectant un ton maternel. Ne croyez-vous pas que vous me désespérez ?

— Que vous importe ! dit Michel.

— Voyons, continua Mary, n'allez-vous pas douter que je ressente pour vous une amitié bien vraie et bien sincère ?

— Hélas ! Mary, répondit tristement le jeune homme, il paraît que le sentiment dont vous me parlez ne peut suffire à celui qui dévore mon cœur depuis que je vous ai vue ; puisque, quelque certitude que j'aie de cette amitié, mon cœur réclame de vous davantage.

Mary fit un effort suprême :

— Mon ami, ce que vous demandez de moi, Bertha vous l'offre ; elle vous aime comme vous voulez être aimé, comme vous méritez de l'être, dit la pauvre enfant d'une voix tremblante et en se hâtant de mettre le nom de sa sœur comme une sauvegarde entre elle et celui qu'elle aimait.

Michel secoua la tête et poussa un soupir :

— Oh ! ce n'est pas elle, ce n'est pas elle, dit-il.

— Pourquoi, reprit vivement Mary, comme si elle n'eût pas vu ce geste de dénégation, comme si elle n'eût pas entendu ce cri du cœur, pourquoi lui avoir écrit cette lettre, qui l'eût désespérée si elle fût arrivée jusqu'à elle ?

— Cette lettre, c'est vous qui l'avez reçue ?

— Hélas ! oui, dit Mary ; et, malgré toute la douleur qu'elle m'a faite, je dois dire que c'est un grand bonheur !

— L'avez-vous lue tout entière ? demanda Michel.

— Oui, répondit la jeune fille, forcée de baisser les yeux sous le regard suppliant dont le jeune homme l'enveloppait en prononçant cette phrase, oui, je l'ai lue, et c'est parce que je l'ai lue, mon ami, que j'ai voulu vous parler avant que vous revoyiez Bertha.

— Mais n'avez-vous pas compris, Mary, que cette lettre est aussi vraie dans ses dernières lignes que dans la première, et que, si j'aime Bertha, je ne puis, moi aussi, l'aimer que comme une sœur ?

— Non, non, dit Mary ; seulement, j'ai compris que ma destinée serait bien affreuse, si elle me réservait d'être la cause du malheur de ma pauvre sœur, que j'aime tant !

— Mais, alors, s'écria Michel, que demandez-vous donc de moi ?

— Eh bien, dit Mary les mains jointes, je vous demande le sacrifice d'un sentiment qui n'a pas eu le temps de jeter dans votre âme des racines bien profondes ; je vous demande de renoncer à une prédilection que rien ne justifie, d'oublier un attachement qui, sans résultat pour vous, nous serait fatal à tous les trois...

— Demandez-moi ma vie, Mary : je puis me tuer ou me faire tuer : rien de plus facile que cela, mon Dieu ! mais ne me demandez pas de ne plus vous aimer... Que mettrai-je donc dans mon pauvre cœur à la place de l'amour qu'il a pour vous ?

— Il faudra bien, cependant, que cela soit ainsi, cher Michel, dit Mary d'une voix caressante ; car jamais, non, jamais vous n'obtiendrez de moi un encouragement à cet amour dont vous parlez dans votre lettre, je l'ai juré.

— A qui, Mary ?

— A Dieu et à moi-même.

— Oh ! s'écria Michel éclatant en sanglots, oh ! et moi qui avais rêvé qu'elle m'aimait !

Mary pensa que plus le jeune homme mettait d'exaltation dans ses paroles, plus elle devait mettre de froideur dans les siennes.

— Tout ce que je vous dis là, mon ami, reprit-elle, est dicté non seulement par la raison, mais encore par le vif intérêt que je vous porte ; si vous m'étiez indifférent, croyez-moi, je trouverais que c'est assez de ma froideur pour vous exprimer mes sentiments ; mais ce n'est point cela ; non, c'est une amie qui vient à vous et qui vous dit : Oubliez celle qui ne peut être à vous, Michel, et aimez celle qui vous aime, celle à laquelle vous êtes, pour ainsi dire, fiancé.

— Oh ! mais vous savez bien, vous, que ces fiançailles sont une surprise ; vous savez bien qu'en faisant cette demande, Petit-Pierre s'est mépris sur mes sentiments. Ces sentiments, vous les connaissiez, vous : je vous les ai exprimés cette nuit où les soldats s'étaient emparés du château ; vous ne les avez pas repoussés : j'ai senti vos mains serrer les miennes ; j'étais à vos genoux, comme j'y suis, Mary ! votre tête s'est abaissée vers moi ; vos cheveux, vos beaux cheveux, vos cheveux adorés ont effleuré mon front ! J'ai eu le tort de ne pas désigner à Petit-Pierre celle que j'aimais ; que voulez-vous ! je ne pensais pas que l'on pût supposer que j'aimasse une autre femme que Mary. C'est la faute de ma timidité, que je maudis ! mais, enfin, ce n'est pas une faute si punissable, qu'elle doive me séparer à jamais de la femme que j'aime et enchaîner ma vie à celle que je n'aime pas !

— Hélas ! mon ami, cette faute qui vous paraît légère, à vous, me semble irréparable, à moi ! Quoi qu'il arrive, et quand bien même vous renieriez la promesse faite en votre nom et à laquelle vous avez acquiescé par votre silence, vous devez comprendre que je ne puis être à vous, et que jamais je ne me déciderai à déchirer le cœur de ma sœur bien-aimée par le spectacle de mon bonheur.

— Mon Dieu, mon Dieu, s'écria Michel, que je suis malheureux !

Et le jeune homme cacha son visage entre ses mains et fondit en larmes.

— Oui, dit Mary, oui, en ce moment, vous souffrez, je le crois ; mais un peu de vertu, un peu d'énergie, du courage donc, mon ami ! et écoutez docilement mes conseils : ce sentiment s'effacera peu à peu de votre cœur. S'il le faut, pour activer votre guérison, je m'éloignerai, moi.

— Vous éloigner ! vous séparer de moi ! Non, Mary, non, jamais ! non, ne me quittez pas ; car, je vous le proteste, le jour où vous partez, je pars ; où vous allez, je vous suis. Que deviendrais-je, mon Dieu, privé de votre douce présence ? Non, non, non, ne vous éloignez pas, je vous en conjure, Mary !

— Eh bien, soit, je resterai ; mais pour vous aider à faire ce que votre devoir peut vous offrir de pénible et de douloureux, et, lorsqu'il sera accompli, lorsque vous serez heureux, lorsque vous serez l'époux de Bertha...

— Jamais ! jamais ! murmura Michel.

— Si, mon ami ; car Bertha est mieux que moi la femme qui vous convient ; sa tendresse pour vous, je vous le jure, moi qui en ai entendu l'expression, est plus grande que vous ne le sauriez supposer ; cette tendresse satisfera au besoin d'être aimé qui vous consume, et la force et l'énergie que ma sœur possède, et que je n'ai point, moi, écarteront de votre chemin les épines que peut-être vous n'auriez pas la force d'en écarter vous-même. Si donc il y a de votre part un sacrifice, ce sacrifice, croyez-moi bien, sera largement récompensé.

Et, en prononçant ces paroles, Mary avait affecté un calme qui était bien loin d'être dans son cœur, dont l'état réel se trahissait par sa pâleur et son agitation.

Quant à Michel, il écoutait, en proie à une impatience fébrile.

— Ne parlez pas ainsi ! s'écria-t-il lorsqu'elle eut fini. Supposez-vous que le cours des affections soit une chose dont on décide, qu'on puisse diriger à son gré comme une rivière qu'un ingénieur force à s'encaisser entre les rives d'un canal, comme une vigne qu'un jardinier palisse à sa fantaisie contre une muraille ? Non, non ; je vous le redis, je vous le répète, je vous le répéterai cent fois, c'est vous, vous seule que j'aime, Mary ! Il serait impossible à mon cœur de prononcer un autre nom que le vôtre, quand bien même je le voudrais, et je ne le veux pas ! Mon Dieu, mon Dieu, continua le jeune homme en levant ses bras au ciel avec l'expression d'un violent désespoir, que deviendrais-je donc quand je vous verrais à votre tour la femme d'un autre ?

— Michel, répondit Mary avec exaltation, si vous faites ce que je vous demande, je vous le jure par les serments les plus sacrés, n'ayant pas été à vous, je ne serai à personne qu'à Dieu ! je ne me marierai jamais ; toute mon affection, toute ma tendresse, vous resteront acquises, et cette affection ne sera plus celle d'un amour vulgaire que les années peuvent détruire, qu'un accident peut tuer : ce sera l'attachement profond, inaltérable de la sœur pour son frère ; ce sera la reconnaissance qui m'enchaînera pour jamais à vous : je vous devrai le bonheur de ma sœur, et ma vie tout entière se passera à vous bénir !

— Mais votre attachement pour Bertha vous égare, Mary, répliqua Michel ; vous ne vous préoccupez que d'elle ; vous ne songez pas à moi, lorsque vous voulez me condamner à cet affreux supplice de m'enchaîner pour la vie à une femme que je n'aime pas. Oh ! c'est cruel à vous, Mary, à vous pour qui je donnerais ma vie, de me demander une chose à laquelle je ne saurais me résigner.

— Si fait, mon ami, insista la jeune fille, vous vous résignerez à ce qui peut être le résultat de la fatalité, mais à ce qui sera, à coup sûr, une action généreuse et magnanime ; vous vous y résignerez parce que vous comprendrez qu'un tel sacrifice, Dieu ne peut le laisser sans récompense, parce que cette récompense, eh bien, ce sera le bonheur de deux pauvres orphelines.

— Oh ! tenez, Mary, fit Michel tout éperdu, ne me parlez plus de cela... Oh ! que l'on voit bien que vous ignorez, vous, ce que c'est qu'aimer ! Vous me dites de renoncer à vous ? Mais songez donc que vous êtes mon cœur, que vous êtes mon âme, que vous êtes ma vie ; que c'est tout simplement me demander d'arracher mon cœur de ma poitrine, de renier mon âme ; que c'est souffler sur mon bonheur, tarir mon existence à sa source ! Vous êtes la lumière pour laquelle et par laquelle, à mes yeux, le monde est monde, et, lorsque vous ne brillerez plus sur mes jours, je tomberai à l'instant même dans un gouffre dont l'obscurité me fait horreur ! Je vous le jure, Mary, depuis que je vous connais, depuis la minute où je vous ai vue, depuis l'instant où j'ai senti vos mains rafraîchir mon front ensanglanté, vous vous êtes tellement identifiée à moi-même, qu'il n'est pas une de mes pensées qui ne vous appartienne, que tout en moi se reporte à vous, que, si ce cœur perdait votre image, il cesserait aussitôt de battre, comme si le principe de vie s'était retiré de lui... Vous voyez bien qu'il m'est impossible de faire ce que vous désirez !

— Et cependant, s'écria Mary au paroxysme du désespoir, si Bertha vous aime et que je ne vous aime pas, moi !

— Ah ! si vous ne m'aimez pas, Mary ; si, les yeux sur mes yeux, les mains dans mes mains, vous avez le courage de me dire : « Je ne vous aime pas », eh bien, tout sera fini !

— Qu'entendez-vous par là, tout sera fini ?

— Oh ! c'est bien simple, Mary. Aussi vrai que ces étoiles qui brillent au ciel voient la chasteté de mon amour pour vous ; aussi vrai que le Dieu qui est par-delà les étoiles sait que mon amour pour vous est immortel, Mary, ni vous ni votre sœur ne me reverrez jamais.

— Que dites-vous, malheureux !

— Je dis que je n'ai que le lac à traverser, ce qui est une affaire de dix minutes ; que je n'ai qu'à monter sur mon cheval, qui est dans les oseraies, et à le lancer au galop jusqu'au premier poste, ce qui est l'affaire de dix autres minutes ; que je n'ai qu'à dire à ce poste : « Je suis le baron Michel de la Logerie », et que, dans trois jours, je serai fusillé.

Mary poussa un cri.

— Et c'est ce que je ferai, ajouta Michel, aussi vrai que ces étoiles nous regardent, et que Dieu les tient sous ses pieds.

Et le jeune homme fit un mouvement pour s'élancer hors de la cabane.

Mary se jeta au-devant de lui et le saisit à bras-le-corps ; mais, les forces lui manquant, elle se laissa glisser, et se trouva à ses genoux.

— Michel, murmura-t-elle, si vous m'aimez comme vous le dites, vous ne vous refuserez pas à ma prière. Au nom de votre amour, je vous en conjure, moi que vous dites aimer, ne tuez pas ma sœur ! accordez sa vie, accordez son bonheur à mes larmes et à mes prières. Dieu vous bénira ; car, tous les jours mon cœur s'élèvera vers lui pour lui demander le bonheur de l'homme qui m'aura aidée à sauver celle que j'aime plus que moi-même ! Michel, oubliez-moi, je vous le demande en grâce, et ne réduisez point Bertha au désespoir dans lequel je la vois déjà.

— O Mary, Mary, que vous êtes cruelle ! s'écria le jeune homme saisissant et arrachant ses cheveux à pleines mains. C'est ma vie que vous me demandez... j'en mourrai !

— Du courage, ami, du courage ! dit la jeune fille faiblissant elle-même.

— J'en aurais pour tout ce qui ne serait pas renoncer à vous ; mais cette idée me rend plus faible qu'un enfant, plus désespéré qu'un damné.

— Michel, mon ami, ferez-vous ce que je demande ? balbutia Mary, donc la voix s'éteignait dans les larmes.

— Eh bien...

Il allait dire oui, mais il s'arrêta.

— Ah ! du moins, reprit-il, si vous souffriez comme je souffre !...

A ce cri de suprême égoïsme, mais aussi de suprême amour, Mary, haletante, hors d'elle-même, à moitié folle, étreignit Michel, le souleva entre ses bras crispés, et, d'une voix entrecoupée par les sanglots :

— Tu dis donc, malheureux, que cela te consolerait, de savoir mon cœur déchiré comme l'est le tien ?

— Oui, oui, oh ! oui !

— Tu crois donc que l'enfer deviendrait le paradis si tu m'y voyais à tes côtés ?

— Une éternité de souffrances avec toi, Mary, à l'instant même je l'accepte.

— Eh bien donc, s'écria Mary éperdue, sois satisfait, cruel enfant ! tes souffrances, tes angoisses, je les ressens ! comme toi, je meurs de désespoir à l'idée du sacrifice que le devoir nous impose !

— Mais tu m'aimes donc, Mary ? demanda le jeune homme.

— Oh ! l'ingrat ! poursuivit la jeune fille, l'ingrat qui voit mes prières, mes larmes, mes tortures, et qui ne voit pas mon amour !

— Mary, Mary ! fit Michel chancelant, sans haleine, ivre et fou tout à la fois, après m'avoir tué de douleur, veux-tu donc me faire mourir de joie ?

— Oui, oui, je t'aime ! répéta Mary, je t'aime ! il faut bien que je te dise ces deux mots qui m'étouffent depuis si longtemps ; je t'aime comme tu peux m'aimer ; je t'aime tant, qu'à l'idée du sacrifice qu'il nous faut faire, la mort me semblerait douce si elle me surprenait au moment où je te fais cet aveu.

Et, en disant ces mots, malgré elle, comme attirée par une puissance magnétique, Mary approchait son visage du visage de Michel, qui la regardait avec les yeux d'un homme qu'une hallucination met en extase ; les cheveux de la blonde enfant caressaient le front du jeune homme ; leurs haleines se fondaient l'une dans l'autre et les enivraient tous les deux ; bientôt, comme accablé sous ces effluves amoureux, Michel ferma les yeux ; en cet instant suprême, sa bouche rencontra la bouche de Mary, et celle-ci, épuisée par la longue lutte qu'elle avait soutenue contre elle-même, céda à l'entraînement irrésistible qui l'attirait... Leurs lèvres se joignirent, et ils restèrent pendant quelques minutes abîmés dans une douloureuse félicité...

Mary la première revint à elle.

Elle se redressa vivement, repoussa Michel, et, sans transition aucune, se mit à fondre en larmes.

En ce moment, Rosine entra dans la hutte.

58

Où le baron Michel trouve, pour s'appuyer, un chêne au lieu d'un roseau

Mary comprit que c'était une aide qui lui venait de la part du Seigneur.

Seule, sans autre appui qu'elle-même, s'étant livrée comme elle l'avait fait, elle se sentait à la merci de son amant.

Elle courut donc à Rosine, et, lui prenant la main :

— Qu'y a-t-il, mon enfant, demanda-t-elle, et qui t'amène ?

Et elle passait ses mains sur son front et sur ses yeux : sur ses yeux pour en effacer les larmes, sur son front pour en effacer la rougeur.

— Mademoiselle, dit Rosine, il me semble que j'entends le bruit d'une barque.

— De quel côté ?

— Du côté de Saint-Philbert.

— J'avais cru que la barque de ton père était la seule qui fût sur le lac.

— Non, Mademoiselle : il y a encore celle du meunier de Grand-Lieu ; elle est à moitié défoncée, il est vrai ; mais, enfin, c'est d'elle que l'on se serait servi pour venir jusqu'à nous.

— Bien, bien, dit Mary, je vais avec toi, Rosine.

Et, sans faire attention au jeune homme, qui tendait vers elle des bras suppliants, Mary, qui n'était pas fâchée de s'éloigner de Michel pour rassembler ses idées et son courage, s'élança hors de la cabane.

Rosine la suivit.

Michel resta seul, et écrasé ; il sentait que le bonheur s'éloignait de lui, et il comprenait l'impossibilité de le retenir.

Jamais plus un pareil enivrement ne lui ramènerait un pareil aveu !

En effet, lorsque Mary rentra, après avoir prêté l'oreille dans toutes les directions sans avoir entendu autre chose que le clapotis de la vague sur la rive, elle trouva Michel assis sur les roseaux, la tête entre ses deux mains.

Elle le crut calme ; il n'était qu'abattu.

Elle alla à lui.

Michel, au bruit de ses pas, leva la tête, et, la voyant aussi réservée au retour qu'elle était exaltée au départ, il lui tendit la main, et, secouant tristement la tête :

— O Mary ! Mary ! dit-il.

— Eh bien, mon ami ? demanda celle-ci.

— O nom du ciel, dites-moi encore de ces douces paroles qui enivrent ! dites-moi encore que vous m'aimez !

— Je vous le répéterai, mon ami, répondit tristement Mary, et autant de fois que vous le désirerez, si la conviction que ma tendresse suit avec sollicitude chacune de vos souffrances et chacun de vos efforts peut vous inspirer le courage et la fermeté.

— Eh quoi ! dit Michel en se tordant les mains, vous pensez toujours à cette cruelle séparation ? vous voulez qu'avec la conscience de mon amour pour vous, avec la certitude de votre amour pour moi, vous voulez que je me donne à une autre ?

— Je veux que nous accomplissions tous deux ce que je

regarde comme un devoir, mon ami. C'est ce qui fait que je ne regrette pas de vous avoir ouvert mon cœur ; car j'espère que mon exemple vous apprendra à souffrir et vous inspirera la résignation à la volonté de Dieu. Un fatal concours de circonstances que je déplore autant que vous, Michel, nous a séparés : nous ne pouvons être l'un à l'autre.

— Oh ! mais pourquoi ? je n'ai pris aucun engagement, moi ; je n'ai jamais dit à Mlle Bertha que je l'aimais.

— Non ; mais elle m'a dit qu'elle vous aimait, elle ; mais j'ai reçu sa confidence, le soir où vous l'avez rencontrée à la cabane de Tinguy, le soir où vous êtes revenu avec elle.

— Mais tout ce que je lui ai dit de tendre, ce soir-là, s'écria le malheureux jeune homme, c'était à vous que cela s'adressait.

— Que voulez-vous, ami ! un cœur qui se penche est facile à remplir ; elle s'y est trompée, la pauvre Bertha ! et, en rentrant au château, au moment où je me disais tout bas : « Je l'aime ! » elle, elle me l'a dit tout haut... Vous aimer n'est qu'une souffrance ; être à vous, Michel, serait un crime.

— Ah ! mon Dieu ! mon Dieu !

— Oui, mon Dieu ! il nous donnera la force, Michel, ce Dieu que nous invoquons. Subissons donc héroïquement les conséquences de notre mutuelle timidité. Je ne vous reproche pas la vôtre, comprenez-moi bien ; je ne vous en veux point de ne pas avoir su contenir vos sentiments, lorsqu'il en était temps encore ; mais, au moins, ne me donnez pas le remords d'avoir fait le malheur de ma sœur sans profit et sans avantage pour moi.

— Mais, dit Michel, votre projet est insensé ! ce que vous voulez éviter arrivera fatalement : Bertha tôt ou tard, s'apercevra que je ne l'aime point, et alors...

— Ecoutez-moi, mon ami, interrompit Mary en posant sa main sur le bras de Michel ; quoique bien jeune, j'ai des convictions fort arrêtées sur ce que vous appelez l'amour ; mon éducation, tout opposée à la vôtre, comme la vôtre a eu ses inconvénients ; mais elle a eu aussi ses avantages. Un de ces avantages, avantage terrible, je le sais bien, c'est le réalisme. Habituée à entendre des conversations où le passé ne déguisait rien de ses faiblesses, je sais, par ce que j'ai appris de la vie de mon père, que rien n'est plus fugitif que les attachements pareils à celui que vous ressentez pour moi. J'espère donc que Bertha m'aura remplacée dans votre cœur avant qu'elle ait eu le temps de s'apercevoir de votre indifférence ; c'est mon seul espoir, Michel, et je vous supplie de ne pas me l'enlever.

— Vous me demandez une chose impossible, Mary.

— Eh bien, soit ; libre à vous de ne pas tenir l'engagement qui vous lie à ma sœur ; libre à vous de rejeter la prière que je vous adresse à genoux ; ce sera une nouvelle flétrissure pour deux pauvres enfants déjà si injustement flétries par le monde ! Ma pauvre Bertha souffrira, je le sais bien ; mais au moins, je souffrirai avec elle, de la même douleur qu'elle, et prenez garde, Michel ! peut-être que nos douleurs exaltées l'une par l'autre finiront par vous maudire.

— Je vous en prie, Mary, je vous en conjure, ne me dites pas de ces mots-là qui me brisent le cœur.

— Ecoutez, Michel ; les heures passent, la nuit s'écoule ; le jour va paraître, il va falloir que nous nous séparions, et ma résolution est irrévocable : nous avons fait tous les deux un rêve qu'il nous faut oublier. Je vous ai dit comment vous pouviez mériter, je ne dirai pas mon amour, vous l'avez, mais la reconnaissance éternelle de la pauvre Mary ; je vous jure, ajouta-t-elle plus suppliante qu'elle ne l'avait jamais été, je vous jure que, si vous vous dévouez au bonheur de ma sœur, je n'aurai dans le cœur qu'une prière, celle qui demandera à Dieu de vous récompenser ici-bas et là-haut ! Si vous me refusez, au contraire, Michel ; si votre cœur ne sait pas s'élever à la hauteur de mon abnégation, il faut renoncer à nous voir, il faut vous éloigner ; car, je vous le répète, je vous le jure devant Dieu, en l'absence des hommes, jamais, mon ami, je ne serai à vous !

— Mary, Mary, ne prononcez pas ce serment ! laissez-moi du moins l'espérance. Les obstacles qui nous séparent peuvent s'aplanir.

— Vous laisser l'espérance serait encore une faute, Michel, et, puisque la certitude que je partage vos douleurs ne peut vous communiquer la fermeté et la résignation qui m'animent, je regrette amèrement celle que vous m'avez fait commettre cette nuit... Non, continua la jeune fille en passant sa main sur son front, ne nous laissons plus abuser par ces rêves ; ils sont trop dangereux. Je vous ai fait entendre mes prières ; vous y demeurez insensible : il ne me reste plus qu'à vous dire un éternel adieu.

— Ne plus vous voir, Mary !... Oh ! j'aime mieux la mort. Je vous obéirai... Ce que vous exigez de moi...

Il s'arrêta, il n'avait pas la force d'aller plus loin.

— Je n'exige rien, dit Mary ; je vous ai demandé à genoux de ne pas briser deux cœurs au lieu d'un, et, à genoux, je vous le demande encore.

Et, en effet, elle se laissa tomber aux genoux du jeune homme.

— Relevez-vous, relevez-vous, Mary, dit celui-ci. Oui, oui, je ferai tout ce que vous voulez ; mais vous serez là, vous ne nous quitterez jamais, n'est-ce pas ? et, quand je souffrirai trop, je puiserai dans vos regards la force et le courage qui me manqueront ! Je vous obéirai, Mary !

— Merci, mon ami ! merci ! et ce qui fait que je vous demande et que j'accepte ce sacrifice, c'est que j'ai la conviction qu'il ne sera pas plus perdu pour votre bonheur que pour celui de Bertha.

— Mais vous, vous ? s'écria le jeune homme.

— Ne songez pas à moi, Michel.

Le jeune homme laissa échapper un gémissement.

— Dieu, continua Mary, a mis dans le dévouement des consolations dont l'esprit humain ne sait pas sonder les profondeurs ; moi, dit Mary en voilant ses yeux dans ses mains comme si elle eût craint qu'ils ne démentissent ses paroles, moi, je tâcherai que le spectacle de votre bonheur me suffise.

— Oh ! mon Dieu ! mon Dieu ! fit Michel en se tordant les mains, c'en est donc fait, je suis condamné !

Et il se jeta la face contre la paroi de la cabane.

En ce moment Rosine entra.

— Mademoiselle, dit-elle, voici le jour qui commence à paraître.

— Qu'as-tu donc, Rosine ? demanda Mary. Il me semble que tu es toute tremblante.

— C'est que, de même qu'il m'a semblé entendre le bruit de deux rames sur le lac, à l'instant il m'a semblé entendre marcher derrière moi.

— Marcher derrière toi, dans cet îlot perdu sur le lac ? Tu as rêvé, mon enfant !

— Je le crois aussi ; car j'ai fureté de tous les côtés, et je n'ai vu personne.

— Allons, partons ! dit Mary.

Un sanglot de Michel la fit retourner.

— Nous allons partir seules, mon ami, dit-elle, et, dans une heure, Rosine reviendra vous chercher avec la barque. N'oubliez pas ce que vous m'avez promis ; je compte sur votre courage.

— Comptez sur mon amour, Mary ; la preuve que vous en demandez est terrible, la tâche que vous lui imposez est immense : Dieu veuille que je ne succombe pas sous le fardeau !

— Songez que Bertha vous aime, Michel ; songez qu'elle épie chacun de vos regards ; songez, enfin, que j'aimerais mieux mourir que de lui voir découvrir l'état de votre cœur.

— Oh ! mon Dieu ! mon Dieu ! murmura le jeune homme.

— Allons, du courage ! Adieu, mon ami !

Et, profitant du moment où Rosine entrouvrait la porte pour regarder dehors, Mary, se penchant, déposa un baiser sur le front de Michel.

Ce baiser était bien différent de celui qu'elle s'était laissé prendre une demi-heure auparavant !

L'un était ce jet de flamme qui va du cœur de l'amant à celui de l'amante.

L'autre était le chaste adieu d'une sœur à son frère.

Michel en comprit bien la différence ; car cette caresse lui serra le cœur. Les larmes jaillirent de nouveau de ses yeux. Il conduisit les deux jeunes filles jusqu'au rivage ; puis, lorsqu'il les eut vues monter dans la barque, il s'assit sur une pierre et les regarda s'éloigner jusqu'à ce qu'elles se fussent perdues dans le brouillard matinal qui couvrait le lac.

Le bruit des avirons arrivait encore à son oreille ; il l'écoutait comme un glas funèbre qui annonçait que ses illusions tant caressées s'étaient évanouies comme autant de fantômes, lorsqu'il se sentit toucher légèrement à l'épaule.

Il se retourna et aperçut Jean Oullier debout derrière lui.

La figure du Vendéen était plus triste encore que d'habitude ; mais, au moins, elle avait perdu cette expression haineuse que Michel lui avait toujours vue.

Ses paupières étaient humides et de grosses gouttes d'eau scintillaient sur le collier de barbe qui encadrait son visage.

Etait-ce la rosée de la nuit ? étaient-ce les larmes qu'avait versées le vieux soldat de Charette ?

Il tendit la main à Michel, ce qu'il n'avait jamais fait encore.

Celui-ci le regarda tout étonné, et prit, avec hésitation, la main qui lui était offerte.

— J'ai tout entendu, dit Jean Oullier.

Michel poussa un soupir et baissa la tête.

— Vous êtes de braves cœurs ! ajouta le Vendéen ; mais, vous aviez raison, c'est une terrible tâche que celle que cette jeune enfant vous a fait entreprendre. Que Dieu la récompense de son dévouement ! Quant à vous, si vous vous sentez affaiblir, avertissez-moi, monsieur de la Logerie, et vous reconnaîtrez une chose : c'est que, si Jean Oullier hait bien ses ennemis, il sait aussi bien aimer ceux qu'il aime.

— Merci, lui répondit Michel.

— Allons, allons, reprit Jean Oullier, ne pleurez plus ! pleurer n'est pas d'un homme ! et, s'il le faut, je tâcherai de faire entendre raison à cette tête de fer qu'on appelle Bertha, quoique je vous déclare d'avance que ce ne soit pas une chose facile.

— Mais, au cas où elle n'entendrait pas raison, il y a une chose qui le sera, facile, pour peu surtout que vous vouliez m'y aider...

— Laquelle ? demanda Jean Oullier.

— C'est de me faire tuer, dit Michel.

Le jeune homme avait dit cela si simplement, que l'on sentait que c'était l'expression de sa pensée.

— Oh ! oh ! murmura Jean Oullier, c'est qu'il a, ma foi, l'air d'être prêt à le faire comme il le dit.

Puis, s'adressant au jeune homme :

— Eh bien, dit-il, soit ; quand nous en serons là, nous verrons !

Cette promesse, toute triste qu'elle était, rendit un peu de courage à Michel.

— Allons, reprit le vieux garde, vous ne pouvez rester ici. J'ai là une bien méchante barque ; cependant, avec quelques précautions, elle peut nous ramener tous les deux à terre.

— Mais Rosine doit revenir me prendre dans une heure, objecta le jeune homme.

— Elle fera une course inutile, repartit Jean Oullier ; cela lui apprendra à raconter sur les grands chemins les affaires des autres, comme elle a fait cette nuit avec vous.

Après ces paroles, qui expliquaient comment Jean Oullier avait pu être amené dans l'îlot de la Jonchère, Michel se dirigea avec lui vers la barque, et bientôt, s'écartant de la route suivie par Rosine et Mary, ils prirent le large du côté de Saint-Philbert.

59

Les derniers chevaliers de la royauté

Comme Gaspard l'avait très bien prévu, et comme il l'avait dit à Petit-Pierre, à la métairie de la Banlœuvre, l'ajournement de la prise d'armes au 4 juin porta un coup fatal à l'insurrection projetée.

Quelque diligence qu'on y mît, quelque activité que déployassent les chefs du parti légitimiste, qui, ainsi que nous l'avons vu faire au marquis de Souday, à ses filles, et aux affidés présents à la réunion de la Banlœuvre, parcouraient eux-mêmes les villages de leurs divisions pour y porter le contrordre, il était trop tard pour qu'il fût connu dans toutes les campagnes que devait embrasser le mouvement.

Du côté de Niort, de Fontenay, de Luçon, les royalistes étaient rassemblés ; Diot et Robert, à la tête de leurs bandes organisées, étaient sortis des forêts des Deux-Sèvres pour servir de noyau au soulèvement. Ils sont signalés aux chefs des cantonnements militaires, qui se rassemblent, marchent sur la paroisse d'Amailloux, battent les paysans et arrêtent un grand nombre de gentilshommes et d'officiers démissionnaires qui s'étaient donné rendez-vous dans cette paroisse et accouraient au bruit de la fusillade.

Des arrestations semblables avaient été faites dans les environs du Champ-Saint-Père ; le poste du Port-la-Claye avait été attaqué, et, bien qu'en raison du petit nombre des assaillants cette attaque eût été repoussée, l'audace et la vigueur avec lesquelles elle avait été conduite ne permettaient pas de l'attribuer seulement aux réfractaires.

Sur l'un des prisonniers du Champ-Saint-Père, on découvrit une liste de jeunes gens qui devaient former un corps d'élite.

Cette liste, ces attaques faites sur divers points à la même heure, ces arrestations de gens connus pour l'exaltation de leur opinion devaient mettre l'autorité sur ses gardes et lui faire considérer comme sérieux les dangers dont, jusque-là, elle ne s'était garantie qu'avec faiblesse.

Si le contrordre n'était point parvenu à temps dans quelques localités de la Vendée et des Deux-Sèvres, on comprend que, dans la Bretagne, dans le Maine, provinces encore plus éloignées que le Marais et le Bocage du centre d'où partait la direction, l'étendard de la guerre civile avait été ouvertement arboré.

Dans la première de ces provinces, la division de Vitré s'était battue, avait même remporté un succès aux Bretonnières-en-Bréal, succès éphémère qui, le lendemain, à la Gaudinière, se changeait en désastre.

Gaullier, dans le Maine, ayant aussi reçu le contrordre trop tard pour arrêter ses gars, livrait de son côté, à Chaney, un combat sanglant qui ne dura pas moins de six heures, et, en outre de cet engagement, sérieux, comme on le voit, les paysans, qui, sur certains points, n'avaient pas voulu rentrer chez eux, échangeaient presque chaque jour des coups de fusil avec les colonnes qui sillonnaient les campagnes.

On peut hardiment l'avouer, le contrordre du 22 mai, les mouvements intempestifs et isolés qui s'ensuivirent, le manque d'entente et de confiance qui en devint la conséquence, firent plus pour le gouvernement de juillet que le zèle de tous ses agents réunis.

Dans les provinces où on licencia les divisions rassemblées, il fut impossible de réchauffer plus tard l'ardeur que l'on avait laissée refroidir ; on avait donné aux populations insurgées le temps de se compter et de réfléchir : la réflexion, souvent favorable aux calculs, est toujours fatale aux sentiments.

Les chefs, s'étant eux-mêmes désignés à l'attention du gouvernement, furent aisément surpris et arrêtés lorsqu'ils rentrèrent dans leurs demeures.

Ce fut pis encore dans les cantons où les bandes parurent en ligne : les paysans, se trouvant abandonnés à leurs propres forces, ne voyant pas venir les diversions sur lesquelles ils comptaient, crièrent à la trahison, brisèrent leurs fusils et regagnèrent, indignés, leurs foyers.

L'insurrection légitimiste avortait à l'état d'embryon ; la cause d'Henri V perdait deux provinces avant d'avoir déployé son drapeau ; la Vendée allait rester seule engagée dans la lutte ; mais tel était le courage de ces fils des géants, que, comme nous allons le voir, ils ne désespéraient pas encore.

Huit jours s'étaient écoulés depuis les événements que nous avons racontés dans le chapitre précédent, et, pendant ces huit jours, le mouvement politique qui s'était produit autour de Machecoul avait été si puissant, qu'il avait entraîné dans son orbite ceux de nos personnages que leurs passions avaient semblé en distraire le plus complètement.

Bertha, un instant inquiète de la disparition de Michel, s'était montrée tout à fait rassérénée lorsqu'elle l'avait vu revenir près d'elle, et son bonheur s'était traduit avec tant d'expansion et de publicité, qu'il avait été impossible au jeune homme, à moins de trahir la promesse faite à Mary, de ne pas paraître, de son côté, heureux de la revoir.

Au reste, les occupations qu'elle trouvait près de Petit-Pierre, les détails infinis de la correspondance dont elle était chargée, absorbaient tellement les moments de Bertha, qu'ils l'empêchaient de remarquer la tristesse et l'abattement de Michel et l'espèce de contrainte avec laquelle il se prêtait à la familiarité que les habitudes masculines de la jeune fille autorisaient vis-à-vis de celui qu'elle considérait comme son fiancé.

Mary, qui avait rejoint son père et sa sœur, deux heures après avoir laissé Michel dans l'îlot de la Jonchère, continuait à éviter toute occasion de se trouver seule avec Michel. Lorsque les obligations de leur vie en commun les mettaient en présence l'un de l'autre, elle s'ingéniait, par tous les moyens possibles, à faire ressortir aux yeux de Michel le charme et les avantages de sa sœur ; lorsque ses yeux rencontraient ceux du jeune baron, elle le regardait avec une expression suppliante qui lui rappelait doucement et cruellement à la fois la promesse qu'il avait faite.

Si, par hasard, Michel autorisait par son silence les attentions dont Bertha était si prodigue envers lui, Mary affectait à l'instant même une joie bruyante et démonstrative qui, sans aucun doute, était bien loin de son cœur, mais qui n'en brisait pas moins le cœur de Michel. Cependant, quoi qu'elle essayât de faire, il lui était impossible de dissimuler les ravages que la lutte qu'elle subissait contre son amour apportait à son extérieur.

Son changement eût frappé ceux qui l'entouraient s'ils eussent été moins préoccupés, soit de leur bonheur, comme Bertha, soit des soucis de la politique, comme Petit-Pierre et le marquis de Souday.

La fraîcheur de la pauvre Mary avait disparu ; de larges cercles d'un bistre azuré cavaient ses yeux ; ses joues pâlies se creusaient visiblement, et de légères rides, plissant son beau front, démentaient le sourire qu'affectaient presque constamment ses lèvres.

Jean Oullier, dont la sollicitude ne se fût point abusée, était absent par malheur ; dès le jour même où il était rentré à la Banlœuvre, il avait été envoyé en mission dans l'Est par le marquis de Souday ; et fort inexpérimenté en matière de cœur, Jean Oullier était parti à peu près tranquille ; car il était loin de se douter, malgré ce qu'il avait entendu, que le mal fût si profond.

On était arrivé au 3 juin.

Ce jour-là, il y avait un grand mouvement dans le moulin Jacquet, commune de Saint-Colombin.

Depuis le matin, les allées et les venues des femmes et des mendiants avaient été continuelles, et, au moment où le jour tombait, le verger qui précédait la métairie avait pris l'aspect d'un camp.

De minute en minute, des hommes vêtus de blouses ou de vestes de chasse, armés de fusils, de sabres et de pistolets, arrivaient, les uns à travers champs, les autres par les chemins ; ils disaient un mot aux sentinelles qui rayonnaient autour de la ferme : sur ce mot, la sentinelle les laissait passer. Ils posaient leurs armes en faisceaux le long de la haie qui séparait le verger de la cour, et, comme ceux qui étaient arrivés avant eux, ils se disposaient à bivouaquer sous les pommiers. Tous étaient venus avec le dévouement, bien peu avec l'espérance.

Le courage et la loyauté dans les convictions rendent ces convictions saintes et respectables ; à quelque opinion qu'on appartienne, on est fier de les rencontrer chez ses amis et l'on est heureux de les trouver chez ses adversaires.

La foi politique pour laquelle des hommes n'ont pas craint de mourir peut être combattue ; Dieu n'était plus avec elle puisqu'elle a succombé, mais elle a le droit, même après sa défaite d'être honorée sans passer par les fourches caudines de la discussion.

L'Antiquité disait : « Malheur aux vaincus ! » mais l'Antiquité était païenne, et la Miséricorde ne pouvait pas être mise au rang des faux dieux.

Pour nous, et sans nous préoccuper des sentiments qui les animaient, nous trouvons que ce fut un noble et chevaleresque dévouement que celui que ces Vendéens de 1832 ont montré à la France, qui déjà se laissait envahir par les idées étroites, mercantiles, sordides, qui l'ont absorbée depuis — surtout lorsqu'on réfléchit que la plupart de ces Vendéens ne se faisaient aucune illusion sur l'issue de la lutte, et marchaient sans espérance à une mort certaine.

Quoi qu'il en soit, les noms de ces hommes appartiennent désormais à l'histoire ; nous nous joindrons à elle, sinon pour les glorifier, du moins pour les absoudre, sans pour cela nous permettre de les mêler à notre récit.

Dans l'intérieur du moulin Jacquet, l'affluence, pour être moins nombreuse qu'au-dehors, n'était guère moins bruyante.

Quelques chefs recevaient leurs dernières instructions et se concertaient sur les mesures à prendre pour le lendemain ; des gentilshommes racontaient les événements de cette journée, qui avait déjà eu ses événements : c'étaient le rassemblement de la lande des Vergeries et quelques engagements partiels avec les troupes du gouvernement.

Le marquis de Souday se faisait remarquer au milieu des groupes par sa loquacité exaltée ; il avait reconquis ses vingt ans ; il lui semblait, dans son impatience fiévreuse, que le soleil du lendemain ne se lèverait jamais, et il profitait du temps que la terre mettait à accomplir sa révolution autour de son roi pour donner une leçon de tactique aux jeunes gens qui l'entouraient.

Michel, assis dans un angle de la cheminée, était le seul dont l'esprit ne fût pas complètement absorbé par les événements qui se préparaient.

Depuis le matin, sa situation s'était compliquée.

Quelques amis, quelques voisins du marquis étaient venus le féliciter de sa prochaine union avec Mlle de Souday.

Il pensait qu'à chaque pas qu'il faisait en avant, il s'enchevêtrait davantage aux mailles de la nasse dans laquelle il avait donné tête baissée, et, malheureusement, il voyait en même temps combien tous ses efforts pour tenir la promesse que Mary lui avait arrachée étaient impuissants, combien c'était vainement qu'il s'efforcerait de chasser de son cœur la douce image qui en avait pris possession.

Sa tristesse devenait de plus en plus grande et formait en ce moment un parfait contraste avec les physionomies animées de ceux qui l'entouraient.

Le bruit, le mouvement qui se faisaient autour de Michel ne tardèrent pas à lui devenir insupportables : il se leva et sortit sans avoir été remarqué.

Il traversa la cour, et, prenant par-derrière les roues du moulin, il pénétra dans le jardin du meunier, suivit le cours de l'eau et alla s'asseoir sur le garde-fou d'un petit pont, à environ deux cents pas de la maison.

Il était là depuis près d'une heure, se laissant aller à toutes les idées noires que suggérait en lui la conscience de sa position, lorsqu'il aperçut un homme qui se dirigeait de son côté en suivant le chemin par lequel il était venu lui-même.

— Est-ce vous, monsieur Michel ? demanda cet homme.

— Jean Oullier ! dit Michel, Jean Oullier ! C'est le ciel qui vous envoie. Depuis combien de temps êtes-vous revenu ?

— Depuis une demi-heure à peine.

— Avez-vous vu Mary ?

— Oui, j'ai vu Mlle Mary.

Et le vieux garde leva les yeux au ciel avec un soupir.

Le ton dont Jean Oullier avait prononcé ces paroles, le geste et le soupir qui les avaient accompagnées, indiquaient que sa sollicitude si profonde ne se méprenait pas sur les causes du dépérissement de la jeune fille et avait enfin apprécié la gravité de la situation.

Michel le comprit ; car il se cacha le visage entre les mains, se contentant de murmurer :

— Pauvre Mary !

Jean Oullier écouta avec une certaine compassion ; puis, après un instant de silence :

— Avez-vous pris un parti ? demanda-t-il.

— Non ; mais j'espère que, demain, une balle me dispensera de ce soin.

— Oh ! fit Jean Oullier, il ne faut pas compter là-dessus : les balles sont capricieuses, elles ne vont jamais à ceux qui les appellent.

— Ah ! monsieur Jean, fit Michel en secouant la tête, nous sommes bien malheureux !

— Oui, il paraît que cela vous tourmente fort, vous autres, ce que vous nommez de l'amour et ce qui n'est que de la déraison ! Mon Dieu, qui m'eût dit que ces deux enfants, qui ne songeaient à rien qu'à courir bravement et honnêtement les bois entre leur père et moi, s'éprendraient de la première figure coiffée d'un chapeau qu'elles rencontreraient sur leur chemin, et cela, parce que cette figure ressemblerait autant à celle d'une fille que leurs façons, à elles, ressemblent à celles des garçons !

— Hélas ! c'est la fatalité qui a tout fait, mon pauvre Jean.

— Non, reprit le Vendéen, non, ce n'est pas la fatalité qu'il faut en accuser : c'est moi... Enfin, voyons, puisque vous n'avez pas le courage de parler en face à cette folle de Bertha, aurez-vous celui de rester honnête ?

— Je ferai tout ce qui sera nécessaire pour me rapprocher de Mary ; comptez sur moi tant que vous agirez dans ce but.

— Qui vous parle de vous rapprocher de Mary ? La pauvre enfant ! elle a plus de bon sens que vous tous. Elle ne peut être votre femme, elle vous le disait l'autre jour, ou plutôt l'autre nuit, et elle avait cent fois raison ; seulement, son amour pour Bertha l'entraînait trop loin : elle veut se condamner au supplice qu'elle désire épargner à sa sœur, et c'est ce que ni vous ni moi ne devons souffrir.

— Comment cela, Jean Oullier ?

— Par un moyen bien facile ; ne pouvant être à celle que vous aimez, il ne faut pas que vous soyez à celle que vous n'aimez pas. Comme cela, il m'est idée que le chagrin de la première s'apaisera à la longue ; car elle a beau dire, voyez-vous, si pur que soit le cœur d'une femme, il y a toujours un peu de jalousie au fond.

— Renoncer à l'espoir de nommer Mary ma femme, et en même temps à la consolation de la voir, je ne le saurais. Voyez-vous, Jean Oullier, pour me rapprocher de Mary, il me semble que je traverserais le feu de l'enfer.

— Tout cela, ce sont des phrases, mon jeune monsieur. On s'est bien consolé d'être sorti du paradis : on peut bien oublier, quand on a votre âge, une femme que l'on aime. D'ailleurs, ce qui doit vous séparer de Mary, c'est bien autre chose que le feu de l'enfer ! Ce pourrait être le cadavre de sa sœur ; car vous ne connaissez pas encore cet enfant indompté qui a nom Bertha, et ce dont elle est capable ! Je n'entends rien, moi, pauvre bonhomme de paysan, à tous vos grands sentiments ; mais il me semble que les plus déterminés doivent s'arrêter devant un obstacle de ce genre.

— Mais que faire, mon ami ? que faire ? Conseillez-moi.

— Tout le mal vient, à mon idée du moins, de ce que vous n'avez pas le caractère de votre sexe. Il faut faire ce que fait en semblable circonstance celui auquel, par vos manières, par votre faiblesse, vous semblez appartenir ; vous n'avez pas su dominer la situation que le hasard vous avait faite : il faut la fuir !

— Fuir ? Mais n'avez-vous pas entendu, l'autre jour, Mary me dire que, du moment où j'aurais renoncé à sa sœur, elle ne me reverrait jamais ?

— Qu'importe, si elle vous estime !

— Mais tout ce que je vais souffrir...

— Vous ne souffrirez pas plus de loin que vous ne souffrez ici.

— Ici, au moins, je la vois.

— Croyez-vous que le cœur connaisse les distances ? Non, pas même celles qui nous séparent de ceux qui nous ont dit le dernier adieu. Ainsi, moi, il y a trente ans et plus que j'ai perdu ma pauvre femme ; eh bien, il y a des jours où je la vois comme je vous vois. L'image de Mary, vous l'emporterez dans votre cœur, et vous entendrez sa voix vous remercier de ce que vous aurez fait.

— Ah ! j'aimerais mieux vous entendre me parler de mourir.

— Allons, monsieur Michel, un bon mouvement ! Tenez, s'il le faut, moi qui, cependant, ai contre vous de graves sujets de haine, je tomberai à vos genoux et je vous dirai : Je vous en conjure, rendez, autant qu'il est possible, la paix à ces deux pauvres créatures.

— Enfin, que voulez-vous de moi ?

— Il faut partir, je vous l'ai dit et je vous le répète.

— Partir ? Mais vous n'y songez pas ! On se bat demain : partir aujourd'hui, c'est déserter, c'est me déshonorer.

— Non, je ne veux pas vous déshonorer. Si vous partez ce ne sera pas pour déserter.

— Comment cela ?

— En l'absence d'un capitaine de paroisse de la division de Clisson, j'ai été désigné pour le remplacer ; vous viendrez avec moi.

— Oh ! je voudrais que la première balle fût pour moi demain.

— Vous combattrez sous mes yeux, continua Jean Oullier, et, si quelqu'un doute, je rendrai témoignage ; le voulez-vous ?

— Oui, répondit Michel d'une voix si basse, que ce fut à peine si le vieux garde put l'entendre.

— Bien ! dans trois heures, nous nous mettrons en route.

— Partir sans lui dire adieu ?

— Il le faut. En face des circonstances dans lesquelles nous allons entrer, qui sait si elle aurait la force de vous laisser vous éloigner ? Voyons, encore ce courage ?

— Je l'aurai, Oullier ; vous serez content de moi.

— Ainsi, je puis compter sur vous ?

— Je vous en donne ma parole.

— Dans trois heures, je vous attends au carrefour de la Belle-Passe.

— J'y serai.

Jean Oullier fit à Michel un signe d'adieu presque amical, et, franchissant le petit pont, il alla dans le verger rejoindre les autres Vendéens.

60

Où Jean Oullier ment pour le bien de la cause

Le jeune baron demeura pendant quelques minutes dans une sorte d'anéantissement ; les paroles de Jean Oullier résonnaient à son oreille comme le glas qui aurait sonné sa propre mort.

Il croyait rêver, et il avait besoin, pour croire à la réalité de sa douleur, de se répéter tout bas ce mot :

— Partir ! partir !

Bientôt, la froide idée de la mort que, jusque-là, il n'avait entrevue que comme un secours qui lui viendrait du ciel, idée à laquelle il n'avait songé que comme on y songe à vingt ans, passa de son cerveau dans son cœur et le glaça.

Il frissonna de tout son corps.

Il se vit séparé de Mary, non plus par une distance qu'il pouvait franchir, mais par ce mur de granit qui enferme pour l'éternité l'homme dans sa dernière demeure.

Sa douleur devint si forte, qu'elle lui sembla un pressentiment.

Alors il accusa Jean Oullier de dureté et d'injustice ; il lui parut odieux que la rigidité du vieux Vendéen lui enlevât la suprême consolation d'un dernier regard ; il lui sembla impossible qu'un dernier adieu lui fût refusé ; il se révolta contre cette exigence et résolut de voir Mary, quelque chose qui pût arriver.

Michel connaissait parfaitement la distribution du moulin.

Petit-Pierre habitait la chambre du meunier, située au-dessus des meules.

C'était naturellement la chambre d'honneur de la maison.

Dans un cabinet attenant à cette chambre couchaient les deux sœurs.

Ce cabinet avait une étroite fenêtre donnant au-dessus de la roue extérieure qui faisait aller la machine.

La machine était au repos pour le moment ; on l'avait arrêtée dans la crainte que le bruit qu'elle ferait en marchant n'empêchât les sentinelles d'entendre les autres bruits.

Michel attendit la nuit ; ce fut l'affaire d'une heure, à peu près.

La nuit venue, il se rapprocha des bâtiments.

On voyait de la lumière à travers la vitre de la petite fenêtre.

Il jeta une planche sur une des aubes de la roue, et, en s'aidant de la muraille, il parvint, de palette en palette, au point le plus élevé de cette roue.

Là, il se trouva à la hauteur de l'étroite fenêtre.

Il dressa doucement la tête et regarda dans l'intérieur du petit cabinet.

Mary était seule, assise sur un escabeau, le coude appuyé sur la couchette, et la tête renversée sur sa main.

De temps en temps, un profond soupir s'échappait de sa poitrine ; de temps en temps, ses lèvres s'agitaient comme si elles eussent murmuré une prière.

Au bruit que fit le jeune homme en frappant contre le carreau, elle leva la tête, le reconnut à travers la vitre, poussa un cri et courut à la fenêtre.

— Chut ! fit le jeune homme.

— Vous ! vous ici ! s'écria Mary.

— Oui, c'est moi.

— Mon Dieu ! que prétendez-vous ?

— Mary, il y a huit jours que je ne vous ai parlé ; il y a presque huit jours que je ne vous ai vue ; je viens vous dire adieu, avant d'aller où ma destinée m'appelle.

— Adieu ! et pourquoi adieu ?

— Je viens vous dire adieu, Mary, répéta le jeune homme avec fermeté.

— Oh ! vous ne voulez plus mourir ?

Michel ne répondit point.

— Oh ! vous ne mourrez pas ! continua Mary. J'ai tant prié, ce soir, que Dieu a dû m'entendre. Mais, maintenant que vous m'avez vue, maintenant que vous m'avez parlé, partez ! partez !

— Pourquoi donc vous quitter si vite ? Me haïssez-vous tant, que vous ne puissiez me voir ?

— Non, ce n'est point cela, mon ami, dit Mary ; mais Bertha est dans la chambre voisine, elle peut vous avoir entendu venir, elle peut vous entendre parler. Mon Dieu ! mon Dieu ! que deviendrais-je, moi qui lui ai juré que je ne vous aimais pas ?

— Oui, oui, vous lui avez juré cela, à elle... Mais, à moi, vous m'avez juré de m'aimer, et ce n'est que sûr de votre amour que j'ai consenti à dissimuler le mien.

— Je vous en conjure, Michel, partez !

— Non, Mary, non, je ne partirai pas sans avoir entendu votre bouche me répéter ce qu'elle m'a dit dans la hutte de la Jonchère.

— Mais cet amour est presque un crime ! s'écria Mary désespérée. Michel, mon ami, je rougis, je pleure en songeant que j'ai été assez faible pour y céder une minute.

— Je ferai en sorte, Mary, je vous le jure, que, demain, vous n'ayez plus à éprouver de semblables regrets, à verser de pareilles larmes.

— Vous voulez mourir ! Oh ! ne me dites pas cela, je vous en prie ! ne me dites pas cela, à moi qui souffre tant dans l'espoir que mes douleurs vous vaudront une destinée meilleure que la mienne. Mais n'avez-vous pas entendu ?... On vient... Partez, Michel ! Partez !

— Un baiser, Mary !

— Non.

— Encore un baiser... le dernier !

— Jamais, mon ami.

— Mary, c'est à un cadavre que vous le donnerez.

Mary jeta un cri ; ses lèvres effleurèrent le front du jeune homme ; mais, au moment où elle repoussait la fenêtre, la porte s'ouvrit.

Bertha parut sur le seuil.

Elle aperçut sa sœur, pâle, égarée, se soutenant à peine, et, avec ce formidable instinct que donne la jalousie, elle courut à la fenêtre, l'ouvrit violemment, se pencha en dehors, et aperçut une ombre qui se glissait le long des bâtiments.

— C'est Michel qui était là, Mary ! s'écria-t-elle les lèvres tremblantes.

— Ma sœur, dit Mary en tombant à genoux, je te jure...

Bertha l'interrompit :

— Ne jurez pas, ne mentez pas ; j'ai reconnu sa voix.

Bertha repoussa Mary avec tant de force, que celle-ci tomba à la renverse sur le carreau. Puis, enjambant par-dessus le corps de sa sœur, furieuse comme une lionne à qui on a enlevé ses petits, elle se précipita hors de la chambre, descendit rapidement l'escalier, traversa le moulin et s'élança dans la cour.

Là, à son grand étonnement, elle vit Michel assis sur le seuil de la porte, à côté de Jean Oullier.

Elle marcha droit à lui.

— Y a-t-il longtemps que vous êtes là ? demanda-t-elle au jeune homme d'une voix brève et saccadée.

Michel fit un geste qui signifiait : « Je passe la parole à Jean Oullier. »

— Il y a à peu près trois quarts d'heure que M. le baron me fait l'honneur de causer avec moi, répondit celui-ci.

Bertha regarda fixement le vieux Vendéen.

— C'est singulier ! dit-elle.

— Pourquoi est-ce singulier ? demanda Jean Oullier fixant à son tour les yeux de Bertha.

— Parce que tout à l'heure, dit la jeune fille s'adressant non plus à Jean Oullier, mais à Michel, parce que tout à l'heure il m'avait semblé vous entendre causer à la fenêtre avec ma sœur, et vous voir descendre le long de la roue du moulin, que vous auriez escaladée pour monter jusqu'à elle.

— M. le baron m'a bien l'air, en effet, répondit Jean Oullier, de risquer de pareils tours de force.

— Mais qui voulez-vous donc que ce soit, Jean ? dit Bertha impatiente et en frappant du pied.

— Bon ! quelque ivrogne de là-bas qui aura inventé cette gentillesse.

— Mais je te dis que Mary était pâle, frissonnante, émue.

— De peur ! dit Jean Oullier. Croyez-vous donc que ce soit une brise-tout comme vous ?

Bertha resta pensive.

Elle connaissait les sentiments que Jean Oullier nourrissait contre le jeune baron ; elle ne pouvait donc supposer qu'il se fît son complice contre elle.

Au bout de quelques instants, ses pensées se reportèrent sur Mary ; elle se rappela qu'elle l'avait laissée à peu près évanouie.

— Oui, dit-elle, oui, Jean Oullier, tu as raison : la pauvre enfant aura eu peur ; et moi, par ma brutalité, j'ai achevé de troubler sa raison. Oh ! cet amour me rend véritablement insensée !

Et, sans adresser une seule parole à Michel et à Jean Oullier, elle s'élança vers le moulin.

Jean Oullier regarda Michel, qui baissa les yeux.

— Je ne vous ferai point de reproches, dit-il au jeune homme ; vous voyez sur quel baril de poudre vous marchez ! Que serait-il arrivé si je ne me fusse point trouvé là pour mentir, Dieu me pardonne, comme si je n'avais fait autre chose de ma vie ?

— Oui, dit Michel, vous avez raison, Jean, et la preuve, c'est que, maintenant, oh ! je vous le jure, je vous suivrai ; car, je le vois bien, il est impossible que je reste plus longtemps ici.

— Bien !... Tout à l'heure les Nantais vont se mettre en marche ; le marquis doit se joindre à eux, avec sa division ; partez en même temps qu'eux ; seulement, restez un peu en arrière, et attendez-moi où vous savez.

Michel s'en alla préparer son cheval, et, pendant ce temps, Jean Oullier demanda au marquis ses dernières instructions.

Les Vendéens campés dans le verger s'étaient rassemblés ; les armes étincelaient dans l'ombre ; un frissonnement de respectueuse impatience courait dans les rangs.

Bientôt, Petit-Pierre, suivi des principaux chefs, sortit de la maison et s'avança vers les Vendéens.

A peine l'eut-on reconnu, qu'un formidable cri d'enthousiasme partit de toutes les bouches ; les sabres furent tirés et saluèrent celle pour qui on allait mourir.

— Mes amis, dit Petit-Pierre en s'avançant, j'avais promis qu'au premier rassemblement on me verrait paraître ; me voici, et je ne vous quitterai plus. Heureux ou malheureux, votre sort sera le mien désormais. Si, comme le ferait mon fils, je ne puis vous rallier autour de mon panache, je puis, comme il le ferait aussi, mourir avec vous ! Allez donc, fils des géants ! Allez où l'honneur et le devoir vous appellent !

Des cris frénétiques de « Vive Henri V ! vive Marie-Caroline ! » accueillirent cette allocution. Petit-Pierre adressa encore quelques mots à ceux des chefs qu'il connaissait ; puis la petite troupe, sur laquelle reposaient les destinées de la plus vieille monarchie de l'Europe, s'éloigna du côté de Vieille-Vigne.

Pendant ce temps, Bertha avait prodigué à Mary des secours d'autant plus empressés, que le retour de son esprit ou plutôt de son cœur avait été plus subit.

Elle l'avait portée sur son lit et lui tamponnait le visage avec son mouchoir trempé dans de l'eau fraîche.

Mary ouvrit vaguement les yeux, regarda autour d'elle sans rien voir, tandis que ses lèvres balbutiaient le nom de Michel.

Son cœur s'était réveillé avant sa raison.

Bertha tressaillit malgré elle. Elle allait demander à Mary pardon de son emportement : à ce nom de Michel prononcé par sa sœur, les paroles expirèrent sur ses lèvres.

Pour la seconde fois, elle était mordue au cœur par le serpent de la jalousie.

En ce moment, arrivèrent à son oreille les acclamations par lesquelles les Vendéens saluaient les paroles de Petit-Pierre ; elle alla à la fenêtre de la chambre de ce dernier, et vit onduler entre les arbres une masse sombre rayée de quelques éclairs.

C'était la colonne qui se mettait en marche.

Elle réfléchit alors que Michel, qui faisait partie de cette colonne, s'était éloigné sans lui dire adieu, et elle revint, sombre, pensive, inquiète, se rasseoir près du lit de Mary.

61

Où le geôlier et le prisonnier se sauvent ensemble

Le 4 juin, au point du jour, le tocsin sonnait à tous les clochers des cantons de Clisson, de Montaigu et de Machecoul.

Le tocsin, c'est la générale des Vendéens.

Autrefois, c'est-à-dire dans la grande guerre, lorsque son glas âpre et sinistre retentissait dans la campagne, la population tout entière se levait et courait sus à l'ennemi.

Combien de grandes choses a dû faire cette population pour que l'on ait presque oublié que cet *ennemi*, c'était la France !

Mais, par bonheur — et cela prouve le progrès immense qui s'était fait chez nous depuis quarante ans — par bonheur, disons-nous, en 1832, ce bruit semblait avoir perdu toute sa puissance, et, si quelques paysans, se rendant à son appel impie, quittaient la charrue pour le fusil caché dans la haie voisine, la plupart continuaient paisiblement le sillon commencé et se contentaient d'écouter ce signal de la révolte avec cet air profondément méditatif qui va si bien à la sauvage physionomie du paysan vendéen.

Cependant, dès dix heures du matin, une troupe assez nombreuse d'insurgés avait eu avec la ligne un engagement.

Fortement retranchée dans le village de Maisdon, cette troupe avait soutenu l'attaque dirigée contre elle, et n'avait cédé que devant le nombre supérieur de ses adversaires.

Alors elle avait opéré sa retraite en meilleur ordre que ne le faisaient d'ordinaire les Vendéens, même après un échec insignifiant.

C'est que, cette fois, nous le répétons, ce n'était plus un grand principe qui combattait, c'était un simple dévouement. Si nous nous sommes fait l'historien de cette guerre, à la façon habituelle dont nous nous faisons historien, c'est que nous espérons tirer, des faits mêmes que nous racontons, cette conclusion, que la guerre civile sera bientôt impossible en France.

Or, ce dévouement, c'était celui de quelques hommes au cœur élevé qui se croyaient enchaînés par le passé de leurs pères et qui donnaient leur honneur, leur fortune, leur vie à ce vieil adage : *Noblesse oblige*.

Voilà pourquoi la retraite s'était faite avec tant d'ordre. Ceux qui l'exécutaient étaient, non plus de simples paysans indisciplinés, mais *des messieurs*, et chacun se battait non seulement avec son dévouement, mais encore avec son orgueil, un peu pour lui, beaucoup pour les autres.

Attaqués de nouveau à Château-Thébaud par un détachement de troupes fraîches que le général Dermoncourt avait envoyé à leur poursuite, les blancs perdirent quelques hommes au passage de la Maine ; mais, ayant réussi à mettre cette rivière entre eux et ceux qui les poursuivaient, ils purent, sur la rive gauche, opérer leur jonction avec les Nantais que nous avons vus quitter, pleins d'enthousiasme, le moulin Jacquet, et qu'avaient rejoints la division de Légé et celle du marquis de Souday.

Ce renfort portait à huit cents hommes environ l'effectif de cette colonne, placée sous le commandement supérieur de Gaspard.

Le lendemain matin, elle se porta sur Vieille-Vigne avec l'espoir d'en désarmer la garde nationale ; mais, ayant appris que cette petite ville était occupée par des forces supérieures aux siennes et auxquelles pouvaient, en quelques heures, se joindre celles que le général tenait rassemblées à Aigrefeuille, prêt à les lancer sur le point où elles seraient nécessaires, le chef vendéen se décida à attaquer le village du Chêne dans l'intention de l'occuper et de s'y maintenir.

Les paysans furent égaillés aux alentours, et, cachés dans les blés déjà très hauts, ils inquiétèrent les bleus par une vive fusillade, suivant la tactique de leurs pères.

Les Nantais et les gentilshommes, formés en colonne, se préparèrent à enlever le village de vive force, en l'attaquant par la grande rue qui le traverse.

Au bas de cette rue, coulait un ruisseau dont le pont avait été détruit la veille et ne présentait plus que des solives disjointes.

Les soldats, retranchés dans les premières maisons du village, embusqués derrière les fenêtres garnies de matelas, faisaient sur les blancs un feu croisé qui deux fois avait rejeté ceux-ci en arrière et paralysait leur élan, lorsque, électrisés par l'exemple de leurs chefs, les Vendéens se jettent à l'eau, traversent la petite rivière, abordent les bleus à la baïonnette, les chassent de maison en maison et les font reculer jusqu'à l'extrémité du village, où ils se trouvent en face d'un bataillon du 44e de ligne que le général venait d'envoyer au secours de la petite garnison du Chêne.

Cependant la crépitation de la fusillade arrivait jusqu'au moulin Jacquet, que n'avait pas encore quitté Petit-Pierre.

Le jeune homme était toujours dans cette chambre du premier étage où nous l'avons entrevu dans le chapitre précédent.

Pâle, mais les yeux ardents, il allait et venait, en proie à une agitation fébrile dont il ne pouvait parvenir à se rendre maître. De temps en temps, il s'arrêtait sur le seuil de la porte, écoutait les sourds roulements que la brise lui apportait comme les grondements d'un tonnerre lointain ; alors il passait la main sur son front baigné de sueur, frappait du pied avec colère, et venait s'asseoir dans l'angle de la cheminée, vis-à-vis du marquis de Souday, qui, non moins agité, non moins impatient que Petit-Pierre, poussait de loin en loin de profonds et douloureux soupirs.

Comment le marquis de Souday, que nous avons vu si impatient de recommencer les exploits de la grande guerre, se trouvait-il dans cette situation expectante ?

C'est ce que nous allons expliquer à nos lecteurs.

Le jour même où avait eu lieu l'engagement de Maisdon, Petit-Pierre, selon la promesse qu'il en avait faite à ses amis, s'était disposé à les aller rejoindre, très décidé qu'il était à combattre au milieu d'eux.

Mais les chefs royalistes avaient été épouvantés de la responsabilité que rejetaient sur eux ce courage et cette ardeur ; ils avaient jugé que c'était trop exposer aux chances encore incertaines de cette guerre ; en conséquence, ils avaient décidé que, tant qu'une armée ne serait pas réunie, on ne permettrait point à Petit-Pierre de risquer sa vie dans quelque rencontre obscure et ignorée.

Des représentations respectueuses avaient alors été faites à Petit-Pierre ; mais elles avaient échoué devant sa profonde détermination.

Alors les chefs vendéens avaient tenu conseil et s'étaient décidés à le retenir pour ainsi dire prisonnier, et à charger l'un des leurs de rester auprès de lui, et de l'empêcher de sortir, fallût-il employer la violence.

Malgré le soin que le marquis de Souday, appelé au conseil, avait eu de voter et d'intriguer en faveur d'un de ses collègues, le choix général s'était arrêté sur lui ; et voilà comment, à son grand désespoir, il se trouvait au moulin Jacquet au lieu d'être au Chêne, au feu du meunier, au lieu d'être à celui des bleus.

Lorsque les premiers bruits du combat étaient arrivés au moulin Jacquet, Petit-Pierre avait essayé d'obtenir du marquis de Souday qu'il lui permît d'aller rejoindre les Vendéens ; mais le vieux gentilhomme avait été inébranlable : prières, promesses, menaces avaient également échoué devant sa fidélité à remplir la consigne reçue.

Mais, par-delà ce refus, Petit-Pierre avait remarqué la contrariété profonde que le marquis, peu courtisan de son naturel, laissait clairement percer sur son visage.

S'arrêtant donc devant son gardien au moment où celui-ci

laissait échapper un de ces gestes d'impatience que nous avons signalés :

— Il paraît, monsieur le marquis, lui dit-il, que vous ne vous amusez pas d'une façon exorbitante dans ma compagnie ?

— Oh ! fit le marquis essayant, sans y réussir, de donner à cette interjection l'accent d'une indignation profonde.

— Mais oui, reprit Petit-Pierre, qui avait son but pour insister, je trouve que vous ne paraissez pas du tout ravi du poste d'honneur qui vous a été confié.

— Si fait, dit le marquis, je l'ai accepté avec la plus profonde reconnaissance, au contraire ; mais...

— Ah ! il y a un *mais*, vous voyez bien ! dit Petit-Pierre, qui semblait sur ce point décidé à connaître toute la pensée du vieux gentilhomme.

— Est-ce que, dans toutes les choses de ce monde, il n'y a pas un *mais* ? répondit le marquis.

— Voyons le vôtre.

— Eh bien, je regrette de ne pouvoir, en même temps que je me montre digne de la confiance que mes camarades ont eue en moi, je regrette de ne pouvoir répandre mon sang pour vous, comme ils le font, sans doute, à cette heure.

Petit-Pierre poussa un gros soupir.

— D'autant plus, dit-il, que je ne doute pas que nos amis n'aient à regretter votre absence ; votre expérience et votre courage éprouvé leur eussent certes été d'un grand secours.

Le marquis se rengorgea.

— Oui, oui, dit-il ; moi aussi, je suis convaincu qu'ils s'en mordront les pouces.

— Je le crois ; mais voulez-vous, cher marquis, la main sur la conscience, me permettre de vous dire ma pensée tout entière ?

— Oh ! mais je vous en prie.

— Je crois, voyez-vous, qu'ils se sont un peu méfiés de vous comme de moi.

— C'est impossible.

— Attendez donc ! vous ne savez pas sous quel rapport. Ils se sont dit : « Une femme nous gênera dans nos marches ; nous aurons à nous en préoccuper dans une retraite ; il faudra consacrer à la garde et à la sûreté de sa personne des troupes qui pourraient être plus utilement employées. » Ils n'ont pas voulu croire que j'étais parvenue à dompter la faiblesse de ce corps, et que mon courage était à la hauteur de ma tâche ; pourquoi voulez-vous que ce qu'ils ont pensé de moi, ils ne l'aient pas également pensé de vous ?

— Moi ! s'écria M. de Souday, furieux à cette seule supposition ; mais, j'ai fait mes preuves, il me semble !

— Oh ! tout le monde sait cela, mon cher marquis ; mais peut-être, en calculant votre âge, ont-ils supposé que, comme pour moi, la vigueur du corps ne répondrait plus à l'énergie de l'âme...

— Ah ! c'est trop fort ! interrompit le vieux gentilhomme avec l'accent d'une profonde indignation. Mais, depuis quinze ans, il n'y a pas de jour où je ne fasse six ou huit heures de cheval, quelquefois dix, quelquefois douze ! Mais, malgré mes cheveux blancs, je ne sais pas ce que c'est que la fatigue, moi ! Mais voyez ce que je peux encore !

Et, saisissant l'escabeau sur lequel il était assis, le marquis en frappa avec tant de violence le chambranle de la cheminée, qu'il rompit l'escabeau en mille pièces et écorna cruellement le chambranle.

Levant alors au-dessus de sa tête le pied du malheureux meuble qui lui était resté dans la main :

— Ah ! dit-il, y a-t-il beaucoup de vos jeunes muscadins, maître Petit-Pierre, qui seraient capables d'en faire autant ?

— Mon Dieu, fit Petit-Pierre, je ne doute de rien de tout cela, mon cher marquis ; aussi je suis le premier à dire que ces messieurs ont eu grandement tort de vous traiter comme un invalide.

— Comme un invalide, moi, mort-Dieu ! s'écria le marquis de plus en plus exaspéré et oubliant complètement la présence de la personne devant laquelle il se trouvait ; un invalide, moi ! Eh bien, dès ce soir, je vais leur déclarer que je renonce à ces fonctions, qui sont le fait, non d'un gentilhomme, mais d'un geôlier...

— A la bonne heure ! fit Petit-Pierre.

— De ces fonctions, que, depuis deux heures, en moi-même, continua le marquis se promenant à grands pas dans la chambre, je donnais à tous les diables !

— Ah ! ah !

— Et demain, dès demain, eh bien, je leur montrerai, moi, ce que c'est qu'un invalide.

— Hélas ! répondit mélancoliquement Petit-Pierre, demain ne nous appartient pas, mon pauvre marquis, et vous avez tort de compter sur demain.

— Comment cela ?

— Vous l'avez entendu, le mouvement ne se généralise pas comme nous l'espérions ; qui sait si les coups de feu que nous entendons ne sont pas les derniers qui saluent notre drapeau ?

— Hum ! fit le marquis avec la rage d'un bouledogue qui mord sa chaîne.

En ce moment, un cri d'appel parti du verger vint les distraire de leur conversation. Ils se précipitèrent tous deux vers la porte et aperçurent Bertha, que le marquis avait envoyée en observation au-dehors, et qui ramenait un paysan blessé qu'elle soutenait à grand-peine. A ce cri, Mary et Rosine s'étaient déjà élancées.

Ce paysan était un jeune gars de vingt à vingt-deux ans, dont une balle avait fracassé l'épaule.

Petit-Pierre courut au-devant de lui et le fit asseoir sur une chaise où il s'évanouit.

— Par grâce, retirez-vous ! dit le marquis à Petit-Pierre ; mes filles et moi, nous allons panser ce pauvre diable.

— Pourquoi me retirer ? demanda Petit-Pierre.

— Parce que la vue de cette blessure n'est pas de celles que tout le monde puisse supporter ; parce que je craindrais, enfin, que ce spectacle ne fût au-dessus de vos forces.

— Alors vous voilà comme les autres, et vous me donnez à croire que nos amis avaient raison dans le jugement qu'ils portaient sur vous comme sur moi.

— Que voulez-vous dire ?

— Voilà que, comme les autres, vous allez supposer que je manque de courage.

Puis, comme Mary et Bertha s'apprêtaient à panser le blessé :

— Ne touchez pas à ce brave garçon, dit Petit-Pierre ; c'est moi, moi seul, entendez-vous ? qui panserai sa blessure.

Et, prenant des ciseaux, Petit-Pierre fendit dans toute sa longueur la manche de la veste du Vendéen, déjà collée au bras par le sang séché, mit la plaie au jour, et, après l'avoir lavée, la couvrit de charpie et l'entoura de bandages.

En ce moment, le blessé rouvrit les yeux et revint à lui.

— Quelles nouvelles ? demanda le marquis incapable de contenir plus longtemps son impatience.

— Hélas ! dit le blessé, nos gars, un instant vainqueurs, viennent d'être repoussés.

Petit-Pierre, qui, pendant l'opération n'avait point pâli, devint blanc comme le linge à l'aide duquel il bandait la plaie du blessé.

Il venait de consolider ce bandage avec la dernière épingle.

Il saisit le marquis par le bras, et, l'entraînant vers la porte :

— Marquis, lui dit-il, vous devez savoir cela, vous qui avez vu les bleus dans la grande guerre : que fait-on quand la patrie est en danger ?

— Mais, répondit le marquis, tout le monde court aux armes.

— Même les femmes ?

— Même les femmes, même les vieillards, même les enfants !

— Marquis, aujourd'hui, le drapeau blanc va tomber pour ne plus se relever peut-être ; me condamnerez-vous à ne former que des vœux stériles et impuissants pour son triomphe ?

— Mais, songez-y donc, s'écria le marquis, si une balle venait à vous frapper...

— Eh ! croyez-vous que la cause de mon fils serait compromise parce que l'on aurait mes habits sanglants et troués de balles à mettre au bout d'une pique et à porter devant nos bataillons ?

— Oh ! non, s'écria le marquis électrisé ; car je maudirais la vieille terre natale si, à ce spectacle, les pierres elles-mêmes ne se soulevaient pas.

— Venez donc avec moi, venez, et allons rejoindre ceux qui combattent !

— Mais, répliqua le marquis avec moins de résolution qu'il n'en avait mis pour répondre aux instances précédentes de Petit-Pierre, et comme si l'idée qu'on l'avait traité en invalide eût ébranlé la fermeté avec laquelle il exécutait sa consigne, mais j'ai promis que vous ne quitteriez pas le moulin Jacquet.

— Eh bien, je vous relève de votre promesse ! s'écria Petit-Pierre, et, moi qui sais ce que peut votre vaillance, je vous ordonne de me suivre... Venez donc, marquis, et, s'il en est temps encore, nous ramènerons la victoire dans nos rangs, et, s'il est trop tard, nous mourrons du moins avec nos amis !

En prononçant ces paroles, Petit-Pierre s'élança à travers la cour et le verger, suivi de Bertha et du marquis, qui, pour la forme, se croyait obligé de renouveler de temps en temps ses supplications, mais qui, au fond, était très enchanté de la tournure que prenaient les choses.

Mary et Rosine restèrent pour soigner le blessé.

62

Le champ de bataille

Le moulin Jacquet était à une lieue, à peu près, du village du Chêne. Petit-Pierre, guidé par le bruit de la fusillade, fit la moitié du chemin en courant, et ce fut à grand-peine que le marquis l'arrêta au moment où ils approchaient du théâtre du combat et parvint à lui inspirer quelque prudence, afin qu'il n'allât pas donner tête baissée dans les soldats.

En tournant une des extrémités de la ligne des tirailleurs, dont, nous l'avons dit, le feu leur servait de guide, Petit-Pierre et ses compagnons se trouvèrent sur les derrières de la petite armée vendéenne, qui avait, en effet, perdu tout le terrain que nous lui avons vu gagner le matin, et qui avait été refoulée par les soldats bien en deçà du village du Chêne. A l'aspect de Petit-Pierre, qui, les cheveux épars, haletant, montait la colline sur laquelle se trouvait le gros des Vendéens, ceux-ci poussèrent des cris d'enthousiasme.

Gaspard, qui, entouré de ses officiers, faisait le coup de feu comme un soldat, se retourna à ces cris et aperçut Petit-Pierre, Bertha et le marquis de Souday, lequel, dans la rapidité de la marche, avait perdu son chapeau et courait les cheveux au vent.

Ce fut à ce dernier que s'adressa Gaspard :

— Est-ce ainsi que M. le marquis de Souday tient ses engagements ? lui demanda-t-il du ton d'un chef irrité.

— Monsieur, répondit avec aigreur le marquis, ce n'est pas à un pauvre invalide comme moi qu'il faut demander l'impossible.

Petit-Pierre se hâta d'intervenir ; son parti n'était pas assez fort pour qu'il permît aux chefs de se diviser.

— Souday, comme vous, me doit obéissance, mon ami, dit-il ; je réclame rarement l'exercice de ce droit ; mais, aujourd'hui, j'ai cru devoir le faire. Je revendique donc mon titre de généralissime, et je vous dis : Où en sont nos affaires, mon lieutenant ?

Gaspard hocha la tête d'un air tristement significatif.

— Les bleus sont en force, répliqua-t-il, et, à chaque instant, quelqu'un de mes coureurs vient me dire que de nouveaux renforts leur arrivent.

— Tant mieux ! s'écria Petit-Pierre, ils seront davantage pour raconter à la France comment nous sommes morts !

— Mais vous n'y pensez pas, Madame !

— D'abord, je ne suis pas Madame, ici ; je suis un soldat. Faites donc, sans vous inquiéter de moi, avancer vos lignes de tirailleurs et redoubler le feu.

— Oui ; mais, d'abord, en arrière !

— Qui, en arrière ?

— Vous, au nom du ciel !

— Allons donc ! c'est en avant que vous voulez dire.

Et, arrachant l'épée que tenait Gaspard, Petit-Pierre plaça son chapeau au bout de cette épée, et s'élança dans la direction du village en s'écriant :

— Qui m'aime me suive !

Gaspard essaya vainement de le retenir, en le saisissant entre ses bras : leste et agile, Petit-Pierre lui échappa et continua sa course vers les maisons, d'où les soldats, en voyant s'opérer le mouvement des Vendéens, commencèrent un feu terrible.

A la vue du danger que courait Petit-Pierre, tous les Vendéens se précipitèrent en avant pour lui faire un rempart de leurs corps. L'effet de cet élan fut si prompt, si puissant, qu'en quelques secondes, ils eurent franchi pour la seconde fois le ruisseau, et se trouvèrent au milieu du village, où ils abordèrent les bleus.

Ce choc devint en peu d'instants une horrible mêlée.

Gaspard, préoccupé d'une seule chose, c'est-à-dire du salut de Petit-Pierre, parvint à le rejoindre, à le saisir et à le jeter au milieu de ses hommes ; tandis qu'il oubliait son salut pour sauvegarder l'existence auguste dont il croyait avoir reçu la garde de Dieu même, un soldat placé à l'angle d'une de ces premières maisons l'ajusta.

C'en était fait du chef des chouans, si le marquis ne s'était pas aperçu du péril qui le menaçait ; il se glissa le long de la maison, et releva l'arme au moment où le coup partait.

La balle alla frapper une cheminée.

Le soldat, furieux, se retourna contre le marquis de Souday, et tenta de lui porter un coup de baïonnette que celui-ci évita par une retraite de corps. Le vieux gentilhomme allait riposter d'un coup de pistolet, lorsqu'une seconde balle lui brisa l'arme dans la main.

— Ma foi, tant mieux ! dit le marquis en tirant son sabre, et en portant un coup si terrible au soldat, que celui-ci roula à ses pieds, comme un bœuf frappé de la masse, je préfère l'arme blanche.

Puis, brandissant son sabre :

— Eh bien, général Gaspard, cria-t-il, que dis-tu de l'invalide ?

Bertha, de son côté, avait suivi Petit-Pierre, son père et les Vendéens ; mais elle s'occupait bien moins des soldats que de ce qui se passait autour d'elle.

Elle cherchait Michel ; elle essayait de le reconnaître parmi ceux que le tourbillonnement incessant des hommes et des chevaux faisait passer à ses côtés.

Les soldats, surpris par la promptitude et la vigueur de l'attaque, avaient reculé pas à pas ; la garde nationale de Vieille-Vigne, qui combattait, avait battu en retraite. Le terrain était jonché de morts.

Il en résulta que, comme les bleus ne répondaient plus au feu des gars égaillés dans les vignes et dans les jardins avoisinant le village, maître Jacques, qui commandait les tirailleurs, put les rassembler, et que, se plaçant à leur tête, il les conduisit par une ruelle qui contournait les jardins, et vint tomber sur le flanc des soldats.

Ceux-ci dont, depuis quelques instants, la résistance avait doublé de ténacité, soutinrent vaillamment cette attaque, et, se formant en potence dans la grande rue du village, firent face à ces nouveaux assaillants.

Bientôt même, un mouvement d'hésitation s'étant produit parmi les Vendéens, les bleus reprirent l'avantage, et, leur colonne ayant dépassé dans sa charge la petite ruelle par laquelle maître Jacques et ses hommes avaient débouché, celui-ci et cinq ou six de ses lapins, au nombre desquels figuraient en première ligne Courte-Joie et Trigaud la Vermine, se trouvèrent séparés du gros de leur troupe.

Maître Jacques rallia les quelques chouans qui étaient restés avec lui, et, s'adossant à un mur pour ne pas être tourné, puis s'abritant sous l'échafaudage d'une maison en construction située à l'angle de cette rue, il se prépara à vendre chèrement sa vie.

Courte-Joie, armé d'un petit fusil double, faisait sur les soldats un feu incessant ; chacune de ses balles était la mort d'un homme ; quant à Trigaud, dont les mains étaient libres, le cul-de-jatte étant retenu sur ses épaules par une sangle, il manœuvrait avec une habileté merveilleuse une faux emmanchée à l'envers, dont il se servait tout à la fois comme d'une lance et comme d'un énorme sabre.

Au moment où le mendiant venait, d'un coup de revers, d'abattre un gendarme, que Courte-Joie n'avait fait que démonter, de grands cris de triomphe partirent des rangs des soldats, et maître Jacques et ses hommes aperçurent une femme vêtue en amazone, que les bleus emmenaient en manifestant, au milieu de l'animation du combat, de véritables transports d'allégresse.

C'était Bertha, qui, sous le coup de sa préoccupation constante de retrouver Michel, s'était avancée imprudemment et avait été faite prisonnière par les soldats.

Ceux-ci, trompés par ses habits trahissant une femme, croyaient avoir pris Mme la duchesse de Berry.

De là leurs clameurs de joie.

Maître Jacques s'y méprit comme les autres.

Jaloux alors de réparer l'erreur qu'il avait commise, quelques jours auparavant, dans la forêt de Touvois, il fit un signe à ses réfractaires, qui, abandonnant leur position défensive, s'élancèrent en avant, et, grâce à la large trouée qu'ouvrit devant eux la terrible faux du mendiant, ils parvinrent jusqu'à la prisonnière, la reprirent et la placèrent au milieu d'eux.

Les soldats, désappointés, réunirent tous leurs efforts et se ruèrent sur maître Jacques, qui avait promptement regagné son poste contre la maison, et le petit groupe devint un centre vers lequel rayonnaient la pointe de vingt-cinq baïonnettes et les lignes de feu qui partaient à chaque instant de la circonférence de ce cercle.

Déjà deux Vendéens venaient de tomber morts ; maître Jacques, atteint d'une balle qui lui avait brisé le poignet, avait été contraint de lâcher son fusil et en était réduit à son sabre, qu'il manœuvrait de la main gauche ; Courte-Joie avait épuisé ses cartouches ; la faux de Trigaud était à peu près la seule protection qui restât aux quatre Vendéens survivants, protection efficace jusqu'alors ; car elle couchait les soldats à terre en rangs si pressés, qu'ils n'osaient plus approcher du terrible mendiant.

Mais Trigaud, en voulant porter un coup de pointe à un cavalier, lança maladroitement sa faux ; l'arme rencontra une pierre et vola en éclats. Le géant tomba à genoux, tant l'impulsion donnée était violente ; la sangle qui attachait Courte-Joie se rompit et celui-ci roula au milieu du cercle.

Un immense et joyeux hourra accueillit cet accident, qui livrait le formidable mendiant à ses ennemis, et déjà un garde national levait sa baïonnette pour en percer le cul-de-jatte, lorsque Bertha, prenant un pistolet à sa ceinture, fit feu sur cet homme et l'abattit si à propos, qu'il roula sur le corps de Courte-Joie.

Trigaud s'était relevé avec une vivacité que l'on était bien loin d'attendre de son énorme masse ; sa séparation d'avec Courte-Joie, le danger que courait celui-ci décuplaient ses forces : du manche de sa faux, il assomma un soldat, broya les côtes à un autre ; d'un coup de pied, il envoya rouler à dix pas le corps du garde national tombé sur son ami, et, prenant celui-ci dans ses bras comme une nourrice fait de son enfant, il rejoignit Bertha et maître Jacques sous l'échafaudage.

Pendant que Courte-Joie était étendu sur le pavé, ses yeux, en se portant autour de lui avec la rapidité et l'acuité d'un homme en péril de mort et qui cherche de quel côté lui viendra son salut, s'étaient arrêtés sur l'échafaudage et avaient remarqué des tas de pierres que les maçons y avaient disposés pour la construction de leur muraille.

— Rangez-vous dans l'enfoncement de la porte, dit-il à Bertha, dès que, grâce à Trigaud, il se retrouva près d'elle ; peut-être vais-je pouvoir vous rendre le service que j'ai reçu de vous tout à l'heure. Toi, Trigaud, laisse les culottes rouges approcher le plus possible.

Malgré l'épaisseur de son intelligence, Trigaud avait compris ce que son compagnon attendait de lui ; car, si peu en harmonie que cela fût avec la situation, il fit entendre un rire éclatant comme le son d'une trompette.

Cependant les soldats, voyant les trois hommes désarmés, et voulant à tout prix, s'emparer de l'amazone, qu'ils continuaient à prendre pour Madame, s'approchaient en leur criant de se rendre.

Mais, au moment où ils s'engageaient sous l'échafaudage, Trigaud, qui avait placé Courte-Joie près de Bertha, s'élança vers une des pièces de bois qui soutenaient tout l'édifice, la saisit des deux mains, l'ébranla, et l'arracha de terre.

A l'instant même, les planches basculèrent, les pierres qui les chargeaient les suivirent dans leur pente, et tombèrent comme une grêle sur le mendiant, abattant dix soldats autour de lui.

Au même moment, les Nantais, conduits par Gaspard et par le marquis de Souday, faisant un effort désespéré, avaient, en sabrant, en piquant de la baïonnette, en fusillant corps à corps, refoulé les bleus, qui se mirent en retraite, et allèrent reprendre leur rang de bataille dans la campagne, où leur supériorité numérique et celle de leur armement devaient infailliblement leur rendre la victoire.

Les Vendéens, quelque témérité qu'il y eût à le faire, allaient risquer une attaque, lorsque maître Jacques, que ses hommes avaient rejoint et qui, malgré sa blessure, n'avait point quitté le combat, dit quelques mots à l'oreille de Gaspard.

Aussitôt celui-ci, malgré les ordres et les prières de Petit-Pierre, ordonna de rétrograder, et reprit la position qu'il avait occupée, une heure auparavant, de l'autre côté du village.

Petit-Pierre s'arrachait les cheveux de colère, et demandait avec instance des explications que Gaspard ne lui donna que lorsqu'il eut ordonné de faire halte.

— Nous avons maintenant, dit-il, cinq ou six mille hommes autour de nous, et à peine sommes-nous six cents. L'honneur du drapeau est sauf ; c'est tout ce que nous pouvions espérer.

— Etes-vous certain de cela ? demanda Petit-Pierre.

— Regardez vous-même, dit Gaspard en conduisant le jeune paysan sur une éminence.

Et il lui montra de tous côtés, convergeant vers le village du Chêne, des masses brunes frangées de baïonnettes que l'on voyait étinceler aux rayons du soleil couchant.

Enfin, il lui fit écouter le bruit des clairons et des tambours qui arrivait de tous les points de l'horizon.

— Vous le voyez, continua Gaspard, dans moins d'une heure, nous serons entourés, et à tous ces braves gens qui sont avec nous, si, comme moi, ils n'ont pas de goût pour les prisons de Louis-Philippe, il ne restera d'autre ressource que de se faire tuer.

Petit-Pierre demeura, pendant quelques instants, dans une attitude morne et silencieuse ; puis convaincu de la vérité de ce que le chef vendéen venait de lui dire, voyant ainsi s'évanouir toutes ses espérances, que, quelques minutes auparavant, il conservait encore fortes et vivaces, il sentit son courage l'abandonner, il redevint ce qu'il était réellement, c'est-à-dire une femme ; et, lui qui venait de braver le fer et le feu avec l'intrépidité d'un héros, il s'assit sur la borne d'un champ et se prit à pleurer, dédaignant de cacher les larmes qui sillonnaient ses joues.

63

Après le combat

Cependant Gaspard, ayant rejoint ses compagnons, les remercia de leurs services, les ajourna à des temps meilleurs, et leur enjoignit de se disperser pour échapper plus aisément à la poursuite des soldats ; puis il revint à Petit-Pierre, qu'il retrouva à la même place, ayant autour de lui le marquis de Souday, Bertha et quelques Vendéens qui n'avaient pas voulu songer à leur sûreté avant d'avoir assuré la sienne.

— Eh bien, demanda Petit-Pierre à Gaspard en voyant celuici revenir seul, ils sont partis ?

— Oui ; que vouliez-vous qu'ils fissent de plus qu'ils n'ont fait ?

— Pauvres gens ! continua Petit-Pierre, combien de misères les attendent ! Pourquoi Dieu m'a-t-il refusé la consolation de les presser sur mon cœur ? Mais je n'en eusse pas eu la force, et ils ont eu raison de me quitter ainsi. C'est trop d'agoniser deux fois dans sa vie, et, les journées de Cherbourg, j'espérais ne les revoir jamais.

— Il faut maintenant, dit Gaspard, que nous songions à vous mettre en sûreté.

— Oh ! ne vous occupez pas de ma personne, répliqua Petit-Pierre ; je n'ai qu'un regret, c'est que pas une balle n'ait voulu de moi. Ma mort ne vous eût sans doute pas donné la victoire, je le sais bien ; mais, au moins, la lutte eût été glorieuse, tandis qu'aujourd'hui, que nous reste-t-il à faire ?

— A attendre des jours meilleurs... Vous avez prouvé aux Français qu'un cœur vaillant battait dans votre poitrine ; le courage est la principale vertu qu'ils exigent de leurs rois : ils se souviendront, soyez tranquille.

— Dieu le veuille ! dit Petit-Pierre en se levant et en s'appuyant au bras de Gaspard, qui descendit le monticule et prit le chemin de la plaine.

Les troupes, au contraire, ne connaissant pas le pays, étaient obligées de prendre les chemins frayés.

Gaspard dirigea à travers champs la marche du petit cortège ; là, on ne risquait que de rencontrer des éclaireurs ; mais, grâce à la connaissance que maître Jacques avait de quelques sentiers presque impraticables qu'il indiqua, on parvint dans les environs du moulin Jacquet sans avoir rencontré une seule cocarde tricolore.

Chemin faisant, Bertha s'approcha de son père et lui demanda si, au milieu de la mêlée, il n'avait pas aperçu Michel ; mais le vieux gentilhomme, que l'issue de l'insurrection, soulevée avec tant de peine et si vite étouffée, mettait de mauvaise humeur, lui répondit, en termes fort durs, que, depuis deux jours, personne ne savait ce qu'était devenu le jeune de la Logerie ; que, très probablement, il avait eu peur et avait honteusement renoncé à la gloire qu'il devait acquérir et à l'alliance qui était le prix de cette gloire.

Cette réponse consterna Bertha.

Inutile de dire qu'elle ne crut, cependant, pas un mot de ce qu'avançait le marquis.

Mais son cœur frémissait à la seule idée qui lui sembla probable : c'est que Michel avait été tué, ou, du moins, blessé grièvement. Elle résolut, en conséquence, d'aller aux renseignements jusqu'à ce qu'elle sût à quoi s'en tenir sur le sort de celui qu'elle aimait.

Elle interrogea tous les Vendéens.

Aucun d'eux n'avait vu Michel et quelques-uns, poussés par leur vieille haine contre le père, s'exprimèrent sur le compte du fils en termes non moins énergiques que ceux dont s'était servi le marquis de Souday.

Bertha devenait folle de douleur : rien, si ce n'est une preuve palpable, visible, irrécusable, n'eût pu lui faire avouer qu'elle avait fait un choix indigne d'elle, et, quand toutes les apparences accusaient Michel, son amour, devenu plus ardent, plus impétueux sous le coup de ces accusations, lui donnait la force de les traiter de calomnies.

Peu d'instants auparavant, son cœur était déchiré, sa tête folle à l'idée que Michel avait trouvé la mort dans le combat ; et, maintenant, voilà que cette mort glorieuse était devenue un espoir, une consolation pour sa douleur ; elle avait hâte d'en acquérir la cruelle certitude ; elle pensait à retourner au Chêne, à visiter le champ de bataille, à chercher le corps du jeune homme comme

Edith avait cherché celui de Harold, et, quand elle aurait réhabilité sa mémoire des odieuses suppositions de son père, à le venger, lui, Michel, sur ses meurtriers.

Elle réfléchissait aux moyens qu'elle pourrait employer pour avoir un prétexte de rester en arrière et de retourner au Chêne, lorsque Aubin Courte-Joie et Trigaud, qui formaient l'arrière-garde de la troupe, vinrent à la rejoindre et à passer à côté d'elle.

Elle respira ; sans doute, la lumière allait-elle lui venir de là.

— Et vous, mes braves amis, leur dit-elle, ne sauriez-vous me donner des nouvelles de M. de la Logerie ?

— Ah ! si fait, ma chère demoiselle, répondit Courte-Joie.

— Enfin ! s'écria Bertha.

Puis, avec toute la vivacité de l'espoir :

— N'est-ce pas, dit-elle, qu'il n'a point quitté la division, comme on l'en accuse ?

— Il l'a quittée, répondit Courte-Joie.

— Quand ?

— La veille du combat de Maisdon.

— Oh ! mon Dieu ! mon Dieu ! fit Bertha avec angoisse, vous en êtes sûr ?

— Parfaitement sûr. Je l'ai vu qui rejoignait Jean Oullier à la Croix-Philippe, et nous avons même fait un bout de chemin avec eux sur la route de Clisson.

— Avec Jean Oullier ? s'écria Bertha. Oh ! alors, je suis tranquille ; Jean Oullier ne se sauvait pas, lui ! Et, si Michel est avec Jean Oullier, il n'a rien fait de lâche ni de déshonorant.

Puis, tout à coup, une idée terrible lui traversa l'esprit.

Pourquoi cet intérêt si subit de Jean Oullier pour le jeune homme ? Comment celui-ci avait-il plutôt suivi Jean Oullier que le marquis ?

Ces deux questions, que la jeune fille s'adressait à elle-même, remplissaient son cœur de sinistres pensées.

— Et vous dites, demanda-t-elle à Courte-Joie, que vous les avez vus tous deux s'éloigner dans la direction de Clisson ?

— De mes propres yeux vus.

— Et que s'est-il passé du côté de Clisson ? Le savez-vous ?

— C'est trop loin de nous pour que nous puissions déjà avoir des détails, répondit l'hôtelier. Cependant, nous avons été rejoints tantôt par un gars de Sainte-Lunine, qui nous a dit que, depuis dix heures du matin, on entendait, du côté de la Sèvre, une fusillade de tous les diables.

Bertha ne répliqua point ; mais ses idées changèrent complètement de face.

Elle vit Michel conduit à la mort par la haine que lui portait Jean Oullier.

Elle se figura le pauvre enfant blessé, pantelant, abandonné, étendu sans secours au milieu de quelque lande déserte et ensanglantée.

Elle l'entendait l'appeler à son secours.

— Connaissez-vous quelqu'un qui puisse me conduire où est Jean Oullier ? demanda-t-elle à Courte-Joie.

— Aujourd'hui ?

— A l'instant.

— Mais les chemins sont couverts de culottes rouges !

— Il nous reste les sentiers.

— Mais la nuit va venir !

— Notre route n'en sera que plus sûre. Trouvez-moi un guide, ou, sans cela, je pars seule.

Les deux hommes se regardèrent.

— Vous n'aurez pas d'autre guide que moi, dit Aubin Courte-Joie ; ne suis-je pas l'obligé de votre famille ? Et, d'ailleurs, mademoiselle Bertha, vous m'avez rendu, pas plus tard qu'aujourd'hui même, à l'endroit de certain garde national qui allait m'enfiler avec sa baïonnette, un service que je n'ai pas oublié.

— Bien ! Alors, restez en arrière et attendez-moi dans ce champ de blé, dit Bertha ; d'ici à un quart d'heure, je suis à vous.

Courte-Joie et Trigaud se couchèrent au milieu des épis, et Bertha, doublant le pas, rejoignit Petit-Pierre et les Vendéens au moment où ils allaient rentrer au moulin Jacquet.

Elle monta rapidement à la chambrette qu'elle habitait avec sa sœur et se hâta de changer ses habits couverts de sang contre un costume de paysanne. En descendant, elle trouva Mary, qui était restée près des blessés, et, sans l'instruire de son projet, elle lui dit de ne pas être inquiète si elle ne reparaissait que le lendemain.

Puis elle reprit le chemin qu'elle venait de parcourir.

Quelle qu'eût été la réserve de Bertha à l'endroit de Mary, celle-ci avait vu sur le visage bouleversé de sa sœur tout ce qui se passait dans son âme ; elle connaissait la disparition de Michel et elle ne douta pas que le départ si soudain de Bertha n'eût cette disparition pour motif.

Mais, après ce qui s'était passé l'avant-veille, Mary n'osa point interroger Bertha.

Seulement, une nouvelle angoisse s'ajouta à celles qui déchiraient déjà son cœur, et, lorsqu'on l'appela pour partir avec Petit-Pierre, qui allait chercher un autre asile, elle s'agenouilla et demanda à Dieu que son sacrifice ne demeurât point inutile et qu'il lui plût de sauvegarder à la fois les jours et l'honneur du fiancé de Bertha.

64

Le château de la Pénissière

Tandis que les Vendéens livraient au Chêne un combat inutile, mais qui n'était pas sans gloire, quarante-deux des leurs soutenaient, à la Pénissière de la Cour, une lutte dont l'histoire conservera le souvenir.

Ces quarante-deux royalistes, qui faisaient partie de la division de Clisson, étaient partis de cette ville dans l'intention de marcher sur le bourg de Cugan, dont ils devaient désarmer la garde nationale. Un orage affreux, en éclatant au-dessus de leurs têtes, les força de chercher un abri dans le château de la Pénissière, où un bataillon du 29e régiment de ligne, averti de leur mouvement, ne tarda point à les investir.

La Pénissière est une vieille bâtisse à un seul étage entre rez-de-chaussée et grenier ; elle est percée de quinze ouvertures de formes irrégulières. La chapelle se trouve adossée à un coin du château. Plus loin, et joignant le vallon, s'étend une prairie entrecoupée de haies vives et que l'abondance des pluies avait transformée en lac.

En outre, un mur crénelé par les Vendéens entourait l'habitation.

Le chef de bataillon qui commandait les troupes de ligne n'eut pas plus tôt reconnu la position, qu'il ordonna l'attaque.

Après une courte défense, le mur extérieur fut abandonné, et les Vendéens se replièrent dans le château, dont ils barricadèrent les portes.

Alors, ils se distribuèrent au rez-de-chaussée et à l'étage, chaque détachement ayant avec lui un clairon qui ne cessa de jouer pendant tout le combat, et ils commencèrent par les fenêtres un feu très habilement dirigé et dont la vivacité ne pouvait laisser soupçonner leur petit nombre.

C'étaient les plus adroits tireurs qui étaient chargés de l'entretenir ; presque sans discontinuer, ils déchargeaient contre les assiégeants de lourdes espingoles que leurs camarades rechargeaient et qu'on leur passait de main en main.

Chaque espingole portait une douzaine de balles ; les Vendéens en tiraient cinq ou six à la fois : on eût dit une batterie de canons chargés à mitraille.

A deux reprises, les soldats tentèrent l'assaut ; ils arrivèrent jusqu'à vingt pas du château, mais ils furent forcés de reculer.

Le commandant ordonna une nouvelle attaque, et, tandis qu'elle se préparait, quatre hommes aidés d'un maçon s'avancèrent vers le château en choisissant un côté du pignon qui n'avait aucun jour sur le jardin et dont on ne pouvait, par conséquent, défendre l'approche. Une fois arrivés au pied du mur, les soldats y appliquèrent une échelle, et, montant jusqu'au toit, qu'ils découvrirent, ils jetèrent à l'intérieur du grenier des matières enflammées et se retirèrent. Au bout d'un instant, une colonne de fumée s'échappa du toit, au travers duquel la flamme se fit jour.

Les soldats poussèrent de grands cris et marchèrent de nouveau vers la petite citadelle, qui semblait avoir arboré un étendard de feu. Les assiégés s'étaient bien aperçus de l'incendie ; mais ils n'avaient pas le temps de l'éteindre, et, d'ailleurs, la flamme tendant toujours à s'élever, ils espéraient que, le toit dévoré, elle s'éteindrait d'elle-même. Ils répondirent aux cris des soldats par une fusillade terrible, pendant laquelle les deux clairons ne cessèrent pas un seul instant de faire retentir leurs airs guerriers et joyeux.

Les blancs entendaient leurs ennemis dire en parlant d'eux : « Ce ne sont pas des hommes, ce sont des diables que nous avons à combattre ! » Et cet éloge militaire leur donnait une nouvelle ardeur.

Cependant, un renfort d'une cinquantaine d'hommes étant arrivé aux assiégeants, le commandant fit battre la charge, et les soldats, à l'envi les uns des autres, se précipitèrent vers le château.

Cette fois, ils parvinrent jusqu'aux portes, que les sapeurs se mirent à enfoncer. Les chefs vendéens ordonnèrent à ceux des leurs qui se trouvaient au rez-de-chaussée de monter au premier étage ; ceux-ci obéirent, et, tandis que la moitié des assiégés continuait la fusillade, l'autre moitié mettait le plancher à jour en enlevant les carreaux ; de sorte qu'au moment où les soldats pénétrèrent dans l'intérieur, ils furent accueillis par une fusillade à bout portant, dirigée contre eux, à travers les entre-deux des poutres, et se virent forcés pour la quatrième fois de se retirer.

Le chef de bataillon ordonna alors de faire pour le rez-de-chaussée ce qu'on avait fait pour le grenier.

Des fascines de bruyère et de bois sec furent jetées par les fenêtres dans l'intérieur du château ; quelques torches enflammées furent lancées par-dessus, et, au bout de dix minutes, les Vendéens avaient à la fois le feu sur la tête et sous les pieds.

Et, cependant, ils combattaient toujours ! Les nuages de fumée qui s'échappaient de chaque fenêtre se rayaient, de seconde en seconde, du feu des espingoles ; mais cette fusillade paraissait être la vengeance du désespoir et non plus la lutte de la défense ; il semblait impossible que la petite garnison évitât la mort.

La place n'était plus tenable : des poutres, des solives avaient pris feu et craquaient sous les pieds des Vendéens : des langues de flammes commençaient à sortir çà et là du parquet ; d'un instant à l'autre, la toiture pouvait s'écrouler sur la tête des assiégés ou le plancher s'abîmer sous leurs pieds ; la fumée les asphyxiait.

Les chefs prirent un parti désespéré : ils résolurent de faire une sortie ; mais, comme il fallait, pour qu'elle offrît quelque chance d'espoir, qu'elle fût protégée par une fusillade qui occuperait les soldats, ils demandèrent quels étaient ceux qui consentiraient à se dévouer pour leurs camarades.

Huit s'offrirent.

La troupe se divisa donc en deux pelotons. Trente-trois hommes et un clairon devaient tenter de gagner une des extrémités du parc fermée d'une haie seulement ; les huit autres, parmi lesquels on laissait le second clairon, devaient protéger cette tentative.

En conséquence de ces dispositions, et tandis que ceux qui devaient demeurer continuaient, en courant de fenêtre en fenêtre, un feu assez bien nourri, les autres perçaient le mur opposé à celui auquel les soldats faisaient face, et, la trouée faite, sortaient en bon ordre, clairon en tête, marchant au pas de course vers l'extrémité du jardin où se trouvait la haie.

Les soldats firent feu sur eux et s'élancèrent pour les envelopper. Les Vendéens ripostent, renversent tout ce qui s'oppose à leur passage, et, pendant que le gros de la troupe franchissait la haie, cinq sont tués ; le reste s'égaille dans les prairies couvertes d'eau. Le clairon, qui marchait le premier, avait reçu trois balles et ne cessait pas de sonner.

Quant aux hommes restés dans le château, ils tenaient toujours. Chaque fois que les soldats essayaient d'approcher, une décharge partait de ce brasier et trouait leurs rangs.

Cela dura ainsi pendant une demi-heure. Les sons du clairon resté avec les assiégés ne cessèrent de retentir au milieu du fracas des détonations, du sourd grondement des flammes, des crépitements de l'incendie, comme un sublime défi que ces hommes envoyaient à la mort.

Enfin, un craquement affreux se fit entendre, des nuées de flammèches et d'étincelles s'élevèrent dans les airs ; le clairon se tut, la fusillade cessa.

Le plancher s'était abîmé et la petite garnison avait été sans doute ensevelie sous les décombres ; car, à moins d'un miracle, les assiégés devaient avoir été engloutis dans l'immense fournaise.

Ce fut l'opinion des soldats, qui, après avoir contemplé pendant quelques instants ces débris, n'entendant pas un cri, pas une plainte qui leur révélât la présence de quelque Vendéen échappé à la mort, s'éloignèrent de ce foyer qui dévorait à la fois amis et ennemis ; de sorte qu'il ne resta bientôt plus sur le théâtre du combat, tout à l'heure si bruyant et si animé, que l'habitation rouge et fumante s'éteignant dans le silence, et autour d'elle quelques cadavres éclairés par les dernières lueurs de l'incendie.

Cela demeura ainsi pendant une partie de la nuit.

Mais, vers une heure du matin, un homme d'une taille plus qu'ordinaire, se glissant le long des haies, rampant lorsqu'il avait à traverser un sentier, vint inspecter les environs du château.

N'apercevant rien qui pût justifier sa méfiance, cet homme fit le tour de l'habitation dévastée, et visita attentivement chacun des cadavres qui se trouvèrent sur son passage ; puis il disparut dans l'ombre. Enfin, au bout de quelques instants, il revint portant un autre homme sur son dos et accompagné d'une femme vêtue en paysanne.

Ces hommes, cette femme, nos lecteurs les ont déjà reconnus : c'étaient Bertha, Courte-Joie et Trigaud.

Bertha était pâle, et sa fermeté, sa résolution habituelle avaient fait place à une sorte d'égarement. De temps en temps, elle dépassait ses guides, et il fallait que Courte-Joie la rappelât à la prudence.

Lorsqu'ils débouchèrent tous les trois dans la prairie qu'avaient occupée les soldats et qu'ils eurent en face d'eux les quinze ouvertures qui, se détachant rouges et béantes sur l'immense façade noircie, semblaient autant de soupiraux de l'enfer, la jeune fille sentit ses forces l'abandonner ; elle tomba à genoux et cria un nom dont sa douleur fit un sanglot ; puis, se relevant comme un homme, elle courut vers les ruines embrasées.

Sur son chemin, elle trébucha contre quelque chose ; ce quelque chose était un cadavre ; et, avec une horrible expression d'angoisse, elle se pencha sur cette figure livide, qu'elle souleva par les cheveux ; puis, apercevant les autres morts épars dans la prairie, elle commença une course folle en allant des uns aux autres.

— Hélas ! mademoiselle, dit Courte-Joie, qui l'avait suivie, il n'est point là ! Pour vous épargner ce triste spectacle, j'avais déjà ordonné à Trigaud, qui nous a précédés, de visiter les cadavres ; il n'a vu qu'une fois ou deux M. de la Logerie ; mais, tout idiot qu'est mon pauvre compagnon, croyez bien qu'il l'eût reconnu s'il eût été parmi les morts.

— Oui, oui, vous avez raison, dit Bertha, montrant la Pénissière, et, s'il est quelque part...

Et, avant que les deux hommes eussent songé même à la retenir, elle s'était élancée sur l'appui d'une des fenêtres du rez-de-chaussée, et, debout sur cette pierre branlante, elle dominait le gouffre de feu qui grondait encore sourdement à ses pieds et dans lequel elle semblait par instants tentée de se précipiter.

Sur un signe de Courte-Joie, Trigaud saisit la jeune fille à bras-le-corps, et la déposa sur la prairie. Bertha n'opposa aucune résistance, car une idée qui venait de traverser son cerveau semblait avoir paralysé sa volonté.

— Mon Dieu, mon Dieu, s'écria-t-elle comme dans un dernier soupir de sa force expirante, vous n'avez pas permis que je fusse là pour le défendre ou pour mourir avec lui, et voilà que vous me refusez même la consolation de donner la sépulture à son cadavre !

— Allons, mademoiselle, dit Courte-Joie, si c'est la loi du bon Dieu, cependant, il faut s'y résigner.

— Oh ! jamais ! jamais ! s'écria Bertha avec l'exaltation du désespoir.

— Hélas ! reprit le cul-de-jatte, moi aussi, j'ai le cœur bien gros ; car, si M. de la Logerie est là, voyez-vous, le pauvre Jean Oullier y est aussi.

Bertha poussa un gémissement ; dans l'égoïsme de sa douleur, elle n'avait pas songé à Jean Oullier.

— Il est vrai, continua Courte-Joie, qu'il est mort comme il désirait mourir, c'est-à-dire les armes à la main ; mais ça ne me console pas de l'idée de le savoir là-dessous.

— Ne reste-t-il donc aucune espérance ? s'écria Bertha. N'ont-ils donc pas pu se sauver d'une façon ou de l'autre ? Oh ! cherchons, cherchons.

Courte-Joie secoua la tête.

— Cela me semble bien difficile ! D'après ce que nous a raconté l'un des trente-trois qui ont fait la sortie, cinq d'entre eux ont été tués.

— Mais Jean Oullier et M. Michel étaient parmi ceux qui sont restés, dit Bertha.

— Sans doute, et voilà pourquoi j'ai si peu d'espoir. Voyez ! dit Courte-Joie en montrant les murs qui s'élevaient sans interruption du sol au faîte et en ramenant par un geste les regards de Bertha vers ce rez-de-chaussée changé en fournaise, où brûlaient le plancher de l'étage, celui du grenier et les débris du toit ; voyez ! Il ne reste plus ici que des débris qui brûlent et des murs qui menacent ruine. Il faut du courage, mademoiselle, mais il y a cent à parier contre un que votre fiancé et le pauvre Oullier ont été écrasés sous ces débris.

— Non, non, s'écria Bertha en se relevant, non, il ne peut pas, ne doit pas être mort ! S'il a fallu un miracle pour le sauver, ce miracle, Dieu l'a fait. Je veux fouiller ces décombres ; je veux sonder ces murailles. Il me le faut, mort ou vivant ! je le veux, entendez-vous, Courte-Joie !

Et, saisissant de ses mains blanches une poutre qui passait par une des fenêtres son extrémité carbonisée, Bertha fit des efforts surhumains pour l'attirer à elle, comme si avec cette poutre elle eût pu soulever la masse énorme de matériaux et reconnaître ce qu'ils cachaient.

— Mais vous n'y songez pas ! s'écria Courte-Joie désespéré ; mais cette tâche est au-dessus de vos forces, des miennes, de celles de Trigaud lui-même ! d'ailleurs, on ne vous la laisserait pas achever, les soldats vont certainement revenir avec le jour, et il ne faut pas qu'ils nous trouvent ici. Partons donc, mademoiselle ! au nom du ciel, partons !

— Partez si vous voulez, répondit Bertha avec un accent qui n'admettait pas d'objections ; moi, je reste.

— Vous restez ? s'écria Courte-Joie stupéfait.

— Je reste ! Si les soldats reviennent, sans doute ce sera pour visiter les débris ; je me jetterai aux pieds de leurs chefs, mes larmes, mes prières obtiendront de lui qu'il me laisse aider ses hommes dans cette tâche, et je le retrouverai ! oh ! je le retrouverai !

— Vous vous abusez, mademoiselle ; les culottes rouges vous reconnaîtront pour la fille du marquis de Souday. S'ils ne vous fusillent pas, ils vous feront prisonnière. Venez donc ! dans quelques instants, le jour va paraître ; venez ! et, s'il le faut, ajouta Courte-Joie, que l'exaltation de la jeune fille effrayait, s'il le faut, je vous promets de vous ramener la nuit prochaine.

— Non, encore une fois, non ! Je ne m'éloignerai pas, répondit la jeune fille. Une voix me dit là (elle frappa sur son cœur) qu'il m'appelle, qu'il a besoin de moi !

Puis, voyant que, sur un signe de Courte-Joie, Trigaud s'avançait pour s'emparer d'elle :

— Faites un pas, continua-t-elle en remontant sur l'appui de la croisée, et je me précipite dans ce brasier !

Courte-Joie, comprenant que l'on n'obtiendrait rien de Bertha par la force, allait essayer des prières, lorsque Trigaud, qui était resté les bras étendus dans la position qu'il avait prise pour entraîner la jeune fille, fit signe à son compagnon de garder le silence.

Courte-Joie, qui, par expérience, connaissait l'acuité prodigieuse des sens du pauvre idiot, lui obéit.

Trigaud écoutait.

— Est-ce que les soldats reviennent ? demanda Courte-Joie.

— Ce n'est pas cela, dit Trigaud.

Et, déliant Courte-Joie, sanglé comme d'habitude sur ses épaules, il se jeta à plat ventre et colla son oreille contre terre.

Bertha, sans descendre de l'endroit où elle avait établi son poste, se retourna du côté du mendiant.

Au mouvement que venait de faire celui-ci, aux quelques mots qu'il avait prononcés, elle avait, sans savoir pourquoi, été prise d'un battement de cœur qui la tenait haletante d'anxiété.

— Entends-tu donc quelque chose d'extraordinaire ? demanda Courte-Joie.

— Oui, répondit Trigaud.

Puis il fit signe à Courte-Joie et à Bertha d'écouter comme lui.

Trigaud, on le sait, était avare de paroles.

Courte-Joie se coucha l'oreille contre terre.

Bertha sauta à bas de la fenêtre, et imita l'action de Courte-Joie ; mais elle n'eut besoin d'appuyer son oreille qu'une seconde contre la terre, et, se relevant avec vivacité :

— Ils vivent ! ils vivent ! s'écria-t-elle. Oh ! mon Dieu, que je vous remercie !

— Ne nous hâtons pas trop d'espérer, fit Courte-Joie. Effectivement, j'entends un bruit sourd qui semble partir du milieu des décombres ; mais ils étaient huit : qui nous dit que ce bruit vient des deux que nous cherchons ?

— Qui nous le dit, Aubin ? Mes pressentiments, qui m'ont empêchée de céder à vos prières et de m'éloigner comme vous le vouliez. Ce sont nos amis, vous dis-je ! eux qui ont cherché et trouvé un asile dans quelque cave, et qui, maintenant, y sont emprisonnés par la chute de tous ces matériaux.

— C'est possible, murmura Courte-Joie.

— Oh ! c'est certain, dit Bertha ; mais comment les aider ? comment arriver à l'endroit où ils se trouvent ?

— S'ils sont dans un souterrain, ce souterrain doit avoir une ouverture ; s'ils sont dans une cave, cette cave doit avoir un soupirail ; il s'agit de les trouver, et, si nous ne les trouvons pas, eh bien, nous creuserons la terre jusqu'à ce que nous arrivions à eux.

En achevant ces mots, Bertha se mit à tourner autour de la maison, arrachant avec rage, écartant avec furie les solives, les poutres, les pierres, les tuiles, qui étaient tombées le long du mur extérieur et qui en cachaient la base.

Tout à coup, elle poussa un cri.

Trigaud et Courte-Joie se hâtèrent d'accourir, l'un sur ses grandes jambes, l'autre s'aidant de ses moignons et de ses mains avec la rapidité d'un batracien.

— Ecoutez ! leur dit Bertha d'un air de triomphe.

Effectivement, de l'endroit où elle s'était arrêtée, on entendait distinctement, venant des profondeurs de l'habitation ruinée, un bruit sourd mais continu, pareil à celui d'un instrument dont on frapperait, à coups mesurés, les fondations du château.

— C'est là, dit Bertha en désignant une masse de matériaux amoncelés le long du mur, c'est là qu'il faut chercher.

Trigaud se mit à l'œuvre. Il commença par repousser un fragment du toit tout entier, qui, ayant glissé du faîte, était tombé verticalement le long du mur ; puis il jeta au loin les moellons amoncelés à cet endroit par la chute de toute la partie supérieure d'une fenêtre de l'étage ; puis, enfin, après des prodiges de force, il eut assez promptement découvert une ouverture par laquelle le bruit du travail des malheureux ensevelis arrivait jusqu'à eux.

Bertha voulu passer par cette ouverture dès qu'elle fut praticable ; mais Trigaud la retint. Il prit une latte du toit, l'alluma au foyer de l'incendie, et, attachant au milieu du corps de Courte-Joie, la sangle qui servait d'ordinaire à retenir celui-ci sur ses épaules, il le descendit par le soupirail.

Trigaud et Bertha retenaient leur respiration.

On entendit Courte-Joie qui parlait aux travailleurs.

Puis il indiqua à Trigaud qu'il devait le remonter.

Trigaud obéit avec la promptitude et l'onctueux d'une machine bien graissée.

— Vivants ! ils sont vivants, n'est-ce pas ? demanda Bertha avec angoisse.

— Oui, mademoiselle, répondit Courte-Joie ; mais, par grâce, n'essayez pas de pénétrer dans le souterrain ! ils ne sont point dans la cave sur laquelle ouvre ce soupirail : ils sont dans une espèce de niche adjacente ; l'ouverture par laquelle ils y ont pénétré est bouchée ; il faut absolument percer la muraille pour arriver à eux, et je crains que, dans ce travail, une partie de la voûte, déjà ébranlée, ne s'écroule. Laissez-moi donc diriger Trigaud.

Bertha se jeta à genoux et se mit à prier.

Courte-Joie fit une nouvelle provision de lattes sèches et redescendit dans la cave.

Trigaud l'y suivit.

Au bout de dix minutes qui semblèrent à Bertha autant de siècles, on entendit un grand bruit de pierres qui s'écroulaient ; un cri d'angoisse s'échappa de la poitrine de la jeune fille ; elle se précipita vers le soupirail et aperçut Trigaud qui remontait, portant sur son épaule un corps plié en deux, et dont la pâle figure pendait sur la poitrine du mendiant.

Elle reconnut Michel.

— Il est mort, mon Dieu ! il est mort ! cria-t-elle sans oser avancer.

— Non, non, répondit du fond de la cave une voix que Bertha reconnut pour celle de Jean Oullier, non, il n'est pas mort.

A ces mots, la jeune fille s'élança, prit Michel des mains de Trigaud, le déposa sur le gazon, et, rassurée — car elle avait senti les battements de son cœur — elle essaya de le rappeler à lui-même en mouillant son front de l'eau qu'elle puisait dans une ornière.

65

La lande de Bouaimé

Pendant que Bertha essayait de faire revenir le jeune homme de son évanouissement, causé, en grande partie, par la suffocation, Jean Oullier gagnait à son tour l'ouverture extérieure du soupirail, suivi de Courte-Joie, que Trigaud attirait à lui par le même procédé dont il s'était servi pour le descendre.

Au bout d'un instant, tous trois se trouvèrent dehors.

— Ah çà ! vous étiez donc seuls là-dedans ? demanda Courte-Joie à Jean Oullier.

— Oui.

— Et les autres ?

— Ils s'étaient réfugiés sous la voûte de l'escalier ; la chute du plafond les a surpris avant qu'ils aient eu le temps de nous rejoindre.

— Et ils sont morts, eux ?

— Je ne crois pas ; car, une heure environ après le départ des soldats, nous avons entendu remuer des pierres et parler. Nous avons crié ; mais sans doute ne nous ont-ils pas entendus.

— Alors, c'est une fière chance que nous soyons venus !

— Pour cela, oui ! sans vous, jamais nous n'eussions pu percer le mur, surtout dans l'état où était le jeune baron. Ah ! j'ai fait là une belle campagne ! dit Jean Oullier en secouant la tête, et en regardant Bertha, qui, ayant attiré le haut du corps de Michel sur ses genoux, était parvenue à lui faire reprendre ses sens, et lui exprimait toute la joie qu'elle éprouvait de le revoir.

— Sans compter qu'elle n'est pas finie, dit Courte-Joie, qui n'avait pu comprendre le sens que le vieux Vendéen attachait à ces paroles, et qui regardait sans cesse du côté de l'est, où une large bande de pourpre annonçait que le jour ne tarderait pas à paraître.

— Que veux-tu dire ? demanda Jean Oullier.

— Je veux dire que deux heures de nuit de plus eussent grandement aidé à notre salut : un blessé, un invalide et une femme, ce ne sera pas aisé à manœuvrer dans une retraite ; sans compter que les vainqueurs d'hier vont crânement battre les routes aujourd'hui.

— Oui ; mais je me sens à mon aise, depuis que je n'ai plus cette voûte de fer sur la tête.

— Tu n'es sauvé qu'à moitié, mon pauvre Jean.

— Eh bien, prenons nos précautions.

Et Jean Oullier se mit à fouiller les gibernes des morts, y prit toutes les cartouches qu'elles contenaient, chargea son fusil avec autant de sang-froid qu'il le faisait avant de partir pour la chasse, et, se rapprochant de Bertha et de Michel, qui fermait les yeux comme s'il était évanoui :

— Pouvez-vous marcher ? demanda-t-il.

Michel ne répondit pas ; en rouvrant les yeux, il avait vu Bertha et les avait refermés, comprenant ce que sa position allait avoir de difficile.

— Pouvez-vous marcher ? répéta Bertha à Michel, de manière que cette fois, celui-ci ne doutât point que c'était à lui qu'on s'adressait.

— Je crois que oui, répondit Michel.

Et, en effet, sa seule blessure était une balle qui lui avait traversé les chairs du bras sans attaquer l'os.

Bertha avait visité la plaie et soutenu le bras avec la cravate de soie blanche nouée autour de son cou.

— Si vous ne pouvez pas marcher, dit Jean Oullier, je vous porterai.

A cette nouvelle preuve du revirement qui s'était opéré dans les sentiments du vieux Vendéen à l'égard du jeune de la Logerie, Bertha se rapprocha de Jean Oullier.

— Vous m'expliquerez, lui dit-elle, pourquoi vous avez emmené mon fiancé (elle appuya sur ces deux mots) ; pourquoi vous lui avez fait quitter son poste pour l'entraîner dans cette affaire, et l'exposer, malgré tous les dangers qu'il a courus, à des accusations graves et honteuses.

— Si la réputation de M. de la Logerie a souffert quelque dommage par ma faute, dit Jean Oullier avec douceur, je le réparerai.

— Vous ? reprit Bertha de plus en plus étonnée.

— Oui, dit Jean Oullier ; car je raconterai comment, avec ses apparences féminines, ce jeune homme s'est montré plein de constance et de bravoure.

— Vous ferez ce que vous dites, Jean Oullier ? s'écria Bertha.

— Non seulement je le ferai, dit le vieux Vendéen, mais, si mon témoignage ne suffit pas, j'irai chercher celui des braves près desquels il a combattu ; car je tiens, à présent, à ce que son nom soit honorable et honoré.

— Comment ! c'est toi qui parles ainsi, toi, Jean Oullier ?

Jean Oullier s'inclina.

— Toi qui aimais mieux, disais-tu, me voir morte que de me voir porter ce nom ?

— Oui ! voilà comme les choses changent, mademoiselle Bertha : je désire ardemment, aujourd'hui, voir M. Michel le gendre de mon maître.

Jean Oullier prononça ces paroles en regardant Bertha avec tant d'expression et d'une voix si émue et si triste, qu'elle sentit son cœur se serrer dans sa poitrine et que, malgré elle, elle songea à Mary.

Elle allait interroger le vieux garde ; mais, en ce moment, le vent apporta sur ses ailes le bruit d'une fanfare d'infanterie qui venait du côté de Clisson.

— Courte-Joie avait raison ! s'écria Jean Oullier. L'explication que vous me demandez, Bertha, nous l'aurons aussitôt que les circonstances nous le permettront ; mais, pour l'instant, ne songeons qu'à nous mettre en sûreté.

Puis, écoutant de nouveau :

— En route donc ! continua-t-il ; car il n'y a pas une minute à perdre, je vous en réponds.

Et, passant son bras sous le bras valide de Michel, il donna le signal du départ.

Courte-Joie était déjà réinstallé sur les épaules de Trigaud.

— Où allons-nous ? demanda-t-il.

— Il nous faut gagner la ferme isolée de Saint-Hilaire, répondit Jean Oullier, qui, aux premiers pas qu'il avait faits, en soutenant Michel, avait senti le jeune homme chanceler. Il est impossible que notre blessé fasse les huit lieues qui nous séparent de Machecoul.

— Va pour la ferme de Saint-Hilaire, dit Courte-Joie en actionnant sa monture.

Malgré la lenteur que leur marche éprouvait, par suite de la difficulté avec laquelle Michel avançait, les fugitifs n'étaient plus qu'à quelques centaines de pas de cette métairie, lorsque Trigaud montra avec orgueil à son associé une espèce de massue qu'il tenait à la main et que, tout en cheminant, il s'était consciencieusement occupé de gratter et d'émonder avec son couteau.

C'était un pommier sauvage, de raisonnable grosseur, que le mendiant avait avisé dans le verger de la Pénissière, et qui lui avait semblé devoir merveilleusement remplacer la terrible faux qu'il avait brisée au combat du Chêne.

Courte-Joie poussa un cri de rage.

Il était évident qu'il ne partageait point la satisfaction avec laquelle son compagnon palpait le tronc noueux de son arme nouvelle.

— Le diable emporte l'animal au plus profond des enfers ! s'écria-t-il.

— Qu'y a-t-il donc ? demanda Jean Oullier laissant Michel à la garde de Bertha et hâtant le pas pour rejoindre Trigaud et Courte-Joie.

— Il y a, continua Courte-Joie, que cette double brute vient de mettre sur nos traces toute la bande des culottes rouges ! Que la peste m'étrangle pour ne pas y avoir songé plus tôt ! depuis que nous avons quitté la Pénissière, il a fait le petit Poucet ; par malheur, ce n'est pas de mies de pain qu'il a semé la route, mais des branches, des feuilles et des épluchures de son arbre : de sorte que, si, comme je m'en doute, ces gredins de soldats se sont aperçus que nous avons remué les décombres, ils doivent être à l'autre bout de la piste que leur a ménagée cet animal. Ah ! double, triple, quadruple brute ! acheva Courte-Joie en manière de péroraison.

Puis, joignant le geste à la parole, il asséna de toute sa force un coup de poing sur le crâne du mendiant, lequel ne sembla pas plus s'apercevoir de ce horion que si Courte-Joie lui eût passé la main dans les cheveux.

— Diable ! dit Jean Oullier pensif, que faire ?

— Renoncer à la métairie de Saint-Hilaire, où l'on nous prendrait comme dans une souricière.

— Mais, dit vivement Bertha, il est impossible que M. de la Logerie aille plus loin. Voyez comme il est pâle !

— Jetons-nous sur la droite, dit Jean Oullier ; gagnons la lande de Bouaimé, et nous nous cacherons dans les roches. Pour laisser moins de traces et marcher plus vite, je vais prendre M. Michel sur mes épaules. Marchons en file : le pied de Trigaud effacera le pas des deux autres.

La lande de Bouaimé, vers laquelle Jean Oullier dirigeait la fuite de la petite troupe, est située à une lieue environ du bourg de Saint-Hilaire ; il faut traverser la Maine pour y arriver.

Elle est d'une étendue considérable et remonte au nord jusqu'à Rémouillé et Montbert ; sa surface est fort accidentée et parsemée de nombreuses roches de granit dont quelques-unes ont été évidemment remuées par la main des hommes.

Les dolmens et les menhirs dressaient donc, au milieu des touffes de bruyères ou des fleurs jaunes des genêts et des ajoncs, leurs têtes brunes couronnées de mousse.

Ce fut vers une des plus remarquables de ces pierres que Jean Oullier conduisit la petite caravane ; cette pierre était plate et reposait sur quatre énormes quartiers de granit.

Dix ou douze personnes eussent aisément reposé à l'aise sous son ombre.

Michel n'y fut pas plus tôt arrivé, qu'il s'affaissa sur lui-même et fût tombé à la renverse si Bertha ne l'eût soutenu. Elle se hâta d'arracher de la bruyère qu'elle étendit sous le dolmen, et, quelle que fût la gravité de la situation, le jeune homme était à peine déposé sur cette couche, qu'il s'endormit profondément.

Trigaud fut placé en sentinelle sur le dolmen ; sauvage statue du sauvage piédestal, il rappelait par sa large silhouette les géants qui, deux mille ans auparavant, avaient élevé cet autel. Courte-Joie, dessanglé, se reposa à côté de Michel, sur qui Bertha voulait veiller malgré l'épuisement dans lequel l'avait mise la fatigue physique et morale de la journée et de la nuit précédentes ; et Jean Oullier s'éloigna, moitié pour aller à la découverte et moitié pour rapporter des provisions dont les fugitifs avaient le plus grand besoin.

Il y avait à peu près deux heures que Trigaud promenait ses regards sur l'immense savane qui l'entourait, et, malgré l'attention avec laquelle il prêtait l'oreille, il n'avait entendu, jusque-là, que le bourdonnement monotone des guêpes et des abeilles qui butinaient sur les ajoncs et les serpolets fleuris ; les vapeurs que le soleil tirait de la terre humide commençaient à prendre, aux yeux de Trigaud, les teintes irisées dont le papillotage, joint à l'ardeur des rayons qui tombaient d'aplomb sur ses grosses touffes de cheveux roux, engourdissait son cerveau ; mille combinaisons somnifères allaient le plonger dans une sieste à laquelle la digestion d'un repas quelconque n'avait aucune part, quand la détonation d'une arme à feu vint le tirer tout à coup de sa torpeur.

Trigaud regarda dans la direction de Saint-Hilaire et aperçut ce petit nuage blanc que produit un coup de feu.

Puis il distingua un homme qui fuyait à toutes jambes et qui sembla venir dans la direction du dolmen.

D'un bond, il fut descendu de son piédestal.

Bertha, qui avait résisté au sommeil, au bruit du coup de fusil avait déjà réveillé Courte-Joie.

Trigaud prit le cul-de-jatte dans ses bras, l'éleva au-dessus de sa tête de façon qu'il atteignît une hauteur de dix pieds, et ne prononça que ces deux mots, qui, au reste, n'avaient pas besoin de commentaire :

— Jean Oullier.

Courte-Joie plaça sa main en abat-jour au-dessus de ses yeux et reconnut à son tour le vieux Vendéen ; seulement, il remarqua qu'au lieu de marcher du côté où ils l'attendaient, Jean Oullier avait pris la colline opposée à celle où était le dolmen et se dirigeait du côté de Montbert.

Il observa encore qu'au lieu de cheminer à mi-côte et de se dérober ainsi aux regards de ceux qui devaient le poursuivre, le vieux Vendéen choisissait, pour y passer, les endroits les plus escarpés, de façon à rester en vue de tous ceux qui battaient le pays à une lieue à la ronde.

Jean Oullier était trop expérimenté pour agir à la légère ; s'il faisait ainsi, c'était assurément pour une bonne raison : et, en effet, il avait calculé que, de la sorte, il attirerait sur lui seul toute l'attention de l'ennemi et le détournerait de la piste qu'il suivait probablement.

Courte-Joie pensa donc que ce qu'il y avait de mieux à faire pour lui et ses compagnons, c'était de rester dans leur asile, et d'attendre les événements en observant avec attention ce qui allait se passer.

Du moment où c'était l'intelligence qui devait remplacer les sens, Courte-Joie ne s'en fia plus à Trigaud, il se fit hisser sur le dolmen ; seulement, si exiguë que fût sa chétive personne, il ne jugea point à propos de la déployer sur ce piédestal.

Il s'y coucha à plat ventre, la face tournée dans la direction de la colline que suivait Jean Oullier.

Bientôt, à l'endroit par lequel ce dernier avait débouché, il vit apparaître un soldat, puis un second, puis un troisième.

Il en compta jusqu'à vingt.

Ceux-ci ne paraissaient pas autrement empressés de lutter de vitesse avec le fuyard ; ils se contentaient de s'échelonner dans la lande de manière à lui couper la retraite, dans le cas où il tenterait de revenir sur ses pas.

Cette tactique équivoque rendit Courte-Joie encore plus attentif ; car elle lui fit supposer que les soldats qu'il voyait n'étaient pas seuls aux trousses du Vendéen.

La colline dont celui-ci suivait la pente supérieure se terminait, à environ un demi-quart de lieue de l'endroit où Jean Oullier se trouvait en ce moment, par une pointe de rocher qui dominait une espèce de marécage.

Ce fut de ce côté, sans doute parce que la course de Jean Oullier y aboutissait, que se concentra toute l'attention de Courte-Joie.

— Hum ! fit tout à coup Trigaud.

— Qu'y a-t-il ? demanda Courte-Joie.

— Culotte rouge, répondit le mendiant montrant du doigt un endroit du marécage.

Courte-Joie suivit la direction indiquée par le doigt de Trigaud, et vit briller l'éclair d'un fusil au milieu des roseaux ; puis une forme se dessina : c'était celle d'un soldat, et, de même que sur la bruyère, ce soldat fut suivi d'une vingtaine de ses camarades.

Courte-Joie les vit se blottir entre les roseaux, et se cacher comme autant de chasseurs à l'affût.

Le gibier, c'était Jean Oullier.

En descendant l'escarpement, il devait infailliblement tomber dans l'embuscade qui lui était tendue.

Il n'y avait pas une minute à perdre pour le prévenir.

Courte-Joie prit son fusil et le déchargea en prenant soin de tenir l'embouchure du canon au ras des bruyères et de faire feu derrière le dolmen.

Puis il reporta ses regards sur le théâtre de l'action.

Jean Oullier avait entendu le signal, et reconnu la détonation du petit fusil de Courte-Joie ; il ne se méprit pas une minute sur les raisons qui contraignaient son ami à renoncer à l'incognito qu'il leur conservait avec tant de peine ; en effet, il fit brusquement demi-tour, et, au lieu de continuer sa route vers l'escarpement et le marais, il descendit rapidement la colline. Il ne courait plus, il volait ! Sans doute avait-il trouvé quelque plan qu'il avait hâte de mettre à exécution.

Au reste, du train dont il allait, dans quelques minutes il aurait rejoint ses amis.

Mais, quelque précaution qu'eût prise Courte-Joie pour dérober la fumée aux regards des soldats, ceux-ci avaient parfaitement reconnu de quel côté venait l'explosion, et ceux de la bruyère comme ceux du marais s'étaient réunis derrière Jean Oullier, qui continuait d'arriver à grands pas, et ils semblaient tenir conseil en attendant des ordres.

Courte-Joie jeta un regard autour de lui, parut étudier chaque point de l'horizon, éleva un de ses doigts mouillé pour chercher de quel côté venait le vent, s'assura qu'il venait du côté des soldats, et tâta la bruyère avec sollicitude afin de s'assurer que le soleil, qui était ardent, et le vent, qui était vif, l'avaient suffisamment séchée.

— Que faites-vous donc ? demanda Bertha, qui, ayant suivi les différentes phases de ce prologue, comprenait fort bien l'imminence du danger et aidait Michel, qui paraissait encore plus triste que souffrant, à se mettre debout.

— Ce que je fais, répondit le cul-de-jatte, ou plutôt ce que je vais faire, ma chère demoiselle ? Je vais faire un feu de la Saint-Jean, et vous pourrez vous vanter ce soir, si, grâce à ce feu, vous êtes en sûreté, comme je l'espère, d'en avoir rarement vu un pareil !

Et, ce disant, il distribua à Trigaud plusieurs petits morceaux d'amadou en feu, que celui-ci déposa au milieu d'autant de faisceaux d'herbes sèches qui, sous son souffle puissant, furent bientôt transformés en fascines enflammées qu'il plaça, de dix pas en dix pas, sur une longueur de cent pas dans la bruyère.

Trigaud plaçait sa dernière fascine comme Jean Oullier achevait de gravir les dernières pentes qui conduisaient au dolmen.

— Debout ! debout ! cria celui-ci ; je n'ai pas dix minutes d'avance.

— Oui ; mais voici qui nous en donne vingt ! répondit Courte-Joie en montrant les tiges des ajoncs qui commençaient à pétiller et à se tordre sous l'action du feu, tandis qu'une douzaine de colonnes de fumée s'élevaient en spirale vers le ciel.

— Ce feu n'ira pas assez vite et ne sera peut-être pas assez ardent pour les arrêter, dit Jean Oullier.

Puis, étudiant l'état de l'atmosphère :

— D'ailleurs, ajouta-t-il, le vent poussera les flammes dans la direction que nous allons suivre.

— Oui ; mais avec les flammes, gars Oullier, dit Courte-Joie d'un air triomphant, il y poussera la fumée ; et c'est bien sur quoi je compte : la fumée leur cachera d'abord combien nous sommes, et ensuite où nous allons.

— Ah ! Courte-Joie, Courte-Joie, murmura Oullier entre les dents, si tu avais eu des jambes, quel rude braconnier tu aurais fait !

Et, sans dire un mot de plus, il prit Michel, le plaça sur ses épaules malgré la résistance du jeune homme, qui prétendait être assez fort pour marcher et ne voulait pas donner ce surcroît de fatigue au Vendéen ; puis, il suivit Trigaud, qui était déjà en marche, son guide sur le dos.

— Prends la main de mademoiselle, dit Courte-Joie à Jean Oullier ; qu'elle se bouche les yeux et fasse provision de souffle : dans dix minutes, nous n'y verrons plus et nous respirerons tout juste.

Et, en effet, les dix minutes annoncées par Aubin n'étaient point expirées, que les dix colonnes de fumée s'étaient rejointes et fondues en une immense nappe qui s'étendait sur une largeur de trois cents pas, tandis que les flammes commençaient de gronder sourdement derrière eux.

— Y vois-tu assez pour nous diriger ? dit Jean Oullier à Courte-Joie ; car l'important est, d'abord, de ne pas faire fausse route, ensuite de ne pas nous séparer.

— Nous n'avons pas d'autre guide que la fumée ; suivons-la hardiment, et elle nous conduira où nous voulons aller ; seulement ne perdez pas de vue Trigaud comme tête de colonne.

Jean Oullier était un de ces hommes qui savent la valeur du temps et de la parole ; aussi se contenta-t-il de dire :

— En marche donc !

Et il donna l'exemple, ne paraissant pas plus gêné du poids de Michel que Trigaud ne l'était de celui de Courte-Joie.

On marcha ainsi pendant un quart d'heure sans que les fugitifs sortissent des nuages de fumée que l'incendie, se propageant avec une rapidité prodigieuse sous l'impulsion du vent, amoncelait autour d'eux.

De temps en temps seulement, Jean Oullier demandait à Bertha à moitié suffoquée par la fumée :

— Respirez-vous ?

Et celle-ci répondait par un oui à peine articulé.

Quant à Michel, le vieux garde ne s'en inquiétait point ; il arriverait toujours, puisqu'il était sur ses épaules.

Tout à coup, Trigaud, qui marchait en tête de la petite troupe, guidé par Courte-Joie et sans s'inquiéter où il allait, recula brusquement d'un pas en arrière.

Il avait mis le pied dans une eau profonde que la fumée l'avait empêché d'apercevoir et s'y était enfoncé jusqu'au-dessus du genou.

Aubin poussa un cri de joie.

— Nous y voici ! dit-il ; la fumée nous y a conduits aussi sûrement qu'aurait pu le faire le chien de chasse le mieux dressé.

— Ah ! dit Jean Oullier.

— Tu comprends, n'est-ce pas, mon gars ? dit Courte-Joie avec l'accent du triomphe.

— Oui ; mais comment arriver à l'îlot ?

— Comment ? Et Trigaud !

— Bien ! mais, ne nous retrouvant pas, n'est-il pas probable que les soldats éventeront la ruse ?

— Sans doute, s'ils ne nous retrouvaient pas ; mais ils nous retrouveront.

— Achève.

— Ils ne savent pas combien nous sommes ; nous mettons mademoiselle et notre blessé en sûreté ; puis, comme si nous avions fait fausse route et que notre chemin nous soit coupé par l'étang, nous sortons toi, Trigaud et moi, et nous leur prouvons, par quelques bons coups de fusil, que c'est bien nous qu'ils ont vus tout à l'heure. Alors, n'étant plus embarrassés ni inquiets, nous gagnerons les bois de Gineston, d'où il nous sera facile de revenir cette nuit à l'îlot.

— Mais des vivres, les pauvres enfants !

— Bah ! dit Courte-Joie, on ne meurt pas pour rester vingt-quatre heures sans manger.

— Soit.

Puis, revenant sur lui-même avec une tristesse pleine de mépris pour son intelligence périclitante :

— Il faut, dit-il, que la nuit d'hier m'ait troublé la cervelle pour que je n'aie pas songé à tout cela.

— Ne vous exposez pas inutilement, dit Bertha presque joyeuse du tête-à-tête que lui ménageaient les circonstances avec l'homme qu'elle aimait.

— Soyez tranquille, répondit Jean Oullier.

Trigaud prit d'abord Michel entre ses bras sans pour cela déposer à terre Courte-Joie, ce qui lui eût fait perdre du temps, et se mit à l'eau. Il marcha ainsi jusqu'à ce qu'il en eût à mi-corps ; puis, comme l'eau montait, il éleva le jeune homme au-dessus de sa tête, prêt à le passer à Courte-Joie si l'eau montait toujours. Mais elle s'arrêta à la poitrine du géant ; il traversa l'étang et parvint à une espèce d'îlot d'une douzaine de pieds carrés, qui semblait, sur cette eau dormante, un vaste nid de canards.

Cet îlot était couvert d'une véritable forêt de roseaux.

Trigaud déposa Michel sur ces roseaux et revint chercher Bertha, qu'il passa de la même façon et déposa, comme il eût fait d'un oiseau près du jeune baron de la Logerie.

— Couchez-vous au milieu de l'îlot, cria Jean Oullier de l'autre bord.

Et, s'adressant aux deux jeunes gens :

— Relevez les roseaux courbés par votre passage, et je vous promets qu'on n'ira point vous chercher là.

— Bien ! répondit Bertha. Et maintenant, ne vous occupez plus que de vous, mes amis !

66

Où la maison Aubin Courte-Joie et compagnie fait honneur à sa raison sociale

Il était temps que les trois chouans eussent achevé ce qu'ils avaient à faire au bord de l'étang : les flammes arrivaient avec une rapidité prodigieuse ; elles couraient sur les cimes fleuries des ajoncs comme des oiseaux de pourpre et d'or emportés par le vent, et, avant de les consumer jusqu'aux racines, elles semblaient ne vouloir qu'en effleurer les tiges.

Leur murmure, semblable au grondement de l'océan, grandissait de tous côtés autour des trois fugitifs, et la fumée devenait de plus en plus épaisse et suffocante.

Mais les jarrets d'acier de Jean Oullier et de Trigaud allaient encore plus vite que l'incendie, et ils furent bientôt à l'abri de ses atteintes.

Ils obliquèrent à gauche et arrivèrent à un point du vallon où ils étaient à peu près dégagés des nuages opaques qui leur avaient si heureusement servi à cacher leur nombre, la direction de leur fuite, et la manœuvre grâce à laquelle Michel et Bertha se trouvaient maintenant en sûreté.

— Rampons, rampons maintenant, Trigaud ! s'écria Jean Oullier ; il importe que les soldats ne nous voient pas avant que nous sachions ce qu'ils font et de quel côté ils se dirigent.

Le géant se courba comme s'il marchait à quatre pattes, et bien lui en prit ; car il ne s'était pas plus tôt incliné, qu'il entendit passer en sifflant au-dessus de sa tête une balle qu'il eût reçue en pleine poitrine sans cette précaution.

— Diable ! fit Courte-Joie, tu as donné là un conseil qui n'était pas gros, Jean Oullier, mais qui était bon.

— Ils ont deviné notre ruse, dit Jean Oullier, et ils nous cernent, de ce côté du moins.

En effet, on apercevait une file de soldats qui, placés à cent pas les uns des autres à partir du dolmen, se tenaient sur une étendue d'une demi-lieue, comme une ligne de traqueurs, attendant que les Vendéens reparussent.

— Fonçons-nous ? demanda Courte-Joie.

— C'est mon avis, dit Jean Oullier ; mais attends que je fasse une trouée.

Et, appuyant son fusil à son épaule — sans pour cela quitter sa position horizontale — Jean Oullier fit feu sur le soldat qui rechargeait son arme.

Le militaire, atteint en pleine poitrine, pirouetta sur lui-même et s'abattit face contre terre.

— Et d'un ! fit Oullier.

Puis, passant au soldat qui venait à la suite, et avec le même calme qu'il eût fait sur deux perdreaux, il ajusta et tira.

Le second tomba comme le premier.

— Coup double ! dit Courte-Joie. Bravo, gars Oullier, bravo !

— En avant ! en avant ! cria celui-ci en se redressant sur ses pieds avec l'agilité d'une panthère ; en avant ! et égaillons-nous un peu pour donner moins de prise aux balles qui vont pleuvoir.

Le Vendéen avait dit vrai : les trois compagnons n'avaient pas fait dix pas, que six ou huit détonations successives se firent entendre, et que l'un des projectiles vint enlever un éclat de la massue que Trigaud tenait à la main.

Heureusement pour les fugitifs que les soldats qui arrivaient de toutes parts au secours de leurs deux camarades qu'ils avaient vus tomber, arrivant essoufflés par la course, avaient fait feu d'une main mal assurée ; mais ils n'en fermaient pas moins le passage, et il n'était pas probable que Jean Oullier et ses deux compagnons eussent le temps de franchir leur ligne sans un combat corps à corps.

Effectivement, au moment où Jean Oullier, qui tenait la gauche, prenait son élan pour franchir un petit ravin, il vit un schako se dresser sur le bord opposé et aperçut un soldat qui l'attendait la baïonnette croisée.

La rapidité de sa course n'avait pas permis à Jean Oullier de recharger son fusil ; mais il calcula que, puisque son adversaire se contentait de le menacer de la baïonnette, c'est qu'il était probablement dans la même situation que lui. A tout hasard, il tira son couteau, le plaça entre ses dents, puis continua d'avancer de toute la vitesse de ses jambes.

A deux pas du fossé, il s'arrêta court, et, coucha en joue le soldat, dont la poitrine n'était pas à plus de six pieds du canon de son fusil.

Ce qu'avait prévu Jean Oullier arriva : le soldat crut le fusil chargé et se jeta à plat ventre pour éviter le coup.

A l'instant même, et comme si l'arrêt qu'il venait de faire n'avait en rien diminué la vigueur de son élan, d'un bond Jean Oullier franchit la ravine et passa comme l'éclair par-dessus le corps du soldat.

Trigaud, de son côté, n'avait pas été moins heureux, et, sauf une balle qui, en lui effleurant l'épaule, avait ajouté un lambeau de plus aux lambeaux dont se composaient ses vêtements, lui et son camarade Courte-Joie, comme Jean Oullier, avaient franchi la ligne.

Les deux fugitifs — Trigaud ne doit compter que pour un — appuyèrent alors diagonalement, l'un à droite, l'autre à gauche, de manière à se rejoindre à l'extrémité de l'angle.

Au bout de cinq minutes, ils étaient à portée de la voix.

— Cela va bien ? dit Jean Oullier à Courte-Joie.

— A merveille ! répondit celui-ci ; et, dans vingt minutes, si nous n'avons pas quelque membre éclopé par les balles de ces gredins-là, nous verrons les champs, et, une fois derrière la première haie, du diable s'ils nous rejoignent. Mauvaise idée, gars Oullier, que nous avons eue de gagner la lande.

— Bah ! nous en voilà tantôt dehors, et les enfants sont plus en sûreté où nous les avons mis que dans la forêt la plus épaisse. Tu n'es pas blessé ?

— Non ; et toi, Trigaud ? Il me semble que j'ai senti un certain frisson passer dans ta peau.

Le géant montra l'éraflure que la balle lui avait faite à sa massue ; évidemment, cette avarie, qui détruisait la correction de l'œuvre à laquelle il avait travaillé avec tant d'amour pendant toute la matinée, le préoccupait bien plus que celle qu'avaient reçue ses habits et son deltoïde, légèrement endommagé par le passage de la balle.

— Ah ! fameux ! dit Courte-Joie, voilà les champs.

En effet, à un millier de pas des fuyards, au bout d'une pente si douce, qu'elle était presque insensible à la vue, on apercevait les blés à demi jaunis, qui ondulaient dans leurs encadrements d'un vert mat.

— Si nous soufflions un peu, dit Courte-Joie, qui paraissait ressentir la fatigue qu'éprouvait Trigaud.

— Ma foi, oui, dit Jean Oullier, le temps de recharger mon fusil. Regarde, toi, pendant ce temps-là.

Jean Oullier rechargea son fusil, et Courte-Joie promena son regard en cercle autour de lui.

— Oh ! mille millions de tonnerres ! s'écria tout à coup le cul-de-jatte au moment où le vieux Vendéen assurait sur la poudre sa seconde balle.

— Qu'y a-t-il ? dit Jean Oullier en se retournant.

— En route, mille diables ! en route ! Je ne vois rien encore, mais j'entends un bruit qui ne dit rien de bon.

— Ouais ! fit Jean Oullier, on nous fait les honneurs de la

cavalerie, gars Courte-Joie. Alerte ! alerte ! paresseux ! ajouta-t-il en s'adressant à Trigaud.

Celui-ci, autant pour soulager ses poumons que pour répondre à Jean Oullier, poussa une espèce de mugissement qu'eût envié le plus vigoureux taureau poitevin, et, d'une seule enjambée, il franchit une pierre énorme qui se trouvait sur son passage.

Un cri de douleur poussé par Jean Oullier l'arrêta dans son formidable élan.

— Qu'as-tu donc ? demanda Courte-Joie à celui-ci, qui s'était arrêté, appuyé sur le canon de son fusil et la jambe levée.

— Rien, rien, dit Jean ; ne vous inquiétez pas de moi.

Puis il essaya de marcher à nouveau, poussa un second cri et fut forcé de s'asseoir.

— Oh ! dit Courte-Joie, nous ne nous en irons pas sans toi. Parle ! qu'as-tu ?

— Rien, te dis-je !

— Es-tu blessé ?

— Ah ! fit Jean Oullier, où est le rebouteux de Montbert ?

— Tu dis ? demanda Courte-Joie, qui n'avait pas compris.

— Je dis que mon pied est entré dans un trou et que je me le suis démis ou foulé ; tant il y a que je ne puis plus faire un pas...

— Trigaud va te prendre sur une épaule, et moi sur l'autre.

— Impossible ! vous n'arriverez jamais aux haies.

— Mais, si nous te laissons en arrière, ils te tueront, mon Jean Oullier.

— Peut-être, dit le Vendéen ; mais j'en tuerai plus d'un avant de mourir ; et pour commencer, regarde-moi descendre celui-là.

Un jeune officier de chasseurs, mieux monté que les autres, venait d'apparaître sur un monticule, à trois cents pas à peu près des fugitifs.

Jean Oullier porta la crosse de son fusil à son épaule, et lâcha le coup.

Le jeune officier ouvrit les bras, puis tomba à la renverse.

Et Jean Oullier se mit à recharger son fusil.

— Ainsi, tu dis que tu ne peux pas marcher ? demanda Courte-Joie.

— Je ferais peut-être dix ou quinze pas à cloche-pied ; mais à quoi bon ?

— Alors, halte ici, Trigaud !

— Vous n'allez pas faire la folie de rester, j'espère ? s'écria Jean Oullier.

— Ah ! par ma foi, si ! où tu mourras, nous mourrons, mon vieux ; mais, comme tu dis, nous en descendrons quelques-uns auparavant.

— Non pas, non pas, Courte-Joie ; ça ne peut se passer ainsi. Il faut que vous viviez pour veiller sur ceux que nous avons laissés là-bas... Mais que fais-tu donc, Trigaud ? demanda Jean Oullier en regardant le géant, qui était descendu dans une ravine et qui soulevait un bloc de granit.

— Bon ! dit Courte-Joie, ne le gronde pas, il ne perd pas son temps.

— Ici, ici, cria Trigaud en indiquant une espèce d'excavation creusée par les eaux sous la pierre, et qu'en soulevant celle-ci, il venait de découvrir.

— C'est, ma foi, vrai ! il a de l'esprit comme un singe aujourd'hui, ce gars Trigaud ! Ici, Jean Oullier, ici, et coule-toi là-dessous... coule ! coule !

Jean se traîna jusqu'aux deux compagnons, *se coula* dans l'excavation, comme disait Courte-Joie, s'y pelotonna avec de l'eau jusqu'à mi-jambes ; après quoi, Trigaud replaça doucement la pierre dans sa position naturelle, de façon cependant à ménager de l'air et de la lumière à celui que, pareille à la pierre d'un tombeau, elle engloutissait tout vivant.

Il venait d'achever quand les cavaliers parurent sur le point culminant de la pente, et, après s'être assurés que le jeune officier était bien mort, se lancèrent à la poursuite des chouans au grand galop de leurs chevaux.

Cependant tout espoir n'était pas perdu : cinquante pas à peine séparaient Trigaud et Courte-Joie — les seuls dont nous ayons à nous occuper maintenant — d'une haie par-delà laquelle était un salut d'autant mieux assuré que, s'en rapportant aux cavaliers, les fantassins semblaient avoir renoncé à leur poursuite.

Mais un sous-officier de chasseurs, admirablement monté, les suivait de si près, que Courte-Joie sentait le souffle du cheval qui lui brûlait les épaules.

Le sous-officier, voulant terminer cette course, se dressa sur ses étriers et porta un tel coup de sabre au cul-de-jatte, qu'il lui eût infailliblement fendu la tête si l'animal, dont le cavalier n'avait pas suffisamment rassemblé les rênes, ne se fût jeté sur la gauche par un écart, tandis que, par un mouvement instinctif, Trigaud se jetait à droite.

L'arme dévia donc et ne fit qu'entamer légèrement le bras de l'hôtelier.

— Face ! cria Courte-Joie à Trigaud, comme s'il eût commandé la manœuvre.

Celui-ci pirouetta sur lui-même, absolument comme si son corps eût été relié au sol par un ressort d'acier.

Le cheval, en passant à côté de lui, le heurta du poitrail, mais sans l'ébranler, et, au même instant, Courte-Joie, faisant feu d'un des canons de son fusil de chasse, renversa le sous-officier, que l'élan de sa monture emportait en avant.

— Un ! compta Trigaud, chez lequel l'imminence du péril développait une loquacité qui n'était pas dans ses habitudes.

Pendant la minute qu'avait duré cet épisode, les autres cavaliers s'étaient sensiblement rapprochés ; quelques longueurs de cheval seulement les séparaient des deux Vendéens, qui, au milieu des trépignements de leur galop, pouvaient distinguer le sec craquement des mousquetons et des pistolets que l'on armait à leur intention.

Mais deux secondes avaient suffi à Courte-Joie pour juger des ressources que pouvait lui offrir l'endroit où il se trouvait.

Ils étaient arrivés à l'extrémité de la lande de Bouaimé, à quelques pas d'un carrefour du centre duquel divergeaient différents chemins. Comme tous les carrefours vendéens ou bretons, celui-là avait sa croix ; cette croix de pierre, à moitié brisée dans sa largeur, pouvait offrir un abri qui devait bientôt devenir insuffisant. A droite étaient les premières haies des champs ; mais il ne fallait pas même songer à les gagner ; car, pénétrant leur intention, trois ou quatre cavaliers avaient obliqué de ce côté. En face d'eux et s'allongeant à leur gauche, était la Maine, qui formait un coude en cet endroit ; seulement, il ne fallait point que Courte-Joie songeât à mettre la rivière entre les soldats et lui ; car la rive opposée était formée de rochers qui se dressaient à pic au-dessus des eaux, et, en suivant le courant pour chercher un point sur lequel ils pussent aborder, les deux chouans eussent certainement été criblés de balles.

C'est donc pour la croix que Courte-Joie s'était décidé ; ce fut de ce côté que, sur son ordre, Trigaud se dirigea.

Au moment où ce dernier tournait autour de l'obélisque de pierre, pour le mettre entre les soldats et lui, une balle vint s'aplatir sur une des faces de la croix, et, en ricochant, atteignit Courte-Joie à la joue ; ce qui n'empêcha nullement le cul-de-jatte de riposter à son tour.

Mais, par malheur, le sang qui s'échappait de la blessure d'Aubin vint tomber sur les mains de Trigaud. Il vit ce sang, et poussant un rugissement de fureur, comme s'il n'eût été sensible qu'à ce qui atteignait son compagnon, il s'élança en avant sur les soldats comme fait un sanglier sur les chasseurs.

Au même instant, Courte-Joie et Trigaud étaient entourés, dix sabres étaient levés sur leurs têtes, dix canons de pistolet menaçaient leurs corps, et un gendarme étendait la main pour saisir Courte-Joie.

Mais la massue de Trigaud s'abattit, rencontra en s'abattant la jambe du gendarme, qu'elle broya.

Le malheureux poussa un cri terrible et tomba de son cheval qui s'enfuit à travers la lande.

Au même moment, dix explosions éclatèrent à la fois.

Trigaud avait une balle dans la poitrine, et le bras gauche de Courte-Joie pendait à son côté, brisé à deux endroits.

Le mendiant semblait insensible à la douleur ; il fit, avec son tronc d'arbre, un moulinet qui brisa deux ou trois sabres et écarta les autres.

— A la croix ! à la croix ! lui cria Courte-Joie. Nous serons bien là pour mourir.

— Oui, répondit sourdement Trigaud, qui, en entendant son ami parler de mourir, abattit convulsivement sa massue sur la tête d'un chasseur, qu'il renversa assommé.

Puis exécutant l'ordre qu'il venait de recevoir, il marcha à reculons vers la croix, pour couvrir, autant que possible, son ami de son corps.

— Mille tonnerres ! s'écria un brigadier, c'est perdre trop de temps, de monde et de poudre pour ces deux mendiants.

Et, enlevant son cheval de la bride et de l'éperon, il fit faire à l'animal un bond prodigieux qui le porta sur les Vendéens.

La tête du cheval frappa Trigaud en pleine poitrine, et la violence du choc fut telle, que le géant tomba sur ses genoux.

Le cavalier profita de cette chute pour envoyer à Courte-Joie un coup de revers qui lui entama le crâne.

— Jette-moi au pied de la croix, et sauve-toi si tu peux, dit Courte-Joie d'une voix défaillante ; car, pour moi, tout est fini.

Puis il commença la prière :

— Recevez mon âme, ô mon Dieu !...

Mais le colosse ne l'écoutait plus ; ivre de sang et de rage, il poussait des cris rauques et inarticulés comme ceux d'un lion aux abois ; ses yeux, ordinairement ternes et atones, jetaient des flammes ; ses lèvres crispées laissaient voir des dents serrées et menaçantes qui eussent pu rendre à un tigre morsure pour morsure. L'élan du cheval avait emporté à quelques pas le cavalier qui avait frappé Courte-Joie. Trigaud ne pouvait l'atteindre ; il fit tourner sa massue autour de son poignet, et, mesurant de l'œil la distance qui le séparait du chasseur, il lui lança le tronc d'arbre, qui partit en sifflant comme s'il sortait d'une catapulte.

Le cavalier fit cabrer son cheval et évita le coup ; mais le cheval le reçut dans la tête.

L'animal battit l'air de ses pieds de devant, et, se renversant en arrière, roula avec son cavalier sur la lande.

Trigaud poussa un cri de joie plus terrible que ne l'eût été un cri de douleur ; la jambe du cavalier était prise sous sa monture ; il se rua sur lui, para avec son bras, qui fut largement entaillé, le coup de sabre que lui porta celui-ci, le saisit par la jambe, l'attira à lui ; puis, le faisant tourner en l'air comme un enfant fait d'une fronde, il lui écrasa la tête contre une des branches de la croix.

La pierre byzantine oscilla sur sa base, et resta penchée et couverte de sang.

Un cri d'horreur et de vengeance s'éleva de la troupe ; mais, comme cet échantillon de la force prodigieuse de Trigaud avait dégoûté les chasseurs de s'approcher de lui, ils se mirent à recharger leurs armes.

Pendant ce temps, Courte-Joie rendait le dernier soupir, en disant à haute voix :

— *Amen !*

Alors, Trigaud, sentant son maître bien-aimé mort, comme si les préparatifs que faisaient les chasseurs ne le regardaient pas, Trigaud s'assit sur la base de la croix, détacha le corps de Courte-Joie et le prit sur ses genoux comme fait une mère de celui de son enfant expiré, contemplant son visage livide, essuyant avec sa manche le sang qui souillait sa face, tandis qu'un torrent de larmes, les premières que cet être indifférent à toutes les misères de la vie eût jamais versées, coulant larges et pressées le long de ses joues, se mêlaient à ce sang et l'aidaient dans la tâche pieuse qui l'absorbait.

Une explosion formidable, deux nouvelles blessures, le son sourd et mat produit par trois ou quatre balles qui trouèrent le cadavre que Trigaud tenait entre ses bras et serrait contre son cœur, vinrent l'arracher à sa douleur et à son immobilité.

Il se redressa de toute sa hauteur, et, à ce mouvement, qui leur fit croire qu'il allait s'élancer sur eux, les chasseurs rassemblèrent les rênes de leurs chevaux et un frisson courut dans les rangs.

Mais le mendiant ne les regarda même pas ; il ne pensait plus à eux ; il ne cherchait qu'un moyen de ne pas être séparé de son ami après la mort, et il paraissait chercher un endroit qui lui donnât l'assurance de la réunion pendant l'éternité.

Il se dirigea du côté de la Maine.

Malgré ses blessures, malgré le sang qui coulait le long de son corps par cinq ou six trous de balles et qui laissait derrière lui un véritable ruisseau, Trigaud marchait droit et ferme. Il arriva au bord de la rivière sans qu'un seul soldat eût eu l'idée de l'en empêcher, s'arrêta à un endroit où la berge dominait une eau [illegible] dont la tranquillité dénonçait la profondeur, embrassa étroi[illegible] cadavre du pauvre cul-de-jatte ; puis, le tenant toujours serré contre sa poitrine, réunissant tout ce qui lui restait de forces, il s'élança en avant sans prononcer une seule parole.

L'eau rejaillit avec fracas sous la masse énorme qu'elle engloutissait, bouillonna longtemps à l'endroit où Trigaud et son compagnon avaient disparu, et s'effaça enfin en larges cercles qui allèrent mourir contre la rive.

Les cavaliers étaient accourus ; ils pensaient que le mendiant s'était jeté à l'eau pour gagner l'autre bord, et, le pistolet au poing, le mousqueton sur l'épaule, ils se tenaient prêts à faire feu sur lui au moment où il remonterait à la surface pour respirer.

Mais Trigaud ne reparut pas ; son âme était allée retrouver l'âme du seul être qu'il eût aimé ici-bas, et leurs corps reposaient doucement sur un lit de roseaux au fond du gouffre de la Maine !

67

Où les secours arrivent d'où on ne les attendait guère

Pendant la semaine qui venait de s'écouler, maître Courtin s'était tenu très prudemment coi et tranquille derrière les murailles de sa métairie de la Logerie.

Comme tous les diplomates, maître Courtin n'avait pas la guerre en grande estime ; il calculait avec raison que le temps des coups de sabre et des coups de fusil passerait promptement, et il ne songeait qu'à se tenir frais et gaillard, pour le moment où il pourrait être utile à la cause et à lui-même, selon les petits moyens que la nature lui avait octroyés.

Puis il n'était pas sans inquiétude, le prévoyant métayer, sur les conséquences que pouvait avoir pour lui le rôle qu'il avait joué dans l'arrestation de Jean Oullier et dans la mort de Bonneville, et, au moment où toutes les haines, toutes les rancunes, toutes les vengeances tenaient la campagne armée de bons fusils, il trouvait sage de ne pas se placer follement sur leur chemin.

Il n'était pas jusqu'à son jeune maître, le baron Michel, si inoffensif qu'il l'eût connu, que maître Courtin ne craignît de rencontrer, depuis qu'un certain soir il avait coupé la sangle de son cheval ; aussi, dès le lendemain de cette équipée, pensant que le meilleur moyen pour ne pas se faire tuer était de paraître à moitié mort, il s'était blotti entre ses draps en faisant annoncer, par sa servante, à ses voisins et à ses administrés, qu'une fièvre des plus malignes et du genre de celle qui avait enlevé le pauvre Tinguy, le mettait à deux doigts du tombeau.

Madame de la Logerie, dans l'accablement où la plongeait la fuite de Michel, avait deux fois fait demander son métayer ; mais le mal avait paralysé la bonne volonté de Courtin, si bien que ce fut la fière baronne qui, cédant à son inquiétude, se rendit au logis du paysan.

Elle avait entendu dire que Michel avait été fait prisonnier.

Elle partait pour Nantes et elle allait employer tout son crédit pour faire rendre son fils à la liberté, et toute son autorité de mère pour l'entraîner loin de ce malheureux pays.

En aucun cas, elle ne reviendrait à la Logerie, dont le séjour lui semblait dangereux en raison du conflit qui se préparait, et c'était pour recommander à Courtin de veiller sur son habitation qu'elle avait désiré le voir.

Courtin lui promit de se montrer digne de sa confiance, mais d'une voix si triste et si dolente, que la baronne, au milieu de ses inquiétudes personnelles, quitta la métairie avec un cœur rempli de commisération pour le pauvre diable.

Puis étaient venus les combats du Chêne et de la Pénissière.

Le jour où ces combats avaient eu lieu, le bruit de la fusillade, qui arrivait jusqu'au métayer, lui donna des redoublements inquiétants.

Mais, en revanche, lorsqu'il apprit l'issue de ces deux combats, il se leva parfaitement guéri.

Le lendemain, il se sentait si fort son aise, que, malgré les représentations de sa servante, il voulut se rendre à Montaigu, son chef-lieu, pour prendre les ordres de M. le sous-préfet, relativement à la conduite qu'il devait tenir.

Le vautour sentait l'odeur du carnage, et voulait sa petite part de la curée.

A Montaigu, maître Courtin apprit qu'il avait fait un voyage inutile. Le département venait d'être placé sous la direction de l'autorité militaire. Le sous-préfet l'engagea donc à aller chercher des instructions à Aigrefeuille, auprès du général, qui s'y trouvait en ce moment.

Dermoncourt, tout préoccupé du mouvement de ses colonnes, et, en sa qualité de brave et loyal militaire, se sentant peu de sympathie pour les hommes du caractère de Courtin, reçut d'un air fort distrait les dénonciations que celui-ci se croyait obligé de transmettre sous prétexte de renseignements, et se montra vis-à-vis de lui d'une froideur qui glaça le maire de la Logerie.

Il accepta, cependant, la proposition que lui fit Courtin de placer une garnison dans le château, dont la position lui semblait excellente pour tenir en bride le pays, entre Machecoul et Saint-Colombin.

Le ciel devait un dédommagement au métayer pour la médiocre sympathie que lui avait témoignée le général.

Ce dédommagement, il ne tarda point, dans sa justice, à le lui octroyer.

En sortant de la maison qui servait de quartier général, maître Courtin fut abordé par un personnage qu'il avait la conscience de n'avoir jamais rencontré jusqu'alors, et qui cependant se montra vis-à-vis de lui d'une politesse on ne peut plus parfaite et d'une obligeance tout à fait touchante.

Ce personnage était un homme d'une trentaine d'années, vêtu d'habits noirs, dont la coupe se rapprochait assez de celle des vêtements ecclésiastiques à la ville ; son front était bas, son nez recourbé comme un bec d'oiseau de proie. Ses lèvres étaient minces et, malgré leur exiguïté, fortement saillantes par suite d'une disposition particulière de la mâchoire ; son menton pointu s'avançait à angle plus qu'aigu ; ses cheveux, d'un noir plombé, étaient collés le long de ses tempes ; ses yeux gris et souvent voilés semblaient voir à travers des paupières clignotantes. C'était la physionomie d'un jésuite greffée sur la face d'un juif.

Quelques mots dits à Courtin par l'inconnu semblèrent avoir raison de la méfiance avec laquelle il avait accueilli des prévenances qui lui avaient tout d'abord paru fort suspectes ; il accepta de bonne grâce le dîner que celui-ci lui offrit à l'hôtel Saint-Pierre, et, après deux heures passées en tête à tête dans la chambre où l'individu dont nous avons tracé le portrait avait fait dresser la table, une sympathie mutuelle avait si bien opéré, qu'ils se traitaient, Courtin et lui, comme de vieux amis, qu'ils échangèrent, en se quittant, de nombreuses poignées de main, et qu'en donnant le premier coup d'éperon à son bidet, le maire de la Logerie renouvela à l'inconnu la promesse qu'il ne resterait pas longtemps sans avoir de ses nouvelles.

Vers neuf heures du soir, maître Courtin cheminait, la tête de sa monture tournée du côté de la Logerie et la croupe du côté d'Aigrefeuille ; il semblait tout joyeux et tout allègre et faisait voler de droite à gauche et de gauche à droite, sur les flancs de son petit cheval, son bâton à manche de cuir, avec une aisance et une crânerie qui n'étaient pas dans ses habitudes.

Le cerveau de maître Courtin était évidemment farci d'idées couleur de rose ; il songeait d'abord que, le lendemain, en s'éveillant, il aurait, à une portée de fusil de sa métairie, une cinquantaine de bons petits soldats, dont le voisinage le laissait sans inquiétude, non seulement sur les conséquences de ce qu'il avait fait, mais encore sur les suites de ce qu'il voulait faire : il pensait qu'en sa qualité de maire, il pourrait peut-être disposer de ces cinquante baïonnettes selon les exigences de ses petites inimitiés.

Cela flattait à la fois sa haine et son amour-propre.

Mais, si séduisante que fût cette perspective d'une garde prétorienne pouvant, avec un peu d'adresse, devenir la sienne, elle n'eût cependant pas suffi à communiquer à maître Courtin, homme positif s'il en fût jamais, une satisfaction aussi expansive.

L'inconnu avait, sans aucun doute, fait briller à ses yeux tout autre chose que le pailletage d'une gloire éphémère ; car ce n'était ni plus ni moins que des monceaux d'or et d'argent que maître Courtin entrevoyait dans les brouillards de l'avenir et vers lesquels il étendait la main par un mouvement machinal et avec un sourire rempli de convoitise.

Sous l'empire de ces agréables hallucinations, alourdi par les fumées du vin que l'inconnu lui avait versé sans parcimonie, maître Courtin se laissa aller à une douce somnolence ; son corps ballottait à droite et à gauche, suivant les caprices de l'amble de son bidet ; si bien que, le pied de celui-ci ayant rencontré une pierre, maître Courtin tomba en avant et demeura le corps plié en deux et appuyé sur le pommeau de la selle.

La situation était gênante, et cependant maître Courtin n'avait garde d'en sortir ; il faisait en ce moment un rêve si délicieux, que, pour rien au monde, il n'eût voulu le voir finir, en s'éveillant.

Il lui semblait qu'il rencontrait son jeune maître, et que celui-ci, étendant la main sur le domaine de la Logerie, lui disait : « Tout ceci est à toi ! »

Le présent était encore bien plus considérable qu'il ne le semblait tout d'abord, et Courtin y trouvait la source de richesses prodigieuses.

Les pommiers du verger étaient chargés de fruits d'or et d'argent, et toutes les gaules du pays, mises en réquisition, ne suffisaient pas pour empêcher les branches de plier et de rompre sous le faix.

Les buissons d'églantiers, les aubépines portaient, au milieu de leurs baies rouges et noires, des pierres de toutes les couleurs qui étincelaient au soleil comme autant d'escarboucles, et il y en avait tant et tant, que, bien qu'il fût convaincu que c'étaient des pierres précieuses, maître Courtin n'éprouvait pas trop de contrariété en apercevant un petit picoreur qui en avait rempli ses poches.

Le métayer entrait dans son étable.

Il trouvait dans cette étable une file de vaches grasses qui s'étendait à perte de vue ; si loin, si loin, que celle qui était le plus près de la porte lui semblait avoir la taille d'un éléphant, la dernière ne lui paraissant pas plus grosse qu'un ciron.

Sous chacune des vaches, il y avait des jeunes filles occupées à les traire.

Les deux premières de ces jeunes filles ressemblaient trait pour trait aux deux *louves*, aux deux filles du marquis de Souday.

Sous leurs doigts et du pis monstrueux des deux premières vaches, ruisselait un liquide alternativement blanc et jaune, mais toujours brillant comme des métaux en fusion.

En tombant dans le seau de cuivre que chacune des deux jeunes filles tendait au-dessous des immenses mamelles, il produisait cette musique, si douce à l'oreille, des pièces d'or et d'argent qui s'empilent les unes au-dessus des autres.

En regardant dans ces seaux, l'heureux métayer vit qu'ils étaient à moitié pleins de ces précieuses médailles à toutes les effigies.

Il étendait, pour les saisir, des mains avides et frémissantes lorsqu'une violente secousse accompagnée d'un cri de prière et d'angoisse vint l'arracher à ces douces illusions.

Courtin ouvrit les yeux et aperçut dans l'ombre une paysanne qui, les vêtements en désordre, les cheveux épars, tendait vers lui des mains suppliantes.

— Que voulez-vous ? cria maître Courtin à la paysanne, en prenant sa voix de basse et en donnant à son bâton une position menaçante.

— Que vous veniez à mon aide, mon brave homme ; je vous le demande au nom du bon Dieu !

En entendant implorer sa pitié, en acquérant la certitude qu'il n'avait affaire qu'à une femme, maître Courtin, qui avait d'abord roulé autour de lui des yeux effarés, se rasséréna complètement.

— C'est un délit que vous commettez là, ma chère : on n'arrête point les gens sur la route, comme vous venez de le faire, pour leur demander l'aumône.

— L'aumône ! qui vous parle d'aumône ? repartit l'inconnue d'une voix dont la distinction et le ton de hauteur frappèrent Courtin ; je veux que vous m'aidiez à secourir un malheureux qui va mourir de fatigue et de froid ; je veux que vous me prêtiez votre cheval pour le transporter dans quelque métairie du voisinage.

— Et quel est celui qu'il s'agit de secourir ?

— Vous me paraissez par votre costume appartenir à nos campagnes. Je n'hésite donc pas à vous dire, car je suis sûre que, quand bien même vous ne partageriez pas nos opinions, vous ne sauriez me trahir : c'est un officier royaliste.

Le son de la voix de l'inconnue excitait vivement la curiosité de Courtin ; il se penchait sur l'encolure de son bidet pour tâcher de reconnaître la personne à qui cette voix appartenait, mais sans pouvoir y réussir.

— Et qui êtes-vous donc vous-même ? demanda-t-il.

— Que vous importe ?

— Pourquoi voulez-vous que je prête mon cheval à des gens que je ne connais pas ?...

— Décidément, je ne suis pas heureuse ! Votre réponse me prouve que j'ai eu tort de vous parler comme à un ami ou comme à un ennemi loyal... Je vois bien qu'il faut employer un autre système. Vous allez me donner votre cheval à l'instant.

— Vraiment !

— Vous avez deux minutes pour vous décider.

— Et si je refuse ?

— Je vous fais sauter la cervelle, continua la paysanne en dirigeant vers maître Courtin le canon d'un pistolet, et en faisant claquer la batterie de façon à lui prouver qu'il ne fallait qu'une minute pour que l'exécution suivît la menace.

— Ah ! bon ! je vous reconnais à présent ! dit Courtin ; vous êtes Mlle de Souday.

Et, sans laisser son interlocutrice insister davantage, le maire de la Logerie descendit de sa monture.

— Bien ! reprit Bertha — car c'était elle. Maintenant, dites-moi votre nom, et, demain, le cheval sera reconduit à votre porte.

— Il n'en est pas besoin, car je vais vous aider.

— Vous ! et pourquoi ce changement ?

— Parce que je devine que la personne que vous me demandiez de secourir est le propriétaire de ma métairie.

— Son nom ?

— M. Michel de la Logerie.

— Ah ! vous êtes un de ses tenanciers. Bon ! nous aurons maison pour asile.

— Mais, balbutia Courtin, qui n'était rien moins que rassuré à l'idée de se retrouver en présence du jeune baron, et surtout en songeant que, lorsque celui-ci serait avec Bertha sous son toit, Jean Oullier ne pouvait manquer d'y venir ; mais c'est que je suis maire, et...

— Vous craignez de vous compromettre pour votre maître ! fit Bertha avec l'accent d'un profond mépris.

— Oh ! non pas ; je donnerais mon sang pour le jeune homme ; mais nous allons avoir, au château même de la Logerie, une forte garnison de soldats.

— Tant mieux ! on ne soupçonnera pas que des Vendéens, des insurgés aient cherché asile si près d'eux.

— Mais il me semble, toujours dans l'intérêt de M. le baron, que Jean Oullier pourrait vous découvrir une retraite plus sûre que ma maison, où les soldats vont aller et venir du matin au soir.

— Hélas ! tout l'attachement du pauvre Jean Oullier sera probablement inutile à ses amis désormais.

— Comment cela ?

— Nous avons entendu, dans la matinée, une vive fusillade sur la lande ; nous n'avons pas bougé, comme il nous l'avait recommandé ; mais c'est en vain que nous l'avons attendu ! Jean Oullier est mort ou prisonnier, car il n'est pas de ceux qui abandonnent leurs amis.

S'il eût fait jour, il eût été difficile à Courtin de dissimuler la joie que cette nouvelle, qui le débarrassait de ses plus vives inquiétudes, venait de lui causer. Mais, s'il n'était pas maître de sa physionomie, il le fut de ses paroles, et il répondit à ces mots, que Bertha avait prononcés d'une voix émue, par une interjection si lamentable, qu'elle raccommoda un peu la jeune fille avec lui.

— Marchons plus vite, dit Bertha.

— Je le veux bien... Mais comme cela sent le brûlé ici !

— Oui, on a mis le feu à la bruyère.

— Ah ! Et comment M. le baron n'a-t-il pas été brûlé ? Car c'est du côté où il est qu'a dû s'étendre l'incendie.

— Jean Oullier nous avait mis au milieu des joncs de l'étang de Fréneuse.

— Ah ! c'est donc cela que tout à l'heure, lorsque je vous ai prise par le bras, pour vous empêcher de choir, je vous ai sentie toute trempée ?

— Oui ; voyant que Jean Oullier ne revenait pas, j'ai traversé l'étang pour aller chercher du secours ; ne rencontrant personne, j'ai placé Michel sur mes épaules, et je l'ai transporté sur l'autre rive. J'espérais pouvoir le porter ainsi jusqu'à la première maison ; mais je n'en ai pas eu la force ; j'ai été obligée de le déposer au milieu de la bruyère, et de retourner seule sur la route ; il y a vingt-quatre heures que nous n'avons mangé.

— Oh ! vous êtes une crâne fillette, dit Courtin, qui, dans l'incertitude où il était sur la façon dont il serait accueilli par son jeune maître, n'était pas fâché de se concilier les bonnes grâces de Bertha. A la bonne heure ! voilà, pour des temps comme ceux dans lesquels nous vivons, la ménagère qu'il fallait à M. le baron.

— N'est-ce pas mon devoir de donner ma vie pour lui ? demanda Bertha.

— Oui, dit Courtin avec emphase, et ce devoir-là, personne ne l'entend comme vous, je suis prêt à en jurer devant Dieu ! Mais calmez-vous et ne marchez pas si vite.

— Si, car il souffre ! si, car il m'appelle, en supposant toutefois qu'il soit sorti de son évanouissement.

— Il était évanoui ? s'écria Courtin, qui voyait dans ce détail la possibilité pour lui d'échapper à une explication immédiate.

— Sans doute, le pauvre enfant ! songez donc qu'il est blessé.

— Ah ! mon Dieu !

— Songez donc que, depuis vingt-quatre heures, lui si faible, si délicat, il n'a pu recevoir que des soins impuissants pour ainsi dire.

— Ah ! juste ciel !

— Songez donc qu'il a reçu toute la journée les rayons d'un soleil brûlant au milieu de ces roseaux ; songez que, ce soir, malgré mes précautions, le brouillard a mouillé ses habits, le froid l'a saisi !

— Jésus Seigneur !

— Ah ! s'il lui arrivait malheur, toute ma vie j'expierais ma faute de l'avoir exposé à des dangers pour lesquels il était si peu fait ! s'écria Bertha, dont toute la passion politique s'était effacée devant les douleurs d'amante que lui causaient les souffrances de Michel.

Quant à Courtin, la certitude donnée par la jeune fille que Michel était dans un état qui ne devait pas lui permettre de parler semblait avoir doublé la longueur de ses jambes.

Bertha n'avait plus à stimuler son zèle ; il marchait à sa hauteur et, avec une vigueur qu'il n'avait pas eue jusqu'alors, il tirait par la bride le bidet, récalcitrant à cheminer sur ce sol brûlant.

Débarrassé à tout jamais de Jean Oullier, Courtin croyait facile de se ménager de telles excuses vis-à-vis de son jeune maître, que le raccommodement irait tout seul !

Bientôt Bertha et Courtin arrivèrent à l'endroit où la jeune fille avait laissé Michel. Le jeune homme, le dos appuyé contre une pierre, la tête inclinée sur la poitrine, sans être positivement évanoui, se trouvait sous le coup de cette prostration absolue qui ne laisse arriver aux sens qu'une perception confuse de ce qui se passe ; il ne fit pas la moindre attention à Courtin, et, lorsque celui-ci, aidé par Bertha, l'eut hissé sur le cheval, il serra la main du maire de la Logerie, comme il serrait celle de Bertha, sans savoir ce qu'il faisait.

Courtin et Bertha se placèrent de chaque côté du bidet et soutinrent Michel, dont, sans ce secours, le corps fût tombé à droite ou à gauche.

On arriva à la Logerie ; Courtin réveilla sa servante, sur laquelle on pouvait compter, assura-t-il, comme sur toutes les paysannes du Bocage ; il prit à son propre lit l'unique matelas de la maison, et installa le jeune homme dans une espèce de soupente, au-dessus de sa chambre, et cela, avec tant de zèle, d'abnégation et de protestations d'intérêt, que Bertha finit par regretter le jugement qu'elle avait tout d'abord porté sur Courtin en l'abordant sur la route.

Lorsque la blessure de Michel eut été pansée, lorsqu'il reposa dans le lit qu'on lui avait improvisé, Bertha alla dans la chambre de la servante prendre à son tour un peu de repos.

Resté seul, maître Courtin se frotta joyeusement les mains ; la soirée était bonne.

La violence ne lui avait point réussi jusqu'alors ; et il pensait que la douceur aurait plus de succès. Il avait fait mieux que pénétrer dans le camp ennemi, il avait établi le camp ennemi dans sa propre maison, et tout lui faisait espérer qu'il arriverait à surprendre les secrets des blancs, et surtout ceux qui concernaient Petit-Pierre.

Il repassa dans sa cervelle les recommandations que lui avait faites l'inconnu à Aigrefeuille, et dont la principale était de l'avertir directement, s'il parvenait à découvrir la retraite de l'héroïne de la Vendée, et de ne rien communiquer aux généraux, gens peu curieux des finesses de la diplomatie et tout à fait au-dessous des grandes machinations de l'ordre politique.

Par Michel et par Bertha, il semblait possible à Courtin d'arriver à connaître l'asile de Madame ; il commença à croire que les songes n'étaient pas toujours des mensonges, et que, grâce aux deux jeunes gens, le puits d'or, d'argent, de pierreries, les ruisseaux de lait monnayé pourraient bien devenir une réalité.

68

Sur la grande route

Cependant, Mary n'avait pas de nouvelles de Bertha.

Depuis le soir où celle-ci avait quitté le moulin Jacquet en lui annonçant sa détermination de retrouver Michel, Mary ne savait pas ce que sa sœur était devenue.

Son esprit se perdait en conjectures.

Michel avait-il parlé ? Bertha, réduite au désespoir, avait-elle exécuté quelque funeste résolution ? le pauvre jeune homme était-il blessé, était-il mort ? Bertha était-elle tombée sous les balles au milieu de ses courses aventureuses ? Voilà quelles étaient les tristes alternatives que Mary entrevoyait pour ces deux objets de son affection ; toutes la laissaient en proie aux plus vives angoisses, aux plus poignantes inquiétudes.

Elle se disait bien qu'avec la vie errante qu'elle menait à la suite de Petit-Pierre, forcés qu'ils étaient de quitter chaque soir l'asile qui les avait abrités pendant la nuit précédente, il était bien difficile à Bertha de retrouver leurs traces ; mais il lui semblait que, si quelque malheur ne l'en eût empêchée, au moyen des intelligences que les royalistes avaient chez les paysans, Bertha eût bien trouvé moyen de l'instruire de son sort.

Son cœur, déjà affaibli par toutes les secousses qu'elle venait de subir, fléchissait sous ce nouveau coup ; isolée, sans épanchements, privée de la vue du jeune homme, qui l'avait soutenue au fort de la lutte, elle se laissait aller à une noire mélancolie et succombait sous son chagrin ; ses journées, qu'elle eût dû employer à dormir pour réparer les fatigues de la nuit, elle les passait tout entières à guetter l'arrivée de Bertha ou d'un messager qui n'arrivait pas, et, pendant de longues heures, elle restait si bien absorbée dans sa douleur, qu'elle ne répondait pas lorsqu'on lui adressait la parole.

Certes, Mary aimait sa sœur : l'immense sacrifice auquel elle s'était résignée pour assurer le bonheur de Bertha le prouve surabondamment, et, cependant, elle rougissait en se l'avouant à elle-même, ce n'était pas la destinée de Bertha qui occupait le plus son esprit.

Quelque vive, quelque sincère que fût l'affection de Mary pour Bertha, un autre sentiment bien plus impérieux que celui-là s'était glissé dans son âme, et s'abreuvait des douleurs qu'il y entretenait ; malgré tous les efforts de la jeune fille, jamais le sacrifice dont nous venons de parler ne l'avait trouvée détachée de l'être qui en avait été l'objet ; à présent que Michel était séparé d'elle, la pauvre enfant croyait pouvoir accueillir sans danger une pensée qu'elle repoussait autrefois, et peu à peu l'image de Michel avait si bien pris possession de ce cœur, qu'il n'en sortait plus un seul moment.

Au milieu des souffrances de sa vie, cette douleur que lui causait le souvenir du jeune homme lui semblait consolatrice ; elle s'y abandonnait avec une sorte d'ivresse ; chaque jour, il prenait une part de plus en plus large dans ses larmes, dans les inquiétudes que la prolongation de l'absence de sa sœur lui faisait concevoir.

Après s'être, sans réserve, livrée à son désespoir, après avoir épuisé les plus sinistres suppositions, après avoir évoqué les plus lugubres tableaux sur ce que pouvait être le sort de ces deux êtres aimés, après avoir éprouvé toutes les poignantes alternatives de l'incertitude où chaque heure envolée la laissait, après avoir anxieusement compté les minutes de chacune de ces heures, peu à peu Mary en arrivait aux regrets, et ces regrets s'entremêlaient de reproches.

Elle repassait dans sa mémoire les moindres incidents de sa liaison, de celle de sa sœur avec Michel.

Elle se demandait si elle n'était pas coupable d'avoir brisé le cœur du pauvre garçon, en même temps qu'elle brisait le sien ; si elle avait le droit de disposer de son amour, si elle n'était pas responsable du malheur où elle allait plonger Michel en le mettant, malgré lui, de moitié dans l'immense preuve de dévouement qu'elle donnait à sa sœur.

Puis sa pensée la ramenait par une pente irrésistible à la nuit passée dans la cabane de l'îlot de la Jonchère.

Elle revoyait ces murs de roseaux, elle croyait entendre retentir cette voix si doucement harmonieuse, qui lui avait dit : « Je t'aime ! » elle fermait les yeux, et il lui semblait sentir le souffle du jeune homme passer dans ses cheveux, ses lèvres donner à ses lèvres le premier, l'unique, mais l'ineffable baiser qu'elle avait reçu de lui.

Alors, le renoncement que sa vertu, que sa tendresse pour sa sœur lui avaient conseillé lui paraissait au-dessus de ses forces ; elle s'en voulait de s'être imposé une tâche surhumaine, et l'amour reprenait si vigoureusement possession du cœur qui s'était donné à lui, que Mary, ordinairement si pieuse, habituée à chercher, dans la pensée de la vie future, la patience et le courage, Mary n'avait pas la force de tourner ses regards vers le ciel ; elle restait accablée, ou, dans l'emportement de sa passion, elle s'abandonnait à un désespoir impie, elle se demandait si cette impression fugitive que lui rappelaient ses lèvres était tout ce que Dieu voulait qu'elle connût du bonheur d'être aimée, et si c'était la peine de vivre lorsqu'on était ainsi déshéritée.

Le marquis de Souday avait fini par s'apercevoir de l'altération profonde que le chagrin produisait sur les traits de Mary ; mais il l'avait attribuée aux fatigues excessives qu'éprouvait la jeune fille.

Il était lui-même fort abattu en voyant tous ses beaux rêves s'évanouir, toutes les prédictions que le général lui avait faites se réaliser, en voyant enfin recommencer pour lui le jour de la proscription sans avoir, pour ainsi dire, vu l'aube de celui de la lutte.

Mais il regardait comme un devoir de monter sa résolution et son énergie à la hauteur du malheur qui l'accablait ; ce devoir, le marquis serait mort plutôt que d'y manquer ; car c'était un devoir de soldat, et autant il faisait bon marché de ceux qui résultent des convenances sociales, autant il était à cheval sur tout ce qui dérive de l'honneur militaire.

Donc, quelque abattu qu'il fût intérieurement, il n'en laissait rien voir au-dehors, et il trouvait, dans les péripéties de l'existence aventureuse qu'il menait, le texte de mille plaisanteries par lesquelles il essayait de dérider les figures de ses compagnons, rendues singulièrement soucieuses par suite de l'avortement de l'insurrection.

Mary avait averti son père du départ de Bertha ; le digne gentilhomme avait judicieusement deviné que l'inquiétude qu'elle éprouvait sur la destinée et sur la conduite de son fiancé n'avait pas été étrangère à la résolution que sa fille avait prise. Comme des témoins oculaires lui avaient rapporté que, loin de manquer à son devoir, le jeune de la Logerie avait héroïquement contribué à la défense de la Pénissière, le marquis — qui supposait que Jean Oullier, sur la sollicitude et la prudence duquel il pouvait compter, se trouvait entre sa fille et son futur gendre — n'avait pas jugé à propos de s'inquiéter de l'absence de Bertha plus que ne l'eût fait un général du sort d'un de ses officiers envoyé en expédition. Seulement, le marquis ne s'expliquait pas pourquoi Michel avait préféré si bien faire aux côtés de Jean Oullier plutôt qu'aux siens, et il lui en voulait un peu de cette prédilection.

Entouré de quelques chefs légitimistes, le soir même du combat du Chêne, Petit-Pierre avait été contraint de quitter le moulin Jacquet, où les sujets d'alarme étaient trop fréquents. La route qui n'était pas éloignée, avait permis de voir et d'entendre pendant la soirée les militaires qui conduisaient des prisonniers.

On partit de nuit.

En voulant traverser la grande route, la petite troupe rencontra un détachement et fut forcée, pour le laisser défiler, de se blottir dans un fossé couvert de halliers, où elle resta pendant plus d'une heure.

Tout le pays était tellement sillonné de colonnes mobiles, que ce ne fut qu'en suivant des sentiers impraticables que l'on put échapper à leur surveillance.

Dès le lendemain, il fallut se remettre en route ; l'inquiétude de Petit-Pierre était extrême ; son physique trahissait ses douleurs morales ; mais sa parole, son attitude, jamais. Au milieu d'une vie si agitée et parfois si sombre, brillaient toujours les éclairs d'une gaieté qui faisait tête à celle qu'affectait le marquis de Souday.

Poursuivis comme ils l'étaient, les fugitifs n'avaient pas une nuit de sommeil complète, et, le jour arrivé, le danger et la fatigue se réveillaient en même temps qu'eux. Toutes ces marches de nuit, auxquelles ils étaient assujettis, étaient quelquefois dangereuses et toujours horriblement fatigantes pour Petit-Pierre. Il les faisait quelquefois à cheval, mais le plus souvent à pied, dans les champs, séparés par des haies qu'il fallait franchir quand l'obscurité ne permettait pas de trouver un échalier ; dans les vignes, qui, en ce pays, sont rampantes, couvrent le terrain, enlacent les pieds et font trébucher à chaque pas ; dans les chemins défoncés par le passage réitéré des bœufs, et où les piétons entraient jusqu'aux genoux, les chevaux jusqu'aux jarrets.

Les compagnons de Petit-Pierre commençaient à se préoccuper des conséquences que cette vie d'émotions incessantes et de fatigues continues pouvait avoir pour sa santé ; ils délibérèrent sur les moyens les plus sûrs à adopter pour le mettre à l'abri de toute recherche. Les avis furent partagés : les uns voulaient qu'il se rendît à Paris, où il eût été perdu au milieu de l'immense population de la capitale ; les autres parlaient de le faire entrer à Nantes, où un asile lui avait été ménagé ; d'autres conseillaient de le faire embarquer au plus vite, et ne le jugeaient en sûreté que lorsqu'il aurait quitté le pays, où les recherches allaient devenir d'autant plus actives, que le danger était moins grand.

Le marquis de Souday était de ces derniers ; mais à ceux-là on objectait la surveillance rigoureuse exercée sur la côte et l'impossibilité où l'on était de s'embarquer sans passeport dans un port de mer, si petit qu'il fût.

Petit-Pierre coupa court à la délibération en annonçant qu'il irait à Nantes, qu'il y entrerait au grand jour, à pied, vêtu en paysanne.

Comme l'abattement et le changement de Mary ne lui avaient point échappé, comme il supposait, ainsi que l'avait fait le marquis, que les fatigues de la vie qu'elle menait depuis quelque temps en étaient les seules causes ; comme cette existence devait rester celle de son père, jusqu'à ce que, de son côté, celui-ci eût trouvé à se mettre en sûreté, Petit-Pierre proposa à M. de Souday de lui donner sa fille pour l'accompagner.

Le marquis accepta avec reconnaissance.

Mary ne s'y résigna pas aussi facilement ; dans l'enceinte d'une ville, pourrait-elle recevoir ces nouvelles de Bertha et de Michel que, de seconde en seconde, elle attendait avec tant d'anxiété ? D'un autre côté, le refus était impossible ; elle céda.

Le lendemain, qui était un samedi et un jour de marché, Petit-Pierre et Mary, sous leurs habits de paysanne, se mirent en route vers les six heures du matin.

Ils avaient environ trois lieues et demie à faire.

Après une demi-heure de marche, les sabots, mais surtout les bas de laine auxquels Petit-Pierre n'était pas habitué, lui blessèrent les pieds ; il essaya de marcher encore ; mais, jugeant que, s'il gardait sa chaussure, il ne pourrait continuer sa route, il s'assit sur le bord d'un fossé, ôta ses sabots et ses bas, les fourra dans ses grandes poches et se mit à marcher pieds nus.

Au bout de quelque temps, il remarqua, en voyant passer des paysannes, que la finesse de sa peau et la blancheur aristocratique de ses jambes pourraient bien le trahir ; il s'approcha alors d'un des côtés de la route, il prit de la terre noirâtre, se brunit les jambes avec cette terre et se remit en marche.

Ils étaient arrivés à la hauteur des Sorinières, lorsque, en face d'un cabaret situé sur la route, ils aperçurent deux gendarmes qui causaient avec un paysan à cheval comme eux.

En ce moment, Petit-Pierre et Mary marchaient au milieu d'un groupe de cinq ou six paysannes, et les gendarmes ne firent aucune attention à ces femmes ; mais il sembla à Mary, qui, dans sa préoccupation habituelle, dévisageait tous les passants, anxieuse qu'elle était de savoir si quelqu'un d'entre eux ne serait pas en mesure de lui apprendre ce que Bertha et Michel étaient devenus, il lui sembla, disons-nous, que ce paysan la regardait avec une attention particulière.

Quelques instants après, elle retourna la tête et elle aperçut le paysan qui avait quitté les gendarmes et qui accélérait le trot de son bidet pour rejoindre le groupe des villageoises.

— Prenez garde à vous ! dit-elle à Petit-Pierre : voici un homme que je ne connais pas et qui, après m'avoir examinée avec une grande attention, s'est mis à nous suivre ; éloignez-vous de moi et n'ayez pas l'air de me connaître.

— Bien ; et s'il vous aborde, Mary ?

— Je lui répondrai de mon mieux, soyez tranquille.

— Dans le cas où nous serions forcées de nous séparer, vous savez où nous devons nous retrouver ?

— Sans doute ; mais attention ! ne causons plus ensemble... Il arrive.

Effectivement, on entendait les sabots du cheval qui retentissaient sur le pavé de la route.

Sans affectation aucune, Mary se sépara de ses compagnes et resta de quelques pas en arrière.

Elle ne put s'empêcher de tressaillir en entendant la voix de l'homme qui lui parlait.

— Nous allons donc à Nantes, la belle fille ? dit cet homme en retenant son cheval à la hauteur de Mary et en se remettant à l'examiner avec une curiosité attentive.

Celle-ci fit semblant de prendre la chose gaiement.

— Dame, vous le voyez bien, dit-elle.

— Voulez-vous de ma compagnie ? demanda le cavalier.

— Merci, merci, fit Mary en affectant le parler et la prononciation des paysannes vendéennes ; laissez-moi cheminer avec celles de chez nous.

— Avec celles de chez vous ? Ne voudriez-vous pas me faire accroire qu'elles sont toutes de votre village, ces jeunesses qui vont là-devant ?

— Qu'elles en soient ou qu'elles n'en soient pas, qu'est-ce que cela vous fait ? répliqua Mary évitant de répondre à une question évidemment posée d'une façon insidieuse.

L'homme n'eut pas de peine à s'apercevoir de cette réserve.

— Voyons, une proposition, fit-il.

— Laquelle ?

— Montez en croupe derrière moi.

— Ah ! vraiment, oui ! répondit Mary ; eh bien, cela serait beau, de voir une pauvre fille comme moi brasser un homme qui a presque l'air d'un monsieur !

— Avec cela que vous n'êtes point habituée à en brasser qui en ont l'air et la chanson !

— Que voulez-vous dire ? demanda Mary, qui commençait à s'inquiéter.

— Je dis que vous pouvez passer pour une paysanne aux yeux d'un gendarme ; mais, pour moi, c'est autre chose, et vous n'êtes pas ce que vous voulez paraître, Mlle Mary de Souday.

— Si vous n'avez pas de méchantes intentions contre moi, pourquoi me nommer ainsi tout haut ? demanda la jeune fille en s'arrêtant.

— Bon ! dit le cavalier, quel mal y a-t-il à cela ?

— Il y a que ces femmes auraient pu vous entendre, et, si vous me voyez sous ces habits, c'est sans doute que mon intérêt et ma sûreté l'exigent.

— Oh ! fit l'homme en clignant de l'œil et en affectant un air bonasse, elles sont bien un peu dans votre confidence, ces femmes dont vous avez l'air de vous méfier.

— Non, je vous jure.

— Il y en a bien au moins une...

Mary frémit malgré elle ; mais, appelant à son secours toute sa force de volonté :

— Ni une ni plusieurs. Mais pourquoi, je vous prie, me faites-vous toutes ces questions ?

— Parce que, si vous êtes effectivement seule, comme vous le dites, je vais vous prier de vous arrêter quelques instants.

— Moi ?

— Oui.

— Et dans quel but ?

— Dans le but de m'épargner une fière course que j'aurais eu à faire demain si je ne vous eusse pas rencontrée.

— Laquelle ?

— Celle de vous chercher, donc !

— Vous vouliez me chercher ?

— Pas pour mon compte, vous entendez bien.

— Mais qui vous avait chargé de cette commission ?

— Ceux qui vous aiment.

Puis, baissant la voix :

— Mlle Bertha et M. Michel.

— Bertha et Michel ?

— Oui.

— Alors, il n'est pas mort ? s'écria Mary. Oh ! parlez, parlez, monsieur ! dites-moi, je vous en supplie, ce qu'ils sont devenus.

L'anxiété terrible que traduisait l'accent avec lequel Mary avait prononcé ces paroles, le bouleversement de sa physionomie en attendant la réponse, qui semblait devoir être son arrêt de mort, furent curieusement observés par Courtin, sur les lèvres duquel passa un sourire diabolique.

Il se plut à prolonger son silence pour prolonger en même temps les angoisses de la jeune fille.

— Oh ! non, non, rassurez-vous, dit-il enfin, il en reviendra !

— Mais alors, il est donc blessé ? demanda vivement Mary.

— Comment ! vous ne le saviez pas ?

— Oh ! mon Dieu, mon Dieu ! blessé ! s'écria Mary, dont les yeux se remplirent de larmes.

Mary n'avait plus rien à apprendre à Courtin, il en avait assez vu.

— Bah ! dit-il, cette blessure-là ne le tiendra pas longtemps au lit et ne l'empêchera point d'aller à la noce.

Mary se sentit pâlir malgré elle.

Ce mot de Courtin l'avait fait souvenir qu'elle n'avait point encore demandé des nouvelles de sa sœur.

— Et Bertha, reprit-elle, vous ne m'en dites rien ?

— Votre sœur ! Ah ! par exemple, voilà une fière luronne, celle-là ! Quand elle crochera un mari à son bras, elle pourra dire que c'est du bien qu'elle aura joliment gagné.

— Mais elle n'est point malade ? elle n'est point blessée, elle ?

— Dame, elle est un peu souffrante, mais voilà tout.

— Pauvre Bertha !

— C'est qu'elle en a trop fait aussi ; allez, il y a plus d'un homme qui serait mort à la peine, s'il avait fait ce qu'elle a fait.

— Mon Dieu, mon Dieu, dit Mary, ils souffrent tous deux, et tous deux manquent de soins.

— Oh ! pour cela, non ; car ils se soignent l'un l'autre. Il faut voir comme, toute malade qu'elle est, votre sœur le dorlote ! C'est vrai de dire qu'il y a des hommes qui ont de la chance. Voilà M. Michel aussi gâté par sa promise qu'il l'était par sa mère... Ah ! il faudra qu'il l'aime fièrement, s'il ne veut pas être ingrat.

Mary se troubla de nouveau en entendant ces paroles.

Ce trouble n'échappa point au cavalier, qui se mit à sourire.

— Eh bien, fit-il, voulez-vous que je vous dise une chose dont j'ai cru m'apercevoir ?

— Laquelle ?

— C'est qu'en fait de nuance de cheveux, M. le baron préfère le blond cendré au noir le plus luisant.

— Que voulez-vous dire ? demanda Mary toute palpitante.

— S'il faut que je m'explique, je vous dirai donc une chose qui ne sera point pour vous une grande nouvelle : c'est que c'est vous qu'il aime, et que, si Bertha est le nom de la promise de sa main, c'est Mary qui est le nom de la promise de son cœur.

— Oh ! s'écria Mary, vous inventez cela, monsieur ; car jamais le baron de la Logerie n'a pu vous dire une chose semblable.

— Non ; mais je l'ai bien compris, moi ; et, dame, comme je le chéris ni plus ni moins que la peau de mon corps, je serais bien aise de le voir heureux, ce cher poulet ; si bien que je me suis promis — lorsque votre sœur m'a dit hier qu'il fallait que je vous porte de leurs nouvelles — si bien que je me suis promis à part moi, et pour l'acquit de ma conscience, de vous dire ce que j'en pensais.

— Vous vous trompez dans vos observations, monsieur, repartit Mary : M. Michel ne pense pas à moi ; il est le fiancé de ma sœur, il l'aime profondément, croyez-le bien.

— Vous avez tort de ne pas avoir confiance en moi, mademoiselle Mary ; car savez-vous qui je suis ? Je suis Courtin, le principal métayer de M. Michel, je puis ajouter même, son homme de confiance, et, si vous voulez...

— Monsieur Courtin, vous m'obligeriez infiniment, interrompit Mary, si vous-même vous vouliez une chose...

— Laquelle ?

— Changer de conversation.

— Soit ; mais permettez d'abord que je vous renouvelle mon

offre : montez en croupe derrière moi, cela vous allégera la route. Vous allez à Nantes, je présume ?

— Oui, répondit Mary, qui, tout en se sentant fort peu de sympathie pour Courtin, ne croyait pas devoir cacher à celui qui se qualifiait l'homme de confiance de M. de la Logerie le but réel de son voyage.

— Eh bien, dit Courtin, comme j'y vais aussi, moi, nous allons faire route ensemble, à moins que... Si vous allez à Nantes pour une commission et que je puisse faire cette commission, je m'en chargerai volontiers, et ce sera autant de fatigue épargnée.

Mary, malgré sa droiture naturelle, se vit contrainte de répondre par un mensonge ; car il était important que personne ne connût la cause de son voyage.

— Non, dit-elle, c'est impossible. Je vais rejoindre mon père qui est réfugié et caché à Nantes.

— Ah ! fit Courtin. Tiens, tiens, tiens, M. le marquis est caché à Nantes ! c'est bien inventé tout de même, et les autres qui vont le chercher là-bas, qui parlent de retourner le château de Souday jusque dans les fondations.

— Qui vous a dit cela ? demanda Mary.

Courtin vit qu'il avait fait une faute en ayant l'air de connaître les projets des agents du gouvernement ; il chercha à réparer cette faute de son mieux.

— Dame, fit-il, c'était principalement pour vous prévenir de ne pas y retourner que Mlle votre sœur m'envoyait à votre recherche.

— Eh bien, vous le voyez, dit Mary, on ne trouvera à Souday ni mon père ni moi.

— Ah çà ! mais j'y pense, fit Courtin, comme si cette pensée traversait en effet naturellement son esprit, si Mlle votre sœur et M. de la Logerie veulent vous donner de leurs nouvelles, il faudra qu'ils sachent votre adresse.

— Je ne la sais pas encore moi-même, répondit Mary. Un homme que je dois trouver au bout du pont Rousseau me conduira à la maison où est mon père. Une fois arrivée, et réunie à lui, j'écrirai à ma sœur.

— Très bien ; et, si vous avez quelque communication à lui faire, si M. le baron et elle veulent aller vous rejoindre, et qu'ils aient besoin d'un guide, c'est moi qui me chargerai de cela.

Puis, avec un sourire significatif :

— Ah ! dame, dit-il, je réponds d'une chose, c'est que M. Michel me fera faire plus d'une fois le voyage.

— Encore ! fit Mary.

— Ah ! excusez-moi ; je ne savais pas vous fâcher si fort.

— Si fait ; car vos suppositions offensent à la fois votre maître et moi.

— Bah ! bah ! fit Courtin, tout cela, ce sont des mots ! c'est une belle fortune que celle de M. le baron, et je ne connais pas, à dix lieues à la ronde, une demoiselle, si riche héritière qu'elle soit, qui en fasse fi. Dites un mot, mademoiselle Mary, continua le métayer, qui croyait que chacun partageait son culte pour l'argent, dites un mot, et cette fortune, je me fais fort de la rendre vôtre.

— Maître Courtin, dit Mary en s'arrêtant et en regardant le métayer avec une expression à laquelle il n'y avait point à se méprendre, il faut tout le souvenir que je conserve de votre attachement à M. de la Logerie pour que je ne me fâche point tout de bon. Encore une fois, ne me parlez pas de la sorte.

Courtin croyait avoir meilleur marché de la vertu de Mary ; sa réputation de *louve* n'admettait point une pareille délicatesse. Il s'étonna d'autant plus qu'il lui était facile de reconnaître que la jeune fille partageait l'amour dont le regard inquisiteur du métayer avait été chercher le secret au fond du cœur du baron de la Logerie.

Il demeura donc un instant décontenancé par cette réponse, à laquelle il ne s'attendait pas.

Il risquait de tout gâter en brusquant la chose ; il résolut de laisser le poisson s'engouffrer dans le filet avant de tirer le filet à lui.

L'inconnu d'Aigrefeuille lui avait dit qu'il était probable que les chefs de l'insurrection légitimiste chercheraient un asile à Nantes. M. de Souday — Courtin du moins le croyait — y était déjà ; Mary s'y rendait ; Petit-Pierre s'y rendrait probablement lui-même. L'amour de Michel pour la jeune fille serait le fil d'Ariane qui le conduirait jusqu'à sa retraite, laquelle, selon toute probabilité, serait aussi celle de Petit-Pierre, ce qui était le but réel des préoccupations politiques et ambitieuses de maître Courtin ; insister pour accompagner Mary, c'était lui donner des soupçons, et, quelque désir qu'il eût de mener, dès le jour même, son entreprise à bonne fin, le parti de la prudence et de la temporisation l'emporta, et il se décida à donner à Mary quelque preuve qui la rassurât complètement sur ses intentions.

— Ah ! dit-il, comme cela, vous faites fi de mon cheval ! Mais savez-vous bien que cela me damne, de voir vos petits pieds se meurtrir sur les cailloux ?

— Oui ; mais il le faut, dit Mary ; je serai moins remarquée marchant à pied qu'en croupe derrière vous ; et, si je l'osais, je vous prierais même de ne pas cheminer à côté de moi. Tout ce qui peut provoquer l'attention à mon endroit me fait peur ; laissez-moi donc aller seule et rejoindre les paysannes que voilà à un quart de lieue devant nous ; c'est dans leur compagnie que je suis le moins en danger.

— Vous avez raison, fit Courtin, d'autant plus raison que voici les gendarmes qui arrivent derrière nous et qui vont nous rejoindre.

Mary fit un mouvement.

Deux gendarmes suivaient, en effet, à trois cents pas environ.

— Oh ! n'ayez pas peur, continua Courtin, je vais les arrêter à un bouchon. Partez donc ; mais, auparavant, que faut-il dire à Mlle votre sœur ?

— Dites-lui que toutes mes pensées, que toutes mes prières sont pour son bonheur.

— Et c'est là tout ce que vous avez à me commander ? demanda Courtin.

La jeune fille hésita ; elle regarda le métayer ; mais sans doute la physionomie de celui-ci trahit ses secrètes pensées, car elle baissa la tête et dit :

— Oui, tout !

Pourtant Courtin avait bien vu que, quoique Mary n'eût point prononcé le nom de Michel, le dernier mot de son cœur avait été pour lui.

Le métayer arrêta son cheval.

Mary, de son côté, doubla le pas et chercha à rejoindre les paysannes, qui, comme nous l'avons dit, avaient gagné du terrain pendant sa conversation avec Courtin ; lorsqu'elle y fut parvenue, elle raconta à Petit-Pierre ce qui s'était passé entre elle et le métayer en supprimant, bien entendu, de cette conversation tout ce qui avait rapport au jeune baron de la Logerie.

Petit-Pierre jugea prudent de se dérober à la curiosité de cet homme dont le nom lui rappelait vaguement de fâcheux souvenirs.

Il resta en arrière avec Mary, un œil sur le métayer, qui, ainsi qu'il l'avait promis, avait arrêté les gendarmes à la porte d'un bouchon, et l'autre sur les paysannes, qui continuaient leur chemin vers Nantes ; et, lorsque celles-ci furent hors de vue grâce à un accident du chemin, les deux fugitives se jetèrent dans un bois situé à une centaine de pas de la route, et de la lisière duquel elles pouvaient voir ceux qui les suivaient.

Au bout d'un quart d'heure, elles virent arriver Courtin, hâtant, autant qu'il le pouvait, l'allure de son cheval. Par malheur, le maire de la Logerie passait trop loin de l'endroit où elles étaient cachées pour que Petit-Pierre pût reconnaître que le visiteur de la maison de Pascal Picaut, l'homme qui avait coupé les sangles du cheval de Michel, et le questionneur de Mary fussent une seule et même personne.

Lorsque le métayer eut disparu, Petit-Pierre et sa compagne reprirent le chemin de Nantes. Au fur et à mesure qu'ils approchaient de la ville où l'on avait promis un sûr asile à Petit-Pierre, leurs craintes diminuaient. Petit-Pierre s'était habitué à son costume, et les métayers près desquels il passait n'avaient point paru s'apercevoir que la petite paysanne qui courait si lestement sur la route fût autre chose que ce qu'indiquaient ses habits.

C'était déjà un grand point que d'avoir trompé l'instinct si pénétrant des gens de la campagne, qui n'ont peut-être pour rivaux, si ce n'est pour maîtres, sous ce rapport, que les gens de guerre.

Enfin, on découvrit Nantes.

Petit-Pierre reprit ses bas et ses souliers et se chaussa pour entrer dans la ville.

Mais une chose inquiétait Mary : c'est que Courtin, ne les ayant pas rejointes, eût pris le parti de les attendre ; aussi, au lieu de rentrer par le pont Rousseau, les deux fugitives profitèrent-elles d'un bateau qui les mit de l'autre côté de la Loire.

Parvenu en face du Bouffai, Petit-Pierre se sentit frapper sur l'épaule.

Il tressaillit et se retourna.

La personne qui venait de se permettre cette inquiétante familiarité était une bonne vieille femme qui allait au marché et qui, ayant posé à terre un panier de pommes, ne pouvait, seule, le replacer sur sa tête.

— Mes petits enfants, dit-elle à Petit-Pierre et à Mary, aidez-moi, s'il vous plaît, à recharger mon panier et je vous donnerai à chacune une pomme.

Petit-Pierre s'empara aussitôt d'une anse, fit signe à Mary de prendre l'autre, et le panier fut replacé en équilibre sur la tête de la bonne femme, qui s'éloignait sans donner la récompense promise, lorsque Petit-Pierre l'arrêta par le bras en lui disant :

— Dites donc, la mère, et ma pomme ?

La marchande la lui donna.

Petit-Pierre mordait dedans avec un appétit excité par trois lieues de marche, lorsque, en levant la tête, ses yeux tombèrent sur une affiche portant en grandes lettres ces trois mots :

ETAT DE SIEGE

C'était l'arrêté ministériel qui mettait quatre départements de la Vendée hors de la loi commune.

Petit-Pierre s'approcha de cette affiche, et la lut tranquillement d'un bout à l'autre, malgré les instances de Mary, qui le pressait de se rendre à la maison où on l'attendait ; Petit-Pierre lui fit observer avec raison que la chose l'intéressait assez pour qu'il en prît complète connaissance.

Quelques instants après, les deux paysannes se remettaient en route et s'enfonçaient dans les rues étroites et obscures de la vieille cité bretonne.

69

Ce qu'il advint de Jean Oullier

S'il était à peu près impossible que les soldats découvrissent Jean Oullier dans la cachette que les forces herculéennes du pauvre Trigaud lui avait ménagée, en revanche, celui-ci et son compagnon Courte-Joie étant morts, Jean Oullier n'avait fait qu'échanger la prison que lui réservaient les bleus s'il retombait entre leurs mains, contre une autre prison plus affreuse, la mort que lui eussent donnée leurs balles contre une autre mort bien plus terrible.

Il était enseveli vivant, et, dans ces endroits déserts, il n'y avait guère à espérer que quelqu'un entendît ses cris.

Vers le milieu de la nuit qui suivit sa séparation d'avec le mendiant, ne voyant pas revenir celui-ci, il supposa que quelque chose de funeste devait être arrivé aux deux associés.

Evidemment, ils étaient morts ou prisonniers.

L'idée de la position où se trouvait Jean Oullier était de nature à glacer le sang dans les veines des plus braves ; mais Jean Oullier était de ces hommes de foi qui, là où les plus braves désespèrent, continuent de lutter.

Il recommanda son âme à Dieu par une courte mais fervente prière, et se mit à l'ouvrage aussi ardemment qu'il s'y était mis au milieu des décombres de la Pénissière.

Il était resté jusqu'alors le corps replié sur lui-même, et le menton appuyé sur ses genoux ; c'était la seule position que l'exiguïté de l'excavation lui eût permis de prendre ; il chercha à en changer, et, après de longs efforts, il parvint à s'agenouiller : alors, s'arc-boutant sur ses mains, appuyant ses épaules contre la lourde pierre, il chercha à la soulever.

Mais ce qui n'était qu'un jeu d'enfant pour Trigaud, était impossible à tout autre homme. Jean Oullier ne put même ébranler la masse énorme que le mendiant avait placée entre le ciel et lui.

Jean Oullier tâta le sol qu'il avait sous les pieds ; ce sol était de pierre comme le reste ; à droite, à gauche, partout le rocher.

Seulement, le morceau de granit que Trigaud avait posé comme un monstrueux couvercle sur cette boîte, incliné en avant, laissait entre le lit du ruisseau et lui un intervalle de trois ou quatre pouces par lequel l'air pénétrait dans l'intérieur.

Ce fut de ce côté que Jean Oullier, après avoir bien reconnu la position, se décida à diriger ses efforts.

Il cassa dans une fissure du rocher la pointe de son couteau et en fit un ciseau ; la crosse de son pistolet lui servit de marteau, et il travailla à agrandir l'ouverture.

Il mit vingt-quatre heures à accomplir ce travail sans autre soutien que la gourde d'eau-de-vie du chasseur, où, de temps en temps, il puisait quelques gouttes de la liqueur fortifiante qu'elle contenait.

Et pendant ces vingt-quatre heures, son courage et sa force d'âme ne se démentirent pas un seul instant.

Enfin, le soir du second jour, il parvint à passer la tête à travers l'ouverture qu'il avait creusée à la base de sa prison ; bientôt ses épaules suivirent sa tête, il embrassa le rocher, puis, d'un effort vigoureux, amena à l'extérieur le reste de son corps.

Il était temps ; ses forces étaient complètement épuisées.

Alors il se leva sur ses genoux, puis sur ses pieds, et enfin essaya de marcher.

Mais son pied démis s'était enflé d'une façon effrayante pendant les trente-six heures passées dans cette horrible contrainte ; au premier mouvement qu'il fit pour s'appuyer dessus, tous les nerfs de son corps tressaillirent comme si on les eût tordus ; il poussa un cri et tomba tout haletant sur la bruyère, terrassé par la terrible douleur.

La nuit approchait ; de quelque côté qu'il prêtât l'oreille, Jean Oullier n'entendait venir aucun bruit ; il pensa que cette nuit qui commençait à envelopper la terre de son ombre serait la dernière pour lui. Il recommanda son âme à Dieu, le pria de veiller sur les deux enfants qu'il avait tant aimées et que, sans lui, l'indifférence de leur père eût faites, depuis longtemps, orphelines ; enfin, pour n'avoir rien à se reprocher, il se traîna sur ses mains, ou plutôt rampa du côté où le soleil venait de se coucher, et qui était aussi celui où les habitations étaient plus rapprochées de l'endroit où il se trouvait.

Il fit ainsi trois quarts de lieue, à peu près, et arriva à un monticule d'où il apercevait la lumière des maisons isolées qui entourent la lande ; c'étaient pour lui autant de phares qui lui indiquaient où était le salut, où était la vie ; mais, quelque effort qu'il fît, il lui semblait impossible d'avancer d'un pas de plus.

Il y avait près de soixante heures qu'il n'avait mangé.

Les tiges des bruyères et des ajoncs coupées l'année précédente et taillées en biseau par la faucille, avaient déchiré ses mains et sa poitrine, et le sang qui coulait de ces blessures achevait de l'épuiser.

Il se laissa rouler dans un fossé qui bordait le chemin.

Il avait renoncé à aller plus loin ; il était résolu à mourir là.

Une soif intense le dévorait ; il but un peu d'eau qui croupissait dans ce fossé.

Il était si faible, que ce fut à peine si sa main put arriver jusqu'à sa bouche ; sa tête lui semblait complètement vide. De temps en temps, il croyait entendre dans son cerveau de sourds et lugubres murmures ressemblant à ceux que produit la mer qui s'engouffre dans les flancs d'un navire entrouvert et près de sombrer ; une sorte de voile s'étendait sur ses yeux, et derrière ce voile couraient des milliers d'étincelles qui s'éteignaient et se rallumaient comme des lueurs phosphorescentes.

Le malheureux se sentait mourir.

Il essaya de crier, s'inquiétant peu d'attirer vers lui des amis ou des ennemis ; mais sa voix s'arrêtait dans sa gorge, et ce fut à peine s'il put entendre lui-même le cri rauque qu'il parvint à exhaler.

Il resta une heure, à peu près, dans cette espèce d'agonie ; puis, peu à peu, le rideau qu'il avait devant les yeux s'épaissit et prit en même temps toutes les couleurs du prisme ; le bourdonnement qui se faisait dans son cerveau affecta des modulations bizarres ; puis il perdit le sentiment de ce qui se passait autour de lui.

Mais cette nature puissante ne pouvait s'éteindre sans une lutte nouvelle, l'espèce de calme léthargique dans lequel il demeura pendant quelque temps permit au cœur de régulariser ses mouvements, au sang de circuler d'une manière moins fébrile.

La torpeur dans laquelle il était plongé n'enlevait rien à l'acuité de ses sens ; il entendit alors un bruit sur lequel sa vieille expérience de batteur d'estrade ne s'abusa point une minute : c'était le pas de quelqu'un qui descendait la bruyère, et ce pas, il le reconnaissait pour celui d'une femme.

Cette femme pouvait le sauver ! Au milieu de son engourdissement, Jean Oullier le comprenait : mais, lorsqu'il voulut appeler, faire un mouvement pour attirer son attention, comme un homme frappé de léthargie qui voit, sans pouvoir s'y opposer, faire autour de lui tous les préparatifs de ses funérailles, il reconnut avec terreur que son intelligence seule subsistait, mais que son corps, complètement paralysé, se refusait à lui obéir.

Comme le malheureux cloué dans son cercueil fait des efforts surhumains pour briser le mur d'airain qui le sépare du monde, Jean Oullier tendit tous les ressorts que la nature avait mis au service de sa volonté pour dompter la matière.

Ce fut en vain.

Et, cependant, les pas s'approchaient ; chaque minute, chaque seconde les rendait plus perceptibles, plus accentués à son oreille ; il semblait à Jean Oullier que chaque caillou que ces pas faisaient rouler venait le frapper au cœur ; à chaque instant, et en raison de la multiplicité de ses efforts, ses angoisses devenaient plus vives, ses cheveux se dressaient sur sa tête, une sueur glacée perlait sur son front ; c'était plus cruel que la mort elle-même.

Le mort ne sent rien.

La femme passa.

Jean Oullier entendit les épines des ronces qui frôlaient et éraillaient sa jupe comme si elles eussent voulu la retenir ; il vit son ombre se dessiner en noir sur le buisson ; puis elle s'éloigna, et le bruit de ses pas s'éteignit pour lui dans le murmure du vent agitant les ajoncs desséchés.

L'infortuné se sentit perdu.

Aussi, du moment où l'espoir l'abandonna, cessa-t-il la lutte horrible qu'il avait entreprise contre lui-même : il reprit un peu de calme et, mentalement, il fit une prière recommandant son âme à Dieu.

Cette prière suprême l'absorbait tellement, que ce ne fut que lorsqu'il entendit l'aspiration bruyante d'un chien qui avait passé sa tête entre les branches pour flairer les émanations venant du buisson, qu'il s'aperçut de l'approche de cet animal.

Il tourna avec effort, non pas la tête, mais les yeux de son côté, et aperçut une espèce de roquet qui le regardait avec des yeux intelligents et effarés.

En voyant le mouvement de Jean Oullier, si faible qu'il fût, le roquet se retira brusquement et se mit à aboyer.

Alors il sembla à Jean Oullier que la femme appelait son chien ; mais l'animal ne quitta point son poste et ne discontinua point ses abois.

C'était une dernière espérance, et celle-là ne fut pas déçue.

Lasse d'appeler, et curieuse de connaître ce qui excitait ainsi son chien, la paysanne revint sur ses pas.

Le hasard, ou plutôt la Providence, fit que cette paysanne, c'était la veuve Picaut.

Elle s'approcha du buisson, et aperçut un homme ; elle se pencha et reconnut Jean Oullier.

Au premier moment, elle le crut mort ; mais elle vit qu'il fixait sur elle des yeux démesurément ouverts ; elle posa la main sur le cœur du vieux garde et reconnut qu'il battait encore. Elle le dressa sur son séant, lui jeta quelques gouttes d'eau au visage, en glissa quelques autres entre ses dents serrées. Alors, comme si, par le contact d'une personne vivante, il rentrait en contact avec la vie même, Jean Oullier sentit peu à peu se soulever le poids énorme qui l'oppressait ; la chaleur revint à ses membres engourdis ; il la sentit descendre doucement, et arriver à leur extrémité ; bientôt des larmes de reconnaissance se firent jour entre ses paupières, et roulèrent sur ses joues bronzées ; il saisit la main de la femme Picaut et la porta à ses lèvres en même temps qu'il la mouillait de ses pleurs.

Celle-ci, de son côté, paraissait tout attendrie ; quoique philippiste, comme on le sait, la bonne femme estimait fort le vieux chouan.

— Eh bien, eh bien, demanda-t-elle, qu'avez-vous donc, mon Jean Oullier ? C'est tout naturel, il me semble, ce que je fais là ! J'en aurais fait autant pour le premier chrétien venu ; à plus forte raison pour vous qui êtes un vrai homme du bon Dieu.

— Cela n'empêche pas... dit Jean Oullier.

Mais il ne put aller plus loin du premier souffle.

— Cela n'empêche pas quoi ? demanda la veuve.

Oullier fit un effort.

— Cela n'empêche pas... que je vous dois la vie, ajouta-t-il achevant sa phrase.

— Bon ! fit Marianne.

— Oh ! c'est comme je vous le dis. Sans vous, la Picaut, j'allais mourir ici.

— Ou plutôt sans mon chien, Jean. Vous voyez bien que ce n'est pas moi, mais le bon Dieu seul qu'il faut remercier.

Puis, le regardant avec terreur, et le voyant tout couvert de sang :

— Mais vous êtes donc blessé ? dit-elle.

— Non ; bah ! ce ne sont que des écorchures... Mon plus grand mal est d'avoir le pied démis, et, après cela, de n'avoir pas mangé depuis plus de soixante heures. C'était la faiblesse surtout qui me tuait.

— Ah ! mon Dieu ! mon Dieu ! mais attendez donc, j'allais justement porter le dîner à des gens qui me font de la litière dans la lande ; vous allez manger leur soupe.

Et, en disant ces mots, la veuve déposa à terre le paquet qu'elle portait, dénoua les quatre coins d'un napperon dans lequel étaient plusieurs écuellées de soupe et un bouilli fumant, et fit avaler quelques gorgées de cette soupe à Jean Oullier, qui sentit les forces lui revenir, au fur et à mesure que le chaud et succulent potage lui descendait dans l'estomac.

— Ah !... fit Jean Oullier.

Et il respira bruyamment.

Un sourire de satisfaction passa sur la physionomie grave et triste de la veuve.

— Et maintenant, dit-elle en s'asseyant en face de Jean, qu'allez-vous faire ? Car il va sans dire que les culottes rouges sont à votre poursuite.

— Hélas ! répondit Jean Oullier, j'ai perdu toute ma force avec ma pauvre jambe ; bien des mois se passeront avant que je puisse courir les bois comme je devrais le faire pour ne pas aller pourrir dans les prisons. Voyez-vous, ce qu'il me faudrait, ajouta-t-il avec un soupir, ce serait d'aller retrouver maître Jacques : il me donnerait un coin dans un de ses asiles, et, là, je pourrais attendre ma guérison.

— Et votre maître ? et ses filles ?

— Notre maître ne rentrera pas de sitôt à Souday, et il aura raison.

— Que fera-t-il, alors ?

— Sans doute qu'il passera de nouveau la mer avec nos demoiselles.

— Jolie idée que vous avez là, Jean, d'aller chercher un hôpital au milieu de ce tas de bandits qui accompagnent maître Jacques ! vous y seriez bien soigné !

— C'est le seul qui puisse me recevoir sans craindre de se compromettre.

— Et moi donc, vous m'oubliez ? Ce n'est pas bien, Jean.

— Vous ?

— Sans doute, moi.

— Mais vous ignorez donc les ordonnances ?

— Quelles ordonnances ?

— Celles qui déterminent les peines qu'aura encourues quiconque aura donné asile à un chouan.

— Bon ! mon Jean, on ne fait pas ces sortes d'ordonnances pour les honnêtes gens, mais pour les coquins.

— D'ailleurs, vous les haïssez, les chouans ?

— Non ; ce sont les brigands que je hais, et dans tous les partis ; ce sont des brigands, par exemple, ceux-là qui ont tué mon pauvre Pascal, et c'est sur ces brigands-là que je vengerai sa mort si je puis ; mais vous, Jean Oullier, blanche ou tricolore, vous portez la cocarde des braves gens, et je vous sauverai.

— Mais je ne puis faire un pas.

— Ce n'est pas là l'inquiétant. Vous pourriez marcher, Jean, qu'à cette heure de jour, je n'oserais vous faire entrer chez moi ; non pas que je redoute ce qui pourrait m'arriver ; mais, voyez-vous, depuis la mort du pauvre jeune homme, je redoute les trahisons. Refourrez-vous dans votre buisson ; cachez-vous-y de votre mieux ; attendez la nuit, et je reviendrai vous prendre avec une charrette ; puis, demain, j'irai chercher le rebouteux de Machecoul ; il vous passera la main sur les nerfs du pied, et, dans trois jours, vous courrez comme un lapin.

— Ah ! dame, je sais que cela vaudrait mieux ; mais...

— Mais n'en feriez-vous pas autant pour moi ?

— Pour vous, Marianne, vous le savez bien, je me mettrais dans le feu.

— Eh bien, alors, n'en parlons plus. A la nuit, je reviens vous prendre.

— Merci, j'accepte, et soyez sûre et certaine que vous n'obligez pas un ingrat.

— Ce n'est pas pour votre reconnaissance que je le ferai, Jean Oullier ; c'est pour accomplir mon devoir d'honnête femme.

Elle regarda autour d'elle.

— Que cherchez-vous ? demanda Jean.

— Je pensais que, si vous essayiez de regagner la bruyère, vous seriez plus en sûreté que dans ce fossé.

— Je crois que cela me serait impossible, dit Oullier en montrant à la veuve ses mains déchirées, son visage sillonné de cicatrices et son pied gros comme la tête. D'ailleurs, je ne suis pas mal ici ; vous avez frôlé le buisson sans vous douter qu'il cachait un homme.

— Oui ; mais un chien peut passer et vous sentir, comme le mien vous a senti ; pensez-y, Jean Oullier ! la guerre est finie ; mais voilà, à la suite de la guerre, le temps des dénonciations et des vengeances qui va venir, s'il n'est déjà venu.

— Bah ! dit Jean, il faut bien laisser quelque chose à faire au bon Dieu.

La veuve n'était pas moins croyante que le vieux chouan ; elle lui donna un morceau de pain, s'en alla couper une brassée de bruyère avec laquelle elle lui accommoda un lit ; puis, après avoir eu soin de relever autour de lui les branches des épines et des ronces, après s'être assurée qu'il ne pouvait être aperçu des passants, elle s'éloigna en lui recommandant la patience.

Jean Oullier s'arrangea le plus commodément possible sur la bruyère ; il adressa de ferventes actions de grâce au Seigneur, grignota son morceau de pain, puis s'endormit de ce lourd sommeil qui suit les grandes prostrations.

Il y avait plusieurs heures qu'il reposait, lorsqu'un bruit de voix le réveilla. Dans l'espèce de somnolence qui succédait à l'engourdissement qui s'était emparé de lui, il crut entendre prononcer le nom de ses jeunes maîtresses, et, méfiant dans sa tendresse, comme les hommes de sa trempe le sont dans toutes leurs affections, il supposa qu'un danger quelconque menaçait soit Bertha, soit Mary, et trouva dans cette pensée un levier qui souleva, en un clin d'œil, sa torpeur ; il se dressa sur son coude, écarta doucement les ronces qui formaient autour de lui un épais rempart, et jeta les yeux sur le chemin.

La nuit était venue, mais pas assez épaisse pour qu'il ne pût distinguer la silhouette de deux hommes assis sur un arbre renversé de l'autre côté du chemin.

— Comment n'avez-vous pas continué de la suivre, puisque vous l'aviez reconnue ? disait l'un d'eux, qu'à son accent allemand fortement prononcé, Jean Oullier jugea être complètement étranger au pays.

— Ah ! dame, répondit l'autre, je ne la croyais pas si *louve* qu'elle l'est, et elle m'a roulé comme un niais que je suis.

— Vous pouvez être certain que celle que nous cherchons était dans le groupe de paysannes, dont Mary de Souday s'est détachée pour venir à votre rencontre.

— Oh ! quant à cela, vous avez raison ; car, lorsque j'ai demandé à ces femmes ce qu'était devenue la jeune fille qui marchait avec elles, elles m'ont répondu qu'elle et sa camarade étaient restées en arrière.

— Qu'avez-vous fait alors ?

— Dame, j'ai mis mon bidet à l'auberge, je me suis caché à l'extrémité de Pirmile et je les ai attendues.

— Et cela inutilement ?

— Inutilement, pendant plus de deux heures.

— Elles se seront jetées dans quelque chemin de traverse et seront entrées à Nantes par un autre pont.

— Ça, c'est sûr.

— Voilà qui est fâcheux ; car qui sait si cette chance, envoyée par votre bonne fortune, vous la retrouverez jamais.

— Que oui, nous la retrouverons ! Laissez donc faire.

— Comment cela ?

— Oh ! comme dirait mon voisin le marquis de Souday, ou mon ami Jean Oullier — Dieu veuille avoir son âme ! — j'ai chez moi le limier qu'il me faut pour cette chasse.

— Un limier ?

— Oui, un vrai limier. Il a un peu mal à une de ses pattes de devant ; mais, aussitôt que cette patte sera guérie, je lui mettrai une corde au cou, et il nous conduira sur la voie sans que nous ayons d'autre peine que de prendre garde qu'il ne la casse à force de tirer dessus pour arriver plus vite.

— Voyons, cessez de plaisanter : ce sont choses sérieuses que celles qui nous occupent !

— Plaisanter ! pour qui me prenez-vous ? plaisanter en face de cinquante mille francs que vous m'avez promis ; car c'est bien cinquante mille francs que vous m'avez dit, n'est-ce pas ?

— Eh ! vous devez bien le savoir : vous me l'avez fait redire plus de vingt fois.

— Oui ; mais je ne me lasse pas plus de l'entendre que je ne me lasserais de compter les écus si je les tenais.

— Livrez-nous la personne et vous les tiendrez.

— Oh ! j'entends déjà les jaunets tinter à mon oreille, dzing ! dzing !

— En attendant, dites-moi ce que signifie cette histoire de limier que vous mêlez à tout ceci.

— Oh ! je vous la dirai, je ne demande pas mieux ; mais...

— Mais quoi ?

— Donnant, donnant...

— Qu'entendez-vous par donnant, donnant ?

— Voyez-vous, je vous l'ai dit l'autre jour, je veux bien obliger le gouvernement, parce que d'abord il a mon estime, et parce qu'ensuite, en l'obligeant, je vexe les nobles et tout ce qui tient à eux, et que je hais tout cela ; mais, enfin, tout en l'obligeant, ce gouvernement de mon cœur, je ne serais point fâché de tâter de ses espèces, moi qui, jusqu'ici, lui ai toujours donné et n'en ai jamais rien reçu ; d'ailleurs, qui vous dit qu'une fois qu'on tiendra celle pour laquelle on nous promet des monts d'or, on nous donnera ce que l'on nous a, ou plutôt ce que l'on vous a promis ?

— Vous êtes fou !

— Je serais fou si je ne vous disais pas ce que je vous dis, au contraire. J'aime à prendre mes sûretés, plutôt deux fois qu'une, et plutôt dix que deux ; et, s'il faut vous parler franchement, dans cette affaire-là, je ne m'en vois guère, de sûretés.

— Vous courrez les mêmes chances que moi. J'ai reçu, d'un personnage éminent, la promesse que, si je tenais l'engagement pris vis-à-vis de lui, une somme de cent mille francs me serait comptée.

— Cent mille francs, cent mille francs, c'est bien peu pour que vous soyez venu de si loin. Voyons, avouez que c'est deux cent mille et que vous ne me donnez que le quart, attendu que, moi, j'opère sur les lieux et ne me dérange pas. Peste ! deux cent mille francs, vous n'êtes pas malheureux : c'est un compte rond et qui sonne bien... Soit, ayons confiance dans le gouvernement ; mais cette confiance, avez-vous les mêmes droits à ce que je l'aie en vous ? Qui me dit que vous ne filerez pas avec l'argent puisque c'est à vous qu'il sera remis ? et, si cela arrive, à quel tribunal, je vous le demande, vous ferai-je un procès ?

— Mon cher monsieur, lorsque, en politique, on s'associe, c'est la foi qui signe le contrat.

— C'est donc pour cela qu'ils sont si bien tenus, les contrats politiques ? Eh bien, franchement, j'aimerais mieux une autre signature.

— Laquelle donc ?

— La vôtre ou celle du ministre à qui vous avez affaire.

— Eh bien, on tâchera de vous contenter.

— Chut !

— Quoi ?

— N'avez-vous pas entendu quelque chose ?

— Oui ; on vient de notre côté ; il me semble que j'entends le grincement des roues d'une charrette.

Les deux hommes se levèrent en même temps, et, à la clarté de la lune, dont les rayons les éclairèrent alors, Jean Oullier, qui n'avait point perdu une parole de ce qu'ils venaient de dire, aperçut leur visage.

L'un des deux hommes lui était parfaitement étranger ; mais dans l'autre il retrouva Courtin, que, du reste, il avait déjà reconnu, tant au son de sa voix qu'en l'entendant parler de Michel et des *louves*.

— Retirons-nous, dit l'inconnu.

— Non, répondit Courtin : j'ai encore une foule de choses à vous dire. Cachons-nous dans ce buisson, laissons passer l'importun, et terminons notre affaire.

Et tous deux s'avancèrent vers le buisson.

Jean Oullier comprit qu'il était perdu ; mais, ne voulant pas être pris comme un lièvre au gîte, il se leva sur ses genoux, et tira de sa ceinture son couteau épointé, mais qui, dans une lutte corps à corps, pouvait encore faire sa besogne.

Il n'avait pas d'autre arme et croyait les deux hommes désarmés.

Mais, Courtin, qui avait vu se dresser un homme dans le buisson et qui avait entendu le déchirement des ronces et des épines, fit trois pas en arrière sans perdre de vue l'espèce d'ombre qui lui apparaissait, ramassa son fusil caché le long de l'arbre abattu, arma un des deux côtés, porta le fusil à son épaule, et lâcha le coup.

Un cri étouffé répondit à l'explosion.

— Qu'avez-vous fait ? demanda l'inconnu, qui trouvait la façon de Courtin peut-être un peu expéditive.

— Voyez, voyez, répondit Courtin pâle et tremblant lui-même, un homme nous épiait !

L'étranger alla au buisson, écarta les branches.

— Prenez garde ! prenez garde ! dit Courtin ; si c'est un chouan et qu'il ne soit pas mort tout à fait, il va riposter.

Et, en disant cela, Courtin, son second coup armé et prêt à faire feu, se tenait à distance.

— C'est effectivement un paysan, dit l'inconnu ; mais il me semble mort.

L'inconnu prit alors Jean Oullier par le bras et le tira hors du fossé.

Courtin, voyant l'homme immobile comme un cadavre, se hasarda d'approcher.

— Jean Oullier ! s'écria-t-il en reconnaissant le Vendéen, Jean Oullier ! Ma foi, je ne me doutais guère que jamais je tuasse personne ; mais, nom d'un diable ! si cela devait arriver, mieux vaut que ce soit à celui-là qu'à un autre. Voilà, croyez-moi, ce qui peut s'appeler un heureux coup de fusil.

— Mais, en attendant, dit l'inconnu, la charrette approche.

— Oui, elle ne monte plus, et l'on a mis le cheval au trot. Allons, allons, il n'y a pas de temps à perdre. Il s'agit de jouer des jambes. Est-il bien mort ?

— Il en a tout l'air.

— Eh bien, en route !

L'inconnu cessa de soutenir le torse de Jean Oullier, et la tête tomba, frappant la terre avec un bruit sourd et mat.

— Ah ! par ma foi, oui, il y est ! dit Courtin.

Puis, sans oser s'en approcher, montrant du doigt le cadavre :

— Tenez, dit-il, voilà qui nous assure notre prime, mieux que toutes les signatures : ce cadavre-là vaut deux cent mille francs.

— Comment ?

— C'était le seul homme qui pût m'ôter des mains le limier dont je vous ai parlé. Je le croyais mort ; je me trompais. Maintenant que je suis sûr qu'il l'est, en chasse ! en chasse !

— Oui, car voici la charrette.

En effet, la voiture n'était plus qu'à cent pas du buisson.

Les deux hommes s'élancèrent dans la bruyère, et disparurent au milieu de l'obscurité, tandis que la femme Picaut, qui venait chercher Jean Oullier suivant la promesse qu'elle lui avait faite, effrayée par le coup de fusil qu'elle avait entendu, arrivait en courant sur le théâtre de la scène que nous venons de raconter.

70

Les batteries de maître Courtin

Quelques semaines avaient suffi pour amener une perturbation complète dans l'existence des personnages qui, depuis le commencement de ce récit, ont successivement passé sous les yeux du lecteur.

L'état de siège était promulgué dans les quatre départements de la Vendée ; le général qui les commandait lança une proclamation par laquelle il invitait les habitants des campagnes à faire leur soumission en leur promettant de les recevoir avec indulgence. La tentative d'insurrection avait si misérablement avorté, que la plupart des Vendéens restaient sans espérance pour l'avenir ; quelques-uns d'entre eux, qui étaient compromis, se décidèrent à suivre le conseil que leurs chefs eux-mêmes leur avaient donné en les licenciant, et à rendre leurs armes ; mais l'autorité civile n'accepta point cette composition : elle les reprit en sous-œuvre et les fit arrêter ; bon nombre des plus confiants furent jetés en prison, et cette rigueur impolitique paralysa les dispositions pacifiques de ceux qui, plus prudents, avaient voulu attendre.

Maître Jacques dut à ces procédés une augmentation considérable dans le personnel de sa troupe ; il exploita si habilement la conduite de ses adversaires, qu'il parvint à rallier autour de lui un nombre d'hommes assez considérable pour tenir encore dans les forêts au moment même où la Vendée désarmait.

Gaspard, Louis Renaud, Bras-d'Acier et les autres chefs avaient mis la mer entre eux et les rigueurs du gouvernement ; seul, le marquis de Souday n'avait pas pu s'y décider ; depuis qu'il avait quitté Petit-Pierre, ou plutôt depuis que Petit-Pierre l'avait quitté, l'infortuné gentilhomme avait complètement perdu la joyeuse humeur par laquelle il avait, avec un véritable point d'honneur, combattu jusqu'au dernier moment la tristesse de ses compagnons ; mais, aussitôt que le devoir ne lui fit plus une loi d'être gai, le marquis tomba dans l'excès opposé et devint triste à mourir. La défaite du Chêne ne le frappait pas seulement dans ses sympathies politiques, elle renversait de fond en comble les châteaux en Espagne qu'il avait édifiés avec tant de bonheur ; il ne voyait plus dans cette existence de partisan, dont son imagination évoquait naguère les souvenirs pittoresques, que les choses auxquelles il n'avait pas songé, c'est-à-dire les revers qui l'accablaient, les misères obscures, les privations mesquines et triviales qui sont la vie du proscrit.

Il en était arrivé, lui qui dans les derniers temps, trouvait insipide le séjour de son petit château de Souday, il en était arrivé, désormais, à regretter les bonnes soirées que les prévenances et le babil de Bertha et de Mary faisaient si douces ; la causerie de Jean Oullier lui manquait surtout ; et il était si malheureux de ne plus l'avoir auprès de lui, qu'il s'informait de son sort avec une sollicitude qui était loin de lui être coutumière.

Ce fut dans cette disposition d'esprit qu'il rencontra maître Jacques, flânant dans les environs de Grand-Lieu pour épier la marche d'une colonne mobile.

Le marquis de Souday n'avait jamais éprouvé une sympathie bien vive à l'endroit du maître des lapins, dont le premier acte de discipline avait été de se soustraire à son autorité ; cet esprit indépendant dont maître Jacques avait donné la preuve lui avait toujours paru un exemple fatal aux Vendéens ; celui-ci, de son côté, haïssait le marquis, comme il haïssait tous ceux que leur naissance ou leur position sociale lui donnaient naturellement pour chefs ; cependant, il fut touché de la misère où il vit le vieux gentilhomme réduit, dans la chaumière où, le lendemain du départ de Petit-Pierre pour Nantes, M. de Souday avait cherché un asile, et il lui offrit de le cacher dans la forêt de Touvois, où, en outre de l'abondance qui régnait dans son petit camp et qu'il lui proposa de partager, le marquis pourrait trouver la distraction de quelques horions à échanger avec les soldats du roi Louis-Philippe.

Il va sans dire que le marquis appelait le roi Louis-Philippe *Philippe* tout court.

Ce fut la dernière considération exposée par nous qui détermina M. de Souday à accepter les offres de maître Jacques ; il brûlait de venger la ruine de ses espérances et de faire payer à quelqu'un les déceptions qu'il éprouvait, l'ennui que lui causait sa séparation d'avec ses filles et le chagrin qu'il ressentait de la disparition de Jean Oullier. Il suivit donc le maître des lapins, qui, de subordonné, ou plutôt d'insubordonné, devenait protecteur, et celui-ci, touché de la simplicité et de la bonhomie du marquis, lui témoigna beaucoup plus d'égards que ne promettaient sa rude écorce et ses précédents.

Quant à Bertha, dès le surlendemain de sa retraite chez Courtin, et aussitôt qu'elle eut recouvré quelques forces, elle comprit que sa présence sous le même toit que celui qu'elle aimait, loin de la présence de son père, sans Jean Oullier, qui, à la rigueur, eût pu le remplacer, était au moins inconvenante, et, tout blessé qu'était Michel, pouvait être interprétée d'une manière fâcheuse pour sa réputation ; elle quitta donc la métairie, et s'installa avec Rosine, dans la maison de Tinguy. Elle était là à un demi-quart de lieue de distance à peine du logis où elle laissait Michel, et, tous les jours, elle se rendait près de lui pour lui donner les soins d'une sœur, accompagnés de toutes les délicatesses d'une amante.

La tendresse, le dévouement, l'abnégation dont Bertha lui donnait tant de preuves touchaient Michel ; mais, comme ils ne changeaient rien à ses sentiments pour Mary, ils ne faisaient que rendre sa situation de plus en plus difficile ; il n'osait pas songer à porter le désespoir dans l'âme de la jeune fille à laquelle il devait la vie. Cependant, peu à peu, une douce résignation succédait à ce sentiment violent et acerbe qu'il avait éprouvé dans les premiers jours, et, sans s'habituer à l'idée du sacrifice que Mary exigeait de lui, il répondait, par des sourires qu'il s'efforçait de rendre affectueux, aux prévenances dont Bertha était si prodigue envers lui ; et, quand celle-ci le quittait, le soupir douloureux qui s'échappait de sa poitrine, et que Bertha prenait pour elle, témoignait seul de ses regrets. Toutefois, sans Courtin, qui montait l'escalier conduisant à la chambrette où Michel était caché, aussitôt qu'il avait vu Bertha disparaître derrière les derniers arbres du jardin, et qui venait à son tour s'asseoir au chevet du blessé et lui parler de Mary, l'âme tendre et impressionnable de Michel eût peut-être fini par se résigner aux nécessités de sa situation et eût accepté ce que la fatalité avait fait ; mais le maire de la Logerie entretenait si souvent son jeune maître de Mary, il témoignait un si vif désir de le voir heureux selon son cœur, que Michel, à mesure que la plaie dans son bras se cicatrisait et en même temps qu'il revenait à la santé, voyait la blessure de son cœur se rouvrir et sa reconnaissance pour Bertha s'effacer devant le souvenir de sa sœur.

Courtin faisait un travail analogue à celui de Pénélope : il défaisait la nuit ce que Bertha, avec tant de peine, faisait le jour.

Le maire de la Logerie, dans l'état de faiblesse où était Michel lorsqu'il l'avait transporté chez lui, n'avait pas eu de peine à se faire pardonner sa conduite vis-à-vis du jeune baron, en mettant cette conduite sur la vivacité de son attachement pour lui, et de l'inquiétude dans laquelle l'avait plongé sa fuite ; puis, ayant comme nous le lui avons entendu raconter, aisément surpris le secret de Michel, il finit, à force de protestations de dévouement et en flattant habilement son penchant pour Mary, par rentrer complètement dans sa confiance. Michel souffrait autant de ne pouvoir épancher les souffrances de son cœur que de ces souffrances elles-mêmes : Courtin eut l'air d'y compatir si vivement, il caressa ses rêveries avec tant d'adresse, il se montra si profond admirateur de Mary, que, peu à peu, il amena Michel à lui laisser deviner, sinon à lui confier, ce qui s'était passé entre les deux sœurs et lui.

Courtin se garda bien de prendre une attitude hostile en face de Bertha ; il manœuvra assez habilement pour qu'elle le crût tout acquis au projet qui devait l'unir à son jeune maître ; en l'absence de Michel, il ne lui parlait jamais que comme à sa future maîtresse. Au reste, il fit si bien, que celle-ci, qui, d'ailleurs, ignorait complètement ses antécédents, ne cessait de parler à Michel du dévouement de son métayer, et ne le désignait plus que par ces trois mots : « Notre bon Courtin. »

Mais, d'un autre côté, aussitôt qu'il était seul avec Michel, il entrait, comme nous l'avons dit, dans les sentiments les plus secrets de celui-ci ; il le plaignait, et Michel, sous l'influence de la pitié que lui témoignait le métayer, se laissait aller tout naturellement à lui raconter les incidents de sa liaison avec Mary ; Courtin en tirait constamment la même conclusion : « Elle vous aime. » Il lui insinuait que c'était à lui, Michel, de faire au cœur de Mary une douce violence dont celle-ci ne pouvait manquer de lui être reconnaissante ; il allait au-devant de ses vœux, il lui jurait qu'aussitôt qu'il le verrait rétabli, les communications étant redevenues libres, il se consacrerait tout entier à la réalisation de son bonheur, et il promettait d'arranger les choses de telle façon, que, sans manquer à la reconnaissance que le jeune baron devait à Bertha, il saurait amener celle-ci à renoncer d'elle-même à l'union projetée.

La convalescence de Michel ne marchait nullement au gré des désirs de Courtin, qui voyait avec une profonde inquiétude le temps s'écouler sans qu'il lui fût possible de rien découvrir sur la retraite actuelle de Petit-Pierre, et qui attendait avec impatience le moment où il pourrait lancer son jeune maître sur la trace de Mary.

On a déjà compris, nous l'espérons, que Michel était le limier dont il comptait se servir.

Bertha, désormais dégagée des inquiétudes que lui avait données la blessure de Michel, avait, en compagnie de Rosine, fait plusieurs courses dans la forêt de Touvois, où le marquis lui avait fait savoir qu'il était réfugié ; deux ou trois fois à son retour, Courtin avait mis la conversation sur les personnes auxquelles les deux jeunes filles devaient le plus vivement s'intéresser ; mais Bertha était demeurée impénétrable ; et le maire de la Logerie avait trop bien compris à quel point le terrain était brûlant, et combien facilement une imprudence de sa part pouvait réveiller les soupçons assoupis pour s'appesantir sur cette question ; seulement, comme Michel allait de mieux en mieux, dès que Michel restait seul, il le pressait de prendre une détermination et lui laissait pressentir que s'il le voulait charger d'une lettre pour Mary, il faisait son affaire d'amener d'abord celle-ci à lui répondre, et, ensuite, de la faire revenir sur sa détermination première.

Cela dura ainsi pendant six semaines.

Au bout de ces six semaines, Michel allait infiniment mieux ; sa blessure était cicatrisée et ses forces à peu près revenues.

Le voisinage du poste que le général avait établi à la Logerie empêchait le jeune homme de se montrer pendant le jour ; mais, la nuit venue, il se promenait sous les arbres du verger en s'appuyant sur le bras de Bertha.

Puis l'heure de rentrer chacun chez soi arrivait ; Michel remontait dans son pigeonnier, et Rosine et Bertha, que les sentinelles s'étaient habituées à voir aller et venir à toute heure du jour et de la soirée, retournaient à la maison de Tinguy, d'où Bertha sortait le lendemain après déjeuner pour revenir trouver Michel.

Ces promenades du soir contrariaient Courtin, qui, lorsque la causerie qui s'établissait entre Michel et Bertha avait lieu dans la maison ou dans leur chambre, espérait toujours attraper au passage quelques-uns des renseignements qu'il guettait ; aussi faisait-il tout ce qu'il pouvait pour y mettre obstacle, et ce fut dans l'intention de les faire cesser qu'il affecta de communiquer tous les soirs à Michel et à Bertha la liste des condamnations enregistrées dans les feuilles publiques qu'il recevait à titre de maire.

Un jour, il leur annonça qu'il fallait absolument renoncer aux courses nocturnes ; et, lorsqu'ils lui en demandèrent la raison, il leur fit lire le jugement par contumace qui condamnait Michel de la Logerie à la peine de mort.

Cette communication ne produisit qu'un très médiocre effet sur Michel, mais Bertha en fut épouvantée ; un instant elle eut l'idée de se jeter aux genoux du jeune homme pour lui demander pardon de l'avoir entraîné dans cette funeste équipée, et, lorsqu'elle quitta le soir la métairie, elle était dans une agitation profonde.

Le lendemain, elle fut de très bonne heure près de Michel.

Toute la nuit, elle avait fait des rêves d'autant plus terribles, qu'elle les faisait tout éveillée.

Elle voyait Michel découvert, arrêté, fusillé !

Deux heures avant l'heure habituelle, elle était à la métairie.

Rien de nouveau n'était arrivé ; rien ne paraissait à craindre ce jour-là plus que les autres jours.

La journée passa comme d'habitude : pleine de charmes mêlés d'angoisses pour Bertha ; pleine de mélancolie et d'aspirations extérieures pour Michel.

Le soir vint ; un beau soir d'été.

Bertha était appuyée contre la petite fenêtre ouvrant sur le verger ; elle regardait le soleil se coucher au-dessus des grands arbres de la forêt de Machecoul, dont les cimes ondulaient comme une mer de verdure.

Michel était assis sur son lit et aspirait les douces senteurs du soir, lorsque tous deux entendirent le bruit d'une voiture qui venait du côté de l'avenue.

Le jeune homme se précipita vers la fenêtre.

Tous deux virent alors une calèche débouchant dans la cour de la métairie ; Courtin courut à cette calèche son chapeau à la main ; une tête passa par la portière : c'était celle de la baronne Michel.

Le jeune homme, à la vue de sa mère, sentit un frisson lui passer par les veines.

Il était évident que c'était lui qu'elle venait chercher.

Bertha l'interrogea des yeux pour savoir ce qu'elle devait faire.

Michel lui indiqua un recoin obscur, une espèce de cabinet sans porte, où elle pouvait se cacher et tout entendre sans être vue.

Il puiserait de la force dans cette présence ignorée.

Michel ne se trompait pas : cinq minutes après, il entendit craquer l'escalier de planches sous les pas de la baronne.

Bertha courut à sa cachette ; Michel s'assit près de la fenêtre comme s'il n'avait rien vu, rien entendu.

La porte s'ouvrit et la baronne entra.

Peut-être était-elle venue avec l'intention d'être rude et sévère comme de coutume ; mais, en voyant Michel à la lumière pâlissante du jour, pâle lui-même comme ce crépuscule, elle oublia toutes ses résolutions de sévérité, et ne put que lui tendre les bras en s'écriant :

— Oh ! malheureux enfant, te voilà donc !

Michel, qui ne s'attendait pas à cette réception, en fut ému, et, de son côté, se jeta dans les bras de la baronne en criant :

— Ma mère ! ma bonne mère !

C'est qu'elle aussi était fort changée ; on voyait sur son visage la double trace des larmes incessantes et des nuits sans sommeil.

71

Où Mme la baronne de la Logerie, en croyant faire les affaires de son fils, fait celles de Petit-Pierre

La baronne s'assit ou plutôt tomba dans un fauteuil, entraînant Michel à genoux devant elle, lui prenant la tête et l'appuyant contre ses lèvres.

Enfin, les paroles qui ne pouvaient sortir de sa poitrine oppressée parurent lui revenir.

— Comment ! demanda-t-elle, c'est ici que je te rencontre, à cent pas du château plein de soldats ?

— Plus je serai près d'eux, ma mère, dit Michel, moins on me cherchera où je suis.

— Mais tu ne sais donc pas ce qui s'est passé à Nantes ?

— Que s'est-il passé à Nantes ?

— Les commissaires militaires rendent jugement sur jugement.

— Cela ne regarde que ceux qui sont pris, dit en riant Michel.

— Cela regarde tout le monde, lui répliqua sa mère ; car ceux qui ne sont pas pris peuvent l'être d'un moment à l'autre.

— Bon ! pas quand ils sont cachés chez un digne maire connu pour ses opinions philippistes.

— Tu n'en es pas moins...

La baronne s'arrêta comme si sa bouche se refusait à prononcer les mots suivants.

— Achève, ma mère.

— Tu n'en es pas moins condamné...

— Condamné à mort, je sais cela.

— Comment ! tu sais cela, malheureux enfant, et tu es si tranquille ?

— Je te le dis, ma mère, tant que je serai chez Courtin, je croirai n'avoir rien à craindre.

— Il est donc bien pour toi, cet homme ?

— C'est tout simplement une seconde providence ; il m'a ramassé blessé et mourant de faim ; il m'a apporté chez lui, et, depuis ce temps, il me nourrit et me cache.

— J'avoue que j'avais des préventions contre lui.

— Eh bien, ma mère, vous aviez tort.

— Soit. Parlons de nos affaires, cher enfant. Si bien caché que tu sois ici, tu n'y saurais rester.

— Pourquoi cela ?

— Parce qu'il ne faut qu'une imprudence, qu'une indiscrétion pour te perdre.

Michel fit un geste de doute.

— Tu ne veux pas me faire mourir d'effroi, n'est-ce pas ? lui dit sa mère.

— Non, et je vous écoute.

— Eh bien, je mourrai d'effroi si tu ne quittes pas la France !

— Avez-vous pensé, ma mère, aux difficultés de la fuite ?

— Oui, et ces difficultés, je les ai surmontées.

— Comment cela ?

— J'ai nolisé un petit bâtiment hollandais qui, dès à présent, t'attend dans la rivière en face de Couëron ; rends-toi à son bord et pars ! Mon Dieu, pourvu que tu sois assez fort pour supporter la route !

Michel ne répondit pas.

— Tu iras en Angleterre, n'est-ce pas ? tu quitteras cette terre maudite, qui a déjà bu le sang de ton père ! Tant que je te saurai en France, vois-tu, je ne serai pas un instant tranquille : il me semble, à chaque instant, voir la main du bourreau s'étendre sur toi et t'arracher de mes bras.

Michel continua de garder le silence.

— Voici, continua la baronne, une lettre qui te servira d'introduction près du capitaine ; voici pour cinquante mille francs de traites à ton ordre sur l'Angleterre et sur l'Amérique ; d'ailleurs, partout où tu seras, écris-moi, et je te ferai passer ce que tu me demanderas... Ou plutôt, mon enfant, mon cher enfant, partout où tu seras, j'irai te rejoindre... Mais qu'as-tu donc, et pourquoi ne pas me répondre ?

En effet, Michel recevait cette communication avec une insensibilité qui tenait presque de la stupeur. Partir, c'était s'éloigner de Mary, et, à l'idée de cette séparation, il y eut un instant où son cœur se serra si fort, qu'il lui sembla qu'il préférait braver l'arrêt de mort qui le frappait. Depuis que Courtin avait ravivé sa passion, depuis que, grâce au métayer, il avait conçu de nouvelles espérances, sans rien en dire au maire de la Logerie, il rêvait nuit et jour aux moyens de se rapprocher d'elle ; il ne supportait pas même l'idée de renoncer encore une fois à tout cela, et, au lieu de répondre à sa mère, au fur et à mesure qu'elle parlait, il s'affermissait dans sa volonté d'être l'époux de Mary.

De là ce silence qui, à si bon droit, inquiétait la baronne.

— Ma mère, lui dit Michel, je ne vous réponds point, parce que je ne saurais vous répondre selon mes désirs.

— Comment ! selon tes désirs ?

— Ecoutez-moi, ma mère, dit le jeune homme avec une fermeté dont elle l'eût cru et dont lui-même peut-être, dans un autre moment, se fût cru incapable.

— Tu ne refuses point de partir, j'espère ?

— Je ne refuse point de partir, dit Michel ; mais je mets des conditions à mon départ.

— Tu mets des conditions à ta vie, à ton salut ? tu mets des conditions pour faire cesser les angoisses de ta mère ?

— Ma mère, dit Michel, depuis que nous ne nous sommes vus, j'ai beaucoup souffert et, par conséquent, beaucoup appris ; j'ai surtout appris qu'il était certains moments qui décidaient du bonheur ou du désespoir d'une vie tout entière ; or, je suis dans un de ces moments-là, ma mère.

— Et tu vas décider de mon désespoir ?

— Non, je vais vous parler en homme, voilà tout. Ne vous étonnez pas : jeté enfant au milieu des événements, j'en sors un homme. Je sais les devoirs que j'ai à remplir envers ma mère ; ces devoirs sont le respect, la tendresse, la reconnaissance, et, de ces devoirs, je ne m'écarterai jamais. Mais, dans le passage du jeune homme à l'homme, ma mère, il y a des horizons inconnus qui se découvrent et s'élargissent au fur et à mesure que l'on monte ; c'est en face de ces horizons que l'attendent les devoirs qui, succédant à ceux de la jeunesse, l'attachent non plus exclusivement à la famille, mais à la société ; arrivé à ce point de la vie, s'il tend encore la joue à sa mère, il tend déjà la main à une autre femme qui sera, elle, la mère de ses enfants.

— Ah ! fit la baronne en s'éloignant de son fils par un mouvement plus fort qu'elle-même.

— Eh bien, ma mère, reprit le jeune homme en se relevant, cette main, je l'ai tendue ; une autre main a répondu à la mienne ; ces deux mains sont liées indissolublement : si je pars, je ne partirai pas seul.

— Tu partiras avec ta maîtresse ?

— Je partirai avec ma femme, ma mère.

— Et tu crois que je donnerai mon consentement à ce mariage ?

— Vous êtes libre de ne pas donner votre consentement, ma mère ; mais, moi, je suis libre de ne point partir.

— Oh ! le malheureux ! le malheureux ! s'écria la baronne ; voilà donc la récompense de vingt ans de soins, de tendresse, d'amour !

— Cette récompense, ma mère, dit Michel avec une fermeté qu'accroissait la conscience que pas une de ses paroles n'était perdue pour l'oreille qui les écoutait, vous l'avez dans le respect que je vous porte et dans le dévouement dont je vous donnerais des preuves à l'occasion ; mais le véritable amour maternel ne place pas à usure : il ne dit pas : « Je serai vingt ans ta mère, pour être ensuite ton tyran ! » Il ne dit pas : « Je te donnerai la vie, la jeunesse, la force, l'intelligence, pour que tout cela obéisse aveuglément à ma volonté ! » Non, ma mère ; le véritable amour maternel dit : « Tant que tu as été faible, je t'ai soutenu ; tant que tu as été ignorant, je t'ai instruit ; tant que tu as été aveugle, je t'ai conduit. Aujourd'hui, tu vois, tu sais, tu es fort ; fais ta vie, non pas selon ton caprice, mais selon ta volonté. Choisis l'un de ces mille chemins qui s'offrent à toi, et, quelque part qu'il te conduise, aime, chéris, vénère celle qui, de faible, t'a fait fort, qui, d'ignorant, t'a fait instruit, qui, d'aveugle, t'a fait voyant. » Voilà comment je comprends le pouvoir que la mère a sur son fils, voilà comment je comprends le respect que le fils a pour sa mère.

La baronne resta interdite ; elle se fût attendue à la ruine du monde plutôt qu'à ce langage ferme et raisonné.

Elle regarda son fils avec stupéfaction.

Fier et content de lui, Michel la regardait, de son côté, calme et le sourire sur les lèvres.

— Ainsi donc, demanda-t-elle, rien ne pourra te faire renoncer à ta folie ?

— C'est-à-dire, ma mère, reprit Michel, que rien ne pourra me faire manquer à ma parole.

— Oh ! s'écria la baronne en portant ses mains à ses yeux, malheureuse mère que je suis !

Michel se remit à genoux devant elle.

— Et, moi, je dis : Bienheureuse mère que vous serez, le jour où vous aurez fait le bonheur de votre fils !

— Mais qu'ont-elles donc de si séduisant, ces *louves* ? s'écria la baronne.

— De quelque nom que vous appeliez celle que j'aime, dit Michel, je vous répondrai : Celle que j'aime a toutes les qualités qu'un homme doit rechercher dans sa femme, et ce n'est point à nous, ma mère, qui avons tant souffert de la calomnie, d'accueillir aussi facilement que vous le faites les calomnies qui poursuivent les autres.

— Non, non, non, fit la baronne, jamais je ne consentirai à ce mariage !

— En ce cas, ma mère, dit Michel, reprenez ces traites, reprenez cette lettre pour le capitaine du *Jeune-Charles*, attendu qu'elles me sont maintenant tout à fait inutiles.

— Mais quelle est donc ton intention, malheureux ?

— Oh ! elle est bien simple, ma mère : j'aime mieux mourir

que vivre séparé de celle que j'aime. Je suis guéri, je me sens assez fort pour reprendre le mousquet ; les débris de l'insurrection, commandés par le marquis de Souday, sont dans la forêt de Touvois : je vais les rejoindre, je combats avec eux et me fais tuer à la première occasion. Voilà deux fois que la mort me manque, ajouta-t-il avec un pâle sourire ; la troisième fois, elle aura l'œil plus sûr et la main plus juste.

Et le jeune homme laissa tomber la lettre et les traites sur les genoux de sa mère.

Il y avait dans la voix et dans les gestes du baron une telle résolution et une si grande fermeté, que sa mère vit bien qu'elle nourrirait en vain l'espérance d'y rien changer.

Devant cette conviction, sa force se brisa.

— Eh bien, dit-elle, qu'il soit donc fait selon ta volonté, et que Dieu oublie que tu as forcé celle de ta mère !

— Dieu oubliera, soyez tranquille, ma mère, et, quand vous verrez votre fille, vous-même vous oublierez.

La baronne secoua la tête.

— Va, dit-elle, et marie-toi loin de moi, à une étrangère que je ne connais pas et que je n'ai pas vue.

— Je me marierai, je l'espère, avec une femme que vous aurez connue et appréciée, ma mère, et ce grand jour sera pour moi consacré par votre bénédiction. Vous m'avez offert de me rejoindre là où je serai ; là où je serai, je vous attendrai, ma mère.

La baronne se leva et fit quelques pas vers la porte.

— C'est vous qui partez sans me dire adieu, sans m'embrasser, ma mère !... Ne craignez-vous point que cela ne me porte malheur ?

— Viens donc, malheureux enfant, dans mes bras, sur mon cœur !

Et elle prononça ces paroles avec ce cri qui sort toujours tôt ou tard du cœur d'une mère.

Michel la pressa tendrement sur sa poitrine.

— Et quand partiras-tu, mon enfant ? demanda-t-elle.

— Cela dépendra d'elle, ma mère, répondit Michel.

— Le plus tôt possible, n'est-ce pas ?

— Cette nuit, je l'espère.

— Tu trouveras en bas un costume complet de paysan ; déguise-toi du mieux que tu pourras. Il y a huit lieues d'ici à Couéron ; tu peux y être vers cinq heures du matin. N'oublie pas, le *Jeune-Charles*.

— Ne craignez rien, ma mère : du moment où je sais que mon but est le bonheur, je prendrai toutes mes précautions pour y arriver.

— Moi, je retourne à Paris, où j'emploie tout ce que je puis avoir de crédit à faire révoquer cette fatale sentence. Toi, je te le répète, veille sur ta vie et tâche de te rappeler que c'est veiller en même temps sur la mienne.

La mère et le fils échangèrent encore un baiser ; Michel conduisit sa mère jusqu'à la porte.

Courtin, en fidèle serviteur, veillait au bas de l'escalier. Mme de la Logerie le pria de l'accompagner au château.

Lorsque Michel, après avoir fermé la porte, se retourna, il vit Bertha le sourire du bonheur sur les lèvres, le rayonnement de l'amour sur le front.

Elle attendait le moment où elle serait seule avec le jeune homme pour se jeter dans ses bras.

Michel l'y reçut ; mais, si l'obscurité n'eût point complètement envahi la petite chambre, sans doute l'expression de l'embarras qui se peignait sur le visage du jeune baron n'eût point échappé à Bertha.

— Ainsi, dit-elle, mon ami, rien ne peut plus nous séparer ; nous avons tout : le consentement de mon père, celui de ta mère.

Michel se tut.

— Nous partons cette nuit, n'est-ce pas ?

Comme il avait fait avec sa mère, Michel garda le silence vis-à-vis de Bertha.

— Eh bien, demanda celle-ci, pourquoi ne répondez-vous pas, mon ami ?

— Parce que rien n'est moins sûr encore que notre départ, mon amie, dit Michel.

— Mais n'avez-vous pas promis à votre mère de partir cette nuit ?

— J'ai dit à ma mère : « Cela dépendra d'*elle.* »

— Eh bien, elle, n'était-ce pas moi ? demanda Bertha.

— Comment ! dit Michel, Bertha, si royaliste, si dévouée, quitterait ainsi la France sans songer à ceux qu'elle y laisse ?

— Que voulez-vous dire ? demanda Bertha.

— Que je rêve quelque chose de plus grand et de plus utile que ma propre liberté, que mon propre salut, dit le jeune homme.

Bertha le regarda avec étonnement.

— Que je rêve la liberté et le salut de Madame, ajouta le jeune homme.

Bertha poussa un cri.

Elle commençait à comprendre.

— Ah ! fit-elle.

— Ce bâtiment que ma mère a frété pour moi, dit Michel, ne

peut-il pas, en même temps que nous, emporter hors de France la princesse, votre père...

Puis, plus bas :

— Votre sœur ? ajouta-t-il.

— Oh ! Michel, Michel, s'écria la jeune fille, pardonne-moi de ne pas avoir pensé à cela ! Tout à l'heure, je t'aimais ; maintenant, je t'admire !... Oui, oui, tu as raison, c'est la providence qui a inspiré ta mère ; oui, maintenant, j'oublie tout ce qu'elle a dit de dur et de cruel pour moi, je ne vois en elle qu'un instrument de Dieu, envoyé à notre secours pour nous sauver tous... Oh ! mon ami, que vous êtes bon ! mieux encore, mon ami, que vous êtes grand d'avoir songé à tout cela !

Le jeune homme balbutia quelques mots inintelligibles.

— Ah ! je savais bien, continua Bertha dans son enthousiasme, je savais bien que vous étiez ce qu'il y avait de plus brave et de plus loyal au monde ; mais, aujourd'hui, Michel, vous vous élevez au-dessus de toutes mes espérances. Pauvre enfant ! blessé, condamné à mort, il s'occupe des autres avant de penser à lui ! Ah ! mon ami, j'étais heureuse : maintenant, je suis fière de mon amour.

Cette fois, si la chambre eût été éclairée, Bertha eût pu voir la rougeur succéder à l'embarras sur le visage de Michel.

Et, en effet, ce dévouement du jeune baron n'était pas aussi désintéressé que le croyait Bertha.

Après s'être fait donner par sa mère son consentement à épouser celle qu'il aimait, Michel avait rêvé autre chose.

C'était de rendre à Petit-Pierre le plus grand service qu'il pût recevoir en ce moment de son serviteur le plus dévoué, de lui tout avouer alors et de lui demander, pour prix de ce service, la main de Mary.

On peut comprendre maintenant l'embarras et la rougeur de Michel en face de Bertha.

Aussi, à ces démonstrations de la jeune fille, le baron, froid malgré lui, se contenta-t-il de répondre :

— A présent que tout est arrêté, Bertha, je crois que nous n'avons pas de temps à perdre.

— Non, dit celle-ci ; vous avez raison, mon ami. Ordonnez ! Maintenant que j'ai reconnu non seulement la supériorité de votre cœur, mais encore celle de votre esprit, je suis prête à obéir.

— Eh bien, dit Michel, nous allons nous séparer.

— Pourquoi cela ? demanda Bertha.

— Parce que vous allez partir, vous Bertha, pour la forêt de Touvois, où vous préviendrez votre père de ce qui s'est passé ; de là, vous gagnerez avec lui la baie de Bourgneuf, où le *Jeune-*

Charles vous prendra en passant. Moi, je vais à Nantes, prévenir la duchesse.

— Vous, à Nantes ? Oubliez-vous que vous êtes condamné à mort, désigné, surveillé ? C'est moi qui dois aller à Nantes, et vous à Touvois.

— C'est moi qu'attend le *Jeune-Charles*, Bertha ; c'est à moi seul que, selon toute probabilité, le capitaine consentira à obéir ; sans doute, voyant une femme au lieu d'un homme, craindra-t-il quelque piège, et nous jettera-t-il dans d'inextricables difficultés.

— Mais songez donc aux dangers que vous courez en allant à Nantes !

— C'est là peut-être, au contraire, réfléchissez-y, Bertha, l'endroit où je cours le moins de dangers. On ne se doutera pas que, condamné à mort à Nantes, j'essaye de rentrer dans la ville qui m'a condamné. Enfin, vous le savez, il y a des moments où la suprême audace est la suprême prudence : nous sommes dans un de ces moments-là. Laissez-moi faire.

— Je vous ai dit que je vous obéirais, Michel ; j'obéirai.

Et la belle et fière jeune fille, soumise comme un enfant, attendit les ordres de celui qui, grâce aux apparences du dévouement, venait d'acquérir à ses yeux des proportions gigantesques.

Rien de plus simple que la décision prise et son mode d'exécution. Bertha allait donner à Michel l'adresse de la duchesse à Nantes et les différents mots d'ordre à l'aide desquels on pouvait parvenir jusqu'à elle.

Sous l'habit de Rosine, elle gagnerait la forêt de Touvois, tandis que, sous l'habit de paysan apporté par Mme de la Logerie, Michel gagnerait Nantes.

Si rien ne contrariait les dispositions prises, le lendemain, à cinq heures du matin, le *Jeune-Charles* pouvait mettre à la voile, emportant avec Petit-Pierre les derniers vestiges de la guerre civile.

Dix minutes après, Michel enfourchait le bidet de Courtin, sellé et bridé par lui-même, et, d'un dernier geste, prenait congé de Bertha, laquelle regagnait la chaumière de Tinguy, d'où elle devait immédiatement se diriger, par des chemins de traverse, vers la forêt de Touvois.

72

Marches et contremarches

Malgré le luxe de molettes et d'éparvins dont l'âge et la fatigue avaient gratifié le bidet de maître Courtin, la brave bête avait conservé, dans l'amble qui lui tenait lieu de trot, assez d'énergie pour que Michel arrivât à Nantes avant neuf heures du soir.

Sa première station devait être à l'auberge du *Point du Jour*.

A peine eut-il traversé le pont Rousseau, qu'il se mit en quête de la susdite auberge.

Ayant reconnu son enseigne, qui figurait une étoile allongée d'un rayon de la plus belle ocre jaune que le peintre avait eue à sa disposition, il arrêta son bidet, ou plutôt le bidet de maître Courtin, devant une auge de bois qui servait à rafraîchir les chevaux des rouliers qui ne voulaient que faire halte sans dételer.

Personne ne paraissait sur le seuil de la maison en face de laquelle le jeune homme se trouvait ; oubliant l'humble costume dont il était revêtu, et ne se souvenant que de l'empressement que manifestaient d'habitude, à son approche, les serviteurs de la Logerie, il frappa impatiemment sur cette auge plusieurs coups du bâton qu'il tenait à la main.

A ce bruit, un homme en manches de chemise sortit de la cour qui attenait à la maison et s'avança vers Michel. Cet homme était coiffé d'un bonnet de coton bleu, rabattu jusque sur les yeux.

Il sembla à Michel que ce qu'il voyait de son visage ne lui était pas inconnu.

— Diable ! fit en grommelant l'homme au bonnet bleu, vous êtes donc trop grand seigneur, mon jeune gars, pour conduire vous-même votre cheval à l'écurie ? Alors n'en parlons plus, on va vous servir comme un bourgeois.

— Servez-moi comme vous voudrez, dit Michel ; mais répondez à ma question.

— Questionnez, dit l'homme en se croisant les bras.

— Je voudrais voir le père Eustache, ajouta Michel à demi-voix.

Si bas que Michel eût parlé, l'homme à son tour laissa échapper un signe d'impatience, jeta autour de lui un regard soupçonneux, et, bien qu'il n'eût aperçu que quelques enfants qui, leurs petites mains croisées derrière le dos, regardaient le jeune paysan avec une curiosité naïve, il prit vivement le cheval par la bride et s'achemina vers la cour.

— Je vous dis que je voudrais voir le père Eustache, répéta Michel en descendant de sa monture et lorsqu'il fut arrivé, toujours conduit par l'homme au bonnet bleu, devant l'appentis qui servait d'écurie à l'hôtel du *Point du Jour.*

— J'entends, répondit ce dernier, j'entends de reste, parbleu ! Mais je ne l'ai pas dans mon coffre à avoine, votre père Eustache. D'ailleurs, avant que je vous dise où vous le trouverez, d'où venez-vous ?

— Du Sud.

— Où allez-vous ?

— A Rosny.

— Bien ! alors il vous faut passer par l'église Saint-Sauveur ; vous trouverez là celui que vous cherchez. Allez, et tâchez de parler moins haut, monsieur de la Logerie, quand vous parlerez dans la rue, si vous tenez à arriver au but de votre voyage.

— Ah ! ah ! fit Michel un peu étonné, vous me connaissez ?

— Pardieu ! répondit l'homme.

— Alors il faudrait reconduire le cheval chez moi.

— Ce sera fait.

Michel mit un louis dans la main du garçon d'écurie, qui parut enchanté de la bonne aubaine et lui fit ses offres de service ; puis il entra résolument dans la ville. Lorsqu'il arriva à l'église Saint-Sauveur, le sacristain allait en fermer les portes. La leçon que venait de donner au jeune baron le garçon d'auberge portait ses fruits, et Michel était décidé à attendre et à examiner avant d'interroger personne.

Cinq ou six pauvres, avant de quitter le porche, où ils avaient passé leur journée, quêtant les aumônes des fidèles, s'étaient agenouillés sous l'orgue pour faire leur prière du soir.

C'était sans doute parmi eux qu'était le père Eustache.

Le père Eustache avait pour principale fonction de présenter l'eau bénite avec un goupillon.

Seulement, il était difficile de reconnaître le père Eustache ; car, outre deux ou trois femmes encapuchonnées dans leurs mantelets d'indienne tout constellés de pièces de différentes couleurs, il y avait là trois mendiants dont pas un ne tenait de goupillon à la main.

Chacun des trois vieillards pouvait donc être celui que cherchait Michel.

Heureusement, le jeune baron avait un signe de reconnaissance.

Il prit la branche de houx qu'il avait attachée à son chapeau et que Bertha lui avait indiquée comme étant le signe qui le ferait reconnaître du père Eustache, et la laissa tomber devant la porte.

Deux des mendiants la poussèrent du pied sans y faire la moindre attention.

Le troisième, qui était un petit vieillard sec, grêle, dont le nez démesuré sortait résolument de dessous un bonnet de soie noire, fit un mouvement en apercevant les feuilles vertes sur les dalles, ramassa la branche de houx et regarda avec inquiétude autour de lui.

Michel sortit de derrière le pilier où il s'était caché.

Le père Eustache — car c'était bien lui — jeta un regard de son côté.

Puis, sans rien dire, il se dirigea vers le cloître.

Michel comprit que la branche de houx ne suffisait pas au défiant donneur d'eau bénite ; après l'avoir suivi pendant une dizaine de pas, il pressa sa marche et l'accosta en disant :

— Je viens du Sud.

Le mendiant tressaillit.

— Et où allez-vous ? demanda-t-il.

— Je vais à Rosny, répondit Michel.

Le mendiant s'arrêta et rebroussa chemin.

Cette fois, il allait du côté de la ville ; un signe fait du coin de l'œil indiqua à Michel qu'on était d'accord ; celui-ci se laissa dépasser par son guide, puis le suivit à une distance de cinq ou six pas.

Ils repassèrent devant le portail de l'église ; et traversèrent une partie de la ville ; puis, au moment où ils entraient dans une ruelle étroite et obscure, le mendiant s'arrêta quelques instants devant une porte basse et sombre, percée dans le mur d'un jardin ; puis il reprit sa route.

Michel allait continuer de le suivre ; mais le mendiant lui fit un signe qui avait pour but de lui indiquer la petite porte, et disparut dans l'ombre.

Michel s'aperçut alors que son guide avait glissé la branche de houx ramassée à l'église dans l'anneau de fer qui servait à heurter.

C'était donc là le but de sa course.

Le jeune homme leva le marteau et le laissa retomber.

A ce bruit, un petit guichet pratiqué dans la porte s'ouvrit, et une voix d'homme demanda ce qu'il désirait.

Michel répéta le mot d'ordre, et on l'introduisit dans une salle basse où un monsieur qu'il reconnut pour l'avoir vu au château de Souday, le soir où le souper préparé pour Petit-Pierre avait été mangé par le général Dermoncourt, et qu'il avait retrouvé le fusil à la main, la veille du combat du Chêne, lisait tranquillement son journal, assis auprès d'un grand feu, les pieds sur les chenets, et enveloppé d'une robe de chambre.

Seulement, malgré son extérieur des plus pacifiques, ce monsieur avait une paire de pistolets à deux coups à la portée de sa main, sur une table où se trouvaient, en outre, encre, papier et plumes.

Il reconnut sur-le-champ Michel, et, se levant pour le recevoir :

— Je crois vous avoir vu dans nos rangs, monsieur, lui dit-il.

— Oui, monsieur, répondit Michel, la veille du combat du Chêne.

— Et le lendemain ? demanda en souriant l'homme à la robe de chambre.

— Le lendemain, j'étais à celui de la Pénissière, où j'ai été blessé.

L'inconnu s'inclina.

— Voudriez-vous me faire l'honneur de me dire votre nom ? demanda-t-il.

Michel dit son nom ; l'homme à la robe de chambre consulta un agenda qu'il tira de sa poitrine, fit un signe de satisfaction, et, se retournant vers le jeune homme :

— Et, maintenant, monsieur, lui demanda-t-il, qui vous amène ?

— Le désir de voir Petit-Pierre, et de lui rendre un grand service.

— Pardon, monsieur, mais on ne peut arriver de la sorte à la personne dont vous parlez. Vous êtes des nôtres ; je sais que nous pouvons compter sur vous ; mais vous comprenez que des allées et venues dans la maison qui jusqu'ici a gardé son secret si heureusement ne tarderaient pas à attirer l'attention de la police. Veuillez donc me confier vos projets, et je vous donnerai la réponse que vous devez attendre.

Michel alors expliqua ce qui s'était passé entre lui et sa mère ; comment celle-ci s'était assurée d'un bâtiment qui pût le soustraire à la condamnation prononcée contre lui, et comment il avait eu l'idée de faire servir ce bâtiment au salut de Petit-Pierre.

L'homme à la robe de chambre écoutait avec une attention croissante ; puis, quand le jeune baron eut fini :

— En vérité, dit-il, c'est la Providence qui vous envoie ! Il était vraiment impossible, quelles que fussent les précautions employées par nous, et dont vous avez pu juger, que la maison où Petit-Pierre est caché continuât d'échapper à la surveillance de la police ; pour le bien de la cause, dans l'intérêt de Petit-Pierre, dans le nôtre, il vaut mieux qu'il parte, et la difficulté de trouver un navire étant si heureusement levée, je vais sur-le-champ me rendre près de lui et prendre ses ordres.

— Vous suivrai-je ? demanda Michel.

— Non ; votre déguisement à côté de mon habit bourgeois vous signalerait à l'attention des mouchards dont nous sommes entourés. A quelle auberge êtes-vous descendu ?

— Au *Point du Jour*.

— Vous êtes chez Joseph Picaut ; il n'y a rien à craindre.

— Ah ! fit Michel, en effet, je savais bien que sa figure ne m'était pas inconnue ; seulement, comme je croyais qu'il habitait entre la Boulogne et la forêt de Machecoul...

— Vous ne vous trompiez pas : il n'est aubergiste que par occasion. Allez donc m'attendre chez lui ; dans deux heures, j'y viendrai, ou seul ou accompagné de Petit-Pierre : seul, si Petit-Pierre refuse d'accepter votre offre ; avec lui, s'il accepte.

— Mais êtes-vous bien sûr de ce Picaut ? demanda Michel.

— Oh ! de lui comme de nous-mêmes ! S'il y a un reproche à lui faire, ce serait, au contraire, d'être trop ardent. Rappelez-vous que, pendant les courses de Petit-Pierre en Vendée, plus de six cents paysans ont, à plusieurs reprises, connu le secret de ses différentes retraites, et, c'est le plus beau titre de gloire de ces pauvres gens, pas un n'a songé à faire sa fortune en le trahissant. Prévenez Joseph que vous attendez quelqu'un ; qu'en conséquence il ait à veiller. En lui disant ces seuls mots : *Rue du Château, n° 3*, vous obtiendrez de lui et des autres commensaux de l'auberge l'obéissance la plus absolue et surtout la plus passive.

— Avez-vous d'autres recommandations à me faire ?

— Peut-être sera-t-il prudent que les autres personnes qui accompagneront Petit-Pierre sortent isolément de la maison où il est caché, et isolément se rendent à l'auberge du *Point du Jour*. Faites-vous donner une chambre avec fenêtre sur le quai ; n'ayez pas de lumière dans votre chambre, mais laissez la fenêtre ouverte.

— Vous n'oubliez rien ?

— Non... Adieu, monsieur, ou plutôt au revoir ! et, si nous réussissons à arriver sains et saufs à vôtre bâtiment, vous aurez rendu à la cause un immense service. Quant à moi, je suis dans des transes continuelles : on parle des sommes énormes offertes en prime à la trahison, et je tremble que quelque cupidité ne finisse par s'éveiller et nous perde.

On reconduisit Michel ; mais au lieu de le faire sortir par la porte qui lui avait donné entrée, on le fit sortir par la porte opposée, donnant dans une autre rue.

Il traversa rapidement la ville et gagna le quai ; arrivé au *Point du Jour*, il trouva Joseph Picaut qui avait racolé un gamin auquel il donnait ses instructions pour reconduire le cheval de Courtin, ainsi que Michel l'avait recommandé.

Le jeune baron, en entrant à l'écurie, fit au faux garçon d'auberge un signe que celui-ci comprit parfaitement. Picaut renvoya le gamin en ajournant la commission au lendemain.

— Vous m'avez dit que vous me connaissiez, fit Michel lorsqu'ils furent seuls.

— J'ai fait mieux que cela, monsieur de la Logerie, puisque je vous ai appelé par votre nom.

— Eh bien, je ne suis pas fâché de t'apprendre que nous sommes quittes sous ce rapport : moi aussi, je sais ton nom : tu t'appelles Joseph Picaut.

— Je ne m'en dédis pas, répondit le paysan avec son air narquois.

— Peut-on se fier à toi, Joseph ?

— C'est selon ce que l'on me demande : les bleus et les rouges, non ; les blancs, oui.

— Tu es blanc alors ?

Picaut haussa les épaules.

— Si je ne l'étais pas, serais-je ici, moi qui suis condamné à mort ni plus ni moins que vous ? C'est comme cela ; on m'a fait les honneurs de la contumace. Oh ! nous sommes bien véritablement égaux devant la loi.

— Bon alors, tu es ici... ?

— Garçon d'écurie, pas autre chose.

— Conduis-moi au maître de l'auberge.

On réveilla l'aubergiste, qui était couché.

L'aubergiste accueillit Michel avec une certaine défiance ; aussi celui-ci, qui comprit qu'il n'y avait pas de temps à perdre, se décida à frapper le grand coup et prononça les cinq mots :

— *Rue du Château, n° 3*.

A peine le mot d'ordre eut-il été entendu de l'aubergiste, que sa défiance disparut et qu'il devint tout autre ; à partir de ce moment, lui et sa maison étaient à la disposition de Michel.

Alors ce fut à Michel d'interroger :

— Avez-vous des voyageurs chez vous ? demanda-t-il.

— Un seul, répondit l'aubergiste.

— De quelle espèce ?

— De la pire ! C'est un homme dont il faut nous défier.

— Vous le connaissez donc ?

— C'est le maire de la Logerie, maître Courtin, un vrai pataud !

— Courtin ! s'écria Michel, Courtin ici ! En êtes-vous sûr ?

— Je ne le connaissais pas ; c'est Picaut qui m'a prévenu.

— Et depuis quand est-il arrivé ?

— Depuis un quart d'heure à peine.

— Où est-il ?

— Dehors, en ce moment. Il a mangé un morceau ; puis il est sorti sur-le-champ en m'annonçant qu'il ne rentrerait que fort avant dans la nuit, vers deux heures du matin ; il avait, disait-il, affaire à Nantes.

— Et sait-il que vous le connaissez, vous ?

— Je ne le crois pas, à moins qu'il n'ait reconnu Joseph Picaut, comme Joseph Picaut l'a reconnu lui-même ; mais j'en doute : il était dans la lumière, tandis que Joseph Picaut est constamment resté dans l'ombre.

Michel réfléchit un moment.

— Je ne crois pas maître Courtin aussi mauvais que vous le supposez, répliqua Michel ; mais, n'importe, il faut nous défier de lui, comme vous dites, et surtout il faut qu'il ignore ma présence dans votre auberge.

Picaut, qui, jusque-là, s'était tenu sur le seuil de la porte, s'avança, et, se mêlant à la conversation :

— Oh ! dit-il, s'il vous fait par trop d'ombrage, il faut le dire : on s'arrangera de manière à ce qu'il ne sache rien, ou, s'il sait quelque chose, de manière à ce qu'il se taise ; j'ai déjà de vieux griefs contre lui, et il y a longtemps que je ne cherche qu'un prétexte...

— Non, non ! s'écria vivement Michel, Courtin est mon métayer ; je lui ai certaines obligations qui me font désirer qu'il ne lui arrive pas malheur ; d'ailleurs, se hâta-t-il d'ajouter en voyant que Picaut fronçait le sourcil, il n'est pas ce que vous le supposez.

Joseph Picaut hocha la tête ; mais Michel ne vit pas son geste.

— Soyez tranquille, dit l'aubergiste, s'il vient à rentrer, je le surveillerai.

— Bien ! Quant à toi, Joseph, tu vas prendre le cheval sur lequel je suis venu ; il est bon que maître Courtin ne le trouve pas à l'écurie : il ne manquerait pas de le reconnaître, attendu que c'est le sien.

— Bon !

— Tu connais la rivière, n'est-ce pas ?

— Il n'y a pas un coin de la rive gauche que je n'aie battu ; de la droite, je suis moins sûr.

— En ce cas, tout va bien ; c'est sur la rive gauche que tu as affaire.

— Dites la chose alors.

— Tu te rendras à Couëron ; vis-à-vis de la seconde île, entre les deux îlots de l'épave, tu verras un bâtiment à la mer ; il s'appelle le *Jeune-Charles*. Quoique à l'ancre, il aura son perroquet de misaine battant sur le mât ; cela te le fera reconnaître.

— Soyez tranquille.

— Tu prendras une barque, tu iras à bord ; on te criera : « Qui vive ? » Tu répondras : « Belle-Isle en mer. » Alors on te laissera monter ; tu remettras au capitaine ce mouchoir tel qu'il est, c'est-à-dire noué par trois bouts, et tu lui diras de préparer son appareillage pour une heure du matin.

— Et c'est tout ?

— Oh ! mon Dieu, oui... c'est-à-dire, non, ce n'est pas tout : si je suis content de toi, Picaut, tu auras cinq pièces comme tu en as déjà reçu une ce soir.

— Allons, allons, dit Joseph Picaut, à part la chance d'être pendu, ce n'est pas encore un trop mauvais métier que celui que je fais ici, et, si je pouvais seulement de temps en temps envoyer un coup de fusil aux bleus, ou me venger de Courtin, par exemple, ma foi, je ne regretterais pas maître Jacques et ses terriers... Et puis après ?

— Comment et puis après ?

— Oui, quand j'aurai fait ma commission ?

— Tu te cacheras sur la rive du fleuve, et tu nous attendras ; nous te préviendrons par un coup de sifflet. Si tout va bien, tu viendras à nous en imitant le chant du coucou ; si tu as, au contraire, vu quelque chose qui doive nous inquiéter, tu nous préviendras en imitant le cri de la chouette.

— Peste ! monsieur de la Logerie, dit Joseph, on voit que vous avez été à bonne école. Tout cela est clair et me semble bien combiné. C'est, par ma foi, dommage que vous n'ayez pas un meilleur cheval à me mettre entre les jambes ; sans cela, votre affaire serait lestement faite et bien faite.

Joseph Picaut sortit pour remplir le message dont il était chargé.

Pendant ce temps, l'aubergiste conduisait Michel au premier étage dans une chambre de pauvre apparence, qui servait de succursale à sa salle à manger, mais qui s'ouvrait sur la route par deux fenêtres ; puis lui-même il alla se placer en observation pour guetter Courtin.

Michel ouvrit une des fenêtres, ainsi qu'il en était convenu avec le monsieur à la robe de chambre ; puis il s'assit sur un tabouret de façon à ce que sa tête ne pût être vue de la route sur laquelle son regard plongeait.

73

Où les amours de Michel semblent commencer à prendre une meilleure tournure

Michel, sous son apparente immobilité, était dans un état d'angoisse extrême ; il allait revoir Mary, et, à cette idée, sa poitrine se serrait, son cœur se gonflait, son sang circulait par soubresauts dans ses veines ; il se sentait trembler d'émotion. Il ne savait pas trop quelle serait la conséquence de tout cela ; mais la fermeté que, contre son habitude, il avait déployée en face de sa mère et de Bertha, lui avait si bien réussi des deux côtés, qu'il était résolu à être non moins ferme vis-à-vis de Mary. Il comprenait très bien qu'il était arrivé au paroxysme extrême de la situation, et qu'un bonheur éternel ou un malheur irréparable allait surgir de sa décision.

Il y avait une heure à peu près qu'il était là, suivant des yeux, avec anxiété, toutes les formes humaines qui semblaient venir du côté de la petite auberge, guettant tous leurs mouvements, pour savoir si elles ne se dirigeaient pas vers la porte, désolé lorsqu'il voyait son espérance sans cesse renaissante, s'évanouir une fois de plus, trouvant les minutes des éternités, et se demandant si son cœur ne se briserait pas quand il se trouverait réellement en face de Mary.

Tout à coup, il aperçut une ombre qui venait du côté de la rue du Château, marchant rapidement sur la pointe du pied, rasant les maisons, et, dans sa marche, n'éveillant aucun bruit ; aux vêtements, il reconnaissait une femme ; mais cette femme, ce n'était, sans doute, ni Petit-Pierre ni Mary : il n'y avait point de probabilité que l'un ou l'autre vînt seul.

Cependant il semblait au baron que celle qui s'approchait de plus en plus levait les yeux pour reconnaître la maison ; puis il la vit qui s'arrêtait devant l'auberge ; puis il entendit trois petits coups frappés sur la porte.

Michel ne fit qu'un bond de son poste d'observation à l'escalier ; il descendit rapidement, ouvrit la porte, et, dans cette femme couverte d'une mante, il reconnut Mary.

Leurs deux noms furent tout ce que les deux jeunes gens purent prononcer en se retrouvant en face l'un de l'autre ; puis Michel saisit la jeune fille par le bras, la guida à travers l'obscurité et l'entraîna dans la chambre du premier étage.

Mais, à peine entré dans cette chambre :

— O Mary, Mary, s'écria-t-il en tombant à genoux, c'est donc vous ! Il me semble encore que je rêve ! Tant de fois j'avais songé à ce bienheureux instant, tant de fois mon imagination avait, par avance, savouré ces douces joies, qu'aujourd'hui encore j'ai peine à me figurer que je ne sois pas le jouet d'un songe ! Mary, mon ange, ma vie, mon amour, oh ! laissez-moi vous presser contre mon cœur !

— O Michel, mon ami, dit la jeune fille soupirant de ne pouvoir dompter le sentiment qui s'emparait d'elle, moi aussi, je suis bien heureuse de vous revoir. Mais, dites-moi, pauvre cher enfant, vous avez été blessé.

— Oui, oui ; mais ce n'était pas ma blessure qui me faisait souffrir ; c'était l'éloignement où j'étais de tout ce que j'aime au monde... Oh ! Mary, croyez-moi : la mort est bien sourde et bien rebelle puisqu'elle n'est pas venue à ma prière.

— Michel, pouvez-vous parler ainsi, mon ami ? oublier tout ce que la pauvre Bertha a fait pour vous ? Car nous l'avons su, et je l'ai tant admirée, ma pauvre sœur, je l'ai tant aimée pour son dévouement, dont chaque minute vous donnait la preuve !

Mais, à ce nom de Bertha, Michel, décidé à ne plus se laisser imposer la volonté de Mary, s'était relevé brusquement et marchait dans la chambre d'un pas qui décelait son émotion.

Mary vit ce qui se passait dans le cœur du jeune homme ; elle fit un suprême effort.

— Michel, dit-elle, je vous en conjure, je vous le demande au nom de toutes les larmes que j'ai versées à votre souvenir, ne me parlez plus que comme à votre sœur ! n'oubliez plus que bientôt vous allez être mon frère.

— Votre frère ! moi, Mary ? dit le jeune homme en secouant la tête. Oh ! quant à cela, ma décision est prise et bien prise : jamais, je vous le jure !

— Michel, Michel, oubliez-vous que vous m'avez fait un autre serment ?

— Ce serment, je ne l'ai pas fait ! non : vous me l'avez arraché, arraché cruellement ; vous avez abusé de l'amour que j'avais pour vous, pour exiger que je renonçasse à vous ! Mais ce serment, tout en moi s'est soulevé contre lui, pas une fibre de mon corps ne veut qu'il soit tenu. Et me voilà, Mary, me voilà vous disant : Je suis séparé de vous depuis deux mois, et, depuis deux mois, je n'ai pensé qu'à vous ! j'ai failli mourir enseveli sous les ruines enflammées de la Pénissière, et je n'ai pensé qu'à vous ! j'ai failli être tué... cette balle qui m'a traversé l'épaule, et qui, un peu plus bas et un peu plus à droite, m'eût traversé le cœur... et je n'ai pensé qu'à vous ! j'ai failli expirer de faim, de faiblesse, de fatigue, et je n'ai pensé qu'à vous ! C'est Bertha qui est ma sœur, Mary. Vous, vous êtes ma bien-aimée, ma fiancée chérie ; vous, Mary, vous serez ma femme.

— Oh ! mon Dieu, mon Dieu, que me dites-vous là, Michel ? est-ce que vous devenez insensé ?

— Je l'ai été un instant, Mary : c'est quand j'ai cru que je pourrais vous obéir ; mais l'absence, la douleur, le désespoir ont fait de moi un autre homme. Ne comptez plus sur le pauvre roseau qui pliait à votre souffle : quoi que vous fassiez, vous serez à moi, Mary ! parce que je vous aime, parce que vous m'aimez, parce que je ne veux pas plus longtemps mentir à Dieu et à mon cœur.

— Vous oubliez, Michel, répondit Mary, que mes résolutions à moi, ne varient pas comme les vôtres. Moi, j'ai juré ; je tiendrai le serment.

— Soit ; mais, alors, j'ai quitté Bertha pour toujours ; Bertha ne me reverra plus.

— Mon ami...

— Voyons, sérieusement, Mary, pour qui croyez-vous que je suis ici ?

— Vous êtes ici, mon ami, pour sauver la princesse, à laquelle nous nous sommes tous dévoués, corps et âme.

— Je suis ici, Mary, pour vous revoir. Ne me sachez pas plus gré de mon dévouement qu'il ne le mérite. Je suis dévoué à vous, Mary, et à nulle autre. Cette idée de sauver Petit-Pierre, qui me l'a inspirée ? Mon amour ! Y aurais-je songé, si je n'eusse pas dû vous revoir en le sauvant ? Ne faites de moi ni un héros, ni un demi-dieu ; je suis un homme, un homme qui vous aime ardemment, et qui, pour vous, risquera sa tête. Mais, vous à part, que me font, je vous le demande, toutes ces querelles de dynastie à dynastie ? Qu'ai-je affaire aux Bourbons de la branche aînée ou aux Bourbons de la branche cadette, moi que l'histoire ne réclame dans aucune de ses pages, moi qui ne me rattache au passé par aucun souvenir ? Mon opinion, c'est vous ; ma croyance, c'est vous. Vous auriez été pour Louis-Philippe, j'eusse été pour Louis-Philippe ; vous êtes pour Henri V, je suis pour Henri V. Demandez-moi mon sang, je vous dirai : « Le voilà ! » mais ne me demandez pas de me prêter plus longtemps à une situation impossible.

— Mais que comptez-vous faire, alors ?

— Dire à Bertha la vérité.

— La vérité ? Oh ! vous n'oserez pas !

— Mary, je vous proteste...

— Non, non.

— Oh ! que si fait ! chaque jour, voyez-vous, Mary, je secoue davantage les langes où l'on a emmailloté mon adolescence. Il y a, croyez-le, une grande distance de moi à cet enfant que vous avez rencontré un jour, dans un chemin creux, blessé et pleurant de crainte au nom et au souvenir de sa mère... C'est à mon amour que j'ai dû ma force. J'ai soutenu, sans baisser les yeux, un regard qui, autrefois, me faisait plier la tête et me brisait les deux genoux ; j'ai tout dit à ma mère, et ma mère m'a dit : « Je vois bien que tu es un homme ; fais à ta volonté ! » Or, ma volonté, la voici : c'est de me consacrer tout à vous ; mais aussi je veux que vous soyez à moi. Voyez donc dans quelle folle lutte vous nous avez engagés : moi, l'époux de Bertha ! supposons-le un instant ; mais il n'y aurait pas de supplice égal à celui de la pauvre créature, si ce n'est le mien. On a bercé mon enfance du récit de ces mariages républicains où Carrier, l'homme de sanglante mémoire, liait ensemble un corps vivant à un cadavre et jetait le tout à la Loire. Eh bien, Mary, voilà ce que serait notre union à nous ; et vous, vous vous regarderiez agoniser, Mary, seriez-vous plus heureuse que nous ? Dites ! Non ; j'y suis résolu : ou je ne reverrai jamais Bertha, ou, la première fois que je la reverrai, je lui expliquerai comment ma folle timidité a abusé Petit-Pierre, comment le courage m'a manqué pour lui dire la vérité, tandis qu'il en était temps encore... Enfin... enfin, je ne lui dirai point que je ne l'aime pas, mais je lui dirai que je vous aime.

— Mon Dieu ! s'écria Mary, mais savez-vous que, si vous faites cela, Michel, elle en mourra ?

— Non ; Bertha n'en mourra point, dit derrière eux la voix de Petit-Pierre, qui était monté sans qu'ils l'entendissent.

Les deux jeunes gens se retournèrent en poussant un cri.

— Bertha, continua Petit-Pierre, est une noble et courageuse fille qui comprendra le langage que vous lui tiendrez là, monsieur de la Logerie, et qui saura, à son tour, immoler son bonheur au bonheur de ceux qu'elle aime. Mais vous n'aurez pas cette peine ; c'est moi qui ai fait la faute, ou plutôt qui ai commis l'erreur, c'est moi qui la réparerai, en priant, toutefois, M. Michel, ajouta Petit-Pierre avec un sourire, d'être, une autre fois, plus explicite dans ses confidences.

Au premier bruit qu'avait fait Petit-Pierre et qui leur avait arraché un cri, les deux jeunes gens s'étaient vivement éloignés l'un de l'autre.

Mais celui-ci les prit par le bras, les rapprocha et réunit leurs deux mains.

— Aimez-vous sans remords, leur dit-il ; vous avez été tous deux plus généreux qu'on n'a le droit de l'attendre de notre pauvre race humaine ; aimez-vous sans mesure, car bienheureux sont ceux qui peuvent borner là leur ambition.

Mary baissait les yeux ; mais, tout en baissant les yeux, elle répondait à l'étreinte de la main de Michel.

Le jeune homme mit un genou en terre devant le petit paysan.

— Il me faut, dit-il, tout le bonheur que vous m'ordonnez d'espérer pour que je ne sois point aux regrets de ne pas m'être fait tuer pour vous.

— Que parlez-vous de vous faire tuer ? que parlez-vous de mourir ? Hélas ! je le vois bien, rien n'est plus inutile que de se faire tuer, rien n'est plus inutile que de mourir ! Voyez mon pauvre Bonneville ! à quoi son dévouement m'a-t-il servi ? Non, monsieur de la Logerie, il faut vivre pour ceux que vous aimez, et vous m'avez donné le droit de me ranger parmi ceux-là : vivez donc pour Mary, et, de son côté — laissez-moi en répondre pour elle — Mary vivra pour vous.

— Ah ! Madame, s'écria Michel, si tous les Français avaient pu vous voir comme je vous ai vue, s'ils vous connaissaient comme je vous connais...

— Oui, j'aurais des chances de prendre, un jour ou l'autre, ma revanche, surtout s'ils étaient amoureux. Mais parlons d'autre chose, s'il vous plaît, et, avant de songer à une nouvelle attaque, pensons à la retraite. Voyez donc si nos amis arrivent, car je vous dois encore un reproche : Mlle Mary avait si complètement absorbé votre attention, ma brave sentinelle, que j'aurais pu attendre jusqu'au jour dans la rue le signal convenu. Heureusement, le bruit de votre voix arrivait jusqu'à moi ; heureusement encore, vous aviez pris la précaution de laisser la porte de la rue ouverte, de sorte que l'on entrait ici comme dans une auberge, c'est le cas de le dire.

Comme Petit-Pierre adressait en riant ce reproche à Michel, les deux autres personnes qui devaient l'accompagner dans sa fuite étaient arrivées ; mais, après une courte délibération, elles comprirent que c'était compromettre le salut de celui-ci que de se mettre en marche en si grand nombre, et elles renoncèrent à le suivre.

Petit-Pierre, Michel et Mary partirent donc seuls.

Le quai était désert ; le pont Rousseau paraissait complètement solitaire. Michel éclaira le chemin.

On traversa le pont sans accident.

Michel s'engagea sur la berge : Mary et Petit-Pierre l'y suivirent, se tenant à côté l'un de l'autre.

La nuit était splendide, si splendide, qu'ils n'osèrent marcher ainsi à découvert.

Michel proposa de suivre le chemin du Pèlerin, qui est tracé parallèlement à la rivière et qui est moins nu que la berge ; sa proposition fut acceptée, et, en conservant le même ordre de marche, on s'engagea dans ce chemin.

Grâce au clair de lune, on apercevait, de temps en temps, la rivière comme une large et brillante nappe d'argent, que tachaient de loin en loin les îles couvertes d'arbres qui se dessinaient à la fois, les îles sur le fleuve, les arbres sur le ciel.

Cette clarté de la nuit, si elle avait ses inconvénients, avait, en revanche, quelques avantages. Michel, qui servait de guide, était plus certain de ne pas dévier du chemin, et de plus loin, en même temps, il pouvait apercevoir le navire.

Lorsqu'on eut dépassé, ou plutôt tourné le bourg du Pèlerin, le jeune baron cacha Petit-Pierre et Mary dans une anfractuosité de la berge, s'approcha de la rive et fit entendre le coup de sifflet qui devait servir de signal à Joseph Picaut.

Joseph Picaut ne répondant point par le cri d'alarme, Michel, qui, jusque-là, n'avait pas été sans inquiétude, commença de se tranquilliser : il ne douta plus, en ne recevant pas de réponse, que le chouan ne se rendît près de lui.

Il attendit cinq minutes ; rien ne bougea.

Il envoya un second coup de sifflet, mais plus aigu, plus retentissant que le premier.

Rien ne répondit, personne ne vint.

Il pensa qu'il s'était trompé peut-être sur le lieu du rendez-vous et se mit à courir le long de la rive.

Au bout de deux cents pas, il avait dépassé l'île de Couéron, et il avait laissé ce dernier village derrière lui.

Il n'y avait plus d'île derrière laquelle pût s'abriter le bâtiment, et cependant on ne le voyait pas.

C'était donc bien à l'endroit où il s'était arrêté d'abord, entre les deux villages de Couéron et du Pèlerin, qu'il devait attendre ; c'était bien derrière l'île vers laquelle il était forcé de rétrograder qu'il devait trouver le bâtiment ; seulement, à moins d'accident, il ne s'expliquait pas l'absence de Joseph Picaut.

Alors il lui vint une idée.

Il eut peur que l'énormité de la somme promise à qui livrerait la personne qui se cachait sous le nom de Petit-Pierre n'eût tenté le chouan, dont la physionomie ne l'avait pas prévenu favorablement. Il communiqua ses appréhensions à Petit-Pierre et à Mary, qui étaient venus le rejoindre.

Mais Petit-Pierre secoua la tête.

— Ce n'est pas possible, dit-il ; si cet homme nous eût trahis, nous serions déjà arrêtés ; d'ailleurs, cela n'expliquerait pas l'absence du navire.

— Vous avez raison : le capitaine devait envoyer une barque, et je ne la vois pas.

— Peut-être n'est-il pas l'heure.

En ce moment, l'horloge du bourg du Pèlerin tinta deux coups, comme si elle eût été chargée de répondre à l'objection.

— Tenez, dit Michel, voilà deux heures qui sonnent.

— Y avait-il une heure arrêtée avec le capitaine ?

— Ma mère n'avait pu agir que sur des probabilités et lui avait indiqué cinq heures.

— Il n'a donc pas pu s'impatienter puisque nous arrivons trois heures plus tôt qu'il ne nous attend.

— Que faire ? demanda Michel. Ma responsabilité est si grande que je n'ose agir de moi-même.

— Il faut prendre une barque, répondit Petit-Pierre, et nous mettre à la recherche du bâtiment. Du moment où le capitaine sait que nous connaissons son ancrage, peut-être s'en est-il rapporté à nous pour le trouver.

Michel fit cent pas du côté du Pèlerin, et aperçut devant lui une barque amarrée sur la grève. Il n'y avait pas longtemps qu'on s'en était servi, car les avirons couchés au fond du bateau étaient encore humides.

Il revint annoncer cette nouvelle à ses compagnons, et les invita à rentrer dans leur cachette tandis qu'il traverserait la rivière.

— Savez-vous au moins diriger un bateau ? demanda Petit-Pierre.

— Je vous avoue, répondit Michel en rougissant de son ignorance, que je ne suis pas de première force.

— Alors, dit Petit-Pierre, nous irons avec vous, je vous servirai de pilote ; bien des fois, et par amusement, j'ai rempli cet office dans la baie de Naples.

— Et moi, dit Mary, je l'aiderai à ramer ; bien souvent ma sœur et moi avons traversé le lac de Grand-Lieu.

Tous trois s'embarquèrent ; lorsqu'ils furent au milieu de la Loire, Petit-Pierre, qui, de l'arrière, plongeait dans la direction du cours du fleuve, s'écria en se penchant en avant :

— Le voilà ! le voilà !

— Qui ? quoi ? demandèrent ensemble Mary et Michel.

— Le navire ! le navire ! là, là, voyez !

Et Petit-Pierre indiquait le bas de la rivière dans la direction de Paimbœuf.

— Non, dit Michel, ce ne peut pas être lui.

— Pourquoi cela ?

— Parce qu'au lieu de venir à nous, il s'éloigne.

En ce moment, ils abordaient à l'extrémité de l'île. Michel sauta à terre, aida ses deux compagnons à descendre, et, sans perdre une seconde, courut à l'autre bout.

— C'est bien notre bâtiment ! cria-t-il, en revenant à Petit-Pierre et à Mary. Au bateau ! au bateau ! et force de rames !

Tous trois s'élancèrent de nouveau dans la barque ; Mary et Michel s'emparèrent des avirons, et, tandis que Petit-Pierre reprenait le gouvernail, ils ramèrent de toutes leurs forces.

Aidée par le courant, la petite barque avançait rapidement ; il y avait chance de rejoindre la goélette si celle-ci conservait la même marche.

Mais, tout à coup, un carré noir vint cacher à leurs yeux les découpures que faisaient sur le ciel les cordages et le mât : c'était la grande voile que l'on hissait.

Bientôt un autre morceau de toile se dessina au-dessus de celle-ci : c'était le hunier.

Puis ce fut le tour de la brigantine.

Le *Jeune-Charles*, profitant du vent qui venait de se lever, mettait toutes voiles dehors.

Michel avait repris la rame des mains trop faibles de Mary ; il se courbait sur les avirons comme un forçat dans une galère ; il était au désespoir ; car, en une seconde, il avait calculé toutes les conséquences qu'allait avoir le départ de la goélette.

Il voulait appeler, crier, héler : mais Petit-Pierre, au nom de la prudence, lui ordonna de n'en rien faire.

— Bah ! dit celui-ci, dont la gaieté survivait à toutes les vicissitudes de la fortune, la Providence ne veut pas décidément que je quitte cette bonne terre de France.

— Ah ! s'écria Michel, pourvu que ce soit la Providence.

— Que voulez-vous dire ? demanda Petit-Pierre.

— Que je crains qu'il n'y ait là-dessous quelque affreuse machination !

— Allons donc, mon pauvre ami, il n'y a que du hasard. On s'est trompé de date ou d'heure, voilà tout ; d'ailleurs, qui vous dit que nous eussions échappé aux croiseurs qui surveillent l'embouchure de la Loire ? Tout est pour le mieux, peut-être.

Mais Michel ne se rendait pas aux raisons que lui donnait Petit-Pierre ; il continuait de se lamenter, il voulait se jeter à la Loire, pour gagner à la nage la goélette, qui doucement s'enfonçait et commençait à disparaître dans les brouillards de l'horizon, et ce fut avec beaucoup de peine que Petit-Pierre parvint à lui rendre un peu de calme.

Peut-être n'y fût-il point parvenu s'il n'eût employé l'intermédiaire de Mary.

Enfin, Michel, découragé, laissa tomber les avirons.

En ce moment, trois heures sonnèrent à Couéron ; dans une heure, le jour allait commencer à paraître.

Il n'y avait pas de temps à perdre : Michel et Mary reprirent les rames. On regagna la rive et on laissa la barque à la même hauteur à peu près où on l'avait prise.

Dès lors, il fallut se décider à rentrer à Nantes. Cette décision prise, il était important d'y rentrer avant le jour.

Chemin faisant, Michel se frappa le front.

— Oh ! dit-il, j'ai fait une sottise, j'en ai bien peur !

— Laquelle ? demanda la duchesse.

— De ne pas rentrer à Nantes par l'autre rive.

— Bah ! tous les chemins sont bons quand on les suit avec prudence ; puis qu'aurions-nous fait de la barque ?

— Nous l'aurions laissée sur l'autre bord.

— Et les pauvres pêcheurs à qui elle appartient eussent perdu une journée à la chercher ! Allons donc ! mieux vaut que nous ayons un peu plus de peine que de coûter un morceau de pain à des braves gens qui n'en ont peut-être pas trop.

On arriva au pont Rousseau. Petit-Pierre insista pour que Michel le laissât rentrer seul dans la ville en la compagnie de Mary ; mais Michel ne voulut jamais y consentir : peut-être était-il trop heureux de se retrouver près de Mary — laquelle, rassurée par ce que lui avait dit Petit-Pierre, soupirait bien encore de temps en temps mais, tout en soupirant, répondait aux paroles de tendresse que son amant lui adressait — peut-être, disons-nous, était-il trop heureux de se retrouver près d'elle pour se décider à la quitter si vite.

Tout ce que l'on put obtenir de lui, c'est qu'au lieu de marcher en tête ou sur la même ligne, il marchât derrière, et à quelque distance.

On venait de traverser la place du Bouffai, lorsque Michel, au moment où il tournait l'angle de la rue Saint-Sauveur, crut entendre un pas derrière lui. Il se retourna vivement, et, à la lueur défaillante du réverbère, il aperçut, à une centaine de pas, un homme qui, en se voyant remarqué, se jeta précipitamment dans l'enfoncement d'une porte.

Le premier mouvement de Michel fut de s'élancer à la poursuite de cet homme ; mais il réfléchit que, pendant ce temps, Petit-Pierre et Mary s'éloigneraient et qu'il ne saurait plus où les trouver.

Il courut, au contraire, en avant et les rejoignit.

— On nous suit, dit-il à Petit-Pierre.

— Eh bien, laissons-nous suivre, répondit celui-ci avec sa sérénité habituelle ; nous avons de quoi dépister ceux qui sont à nos trousses.

Petit-Pierre entraîna Michel dans une rue transversale, et, au bout de cent pas, ils se trouvèrent à l'extrémité de la ruelle que Michel avait déjà suivie et qu'il reconnut à la porte que lui avait indiquée le mendiant en y suspendant la branche de houx.

Petit-Pierre leva le marteau et frappa trois coups séparés par des intervalles inégaux.

A ce signal, la porte s'ouvrit comme par enchantement. Petit-Pierre poussa Mary dans la cour, et y entra lui-même.

— C'est bien, dit Michel ; maintenant, je vais voir si cet homme nous épie encore.

— Non pas, non pas ! vous êtes condamné à mort, dit Petit-Pierre ; si vous l'oubliez, je ne l'oublie pas, moi, et, comme nous courons même danger, s'il vous plaît, prenons même précaution. Entrez donc, entrez vite !

Pendant ce temps, le même homme qui, la veille au soir, avait reçu Michel en lisant son journal, parut sur le perron, vêtu de la même robe de chambre que la veille et encore à moitié endormi.

Il leva les bras au ciel en reconnaissant Petit-Pierre.

— C'est bien, c'est bien, dit celui-ci ; ne perdons pas de temps en lamentations. Tout est manqué ; on nous suit. Ouvrez, mon cher Pascal.

Celui-ci indiqua la porte entrebâillée derrière lui.

— Non, pas la porte de la maison, dit Petit-Pierre ; celle du jardin... Dans dix minutes, selon toute probabilité, la maison sera cernée. A la cachette ! à la cachette !

— Suivez-moi donc, alors.

— Nous vous suivons, désespéré de vous avoir dérangé de si bonne heure, mon pauvre Pascal, d'autant plus désolé que ma visite va, sans doute, nécessiter votre déménagement, si vous tenez à ne point être pris.

La porte du jardin fut ouverte.

Avant de la franchir, Michel étendit la main pour prendre celle de Mary.

Petit-Pierre vit le geste et poussa celle-ci dans les bras du jeune homme.

— Voyons, embrassez-le, dit-il, ou, tout au moins, permettez qu'il vous embrasse. Devant moi, c'est permis : je vous sers de mère, et je trouve que le pauvre innocent l'a bien gagné. Là ! maintenant, vous, tirez de votre côté, tandis que nous allons tirer du nôtre. Le soin de mes affaires, soyez tranquille, ne m'empêchera point de m'occuper des vôtres.

— Mais ne pourrai-je la revoir ? demanda timidement Michel.

— C'est dangereux, je le sais bien, répondit Petit-Pierre ; mais bah ! on dit qu'il y a un dieu qui protège les amoureux et les ivrognes : je compte sur ce dieu. Rue du Château, n° 3, une visite vous est permise, une visite tout au plus ; car je vais faire en sorte de vous rendre votre amie.

En achevant ces mots, Petit-Pierre tendit à Michel une main que celui-ci baisa respectueusement ; puis Petit-Pierre gagna avec Mary la haute ville, tandis que Michel redescendait du côté du pont Rousseau.

74

Comme quoi il y a pêcheur et pêcheur

Maître Courtin avait été bien malheureux pendant toute cette soirée que Mme de la Logerie l'avait contraint de passer auprès d'elle.

Il avait, en collant son oreille à la porte, entendu toute la conversation de la mère et du fils, et, par conséquent, toute cette histoire de la goélette.

Le départ de Michel dérangeait tous les projets depuis si longtemps caressés par lui ; aussi, peu jaloux de l'honneur que lui faisait la baronne, il eût voulu revenir promptement à la métairie ; il comptait, en évoquant le souvenir de Mary, retarder au moins la fuite de son jeune maître ; car, son jeune maître une fois parti, ne l'oublions pas, il perdait le fil à l'aide duquel il comptait pénétrer dans le mystérieux labyrinthe où se cachait Petit-Pierre. Par malheur, une fois de retour au château, Mme de la Logerie était entrée dans un tout autre ordre d'idées. En emmenant Courtin, elle n'avait songé qu'à lui cacher le départ de son fils et à soustraire celui-ci aux questions et à l'espionnage du métayer ; mais elle trouva sa maison abandonnée depuis plusieurs semaines à une bande de soldats, dans un si effroyable désordre, qu'elle oublia un peu, devant ce ravage qui prenait à ses yeux les proportions d'une catastrophe, ses idées premières sur le peu de confiance que méritait le maire de la Logerie ; elle ne l'en retint, au reste, que plus obstinément près d'elle, pour faire de lui l'écho de ses lamentations.

Ce fut ce désespoir de la baronne qui, exprimé avec une énergie pleine de vérité, empêcha Courtin de quitter, sous un prétexte quelconque, Mme de la Logerie, afin de retourner voir ce qui se passait à la métairie.

Il était trop fin pour ne pas s'être aperçu que la baronne ne l'emmenait avec elle que dans le but de l'éloigner du jeune homme ; mais elle lui parut si sincère dans le désespoir que lui causait la vue de ses assiettes brisées, de ses glaces fendues, de son tapis souillé d'huile, de son salon métamorphosé en corps de garde et illustré de dessins primitifs mais saisissants d'expression, qu'il en arriva à douter de son impression première, et à penser, par suite, que l'on n'avait pas mis son jeune maître en méfiance contre lui et qu'il saurait facilement le rejoindre avant qu'il fût à bord du navire.

Il était neuf heures du soir, lorsque la baronne remonta dans sa voiture, après avoir versé une dernière larme sur les souillures du manoir de la Logerie ; et à peine maître Courtin eut-il dit au postillon : « Route de Paris ! » qu'il tourna la voiture, et, sans écouter les dernières recommandations que sa maîtresse lui adressait par la portière, il se mit à courir dans la direction de la métairie.

Il la trouva vide et apprit de sa servante que M. Michel et Mlle Bertha étaient partis depuis deux heures, à peu près, et avaient pris la direction de Nantes.

Courtin pensa tout d'abord à les rejoindre et courut à l'écurie pour seller son bidet ; mais il ne l'y trouva plus ! Dans sa précipitation, il n'avait point laissé sa servante le renseigner complètement sur le mode de locomotion qu'avait adopté son jeune maître.

Le souvenir de la modeste allure de son cheval rassura un peu maître Courtin ; toutefois, il ne rentra dans sa demeure que pendant les quelques minutes qui lui étaient nécessaires pour prendre de l'argent et, à tout hasard, les insignes de sa dignité de maire ; puis il se mit bravement à pied sur les traces de celui qu'il considérait comme un fugitif et presque comme le ravisseur de certains cent mille francs que son imagination escomptait volontiers sur la personne de l'amoureux des *louves*.

Maître Courtin courait donc comme un homme qui voit le vent enlever ses billets de banque, c'est-à-dire qu'il allait presque aussi vite que le vent ; mais courir ne l'empêchait nullement de se renseigner auprès de tous ceux qui se croisaient avec lui.

En tout temps, le maire de la Logerie était essentiellement questionneur, et, dans cette occasion, on comprend bien qu'il ne se faisait pas faute de questionner.

A Saint-Philbert-de-Grand-Lieu, on lui apprit que, vers sept heures et demie du soir, on avait aperçu son bidet. Il demanda qui le montait ; mais on ne put le satisfaire sur ce point, l'attention du cabaretier auquel il s'adressait, et qui lui donnait ces détails, ayant été tout entière absorbée par la résistance qu'offrait l'animal à son cavalier en refusant obstinément de dépasser la branche de houx et les pommes en sautoir auxquelles maître Courtin avait l'habitude de payer son tribu en allant à Nantes.

Un peu plus loin, le métayer fut plus heureux : on lui traça un signalement si exact du cavalier, qu'il ne douta point que ce ne fût le jeune baron, bien qu'on lui affirmât que le voyageur était seul.

Le maire de la Logerie, homme prudent s'il en fut, pensa que, par prudence, les deux jeunes gens s'étaient quittés, mais afin de se rejoindre par une autre route. La fortune était pour lui, puisqu'elle les lui livrait séparés ; s'il pouvait rejoindre Michel à Nantes, la partie était gagnée.

Il continua donc à croire que le jeune baron n'avait pas dévié de sa route, et il était si certain que celui-ci était entré à Nantes ou allait y entrer, qu'en arrivant à l'auberge du *Point du Jour*, il ne prit pas la peine de demander à l'hôte de cette auberge de nouveaux renseignements qu'il doutait, d'ailleurs, que l'hôte pût lui donner ; il se hâta de manger un morceau de pain, et, au lieu d'entrer dans la ville, où il lui eût été impossible de rejoindre Michel, il repassa le pont Rousseau et tourna à droite dans la direction du Pèlerin.

Maître Courtin avait son projet.

Nous avons dit toutes les espérances qu'il fondait sur Michel.

Michel, amoureux de Mary, devait, un jour ou l'autre, livrer à Courtin, dans un but personnel, le secret de la retraite de celle qu'il aimait ; et, comme celle qu'il aimait était près de Petit-Pierre, Michel, en livrant le secret de Mary, livrerait celui de la duchesse.

Or, si Michel partait, Michel emportait avec lui les espérances de Courtin.

Il fallait donc, à quelque prix que ce fût, que Michel ne partît point.

Or, si Michel ne trouvait point le *Jeune-Charles* à son poste, Michel était forcé de rester.

Quant à Mme de la Logerie, comme elle était à cette heure sur la route de Paris, il se passerait un certain temps avant qu'elle fût avertie que la fuite de son fils n'avait pu avoir lieu et qu'elle eût trouvé un autre moyen de lui faire quitter la Vendée ; or, ce délai était plus que suffisant pour que Michel maintenant tout à fait guéri, fournît au rusé métayer le moyen d'atteindre le but où il tendait.

Seulement, maître Courtin ignorait encore quels moyens il emploierait pour arriver jusqu'au patron du *Jeune-Charles*, dont il avait entendu prononcer le nom par la baronne ; mais — et sans se douter qu'il avait en cela un point de ressemblance avec un grand homme de l'Antiquité — maître Courtin comptait sur sa fortune.

Elle ne lui fit pas défaut.

En arrivant à la hauteur de Couéron, il aperçut, au milieu des cimes des peupliers de l'île, les mâts de la goélette.

Au mât de hune, le perroquet battait, déferlé au gré de la brise.

C'était bien là le bâtiment qu'il cherchait.

A la dernière lueur du crépuscule, qui commençait à confondre les objets, maître Courtin, en ramenant son regard vers la berge, vit, à dix pas de lui, une longue perche de roseau tenue horizontalement à la surface de la rivière et garnie à son extrémité d'un cordonnet et d'un bouchon qui s'en allait flottant à l'aventure.

La perche paraissait sortir d'un monticule ; mais, quoiqu'on ne vît rien que cette perche, elle supposait un bras pour la tenir et un pêcheur auquel appartenait ce bras.

Maître Courtin n'était point homme à ne pas s'en assurer.

Il marcha droit au monticule, en fit le tour et découvrit un homme tapi dans une anfractuosité de la berge et absorbé dans la contemplation des évolutions que le courant du fleuve imprimait à son morceau de liège.

Cet homme était vêtu en matelot, c'est-à-dire qu'il portait un pantalon de toile goudronnée et une vareuse rouge ; il était coiffé d'une sorte de bonnet écossais.

A deux pas de lui, l'arrière d'une barque dont l'avant était tiré sur le sable se balançait mollement sur le fleuve.

Le pêcheur, en entendant venir Courtin, ne leva point la tête, bien que celui-ci eût pris la précaution de tousser pour annoncer sa présence et faire de cette toux significative le prologue de la conversation qu'il désirait entamer.

Le pêcheur non seulement garda le silence le plus obstiné, mais ne se retourna même point.

— Il est bien tard pour pêcher ! se décida enfin à dire le maire de la Logerie.

— On voit bien que vous n'y connaissez rien, répondit le pêcheur en faisant une moue dédaigneuse. Je trouve, moi, au contraire, qu'il est de trop bonne heure ; c'est la nuit seulement que le poisson qui en vaut la peine se met en route ; c'est la nuit que l'on peut prendre autre chose que du fretin.

— Oui ; mais bientôt il fera si sombre, que vous ne distinguerez plus votre bouchon.

— Qu'importe ! répondit le pêcheur en haussant les épaules. J'ai mes yeux de nuit là-dedans, continua-t-il en désignant la paume de sa main.

— J'entends, c'est au toucher que vous reconnaissez que le poisson attaque votre appât, dit Courtin en s'asseyant près du pêcheur. Moi aussi, j'aime la pêche, et, quoi que vous en pensiez, j'ai la prétention de m'y connaître.

— Vous ! à la pêche à la ligne ? dit l'amateur d'un air de doute.

— Non pas, non, répondit Courtin ; c'est à l'épervier, c'est à la trouble que je dépeuple les rivières de la Logerie.

Courtin avait hasardé ce détail de localité dans l'espérance que l'homme à la ligne, qu'il supposait quelque marin détaché par le capitaine pour amener Michel à bord, le ramasserait au vol.

Il n'en fut rien ; le pêcheur ne broncha point.

Au contraire :

— Eh bien, dit-il, vous avez beau me vanter votre talent dans le grand art de la pêche, je n'y croirai jamais.

— Et pourquoi cela, s'il vous plaît ? Croyez-vous donc que vous en ayez le monopole ?

— Parce que vous me paraissez, mon cher monsieur, ignorer le premier principe de l'art.

— Ce premier principe, quel est-il ? demanda Courtin.

— C'est que, quand on veut prendre du poisson, il faut se garder de quatre choses.

— Desquelles ?

— Du vent, des chiens, des femmes et des bavards ; il est vrai que l'on aurait pu se contenter de dire de trois, ajouta philosophiquement l'homme à la vareuse ; car femme et bavarde c'est tout un.

— Bah ! vous allez trouver tout à l'heure que mon bavardage n'est pas si hors de saison, quand je vais vous proposer de vous faire gagner un petit écu.

— Que je prenne une demi-douzaine de perches, j'aurai gagné plus d'un petit écu et je me serai amusé par-dessus le marché.

— Eh bien, j'irai jusqu'à quatre, et même jusqu'à cinq francs, continua Courtin, et vous aurez en même temps rendu service à votre prochain ; n'est-ce rien, cela ?

— Voyons, dit le pêcheur, pas d'ambages ! que voulez-vous de moi ? parlez !

— Que vous me conduisiez dans votre bateau jusqu'au *Jeune-Charles*, dont on voit d'ici les enfléchures entre les arbres.

— Le *Jeune-Charles*, dit le marin de l'air le plus innocent du monde ; qu'est-ce que le *Jeune-Charles* ?

— Ceci, dit maître Courtin en présentant au pêcheur un

chapeau goudronné qu'il avait ramassé sur la berge et sur le rebord duquel était écrit en lettres d'or : JEUNE-CHARLES.

— Allons, décidément, je vous tiens pour pêcheur, l'ami, dit le marin ; car par le diable ! pour avoir lu ceci dans l'obscurité, il faut que, comme moi, vous ayez des yeux dans les doigts. Voyons, que voulez-vous du *Jeune-Charles* ?

— Est-ce que je n'ai pas dit tout à l'heure un mot qui vous a frappé ?

— Mon bonhomme, répondit le pêcheur, je suis comme les chiens de race ; je ne jappe jamais quand on me mord. Dévidez donc votre loch sans vous inquiéter de ce qui se passe dans ma carène.

— Eh bien, je suis le métayer de Mme la baronne de la Logerie.

— Après ?

— Et je viens de sa part, dit Courtin, qui sentait peu à peu l'audace lui venir au fur et à mesure qu'il s'engageait.

— Après ? demanda le marin sur le même ton, mais avec un degré d'impatience plus marqué. Vous venez de la part de Mme de la Logerie ; eh bien, que venez-vous dire de sa part ?

— Je viens vous dire que tout est manqué, surpris, découvert, et qu'il faut que vous vous éloigniez au plus vite.

— *Sufficit !* répondit le pêcheur ; mais cela ne me regarde point. Je ne suis que le second du *Jeune-Charles* ; cependant, j'en sais assez pour vous accorder ce que vous demandez, et nous allons naviguer de conserve pour gagner les eaux du capitaine, auquel vous raconterez votre histoire.

En achevant ces mots, le second du *Jeune-Charles* roula tranquillement sa ligne autour du roseau, la jeta dans sa barque, poussa celle-ci hors du sable et la mit à flot.

Puis il fit signe à maître Courtin de s'asseoir à l'arrière, et, d'un coup d'aviron, mit vingt pas entre le bord et lui.

Au bout de cinq minutes, ils tournaient la tête, et presque aussitôt ils se trouvèrent le long des flancs du *Jeune-Charles*, qui, étant sur lest, se dressait d'une douzaine de pieds hors de l'eau.

Au bruit des avirons, un coup de sifflet singulièrement modulé partit du bord du navire ; le pêcheur y répondit par une mélodie à peu près semblable ; une figure se montra à l'avant, le bateau accosta à tribord, et l'on jeta une corde à ceux qui arrivaient.

L'homme à la vareuse escalada la muraille du bâtiment avec l'agilité d'un chat ; puis, il hissa Courtin, qui avait moins l'habitude de cet escalier nautique.

75

Interrogatoire et confrontation

Lorsque, à sa grande joie, il se sentit sur ses pieds et sur le pont, le maire de la Logerie se trouva en face d'une forme humaine dont il ne pouvait distinguer les traits, cachés qu'ils étaient sous les plis d'une épaisse cravate de laine, qui s'enroulait autour du collet de son capot de toile cirée, mais qu'à l'attitude humble et respectueuse que prenait près de lui le mousse qui avait signalé leur arrivée, il reconnut devoir être le capitaine.

— Qu'est-ce que cela ? dit ce dernier au pêcheur en promenant sans aucune espèce de cérémonie, sur la figure du métayer, la lumière du fanal qu'il avait pris des mains du mousse.

— Ça vient de la part de qui vous savez, répondit le second.

— Allons donc ! reprit le capitaine, à quoi te servent tes écubiers si tu as pu croire qu'un jeune homme de vingt ans pouvait être taillé sur un gabarit comme celui-là ?

— Je ne suis pas M. de la Logerie, en effet, dit Courtin, qui avait saisi le sens de ce jargon maritime ; je suis seulement son métayer et son homme de confiance.

— A la bonne heure ! c'est déjà quelque chose, mais ce n'est pas tout.

— Il m'a chargé...

— Mais, nom d'un phoque, je ne te demande pas de quoi il t'a chargé, méchant terrien ! fit le capitaine en lançant sur le pont un long jet de salive noirâtre qui gênait l'explosion de la colère qui commençait à l'animer ; je te dis que c'est déjà quelque chose, mais ce n'est pas tout.

Courtin regarda le capitaine d'un air étonné.

— Comprends-tu, oui ou non ? demanda celui-ci. Si c'est non, dis-le vite, et l'on va te reconduire à terre avec les honneurs que tu mérites, c'est-à-dire avec une bonne cinglée de garcettes sur le bas des reins.

Courtin alors comprit que Mme de la Logerie, selon toute probabilité, était convenue avec le maître du *Jeune-Charles* d'un signal de reconnaissance ; ce signal, il l'ignorait. Il se sentit perdu, il vit s'écrouler tous ses plans, il sentit s'évanouir toutes ses espérances, sans compter que, pris au piège comme un renard, il allait apparaître sous son véritable jour aux yeux du jeune baron.

Le maire de la Logerie essaya de se tirer de ce mauvais pas en effaçant immédiatement de son visage toute trace d'intelligence, et en simulant cette naïveté du paysan qui va parfois jusqu'à l'idiotisme.

— Dame, mon cher monsieur, dit-il, je n'en sais pas davantage, moi ! Ma bonne maîtresse m'a dit comme ça : « Courtin, mon ami, tu sais que le jeune baron est condamné à mort. Je me suis entendue avec un brave marin pour le faire conduire hors de France ; mais voilà que nous avons été dénoncés, à ce qu'il paraît, par quelque traître. Cours dire cela au capitaine du *Jeune-Charles*, que tu trouveras en face de Couéron, derrière les îles. » Je suis accouru, moi ; je n'en sais pas davantage.

En ce moment, un vigoureux *ohé !* parti de l'avant du navire, vint distraire le capitaine de la réponse énergique qu'il méditait probablement. A ce cri, il se tourna vers le mousse, qui, son fallot à la main, écoutait, bouche béante, la conversation de son patron et de Courtin.

— Que fais-tu là, lascar, canaille, failli chien ? s'écria-t-il en accompagnant ces paroles d'une pantomime qui, grâce à la rapidité d'évolution du jeune aspirant à l'amiralat, l'atteignit dans les parties charnues et l'envoya rouler jusqu'au panneau. C'est comme ça que tu es à ton poste !

Puis, se tournant vers le second :

— Ne laissez pas accoster sans avoir reconnu, dit-il.

Mais il n'avait pas achevé, que le nouveau venu, qui s'était servi de la corde par laquelle on avait hissé Courtin — corde qui était pendante — se montra inopinément sur le pont.

Le capitaine alla ramasser la lanterne qui s'était échappée des mains du mousse et qui, par un hasard providentiel, ne s'était point éteinte, et, ce fanal à la main, il se dirigea vers le visiteur.

— De quel droit montez-vous à mon bord sans dire gare, vous ? s'écria-t-il en saisissant l'étranger au collet.

— J'y monte parce que j'y ai affaire, à votre bord, répondit celui-ci avec l'assurance d'un gaillard sûr de son fait.

— Que veux-tu, alors ? Voyons, parle vite !

— Lâchez-moi d'abord. Vous êtes bien sûr que je ne me sauverai pas, puisque je viens de moi-même.

— Mais, mille millions de phoques ! dit le capitaine, te tenir au collet ce n'est pas te fermer la bouche.

— Je ne puis parler quand je suis gêné dans mes entournures, répliqua le nouveau venu sans s'intimider le moins du monde du ton de son interlocuteur.

— Capitaine, dit le second en intervenant dans le débat, sacredié ! m'est avis que vous n'êtes pas juste. A celui qui veut louvoyer, vous demandez le pavillon, et à celui qui est tout prêt à hisser ses couleurs, vous faites des nœuds à sa drisse.

— C'est vrai, répondit le capitaine en lâchant le nouveau venu, que nos lecteurs ont sans doute déjà reconnu pour le véritable envoyé de Michel, c'est-à-dire pour Joseph Picaut.

Celui-ci fouilla dans sa poche, y prit le mouchoir qu'il avait reçu des mains du jeune baron, et le présenta au patron du *Jeune-Charles*, qui le déplia et en compta les trois nœuds avec autant de conscience qu'il l'eût fait d'une somme d'argent.

Courtin, duquel on ne s'occupait plus, avait vu la scène et n'en perdait rien.

— Bien, dit le capitaine, tu es en règle. Nous allons causer tout à l'heure ; mais auparavant, il faut que j'expédie le particulier de l'arrière. — Toi, Antoine, ajouta-t-il en s'adressant à son second, conduis ce gaillard-là à la cambuse et verse-lui un boujaron de schnik.

Le capitaine revint à l'arrière, et trouva Courtin, qui s'était assis sur un paquet de cordages. Le maire de la Logerie tenait sa tête entre ses mains, comme s'il n'eût pas prêté la moindre attention à la scène qui venait de se passer sur l'avant ; il semblait accablé, quoique, en réalité, comme nous l'avons dit, il n'eût pas perdu un seul mot de la conversation qui avait eu lieu entre le capitaine et Joseph Picaut.

— Oh ! faites-moi reconduire à terre, monsieur le capitaine ! s'écria-t-il du plus loin qu'il vit venir celui-ci. Je ne sais ce que j'ai ; mais, depuis quelques minutes, je me sens tout malade, et il me semble que je vais mourir.

— Bon ! si tu es comme cela pour un méchant bout de marée, tu en verras de dures avant que tu aies passé la ligne !

— Passé la ligne, Jésus Dieu !

— Oui, mon bonhomme ; ta conversation me semble pleine d'agrément et je suis décidé à te garder à mon bord pendant le petit voyage de long cours que je vais entreprendre.

— Rester ici ! s'écria Courtin en feignant plus d'effroi qu'il n'en éprouvait réellement ; et ma ferme ? et ma bonne maîtresse ?

— Quant à ta ferme, je m'engage à te faire voir des pays où tu pourras étudier des fermes modèles, et, quant à ta bonne maîtresse, je me charge de la remplacer avantageusement.

— Mais pourquoi cela, mon bon monsieur ? d'où vous vient cette résolution subite de m'emmener avec vous ? Songez que rien qu'à ce bout de marée, comme vous le disiez tout à l'heure, voilà déjà ma tête qui tourne !

— Cela t'apprendra à faire poser le capitaine du *Jeune-Charles*, méchant haricotier que tu es !

— Mais en quoi vous ai-je donc offensé, mon digne capitaine ?

— Voyons, dit l'officier, qui paraissait décidé à couper court au dialogue ; réponds franchement : c'est la seule chance qui te reste de ne pas aller, à mille lieues d'ici, servir de déjeuner aux requins. Qui est-ce qui t'a envoyé à moi ?

— Mais, s'écria Courtin, c'est Mme de la Logerie. Quand je vous dis que je suis son métayer, et cela aussi vrai qu'il n'y a qu'un Dieu au ciel...

— Mais, enfin, continua le capitaine, si c'est Mme de la Logerie, elle t'a bien donné quelque chose pour te faire reconnaître : un billet, une lettre, un bout de papier ; si tu n'as rien, c'est que tu ne viens pas de sa part ; si tu ne viens pas de sa part, c'est que tu es un espion, et, dans ce cas-là prends garde ! dès que la chose sera reconnue, je te traiterai comme on traite les espions.

— Ah ! mon Dieu ! fit Courtin paraissant se désespérer de plus en plus, je ne puis cependant pas me laisser soupçonner ainsi. Tenez, voilà des lettres à mon adresse qui se trouvent par hasard sur moi, et qui vous prouvent que je suis bien Courtin, comme je vous l'ai dit ; voilà mon écharpe de maire... Mon Dieu ! qu'ai-je donc encore qui puisse vous convaincre que j'ai dit la vérité ?

— Ton écharpe de maire ? s'écria le capitaine. Mais comment se fait-il donc, drôle, si tu es fonctionnaire public, si tu as fait serment au gouvernement, comment se fait-il que tu sois le complice d'un homme qui a porté les armes contre le gouvernement et qui est condamné à mort ?

— Eh ! mon cher monsieur, parce que je suis si fort attaché à mes maîtres, que mon attachement pour eux l'emporte sur mon devoir. Eh bien, s'il faut vous le dire, c'est justement comme maire que j'ai su que vous alliez être inquiété cette nuit, et que j'ai fait part à Mme de la Logerie du danger qui vous menaçait. C'est alors qu'elle m'a dit : « Prends ce mouchoir, va trouver le capitaine du *Jeune-Charles*. »

— Elle t'a dit : « Prends ce mouchoir ? »

— Oui, elle m'a dit cela, foi d'homme !

— Mais où est-il, ce mouchoir qu'elle t'a dit de prendre ?

— Il est dans ma poche, donc.

— Mais, imbécile, idiot, belître, donne-le donc ce mouchoir !

— Que je vous le donne ?

— Oui.

— Oh ! je ne demande pas mieux, moi. Le voilà !

Et Courtin tira un mouchoir de sa poche.

— Mais donne donc, failli chien ! s'écria le capitaine en

lui arrachant le mouchoir des mains, et en s'assurant, par une investigation rapide, que trois de ses coins étaient noués.

— Mais, animal stupide, bête brute, continua le capitaine, Mme de la Logerie ne t'avait-elle pas dit de me donner ce mouchoir ?

— Si fait, répondit Courtin d'un air de plus en plus niais.

— Eh bien, alors, pourquoi ne me l'as-tu pas donné ?

— Dame, fit Courtin, parce qu'en arrivant sur le pont, j'ai vu que vous vous mouchiez avec vos doigts, et que je me suis dit : « Dieu merci, si le capitaine se mouche avec ses doigts, il n'a pas besoin de mouchoir. »

— Ah ! fit le capitaine en se grattant la tête avec un reste de doute, ou tu es un rude manœuvrier, ou tu es un crâne imbécile. En tout cas, comme il y a plus de chance pour l'imbécile, c'est à celui-là que je m'arrête de préférence. Voyons, redis-moi carrément la cause pour laquelle tu viens et ce que t'a chargé de me dire la personne qui t'envoie à moi.

— Voici mot pour mot les paroles de ma bonne maîtresse, monsieur...

— Voyons ces paroles.

— « Courtin, m'a-t-elle dit, je puis me fier à toi, n'est-ce pas ? — Oh ! que oui, lui ai-je répondu. — Sache donc que mon fils, que tu as recueilli, soigné, gardé, caché chez toi au risque de ta vie, devait s'évader cette nuit, à bord du navire le *Jeune-Charles*. Mais, comme j'en ai eu vent et comme tu me le dis toi-même, il paraît que tout a été découvert. Tu n'as que le temps d'aller prévenir le digne capitaine qu'il n'attende plus mon fils, qu'il se sauve au plus vite, car on doit le prendre cette nuit pour avoir concouru à l'évasion d'un condamné politique, et puis encore pour beaucoup d'autres choses... »

Maître Courtin soudait cet appendice à la phrase qu'il avait préparée, présumant, d'après la physionomie du capitaine du *Jeune-Charles*, que celui-ci pouvait bien avoir à se reprocher d'autres peccadilles que celle pour laquelle Courtin venait le prévenir qu'il était recherché.

Peut-être sa perspicacité n'était-elle pas en défaut, car le digne marin demeura pensif pendant quelques instants.

— Allons, suis-moi, dit-il enfin à Courtin.

Le métayer obéit passivement : le capitaine le conduisit à sa chambre, l'y fit entrer et en ferma la porte à double tour.

Quelques instants après, Courtin, qui était demeuré dans l'obscurité, et qui, en somme, était assez inquiet de la tournure qu'allait prendre cette affaire, entendit un bruit de pas qui retentissaient sur le pont du navire et qui s'acheminaient vers la chambre du capitaine.

La porte s'ouvrit : le capitaine entra le premier ; il était suivi de Joseph Picaut, derrière lequel marchait le second, sa lanterne à la main.

— Ah ça ! voyons, dit le patron du *Jeune-Charles*, il s'agit de nous entendre une bonne fois pour toutes. Tâchons de débrouiller cet écheveau de fil qui me paraît passablement emmêlé, ou, par la coque de mon bâtiment ! je vous fais brosser les épaules à coups de garcette jusqu'à ce que le diable lui-même en ait les larmes aux yeux.

— Moi, j'ai dit tout ce que j'avais à dire, capitaine, fit Courtin.

Picaut tressaillit à cette voix ; il n'avait pas encore vu le métayer et ignorait complètement sa présence à bord.

Il fit un pas pour bien s'assurer que c'était lui.

— Courtin ! s'écria-t-il, le maire de la Logerie ! Capitaine, si cet homme sait notre secret, nous sommes perdus !

— Et qu'est-il donc ? demanda le capitaine.

— C'est un traître, un espion, un mouchard !

— Morbleu ! dit le capitaine, il ne faudra pas, sais-tu bien, que tu me le répètes cinquante fois pour me le faire croire : le drôle a dans la physionomie quelque chose de louche et de faux qui ne me revient pas du tout.

— Ah ! continua Joseph Picaut, vous ne vous trompez pas ! Je vous le donne pour le plus damné pataud et, par conséquent, pour la plus franche canaille du pays de Retz.

— Qu'as-tu à dire à cela ? demanda le capitaine. Voyons, mille carcasses, dis !

— Oh ! rien, reprit Picaut ; je le défie bien de rien répondre.

Courtin continuait de garder le silence.

— Allons, allons, décidément, dit le capitaine, je vois qu'il faut employer les grands moyens pour te faire parler, mon drôle !

Et, à ces mots, le patron du *Jeune-Charles* tira de sa poitrine un petit sifflet d'argent pendu à une chaîne de même métal, et en fit sortir un son aigu et prolongé.

A ce signal de leur capitaine, deux matelots entrèrent dans la chambre.

Alors un sourire diabolique se dessina sur les lèvres de Courtin.

— Bon ! dit-il, voilà justement ce que j'attendais pour parler.

Et, prenant le capitaine, il l'emmena dans un coin de la chambre et lui dit quelques mots à l'oreille.

— Et c'est vrai, ce que tu me dis là ? demanda le patron du *Jeune-Charles*.

— Dame, fit Courtin, il est bien facile de vous en assurer.

— Tu as raison, dit le capitaine.

Et, sur un signe de lui, le second et les deux matelots saisirent Joseph Picaut, lui arrachèrent sa veste, et déchirèrent sa chemise.

Le capitaine alors s'approcha de lui, lui appliqua une tape vigoureuse sur l'épaule, et les deux lettres dont avait été marqué le chouan lors de son entrée au bagne, se dessinèrent, parfaitement visibles, sur sa chair marbrée.

Picaut avait été si violemment et si subitement assailli par les trois hommes, qu'il n'avait pas pu se défendre d'abord ; il n'avait pas plutôt vu de quoi il était question, qu'il avait fait des efforts inouïs pour échapper aux étreintes qui l'enlaçaient ; mais il avait été dompté par cette triple force, et il ne pouvait plus que rugir et blasphémer.

— Liez-lui pieds et pattes ! s'écria le capitaine s'en rapportant, pour juger de la moralité de l'homme, au certificat que celui-ci portait sur l'épaule, et arrimez-le-moi dans la cale entre deux barriques.

Puis, se retournant vers maître Courtin, qui poussait un soupir de soulagement :

— Je vous demande bien pardon, mon digne magistrat, lui dit-il, de vous avoir confondu avec un drôle de cette espèce ; mais soyez tranquille, je vous réponds que, si l'on met le feu à votre grange avant trois bonnes années d'ici, ce ne sera pas lui qui l'y aura mis.

Puis, sans perdre de temps, il remonta sur le pont, et Courtin, à sa grande satisfaction, l'entendit appeler tout son monde et donner l'ordre d'appareiller.

Une fois convaincu du danger qu'il courait, le digne marin paraissait si pressé de mettre le plus d'espace possible entre la justice et lui, que, s'excusant auprès du maire de la Logerie de ne pas même lui faire la politesse d'un petit verre d'eau-de-vie, il le fit descendre dans le bateau en lui souhaitant un heureux voyage et en le laissant maître d'aller toucher la rive où bon lui semblerait.

Maître Courtin coupa aussi directement qu'il put le courant du fleuve ; mais, si rapide que fût sa marche, au moment où son bateau froissait le sable de la berge, il put voir le *Jeune-Charles* qui s'ébranlait lentement, et dont les voiles se déployaient les unes après les autres.

Courtin, alors, s'était caché dans cette même anfractuosité du rivage où il avait aperçu le pêcheur, et avait attendu.

Au bout d'une demi-heure à peine qu'il était là, il vit arriver Michel et, à son grand étonnement, ne reconnut Bertha ni dans l'une ni dans l'autre des deux personnes qui l'accompagnaient.

Mais, en échange, il reconnut Mary et Petit-Pierre.

Ce fut alors qu'il se félicita doublement de sa ruse, si heureusement secondée par le hasard, qui avait, comme pour contribuer à sa réussite, amené là Joseph Picaut, et qu'il se disposa à profiter de la bonne fortune que le ciel lui envoyait.

On comprend facilement que tout le temps que Michel, Mary et Petit-Pierre restèrent sur le rivage, il ne les perdit pas un instant de vue ; que, lorsque tous trois s'embarquèrent à la recherche du navire, il les suivit des yeux dans tous les tours et les détours qu'ils firent exécuter à la barque, et qu'enfin, lorsqu'ils regagnèrent Nantes, il les suivit avec des précautions telles, que, pendant tout le chemin, aucun des trois fugitifs ne s'aperçut qu'il était épié.

Et, cependant, si bien qu'il prît ses précautions, c'était lui que Michel avait aperçu au coin de la place du Bouffai ; c'était lui qui avait marché derrière les proscrits jusqu'à la maison où il les avait vus entrer.

Lorsqu'ils eurent disparu, il ne douta point que, pour cette fois, il ne connût la cachette de Petit-Pierre ; il passa devant la porte, tira de sa poche un morceau de craie, fit une croix sur le mur, et, certain d'avoir le poisson dans son filet, il pensa qu'il n'avait plus qu'à le tirer à lui et à étendre la main pour toucher ses cent mille francs.

76

Où l'on retrouve le général et où l'on voit qu'il n'était pas changé

Maître Courtin était fort ému ; au moment où le dernier des trois personnages qu'il suivait depuis Couëron avait disparu derrière la petite porte, il avait eu, comme sur la lande, en revenant d'Aigrefeuille, cette vision qui lui semblait la plus belle de toutes les visions : il avait vu scintiller devant ses yeux éblouis une pyramide de pièces de métal qui jetaient au loin d'adorables reflets fauves et brillants.

Seulement, la pyramide était du double plus grosse que celle qu'il avait aperçue la première fois ; car, nous devons l'avouer, en voyant sa proie dans son filet, la première pensée, nous devrions dire l'unique pensée de maître Courtin, fut qu'il serait un bien grand sot s'il admettait l'homme d'Aigrefeuille au partage de cette bienheureuse récompense, qu'il serait un grand maladroit s'il ne se passait pas de lui.

Il résolut donc de ne point l'avertir comme cela en avait été convenu entre eux, et d'aller sur-le-champ faire part aux autorités de la découverte qu'il venait de faire.

Cependant, il faut lui rendre cette justice, maître Courtin songea, au milieu de cet épanouissement de tous ses désirs, à son jeune maître, auquel ils allaient coûter la liberté et peut-être la vie ; seulement, il étouffa immédiatement ce remords intempestif, et, pour ne pas laisser à sa conscience le temps de jeter un second cri, il se mit à courir dans la direction de la préfecture.

Mais à peine avait-il fait vingt pas, qu'au moment où il tournait le coin de la rue du Marché, un homme qui courait aussi, mais dans un sens opposé, le heurta et le renversa contre le mur.

Maître Courtin jeta un cri, non de douleur, mais de surprise, car dans cet homme il avait reconnu M. Michel de la Logerie, qu'il croyait avoir laissé derrière la petite porte verte qu'il avait si soigneusement marquée d'une croix blanche.

Sa stupéfaction était si grande, que Michel l'eût bien certainement remarquée s'il n'eût été lui-même singulièrement préoccupé ; mais, dans le moment, tout joyeux de revoir celui qu'il prenait pour un ami, et de croire, par conséquent, qu'une aide lui arrivait :

— Dis-moi, Courtin, s'écria-t-il, tu as suivi la rue du Marché, n'est-ce pas ?

— Oui, monsieur le baron.

— Alors, tu as dû rencontrer un homme qui s'enfuyait.

— Non, monsieur le baron.

— Mais si ! mais si ! il est impossible que tu ne l'aies pas rencontré... un homme qui semblait épier.

Maître Courtin rougit jusqu'au blanc des yeux ; mais il se remit aussitôt.

— Attendez donc ! oui, au fait, reprit-il décidé à profiter de cette chance inattendue d'écarter de lui tout soupçon ; oui, devant moi marchait un homme que j'ai vu s'arrêter en face de cette porte verte que vous voyez d'ici.

— C'est bien cela ! s'écria le jeune homme tout entier à l'idée de découvrir celui qui les avait épiés. Courtin, il s'agit de me donner une preuve de ta fidélité et de ton dévouement. Il faut absolument que nous retrouvions cet homme. Par où a-t-il pris ?

— Par là, je crois, dit Courtin en indiquant, de la main, la première rue qui se trouva à portée de sa vue.

— Viens donc, et suis-moi.

Michel se mit à marcher rapidement dans la direction que lui avait indiquée Courtin.

Mais, tout en le suivant, celui-ci se prit à réfléchir.

Il avait eu un moment l'idée de laisser son jeune maître courir à son aise, de le quitter et de s'en aller tout simplement où il avait résolu d'aller ; mais il n'y eut pas songé une minute, qu'il s'applaudit de n'avoir pas suivi cette première inspiration.

La maison avait deux issues, c'était évident pour Courtin ; et, puisque Michel s'était aperçu qu'on avait épié leurs démarches, il était sûr que l'on ne s'était servi de ces deux portes que pour dérouter l'espion ; Petit-Pierre avait dû, comme Michel, sortir de la maison par la rue du Marché, au coin de laquelle il venait de rencontrer le jeune baron.

Maître Courtin retrouvait Michel ; Michel, qui probablement, à cette heure, connaissait la retraite où vivait celle qu'il aimait ; avec Michel, le maire de la Logerie était certain d'arriver au but qu'il se proposait d'atteindre, il pouvait tout manquer en brusquant les choses ; il se résigna donc à perdre le bénéfice d'un si beau coup de filet et à s'armer d'un peu de patience.

Il doubla le pas et parvint à rejoindre le jeune homme.

— Monsieur le baron, lui dit-il, c'est à moi de vous rappeler à la prudence ; le jour est venu, les rues s'emplissent de monde, tous les yeux se tournent vers vous qui courez dans la ville avec vos habits tout souillés de boue, tout trempés de rosée ; si nous rencontrions quelque agent de l'autorité, il pourrait bien trouver là matière aux soupçons, vous arrêter ; et que dirait Mme votre mère, qui a voulu que je la conduisisse jusqu'ici pour me faire ses dernières recommandations ?

— Ma mère ? Mais, à cette heure, elle me croit en mer et sur la route de Londres.

— Vous deviez donc partir ? s'écria Courtin de l'air le plus innocent du monde.

— Sans doute ; ne te l'avait-elle pas dit ?

— Non, monsieur de la Logerie, répondit le métayer en donnant à sa physionomie l'expression d'une tristesse amère et profonde ; non ; je vois bien que, malgré tout ce que j'ai fait pour vous, la baronne se méfie de moi, et ça me creuse le cœur, comme un soc de charrue creuse la terre.

— Allons, allons, il ne faut pas te désoler, mon bon Courtin ; mais c'est qu'aussi ton revirement a été si brusque, si subit, que l'on a peine à se l'expliquer ; moi-même, lorsque je pense à cette soirée où tu coupas les sangles de mon cheval, je me demande comment il se peut faire que tu sois devenu si bon, si attentif, si dévoué !

— Dame, monsieur, ça se comprend pourtant : alors, je combattais pour mes opinions politiques ; aujourd'hui qu'elles sont sauvées, aujourd'hui que je suis certain que l'on ne changera pas le gouvernement que j'aime, je ne vois plus dans les *louves* et dans les chouans que les amis de mon maître, et j'ai deuil de me sentir si mal récompensé.

— Eh bien, répondit Michel, je vais, moi, te donner une preuve que j'apprécie ton retour à des idées plus généreuses, et te confier un secret que tu avais déjà pressenti. Courtin, il est probable que la jeune baronne de la Logerie ne sera pas celle que, jusqu'à présent, tu as supposé devoir l'être.

— Vous n'épouseriez pas Mlle de Souday ?

— Au contraire ! Seulement, au lieu de se nommer Bertha, ma femme pourrait bien s'appeler Mary.

— Ah ! j'en serais bien aise pour vous ; car, vous le savez, j'y ai poussé tant que j'ai pu, et, si je n'ai pas fait davantage, c'est que vous ne l'avez point voulu. Ah çà ! vous l'avez vue, Mlle Mary ?

— Oui, je l'ai vue, et les quelques minutes que j'ai passées auprès d'elle auront suffi, j'espère, à assurer mon bonheur ! s'écria Michel, qui s'abandonnait à toute l'ivresse de sa joie.

Puis, continuant :

— Es-tu forcé de retourner à la Logerie aujourd'hui ? demanda-t-il à Courtin.

— Monsieur le baron doit bien penser que je ne suis ici que pour être à ses ordres, répondit le métayer.

— Bon ! eh bien, tu la verras toi-même, tu la verras, Courtin ; car, ce soir, je dois la retrouver encore.

— Où cela ?

— Où tu m'as rencontré.

— Ah ! tant mieux ! dit Courtin, dont la physionomie s'illumina d'une expression de satisfaction égale à celle que présentait en ce moment la figure de son jeune maître ; tant mieux ! vous ne sauriez croire combien je serai joyeux de vous voir enfin marié selon vos goûts et votre cœur. Ma foi, puisque votre mère consent, autant vaut que vous preniez celle que vous aimez. Voyez-vous que mes conseils étaient bons !

Et le métayer se frotta les mains comme fait un homme au comble de la joie.

— Ce brave Courtin ! répliqua Michel, qui était touché des élans sympathiques de son métayer. Où te retrouverai-je ce soir ?

— Mais où vous voudrez.

— Ne t'es-tu pas arrêté, comme moi, à l'auberge du *Point du Jour* ?

— Oui, monsieur le baron.

— Eh bien, nous y passerons la journée. Ce soir tu m'attendras pendant que je me rendrai auprès de Mary ; je te rejoindrai et nous partirons ensemble.

— Mais, repartit Courtin assez embarrassé de cette résolution de son jeune maître qui dérangeait tous ses projets, c'est que j'ai, moi, différentes commissions à faire dans la ville.

— Je t'accompagnerai partout ; cela m'aidera à tuer le temps, qui ne laissera pas de me sembler long d'ici à ce soir.

— Vous n'y pensez pas ! mes fonctions de maire m'obligent à me présenter dans les bureaux de la préfecture, et vous ne pouvez y venir avec moi. Non, rentrez à l'auberge, reposez-vous, et, ce soir, à dix heures, nous nous mettrons en route, vous bien joyeux probablement, et moi très heureux aussi, peut-être.

Courtin tenait à se débarrasser, quant à présent, de Michel ; depuis le matin, l'idée que la récompense promise à qui livrerait Petit-Pierre, il pouvait la gagner seul, trottait dans sa cervelle, et il était décidé à ne point quitter Nantes sans savoir à quoi s'en tenir sur le chiffre de cette récompense, sur les moyens qu'il pouvait avoir de ne la partager avec personne.

Michel comprit la valeur des raisons que lui donnait Courtin, et, jetant un coup d'œil sur ses habits tout souillés de boue, tout imprégnés de rosée, il se décida à prendre congé de lui pour rentrer à l'hôtel.

Aussitôt que son jeune maître l'eut quitté, Courtin s'achemina vers le logis du général Dermoncourt ; il donna son nom au soldat de planton, et, après quelques minutes d'attente, on l'introduisit auprès de celui qu'il désirait voir.

Le général était assez mécontent de la tournure que prenaient les choses ; il avait envoyé à Paris des plans de pacification inspirés par ceux qui avaient si bien réussi au général Hoche ; ces plans n'avaient point été approuvés ; il voyait partout l'autorité civile primant les pouvoirs que l'état de siège accordait aux fonctionnaires militaires, et sa susceptibilité de vieux soldat, froissée en même temps que ses sentiments patriotiques, le rendait profondément mécontent.

— Que veux-tu ? dit-il à Courtin en le toisant.

Courtin s'inclina le plus bas qu'il lui fut possible.

— Mon général, répondit le métayer, vous souvient-il de la foire de Montaigu ?

— Parbleu ! comme si c'était hier, et surtout de la nuit qui la suivit ! Ah ! il s'en est peu fallu que mon expédition ne réussît, et, sans un vaurien de garde qui débaucha un de mes chasseurs, j'étouffais l'insurrection dans son nid. A propos, comment l'appelais-tu, cet homme ?

— Jean Oullier, répondit Courtin.

— Qu'est-il devenu dans tout cela ?

Courtin ne put s'empêcher de pâlir.

— Il est mort, dit-il.

— C'est ce qu'il avait de mieux à faire, le pauvre diable ; et, pourtant, c'est dommage, c'était un brave !

— Si vous vous rappelez celui qui a fait avorter l'affaire, comment se fait-il, général, que vous ayez oublié celui qui vous avait fourni les renseignements ?

Le général regarda Courtin.

— Parce que Jean Oullier était un soldat, c'est-à-dire un camarade, et que ceux-là, on y pense toujours ; tandis que les autres, c'est-à-dire les espions et les traîtres, on les oublie le plus tôt qu'on le peut.

— Bien, dit Courtin ; alors, mon général, je me permettrai de venir en aide à votre mémoire et de vous dire que je suis cet homme qui vous avait indiqué la retraite de Petit-Pierre.

— Ah !... Eh bien, que veux-tu aujourd'hui ? parle et sois bref.

— Je veux vous rendre exactement le même service que je vous rendis alors.

— Ah ! oui ; mais les temps ont bien changé, mon cher ! nous ne sommes plus dans les chemins creux du pays de Retz, où l'on remarque un petit pied, une peau blanche et une voix douce, vu la rareté de toutes ces choses-là dans la contrée. Ici, tout le monde ressemble plus ou moins à une grande dame ; aussi, depuis un mois, plus de vingt drôles de ton espèce sont venus nous vendre la peau de l'ours... nos soldats sont sur les dents ; nous avons fouillé cinq ou six quartiers, et l'ours n'est pas encore mis par terre.

— Général, j'ai le droit que vous ajoutiez foi à mes renseignements, puisque, une première fois déjà, je vous ai prouvé que je n'en donnais que de sûrs.

— Au fait, dit le général à demi-voix, ce serait assez plaisant que je trouvasse tout seul ce que ce monsieur de Paris, avec toutes ses escouades de mouchards, d'espions, de rufiens, de gens de haute et basse police, n'est point encore parvenu à rencontrer. Es-tu sûr de ce que tu avances ?

— Je suis sûr que, d'ici à vingt-quatre heures, je saurai ce que vous désirez savoir, la rue et le numéro.

— Viens me trouver alors.

Courtin s'arrêta.

— Quoi ? demanda le général.

— On a parlé de récompense ; et je désirerais...

— Ah ! oui, dit le général en se retournant et en regardant Courtin avec une expression de suprême mépris, j'avais oublié que, quoique fonctionnaire public, tu es de ceux qui ne négligent point le soin de leurs intérêts privés.

— Dame, général, c'est vous qui l'avez dit : nous autres, on nous oublie le plus promptement possible.

— Et c'est à l'argent qu'on vous donne de vous tenir lieu de la reconnaissance publique ; au fait, c'est logique. Ainsi, tu ne donnes pas, tu vends, tu trafiques, tu es un négociant en chair humaine, mon digne métayer ! et, aujourd'hui, jour de marché, tu es venu au marché comme les autres et avec les autres ?

— Vous l'avez dit... Oh ! ne vous gênez pas, général, les affaires sont les affaires et je n'ai pas honte d'avoir souci des miennes.

— Tant mieux ! mais je ne suis plus celui auquel il faut t'adresser. On nous a envoyé de Paris un monsieur tout spécialement chargé de conclure cette affaire-là ; c'est lui, quand tu auras ta proie, qu'il faut aller trouver pour lui en faire prendre livraison.

— Ainsi je ferai, mon général. Mais, poursuivit Courtin, si une première fois, je vous ai fidèlement renseigné, ne seriez-vous pas d'humeur à m'en donner la récompense ?

— Mon bonhomme, si tu trouves que je te doive quelque chose, je suis prêt à m'acquitter. Voyons, parle ; j'écoute.

— Cela vous sera d'autant plus facile que je ne vous demanderai pas grand-chose.

— Achève, alors.

— Dites-moi le chiffre de la somme que l'on destine à celui qui vous mettra Petit-Pierre entre les mains.

— Une cinquantaine de mille francs, peut-être... Je ne me suis pas occupé de cela, moi.

— Cinquante mille francs, s'écria Courtin en faisant un pas en arrière comme s'il eût été frappé au cœur ; mais cinquante mille francs, ce n'est guère !

— Tu as raison, et ce n'est pas la peine, à mon avis, d'être infâme pour si peu ! Mais tu diras cela à ceux que la chose regarde. Quant à nous, nous sommes quittes, n'est-ce pas ? Débarrasse-moi donc de ta présence. Adieu !

Et le général, reprenant le travail qu'il avait interrompu pour recevoir Courtin, ne parut pas s'inquiéter le moins du monde des salutations à l'aide desquelles le maire de la Logerie cherchait à opérer convenablement sa retraite.

Ce dernier sortit de moitié moins satisfait qu'il ne l'était en entrant.

Il ne doutait pas que le général ne sût parfaitement à quoi s'en tenir sur le chiffre de la somme fixée comme prix de la trahison, et il ne pouvait concilier ce qu'il venait d'entendre avec ce que l'individu d'Aigrefeuille lui avait dit, qu'en se figurant que cet individu était l'homme même que le gouvernement avait expédié de Paris. Il renonça complètement à l'idée d'agir sans lui, et, tout en se promettant de prendre ses sûretés, il résolut de le mettre le plus tôt possible au courant de ce qui s'était passé.

Jusque-là, cet homme était toujours venu à Courtin, qui n'avait jamais eu besoin de l'appeler. Mais le métayer avait reçu de son associé une adresse, à laquelle il devait écrire, dans le cas où il aurait quelque chose d'important à lui annoncer.

Courtin n'écrivit point ; il alla lui-même. Avec quelque peine, il finit par découvrir, dans le quartier le plus infâme de la ville, au fond d'un cul-de-sac boueux et humide, peuplé de maisons sordides, garni d'échoppes de revendeurs de chiffons et de vieux habits, une petite boutique, où, suivant la recommandation qui lui en avait été faite, ayant demandé M. Hyacinthe, on le fit monter à une sorte d'échelle, et on l'introduisit dans un petit appartement plus propre qu'il n'était permis de l'espérer d'après l'extérieur de ce taudis.

Maître Courtin trouva là son homme d'Aigrefeuille, qui le reçut bien mieux que le général ne l'avait fait, et avec lequel il eut une longue conférence.

77

Où Courtin est encore une fois désappointé

Si la journée devait sembler longue à Michel, Courtin, de son côté, eut grande peine à en supporter la longueur ; il lui semblait que la nuit n'arriverait jamais, et, bien qu'il eût soigneusement évité de se montrer dans la rue du Marché ni dans aucune des ruelles environnantes, il n'avait pu s'empêcher de promener son impatience dans les environs.

Le soir venu, Courtin, qui n'oubliait pas le rendez-vous de Michel et de Mary, rentra à l'hôtel du *Point du Jour*.

Il y trouva Michel, qui l'attendait avec impatience.

Dès que le jeune homme aperçut le métayer :

— Courtin, lui dit-il, je suis enchanté de te voir ! J'ai découvert l'homme qui nous a suivis cette nuit.

— Hein ? Vous dites ?... demanda Courtin en faisant, malgré lui, un pas en arrière.

— Je l'ai découvert, je te dis ! répéta le jeune homme.

— Et cet homme, quel est-il ? demanda le métayer.

— Un homme auquel j'avais cru pouvoir me fier et auquel, dans ma position, tu te serais certes fié toi-même : Joseph Picaut.

— Joseph Picaut ! répéta Courtin en faisant l'étonné.

— Oui.

— Et où l'avez-vous donc rencontré ?

— Dans cette auberge, mon cher Courtin, où il est garçon d'écurie... c'est-à-dire où il en joue le rôle.

— Bon ! Et comment vous a-t-il suivis ? Auriez-vous eu l'imprudence de lui confier votre secret ? Ah ! jeune homme, jeune homme ! fit Courtin, comme on a raison de dire que jeunesse et imprudence vont ensemble !... A un ancien galérien !

— C'est justement à cause de cela ! Tu sais bien comment il a été aux galères ?

— Dame, oui : pour vol à main armée, sur les grandes routes.

— Oui, mais dans une époque de troubles... Enfin, la question n'est pas là. Je l'avais chargé d'une mission, voilà le fait.

— Si je vous demandais laquelle, dit Courtin, vous croiriez que c'est la curiosité qui me fait parler ; et cependant, ce serait l'intérêt, pas autre chose.

— Oh ! je n'ai aucune raison de te cacher la mission que j'avais donnée à Picaut. Je l'avais chargé d'aller prévenir le commandant du *Jeune-Charles* qu'à trois heures du matin je serais à son bord. Eh bien, on n'a revu ni l'homme ni le cheval ! Et, à propos, dit en riant le jeune baron, le cheval, c'était ton bidet, mon pauvre Courtin ; ton bidet, que j'avais pris à la métairie et avec lequel j'étais venu à Nantes !

— Ah ! ah ! fit Courtin, de sorte que Joli-Cœur...

— Joli-Cœur est probablement perdu pour toi !

— Si toutefois il n'a pas regagné l'écurie, dit Courtin, qui, même en face de l'horizon d'or qui s'ouvrait devant lui, n'en donnait pas moins un regret profond aux vingt ou vingt-cinq pistoles que valait sa monture.

— Eh bien, je voulais donc te dire que, si c'est Joseph Picaut qui nous a suivis, il doit être aux aguets dans les environs.

— Pour quoi faire ? demanda Courtin. S'il avait voulu vous livrer, rien n'eût été plus facile que d'envoyer ici les gendarmes et de vous faire prendre par eux.

Michel secoua la tête.

— Comment ! non ?

— Je dis que ce n'est point à moi qu'il en veut, Courtin ; je dis que ce n'est point à cause de moi qu'il nous a épiés hier.

— Pourquoi cela ?

— Parce que ma tête n'est pas mise à assez haut prix pour payer une trahison.

— Mais à qui s'adressait cet espion ? fit le métayer en appelant à son aide toute la naïveté dont il était capable d'empreindre son accent et sa physionomie.

— A un chef vendéen que j'eusse voulu sauver en même temps que moi, répondit Michel, qui s'apercevait du chemin que lui faisait faire son interlocuteur, mais qui n'était pas fâché de le mettre à moitié dans son secret, pour s'en servir à un moment donné.

— Ah ! ah ! fit Courtin, aurait-il donc découvert la retraite de ce chef vendéen ? Ça serait un malheur, monsieur Michel !

— Non, il n'a franchi que la première enceinte, heureusement ! mais je crains que, si une seconde fois il s'occupe de nous, il ne soit, cette fois-là, plus heureux que la première.

— Et comment pourrait-il s'occuper de vous ?

— Dame, si ce soir il nous épiait, il verrait bien que j'ai un rendez-vous avec Mary.

— Ah ! mordieu ! vous avez raison.

— Aussi je ne suis pas sans inquiétude, dit Michel.

— Faites une chose.

— Laquelle ?

— Emmenez-moi ce soir avec vous ; si je m'aperçois que vous êtes suivi, un coup de sifflet vous avertira de prendre le large.

— Mais toi ?

Courtin se mit à rire.

— Oh ! moi, je ne risque rien : mes opinions sont connues, Dieu merci, et, en ma qualité de maire, je puis avoir impunément de mauvaises connaissances.

— A quelque chose malheur est bon ! dit Michel en riant à son tour. Mais attends donc ! quelle heure est-ce là ?

— Neuf heures qui sonnent à l'horloge du Bouffai.

— En ce cas, viens, Courtin !

— Alors, vous m'emmenez ?

— Sans doute.

Courtin prit son chapeau, Michel le sien, et tous deux sortirent, et gagnèrent rapidement l'angle où Michel avait rencontré Courtin.

Le métayer avait à sa droite la rue du Marché, à sa gauche la petite ruelle sur laquelle donnait la porte qu'il avait marquée d'une croix.

— Reste là, Courtin, dit Michel ; je vais à l'autre bout de cette ruelle ; je ne sais encore de quel côté viendra Mary : si elle vient de ton côté, achemine-la vers moi ; si elle vient de mon côté, rapproche-toi, afin de nous porter main-forte en cas de besoin.

— Soyez donc tranquille ! dit Courtin.

Et il s'installa à son poste.

Courtin était au comble de la joie ; son plan avait complètement réussi ; d'une façon ou de l'autre, il allait être mis en contact avec Mary ; Mary, il le savait, était la confidente intime de Petit-Pierre ; il suivrait Mary lorsqu'elle quitterait Michel, et il ne faisait aucun doute que la jeune fille, n'ayant aucun soupçon d'être suivie, ne dénonçât elle-même la retraite de la princesse en la rejoignant.

Neuf heures et demie, sonnant à toutes les horloges de Nantes, surprirent Courtin au milieu de ces réflexions.

A peine la vibration métallique s'éteignait-elle dans l'air, que Courtin entendit un pas léger venir de son côté ; il alla au-devant de ce pas, et dans une jeune paysanne enveloppée d'une mante et portant à la main un petit paquet enveloppé d'un mouchoir, il reconnut Mary.

La jeune fille, en voyant un homme qui semblait garder la rue, hésita à avancer.

Courtin marcha droit à elle, et se fit reconnaître.

— C'est bien, c'est bien, mademoiselle Mary, dit-il en réponse aux manifestations joyeuses de la jeune fille ; mais ce n'est pas moi que vous cherchez, n'est-ce pas ? c'est M. le baron. Eh bien, il est là-bas, il vous attend.

Et il désigna du doigt l'autre bout de la ruelle.

La jeune fille le remercia de la tête et hâta le pas dans la direction que lui indiquait Courtin.

Quant à celui-ci, convaincu que la conférence serait longue, il s'assit philosophiquement sur une borne.

Seulement, de cette borne, il pouvait voir les deux jeunes gens, tout en songeant à sa fortune future, qui lui paraissait en si bon chemin.

En effet, par Mary, il tenait un bout du fil du labyrinthe, et il espérait bien que, cette fois, le fil ne casserait pas.

Mais il n'eut pas le temps d'échafauder de grands rêves sur les nuages d'or de son imagination : les jeunes gens ne firent qu'échanger quelques paroles et revinrent dans sa direction.

Ils passèrent devant lui ; le jeune baron donnait joyeusement le bras à sa fiancée et tenait à la main le petit paquet que le métayer avait vu dans celle de Mary.

Michel lui fit un signe de tête.

— Oh ! oh ! se dit le métayer, est-ce que ce ne serait pas plus difficile que cela ? En vérité il n'y aurait pas de mérite.

Mais, comme cette promptitude faisait merveilleusement son affaire, il ne se fit pas prier pour obéir au signe de Michel, et se mit à marcher à une très petite distance des deux amants.

Bientôt, cependant, une certaine inquiétude s'empara du digne métayer.

Au lieu de remonter vers le haut de la ville, où Courtin sentait instinctivement que devait être la cachette, les deux jeunes gens descendaient vers la rivière.

Le métayer suivait tous leurs mouvements avec une profonde inquiétude ; mais bientôt il supposa que Mary avait quelque course à faire de ce côté, et que Michel l'accompagnait dans cette course.

Cependant, son inquiétude devint plus vive, lorsque, en débouchant sur le quai, il vit les deux jeunes gens prendre la direction de l'hôtel du *Point du Jour*, puis, arrivés à l'hôtel du *Point du Jour*, entrer hardiment par la porte cochère.

A cette vue, il ne put se contenir et rejoignit le jeune baron au pas de course.

— Ah ! te voilà... Tu arrives bien ! dit Michel en l'apercevant.

— Qu'y a-t-il donc ? demanda le métayer.

— Courtin, mon ami, répondit le jeune homme, il y a que je suis l'homme le plus heureux de la terre !

— Comment cela ?

— Vite, vite, aide-moi à seller deux chevaux !

— Deux chevaux ?

— Oui.

— Et Mademoiselle, vous ne la reconduisez donc pas ?

— Non, Courtin, je l'emmène.

— Où cela ?

— A la Banlœuvre, où nous aviserons sur ce que nous avons à faire pour fuir tous ensemble.

— Et Mlle Mary abandonne comme cela...

Courtin s'arrêta court ; il comprit qu'il allait se trahir.

Mais Michel était trop heureux pour être défiant.

— Mlle Mary n'abandonne personne, mon cher Courtin : nous envoyons Bertha à sa place. Tu comprends que ce n'est pas moi qui peux me charger de dire à Bertha que je ne l'aime pas !

— Bon ! Et qui le lui dira ?

— Ne t'en inquiète pas, Courtin : quelqu'un s'en charge. Vite, vite, sellons deux chevaux !

— Vous avez donc des chevaux ici ?

— Non, je n'ai pas personnellement de chevaux ici ; mais, comprends-tu, il y a des chevaux à la disposition de ceux qui, comme nous, voyagent pour les besoins de la cause.

Et Michel poussa Courtin dans l'écurie.

Deux chevaux, effectivement, comme s'ils eussent été préparés à l'intention des deux jeunes gens, mangeaient l'avoine à l'écurie.

Au moment où Michel mettait la selle sur le dos de l'un d'eux le maître de l'hôtel descendit, conduit par Mary.

— Je viens du Sud et je vais à Rosny, lui dit Michel en sellant son cheval, tandis que Courtin en faisait autant, mais plus lentement, de l'autre.

Courtin entendit le mot d'ordre, mais n'y comprit rien.

— C'est bien, se contenta de répondre le maître d'hôtel en faisant de la tête un signe d'intelligence.

Et, comme Courtin était en retard, il l'aida à rejoindre Michel.

— Mais, monsieur, dit Courtin tentant un nouvel effort, pourquoi aller à la Banlœuvre et non pas à la Logerie ? Il me semble que vous n'y avez pas été si mal, à la Logerie.

Michel interrogea Mary du regard.

— Oh ! non, non, non, dit celle-ci. Songez, mon ami, que c'est là que Bertha va revenir tout droit, afin d'avoir de nos nouvelles, afin de savoir pourquoi le navire n'était pas à l'endroit convenu, et je ne veux pas la voir avant que la personne que vous savez l'ait vue, lui ait parlé ; il me semble que je mourrais de honte et de douleur en me retrouvant en face d'elle.

A ce nom de Bertha, prononcé pour la seconde fois, Courtin avait relevé la tête comme un cheval au bruit de la trompette.

— Oui ; Mademoiselle a raison, dit-il, n'allez pas à la Logerie.

— Seulement, voyons, Mary... dit Michel.

— Quoi ? demanda la jeune fille.

— Qui remettra à notre sœur la lettre qui l'appelle à Nantes ?

— Bon ! dit Courtin, ce ne sera pas difficile de trouver un messager ; et, s'il n'y a que cela qui vous embarrasse, monsieur Michel, je m'en charge.

Michel hésitait ; mais, comme Mary, il redoutait d'être témoin des premiers emportements de Bertha.

Il consulta de nouveau la jeune fille du regard.

Celle-ci répondit par un signe affirmatif.

— Alors, à la Banlœuvre ! dit Michel en remettant la lettre à Courtin. Si tu as quelque chose à nous faire dire, Courtin, c'est là que tu nous trouveras.

— Ah ! pauvre Bertha ! pauvre Bertha ! dit Mary en s'élançant sur son cheval, jamais je ne me consolerai de mon bonheur !

Michel, de son côté, venait de sauter sur le sien. Les deux jeunes gens étaient en selle ; ils saluèrent de la main le maître de l'hôtel ; Michel recommanda une dernière fois sa lettre à Courtin, et tous deux s'élancèrent hors de l'hôtel du *Point du Jour*.

A l'extrémité du pont Rousseau, ils faillirent renverser un homme qui, malgré la chaleur de la saison, était enveloppé d'une espèce de manteau dont il se cachait le visage.

Cette sombre apparition épouvanta Michel, qui pressa l'allure de son cheval en disant à Mary d'en faire autant.

Michel se retourna au bout d'une centaine de pas ; l'homme s'était arrêté, et, visible malgré l'obscurité, les suivait des yeux.

— Il nous regarde ! il nous regarde ! dit Michel, qui sentait instinctivement qu'il venait de passer près d'un danger.

L'homme les perdit de vue et continua sa route du côté de Nantes.

A la porte de l'hôtel du *Point du Jour*, il s'arrêta, chercha quelqu'un du regard et vit un homme qui lisait une lettre dans l'écurie, à la lueur du fanal.

Il s'approcha de cet homme, qui, au bruit qu'il fit, retourna la tête.

— Ah ! c'est vous ! dit Courtin. Par ma foi, vous avez failli arriver trop tôt ; vous m'auriez trouvé dans une compagnie qui ne vous aurait pas convenu.

— Qu'est-ce que ces deux jeunes gens qui ont failli me renverser à l'extrémité du pont ?

— C'est justement la compagnie dans laquelle j'étais.

— Eh bien, qu'y a-t-il de nouveau ?

— Du bon et du mauvais, mais plus de bon que de mauvais cependant.

— Est-ce pour ce soir ?

— Non, pas encore ; c'est partie remise.

— Vous voulez dire partie manquée. Maladroit !

Courtin sourit.

— C'est vrai, dit-il, depuis hier, je joue de malheur ! Mais, bah ! contentons-nous de marcher sans avoir la prétention de courir. Quelque infructueuse que soit, au point de vue du résultat immédiat, ma journée d'aujourd'hui, c'est encore une journée que je ne donnerais pas pour vingt mille livres.

— Ah ! ah ! vous en êtes bien sûr ?

— Oui, et la preuve, c'est que je tiens déjà quelque chose.

— Quoi ?

— Ceci, dit Courtin en montrant le billet qu'il venait de décacheter et de lire.

— Un billet ?

— Un billet.

— Et que contient ce billet ? dit l'homme au manteau en étendant la main pour le prendre.

— Un instant... Nous allons le lire ensemble ; mais c'est moi qui le garde, attendu que c'est moi qui suis chargé de le remettre.

— Voyons, dit l'homme.

Tous deux se rapprochèrent du fanal et lurent ensemble :

Venez me rejoindre aussi vite que possible. Vous connaissez les mots de passe.

Votre affectionné,
Petit-Pierre.

— A qui cette lettre est-elle adressée ?
— A Mlle Bertha de Souday.
— Son nom n'est ni sur l'enveloppe ni au bas de la lettre.
— Parce qu'une lettre peut se perdre.
— Et c'est vous qui êtes chargé de remettre cette lettre ?
— Oui.
L'homme jeta un second regard sur la lettre.
— C'est bien son écriture, dit-il. Ah ! si vous m'aviez laissé vous accompagner, nous la tiendrions à cette heure.
— Que vous importe, pourvu qu'on vous la livre ?
— Oui, vous avez raison. Quand vous reverrai-je ?
— Après-demain.
— Ici ou dans la campagne ?
— A Saint-Philbert-de-Grand-Lieu ; c'est à moitié chemin de Nantes et de ma demeure.
— Et cette fois, je ne me dérangerai pas pour rien ?
— Je vous le promets.
— Tâchez d'être de parole ; je le suis, moi, et voici l'argent, que je tiens prêt et qui ne vous fera pas attendre.
En achevant ces paroles, l'homme ouvrit son portefeuille et montra complaisamment au métayer une liasse de billets de banque qui pouvait atteindre à une centaine de mille francs.
— Ah ! dit celui-ci, du papier ?
— Sans doute, du papier, mais signé Garat ; c'est une bonne signature.
— N'importe ! dit Courtin, j'aime mieux l'or.
— Eh bien, on vous payera en or, dit l'homme au manteau en remettant le portefeuille dans sa poche et en croisant son manteau sur son habit.
Si les interlocuteurs n'eussent pas été si préoccupés par leur conversation, ils se fussent aperçus que, depuis deux ou trois minutes, un paysan qui, à l'aide d'une charrette, était, de la rue, grimpé sur le mur, les écoutait, et que, de son poste, il regardait les billets de banque d'un air qui, certes, voulait dire qu'à la place de Courtin il n'eût pas été si dégoûté que lui, et se fût parfaitement contenté de la signature Garat.
— Ainsi donc, à après-demain, à Saint-Philbert, répéta l'homme au manteau.
— A après-demain.

— A quelle heure ?

— Dame, vers le soir.

— Prenons sept heures. Le premier venu attendra l'autre.

— Et vous apporterez l'argent ?

— Non, mais l'or.

— Vous avez raison.

— Vous espérez donc que nous terminerons après-demain ?

— Dame, espérons toujours ; cela ne coûte rien d'espérer !

— Après-demain, à sept heures, à Saint-Philbert, dit le paysan en se laissant glisser du mur dans la rue. On y sera.

Puis il ajouta avec un rire qui ressemblait fort à un grincement de dents :

— Puisque l'on est marqué, il faut bien que l'on gagne sa marque.

78

Où le marquis de Souday drague des huîtres et pêche Picaut

Bertha, qui avait quitté la Logerie en même temps que Michel, était, au bout de deux heures de marche, près de son père.

Elle avait trouvé le marquis extraordinairement abattu et complètement dégoûté de la vie de cénobite qu'il menait dans le terrier que maître Jacques lui avait fait arranger pour son usage personnel et dans lequel il l'avait installé.

Comme Michel, mais par suite d'un sentiment purement chevaleresque, M. de Souday ne se fût jamais décidé à quitter la Vendée tant que Petit-Pierre y courait quelque danger. Or, sur la communication que lui fit Bertha du départ probable du chef de leur parti, le vieux gentilhomme vendéen s'était résigné, mais sans enthousiasme, à suivre le conseil que lui avait donné le général et à aller vivre pour la troisième fois sur la terre étrangère.

Ils quittèrent donc la forêt de Touvois. Maître Jacques, dont la main était à peu près guérie et qui en avait été quitte pour deux doigts, avait voulu les accompagner jusqu'à la côte pour les aider dans leur embarquement.

Il était minuit environ lorsque les trois voyageurs, qui suivaient la route de Machecoul, se trouvèrent au-dessus du vallon de Souday.

En apercevant les quatre girouettes de son château, qui miroitaient aux rayons de la lune, au milieu des nappes de verdure sombre qui l'entouraient, le marquis ne put étouffer un soupir.

Bertha l'entendit et se rapprocha de lui.

— Qu'avez-vous, père ? lui demanda-t-elle, et à quoi songez-vous ?

— A bien des choses, ma pauvre enfant ! répondit le marquis en secouant la tête.

— N'allez pas tomber dans les idées sombres, mon père ! Vous êtes encore jeune, vous êtes encore vigoureux ; vous reverrez votre maison.

— Oui, fit le marquis avec un soupir ; mais...

Il s'arrêta presque suffoqué.

— Mais quoi ? demanda Bertha.

— Mais je n'y retrouverai plus mon pauvre Jean Oullier.

— Hélas ! fit la jeune fille.

— O maison ! maison ! dit le marquis, pauvre maison, que tu me sembleras vide !

Bien qu'il y eût dans le regret du marquis encore plus d'égoïsme que d'attachement à son serviteur, le pauvre valet, s'il eût pu entendre cette lamentation de son maître, eût certes été profondément touché.

Bertha reprit :

— Eh bien, moi, mon père, je ne sais pourquoi, mais je ne puis me figurer, quoi qu'on en ait dit, que notre pauvre ami soit mort : je le pleure quelquefois ; mais il me semble que, s'il était mort réellement, je l'eusse pleuré davantage, et toujours une secrète espérance, dont je ne me rends pas bien compte, vient arrêter et sécher mes larmes.

— Eh bien, c'est drôle, interrompit maître Jacques ; mais, moi, je suis de l'avis de Mademoiselle : non, Jean Oullier n'est pas mort, et j'ai plus que des présomptions, moi : j'ai vu le cadavre que l'on disait être le sien, et je ne l'ai pas reconnu.

— Mais alors que serait-il devenu ? demanda le marquis de Souday.

— Par ma foi, je ne sais, répondit maître Jacques ; mais je m'attends tous les jours à avoir de ses nouvelles.

Le marquis poussa un second soupir.

En ce moment, on traversait un coin de la forêt. Peut-être songeait-il aux hécatombes de gibier qu'il avait faites sous leurs voûtes ombreuses, qu'il croyait, hélas ! ne plus revoir ; peut-être les quelques mots qu'avait dits maître Jacques avaient-ils ouvert son cœur à l'espérance de revoir un jour son fidèle serviteur. Cette supposition resta la plus probable, car il recommanda plusieurs fois au maître des lapins de prendre, sur le sort de Jean Oullier, des informations et de lui en faire connaître le résultat.

Arrivé au bord de la mer, le marquis n'adopta point entièrement le plan que sa fille et Michel avaient formé pour leur embarquement : il craignait qu'en courant des bordées pour les atteindre dans la baie de Bourgneuf, ainsi que cela avait été convenu, la goélette ne se signalât à l'attention des cutters qui faisaient la police de la côte ; il ne voulait point qu'on pût lui reprocher d'avoir, par un sentiment personnel, compromis le salut de Petit-Pierre, et il décida que ce seraient, au contraire, sa fille et lui qui iraient en mer au-devant du *Jeune-Charles*.

Maître Jacques, qui avait des intelligences sur toute la côte, trouva au marquis de Souday un pêcheur qui, moyennant quelques louis, consentit à les prendre dans son bateau et à les conduire à bord de la goélette.

Le bateau était échoué sur la rive ; le marquis de Souday, dirigé dans cette manœuvre par maître Jacques, s'y glissa avec Bertha, trompant la surveillance des douaniers de Pornic qui veillaient sur la côte. Une heure après, la marée mit la barque à flot ; le patron et ses deux fils qui lui servaient d'équipage s'embarquèrent et prirent le large.

Comme il s'en fallait encore d'une demi-heure à peu près que le jour parût, le marquis n'attendit point que le bateau fût au large pour quitter sa cachette dans le demi-pont, où il était plus mal à l'aise encore que dans le terrier de maître Jacques.

En le voyant apparaître, le pêcheur s'informa :

— Vous dites, monsieur, demanda-t-il, que le navire que vous attendez doit débouquer de la rivière ?

— Oui, répondit le marquis.

— A quelle heure a-t-il dû quitter Nantes ?

— De trois à cinq heures du matin, répliqua Bertha.

Le pêcheur consulta le vent.

— Avec ce vent-là, dit-il, il ne lui faut pas plus de quatre heures pour venir à nous.

Puis, calculant, il continua :

— Le vent est du sud-ouest, la marée a été pleine à trois heures ; nous devons le voir vers huit ou neuf heures. En attendant, et pour ne pas amener sur nous les gardes-côtes, nous allons faire semblant de donner quelques coups de drague qui nous serviront de prétexte pour courir des bordées devant la rivière.

— Comment ! faire semblant ? s'écria le marquis ; mais j'espère bien que nous allons pêcher pour tout de bon. Toute ma vie, j'ai désiré me livrer à cet exercice, et, ma foi, puisque la chasse m'est interdite cette année dans les bois de Machecoul, c'est une trop belle compensation que le ciel m'envoie pour que je la laisse échapper.

Et le marquis, malgré les observations de Bertha, qui craignait que la grande taille de son père ne le fît reconnaître de loin, se mit à aider les pêcheurs dans leur travail.

On descendit le filet, on le promena quelque temps au fond de la mer, et le marquis de Souday, qui avait bravement halé sur le câble, pour l'aider à sortir, eut une véritable joie d'enfant en contemplant les congres, les turbots, les plies, les raies, les huîtres qu'il ramenait des profondeurs de la mer.

Il oublia immédiatement ses regrets, ses souvenirs, ses espérances, Souday et la forêt de Machecoul, les marais de Saint-Philbert et les grandes landes, et, avec eux, les sangliers, les chevreuils, les renards, les lièvres, les perdrix et les bécasses, pour ne plus penser qu'à la population à la peau lisse ou écaillée que chaque coup de filet mettait sous ses yeux.

Le jour vint.

Bertha, qui, jusque-là, s'était tenue, toute rêveuse, assise à l'avant, absorbée dans ses pensées, tandis que ses yeux regardaient la vague se séparer, devant la proue de la petite embarcation, en deux sillons phosphorescents, Bertha monta sur un paquet de câbles roulés et interrogea l'horizon.

A travers la brume du matin, plus épaisse à l'embouchure de la rivière que vers le large, elle aperçut les hauts mâts et les espars de quelques navires ; mais aucun d'eux ne portait la flamme bleue à laquelle on devait reconnaître le *Jeune-Charles*. Elle en fit l'observation au pêcheur, qui la rassura en jurant qu'il était impossible que, parti de Nantes dans la nuit, le bâtiment eût déjà gagné la pleine mer.

Du reste, le marquis ne laissa point au digne pêcheur le temps de fournir de longs renseignements à sa fille ; car il avait pris un tel goût au métier de ces braves gens, qu'il ne laissait entre chaque coup de filet que l'intervalle strictement nécessaire, encore employait-il ces intervalles à se faire démontrer par le vieux marin les premiers éléments de la science nautique.

Ce fut au milieu de cette conversation que le pêcheur lui fit observer qu'en continuant de jeter le filet comme pour la traîne, ils étaient forcés de marcher grand largue, et qu'en marchant ainsi, ils finiraient par s'éloigner considérablement de la côte et de leur poste d'observation ; mais le marquis, avec l'indifférence qui faisait le fond de son caractère, ne se rendit point à cette raison et continua d'emplir des produits de sa pêche la petite cale du bateau.

La matinée était passée ; il pouvait être dix heures, et l'on n'avait rien vu venir. Bertha était fort inquiète, et plusieurs fois déjà elle avait communiqué ses appréhensions à son père ; si bien que le marquis, pressé par elle, ne put faire moins que de consentir à se rapprocher de l'embouchure de la rivière.

Il en profita pour se faire montrer par le vieux marin le moyen de marcher au plus près, c'est-à-dire d'orienter les voiles de façon à former avec la quille un angle aussi petit que le gréement pouvait le permettre ; et ils étaient tous deux au point le plus embrouillé de la démonstration lorsque Bertha poussa un grand cri.

Elle venait d'apercevoir, à quelques brasses de la barque, un grand navire marchant toutes voiles dehors, et auquel elle n'avait pas fait attention parce qu'il ne portait pas le signal convenu, mais dont les focs lui avaient marqué l'approche.

— Prenez garde, prenez garde, s'écria-t-elle, un navire vient sur nous.

Le pêcheur se retourna, et en un clin d'œil se rendit si bien compte du danger qui les menaçait, qu'il arracha brusquement le gouvernail des mains du marquis, et, sans s'inquiéter de ce qu'il renversait celui-ci sur le pont, manœuvra rapidement pour se placer au vent du navire qui venait sur eux et sortir de ses eaux sans accident.

Mais, si prompte qu'eût été sa manœuvre, il ne put empêcher que la barque ne touchât. La quille de la brigantine frôla à grand bruit les flancs du navire ; son pic s'engagea un instant dans les boute-hors du beaupré. Elle s'inclina, embarqua une vague, et, si la manœuvre du pêcheur, en lui conservant le vent, ne l'eût promptement entraînée loin de là, elle ne se fût point redressée aussi vite, ou peut-être même ne se fût-elle pas redressée du tout.

— Que le diable emporte ce caboteur de malheur ! s'écria le vieux pêcheur. Une seconde de plus, et nous allions remplacer au fond de la mer les poissons que nous en avons tirés.

— Vire, vire ! s'écria le marquis que sa chute avait exaspéré ; cours dessus, et du diable si je ne monte pas à bord, pour demander au capitaine raison de son impertinence.

— Comment voulez-vous donc, répondit le vieux pêcheur, qu'avec nos deux méchants focs et notre pauvre brigantine nous atteignions cette espèce de goéland ? En a-t-il de la toile, le gredin ! toutes les bonnettes dehors et une voile de fortune. Court-il ! mais court-il !

— Il faut cependant le rejoindre, s'écria Bertha en s'avançant vers l'arrière, car c'est le *Jeune-Charles* !

Et elle montra à son père une large bande blanche, placée à la poupe du bâtiment et sur laquelle on lisait en lettres d'or : JEUNE-CHARLES.

— Tu as, par ma foi, raison, Bertha ! s'écria le marquis. Vire donc, mon ami, vire ! Mais comment se fait-il qu'il ne porte pas le signal dont il était convenu avec M. de la Logerie ? Comment se fait-il surtout qu'au lieu d'avoir le cap sur la baie de Bourgneuf, où nous devions l'attendre, il ait le cap sur l'ouest ?

— Peut-être est-il arrivé quelque accident, dit Bertha en devenant aussi pâle que son linge.

— Pourvu que ce ne soit point à Petit-Pierre ! murmura le marquis.

Bertha admira le stoïcisme de son père ; mais, tout bas, elle murmura à son tour :

— Pourvu que ce ne soit pas à Michel.

— N'importe ! dit le marquis, il faut que nous sachions à quoi nous en tenir.

La petite barque, pendant ce temps, avait viré lof pour lof, et, s'étant mise dans le vent, avait augmenté la rapidité de sa marche. Cette manœuvre assez rapide sur une embarcation d'un aussi mince tonnage n'avait point permis à la goélette, malgré la supériorité de sa voilure, de s'éloigner sensiblement.

Le pêcheur put héler le navire.

Le capitaine parut sur le pont.

— Etes-vous le *Jeune-Charles* venant de Nantes ? demanda le patron de la barque en se faisant un porte-voix de ses deux mains.

— Qu'est-ce que cela te fait ? répondit le capitaine de la goélette, auquel la certitude d'avoir échappé aux griffes de la justice n'avait nullement rendu sa belle humeur.

— C'est que j'ai là du monde pour vous ! cria le pêcheur.

— Est-ce encore des commissaires ! Mille garcettes ! si tu m'en amènes du calibre de ceux de cette nuit, je te coule, vieux racleur d'huîtres, avant que tu montes à mon bord.

— Non : ce sont des passagers. N'attendez-vous pas des passagers ?

— Je n'attends rien qu'un bon vent pour doubler le cap Finistère.

— Laissez-moi vous accoster, demanda le pêcheur sur la suggestion de Bertha.

Le capitaine du *Jeune-Charles* interrogea la mer, et, n'apercevant, entre la côte et son navire, rien qui pût légitimer ses appréhensions, curieux, en outre, de savoir si les passagers dont on lui parlait maintenant n'étaient point ceux-là mêmes dont l'embarquement avait été le but de son voyage, il se rendit au désir du pêcheur, fit amener ses hautes voiles et manœuvrer de façon à diminuer la rapidité de sa course.

Bientôt le *Jeune-Charles* se trouva assez près de la barque pour qu'il fût possible de jeter à celle-ci un grelin à l'aide duquel on l'amena sous le couronnement de la goélette.

— Eh bien, maintenant, voyons, qu'y a-t-il ? demanda le capitaine en se penchant vers la barque.

— Priez M. de la Logerie de venir nous parler, dit Bertha.

— M. de la Logerie n'est pas à mon bord, répliqua le capitaine.

— Mais alors, reprit Bertha d'une voix troublée, si vous n'avez pas à bord M. de la Logerie, vous avez au moins deux dames.

— En fait de dames, répondit le capitaine, je n'ai absolument qu'un gredin qui, les fers aux pieds, jure et sacre dans la cale à démâter le bâtiment et à faire frissonner les barriques auxquelles il est amarré.

— Mon Dieu, s'écria Bertha toute frissonnante, savez-vous si quelque accident ne serait point arrivé aux personnes que vous deviez embarquer ?

— Ma foi, ma jolie demoiselle, dit le capitaine, si vous pouvez m'expliquer ce que cela veut dire, vous m'obligerez infiniment ; car le diable m'emporte si j'y comprends rien ! Hier au soir, deux hommes sont venus, tous deux de la part de M. de la Logerie, mais avec deux commissions différentes : l'un voulait que je partisse à l'instant même ; l'autre me disait de rester et d'attendre. De ces deux hommes, l'un était un honnête métayer, un maire, je crois ; il me montra quelque chose comme un bout d'écharpe tricolore. C'était celui-là qui me disait de lever l'ancre et de déraper au plus vite. L'autre, celui qui voulait me faire rester, était un ancien forçat. J'ai ajouté foi à ce qui me venait du plus respectable de ces deux paroissiens, ou qui, au bout du compte, était le moins compromettant. Je suis parti.

— Oh ! mon Dieu, mon Dieu, dit Bertha, c'est Courtin qui est venu : il sera arrivé quelque accident à M. de la Logerie.

— Voulez-vous voir cet homme ? demanda le capitaine.

— Lequel ? demanda le marquis.

— Celui qui est en bas, aux fers. Peut-être le reconnaîtrez-vous ; peut-être parviendrons-nous à démêler la vérité, bien qu'il soit trop tard maintenant pour que cela nous serve à quelque chose.

— Pour partir, oui, dit le marquis, cela peut nous être inutile ; mais cela peut encore nous aider à sauver nos amis d'un péril. Montrez-nous cet homme.

Le capitaine donna un ordre, et, quelques secondes après, on amena Joseph Picaut sur le pont. Il était toujours garrotté et enchaîné, et, malgré ses liens, dès qu'il aperçut les côtes de cette

Vendée natale qu'il était menacé de ne plus revoir, sans calculer la distance qui l'en séparait et l'impossibilité où il était de nager, il fit un mouvement pour échapper à ceux qui le conduisaient et pour se précipiter à la mer.

Cela se passait à tribord, de sorte que les passagers de la petite barque, affalée derrière la poupe, ne pouvaient rien voir ; mais, au cri que Picaut poussa, au bruit qui se fit sur le pont, ils comprirent qu'une lutte quelconque avait lieu à bord du *Jeune-Charles*.

Le pêcheur poussa sa barque le long des flancs du navire et l'on aperçut Joseph qui se débattait entre quatre hommes.

— Laissez-moi me jeter à l'eau ! criait-il ; j'aime mieux mourir tout de suite que de pourrir à bord du bâtiment.

Et, en effet, peut-être allait-il parvenir à se lancer à la mer, lorsqu'il reconnut les visages du marquis de Souday et de Bertha, qui regardaient cette scène avec stupeur.

— Ah ! monsieur le marquis ! ah ! mademoiselle Bertha ! cria Joseph Picaut, vous me sauverez, vous ; car c'est pour avoir exécuté les ordres de M. de la Logerie que cet animal de capitaine m'a traité de la sorte, et ce sont les mensonges de cette canaille de Courtin qui en sont cause.

— Voyons, qu'y a-t-il de vrai dans tout cela ? demanda le capitaine ; car, je vous l'avoue, si vous pouvez me débarrasser de ce gaillard-là, vous me ferez plaisir ; je ne suis frété ni pour Cayenne, ni pour Botany Bay.

— Hélas ! dit Bertha, tout est vrai, monsieur. Je ne sais quel motif a eu le maire de la Logerie pour vous faire prendre le large ; mais voilà, à coup sûr, celui des deux qui vous disait la vérité.

— Alors, déliez-le, mille garcettes ! et qu'il aille se faire pendre où il voudra. Maintenant, que faites-vous ? êtes-vous des nôtres ? n'en êtes-vous pas ? restez-vous ? partez-vous ? Il ne m'en coûtera pas plus pour vous emmener ; j'étais payé d'avance, et pour l'acquit de ma conscience, je ne serais pas fâché d'emmener quelqu'un.

— Capitaine, dit Bertha, n'y a-t-il donc pas moyen de rentrer en rivière et de remettre à cette nuit l'embarquement qui devait avoir lieu la nuit dernière ?

— Impossible, répondit le capitaine en haussant les épaules ; et la douane ! et la police de sûreté ! Non, partie remise, c'est partie manquée. Seulement, je vous le répète, si vous voulez profiter de mon navire pour passer en Angleterre, je suis à votre disposition, et cela ne vous coûtera rien.

Le marquis regarda sa fille ; mais celle-ci secoua la tête.

— Merci, capitaine, merci, répondit le marquis, c'est impossible.

— Alors séparons-nous, reprit le capitaine ; mais auparavant, permettez-moi de vous demander un service.

— De quoi s'agit-il ?

— Il s'agit d'une petite facture que je vais vous remettre tout acquittée et dont je désire que vous régliez le compte à mon profit, tandis que vous réglerez le vôtre.

— Voyons, je ferai tout ce que je pourrai pour vous être agréable, capitaine, répondit M. de Souday.

— Eh bien, chargez-vous de donner une centaine de coups de garcettes au drôle qui s'est moqué de moi cette nuit.

— Cela sera fait, dit le marquis.

— Oui, s'il lui reste encore la force de les endurer après qu'il m'aura soldé ce qu'il me doit à moi-même, dit une voix.

Et en même temps, on entendit le bruit d'un corps pesant qui tombait à l'eau, et, à dix pas de la barque, on vit, une seconde après, reparaître à la surface de la mer la tête de Joseph Picaut, qui se mit à nager vigoureusement vers la barque.

Une fois dégagé de ses fers, le chouan, tant il avait peur, sans doute, que quelque circonstance imprévue ne le fît rester sur le bâtiment, le chouan avait piqué une tête par-dessus la muraille du navire.

Le patron et le marquis lui tendirent la main, et, avec leur aide, Joseph Picaut remonta dans l'embarcation.

A peine y fut-il :

— Maintenant, dit-il, monsieur le marquis, dites donc à ce vieux cachalot que voilà là-haut que la marque que je porte à l'épaule, c'est ma croix d'honneur, à moi.

— En effet, capitaine, fit le marquis, ce paysan a été condamné à cette peine infamante pour avoir fait son devoir sous l'Empire, à notre point de vue du moins, et, quoique je n'approuve pas complètement la manière dont il opérait, je puis vous affirmer qu'il ne mérite point la peine que vous lui aviez infligée.

— Eh bien, dit le capitaine, tout est pour le mieux. Une fois, deux fois, trois fois, vous ne voulez pas monter à mon bord ?

— Non, capitaine, merci.

— Alors, bon voyage !

Et, à ces mots, le capitaine fit larguer le câble qui retenait la petite barque, et la goélette, ayant donné dans le vent, s'éloigna en laissant la barque stationnaire.

Pendant que le vieux pêcheur manœuvrait pour regagner la côte, Bertha et le marquis de Souday tinrent conseil.

Ils ne pouvaient, malgré toutes les explications de Picaut — et ces explications étaient courtes, le chouan n'ayant vu Courtin qu'au moment où celui-ci l'avait fait arrêter — ils ne pouvaient se rendre compte du motif qui avait fait agir le maire de la Logerie ; mais sa conduite ne laissait pas que de leur paraître fort suspecte, et, quoi qu'en dît Bertha, qui rappelait à son père les soins vraiment dévoués qu'il avait eus pour Michel, l'attachement qu'elle lui avait entendu exprimer pour son maître, le marquis fut d'avis que cette conduite tortueuse cachait des projets dangereux non seulement pour la sécurité de Michel, mais encore pour celle de leurs amis.

Quant à Picaut, il déclara nettement qu'il ne respirait plus que pour la vengeance, et que si M. de Souday voulait lui faire donner un habit de matelot, autant pour se déguiser que pour remplacer ses vêtements déchirés dans la lutte qu'il avait eue à soutenir, il se mettrait en route pour Nantes aussitôt qu'il aurait touché terre.

Le marquis de Souday, pressentant que la trahison de Courtin pouvait bien avoir eu Petit-Pierre pour victime, voulait également se rendre à la ville ; mais Bertha, qui ne doutait point que Michel, voyant son évasion manquée, n'eût immédiatement regagné la Logerie, où il aurait pensé qu'elle viendrait le retrouver, Bertha lui fit ajourner ce projet jusqu'à plus ample information touchant ce qui s'était passé.

Le pêcheur déposa ses passagers à l'abri de la pointe de Pornic. Picaut, en faveur duquel un des fils du patron avait bien voulu se dessaisir de sa vareuse et de son chapeau goudronné, se jeta dans les terres, et s'orientant, se dirigea sur Nantes à vol d'oiseau, jurant sur tous les tons que Courtin n'avait qu'à se bien tenir.

Mais, avant de quitter le marquis, il le pria de mettre le chef des lapins au courant de son aventure, ne doutant pas que maître Jacques ne s'associât fraternellement à sa vengeance.

Ce fut ainsi que grâce à sa connaissance des localités, il put arriver à Nantes vers les neuf heures du soir, et qu'en allant naturellement reprendre son poste à l'auberge du *Point du Jour*, il put, en y rentrant avec les précautions que sa position lui commandait, assister à l'entrevue de Courtin et de l'homme d'Aigrefeuille, entendre une partie de ce qu'ils disaient et voir l'argent ou plutôt les billets de banque que Courtin ne regardait comme valables que lorsqu'ils seraient convertis en or.

Quant au marquis et à sa fille, ce ne fut que la nuit venue, qu'ils purent, si grande que fût l'impatience de Bertha, se mettre en route pour la forêt de Touvois, et ce ne fut pas sans un véritable chagrin que le vieux gentilhomme pensa que la joyeuse matinée qu'il avait eue ce jour-là n'aurait pas de lendemain, et qu'il allait lui falloir, pour un temps indéterminé, se confiner comme un rat dans son trou.

79

Ce qui se passait dans deux maisons inhabitées

Maître Jacques ne s'était point trompé dans ses présomptions : Jean Oullier n'était pas mort.

La balle que Courtin lui avait envoyée au hasard dans le buisson, et, pour ainsi dire, *au juger*, lui avait troué la poitrine, et, quand la veuve Picaut, dont le métayer et son acolyte avaient entendu rouler la voiture, était arrivée, elle avait cru ne relever qu'un cadavre.

Par un sentiment de charité assez naturel chez une paysanne, elle ne voulut pas que le corps d'un homme pour lequel son mari, malgré leur dissidence d'opinion politique, avait toujours témoigné une profonde sympathie, devînt la pâture des oiseaux de proie et des bêtes de carnage ; elle voulut que le Vendéen reposât en terre sainte, et elle le chargea dans sa charrette pour l'emmener chez elle.

Seulement, au lieu de le cacher sous la litière qu'elle avait apportée dans ce but, elle le plaça dessus, et plusieurs paysans qu'elle rencontra sur son chemin purent voir et toucher le corps pantelant et ensanglanté du vieux serviteur du marquis de Souday.

Voilà comment le bruit de la mort de Jean Oullier se propagea dans le canton ; voilà comment il arriva au marquis de Souday et à ses filles ; voilà comment Courtin, qui, le lendemain matin, avait voulu s'assurer par lui-même que celui qu'il redoutait le plus avait cessé d'être à craindre, voilà comment Courtin y avait été trompé comme les autres.

Ce fut à la maison qu'elle habitait du vivant de son mari, et que, peu de temps après la mort du pauvre Pascal, elle avait quittée pour l'auberge de Saint-Philbert-de-Grand-Lieu, tenue par sa mère, que la veuve Picaut transporta le corps de Jean Oullier.

Cette maison était plus rapprochée à la fois de Machecoul, paroisse de Jean Oullier, et de la lande de Bouaimé, où elle l'avait trouvé, que l'auberge où, s'il eût été vivant, elle avait projeté de le cacher.

Au moment où la charrette traversait le carrefour que nous connaissons, et d'où partait le chemin qui conduisait à la maison des deux frères, le funèbre cortège se croisa avec un homme à cheval qui suivait le chemin de Machecoul.

Cet homme — qui n'était autre que notre ancienne connaissance M. Roger, le médecin de Légé — interrogea un des gamins qui s'étaient mis, avec la persistance et la curiosité de leur âge, à suivre la voiture, et, ayant appris qu'elle portait le corps de Jean Oullier, il l'accompagna jusqu'à la demeure des Picaut.

La veuve plaça Jean Oullier sur ce même lit mortuaire où elle avait placé côte à côte Pascal Picaut et le pauvre comte de Bonneville.

Pendant qu'elle s'occupait à lui rendre les derniers devoirs, pendant qu'elle débarrassait le visage du Vendéen du sang mêlé de poussière qui le souillait, elle aperçut le médecin.

— Hélas ! cher monsieur Roger, lui dit-elle, le pauvre gars n'a plus besoin de vos soins, et c'est dommage ! Il y en a tant qui ne le valent pas, qui restent sur terre, que l'on a toujours à pleurer doublement ceux-là qui s'en vont avant leur temps.

Le médecin se fit raconter par la veuve ce qu'elle savait de la mort de Jean Oullier. La présence de sa belle-sœur et des enfants et des femmes qui avaient suivi le cortège empêcha Marianne de raconter comment, quelques heures auparavant, elle avait parlé à Jean Oullier, plein de vie alors ; comment, en revenant le chercher avec la charrette, elle avait entendu un coup de feu et les pas d'hommes qui s'enfuyaient ; comment, enfin, elle présumait que Jean Oullier avait été assassiné : elle dit, au contraire, tout simplement, qu'en venant de la lande, elle avait trouvé le corps sur son chemin.

— Pauvre brave homme ! dit le docteur. Après tout, mieux vaut encore cette mort, qui, au moins, est celle d'un soldat, que la destinée qui l'attendait s'il eût vécu. Il était gravement compromis ! et, pris, on l'eût, sans doute, envoyé comme les autres dans les cabanons du mont Saint-Michel.

En disant ces mots, le médecin s'approcha machinalement de Jean Oullier, prit son bras inerte et posa la main sur sa poitrine.

Mais à peine cette main s'était-elle mise en contact avec la chair, que le docteur tressaillit.

— Qu'y a-t-il ? demanda la veuve.

— Rien, répondit froidement le médecin ; cet homme est bien mort, et il ne réclame plus rien de nous autres qui lui survivons, que les derniers devoirs.

— Qu'aviez-vous besoin, dit aigrement la femme de Joseph, d'apporter ici ce cadavre, qui peut nous amener une visite des bleus ? Par la première, jugez ce que serait la seconde !

— Qu'est-ce que cela vous fait ? dit la veuve Picaut, puisque ni vous ni votre mari n'habitez plus la maison ?

— Nous ne l'habitons plus justement à cause de cela, répondit la femme de Joseph ; nous aurions peur, en l'habitant, de les y attirer et de perdre ainsi le peu qui nous reste.

— Vous feriez bien de le faire reconnaître, avant de lui donner la sépulture, interrompit le médecin, et, si cela doit vous causer quelque embarras, je me chargerai, moi, de le faire reconduire dans la maison du marquis de Souday, dont je suis le médecin.

Puis, saisissant le moment où la veuve Picaut passait devant lui, le docteur lui dit tout bas :

— Congédiez tout votre monde.

Comme il était près de minuit, ce fut chose facile à faire.

Puis, lorsqu'ils furent seuls, le docteur, s'approchant de Marianne :

— Jean Oullier n'est pas mort, dit-il.

— Comment ! il n'est pas mort ? s'écria-t-elle.

— Non ; et, si je me suis tu devant tout ce monde, c'est qu'à mon avis ce qu'il y a de plus urgent, c'est de s'assurer que l'on ne viendra point vous troubler dans les soins que vous lui donnerez, j'en suis sûr.

— Dieu vous entende ! répondit la bonne femme toute joyeuse ; et, si je puis aider à sa guérison, comptez que je le ferai avec grand bonheur ; car je n'oublierai jamais l'amitié que feu mon homme avait pour lui ; je me souviendrai toujours que, quoique je fisse dans ce moment-là même du mal aux siens, Jean Oullier n'a pas voulu permettre que je tombe sous la balle des assassins.

Et, ayant soigneusement clos les volets et la porte de sa chaumière, la veuve alluma un grand feu, fit chauffer de l'eau, et, tandis que le docteur sondait la blessure et cherchait à voir si quelque organe nécessaire à la vie n'était pas intéressé, elle dit adieu aux quelques commères en retard, faisant semblant de s'en retourner à Saint-Philbert.

Puis, au détour du chemin, elle se jeta dans le bois et s'en revint par le verger.

La maison de Joseph Picaut était fermée ; elle écouta à la porte : elle n'entendit aucun bruit.

Il était évident que la femme et les enfants de son beau-frère avaient regagné la cachette où ils se tenaient, tandis que leur mari et père continuait, comme nous l'avons dit, la guerre de partisan.

Marianne rentra chez elle par la porte de la cour.

Le médecin avait terminé le pansement du blessé, et les symptômes de son existence devenaient de plus en plus évidents.

Déjà ce n'était plus le cœur seulement, c'était le pouls lui-même qui battait ; déjà, en mettant la main devant sa bouche, on sentait le souffle sortir de ses lèvres.

La veuve écouta tous ces détails avec joie.

— Croyez-vous le sauver ? demanda-t-elle.

— Ceci, répondit le médecin, c'est le secret de Dieu. Ce que je puis dire, c'est qu'aucun des organes essentiels n'a été atteint, mais la perte du sang est énorme et, en outre, il m'a été impossible d'extraire la balle.

— Mais, hasarda Marianne, j'ai entendu dire qu'il y avait des hommes qui avaient parfaitement guéri et vécu de longues années avec une balle dans le corps.

— Cela est très possible, répondit le médecin. Mais, maintenant, qu'allez-vous en faire ?

— Mon intention avait été de conduire le pauvre homme à Saint-Philbert et de l'y cacher jusqu'à sa mort ou son rétablissement.

— C'est difficile à cette heure, dit le médecin. Il aura été sauvé par ce que nous appelons le caillot, et toute secousse lui pourrait être fatale. D'ailleurs, à Saint-Philbert, dans l'auberge de votre mère, au milieu de tant d'allées et de venues, il vous serait impossible de tenir secrète sa présence chez vous.

— Mon Dieu ! croyez-vous donc que, dans cet état, on l'arrêterait ?

— On ne le mettrait pas en prison, certainement ; mais on le transporterait dans quelque hospice d'où il ne sortirait que pour attendre, dans les cachots, un jugement qui, s'il n'était pas mortel, serait au moins infamant. Jean Oullier est un de ces chefs obscurs, mais dangereux par leur action sur le peuple, pour lesquels le gouvernement sera sans pitié. Pourquoi ne vous ouvrez-vous pas à votre belle-sœur ? Jean Oullier et elle ne sont-ils pas de la même opinion ?

— Vous l'avez entendue.

— C'est vrai... Je comprends que vous n'ayez nulle confiance dans sa pitié. Cependant, Dieu sait si elle devrait être miséricordieuse à son prochain, elle surtout ; car, si son mari était pris, il pourrait lui arriver pis encore qu'à Jean Oullier.

— Oui, je le sais bien, dit la veuve d'une voix sombre ; la mort est sur eux !

— Voyons, fit le médecin, pouvez-vous le cacher ici ?

— Ici ? Oui, sans doute ; il serait même plus en sûreté ici que partout ailleurs, puisque l'on croit la maison déserte. Mais qui le soignera ?

— Jean Oullier n'est point une femmelette, répondit le

médecin, et, dans deux ou trois jours d'ici, aussitôt que la fièvre sera un peu amortie, il pourra aisément rester seul pendant les heures du jour. Quant à moi, je vous promets de le visiter chaque nuit.

— Bien ! et, moi, je passerai près de lui tout le temps dont je pourrai disposer sans donner des soupçons.

Marianne, aidée du docteur, transporta le blessé dans l'étable qui attenait à sa chambre ; elle en verrouilla soigneusement la porte ; elle plaça son matelas sur un tas de paille ; puis, ayant pris rendez-vous avec le médecin pour la nuit suivante, et sachant que le blessé n'aurait besoin, pendant les premiers instants, que d'eau fraîche, elle se jeta sur une botte de paille près de lui, attendant qu'il manifestât son retour à la vie, soit par quelques paroles, soit même par un soupir.

Le lendemain, elle se montra à Saint-Philbert, et, quand on lui demanda ce qu'était devenu Jean Oullier, elle répondit qu'elle avait suivi le conseil de sa belle-sœur, et que craignant d'être inquiétée, elle avait reporté le cadavre dans la lande.

Puis elle retourna vers sa maison sous prétexte de la mettre en ordre ; le soir venu, elle en ferma la porte avec affectation, et rentra à Saint-Philbert avant qu'il fût nuit close, afin que tout le monde la vît bien.

Pendant la nuit, elle retourna près de Jean Oullier.

Elle le veilla ainsi trois jours et trois nuits, enfermée avec lui dans cette étable, craignant de faire le moindre bruit qui pût révéler sa présence, et, bien qu'au bout de ces trois jours, Jean Oullier fût encore dans cet état de torpeur qui suit les grandes commotions physiques et les abondantes pertes de sang, le médecin l'engagea à retourner chez elle pendant le jour, et à ne revenir prendre son poste que pendant la nuit.

La blessure de Jean Oullier était si grave, qu'il resta près de quinze jours entre la vie et la mort ; des fragments de ses vêtements, entraînés par le projectile et restés comme lui dans la plaie, y entretinrent longtemps l'inflammation, et ce ne fut que quand la force de la nature les eut éliminés, que le docteur, à la grande joie de la veuve Picaut, répondit de la vie du Vendéen.

Les soins de la Picaut redoublèrent, à mesure qu'elle le vit marcher vers la convalescence ; et, bien que le blessé fût encore si faible, qu'il ne pouvait qu'à grand-peine articuler quelques paroles, et que les signes de reconnaissance qu'il faisait à la veuve témoignassent seuls du mieux qui s'opérait en lui, celle-ci ne manqua point une seule fois de venir achever la nuit à son chevet, prenant, pour ne pas être découverte, les précautions les plus minutieuses.

Cependant, du moment que la poitrine de Jean Oullier fut débarrassée des corps étrangers qui s'y étaient introduits, une suppuration régulière s'établit, et il fit des pas rapides vers la convalescence ; mais, à mesure que ses forces revenaient, il commença de s'inquiéter de ceux qu'il aimait et, comme il suppliait la veuve de s'informer du sort du marquis de Souday, de Bertha, de Mary et même de Michel — qui avait décidément triomphé de l'antipathie que le Vendéen éprouvait pour lui, et conquis une petite place parmi ses affections — Marianne prit des informations auprès des voyageurs royalistes qui s'arrêtaient à l'auberge de sa mère, et bientôt elle put assurer à Jean Oullier que tous ses amis étaient vivants et libres, et elle lui apprit que le marquis de Souday était dans la forêt de Touvois, Bertha et Michel chez Courtin, et Mary, selon toute probabilité, à Nantes.

Mais la veuve n'eut pas plutôt prononcé le nom du métayer de la Logerie, qu'il se fit une révolution dans la physionomie du blessé ; il passa la main sur son front comme pour éclaircir ses idées, et pour la première fois il se dressa sur son séant.

L'amitié et la tendresse avaient eu sa première pensée ; les souvenirs de haine, les idées de vengeance pénétraient à leur tour dans son cerveau jusqu'alors vide, et le surexcitaient avec une violence d'autant plus grande que leur engourdissement avait été plus prolongé.

A sa grande terreur, la Picaut entendit Jean Oullier reprendre les phrases qu'il prononçait dans sa fièvre, et qu'elle avait prises pour des hallucinations ; elle l'entendit mêler le nom de Courtin à des reproches de trahison, à des accusations de lâcheté et d'assassinat ; elle l'entendit parler de sommes fabuleuses qui auraient été le prix du crime ; et, en parlant ainsi, le malade était en proie à la plus vive exaltation, et ce fut avec des yeux étincelants de fureur, avec une voix tremblante d'émotion, qu'il supplia la veuve d'aller chercher Bertha et de l'amener à son chevet.

La pauvre femme crut à une recrudescence de la fièvre, et fut fort inquiète parce que le médecin avait annoncé qu'il ne reviendrait que dans la nuit du surlendemain.

Elle promit néanmoins au blessé de faire tout ce qu'il demandait.

Jean Oullier, un peu calmé, se recoucha, et, peu à peu, accablé par la violence des impressions qu'il venait de subir, il se rendormit.

La veuve, assise sur quelque reste de litière, devant le lit du malade, appesantie par la fatigue, sentait, de son côté, le sommeil la gagner et ses yeux se fermer malgré elle, lorsque, tout à coup, elle crut entendre, dans la cour, un bruit inaccoutumé.

Elle prêta l'oreille et entendit le pas d'un homme qui marchait sur le pavé servant d'encadrement au fumier dont était tapissée la cour des deux maisons.

Bientôt une main fit jouer le loquet de la porte voisine, et au même instant, Marianne entendit une voix, qu'elle reconnut pour celle de son beau-frère, s'écrier : « Par ici ! par ici ! » et le pas se diriger vers la demeure de Joseph.

La veuve Picaut savait que la maison de son beau-frère était vide ; la visite nocturne que recevait Joseph piqua vivement sa curiosité ; elle ne douta point qu'il ne s'agît de tramer quelques-uns de ces coups de main que le chouan chérissait traditionnellement, et elle résolut d'écouter.

Elle souleva doucement une des trappes par lesquelles les vaches, alors qu'il y en avait dans l'étable, passaient la tête pour manger leur provende sur le carreau même de la chambre, et, étant parvenue à en détacher la planche, elle se glissa par cette étroite issue dans la pièce principale de sa maison ; puis, grimpant lestement et sans bruit l'échelle sur laquelle le comte de Bonneville avait reçu la balle qui l'avait frappé à mort, elle pénétra dans le grenier, qui, comme on se le rappelle, était commun aux deux maisons ; puis elle colla son oreille au plancher, au-dessus de la chambre du frère de son mari, et écouta.

Elle arrivait au milieu d'une conversation déjà entamée.

— Et tu as vu la somme ? disait une voix qui ne lui était pas complètement étrangère et que cependant elle ne put reconnaître.

— Comme je vous vois, répondit Joseph Picaut ; elle était en billets de banque ; mais il a demandé qu'on la lui apportât en or.

— Tant mieux ! car les billets, vois-tu, tant qu'il y en ait, cela ne me séduit pas beaucoup : ça se place difficilement dans nos campagnes.

— Puisque je vous dis qu'il aura de l'or.

— Bon ! et où doivent-ils se rencontrer ?

— A Saint-Philbert, demain dans la soirée. Vous avez tout le temps de prévenir vos gars.

— Es-tu fou ? mes gars ! combien as-tu dit qu'ils seraient ?

— Deux : mon brigand et son compagnon.

— Eh bien, alors, deux contre deux ; c'est de la guerre, comme disait Georges Cadoudal, de glorieuse mémoire.

— Mais c'est que vous n'avez plus qu'une main, maître Jacques.

— Qu'est-ce que cela fait, quand elle est bonne ? Je me chargerai du plus fort.

— Un instant ! ceci n'entre pas dans nos conventions.

— Comment ?

— Je veux le maire pour moi.

— Tu es exigeant.

— Oh ! le gueux ! c'est bien le moins qu'il me paie ce qu'il m'a fait souffrir.

— S'ils ont la somme que tu dis, il y aura bien de quoi te dédommager, quand même on t'aurait vendu comme un nègre... Vingt-cinq mille francs, tu ne vaux pas cela, mon bonhomme, je m'y connais.

— C'est possible ; mais je tiens à me venger par-dessus le marché, et il y a longtemps que je lui en veux, au damné pataud ! c'est lui qui est cause...

— De quoi ?

— Suffit... je m'entends !

Joseph Picaut avait répondu d'une manière inintelligible pour tout le monde, excepté pour Marianne. Elle supposa que ce souvenir devant lequel le chouan reculait, se rattachait à la mort de son pauvre mari, et un frisson parcourut tout son corps.

— Eh bien, dit l'interlocuteur de Joseph Picaut, tu auras ton homme ; mais, avant d'entreprendre l'affaire, tu me jures, n'est-ce pas ? que ce que tu m'as dit est bien vrai, que c'est bien l'argent du gouvernement sur lequel nous allons mettre la main ; car, vois-tu, autrement, cela ne m'irait point, à moi.

— Pardine ! croyez-vous pas que ce particulier est assez riche pour faire de son chef des cadeaux comme celui-là à un aussi vilain paroissien ? Et encore ce n'est qu'un acompte ; je l'ai entendu parfaitement.

— Et tu n'as pas pu savoir ce qu'on lui payait si cher ?

— Non ; mais je m'en doute bien.

— Dis alors.

— M'est avis, voyez-vous, maître, qu'en débarrassant la terre de ces deux drôles, nous ferons d'une pierre deux coups : une affaire privée d'abord, et ensuite, un coup politique. Mais, soyez tranquille, demain, j'en saurai davantage et je vous renseignerai.

— Sacredié ! dit maître Jacques, tu m'en fais venir l'eau à la bouche. Tiens, décidément, je reviens sur ma parole ; tu n'auras ton homme que s'il en reste.

— Comment ! s'il en reste ?

— Oui ; avant de te laisser régler ton compte avec lui, je veux que nous ayons tous les deux un bout de conversation.

— Bah ! et vous croyez qu'il vous dira comme cela son secret ?

— Oh ! une fois qu'il sera mon prisonnier, j'en suis sûr.

— C'est un malin !

— Comment ! toi qui es du vieux temps, tu ne te souviens pas qu'il y a des moyens pour faire parler, si malins qu'ils soient, ceux qui veulent se taire ? dit maître Jacques avec un rire sinistre.

— Ah ! oui, le feu aux pattes... Vous avez, par ma foi, raison, et cela me vengera encore mieux, répliqua Joseph.

— Oui ; et au moins, de cette façon, nous saurons, sans nous donner du mal, comment et pourquoi le gouvernement envoie ces petits acomptes de cinquante mille francs au maire. Cela vaudra peut-être encore mieux pour nous que l'or que nous empocherons.

— Eh ! eh ! l'or a bien son prix, surtout lorsque, comme nous, on est dans la récidive et susceptible de laisser sa tête au Bouffai : avec ma part, c'est-à-dire avec vingt-cinq mille francs, je vivrai partout moi.

— Tu feras ce que tu voudras ; mais, voyons, où doivent-ils se rencontrer, tes gens ? Il s'agit de ne pas les manquer, j'y tiens.

— A l'auberge de Saint-Philbert.

— Alors, cela va tout seul : l'auberge n'est-elle pas, à peu près, à ta belle-sœur ? On lui fera sa part ; cela ne sortira point de la famille.

— Oh ! non, pas chez elle, répliqua Joseph ; d'abord, elle n'est pas des nôtres, et puis, nous ne nous parlons plus depuis...

— Depuis quand ?

— Depuis la mort de mon frère, là ! puisque tu veux le savoir.

— Ah ça ! c'est donc vrai, ce que l'on m'a dit, que si tu n'as pas poussé le couteau, tu as, au moins, tenu la chandelle.

— Qui dit cela ? s'écria Joseph Picaut, qui dit cela ? Nommez-le-moi, maître Jacques, et, de celui-là, je ferai des morceaux aussi menus que ceux de cette escabelle.

Et la veuve entendit son beau-frère qui, en achevant ces paroles, lançait sur la pierre du foyer le siège sur lequel il était assis et l'y brisait en éclats.

— Calme-toi donc ! qu'est-ce que cela me fait ? répliqua maître Jacques. Tu sais bien que je ne me mêle jamais des affaires de famille. Revenons aux nôtres. Tu disais donc...

— Je disais : pas chez ma belle-sœur.

— Alors, c'est dans la campagne que le coup doit se faire mais où ? car ils arriveront, bien sûr, par deux chemins différents.

— Oui ; mais ils s'en iront ensemble. Pour revenir chez lui, le maire suivra la route de Nantes jusqu'au Tiercet.

— Eh bien, embusquons-nous sur la route de Nantes, dans les roseaux qui sont près de la chaussée ; c'est une bonne cache, et, pour ma part, j'y ai fait plus d'un coup.

— Soit ; et où nous retrouverons-nous ? Je déménagerai d'ici, moi, demain matin, avant le jour, dit Joseph.

— Eh bien, rendez-vous au carrefour des Ragots, dans la forêt de Machecoul, dit le maître des lapins.

Joseph accepta le lieu désigné et promit de s'y rendre ; la veuve l'entendit offrir à maître Jacques de passer la nuit sous son toit ; mais le vieux chouan, qui avait ses gîtes dans toutes les forêts du canton, préférait ces asiles à toutes les maisons du monde, sinon comme commodité, du moins comme sécurité.

Il partit donc, et tout rentra dans le silence chez Joseph Picaut.

Marianne redescendit à son étable et trouva Jean Oullier qui dormait d'un profond sommeil. Elle ne voulut pas l'éveiller ; la nuit était fort avancée, si avancée, qu'il était temps pour elle de regagner Saint-Philbert.

Elle prépara tous les objets dont le Vendéen pouvait avoir besoin dans la journée du lendemain, et, comme elle en avait l'habitude, elle sortit par la fenêtre de l'étable.

La veuve Picaut marchait toute pensive.

Elle nourrissait contre son beau-frère, en raison de la conviction où elle était qu'il avait trempé dans la mort de Pascal, une haine profonde, un désir de vengeance que son isolement et les douleurs de son veuvage rendaient chaque nuit plus impérieux.

Il lui sembla que le ciel, en l'appelant, d'une façon si providentielle, à découvrir le secret d'un nouveau méfait de Joseph, se mettait de moitié dans ses sentiments ; elle crut que ce serait servir ses desseins que d'empêcher, tout en assouvissant sa haine, le crime de s'accomplir, la ruine et la mort de ceux qu'elle devait considérer comme des innocents de se consommer, et, renonçant à son idée première, qui avait été de dénoncer maître Jacques et Joseph, soit à la justice, soit à ceux qu'ils voulaient assassiner et dépouiller, elle résolut d'être elle-même, toute seule, l'intermédiaire entre la Providence et les victimes du forfait projeté.

80

Où Courtin touche enfin du bout du doigt à ses cinquante mille francs

La lettre de Petit-Pierre à Bertha n'avait rien appris à Courtin, sinon que Petit-Pierre était à Nantes et qu'il y attendait Bertha ; mais du lieu qu'il habitait, mais des moyens de parvenir jusqu'à lui, il n'en était aucunement question.

Seulement, Courtin possédait un renseignement grave : c'était celui qui concernait la maison aux deux issues dont il avait découvert le secret.

Un moment, il eut la pensée de continuer son rôle d'espionnage, de suivre Bertha lorsque, obéissant aux injonctions de Petit-Pierre, elle se rendrait à Nantes, d'escompter à son profit le trouble que jetterait dans la raison de la jeune fille la nouvelle du dénouement qu'allaient avoir les amours de Mary et de Michel, dénouement qu'il se réservait de lui faire pressentir suivant son intérêt ; mais le métayer en était arrivé à douter de l'efficacité des moyens qu'il avait employés jusqu'alors ; il comprenait qu'il aurait perdu sans ressource sa dernière chance de succès si le hasard ou la vigilance de ceux qu'il allait épier déjouaient une fois de plus sa sagacité et sa ruse, et il se décida à essayer d'un autre moyen et à user d'initiative.

La maison qui donnait, d'un côté, sur la ruelle sans nom dans laquelle nous avons déjà plusieurs fois conduit le lecteur, et, de l'autre côté, sur la rue du Marché, était-elle habitée ? quelle était la personne qui l'habitait ? par cette personne, n'était-il pas possible d'arriver jusqu'à Petit-Pierre ? Voilà les premières questions qu'à la suite de ses réflexions se posa le maire de la Logerie.

Pour les résoudre, il fallait rester à Nantes, et maître Courtin n'y eut pas plutôt songé, qu'il renonça à retourner à sa métairie, où, d'ailleurs, il était très probable que Bertha s'était déjà rendue pour rejoindre Michel, et où il avait la presque certitude qu'elle l'attendait.

Il prit donc bravement son parti.

Le lendemain, à dix heures du matin, il frappait à la porte de la maison mystérieuse ; seulement, au lieu de se présenter par la porte de la ruelle où il avait fait une marque, il se présentait par la rue du Marché.

C'est ainsi qu'il avait vu faire à Michel, et, en se présentant par l'autre porte, il avait pour but de s'assurer que les deux portes donnaient entrée dans la même maison.

Lorsque, à l'aide d'un petit guichet grillé, celui qu'avait attiré le retentissement du marteau se fut bien assuré que le visiteur était seul, il ouvrit ou plutôt entrouvrit la porte.

Les deux têtes se trouvèrent nez à nez.

— D'où venez-vous ? demanda celle de l'intérieur.

Abasourdi par la brusquerie avec laquelle cette question lui était faite :

— Pardieu ! répondit Courtin, de Touvois.

— Nous n'attendons personne de ce côté-là, repartit l'homme de l'intérieur.

Et il repoussa la porte.

Mais ce n'était pas chose facile que de la fermer : Courtin s'y cramponnait.

Un trait de lumière frappa le métayer de la Logerie.

Il se rappela les paroles dont Michel s'était servi pour se faire donner les deux chevaux à l'hôtel du *Point du Jour* ; il devina alors que ces paroles, auxquelles il n'avait rien compris, étaient un mot d'ordre.

L'homme continuait de pousser ; mais Courtin s'arc-bouta contre la porte.

— Attendez donc, attendez donc, dit-il : quand j'ai prétendu que je venais de Touvois, c'était pour m'assurer que vous étiez dans la confidence : on ne peut pas prendre trop de précautions, que diable ! Eh bien, non, là, je ne viens pas de Touvois ; je viens du Sud.

— Et vous allez où ? continua son interlocuteur sans livrer une ligne de plus du passage demandé.

— Et où voulez-vous que j'aille, venant du Sud, si ce n'est à Rosny ?

— A la bonne heure, répondit le domestique. C'est que, voyez-vous, mon bel ami, on n'entre pas ici sans montrer patte blanche.

— A ceux chez lesquels tout est blanc, ce n'est pas chose difficile, dit Courtin.

— Hum ! tant mieux, répliqua l'homme, espèce de bas Breton qui, tout en parlant, égrenait entre ses doigts les grains d'un chapelet enroulé autour de sa main.

Mais, comme Courtin avait répondu selon la consigne aux demandes faites, malgré la répugnance qu'il semblait éprouver à remplir cet office, le bas Breton l'introduisit dans une petite pièce, et, lui montrant une chaise :

— Monsieur est en affaire, dit-il ; je vous introduirai auprès de lui aussitôt qu'il aura fini avec la personne qui est dans son cabinet. Asseyez-vous donc ; à moins que vous n'ayez le moyen de passer le temps d'une façon plus utile.

Courtin se voyait lancé en avant plus loin qu'il n'avait compté. Il avait espéré que la maison serait occupée par quelque agent subalterne, de qui il comptait tirer soit par la ruse, soit par la corruption, les indices dont il avait besoin. En attendant l'homme qui lui avait ouvert la porte parler de l'introduire près de son maître, il comprit que la partie devenait plus sérieuse et qu'il fallait préparer une fable pour faire face aux nécessités de la situation.

Il renonça en même temps à interroger le domestique, dont la physionomie sombre et sévère indiquait un de ces fanatiques endurcis, comme il s'en trouve encore dans la péninsule celtique.

Aussi Courtin comprit-il à l'instant même le rôle qu'il avait à jouer.

— Oui, dit-il en se donnant à la fois une contenance humble et édifiante, j'attendrai que Monsieur ait fini en sanctifiant l'attente par la prière. Me permettez-vous de prendre une de ces heures ? ajouta-t-il en indiquant un des livres qui se trouvaient sur la table.

— Ne touchez point à ces livres si vos intentions sont telles que vous le dites, répondit le Breton ; car ces livres sont, non pas des heures, mais des livres profanes. Je vais vous prêter mon paroissien, continua le paysan en prenant dans la poche de sa veste brodée un petit livre dont le temps et l'usage avaient complètement noirci la couverture et la tranche.

Et, dans le geste qu'il fit pour porter sa main à sa poche, le paysan découvrit la crosse luisante de deux pistolets cachés dans sa large ceinture, et Courtin s'applaudit d'autant plus de n'avoir risqué aucune tentative sur la fidélité du Breton, qui lui sembla homme à y répondre par quelque mauvais coup.

— Merci, dit-il en recevant le petit livre et en s'agenouillant avec tant de componction, que le Breton, édifié, ôta le chapeau qui couvrait ses longs cheveux, fit le signe de la croix et ferma la porte fort doucement pour ne point troubler un si saint homme dans sa méditation.

Aussitôt qu'il se sentit seul, le métayer éprouva le besoin d'examiner en détail l'appartement dans lequel il se trouvait ; mais il n'était point homme à faire une pareille faute : il songea qu'on pouvait l'observer par le trou de la serrure. Il se contint donc et resta comme absorbé dans sa prière.

Cependant, et tout en marmottant à demi-voix ses patenôtres, Courtin regardait en dessous tout autour de lui. Il était dans une petite pièce d'une douzaine de pieds carrés, séparée d'une autre chambre par une cloison dans laquelle s'ouvrait une seconde porte ; cette petite chambre était garnie de modestes meubles en noyer, éclairée par une fenêtre qui donnait sur la cour, et dont les carreaux inférieurs étaient munis d'un treillage très fin en fil de fer peint en vert, qui empêchait que, de l'extérieur, on ne pût voir la personne qui se trouvait dans cette partie de la maison.

Il écouta s'il n'entendrait aucun bruit de voix venir à lui ; mais sans doute les précautions avaient été bien prises ; car, quoique maître Courtin tendît tour à tour son oreille du côté de la porte de communication et dans la cheminée, près de laquelle il s'était agenouillé, il ne parvint à percevoir aucun son.

Mais, en s'inclinant sous cette cheminée pour écouter, maître Courtin aperçut dans le foyer, au milieu des cendres et des débris, quelques papiers chiffonnés, amoncelés en tas et disposés à être brûlés. Ces papiers le tentèrent : il laissa pendre son bras, l'allongea insensiblement en appuyant sa tête contre le chambranle, ramassa tous ces papiers un à un, les ouvrit sans quitter sa position, certain qu'il était que la table placée au milieu de l'appartement suffisait pour masquer complètement, aux yeux de ceux qui l'observaient, tous les mouvements qu'il faisait.

Il avait examiné et rejeté plusieurs de ces papiers comme n'offrant aucun intérêt, lorsque, au revers de l'un d'eux qui ne contenait que des notes insignifiantes et qu'il allait, comme les autres, rouler le long de sa jambe avant de le rendre à la cheminée, il aperçut quelques lignes d'une écriture fine et élégante qui le frappa, et il lut ces quelques mots :

Si l'on vous inquiète, venez tout de suite. Notre ami m'a chargé de vous dire qu'il reste dans notre asile une chambre dont vous pouvez disposer.

Le billet était signé : M. de S.

C'était évidemment, comme l'indiquaient ces initiales, Mary de Souday qui l'avait écrit.

Maître Courtin le serra précieusement dans sa poche ; en un instant, sa profonde rouerie de paysan avait deviné tout le parti qu'on pouvait tirer de ce renseignement.

Le billet serré, il continua ses investigations, qui lui apprirent encore, par des comptes assez considérables, que le propriétaire ou le locataire de cette maison devait être chargé de régler les dépenses de Petit-Pierre.

En ce moment, on entendit un bruit de voix et de pas dans le corridor.

Courtin se releva brusquement et s'approcha de la fenêtre.

A travers l'entrebâillement du vitrage, il aperçut un homme que le domestique conduisait vers la porte ; cet homme tenait à la main un large sac à argent, vide, et, avant de sortir, il plia ce sac et l'enfonça dans la poche de son habit.

Jusque-là, maître Courtin n'avait pu voir que le dos du visiteur ; mais, au moment où celui-ci passa devant le domestique pour franchir la porte du jardin, le métayer reconnut maître Loriot.

— Ah ! ah ! dit-il, celui-là aussi, celui-là en est ! et il leur apporte de l'argent ! décidément, j'ai eu une fière idée de venir ici.

Et Courtin reprit sa place devant la cheminée ; car il se doutait que son heure d'audience était arrivée.

Au moment où le paysan rouvrit la porte, il était ou semblait être si absorbé dans ses oraisons, qu'il ne bougea point.

Le paysan vint à lui, lui toucha doucement l'épaule et lui dit de le suivre. Courtin obéit après avoir terminé sa prière comme il l'avait commencée, par un signe de croix auquel le Breton s'associa dévotement.

On fit entrer le métayer dans la pièce où maître Pascal avait reçu Michel le premier soir ; seulement, cette fois, maître Pascal était plus sérieusement occupé que la première. Devant lui était une table chargée de papiers, et il sembla à Courtin avoir vu reluire des pièces d'or sous un tas de lettres ouvertes qui lui paraissaient amoncelées à dessein pour cacher cet or.

Maître Pascal surprit ce regard du métayer ; il n'en conçut d'abord aucun ombrage, l'attribuant à ce sentiment d'étonnement curieux avec lequel les paysans considèrent toujours les valeurs d'or ou d'argent ; cependant il ne voulut pas que cette curiosité allât plus loin, et, faisant semblant d'avoir à fouiller dans un tiroir, il retroussa le tapis de serge verte qui couvrait la table et pendait jusqu'à terre, et le rejeta sur ses papiers.

Puis, se retournant vers le visiteur :

— Que voulez-vous ? demanda brutalement maître Pascal.

— M'acquitter d'une commission, répondit Courtin.

— Qui vous envoie ?

— M. de la Logerie.

— Ah ! vous appartenez à notre jeune homme ?

— Je suis son métayer, son homme de confiance.

— Parlez donc, alors.

— Mais, à mon tour, je ne sais si je puis le faire, répliqua Courtin avec assurance.

— Comment cela ?

— Ce n'est point à vous que M. de la Logerie m'envoie.

— A qui donc, mon brave homme ? répliqua maître Pascal dont les sourcils se froncèrent avec inquiétude.

— A une autre personne vers laquelle vous devez me conduire.

— Je ne sais pas ce que vous voulez dire, repartit maître Pascal sans pouvoir déguiser le mouvement d'impatience que provoquait en lui ce qu'il considérait comme une impardonnable étourderie commise par Michel.

Courtin, qui remarqua sa gêne, comprit qu'il avait été trop vite ; mais il était à présent dangereux de faire une brusque retraite.

— Voyons, dit Pascal, voulez-vous, oui ou non, me dire ce dont vous êtes chargé ? Je n'ai point de temps à perdre.

— Dame, moi, je ne sais pas, mon bon monsieur, fit Courtin ; j'aime mon maître à me jeter dans le feu pour lui ; quand il me dit : « Fais ceci, fais cela », je tiens à exécuter ses ordres, à mériter sa confiance ; et ce n'est point à vous qu'il a dit que je devais parler.

— Comment vous nommez-vous, mon brave homme ?

— Courtin, pour vous servir.

— De quelle paroisse êtes-vous ?

— De la Logerie, pardieu !

Maître Pascal prit son agenda, le feuilleta pendant quelques instants ; puis il attacha sur le métayer un regard investigateur et défiant.

— Vous êtes maire ? lui demanda-t-il.

— Oui, depuis 1830.

Mais, remarquant la froideur croissante de maître Pascal :

— C'est ma maîtresse, c'est Mme la baronne qui m'a fait nommer, ajouta-t-il.

— M. de la Logerie ne vous a donné qu'une commission verbale pour la personne vers laquelle il vous a envoyé ?

— Oui ; j'ai bien là un bout de lettre, mais ce n'est pas pour celle-là.

— Peut-on voir votre bout de lettre ?

— Sans doute ; il n'y a pas de secret puisqu'il n'est pas cacheté.

Et Courtin tendit à maître Pascal le papier que lui avait remis Michel pour Bertha et par lequel Petit-Pierre priait celle-ci de se rendre à Nantes.

— Comment se fait-il que ce papier soit encore dans vos mains ? demanda maître Pascal. Il me semble qu'il a plus de vingt-quatre heures de date.

— Parce qu'on ne peut pas tout faire à la fois, et que ce n'est que tantôt que je retournerai chez nous, où je dois rencontrer la personne à laquelle je suis chargé de remettre ce billet.

Les yeux de maître Pascal, depuis qu'il n'avait point trouvé le nom de Courtin parmi ceux qui s'étaient signalés par leur royalisme, ne quittaient pas le maire de la Logerie ; celui-ci affectait l'idiotisme qui lui avait si bien réussi avec le capitaine du *Jeune-Charles*.

— Voyons, mon bonhomme, dit-il au métayer, il m'est impossible de vous indiquer d'autre que moi pour recevoir la confidence que vous avez à me faire. Parlez si vous le jugez à propos ; sinon, retournez auprès de votre maître et dites-lui qu'il vienne lui-même.

— Je ne ferai point cela, mon cher monsieur, répondit Courtin : mon maître est condamné à mort, et je ne me soucie point de le ramener à Nantes ; il est mieux chez nous. Je vais tout vous dire : vous en ferez votre affaire, et, si Monsieur n'est pas content, il me grondera, j'aime mieux cela.

Cet élan naïf de dévouement raccommoda un peu maître Pascal

avec le métayer, dont la première réponse l'avait sérieusement alarmé.

— Parlez donc, mon brave homme, et je vous réponds que votre maître ne vous grondera pas.

— Ça sera bientôt fait. M. Michel m'a donc chargé de vous dire, ou plutôt de dire à M. Petit-Pierre — car c'est ainsi que se nomme la personne vers laquelle il m'envoie...

— Bien, dit en souriant maître Pascal.

— Qu'il avait découvert celui qui avait fait partir le navire quelques instants avant que Petit-Pierre, Mlle Mary et lui arrivassent au rendez-vous.

— Et quel est celui-là ?

— C'est un nommé Joseph Picaut, qui était dernièrement garçon d'écurie au *Point du Jour.*

— Au fait, cet homme que nous avions placé là a disparu depuis hier matin ! s'écria maître Pascal. Continuez, mon brave Courtin.

— Que l'on ait à se méfier de ce Picaut dans la ville, et qu'il allait le faire surveiller dans le Bocage et dans la plaine. Et puis c'est tout.

— Bien ; vous remercierez M. de la Logerie de son renseignement. Et, à présent que je l'ai reçu, je puis vous certifier qu'il a été à son adresse.

— Je n'en demande pas davantage, répliqua Courtin en se levant.

Maître Pascal reconduisit le métayer avec infiniment de politesse et de courtoisie, et fit pour lui ce que ce dernier ne lui avait point vu faire pour maître Loriot lui-même, en l'accompagnant, lui, Courtin, jusqu'à la porte de la rue.

Courtin était trop madré pour se méprendre à ces façons et ce fut sans surprise aucune qu'il entendit, lorsqu'il eut fait vingt pas, la petite porte de la maison de maître Pascal se rouvrir et se refermer derrière lui. Il ne se retourna pas ; mais, certain qu'on le suivait, il marcha lentement en homme inoccupé, s'arrêtant avec une badauderie étonnée devant toutes les boutiques, lisant toutes les affiches, évitant soigneusement tout ce qui pouvait confirmer les soupçons qu'il n'avait pu achever de détruire dans l'esprit de maître Pascal.

Cette contrainte lui coûtait peu ; il était enchanté de sa matinée et se voyait décidément sur le point de recueillir le fruit de ses peines.

Au moment où il arrivait en face de l'Hôtel des Colonies, il aperçut maître Loriot qui causait sous le portail avec un étranger.

Courtin, affectant un étonnement profond, alla droit au notaire, et lui demanda comment il se faisait qu'il se trouvât à Nantes, un jour où il n'y avait point de marché.

Puis Courtin pria maître Loriot de lui donner une place dans son cabriolet ; ce à quoi celui-ci accéda de grand cœur, en le prévenant, toutefois, que, quelques courses lui restant à faire, il demeurerait encore quatre ou cinq heures à Nantes, l'invitant à entrer, pour l'attendre, dans quelque café.

Le café était un luxe que le métayer ne se permettait en aucune circonstance et qu'il se fût permis ce jour-là moins que jamais ; dans sa ferveur religieuse, il ne se concéda même point le cabaret : il se rendit dévotement à l'église, où il assista aux vêpres que l'on disait pour les chanoines ; enfin, il revint à l'hôtel de maître Loriot, s'assit sur la borne, et s'endormit, ou fit semblant de s'endormir, à l'ombre de l'un des deux ifs qui faisaient pyramide à la porte, de ce sommeil calme et paisible qui est l'apanage des consciences pures.

Deux heures après, le notaire était de retour ; il annonça à Courtin qu'il était forcé de prolonger son séjour à Nantes, et que ce ne serait, par conséquent, que vers les dix heures du soir qu'il retournerait à Légé.

Cela ne faisait plus l'affaire du métayer, qui devait, le soir même, de sept à huit heures, rencontrer M. Hyacinthe — c'était ainsi que se faisait appeler l'homme d'Aigrefeuille — à Saint-Philbert-de-Grand-Lieu.

Il annonça donc à M. Loriot qu'il renonçait à l'honneur de faire route en sa compagnie, et il se mit à cheminer à pied ; car le soleil commençait à baisser, et il voulait être rendu à Saint-Philbert avant la nuit.

Courtin, qui, en rouvrant les yeux sur sa borne, avait vu le serviteur breton qui l'épiait, ne fit pas semblant de le voir encore au moment où il sortait de l'hôtel, pour s'acheminer vers son rendez-vous ; le domestique le suivit jusqu'au-delà de la Loire sans que le maire de la Logerie témoignât une seule fois, en se retournant, cette inquiétude si naturelle aux gens dont la conscience n'est pas tranquille ; de sorte que le Breton revint sur ses pas et dit à son maître que c'était bien à tort qu'on avait soupçonné le digne paysan, lequel ne s'occupait dans ses loisirs qu'aux distractions les plus innocentes, et aux pratiques les plus saintes ; si bien que maître Pascal, à son tour, commença de trouver Michel moins coupable d'avoir accordé toute sa confiance à un si loyal serviteur.

81

L'auberge du « Grand Saint Jacques »

Un mot sur le gisement du village de Saint-Philbert ; sans cette petite préface topographique, qui, au reste, sera courte comme toutes nos préfaces, il serait difficile de suivre dans tous leurs détails les scènes que nous allons mettre sous les yeux de nos lecteurs.

Le village de Saint-Philbert est situé à l'extrémité de l'angle que forme la Boulogne en se jetant dans le lac de Grand-Lieu, et sur la rive gauche de cette rivière.

L'église et les principales maisons du bourg se trouvent à peu près à un kilomètre du lac ; sa grande et unique rue suit le cours de la rivière, et plus on descend en aval, plus les maisons sont rares et clairsemées, plus elles sont pauvres et chétives ; si bien que, quand on aperçoit l'immense nappe d'eau bleue encadrée de roseaux qui borne cette rue, on n'a plus autour de soi que trois ou quatre huttes de chaume, où vivent les hommes qui exploitent les pêcheries des environs.

Cependant, il y a, ou plutôt il y avait alors une exception, dans cette décroissance de l'état florissant des habitations de Saint-Philbert. A trente pas des chaumières dont nous avons parlé tout à l'heure, se trouve une maison de pierres et de briques, aux toits rouges, aux contrevents verts, entourée de javelles de paille et de foin comme un camp l'est de ses sentinelles, peuplée d'un monde de vaches, de moutons, de poules, de canards, dont les uns mugissent et bêlent dans l'étable, dont les autres caquettent et cancanent devant la porte en épluchant la poussière de la route.

Cette route sert de cour à la maison, qui, si elle est privée de cette utile dépendance, en est bien dédommagée par les jardins, qui sont tout simplement les plus magnifiques et les plus productifs du pays.

On aperçoit de la route, au-dessus des toits, au niveau des cheminées, les cimes des arbres, chargés, au printemps, de la neige rosée de leurs fleurs ; en été, de fruits de toute espèce ; de verdure, enfin, pendant neuf mois de l'année ; et ces arbres s'étendent en amphithéâtre sur une longueur de deux cents mètres environ, au midi, jusqu'à une petite colline couronnée de ruines qui, du côté du nord, surplombe les eaux du lac de Grand-Lieu.

Cette maison, c'est l'auberge occupée par la mère de la veuve Picaut.

Ces ruines sont celles du château de Saint-Philbert-de-Grand-Lieu.

Les hautes murailles, les tours gigantesques d'une des plus célèbres baronnies de la province, bâtie pour tenir en échec la contrée et commander aux eaux du lac ; ces voûtes sombres, dont les échos ont répondu au bruit des éperons du comte Gilles de Retz, lorsqu'il passait sur les dalles en méditant ces monstrueuses luxures qui ont égalé, sinon dépassé tout ce qu'avait inventé en ce genre la Rome du Bas-Empire — aujourd'hui démantelées, délabrées, festonnées de lierre, brodées de giroflées sauvages, effondrées de toutes parts, ont marché, de décadence en décadence, jusqu'à la dernière de toutes : de grandes, de sauvages, de terribles qu'elles étaient, elles sont devenues humblement utilitaires ; elles en ont été réduites enfin à faire la fortune d'une famille de paysans, des descendants de pauvres serfs, qui ne les regardaient probablement autrefois qu'en tremblant.

Ces ruines abritent les jardins du vent du nord-ouest, si fatal à la floraison, et fait de ce petit coin de terre un véritable Eldorado où tout pousse, où tout prospère, depuis le poirier indigène jusqu'à la vigne, depuis le cormier aux fruits âpres jusqu'au figuier.

Mais ce n'était pas le seul service que le vieux donjon féodal rendît aux nouveaux propriétaires : dans les salles basses, aérées par des courants d'air impétueux, ils avaient construit des fruitiers où les produits du jardin, en se conservant bons au-delà de leur saison ordinaire, doublaient de valeur ; enfin, dans les cachots où Gilles de Retz entassait ses victimes, ils avaient établi une laiterie dont les beurres et les fromages étaient justement renommés.

Voilà ce que le temps avait fait de l'œuvre titanique des anciens sires de Saint-Philbert.

Un mot, maintenant, sur ce qu'elle avait été autrefois.

Le château de Saint-Philbert consistait primitivement en un vaste parallélogramme clos de murs, baigné d'un côté par les eaux du lac, et de l'autre défendu par un large fossé creusé dans le roc.

Quatre tours carrées flanquaient les angles de cette énorme masse de pierre ; un donjon, avec sa herse et son pont-levis, en défendait l'entrée ; en face du donjon, et de l'autre côté, une cinquième tour carrée, plus élevée et plus imposante que les autres, dominait cette construction et le lac qui l'entourait de trois côtés.

A l'exception de cette dernière tour et du donjon, tout le reste de la forteresse, murailles et corps de logis, était à peu près écroulé ; et encore le temps n'avait fait à la première de ces tours qu'une grâce incomplète : les solives pourries du plancher du premier étage, incapables de supporter les pierres qui, de jour en jour, s'amoncelaient sur elles en plus grand nombre, s'étaient abattues sur le rez-de-chaussée et l'avaient exhaussé d'un pied, tandis qu'elles ne laissaient plus d'autre voûte à la tour que celle de la plate-forme.

C'était dans cette salle basse que le grand-père de la veuve Picaut avait établi sa principale fruiterie, et les murs en étaient garnis de planches où le bonhomme étalait, l'hiver, tout ce que lui avait donné son jardin.

Les portes et les fenêtres de cette partie de la tour avaient été conservées en assez bon état, et à l'une de ces fenêtres on apercevait encore un barreau couvert de rouille qui datait certainement du temps du comte Gilles.

Les autres tours et la muraille du corps de logis étaient complètement en ruine ; les masses de maçonnerie qui s'en étaient détachées avaient roulé, les unes dans la cour, qu'elles obstruaient, les autres dans le lac, qui les couvrait de ses roseaux en tout temps et de son écume les jours de tempête.

Le donjon, de son côté, à peu près intact comme la tour dont nous avons parlé, était couronné par une énorme masse de lierre qui lui tenait lieu de toiture ; il renfermait deux petites chambres qui, malgré l'apparence colossale du bâtiment, n'avaient jamais eu plus de huit à dix pieds en tous sens, tant les murailles étaient épaisses.

La cour intérieure — qui autrefois avait servi de place d'armes aux défenseurs du château — obstruée par les débris que les années y avaient amoncelés, jonchée de colonnes, de créneaux tout entiers, d'arceaux, de statues défigurées, était complètement impraticable. Un petit sentier conduisait à la tour du milieu ; un autre, moins soigneusement frayé, menait à un vestige de la tour de l'est, dans laquelle était resté debout un escalier de pierre à l'aide duquel, par un miracle de gymnastique, les gens curieux de jouir d'une admirable vue pouvaient gagner la plate-forme de la tour principale, en suivant une galerie qui courait le long de la muraille, comme font ces chemins alpestres, tracés le long des rochers entre un précipice et une montagne.

Il va sans dire qu'à l'exception de l'époque où le fruitier était garni, nul ne fréquentait les ruines du château de Saint-Philbert ; à cette époque seulement, on y mettait un gardien qui couchait dans le donjon ; pendant tout le reste de l'année, on fermait la porte de la tour. A partir de ce moment, les ruines étaient abandonnées aux amateurs de souvenirs historiques et aux polissons du bourg, qui peuplaient ces vieux débris, où ils trouvaient des nids à ravir, des fleurs à cueillir, des dangers à braver, toutes choses dont l'enfance est avide.

C'était dans ces ruines que Courtin avait donné rendez-vous à M. Hyacinthe ; il les savait parfaitement désertes à l'heure où il devait y rencontrer son associé, attendu qu'aussitôt que le jour tombait, la mauvaise réputation du lieu en chassait tous ceux qui, tant que le soleil était sur l'horizon, se jouaient comme des lézards le long des arêtes dentelées du vieux donjon.

Le maire de la Logerie avait quitté Nantes vers cinq heures ; il était à pied, et cependant il mit dans sa marche une telle célérité, qu'il s'en fallait d'une heure au moins qu'il fût nuit lorsqu'il traversa le pont qui conduit à Saint-Philbert.

Dans ce bourg, maître Courtin était un personnage ; lui voir faire une infidélité au *Grand Saint Jacques* — auberge à la porte de laquelle il attachait d'ordinaire son cheval Joli-Cœur — en faveur de la *Pomme de Pin*, c'est-à-dire du cabaret tenu par la mère de la veuve Picaut, c'eût été un événement dont tout le village se fût préoccupé. Il le sentit si bien, que, quoique étant privé de son bidet, et ne prenant jamais que ce qu'on lui offrait, et que se rendre à l'auberge fût une chose au moins inutile, le maire de la Logerie s'arrêta comme d'habitude devant la porte du *Grand Saint Jacques*, où il eut avec les habitants de Saint-Philbert, qui, depuis le double échec du Chêne et de la Pénissière, s'étaient rapprochés de lui, une conversation qui, dans la situation où il se trouvait, ne laissait pas d'avoir pour lui son importance.

— Maître Courtin, lui demanda l'un d'eux, est-ce donc vrai, ce que l'on dit ?

— Et que dit-on, Mathieu ? dit Courtin. Raconte-moi cela pour que je l'apprenne.

— Dame, on dit que vous avez retourné votre casaque, et que vous n'en montrez plus que la doublure ; ce qui fait que, de bleue qu'elle était, la voilà devenue blanche.

— Ah ! bon ! fit Courtin, en voilà une bêtise !

— C'est que vous donnez à le croire, mon bonhomme, et, depuis que votre bourgeois a passé aux blancs, c'est un fait qu'on ne vous entend plus jaser comme autrefois.

— Jaser ! fit Courtin avec son air matois. A quoi cela sert-il de jaser ? Bon ! laisse faire, je fais mieux que de jaser, à cette heure, et... tu en entendras parler, garçon.

— Tant mieux ! tant mieux ! car, voyez-vous, maître Courtin, tout ce trouble, c'est la mort du commerce, et, si les patriotes ne restent pas unis, au lieu de nous en aller par la fusillade comme nos pères, c'est par la misère et par la faim que nous nous en irons ; tandis qu'au contraire, si nous parvenons à nous débarrasser d'un tas de mauvais gars qui rôdent par ici, eh bien, les affaires ne tarderont pas à reprendre, et c'est tout ce que nous voulons.

— Qui rôdent ? répéta Courtin. M'est avis que ce n'est plus guère que comme revenants qu'ils rôdent, à présent.

— Bah ! avec cela qu'ils s'en privent ! Il n'y a pas dix minutes que je viens de voir passer le plus fier gredin du pays, le fusil sur l'épaule et les pistolets à la ceinture ; et cela, aussi hardiment que s'il n'y avait pas une culotte rouge dans le pays.

— Qui donc cela ?

— Joseph Picaut, pardieu ! l'homme qui a tué son frère.

— Joseph Picaut, ici, s'écria le maire de la Logerie en blêmissant. Nom d'une pipe de cidre ! ce n'est pas possible.

— Aussi vrai que vous êtes là, maître Courtin, aussi vrai qu'il n'y a qu'un Dieu ! Seulement, il avait une veste et un chapeau de marin ; mais, n'importe, je l'ai reconnu tout de même.

Maître Courtin réfléchit une minute. Le plan qu'il avait arrêté dans sa tête, et qui se basait sur l'existence de la maison à deux issues et sur les relations quotidiennes que maître Pascal avait avec Petit-Pierre, pouvait échouer, et, dans ce cas, Bertha devenait sa suprême ressource. Il n'avait plus, pour découvrir la retraite de Petit-Pierre, qu'un seul moyen à employer, celui qui lui avait manqué à l'endroit de Mary : suivre la jeune fille quand elle se rendrait à Nantes. Si Bertha voyait Joseph Picaut, tout était compromis ; mais c'était bien pis si Bertha mettait en contact le chouan avec Michel ! Alors, le rôle qu'il avait joué, lui, Courtin, dans la nuit du départ avorté était signalé au jeune homme, et le métayer était perdu.

Courtin demanda du papier et une plume, écrivit quelques lignes, et, les tendant à son interlocuteur :

— Tiens, gars Mathieu, lui dit-il, voilà la preuve que je suis un patriote et que je ne tourne pas comme une girouette au vent où les maîtres voudraient nous pousser. Tu m'as accusé d'avoir suivi mon jeune bourgeois dans ses caravanes ; eh bien, la preuve que non, c'est que, depuis une heure seulement, je connais l'endroit où il se cache, et que je vais le faire pincer ; et autant j'aurai l'occasion de détruire des ennemis de la patrie, autant je m'empresserai de le faire ; et cela, sans me demander si c'est ou non mon avantage ; et cela, sans m'inquiéter si ce sont mes amis ou non.

Le paysan, qui était un bleu renforcé, serra avec enthousiasme la main de Courtin.

— As-tu des jambes ? continua celui-ci.

— Ah ! je crois bien ! fit le paysan.

— Eh bien, porte cela à Nantes à l'instant ; et, comme j'ai encore bien des javelles dehors, je compte que tu me garderas le secret ; car, tu comprends bien, si l'on savait que c'est moi qui ai fait arrêter le jeune baron, mes javelles courraient grand risque de ne pas rentrer dans la grange.

Le paysan donna sa parole à Courtin, et, comme la nuit commençait à descendre, celui-ci sortit de l'auberge par la gauche, fit une pointe dans les champs, et, revenant sur ses pas, se dirigea du côté des ruines de Saint-Philbert.

Il y arriva par les bords du lac, suivit le fossé extérieur et pénétra dans la cour par le pont de pierre remplaçant le pont-levis qui s'abaissait autrefois devant le donjon.

Arrivé dans cette cour, le métayer siffla doucement.

A ce signal, un homme assis à l'abri d'une masse de maçonnerie écroulée se leva et vint à lui.

Cet homme, c'était M. Hyacinthe.

— Est-ce vous ? demanda-t-il en s'approchant, mais avec certaine précaution.

— Eh ! oui, répondit Courtin ; soyez donc tranquille.

— Quelles nouvelles, aujourd'hui ?

— Bonnes ; mais ce n'est point ici qu'il convient de les dire.

— Pourquoi ?

— Parce qu'ici il fait noir comme dans un four. J'ai failli marcher sur vous sans vous voir : un homme pourrait être caché à vos pieds, et nous entendre sans que nous ayons vent de lui. Venez donc ! l'affaire se présente trop bien à cette heure pour la compromettre.

— Soit ; mais où trouverez-vous une place plus isolée que celle-ci ?

— Il nous en faut une cependant. Si je connaissais dans les environs un désert, c'est là que je vous conduirais ; et encore je parlerais bas. Mais, à défaut d'un désert, nous trouverons un endroit où, au moins, nous aurons la certitude d'être seuls.

— Allez donc ; je vous suis.

82

Les deux Judas

Ce fut vers la tour du milieu que Courtin guida son compagnon, non sans s'arrêter une ou deux fois pour écouter ; car, soit réalité, soit préoccupation, il semblait au maire de la Logerie entendre des pas, voir se glisser des ombres. Mais, comme M. Hyacinthe le rassurait à chaque pause, il finit par avouer que c'était un effet de son imagination timorée, et, arrivé à la tour, poussa une porte, entra le premier, puis tira de sa poche une bougie de cire et un briquet phosphorique, alluma la bougie et la promena dans toutes les encoignures ; enfin, il visita toutes les anfractuosités de façon à s'assurer que personne n'était caché dans l'ancien fruitier.

Une porte, pratiquée dans le mur à droite et à moitié enfoncée dans les débris du plancher, excita la curiosité et l'inquiétude de Courtin. Il la poussa et se trouva en face d'une ouverture béante de laquelle sortait une vapeur humide.

— Voyez donc ! dit M. Hyacinthe, qui s'était approché, en montrant à Courtin la brèche énorme ouverte dans la muraille et par laquelle on apercevait le lac, qui étincelait au clair de lune ; voyez donc.

— Oh ! je vois parfaitement, répondit en riant Courtin ; oui, la laiterie de la mère Chompré a besoin de réparations ; depuis que je suis venu ici, le trou fait au mur a augmenté du double ; on y entrerait maintenant en bateau.

Courtin, élevant alors sa lumière et la tendant vers la voûte, essaya d'éclairer les profondeurs du souterrain inondé ; mais, n'y réussissant pas, il prit une pierre et la lança dans l'eau, où elle tomba avec un bruit que la sonorité du lieu rendait sinistre, tandis que les ondes, ébranlées, répondaient à ce bruit par le clapotement régulier de leurs couches qui frappaient les murs et les marches de l'escalier.

— Allons, dit Courtin, il n'y a décidément par ici que les poissons du lac qui pourraient nous entendre, et il y a un proverbe qui dit : « Muet comme un poisson. »

En ce moment, une pierre détachée de la plate-forme roula le long des murs extérieurs et rebondit sur le pavé de la cour.

— Avez-vous entendu ? demanda à son tour M. Hyacinthe avec inquiétude.

— Oui, répliqua Courtin, qui, au contraire de son compagnon, que l'ombre gigantesque de ces ruines rendait plus timoré, avait repris, lui, un certain courage en s'assurant qu'il n'y avait personne de caché dans la cour ; mais ce n'est pas la première fois que je vois pareille chose et que j'entends pareil bruit. J'ai vu tomber, du haut de ces vieilles tourelles, des pans entiers de maçonnerie, au contact de l'aile d'un oiseau de nuit.

— Eh ! eh ! fit M. Hyacinthe avec son rire nasillard, qui rappelait le juif allemand, ce sont justement les oiseaux de nuit que nous avons à redouter.

— Oui, les chouans, dit Courtin ; mais, non, ces ruines sont trop près du village, et, bien que l'on ait vu rôder aux environs d'ici un drôle dont je nous croyais débarrassés et à l'intention duquel j'ai fait la perquisition de tout à l'heure, ils n'oseraient point s'y hasarder.

— Eteignez votre bougie, alors.

— Non pas : elle nous est inutile pour causer, c'est vrai ; mais nous avons, ce me semble, autre chose à faire que de causer.

— Vraiment ? fit M. Hyacinthe avec un mouvement d'allégresse.

— Sans doute. Venez dans cet enfoncement, où nous serons à l'abri et où nous pourrons cacher votre lumière.

Et le maire de la Logerie entraîna M. Hyacinthe sous la voussure qui conduisait à la porte du souterrain, plaça la lumière devant cette porte au bas d'une pierre tombée et s'assit sur les marches.

— Vous disiez donc, fit M. Hyacinthe en se plaçant en face de Courtin, que vous alliez me donner le nom de la rue et le numéro de la maison où est caché Petit-Pierre ?

— Ou quelque chose d'approchant, répondit Courtin, qui avait entendu le bruissement des pièces d'or que contenait la ceinture de M. Hyacinthe et dont les yeux étincelaient de convoitise.

— Voyons, ne perdons pas de temps en paroles inutiles. Savez-vous sa demeure ?

— Non.

— Alors, pourquoi m'avoir dérangé ? Ah ! si j'ai un regret, c'est de m'être adressé à un lambin de votre espèce !

Pour toute réponse, Courtin prit le papier qu'il avait ramassé dans les cendres du foyer de la maison de la rue du Marché, et le tendit à M. Hyacinthe en l'éclairant de façon qu'il pût lire.

— Qui a écrit ceci ? demanda le juif.

— La jeune fille dont je vous ai parlé et qui était près de celle que nous cherchons.

— Oui ; mais elle n'y est plus.

— C'est vrai.

— En ce cas, je vous demande à quoi nous sert cette lettre ? Que prouve-t-elle ? comment peut-elle avancer notre affaire ?

Courtin haussa les épaules et reposa sa lumière.

— En vérité, pour un monsieur de la ville, vous n'êtes guère futé, dit-il.

— Comment cela ?

— Pardieu ! n'avez-vous pas vu que, dans le cas où l'on inquiéterait celui auquel cette lettre est adressée, Petit-Pierre lui offre un asile ?

— Oui ; et après ?

— Eh bien, après, il n'y a qu'à l'inquiéter pour qu'il s'y rende.

— Et ensuite ?

— Il n'y aura qu'à fouiller la maison où il se sera sauvé pour trouver tout le monde ensemble.

M. Hyacinthe réfléchit.

— Oui, le moyen est bon, dit-il en tournant et en retournant la lettre entre ses mains et en la passant sur la flamme de la bougie pour s'assurer qu'elle ne contenait pas d'autre écriture.

— Je crois bien qu'il est bon !

— Et où demeure cet homme ? demanda négligemment M. Hyacinthe.

— Ah ! quant à cela, c'est une autre affaire, dit Courtin. Vous avez le moyen ; vous-même, vous l'avez dit, vous le trouvez bon ; mais je ne vous livrerai la manière de vous en servir que lorsque je serai nanti, comme disent les hommes de loi.

— Et, si cet homme ne profite pas de l'asile qu'on lui offre ? s'il ne se réfugie pas près de celle que nous cherchons ? dit M. Hyacinthe.

— Oh ! de la façon que je vous indiquerai, il est impossible qu'il ne s'y rende pas. La maison a deux issues : nous nous présentons à une porte avec des soldats ; il fuit par l'autre, que nous avons à dessein laissée libre ; à celle-là, il ne voit aucun danger qui le menace ; mais nous sommes, nous, à chaque extrémité de la rue, et nous le suivons. Vous voyez bien que le coup est immanquable ! Allons, débouclez votre ceinture.

— Vous viendrez avec moi ?

— Sans doute.

— D'ici à l'exécution, vous ne me quitterez pas d'une minute ?

— Je n'ai garde, puisque vous ne me donnez que moitié.

— Seulement, une fois nanti, dit M. Hyacinthe avec une résolution de laquelle, sous son air pacifique, on l'eût cru incapable, je vous préviens d'une chose, c'est que, si vous faites un geste suspect, si je m'aperçois que vous me trompez, à l'instant même je vous brûle la cervelle !

Et, en disant ces mots, M. Hyacinthe tira de sa poitrine un pistolet, et le montra au maire de la Logerie. La physionomie de celui qui faisait cette menace resta froide et calme ; cependant il y avait dans ses yeux un sombre éclair, qui disait à son complice qu'il était homme à lui tenir parole.

— Comme vous voudrez, répondit Courtin, et cela vous sera d'autant plus facile que je n'ai pas d'arme.

— C'est un tort, repartit M. Hyacinthe.

— Allons, fit Courtin, donnez-moi ce que vous m'avez promis, et, à votre tour, jurez-moi que, si la chose réussit, vous m'en remettrez encore autant.

— Ceci est sacré, vous pouvez y compter. On est honnête ou on ne l'est pas. Mais qu'avez-vous besoin de vous charger de cet or, puisque nous ne devons pas nous quitter ? continua M. Hyacinthe, qui paraissait éprouver à se dessaisir de sa ceinture autant de peine que Courtin manifestait d'empressement à s'en emparer.

— Comment ! s'écria celui-ci ; mais ne voyez-vous pas que j'en ai la fièvre, de le sentir, cet or, de le palper, de le toucher ; que je meurs de savoir qu'il est là, sans le tenir dans ma main ? Mais, pour le moment de jouissance que je vais goûter tout à l'heure à le sentir rouler sous mes doigts — car vous me le donnerez, ou sinon je ne parle pas — mais, pour ce moment, j'ai tout bravé ! j'ai trouvé du courage, moi qui avais peur de mon ombre, moi qui tremblais lorsque, la nuit, j'étais forcé de traverser notre avenue. Donnez-moi cet or ; donnez-moi cet or, monsieur ! Il nous reste encore bien des périls à affronter, bien des risques à courir : cet or me fera courageux. Donnez-moi cet or, si vous voulez que je sois calme, que je sois implacable comme vous !

— Oui, répliqua M. Hyacinthe, qui avait vu le visage terne, la physionomie blafarde du paysan s'illuminer en prononçant ces paroles ; oui, contre l'adresse de cet homme, je vous le donnerai ; mais, à votre tour, l'adresse ? l'adresse ?

Chacun désirait la chose attendue aussi vivement que l'autre.

M. Hyacinthe se leva, détacha sa ceinture ; Courtin, qu'enivrait le bruit métallique qu'il entendait de nouveau, allongea la main pour la saisir.

— Un instant ! fit M. Hyacinthe ; donnant, donnant.

— Oui ; mais voyons, avant tout, si c'est bien de l'or que vous avez là.

A son tour, le juif haussa les épaules ; mais il ne s'en rendit pas moins aux désirs de son associé. Il tira la chaînette de fer qui fermait la poche de cuir, et Courtin, ébloui par les lueurs de l'or, sentit un frisson qui courait tout le long de son corps, et, le cou tendu, les yeux fixes, les lèvres frémissantes, il passa avec une ineffable et indescriptible volupté les mains dans cet amas de pièces qui ruisselaient entre ses doigts.

— Il demeure, dit-il, il demeure rue du Marché, n° 22 ; la seconde porte est dans la ruelle parallèle à la rue du Marché.

Maître Hyacinthe lâcha la ceinture, que Courtin saisit en poussant un profond soupir de satisfaction.

Mais, au même instant, il redressa la tête d'un air effaré.

— Qu'y a-t-il ? demanda M. Hyacinthe.

— Ah ! pour le coup, on a marché, dit le métayer, dont la figure se bouleversa.

— Mais non, repartit le juif ; je n'ai rien entendu. Décidément, j'ai mal fait de vous donner cet or.

— Pourquoi ? fit Courtin en serrant la ceinture contre sa poitrine comme s'il eût peur qu'on ne la lui reprît.

— Eh ! parce qu'il semble doubler vos terreurs.

D'un geste rapide, Courtin appuya la main sur le bras de son acolyte.

— Eh bien ? demanda M. Hyacinthe, qui commençait à s'inquiéter lui-même.

— Je vous dis que j'entends marcher sur nos têtes, fit Courtin en levant les yeux vers la voûte, qui restait noire et sombre.

— Bon ! n'allez-vous pas vous trouver mal ? dit le juif en essayant de rire.

— Le fait est que je ne me sens pas bien.

— Allons, retirons-nous. Nous n'avons plus rien à faire ici, et il est temps que nous nous mettions en route pour Nantes.

— Pas encore.

— Comment ! pas encore ?

— Non ; cachons-nous et écoutons. Si l'on a marché, c'est que l'on nous épie, et, si l'on nous épie, c'est que l'on nous guette à la porte... Oh ! mon Dieu, mon Dieu, en voudrait-on déjà à mon or ? fit le métayer serrant toujours la ceinture contre ses flancs, mais tremblant si fort, qu'il ne pouvait parvenir à l'attacher.

— Voyons, décidément vous perdez la tête, dit M. Hyacinthe, qui, des deux, se trouvait être l'homme de courage. Seulement, commençons par éteindre cette lumière, et, comme vous l'avez dit, cachons-nous dans le souterrain. Nous verrons de là si vous vous trompez.

— Vous avez raison, vous avez raison, dit Courtin en soufflant la bougie, en tirant à lui la porte du souterrain inondé et en descendant la première marche.

Mais il n'alla pas plus loin. Il poussa un cri d'épouvante dans lequel on pouvait distinguer ces mots :

— A moi, monsieur Hyacinthe !

Celui-ci portait la main à son pistolet, lorsqu'un bras vigoureux saisit le sien et le tordit à le briser.

La douleur fut telle, que le juif tomba à genoux, le front baigné de sueur et criant grâce !

— Un mot, un geste, et je te tue comme un chien que tu es ! dit la voix de maître Jacques.

Puis, s'adressant à Joseph Picaut, qui était entré derrière lui :

— Eh bien, fainéant, le tiens-tu ? Voyons !

— Oh ! le brigand ! répondit celui-ci d'une voix entrecoupée et haletante par suite des efforts qu'il faisait pour contenir Courtin, qu'il avait saisi au moment où celui-ci ouvrait la porte du souterrain et qui faisait des efforts désespérés pour sauver, non sa personne, mais son or ; oh ! le brigand ! il me mord, il me déchire... Ah ! si vous ne m'aviez pas défendu de le saigner, comme j'en aurais vite fini avec lui !

Au même instant, on entendit le bruit de deux corps qui tombaient d'une seule chute sur le sol.

Ces deux corps vinrent rouler à deux pas de M. Hyacinthe, que maître Jacques tenait lui-même renversé.

— S'il regimbe plus longtemps, tue ! tue ! dit maître Jacques. A présent que je sais ce que je voulais savoir, je n'y vois plus d'inconvénient.

— Ah ! mordieu ! que ne disiez-vous pas cela plus tôt, maître ! ce serait déjà fini.

Et, en effet, Joseph Picaut n'en demandait pas davantage : par un effort suprême, il tint Courtin renversé sous lui, lui appuya le genou sur la poitrine, et tira de sa ceinture un couteau acéré dont, au milieu de l'obscurité, Courtin vit étinceler la lame comme on voit briller un éclair.

— Grâce ! grâce ! cria le métayer. Je dirai tout, j'avouerai tout : mais ne me tuez pas.

La main de maître Jacques arrêta le bras de Joseph Picaut, qui, nonobstant cette promesse de Courtin, allait s'abattre sur lui.

— Non, dit Jacques, pas encore. J'y réfléchis, il peut nous servir. Ficelle-le-moi comme un saucisson, et qu'il ne puisse remuer ni pieds ni pattes.

Le malheureux Courtin était tellement épouvanté, qu'il tendit de lui-même les mains à Joseph, qui les lui enlaçait d'une corde mince et déliée dont maître Jacques avait dit à son compagnon de se munir.

Cependant, le métayer n'avait point encore lâché la ceinture pleine d'or, qu'à l'aide de son coude il maintenait serrée contre son estomac.

— Eh bien, en finiras-tu ? demanda le maître des lapins.

— Laissez-moi encore amarrer cette patte, répondit Joseph.

— Bien, bien ; et, après, tu en feras autant à celui-ci, continua Jacques en désignant M. Hyacinthe, qu'il avait laissé se relever sur un genou, et qui demeurait muet et immobile dans cette posture.

— Ça irait plus vite si j'y voyais clair, dit Joseph Picaut dépité d'avoir fait, dans l'obscurité, à sa ficelle, un nœud qu'il ne pouvait démêler.

— Mais, au fait, dit maître Jacques, pourquoi diable nous

gênerions-nous ? pourquoi n'allumerions-nous pas notre lanterne ? Cela me réjouira l'âme, de voir un peu la face de ces marchands de rois et de princes.

En effet, maître Jacques tira de sa poche une petite lanterne et l'alluma à l'aide d'un briquet phosphorique aussi paisiblement que s'il eût été au milieu de la forêt de Touvois ; puis il promena sa clarté sur le visage de M. Hyacinthe et de Courtin.

A cette lueur, Joseph aperçut la ceinture de cuir que le métayer tenait sur sa poitrine et se précipita sur lui pour la lui arracher.

Maître Jacques se méprit sur la portée de ce geste : il crut que, cédant à sa haine contre le maire de la Logerie, le chouan voulait l'assassiner, et il se précipita sur lui pour prévenir ce dessein.

Au même instant, une ligne de feu, partie de la voûte supérieure de la tour, raya l'obscurité ; une explosion sourde se fit entendre et maître Jacques tomba sur le corps de Courtin, qui se sentit le visage inondé d'une liqueur chaude et insipide.

— Ah ! brigand ! s'écria maître Jacques en se relevant sur un genou et en s'adressant à Joseph ; ah ! tu m'as tendu un piège ! je t'avais pardonné ton mensonge ; mais tu payeras ta trahison !

Et, d'un coup de pistolet tiré à bout portant, il foudroya le frère de Pascal Picaut.

La lanterne s'était éteinte en roulant des escaliers dans le lac ; la fumée des deux coups de feu avait rendu l'obscurité plus épaisse.

M. Hyacinthe, en voyant tomber maître Jacques, s'était relevé et, pâle, muet, fou de terreur, il tournait en courant autour du donjon sans trouver une issue ; enfin, il aperçut, à travers une des étroites fenêtres, les étoiles qui brillaient sur la voûte noire du ciel, et, avec la vigueur que donne l'épouvante, sans s'inquiéter de son complice, il escalada l'appui de cette fenêtre, et, ne calculant ni la hauteur ni le danger, il s'élança la tête la première dans le lac.

L'immersion dans l'eau froide calma le sang qui se portait à son cerveau avec une suprême violence, et lui rendit toute sa raison.

Il revint à la surface de l'eau et s'y soutint en nageant.

Il regardait autour de lui pour voir de quel côté il devait se diriger, lorsqu'il aperçut une barque amarrée dans l'excavation qui permettait à l'eau du lac de pénétrer dans la tour.

C'était sans doute au moyen de cette barque que les deux hommes étaient arrivés jusqu'au souterrain inondé.

M Hyacinthe, tout frémissant, l'atteignit, faisant le moins de bruit qu'il lui fut possible, y grimpa, saisit les avirons et gagna le large.

Ce ne fut qu'à cinq cents pas du bord qu'il pensa à son compagnon.

— Rue du Marché, 22, s'écria-t-il. Non, la terreur ne m'a rien fait oublier ; le succès, maintenant, dépend de la célérité avec laquelle je vais rentrer dans Nantes. Pauvre Courtin ! à présent, je puis bien, je crois, me considérer comme l'héritier des cinquante mille francs qui me restaient à lui donner ; mais quelle sotte idée j'ai eue de lui livrer ma sacoche ! A cette heure, j'aurais l'adresse et l'argent. Quelle faute ! quelle faute !

Et, pour étouffer ses remords, le juif se courba sur les rames, et fit voler la barque sur l'eau du lac avec une vigueur qui semblait incompatible avec son apparence débile.

83

Œil pour œil, dent pour dent

Pour suivre M. Hyacinthe dans sa fuite presque miraculeuse, nous avons abandonné notre vieille connaissance Courtin, étendu sur le sol, pieds et poings liés, au milieu d'une obscurité profonde, entre les deux bandits blessés.

Le bruit de la respiration haletante de maître Jacques, les plaintes de Joseph lui causaient autant d'épouvante que lui en avaient donné leurs menaces ; il tremblait que l'un d'eux ne vînt à se souvenir que lui aussi était là, et ne pensât à exercer sur lui une suprême vengeance en le tuant ; il retenait son souffle de crainte qu'il ne le rappelât à leur pensée.

Cependant, un autre sentiment était plus fort chez lui que celui-là même de la conservation de sa vie : il voulait, jusqu'au dernier moment, soustraire à ceux qui pouvaient être ses bourreaux la ceinture précieuse, qu'il continuait de presser contre son cœur, et il osa, pour la leur cacher, ce qu'il n'eût point osé peut-être pour sauver sa vie : la laissant doucement couler contre sa poitrine, étouffant, par une pression habile et avec un instinct magnétique, comme si ses nerfs eussent communiqué avec cet or, le bruit métallique qu'il pouvait rendre, il la fit glisser sur le sol, et, par un mouvement insensible, rampant dans sa direction, il arriva à se coucher dessus et à la couvrir de son corps.

Comme il achevait d'accomplir cette difficile manœuvre, il entendit la porte de la tour qui criait en roulant sur ses gonds rouillés ; il tourna les yeux du côté d'où venait le bruit, et il aperçut une sorte de fantôme vêtu de noir qui s'avançait pâle, tenant une torche d'une main et traînant, de l'autre, par sa baïonnette, un lourd fusil dont la crosse résonnait sur les dalles.

A travers les ombres de la mort, qui s'étendaient déjà devant ses yeux, Joseph Picaut vit l'apparition ; car il s'écria d'une voix entrecoupée par l'angoisse :

— La veuve ! la veuve !

La veuve Picaut — c'était elle, en effet — s'avança lentement, et, sans jeter un regard sur le maire de la Logerie, ni sur maître Jacques, qui comprimant de sa main gauche la blessure qui lui trouait verticalement la poitrine, essayait de se soulever sur la droite, elle s'arrêta devant son beau-frère, et le considéra avec une expression qui conservait un reste de menace.

— Un prêtre ! un prêtre ! s'écria le moribond épouvanté par cette espèce de fantôme sombre qui éveillait un sentiment jusque-là inconnu en lui, le remords.

— Un prêtre ! et à quoi te servira un prêtre, misérable ? rendra-t-il la vie à ton frère, que tu as assassiné ?

— Non, non, s'écria Picaut, non, je n'ai pas assassiné Pascal, j'en jure sur l'éternité, où je suis près de descendre.

— Tu ne l'as pas assassiné ; mais tu as laissé faire les assassins, si toutefois tu ne les as pas poussés au crime. Non content de cela, tu as tiré sur moi, et, sans la main d'un brave homme qui a fait dévier le coup, dans une seule soirée tu étais deux fois fratricide. Mais, sache-le bien, ce n'est point du mal que tu as voulu me faire que je me suis vengée : c'est la main de Dieu qui t'a frappé par la mienne, Caïn !

— Eh quoi ! s'écrièrent à la fois Joseph Picaut et maître Jacques, ce coup de feu... ?

— Ce coup de feu, c'est moi qui savais te surprendre une fois de plus dans le crime, c'est moi qui l'ai tiré ! oui, Joseph, oui, toi si brave, toi si fier de ta force, humilie-toi devant l'arrêt de la Providence : tu meurs frappé de la main d'une femme.

— Oh ! que m'importe, à moi, d'où le coup vient ! du moment que j'en meurs, il vient de Dieu. Je t'en conjure donc, femme, laisse à mon repentir le temps d'être efficace ; fais que je puisse me réconcilier avec le ciel, que j'ai offensé, amène-moi un prêtre, je t'en conjure !

— Ton frère a-t-il eu un prêtre, lui, à sa dernière heure ? lui as-tu donné, à lui, le temps d'élever son âme à Dieu lorsqu'il est tombé sous les coups de tes complices au gué de la Boulogne ? Non, œil pour œil, dent pour dent ! meurs de mort violente ; meurs sans secours spirituel ni temporel, comme est mort ton frère ! et que tous les brigands, ajouta-t-elle en se tournant vers maître Jacques, que tous les brigands qui, au nom d'un drapeau quel qu'il soit, portent la ruine dans leur patrie et le deuil dans leurs familles, descendent avec toi au plus profond de l'enfer !

— Femme ! s'écria maître Jacques parvenant à se soulever, quel que soit son crime, quoi qu'il vous ait fait, il n'est pas beau de lui parler ainsi. Pardonnez-lui bien plutôt, afin que l'on vous pardonne à vous-même.

— A moi ? dit la veuve ; et qui donc peut élever la voix contre moi ?

— Celui que, sans le vouloir, vous avez mis dans la tombe ; celui qui a reçu la balle que vous destiniez à votre beau-frère ; celui qui vous parle enfin ! moi, moi que vous avez frappé et qui ne vous en veux pas, au reste ; car, au train dont vont les choses, ce que les hommes de cœur ont de mieux à faire, c'est d'aller voir si le torchon tricolore, qui, à ce qu'il paraît, est à l'ordre du jour ici-bas, l'est aussi là-haut.

La veuve Picaut poussa un cri d'étonnement et presque d'épouvante à ce que venait de lui dire maître Jacques.

Comme on le devine, à la suite du projet surpris entre les deux complices, elle avait guetté l'arrivée de Courtin, et, l'ayant vu entrer dans la cour, elle avait, par la galerie extérieure, gagné la plate-forme, et, de là, à travers l'ouverture du plancher, elle avait fait feu sur son beau-frère.

Nous avons vu comment, dans le mouvement qu'avait fait maître Jacques pour protéger Courtin, c'était le premier qui avait reçu le coup.

Cette déviation de sa haine avait d'abord, comme nous l'avons dit, un peu étourdi la veuve.

Mais, aussitôt, pensant à quels bandits elle avait affaire :

— Eh bien, quand cela serait vrai, dit-elle, quand j'aurais frappé l'un pour l'autre, ne vous ai-je pas frappé au moment où vous alliez commettre un nouveau crime ? n'ai-je pas sauvé la vie à un innocent ?

A ce dernier mot, un sombre sourire crispa la lèvre pâle de maître Jacques ; il se retourna du côté de Courtin et sa main chercha à sa ceinture la crosse de son second pistolet.

— Ah ! oui, c'est juste, dit-il avec un rire sinistre, il y a là un innocent, je n'y pensais plus, moi... Eh bien, cet innocent, puisque vous me faites penser à lui, je vais lui délivrer son brevet de martyr ; je ne veux pas mourir sans avoir achevé mon œuvre.

— Vous ne souillerez pas de sang votre dernière heure comme vous en avez souillé toute votre vie, maître Jacques ! s'écria la veuve en se plaçant entre Courtin et le chouan ; je saurai bien vous en empêcher, moi.

Et elle dirigea vers maître Jacques la baïonnette de son fusil.

— Bien, fit maître Jacques comme s'il se résignait ; tout à l'heure, si Dieu m'en donne le temps et la force, je vous ferai connaître les deux drôles que vous appelez des innocents ; pour le moment, je laisse la vie à celui-ci ; mais, en échange, et pour mériter l'absolution que je vous ai donnée tout à l'heure, voyons, pardonnez à votre pauvre beau-frère... Ne l'entendez-vous pas qui râle ? dans dix minutes, peut-être sera-t-il trop tard.

— Non, non, jamais ! reprit sourdement la veuve.

Cependant, non seulement la voix, mais le râle même de Joseph Picaut allait s'affaiblissant, et il continuait d'user le peu de force qui lui restait dans les prières qu'il adressait à sa sœur.

— C'est Dieu et non moi qu'il faut implorer, dit celle-ci.

— Non, répondit le moribond secouant la tête, non, je n'ose point m'adresser à Dieu tant que je resterai chargé de votre malédiction.

— Alors, adresse-toi à ton frère et prie-le de te pardonner.

— Mon frère... murmura Joseph en fermant les yeux comme s'il entrevoyait le spectre terrible, mon frère ! je vais le voir, je vais me trouver face à face avec lui.

Et il essayait de repousser, de la main, le fantôme sanglant qui semblait l'attirer à lui.

Puis, d'une voix à peine intelligible, et qui n'était plus qu'un souffle :

— Frère... frère... murmurait-il, pourquoi détournes-tu la tête quand je te prie ? Au nom de notre mère, Pascal, laisse-moi embrasser tes genoux ! souviens-toi des larmes que nous avons versées ensemble pendant une enfance que les premiers bleus nous avaient faite si rude. Pardonne-moi d'avoir suivi la voie terrible dans laquelle notre père nous avait poussés tous les deux. Hélas ! hélas ! je ne savais pas alors que nous nous y rencontrerions un jour en ennemis ! Mon Dieu, mon Dieu, tu ne me réponds point, Pascal ! tu continues de détourner la tête... Oh ! mon pauvre enfant, mon pauvre petit Louis que je ne reverrai plus ! continua le chouan, prie ton oncle, prie-le pour moi ! Il t'aimait comme son enfant ; demande-lui, au nom de ton père mourant, de laisser arriver un pécheur repentant jusqu'au trône de Dieu... Ah ! frère, frère, murmura-t-il avec une expression de joie qui touchait à l'extase, tu te laisses attendrir... tu pardonnes... tu tends la main à l'enfant... Mon Dieu, mon Dieu, vous pouvez prendre mon âme maintenant : mon frère m'a pardonné !

Et il retomba sur la terre, de laquelle, par un suprême effort, il s'était soulevé pour tendre les bras à la vision.

Pendant ce temps, et peu à peu, la haine et la vengeance

qu'avait respirées la physionomie de la veuve s'étaient calmées ; lorsque Joseph avait parlé du petit garçon que le pauvre Pascal aimait comme son enfant, une larme s'était fait jour entre les paupières de Marianne ; enfin, lorsque, à la lueur de sa torche, elle vit la figure du moribond s'éclairer, non pas d'une lumière terrestre, mais d'une certaine auréole divine, elle tomba elle-même à genoux, et pressant la main du blessé :

— Je te crois, je te crois, Joseph, dit-elle. Dieu dessille les yeux du mourant et entrouvre pour eux les profondeurs de son ciel. Comme Pascal t'a pardonné, je te pardonne ; comme il a oublié, j'oublie, oui, j'oublie tout, pour ne me rappeler qu'une chose, c'est que tu étais son frère. Frère de Pascal, meurs en paix !

— Merci, merci, balbutia Joseph, dont la voix devenait de plus en plus sifflante et dont les lèvres commençaient à se teindre d'une mousse rougeâtre ! merci ! Mais la femme ? mais les petits ?

— Ta femme est ma sœur et tes enfants sont mes enfants, dit solennellement la veuve. Meurs en paix, Joseph !

La main du chouan se porta à son front comme s'il eût essayé de faire le signe de la croix ; ses lèvres murmurèrent encore quelques paroles qui n'étaient point faites, sans doute, pour les oreilles humaines, car personne ne les comprit.

Puis il ouvrit démesurément les yeux, étendit les bras et poussa un profond soupir.

C'était le dernier.

— *Amen* ! dit maître Jacques.

La veuve s'agenouilla et demeura en prière près de ce corps pendant quelques instants, tout étonnée que ses yeux eussent tant de larmes pour celui qui l'avait tant fait pleurer.

Il se fit un long silence.

Sans doute, ce long silence pesait à maître Jacques ; car tout à coup, il s'écria :

— Sacredié ! on ne se douterait guère qu'il y a encore un chrétien de vivant ici ! Je dis un, car je n'appelle pas les Judas des chrétiens.

La veuve tressaillit : près du mort, elle avait oublié le moribond.

— Je vais retourner à la maison et vous envoyer du secours, dit-elle.

— Du secours ? Peste ! gardez-vous-en bien : on ne me guérirait que pour la guillotine, et merci, la Picaut, j'aime mieux la mort du soldat ; je la tiens, je ne la lâche point.

— Et qui vous dit donc que je vous livrerais ?

— N'êtes-vous pas pataude et femme de pataud ? Fichtre ! la prise de maître Jacques, cela vaut bien la peine d'être griffonné dans vos états de services, la veuve !

— Mon mari était patriote ; j'ai hérité de ses sentiments, c'est vrai ; mais j'ai, avant toute chose, horreur des traîtres et de la trahison. Pour tout l'or du monde, je ne livrerais personne, pas même vous.

— Vous avez horreur de la trahison ? Entends-tu là-bas ? Eh bien voilà mon affaire.

— Voyons, Jacques, laissez-moi appeler, fit la veuve.

— Non, répondit le maître des lapins ; j'ai mon compte, je le sens et je le sais : j'en ai tant fait, de ces trous-là, que je m'y connais ! dans deux heures, dans trois au plus, je me serai égaillé dans la grande lande, dans la dernière, dans la bonne, dans la belle, dans la lande du bon Dieu ! Mais écoutez-moi.

— Parlez.

— Cet homme que vous voyez, continua-t-il en poussant Courtin du pied comme il eût fait d'un animal immonde, cet homme, pour quelques pièces d'or, a vendu une tête qui, pour tous devait être sainte et sacrée ; non seulement parce qu'elle est de celles qui sont destinées à porter les couronnes, mais encore parce que son cœur est noble, bon et généreux.

— Cette tête, répliqua la veuve, elle s'est abritée sous mon toit.

Car, au portrait que venait de tracer maître Jacques, Marianne avait reconnu Petit-Pierre.

— Oui, une première fois, vous l'avez sauvée, je sais cela, la Picaut, et c'est ce qui vous fait grande à mes yeux ; c'est ce qui m'a donné l'idée de vous adresser ma prière.

— Voyons, que faut-il faire ?

— Approchez et tendez l'oreille ; vous seule devez entendre ce que je vais dire.

La veuve passa du côté opposé à Courtin et se pencha vers le blessé.

— Il faut, dit-il à voix basse, il faut avertir l'homme qui est chez vous.

— Qui donc ? demanda la veuve avec stupeur.

— Celui que vous cachez dans votre étable, celui que, chaque nuit, vous allez soigner et consoler.

— Mais qui donc vous a appris...

— Bon ! est-ce que vous croyez que l'on cache quelque chose à maître Jacques ? Tout ce que je dis est vrai, la Picaut, et c'est ce qui fait que maître Jacques le chouan, maître Jacques le chauffeur, vous dit que, malgré la façon dont vous traitez vos parents, il serait fier d'en être.

— Mais le gars est convalescent ; à peine s'il a la force de se tenir debout, et encore en s'appuyant contre les murailles.

— La force, soyez tranquille, il la trouvera ; car c'est un

homme, lui, un homme comme il n'y en aura plus après nous, dit le Vendéen avec un orgueil sauvage, et s'il ne peut marcher lui-même, il trouvera bien le moyen de faire marcher les autres, allez ! Dites-lui seulement qu'il avertisse à Nantes, et sur-le-champ, sans perdre une minute, une seconde ! qu'il avertisse *qui il sait*... L'autre est en marche tandis que nous bavardons.

— Cela sera fait, maître Jacques.

— Ah ! si votre gredin de Joseph avait parlé plus tôt, reprit maître Jacques en redressant son buste pour arrêter le sang qui se portait avec violence à sa poitrine ; il savait, je suis sûr, ce qui se tramait entre ces deux gueux-là ; mais il les tenait, il croyait vivre... l'homme propose et Dieu dispose... C'est le magot qui l'a tenté. A propos, la veuve, vous devez le trouver quelque part, ce magot.

— Qu'en faudra-t-il faire ?

— Deux parts : vous donnerez l'une aux orphelins que la guerre a faits chez les blancs comme chez les bleus ; c'est ma part, celle-là, celle qui devait me revenir après le coup ; l'autre part, c'est celle de Joseph : vous la donnerez à ses enfants.

Courtin poussa un soupir d'angoisse ; car ces mots avaient été prononcés d'une voix assez haute pour qu'il les entendît.

— Non, dit la veuve, non, c'est de l'or de Judas : il porterait malheur ! Merci, je ne veux pas de cet or pour les pauvres enfants, si innocents qu'ils soient.

— Vous avez raison : donnez tout aux pauvres : les mains qui reçoivent l'aumône lavent tout, même le crime.

— Et lui ? fit la veuve en désignant Courtin du doigt, mais sans le regarder.

— Lui, il est bien lié, bien ficelé, bien garrotté, n'est-ce pas ?

— Il en a l'air du moins.

— Eh bien, celui qui est là-bas décidera de son sort.

— Soit.

— A propos, tenez, la Picaut, en allant l'avertir, faites-lui cadeau de cette carotte de tabac dont je n'ai plus besoin, moi ; m'est avis que ça le flattera crânement. Allons, continua le maître des lapins, ne voilà-t-il pas que cela va me faire regretter de mourir... Ah ! je donnerais mes vingt-cinq mille francs de prise pour assister à l'entrevue de notre homme avec celui-ci ; ça sera drôle... Mais, bah ! un million ou deux sous, c'est la même chose quand on s'adresse à la camuse.

— Vous ne resterez pas ici, dit Marianne, nous avons dans le donjon une chambre où je vais vous transporter. Là, au moins, vous pourrez recevoir un prêtre.

— Comme vous voudrez, la veuve ; mais auparavant, faites-moi l'amitié de vous assurer si mon drôle est convenablement amarré. Ça chagrinerait mes derniers moments, voyez-vous, la seule idée qu'il puisse se donner de l'air avant le branle-bas qu'il va y avoir tout à l'heure ici.

La veuve inclina la tête vers Courtin.

Les cordes serraient si étroitement les bras du maire de la Logerie, qu'elles entraient dans les chairs, qui boursouflaient à l'entour, rougies et violacées.

La figure du métayer, surtout, trahissant les angoisses qu'il éprouvait, était plus pâle que celle de maître Jacques.

— Non, il ne peut bouger, répliqua Marianne ; voyez plutôt. D'ailleurs, je donnerai un tour de clef à la porte.

— Oui, et puis, au fait, ce ne sera pas long ; vous allez y aller tout de suite, n'est-ce pas la mère ?

— Soyez tranquille.

— Merci !... Oh ! le merci que je vous dis n'approche pas du merci que vous dira tout à l'heure celui qui est-là-bas, allez !

— Bien ; mais laissez-moi vous transporter dans le donjon, où vous pourrez recevoir tous les secours que réclame votre état. Confesseur et médecin seront muets, soyez tranquille.

— Soit... Ce sera drôle, au fait, de voir maître Jacques mourir dans un lit, lui qui, toute sa vie, a couché sur la mousse ou sur la bruyère.

La veuve prit le Vendéen entre ses bras et, l'enlevant de terre, elle le transporta dans la petite chambre dont nous avons parlé et le déposa sur le grabat qui s'y trouvait.

Maître Jacques, malgré les souffrances qu'il devait endurer, malgré la gravité de sa position, restait, en face de la mort, sardonique et rieur comme il l'avait été pendant toute sa vie ; le caractère de cet homme, qui ne ressemblait en rien à celui de ses compatriotes, ne se démentait pas un seul instant.

Cependant, au milieu de ses sarcasmes, qu'il adressait aussi bien à ce qu'il avait défendu qu'à ce qu'il avait combattu, il ne cessa de prier la veuve Picaut d'aller au plus vite remplir auprès de Jean Oullier la mission dont il l'avait chargée.

Ainsi activée par lui, la veuve Picaut ne prit que le temps de pousser les verrous du vieux fruitier, où elle laissait Courtin prisonnier ; elle traversa le jardin, rentra dans l'auberge, et trouva sa vieille mère tout alarmée du bruit des coups de feu qui était parvenu jusqu'à elle ; l'absence de sa fille avait redoublé les alarmes de la brave femme, et elle commençait à craindre, lorsque Marianne rentra, qu'elle n'eût été victime de quelque guet-apens de son beau-frère.

La veuve, sans lui dire un mot de ce qui s'était passé, la pria de ne laisser pénétrer personne jusqu'aux ruines, et, jetant sa mante sur ses épaules, elle se disposa à sortir.

Au moment où elle posait la main sur le loquet, on frappa doucement à la porte.

Marianne se retourna vers sa mère.

— Mère, dit-elle, si quelque étranger demande à passer la nuit dans l'auberge, dites que nous n'avons plus de place. Personne ne doit pénétrer ici cette nuit : la main de Dieu est sur la maison.

On frappa pour la seconde fois.

— Qui va là ? demanda la veuve en ouvrant la porte, mais en barrant le passage avec son corps.

Bertha parut sur le seuil.

— Vous m'avez fait savoir ce matin, madame, dit la jeune fille, que vous aviez une communication importante à me faire.

— Ah ! vous avez raison, répondit la veuve ; je l'avais oublié.

— Juste Dieu ! dit Bertha remarquant que le fichu de Marianne était marbré de larges taches de sang, serait-il arrivé quelque chose à l'un des miens ? Mary ! mon père ! Michel !

Et, malgré la force d'âme de la jeune fille, cette dernière pensée ébranla si fortement son cœur, qu'elle dut s'appuyer à la muraille pour ne pas tomber.

— Rassurez-vous, répondit la Picaut, ce n'est point un malheur que je voulais vous annoncer ; au contraire, c'est un de vos anciens amis que vous croyiez perdu, que vous avez pleuré, qui vit et qui doit vous voir.

— Jean Oullier, s'écria Bertha devinant à l'instant même de qui il était question ; Jean Oullier ! c'est de lui, n'est-ce pas, que vous voulez parler ? Il vit ? Oh ! que le ciel soit béni ! mon père va-t-il être heureux ! conduisez-moi près de lui, madame, tout de suite, à l'instant, je vous en conjure !

— C'était mon intention aussi, ce matin ; mais, depuis ce matin, bien des événements sont arrivés, et vous avez un devoir plus pressant que celui-là.

— Un devoir ! demanda Bertha étonnée ; et lequel ?

— Celui de vous rendre à Nantes sur-le-champ ; car je doute que, épuisé comme il l'est, le pauvre Jean Oullier puisse faire ce qu'en attendait maître Jacques.

— Et qu'irai-je faire à Nantes ?

— Dire à celui ou à celle que vous appelez Petit-Pierre que le secret de sa demeure a été vendu et acheté ; qu'elle ait à la quitter au plus vite. Tout asile est plus sûr que celui qu'elle occupe maintenant. La trahison est sur elle ; et Dieu veuille que vous arriviez à temps !

— Trahie ! s'écria Bertha, trahie ! et par qui ?

— Par celui qui, une fois déjà, avait envoyé chez moi les soldats pour la prendre, par Courtin, le métayer de la Logerie.

— Courtin ! vous l'avez vu ?

— Oui, répondit laconiquement Marianne.

— Oh ! s'écria Bertha en joignant les mains, ne pourrai-je le voir ?

— Jeune fille, jeune fille, dit la veuve évitant de répondre à la question, c'est moi, que les partisans de cette femme ont faite veuve, qui vous dis de vous hâter ! et c'est vous, qui vous vantez d'être une de ses fidèles, qui hésitez à partir !

— Non, non ; vous avez raison, dit Bertha, je n'hésite pas, je pars !

Et, en effet, la jeune fille fit un mouvement pour sortir.

— Vous ne pouvez aller à Nantes à pied, vous n'arriveriez pas à temps. Mais, dans l'écurie de cette maison, il y a deux chevaux ; prenez celui que vous voudrez, et faites-vous-le seller par le garçon d'écurie.

— Oh ! dit Bertha, soyez tranquille, je le sellerai bien moi-même. Mais que pourra donc faire pour vous, pauvre veuve, celle que, pour la seconde fois, vous avez sauvée ?

— Dites-lui qu'elle se souvienne de ce que je lui ai dit dans ma chaumière, près de ce lit où deux hommes tués pour elle gisaient étendus ; dites-lui que c'est un crime d'apporter la discorde et la guerre dans un pays où ses ennemis eux-mêmes la défendent contre la trahison. Allez, allez, mademoiselle, et Dieu vous conduise !

Et, à ces mots, la veuve s'élança hors de la maison, et se rendit d'abord chez le curé de Saint-Philbert, qu'elle pria de passer au donjon ; puis, aussi rapidement que la chose était possible, elle se dirigea à travers champs vers sa métairie.

84

Les pantalons rouges

Depuis vingt-quatre heures, l'inquiétude de Bertha avait été extrême ; ce n'était point sur Courtin seul que les révélations de Joseph Picaut avaient fait planer ses soupçons : ils s'étaient étendus jusqu'à Michel lui-même.

Ses souvenirs de la soirée qui avait précédé le jour du combat du Chêne, cette apparition d'un homme à la croisée de la chambre de Mary, n'étaient jamais complètement sortis de la pensée de Bertha, que de temps en temps ils traversaient comme un trait de flamme en laissant derrière eux un sillon de douleur que l'attitude passive prise vis-à-vis d'elle par Michel pendant sa convalescence parvenait difficilement à calmer ; mais, lorsqu'elle apprit que Courtin, qu'elle ne pouvait supposer avoir agi sans ordre, avait fait partir le bâtiment ; lorsque surtout, revenant, tout effarée et haletante d'amour, à la Logerie, elle n'y trouva plus celui qu'elle y venait chercher, ses soupçons jaloux devinrent plus violents encore.

Mais un instant elle oublia tout pour obéir au devoir que venait de lui imposer la veuve ; devant ce devoir, toutes les considérations devaient fléchir, même celle de son amour.

Elle courut donc à l'écurie sans perdre une minute, choisit celui des deux chevaux qui lui parut le plus propre à faire promptement la route, lui servit double ration d'avoine pour donner à ses jambes tout le degré d'élasticité auquel elles pouvaient atteindre, jeta sur son dos, pendant qu'il mangeait, l'espèce de bât qui devait lui servir de selle, et, la bride à la main, elle attendit que l'animal eût fini de manger.

Tandis qu'elle attendait, un bruit bien connu dans ces temps de trouble parvint jusqu'à elle.

C'était le retentissement régulier des pas d'une troupe en marche.

Au même instant, on frappa violemment à la porte de l'auberge.

A travers un châssis vitré qui donnait sur un fournil communiquant avec la cuisine, la jeune fille entrevit des soldats, et, aux premiers mots qu'ils prononcèrent, elle comprit qu'ils venaient demander un guide.

En ce moment, rien n'était indifférent à Bertha, qui avait à trembler à la fois pour son père, pour Michel et pour Petit-Pierre. Elle ne voulut donc point partir sans savoir précisément ce que désiraient ces hommes ; et certaine de ne pas être reconnue sous le costume de paysanne qu'elle avait conservé, elle passa de l'écurie dans le fournil, et, pénétra jusqu'à la cuisine.

Un lieutenant commandait la petite troupe.

— Comment ! disait-il à la mère Chompré, il n'y a pas un homme dans cette maison ? pas un seul ?

— Non, monsieur, répondit la vieille femme ; ma fille est veuve, et le seul garçon d'écurie que nous ayons, est, à ce qu'il paraît, allé je ne sais où.

— Eh ! c'est justement votre fille que j'eusse voulu trouver, dit le lieutenant ; si elle était là, elle nous servirait de guide, comme elle a fait la fameuse nuit du saut de Baugé, ou, si elle ne pouvait pas nous en servir elle-même, elle nous en choisirait un de sa main, et, celui-là, on pourrait s'y fier, tandis qu'avec les misérables paysans que nous racolons de force et qui sont à moitié chouans, il n'y a pas moyen de voyager tranquille.

— La maîtresse Picaut est absente ; mais peut-être y a-t-il moyen de la remplacer, dit Bertha en s'avançant résolument. Allez-vous loin, messieurs ?

— Tudieu ! voilà une jolie fille ! dit le jeune officier en s'approchant. Conduisez-moi où vous voudrez, la belle enfant, et du diable si je ne vous suis pas !

Bertha baissa les yeux en tordant le coin de son tablier comme eût pu le faire une naïve villageoise.

— Si ce n'est pas bien loin d'ici, messieurs, et que la maîtresse le permette, je puis vous accompagner. Je connais assez bien les alentours.

— Accepté ! dit le lieutenant.

— Mais ce serait à une condition, continua Bertha : c'est que quelqu'un me ramènerait ici ; j'aurais peur toute seule par les chemins.

— Dieu me garde de céder ce soin-là à un autre, ma belle fille ! dit l'officier, quand même cette complaisance devrait me coûter mes épaulettes. Voyons, connais-tu la Banlœuvre ?

Au nom de cette métairie qui appartenait à Michel, et qu'elle avait habitée pendant quelques jours avec le marquis et Petit-Pierre, Bertha sentit un frisson courir par tout son corps ; une sueur froide lui monta au front ; son cœur battit avec violence ; cependant, elle domina son émotion.

— La Banlœuvre ? répéta-t-elle. Non, ce n'est pas de chez nous, cela. Est-ce un bourg ou un château, la Banlœuvre ?

— C'est une métairie.

— Une métairie ? Et à qui la métairie ?

— A un monsieur de vos environs, sans doute.

— Vous allez en logement à la Banlœuvre ?

— Non, nous y allons en expédition.

— Qu'est-ce que cela veut dire, en expédition ? demanda Bertha.

— Eh bien, à la bonne heure ! dit le lieutenant, voilà une belle enfant qui ne demande pas mieux que de s'instruire.

— C'est tout naturel : si je vous conduis ou vous fais conduire à la Banlœuvre, il faut au moins que je sache ce que vous allez y faire.

— Nous allons, dit le sous-lieutenant se mêlant à la conversation pour placer sa plaisanterie, nous allons passer un blanc à la lessive de plomb, afin que, de blanc, il devienne bleu.

— Ah ! fit Bertha, ne pouvant retenir une exclamation de terreur.

— Tudieu ! Qu'avez-vous ? demanda le lieutenant. Si l'on vous avait dit le nom de celui que nous allons arrêter, je croirais que vous en êtes amoureuse.

— Moi ! dit Bertha faisant appel à toute l'énergie de son caractère pour dissimuler l'effroi qui lui comprimait le cœur ; moi, amoureuse d'un monsieur ?

— On a vu des rois épouser des bergères, dit le sous-lieutenant, qui paraissait décidément être d'humeur bouffonne.

— Bon ! dit le lieutenant ; et voilà, sur ma foi, la bergère qui va s'évanouir comme une grande dame.

— Moi ! fit Bertha en essayant de sourire ; moi, m'évanouir ? Allons donc ! ce sont des manières que l'on apprend à la ville, et non pas ici.

— Il n'en est pas moins vrai que vous êtes devenue pâle comme votre linge, la belle fille.

— Dame, vous parlez de fusiller un homme comme de tirer un lapin au coin d'une haie.

— Tandis que ce n'est pas du tout la même chose, dit le sous-lieutenant. Un lapin fusillé est bon à rôtir, tandis qu'un chouan n'est bon à rien.

Bertha ne put empêcher son fier et énergique visage de trahir par son expression, le dégoût que lui inspirait la plaisanterie du jeune officier.

— Ah çà ! dit le lieutenant, vous n'êtes donc point patriote comme votre maîtresse, et nous sommes donc mal renseignés ?

— Je suis patriote ; mais j'ai beau haïr mes ennemis, je n'ai pas encore pu m'habituer à voir leur mort d'un œil sec.

— Bah ! dit l'officier, on s'y fait... On se fait bien à passer les nuits sur les grands chemins, au lieu de les passer dans son lit. Tout à l'heure, quand ce maudit paysan est arrivé au poste de Saint-Martin, et qu'il m'a fallu me mettre en route, j'ai donné l'Etat à tous les diables ! Eh bien, je vois maintenant que j'avais tort et qu'il a ses compensations ; de sorte que, dans ce moment-ci, loin de la maudire, je trouve la profession charmante.

Et, en achevant ces mots, pour ajouter sans doute aux agréments de la situation, l'officier se pencha et voulut prendre un baiser sur le cou de la jeune fille.

Bertha, qui ne s'attendait pas à cette agression amoureuse, sentit le souffle chaud du jeune homme sur son visage et se releva rouge comme une grenade, les narines frissonnantes de colère, les yeux étincelants d'indignation.

— Oh ! oh ! continua le lieutenant, n'allez-vous pas vous mettre en colère pour un méchant baiser, la belle fille ?

— Pourquoi pas ? Croyez-vous donc, parce que je suis une pauvre fille de la campagne, que l'on puisse m'insulter impunément ?

— « Insulter impunément ! » Hein ! comme cela parle ! dit le sous-lieutenant ; et que l'on vienne nous dire que nous sommes dans un pays de sauvages !

— Savez-vous, dit le lieutenant, que j'ai bonne envie de faire une chose ?

— Laquelle ?

— C'est de vous arrêter comme suspecte, et de ne vous relâcher que lorsque vous m'aurez payé la rançon que je mettrai à votre liberté.

— Et quelle sera cette rançon ?

— Ce que vous me refusez, un baiser.

— Je ne puis vous laisser prendre un baiser, puisque vous n'êtes ni mon parent, ni mon frère, ni mon mari.

— N'y a-t-il donc que ceux-là qui auront jamais le droit de poser leurs lèvres sur ces belles joues ?

— Sans doute.

— Et pour quelle raison ?

— Parce que je ne veux pas manquer à mes devoirs.

— Vos devoirs ! Oh ! la bonne plaisanterie !

— Croyez-vous donc que nous n'ayons pas nos devoirs comme vous avez les vôtres ?... Voyons (Bertha essaya de rire), si je vous demandais, par exemple, le nom de celui que vous allez arrêter et qu'il fût contre votre devoir de me le dire, me le diriez-vous ?

— Ma foi, dit le jeune officier, je n'aurais pas grand mérite à vous le dire, car je ne crois pas qu'il y ait le moindre inconvénient à ce que vous le sachiez.

— Mais, s'il y en avait un, enfin ?

— Oh ! alors... et encore, je ne sais, par ma foi ! vos yeux me troublent si bien la cervelle, que je n'ose dire ce que je ferais vraiment. Et, tenez, la preuve, c'est que, s'il le faut absolument, si vous êtes aussi curieuse que je suis faible, ce nom, je vous le dirai, je trahirai la patrie ; mais, à mon tour, ce baiser, il me le faut !

L'appréhension de Bertha était si vive ; elle était si intimement convaincue que c'était Michel que le danger menaçait, qu'elle oublia toute prudence et qu'avec l'impétuosité de son caractère, sans réfléchir aux suppositions que son insistance pourrait faire naître dans l'esprit du lieutenant, elle lui tendit brusquement la joue.

L'officier y prit deux baisers retentissants.

— Donnant donnant, dit-il sans pouvoir s'empêcher de réprimer un sourire : le nom de celui que nous allons arrêter est M. de Vincé.

Bertha se recula et regarda l'officier.

Un pressentiment lui disait qu'il s'était joué d'elle et l'avait trompée.

— Allons, allons, en route ! dit le lieutenant, je vais demander au maire ce que nous n'avons pu trouver ici.

Puis, se retournant vers Bertha :

— Ah ! quel que soit le guide qu'il me donne, ajouta-t-il, il ne m'en fournira point qui m'agrée autant que vous, la belle enfant !

Et il poussa un soupir affecté.

Enfin, s'adressant aux soldats :

— Allons, vous autres, en route ! dit le lieutenant.

Le sous-lieutenant et les quelques soldats qui étaient entrés avec l'officier, sortirent pour reprendre leurs rangs.

Celui-ci demanda une allumette pour allumer son cigare. Bertha chercha en vain l'objet demandé sous le chambranle de la cheminée. L'officier alors prit un papier dans sa poche et l'alluma à la lampe ; Bertha, qui suivait tous ses mouvements, jeta un regard sur ce papier que la flamme commençait à tordre, et entre ses plis jaunissants, elle lut distinctement le nom de Michel.

— Ah ! je m'en étais douté, pensa-t-elle ; il a menti ! Oui, oui, c'est bien Michel qu'ils vont arrêter !

Et, comme l'officier avait jeté à terre le papier à moitié enflammé, elle posa le pied dessus avec tant de trouble, que l'officier put en profiter pour l'embrasser une seconde fois.

Puis, au moment où elle se retournait vers lui :

— Chut ! lui dit-il en posant un doigt sur sa bouche, vous n'êtes pas une paysanne. Veillez sur vous si vous avez à vous cacher ; car, si vous jouez aussi mal votre rôle avec ceux qui vous cherchent qu'avec moi qui n'ai point mission de vous chercher, vous êtes perdue !

Et, sur ces mots, il sortit vivement, de peur sans doute de se perdre lui-même.

Bertha n'attendit même pas que la porte fût refermée derrière lui ; elle saisit le débris du papier.

C'était la dénonciation que Courtin avait envoyée à Nantes par le paysan dont il avait fait son messager, et que celui-ci avait remise, pour abréger sa course, au premier poste qu'il avait rencontré sur la route.

Ce poste était celui de Saint-Martin, village voisin de Saint-Philbert.

Il restait assez de l'écriture du maire de la Logerie pour

éclairer Bertha sur la destination de la troupe qui marchait vers la Banlœuvre.

La tête de Bertha s'égara : si la condamnation qui pesait sur la tête du jeune homme était exécutée par les soldats — et la plaisanterie du sous-lieutenant pouvait le lui faire croire — dans deux heures, Michel était mort ; elle le vit sanglant, la poitrine trouée de balles, rougissant la terre de son sang. Elle devint folle.

— Où est Jean Oullier ? s'écria-t-elle en s'adressant à la vieille hôtesse.

— Jean Oullier ? dit celle-ci en la regardant avec stupeur. Je ne sais ce que vous voulez dire.

— Je vous demande où est Jean Oullier ?

— Est-ce que Jean Oullier n'est pas mort ? répondit la mère Chompré.

— Mais votre fille, où est-elle allée ?

— Dame, je n'en sais rien ; elle ne me dit pas où elle va quand elle sort ; elle est d'âge à être maîtresse de ses actions.

Bertha pensa bien à la maison de la Picaut ; mais, cette course, si elle était inutile, lui faisait perdre une heure.

Cette heure suffisait pour amener la mort de Michel.

— Tout à l'heure elle sera de retour, reprit-elle ; dites-lui que je n'ai pu aller tout de suite où elle sait, mais qu'avant le jour j'y serai.

Et, courant à l'écurie, elle passa la bride au cheval, s'élança sur son dos, le fit sortir de la maison, et, lui cinglant les flancs d'un vigoureux coup de houssine, elle parvint à le mettre tout d'abord à une allure qui n'était ni le trot, ni le galop, mais grâce à laquelle elle pouvait cependant gagner une demi-heure sur les soldats.

Lorsqu'elle traversa la place de Saint-Philbert, elle entendit sur sa droite, et dans la direction du pont, le bruit de la petite troupe qui s'éloignait.

Elle s'orienta, prit une ruelle, dépassa les maisons, lança son cheval dans la Boulogne, la passa à la nage, et vint rejoindre le chemin un peu au-dessus de la forêt de Machecoul.

85

La louve blessée

Heureusement pour Bertha que sa monture offrait plus de ressources que son apparence n'en promettait ; c'était un petit cheval breton qui, au repos, semblait morne, triste, abattu, comme le sont les hommes de son pays, mais qui, comme eux aussi, s'échauffait à l'action et de minute en minute grandissait en énergie, les naseaux ouverts, sa longue crinière ébouriffée et flottant au vent, il atteignit le galop ; puis bientôt son galop se précipita, dévorant le chemin ; les plaines, les vallons, les haies passaient et disparaissaient derrière lui avec une fantastique rapidité, tandis que Bertha, penchée sur son cou, rendant toute la bride, ne s'occupait que de l'actionner et lui fouettait les flancs sans relâche.

Les paysans attardés qu'ils rencontraient, voyant le cheval et celle qui le montait s'évanouir dans l'ombre aussi vite qu'ils les avaient vus apparaître, les prenaient pour des fantômes et se signaient derrière eux.

Mais si prompte que fût cette course, elle n'était point encore ce qu'eût voulu le cœur de Bertha, à laquelle la seconde semblait un mois, la minute une année ; elle sentait quelle terrible responsabilité pesait sur sa tête, responsabilité de sang, de mort et de honte tout à la fois. Sauverait-elle Michel, et, l'ayant sauvé, arriverait-elle à temps pour conjurer le danger qui menaçait Petit-Pierre ?

Mille idées confuses traversaient son cerveau ; elle se reprochait de n'avoir point donné à la mère de Marianne des instructions suffisantes ; elle était prise de vertige en songeant qu'après la course terrible qu'elle lui faisait faire, le pauvre petit cheval breton succomberait indubitablement dans le trajet de la Banlœuvre à Nantes ; elle se reprochait d'user, au profit de son amour, les ressources qui pouvaient sauvegarder une tête si précieuse à la noblesse de France ; elle comprenait que, personne n'ayant les mots d'ordre qu'elle possédait, on ne pourrait arriver jusqu'à l'illustre proscrite, et, combattue par mille sentiments divers, éperdue, en proie à une sorte d'ivresse furieuse, elle ne savait plus que presser son cheval du talon, que précipiter son allure, que courir enfin cette course folle, qui, au moins, rafraîchissait son cerveau brûlé par les pensées qui semblaient près de le faire éclater.

Au bout d'une heure, elle atteignit la forêt de Touvois ; là, force lui fut de renoncer à cette vitesse ; le chemin était si bien semé de fondrières, que deux fois le pauvre petit cheval breton s'abattit ; elle le mit au pas, en calculant qu'elle avait dû gagner une avance suffisante pour donner à Michel le temps de fuir.

Elle espéra — elle respira.

Un moment de satisfaction vint éteindre toutes les ardeurs dévorantes de ses angoisses et de ses douleurs.

Michel allait, une fois de plus, lui devoir la vie !

Il faut avoir aimé, il faut avoir éprouvé les ineffables joies du sacrifice, il faut savoir tout ce qu'il y a de bonheur dans cette immolation de soi-même au profit de l'être aimé, pour comprendre combien Bertha se sentit, pendant quelques minutes, joyeuse et fière, en songeant que l'existence de Michel, qu'elle allait sauver, lui coûterait peut-être si cher !

Elle était tout entière à ses pensées lorsque, aux rayons de la lune, elle vit briller les murs blancs de la métairie, encadrés dans les touffes noires des noisetiers.

La porte charretière était ouverte.

Bertha descendit de son cheval, l'attacha à un des anneaux du mur extérieur et pénétra dans la cour.

Le fumier dont elle était jonchée amortissait le bruit de son pas ; nul chien par ses aboiements ne signala son entrée aux habitants de la métairie.

A sa grande surprise, Bertha aperçut, attaché à la porte de la maison, un cheval tout sellé et tout bridé.

Le cheval pouvait être à Michel ; mais tout aussi bien pouvait-il être à un étranger.

Bertha voulut s'en assurer avant de pénétrer dans la maison.

Un des volets de cette même salle dans laquelle Petit-Pierre avait demandé, au nom de Michel, la main de la jeune fille au marquis de Souday, était entrouvert ; Bertha s'en approcha doucement et regarda à l'intérieur.

A peine y eut-elle jeté les yeux, qu'elle poussa un cri étouffé et faillit tomber à la renverse.

Elle venait de voir Michel aux genoux de Mary ; un des bras du jeune homme entourait la taille de sa sœur ; la main de celle-ci jouait dans les cheveux du baron ; leurs lèvres se souriaient, leurs yeux rayonnaient de cette expression de bonheur à laquelle on ne se trompe plus une fois que l'on a aimé.

Le moment d'accablement qui suivit cette découverte ne dura chez Bertha qu'une seconde. Elle se précipita vers la porte, la poussa avec violence et parut sur le seuil, les cheveux épars, l'œil flamboyant, le visage livide, la poitrine haletante, comme la statue de la Vengeance.

Mary jeta un cri et tomba à genoux, le visage entre ses mains.

Elle avait tout deviné à première vue, tant Bertha paraissait profondément bouleversée.

Michel, épouvanté par le regard de Bertha, s'était relevé brusquement, et, comme s'il se trouvait en face d'un ennemi, avait machinalement porté la main à ses armes.

— Frappez ! s'écria Bertha, qui avait vu son mouvement,

frappez donc, malheureux ! ce sera le digne complément de votre lâcheté et de votre trahison.

— Bertha... balbutia Michel, laissez-moi vous dire... laissez-moi vous expliquer...

— A genoux ! à genoux ! vous et votre complice ! s'écria Bertha. C'est à genoux qu'il faut prononcer les odieux mensonges que vous allez inventer pour votre défense... Oh ! l'infâme ! moi qui accourais pour sauver sa vie ; moi qui, à moitié folle de terreur, de désespoir, parce qu'un danger était suspendu sur sa tête, oubliais tout, honneur et devoir ; moi qui mettais ma vie à ses pieds, qui n'avais qu'un but, qu'un désir, qu'un souhait, celui de lui dire : « Tiens, Michel, regarde et vois si je t'aime ! » j'arrive, et je le trouve trahissant tous ses serments, parjurant toutes ses promesses, infidèle aux liens sacrés, je ne dirai pas de l'amour, mais de la reconnaissance ! et avec qui ? et pour qui ? Pour l'être que j'aimais le plus au monde après lui ! pour la compagne de mon enfance ! pour ma sœur ! Mais il n'y avait donc pas d'autre femme à séduire ! Dis, dis, misérable ! continua Bertha en saisissant le bras du jeune homme, et en le secouant avec violence. Ou voulais-tu donc, en me laissant désespérée, m'ôter encore les consolations que l'on doit trouver dans le cœur de cette seconde soi-même que l'on appelle une sœur ?

— Bertha, écoutez-moi, dit Michel, écoutez-moi, je vous en conjure ! Nous ne sommes pas, Dieu merci, aussi coupables que vous le croyez... Oh ! si vous saviez, Bertha !

— Je n'écoute rien ! je n'écoute que mon cœur, que la douleur brise et que le désespoir étreint ! je n'écoute que la voix de ma conscience, qui me dit que tu es un lâche !... Mon Dieu, mon Dieu, cria-t-elle en tordant ses cheveux noirs dans ses mains crispées, mon Dieu, est-ce donc là le prix de ma tendresse pour lui, de cette tendresse qui a été si aveugle, que mes yeux se fermaient, que mes oreilles se bouchaient lorsqu'on me disait que cet enfant, que cette femmelette tremblante, timide, indécise, n'était pas digne de mon amour ? Oh ! pauvre folle que j'étais ! j'espérais que la reconnaissance l'attacherait à celle qui prenait en pitié sa faiblesse, à celle qui bravait les préjugés, l'opinion publique pour l'aller chercher dans sa fange, pour faire, enfin, de son nom souillé, un nom honorable et honoré.

— Ah ! s'écria Michel en se redressant, assez ! assez !

— Oui, d'un nom souillé, répéta Bertha. Ah ! cela te touche ? Tant mieux ! je le redis alors... Oui, d'un nom souillé par ce qui est le plus odieux, le plus lâche, le plus infâme, par la trahison ! Oh ! famille de trahisseurs ! le fils continue l'œuvre du père ; je devais m'attendre à cela.

— Mademoiselle, mademoiselle, dit Michel, vous abusez du privilège de votre sexe pour m'insulter, non seulement en moi mais encore dans ce que l'homme a de plus sacré, dans la mémoire de mon père.

— Un sexe, un sexe ! ai-je un sexe à cette heure ? Ah ! je n'en avais pas tout à l'heure, quand tu te jouais de moi aux pieds de cette pauvre folle ! je n'en avais pas quand tu faisais de sa sœur la plus misérable des créatures ! Et parce que je ne me lamente pas, parce que je ne me traîne pas à tes pieds en m'arrachant les cheveux et en me frappant la poitrine, voilà que, tout à coup, tu découvres que je suis une femme, un être que l'on doit respecter parce qu'il est timide, auquel on doit épargner la douleur parce qu'il est faible ! Non, non, pour toi, je n'avais pas, et je n'ai plus de sexe ; tu n'as devant toi, maintenant, à partir de cette heure, qu'une créature que tu as mortellement offensée et qui t'insulte !... Baron de la Logerie, je t'ai déjà dit qu'il était cent fois traître et lâche, celui qui séduisait la sœur de sa fiancée — car j'étais sa fiancée, à cet homme ! — baron de la Logerie, non seulement tu es un traître et un lâche, mais encore tu es fils de traître et de lâche ; ton père était un infâme qui a vendu et livré Charette, et qui a, du moins, expié son crime, lui, car il l'a payé de sa vie ! On t'a dit qu'il s'était tué lui-même à la chasse, ou qu'il y avait été tué par accident ; mensonge bénévole et que je démens, moi : il a été tué par celui qui lui avait vu accomplir sa lâche action, il a été tué par...

— Ma sœur ! s'écria Mary en se redressant et en mettant sa main sur la bouche de Bertha, ma sœur, vous allez vous rendre coupable d'un de ces crimes que vous reprochez aux autres ; vous allez disposer d'un secret qui ne vous appartient pas.

— Soit ; mais qu'il parle donc, cet homme ! que le mépris que je lui témoigne lui fasse donc relever la tête ; qu'il trouve donc, dans sa honte ou dans son orgueil, la force de m'ôter une existence dont je ne veux plus, qui m'est odieuse, qui ne sera plus qu'un long délire, qu'un désespoir éternel ; qu'il achève, au moins, ce qu'il a commencé ! Mon Dieu, mon Dieu, poursuivit Bertha, dans les yeux de laquelle les larmes commençaient à se frayer un passage, comment permettez-vous aux hommes de briser ainsi les cœurs de vos créatures ? Mon Dieu, mon Dieu, qui donc me consolera désormais ?

— Moi ! dit Mary, moi, ma sœur, ma bonne sœur, ma sœur chérie ! si tu veux m'entendre ; moi, si tu veux me pardonner !

— Vous pardonner, à vous s'écria Bertha en repoussant sa sœur. Non ; vous êtes la compagne de cet homme : je ne vous connais plus ! Seulement, veillez mutuellement l'un sur l'autre ; car votre trahison doit vous porter malheur à tous deux.

— Bertha, Bertha, au nom du ciel ne parle pas ainsi ! ne nous maudis pas, ne nous insulte pas.

— Bon ! fit Bertha, y songez-vous ? Ne faut-il donc pas qu'ils aient raison, ceux qui nous ont surnommées *les louves* ? Voulez-vous que l'on dise : « Mlles de Souday ont aimé M. Michel de la Logerie ; elles l'ont aimé toutes les deux, et, après leur avoir promis à toutes deux qu'il les épouserait — car il a dû vous le promettre comme à moi — M. de la Logerie en a pris une troisième ? » Mais comprenez donc que, même pour des louves, ce serait monstrueux !

— Bertha ! Bertha !

— Si j'ai dédaigné cette épithète, comme j'ai dédaigné la vaine considération de la bienséance superficielle, continua la jeune fille toujours au comble de l'exaltation ; si j'ai raillé les convenances des salons et du monde, c'est parce que toutes deux — entendez-vous bien cela ? — nous avions le droit de marcher fièrement dans notre indépendance vertueuse et pleine d'honneur ; c'est parce que nous étions si haut dans notre conscience, que ces misérables injures étaient toujours dominées par notre mépris ; mais, aujourd'hui, je vous le déclare, ce que je dédaigne de faire pour moi, je le ferais pour vous : je tuerais cet homme s'il ne vous épousait pas, Mary ! C'est bien assez d'une honte sur le nom de notre père.

— Ce nom ne sera pas déshonoré, je te le jure, Bertha ! s'écria Mary en s'agenouillant de nouveau devant sa sœur, qui succombant enfin à la secousse, était tombée sur une chaise et tenait sa tête entre ses mains.

— Tant mieux ! ce sera une douleur de moins pour celle que vous ne verrez plus.

Puis, se tordant les bras avec un geste désespéré :

— Mon Dieu, mon Dieu, les avoir tant aimés tous deux et être forcée de les haïr !

— Non, tu ne me haïras pas, Bertha ! Ta douleur, tes larmes me font plus de mal que ta colère ; pardonne-moi. Oh ! mon Dieu, que dis-je là ? Tu vas me croire coupable, parce que j'embrasse tes genoux, parce que je te demande pardon ! Je ne le suis pas, je te le jure... Je te dirai... mais je ne veux pas que tu souffres, je ne veux pas que tu pleures... Monsieur de la Logerie, continua Mary en tournant vers Michel son visage que les larmes inondaient, monsieur de la Logerie, tout le passé n'est qu'un rêve ; le jour est venu : partez ! éloignez-vous, oubliez-moi ; partez ; partez sur-le-champ !

— Mais, encore une fois, tu n'y songes pas, Mary, dit Bertha, qui avait laissé sa sœur prendre sa main, que celle-ci couvrait de baisers et de larmes ; mais c'est impossible !

— Si, si, c'est possible, Bertha, fit Mary en adressant à sa sœur un sourire déchirant, Bertha, nous prendrons chacune un époux dont le nom défiera toutes les calomnies du monde et des méchants.

— Lequel, pauvre enfant ?

Mary éleva sa main étendue vers le ciel.

— Dieu ! dit-elle.

Bertha ne put répondre ; la douleur la suffoquait ; mais elle pressa fortement Mary sur son cœur, tandis que Michel, accablé, tombait sur un escabeau dans un angle de la pièce.

— Mais pardonne-nous ! murmurait Mary à l'oreille de sa sœur ; ne l'accable pas !... Mon Dieu, est-ce sa faute si son éducation l'avait fait si irrésolu, si timide, qu'il n'a pas eu le courage de parler alors que c'était pour lui un devoir de le faire ?... Il y a longtemps qu'il a voulu t'avertir ; moi seule, je l'en ai empêché, j'espérais arriver à l'oublier un jour !... Hélas ! hélas ! Dieu nous a faites bien faibles contre notre cœur ! Mais, va, nous ne nous quitterons plus, chère sœur... Montre-moi tes yeux, que je les baise... Il n'y aura plus personne entre nous, jamais personne qui vienne jeter le trouble et la discorde entre deux sœurs ! Non, non, nous serons consacrées... et il y aura encore du bonheur dans notre retraite ; nous en trouverons, nous prierons pour lui, nous prierons pour lui !

Mary prononça ces dernières paroles avec un accent déchirant. Michel, bouleversé, était venu s'agenouiller à côté d'elle, devant Bertha, qui, tout occupée de sa sœur, ne l'avait pas repoussé.

En ce moment, sur le seuil de la porte, que Bertha avait laissée toute grande ouverte, parurent des soldats, et l'officier que nous avons vu à l'auberge de Saint-Philbert s'avança au milieu de la chambre, et, posant la main sur l'épaule de Michel :

— Vous êtes M. Michel de la Logerie ? lui dit-il.

— Oui, monsieur.

— Alors, au nom de la loi, je vous arrête.

— Grand Dieu ! s'écria Bertha, qui revenait à elle ; grand Dieu ! j'avais oublié !... Ah ! c'est moi qui le tue !... Et là-bas, là-bas, que se passe-t-il ?

— Michel, Michel, dit Mary, qui, à l'aspect du danger que courait le jeune homme, oublia ce qu'elle venait de dire à sa sœur, Michel, si tu meurs, je mourrai avec toi !

— Non, non, il ne mourra pas, je te le jure, sœur, et vous

serez heureux ! — Place, monsieur ! place ! continua-t-elle en s'adressant à l'officier.

— Mademoiselle, répliqua celui-ci avec une douloureuse politesse, comme vous, je ne sais pas transiger avec mes devoirs. A Saint-Philbert, vous n'étiez pour moi qu'une inconnue suspecte ; mais je ne suis pas commissaire de police et je n'avais rien à vous dire ; ici, je vous trouve en rébellion flagrante contre la loi, et je vous arrête.

— M'arrêter ! m'arrêter en ce moment ! Vous me tuerez, monsieur, vous ne m'aurez pas vivante.

Et, avant que l'officier fût revenu de sa surprise, Bertha escalada la fenêtre, sauta dans la cour et courut vers la porte.

Elle était gardée par des soldats.

En promenant ses regards autour d'elle, la jeune fille aperçut le cheval de Michel, qui, épouvanté par l'apparition des soldats et par le bruit, courait çà et là, dans la cour.

Profitant de la confiance que le lieutenant avait dans la précaution qu'il avait prise d'entourer la maison et qui l'empêchait d'user de violence pour saisir une femme, elle alla droit à l'animal, d'un bond s'assit sur la selle, et, passant comme une tempête devant l'officier stupéfait, elle arriva à un endroit où le mur d'enceinte était légèrement écrêté et, de la bride et du talon, enleva si vigoureusement l'animal — qui était un excellent cheval anglais — qu'elle lui fit franchir l'obstacle qui avait encore près de cinq pieds, et le lança dans la plaine.

— Ne tirez pas ! ne tirez pas sur cette femme ! cria l'officier, qui ne regardait pas la prise comme assez importante pour que, ne pouvant l'avoir vive, il se décidât à l'arrêter morte.

Mais les soldats qui formaient un cordon autour du mur extérieur n'entendirent pas ou ne comprirent pas cet ordre, et une grêle de balles siffla autour de Bertha, que les bonds puissants du vigoureux anglais portaient rapidement du côté de Nantes.

86

La plaque de cheminée

Voyons maintenant ce qui se passait à Nantes, dans cette nuit que nous avons vue s'ouvrir par la mort de Joseph Picaut et se continuer par l'arrestation de M. Michel de la Logerie.

Vers neuf heures du soir, un homme aux vêtements trempés

d'eau et souillés de boue s'était présenté chez le préfet, et, sur le refus de l'huissier de l'introduire auprès de ce magistrat, lui avait fait porter une carte toute-puissante, à ce qu'il paraît, car immédiatement le préfet avait quitté ses occupations pour recevoir cet homme, qui n'était autre que M. Hyacinthe.

Dix minutes après cette entrevue, une forte escouade de gendarmes et d'agents de police se dirigeait vers la maison que maître Pascal habitait rue du Marché, et se présentait à la porte donnant sur cette rue.

Nulle précaution n'était prise pour assourdir le bruit des pas de cette colonne, pour donner le change sur ses intentions ; si bien que maître Pascal, qui l'avait vue venir, put à loisir s'assurer que la porte de la ruelle n'était pas gardée et sortir par celle-là, avant que les agents de l'autorité eussent achevé d'enfoncer celle de la rue du Marché, que l'on refusait de leur ouvrir. Il se dirigea vers la rue du Château et entra au n° 3.

M. Hyacinthe, qu'il n'avait pas aperçu, caché qu'il était dans l'ombre d'une borne, le suivit avec toute la précaution dont se sert le chasseur pour la proie qu'il convoite.

Pendant cette opération préliminaire, du succès de laquelle M. Hyacinthe avait probablement répondu, l'autorité avait pris de fortes dispositions militaires, et, aussitôt que le juif eut rendu compte de ce qu'il avait vu au préfet de la Loire-Inférieure, douze cents hommes, mis sur pied, se dirigèrent vers la maison dans laquelle l'espion avait vu disparaître maître Pascal.

Les douze cents hommes étaient divisés en trois colonnes.

La première descendit le Cours, laissant des sentinelles jalonnées le long des murs du jardin de l'évêché et des maisons contiguës ; longea les fossés du château et se trouva en face du n° 3, où elle se déploya.

La seconde, se dirigeant par la rue de l'Evêché, traversa la place Saint-Pierre, descendit la grande rue, et vint rejoindre la première par la rue basse du Château.

La troisième se relia aux deux autres par la rue haute du Château, en laissant, comme celle-ci, un long cordon de baïonnettes derrière elle.

L'investissement était complet ; tout le pâté de maisons dans lequel se trouvait le n° 3 était cerné.

Les soldats entrèrent au rez-de-chaussée, précédés des commissaires de police, qui marchaient le pistolet au poing. La troupe se répandit dans la maison, fut placée à toutes les issues ; sa mission était accomplie, celle des policiers commençait.

Quatre dames étaient, en apparence, les seules habitantes de la maison : ces dames appartenant à la haute aristocratie nantaise, respectables autant par leur honorabilité que par leur position sociale, furent mises en état d'arrestation.

Au-dehors, le peuple s'amassait et formait une seconde enceinte autour des soldats. La ville tout entière était descendue dans ses places et dans ses rues. Cependant, aucun signe royaliste ne se manifestait ; c'était une curiosité grave et voilà tout.

Les perquisitions étaient commencées à l'intérieur et le premier résultat des recherches confirma l'autorité dans la conviction que Mme la duchesse de Berry était dans la maison ; une lettre à l'adresse de Son Altesse royale fut trouvée tout ouverte sur une table ; la disparition de maître Pascal, que l'on avait vu entrer et que l'on ne retrouvait plus, prouvait qu'il y avait une cachette. Le tout était de la trouver.

Les meubles furent ouverts lorsque les clefs s'y trouvaient, défoncés lorsqu'elles manquaient. Les sapeurs et les maçons sondaient les planchers et les murs à grands coups de marteau ; des architectes, amenés dans chaque chambre, déclaraient qu'il était impossible, d'après leur conformation intérieure comparée à leur conformation extérieure, qu'elles renfermassent une cachette, ou bien trouvaient les cachettes qu'elles renfermaient. Dans une de celles-ci, on mit la main sur divers objets, entre autres, des imprimés, des bijoux et de l'argenterie appartenant au propriétaire de la maison, mais qui, dans ce moment, ajoutèrent à la certitude du séjour de la princesse dans cette maison. Arrivés aux mansardes, les architectes déclarèrent que là, moins que partout ailleurs, il pouvait y avoir une retraite.

Alors on passa aux maisons voisines, où les recherches continuèrent. On sondait les gros murs avec une telle force, que des morceaux de maçonnerie se détachèrent et qu'un moment il y eut crainte que ces murs tout entiers ne s'écroulassent. Pendant que ces choses se passaient en haut, les dames que l'on avait arrêtées montraient un grand sang-froid, et, quoique gardées à vue par des soldats, elles s'étaient mises à table.

Deux autres femmes — et l'histoire devra aller chercher les noms de celles-là dans leur obscurité pour les conserver à la postérité — deux autres femmes encore étaient, de la part de la police, l'objet d'une surveillance toute spéciale ; ces femmes, les servantes de la maison, nommées Charlotte Moreau et Marie Boissy, furent conduites au château, et, de là, à la caserne de la gendarmerie, où voyant qu'elles résistaient à toutes les menaces, on tenta de les corrompre ; des sommes de plus en plus fortes leur furent successivement offertes, mais elles répondirent constamment qu'elles ignoraient où était Mme la duchesse de Berry.

Après ces recherches infructueuses, les perquisitions se ralentirent ; le préfet donna le signal de la retraite, laissant, par précaution, un nombre d'hommes suffisant pour occuper toutes les pièces de la maison, ainsi que des commissaires de police qui s'établirent au rez-de-chaussée. La circonvallation fut continuée, et la garde nationale vint en partie relever la troupe de ligne qui alla prendre un peu de repos.

Par la distribution des sentinelles, deux gendarmes se trouvèrent dans les deux mansardes que l'on venait d'explorer. Le froid était si vif, que ces gendarmes n'y purent résister : l'un descendit et remonta avec des mottes à brûler ; dix minutes après, un feu magnifique flambait dans la cheminée, et, au bout d'un quart d'heure, la plaque devint rouge.

Presque en même temps, et quoiqu'il ne fît point encore jour, les travaux des ouvriers perquisiteurs recommencèrent ; les barres de fer et les madriers frappaient à coups redoublés sur le mur de la mansarde et l'ébranlaient.

Malgré ce vacarme effroyable, l'un des deux gendarmes s'était endormi ; son compagnon, réchauffé momentanément, avait cessé d'entretenir le feu. Enfin, les ouvriers abandonnèrent cette partie de la maison, que, par instinct de démolisseurs, ils avaient si minutieusement explorée.

Le gendarme qui veillait, désirant profiter du moment de silence qui venait de succéder au fracas et au mouvement diabolique qui se faisait depuis la veille, secoua son camarade, afin de dormir à son tour. L'autre s'était refroidi dans son sommeil et se réveilla tout gelé. A peine eut-il les yeux ouverts, qu'il songea à se réchauffer ; en conséquence, il ralluma le feu ; puis, comme les mottes ne brûlaient pas assez vivement, il jeta dans le brasier une énorme quantité de paquets de *Quotidienne* qui se trouvaient dans la chambre, jetés pêle-mêle sous une table.

Ce feu produit par les journaux donna une fumée plus épaisse et une chaleur plus vive que les mottes ne l'avaient fait la première fois. Le gendarme, enchanté, se délassait de son ennui en lisant des *Quotidienne*, lorsque, tout à coup, son édifice pyrotechnique s'écroula et les mottes qu'il avait appuyées contre la plaque roulèrent au milieu de la mansarde.

En même temps, il entendit derrière la plaque un bruit qui fit naître en lui une singulière idée : il se figura qu'il y avait des rats dans la cheminée, que la chaleur allait les forcer de déloger ; il réveilla son camarade, et tous deux, ils se mirent en devoir de leur donner la chasse avec leur sabre.

Pendant qu'ils concentraient toute leur attention dans cet affût d'un nouveau genre, l'un d'eux s'aperçut que la plaque avait fait un mouvement. Il s'écria :

— Qui est là ?

Une voix de femme lui répondit :

— Nous nous rendons, nous allons ouvrir : éteignez le feu !

Les deux gendarmes s'élancèrent aussitôt sur le feu, qu'ils dispersèrent à coups de pied. La plaque de la cheminée, pivotant sur elle-même, démasqua une ouverture béante, et une femme, le visage pâle, la tête nue, les cheveux hérissés sur le front comme ceux d'un homme, vêtue d'une robe de *napolitaine*, simple, de couleur brune, sillonnée de larges brûlures, sortit de cette ouverture en posant ses pieds et ses mains sur le foyer ardent.

Cette femme, c'était Petit-Pierre, c'était Son Altesse royale Mme la duchesse de Berry.

Ses compagnons la suivirent. Il y avait seize heures qu'ils étaient enfermés dans cette cachette sans aucune nourriture.

Le trou qui leur avait donné asile avait été pratiqué entre le tuyau de la cheminée et le mur de la maison voisine, sous le toit, dont les chevrons lui servaient de couverture.

Au moment où les troupes s'ébranlaient pour cerner la maison, Son Altesse royale était occupée à écouter maître Pascal, lequel faisait en riant le récit de l'alerte qui venait de le chasser de sa maison. A travers les fenêtres de l'appartement où elle se trouvait, la duchesse voyait, sur un ciel calme, la lune se lever, et, sur sa lumière, se découper, comme une silhouette brune, les tours massives, immobiles et silencieuses du vieux château.

Il y a des moments où la nature semble si douce et si amie que l'on ne peut croire qu'au milieu de ce calme un danger veille et vous menace.

Mais, tout à coup, maître Pascal, en s'approchant de la fenêtre, vit reluire les baïonnettes.

A l'instant même, il se rejeta en arrière, en criant :

— Sauvez-vous, Madame ! sauvez-vous !

Madame s'était précipitée aussitôt sur l'escalier et chacun l'avait suivie.

Arrivée à la cachette, elle appela ses compagnons. Comme il avait été reconnu que l'on pouvait y tenir par rang de taille, les hommes qui accompagnaient Son Altesse royale y étaient entrés les premiers ; puis, comme la demoiselle qui était venue retrouver Madame ne voulait point passer avant elle :

— En bonne stratégie, lui dit la duchesse en riant, lorsqu'on opère une retraite, le commandant doit marcher le dernier.

Les soldats ouvraient la porte de la rue lorsque celle de la cachette se refermait.

Nous avons vu avec quel soin minutieux les perquisitions avaient été opérées : chaque coup frappé contre la muraille retentissait dans l'asile où se trouvaient la duchesse de Berry et ses compagnons ; sous les marteaux, sous les barres de fer, sous les madriers, les briques se détachaient, le plâtre tombait en poussière et les prisonniers étaient menacés d'être ensevelis sous les décombres.

Lorsque les gendarmes firent du feu, la plaque et le mur de la cheminée, en s'échauffant, communiquèrent à la petite retraite une chaleur qui allait toujours augmentant. L'air y devenait de moins en moins respirable, et ceux qu'elle renfermait eussent péri asphyxiés, étouffés, s'ils ne fussent parvenus à déranger quelques ardoises du toit pour renouveler l'air.

C'était la duchesse qui souffrait le plus ; car, entrée la dernière, elle se trouvait appuyée contre la plaque ; chacun de ses compagnons lui avait offert à plusieurs reprises d'échanger sa place avec elle, mais jamais elle n'y avait voulu consentir.

Au danger d'être asphyxiés était venu, pour les prisonniers, s'en joindre un nouveau, celui d'être brûlés vifs ; la plaque était rouge et le bas des vêtements des femmes menaçait de s'enflammer. Deux fois déjà, le feu avait pris à la robe de Madame, et elle l'avait étouffé à pleines mains, au prix de deux brûlures dont elle conserva longtemps les marques.

Chaque minute raréfiait encore l'air intérieur et l'air extérieur fourni par les trous du toit entrait en trop petite quantité pour le renouveler suffisamment. La poitrine des prisonniers devenait de plus en plus haletante ; rester dix minutes de plus dans cette fournaise, c'était compromettre les jours de la duchesse. Chacun l'avait suppliée de sortir ; elle seule ne le voulut pas ; ses yeux laissaient échapper de grosses larmes de colère qu'un souffle ardent séchait sur ses joues. Le feu avait pris encore une fois à sa robe, une fois encore elle l'avait éteint ; mais, dans le mouvement qu'elle fit en se relevant, elle avait soulevé la gâchette de la plaque, qui s'était entrouverte et avait ainsi attiré l'attention des gendarmes.

Supposant que cet accident avait dénoncé sa retraite, prenant en pitié les souffrances de ses compagnons, Madame avait alors consenti à se rendre et était sortie de la cheminée ainsi que nous l'avons raconté précédemment.

Ses premières paroles furent pour demander Dermoncourt. Un des gendarmes descendit le chercher au rez-de-chaussée, qu'il n'avait point voulu quitter.

87

Trois cœurs brisés

Aussitôt qu'on lui eut annoncé l'arrivée du général, Madame s'avança précipitamment vers lui.

— Général, dit-elle vivement, je me rends à vous, et m'en remets à votre loyauté.

— Madame, répondit Dermoncourt, Votre Altesse royale est sous la sauvegarde de l'honneur français.

Il la conduisit alors vers une chaise, et, en s'asseyant, Madame lui dit encore en lui serrant fortement le bras :

— Général, je n'ai rien à me reprocher ; j'ai rempli les devoirs d'une mère pour reconquérir l'héritage d'un fils.

Sa voix était brève et accentuée.

Quoique pâle, Madame était animée comme si elle avait eu la fièvre. Le général lui fit apporter un verre d'eau dans lequel elle trempa ses doigts : la fraîcheur la calma un peu.

Pendant ce temps, le préfet et le commandant de la division avaient été prévenus de ce qui venait de se passer.

Le préfet arriva le premier.

Il entra dans la chambre où était Madame, le chapeau sur la tête, comme s'il n'y avait pas eu là une femme prisonnière qui, par son rang et ses malheurs, méritait plus d'égards qu'on ne lui en avait jamais rendu. Il s'approcha de la duchesse, la regarda en portant cavalièrement la main à son chapeau, et, le soulevant à peine de son front, il dit :

— Ah ! oui, c'est bien elle.

Et il sortit pour donner ses ordres.

— Qu'est-ce que cet homme ? demanda la princesse.

La demande était naturelle, car M. le préfet se présentait sans aucune des marques distinctives de sa haute position administrative.

— Madame ne le devine pas ? répondit le général.

Elle le regarda avec un léger sourire.

— Ce ne peut être que le préfet, dit-elle.

— Madame n'aurait pas deviné plus juste quand elle aurait vu sa patente.

— Est-ce que cet homme a servi sous la Restauration ?

— Non, Madame.

— J'en suis bien aise pour la Restauration.

En ce moment, le préfet rentra ; comme la première fois, il ne se fit pas annoncer ; comme la première fois, il souleva à peine son chapeau. Apparemment, ce jour-là, M. le préfet avait faim ; car il apportait un morceau de pâté sur une assiette qu'il tenait à la main ; il posa son assiette sur une table, se fit donner une fourchette et un couteau et se mit à manger, tournant le dos à la princesse.

Madame le regarda avec une expression empreinte à la fois de mépris et de colère.

— Général, s'écria-t-elle, savez-vous ce que je regrette le plus dans le rang que j'occupais ?

— Non, Madame.

— Deux huissiers, pour me faire raison de Monsieur.

Le préfet, lorsqu'il eut terminé son repas, se retourna et demanda à la duchesse ses papiers.

Madame dit de chercher dans la cachette et qu'on y trouverait un portefeuille blanc qui y était resté.

Le préfet alla prendre ce portefeuille et le rapporta.

— Monsieur, dit la duchesse en le lui ouvrant, les choses renfermées dans ce portefeuille sont de peu d'importance ; mais je tiens à vous les donner moi-même, afin de vous expliquer leur destination.

Et elle lui remit les unes après les autres chacune des choses que contenait le portefeuille.

— Madame sait-elle combien elle a d'argent ? demanda le préfet.

— Monsieur, il doit y avoir dans la cachette environ trente-six mille francs, dont douze mille appartiennent aux personnes que je désignerai.

Le général s'approcha alors de Madame et lui dit que, si elle se trouvait un peu mieux, il serait instant qu'elle quittât la maison.

— Pour aller où ? dit-elle en le regardant fixement.

— Au château, Madame.

— Ah ! bien ! et de là, à Blaye, sans doute ?

— Général, dit alors un des compagnons de Madame, Son Altesse royale ne peut aller à pied, cela ne serait pas convenable.

— Monsieur, répliqua Dermoncourt, une voiture ne ferait que nous encombrer. Madame peut aller à pied en jetant un manteau sur ses épaules, et en mettant un chapeau sur sa tête.

Alors, le secrétaire du général et le préfet, qui se piqua de galanterie cette fois, descendirent au second étage et en rapportèrent trois chapeaux. La princesse en choisit un qui était noir, parce que sa couleur, dit-elle, était analogue à la circonstance ; après quoi, elle prit le bras du général, et, lorsqu'elle passa devant la mansarde, jetant un dernier regard sur la plaque de la cheminée, qui était restée ouverte :

— Ah ! général, dit-elle en riant, si vous ne m'aviez pas fait une guerre à la saint Laurent, ce qui, par parenthèse, est au-dessous de la générosité militaire, vous ne me tiendriez pas sous votre bras à l'heure qu'il est. Allons, mes amis ! ajouta-t-elle en s'adressant à ses compagnons.

La princesse descendit l'escalier. Au moment où elle allait franchir le seuil de la maison, elle entendit un grand bruit dans la foule qui s'entassait derrière les soldats, et formait une ligne dix fois plus épaisse que les rangs de ceux-ci.

Madame put croire que ces cris s'adressaient à elle ; mais elle ne donna pas d'autre signe de crainte que de presser plus fortement le bras du général.

Quand la princesse s'avança entre le double rang de soldats et de gardes nationaux qui faisaient la haie depuis la maison jusqu'au château, les cris et les murmures qu'elle avait entendus recommencèrent plus violents qu'ils ne l'avaient été d'abord.

Le général jeta les yeux du côté d'où venait ce tumulte ; il aperçut une jeune fille vêtue en paysanne qui essayait de se frayer un passage à travers les rangs des militaires, lesquels, frappés de sa beauté et du désespoir empreint sur sa figure, lui opposaient leur consigne, mais sans recourir à la violence pour la repousser.

Dermoncourt reconnut Bertha, et, du doigt, la désigna à la princesse. Celle-ci poussa un cri.

— Général, dit-elle vivement, vous m'avez promis que vous ne me sépareriez d'aucun de mes amis ; laissez venir à moi cette jeune fille.

Sur un signe du général, les rangs s'ouvrirent, et Bertha put arriver jusqu'à l'auguste prisonnière.

— Grâce, Madame ! grâce pour une malheureuse qui pouvait vous sauver et qui ne l'a point fait ! Oh ! je veux mourir en maudissant ce fatal amour qui a fait de moi la complice involontaire des traîtres qui ont vendu Votre Altesse royale !...

— Je ne sais pas ce que vous voulez dire, Bertha, interrompit la princesse en la soulevant et en lui donnant celui de ses bras qui était libre. Ce que vous faites en ce moment prouve que, quoi qu'il soit arrivé, je n'ai point à accuser un dévouement dont jamais je ne perdrai le souvenir. Mais j'avais à vous entretenir d'autre chose, mon enfant ; j'avais à vous demander pardon d'avoir contribué à une erreur qui, peut-être, a fait votre malheur ; j'avais à vous dire...

— Je sais tout, Madame, dit Bertha en relevant sur la princesse ses yeux rougis par les larmes.

— Pauvre enfant ! répliqua la duchesse en étreignant la main de la jeune fille ; eh bien, suivez-moi alors. Le temps et mon affection pour vous calmeront cette douleur que je conçois, que je respecte.

— Je demande pardon à Votre Altesse de ne pouvoir lui obéir : mais j'ai fait un vœu et je dois l'accomplir. Dieu est le seul que le devoir place pour moi au-dessus de mes princes.

— Allez donc, chère enfant ! allez ! dit Madame, qui pressentait le projet de la jeune fille ; et que ce Dieu dont vous parlez soit avec vous ! Lorsque vous l'invoquerez, n'oubliez pas Petit-Pierre. Dieu accueille les prières des cœurs brisés.

On était arrivé aux portes du donjon. La duchesse leva les yeux sur ses murs noircis ; puis elle tendit sa main à Bertha, qui, s'agenouillant, déposa un baiser sur cette main en murmurant encore une fois le mot pardon ; et Madame, après un moment d'hésitation, franchit la poterne en envoyant encore un dernier signe d'adieu, un dernier sourire à Bertha.

Le général quitta le bras de la duchesse pour la laisser passer ; il se retourna du côté de la jeune fille.

Puis, à demi-voix :

— Et votre père ? lui demanda-t-il.

— Il est à Nantes.

— Dites-lui qu'il retourne dans son château, qu'il s'y tienne tranquille ; il ne sera pas inquiété. Je briserais mon épée plutôt que de le laisser arrêter, mon vieil ennemi !

— Merci pour lui, général.

— Bien ! Et vous, si vous avez besoin de mes services, disposez de moi, mademoiselle.

— Je voudrais un passeport pour Paris.

— Quand ?

— Sur-le-champ.

— Où vous l'envoyer ?

— De l'autre côté du pont Rousseau, à l'auberge du *Point du Jour*.

— Dans une heure, vous aurez votre passeport, mademoiselle.

Et, faisant un signe d'adieu à la jeune fille, le général à son tour s'enfonça sous la voûte sombre.

Bertha fendit les rangs pressés de la foule, s'arrêta à la première église qu'elle rencontra sur son chemin et resta longtemps agenouillée sur les dalles froides du parvis.

Lorsqu'elle se releva, ces dalles étaient tout humides de ses larmes ; elle traversa la ville et gagna le pont Rousseau.

En approchant de l'auberge du *Point du Jour*, elle aperçut son père assis sur le seuil de la porte.

En quelques heures, le marquis de Souday avait vieilli de dix années ; son œil avait perdu cette expression goguenarde qui lui donnait tant de vivacité ; il portait la tête basse comme un homme qu'un fardeau trop lourd accable.

Averti par le curé qui avait reçu les dernières confidences de maître Jacques et qui était venu prévenir le marquis dans sa retraite, le vieillard s'était sur-le-champ mis en route pour Nantes.

A une demi-lieue du pont Rousseau, il avait rencontré Bertha, dont le cheval venait de s'abattre et de se briser un tendon dans la course furieuse qu'elle lui avait fait prendre.

La jeune fille avoua à son père ce qui s'était passé. Le vieillard ne lui avait pas adressé un reproche ; seulement, il avait brisé contre les pavés de la route le bâton qu'il tenait à la main.

En arrivant au pont Rousseau, et bien qu'il ne fût guère que sept heures du matin, la rumeur publique leur avait appris l'arrestation de la princesse, arrestation qui n'était pas encore consommée cependant.

Bertha, sans oser lever les yeux sur son père, avait couru vers Nantes ; le vieillard s'était assis sur le banc où nous le retrouvons encore quatre heures après.

Cette douleur était la seule contre laquelle sa philosophie épicurienne et égoïste fût impuissante ! Il eût pardonné à sa fille bien des fautes ; il ne pouvait songer sans désespoir qu'elle avait enveloppé son nom dans ce crime de lèse-chevalerie, et que les Souday, à leur dernier jour, auraient aidé à précipiter la royauté dans le gouffre.

Lorsque Bertha s'approcha de lui, il lui tendit silencieusement un papier plié qu'un gendarme venait de lui remettre.

— Ne me pardonnerez-vous pas comme elle m'a pardonné, père ? dit la jeune fille d'un ton doux et humble qui contrastait bien singulièrement avec sa manière dégagée d'autrefois.

Le vieux gentilhomme secoua tristement la tête.

— Où retrouverai-je mon pauvre Jean Oullier ? dit-il. Puisque Dieu me l'a conservé, je veux le voir, je veux qu'il me suive loin de ce pays.

— Vous quitterez Souday, mon père ?

— Oui.

— Et où irez-vous ?

— Où je pourrai cacher mon nom.

— Et Mary, la pauvre Mary, qui est innocente, elle ?

— Mary sera la femme de celui qui est aussi la cause que cet exécrable forfait s'est accompli... Je ne reverrai pas Mary.

— Vous serez seul.

— Non pas : j'aurai Jean Oullier.

Bertha baissa la tête ; elle rentra dans l'auberge, où elle échangea ses vêtements de paysanne contre des habits de deuil qu'elle venait d'acheter. Lorsqu'elle ressortit, elle ne trouva plus le vieillard où elle l'avait laissé ; elle l'aperçut sur la route, les mains croisées derrière le dos, la tête penchée sur la poitrine, cheminant tristement dans la direction de Saint-Philbert.

Bertha poussa un sanglot ; puis elle jeta un dernier regard sur la plaine verdoyante du pays de Retz que l'on apercevait dans le lointain, bornée par les lignes bleuâtres de la forêt de Machecoul.

Et, s'écriant : « Adieu, tout ce que j'aime ici-bas ! » elle rentra dans la ville de Nantes.

88

Le bourreau de Dieu

Pendant les trois heures que Courtin passa, toujours garrotté des pieds à la tête, étendu sur le sol dans les ruines de Saint-Philbert, côte à côte avec le cadavre de Joseph Picaut, son cœur passa par toutes les angoisses qui peuvent tordre et déchirer un cœur.

Il sentait toujours sous lui la précieuse ceinture, sur laquelle il avait eu la précaution de se coucher ; mais cet or lui-même ajoutait de nouvelles douleurs à ses douleurs, de nouvelles terreurs aux terreurs qui venaient assaillir son cerveau.

Cet or qui était pour lui plus que la vie, n'allait-il pas lui échapper ? Quel était cet inconnu dont il avait entendu maître Jacques parler à la veuve ? Quelle était cette vengeance mystérieuse qu'il avait à craindre ? Le maire de la Logerie voyait repasser devant lui tous ceux à qui, dans le cours de sa vie, il avait fait du mal, et la liste en était longue, et leurs figures menaçantes peuplaient l'obscurité de la tour.

Parfois, cependant, un rayon d'espérance traversait ses sinistres pensées ; de vague et d'indécis qu'il était d'abord, il prenait peu à peu consistance. Est-ce qu'un homme possédant de si beaux louis pouvait mourir ? Si la vengeance se dressait devant lui, n'avait-il pas de l'or à lui jeter pour lui imposer silence ? Alors son imagination comptait et recomptait la somme qui lui appartenait, qui était bien à lui, qu'il sentait avec délices meurtrir sa chair, entrer dans ses reins comme si cet or arrivait à faire corps avec sa personne ; puis il songeait, s'il parvenait à s'échapper, aux cinquante mille francs qu'il allait ajouter aux cinquante mille qu'il avait déjà, et, tout lié, tout garrotté qu'il était, victime dévouée à la mort, n'attendant que cette épée de Damoclès suspendue sur sa tête et qui, d'une minute à l'autre, en tombant, pouvait dénouer sa vie, son cœur se fondait dans un bonheur qui prenait la proportion de l'ivresse. Mais bientôt ses idées changeaient de cours ; il se demandait si son complice — dans lequel il n'avait qu'une confiance de complice — il se demandait si son complice ne profiterait pas de son absence pour le frustrer de cette part qui lui était réservée ; il le voyait, fuyant, écrasé sous le faix de la somme énorme qu'il emportait et refusant le partage à celui qui, cependant, avait tout fait dans la trahison. Alors, il préparait pour cette circonstance des prières qui arrivassent au cœur du juif, des menaces qui l'épouvantassent, des reproches qui l'attendrissent, et lorsqu'il réfléchissait que, si M. Hyacinthe aimait l'or autant qu'il l'aimait lui-même — ce qui était au moins probable puisqu'il était juif — lorsqu'il mesurait son associé à sa mesure, lorsqu'il sondait dans son âme l'immensité du sacrifice qu'il allait demander à cet associé, qu'il se disait qu'il était bien possible que larmes, prières, reproches, menaces fussent inutiles, alors il tombait dans des accès de rage, il poussait des rugissements qui ébranlaient la vieille voûte de l'édifice féodal ; il se tordait dans ses liens, il les mordait, il essayait de les déchirer avec ses dents ; mais ces cordes, minces, fines, déliées, semblaient s'animer, devenir vivantes sous ses efforts : il croyait les sentir lutter avec lui, redoubler leurs enlacements, leurs tresses ; les nœuds dénoués semblaient se reformer d'eux-mêmes, non plus simples comme auparavant, mais doubles, triples, quadruples ; et, en même temps, comme pour le punir de ses vaines tentatives, elles pénétraient dans sa chair meurtrie, elles y traçaient un sillon brûlant. Tout rêve d'espérance, toute préoccupation de richesse et de bonheur s'évanouissait alors comme un nuage au souffle de la tempête ; les fantômes de ceux que le métayer avait persécutés reparaissaient terribles ; tout dans l'ombre, pierres, poutres, morceaux de bois effondrés, corniches branlantes, tout prenait une forme, et toutes ces formes menaçantes le regardaient avec des yeux qui brillaient dans l'obscurité comme des milliers d'étincelles courant sur un linceul noir. La tête du malheureux s'égarait ; fou de terreur et de désespoir, il s'adressait au cadavre de Joseph Picaut, dont il apercevait, à quatre pas de lui, la silhouette roidie ; il lui offrait le quart, le tiers, la moitié de son or s'il voulait détacher ses liens ; mais l'écho seul de ces voûtes lui répondait avec sa voix funèbre, et, brisé par l'émotion, il retombait dans une insensibilité momentanée.

Il était dans un de ces moments de torpeur lorsqu'un bruit venu du dehors le fit tressaillir ; on marchait dans la cour intérieure du château, et bientôt il entendit le grincement que produisait une main en ébranlant les verroux du vieux fruitier.

Le cœur de Courtin battit à lui briser la poitrine ; il haletait de crainte, il suffoquait d'angoisse ; car il prévoyait que celui qui allait entrer, c'était le vengeur qu'avait annoncé maître Jacques.

La porte s'ouvrit.

La flamme d'une torche éclaira la voûte de ses reflets sanglants. Courtin eut un moment d'espérance ; car ce fut la veuve — qui portait cette torche — qu'il aperçut la première, et il crut d'abord qu'elle était seule ; mais, quand elle eut fait deux pas dans la tour, un homme qui était derrière elle se démasqua.

Les cheveux du métayer se dressèrent sur sa tête ; il ne se sentit pas le courage de dévisager cet homme : il ferma les yeux et demeura muet.

L'homme et la veuve s'avancèrent.

Marianne donna la torche à son compagnon, en lui désignant du doigt maître Courtin, et, comme insoucieuse de ce qui allait se passer, elle s'agenouilla aux pieds du cadavre de Joseph Picaut, où elle se mit en prière.

Quant à l'homme, il continua de s'approcher de maître Courtin, et, sans doute pour s'assurer que c'était bien le maire de la Logerie, il lui promena sur le visage la flamme de sa torche.

— Dormirait-il ? se demanda l'explorateur à demi-voix. Oh ! non ; il est trop lâche pour dormir ! non, sa figure est trop pâle, il ne dort pas...

Alors il ficha sa torche dans une fente de la muraille, s'assit sur une énorme pierre qui, de la voûte, avait roulé jusqu'au milieu de la tour, et, s'adressant à Courtin :

— Allons, ouvrez les yeux, monsieur le maire ! lui dit-il ; nous avons à causer ensemble, et j'aime à voir le regard de ceux qui me parlent.

— Jean Oullier ! s'écria Courtin devenant livide, de pâle qu'il était, et faisant un haut-le-corps désespéré pour rompre ses liens et s'enfuir ; Jean Oullier vivant !

— Quand ce ne serait que son fantôme, il me semble, monsieur Courtin, qu'il suffirait encore pour vous épouvanter ; car vous auriez un rude compte à lui rendre !

— Oh ! mon Dieu, mon Dieu, fit Courtin en se laissant

retomber sur le sol avec accablement et comme un homme qui se résigne à sa destinée.

— Notre haine date de loin, n'est-ce pas ? reprit Jean Oullier, et elle ne nous trompait pas dans ses instincts ; elle vous a fait vous acharner contre moi, et aujourd'hui, tout moribond que je suis, elle me ramène à vous.

— Je ne vous ai jamais haï, moi, dit Courtin, qui, du moment où Jean Oullier ne le tuait pas tout de suite, sentait l'espoir renaître dans son cœur, et entrevoyait la possibilité de tirer sa vie de la discussion ; je ne vous ai jamais haï ; au contraire ! et, si ma balle vous a frappé, ce n'est point à vous qu'elle était destinée : j'ignorais que vous fussiez dans le buisson.

— Oh ! mes griefs contre vous remontent plus haut que cela, monsieur Courtin.

— Plus haut que cela ? répliqua Courtin, qui, peu à peu, recouvrait quelque énergie. Mais je vous jure qu'avant cet accident que je déplore, jamais je ne vous mis en péril, jamais je ne vous causai de dommage.

— Vous avez la mémoire courte, et les offenses pèsent davantage au cœur de l'offensé, à ce qu'il paraît, car, moi, je me souviens.

— De quoi ? voyons, de quoi vous souvenez-vous ? Parlez, monsieur Jean Oullier. Convient-il de condamner quelqu'un sans l'entendre, de tuer un malheureux sans lui permettre un mot pour sa défense ?

— Et qui donc vous dit que je veux vous tuer ? dit Jean Oullier avec ce même calme glacial qui ne l'avait pas quitté un seul instant. Votre conscience, sans doute ?

— Oh ! parlez, parlez, monsieur Jean ! dites de quoi vous m'accusez, en dehors de ce malheureux coup de fusil, et je suis certain de sortir de là blanc comme neige. Oui, oh ! oui, je vous prouverai que personne n'a aimé plus que moi les respectables habitants du château de Souday, que nul autant que moi ne les a vénérés, ne s'est réjoui de ce mariage qui rapprochait de vous la famille de mes maîtres.

— Monsieur Courtin, dit Jean Oullier, qui avait laissé un libre cours à ce flux de paroles, comme vous dites, il est juste que l'accusé se défende. Défendez-vous donc, si vous pouvez. Ecoutez bien : je commence.

— Oh ! vous pouvez dire ; je ne crains rien, fit Courtin.

— C'est ce que nous allons voir. Qui m'a livré aux gendarmes, à la foire de Montaigu, pour arriver plus sûrement aux hôtes de mon maître, que vous supposiez bien que je défendrais ? qui, ayant fait cela, s'est lâchement embusqué derrière la haie du dernier jardin de Montaigu, et, ayant emprunté un fusil au maître de ce courtil, s'en est servi pour tirer sur mon chien et tuer mon pauvre compagnon ? qui, si ce n'est vous ? Répondez, monsieur Courtin.

— Qui oserait dire qu'il m'a vu faire le coup ? s'écria le métayer.

— Trois personnes qui en ont rendu témoignage, et, parmi elles, l'homme auquel appartenait l'arme dont vous vous êtes servi.

— Pouvais-je savoir que ce chien fût le vôtre ! Non, monsieur Jean, sur l'honneur, je l'ignorais.

Jean Oullier fit un geste de dédain.

— Qui, continua-t-il de la même voix calme mais accusatrice, qui, s'étant glissé dans la maison de Pascal Picaut, a vendu aux bleus le secret de la sainte hospitalité de ce foyer, secret qu'il avait surpris ?

— J'atteste ! dit sourdement la voix de la veuve de Pascal sortant de son silence et de son immobilité.

Le métayer tressaillit et n'osa se disculper.

— Depuis quatre mois, reprit Jean Oullier, qui ai-je constamment rencontré sur mon passage, tramant de honteuses machinations, dressant ses filets en se couvrant du nom de son maître, en affichant le dévouement, la fidélité, l'attachement, en souillant ces vertus au contact de ses criminelles intentions ? qui ai-je entendu, dans la lande de Bouaimé, discuter le prix du sang, peser l'or qu'on lui offrait pour la plus lâche et la plus odieuse des trahisons ? qui encore, si ce n'est vous ?

— Je vous le jure sur tout ce qu'il y a de plus sacré parmi les hommes, dit Courtin, qui se figurait toujours que le principal grief de Jean Oullier était la blessure qu'il lui avait faite, je vous le jure, j'ignorais que ce fût vous qui étiez dans ce malheureux buisson.

— Mais quand je vous dis que ceci, je ne vous le reproche pas ; je ne vous en ai pas dit un mot, je ne vous en ouvrirai pas la bouche : la liste de vos crimes est assez longue sans cela.

— Vous parlez de mes crimes, Jean Oullier, et vous oubliez que mon jeune maître, qui bientôt va devenir le vôtre, me doit la vie ; que, si j'avais été un traître, comme vous le dites, je l'eusse livré aux soldats, qui, chaque jour, passaient et repassaient devant le seuil de ma maison ; vous oubliez tout cela, tandis qu'au contraire, vous vous faites arme des circonstances les plus insignifiantes pour m'accabler.

— Si tu as sauvé ton maître, reprit Jean Oullier du même ton inexorable, c'est que cette feinte générosité était utile à tes desseins ; et mieux eût valu pour lui, mieux eût valu pour les deux pauvres jeunes filles les laisser finir honorablement, glorieusement leur vie, plutôt que de les mêler à ces honteuses intrigues ; et c'est ce que je te reproche, Courtin ; c'est cette pensée qui redouble ma haine contre toi.

— La preuve que je ne vous en veux pas, Jean Oullier, répliqua Courtin, c'est que, si j'eusse voulu, il y a longtemps que vous ne seriez plus de ce monde.

— Que veux-tu dire ?

— Lorsque le père de M. Michel fut tué, fut assassiné, monsieur Jean, disons le mot, il y avait un traqueur qui n'était plus qu'à dix pas de lui, et ce traqueur, on l'appelait Courtin.

Jean Oullier se dressa de toute sa hauteur.

— Oui, poursuivit le métayer, et ce traqueur a vu que c'était la balle de Jean Oullier qui avait couché le traître sur l'herbe.

— Et, si le traqueur le raconte, il dira vrai ; car cela, ce n'était point un crime : c'était une expiation, répondit Jean Oullier, et je suis fier d'avoir été celui que la Providence avait choisi pour frapper l'infâme !

— Dieu seul peut frapper, Dieu seul peut maudire, monsieur Oullier.

— Non ! Oh ! je ne m'y trompe pas, c'est lui qui m'avait mis au cœur cette haine profonde du forfait, le souvenir ineffaçable de la trahison ; c'était son doigt qui touchait mon cœur lorsque ce cœur frissonnait, chaque fois que j'entendais prononcer le nom du Judas. Quand je l'ai frappé, j'ai senti le souffle de la justice divine qui passait sur mon visage et qui le rafraîchissait, et, à partir de ce moment, j'ai trouvé le calme et le repos qui me fuyaient depuis que je voyais le crime impuni prospérer sous mes yeux. Tu vois bien que Dieu était avec moi.

— Dieu ne peut être avec le meurtrier.

— Dieu est toujours avec le bourreau qui a levé l'épée de sa justice. Les hommes ont le leur ; mais lui a le sien ; ce jour-là, j'étais l'épée de Dieu comme je le suis aujourd'hui.

— Mais vous allez donc m'assassiner comme vous avez assassiné le baron Michel ?

— Je vais punir celui qui a vendu Petit-Pierre, comme j'ai puni celui qui avait vendu Charette ; je vais le punir sans crainte, sans souci, sans remords.

— Prenez garde ! ces remords pourront venir lorsque votre futur maître vous demandera compte de la mort de son père.

— Le jeune homme est juste et loyal, et, s'il est appelé à me juger, je lui raconterai ce que j'ai vu dans le bois de la Chabotière, et il se prononcera.

— Qui témoignera que vous dites la vérité ? Un seul homme,

et cet homme, c'est moi. Laissez-moi vivre, Jean, et, comme cette femme tout à l'heure, quand il le faudra, je me lèverai pour dire : « J'atteste ! »

— La peur te fait déraisonner, Courtin ! M. Michel n'invoquera aucun témoignage quand Jean Oullier lui dira : « Voilà la vérité » ; lorsque Jean Oullier, découvrant sa poitrine, lui dira : « Si vous voulez venger votre père, frappez ! » lorsqu'il s'agenouillera en face de lui et qu'il demandera à Dieu de lui envoyer l'expiation, si Dieu juge que cet acte doive être expié ; non, non ; et dans la terreur qui te glace, tu as eu tort d'évoquer à mes yeux ce sanglant souvenir. Toi, maître Courtin, tu as fait pis encore que n'avait fait Michel ; car le sang que tu as vendu est plus noble encore que celui qu'il avait livré ! Je n'ai point épargné Michel, et je t'épargnerais, toi ? Non, jamais ! jamais !

— Pitié, Jean Oullier ! ne me tuez pas ! dit le misérable en sanglotant.

— Implore ces pierres, demande-leur de la compassion ; peut-être te répondront-elles ; mais rien n'ébranlera ma résolution et ma volonté, Courtin. Tu mourras !

— Ah ! mon Dieu, mon Dieu, s'écria Courtin, personne ne viendra-t-il donc à mon aide ? Veuve Picaut, veuve Picaut, à mon secours ! me laisserez-vous égorger ainsi ? Défendez-moi, je vous en conjure ! Si vous voulez de l'or, je vous en donnerai ; j'en ai, de l'or... Mais, non, non, je délire ; je n'en ai pas, je n'en ai pas ! dit le misérable, qui craignait d'aiguillonner la fièvre de meurtre qu'il voyait luire dans les yeux de son ennemi ; non, je n'en ai pas ; mais j'ai des terres, je vous les donnerai, je vous ferai riche tous les deux. Grâce, Jean Oullier ! Veuve Picaut, défendez-moi !

La veuve ne bougea point ; sans le mouvement de ses lèvres, à la voir pâle comme un marbre, immobile et muette en face de ce cadavre, on aurait pu la prendre, sous ses vêtements de deuil, pour une de ces statues que l'on voit agenouillées au pied des anciens tombeaux.

— Quoi ! vous allez me tuer ? continua Courtin ; me tuer sans combat, sans danger, sans que je puisse lever un pied pour fuir, une main pour me défendre ? M'égorger dans mes liens comme l'animal que l'on traîne à l'abattoir ! oh ! Jean Oullier, ce n'est plus d'un soldat, ceci, c'est d'un boucher !

— Et qui te dit que cela va se passer ainsi ? Non, non, non, maître Courtin. Regarde la blessure que tu as faite à ma poitrine, elle saigne encore ; je suis encore faible, chancelant, débile ; je suis proscrit ; ma tête est à prix ; eh bien, malgré tout cela, je suis si certain de la justice de ma cause, que je n'hésite pas à en appeler au jugement de Dieu. Courtin je te rends libre.

— Vous me rendez libre ?

— Oui, je te rends libre... Oh ! ne me remercie pas : ce que je fais, c'est pour moi et non pour toi ; c'est afin qu'il ne soit pas dit que Jean Oullier a frappé un homme à terre et désarmé ; mais, sois tranquille, va ! cette vie que je te laisse, je compte bien te la reprendre.

— Mon Dieu !

— Maître Courtin, tu vas sortir d'ici sans liens et sans entraves ; mais, je t'en préviens, garde-toi ! aussitôt que tu auras passé le seuil de ces ruines, je serai sur ta trace, et cette trace, je ne l'abandonnerai plus que lorsque je t'aurai frappé à mon tour, que lorsque, de ton corps, j'aurai fait un cadavre. Garde-toi, maître Courtin ! garde-toi !

Et, en achevant ces mots, Jean Oullier prit son couteau et coupa les cordes qui attachaient les pieds et les mains du métayer.

Courtin eut un mouvement de joie frénétique ; mais ce mouvement de joie, il le réprima aussitôt. En se relevant, il avait senti sa ceinture ; elle s'était en quelque sorte rappelée à lui. Avec l'espérance, Jean Oullier venait de lui rendre la vie ; mais qu'était la vie sans son or ?

Il se recoucha aussi vite qu'il s'était levé.

Jean Oullier, pendant le mouvement de Courtin, si rapide qu'il eût été, avait entrevu le cuir gonflé de la ceinture et deviné ce qui se passait dans le cœur du métayer.

— Qu'attends-tu donc pour partir ? lui dit-il. Oui, je comprends, tu crains qu'en te voyant libre comme moi, plus fort que moi, ma colère ne se réveille ; tu crains que je ne te jette un second couteau et qu'armé de celui-ci, je ne te dise : « Défends-toi, maître Courtin ! » Non, Jean Oullier n'a qu'une parole. Hâte-toi, fuis ! si Dieu est pour toi, il te dérobera à mes coups ; s'il t'a condamné, que m'importe l'avance que je te donne ! Prends ton or maudit, et va-t'en.

Maître Courtin ne répondit pas, il se leva chancelant comme un homme ivre ; il essaya d'attacher sa ceinture autour de sa taille, mais il ne put y parvenir, ses doigts tremblaient comme s'ils eussent été agités par la fièvre.

Avant de partir, il se retourna avec terreur du côté de Jean Oullier.

Le traître craignait une trahison. Il ne pouvait croire que la générosité de son ennemi ne cachât point un piège.

Jean Oullier, du doigt, lui montra la porte. Courtin se précipita dans la cour ; mais, avant qu'il eût franchi le seuil de la poterne, il entendit la voix du Vendéen qui, sonore comme un clairon de bataille, lui criait :

— Garde-toi, Courtin ! Garde-toi.

Maître Courtin, tout libre qu'il était, frémit, et, en ce moment de trouble, son pied heurtant une pierre, il trébucha et tomba à la renverse.

Il poussa un cri d'angoisse ; il lui semblait que le Vendéen allait se précipiter sur lui. Il croyait sentir le froid de la lame de son poignard pénétrer dans son dos. Ce n'était qu'un mauvais présage ; Courtin se releva, et, une minute après, il avait dépassé la poterne et s'élançait dans la campagne, qu'il avait si bien cru ne jamais revoir.

Lorsqu'il eut disparu, la veuve vint à Jean Oullier et lui tendit la main.

— Jean, lui dit-elle, en vous écoutant, je songeais combien mon pauvre Pascal avait raison lorsqu'il me disait qu'il y avait de braves gens sous tous les drapeaux.

Jean Oullier serra cette main que lui tendait la digne femme qui lui avait sauvé la vie.

— Comment vous trouvez-vous, maintenant ? lui demanda-t-elle.

— Mieux ! on trouve toujours de la force dans la lutte.

— Et où allez-vous aller ?

— A Nantes. D'après ce que m'a raconté votre mère, Bertha n'y est point allée, elle, et je crains bien qu'un malheur ne soit arrivé là-bas.

— Bon ! mais, au moins, prenez un bateau ; cela épargnera à vos jambes la fatigue de la moitié du chemin.

— Soit, répondit Jean Oullier.

Et il suivit la veuve jusqu'à l'endroit du lac où les barques de pêcheurs étaient tirées sur le sable.

89

Où l'on voit qu'un homme qui a cinquante mille francs sur lui peut quelquefois être fort gêné

Aussitôt que maître Courtin eut franchi le pont du château de Saint-Philbert, il se mit à courir comme un insensé ; la terreur lui prêtait des ailes ; il marchait sans se demander où ses pas le conduisaient ; il fuyait pour fuir ; si ses forces n'avaient trahi ses terreurs, il eût mis le monde entre lui et les menaces du Vendéen, menaces qu'il entendait toujours raisonner à son oreille comme un glas funèbre.

Mais lorsqu'il eut fait une demi-lieue à travers champs, dans la direction de Machecoul, épuisé, haletant, suffoqué par la rapidité de sa course, il tomba plutôt qu'il ne s'assit sur le revers d'un fossé, et, peu à peu, il revint à lui et réfléchit à ce qu'il allait faire.

Son premier projet fut de gagner immédiatement sa maison ; mais ce projet, il l'abandonna sur-le-champ. Dans la campagne, et quelque soin que prît l'autorité, prévenue, pour garantir la vie du maire de la Logerie, Jean Oullier, avec les intelligences qu'il avait dans le pays, avec sa connaissance si parfaite de tous les chemins, de toutes les forêts, de tous les champs de genêts, secondé, et par la sympathie que chacun avait pour lui, et par la haine que l'on portait à Courtin, Jean Oullier aurait trop beau jeu.

C'était dans Nantes que le métayer devait chercher un refuge ; dans Nantes, où une police habile et nombreuse sauvegarderait sa vie, jusqu'à ce que l'on fût parvenu à arrêter Jean Oullier, résultat que Courtin se flattait d'obtenir très prochainement à l'aide des indications qu'il pourrait fournir sur les asiles ordinaires des condamnés et des insoumis.

En ce moment, la main du fugitif se porta à sa ceinture pour la soulever ; car le poids énorme de la masse d'or qu'il y portait l'étouffait et n'avait pas peu contribué à l'accablement qui avait arrêté sa course.

Ce geste décida de sa destinée.

Ne devait-il pas retrouver à Nantes M. Hyacinthe ? Recevoir de son associé, si leur complot avait réussi — et il n'en doutait pas — une somme égale à celle qu'il possédait déjà, cette idée remplissait le cœur de Courtin d'une joie qui le mettait bien au-dessus de toutes les tribulations par lesquelles il venait de passer.

Il n'hésita pas une seconde de plus, et revint sur ses pas dans la direction de la ville.

D'abord, maître Courtin voulut y arriver à vol d'oiseau, en continuant de marcher à travers champs ; sur une route, il risquait d'être épié ; le hasard seul pouvait faire que Jean Oullier trouvât sa trace dans la plaine ; mais son imagination, échauffée par les péripéties de la soirée, fut plus puissante que sa raison.

Il avait beau se glisser le long des haies, restant dans l'ombre, étouffant le bruit de ses pas, n'entrant dans une pièce qu'après s'être assuré qu'elle était déserte, à chaque instant il était pris de terreurs paniques.

Dans les arbres à tête émondée qui se dressaient derrière les haies, il croyait voir des assassins qui guettaient son passage dans les branches noueuses qui s'étendaient au-dessus de sa tête, des bras armés de poignards et prêts à le frapper. Alors, il s'arrêtait, glacé d'épouvante ; ses jambes se refusaient à le porter plus loin, comme si elles eussent pris racine dans la terre ; une sueur glacée inondait tout son corps ; ses dents s'entrechoquaient convulsivement ; ses mains crispées serraient son or, et il lui fallait longtemps pour se remettre de sa frayeur.

Il gagna la route.

Sur la route, il lui semblait que sa peur serait moins vive ; il rencontrerait des passants, qui pouvaient, sans doute, être des ennemis, mais qui, aussi, pouvaient le secourir si on l'attaquait, et, sous l'impression de l'épouvante qui l'accablait, il croyait qu'un être vivant, quel qu'il fût, lui paraîtrait moins redoutable que ces spectres noirs, menaçants, implacables dans leur immobilité, que sa terreur lui montrait à chaque pas dans les champs.

D'ailleurs, sur la route, il pouvait trouver une voiture se rendant à Nantes, y demander une place et abréger de moitié la longueur du chemin.

Lorsqu'il eut fait cinq cents pas, il se trouva sur la chaussée qui suit, pendant un quart de lieue, les rives du lac de Grand-Lieu, auquel elle sert de digue en même temps qu'elle sert de chemin.

Courtin s'arrêtait de minute en minute pour prêter l'oreille, et bientôt il crut distinguer le pas d'un cheval sur le pavé.

Il se jeta dans les roseaux qui bordent la route du côté du lac et s'y tapit, subissant encore une fois toutes les angoisses que nous avons décrites tout à l'heure.

Mais, alors, il entendit, à sa gauche, un bruit d'avirons qui frappaient doucement les eaux du lac.

Il se glissa entre les joncs, regarda du côté d'où venait le bruit, et aperçut, dans l'ombre, une barque qui glissait lentement le long du bord.

C'était, sans doute, un pêcheur qui allait retirer avant le jour les filets qu'il avait placés la veille.

Le cheval approchait ; le fracas de ses fers sur le pavé épouvantait Courtin ; là, il voyait le danger ; il ne songeait qu'à le fuir.

Il siffla doucement pour attirer l'attention du pêcheur.

Celui-ci suspendit le mouvement de ses avirons et écouta.

— Par ici ! par ici ! s'écria Courtin.

Il n'avait pas fini de parler qu'un vigoureux coup d'aviron fit avancer la barque jusqu'à quatre pieds du métayer.

— Pouvez-vous me faire traverser le lac, me conduire jusqu'à la hauteur de Port-Saint-Martin ? demanda Courtin. Il y a un franc pour vous.

Le pêcheur, enveloppé dans une espèce de vareuse dont le capuchon lui cachait le visage, ne répondit que par une inclination de tête ; mais il fit mieux que de répondre : d'un coup de gaffe, il fit entrer son bachot au milieu des joncs, qui se courbèrent en frémissant sous son avant ; et, au moment où le cheval qui avait excité les inquiétudes de maître Courtin arrivait à la hauteur de l'endroit où il se trouvait, en deux enjambées il rejoignit la barque, dans laquelle il sauta.

Le pêcheur, comme s'il eût partagé les appréhensions du métayer, poussa au large avec empressement, et celui-ci respira.

Au bout de dix minutes, la chaussée et ses arbres n'apparaissaient plus que comme une ligne sombre à l'horizon.

Courtin ne se sentait pas de joie. Cette barque qui s'était trouvée là si à point comblait tous ses vœux, dépassait toutes ses espérances. Une fois à Port-Saint-Martin, il n'avait plus qu'une lieue à faire pour gagner Nantes, une lieue sur une route fréquentée à quelque heure de la nuit que ce fût, et, une fois à Nantes, il était sauvé.

La joie de Courtin était si grande, que, malgré lui, et par l'effet de la réaction des terreurs qu'il avait éprouvées, il se laissait aller à la manifester tout haut. Assis à l'arrière du bachot, il regardait avec ivresse le pêcheur, qui, se courbant sur ses rames, s'éloignait, à chaque effort de son bras, de la rive où était le danger ; ses coups d'aviron, il les comptait ; puis il riait sourdement, il palpait sa ceinture, il faisait glisser l'or entre ses plis. Ce n'était pas du bonheur, c'était de l'ivresse.

Cependant, il commença de trouver que le pêcheur l'avait suffisamment éloigné de la rive et qu'il était temps de mettre le cap sur Port-Saint-Martin, qu'en suivant la direction imprimée au bateau, ils devaient infailliblement laisser à droite.

Pendant quelques instants, il attendit, croyant que c'était là une manœuvre du pêcheur, que celui-ci cherchait quelque courant qui facilitât sa tâche.

Mais le pêcheur ramait toujours et ramait toujours dans la direction du large.

— Eh ! gars, dit enfin le métayer, vous aurez mal entendu ; ce n'est point à Port-Saint-Père que je vous ai dit que je voulais aller : c'est à Port-Saint-Martin. Dirigez-vous donc de ce côté ; vous aurez plus tôt gagné votre argent.

Le pêcheur demeura silencieux.

— M'avez-vous entendu ? voyons ! reprit Courtin impatienté. Port-Saint-Martin, bonhomme ! C'est à droite qu'il vous faut prendre. Que nous ne longions pas la chaussée de trop près, c'est bien ; que nous restions hors de la portée des balles que l'on pourrait nous envoyer de la rive, ça me va encore ; mais nageons de ce côté, s'il vous plaît !

L'injonction de Courtin ne parut pas avoir été entendue du rameur.

— Ah çà ! êtes-vous sourd ? s'écria le métayer commençant à se fâcher.

Le pêcheur ne répondit que par un nouveau coup d'aviron qui fit voler la barque à dix pas plus loin sur la surface du lac.

Courtin, hors de lui, se précipita à l'avant, rabattit le capuchon qui dissimulait dans son ombre le visage du pêcheur, approcha sa tête de la sienne, et, poussant un cri étouffé, tomba à genoux au milieu de la barque.

L'homme abandonna les rames, et, sans se lever :

— Décidément, maître Courtin, dit-il, Dieu a prononcé et a prononcé contre vous. Je ne vous cherchais pas, et il vous envoie à moi ; je vous oubliais pour un temps, et il vous met sur mon passage ! Dieu veut que vous mouriez, maître Courtin.

— Non, non, vous ne me tuerez pas, Jean Oullier ! s'écria celui-ci retombant dans ses premières terreurs.

— Je vous tuerai aussi vrai que voilà au ciel les étoiles que le Seigneur y a placées de ses mains ! Ainsi donc, si vous avez une âme, songez-y ; repentez-vous et priez pour que le jugement ne soit pas trop sévère.

— Oh ! vous ne ferez pas cela, Jean Oullier, vous ne ferez pas cela ! Songez que vous allez tuer une créature de ce bon Dieu dont vous prononcez le nom ! Oh ! ne pas revoir la terre qui est si belle lorsque le soleil l'éclaire ! dormir dans un cercueil glacé, loin de tous ceux qu'on aime ! oh ! non, c'est impossible !

— Si tu étais père, si tu avais une femme, une mère, une sœur qui attendît ton retour, tes prières pourraient me toucher ; mais non, inutile aux hommes, tu n'as vécu que pour te servir d'eux et leur rendre le mal pour le bien. Tu blasphèmes encore dans ton mensonge, car tu n'as aimé personne, personne ne t'a aimé ici-bas, et, en fouillant ta poitrine, ce n'est que ton cœur que mon poignard percera. Maître Courtin, tu vas paraître devant ton juge ; encore une fois recommande-lui ton âme.

— Eh ! quelques minutes me suffisent-elles pour cela ? A un coupable comme moi, il faut des années pour que le repentir soit à la hauteur du péché. Vous qui êtes si pieux, Jean Oullier, vous me laisserez la vie pour que je l'emploie à pleurer mes fautes.

— Non, non ; la vie ne te servirait qu'à en commettre de nouvelles ! La mort, ce sera l'expiation ! tu la redoutes ; mets tes angoisses aux pieds du Seigneur, et il te recevra dans sa miséricorde ! Maître Courtin, le temps passe, et, aussi vrai que Dieu trône au-dessus de ces astres, dans dix minutes tu seras devant lui.

— Dix minutes, mon Dieu ! Dix minutes ! oh ! pitié ! pitié !

— Le temps que tu emploies en prières inutiles est perdu pour ton âme, songes-y, Courtin, songes-y !

Courtin ne répondit pas ; sa main s'était posée sur une rame, et une lueur d'espoir venait de traverser son cerveau.

Il saisit doucement l'aviron ; puis, se relevant brusquement, il le brandit au-dessus de la tête du Vendéen ; celui-ci se rejeta à droite, et esquiva le coup ; la rame tomba sur le bordage de l'avant, se brisa en mille éclats, et ne laissa qu'un tronçon dans les mains du métayer.

Prompt comme la foudre, Jean Oullier sauta à la gorge de Courtin, qui, pour la seconde fois, tomba à genoux.

Le misérable, paralysé par la peur, roula au fond de la barque ; sa voix étranglée murmurait à peine le cri de « Grâce, grâce ! »

— Ah ! la peur de la mort a éveillé chez toi un peu de courage ! s'écria Jean Oullier. Ah ! tu as trouvé une arme ! Eh bien, tant mieux ! tant mieux ! défends-toi, Courtin, et, si l'arme que tu tiens à la main ne te convient pas, prends la mienne, poursuivit le vieux garde en jetant son poignard aux pieds du métayer.

Mais celui-ci était incapable d'un geste ; tout mouvement lui était devenu impossible ; il balbutiait des paroles incohérentes et sans suite ; tout son corps tremblait comme s'il eût été secoué par la fièvre ; un bourdonnement confus bruissait à son oreille, et, comme il avait perdu la voix, tous ses sens s'étaient éteints dans les affres de la mort.

— Mon Dieu ! s'écria Jean Oullier en poussant du pied la masse inerte qu'il avait devant lui, mon Dieu, je ne puis pourtant pas porter le couteau sur ce cadavre.

Alors, le Vendéen promena son regard autour de lui, comme s'il cherchait quelque chose.

La nature était calme, la nuit silencieuse ; à peine si une brise légère ridait la surface du lac, à peine si les ondulations de ces eaux bruissaient le long du bateau ; on n'entendait que le cri de la sauvagine qui s'envolait devant la barque et dont les ailes tachaient de noir les bandes empourprées de l'aurore qui commençait d'apparaître à l'orient.

Jean Oullier se tourna brusquement vers Courtin, et le secoua en le tenant par le bras.

— Maître Courtin, je ne te tuerai pas sans avoir ma part du danger, lui dit-il ; maître Courtin, je te forcerai à te défendre, si ce n'est contre moi, au moins contre la mort ; elle vient, elle approche, défends-toi !

Le métayer ne répondit que par un gémissement ; il roulait des yeux hagards autour de lui, mais il était facile de voir que son regard ne distinguait aucun des objets qui l'entouraient ; la mort, terrible, hideuse, menaçante, les effaçait tous.

Au même instant, Jean Oullier donna un vigoureux coup de talon dans le bordage. Les ais, à moitié pourris, cédèrent et l'eau entra en bouillonnant dans le bateau.

Courtin se réveilla en sentant la fraîcheur de l'eau gagner ses pieds, et poussa un cri horrible, un cri qui n'avait rien d'humain.

— Je suis perdu ! dit-il.

— C'est le jugement de Dieu ! s'écria Jean Oullier en étendant son bras vers le ciel. Une première fois, je ne t'ai point frappé parce que tu étais garrotté ; cette fois encore, ma main t'épargnera, maître Courtin. Si ton bon ange veut de toi, qu'il te sauve ; moi, je n'aurai pas trempé les mains dans ton sang.

Courtin s'était levé pendant que Jean Oullier prononçait ces paroles, et, en faisant jaillir l'eau autour de lui, il allait çà et là dans la barque.

Jean Oullier, calme et impassible s'était agenouillé sur l'avant ; il priait.

L'eau gagnait toujours.

— Oh ! qui me sauvera ? qui me sauvera ? criait Courtin devenu livide et contemplant avec effroi les six pouces de bois qui restaient à peine hors de la surface du lac.

— Dieu, s'il le veut ! ta vie, comme la mienne, est dans ses mains : qu'il prenne l'une ou l'autre, ou qu'il nous sauve ou nous condamne tous les deux. Nous sommes dans sa droite ; encore une fois, maître Courtin, accepte son jugement.

Comme Jean Oullier achevait ces paroles, le bateau craqua dans toutes ses membrures ; l'eau était arrivée à la hauteur du dernier bordage ; la barque pivota une fois sur elle-même, se soutint une seconde encore à la surface de l'eau, puis elle manqua sous les pieds des deux hommes et s'engouffra dans les profondeurs du lac en faisant entendre un sombre murmure.

Courtin fut entraîné dans le remous de la barque ; mais il revint à la surface de l'eau et ses doigts saisirent le second aviron, qui flottait auprès de lui ; ce morceau de bois sec et léger le soutint sur l'eau assez longtemps pour qu'il pût adresser une nouvelle prière à Jean Oullier. Celui-ci ne répondit pas : il s'était mis à la nage et il avançait doucement dans la direction où on voyait le jour se lever.

— A moi ! à moi ! criait le malheureux Courtin. Aide-moi à gagner la rive, Jean Oullier, et je t'abandonne tout l'or que j'ai sur moi.

— Jette cet or impur au fond du lac, dit le Vendéen, qui avait aperçu le métayer accroché à son épave : c'est la seule chance qu'il te reste pour préserver ta vie, et ce conseil est la seule chose que je veuille faire pour toi.

Courtin porta la main à sa ceinture ; mais elle lui eût brûlé les doigts, qu'il ne l'eût pas retirée plus vite, et, comme si le Vendéen lui eût commandé de s'ouvrir les entrailles, de sacrifier sa chair et son sang :

— Non, non, murmura-t-il, je le sauverai, cet or, et me sauverai avec lui !

Alors, il essaya de nager.

Mais il n'avait, dans cet exercice, ni la force, ni l'habileté de Jean Oullier ; d'ailleurs, le poids qu'il portait était trop lourd, et, à chaque brassée, il enfonçait sous l'eau, qui, malgré lui, pénétrait dans sa gorge.

Il appela encore Jean Oullier ; mais Jean Oullier était à cent brasses.

Dans une de ces immersions plus longues que les autres, saisi de vertige, par un mouvement prompt et subit, il détacha sa ceinture ; mais, avant de lancer son or dans le gouffre, il voulut le voir, le sentir encore une fois ; il le serra, il le palpa entre ses doigts crispés.

Cette dernière communication avec le métal qui était pour lui plus que la vie décida de son sort ; il ne put se résoudre à s'en détacher, il le pressa contre sa poitrine, fit encore un mouvement des pieds pour s'élancer hors de l'eau, mais le poids de la partie supérieure de son corps entraîna les extrémités ; il plongea, et, après quelques secondes passées sous l'eau, Courtin, à demi asphyxié, reparut encore, jeta une suprême imprécation au ciel, qu'il voyait pour la dernière fois, puis descendit dans les profondeurs du lac, entraîné par son or, comme par un démon.

Jean Oullier, qui se retournait en ce moment, aperçut quelques cercles qui rayaient la surface de l'eau : c'était le dernier témoignage que le maire de la Logerie donnât de son existence ; c'était le dernier mouvement qui se devait faire autour de lui et au-dessus de lui dans le monde des vivants.

Le Vendéen leva les yeux vers le ciel et adora Dieu dans la justice de ses décrets.

Jean Oullier nageait bien ; pourtant, sa blessure récente, les fatigues et les émotions de cette nuit terrible l'avaient épuisé ; lorsqu'il fut à cent pas de la rive, il sentit que ses forces allaient trahir son courage ; mais calme, résolu en ce moment suprême comme il l'avait été pendant toute son existence, il se décida à lutter jusqu'au bout.

Il nagea.

Bientôt il sentit une espèce de défaillance ; ses membres s'engourdissaient ; il lui semblait que mille piqûres d'épingle en déchiraient la peau ; ses muscles devenaient douloureux et, en même temps, le sang montait avec impétuosité à son cerveau, et un bourdonnement confus comme celui de la mer qui bat les rochers bruissait dans ses oreilles ; des nuages noirs et chargés d'étincelles phosphorescentes papillottaient devant ses yeux, il sentait qu'il allait mourir, et, cependant, ses membres, obéissants dans leur impuissance, essayaient encore le mouvement que leur imprimait sa volonté.

Il nageait toujours.

Ses yeux se fermèrent malgré lui ; ses membres se roidirent tout à fait, il donna une dernière pensée à ceux avec lesquels il avait traversé la vie, aux enfants, à la femme, au vieillard qui avaient embelli sa jeunesse ; aux deux jeunes filles qui avaient remplacé ceux qu'il avait aimés ; il voulait que sa dernière prière fût pour eux comme sa dernière pensée.

Mais, en ce moment, et malgré lui, une idée soudaine traversa son cerveau : un fantôme passa devant ses yeux ; il vit Michel le père baigné dans son sang, et gisant sur la mousse de la forêt ; alors, élevant le bras hors de l'eau, vers le ciel, il s'écria :

— Mon Dieu, si je m'étais trompé ! si c'était un crime ! pardonnez-le-moi, non pas dans ce monde mais dans l'autre.

Puis, comme si cette suprême invocation eût épuisé ses dernières forces, l'âme sembla abandonner ce corps qui flottait inerte entre deux eaux ; au moment où le soleil, sortant de derrière les montagnes de l'horizon, dorait de ses premiers feux la surface du lac ; au moment où Courtin, roulé dans la vase, rendait le dernier soupir ; au moment où l'on arrêtait Petit-Pierre !...

Cependant Michel, conduit par les soldats, était dirigé sur Nantes.

Au bout d'une demi-heure de marche, le lieutenant qui commandait la petite troupe, s'était approché de lui.

— Monsieur, lui avait-il dit, vous avez l'air d'un gentilhomme ; j'ai l'honneur de l'être moi-même, et cela me fait souffrir de vous voir les menottes aux mains ; voulez-vous que nous les échangions contre une parole ?

— Volontiers, répondit Michel, et je vous remercie, monsieur, en vous jurant que, de quelque part que le secours me vienne, je ne quitterai point vos côtés sans votre permission.

Et tous deux avaient continué leur route bras dessus bras

dessous, si bien, que, pour qui les eût rencontrés, il eût été difficile de décider lequel des deux était le prisonnier.

La nuit était belle, le lever du soleil fut splendide : toutes les fleurs, humides de rosée, semblaient étincelantes de diamants ; l'air se chargeait des plus douces senteurs ; les petits oiseaux chantaient dans les branches ; cette course était une vraie promenade.

Arrivé à l'extrémité du lac de Grand-Lieu, le lieutenant arrêta son prisonnier, avec lequel il avait dépassé d'un bon quart de lieue le reste de la colonne, et, lui montrant du doigt une masse noirâtre qui flottait à la surface du lac, à cinquante pas du bord environ :

— Qu'est-ce que cela ? fit-il.

— On dirait le corps d'un homme ? répondit Michel.

— Savez-vous nager ?

— Un peu.

— Ah ! si je savais nager, je serais déjà à l'eau, dit en soupirant l'officier, qui, en même temps, se retourna avec inquiétude du côté de la route pour appeler ses hommes à l'aide.

Michel n'en écouta pas davantage ; il descendit la berge, en un tour de main se déshabilla, et se précipita dans le lac.

Quelques instants après, il ramenait à la rive un corps qui semblait inanimé et qu'il venait de reconnaître pour celui de Jean Oullier.

Pendant ce temps, les soldats étaient arrivés et s'empressaient autour du noyé.

L'un d'eux détacha sa gourde, et, desserrant les dents du Vendéen, il lui introduisit quelques gouttes d'eau-de-vie dans la bouche.

Son premier regard se porta sur Michel, qui lui soutenait la tête, et il y eut une telle expression d'angoisse dans ce regard que le lieutenant s'y trompa.

— Voilà votre sauveur, mon ami ! dit-il en désignant Michel au Vendéen.

— Mon sauveur !... son fils ! s'écria Jean Oullier. Ah ! merci mon Dieu ! vous êtes aussi grand dans vos miséricordes que terrible dans vos justices !

Epilogue

Un jour de l'année 1843, vers sept heures du soir, une lourde voiture s'arrêta à la porte du couvent des carmélites de Chartres.

Cette voiture contenait cinq personnes : deux enfants de huit à neuf ans, un homme et une femme de trente à trente-cinq, et un paysan cassé par l'âge, mais encore vert malgré ses cheveux blancs. En dépit de l'humilité de son costume, ce paysan occupait, aux côtés de la dame, le fond de la voiture ; un des enfants jouait sur ses genoux avec les anneaux d'une grosse chaîne d'acier qui attachait sa montre à la boutonnière de son gilet, tandis que lui passait sa main noire et ridée dans la chevelure soyeuse de l'enfant.

A la secousse qu'éprouva la voiture en cessant de rouler sur le pavé de la grande route, pour s'engager dans le faubourg Saint-Jean, la dame passa la tête par la portière, puis la retira avec une expression douloureuse lorsqu'elle eut aperçu les murs élevés qui entouraient le couvent, et la sombre porte qui y donnait entrée.

Le postillon descendit de cheval, s'approcha de la portière et dit :

— C'est ici.

La dame serra la main de son mari, qui était placé en face d'elle, et deux grosses larmes roulèrent le long de ses yeux.

— Allez, Mary, et du courage ! lui dit le jeune homme, dans lequel nos lecteurs reconnaîtront le baron Michel de la Logerie ; je regrette que la règle du couvent m'interdise de partager avec vous ce triste devoir ; depuis dix ans, c'est la première fois que nous souffrirons loin l'un de l'autre !

— Vous lui parlerez de moi, n'est-ce pas ? dit le vieux paysan.

— Oui, mon Jean, répondit Mary.

La jeune femme descendit le marchepied, sauta à bas de la voiture et frappa à la porte.

Le bruit du marteau rendit un son funèbre en se répercutant sous la voûte.

— La mère sainte Marthe ? dit la dame.

— Vous êtes la personne que notre mère attend ? demanda la carmélite.

— Oui, ma sœur.

— Alors, venez ! vous allez la voir ; mais rappelez-vous que la règle veut que, toute notre supérieure qu'elle est, vous ne l'entreteniez qu'en présence d'une de ses sœurs, qu'elle défend surtout que vous lui parliez, même en ce moment, des choses mondaines qu'elle a laissées en arrière.

Mary inclina la tête.

La tourière marcha la première et conduisit la baronne de la Logerie à travers un corridor sombre et humide sur lequel s'ouvraient une douzaine de portes ; elle poussa une de ces portes et se rangea de côté pour laisser passer Mary.

Celle-ci hésita un moment ; elle suffoquait d'émotion ; puis elle recueillit ses forces, franchit le seuil et se trouva dans une cellule de huit pieds carrés, à peu près.

Dans cette cellule, il y avait pour tous meubles un lit, une chaise et un prie-Dieu ; pour tous ornements, quelques images de sainteté collées aux murailles nues, un crucifix d'ébène et de cuivre qui étendait ses bras au-dessus du prie-Dieu.

Mary ne vit rien de tout cela.

Sur le lit, il y avait une femme dont le visage avait pris la couleur et la transparence de la cire, dont les lèvres décolorées semblaient près d'exhaler leur dernier soupir.

Cette femme, c'était ou plutôt cela avait été Bertha !

Maintenant, ce n'était plus que la mère sainte Marthe, supérieure du couvent des carmélites de Chartres.

Bientôt ce ne devait plus être qu'un cadavre.

En voyant entrer l'étrangère, la mourante avait ouvert ses bras et Mary s'y était précipitée.

Longtemps elles se tinrent étroitement embrassées toutes les deux, Mary trempant de ses larmes le visage de sa sœur, Bertha haletant ; car, dans ses yeux creusés par les rigueurs du cloître, il semblait qu'il n'y eût plus de larmes.

La tourière, qui s'était assise sur la chaise et qui lisait son bréviaire, n'était pas tellement occupée de ses prières, qu'elle ne remarquât ce qui se passait autour d'elle.

Elle trouva, sans doute, que ces embrassements se prolongeaient au-delà des règles prescrites, car elle toussa pour avertir les deux sœurs.

La mère sainte Marthe repoussa doucement Mary, mais sans lâcher sa main, qu'elle tenait dans la sienne.

— Sœur ! sœur ! murmura celle-ci, qui eût dit jamais que nous nous retrouverions ainsi ?

— C'est la volonté de Dieu, il faut s'y soumettre, répondit la carmélite.

— Cette volonté est quelquefois bien sévère, soupira Mary.

— Que dites-vous, ma sœur ! cette volonté est douce et miséricordieuse pour moi, au contraire. Dieu, qui pouvait me laisser encore pendant de longues années sur la terre, daigne me rappeler à lui.

— Vous retrouverez notre père là-haut ! dit Mary.

— Et qui laisserai-je sur la terre ?

— Notre bon ami Jean Oullier, qui vit et qui vous aime toujours, Bertha.

— Merci !... Et qui encore ?

— Mon mari... et deux enfants qui s'appellent, le garçon Pierre, et la fille Bertha, et auxquels j'ai appris à vous bénir.

Une légère rougeur passa sur les joues de l'agonisante.

— Chers enfants ! murmura-t-elle ; si Dieu m'accorde une place à ses côtés, je vous promets de le prier pour eux là-haut.

Et la mourante commença sur la terre la prière qu'elle devait achever au ciel.

Au milieu de cette prière, et dans le silence que faisaient les assistants, on entendit la vibration d'une cloche ; puis bientôt après, le tintement d'une sonnette ; puis, enfin, dans le corridor, des pas qui se rapprochaient de la cellule.

C'était le viatique qui s'approchait.

Mary tomba à genoux à la tête du lit de Bertha.

Le prêtre entra, tenant le saint ciboire de la main gauche, de la droite l'hostie consacrée.

En ce moment, Mary sentit la main de Bertha qui cherchait la sienne ; la jeune femme crut que c'était pour la lui serrer seulement.

Elle se trompait.

Bertha lui glissait dans la main un objet qu'elle reconnut pour un médaillon.

Elle voulut le regarder.

— Non, non, dit Bertha ; quand je serai morte.

Mary fit signe qu'elle se conformerait à la prescription, et baissa la tête sur ses mains jointes.

La cellule s'était emplie de religieuses qui s'étaient mises à genoux, et, aussi loin que le regard pouvait plonger dans le corridor, on en voyait d'autres agenouillées et priant dans leur costume sombre.

La mourante parut reprendre quelque force pour aller au-devant de son Créateur ; elle se souleva en murmurant :

— Me voici, mon Dieu !

Le prêtre lui posa l'hostie sur les lèvres ; la mourante retomba les yeux fermés et les mains jointes.

Si l'on n'eût pas vu le mouvement de ses lèvres, on eût pu croire qu'elle était morte, tant son visage était pâle, tant le souffle qui sortait de sa poitrine était faible.

Le prêtre acheva les autres cérémonies de l'extrême-onction sans que la mourante rouvrît les yeux.

Puis il sortit et les assistants le suivirent.

La tourière s'approcha alors de Mary, demeurée à genoux, et lui toucha légèrement l'épaule.

— Ma sœur, dit-elle, la règle de notre ordre s'oppose à ce que vous restiez plus longtemps dans cette cellule.

— Bertha ! Bertha ! dit Mary en sanglotant, entends-tu ce que l'on me dit ? Mon Dieu ! avoir vécu vingt ans sans nous quitter un jour, onze ans séparées, et ne pouvoir rester deux heures ensemble au moment de se quitter pour jamais !

— Vous pouvez rester dans la maison jusqu'au moment de ma mort, ma sœur, et je serai heureuse de mourir vous sachant près de moi et priant pour moi.

Mary voulut s'incliner pour embrasser une dernière fois la mourante ; mais la religieuse présente à l'entrevue l'arrêta en disant :

— Ma sœur, ne détournez point, par des souvenirs terrestres, notre sainte mère de la voie céleste où elle marche en ce moment.

— Oh ! je ne la quitterai cependant pas ainsi ! s'écria Mary en se jetant sur le lit de Bertha, et en appuyant ses lèvres sur les siennes.

Les lèvres de Bertha répondirent à ce baiser par un faible frémissement ; puis elle-même repoussa doucement sa sœur de la main.

Mais la main qui avait fait ce geste n'eut plus la force de rejoindre l'autre ; elle retomba inerte sur le lit.

La religieuse s'avança, et, sans une larme, sans un soupir, sans que son visage trahît la moindre émotion, elle prit les deux mains de la mourante, les rapprocha l'une de l'autre et les posa jointes sur la poitrine.

Puis elle poussa doucement Mary vers la porte.

— Oh ! Bertha ! Bertha ! s'écria la jeune femme en éclatant en sanglots.

Il lui sembla qu'à ces sanglots répondait comme un murmure et que, dans ce murmure, elle pouvait distinguer le nom de Mary.

Elle était dans le corridor ; la porte de la cellule se referma derrière elle.

— Oh ! que je la revoie ! dit Mary, une fois, une seule fois encore !

Mais la religieuse étendit les bras et lui barra le chemin.

— C'est bien, dit Mary, que ses larmes aveuglaient ; conduisez-moi, ma sœur.

La religieuse conduisit la jeune femme dans une cellule vide ; celle qui l'avait habitée était morte la veille.

Mary, à travers ses larmes, entrevit un prie-Dieu surmonté d'un crucifix ; elle alla s'y agenouiller en trébuchant.

Pendant une heure, elle resta abîmée dans la prière.

Au bout d'une heure, la religieuse rentra, et, de la même voix froide et impassible :

— Mère sainte Marthe vient de mourir, dit-elle.

— Puis-je la revoir ? demanda Mary.

— La règle de notre ordre le défend, répondit la religieuse.

Mary laissa retomber sa tête sur ses mains avec un soupir.

Dans une de ces mains était renfermé l'objet que Bertha lui avait remis au moment de recevoir pour la dernière fois son divin Créateur.

Mère sainte Marthe était morte ; Mary pouvait donc voir quel était cet objet.

Comme elle l'avait deviné à la forme, c'était un médaillon.

Mary ouvrit ce médaillon : il contenait des cheveux et un papier.

Les cheveux étaient de la même couleur que ceux de Michel.

Le papier renfermait ces mots :

« Coupés pendant son sommeil, dans la nuit du 5 juin 1832. »

— O mon Dieu ! murmura Mary en levant les yeux sur le crucifix, ô mon Dieu, recevez-la dans votre miséricorde ; car votre passion, à vous, n'a duré que quarante jours et la sienne a duré onze ans !

Puis, mettant le médaillon sur son cœur, Mary descendit l'escalier froid et humide du couvent.

La voiture et ceux qu'elle avait amenés attendaient toujours à la porte.

— Eh bien ? demanda Michel en ouvrant la portière et en faisant un pas au-devant de Mary.

— Hélas ! tout est fini ! dit-elle en se jetant dans ses bras ; elle est morte en promettant de prier pour nous là-haut.

— Heureux enfants ! dit Jean Oullier en posant ses deux mains, l'une sur la tête du petit garçon, l'autre sur celle de la petite fille ; heureux enfants ! marchez hardiment dans la vie : une martyre veille sur vous du haut des cieux !

Alphonse de Châteaubriant

MONSIEUR DES LOURDINES

A Romain Rolland,

Son affectionné,

A. C.

PREMIÈRE PARTIE

Tout ce que touche l'amour est sauvé de la mort.

Romain ROLLAND.

1

Il y avait plus de deux heures que les quatre hommes, descendus dans le fossé creusé autour de l'ormeau, un ormeau gigantesque, entaillaient le pied à grands coups de hache. Presque toutes les lignes souterraines se trouvaient tranchées, mais l'arbre tenait bon encore. A chaque atteinte, l'aubier, frais et dur, sautait.

— Han !... Han ! anhélaient en mesure les poitrines.

Témoin de cette « cognée », le maître se tenait à quelques pas plus loin. Il semblait ne pas vouloir s'approcher du bord. Sur sa figure, une crispation répondait au retentissement des haches ; et, de temps à autre, il levait un regard triste et contrarié sur une des fenêtres du château, au-dessus de lui.

— C'est bien dommage ! se murmurait-il à lui-même... bien dommage !

— C'est qu'avec des racines saines comme il les a, il faut y mettre la double force ! fit entendre un des hommes, en portant son coup à tour de bras.

On était à la mi-novembre. Il avait plus pendant huit jours ; ce matin, toutes les feuilles s'égouttaient. La lumière, avec des éclats de givre dans le brouillard, argentait les bois ; et les herbes fumaient, toutes blanches, au large desquelles paissaient des troupeaux de vaches.

Un des travailleurs, qui se distinguait dans l'équipe par des cheveux gris et une courte blouse nouée sur le ventre, reposa sa hache, et, de même, les autres s'arrêtèrent. Il toucha le tronc et leva les yeux vers la cime.

— Dis, Célestin... demanda le maître, il serait peut-être temps d'attacher la corde ?

Célestin répondit : « Je croirais bien », et, lentement, il se ceignit les reins d'un câble, qui traînait à terre.

Les hommes s'étaient hissés hors de la tranchée.

Tous suaient, rouges, s'essuyaient le front, car cette matinée saturée d'humidité était chaude et lourde aux épaules en travail.

Et comme Célestin appuyait l'échelle contre l'arbre :

— Hum !... à ton âge, cela me fait un peu peur, Célestin !... sûrement... J'aime mieux te le dire. Va ! laisse donc cette besogne à un autre !

— A un autre ! monsieur notre maître, plus souvent !... ça me connaît, allez !

Et Célestin gravit les barreaux dont le plus élevé atteignait la partie de l'arbre où le tronc, moins gros, donnait assez de prise pour grimper.

— Faut pas le contrarier, dit en riant un des compagnons, c'est un vieil écureuil !...

Célestin grimpait, le câble ballant sous lui. Il avait saisi l'arbre à pleins bras, la tête de côté, appuyée, comme s'il écoutait battre le cœur de l'ormeau. A chaque effort, il se haussait d'une demi-coudée. Dans ses reins se mouvaient des souplesses de lézard ; l'écorce pétillait sous ses orteils nus ; enfin, son talon noir et corné disparut dans les feuillages, et ceux d'en bas ne le suivirent plus qu'au lent déroulement de la corde, le long du tronc.

— Aoh !... cria quelqu'un, en faisant porter sa voix entre ses paumes... aoh !... Célestin... ça va ?

Ils écoutèrent, un chant répondit : la voix chevrotait des paroles indistinctes ; ils reconnurent cependant une chanson de leur pays :

Il était un bounhomme,
Qui gardait dos agniâs,
Qui gardait dos agniâs...

Mais souvent le bruissement des feuilles emportait l'air avec les paroles.

— C'est qu'il a le gosier clair comme un rossignol !

Et tous se mirent à rire.

L'endroit formait un large rond-point herbeux, défoncé par les passages du bétail, avec un entour de vieux arbres, sous lesquels, dans l'ombre, se mussaient quelques logis de ferme. Ce n'était là qu'un aperçu du domaine, la partie quasi abandonnée, toute la vie se portant de l'autre côté, dans la cour d'honneur, vers les communs, étables, écuries et dépenses à tous usages.

Ici se déployait la campagne, au bout d'une avenue bordée de splendides futaies de châtaigniers, comme il s'en trouve dans ces fertiles terres d'alluvion du bocage poitevin. Sous ces futaies fuyaient des terrains boueux, entrecoupés de talus fangeux et noirs de mousse.

Ces bois, étendus sur une centaine d'hectares, rejoignaient les deux ailes du château, une ancienne demeure de style Louis XIII, à l'allure de ce qu'on appelle encore dans certaines campagnes une « maison de noblesse ».

L'unique étage s'allongeait sous la carapace ensellée d'une haute et molle toiture, dont l'ardoise, niellée de verdures et de lichens safranés, venait faire visière sur des fenêtres à petits carreaux ; et les murailles étaient tout à fait de la couleur des vieux chemins.

Sur la droite, une antique chapelle dressait, au-dessus d'un vigoureux figuier, sa petite croix sans force.

Véritablement, on se trouvait ici bien en retrait du monde, dans un royaume de silence. Le voyageur qui venait de faire ses dix lieues, retour de Poitiers par la route royale, s'arrêtait, en entrevoyant, dans le nuage mamelonné des arbres, la silhouette de ce vieux nid d'homme. « Eh ! là ! vous ne savez donc point ! lui était-il répondu, c'est le château de M. Timothée, de M. des Lourdines, c'est le Petit-Fougeray. »

Célestin avait attaché la corde au faîte de l'ormeau. Lestement il descendit, en se laissant glisser dans les parties libres du fût, comme d'un mât de cocagne. A terre il se secoua et frotta ses yeux qui, là-haut, s'étaient emplis de poussiers de nids de fourmis. Ses camarades, redescendus dans la tranchée, le plaisantaient :

— Ce n'est pas étonnant, maigre comme il est !

— Oh ! moi ! répondit Célestin, je suis comme les chèvres, j'ai la graisse en dedans !

— Mais, dis-nous, Célestin, avec une belle voix et des jambes comme ça, pourquoi donc que tu ne te maries pas ?

— Non, non, les gars, ça ne m'anime plus !

Et, tous ensemble, alors que de nouveau les haches faisaient voler les éclis, ils entonnaient la chanson :

Il était un bounhomme,
Qui gardait dos agniâs,
Qui gardait dos agniâs,
Il n'en gardait point guère,
Il n'en gardait que trois.

— Han !... Han !

M. des Lourdines levait la tête pour voir si l'arbre ne commençait pas à bouger, et il la hochait de l'air d'un homme qui essuie là une grosse perte.

« Comme c'est dommage ! répétait-il, il était si beau ! »

C'était un petit homme. Il avait plus de cinquante ans, vrai type du gentilhomme campagnard, sans rien pourtant de cette florissante et sanguine assurance, de ces aplombs charnus et exercés qui sont le propre réputé des hobereaux dans tout bon pays de chasse. Au contraire, ses épaules à lui étaient étroites ; mais dans ce corps fluet, on sentait circuler une résistance ; il avait, si l'on peut dire, du noyau sous la peau. Son maigre et nerveux visage, saillant des pommettes, s'exhaussait d'un de ces fronts qui donnent du ciel au rêve. Les yeux, appesantis de grosses poches sensibles, très bleus, gardaient comme une fleur d'enfance restée fraîche sous la longue pelure des paupières. Il y avait, dans cette figure ridée, de la tristesse, de la résignation et aussi, par une singulière anomalie, une expression très vive de bonheur qui passait par intermittence, qui y palpitait comme une lumière sous un souffle.

Il était vêtu d'une veste de panne verdie par de longs usages, chinée d'ors comme ses futaies, coiffé d'un vieux feutre, et chaussé de sabots qui lui tenaient les pieds bien au sec.

Impossible de rencontrer un homme mieux assorti à son habitat que ne l'était ce petit campagnard à son vieux château. L'un et l'autre sortaient bien du même sol ; ils étaient presque de la même couleur. Cette identité pouvait provenir de ce que la famille des Lourdines naissait et mourait au Petit-Fougeray depuis plusieurs siècles ; famille marquante d'ailleurs, apparentée en bons lieux, et qui avait du bien.

Malheureusement, par la faute de son chef actuel, elle commençait à perdre de sa place au soleil. Solitaire endurci, M. des Lourdines aurait, à la rigueur, consenti à voir les gens, mais il ne voulait pas être vu, de sorte qu'on avait fini par le laisser se pelotonner dans son Fougeray, comme un pigeon dans son boulin. Il y recueillait des joies, dont une des principales consistait à faire fructifier sa terre, non dans un esprit d'intérêt, mais par amour, pour lui faire son bonheur : « On n'a, disait-il, que le plaisir qu'on donne. » A ceux qui lui faisaient grief de ne jamais se montrer à la ville : « Eh ! oui... Eh ! oui... disait-il, je mourrai sans avoir bien connu le visage des hommes ! »

Il parlait peu, causait encore moins, recherchait, selon son expression, les « gens à silence ». Mais le facteur rural, mais les gendarmes qui passaient dans le chemin, il les arrêtait, les emmenait sous une certaine vieille allée de tilleuls, les faisait asseoir, leur versait du vin blanc. Et c'étaient des « D'où venez-vous comme cela ? » et des « Où allez-vous donc ? » où les autres voyaient bien que ce n'était point curiosité, mais paroles du cœur ou de quelque autre chose d'approchant.

De même, tous les dimanches après l'office, dans un terrain qu'il avait fait battre, les laboureurs venaient jouer aux boules avec « notre monsieur », avec « monsieur notre maître », avec « monsieur Timothée ». Pas une fille ne se serait mariée sans le consulter sur son épouseur. Bref, et cela sans qu'il s'en aperçût même, tout le pays, comme on disait, lui rendait soumission.

Doux esclave de ses habitudes, l'idée seule de l'imprévu le faisait se recroqueviller prudemment, comme si quelque gros nuage menaçait de répandre son déluge sur la divine monotonie des choses.

Aussi tous ses jours se ressemblaient-ils. Il se levait de bonne heure, descendait dans la cour, jetait un coup d'œil aux étables, aux écuries. Non qu'il se défiât — il ne se défiait jamais ! — du service de ses domestiques, tous dévoués à la maison depuis nombre d'années, mais ce lui était plaisir que de ne point manquer la sortie de l'étable fumante, dans la prime fraîcheur du matin. Il se rendait ensuite dans les potagers, regardait la rosée à droite, la rosée à gauche, touchait ses poiriers, arrachait une herbe, déplaçait une cloche, repoussait un châssis, et finissait toujours par mettre la main sur son majordome, son homme à tout faire, son vieil ami, Célestin. On causait ; il s'agissait de réparations aux drains de la prairie, d'allées à élargir dans la futaie, de nouveaux fusains à planter dans les vides des massifs. Ces conversations, leur péché à tous deux, n'en finissaient plus. De compte à demi avec ses fermiers, il était rare qu'il ne reçût la visite solennelle de l'un d'entre eux, où, cent fois, on convenait, pour cette année, de piquer des raves dans le champ du Grelet et de semer du colza dans la réserve du Sourd. Ou bien encore il leur écrivait, il écrivait : « Mon cher Magui, n'oubliez pas que la foire de Thouarsais se fait proche, etc., etc. »

La matinée se passait à ces occupations jusqu'au déjeuner. En général il déjeunait seul, Mme des Lourdines ayant toutes les peines du monde à descendre l'escalier. Cependant tous les quinze jours ou trois semaines environ, comme le docteur Lancier avait vanté les bienfaits de cet exercice, elle s'y essayait. C'était une affaire, et qui absorbait un bon quart d'heure ; l'escalier était étroit, Mme des Lourdines était large, elle prenait toute la place de la seconde personne qu'il eût fallu pour la soutenir. Venait derrière, avec les coussins, les oreillers, les tabourets, M. des Lourdines.

Pour remonter c'était bien une autre histoire, car il fallait à chaque marche procéder comme avec les enfants qui n'ont pas faim : « Une pour le petit chat ! une pour M. le curé ! » Mais il était un nom qu'on évitait d'invoquer : jamais, par exemple, on n'eût dit : « Une pour M. Anthime ! »

C'était elle qui avait exigé qu'on abattît l'ormeau. Fille d'un haut magistrat de la cour de Poitiers, ses ordres prévalaient toujours.

A ce propos, son pauvre mari, à grand renfort de faux-fuyants, avait longtemps résisté ; mais elle n'en avait point démordu, s'était fâchée, et comme il y avait à redouter pour elle les effets de la colère, il avait fini, la mort dans l'âme, par s'y résoudre.

Jusqu'à ce moment de la journée, la vie de M. des Lourdines ressemblait à celle de tous les gentilshommes campagnards. C'est ensuite qu'elle en différait.

Régulièrement, dans l'après-midi, après avoir tenu un moment compagnie à sa femme, il prenait sa fourchetine, appelait son chien, et quittait le Petit-Fougeray. Les tourelles connues de deux ou trois châteaux voisins lui faisaient, pour les éviter, décrire quelques détours, puis il se perdait dans la campagne ou dans la forêt, très loin, au diable vert.

Des bocages creux, des chemins sombres, çà et là le bleu sourire d'une colline, des vallées qui, sous le regard haut perché de vieux hameaux à petits toits de tuiles plates, sentaient l'herbage et le laitage : tel était le pays.

Il eût été bien difficile de le rejoindre quand, par-dessus les échaliers, il était passé d'un champ à un autre, échardonnant ici, étaupinant là, coupant les vipères en deux. Mais un rien suffisait à arrêter son geste, à fixer son rêve : un coin de ciel dans une flaque, le remuement d'un buisson, la plainte rouillée d'une charrue. Il ne se lassait pas. Et cela durait jusqu'aux rentrées du soir ; jusqu'au soir il regardait, écoutait, l'air lui parlait, les nuages passaient au-dessus de sa tête ; il était seul, il était heureux.

A mesure qu'ils approchaient de la fin, les hommes mettaient plus de vigueur à assener leurs coups. Les deux racines de sûreté avaient subi le sort commun, et toutes ces racines amputées formaient un moignon sectionné, une monstrueuse tête de massue baignant dans l'eau saumâtre écoulée du remblai. Maintenant, les cognées se portaient en dessous avec ce bruit caverneux que répand une voix dans une maison vide. Des oiseaux que le hasard amenait à se poser là commençaient un chant et s'enfuyaient, apeurés.

— Quel meurtre !... quel crime ! ne cessait de murmurer M. des Lourdines.

Cette destruction répondait en lui, profondément. Abattre un arbre qu'il était accoutumé de voir depuis sa plus petite enfance, c'était positivement le lui arracher de l'esprit.

— Il y a du jeu... il tremble ! cria Célestin.

Tous lancèrent leurs haches et empoignèrent la corde.

— C'est qu'il ne faudrait pas qu'il nous emballe !

— Allez, tiens bon ! il ne tombera pas où il voudra !...

— Par ici... par en bas ! indiqua en s'en courant M. des Lourdines, qui craignait qu'une des branches ne vînt endommager la toiture du château.

Les hommes, attelés à la corde à court intervalle les uns des autres, arc-boutés dans les trous de l'herbage, tiraient à l'unisson.

— Ensemble ! criaient-ils, balançons-le !... une !... deux !

Leurs huit bras ne faisaient qu'une chair brune, qu'une courroie veineuse et musclée.

Alors quelque chose d'insolite se passa dans l'ormeau. Puis, avec indifférence, sa cime oscilla, parut se déplacer. Un craquement partit de la base, guère plus fort que le pétillement dans le feu d'un bois sec, se reproduisit plus profond, se multiplia, éclata dans un déchirement sinistre, foudroya l'air ; et l'arbre, en silence, décrivit son immense quart de cercle.

Les hommes prirent la fuite.

Dans un heurt sourd qui fit trembler le sol, tout l'espace libre fut couvert d'un bondissement de branches cassées par un tonnerre, de feuilles secouées par un ouragan. Un instant, toute cette masse se convulsa, et peu à peu le grand corps entra dans son repos.

A l'entour, M. des Lourdines courait.

Alors, à l'une des fenêtres, se montra un peignoir blanc, tuyauté au cou et aux manches. Une large figure de femme, coiffée de coques grisonnantes, et des bras s'agitaient, et tout cela disait : « J'ai vu !... J'étais là !... j'ai vu tomber l'arbre !... A la bonne heure !... quelle différence !... Comme tout est plus clair maintenant ! »

2

Ce jour-là, comme d'habitude, il sortit. Il sortit en même temps que Célestin qui, debout dans sa charrette, emmenait un veau, trois moutons et tout un grouillis de petits cochons.

C'était le lendemain grande foire à Poitiers. Célestin devait aussi acheter une vache.

— Prends un pis bien écussonné, bien jaune... et choisis-la de poil rouge... Madame y tient... et c'est toujours plus sûr !...

Célestin appuya sa réponse d'un grand coup de fouet et partit vers la droite, à remonter la côte de la Crêneraie, tandis que M. des Lourdines descendait la route, à l'opposé.

Sa tenue suffisait à prouver qu'il ne pensait point à rendre visite à ses voisins : des bottes de roulier dont les tirants pendaient, une lévite d'un vert bouteille défraîchi, un carnier en bandoulière, et sa fourchetine sous le bras. Contre sa jambe trottinait son chien Lirot, un fort mâtin à museau aigu, à poil d'hyène, hérissé de piquants noirs de l'échine au panache.

De temps en temps se rencontraient les yeux bleus du maître et les yeux fauves du chien.

Le ciel était d'un gris léger, semé de petits nuages de pluie.

M. des Lourdines aimait la marche, ce rythme régulier d'où lui montaient, comme d'un fléau, des poussières de pensées et de rêves. Et puis, sur toutes les saisons, celle-ci lui plaisait ; car, alors, la nature le pénétrait plus avant, lui touchait vraiment la peau, avec son humidité, ses brouillards, son odeur et ses grands feux qu'on allume.

— Hein, Lirot, allons-nous faire bonne chasse ?

Et, chemin faisant, il regardait les lointains, les toitures restées rouges parmi les arbres qui n'étaient plus verts ; et il cherchait des yeux la forêt, savourant à l'avance le plaisir de n'en pas sortir avant le soir.

Depuis quelque temps, régulièrement, il avait dirigé ailleurs ses promenades ; mais c'était par un raffinement, pour la surprendre d'un seul coup dans toute sa splendeur d'automne.

A mesure qu'il en approchait, il se sentait plus léger, il oubliait l'ormeau, il avait envie de chanter ; et, quand il l'aperçut, fanée à pleines collines, le cœur lui battit et il hâta le pas.

Maintenant, il y pénétrait, doucement, comme dans un sanctuaire, sans bruit !...

— Ah ! murmurait-il... que cela est beau et bon !...

La tête levée, il ne bougeait plus, il regardait, il écoutait.

L'atmosphère ne s'était pas éclaircie depuis le matin. Un brouillard captif de la forêt baignait les frondaisons jaunies, les troncs plus noirs, les branches développées en bras gigantesques, en cous cabrés, en serpents tordus. L'une d'elles, brisée, pendait, prête à tomber dans le vide. En des reculs de brume s'ébauchait le cône vaporeux des sapins ; et sous cet épanouissement des fûts en une nef déchirée du jour blafard, sous cette haute mêlée de palmes mordues de la dent sournoise des froids, se pressait, plus basse, une autre forêt, fouillis pluvieux de bourdaines et de viornes, marié à la pourpre des noisetiers et au safran des érables. L'eau frangeait les ramures, alourdissait les fils d'araignée, imbibait les écorces gluantes, et des feuilles tombaient, çà et là, en tournant, dans le tranquille égouttement, dans le grand calme profond. Et l'on sentait que cet égouttement, que ce calme se prolongeaient plus loin et plus loin encore, car elle était immense, cette forêt de Vouvant, et sombre et creusée de gorges sauvages, une vraie forêt de l'ancienne Gaule. Quarante ans à peine venaient de s'écouler depuis que, dans ses broussailles, s'étaient fauchées les dernières bandes de la Chouannerie. Actuellement, deux routes militaires la prenaient en croix, percées sur l'ordre prévoyant de Napoléon Ier ; mais ces routes, comme encore frappées de terreur, ne voyaient guère passer que la diligence de Poitiers à Nantes, et parfois de ces roulottes qui vont de bourg en ville, sous l'escorte de leurs chiens boiteux.

Lirot s'était jeté dans le taillis. M. des Lourdines y entra à son tour. Lentement il s'avançait, ouvrant l'enlacement serré des tiges, au bruissement, sous ses pieds, à l'odeur des feuilles foulées, épaisses et tièdes. Des branches basses lui fouettaient les épaules, et il allait toujours, dans le brûlis des fougères, dans les ronces, le dos ployé, les yeux grands ouverts.

Lirot aboya, appelant son maître.

Celui-ci ne sembla pas l'entendre. Dans l'épaisseur du fourré, arrêté de nouveau, il contemplait, il écoutait...

Chaque fois, sous cette voûte, au sein de ce silence, il commençait par se sentir tout petit ; puis, peu à peu, l'envahissait en face de ces arbres le sentiment d'une mystérieuse solidarité. Il n'était plus Timothée des Lourdines, il n'avait plus d'âge ; dans sa chair circulait la sève des châtaigniers et des hêtres ; et son esprit, détaché de sa propre pensée, libre, immense, épousait toutes les formes, tous les murmures de la forêt.

Il les connaissait si bien, tous ces arbres, depuis trente-huit ans qu'il vivait au milieu d'eux ! Le souvenir des premières joies qu'il leur devait le reportait à l'époque où, élargi enfin du lugubre collège de Poitiers dont son père, vieil émigré fantasque et aigri, lui avait fait une prison jusqu'à ses vingt ans, il était rentré orphelin au Petit-Fougeray, timide, un peu farouche, ignorant et gauche dans ses rapports avec les hommes. Etait-ce le fruit de son éducation ? Jamais, depuis, il n'avait su reconquérir ses aises dans ce qu'on appelle *le monde*. Il le craignait même et, le craignant, il ne l'aimait pas. C'est alors que, ses relations réduites au strict indispensable, il avait eu des arbres pour amis. Il leur devait des minutes divines. Les harmonies délicates et tendres qu'il percevait d'eux différaient tellement du vain bruit des salons ! Ici, parfois, un craquement, un aboi de chien, tout au plus un heurt de charrette, très loin, et c'était tout !...

Mais les hommes eux-mêmes, il ne les entendait pas ! Leurs visages, au milieu de ces grands bois, n'avaient guère plus de réalité que ces formes embryonnaires composées et défaites par le caprice des nuages ; et, chose curieuse, ces visages prenaient dans le recul de sa pensée une teinte fanée, morte, comme une couleur de vieux buis !... A part quelques figures dont il tenait à se souvenir encore, figures balayées depuis longtemps de son existence par les événements, par la mort, toutes les autres ne lui remémoraient qu'impressions de gêne et d'ennui. Et voilà pourquoi, aux hommes qui n'étaient pas des simples, il préférait la forêt, qui n'a pas d'esprit, qui ne finasse pas, qui est pleine d'amour, qui n'agite pas ces étranges petites mains tracassières et rapetissantes.

Cette fois, Lirot aboyait furieusement...

— Ah ! s'éveilla M. des Lourdines, bien !... bien !... j'y vais.

A l'arrivée de son maître, Lirot, couché à l'arrêt, se tut, et ses yeux se bridèrent en coulisse. M. des Lourdines se baissa et ramassa un cèpe magnifique qui s'arrondissait entre les pattes de l'animal.

— C'est bien, dit-il en le flattant d'une caresse à la tête, cherche encore !

Il retourna le champignon, l'examina, le sentit, trancha avec son couteau la partie du pied piquée des vers, chassa la terre qui y adhérait d'un souffle aussi précautionneux que s'il eût débarrassé d'un moucheron la joue d'un enfant, et le glissa dans son carnier.

Et, aussi lui, il chercha.

Les champignons, c'était la chair même de la forêt, une chair dont la saveur tenait de l'arbre et de la terre. Ils ne manquaient point aujourd'hui, car il n'est rien de tel qu'une pluie de huit jours pour les faire pousser.

Or, tout en cherchant, M. des Lourdines calculait que deux bons kilomètres de forêt le séparaient du hêtre qu'une roue de charrette avait dernièrement écuissé. Il tenait à revoir cet arbre ; de sorte qu'après avoir, avec profit d'ailleurs, battu çà et là les feuilles mortes, il se trouva dans le chemin qui y conduisait.

De son petit train de promenade, il allait, furetant du regard les taillis ; et quand Lirot aboyait, il se rendait à son appel. Il faut dire que les connaissances cryptogamiques de Lirot, dressé par son maître, se bornaient à trois variétés : sa voix annonçait toujours soit un cèpe, soit un potiron, ou encore de ces petites oreillettes blanchâtres qui dégagent une forte senteur de farine. Il arrivait bien aussi au brave chien d'arrêter sur de beaux champignons multicolores, d'aboyer à ces jolis parasols de pourpre et d'or qui semblent abriter le charmant visage d'une fée lilliputienne, mais alors il était grondé.

Creusé par les charrois, le chemin fuyait, bleuâtre, entre les futaies. Un ramier s'échappait des cimes, de petits oiseaux gazouillaient une timide chanson d'automne, et, çà et là, traînaient, abandonnées, de ces tiges de bourdaines que les tresseurs de paniers n'ont pas trouvées assez droites, ou assez saines, après les avoir coupées.

En passant devant une clairière où s'alignaient des bois écorcés, mis en tas, il aperçut, dans de la fumée, près d'un feu de brousse, deux bûcherons ; l'un d'eux, accroupi, activait la flamme, en agitant au-dessus son chapeau.

— Tiens !... tiens !... bonjour, mes amis !... dit M. des Lourdines, en enjambant les souches... Mais vous allez mettre le feu à la forêt !... sûrement !

Le plus âgé, grand barberousse à la figure argileuse, répondit :

— Pas de danger, notre monsieur !... on veille !

C'était de celui-là même que M. des Lourdines tenait, sans le savoir, le sobriquet de « Taille-Copeaux », à force d'avoir été vu dans la forêt, taillant d'un air distrait de petits morceaux de bois.

— On veille !... et puis ça débarrasse le chantier ! On en profite aussi pour faire la soupe... Allons, mets à bouillir, Théophile !

— Et quelle soupe allez-vous donc faire là, mes bons amis ? une soupe aux choux ?

Théophile ricana et regarda son compagnon ; celui-ci, sans répondre, alla prendre dans son bissac, jeté parmi les bourdaines, un gros oiseau tout plumé.

— Voilà, dit-il, et son regard rapide embrassa les hauteurs de la futaie.

— Ah ! ah ! un corbeau !

— Oui !... c'est tout plein de bouillon !... Mais, notre monsieur, ajouta malignement Théophile, on vous voit avec votre carnassière !... c'est-il que vous avez fait bonne chasse ? Il y a un lièvre, là, dans le bas des Chézines !...

— Allons ! Théophile, protesta, bonhomme, M. des Lourdines, je vois que tu aimes toujours la plaisanterie !... tu sais bien que je ne chasse point le lièvre !... que je suis bien plus chasseur de morilles que de lièvres !... j'en ai trouvé plus haut quelques-unes... voulez-vous que je vous en donne ?

— Dame, dans le bouillon, dis, Barbechat... ça n'aurait peut-être point mauvais goût ?

— Pour sûr !

Alors M. des Lourdines ramenait en avant sa carnassière, et, un à un, déposait ses champignons dans la blouse de Barbechat.

Un grondement errait dans les sapins, des mésanges chantaient, on ne savait pas où ; et dans la fumée, qui, légère sous le chapeau de Théophile, se répandait odorante et bleue dans les taillis, commençaient à danser de petites flammes.

— Ah ! ils l'ont bien arrangé ! s'indignait M. des Lourdines, arrivé près du hêtre qu'il désirait revoir, ils l'ont bien arrangé !... C'est cela, la charrette se sera présentée de biais, sûrement !... et pourtant... la place ne manquait pas !

Son regard remontait le long de l'arbre, redescendait, plein de pitié, vers la plaie où déjà s'étaient mis les insectes. Alors, retirant de son carnier une boîte en fer-blanc, il y recueillit au bout d'un pinceau de la cire liquéfiée, dont il se mit à badigeonner la blessure.

— Allons, Lirot, laisse !... ce n'est point pour toi ! disait-il au chien venu flairer l'enduit, qui retombait en longues coulures gommeuses et sucrées... ce n'est-point-pour-toi !... Là !... Ah ! comme cela... mon pauvre vieux !... un peu ici !... na !... tu pourras peut-être encore vivre ton siècle !

Le brouillard s'était peu à peu dissipé. La tache du soleil brillait dans les arbres, livide et triste. Les corbeaux ne remontaient pas encore de la plaine, le soir n'était pas venu. C'était pourtant le moment où, aux yeux exercés de ceux-là qui vivent en plein air, se révèle dans une nuance infime la première estompe du crépuscule. M. des Lourdines connaissait cet instant fugitif et lui trouvait un grand charme. Alors, plus discret, le chant du rouge-gorge se dissimule au fond du fourré, une légère brise rend les feuilles horizontales ; de la nature entière, baignée d'une lueur plus pâle, émane cette même tendre mélancolie qui se dégage du commencement de tous les déclins.

La carnassière, maintenant bien remplie, pesait à ses épaules le poids de deux forts lièvres. D'ailleurs, le chasseur qui a tué deux forts lièvres, et, par là-dessus, fait coup double sur des perdrix rouges, ne se sent pas plus en train, plus fier, que ne l'était de son fardeau M. des Lourdines.

Avec la pointe de sa fourchetine il fit tomber la lourde terre collée à ses semelles, mêlée de fragments de feuilles et de bogues de châtaignes.

Il songeait aux deux bûcherons...

« Sont-ils heureux !... se disait-il... Voilà des hommes heureux ! » Il est vrai qu'un tourneur de rouet, bien enclos dans sa chaumine, qu'un rempailleur de chaises, à l'étroit dans sa cabane de roseaux, lui inspiraient la même envie : « Est-il heureux, celui-là !... Voilà ce qui s'appelle un homme heureux ! »

Un grand nuage de pluie passa sur la forêt ; les bouleaux s'enlevèrent plus blancs sur le gris de plomb du ciel, une flamme rosée modela la carcasse d'un châtaignier mort. Il regardait tout cela, et la fraîcheur de l'air lui caressait la figure, et la fraîcheur de la terre lui montait aux jambes.

« Ah ! disait-il en s'en allant, quand il faudra mourir !... Les arbres morts restent debout !... Il semble même qu'ils continuent à se sentir des arbres !... Mais ne plus voir, ne plus entendre !... enfin !... J'ai bien encore, je suppose, vingt ans à vivre !... Ai-je bien encore vingt ans à vivre ? »

Il montait par un chemin creux, pierreux, fauve comme les loups, bordé de ces arbres de coupe dont les puissantes racines ongulaires font corps avec le talus. Il marchait tout doucement en faisant sonner ses semelles sur les escaliers de roc. Les longs et souples genêts, aux gousses noires, le frôlaient, et lui-même frôlait les souches, creuses, éventrées, que la nuit habite, frôlait les troncs déchaussés, pleins de suies humides et de déchiquetures poreuses. Autour de lui se multipliaient les gibbosités en profil de sanglier, les exostoses en contours de bêtes étranges, les rondeurs en silhouettes d'épaules humaines.

Une belette traversa le chemin ; Lirot fit un bond.

— Hé ! Lirot, tu n'as droit qu'aux champignons, tu oublies !

Il le retenait par son collier, le laissant aboyer, donnait à la petite bête le temps de s'enfouir dans un creux du talus. Puis il reprit sa route, car maintenant, au haut de la montée, dans l'ovale des frondaisons, s'embrunissait la perle humide et dorée du soir.

D'une toiture de vieilles tuiles, perdue au milieu des labours, dans un creux profond de la forêt, s'élevait une petite fumée bleue. M. des Lourdines ne passait jamais ici sans regarder, du haut du coteau, fumer cette Charvinière, une ferme qui dépendait du Petit-Fougeray depuis quatre générations. C'était là que ses parents, partant pour l'émigration, l'avaient mis en nourrice : il y était même resté jusqu'à l'époque de son entrée au collège.

Exquis souvenirs que ceux de cette enfance où son parler ne différait pas du patois des petits paysans ! Mille faits de ce temps lui remplissaient la mémoire, comme un jour, d'avoir, à pleines mains, dévoré en cachette toute une « moche » de beurre ! Mais ce qu'il revoyait surtout, c'étaient des champs de colzas fleuris, jaunes, jaunes à perte de vue, dans lesquels, charmé, ébloui, il n'osait plus bouger. Ses yeux s'étaient à jamais empreints de ce ravissement, et la Charvinière, comme elle-même son enfance, c'était toujours pour lui des colzas fleuris, jaunes, jaunes à perte de vue !...

Hélas ! depuis quelques années, depuis sept ans, la Charvinière, c'était aussi autre chose ! Et ce soir, devant cette fumée se déroulant si paisible dans le bleu des bois, il songeait à son fils, lequel avait quitté le pays et vivait à Paris maintenant, sans presque jamais donner de ses nouvelles.

C'était une triste histoire.

Il lui suffisait de revoir la Charvinière pour y penser plus amèrement encore ; ce qui ne l'empêchait pas de revenir sans cesse à cet endroit, d'où on la voyait si bien !

Ils avaient eu cet enfant après deux ans de mariage. Quelle joie alors ! quel amour ! quelle fierté ! chez la mère surtout, folle de gloire d'avoir donné naissance à un garçon, à un homme ! Les tendresses les moins raisonnées, les complaisances les plus soumises furent prodiguées à cet héritier. Rien n'était assez bon pour sa petite bouche, assez beau pour ses petites mains. Qui l'eût contrarié eût commis le crime le plus noir.

Un jour qu'il y avait des asperges sur la table, « Je veux des *asparges* », dit Anthime ; la mère rectifia : « *Asperges,* dis : « des asperges », ou tu n'en auras pas ! — Je veux des *asparges !* — Ecoute, quand tout le monde sera servi, tu n'en auras qu'à la condition de prononcer le mot comme il faut. Eh bien, petit ? — Je veux des *asparges* », ricana Anthime. Alors la mère rit et lui remplit son assiette.

Naturellement le collège lui fut épargné ; il eut pour précepteur un jeune prêtre timide et doux.

Adulé, adonisé — à dix ans on l'affublait d'un chapeau de forme haute, d'une veste à brandebourgs et de bottes à la Souvarov, pour que déjà il eût l'air d'un homme ! —, prévenu dans toutes ses fantaisies, pas une fois même ne lui fut laissée l'occasion de manifester la hauteur et la dureté qui si souvent dénoncent l'enfant gâté. D'ailleurs, né bon, serviable, d'humeur enjouée, il fallut que sous le manteau déférent de l'abbé et les encouragements inconscients de la mère se développât dans sa folle et faible tête un amour effréné du plaisir. Personne n'y prenait garde ; sa qualité de fils unique légitimait tous ses écarts, on ne savait rien lui refuser ; et tout un Pérou coulait de ses mains.

A quinze ans, mis en possession d'un « deux roues » et d'un petit cheval, il faillit cent fois se rompre le cou. Un jour même qu'il voiturait, pour son plaisir à lui, le curé du village, il fit tant et si bien que le pauvre homme, dans le fossé, se cassa trois doigts. Il est vrai qu'aussitôt rentré chez lui, Anthime prenait cinq cents francs dans sa cassette et les envoyait au blessé pour ses pauvres. A vingt ans, il demanda un cheval de pur sang : on lui acheta, pour cinquante mille francs, le propre petit-fils du « Prince Caradec », illustre favori des derbys d'Angleterre, et appelé le « Comte Caradec », du nom de sa famille, selon la coutume anglaise. Anthime, sur les champs de courses, monta lui-même ce cheval, lequel du reste existait encore au Petit-Fougeray, tout perclus de vieillesse.

Cette époque marqua son entrée dans la grande vie. Le turf lui avait ouvert toutes les carrières du plaisir. Ne revint-il pas un jour de Poitiers le chapeau rempli de pièces d'or gagnées au jeu, tandis que de l'un à l'autre il allait, des domestiques aux paysans ses voisins, disant :

— Allons, prends !... prends donc !

Bref, cinq ans plus tard, le père payait aux divers fournisseurs de son fils la somme de deux cent mille francs !

Ce fut un soir terrible. Personne, jusque-là, n'avait vu M. des Lourdines se mettre en colère. On raconte que, pendant la scène qui eut lieu, Mme des Lourdines, affolée, se cacha dans un coffre à bois.

Peu de temps après, et malgré les prières de ses parents, se prétendant blessé par certaines paroles, Anthime quitta le Petit-Fougeray et alla habiter Paris, où lui fut assurée une pension mensuelle de mille francs.

Mais, de cette brutale secousse, se ressentit bientôt la santé de Mme des Lourdines : une hémiplégie se déclara, se compliqua ; la pauvre femme devint énorme. Depuis, elle se traînait de crise en crise.

L'un et l'autre souffraient beaucoup. Que de jours passés dans un silence où se glissait entre eux l'ombre de l'absent ! Prononcer son nom, c'était ouvrir une fois de plus, toujours, la plaie de leur amour-propre trahi, naïf et cher amour qui avait embrassé tant d'avenir !

Pourtant Mme des Lourdines ne perdait pas confiance, n'ayant jamais pu prendre sur elle de donner tort à son fils. Et les raisons qu'elle découvrait de justifier la conduite d'Anthime naissaient si abondamment, si naturellement, de son aveugle tendresse, qu'à force, son mari, soucieux de ne la point contrarier, avait presque fini par penser comme elle. En tout cas, le même ardent désir les possédait tous deux de le voir enfin rentrer au pays, s'y marier, y prendre la place à laquelle le désignaient sa fortune et son nom.

Or, ce retour de l'enfant prodigue, M. des Lourdines se laissait y rêver, mais il n'y croyait pas.

Et, ce soir, tristement, il regardait fumer la Charvinière, où, par attachement à ses propres souvenirs, il avait voulu qu'Anthime fût lui aussi mis en nourrice. Il regardait, bordant là-bas le petit sentier, les peupliers jaunis dont il apercevait, sans l'entendre, le frémissement : une corde à puits grinçait, le point blanc d'un bonnet se dirigeait du côté des étables. Toutes ces choses-là, rêvait-il, avaient trente ans de moins ; et tout à l'heure il allait reconnaître la petite voix joyeuse de l'enfant fuser, cristalline, dans la paix du soir...

Il ne l'entendit pas ; il entendit un bruit de pieds ferrés sur les cailloux, dans le chemin : seul et sage, sous une charge de sacs de farine, un petit cheval blanc arrivait.

Heureux de cette rencontre qui venait le détourner de la pente de sa tristesse, M. des Lourdines s'en fut au-devant de l'animal, qui s'arrêta et avec douceur se laissa flatter l'épaule.

Le petit cheval blanc du moulin de la Bigne faisait ainsi tous les lundis le tour des villages, recevant des uns un sac de blé à moudre, et rapportant aux autres leur dû de belle farine moulue. Toujours précédant son maître, il se passait à merveille qu'on lui indiquât son chemin. Si, baguenaudant quelque part, le meunier négligeait de pousser le « Ouoh ! » qui arrête les chevaux sur leurs quatre pattes, le petit cheval poursuivait sa route, et c'était l'autre alors que l'on rencontrait au galop dans les chemins creux, lançant en travers de grands coups de fouet sonores, de l'air du monde le plus rassuré.

En effet, un coup de fouet retentit sous les châtaigniers, et Suire accourut, blanc comme sa bête, avec sa face plate couleur de levain, et le rire béat de sa bouche démeublée ; une vraie tête de meunier, sous le bonnet de coton qui ne laissait retomber que sa mèche.

— Bien le bonjour, notre monsieur.

— Bonjour, Suire, et d'où viens-tu comme cela ?

La lourde main du meunier, se plaquant sur un des sacs, fit voler un petit nuage du froment dont sa toile était saturée ; et il dit :

— De la Taupinaie, où j'ai pris ce beau sac de blé... celui-là vient du Purdeau... les autres viennent de Fouchaut, des fermes qui sont toutes votre appartenance, notre monsieur...

— Ah ! tu viens de Fouchaut ?... eh bien, mais sais-tu que le blé est beau, cette année ?

— Dame ! il est pesant !...

— Puisque tu t'en retournes au moulin, déclara M. des Lourdines en jetant un dernier regard du côté de la Charvinière, nous allons faire route ensemble... c'est aussi mon chemin pour rentrer au Fougeray.

Suire enfourcha son fouet à son cou, et tous deux, l'un près de l'autre causant, suivirent la longère de la forêt.

Dans les labours ensommeillés frémissaient, pendus à des gaules fichées en terre, des cadavres déchiquetés d'alouettes, épouvantails contre les pilleurs de grains ; et, devant eux, sous les branches basses, « ploc-plac », faisant sonner les pierres, « plac-ploc », le petit cheval blanc, dans l'ombre, balançait son cou, balançait sa croupe, balançait ses sacs.

Et comme ils arrivaient :

— Nous pourrions p't'être bien, dit Suire, trinquer au logis ?

Le moulin, juché sur une éminence au milieu des arbres, dominait toute la forêt de ses ailes qui, repliées, immobiles, dessinaient dans le ciel une grande croix.

— Regardez, dit Suire, il y a longtemps, notre monsieur, que vous n'étiez venu chez nous !

Et il indiquait des constructions, poulaillers, pigeonniers, hangars, massées en contrebas du moulin.

— Hein ?... c'est moi qui ai bâti tout cela !

— Ces murs ?

— Bien sûr, ces murs ! tous ces murs-là, avec de la pierre, de la terre et de la paille, il n'en faut pas plus... mais voyez-moi, ici, ces cailloux... il y a là une carrière... je viens de l'acheter : deux cents francs... j'ai donné cinquante francs d'acompte... j'en tire tous les jours... calculez : deux sous le mètre cube... et en voilà quarante mètres dehors !...

Coiffée d'une capuche noire et empaquetée de gros droguet, sorte de moine laboureur, la femme de Suire, tandis que son mari parlait, débridait le petit cheval ; puis elle le retint par le toupet ; elle riait, d'un regard un peu perdu, étrange ; elle riait sans qu'on l'entendît. Soudain, s'adressant à M. des Lourdines, elle se toucha le front avec l'index, en clignant de l'œil du côté de son mari ; et elle semblait dire : « Il ne faut pas l'écouter, non... Ah ! si vous l'écoutez !... »

— Seulement, continuait Suire, voilà qu'après l'achat, le père Pagis est venu me prétendre qu'il avait des hypothèques sur la moitié du terrain. « C'est nul... c'est nul, qu'il m'a dit... la loi est là... » Oui... oui, mais allez ! c'est un farceur... il n'y a pas d'hypothèques !... ni rien !... Je sais bien ce qu'il veut !... Aussi, demain que c'est foire à Poitiers, nous nous trouverons tous les deux devant le juge... et alors je lui dirai, au juge : « J'ai acheté, j'ai acheté... » Ça aussi c'est la loi... hein ?... J'lui dirai, j'lui dirai, j'lui dirai, bredouilla-t-il avec force... Allons, notre monsieur, voulez-vous venir au cellier ?... j'ai là du petit vin doux de l'année... et puis regardez le sauvageon... regardez-le donc !

— Quel sauvageon ?

— Mais là, sous le grillage... je l'ai pris au nid dans le sillon.

En effet, sous le grillage, un petit lapin de garenne bondissait comme une balle, et M. des Lourdines dut rappeler Lirot.

Ils burent au cellier ; puis ils se rendirent dans l'enclos où Suire fit admirer ses carrés, les haies qu'il avait fabriquées, son pommier qui, cette année, lui avait rempli cinq barriques.

— Ah ! dame ! dit-il, il est bien consciencieux !

Puis, baissant la voix :

— Tenez !... là-bas !... cette brousse, eh bien, il y a-t-un lièvre qui tous les matins passe par ce pertuis-là. Il s'en vient faire son seigneur dans mes carrés, et puis s'en sort par la claie... A c't'heure, continua-t-il, rampant à terre, il fait trop noir !... sans quoi je vous aurais montré sa griffe... Mais c'est par là qu'il passe !... Voyez-vous le trou ?

Doucement il passait la main :

— Hein !... qu'est-ce que je vous disais, notre monsieur ?

Et, entre ses gros doigts, il approcha de M. des Lourdines un petit bout de duvet dont l'air se saisit presque aussitôt.

— Va !... va ! mon luron !... quand je serai revenu de chez le juge, c'est moi qui te ferai ton affaire !... Mais vous, notre monsieur, je vous vois avec votre carnassière ; avez-vous fait bonne chasse ?

M. des Lourdines entrouvrit son carnier.

— Ah ! mon cher ami de bon Dieu ! s'exclama Suire, c'est qu'ils ont seulement bien bonne mine !

— Eh bien, tends-moi ta blouse...

Et tandis que Suire remerciait, M. des Lourdines pensait : « Quel homme heureux, ce Suire ! En voilà un homme heureux ! »

Mais il était grand temps de rentrer. Il tendit donc sa main, que le meunier prit et agita lourdement de droite à gauche :

— Au revoir, Suire !

Sur le pas de la porte, toujours riante et muette, la femme le regardait partir, et elle se tapotait le front du bout du doigt : « Il ne faut pas l'écouter, non ; ah ! si vous l'écoutez !... »

Du crépuscule il ne restait aux confins du ciel qu'une large bande violacée, semblable à des poussières de bronze répandues. Des nuages humides planaient au-dessus du cirque, d'un bleu d'abîme, au fond duquel, là-bas, dans les brouillards, se trouvait la Charvinière. Au loin, sur les hauteurs, la forêt dressait son front noir, que tranchait une route, dans le rose pâli du couchant.

Maintenant M. des Lourdines marchait dans les bois devenus obscurs, où les grosses branches ne se distinguaient plus des feuillages. Sa halte chez Suire avait détendu, refroidi ses muscles ; ses jambes commençaient à s'alourdir. Mais sa pensée, grisée d'air, allait encore de la Charvinière au moulin de la Bigne. Dans les feuilles se propageait comme un bruit d'étoffes métalliques ; et il se pressait, tandis que Lirot, jetant çà et là un regard de feu vers son maître, faisait des bonds de loup à travers les gaules.

3

Il pénétra dans l'avenue et laissa derrière lui les deux vieux pavillons qui marquaient l'entrée de son domaine.

Dans la futaie, gagnée déjà des ténèbres, la lune, pâle, voguait sur des flots d'étoupes frangées de rousseurs. Le ciel se pommelait d'ouates éclatantes, se tendait, comme dans les vieilles soieries, de bleus tendres.

Du brouillard émergea la toiture infléchie du château, avec ses tampons d'ardoises plus neuves, que la lueur lunaire argentait.

Comme d'ordinaire, la chambre de sa femme était éclairée ; la lumière fluait mollement d'entre les petits carreaux.

Il ne rentrait jamais sans éprouver une certaine inquiétude de ce qui s'était passé en son absence, craignant toujours que la vieille Perrine ne vînt à sa rencontre, lui annoncer que madame était retombée dans une de ses crises. Parfois, il s'imposait bien de rester à la maison jusqu'au soir ; mais c'était, en fin de compte, se priver sans profit pour la malade, qui ne s'en montrait ni plus vaillante ni plus gaie.

Le Petit-Fougeray dormait déjà de la léthargie de toutes ses pierres rousses.

Cette demeure, qui, du dehors, n'en imposait pas par ses proportions, se dévoilait, à l'intérieur, immense, et beaucoup trop vaste même pour que M. et Mme des Lourdines, avec leurs quatre domestiques, pussent la remplir. Aussi se tenait-on dans la partie de gauche. Celle de droite, entièrement inhabitée, présentait, desservie par un interminable et étroit corridor, toute une enfilade de pièces, démeublées, spacieuses, et toujours en possession de leurs boiseries anciennes. On n'en faisait point usage. L'une, à l'occasion, servait bien de réserve pour le foin ; Célestin en utilisait une autre pour ranger le grain de ses volailles ; mais dans une troisième, probablement une ancienne salle de billard, traînait, oublié là depuis des années, un tamis sur un tas d'orge.

Et la poussière avait charbonné tout cela ; l'air y était glacial, chargé d'une odeur de paille renfermée et de moisissure ; des cocons tissés par les insectes tremblaient dans les courants d'air, et les araignées y suspendaient de lourdes mousselines, où facilement se fussent fournies de châles toutes les mariées du pays.

Quant à la chapelle, le siècle y mordait chaque année un peu plus avant, dans l'escalier qui perdait par lambeaux ses marches, dans la muraille où s'ouvrait une grande brèche à la hauteur de la tribune, dans la toiture d'où, s'entassant sur le sol, se détachaient des fragments de lattes et d'ardoises pourries. Par une ogive latérale, le figuier entrait un bras vigoureux, avec des feuillages.

Dans un encombrement de madriers, de caisses vermoulues qui avaient contenu des orangers, l'autel, au tabernacle soleillé d'or, obliquait dans sa chute entre deux anges décolorés, dont les doigts roides priaient sous des mentons écailleux.

M. des Lourdines se rendit tout droit à la cuisine, qui retentissait en ce moment sous les coups de hachoir de Perrine...

— Comment va madame ?

— Hé ! bé !... monsieur, le Bon Dieu est avec nous...

Sous l'abat-jour, Estelle, la petite servante de Mme des Lourdines, piquait son aiguille dans de la lingerie qui débordait de son giron jusque par terre. Entre les deux femmes se tenait assis contre le mur, devant un bol à fleurs, un jeune homme du village voisin, un tourneur de rouets. Tous les soirs, Joseph venait passer la veillée, avant de regagner sa cabane où, très tard dans la nuit, on l'entendait chanter devant son tour, en creusant ses bobines.

— Voilà les champignons ; et qu'est-ce que tu confectionnes là, Perrine ?

— Un pâté de perdrix, notre monsieur.

Mme des Lourdines était gourmande ; elle exigeait des sauces succulentes, des coulis raffinés.

Des linges blondoyaient devant l'âtre, au fond duquel les flammes semblaient porter elles-mêmes la marmite. M. des Lourdines s'approcha du feu et retira ses bottes, noires de boue. Puis, les pieds chaussés de pantoufles, un doigt posé sur le manteau de la cheminée, il demeura devant le foyer, tandis que Perrine lui préparait son repas, invariablement composé, le soir, d'une copieuse soupe aux choux et de deux œufs frais.

Il aimait beaucoup à s'attarder dans sa cuisine, et chaque fois qu'il rentrait de la campagne, il venait, comme cela, y passer un petit moment. Il aimait l'odeur qui s'en exhalait, une odeur de fumée, de pain, de laiterie. La lueur douce de la lampe éclairait les murs d'ocre, brillait sur les cuivres ; dans le coin de la cheminée s'entassaient des fagots qui venaient de ses fermes, du Purdeau, de Lorgerie, de Fouchaut... Ce coin de la cheminée, c'était encore la campagne !... La vieille horloge, peinte et fleurie comme une idole hindoue, avec son hublot où repassait l'éclair du balancier, les vieux bougeoirs de cuivre, cabossés et faussés, les trois fusils suspendus au mur, tous ces objets lui retenaient un peu de son affection, exprimaient à son regard la poésie de la chose qui n'est pas bien loin d'avoir une âme, et une âme qui s'use à notre service...

Il y avait aussi, qui l'intéressait, collée au-dessus de l'âtre et noircie de fumée, une image représentant un épisode du passage de la Bérézina, une compagnie de voltigeurs assaillie par des cosaques et commandée par un jeune officier qui avait dans l'expression quelque chose d'Anthime !

Ce soir, il restait plus longtemps que de coutume à regarder les fagots et la vieille pendule, car probablement sa femme allait lui parler de l'ormeau, démontrer combien on avait eu raison de faire disparaître un arbre qui lui enlevait toute la lumière de sa chambre ; et lui ne se souciait point de ressasser ce sujet, qui lui faisait de la peine.

Enfin, son repas fini, il monta doucement, en évitant d'ébranler la rampe.

Dès l'entrée, la chambre de Mme des Lourdines dégageait une atmosphère de benjoin et d'eau de Cologne. Cette chambre, remplie de menus bibelots qui se renvoyaient de glace en glace leurs reflets de métal et de porcelaine, était rouge et or. Mme des Lourdines avait un faible pour le rouge, et spécialement pour le « rouge cerise » ; toutes ses bougies étaient « rouge cerise ».

En ce moment, elle donnait ses instructions à Frédéric au sujet des achats qu'il devait aller faire le lendemain à Poitiers. Ce voyage se faisait tous les quinze jours. Mais comme le cheval n'eût pas pu fournir dans la même journée les trente lieues de l'aller et du retour, le domestique couchait là-bas et ne rentrait que le lendemain.

— Vous me comprenez bien, Frédéric ?

— Oui, madame.

Un rouleau de pièces d'or étincelait dans ses grasses mains de lait, très soignées, aux ongles polis « en amande ». D'autres rouleaux égaux, minutieusement rangés, s'alignaient devant elle sur une petite table de marqueterie.

Elle se tenait toujours à cette place, dans le fond, près de la fenêtre, à l'ombre pelucheuse d'une tenture.

Préoccupée, elle ne répondit que par un signe au bonjour de son mari, lequel, à pas de velours, alla s'asseoir contre la croisée.

C'était une femme fortement charpentée, qui n'avait jamais été belle. Frisée aux tempes, une dentelle noire sur les cheveux, sa longue figure chevaline, dont les traits pourtant ne manquaient pas de finesse, étoffée de chairs flasques et violacées sous la poudre, reposait dans la graisse trop blanche d'un double menton. Elle parlait par saccades, d'une langue empâtée, en dardant sur le cocher ses petits yeux ronds et brillants qui semblaient vouloir, à propos d'étoffes et de pastilles, le pénétrer jusqu'au cœur.

M. des Lourdines, se taisant, regardait Frédéric du même œil qu'il avait regardé en bas les bougeoirs et les fagots. Frédéric, bien que plus tout jeune, ayant passé la Bérézina comme cuirassier de la garde, montrait encore sur son siège un torse omnipotent et un regard césarien. Bien des filles du pays eussent voulu épouser ce bel homme ; mais lui, craignant, s'il épousait, de devoir quitter ses maîtres et ses chevaux, les avait toutes évincées, aussi indifférent à leurs manigances, aussi impassible que peut l'être un clocher au milieu des hirondelles.

— Et voici votre liste, Frédéric, ne la perdez pas !... puis cent francs pour les commissions.

Elle fit un grand effort du dos pour mettre l'argent dans la main du domestique.

— Vous ne manquerez pas non plus d'aller chez le docteur Lancier, vous lui paierez ses honoraires... c'est cinq cents francs... les voici... faites bien attention !... vous le prierez également de venir... attendez !

Elle réfléchit.

— Non ! ne lui dites rien... je lui écrirai.

Et elle fixait Frédéric pour lire sur sa figure les recommandations qui pouvaient lui échapper ; car elle n'avait pas pour rien, au milieu de ses misères, sauvé sa tête, « toute sa tête », et l'amour-propre lui eût saigné d'être prise en flagrant délit d'une défaillance de mémoire.

— Ah ! fit-elle soudain.

Et, s'appuyant des deux mains pour se soulever de son fauteuil, d'une puissante poussée de hanche elle fit reculer la table. Elle passa. Le parquet craquait sous la masse tanguante de son corps volumineux et de grande taille. Péniblement, elle s'avançait, avec des crispations dans ses mains satinées dont les doigts ne se fermaient plus.

D'une armoire elle retira un corsage de soie noire.

— Voilà !... vous irez aussi chez Mlle Godeau et vous lui remettrez ce corsage... il ne me va pas du tout !... Qu'elle le reprenne aux emmanchures, ou qu'elle m'en fasse un autre, ça m'est égal !... mais qu'au moins elle m'en livre un qui ne m'empêche pas de lever les bras !... je ne puis même pas faire ça !...

Frédéric avança la main.

— Attendez... Avez-vous les doigts propres ?... il vaut mieux l'envelopper... Où y a-t-il un journal ici ?... tenez, sur la cheminée... ah ! mais non, c'est votre *Constitutionnel*, Timothée, qui est arrivé ce soir...

— Mon Dieu !... Emilie... vous pouvez le prendre !...

— Vraiment ?... alors, donnez, Frédéric... A ce propos, continua-t-elle en dépliant le quotidien, il est venu en même temps une lettre pour vous, Timothée ; elle est là, sur la cheminée.

M. des Lourdines trouva en effet une lettre, adressée à M. le comte des Lourdines. Il fit une moue, n'aimant guère qu'on lui donnât de ce titre qu'il ne possédait pas. Du reste, une lettre quelconque — c'est-à-dire ne venant pas de son fils ou d'un de ses fermiers — lui inspirait toujours plus de défiance que de curiosité. Il n'éprouvait aucune hâte de la lire. Aussi, le plus souvent, sans la décacheter, la glissait-il dans sa poche. D'autres allaient la rejoindre, de sorte que la poche enfin remplie, un beau jour, obsédé de tous ces retards, il prenait son courage et faisait sauter coup sur coup toutes les cires.

La présente fut de cette façon réservée.

— Timothée, demanda Mme des Lourdines, n'avez-vous aucune commission pour Poitiers ?... Vous n'avez besoin de rien ?

— Non !... je vous remercie, Emilie... non !... je ne vois rien !

Alors elle congédia Frédéric qui, avant de faire demi-tour, avant de tourner sa nuque sanguine où ses cheveux gris frisottaient très bas, toucha sa tempe avec la main, selon la théorie militaire.

De son pas pesant, elle revint s'asseoir et, un peu oppressée, ferma les yeux. Elle soupirait, elle soufflait : ce n'est point un mince mérite pour une valétudinaire que de pourvoir de son fauteuil à la direction d'un intérieur !

— Vous vous fatiguez, ma pauvre amie !...

— Ne vous inquiétez pas, Timothée... Dieu merci ! j'ai une bonne tête... ça, la tête !... mais avez-vous bien fait vos recommandations à Célestin au sujet de la vache qu'il doit acheter ?

— Je lui ai dit. Je lui ai dit : « Tu achèteras une vache rouge, madame y tient. »

— C'est parfait...

Puis, regardant du côté de la fenêtre :

— Les charpentiers, dit-elle, ont travaillé à l'arbre jusqu'à la nuit tombante. Ils l'ont entièrement ébranché. Enfin !... maintenant... dès trois heures de l'après-midi, je ne me fatiguerai plus les yeux...

Mais M. des Lourdines l'interrompit :

— Allons ! Emilie, je suis bien content !... je suis bien content !...

Et, nerveusement, il se grattait le dessus de la main.

Elle se tut et eut de coin un imperceptible sourire ; puis plus grave :

— J'ai reçu aujourd'hui une lettre, Timothée... une lettre... de Mme d'Espic.

— De Mme d'Espic... répéta-t-il en écho.

— Oui... et elle me parle beaucoup de sa fille...

— De sa fille...

— Oui... et plus j'y réfléchis, Timothée — la jeune fille sera riche —, plus j'y réfléchis, et plus je suis d'avis qu'il y a certainement là quelque chose à faire !...

Antérieurement déjà, M. des Lourdines avait éventé les projets matrimoniaux que sa femme caressait dans cette voie pour leur fils. Mais bien qu'il ne connût point Paris, il en savait assez pour que son imagination, confusément, y créât un empire de séductions, dont il pensait qu'un jeune homme ne se déglue pas. Il restait donc sceptique.

— Et que voulez-vous tenter, Emilie ? demanda-t-il, en soupirant.

Elle répondit :

— Laissez-moi faire... vous n'êtes pas adroit, vous... ah ! non... tant s'en faut !... D'abord votre fils, vous ne le comprenez pas, vous ne l'avez jamais compris, Timothée. Il faut être avisé, voyez-vous... savoir tourner les gens !... c'est une science, cela... et vous n'avez jamais su tourner les gens !...

— Je ne dis pas non... Mais... comment vous y prendrez-vous, ma pauvre amie ?

— C'est bien simple : en louvoyant... Dans la vie, il faut louvoyer !... louvoyer !...

— Hum ! louvoyer !... je crois que mieux vaut s'en aller son petit bonhomme de chemin !...

— Hé ! hé ! Timothée... oui et non !... oui et non !

M. des Lourdines n'ajouta rien ; il baissa la tête et regarda le parquet, obstinément, comme dans une eau profonde.

Quelques instants après, il était dans sa chambre, une petite pièce aux murs nus, qui contenait un lit de fer, une chaise, une table et une armoire.

Ayant quitté sa lévite, il endossa une robe de chambre, couleur de bure, passablement élimée. Un instant, il rebroussa du plat de la main, rêveur, la houppe grise qui couronnait son front hâlé ; puis il ouvrit son armoire, grimpa sur une chaise et descendit de la plus haute étagère, où elle reposait sur des piles de vieux livres, une boîte à violon.

Avec douceur il l'ouvrit ; avec précaution il en retira l'instrument ; c'était un beau violon rouge. D'un grattement du pouce il en fit vibrer toutes les cordes, qu'ensuite, l'oreille tendue, il mit au diapason. Avec une flanelle, il l'essuya ; le beau bois poli miroitait. Puis ce fut le tour de l'archet dont il frotta les soies de colophane ; et il faisait tout cela avec minutie, en souriant un peu.

4

Parmi les quelques figures que gardait fidèlement sa mémoire vivait toujours celle de M. Crouillebois, ce grand bonhomme qui, deux fois par semaine, venait l'attendre à la sortie du réfectoire, dans la cour des récréations. Nettement, toujours, il le revoyait, lui et sa vieille redingote feuille-morte, qu'aux basques, régulièrement, dépassait le coin jaune d'un mouchoir de Cholet. On s'installait dans une classe, toujours la même, une salle d'étude blanche, noire, crayeuse, « la moins malsonnante de toutes », disait en riant le vieux professeur de musique.

— Allons, monsieur des Lourdines, accordons nos violons... Vos honorés parents se portent-ils bien ?... Ah ! ah !... ils ne vous ont point fait savoir de leurs nouvelles ! Nous allons donc reprendre le dernier exercice, monsieur des Lourdines.

Ses parents, en effet, sa mère plutôt, avaient eu la fantaisie d'écrire au principal qu'il eût à faire prendre au jeune Timothée les leçons d'un maître de violon. Comme, par la suite, n'était jamais venu l'ordre de les interrompre, il en résulta que le jeune des Lourdines demeura de nombreuses années l'élève de M. Crouillebois.

C'était là, d'ailleurs, tout ce qu'il avait retenu du collège, le violon, et aussi un passage des *Géorgiques* sur la culture des abeilles, passage que, d'un trait, il récitait à Célestin, quand il lui voulait prouver qu'il savait le latin :

Absint et pieti squalentia terga lacerti
Pinguibus a stabulis, meropesque, aliœque volucres,
Et manibus Procne pectus signata cruentis.

Et il traduisait avec obligeance :

— Loin des ruches onctueuses, le lézard au dos rugueux et tacheté, et les mésanges, et entre autres oiseaux, Procné qui porte sur sa poitrine l'empreinte de ses mains sanglantes.

Et puis, ses classes achevées, son violon l'avait suivi au Petit-Fougeray, aimé comme le compagnon des seules heures ensoleillées de sa longue réclusion.

L'absence avait duré quinze ans ; son père et sa mère étaient morts.

Alors il réintégrait le vieux domaine désert ; il retrouvait le pays de ses souvenirs d'enfance, les petits prés enclos de haies, où paissaient les jeunes taureaux, les chemins perdus dans la nuit des vieux têtards, la Charvinière aux champs de colzas jaunes à perte de vue. Ce fut dans sa vie grande fête, et le violon chanta.

Il chantait, le soir, au retour des longues marches dans la campagne, après les siestes d'été, dans les foins, parmi les cigales.

Et la musique que jouait ainsi l'élève de M. Crouillebois — sa vieille méthode composant à elle seule toute sa bibliothèque musicale — se trouvait bien ailleurs que dans les œuvres célèbres dont il aurait pu se pourvoir. Elle était, cette musique : les complaintes paysannes, la chanson des oiseaux, la vibration d'une cloche, les tintements de la maréchalerie, le vent, le silence, tous les chants qu'entendait de la nature ce solitaire passionné de l'âme de son cher pays.

Ces chants, pensait-il bien, lui venaient d'ailleurs que de lui-même ; et, il s'en grisait délicieusement, il ne songeait ni à les fixer, ni à s'en souvenir ; car, inépuisables autour de lui, dans les arbres, dans les fleurs, frémissaient les mélodies, de sorte que, tout pareil à ceux-là qui suivaient les pas de Jésus, il ne se mettait point en peine.

Dans les premiers temps de son mariage, sa femme, d'abord, s'amusa du violon ; puis elle se lassa de ces cris qui lui « grattaient dans la tête ».

Alors il alla jouer plus loin, s'isola dans sa chambre. Presque tous les soirs, il s'y enfermait avec l'instrument, devenu le confident de ses souvenirs, de ses émotions, de ses peines, de ses pensées, de sa vie.

Ce que lui-même n'aurait su dire avec des mots, le violon savait le traduire, le violon le chantait. Et, même, cet ami réussit à émouvoir dans son être des fibres si ténues, que lui, timide, et qui n'eût à quiconque osé s'ouvrir de ses douleurs ou de ses joies, peu à peu se prit à craindre que cette voix ne trahît ses secrets en des oreilles indiscrètes. Plusieurs fois, en effet, il lui avait semblé surprendre des chuchotements derrière la porte... la chambre de sa femme n'était plus assez éloignée de la sienne !

Il prit donc un parti : ce fut d'attendre jusqu'à neuf heures que fussent couchés les gens de la maison ; puis, à pas de loup, il se glissait vers le fond du vestibule, du côté des chambres abandonnées ; et là, bien seul, bien renfermé, dans les ténèbres ou à la lueur d'un bout de chandelle, il se livrait sur son violon pendant toute une partie de la nuit.

Depuis trente ans, il s'en allait là-bas, avec les araignées, avec les souris, et même les chats-huants, car les bois voisins se trouvaient peuplés de ces oiseaux friands de musique, qui, dans les longues nuits silencieuses, aimaient à venir se poser non loin du violon.

Et, pendant ces trente ans, le violon avait tout dit de la vie du musicien, presque jour par jour : les aurores sur les collines, les troupeaux qui vont boire, la chanson des laveuses, l'amour des premières années, les déceptions cachées, les joies du père, et les espoirs nouveaux, et les déceptions nouvelles, et le fils parti, perdu... Tout cela sur le violon, sur ses nerfs tendus, avait murmuré, chanté, sangloté, cher vieux Crouillebois !

Ce soir, il se sentait l'âme travaillée de musique.

La forêt l'avait ému, pénétré de ses parfums, empli de ses chuchotements : il avait l'impression de la porter en lui tout entière avec ses hautes cimes brumeuses et sa triste atmosphère de pluie.

Les coups de neuf heures sonnèrent. Ils sonnèrent par la cheminée dans la chambre, assourdis, lointains, descendus de l'horloge fixée à l'extérieur, au sommet de la toiture.

Il prit son violon.

Mais ne valait-il pas mieux, en disposition de jouer comme il l'était ce soir, se libérer l'esprit de toute préoccupation ? Il hésitait donc s'il lirait, en ce moment, la lettre qui venait de lui être remise...

Puis il se décida et, déposant son instrument, releva la flamme de la lampe.

Avec une lame, il coupa le pli — habitude prise de sa femme, laquelle trouvait à redire à ce que l'on n'ouvrît pas une enveloppe proprement.

« Monsieur le Comte. »

Et il lut.

Tout d'abord, il ne comprit pas ; puis il devint très pâle... puis il se mit à trembler... puis la lettre lui tomba des mains...

— Mon Dieu !... Qu'est-ce que c'est que cela ?... Anthime !... Malheureux !...

Il ne pouvait plus lire ; un nuage lui emplissait les yeux, les mots se brouillaient les uns dans les autres.

Il courut vers la porte.

— Emilie !

Mais il s'arrêta, enchaîné sur place, comprenant qu'avant tout il fallait épargner sa femme ; et, pris d'un tremblement, il se laissa tomber sur une chaise, assommé !

Longtemps, il resta ainsi, plongé dans une immobilité complète. Il souffrait horriblement. Seule, dans le vide de son cerveau, la figure de son fils passait et repassait.

Et les heures s'écoulaient ; la lampe, à bout d'huile, menaçait de s'éteindre.

Quand soudain il fut tiré de sa prostration par un grand spasme : de nouveau la somme se déployait devant ses yeux : *six cent mille francs !*

Une indicible angoisse l'étreignit ; avec épouvante il se représenta vendues toutes ses fermes.

Non, il ne paierait pas !... Il avait fait pour son fils d'assez grands sacrifices... il n'acquitterait pas une seconde fois la note de ses désordres !

Puis, sans qu'il sût comment ni pourquoi, sa décision se détendait, comme s'il n'était plus besoin de sa volonté... son cœur s'amollissait... il n'avait jamais fait de mal à personne !... Pourquoi dès lors viendrait-on lui prendre sa fortune ?... est-ce que le monde ne se soulèverait pas d'indignation ?

Et qui sait si la lettre de ce prêteur, de ce Muller ne recelait pas quelque combinaison frauduleuse ? Comment le débrouiller ? Il en était bien incapable, ignorant tout du monde de l'argent, hors que s'y brassaient d'obscures affaires, souvent louches, toujours compliquées.

La lampe s'était éteinte ; la nuit s'avançait ; il grelottait de froid.

Immobile, la tête dans les mains, il ne savait à quoi se résoudre, désarmé, tout semblable à l'enfant qui ne sait rien de l'escrime de l'existence. Il sentait seulement qu'il avait vécu trop à l'écart des hommes ; car en une vraie détresse maintenant se changeait le sentiment si souvent caressé de sa solitude.

Mais, tout à coup, une figure, un nom lui traversèrent l'esprit ; il tressaillit. A cette figure, à ce nom, qui venaient lui présenter un recours, il s'accrocha comme le noyé à l'épave, comme le noyé qui respire enfin au-dessus de l'eau.

— Oui, oui ! disait-il, je vais y aller !... je vais y aller !

C'était presque du bonheur ! Un immense soulagement gonflait sa poitrine, et, les yeux en prière, d'une voix qui, dans les larmes, semblait découvrir cette vérité, il gémissait : « On a besoin des autres !... on a besoin des autres ! »

Doucement, il était sorti de sa chambre ; sur la pointe des pieds, il se faufilait par le vestibule.

La fraîcheur soudaine du plein air le fit frissonner.

La cour baignait dans les brouillards. A pas rapides il la traversa. Lirot remua dans sa niche ; par l'ouverture de son box, le « Comte Caradec » tenait dehors sa longue tête endormie.

Il pénétra dans un des bâtiments, gravit, les mains tâtonnantes, un petit escalier tournant au-dessus des écuries, et s'arrêta sur le palier, devant une porte maculée de chaux.

— Frédéric ! appela-t-il.

Puis il frappait deux coups, presque timides.

— Frédéric !

Le lit craqua, et des pieds nus se plaquèrent sur le plancher.

— Frédéric ! c'est moi !...

Les pieds se hâtèrent, et la porte massive s'ouvrit, en écrasant du gravat.

— Frédéric !... — il haletait —, tu pars ce matin pour Poitiers... j'avais oublié... je dois y aller aussi... je pars avec toi... Frédéric !... Quelle heure est-il ?

Frédéric, mal éveillé, resta un instant silencieux, le temps d'approfondir l'étrangeté du rêve qui le tenait en chemise à sa porte, puis il se décida à aller quérir son briquet. Après l'avoir battu, non sans maugréer contre la flamme rétive, après avoir allumé sa lanterne, il put enfin faire courir une lueur sur son oignon pendu contre la cloison.

— Trois heures... annonça-t-il, d'une voix enrouée.

— Lève-toi !... lève-toi !... il faut qu'à quatre heures nous soyons en route !...

— Bien, notre monsieur... je vais donner tout de suite l'avoine à la jument.

Et, tout surpris de cette voix émue, il portait haut sa lanterne, curieux de voir quelle pouvait bien être en ce moment la figure de son maître.

— Lève-toi !... lève-toi ! lui jetait M. des Lourdines, en descendant l'escalier.

Rentré dans sa chambre, comme il ne restait plus d'huile dans la lampe, il dut se servir de la chandelle qui l'eût éclairé à son violon.

A cette lumière fumeuse, il s'habilla, fébrile, sans faire de bruit, retenant sa respiration. Ses mouvements trop précipités le retardaient ; il eut aussi grand-peine à faire entrer ses brodequins qui, inutilisés depuis longtemps, s'étaient durcis du cuir et rétrécis.

Une idée le frappa, heureusement : n'avait-il pas déclaré à sa femme n'avoir aucune commission pour Poitiers ?

Alors il écrivit ; il exposa — en maîtrisant sa plume qui tremblait — qu'il avait rencontré hier le meunier Suire dont le procès — un procès — avec Pagis, devait se plaider aujourd'hui même devant le tribunal de Poitiers ; qu'il avait promis d'aller le soutenir de son témoignage. Il mettait sur le compte d'un oubli le fait de ne l'en avoir pas avertie la veille.

Et il cacheta, sans même se rendre compte, lui qui n'avait jamais menti, qu'il venait d'écrire un mensonge.

Il alla déposer sa lettre au bas de la porte de sa femme, de façon qu'elle fût bien en vue ; puis avec précaution, sans faire crier le plancher, s'appuyant des doigts au mur dans l'obscurité, il sortit : il n'avait pas troublé le paisible sommeil de la maison.

Une brume bleuâtre emplissait la nuit matinale ; c'était l'heure vive et fraîche où l'univers purifié semble s'être rajeuni de plusieurs milliers d'ans.

Enveloppé dans sa large limousine, il se rendit sur le seuil de l'écurie, dans laquelle se transportait de-ci de-là la lanterne sourde de Frédéric. Des poules réveillées quittaient le fumier chaud et caquetaient, inquiètes. Dans l'ombre, la vieille jument blanche, couverte déjà de son harnais cuivré, broyait l'avoine, avec un bruit de meule.

Alors il revint dans la cour, et il attendit, en regardant une petite étoile qui brillait entre deux peupliers.

Il se retourna : la jument faisait sonner les pavés du caniveau, s'avançait vers la voiture. Frédéric entra et sortit avec un fouet, avec une brosse pour le voyage et dans les mains son chapeau, qu'il déposa sur la pierre de l'auge ; puis il rabattait sur la jument les brancards du berlingot, passait des courroies, en nouait d'autres, tout en glissant des coups d'œil intrigués du côté de son maître.

— Vite !... vite ! Frédéric !

Frédéric passait les manches de son vêtement ; mais il avait oublié dans l'écurie sa sacoche — il courut la chercher —, puis ce fut le tour de la clef du coffre. Enfin M. des Lourdines monta, mais au lieu de s'asseoir à droite pour conduire, il se laissa choir tout au fond. Le cocher voulut quand même lui passer les guides.

— Non, dit-il... conduis, toi... conduis... viens vite !...

Maintenant, ils roulaient sur la route. Derrière eux, quatre heures sonnèrent à l'horloge du château.

Ils en avaient ainsi pour cinq heures languissantes à entendre la terre s'écraser sous les roues. Ils montaient, au pas, la côte de la Crêneraie, déserte et encore voilée de nuit. Des ornières, remplies d'eau, brillaient de chaque côté de la route. Au fond des terrains s'allumait une petite lumière. Dans la brume, les haleines de Frédéric et du cheval éparpillaient leur vapeur...

Sur les prairies basses planaient de longues gazes blanches, légères, suspendues comme des nuages, comme des bancs de neige volatile. Au-delà, sur les collines, moutonnaient les bois.

— La forêt... essaya de bavarder Frédéric, en montrant du bout de son fouet l'horizon.

Mais, ne recevant pas de réponse, il remit sa jument au trot.

5

Il était huit heures environ quand ils arrivèrent à Poitiers. La foire battait son plein, et M. des Lourdines ne vit pas sans impatience son cabriolet prendre le pas à cause de l'encombrement. Puis la marée toujours plus grouillante s'épaissit encore.

La voie n'était plus assez large pour les charrettes dételées, les déballages de poteries, les cochons se débattant entre les jambes des fermiers, et pour les parapluies sous le bras de toutes les paysannes.

On allait toujours plus lentement ; la jument entrait du front dans les nuques, dans les épaules, fendait en deux les discussions ; et sur tout ce brouhaha se balançaient des trophées de peaux de lapin, se déployaient de grands parasols rouges.

Frédéric comptait nombre d'amis qui lui serraient la main au passage, de sorte que M. des Lourdines, pour n'être pas reconnu, se rencoignait bien au fond de la capote. Malgré cette précaution, il entendit, dans la foule, prononcer son nom ; il se fit plus petit encore et rabattit sur ses yeux le bord de son chapeau.

Il fallait traverser une grande partie de la ville pour arriver au Plat d'Etain, où descendaient tous les bourgeois de marque, ainsi que les gros marchands cossus.

Dans la cour, pas mal de voitures déjà se trouvaient rangées.

— Hé !... là... nous y sommes, dit Frédéric, en tirant sur les guides.

Ils rejetèrent leurs couvertures, tandis qu'un garçon d'écurie, nanti de sa brosse en chiendent, venait se placer à la tête du cheval.

Très abattu, étourdi et les jambes cassées, M. des Lourdines mettait à peine pied à terre, qu'une voix joviale éclatait derrière lui :

— Pas possible !... M. des Lourdines !... M. des Lourdines dans notre ville de Poitiers !... Ah !... ah !... Comment allez-vous, monsieur des Lourdines ?...

C'était M. Bricart, figure bien réjouie, teinte au vin rouge sous une toison brune et crépue qui dessinait sur son front un fer de lance, M. Bricart, hôtelier, maquignon expert à buriner les dents des vieux chevaux, et ami de tous ces messieurs.

— Je... je vous salue, monsieur Bricart... Ayez la bonté de me réserver une chambre pour ce soir... n'est-ce pas ?... pour ce soir.

Et M. des Lourdines, courbé dans les vastes faux plis de sa limousine, ne souriait guère. Il aurait bien voulu se sauver, fuir ; mais l'autre le tenait court, ne lui lâchait pas la main — on pouvait se permettre cette privauté avec le petit homme !

— Entendu, entendu, monsieur des Lourdines, mais... voyons, nous prendrons bien une petite bouteille, hein ? proposa aimablement le gros Bricart, en faisant en avant le pas que M. des Lourdines faisait en arrière.

— Oh ! merci... merci... monsieur Bricart.

— Comment cela ?... pour tuer le ver, hein ?... chasser le brouillard ? Il n'y a rien de tel pour vous éclaircir, et ça vous fait voir dans le cœur de l'homme !... Allons ! une petite bouteille ?

— Non, non, je ne puis pas, monsieur Bricart... Je... je ne suis pas bien... pas bien... le vin me... se défendait M. des Lourdines, en reculant toujours.

— Diable ! vous êtes malade ?... malade, un bon Poitevin comme vous ! Allons, écoutez-moi, j'ai justement ici votre affaire. En vous voyant entrer tout à l'heure, je me suis dit : « Si M. des Lourdines vient à la foire, c'est sûrement pour remplacer sa jument qui devient vieille... eh bien, je vais le faire profiter d'une occasion comme il n'en trouvera plus... » Thobie ! cria-t-il à un garçon qui, sous un hangar, astiquait des aciers... Thobie, découvre Bonbonne... vite !... dépêchons.

M. des Lourdines jetait des regards anxieux vers la sortie.

— Je vous en prie, monsieur Bricart !... Je ne viens pas... non, non, je ne suis pas venu acheter un cheval... il faut même absolument que je vous quitte... je...

— Une petite minute !... tenez !... tenez !... et le maquignon montrait de ses deux mains une fine jument noire qui, dans le box qu'on venait d'ouvrir, dansait et grattait du sabot. Hein ?... est-ce joli ?... est-ce mignon ? et ça trotte !... Allez ! M. Anthime ne l'aurait pas regardée deux fois, lui, je vous en réponds !... et je vous ferai les prix doux, quinze cents !... et des pieds !... regardez-moi ces pieds-là !

— Certainement, certainement, acquiesçait de loin M. des Lourdines, tandis qu'entre ses sourcils un pli profond creusait une ombre dans sa pâleur.

— Allons !... Je vois que vous voulez faire d'abord, comme les bonnes femmes, le tour du marché en goûtant à tous les beurres !

Mais, cette fois, enjambant les flaques, le dos en bosse, M. des Lourdines se sauvait de l'hôtelier qui lui jetait :

— Vous me reviendrez, monsieur des Lourdines, vous me reviendrez !

Et à Frédéric qui s'était approché :

— Où va-t-il donc comme ça, ton maître, qu'il a l'air tout drôle ?

— Dame ! répondit Frédéric, il ne m'a sûrement point dit !... il est venu me réveiller, cette nuit, pour que je l'emmène, qu'il avait une figure de fantôme... le pauvre monsieur !... il pourrait bien aller chez le médecin !...

M. des Lourdines avait tourné la borne. Il marchait aussi vite qu'il pouvait, avide de recevoir le plus tôt possible le conseil dont il avait besoin, tout rempli de l'espoir qui battait en lui.

Enfin, sortant de la foule, il entra dans l'étroite et silencieuse rue des Carmélites. Mais il ne se rappelait plus la maison. Il demanda à un passant de lui indiquer où habitait M. Lamarzellière. Le passant lui montra un petit hôtel en retrait de l'alignement, derrière une grille flanquée de deux sorbiers des oiseaux et de vieux yuccas.

La domestique qui lui ouvrit revint presque aussitôt avec l'ordre de l'introduire, et il entra précipitamment dans cette maison où il allait trouver son salut.

M. Lamarzellière avait été un camarade de collège, et, de plus, certains liens de cousinage l'alliaient vaguement à la famille de Mme des Lourdines.

On ne saurait le mieux présenter qu'en reproduisant la formule dont il se servait pour se présenter lui-même : « Je suis, monsieur, ou madame, conseiller de Sa Majesté le roi à la cour royale de Poitiers. »

Ce fut en bousculant de l'épaule l'un des battants de la porte que M. des Lourdines pénétra dans le cabinet du magistrat.

Celui-ci, assis dans l'ombre, se leva, la main droite tendue, tandis que du bras gauche il retenait étroitement croisée devant lui sa robe de chambre.

— Ah ! ah ! des Lourdines ! Par exemple !

Il était très grand ; ses cheveux, rejetés en arrière, argentés, pleuraient de chaque côté de sa longue figure brou de noix, bilieuse...

— Et quel bon vent t'amène ?

Mais, né juge d'instruction, et par le métier instruit à connaître des physionomies aussi bien que des dossiers ressortissant à la jurisprudence :

— Assieds-toi sur ce canapé, dit-il, changeant de ton.

— Lamarzellière !... Lamarzellière ! s'écria avec élan M. des Lourdines en se saisissant des mains du magistrat. Sois mon sauveur !... en toi j'ai mis mon dernier espoir !... Je viens...

Mais il suffoquait, tandis que des larmes montaient dans ses yeux, dont les grosses poches se violaçaient.

— Ah ! disait-il, sans desserrer sa chaleureuse étreinte, on a besoin des autres !... on a besoin des autres !

Le conseiller l'examinait avec stupéfaction. C'était un pur bonnet carré, tout droit canon et tout hermine, et qui, dans l'exercice de ses fonctions, passait pour aussi tranchant qu'un canif ouvert de toutes ses lames.

— Assurément, dit-il, assurément, on a toujours besoin des autres... Mais, voyons ! ressaisis-toi... qu'est-ce qu'il y a, des Lourdines ?

Et, à petites tapes sur l'épaule, il encourageait au calme son ancien condisciple, qu'il tenait d'ailleurs pour un esprit très moyen, autant que pour un brave homme.

M. des Lourdines tira de son portefeuille un papier.

— Lis cela ! dit-il, en se laissant tomber sur un siège, le front dans ses mains, pendant que le conseiller s'approchait de la fenêtre, pour y voir plus clair.

M. Lamarzellière lisait à mi-voix :

« Monsieur le Comte. »

— Mon pauvre ami ! fit-il, tandis que son nez se plissait, grimace chez lui significative d'une vive attention compliquée d'inquiétude, mon pauvre ami !

— Je lui envoyais mille francs par mois, Lamarzellière, s'abandonna avec feu M. des Lourdines, mille francs ! Il pouvait être bien heureux avec cela ! Même à Paris, c'est une belle somme, n'est-il pas vrai ? et je lui aurais donné davantage s'il me l'avait demandé !... Mon Dieu ! certainement !... et cette lettre ! Je l'ai reçue hier soir !... c'est ma malheureuse femme qui me l'a remise !... sans savoir !... et heureusement, grand Dieu ! que je ne l'ai pas lue devant elle... je l'ai lue dans ma chambre... elle ne sait rien encore !... et tout de suite, j'ai pensé à toi, mon vieux camarade... Ma situation est horrible !... J'ai besoin de quelqu'un, d'un soutien, d'un guide !... Je me suis dit : « Il y a certainement dans cette lettre quelque combinaison irrégulière, mais comment en sortir ?... comment ? »

Le conseiller se taisait.

Des troupeaux, se rendant sur le champ de foire, passèrent dans la rue des Carmélites. On entendit leurs beuglements et le piétinement des toucheurs.

— J'espère au moins, prononça lentement d'une voix profonde M. Lamarzellière, qui n'ignorait pas l'insigne faiblesse de des Lourdines, que tu n'as pas l'intention de te reconnaître responsable ?

— L'intention ! sursauta, les yeux égarés, le campagnard.

Le magistrat connaissait son homme. Du moins il le connaissait comme les hommes connaissent les hommes, c'est-à-dire du côté où, en marchant, leurs manteaux viennent à se toucher. Cependant il vit tout de suite ce qu'il y avait à faire : parler fort, et avec autorité enfoncer le clou dans cette tête si mal armée contre les événements.

Il alla donc s'asseoir devant son bureau, qui était la place où il disait le mieux ce qu'il voulait dire.

— Sois calme, des Lourdines, et envisageons froidement la situation.

— Oui, oui, froidement, clairement, Lamarzellière !

— Ecoute-moi... commença le conseiller, dont la voix unie, calme, nasillait. Je suis célibataire, je n'ai pas d'enfant... Si j'avais eu un fils, soit dit brutalement, je lui aurais mis les menottes, la contrainte devant être considérée comme le premier principe de toute éducation rationnelle. Nos idées diffèrent sur ce point, je le sais. Je te laisserai donc les considérations d'ordre sentimental, et je n'énumérerai même point les charges morales qui pèsent sur ton fils. Mais puisque tu viens me demander de t'éclairer, mon ami, voici. — Il se moucha. — Ou la dette n'existe pas, ou elle existe intégralement, ou elle est frauduleusement majorée. Abandonnons le premier et le deuxième cas, aussi peu probables l'un que l'autre, et dont la solution du reste ne présenterait pas la moindre difficulté, et passons au troisième : ce Muller ne peut être qu'un financier véreux, qui sachant ton fils en perspective d'une jolie fortune lui aura imposé des intérêts hors de proportion avec les sommes prêtées, c'est-à-dire des intérêts usuraires entachés de nullité...

— Sûrement, sûrement !... C'est bien ce que je pensais !... c'est bien ce que je pensais ! opina M. des Lourdines, tandis que ses yeux fixés sur le magistrat le suppliaient de continuer.

— Il se peut même, poursuivit M. Lamarzellière, que ce financier, cet usurier, ait eu déjà, pour le même motif, maille à partir avec la justice. Ce n'est là qu'une hypothèse, mais elle peut se vérifier — et rien n'est plus facile à conduire que cette enquête par l'intermédiaire d'un homme d'affaires, de ton notaire, par exemple. M'as-tu bien compris ?

— Oui ! oui ! fit M. des Lourdines dont la figure s'éclairait.

— Eh bien... l'enquête faite, si le résultat vient corroborer mes suppositions, il ne saurait naturellement être question d'un règlement total. Cependant, mon cher ami, il restera toujours une somme considérable à acquitter, d'une façon ou d'une autre ; et c'est ici que j'en reviens à ma question de tout à l'heure, n'est-ce pas ? paieras-tu, ou ne paieras-tu pas ? Ah ?

La lueur dont s'était éclairée un moment toute la personne de M. des Lourdines disparut aussitôt ; son front se rembrunit, ses bras retombèrent, découragés.

— Mais je ne sais pas ! se lamenta-t-il, je ne sais pas ! Tu viens de me dire qu'il restera toujours une somme à payer ; si je ne paie pas, où Anthime se procurera-t-il les fonds ? Alors ?... alors ?... Je ne sais pas, moi !... c'est mon fils ! mon Dieu !

Visiblement impatienté, M. Lamarzellière, d'un geste brusque du doigt, ramena de sa salive sur ses lèvres qui, dès qu'il parlait, devenaient sèches.

— C'est de la pure folie, dit-il de sa voix traînante. Laisse-moi au moins te parler en homme de loi et agiter une question de principe, qui aussi bien que ton sentiment paternel, que diable ! requiert de présider à ta décision : eh bien... en admettant que la dette soit régulièrement causée, comme nous disons au Palais, oui !... s'il est avéré que ce prêteur se soit offert les bénéfices scan-da-leux avec lesquels l'usure n'est que trop familière, en payant tu te feras le complice de cette fraude, tout simplement, et tu n'en as pas le droit...

— Mais enfin !... balbutia M. des Lourdines, n'y a-t-il pas là aussi une question... comment dirais-je ?... d'honneur ?...

— L'honneur !... ah ! le pauvre mot condamné comme le laurier à tremper dans toutes les sauces ! eh bien, l'honneur t'impose de ne pas commettre une action nuisible au prestige et à l'autorité des autres pères de famille !... l'honneur te défend d'encourager par ton aveugle générosité cette odieuse exploitation de la jeunesse !... l'honneur...

— Mais il y a la prison, Lamarzellière !... et je ne veux pas qu'Anthime aille en prison !... J'aimerais mieux...

Il se tut. Le conseiller le regardait, et maintenant, sa grimace, le plissement de son nez, disait clairement : « Saurait-on jamais faire boire un âne qui n'a pas soif ! »

— La prison ?... reprit-il... mais la prison pour dettes n'est pas infamante ! Et puis la prison ne s'ouvre pas si vite qu'il te le semble ! Les prêteurs en question n'ignorent pas, en usant avec les pères de famille de ce terme comminatoire, que c'est encore à l'état de menace qu'il produit ses meilleurs fruits... et puis, continua-t-il, en prenant derrière lui un gros livre qu'il feuilleta sur son bureau, tout en parlant... il y a des lois !... voici : en matière civile — c'est le cas de ton fils — en matière civile, la contrainte par corps ne peut être exercée que dans le cas prévu de *stel-lio-nat.*

— Stellionat ? interrogea effaré M. des Lourdines.

— Oui !

Le conseiller releva la tête :

— L'expression stellionat, mon cher, tire son origine d'un mot latin, *stellio*, nom donné par les Romains à un lézard venimeux, à cause des points étoilés dont sa peau est mouchetée... Les jurisconsultes, comparant la fraude et la mauvaise foi des débiteurs... mais ceci nous entraînerait trop loin... il y a *stellionat* lorsqu'on vend ou qu'on hypothèque un immeuble dont on sait n'être pas propriétaire... Or, il est invraisemblable que ton fils ait su égarer la roublardise professionnelle de son prêteur, au point de lui faire accepter des hypothèques sur le Petit-Fougeray !

— Qui sait ? soupira M. des Lourdines.

— En matière commerciale, au contraire, poursuivit le magistrat, en se replongeant dans son livre, nous avons un texte d'une portée générale, article 1er de la loi de 1832, qui, nettement, établit la contrainte par corps pour dettes commerciales... Or, ton fils n'est pas commerçant, donc !

« Et puis, mon ami, continua-t-il, en fermant son code, il est un autre point auquel tu ne me sembles pas vouloir t'arrêter... Que te restera-t-il de ta fortune allégée de ces six cent mille francs ? Cela mérite réflexion !... Comment feras-tu pour vivre ? Mais ce sera la dégringolade !... et ta femme sera-t-elle capable de supporter cette tragique situation ? Je ne le crois pas, moi... Vous serez ruinés !... et dame ! elle peut... il faut y penser !... elle peut en mourir !... Hun ! Hun ! hun !

— Si Anthime fait de la prison, s'obstinait, sombre et accablé, M. des Lourdines, elle en mourra aussi !

Ils discutèrent longtemps encore.

A la fin, fatigué d'une lutte si peu décisive, M. Lamarzellière laissa retomber ses poings sur la table.

— Ecoute, reprit-il, d'un ton qui invitait à voir ici sa dernière déclaration, si tu te refusais, ce que je te conseille fort, à reconnaître les dettes de ton fils et qu'il dût les payer de sa liberté, certes, ce serait un grand malheur pour vous, et je te plaindrais, des Lourdines, de toute mon âme... mais laisse-moi te parler franc, selon le sentiment que je me fais de la justice : puisque ton fils a commis des folies, que ces folies le mènent, lui, où mènent nécessairement les folies... Cela seul est dans la logique de l'existence !...

Lentement, M. des Lourdines se redressa. Ces paroles paraissaient l'avoir frappé au cœur.

— La justice ! dit-il, d'une voix lointaine qui tremblait, la justice !... la logique de l'existence !... Oh ! Lamarzellière ! il me semble que tu viens de m'ouvrir les yeux !... Anthime, cet enfant... tout cela... tout ce qui arrive, c'est peut-être... n'est-ce pas aussi notre faute ?

Il avait emprisonné ses tempes dans ses mains, et ses lèvres frémissaient.

M. Lamarzellière esquissa un geste assez analogue à celui que put avoir Pilate, fit claquer sous son pouce les feuillets poudreux d'un dossier, puis tout retomba dans le silence.

On entendit les tintements voisins d'une cloche de couvent.

M. des Lourdines se leva. Il regardait à terre.

— Accepte à déjeuner, mon pauvre ami !... reste avec moi... cela vaut mieux !...

— Merci !... merci !

L'autre insista, mais n'obtint que des mercis farouches et cette phrase : « Je me sens le besoin d'être seul ! »

Et quand, devant la grille, il lui souhaita « Courage ! » M. des Lourdines lui fit un signe, mais aucune parole ne put passer sa gorge.

Il remontait la rue des Carmélites et s'engageait dans la foire.

Il était entré chez le conseiller à la Cour, avec la foi du charbonnier, tout plein de l'illusion que le légiste viendrait à bout de dénouer maille à maille cette vilaine affaire, que « les autres » sauraient mettre en œuvre des moyens propres à le sortir de peine ; maintenant il se sentait plus abandonné que jamais, complètement perdu ! Mais, du moins, son parti était pris, car M. Lamarzellière avait jeté une lueur au milieu de ses idées en désarroi ; et c'est pourquoi il marchait à pas précipités, se rendant chez maître Paillaud, son notaire.

Il dut couper par la grande place, réservée au marché des bêtes à cornes. L'affluence y était extrême, agitée de remous de paysans qui lui faisaient obstacle. Quand, soudain, il s'arrêta. Son regard venait de se poser sur une nuque rouge, ravinée comme pour l'écoulement des sueurs ; il voyait des épaules pointues dans une blouse d'un bleu de ciel, des jambes tordues en cep de vigne : Célestin !

Célestin tâtait les côtes d'une vache ; dans ses doigts luisaient les ciseaux qui devaient servir, l'achat conclu, à faire une marque dans le poil de la bête.

M. des Lourdines le happa par sa blouse.

— Hé ! bonne Vierge ! s'exclama Célestin, interloqué de voir tout à coup son maître se dresser devant lui.

— Célestin, n'achète pas cette vache !

— Pourquoi, notre monsieur ? fit Célestin dont les petits yeux de chien de berger s'étonnèrent. C'est tout ce qu'il y a de plus frais de lait et riche de beurre ; vous ne trouverez rien de meilleur sur le marché !

— Je veux dire : n'achète ni cette vache ni une autre... pas pour le moment... non, non ! J'ai réfléchi... il ne faut pas !

Et il se perdit dans la foule, laissant Célestin plus ahuri qu'il ne l'avait jamais été.

Comme tous les jours de foire, il y avait beaucoup de monde chez le notaire. Entre deux gaillards du bocage, il se fit une petite place sur la banquette, et attendit son tour. Ses voisins, tout en se bourrant le nez de tabac, regardaient cet étrange petit monsieur qui chuchotait tout seul et poussait des soupirs.

Un clerc, qui traversait la pièce, le reconnut, et vint lui proposer, pour lui faire gagner du temps, de l'écouter tout de suite dans une autre partie de l'étude. Mais M. des Lourdines tenait à consulter maître Paillaud lui-même, vieux conseil de la famille, presque un ami. Mal réveillé de ses réflexions, il balbutia, sans s'apercevoir qu'il ne disait pas maître Paillaud comme il en avait l'habitude :

« C'est à monsieur le notaire que... à monsieur le notaire... », et cela d'un air si singulier que le jeune homme en resta bouche bée pendant quelques secondes.

— Bien, monsieur, dit-il, je vais le prévenir que vous êtes ici.

Au bout d'un instant, en effet, maître Paillaud ouvrait la porte et son regard allait trouver tout droit M. des Lourdines... puis il lui sourit aimablement :

— Voulez-vous entrer, monsieur des Lourdines ?

Ils se serrèrent la main.

Maître Paillaud était un petit vieux tout rond, dont la nuque immaculée donnait l'impression qu'une blancheur de neige se continuait sous son vêtement noir. Une calotte de velours, à queue de tabatière, dessinait son front poli, en encorbellement, et son pince-nez, sous lequel deux agates pétillantes vous lorgnaient de coin, vibrait comme une antenne à chacun de ses petits gestes.

Aux premiers mots de son client, sa bouche s'ouvrit dans un « oh ! » de stupéfaction, et ne se referma pas. Comme il avait l'oreille dure, tour à tour il la tendait vers les paroles de son interlocuteur, puis il le regardait, comme pour s'assurer si le visage ne reflétait pas, par hasard, quelque... ? Six cent mille francs !... Sa langue restait paralysée... il en oubliait d'offrir un siège... Entre son pouce et son index sa plume d'oie tournait, tournait... Ce serait donc toujours la même chose ? Toutes les vieilles familles se ruineraient donc ?... disparaîtraient ainsi, sottement ?... Ah !... il était révolté de voir tant d'argent passer la province !

Cette fois, M. des Lourdines s'exprimait avec fermeté. Maître Paillaud, hébété, ne formulait aucune objection, se bornant à soulever ses bras, qui retombaient, morts.

Quand il eut transcrit le nom et l'adresse de l'usurier, il put enfin s'arracher ces mots :

— Voyons, mais... ce n'est pas Dieu possible !... Mais je n'en reviens pas !... Ah ! si je m'attendais !...

Et machinalement, comme s'il allait la jeter à terre, il enleva sa calotte ; la pomme d'ivoire de son crâne brilla.

— Cette nouvelle m'atterre !... m'atterre ni plus ni moins ! J'en ressens une peine profonde, monsieur, profonde !...

M. des Lourdines, convulsivement, lui serra la main.

— Je vais procéder immédiatement à cette enquête, reprit maître Paillaud, et je souhaite que nous en soyons quittes pour la peur !... Mais enfin... il se pourrait... dans le cas... par exemple, où l'affaire présenterait toute la gravité ?... veuillez voir dans cette question, monsieur... la preuve de l'intérêt que porte à votre famille un... un vieux serviteur...

D'une voix qui s'étranglait au fond de lui-même, M. des Lourdines répondit :

— Je paierais, maître Paillaud !

Le notaire le regarda avec un mélange d'effroi, de respect et de pitié. Timide, il se récria :

— Oh !... alors !... alors, vous mettrez les fermes en vente ?... les fermes !... mais songez donc ! mais songez donc !

M. des Lourdines fit signe qu'il ne voulait pas en dire davantage, et, comme il se retirait, maître Paillaud l'accompagna jusqu'à l'escalier, du haut duquel, la toque à la main, il le regardait descendre, en lui adressant des phrases entrecoupées où, seul intelligible, revenait ce mot : « Mon dévouement !... dévouement !... »

Au Plat d'Etain, retiré dans un coin de salle, M. des Lourdines essaya de déjeuner, mais il ne put avaler que quelques bouchées ; pendant que M. Bricart, cette fois, se contentait de l'observer de loin, entre deux portes.

Puis il monta s'enfermer dans sa chambre, un petit bout de pièce étroite, à la fenêtre tendue de rideaux de coton gras. Il y faisait froid et humide. On lui avait offert de lui dresser un feu de sarments, mais il avait refusé.

Rendu à la solitude pour la première fois depuis la veille, il s'arrêta, saisi d'une appréhension entre ces quatre murs crépis à la chaux, dans cette cellule où, loin de son Fougeray, il allait, jusqu'au lendemain, rester tête à tête avec son tourment.

Immobile, il fixait sur la fenêtre ses yeux qui, depuis qu'ils avaient lu la lettre, étaient devenus clairs comme verre : « Pitié !... mon Dieu... Pitié ! »

Ses idées roulaient dans sa tête, informes, en un désordre où sonnaient encore les phrases juridiques du conseiller, si impuissantes, hélas ! à anéantir le fait accompli !

Par la fenêtre montaient de la rue le bourdon de la foire, les cris des volailles, les piaffements sur le pavé des chevaux qu'on amenait dans la cour de l'hôtel.

Un instant, il écouta, comme frappé de stupeur, tous ces bêlements plaintifs balayés dans le grand bruit des marchandages.

Mais tant d'émotions, le manque de sommeil et presque pas de nourriture, tout cela l'avait épuisé. Il se laissa aller dans un fauteuil où, peu à peu, il s'engourdit.

Il voyait dans un réseau de fils brillants reliés à de sombres échafaudages une masse énorme, vivante, infusée de soleil, dorée comme une pierre du Rhin ! Une terreur indicible le remplissait devant cette chose innommée ; lorsque Anthime, visible seulement jusqu'aux épaules, la vint heurter ; la masse remua, déplia brusquement de dessous son ventre de longues pattes pileuses et sèches qui se refermèrent, et vive, remontant sur les fils de lumière, disparut avec sa proie dans la nuit des combles !

Il rouvrit les yeux :

— Anthime !... où suis-je ? râla-t-il.

Alors, tandis que son cœur battait, sa pensée remonta vers l'auteur de tout le mal. Que son fils n'était-il présent ! Il aurait répandu sur lui tous les reproches dont son âme était pleine ; il l'aurait appelé dissipateur infâme, sans entrailles ; mais Dieu ! voilà qu'il ne pouvait plus évoquer ses traits, que le visage s'enveloppait de brouillards, s'éloignait à des distances incalculables, dans un lointain perdu, dans un autre monde !... C'était donc fini !... fini !

« Ah ! c'est aussi notre faute ! » et toujours, les paroles du magistrat lui revenaient : « Logique de l'existence... Justice... justice. »

Ah ! dans cette chambre il étouffait !...

Il était descendu, il était sorti, il se sauvait à travers la foule. Par des ruelles détournées il avait gagné les faubourgs et la campagne. L'air lui faisait du bien. La bruine, qui s'était mise à tomber, en lui mouillant la figure, rafraîchissait sa fièvre.

Il marchait sur la route, une route jaune, détrempée, qui dominait le cours escarpé du Clain, la même où, jadis, il était allé le dimanche avec son collège. Il ne songeait pas à la reconnaître ; mais sur cette route il aurait voulu marcher toujours ainsi, sans jamais s'arrêter, sans jamais revenir !

Des souffles d'air violents secouaient les pans de sa limousine, sifflaient sur de vastes labours rouges, semblables à ceux de sa terre de Fouchaut, qu'il allait peut-être falloir vendre.

Il marchait, la main au chapeau. Il ne rencontrait personne, tout seul jusqu'à l'horizon, jusque là-bas, ce rideau de peupliers évanouis au fond d'une atmosphère opaque et désolée. Sa pensée finissait par se noyer dans la bruine, et il marchait toujours, toujours, sans savoir quand il s'arrêterait, dans quel pays, dans quel asile, la figure toujours plus mouillée, poussé en avant par un grand vent d'ouest...

6

Depuis quatre longues heures, le cabriolet roulait sur la grand-route. Frédéric avait allumé les lanternes dont la lueur, dans le jour restant, jaunissait à peine, au passage, les flaques d'eau.

On était parti beaucoup plus tard qu'il n'aurait fallu, de sorte qu'au lieu cette fois d'être de retour au Petit-Fougeray dans la matinée, on n'y serait pas avant la nuit : Frédéric avait dû réparer plusieurs erreurs commises dans ses achats, puis il s'était aperçu, en attelant, que la jument avait besoin d'être ferrée ; mais surtout on avait perdu beaucoup de temps à chercher M. des Lourdines, lequel se trouvait là où personne du reste n'en avait l'idée, c'est-à-dire au tribunal, à la justice de paix, au greffe, dans les auberges, et partout où il pensait avoir chance de rencontrer le meunier Suire. Car, au dernier moment, un problème inquiétant s'était posé : quel rapport faire à sa femme des débats concernant le procès Suire ? A cela, tout d'abord, il n'avait pas songé ! Or, le meunier était resté introuvable ; et personne, à son défaut, pour le renseigner sur les dispositifs du jugement !

Autre chose le tourmentait : de quelle façon expliquer l'ordre que, la veille, dans son affolement, il avait donné à Célestin de ne pas acheter de vache ? Sa femme n'éventerait-elle pas là quelque anguille sous roche ? Et il déplorait cette maladresse, qui venait compliquer les choses et le gêner dans l'exécution du plan qu'il s'était fait de ne rien laisser transpirer. Quant à cela, par exemple, sa résolution était inflexible : tout au moins jusqu'à ce que fût connu le résultat de l'enquête, il dissimulerait, il disputerait, par tous les moyens, les quelques heures de quiétude que sa pauvre Emilie pouvait vivre encore.

Un instant il avait craint, préférant s'expliquer lui-même, que Célestin ne fût de retour à la maison avant lui. Mais tout à l'heure on venait de le dépasser sur la route, qui s'en revenait dans sa charrette à vide.

On avait quitté le plat pays. C'était, maintenant, les lentes côtes, et les descentes saccadées au trot retenu de la jument. Le soir tombait dans de la bruine, laquelle n'avait pas cessé depuis la veille.

M. des Lourdines se laissait emporter, sans penser, mort de fatigue. Il se serait endormi dans le roulement monotone, si son âme lui eût fait moins mal ; s'il n'eût pas autant souffert de tous ses membres, jusque de ses yeux qui, meurtris, se rouvraient par sursauts, vides de ce qu'ils regardaient : des ombres, des spectres d'arbres glissant à contresens, les reins fumants de la jument, la croupière que le trot déplaçait, tout cela, et les guides sur la barre du tablier, et les mains rouges de Frédéric, et les rames de feu des lanternes sur la route réticulée d'ornières luisantes, et là-haut, par-dessus les buissons couchés par le vent, dans un ciel ballonné d'eau grise et bleue, une grande tête de nuage roux enchaînée en des blocs d'orage !

Il se laissait emporter.

Soudain, tournant ce soir trop connu, une lueur brille dans une masure ; la nuit, à l'horizon, s'épaissit du renflement des bois ; le frein grince, on descend la côte de la Crêneraie.

Il fallait donc en venir là : rentrer chez lui !

Le frein grince horriblement ! Et voici des arbres, le Petit-Fougeray : on n'en est plus éloigné qu'à une portée de fusil à balle ! Le cabriolet a tourné à gauche. Il roule dans l'avenue, sur une herbe épaisse, au seul bruit des ressorts. Tout est silence ; la chambre de Mme des Lourdines est éclairée !

« Courage !... courage ! » se répète-t-il. Cette exhortation du conseiller bat dans toutes ses artères le rappel de ses forces : « Courage ! »

Et, descendu maintenant, le dos tourné au perron qui s'éclaire, il tend les mains vers la voiture, vers Frédéric, pour recevoir les paquets, tous les paquets. Il veut en tenir plein les bras ; il sera moins seul ainsi, moins regardé...

La roue, embouée, avance et recule, la jument bâille dans son haleine, broie son mors avec un bruit de dents et de trousseau de clefs.

Il n'a rien dit d'abord, trop ému par la clarté que là-haut, de la porte, Perrine dirige sur eux avec sa lampe.

— Comment va madame ?

— Hé bé, monsieur, toujours de même. Elle commençait à languir après la voiture ! Monsieur n'arrive pas de bonne heure, aujourd'hui !

— Non !... pas de bonne heure... Non !... il a fallu ferrer la jument... enfin, pas grand-chose !... sûrement... Mais oui... je suis bien en retard !

Et il monte l'escalier, et il souffle :

— Bien en retard !... bien en retard !...

Elle avait reconnu sa voix. Elle l'attendait sur le seuil de sa chambre, en se tenant ferme aux jambages de la porte. Quand il vint, de son pas balancé elle regagna le milieu de la pièce, où elle se retourna de nouveau.

Un feu de bois voltigeait dans la cheminée, répandait une douce tiédeur.

— Ah ! ce n'est pas trop tôt !... Qu'est-ce que vous faisiez donc ?

— Hé ! voilà... Emilie... Ouf !... je crois que j'ai monté les marches un peu vite !... Frédéric s'était trompé dans vos commissions... puis, au moment de partir, il a fallu ferrer la jument... Mais voici vos paquets : de la laine, je crois... ceci doit venir... attendez, non, voilà ce qui vient de chez le droguiste, ceci...

— Enfin, je commençais à être inquiète !... Donnez-moi ça ici, interrompit-elle, en allant s'asseoir devant sa table... Eh bien, en voilà une histoire ! Qu'est-ce que c'est que ce procès de Suire ?... Vous avez tout de même bien de la bonté, Timothée !... Qu'est-ce que c'est que ce procès ?

D'abord, il enleva sa limousine :

— Il fait bien chaud, ici !

Puis il en disposa les plis sur une chaise, devant le feu, de façon qu'elle séchât.

Alors, d'une voix qu'il sentait trembler, il raconta l'aventure de la carrière, les prétentions de Pagis. Il marchait de-ci de-là, en proie à un inexprimable malaise, et se donnant bien garde de rencontrer les yeux de sa femme.

— Des hypothèques ! s'étonna-t-elle, en s'arrêtant de manipuler ses paquets, mais en quoi votre témoignage pouvait-il lui servir ?

— Pouvait-il lui servir ?... répéta M. des Lourdines, que cette question fit pâlir. Mais aussi, ma bonne amie, n'était-ce pas à proprement parler mon témoignage qu'il me demandait... c'était plutôt ma présence... comment dirais-je ?... Comme garantie de sa parfaite honorabilité... Vous comprenez ?... C'est comme... enfin... Je voudrais trouver une comparaison...

— Oh ! je comprends bien !... mais au moins l'a-t-il gagné, son procès ?

— Son procès ?... Ah ! voilà... C'est que... justement... c'est que, justement...

Oubliées du coup toutes les explications imaginées en chemin ; sa tête se perdait ! Il fut sur le point de dire la vérité ; ses gestes, il les sentait si gauches, si révélateurs, que c'était folie que de continuer de feindre.

— Eh bien ? demanda-t-elle, en le regardant avec curiosité...

— Je vous avoue, Emilie, expliqua-t-il, je vous avoue... que je ne suis pas resté jusqu'à la fin... J'ai dit ce que j'avais à dire... et je suis parti. Rien de plus confus que tous ces procès... ne traîne plus en longueur !

Comme elle ne le jugeait pas à une originalité près, elle n'insista pas.

Il respira un peu plus à l'aise.

— Mais à quelle heure êtes-vous donc parti pour Poitiers ?

— Quand cela ? lundi matin ?... à quatre heures, Emilie.

— Comme vous fûtes matinal ! Mais, dites-moi, où avez-vous dormi, cette nuit-là ?

— Comment cela ?

— Oui... vous ne vous êtes pas couché ?... votre lit n'était pas défait...

Et comme il s'embarrassait, balbutiait, elle l'interrompit pour lui signifier qu'il n'était point du tout raisonnable.

Puis tout à coup :

— Mais approchez donc un peu, Timothée, dans la lumière, ici ; je ne m'étais donc pas trompée tout à l'heure... Je croyais que c'était le feu qui jouait sur votre figure... Mais non !... Qu'est-ce que vous avez ?... N'êtes-vous pas malade ?

— Je n'ai rien, Emilie... absolument rien !

— Vraiment ?... Vous avez bien mauvaise mine !

— Je ne suis pas malade, seulement fatigué... Ce voyage...

— Enfin ! si vous n'êtes pas malade, c'est l'essentiel... mais vous avez bien mauvaise mine !

Elle se tut, et insensiblement ses yeux songèrent à autre chose, ses doigts s'impatientèrent.

— Frédéric met bien du temps, dit-elle, à venir me rendre ses comptes !... et Célestin, l'avez-vous vu, Timothée... est-il revenu ?

— A propos de Célestin... répondit-il, en se jetant sans balancer dans ce buisson d'épines. Oui... Je l'ai rencontré sur le marché... Ma foi ! j'avais réfléchi en chemin... Il me semble, Emilie, que, tout de même, Blondine et la Rousseaude peuvent nous suffire pour le moment, et...

— Quoi ? fit Mme des Lourdines, dont le fauteuil sursauta.

Il répéta, bien qu'avec moins d'assurance, ce qu'il venait de dire.

— Alors, Célestin n'a pas acheté de vache !

— J'ai peut-être eu tort...

Violemment, elle s'empara de sa liseuse d'ivoire :

— C'est tout de même un peu fort !

Elle le regardait, indignée.

— L'année dernière, hasarda-t-il, les deux vaches nous ont suffi, Emilie !...

— Quelle idée ! Ces deux vaches nous ont suffi, mais là n'est pas la question !... La Rousseaude a son veau à nourrir et nous ne pouvons pas lui prendre tout son lait !... Voici l'hiver, nous allons avoir des ouvrières et des journaliers, que voulez-vous que je fasse ? C'était pourtant une affaire bien entendue ! Mais quelle idée !... Mais c'est absurde !

Ses joues se violaçaient. Très émue, elle suivait de la tête son mari, qui avait repris sa marche de long en large.

— C'est vrai ! disait M. des Lourdines, qui recommençait à perdre toute présence d'esprit... Mais il semble qu'on pourrait tirer parti des deux vaches... par exemple... en vendant le veau à la foire prochaine ?...

— Mais c'est absurde ! vendre le veau ! qu'est-ce que cela vient faire ici ? Et puis il était convenu que nous l'élèverions, ce veau !... mais c'est inimaginable !... Timothée !... qu'est-ce que vous avez ?

Frédéric se présentait à la porte, qui était restée entrouverte ; il venait rendre ses comptes.

Mme des Lourdines tourna de son côté un regard assombri par la contrariété, et lui fit signe d'approcher.

— Et puis, dit-elle, vous avez mis votre limousine à sécher devant le feu, Timothée, cela sent bien mauvais !

Profitant de ce que Frédéric s'embarquait dans une explication, M. des Lourdines prit son vêtement et s'esquiva.

Presque doux lui fut le refuge de sa chambre, qu'il referma à double tour. Jusqu'à demain le silence, le grand silence dans lequel on se couche comme dans la mort !

Les bras inertes, il entendait au-dehors la voix des arbres passer et s'éloigner.

Son violon se trouvait sur son lit... pourquoi ? pourquoi n'était-il pas dans l'armoire ? L'avait-il donc, l'autre nuit, oublié là ? il le regardait, il ne se rappelait plus... il se rappelait seulement qu'ils avaient chanté ensemble... autrefois... mais tout cela était loin de lui !... très loin, dans sa jeunesse, car tout maintenant était sa jeunesse, excepté demain !

Alors il se laissa tomber sur une chaise et longtemps, longtemps, il pleura.

7

Les paysans disent, quand avant l'orage tous les bruits s'endorment, que « le temps écoute » ; depuis plusieurs semaines, le Petit-Fougeray « écoute ».

Pourtant nul soupçon n'effleure encore les esprits, le secret est bien gardé. Mais tout de même quelque chose plane : plus de silence, moins de mouvement ; on dirait que les vaches ne meuglent presque plus, que les chiens craignent d'aboyer.

Quant au maître, souvent il ne rentre que très tard, taciturne, noir de boue, fangeux ; on pourrait croire qu'il s'est couché par terre, qu'il s'est plu à faire les labours avec ses jambes ; il rapporte sur sa figure des ombres que ne dissipe pas la lumière.

Depuis quelques jours, il ne manque pas l'heure du courrier. Il est là, anxieux. Ses mains prennent avec fièvre, ses doigts crèvent les enveloppes.

Mais si maître Paillaud n'a pas écrit encore, lui, tous les jours, il écrit à Anthime. Tous les jours, il lui annonce que la provision de six mille francs, montant de son semestre, et touchée par lui le mois précédent, sera sans doute la dernière qu'il pourra lui servir. Ce sont des pages et des pages d'une petite écriture serrée, très noire, d'opiniâtres brouillons, qu'il rature, biffe, et ne peut s'empêcher chaque soir de jeter au feu... Le lendemain il recommence ; la lettre est trop longue ou bien trop courte, il la juge trop violente ou pas assez insensible ; il voudrait maudire et il se fait des scrupules ; il voudrait pardonner, il hésite ; son cœur se révolte, son cœur se fond... et son cœur se soulage enfin à voir flamber le papier, froissé de dégoût ; et les jours passent, les nuits passent.

Il rêve d'un ami à qui crier sa peine, car elle l'étouffe à la longue, l'étrangle ! Il lui est arrivé de la raconter tout haut, dans les bois. Mais ces paroles-là ne rafraîchissent pas ; ce ne sont pas les mêmes qui vous viennent quand un autre vous écoute, son bras passé au vôtre !

Un matin, Célestin était venu le chercher pour lui faire constater certains dégâts : plusieurs vannes d'ardoises avaient été emportées dans les canaux d'irrigation de la prairie. La terre et le ciel, ce jour-là, s'amalgamaient en une indissoluble grisaille, si triste, si inexorablement triste !... Son cœur se serra, l'homme qui marchait devant lui était bon. Un besoin irrésistible lui vint de se jeter dans ses bras... et il appela :

— Célestin !

Il s'était arrêté.

L'autre se retourna, vit des larmes dans les yeux de son maître.

— Mon pauvre Célestin !

Ce fut tout... mais, ensuite, il marchait tout près de lui, la main sur son épaule.

Enfin elle arriva, la réponse de maître Paillaud, un soir. Elle couvrait six grandes feuilles.

La dette de six cent mille francs se trouvait malheureusement garantie par des billets d'une validité inattaquable. Ces obligations ne faisant mention que d'un taux de 5 %, le bénéfice usuraire, évidemment totalisé avec les sommes prêtées, ne pouvait être établi, circonstance qui rendait impossible toute action en justice.

De plus, détail essentiel, le prêteur, pour se pourvoir de tous les recours et garanties présentés par la législation commerciale, avait exigé d'Anthime que celui-ci prît dans ces billets la qualité de commerçant, et y déclarât que l'emprunt était contracté par lui pour les besoins de l'exploitation d'un haras dont il se reconnaissait propriétaire. Or, maître Paillaud disait avoir étendu de ce côté ses recherches : ce haras, à y regarder de près, n'existait pas. Anthime avait, sans plus, installé ses deux chevaux de course, dont un étalon il est vrai, dans une campagne de Seine-et-Oise. Peut-être ne serait-il pas impossible de faire contester sa qualité de commerçant.

Cette lettre porta au pauvre homme un coup terrible. Immédiatement il se rappela la phrase du conseiller : « Nous avons un texte d'une portée générale qui établit nettement la contrainte par corps pour dettes commerciales. »

Une terreur s'empara de lui ; et tout de suite son cerveau de solitaire porté aux idées fixes, aux imaginations vite démesurées, lui représenta une cellule, le pain et l'eau, la vareuse grise, le bonnet du galérien ! Que la contrainte pour dettes recourût à des formes moins barbares, il ne se le disait pas ! La prison, c'était cela, ce qu'il voyait, un lieu d'ignominie, auquel livrer son fils lui semblait monstrueux, quand on n'avait pas tout fait jadis pour le mettre dans le droit chemin. Toute sa chair en frissonnait comme au contact du drap infâme !

Il se jeta sur son écritoire et répondit à maître Paillaud : « Vendez, vendez tout, vendez les fermes. » A ces instructions s'entremêlaient des explosions de désespoir. Il déversait dans cette lettre tout le trop-plein de sa douleur chaque jour refoulée. A mesure il se calmait :

« Ma terre de Fouchaut, acheva-t-il, est d'une grande valeur. On voudra l'acquérir. Lorgerie, le Purdeau, la Contrie, la Bernegoue sont aussi d'un excellent rapport, elles se vendront aussitôt. Nous n'en retirerons pas moins de quatre cent mille francs. Pour le reste, sacrifions nos fermes du Marais, car je veux sauver de ce désastre la Charvinière... Elle au moins, je pense, nous restera ! »

La lettre expédiée, il se sentit plus fort. Il voyait le péril qu'il y aurait à perdre la tête, en ce moment que des obligations pressantes réclamaient toute son activité : réaliser le capital exigé avec un minimum de pertes, et surtout, surtout, prévenir sa malheureuse femme qui ne savait rien encore !

Or, déjà, sa douleur, à lui, nourrissait un ferment de résignation. Les pires catastrophes ne perdent jamais le bénéfice d'un salut moral. Que l'âme se dégage, qu'elle se hausse à un plan supérieur !... Il pouvait tout perdre, absolument tout, on pouvait tout lui prendre !... Ne lui restait-il pas la lumière que Dieu fait chaque matin ?

Mais elle, dont toutes les habitudes étaient douceurs, elle, qui se tenait à mille petites choses par mille petits liens matériels et vivaces, comment, sans la briser, sans la tuer, rompre d'un seul coup toutes ces attaches ?...

Cela n'était pas possible ! Un moment, il avait eu l'idée de l'envelopper dans un réseau de ruses qui l'eussent laissée tout ignorer, toujours. Mais ce plan tombait de lui-même, quand sur neuf cent mille francs dont se composait hier leur fortune, il n'allait pas leur en rester cent mille !

Il faudrait impitoyablement trancher dans le train de maison, mener une vie strictement modeste, économe, frugale...

Il n'était donc que de procéder pas à pas ; il fallait qu'elle devinât elle-même peu à peu !

Mais la tâche était bien ardue, hélas ! et il se défiait de son habileté. Aussi pensa-t-il au confesseur, au médecin, dont c'est presque le métier de préparer les gens par certaines paroles dont ils ont l'habitude. Et aussitôt il leur écrivit, leur demandant de passer au château dans le plus bref délai, sous tel prétexte que, dans l'intérêt de sa femme, il les priait d'alléguer, et cela pour des raisons qu'il leur dirait de vive voix.

Le soir même, Frédéric alla porter les lettres au village.

Depuis le voyage de son mari à Poitiers, Mme des Lourdines lui trouvait un air étrange. Une transformation subite, dont elle ne pouvait découvrir la cause, s'était opérée en lui : il maigrissait, il avait beaucoup changé. Elle s'effraya, à l'idée qu'une maladie mortelle commençait son œuvre, et que peut-être il la laisserait seule. Elle fit mille suppositions, hors la vraie. Comment eût-elle pu soupçonner un revers de fortune ? La richesse terrienne n'est point exposée aux vicissitudes qui sont le point noir des valeurs de bourse : cela est solide et de tout repos. Aussi cherchait-elle ailleurs, sentant vaguement autour d'elle cette odeur de brûlé et se demandant, un peu inquiète, d'où cela pouvait provenir.

C'était surtout par son allure que son mari l'intriguait, par son air soucieux. Il ne revenait plus jamais de la campagne sans se dire épuisé, pas en train. Et dans quel état, grand Dieu ! rentrait-il : avec des bottes salies qu'il ne prenait même plus la peine de quitter avant de monter chez elle ! Il s'installait devant le feu, les jambes allongées, la poitrine écrasée ; il ne parlait pas ; parfois un sursaut l'agitait, et c'était pour tourner vers elle un regard pensif et tendre...

Du coup, ce fut pour elle-même qu'elle prit peur. Elle se figura que sa maladie s'était aggravée, qu'on le lui cachait, qu'elle était en danger de mort. Mais elle n'osa interroger personne.

Un fait la rassura. Elle avait remarqué que son mari, depuis quelque temps, portait presque exclusivement ses préoccupations sur les dépenses de la maison. Cela ressemblait même fort à un parti pris. Par exemple, il n'avait pas manqué, lorsqu'elle était revenue à la charge au sujet de la vache, de représenter que trois cents francs étaient une grosse somme, qu'il ne débourserait pas sans une nécessité absolue.

Elle s'était bien fâchée contre une raison si ridicule, mais il n'avait point voulu plier ! Et chaque jour, à peu près, amenait une discussion du même genre, à propos des mille travaux et réparations que nécessite, au début de l'hiver, l'entretien d'un château comme le Petit-Fougeray : des ardoises, sur la toiture, demandaient à être remplacées : il avait ajourné cette réfection à l'année prochaine ; l'étable pas assez chaude exigeait un recrépi : il avait fait transférer le bétail dans une misérable écurie où il manquait d'air ! De même au sujet du plancher du grenier à foin, pour lequel il suffisait d'une demi-journée de charpentier ; de même pour le poulailler, qui ne pouvait plus se passer d'un grillage neuf. Et, chose curieuse ! lui, le premier, soulevait la question, comme s'il tenait à ce qu'on n'ignorât pas qu'il l'avait déjà résolue par la négative. Elle était exaspérée.

De toutes ces bizarreries, qui pouvaient bien être, après tout, les premiers symptômes de l'âge, elle finit par conclure qu'il n'y avait pas chez lui trace de soucis au sujet de sa santé à elle, et cette constatation lui rendit toute son énergie.

— Voyons ! Timothée... que signifie tout cela, à la fin ? Voulez-vous me le dire ?... Un grillage de poulailler s'en va en morceaux, et vous ne voulez pas le faire réparer !... Vous voilà hors du bon sens, mon ami !

Il la regarda avec bonté, mais il ne répondit pas, car il entrait dans son plan de ne pas répondre, de façon à faire travailler son esprit.

— Vous ne voulez pas ?... réitéra-t-elle, d'un ton où perçait une pointe de menace, car elle se froissait de voir ses volontés, jusqu'ici régnantes, se briser, les unes après les autres, contre cette barrière de douleur et de silence. Vous ne voulez pas ?

M. des Lourdines eut un air triste, et, avec la tête, il fit « non ».

— Parce que c'est trop cher ? insista-t-elle, ironique.

— Oui, fit-il encore.

Elle ne poursuivit pas, mais elle l'examina avec insistance, longuement. Puis, brusquement, une idée se fit jour en elle, une idée qui, malgré son atrocité, se présenta comme la solution évidente du problème : son esprit se dérangeait !

Elle changea de couleur ; et, soudain, elle eut peur de lui, une peur affreuse, et se souvenant, l'ayant entendu dire, qu'il peut être dangereux de résister aux caprices des déments :

— Vous avez peut-être raison, Timothée, dit-elle, d'une voix altérée, cela vaut mieux ainsi !... vous avez raison !

Surpris, il la regarda à son tour.

Le soir même, se mourant d'inquiétude, elle fit monter les domestiques, d'abord Perrine et Estelle, et les interrogea. Elle leur demanda s'ils n'avaient rien remarqué chez monsieur, dans ses propos, dans ses gestes, qui ne fût pas habituel.

— Parlez, parlez, leur dit-elle. Vous comprenez, n'est-ce pas... ce que je veux dire ?... c'est dans son intérêt !... dans notre intérêt à tous !

Les deux servantes avaient bien constaté que leur maître n'était plus le même depuis quelque temps, mais elles n'apportèrent aucun fait précis, sauf Estelle qui, dans ces derniers jours, l'avait entendu parler tout seul dans sa chambre.

— Et qu'est-ce qu'il dit ?... tu as bien écouté, enfin !... tu as bien fait d'écouter, allons !... qu'est-ce qu'il dit comme cela, tout seul ?

— Ah ! madame notre maîtresse, il dit, il dit... je ne sais point !

Quant à Frédéric, il se gratta la tête. Il était d'avis, lui, que monsieur devait être bien malade... et il narra la scène de la nuit, dépeignit la figure blême de son maître quand il était venu le faire lever pour atteler, dès trois heures.

— J'ai vu dans la retraite de Russie, dit-il, des hommes couchés dans la neige... eh bien, madame notre maîtresse, ils n'étaient pas plus blancs que lui !

Elle eut un geste d'effroi.

— Mon Dieu ! Mon Dieu ! Et en chemin, Frédéric, que vous a-t-il dit ?

— Rien, madame, lui qui est très causant d'habitude... mais, ça c'est vrai, il avait l'air d'avoir grand mal dans la tête !...

— Et au retour ?

— Rien !

Célestin déclara qu'à la foire il était venu le tirer par sa blouse d'un air « ben drôle sûrement », et que, dernièrement, dans la prairie, il l'avait appelé « Célestin ! » pour ne rien lui dire, et que même, le pauvre monsieur, il avait failli en pleurer !

Elle les congédia. « Mon Dieu, épargnez-nous ! » murmurait-elle, et elle arrêta d'écrire dès le lendemain au docteur Lancier.

Le lendemain, vers trois heures, sa lettre achevée, comme elle faisait flamber la cire, un roulement de voiture pénétra dans la cour. « Ah ! pensa-t-elle, pourvu que ce ne soit pas quelqu'un ! »

Mais Estelle, accourue, la prévenait que le docteur Lancier venait d'arriver.

— Le docteur, tu dis ?... le docteur ! en es-tu bien sûre ? Mais... mais... c'est la Providence qui me l'envoie !... vite, vite, qu'il monte ! je l'attends ! va lui dire !

— C'est que... madame, il cause avec notre monsieur, sous la charmille.

— Il cause sous la charmille !...

« Après tout, pensa-t-elle, cela vaut mieux ainsi, il se rendra compte, il verra !... Et dire que cette idée m'est venue comme cela, tout d'un coup !... Mon Dieu ! ah ! c'est affreux ! »

— Estelle, donne un coup de poing aux oreillers... repousse les rideaux... bien... Maintenant, tu peux t'en aller... laisse la porte ouverte.

En quelques heures, dans son cerveau de malade, l'hypothèse de la folie avait pris toute la valeur d'une certitude.

Les mains jointes, anxieuse, aux écoutes, elle attendit. Le médecin tardait à monter. Enfin, son pas résonna dans l'escalier : il était seul.

Dès qu'elle l'aperçut venir dans le vestibule, plus lentement que d'ordinaire, la tête basse et se frottant rêveusement les mains, sa première pensée fut : « Certainement, il s'est aperçu de quelque chose ! »

Le docteur, avant d'entrer, marqua un temps d'arrêt dont il

profita pour redresser, à petits coups de doigt vifs, ses cheveux blancs collés aux tempes par le chapeau. C'était un vieillard si bien conservé dans sa longue redingote, d'une santé si rosée, peut-on dire, qu'il semblait vivre ainsi depuis Molière.

Ses gros yeux bons pleuraient toujours un peu derrière ses besicles. Il les essuya.

— Je puis entrer, ma chère dame ?

Elle agita la tête en s'efforçant de sourire :

— Oui... oui...

Les lunettes miroitèrent.

— Je sais qu'on ne m'attendait pas aujourd'hui, dit-il, en traversant la chambre du petit pas propre de son pied très petit — en général il disait *on* à ses malades du sexe féminin —, mais je suis venu quand même...

Et, les sourcils rapprochés, il regardait par-dessous ses lunettes, avec une grimace de la bouche, le dos de sa main.

— J'avais quelques visites dans les environs... et j'en ai profité... voilà... voir un peu comment on se sent... Eh bien ?

Il s'assit.

— C'est aimable à vous, docteur, vraiment... ah ! je suis heureuse de vous voir !... vraiment !... très heureuse !... votre présence...

Elle ne trouvait plus ses mots, car il n'avait pas, en effet, sa figure des autres fois ; et rien que le timbre de sa voix lui donnait à pressentir qu'il allait, tout à l'heure, lui parler de son mari.

Il commença par l'examiner ; puis, tirant sa montre, qu'il ne consultait jamais sans faire d'abord, geste de myope, deux pas en arrière, il lui tâta le pouls ; puis il l'ausculta.

— Allons, déclara-t-il enfin, en ce qui touche notre santé, je ne suis pas mécontent, au contraire, tout va bien, mais...

Et, assis en face d'elle, les yeux rêveurs sous la barre solennellement remontée de ses sourcils, il faisait craquer ses doigts.

— Mais... la saison ne vous sera pas clémente, ma chère dame... Il ne faudra négliger aucune précaution... et principalement, car l'on est impressionnable... ne pas se laisser à l'avance accabler par la crainte des contrariétés... Des contrariétés, des ennuis... des épreuves, nous en recevons tous notre part, et nous n'en mourons pas !... L'homme, ma chère dame, est un champ de bataille où deux ennemis sont aux prises : la raison, et ce que nous appelons les nerfs. Que la raison ait toujours le dernier mot ! Quant à nous, nous sommes assez forte pour supporter un choc moral, même violent !... Même violent !... n'est-ce pas ?

— Docteur ! interrompit-elle, la gorge bridée, car elle voyait où il en voulait venir, qu'il avait en vue de la fortifier contre la chose tragique.

Mais il ne parut pas l'entendre.

— Donc, confiance en soi et sérénité, ma chère dame, tels sont les suprêmes conseils de la sagesse et de la médecine... C'est bien entendu ?

— Docteur ! s'écria-t-elle encore, en fixant sur le vieillard ses yeux qui étincelaient. Vous avez vu mon mari tout à l'heure, vous lui avez parlé ?

Il y avait dans son accent tant de détresse que le médecin en resta muet quelques secondes ; puis, scrutateur et très calme :

— En effet... je viens de causer un moment avec M. des Lourdines.

— Que vous a-t-il dit ?

— Mon Dieu !... ma chère dame, répondit-il, sans se départir de son impassibilité... nous avons causé de choses... mon Dieu !... M. des Lourdines m'a fait l'honneur de m'entretenir de certaines de ses affaires.

— Rien ne vous a frappé en lui ?... dans sa façon... dans ce qu'il vous a dit... rien, rien ?

— Je ne comprends pas très bien... rien ne m'a frappé, non, madame.

— Ah !... vous ne voulez pas me le dire !... Peut-être... oui ! peut-être n'en êtes-vous pas sûr encore... alors dites-le-moi !

Ils se turent ; subitement elle fondit en larmes :

— Ah !... docteur ! docteur !... Je suis si malheureuse... depuis quelque temps il m'effraie...

Et, par le menu, en termes précipités, elle conta tout : son départ dans la nuit, ses allures inexplicables, sa manie, toute récente, de refuser les dépenses les plus indispensables de la maison.

— Et justement, depuis cette foire, larmoyait-elle, il reste plus longtemps, le soir, avec moi... Il se met au coin du feu, ici, sans rien dire, et avec cet air, mon Dieu !... Je me creusais la tête !... Je ne savais pas ce que tout cela signifiait... Lorsque hier, tout à coup... l'idée m'est venue !... mais je n'ose pas !... c'est si affreux à dire !... J'ai eu l'idée que peut-être son esprit... comprenez-vous, docteur ?... qu'il avait là quelque chose !

Elle sanglotait.

Le docteur Lancier ne disait mot. Mais, quand elle eut découvert son visage pour lever sur lui ses yeux troubles, il s'approcha, s'appuya sur la table.

— Ouais ! faisait-il, se parlant à lui-même.

Il la regardait, se tenait courbé vers elle, comme pour une

confidence, toujours appuyé des deux mains, avec une sorte de sans-gêne évidemment intentionnel, et d'un caractère saisissant, dans la situation.

— Ce que je puis vous affirmer, madame, articula-t-il d'un ton très ferme, très grave, en comptant ses mots, c'est que M. des Lourdines jouit-de-toutes-ses-facultés ; c'est que M. des Lourdines est-parfaitement-sain-d'esprit...

Or, cette affirmation, qui eût dû la rassurer, lui donna le frisson.

Abasourdie, elle le regardait à son tour, restait sans phrase. Une autre peur s'emparait d'elle, une peur vague, sans objet ; car, elle le voyait : il avait dans les yeux, au-dessus des yeux, dans le front, une pensée !

Elle écouta, sans les entendre, ses derniers conseils, répondit comme elle put à quelques propos indifférents, et le laissa partir...

Et ce fut, le lendemain, une autre visite : le père Placide arriva dans l'après-midi. Ce bon père, depuis plus de dix ans confesseur de Mme des Lourdines, jovial et florissant, buvait volontiers le muscat sur le buffet ; plus d'une fois, après avoir absous sa pénitente, il s'en était allé, avec M. des Lourdines, grappiller du raisin dans les treilles. Ce jour-là, M. des Lourdines le guettait, et leur entretien se prolongea sous la charmille. Même Mme des Lourdines dépêcha Estelle pour tâcher — elle le lui suggéra — de surprendre quelques bribes de leur entretien. Mais ils s'aperçurent que la servante rôdait autour d'eux, et ils s'éloignèrent.

Enfin le père Placide entra. Il entra seul.

C'était un capucin aux larges pieds, à la barbe polaire.

Mme des Lourdines le fit asseoir, lui demanda des nouvelles de la communauté. Il répondait sans vivacité, et elle remarqua l'air contraint dont il caressait sa barbe.

Lui aussi avait saisi l'occasion d'une tournée dans le pays pour venir jusqu'au Petit-Fougeray. Elle lui demanda s'il ne voulait pas se rafraîchir ; il refusa, en y mettant une nuance toute particulière de discrétion. Puis il lui proposa de la confesser...

Avant de lui donner l'absolution, il prononça des paroles de paix, l'exhorta à la patience, à la résignation, pensées qu'il avait formulées cent fois, presque dans les mêmes termes ; il s'aperçut que l'effet s'en était émoussé. Alors, il commenta les paroles de l'*Imitation :* qu'il nous est avantageux de vivre dans les afflictions et les traverses, qu'il ne faut mettre son espérance en aucune chose du monde !

Il parla longtemps, en compassant ses termes, en procédant par touches, par chocs :

— Dieu, ma chère sœur, vous a donné des richesses, il pourrait, par exemple, vous les retirer !... mais tous les biens de la terre ne sont rien, et Dieu, en nous les enlevant, nous délivre de la servitude du péché.

En même temps, il envoyait de longs soupirs, qui faisaient trembler sa barbe.

Et, comme la veille, aux dernières paroles du médecin, elle fut reprise de peur, mais d'une peur dont l'objet commençait à se préciser. Un péril se resserrait autour d'elle, s'apprêtait à l'étouffer !

Puis, quand il lui eut donné l'absolution :

— Mon père... ah !... je me sens une angoisse !

Le moine redressa sa haute taille.

— J'ai pensé à vous, ma chère sœur, dit-il en tirant de ses bures profondes une petite médaille. Tenez, vous la passerez ce soir à votre cou... vous prierez... il faut prier !... prier beaucoup !...

Le soir même, à son heure, M. des Lourdines vint prendre place devant le feu. Il semblait exténué. Coulé dans son fauteuil, le menton bas, il étendit à la flamme ses bottes maculées jusqu'aux genoux. La lampe n'était pas encore allumée et ni l'un ni l'autre ne parlait de dissiper le noir qui commençait à les envelopper.

C'était l'heure douce où, dernière à s'endormir, la fenêtre se découpe, bleuâtre, dans la pénombre ; où, seule, au fond de la chambre ensommeillée, luit la poignée de cuivre d'une commode. Une petite abeille, égarée de sa ruche, égarée de l'été, cherche son miel dans la fleur des rideaux et va mourir. Dehors, s'assombrissent les grands herbages ; dans les bosquets, le merle une dernière fois pépie, en faisant pleuvoir les feuilles mouillées sur ses ailes noires.

Mme des Lourdines se tenait immobile, invisible, dans son encoignure.

— Timothée, risqua-t-elle enfin, craintivement, Bourasseau, le marchand de bois, est venu ce soir pour acheter l'ormeau que nous avons abattu... vous n'étiez pas là... je n'ai pas fait le marché...

— Vous avez eu tort, Emilie.

— Pourquoi cela ?... Voici l'hiver, Timothée, et nous n'avons pas trop de bois...

Un silence.

— Nous avons plus besoin d'argent que de bois de chauffage !

Un silence suivit encore.

— D'argent ? reprit Mme des Lourdines dont la voix parut sortir de sa fausse gorge.

— Oui, Emilie.

Et ils se turent de nouveau.

— Timothée ! éclata-t-elle soudain. Que veut dire tout cela ?... Il y a quelque chose !... vous me cachez quelque chose de grave !... J'ai compris, je le sens !... il s'agit d'argent !... Timothée ?

Elle grelottait.

Il ne répondit rien ; il tremblait aussi.

— Nous avons perdu de l'argent !... quoi ?... dites, de grâce !... Mais c'est impossible !

Il ne répondait toujours rien. Il voulait parler, il ne pouvait pas. Alors il se leva et se dirigea vers elle.

En le voyant venir, elle jeta :

— Nous sommes ruinés !

— Non !... non !... dit-il, en s'emparant de ses mains, qui étaient glacées. Nous ne sommes pas ruinés !... écoutez-moi !... écoutez-moi, Emilie !

— Nous sommes ruinés !... Je le sens !... Je veux le savoir... Je serai forte ! persistait-elle, en cherchant à se dégager.

— Non !... non !...

Mais c'était, malgré lui, un « non » accablé, ténébreux.

— Mais comment ?... comment ?... poursuivit-elle, haletante.

Face à face, ils se voyaient à peine.

— Pour l'amour de Dieu, écoutez-moi, Emilie !

— Ah !... s'apaisa-t-elle tout à coup.

Et, d'une voix moribonde, tandis que son regard s'hallucinait, voyait dans la chambre apparaître quelque chose :

— Anthime ! murmura-t-elle.

Sans rien dire, il lui pressa les mains plus fort ; sur quoi elle jeta un grand cri déchirant :

— C'est Anthime !

Et elle s'affaissa.

Quand les domestiques furent accourus, il fallut la délacer et la porter sur son lit.

8

Dans la chambre sévissait une chaleur étouffante, depuis près de deux semaines qu'un grand feu y brûlait jour et nuit. Assises contre le mur, près de la veilleuse, la religieuse, Perrine et Estelle disaient le chapelet. Tous les quarts d'heure, la sœur venait rafraîchir sur le front de la malade la compresse d'eau de Cologne conseillée par le médecin.

Dans l'après-midi, le curé du village était venu administrer les saintes huiles. Il ne restait plus d'espoir.

D'ores et déjà, l'hémiplégie s'était généralisée, paralysant, affirmait le docteur Lancier, les facultés de la conscience. Ce n'était plus, comme disait Perrine en pleurant, qu'un pauvre corps cloué sur le dos, comme un crucifix.

A ce moment, la pendule, dont on avait arrêté la sonnerie, marquait neuf heures.

Dehors, le vent faisait rage dans les arbres, ébranlait les croisées. Une pluie, armée de grêlons, fouettait les vitres, par rafales, coulait sur le verre comme d'une source ; et les femmes, troublées, surveillaient d'un regard soupçonneux, tout en remuant les lèvres : « ... le fruit de vos entrailles est béni... » le grand bruit de purgatoire qui se faisait dans la cheminée.

M. des Lourdines s'obstinait à ne pas quitter le chevet. Ces derniers temps avaient fait de lui tout à fait un vieillard. En vain le médecin le suppliait d'aller prendre du repos, il ne voulait pas. Dans la débâcle de ses sentiments, de ses idées, c'était lui qui avait tué sa femme ; et ce remords le lancinait, s'acharnait sur le peu qui lui restait de vie consciente.

Effondré, le front sur le drap, il s'accusait, bégayait au ciel des prières, jetait sur l'oreiller des regards douloureux, tressaillait au moindre bruit :

Son fils n'arrivait pas.

Il lui avait écrit, dès la catastrophe. Si Anthime avait pris la première diligence, il aurait dû être arrivé maintenant. Quel que fût le passé — à cause du passé ! — n'était-il pas monstrueux que sa place restât vide devant le lit de mort de sa mère ?

Elle lui avait pardonné. Plusieurs fois, alors qu'il ne lui était pas impossible encore de se faire comprendre, elle l'avait demandé.

Le malheureux homme, en proie à l'instinctive et poignante folie de l'espoir quand même, tendait l'oreille, se tenait à l'idée d'une guérison miraculeuse amenée par l'apparition du fils au pied de la mère. Mais son front retombait, découragé, car ce n'était jamais que le vent dans les arbres, ou une ardoise dégringolant de la toiture, ou une persienne qui criait sur ses gonds.

Le docteur Lancier entra, s'approcha de l'agonisante, et, sans soulever le poignet de dessus les couvertures, lui tâta le pouls. M. des Lourdines ne perdait rien de ses expressions ; il le vit lâcher doucement la main et faire une grimace, tout en tournant une cuiller dans une potion.

— Notre monsieur, vint annoncer une voix essoufflée. Une voiture !... elle arrive dans l'avenue...

— Une voiture !

— On voit les lanternes...

Il se mit debout ; la tête lui tourna, il dut s'appuyer sur le lit.

— Du calme ! je vous en prie, intervint à voix basse le médecin ; voulez-vous que je vous accompagne ?

Il secoua la tête, la respiration coupée, fit signe que non. S'étant ranimé un peu, il s'avança vers la porte avec peine. Il lui semblait que, cette porte, il ne l'atteindrait jamais !

Dans l'escalier, il dut s'arrêter pour reprendre haleine. En bas, il se trouva sans lumière et seul.

Il frissonna. Il n'osait pas s'avancer.

Par la porte ouverte du vestibule, le vent et la pluie s'engouffraient. Au pied de l'escalier il restait, incapable de faire un pas, scrutant ce qui allait se passer dans ce noir, derrière toute cette eau qui bouillait sur le perron.

Dehors, les falots de Célestin et de Frédéric se haussèrent et s'abaissèrent en manière de signaux ; puis, soudain, deux feux éclatants, deux phares, un cliquetis d'acier ; les ténèbres fumèrent, et une berline, dans un nuage de sueur, tourna pour ranger les marches.

La portière s'ouvrit, un lévrier blanc sauta... puis une tête, des épaules... et ce fut lui... lui... debout... grand... dans un carrick... Il le voyait, il voyait aussi les toiles cirées ruisselantes, et le tremblement de fatigue qui agitait la jambe d'un des chevaux. Tout dansait devant ses yeux, tout se brouillait dans sa tête !... Ce fils, qu'il attendait tout à l'heure si anxieusement, dont la présence devait ranimer le regard de sa mère, c'était surtout, maintenant, le fils qui les avait ruinés. Il en oubliait qu'il venait de l'appeler de toutes ses forces, et il restait là, anéanti, broyé par les coups de son cœur.

Déjà le lévrier s'était introduit, promenait, dans l'obscurité du vestibule, le bruit sec de ses griffes, sur le carrelage.

— Michka, ici !... ordonna Anthime, un pied à l'intérieur de la maison. Frédéric, enferme mon chien dans l'écurie... Est-ce que mon père est dans la chambre ? demanda-t-il plus bas.

— Anthime !... prononça une voix, faiblement, tout près de lui.

— Ah ! c'est vous, mon père ! tressaillit Anthime, dont les bras cherchèrent dans le noir et se refermèrent sur des épaules, des épaules inertes. Comment est-elle ?... questionna-t-il. Quelle est sa maladie ?... Votre lettre était si courte !

Célestin, avec des bagages sur son dos, entra, porteur d'un feu, et Anthime entrevit avec effroi le visage paternel, des yeux fous... fixes.

— Mon père !... mon père !... vous ne me dites rien !

Il crut qu'elle était morte. M. des Lourdines dégagea doucement ses mains de celles de son fils, eut un geste désespéré, et lui fit signe de le suivre.

La chambre, chaude, sentait l'éther, fortement. Impressionné par cette odeur, par le mystère funèbre dont s'enveloppait dans l'ombre la masse confuse du lit, Anthime, un moment, hésita ; quand une flamme plus haute du foyer éclaira dans les oreillers une broussaille immobile.

— Maman !

Il se jeta au pied du lit et embrassa une main.

Stupidement, M. des Lourdines regardait se traîner sur le plancher les bottes molles et brillantes de son fils. Puis Anthime se leva, pour tâcher de se faire reconnaître à la lumière d'une lampe, avancée à la fois par la religieuse et par le médecin.

— Maman !

Les paupières, tirées dans l'orbite, se tenaient presque closes sur une atone et pâle lueur.

— Emilie ! cria M. des Lourdines, penché sur elle, suppliant. Emilie !... C'est Anthime !... C'est lui !... il est revenu !

Elle mourut, au matin, vers les six heures.

Dans sa chambre, une grande pièce tapissée de têtes de sangliers et de chevreuils — à l'une desquelles pendait une trompe de chasse —, Anthime pleurait. Il pensait bien que cette mort n'était pas sans lien avec la première attaque d'hémiplégie dont il avait été la cause. Et cet homme, dont la vie n'était qu'un long plaisir, qui n'avait jamais reçu l'enseignement de la douleur, cet homme pleurait aujourd'hui, un peu comme un tout petit pleure « sa maman ». Larmes sincères, au fond larmes puériles, peut-être peu durables !

Ce spectacle l'avait fortement secoué. Il avait toujours redouté de se trouver en présence des pommettes de la mort.

Assis à sa table, le front dans une main, tandis que, pensivement, ses doigts prenaient et lâchaient une petite soucoupe de porcelaine, des larmes lui coulaient. Il se rappelait pourtant avoir vu mourir quelqu'un, sa tante Désirée. Il avait dix ans alors. Dans un mouvement de détresse, il s'était jeté en larmes au pied du lit. Les parents disaient : « Il faut faire sortir cet enfant » ; il n'avait pas voulu. Frédéric lui avait mis la main sur l'épaule : « Monsieur

Anthime, venez voir les chevaux... » Il n'y était pas allé ; et soudain il avait vu s'ouvrir la bouche et se violacer les traits.

Mais l'événement qui venait de se produire déconcertait son esprit, formé depuis à des émotions moins cruelles ; et même, à certains moments, cette mort ne lui paraissait être rien de plus que la terminaison d'un rêve, du rêve harassant qui, pendant six jours et six nuits, l'avait emporté à travers les campagnes.

Un repentir, bien réel cependant, le troublait : le soir où son domestique lui avait apporté au cercle la lettre urgente qui contenait ces mots : « Reviens tout de suite, ta mère est très malade », il se trouvait en train d'une partie de baccara avec plusieurs de ses amis, dont le prince Stémof, son intime. Eh bien, il n'avait pas jeté ses cartes, il avait continué de jouer ; et cela, précisément parce qu'il perdait, parce qu'il eût craint que ses partenaires ne le soupçonnassent d'avoir saisi, avec un empressement secret, l'occasion de sauver les deux mille francs de son enjeu !

Mais comme, véritablement, ce souvenir lui donnait du remords, il le chassa vite, car son esprit excellait à écarter de soi toute idée quelque peu importune.

Il quitta son vêtement, et se trempa la figure dans de l'eau froide.

Sans doute, maintenant, les femmes avaient fini d'habiller sa mère. Il se dépêcha, passa rapidement le peigne dans ses cheveux crépelés, et endossa une redingote de teinte sombre, qui dessina sa taille fine et ses larges épaules. Puis encore, il essuya ses yeux, qui étaient petits et brillants, tout semblables à ceux de sa mère, dont il avait aussi la main longue, blanche et molle.

Il la retrouva, étendue sur son lit. On lui avait mis une robe de satin et, sur les cheveux, la dentelle noire dont elle faisait usage. A ses mains jointes sur sa poitrine s'enroulaient les gros grains d'un rosaire. La figure plombée, bouffie, *ne dormait pas*. Mais, malgré le trouble qui, à la vue de cette dépouille, lui fit fléchir les genoux, la figure de son père le frappa : le grand jour démasquait toute la ruine de son visage, meurtri, ossifié, méconnaissable. Il se tenait près du lit, les yeux baissés.

Tous les domestiques entrèrent, suivis de quelques personnes des environs, parmi lesquels Joseph, le tourneur de rouet.

On avait ouvert la fenêtre ; il ne pleuvait plus. Un torrent d'air rafraîchissait la pièce.

Suivant l'usage, Mme des Lourdines allait être exposée sur un lit de parade ; mais, afin de faciliter aux paysans l'accès de la chambre mortuaire, ce lit venait d'être dressé dans le petit salon du rez-de-chaussée.

Restait à descendre le corps ; il était même nécessaire de ne point tarder. La religieuse ramena délicatement sur lui les côtés du drap, et il y eut un remuement dans l'assistance ; on se reculait.

D'elles-mêmes, comme jalouses d'être les premières à rendre cet hommage à leur maîtresse, Perrine et une femme de charge s'avancèrent, et de leurs fortes mains rouges de laveuses tordirent la toile du côté des pieds.

Frédéric aussi s'approcha.

— Non !... intervint M. des Lourdines, Anthime !

Et, montrant le haut bout du drap, il répéta :

— Anthime !

Anthime tressaillit, regarda son père, regarda les deux femmes qui attendaient.

Il alla ; il était blême.

Le corps fut soulevé.

Qu'il vînt d'être choisi pour transporter sa mère, obscurément sa pensée lui représentait qu'il était dans l'ordre sans doute que cela se fît ainsi.

Impressionné au dernier point, il piétinait, les reins ployés sur un poids qu'on eût dit infini, et il se roidissait pour ne pas chanceler. Tout le monde suivait.

La descente de l'escalier fut particulièrement pénible.

D'une marche à l'autre marche, il était obligé de s'arrêter, comme s'il n'y voyait plus, de sonder le vide avec la jambe. Ses pas tombaient lourdement. Il n'avançait qu'en tirant en arrière. Son visage, amaigri en quelques minutes par l'effort, par l'émotion, se mouillait d'une sueur de lutte.

Il ne voulait pas, par un scrupule naturel, que le corps touchât ; mais surtout, il essayait de ne pas voir, de s'abuser sur l'identité de son fardeau ; il avait beau faire : sans cesse, sous ses yeux, sortait par un entrebâillement, se montrait une touffe de cheveux gris !

Un instant, il dut s'appuyer contre le mur, il défaillait, et il ne vit pas, il n'entendit pas Estelle qui, toute sens dessus dessous, les mains tendues, prête à le secourir, le rejoignait, disant :

— Oh ! monsieur Anthime, pourrez-vous ?... vous êtes pâle !... pourrez-vous ?...

Derrière, M. des Lourdines souffrait d'avoir infligé cette tâche à son fils. Mais il avait en même temps l'impression d'être, sans qu'il s'en pût défendre, l'instrument d'une mystérieuse et toute-puissante Volonté.

DEUXIÈME PARTIE

9

L'hiver était venu tout à fait. Depuis l'enterrement, c'est-à-dire depuis deux semaines, il avait plu tous les jours. La campagne plongeait dans le murmure sans fin de l'eau, de l'eau qui tombait, de l'eau qui coulait, de l'eau qui s'égouttait. Pas d'autre bruit, si ce n'est celui du vent dans les arbres et sur les toitures.

Le Petit-Fougeray avait pris son aspect de décembre. Des rigoles d'humidité serpentaient du haut en bas des murailles noircies, d'où les ronces et les saxifrages, détachées de la tête par les coups de vent, retombaient et traînaient sur la terre boueuse. Toutes les fenêtres restaient closes. Dans la maison, depuis le moment où le cortège s'était éloigné au chant des prêtres, c'était toujours le même silence, le même recueillement. Il semblait que les habitants ne fussent point encore de retour de la cérémonie. Cependant, sous un hangar, on entendait les coups sourds de la cognée de Célestin, occupé à détailler l'ormeau.

Quand Anthime se réveilla, un jour gris, sale traversait, à la croisée, les fleurs roses des rideaux de cretonne. Il étouffa le bâillement qui lui venait avec bruit, et glissa ses deux mains sous sa nuque. Puis il abaissa son regard somnolent sur Michka, qui, s'étant levé de dessus la descente de lit, posait sa tête à portée de sa caresse. C'était un grand lévrier qu'il avait gagné au prince Stémof, dans une nuit de jeu, un lévrier russe, de pure race, blanc comme la neige de Sibérie.

— Mon vieux Michka, dit-il d'une voix qui partageait l'ensommeillement de son regard, à quoi penses-tu comme cela ?

Le lévrier poussa une petite plainte : « Je songe, disait-il, à ton cheval anglais et à ton phaéton verni, près duquel j'aime à galoper fidèlement, je songe aux bons traitements que je reçois là-bas... et à beaucoup d'autres choses encore... comme à certains fins morceaux... Eh ! mon maître, allons-nous-en !... Je m'ennuie ici !... et ici, on ne m'aime pas ! »

— Allons ! Je vois ce qui te tourne en tête ! dit Anthime,

en se recalant à l'aise sur le dos. Mais, sapristi !... un peu de patience !...

Et lui-même — car il se levait fort tard — remonta les couvertures sous son menton. Il rêva. Il songea à sa mère que, certainement, il avait aimée, mais avec cet égoïsme d'enfant gâté qui rappellerait assez la manière des angoras favoris.

Les trois premiers jours, réellement il avait souffert. Mais, chose curieuse, cette mort, sans qu'à proprement parler il s'en consolât, perdait sur lui de son aiguillon depuis que lui-même se traînait dans cette morne propriété, sans savoir à quoi occuper son corps.

Son père, il le voyait à peine cinq minutes, le matin, en allant prendre de ses nouvelles.

Le pauvre homme, malade, ne sortait plus de sa chambre. Il ne voulait voir personne, pas même le médecin ; il ne pouvait plus parler ; et ses journées entières, il les passait dans l'obscurité, défendant qu'on vînt ouvrir ses persiennes.

Anthime le plaignait, lui donnait en son cœur de « l'excellent homme », mais n'en continuait pas moins de le tenir, long comme le bras, pour un original aux idées parfaitement biscornues, opinion que, d'ailleurs, par une insensible et inconsciente progression, il avait contractée de sa mère, dès sa petite enfance. Il s'adressait bien, dans le secret de sa conscience, le reproche de n'avoir rien fait, sept ans auparavant, pour atténuer son désaccord avec lui ; mais l'occasion se présentait si belle, alors, d'aller enfin se donner de l'air à Paris ! Et vraiment, il ne regrettait pas d'être parti ! Le Petit-Fougeray, quand il y songeait, de son joli appartement acquis à grands frais rue de Varenne, au premier étage d'un hôtel princier, c'était deux choses : un hangar obscur empuanti d'une odeur de lapins, et tout un rang de vieux chapeaux accrochés aux patères du vestibule. Rien de plus !

Quant à ses anciennes fredaines de province, quant à ces ébats qui lui avaient valu la réputation du plus joyeux et du meilleur garçon du monde, comme c'était loin déjà, combien vague et fade à son souvenir ! Quelle impression de renfermé !

Aujourd'hui, il était un gandin, un dandy, un pilier de cette jeunesse dorée qui paradait aux soirées du Gymnase, soupait chez Chevet avec des femmes à la mode, et mettait des fortunes sur le trictrac et le reversi !

Or, ce matin, après avoir, sur son oreiller qui sentait diablement l'armoire de campagne, songé à Nelly de Giverny, sa maîtresse, à Stémof, l'ancien maître de Michka, et à d'autres viveurs de ses amis (dont quelques-uns même étaient ses débiteurs), il en vint à s'interroger sur la succession de sa mère. Son père ne lui en avait pas encore parlé. Il ne savait pas au juste quelle devait être sa part, mais il l'escomptait fort belle. Ce qui ressortait de l'opinion générale, mais, surtout, certaines insinuations faites jadis par sa mère elle-même en sa présence, non sans un sourire à son adresse comme pour qu'il n'en ignorât rien, lui donnaient l'assurance qu'il se trouvait en droit de compter royalement.

Quant aux lettres de change ?... au diable !... Muller n'était qu'un odieux exploiteur, dont il mettait, à l'exemple de beaucoup d'autres, les menaces sous sa botte. Cependant, oui !... cette fois, il lui verserait un acompte.

En attendant, dès son retour à Paris, il achèterait le poulain du comte de la Garnache. Il avait eu tort d'hésiter ; les naseaux se présentaient bien un peu resserrés pour un cheval de pur sang, mais, véritablement, ce défaut se rachetait par des qualités de premier ordre.

Ce sujet l'occupa une bonne partie de la matinée ; puis, s'étant topé lui-même dans la main pour se confirmer sa décision, il sonna pour qu'on vînt lui apporter de l'eau chaude et allumer son feu.

Quand la flamme eut, à son gré, réchauffé l'atmosphère, il rejeta ses couvertures et, en s'étirant, s'approcha de la fenêtre.

Il ne pleuvait plus, mais l'eau avait bleui les murailles, ravivé les verdures du crépi, dégravoyé la cour.

Il ne demeura pas à contempler ce morose tableau et commença ses ablutions. Tandis qu'un parfum d'eau de toilette se répandait dans la chambre, il pensait qu'il lui serait avantageux de changer d'entraîneur.

« Si je pouvais engager Ansen ! se disait-il. Voilà un débrouillard... à la mode anglaise ! »

Puis, devant sa glace, les membres à l'aise dans la fraîcheur d'une chemise de fine batiste, avec un fer chaud il façonna en un toupet dit « à la Louis-Philippe » ses cheveux un peu crépelés et qui tiraient sur le roux, ainsi que ses favoris. La haute cravate qui lui empesait le col faisait ressortir son teint blafard, fatigué, çà et là tiqueté de taches de son. Il toussait fréquemment.

Après avoir endossé le vêtement noir qui guêpait sa haute taille un peu voûtée, et s'être assuré du nombre de cigares restés dans son étui, il s'apparut, à lui-même, dans toute son élégance de dandy ; bien que quelque chose d'indéfinissable accusât quand même cette enveloppe de n'être pas celle d'un roué sans mélange. A son insu, le chasseur campagnard n'était pas en lui complètement mort : il en restait quelque chose, assez même pour que cette silhouette de bon garçon écervelé jusqu'à la démence et tout à la joie naïve de son bel appétit, fût, par des yeux connaisseurs, bientôt mise à part dans cette phalange plus ou moins blasée de la haute fête parisienne.

Qu'on se promène, un soir d'été, le long d'un chemin de Gastine. Là-haut, dans la pourpre du couchant, se dresse, nourri d'une terre vigoureuse, un beau pommier. Son corps robuste se tord sous les mousses, il penche ; peut-être ses racines sont-elles rompues ? — Non ; mais c'est qu'il est ivre, le pommier, ivre de l'odeur de toutes ses pommes, vermeilles comme les joues des belles filles !

Eh bien, le grand corps surmené d'Anthime faisait songer à ce pommier, mais à ce pommier qui ne donnerait plus de pommes et qui ne serait plus ivre !

Comme tous les matins, il alla frapper chez son père, et, comme tous les matins, une voix lui répondit qui venait de derrière la porte, de derrière le bois de lit, de derrière les rideaux et, probablement, de dessous les couvertures. Il entra. Les volets étaient fermés. Dans la pénombre se devinait un grand désordre, des vêtements épars un peu partout, un carnier sur la table, et des paperasses pêle-mêle avec des plumes d'oie, et autres objets plus ou moins distincts.

La figure, on ne la discernait que vaguement, dans un fond, sous d'obscurs rideaux bleus, tirés sur le côté.

— Bonjour, mon père... comment vous portez-vous, ce matin ?

— Pas bien, répondit faiblement la voix. Non !... pas bien !

— Il fait froid dans votre chambre, voulez-vous que je fasse allumer du feu ?

— Oh !... non... ce n'est pas la peine !

Et la voix cherchait à se glisser toujours plus avant sous les couvertures, tant semblait la fatiguer ce dialogue.

— Veuillez vous servir de moi si vous avez besoin de quelque chose ?

— Merci, merci... ah ! oui... je voudrais... envoie-moi Célestin, dit la voix, de plus en plus recouverte.

Anthime se retira.

Il fit la commission de son père, puis sortit dans la cour où, suivi de Michka, il erra de son pas désœuvré. Il en était d'aujourd'hui comme de tous les jours : il s'ennuyait ! Tout lui paraissait, ici, entaché d'une tristesse mortelle. Ce gris ciel campagnard lui lassait les épaules sous son couvercle de plomb.

D'un œil vague, absent, il restait planté devant de grands poulets pattus comme des guerriers indiens, et qui piquaient des vers dans la terre molle. Là-bas, sous un préau qui servait de buanderie, Estelle se tenait à genoux devant un chaudron de lessive. Il la voyait s'arrêter, parfois, d'étreindre son linge, et il lui sembla qu'elle pleurait.

A son approche, elle s'essuya les yeux avec son bras, rougi par l'eau bouillante.

— Qu'est-ce qu'il y a, Estelle ? qu'est-ce que tu as ?

La jeune servante essaya de parler, mais les sanglots la gagnèrent et elle se cacha la figure.

Il la regardait. Le corsage, dégrafé en haut, découvrait la chair délicate de la gorge. Avec plaisir, il regardait cette chair satinée et d'une douce blancheur. « En vérité, pensait-il, n'était ses mains, cette fille serait jolie ! »

— Voyons !... petite Estelle — et il était tenté, comme pour la consoler, de mettre la main sur son épaule —, enlève ton bras... dis-moi pourquoi tu pleures...

Elle ne répondit pas davantage.

— Pauvre fille ! murmura-t-il, en s'éloignant, et il entra dans le potager.

Derrière un massif, une pelle bêchait, sonnait à plat sur les cailloux. Il se promena dans l'herbe mouillée des allées qui n'avaient pas été parées depuis longtemps, le long des choux d'hiver dont les feuilles pendaient, jaunies. Les poiriers alignaient leurs arides et galeux squelettes ; ici achevait de pourrir l'écorce d'un reste de citrouille ; plus loin, un chat se sauva de lui. En côté, tout du long, s'étendaient les charmilles, roussies, oxydées, semblables aux décombres ferrugineux d'un incendie. Et aussi, au pied d'un mur, il reconnut de vieux vêtements à lui, dont on s'était servi pour fabriquer un épouvantail ; du pied il déplaça cette défroque, comme il eût fait du cadavre d'un renard ou d'une martre.

Jusqu'au déjeuner il se promenait ainsi, d'un cœur distrait, étranger à toutes ces choses ; puis il déjeunait, seul ; puis il allait s'étendre sur le canapé du petit salon. Il ne savait que faire. La seule ressource du Fougeray, la chasse, son deuil la lui interdisait ; dans les châteaux voisins n'habitaient que de vieilles gens. Alors il prenait patience en bâillant et en fumant des cigares. Vers quatre heures, il allait bavarder avec Frédéric qui soignait ses chevaux.

Donc, après avoir passé sur le sofa une partie de cette journée désespérément semblable à toutes les autres, il se rendit, suivi de Michka, dans l'écurie. Il marchait avec un mol ballant, en se donnant, selon son tic, des coups de cravache sur la jambe, une vieille cravache qu'il avait retrouvée dans un coin de la remise.

Frédéric le vit entrer, et continua de tasser à longueur de

fourche les bottes de foin dans les râteliers des poméraniens, deux magnifiques chevaux noirs, attelage dont Mme des Lourdines avait été très fière.

Anthime se hissa sur le coffre à avoine, et, assis, le dos rond, les jambes pendantes de chaque côté de Michka, considéra d'un regard amateur les cous puissants qui s'allongeaient vers le fourrage. Puis, l'air dont Frédéric allait et venait aujourd'hui, sans parler, l'étonna.

— Qu'as-tu donc, mon vieux ?... tu as l'air soucieux !...

— Dame !... monsieur Anthime, dit Frédéric, tandis qu'il frottait deux gourmettes dans ses mains, pour les faire reluire l'une contre l'autre.

Anthime interrogeait le visage chagrin du domestique.

— Qu'est-ce qu'il y a donc ?

— Mais oui ! on a bien de la peine, monsieur Anthime, tous ! L'autre jour, votre papa a dit à Estelle qu'il ne la garderait pas à la maison et... oui, monsieur Anthime... et voilà que pas plus tard que ce matin il a dit la même chose à Célestin !... il lui a dit !

Anthime resta pensif, un instant.

— Mon pauvre Frédéric, déclara-t-il enfin, je comprends que tu sois peiné... moi aussi cela m'ennuie de savoir qu'Estelle et Célestin s'en vont... mais que veux-tu ? tu sais le genre de vie qu'affectionne mon père ; le voilà seul à présent... il n'a plus besoin de tant de monde ! n'est-ce pas ?

Frédéric hocha la tête :

— Hum !

— Que dis-tu ?

— Oh ! rien, monsieur Anthime, rien !

Puis, se grattant la joue :

— Seulement, monsieur Anthime, je veux vous demander — ce n'est peut-être pas sur le chapitre de ce qui me regarde, mais vous voudrez bien faire excuse... Je vous ai vu tout petit, dame !... dans le temps. Est-ce que vous allez nous quitter aussi, quitter le Petit-Fougeray ?

— Oh ! répondit, sans hésiter, Anthime. Tu penses bien, Frédéric... non, par exemple !... non !... rester au Petit-Fougeray, je ne pourrais pas !... ça, non !

A pas lents, le vieux cocher s'en alla rependre au mur les gourmettes.

— Alors, dit-il, c'est fini !... Estelle partie, Célestin parti, vous parti, monsieur Anthime ! nous n'entendrons plus chanter les oiseaux !

Anthime ne tenait pas à pousser plus loin sur ce sujet ; il fit tourner sa cravache. Alors Frédéric chargea sur son épaule son balai, sa fourche, et dit :

— Faut que j'aille donner la botte au Comte Caradec.

Anthime l'accompagna.

Le Comte Caradec, au lieu de languir à l'attache entre deux barres d'écurie, jouissait du privilège de pouvoir se tourner à sa volonté, sans entraves, entre les quatre murs d'un box. Tous les jours, vers cette heure-là, il recevait la visite de son maître, lequel ne se lassait pas de contempler les formes de son ancien cheval de course, occupation à quoi sans doute lui aidaient ses souvenirs, la pauvre bête n'étant plus qu'une ruine. On ne se donnait même plus la peine de l'étriller. Le poil ardait dans tous les sens, par touffes bourrues, tel un gazon dégénéré. L'encolure présentait bien encore quelques vestiges de finesse ; mais les hanches paresseusement chavirées débordaient, en portemanteau, rejointes aux flancs par un flasque pli de peau tout usée. Ce pli de peau faisait peine. Depuis plusieurs saisons, on n'avait pas tondu les paturons, et les châtaignes lui poussaient aux jarrets comme l'adragante aux troncs des cerisiers.

— Allez, tourne !... le Comte Caradec ! commanda Frédéric.

Le cheval se rangea, en dirigeant sur les deux hommes son grand œil de race, limpide et foncé. Des frissons parcoururent son épaule nerveuse.

— Le jardinier de Chazay est venu l'année dernière pour l'acheter, disait Frédéric en piquant la litière, il l'aurait mis à porter ses légumes à Poitiers, mais votre papa n'a pas voulu. « Non, non, qu'il a dit, c'est le cheval de mon fils ! »

— Il n'a jamais guéri de sa boiterie ; c'est depuis l'échauffement du petit pied.

— Eh ! oui... et il boitera toujours... J'ai essayé de tout, des emplâtres, des brouillaminis d'herbes, ça n'est jamais revenu. C'est un vieil invalide. Les vieux chevaux, c'est comme les vieux soldats, il arrive toujours qu'il ne reste plus qu'à balayer les copeaux !

— Eh bien, tiens ! dit Anthime, ce vieux Comte Caradec, j'ai envie de le monter !

— Monter le Comte Caradec !

Frédéric s'était relevé, la mine ahurie.

— Mais oui ! assura Anthime, en riant de la figure du domestique, mets-moi une selle là-dessus. Naturellement je ne sortirai pas de la propriété, je descendrai par le petit bois, jusqu'à la prairie.

Le Comte Caradec fut donc sanglé, bridé, et, quelques instants après, Anthime était en selle.

Il faisait un cavalier élégant et fin, bien qu'il affectât de se creuser la poitrine à la façon des jockeys. Au pas il s'éloigna, satisfait de sentir sous lui ce corps de cheval. Malheureusement le Comte Caradec avait perdu toute allure, il marchait mal ; il était devenu maladroit des pieds de derrière.

Anthime s'engagea sous les futaies, accusant mollement de la taille le balancé du pas ; distraitement il sifflotait un air de chasse.

Une petite allée, resserrée entre deux vieux bosquets, conduisait jusqu'au fond de la propriété. Il y mit son cheval et marcha jusqu'au muret couvert de lierres qui formait la clôture.

A cet endroit du bosquet, les arbres, au milieu d'un fourré de ronces et de fougères, s'espaçaient. Ç'avait été, jusqu'à ce rond-point fleurant l'aigre parfum des vieux buis, la promenade de Mme des Lourdines, du temps où il lui arrivait encore de faire quelques pas. Célestin lui avait même construit là, derrière les chêneteaux, au bord de la rivière, un kiosque où elle pouvait se reposer. Non loin, contre le mur, dans une niche, se trouvait un saint Joseph, rongé de rouilles, le bras cassé.

Anthime, arrêté, appuyé sur le pommeau de sa selle, considérait tout cela avec indifférence. Cet endroit cependant eût pu lui rappeler certains faits de son enfance. Mais son enfance avait été trop heureuse pour lui laisser des souvenirs attendrissants. Ces choses-là lui étaient égales ; plutôt, il n'y pensait point, il les ignorait. Le présent seul lui était précieux, et le présent, loin de Paris, se faisait sentir bien morose et bien lugubre !

De l'autre côté du muret, le versant du coteau plongeait dans la vallée triste. Le couchant, couvrant un grand espace, se diluait dans un or pluvieux ; des noires hauteurs descendait un vent humide, qui jouait avec les dernières feuilles mortes, charriait d'âcres senteurs d'hiver, senteurs d'écorces mouillées, de pommes de pin et de glands tournant au terreau ; et aussi ce vent retroussait le poil d'hiver du Comte Caradec, découvrant, par places, la peau plus claire.

« Ah ! Ah ! Frédéric voudrait me voir rester ici ! »

Il calculait plutôt qu'après un séjour de deux mois encore auprès de son père, il aurait rempli tout son devoir et se trouverait en règle avec les convenances.

Et, de son regard perçant, il cherchait là-bas, par-dessus les coteaux, du côté de Paris. Il songeait...

Il songeait à Nelly de Giverny, une chanteuse légère dont il était l'amant depuis dix-huit mois. Jusque-là, il ne s'était adonné qu'aux amours passagères, qu'il sablait comme du champagne, aimant trop le plaisir pour se prendre à la passion qui enchaîne. Mais, dès qu'il l'avait entendue, cette Nelly, sur la scène, il s'était senti possédé, ensorcelé. Pourtant elle n'était qu'à peine jolie ; ce qui l'avait conquis, c'était sa voix, une voix dont chacun parlait d'ailleurs comme d'un maigre filet sans art. A ce sujet, ses amis ne lui épargnaient pas les plaisanteries, surtout lorsqu'il essayait de justifier son enthousiasme. Mais il n'y pouvait rien : c'était dans le timbre, dans la vibration, il ne savait quel insaisissable frémissement, que les autres n'entendaient pas sans doute, sans rapport peut-être avec la musique, mais qui l'enchaînait, lui, le laissait comme un oiseau sous le regard du serpent. Et le charme de son chant, il le retrouvait dans la note claire, trémulante, de son rire. Souvent, à brûle-pourpoint, il lui demandait de rire, d'imiter son propre rire ; et il écoutait. Déjà il ne comptait plus les folies auxquelles cette femme l'avait entraîné.

Et là, sous les arbres silencieux, tout en regardant les coteaux, il pensait à elle ; une nostalgie toute physique irritait en lui le désir de l'entendre chanter, de l'entendre rire.

Et il entendit rire.

Tressaillant, il poussa son cheval à travers un bois de bouleaux jusqu'à l'entrée de la prairie communale, d'où les voix partaient. Deux petites filles, en sarraus bleus, venaient de passer la rivière.

— Bonjour, monsieur, dit l'aînée.

— Bonjour, petite, qu'as-tu donc à rire comme cela ?

— Ah ! c'est ma petite sœur ! monsieur, si vous saviez comme elle est drôle, ma petite sœur !

Tandis que la cadette, gamine de cinq ou six ans, gambadait, espiègle, courait tremper ses pieds dans l'eau, sous les saules.

— Mais, demanda Anthime, comme elle revenait, toute piaffante, les galoches trempées, qu'est-ce que tu t'es mis sur les joues, farfadette ?

— Oh ! la vilaine ! s'exclama la grande, riant de plus belle.

Et elle se dépêcha de lui frotter la figure avec son tablier, sur quoi les joues reprirent leur chaude couleur d'abricot.

— Elle s'est mis de la poudre de froment ; il y en a chez nous tout un boisseau, dans la huche... et voilà à quoi elle passe son temps ! L'autre jour elle s'en était mis sur les pieds ! Ce qu'elle est drôle ! si vous saviez ! A cause d'elle, tout le monde rit chez nous !

Anthime les laissa continuer leur chemin.

Les taillis s'assombrissaient. Là-haut, dans une coulée des bois, se profilait la façade terreuse, tous volets clos, du Petit-Fougeray.

Dans le lointain, le rire des enfants se mourait, comme, dans les soirs d'été, le cri d'un grillon solitaire, enfoui sous les hautes herbes.

Il essaya de faire décrire une volte à son cheval, mais le Comte Caradec, rouillé sur le manège, n'appuya qu'avec roideur ; il voulut lui faire prendre le trot, mais le Comte Caradec partit en boitant.

Alors, il le remit au pas, et tout lui sembla plus triste encore.

Il rentra.

Dans la cour, il eut la surprise d'apercevoir maître Paillaud qui, chargé d'une volumineuse serviette, regagnait sa voiture. La pensée de la succession lui revint à l'esprit.

— Eh bien, monsieur Anthime ? demanda Frédéric, en venant recevoir la bride.

— Décidément claqué, le pauvre Caradec ! répondit Anthime.

Michka, sorti précipitamment de la maison, l'enfermait dans un cercle de bonds et de jappements.

— Oui, oui, tu es un bon chien !...

Dans le vestibule, arrivait de la cuisine, par la porte entrebâillée, un bruit de conversation ; et il entendit la voix de Perrine :

— En voilà tout de même un aplomb d'amener un chien comme ça pour venir enterrer sa mère !

« Quelle idée !... sont-ils bêtes !... se disait-il, confus et mortifié. Sont-ils bêtes ! »

10

Après le départ de maître Paillaud, M. des Lourdines, dans son lit, était resté sans mouvement, frappé de cette hébétude où nous plonge l'avènement de la chose fatale, qu'on attendait pourtant, mais qui vient enfin de s'accomplir.

Sa main tenait, étroitement serré, un paquet.

— Trois cents hectares ! soupirait-il.

Il voyait des bœufs de labour souffler dans le brouillard de l'aube, le geste, au soleil levant, de jeunes filles en cornette semant le grain sur de grasses pentes charruées ; puis, dans le noir dédale d'un chemin creux, des troupeaux, des troupeaux arrêtés, qui buvaient l'ombre... Tout cela n'était plus à lui ; et c'était comme si le printemps, l'automne, toutes les belles saisons qui se succédaient sur sa terre, venaient de passer elles-mêmes en d'autres mains que les siennes !

— Mon Dieu !... est-ce que voir n'est pas avoir ! murmura-t-il encore.

Et, d'un geste las, il glissa sous son traversin les deux cent mille francs que le notaire venait de lui apporter, produit de la vente de « Fouchaut », de « la Bernegoue » et d'une de ses grandes fermes du Marais.

Puis, distraitement, il parcourut de nouveau la lettre qu'il venait de recevoir d'un marchand de chevaux de Poitiers : l'homme promettait de venir tout prochainement voir s'il pouvait tirer parti des deux poméraniens.

Il laissa aller la feuille. Alors, triste, son regard se tourna vers le mur, vers le portrait de sa femme qu'il avait fait monter du petit salon et accrocher. Elle y était jeune, en robe d'apparat, coiffée de bandeaux noirs qui se relevaient en boucles sur le haut de la tête.

Il contempla ces boucles légères, puis rencontra les yeux rieurs, dont les prunelles, un peu félines, se veloutaient d'ombre dorée. Maintenant, il se prenait à songer à elle comme si elle n'avait jamais cessé d'être la créature représentée sur cette toile ; car la mort sans pitié est aussi la mort généreuse, qui indemnise les disparus en éclairant de poésie leur mémoire.

Certes, leurs deux esprits ne s'étaient jamais épousés ; elle s'était toujours montrée indifférente, sinon hostile, aux sentiments qui le dirigeaient. Mais il ne voulait pas la juger. Bien qu'elle eût été sa compagne pendant plus de trente ans, il se refusait le droit, comme d'ailleurs le pouvoir, de sonder le cœur de cette femme ; car chaque cœur est un règne impénétrable ; nous n'en pouvons rien comprendre, si ce n'est au travers des mensonges de l'imagination, en cela tout semblables aux petits enfants qui écoutent le vent aux portes.

La bouche, railleuse, lui rappela le cri qu'elle avait jeté, en étouffant, dans ses bras. Ce mot — le nom de son fils — avait été, pour ainsi dire, le dernier. Ah ! puisque sa pensée ne s'était pas tout de suite obscurcie, dans quelles affres avait dû l'abîmer la révélation de cette ruine ! Et, fondant de pitié, il soupira :

— Emilie !

Et, brusquement, sa pensée se reporta vers son fils : « Que faisait-il ? que se passait-il en lui ? »

Il ne cessait de se torturer de ces questions.

« Quelle serait la fin de tout cela ? »

Il s'était bien promis de lui parler après l'enterrement, d'aborder enfin son réquisitoire ; mais, au dernier moment, épuisé par le chagrin, il n'en avait pas été capable ; le courage des paroles sévères lui avait manqué : il ne s'était plus senti qu'un invincible, qu'un infini besoin de repos, et d'oubli. Car, toujours, il revoyait la scène qui, dans le temps, avait amené la fuite d'Anthime ; dans son esprit elle n'avait rien perdu de ses couleurs violentes. Or, cette fois, qu'allait-il se passer ? « Et à quoi bon ? se disait-il, puisqu'il n'est aucun remède possible, à quoi bon ?... attendons quelques jours... oui !... encore quelques jours ! » Alors, seul moyen d'éviter le tête-à-tête, il s'était mis au lit, s'était dit malade, trop faible pour supporter une conversation. Et, depuis ce moment-là, partagé entre son deuil, sa douleur de père, de soudaines poussées d'animosité et l'effroi que lui inspirait l'explication inévitable, il restait dans sa chambre, caché derrière ses rideaux, pareil à un animal blessé. Tous les matins, la visite de son fils le mettait au supplice. Plusieurs fois il avait été sur le point d'ouvrir la bouche, mais toujours il l'avait laissé partir, stupéfié de n'avoir encore rien dit, honteux de sa faiblesse, et la justifiant par mille bonnes raisons : « Le silence est un levier d'énergie ; ce délai lui laissait les loisirs de la réflexion ; le mal accompli ne s'efface pas avec des reproches ! »

Mais s'il craignait ainsi les mots, c'est que, malgré tout, en dépit de tous ses griefs, il ne pouvait s'empêcher d'aimer son fils. Quelque chose, quand même, dans son cœur, échappait aux ravages des faits, et de toute cette destruction se dégageait encore une âme de tendresse qui ne voulait point mourir.

Et à mesure qu'il attendait, qu'il temporisait, un apaisement s'opérait en lui :

« Comment, se disait-il, aurait-il appris à lire dans une âme comme la mienne, une pauvre âme qui ne sait que se renfermer ? Il ne me connaît pas, je ne le connais pas beaucoup mieux ! C'est de ma faute ; je ne me suis pas efforcé de posséder son âme. C'est qu'aussi cette pauvre Emilie me découragea !... En vérité, il semblait qu'elle n'eût un fils que pour jeter de la poudre aux yeux des autres !... mais je n'aurais pas dû céder... j'aurais dû lutter contre ce faux amour-propre... tenir jusqu'au bout ! »

Il se repentait de n'avoir pas pris son fils par la main, de ne l'avoir pas emmené avec lui dans la campagne, au lieu de le laisser dès son jeune âge s'éprendre de vaines dissipations !

Il lui aurait appris à aimer les animaux, les arbres, il lui aurait dit devant les choses simples de la nature de ces paroles qui sont des semences éternelles.

« Car il n'est pas méchant ! s'affirmait-il à lui-même, il est spontané, généreux... alors ? » Alors, maintenant, pendant des journées entières, il construisait des projets, il échafaudait des rêves.

Depuis quelques jours une idée le hantait, qui, du même coup, dans son effervescente solitude, avait pris des proportions prodigieuses. Il ne songeait plus qu'à cela ; cette idée le nourrissait. Enfin, ce soir, elle avait atteint ce degré d'épanouissement qui fait éclater l'action. De toute la nuit il ne put dormir. A tout instant, il se levait, faisait le tour de sa table, allait voir l'heure ; son imagination s'exaltait, il avait la fièvre et, à un moment donné, il s'écria :

— Oui, oui !... le mal est plus fort que nous !... il nous fait mordre la poussière !... Mais l'instant d'après, nous nous relevons, nous rions dans le soleil, nous chantons parmi les feuilles vertes !

Le lendemain, quelques instants avant le déjeuner, son fils, en entrant dans sa chambre, le trouva non plus sous ses couvertures, mais assis sur son séant, et le visage clair sous ses rideaux relevés.

— Bonjour, mon père, comment... ?

— Oh ! bien mieux, interrompit-il, beaucoup mieux, Anthime... Je suis même, sais-tu, fatigué de cette chambre... Je voudrais prendre l'air, sortir... Dis-moi ? veux-tu me faire le plaisir de m'accompagner ?... Nous irions dehors... là-bas ?

— Bien volontiers, répondit Anthime, tout surpris, mais vous n'êtes certainement pas rétabli, et ce peut être une imprudence... ?

— Non, non !... j'ai besoin de lumière... sûrement... j'ai besoin de... de respirer l'air des arbres... de... et puis, je ne serai pas seul, n'est-ce pas ?... nous serons ensemble !... Ah ! vois-tu... j'ai besoin de lumière !

Dès que son fils fut parti, il se leva, passa sa robe de chambre et alla ouvrir sa fenêtre.

L'air, frais, piquant, se chargeait d'odeurs de terre, de lait et de paille. Dans le jour gris, les feuilles dernières des platanes remuaient à un vent léger. Les toitures de tuiles dégouttelaient. Et il resta là un instant, le regard perdu vers un coin de forêt que, de cette place, on pouvait apercevoir.

Quand, l'après-midi, il parut dans la cour, vêtu comme pour ses chasses aux champignons : ses bottes et sa longue lévite, et son vieux chapeau, Anthime, qui l'attendait, siffla fortement. Michka bondit hors du bûcher, puis s'arrêta net, les oreilles pointées vers son maître.

— Non, Anthime, n'emmène pas ton chien.

— Pourquoi ?... cette promenade ne lui ferait pas de mal.

Mais le père insista :

— Je préfère que tu ne l'emmènes pas.

— Alors, va coucher ! jeta Anthime, qui suivit son père, en se retournant pour voir si le lévrier obéissait.

Michka, replié en demi-cercle, les oreilles en auvent, semblait vouloir, avant de regagner ses falourdes, élucider le motif de cette rebuffade. Enfin il bâilla et, résigné, s'en retourna, en se berçant paresseusement sur ses reins hauts et minces.

Les deux hommes s'avançaient sur le milieu de la route, d'un pas relevé, conduit par M. des Lourdines.

— Nous n'aurons pas de pluie, déclara-t-il.

— Je ne pense pas, répondit distraitement Anthime, à qui cette promenade à pied, les bras ballants, sans son chien au moins à siffler de temps à autre, ne souriait guère : ennui pour ennui, il eût préféré cent fois flâner autour de Frédéric et du Comte Caradec.

« Singulière idée ! » se disait-il, car son père lui semblait loin d'être guéri : sa grande lévite et son grand chapeau le faisaient paraître plus maigre encore. De plus, il s'étonnait de le voir marcher si vite, la tête en avant, comme lourde de l'idée d'un but à atteindre, la fourchetine frappant le sol à chaque pas, tout à fait la tournure de ces hommes qui s'en vont à pied, le bissac au dos, d'une ville à une autre ville.

« Sans doute, pensait-il encore, il va me toucher un mot de mon héritage. Pauvre père !... mais c'est vraiment mal juger de la discrétion de Michka ! » Il s'en fallut de peu que, gaiement, par légèreté d'esprit, il ne laissât échapper cette boutade ; et, nonchalamment, il tourna la tête vers les côtés de la route, où ce n'était, des deux bords, qu'un interminable tableau de l'hiver : des prés, toujours des prés, jaunis, marécageux, enclavés des mêmes arbres de coupe, des mêmes haies monotones ; et à droite, à gauche, dans le fond des traverses, devant leurs placis boueux, de vieilles fermes roussâtres, à la porte desquelles, immanquablement, s'égouttaient des bidons. Tout l'horizon se hérissait d'arbres tors et coudés, de branches fourchues, hersant les bords du ciel, d'un vaste ciel pâle où se boulaient, en des cernes ardoisés, de grands nuages pénétrés de lumière diffuse, vitrifiée, blanche comme l'amiante. Et ces grands nuages, poussés par la brise, très bas, balayaient la campagne.

M. des Lourdines allait toujours sans ralentir son pas. Anthime, un peu en arrière, l'observait :

« Il a joliment la tournure d'un campagnard ! se disait-il, un vrai paysan ! Naturellement !... à force de vivre au Petit-Fougeray ! »

Mais jamais cette particularité ne lui avait sauté aux yeux comme aujourd'hui.

— Ne sommes-nous pas rendus, demanda-t-il, au placis des corbeaux ? Est-ce qu'on s'y bat toujours ?

— Toujours ! répondit M. des Lourdines, qui s'arrêta aussitôt.

C'était une clairière. De temps immémorial, les gars du Douet et ceux des Frêlonnières s'y rencontraient à la Saint-Christophe ; et là, sans autre raison d'en venir aux coups que la coutume, ils s'acharnaient les uns sur les autres, et on en citait qui avaient été tués.

— N'est-il pas vrai, demanda encore Anthime, en indiquant, sur le bord du chemin, de ces chênes qui, étêtés et rognés, ont pris figure de monstrueux cynocéphales, n'est-il pas vrai que l'ancien évêque de Luçon, Mgr Corlazeau, les prenait pour des hommes ?

— Tu te souviens donc de cela ? fit entendre, d'une voix tout heureuse, M. des Lourdines en regardant son fils avec émotion. Cela est, ma foi, vrai !... très vrai !... Mgr Corlazeau avait la vue basse, et quand il rentrait, le soir, de ses tournées pastorales, il prenait ces arbres pour des paysans accourus sur son passage, et il les bénissait. Ah !... vraiment ?... tu te rappelles cela ? et... et ce chêne, le reconnais-tu ?

— Ce chêne... dit Anthime. Mais c'est le chêne des agaces, le chêne des pies. Je me souviens d'y être venu autrefois avec mes petits camarades.

On eût juré que dans le triste jour de ce ciel enneigé il y avait en ce moment du soleil sur la figure de M. des Lourdines.

— Ah ! dit-il, cette bonne lumière me fait du bien !

Et, avec plus d'énergie encore, il reprit sa marche.

Ils étaient en pleine forêt, dans les allées, par les brousses. Ils marchaient, marchaient, traversaient des troupeaux de vieux chênes, des bois de bouleaux argentés, des sapinières où, dans une nuit de murmures, dormaient des tas de bois écorcés sur des sols de copeaux roussis par les pluies.

Ils gravissaient des pentes minées de terriers de renards, dévalaient au bruit, lointain sur les cailloux, d'un cours d'eau gonflé par les averses.

Parfois, la forêt s'éclaircissait, semblait déclarer sa limite, mais c'était pour se reformer, pour les ressaisir encore ; et c'était toujours aussi, dans le clair des cimes, les grands nuages, qui marchaient dans le même sens qu'eux, tout près d'eux.

— Mais où m'emmenez-vous donc, mon père ? demanda Anthime, que cette marche, à la fin, par des raccourcis souvent incommodes, intriguait fort.

— Viens, Anthime, suis-moi toujours.

— Ah ! vous la connaissez, votre forêt ! vous la connaissez mieux que moi !

— Eh ! oui... je la connais mieux que toi !

Un chemin creux, qu'il leur fallait prendre, se présenta, empâté d'un talus à l'autre d'une boue profonde.

M. des Lourdines, sans hésiter, y entra, enfonçant jusqu'à la cheville. Anthime préféra grimper sur le talus, où il ne s'avança que lentement, dans un bruit d'étoffe accrochée. La terre grasse s'éboulait sous ses semelles, il glissait sur des mousses visqueuses, les épines de la haie lui entamaient les mains, tandis que, plus loin, son père avait depuis longtemps touché le terrain solide.

— Anthime ! appela M. des Lourdines dont la voix, dans l'étroit couloir, résonna comme sous un caveau. Descends donc dans le chemin... Ah ! si tu étais un petit enfant, je te porterais sur mes épaules !

Anthime rit et déclara qu'il préférait poursuivre dans les épines — dont il se tira à grand-peine.

— Tiens ! remarqua-t-il, nous voici hors de la forêt !

Ils débouchaient, en effet, en plein espace, devant un ciel immense.

Là-haut, très haut, sur la gauche, au sommet d'un coteau dénudé qui découvrait de toutes parts son ossature de granit, au faîte d'une âpre montée, drapée de l'or calciné des fougères, se dressait une croix.

— Qu'avez-vous donc, mon père ?

Le vieillard s'était arrêté, comme si le souffle lui manquait.

— Ce n'est rien, dit-il, en posant sa main sur le bras de son fils. Mais, viens !... je voudrais t'emmener là-haut.

Il indiquait la croix.

Alors, d'un pas ralenti, ils se remirent en marche et montèrent, parmi les rochers, jusqu'à ce plateau qui était le lieu le plus élevé du pays.

Il s'appelait « le mont de la Croix Verte ».

M. des Lourdines y rattachait le souvenir de ses plus chères solitudes. Il était resté là des journées entières, assis dans les fougères, regardant, de là-haut, passer l'ombre des nuages, comprenant des choses que nulle part ailleurs il n'eût comprises. C'était sa montagne des Oliviers.

Au sommet, sur un socle brut, une antique croix de granit s'élevait dans l'atmosphère, haute, avec ses bras courts, dégarnis comme après la mise au tombeau. Sereine, elle semblait planer là de toute éternité, sous les coups d'aile du vent et dans les rayons de l'air.

Mais la terre, la vieille terre limoneuse, comme jalouse de ce jet dans l'indépendance du ciel, l'avait rattachée à son empire, en soudoyant contre elle une lèpre ardente de lichens. Tous ces parasites, mêlés aux frisures des mousses, au safran sanguin des rouilles végétales, agrippés à ses flancs et collés sur sa face, lui faisaient une gaine croûteuse de verdure et de vieil argent.

Et c'était, sous elle, en se tournant vers le sud, un pays immense, presque illimité, vingt lieues d'horizon, vingt lieues de collines nues.

Les plus proches, massives, sans une végétation, rayées de petits sentiers de chèvres, s'embrunissaient sous la bure des herbes d'hiver ; et les autres, plus loin, entrecroisaient leurs monstrueuses épaules, s'allégeaient dans le bleu, plus pâles toujours, prolongeaient dans l'au-delà des brumes le fil de leurs contours onduleux, inapaisés, qu'on eût dit à la recherche d'un introuvable repos. Et, à l'extrême horizon, là où la réalité devient songe et n'est presque plus que de l'air, on voyait les plus lointaines se soulever encore.

Les deux hommes n'étaient plus, là-haut, que deux petits points noirs, à peine visibles.

L'ascension avait été fatigante. Au pied du calvaire, ils s'arrêtèrent. Les grands nuages brillants qui les avaient accompagnés continuèrent leur chemin.

M. des Lourdines, essoufflé, s'assit sur une pierre qui gisait là, avec beaucoup d'autres, parmi des chardons. Recroquevillé dans sa lévite et sous son grand chapeau, il ne bougeait plus. Il regardait devant lui, dans le sud ; il ressemblait à un vieux berger qui attend le soir.

Anthime, resté debout, voyait un peu de son profil, un coin de joue et de pommettes décharnées. Après cette marche forcée, maintenant son père lui semblait bien lourd sur cette pierre, lourd d'une façon étrange, et absent aussi, comme s'il venait d'oublier que quelqu'un fût près de lui.

« Il s'est épuisé !... pensait-il. Quel besoin de venir si loin ? Certainement on respire ici... mais il faudra s'en revenir !... »

Son père, sans doute, allait lui parler de son héritage ; il avait même préparé une entrée en matière qui, habilement, l'eût amené à s'en expliquer. Mais, pour le moment, il n'osait pas. Il y avait dans l'immobilité du vieillard, dans son silence, dans l'effort méditatif de ses maigres mains croisées sur ses genoux, quelque chose qui le retenait d'élever la voix.

« C'est qu'il a l'air d'être en prière ! » se dit-il.

Et, à son tour, il regarda l'horizon, se demandant si, tout simplement, son père n'apercevait pas quelque chose et ce que cela pouvait bien être.

Lentement, M. des Lourdines se leva.

— Regarde, dit-il, en s'approchant de son fils, regarde !

— Je n'étais jamais monté jusqu'ici, répondit Anthime, en

parcourant l'horizon, gêné tout à coup par la lumière rayonnante des yeux qui se fixaient sur les siens.

Mais le père le dévisagea de plus près encore :

— Ton pays ! dit-il doucement, la brise !... aspire !... elle sent bon, hein ?... elle sent nos vieux arbres, la fumée des brûlots... vois-tu ?... elle suit le même chemin que nous, tout à l'heure... elle vient du Petit-Fougeray... écoute aussi... écoute !

De toute sa personne débordait un fébrile enthousiasme.

— Anthime... continua-t-il. Je t'ai amené ici... eh bien, je vais te dire... voici... voici, répéta-t-il, la gorge serrée ; c'est un endroit que j'aime ! voilà, j'y suis venu tout enfant, puis quand j'avais ton âge... et toujours, toujours... Tu vois ? tout ça, c'est nous, c'est notre petite chevance... regarde tout là-bas !... comme... on ne sait pas ! hein ? on voudrait ! ah ! je ne peux pas, je n'arrive pas à dire, mais tu sens bien, n'est-ce pas ? tu vois ?... tu entends ? est-ce que tu n'entends pas quelque chose, hein ?... comme une belle musique ?

Anthime, qui aussitôt pensa à Nelly, ne répondit pas.

— Maintenant, je vais te dire : je ne reviendrai plus jamais ici !... non, je ne pourrais pas ! J'avais l'habitude, toujours, en rentrant, de monter dans la chambre de ta pauvre mère... maintenant qu'elle est... je ne pourrais pas !... non, non, je ne reviendrai plus jamais... ce n'est pas possible !

« Eh ! oui... aujourd'hui, j'y suis revenu, poursuivit-il, les yeux baissés, j'y suis revenu quand même... c'est que, voilà... je me suis dit : « Anthime ne demandera pas mieux que de faire route... nous irons jusqu'à la Croix Verte... Je lui montrerai l'endroit où j'aimais tant... où pendant de longues journées, longues journées, je venais... » Ah ! Anthime !... petit !... si tu savais les belles musiques, les musiques divines, que j'ai entendues ici !

— Vraiment ? dit Anthime.

— Oui !... les jours d'orage... puis, quand le vent sort de la forêt et se répand sur les collines... Et je me suis dit en pensant à toi : « Il faut que j'emmène là-bas cet enfant ; cela lui fera du bien... son âme a besoin de cela ! »

Il y avait dans cette effusion quelque chose qui décontenançait Anthime, et il ne savait trop que répondre :

— Eh bien, mais... voyons !... voyons, mon père !... il faudra revenir ici... voyons !

— Non ! interrompit sombrement M. des Lourdines en secouant la tête, Non !... Depuis la mort de ta mère... il s'est creusé... il y a derrière moi trop de souvenirs qui me feraient du mal !... Je suis vieux maintenant... vieux !

— Mais non, mon père, vous n'êtes pas vieux, protesta

Anthime, avec le désir de faire prendre à l'entretien une tournure plus gaie ; si, tout à l'heure, vous vous étiez vu marcher, je ne pouvais pas vous suivre !

— Si, Anthime, si, reprit gravement M. des Lourdines, tu ne sais pas ce que c'est que d'être vieux !... surtout tu ne sais pas ce que c'est, quand on devient vieux, que d'être seul. Quand je compte les jours qui me restent peut-être à vivre, sans ta mère, sans... sans... personne !... tout seul dans mon Fougeray, tout seul !... Je suis pris là... oui !... je me demande...

Il n'acheva pas ; le cœur lui battait ; ardemment, il épiait la bouche de son fils ; son visage ressemblait à celui d'un croyant qui s'attend à voir éclater un miracle.

Anthime égalisait la terre sous sa semelle.

— Mon pauvre père... je vous plains !... mais...

— Mais ? demanda fiévreusement M. des Lourdines, qu'allais-tu... qu'allais-tu dire ?

Anthime ne savait pas au juste ce qu'il voulait dire, et, embarrassé, il plaça ces mots :

— Il ne faut pas vous désespérer ainsi !

M. des Lourdines se détourna.

Sur une colline, fondue au loin dans la substance du ciel, brillait un fugitif atome de soleil. Un instant, de dessous ses sourcils gris rapprochés, il parut s'absorber dans la contemplation de cette petite flamme, et aussi il jeta un regard aux grands nuages qui passaient toujours au-dessus d'eux. Il avait enlevé son chapeau, car une cuisson lui ceignait le front et les tempes.

Enfin, lentement, il fit de nouveau face à ce grand garçon, à la figure distinguée mais amollie par les veilles, qu'il revit tout à coup dans ses souvenirs : petit garçon vêtu d'une veste à brandebourgs et chaussé de bottes à la Souvarov. Et, avec l'atroce sensation que toute son âme, d'un seul coup, se déchirait, il reconnut qu'aucun geste ne se préparait dans ces bras tombants, qu'aucun élan ne se faisait jour dans la paix de ces yeux verts.

Sa voix trembla :

— Anthime !... tu ne sais pas ce que c'est que vieillir !

— Mais... mon père...

— Oh ! non, Anthime, sûrement !... et voilà... tu ne sais pas non plus ce que c'est qu'aimer !

— Mon père... pourquoi me dites-vous cela ?

— Et tu as, naturellement, questionna-t-il d'une voix étranglée, l'intention de retourner à Paris ?

Anthime ne répondit pas. Son père le regardait, le fixait au front, comme s'il voyait, à cette place, se dessiner une marque.

Puis, tout à coup, ses joues se marbrèrent de rougeurs, ses narines blanchirent :

— Misérable ! cria-t-il.

Car, ce qu'il n'avait pas prévu, une colère subite était coulée en lui, l'avait envahi de son flot violent.

— Misérable !

— Quoi !... qu'est-ce que vous avez ? balbutia Anthime, tout pâle.

— Ah ! je te tends mes deux vieilles mains et tu ne veux pas les voir !... tu te refuses !... Eh bien, non ! je ne puis plus me taire !... Muller m'a écrit... oui ! je te le cachais... Cet homme, cet usurier, il m'a écrit !... ne nie pas, ne nie pas ! malheureux !... l'enquête est là... nous savons tout... ne nie pas ! tu as refait des dettes... six cent mille francs ! Sans savoir comment tu paierais !... sans savoir !... C'est infâme ! Je ne te disais rien... je gardais ça... j'avais honte de parler !... Enfin, je me disais : « Il n'a pas pensé à nous !... c'est mal, oh ! mal !... mais, tout de même, s'il lui restait là quelque chose ?... si son âme ?... » Ah ! malheureux ! je m'étais raccroché à un rêve ! oui !... Je t'ai amené ici... je me disais : « Il verra cela, il sera ému... il aura un geste filial, un élan ! » Ce seul mouvement de tendresse aurait tout racheté, tout payé ! Oui, oui, c'est bien sûr !... Et si, là, tout à l'heure, convaincu de disposer encore de tes moyens d'indépendance, tu m'avais dit... seulement dit : « Mon père, puisque ma mère est morte, que vous souffrez d'être seul, je vivrai près de vous, je serai votre fils ! » Oh ! alors !... alors !... quelle compensation tu m'aurais donnée !... quelle joie tu m'aurais donnée ! « Tu m'as ruiné, je t'aurais dit, tu t'es ruiné, mais au moins ton cœur te reste, enfant prodigue... et viens-t'en dans mes bras ! »

Il se tut ; il était à bout de souffle et de forces.

Anthime l'avait écouté, en tenant braqués sur lui des yeux d'effarement, l'esprit dispersé par tous les sentiments qui se le partageaient à la fois : la stupéfaction, l'indignation contre son créancier, un profond malaise à se voir rejeté si loin de la façon dont il avait coutume de traiter toutes les questions d'argent.

— Mais, mon père, s'écria-t-il, vous vous exagérez les choses !... Il est vrai, oui, j'ai fait quelques emprunts, nécessités du reste par les besoins d'une entreprise... d'un haras, justement... Mais ne vous mettez pas pour cela dans un état pareil... ces choses-là se font tous les jours !... Je rembourserai.

— Il y a encore ceci, reprit, plus bas, d'une voix entrecoupée, épuisée, M. des Lourdines, sans s'arrêter à ce qu'il savait être un mensonge, et sentant que, décidément, tout un monde les séparait. Pour nous sauver l'honneur !... pour t'épargner la prison !... j'ai mis en vente les métairies... ton héritage... tout le bien de famille... Ce Muller sera payé... c'est une affaire entendue... bientôt nous n'aurons plus que trois petits milliers de francs de revenus... nous vivrons comme des paysans... Ah !... tu nous croyais donc bien riches !

Anthime verdit et dut s'appuyer contre le socle de la croix.

— Qui donc t'avait mis cela dans la tête ?

Le visage d'Anthime se décomposait.

— Trois mille francs !... Vous me dites cela pour m'effrayer !

— Hélas !... non !... non ! fit M. des Lourdines avec un accent si douloureux qu'aucun doute n'aurait dû subsister dans l'esprit d'Anthime.

— Vous me dites cela... pour me punir !

— La Charvinière et deux borderies... voilà tout ce qui nous restera !

— Vous n'avez pas fait cela !... mon père !... Vous ne ferez pas cela !

— C'est presque fait, Anthime.

— Ah !... ce n'est pas vrai ! Ce n'est pas vrai !

Le vent s'élevait et fraîchissait. Le jour touchait à sa fin, mais ce n'était pas la pourpre des belles soirées. De par tout un ciel de cendre planaient de hautes envergures vertes, d'immenses déchirures glauques, qui se déployaient en des champs de lumière attristée, dans d'infinis lacs d'amertume. Un grand fleuve de brouillard submergeait les collines.

Anthime, courbé sur le socle de la croix, pleurait.

Enfin, ces sanglots, que le vieil homme écoutait, lui baignaient le cœur d'une pluie douce et tiède. Pour la première fois, il voyait des larmes couler des yeux de son fils. Il ne restait plus en lui trace de colère, tout s'était apaisé, et il se félicitait d'avoir réprimé, au moment où il lui venait sur les lèvres, le reproche sanglant pour le coupable d'avoir tué sa mère.

Lorsque, soudain, découvrant son visage, Anthime voulut se jeter à ses genoux :

— Pardon ! mon père, pardonnez-moi !

Il l'arrêta aussitôt :

— Non ! lève-toi, lève-toi !... Je ne veux pas !... pas à genoux ! pas à genoux ! Aussi moi, j'aurais dû, dans le temps... c'est de ma faute !... Nous sommes deux malheureux !

Il leva les yeux sur la croix qui, maintenant, dans le crépuscule, s'élevait toute noire vers les grands nuages verts qui s'assombrissaient ; et elle lui apparut si sépulcrale, si menaçante au-dessus de son fils, replié en un tas et noir comme elle, qu'il s'écria :

— Viens !... viens !... Anthime !... Allons-nous-en... allons-nous-en !

Et il l'entraîna.

Il l'entraîna par la descente, dans les rochers.

Anthime butait contre les pierres, contre les racines, comme un homme ivre. A chaque faux pas, il se rapprochait de son père. Celui-ci le sentait près de lui, faiblissant, se rendait compte que, seul, il s'en fût sauvé à l'aveugle, devant lui. Ils allaient côte à côte, sans se rien dire.

Dans le chemin creux, Anthime marcha en pleine boue.

« Serait-il sauvé ? » se demanda M. des Lourdines.

Peu à peu, l'obscurité avait envahi la forêt. Ils marchaient, presque sans rien voir, contre le vent, qui agitait les pans de leurs manteaux.

Dans les branchages, la lune se levait, lentement.

Ils arrivèrent au Petit-Fougeray très tard et harassés. Les domestiques, inquiets, les reçurent avec plusieurs lampes, comme pour mieux les voir. Anthime se cachait la figure dans son col relevé. Ce que disait M. des Lourdines, pour expliquer leur retard, n'avait pas grande suite. La maison, avec une odeur de soupe aux choux, était chaude à leurs visages pincés par la bise de décembre.

Anthime refusa de manger, il n'avait pas faim ; et tandis que son père, défaillant du besoin de réparer ses forces, s'attablait dans l'office, devant une soupière, il monta dans sa chambre et s'y renferma.

Un feu brûlant lui desséchait la gorge ; il avala une pleine carafe d'eau.

Puis il se jeta sur son lit, tout habillé, et resta là, sur le dos, les yeux ouverts, la bouche ouverte. Il ne pleurait plus. Il avait la sensation d'être enterré vivant. Tout son être sombrait dans un abîme d'épouvante !... Plus un sou !... plus rien !... la ruine ! Il ne savait pas bien en quoi cette chose-là consistait, mais c'était là une chose effroyable ! A lui, qui n'avait jamais connu que le plaisir, il lui fallait le plaisir ! Et, tout d'un coup, brutalement, cela s'arrêtait, dans une nuit noire ! Il ne voyait pas, il ne comprenait pas autre chose !...

Une fièvre intense s'était emparée de lui et il répétait : « Je-n'ai-plus-d'argent !... Je-n'ai-plus-d'argent !... »

Ses poumons manquaient d'air ; il avait perdu le souffle de la vie, ce qui la soutient, ce qui en forge l'unique raison d'être... Sans argent ! sans crédit ! comment vivre ?... pourquoi vivre ?... Il perdait pied dans des ténèbres !...

Des convulsions nerveuses le secouaient tout entier.

« C'était donc cela ! » Ah ! oui... maintenant il se rappelait, il n'y avait jamais pris garde, plus qu'aux faits de la rue, plus qu'à ces menus événements qui se passent en dehors de nous, regardés un instant, et qu'on oublie en tournant la tête !... « C'était donc cela ! Le petit de Mellière s'était ruiné, et il s'était brûlé la cervelle ! de Mierne s'était ruiné, et il s'était fait soldat ! de Flibure s'était ruiné, et il avait disparu ! et d'autres, d'autres encore ! on n'entendait plus parler d'eux ! ils étaient ensevelis !... et lui ?... lui aussi était ruiné !... ruiné !... »

Comment ? Que lui était-il arrivé ?

Il ne le savait plus, il avait joué... il avait passé des nuits... il avait comblé ses maîtresses... l'argent avait fondu !... il ne savait plus !

Et maintenant, il lui faudrait vivre au Petit-Fougeray, près de son père ! Et les autres, là-bas, diraient : « Tu sais bien, des Lourdines ? Eh bien... il est rasé ! »

Mais non !... Cela ne se pouvait pas !... C'était là une chose aussi impossible que d'aller réveiller sa mère dans son cercueil !

Et il gémissait :

— Mon Dieu !... Oh !... mon Dieu !

De l'autre côté de la cloison, M. des Lourdines écoutait.

— Il se plaint, s'inquiétait-il. Il se plaint !... le pauvre petit bougre !

11

— Ah ! mes amis, vous voilà bien écrêtés ! dit Perrine, en posant devant les domestiques, attablés pour la collation de quatre heures, la terrine de « fressure ».

Et elle se mit à pilonner dans une jatte une moche de beurre, pour en faire sortir le petit-lait.

— Oui-da !... bien écrêtés ! Allons, mange... mon pauvre Célestin !

Depuis quelques jours, ils savaient tout ; ils en savaient même beaucoup plus long encore ; sans qu'il y eût à cela de quoi s'étonner, si l'on songe que la vieille gouvernante du conseiller Lamarzellière n'était pas femme à écouter aux portes en se bouchant les oreilles.

— Qu'est-ce que vous voulez ! fit observer Frédéric qui mastiquait vigoureusement, la plus mauvaise affaire de toutes, c'est encore de perdre la vie !...

L'air sombre, Célestin riposta :

— C'est pourtant la plus juste !

C'était le surlendemain qu'il devait quitter le Petit-Fougeray. Il y était entré à douze ans, comme berger, et il en avait cinquante-cinq. Alors ce qu'il mangeait ne voulait plus passer ; il était forcé d'appuyer son pouce sur sa pomme d'Adam ; ses bras étaient lassés, comme s'ils avaient fauché depuis le lever du jour !... Un peu de jalousie aussi à l'égard de Frédéric, lequel, en sa qualité de cocher, demeurait, à cause de la jument, indispensable pour le service de la maison.

— Faut point parler de la mort ! dit Perrine, mais ça fait tout de même grand-pitié de voir le malheur tomber sur les innocents !... Ah ! je voyais bien ça, dans le temps... quand M. Anthime endormait sa mère, que notre pauvre monsieur, qui est la sainteté de la bonté, mollissait toujours !... Je n'élevais point mon avis... non !... parce que c'est à celui qui est là-dedans à savoir se conduire... mais, que je me disais, ils ne font point de remarques !... ils n'ont point de direction !... ils aiment mieux la parade que la nature !... eh las !... tout ce beau triomphe finira bien par crever !... Et je n'avais point tort... la preuve, c'est qu'ils l'ont mis en prison !... Ah ! il ne vaut point son père !

— Son père ? dit, en fronçant les sourcils, Célestin, son père est un bon maître... et qui n'a pas plus d'orgueil qu'une racine !

— Tout ça, déclara à son tour Frédéric, c'est sûrement bien triste, mais M. Anthime, je le connais aussi bien comme vous... A tout coup, ce n'est point un méchant garçon... ah ! dame !... il aimait s'amuser, et c'est ce qui l'a perdu... Mais il ne faut point dire : sa main gauche ne sait point, jamais, ce que donne sa main droite !

Perrine s'arrêta de pressurer son beurre :

— Eh bien, je vais te dire, moi, Frédéric : il n'a point de finesse !... je l'ai vu un jour... tin !... un dimanche que j'allais à vêpres, que j'étais rendue aux Quatre-Chemins... je le voyais qui s'en allait sur son cheval, son grand cheval rouge, tu sais bien ?... tout soudain, v'là le cheval qui se mate... et M. Anthime par terre... je fais un cri, et quand j'arrive, je le trouve qui enlevait ses éperons, et qu'il me les donne à remporter !... que j'ai été obligée d'aller aux vêpres avec !... et des éperons qui étaient longs !... Sainte Vierge !... qui étaient longs !... que je ne savais point où les cacher ! que M. le vicaire riait en me regardant, et tous !... Non, non, je vous dis, il n'a point de finesse ! D'abord, quand on a de la finesse on ne va point dépenser sa vie avec un tas de scandaleuses !... et notre pauvre monsieur ! ah ! on peut dire qu'il fait son salut !... A moi, les sangs me « bouillent » quand je le vois, maintenant, s'en aller devant lui, terrible et triste !... Et celui-là... regardez-moi celui-là !... en a-t-il un museau ! où a-t-on jamais vu un museau pareil ! acheva-t-elle, irritée, en montrant Michka qui se chauffait, royalement étendu devant l'âtre.

— Je te l'ai déjà dit, c'est un lévrier russe, quoi ! dit tranquillement Frédéric. J'en ai vu plus d'un ! On voit bien, Perrine, que tu n'es jamais entrée en Russie, ni à Moscou !

— Moscou ! Moscou !... J'crois bien plutôt que le diable y a mis la main !... Allons ! déguerpis !... purifie la cuisine !

Son torchon claqua. Michka ouvrit les yeux et se dressa sur ses pattes de devant.

— Laisse-le donc se chauffer, conseilla Frédéric, il n'a point fauté, lui !

— Point fauté ! point fauté !

Elle s'avançait, menaçante. Michka se leva et sortit, de son trot sec et effilé.

— Sale chien !...

A ce moment, Estelle entra bruyamment. Elle avait le visage rouge et animé.

— Eh bien, qu'est-ce qu'il t'a dit, Estelle ? demanda Perrine.

— Je suis contente, répondit Estelle, qui paraissait tout émue. Il m'a dit qu'il était très satisfait que j'épouse Joseph, que Joseph était un bon garçon, et que les enfants que j'aurais, il faudrait les mettre dans le droit chemin...

— Je pense bien, notre pauv' maître !

— Ce n'est pas tout ; il a ajouté : « Estelle, tu es une bonne fille, tu as bien soigné madame, et, puisque tu te maries, je veux te laisser un souvenir d'elle. » Alors il m'a emmenée dans la chambre de madame et m'a dit de prendre ces deux robes-là : « C'est pour toi, pour te faire des atours. » Et regardez, acheva Estelle, dont les yeux rayonnaient, c'est tout soie !

Perrine tâta l'étoffe.

— Bonne Vierge ! oui... c'est tout soie !... Ah ! te voilà nippée, petite... Mais c'est toujours pas moi qui oserais pouiller ces affûtiaux-là !

Et, comme la robe passait de main en main, on vit, dans la cour, tout contre la fenêtre, s'arrêter les roues d'une carriole.

Une peau de mouton fut rejetée sur le dossier du siège.

— Bonjour, la compagnie ! fit entendre presque aussitôt une voix timbrée en vigueur. Bon appétit... Sapristi ! il fait bon chez vous... dehors ça pince ! — Est-ce que votre monsieur est au château ?

— On peut voir... répondit Perrine, en inspectant le gros homme qui venait d'entrer, depuis ses brodequins ferrés, à remonter par sa peau de bique qui l'élargissait encore, jusqu'à ses bajoues éclatantes et suiffées de belle humeur. Qu'est-ce que vous lui voulez ?

— Je viens pour son attelage, il sait bien, je suis le marchand de chevaux.

— Ah !... eh bien, dit Perrine, Estelle va monter prévenir notre monsieur... Asseyez-vous donc. Voulez-vous manger un morceau, boire un coup de cidre, un coup de poiré ?

— Oh ! dit l'homme en jetant un coup d'œil sur la table, je prendrai bien un coup de vin...

Dans sa chambre, assis devant un feu qui ne flambait plus, M. des Lourdines tisonnait, d'un air morne.

A la suite de la scène de la Croix Verte, le geste de son fils pour se jeter à ses genoux lui avait fait prendre d'abord quelque espoir. Il avait pensé le voir entrer, après une pareille émotion, dans la voie des résolutions généreuses et énergiques. Mais cet espoir se dissipait ; Anthime semblait n'avoir rien retenu des paroles qui avaient été prononcées là-bas ; il se tenait à l'écart, muet, effondré.

Et, justement, une grande crainte, une frayeur lui était née de ses dernières réflexions : c'était qu'Anthime, cette tête chaude, ce casse-cou, ne quittât, cette fois encore, la maison !

« Où prendrait-il ses moyens d'existence ? »

Hélas ! ce n'était point là raison de force à le retenir, s'il était décidé de porter ailleurs sa misère ! Alors que serait-il fait de ce malheureux enfant ? Et lui-même, lui-même, que deviendrait-il, tout seul, dans son Petit-Fougeray dévasté ? Ah ! ce ne serait plus la solitude qu'il avait aimée, mais un silence sans échos, sans cœur ! La solitude qu'il entrevoyait maintenant le faisait frémir...

Et là, devant son feu, il se plongeait la tête dans un tas de combinaisons destinées à séduire Anthime, pour qu'il fût sauvé, pour se sauver lui-même.

« Voyons, se disait-il, je saurai bien lui créer des distractions !... d'abord, il aura la chasse ; et puis il aime les cartes ?... eh bien, j'apprendrai, j'apprendrai !... Je lui ferai sa partie... tant qu'il voudra !... tant qu'il voudra ! »

De son côté, il pourrait reprendre ses promenades solitaires dans la campagne, et le soir, encore, s'en aller en secret jouer de la musique sur son cher violon.

Ah ! son violon, comme il l'aimait ! Depuis la lettre, depuis la mort de sa femme, il n'osait plus en jouer. Mais en lui, se disait-il, résidait maintenant toute sa fortune ! Lui seul, dans tout cela, n'avait pas changé ! toujours prêt à chanter, toujours prêt à consoler !

Et la certitude de cet inépuisable recours allait presque jusqu'à le mettre en goût d'une existence toute pauvre, toute cachée au fond du Petit-Fougeray, en compagnie d'un Anthime assagi. Leurs jours seraient unis et calmes, ils vivraient l'un près de l'autre, sans se gêner, en s'aimant bien : « Du pain, un toit... certes, oui, cela me suffirait ! Mais lui ?... mais lui ? »

— Je descends, répondit-il à Estelle.

Les superbes animaux, comme s'ils avaient vent que ces hommes entraient pour les voir, relevèrent l'encolure et rejetèrent de côté leurs belles têtes fières, au regard mobile, ombragé de crins.

Le marchand les étudia longtemps, sans parler, en bon maquignon qui sait « boutonner » sa figure ; il examina les dents, chatouilla les ventres, puis demanda qu'on les fît sortir, pour les voir trotter.

M. des Lourdines, en tracassant ses ongles, regardait tour à tour ses chevaux et l'homme. Cela lui faisait grand-peine de les vendre, en même temps qu'il craignait que le marchand ne se décidât pas à les acheter.

— Ce sont de jolies bêtes, fit-il remarquer. Ma pauvre femme les aimait bien !... ils ont peu travaillé...

— Ouais... hum ! dit le marchand, en regardant le ciel, il y aura de la neige !

Et il se battit les côtes avec ses bras.

Frédéric tirait sur le bridon, mais le cheval ne voulait pas trotter. Alors, derrière lui, l'homme tapa dans ses mains, racla le sol avec ses semelles. Le cheval releva l'allure ; mais, au retour, ne sentant plus de souliers à ses trousses, de nouveau il se laissa remorquer.

Le marchand grondait.

— Encore une fois !

Lui-même, maintenant, courait derrière l'animal, raclait le sol de plus belle, avec le manche de son fouet jouait du tambour dans le fond de son chapeau, voltigeait, en se balançant, comme un bouc pris d'une gaieté.

Et ce fut le tour du second cheval. Même cérémonial : la claque, le soulier, le chapeau. Au retour, comme son camarade, le cheval rossardait.

Frédéric soufflait, échauffé, vieux.

Dans le fond de la cour, tout contre le grillage du poulailler, apparut un visage exsangue, aux orbites fouillées d'ombre. M. des Lourdines l'aperçut ; le marchand aussi, sans le connaître.

— Sapristi ! sapristi !... eh ! monsieur !... s'il vous plaît... là-bas... voulez-vous faire du bruit ?

— Anthime ! héla M. des Lourdines, qui parut appuyer cette requête, mais, en réalité, criait ce nom du fond de lui-même, vers cette blanche figure qui l'impressionnait.

Anthime avait disparu.

Il fait le tour des communs, rentre, par-derrière, dans le cellier. Sur des pommes de terre, sur des oignons, il marche dans l'obscurité, vers le fond, vers la lucarne.

Il regarde.

Ce spectacle lui donne l'insupportable sensation de l'irréel. Maintenant, le cheval trotte, incline son cou de cygne du côté de Frédéric, qu'il soulève un peu dans sa course ; derrière lui flotte le sillage de ses crins de ténèbres. Et la voix du marchand : « Ouoh !... ouoh ! » pour arrêter. Le cheval s'arrête, se campe de profil, les naseaux rouges, pleins de vent, face à son écurie qu'il encense de la tête.

Anthime regarde ; il voudrait empêcher cette chose, mais, comme dans les rêves, cette chose est plus forte que lui ! Il s'éprouve débile à mourir ! Il aurait beau essayer de crier : il sent que sa voix n'est plus une voix !

Les deux bêtes sont mises l'une près de l'autre ; le marchand les palpe, avec la main leur bouche un œil, puis l'autre... Les bras à l'accoudoir de leurs reins, il discute... les lèvres de son père remuent, Frédéric rentre sa nuque rouge dans ses épaules. Le marchand tape dans la main de son père ; puis, avec de la paille, il tirebouchonne les queues, attache les chevaux à la carriole, l'un derrière l'autre... Il monte, manœuvre la banquette du siège, rit dans ses joues rebondies sur le cache-nez de laine violette ; un grand coup de chapeau, la carriole se met en marche, et derrière, les poméraniens s'ébrouent, la figure muselée de ces larges bridons de serge dont se servent les paysans pour conduire leurs chevaux sur les marchés...

Anthime sortit précipitamment du cellier, courut devant lui ; il fuyait. Il fuyait à travers les bosquets, cassant des branches. Il alla jusqu'au bout de la propriété, jusqu'aux arbres, derrière lesquels il avait entendu rire les petites filles.

Il s'accula au muret.

La cour se trouvait là-haut, les bois la lui dérobaient, mais il croyait entendre parler le marchand, voir encore à la carriole les chevaux bridés de serge...

Jusqu'ici, aucun fait tangible n'était venu matérialiser, sous ses yeux, l'horreur de sa situation. Or, tout à l'heure, la chose elle-même il venait de la voir, d'en toucher le témoignage irrécusable !

Hagard, il se tenait contre le vieux pan de muraille, les mains crispées sur le lierre.

Il ne savait plus où fuir !

Dès l'enfance, livré par une volonté nulle à toutes les suggestions qui passaient, ne soupçonnant rien des ressources de la résistance intérieure, tout son être, au premier choc, s'était dissous, n'avait plus formé qu'un chaos d'impressions en déroute. Du brillant cavalier il n'était plus resté qu'une misérable chiffe humaine.

Ses amis ne l'eussent pas reconnu, tant il était changé : il n'avait plus de regard, ses traits, on eût dit, avaient perdu leur symétrie, et deux longs plis, partis des ailes du nez, ourlant le creux des joues pâles, modelaient une sorte de museau blême.

Autour de lui, des feuilles mortes couraient, légères, passaient sur le corps de celles qui, détachées depuis plus longtemps, humides et lourdes, commençaient à retourner à la terre.

En cet endroit, protégé contre le gel par les végétations, montait du sol une humidité glaciale. Le vent sifflait dans les arbres, rigides et noirs. Les prairies et les terrains se décoloraient dans l'air blafard, plissé de froid.

Il leva les yeux sur les arbres qui l'entouraient : doués d'une existence animale, semblable à la sienne, ils lui étaient hostiles. Tous ces êtres, parties de la propriété de son père, l'épiaient, le voulaient à eux, voulaient prendre sa vie, l'encerclaient déjà de toutes leurs branches, de toutes leurs lianes ! Contre eux il se sentait sans défense, car il n'avait plus d'argent !

Ses amis, ses compagnons de fête ? leurs figures, déjà presque invisibles, fuyaient de son souvenir. C'était justice : il ne pouvait plus être des leurs ! Et maintenant que sa vie de plaisir se refusait à lui, comment, par quoi la remplacerait-il ? Plus de chiens, plus de chevaux, plus d'équipages, plus rien de ce qu'on peut avoir ! plus rien que des jours inutilisables ! Que la vie allât plus loin, toujours, entraînant les êtres dans son tourbillon, sa vie à lui s'arrêtait là, au pied de ce mur, près de cette vieille statue dont le moignon tendait un fer tordu et rouillé.

Il se rappelait les paroles de son père, à la Croix Verte ! eh !... son père ! Mais son pauvre père n'était qu'un simple, presque un paysan ! Il n'était jamais sorti de ses bois, un nuage faisait son bonheur !

« Regarde ton pays, Anthime. »

Mais son pays, c'étaient tous les hobereaux de la région, toutes les familles de Poitiers, qui allaient commenter sa ruine et le clouer à leur pilori ! Il faudrait, pour se sauver de l'humiliation, de la honte, se cacher d'eux, ne plus se montrer jamais, se bauger au fond des taillis !

— Ah ! cria-t-il, la figure convulsée, les bras tendus, ma fortune ! ma fortune !

Son appel avait retenti dans le bois.

Il s'éloigna, en longeant le muret. Puis il s'arrêta.

De l'autre côté de la clôture partait un bruit sec, semblable au claquement d'une tige que l'on casse. Il se pencha, regarda... Courbée au milieu des choux, une vieille femme faisait sa récolte. Ses larges reins de droguet écartaient, en avançant, les feuilles. L'on eût dit d'une bête en train de brouter. Un moment elle redressa son visage, un visage grimaçant et pauvre, et regarda le ciel comme s'il n'annonçait rien de bon.

Anthime l'examinait. Un sentiment étrange s'emparait de lui : il sentait que la force des choses l'avait, pour toujours, rapproché de cette femme ; que, de sa figure de viveur, elle avait fait aussi, à jamais, une figure grimaçante et pauvre !

Et, instinctivement, comme elle, il leva les yeux...

De tout l'horizon, sous la poussée d'un vent annonciateur de neige, se pressaient de lourdes légions de nuées sombres, masses fumeuses qui, lentement, sur le fond blanc des trouées, se désagrégeaient, se tordaient en de noirs remous.

Et tout le ciel en était envahi...

12

Le surlendemain, dans la matinée, il était couché sur son lit. C'était maintenant sa place habituelle ; il ne le quittait plus que pour les repas. Le jardin lui inspirait un insupportable malaise : il ne s'y aventurait plus.

La tête enfoncée dans l'oreiller, il s'abandonnait à ses pensées, toujours les mêmes, toujours le désespoir de sa ruine, toujours l'effroi de cet avenir qui commençait pour lui, inintelligible, qui n'était plus le sien ! Le moindre bruit dans la maison l'irritait, touchait en son être mille places douloureuses.

Michka ne couchait plus dans sa chambre. La vue du lévrier l'exaspérait, il ne le voulait plus à côté de lui : ce chien, c'était sa vie passée qui venait poser ses pattes sur le lit et quêter une caresse !

Parfois son esprit, comme une souris que le chat laisse faire quelques pas en liberté, s'évaguait, mordu et remordu, dans des directions puériles, vers des objets vides de sens, sur les bouquets, par exemple, que dessinait la tapisserie de sa chambre. Par le caprice de lignes, chacun de ces bouquets laissait voir, au milieu des fleurs, une certaine tête de taureau, et aussi une tête d'homme barbu, coiffé d'une toque à plumes. La découverte de ces figures datait de l'époque où, pendant quarante jours, la rougeole l'avait retenu au lit. Alors, il avait bâti une foule d'imaginations sur ce taureau et sur cet homme, aujourd'hui formes sans histoire et que, seuls, ses yeux retrouvaient.

Il les regardait pendant des heures. A la fin, excédé de ces spectres, il se tournait sur le côté, secouait la tête sous la griffe de l'idée, et, gémissant, s'étirait comme un homme assailli de souffrances intolérables.

Comme il geignait ainsi, des coups violents, apparemment portés avec un sabot, retentirent contre le portail. On tardait à ouvrir, les coups furent répétés : les gonds grincèrent.

De son lit, il avait la vue sur l'entrée.

Machinalement, il regarda : Frédéric parlementait avec une campagnarde ; puis il s'effaça, et la femme entra, avec une charrette que surmontait une bâche verte, et un petit cheval blanc pigrelé, dont les œillères en mauvais état battirent, comme des volets ouverts et fermés par le vent.

Anthime se trouvait bien loin déjà de la pensée de cet équipage, lorsqu'il apprit, par la voix de Frédéric, venu toquer à la porte de son père, que la campagnarde de tout à l'heure était la sœur de Célestin.

Il en fut très contrarié. Il n'ignorait pas qu'Estelle et Célestin dussent partir tout prochainement ; cette femme venait sans doute pour les emmener.

Seul responsable de leur départ, il lui était des plus pénible de recevoir leurs adieux.

Quelle attitude tenir ? Que leur dirait-il ? Comment les laisser s'éloigner sans un mot de regret ? Car il savait pertinemment, en dépit de l'air d'ignorance affecté par les domestiques, que son histoire faisait plusieurs fois le jour le tour de la cuisine.

Cette pensée lui fit monter le rouge. Il sentit que la honte commençait à le mordre ; mais c'était moins la honte d'avoir dilapidé une fortune que celle de n'être plus qu'*un pauvre*.

Il chercha les moyens de se soustraire à cette entrevue : s'ils quittaient sur l'heure, il n'avait pas à se montrer ? Ce départ, il l'ignorait, n'ayant pas été prévenu.

... Malheureusement, son père ne bougeait pas de sa chambre, indice que les choses ne pressaient pas. D'autre part, il n'entrait pas dans les habitudes qu'un villageois se remît en route avant d'avoir pris un repas au château et donné de la litière à sa bête.

Il n'échapperait donc pas !... Il lui faudrait subir cette confrontation !

Avec un soupir, en homme qui avait plus que son compte déjà de ce qu'il endurait, il se leva et alla regarder par la fenêtre : la charrette se trouvait dételée en effet, rangée contre le mur.

La cour était silencieuse, blanchie par le gel.

Un duvet, puis un autre, voletait, comme de la neige. Le froid coupait.

Il referma la croisée et regagna son lit.

Son père ne descendit que pour le déjeuner.

Ils se retrouvèrent l'un en face de l'autre.

M. des Lourdines, aujourd'hui, faisait preuve du même abattement que son fils. Ses grosses paupières étaient toutes gonflées.

C'est qu'il aimait Célestin comme on aime un vieil ami de quarante ans : que de transformations dans la propriété, que d'essais agricoles, que de menus travaux ils avaient faits ensemble ! C'était Célestin qui avait tracé les allées de la futaie, creusé dans la prairie les rigoles d'irrigation, construit le poulailler et la bergerie ! Et dans la maison même, que de chevrons remplacés, que de lézardes bouchées, que de portes consolidées ! Il savait tout faire, ce Célestin, et sans avoir rien appris ! Avec cela plein de judiciaire et toujours de bonne humeur. Il n'était jusqu'aux épouvantails sortis de ses mains qui n'offrissent la physionomie d'une observation comique et en quelque sorte spirituelle !

En le perdant, c'était un peu de l'âme, l'âme rustique de son Petit-Fougeray, qu'il voyait disparaître.

De tout le repas il ne prononça pas une parole ; puis, vers la fin, il dit :

— Estelle et Célestin vont prendre congé de nous... il faut, Anthime... il serait bien que tu fisses acte de présence...

Ils quittèrent la table.

Anthime suivit son père et s'arrêta lorsqu'il le vit ouvrir la porte de la cuisine.

Un brouhaha de conversation, que menait la voix aiguë de Perrine, jaillit du passage libre, un chaud tumulte enfumé, confusément mêlé à des relents de graisse frite. Il entendit les domestiques se lever tous ensemble.

Son père avait laissé la porte entrebâillée...

Il faillit entrer.

Il serait entré si un profond silence n'eût succédé tout à coup... son père parlait ; il entendit :

— Mes bons amis !...

Il faudrait peut-être qu'il parlât aussi ?

Sur la pointe des pieds, il s'éloigna et alla se réfugier dans la cour. Il y rôda ; mais il évitait de passer en vue des fenêtres de la cuisine... L'odeur de la friture arrivait jusqu'à lui.

Perrine avait soigné le dernier repas qu'Estelle et Célestin dussent prendre au château. Elle avait même fait des crêpes. La brave femme avait aussi voulu que certains enfants du voisinage, lesquels, au besoin, rendaient des services, comme d'aller paître le bétail, eussent aujourd'hui leur place à table, près de Célestin et d'Estelle qu'ils ne reverraient plus.

Dans la cour, Anthime se morfondait. Il avait envie d'aller se cacher au loin, quand même, au mépris de ce qu'on en penserait. Il se disait aussi qu'ils allaient sortir bientôt... Il entendait le bourdonnement des voix... il interrogeait de côté le miroitement des vitres... Son père se trouvait là, en ami, au milieu d'eux... Lui, errait tout seul ! De lui-même, il s'était mis à part, retranché de sa communauté, selon le sort qui lui était désormais réservé : la honte et l'isolement !

Le duvet qu'il avait vu voler le matin commençait à tomber plus nombreux. Il n'avait pas pris garde au froid que ce duvet posait sur son visage et sur ses mains ; il s'aperçut enfin que c'était de la neige.

Puis il vit Célestin passer dans le jardin, du côté du potager : le vieux domestique semblait tout désorienté, ne pas trop savoir où il devait diriger ses pas !

Puis Frédéric traversa la cour et entra dans l'écurie.

En même temps, un fort bruit de voix se répandait dehors. Sur le seuil de la cuisine, un pan de robe noire se retira, comme si la personne, sur le point de sortir, se fût ravisée.

Cette fois, une puissance obscure poussa Anthime en avant, le força à se rapprocher. Les flocons qui lui tombaient sur la figure, sur les yeux, il ne les chassait pas. Il entendait Frédéric parler, en le harnachant, au cheval de la paysanne : « Tu te frotteras demain !... tourne donc, là !... tourne ! » Et les coups sourds des pieds du cheval, sur la litière...

Il s'approcha de la porte de la cuisine.

Dans la fumée, il voyait les visages, des piles d'assiettes, l'allée et venue du balancier de cuivre.

— Pour le coup, disait quelqu'un, par allusion à la neige, voilà les mouches blanches qui volent !

— Hé ! c'est la saison ! répondait une autre voix, la nature nous abandonne !... Où as-tu mis ton bagage, Estelle ?

Lentement, lentement, il se rapprochait. Les enfants sortirent sur le seuil et, en le voyant, soulevèrent leurs chapeaux, avec un sourire timide et respectueux. C'étaient deux petits gars et une fillette.

M. des Lourdines aperçut son fils et lui fit signe de venir. Derrière, Frédéric sortait de l'écurie, avec le cheval.

Anthime, pris entre deux feux, ne put se dérober. Les conversations s'arrêtèrent. Il se sentit le point de mire de tous ces yeux humides ; il vit, tournés vers lui, tous ces visages congestionnés par le repas. Mais le bonjour lui fut donné dans la forme habituelle, sans nuance de froideur ; et il en recueillit, sur le moment, une impression apaisante. Seule, la paysanne lui fit, sans dire mot, une manière de révérence sèche et guindée qui attestait, aussi bien que le fond de sa rancune, le mépris tout particulier du paysan pour le maître déchu de ses finances. Il se sentit rougir.

— Assieds-toi donc ! lui dit son père.

— Vu qu'il est sans femme, le pauvre, fit entendre la campagnarde, reprenant la conversation interrompue, nous lui donnerons la soupe et le coucher ; ce sera toujours autant !

— Voilà ! annonça Frédéric, en curant ses sabots sur le bord de la marche, la jument est attelée.

— La jument est attelée ? dit la femme... alors... si la jument est attelée...

Estelle se laissa choir sur un banc et fondit en larmes.

— Vous pourriez peut-être attendre un peu ? proposa M. des Lourdines, consterné.

— Eh !... je comprends bien... mais c'est que la nuit vient vite !... et ma jument n'est point volage, vous savez !... il faut toujours la pousser !

Et elle ajustait son châle sur sa poitrine.

Estelle, la figure dans son mouchoir, pleurait, secouée de hoquets, qu'elle s'efforçait d'étouffer.

Anthime ne détournait pas son regard du fond de l'âtre.

Perrine, ayant fait un signe à M. des Lourdines, pour lui faire comprendre qu'il valait mieux ne pas faire durer la chose, se pencha vers la jeune fille :

— Allons ! Estelle... ma petite... du courage !... essuie-moi ça ! Voyons !... est-ce que quand tu seras mariée, tu ne viendras pas nous voir ? En attendant, les Essarts, ce n'est pas à l'autre bout de la France !... et il se trouve bien des occasions !... et puis, lui confia-t-elle plus bas, et puis... je ne suis plus une jeunesse, moi !... il faudra bien qu'un jour, bonne Sainte Vierge !... enfin, qui sait ?... tu es bonne cuisinière, toi... Allons !... où sont tes affaires ? cette caisse-là ? ce carton-là ?... bon... allons ! viens-t'en, ma petiote !...

Estelle se leva. Confuse de ses paupières meurtries, elle suivit Perrine, qui donnait ainsi le signal du départ, la caisse et le carton dans les mains, clopinant au bruit mou de ses savates.

— C'est si jeune ! soupirait la villageoise, ça a encore tant de larmes dans le corps !... Mais où est donc Célestin ?

— Célestin ! appela-t-elle, de cette voix perçante des paysannes, habituées à hucher de loin, dans les champs.

Un des petits gars, son sarrau en tortillon entre les dents, mélopa quelques mots.

— Tu sais où il est ?

L'enfant fit oui.

— Eh bien, cours le chercher.

Les galoches détalèrent ; ils étaient partis tous les trois.

Des flocons de neige tombaient, clairsemés, comme retenus encore dans les fonds brouillés du ciel. Par crainte de se souiller, à peine se posaient-ils sur le sol, sur l'eau de la citerne, sur le collier de peau de mouton du petit cheval.

Les enfants, en effet, avaient retrouvé Célestin.

Il arrivait, la tête basse, l'air d'un homme pris en faute. Outre son meilleur chapeau, un petit feutre à bords roulés sur les oreilles, il avait arboré sa veste noire des cérémonies.

— Eh bien... lui demanda sa sœur, où étais-tu donc passé, mon Célestin ?

D'un geste gauche, il se passa, avant de répondre, la main sur la nuque, une main qui ne cédait jamais au savon sa couleur de terre. Puis, sourdement, montrant avec l'épaule :

— J'étais faire un tour par là-dedans !

Et ses petits yeux, toute malice perdue, restaient fixés dans le vague, comme ceux des oiseaux.

La femme s'était glissée sous la bâche, remuait des bancs, rangeait des bagages dans le fond, et le brancard montait et descendait le long du petit cheval.

— Ça y est ! dit-elle.

Tout le monde regardait la charrette ; personne ne se décidait...

— Allons ! fit enfin, avec effort, M. des Lourdines.

— Allons ! répéta, après un silence, Célestin.

Il avait enlevé son chapeau et le pétrissait.

— Monsieur !... monsieur... notre maître ! bégaya-t-il.

M. des Lourdines lui ouvrit ses bras :

— Viens donc ici !... Mon vieux compagnon ! disait-il, en le tenant embrassé, mon vieux compagnon !

Célestin pleurait, non pas avec des larmes, mais de tous les muscles de son visage, ainsi que pleurent les paysans. Il essaya de parler, il ne pouvait pas. Il serrait des mains, sans les voir. Anthime lui balbutia quelque chose. M. des Lourdines faisait signe de monter...

Enfin ils se hissèrent, disparurent sous la bâche. Les guides de corde furent secouées ; le petit cheval, avec un bruit de chaîne, passa sa tête par-dessus le bout du brancard et, pour tourner, se porta de côté sur ses jambes roidies. La charrette démarra. En passant sur le caniveau, elle tangua violemment, puis elle roula...

Anthime, s'étant retourné, ne vit plus son père dans la cour ; les trois enfants se tenaient coude à coude, appuyés contre le mur de la maison. Perrine rentrait dans sa cuisine.

Il marcha devant lui, et, trouvant l'écurie ouverte, alla s'y jeter sur une botte de paille.

— C'est moi qui ai fait cela !... c'est moi qui ai fait cela ! Oh ! non, ce n'est pas moi !... je n'ai pas voulu... c'est Muller !... je n'ai pas voulu ! Stémof, Stémof !

— Monsieur Anthime ! disait à mi-voix Frédéric, monsieur Anthime !... ne restez pas ici !... vous attraperiez du mal !

— C'est Muller !

— Monsieur Anthime !

— Ah !... Frédéric !... Je suis malheureux !

— Hé ! Monsieur Anthime !... quand le soleil se couche, il met bien des bêtes à l'ombre, allez !... levez-vous !... venez !... venez ! répétait le vieux cocher, très ému, en avançant doucement la main.

— Je suis bien ici !... sur la paille !... va ! va !... laisse moi !

Et comme l'autre n'en faisait rien :

— Va !... je te dis, va-t'en !

Frédéric, une seconde encore, se tint coi, puis branla la tête et sortit de l'écurie.

Un instant, le bruit de ses sabots s'entêta tout auprès, un seau roula sur le pavé, et le silence tomba...

13

Il faisait nuit dans l'écurie quand la cloche sonna le dîner.

Lentement, comme s'il ne reprenait conscience de ses membres que de l'un après l'autre, Anthime se leva, et, d'abord, resta sur place, étourdi.

Il venait de passer là, en proie au noir essaim de ses obsessions, quelques terribles heures : Célestin ! Estelle !... puis encore et toujours, ç'avait été le taraudage de son dénuement sans retour, la nausée de son existence tarie ; regrets cuisants du passé, angoisse de l'avenir, tout cela se confondait dans une même douleur, douleur physique presque autant que morale : il n'était plus sur cette botte de paille qu'un paquet de chair souffrante. Il se tordait les mains, il appelait Stémof, mettait ce nom, comme un dernier obstacle, entre lui et l'affreuse réalité ; tel l'homme qui, frappé en pleine jeunesse, se leurre au point de supplier qu'on l'emporte là où la mort, s'imagine-t-il, ne pourra pas l'atteindre.

S'accommoder de ce que la vie lui laissait ? Comment l'aurait-il pu ? il n'avait jamais fait de différence entre le sort des déshérités, des calamiteux, des parias, et celui des simples, des sages contents de peu, de ceux qui gravissent la côte en fixant la route, qui, le matin, ne sont pas impatients du soir et, le soir venu, réparent leur journée dans le silence. Quel pouvait être l'intérêt de ces existences ? où prenaient-ils, ceux-ci comme ceux-là, le courage d'accepter leur part ? Il ne le voyait, ni pour eux, ni encore moins pour lui-même !

Et subitement, son esprit, anéanti jusqu'ici par la douleur, s'était ouvert sur le passé avec une lucidité parfaite. Toutes les phases de ce passé lui réapparaissaient ; nettement, il en discernait tous les circuits, tous les reculs : il se revoyait en prise de discussion avec Muller, dans son poudreux capharnaüm de la rue des Mathurins, il entendait sa voix souterraine, il éprouvait le contact de sa main humide. Tel jour, telle nuit, lui redevenaient présents, avec un luxe de détails hallucinants ! Mais, en même temps, par un étrange dédoublement, tout cela lui paraissait se rattacher à la vie d'un autre, qui pourtant tenait de lui-même, d'un inconnu qui portait son nom, d'un spectre dont il partageait les souvenirs ! C'était affreux !

Et soudain, une idée avait explosé, pour ainsi dire, dans sa cervelle : pourquoi, lorsqu'il s'était agi de descendre le corps de sa mère, pourquoi son père, écartant Frédéric, lui avait-il imposé, à lui, cette navrante besogne ?... Pourquoi, si ce n'est qu'elle avait appris leur ruine, qu'elle en était morte, et que c'était le châtiment !

Alors, avec un gémissement, il s'était laissé aller sur la paille, tout de son long...

Le son de la cloche éveilla en lui l'instinct d'un acte commandé par l'habitude. La routine seule, et non la notion de son repas, le fit se dresser sur ses jambes.

D'un pas vacillant, il traversa la distance qui le séparait de la maison.

La neige, à ce moment, tombait, froide, à gros flocons pressés, croulait sur l'étoffe noire de la nuit. La masse de la maison disparaissait dans l'obscurité. Un peu de lumière seulement, derrière un vitrage, indiquait la place de la porte.

Il entra, se rendit dans la salle à manger. A table, effacé dans la pénombre de l'abat-jour, son père l'attendait.

Il s'assit et, aussitôt, se mit à regarder les gouttes d'huile qui, une à une, tombaient dans le manchon de la lampe.

Ni l'un ni l'autre ne parlaient. On n'entendait que les pas de Frédéric, qui allait et venait, et le bruit de l'argenterie sur la desserte.

Inquiet, M. des Lourdines étudiait Anthime, à la dérobée. Jamais encore il ne l'avait vu comme ce soir, les vêtements en désordre et traînant de la paille, la figure cadavéreuse, les cheveux dépeignés, collés aux tempes comme par une sueur de fièvre !

« Sûrement ! se disait-il, plus alarmé que jamais, il s'en ira !... il va me quitter ! »

Tous les deux continuaient de se taire.

Mais quand Frédéric, son service fini, se fut éloigné dans l'office, Anthime, d'une voix oppressée, sifflante, prononça :

— Mon père !... je voudrais savoir... que vous me disiez... si, avant de mourir, ma mère eut connaissance de mes dettes, et... si elle a su l'étendue de vos pertes ?

Et, d'un seul tour, ses yeux, injectés d'un feu violent, plongèrent leur sonde dans ceux de son père.

M. des Lourdines rougit légèrement, baissa la tête et, déplaçant machinalement son assiette :

— Non ! fit-il.

L'hésitation, si courte qu'elle eût été, n'échappa pas à Anthime. Il ne broncha pas ; mais, sans répondre, avec une particulière insistance, comme pour graver les traits de son père dans sa mémoire, il regarda le front haut, plus blanc sur le crâne, trop élevé pour la mince figure émaciée, les yeux restés très bleus, avec quelque chose d'enfantin, toujours, malgré les chagrins, dans la peau fripée des grosses poches, les veines gonflées en sporules à fleur de tempe, les lèvres desséchées et pâles comme après une grave maladie, et le cou enfin, un cou amaigri, consumé, qui se ravinait !

Il se leva et, chose qu'il n'avait pas faite depuis bien longtemps, il alla l'embrasser.

Un éclair de surprise et de contentement détendit l'expression de M. des Lourdines.

— C'est cela, mon enfant, dit-il en le regardant longuement. Va te reposer !... va dormir !

14

Anthime entra dans sa chambre comme un fou et, dès la porte, s'arrêta, la lampe haute, en jetant autour de lui des regards effrayés. Il tendit l'oreille du côté du vestibule, et, avec des gestes saccadés d'automate, alla déposer sa lumière. Un instant, il marcha de long en large, en proie à une extrême agitation, puis se laissa tomber assis sur son lit, les membres brisés.

Retourner à Paris, refaire sa fortune ? En effet, il avait entrevu, un moment, cette possibilité, comme aussi celle de se faire jockey ; mais ces idées n'avaient fait que traverser son délire ; elles ne lui avaient pas inspiré le moindre courage ; une issue meilleure s'ouvrait à lui : il allait se tuer !

C'était au souvenir de sa mère, ce soir, que l'idée de la mort s'était présentée à son esprit. Et voilà que, soudain, sous l'influence de cette suggestion, il avait cessé de souffrir, que tous les cauchemars qui formaient le bilan de sa situation : l'engloutissement de sa fortune, la honte, le remords, l'avenir redoutable, que tout cela lui était devenu parfaitement indifférent...

Alors il s'abandonnait, il se laissait couler vers la mort, non pas avec l'incertaine et défaillante volonté de l'homme, mais avec la volonté préordonnée, implacable, du poids lourd qui tombe dans le vide — car c'était bien le vide que sous lui sa ruine avait ouvert.

Et d'ailleurs, dans l'état présent de son imagination, la notion de la mort, en tant que terrifiante, se trouvait abolie ; Méduse se cachait la face, il n'en avait plus peur : il ne voyait plus que la Libératrice. Car se donner la mort, ce n'est pas tout à fait mourir, c'est accoler soi-même, et victorieusement, la longue et mince silhouette qui passait sans vous voir.

Mais le premier contact est tout de même affreux : ses dents s'entrechoquaient, il était baigné d'une sueur froide ; ses mains se crispaient dans l'édredon ; avec une expression égarée, il fixait l'ombre portée, gigantesque sur le mur, d'une hure de sanglier, un trophée de chasse... lui-même avait tué la bête... il se rappelait le jour... avec les de Chanteau... On avait bu du vin blanc à l'auberge de...

Il entendit son père rentrer dans sa chambre.

Il voulait lui laisser le temps de s'endormir. C'était ici se tuer trop près de lui ; il se tuerait dans l'aile inhabitée de la demeure, le plus loin possible... Ni son père, ni les domestiques n'entendraient.

Aucun bruit n'arrivait plus de la maison. Il alla à l'armoire, fouilla dans un tiroir, retira deux pistolets. C'étaient des pistolets d'arçon, de gros calibre, des armes magnifiques que le général d'Autichamp avait données jadis à son grand-père, et restées chargées depuis cette époque. Sur la batterie étaient gravés ces mots : « Souvenir d'un blanc à un blanc » et au-dessous : « Bordeaux. »

Il les débourra, renouvela la charge, mais il y mit dix fois plus de temps qu'il n'eût fallu, à cause du tremblement de ses mains, et parce que sans cesse il s'interrompait, croyant entendre quelque chose, comme un grattement contre la porte.

Celle-ci, sans doute, avait été mal fermée, car tout à coup elle s'ouvrit, sous la poussée d'un corps qui se précipita. Il se rejeta en arrière, en cachant ses pistolets derrière son dos. C'était Michka. En deux bonds, le lévrier fut sur lui. Dressé tout debout, bruyant et plaintif, il sautait vers la figure de son maître, tandis qu'avec ses griffes il lui labourait ses vêtements.

Anthime se laissait faire, tout hébété. Il cachait toujours ses pistolets, et regardait, comme s'il ne le reconnaissait pas, cet animal dont la tête, par instants, dominait la sienne, dont les yeux luisaient sur les siens ! Mais, soudain, d'un mouvement nerveux, il écarta le lévrier qui commençait à gémir très fort : « Veux-tu te taire !... veux-tu te taire !... » voulait-il lui dire, mais sa gorge ne rendait qu'un son inarticulé, rauque, comme en ont les muets.

Il le forçait à battre en retraite hors de la chambre ; à travers ses caresses il se frayait un chemin, le poussait dans le vestibule. Enfin il réussit à ouvrir la porte qui, de l'étage, donnait sur l'extérieur, du côté de l'avenue. « Va-t'en !... va-t'en ! »

Un froid coup de vent fit tourbillonner la neige jusque dans la maison. Le chien ne voulait pas sortir, se couchait ; avec la jambe, Anthime le jeta dehors... Les hurlements s'éloignèrent très vite, et il n'entendit plus rien...

Il se retrouvait dans l'obscurité. Tout le monde devait être endormi. Le vestibule, toute la maison participaient au silence nocturne de trente lieues de campagne : pas un bruit, rien que les battements de son cœur qui semblaient, à chaque coup, refouler des flots de sang. Ce silence lui attachait aux épaules une peur irraisonnée. Il marcha devant lui, tout droit, en rasant le mur ; et, plus il s'avançait, plus s'accentuait une âcre odeur de moisissure, l'odeur du Petit-Fougeray ! Et tout à coup, figé sur place, il s'arrêta ; il entendait quelque chose... quelque chose venant de là-bas, du fond du corridor où il se rendait... comme un pipeau ?... comme une musette ? Mais est-ce que les bergers font marcher leurs troupeaux pendant les nuits d'hiver et de neige ?... est-ce que ?... Des impressions d'histoires fantastiques lui revinrent de son enfance, il frissonna. Il fit quelques pas, s'arrêta encore, bouleversé : le chant s'élargissait, s'amplifiait ; ce n'était plus un pipeau... mais du violon !... il en était sûr !... Maintenant, il reconnaissait la sonorité particulière des cordes. Il fut saisi d'effroi... Quel violon ?... Bien plutôt, cela se jouait dans sa tête !... oui, il le sentait... dans sa tête ! Il avait une hallucination !... Ces sons lui remplissaient le cerveau, ces sons houlaient sous son crâne, ces sons sortaient de ses oreilles ! Il dut fermer les yeux, car un étourdissement s'emparait de lui ; il perdit l'équilibre et chancela contre le mur...

Accoté d'une épaule, les jambes fléchissantes, il serrait les crosses au point que ses mains ne les sentaient plus ; la sueur coulait à ses tempes. Il attendait que cela se passât... Cela ne se passait point ! Le violon jouait toujours ! Il écoutait : les sons semblaient s'éloigner de lui... ils ne lui faisaient pas de mal... Alors il releva la tête, il reprit son aplomb ; il se rapprocha encore, haletant ; c'était là une chose extraordinaire ! Soudain, il sentit sa moelle se glacer : plus de doute ! ce chant venait de la chapelle !... un rai de lumière filtrait... le loquet n'était pas mis... Tout tremblant, il poussa légèrement la porte... une onde généreuse de musique l'enveloppa... il recula, stupéfait.

C'était son père qui jouait du violon !

Il voulut se sauver, mais les sons, on eût dit, l'aspiraient à eux ! Malgré lui, il revint, se terra, passa sa tête dans l'entrebâillement ; et maintenant, frappé d'une totale impuissance à s'éloigner de cette porte, il ne respirait plus, il ne faisait plus un mouvement...

M. des Lourdines n'était presque plus sur la terre. C'est que, ce soir, le baiser d'Anthime avait pénétré son affliction d'une douce, d'une bienfaisante chaleur. Mais quelle souffrance de n'avoir personne à qui s'ouvrir de ce regain d'espoir ! A force d'enfouir toutes ses émotions dans le secret de son cœur, il n'y pouvait plus tenir, son cœur débordait, son cœur éclatait ! Alors il était monté bien vite, il avait repris son violon délaissé, il avait couru se cacher dans la chapelle. Et là, enfin, son cœur se déchargeait ! Tout ce qu'il avait tu, tout ce qu'il n'aurait su mettre en paroles, jaillissait dans le seul langage qui lui fût familier. Jamais il n'avait joué comme ce soir ! Son violon lui brûlait les mains ! « Anthime !... Anthime ! » Le chant résonnait à pleines cordes.

Il se tenait dans le fond, sur la tribune. Une chandelle, posée sur un ressaut de poutre, l'éclairait.

Anthime, abasourdi, regardait cette face congestionnée, ces yeux qui brillaient, ce bras qui allait et venait, ce violon très rouge dans la lumière ! Cette scène le déconcertait !... elle était sans lien avec l'ordre régulier des choses !... Cependant, n'avait-il pas, dans son enfance, entendu dire que son père, autrefois, avait joué du violon ?... son père ?... il ne le reconnaissait presque pas ! Ce n'était plus le même homme, plus le même visage ! Un bonheur étrange flambait dans ses yeux ! Et ces yeux-là le fascinaient, il aurait voulu s'approcher. Peu à peu, aussi, cette musique lui allait au cœur, l'apaisait, douce, plaintive, surtout quand les sons descendaient, descendaient... On ne les entendait plus, on les entendait encore ! Ce chant s'insinuait dans sa chair, lui donnait, chose déconcertante, l'impression du déjà entendu, du déjà vécu ! Un moment, le chant s'éleva aigu, palpitant, se tint sur la même note haute ; on eût dit vraiment un cri sorti d'une poitrine ! Il ressentit dans tout son corps une commotion : c'était presque la voix de Nelly ! et voilà qu'il éprouvait les mêmes sensations, la même ivresse, le même alanguissement voluptueux.

Il s'était affaissé sur le plancher ; il se laissait bercer. Une brume voilait sa pensée, dévoilait le drame de sa vie, en dissipait les cruels contours... le chant du violon passait par la gorge de la chanteuse, il revoyait cette femme, il revivait des jours de bonheur !... Dans son cœur se rallumaient, comme en une seule fois, tous les enivrements dont avait été semée sa folle jeunesse ;

toute sa vie détruite semblait renaître, transformée en un unique et énigmatique frémissement. Sa détresse elle-même s'enveloppait d'un charme, comme pour se rendre digne d'amour !

Et longtemps encore le violon chanta.

Et Anthime rouvrit les yeux. Son émotion venait de faire une chute lourde ; tout lui parut s'anéantir. Un souffle d'air froid, venu d'en haut, de la brèche par où l'on eût pu voir tomber la neige, déplaçait la lueur sur les fonds de l'obscurité. Son père n'avait pas changé de place ; il tenait son violon passé sous son bras, il regardait à terre, semblait réfléchir... Anxieusement, Anthime attendait qu'il se remît à jouer, mais il le vit porter la main à son front, puis allonger le bras vers la chandelle.

Alors il se leva au plus vite et s'enfuit, en étouffant le bruit de ses pas.

15

La neige ne cessa de tomber que le lendemain soir, à la nuit. presque aussitôt, les étoiles brillèrent, mais les fonds du ciel restaient noirs, d'un noir de poix, contrastant avec cette grande blancheur qui se cristallisait sous la glissante lueur nocturne. La couche, indemne de toute trace de pas, s'élevait jusqu'à la moulure du rez-de-chaussée. Çà et là s'éboulaient des ouates silencieuses. Des spectres, moitié nuit, moitié neige, de confuses saillies, de vagues ondulations, c'était là tout le Petit-Fougeray ; il se cachait, on le devinait seulement, comme sous un linceul le renflement de la poitrine et la pointe des pieds joints.

... La maison dormait, le toit ne fumait plus ; depuis longtemps déjà, la lampe s'était éteinte aux carreaux de la cuisine.

La lune monta derrière les futaies. Bientôt, dans la chapelle où, ce soir encore, M. des Lourdines se trouvait à jouer du violon, elle réapparut, au milieu du pan de ciel que découvrait la brèche. Resplendissante, elle s'arrondissait au-dessus de la tribune comme si elle eût plané dans la chapelle même.

Anthime craignait que cette clarté ne trahît sa présence. Heureusement, il se trouvait blotti au bas de l'escalier, dans la partie la plus obscure. De bonne heure il était venu se cacher là, dans un renfoncement, entre des madriers et la muraille, et il avait attendu, dans l'espoir que son père viendrait peut-être, qu'il l'entendrait encore une fois. Il avait apporté ses armes, pour se tuer dès que son père serait parti.

Sa journée s'était traînée lamentablement. En lui rappelant au vif la chanteuse, cette musique avait réveillé toutes ses affres, un instant assoupies dans la pensée d'un prompt suicide. Mais sa douleur n'était plus tout à fait la même, celle-ci avait pris, pour ainsi dire, plus d'âme ; plus d'âme souffrait en lui et, peut-être, était-ce pour cette raison que lui était né le besoin d'éprouver encore, avant d'en finir, le même grand frisson qu'hier.

Sous ses madriers, il se trouvait tout près de son père ; il distinguait très nettement son visage, maintenant surtout que la lune renforçait de ses rayons la lumière brumeuse de la chandelle. Et il tremblait d'émotion, car le chant avait fini par prendre une ampleur extraordinaire. L'archet ne s'arrêtait plus, il volait, mordait les cordes, ou s'étirait doucement, conduit avec une sûreté surprenante. La sonorité aussi était très étrange, presque funèbre, sous cette voûte basse et entre ces vieilles maçonneries imprégnées d'odeurs de salpêtre. Des sons, très beaux, vibraient, si fins qu'on les eût dits échappés d'un cristal ; d'autres, avec force, se poursuivaient, tourbillonnaient, pour filer dans le calme d'alentour, éthérés et purs, comme le chant du rossignol par les belles nuits de printemps.

Anthime sentait son cœur se desserrer, s'alléger de son amertume. Mais son émotion de la veille il ne la retrouvait pas !... C'était quelque chose de moins violent, qui ne lui mettait plus les nerfs à la torture... Il ne pensait plus du tout à Nelly, il baignait dans une tiède et suave clarté, des ondes de chaleur dilataient son être, des vagues toutes-puissantes le soulevaient. « Dans un instant cela va finir, lui chuchotait une voix intérieure... Tu vas retomber dans l'infernal silence de ton cœur inconsistant et lâche... De nouveau tu ne pourras supporter de vivre ! » Avec ferveur, il écoutait un air qui venait de lui rappeler des souvenirs... Qu'était-ce donc ?... comme cela était vieux en lui !... comme il y avait longtemps....

Je me suis endormi,
leri,
à l'ombre sous un thym,
Mais à mon éveillée,
lerée,
le thym était fleuri.

... La Charvinière !... la chanson de sa nourrice !... Il l'avait oubliée depuis plus de vingt ans !... cela lui revenait tout d'un coup ! tout d'un coup, dans les tréfonds de sa mémoire, cela se dessinait : la vallée et le vieux logis, les hauts paillets dorés du soleil, de grands champs de colzas fleuris, jaunes, jaunes !... et le violon reprenait :

Je m'en fus en flûtant,
leran,
le long du grand chemin.

Dieu ! comme toutes ces souvenances le remuaient !

... Et à cet air, sur le violon, s'ajoutaient, s'enlaçaient d'autres airs, des airs qui ne lui rappelaient en rien la musique qu'il avait entendue jusqu'à ce jour !

Le vieillard ne s'interrompait pas de jouer. On eût dit que son violon l'entraînait, qu'il n'en était plus le maître. Avec stupeur, Anthime le considérait : était-ce bien là ce petit homme toujours si timide ? Etait-ce lui, avec ce visage enflammé, ce front que la passion mouillait de sueur, ces effluves de vie ardente et d'âpre enthousiasme ? Personne, assurément, ne l'avait jamais vu dans cet état ; il fallait qu'il se crût bien seul : toute sa personne épousait le train de l'archet ; avec amour, il couchait sa joue sur l'instrument, se voûtait comme pour le couvrir de son corps, puis se redressait avec lenteur, l'expression transfigurée, les yeux rayonnants. Parfois, il abaissait son regard sur son violon, pieusement, comme sur un objet sacré, et élevait vers la voûte des yeux remplis de larmes... Que voyaient-ils donc, ces yeux ? Anthime ne pouvait s'en détacher ! C'étaient là des yeux transportés hors du monde, et comme, seuls, peuvent en avoir les saints.

Et, tout à coup, ce fut un trait de lumière : comment, par quelle aberration, ne s'en était-il pas douté ? Mais cela, maintenant, lui sautait aux yeux !... Tout révélait à quelle source il puisait cette musique : la douleur, l'amour, la prière si intensément peints sur son visage, l'inexprimable accord de chacune de ces expressions avec le chant qui l'accompagnait, cette vieille chanson enchâssée dans la trame, tout, jusqu'à ses moindres attitudes, prouvait qu'il jouait ainsi d'inspiration, qu'il développait sur son violon les thèmes contenus dans son cœur !... Son violon, c'était en quelque sorte lui-même, c'était son cœur qui battait, sa bouche qui parlait !

Et cependant, non !... Il s'effarait de sa découverte ; elle le révolutionnait, elle lui révélait, à la place de son père, un homme qui subitement lui devenait étranger, que personne ne connaissait, n'avait jamais connu !

Mais le violon continuait de gémir, et c'était bien l'accent de la grande souffrance, telle qu'il venait de l'éprouver lui-même en ces derniers jours... Il était désorienté, troublé jusqu'au fond de l'âme. « Pauvre bonhomme ! pauvre bonhomme ! » murmura-t-il, et il s'affaissa, le front dans les mains.

La lune avait disparu, poursuivant son ascension. Du haut de la nuit, ses rayons devaient ruisseler sur le toit couvert de neige de la chapelle. Dans la brèche, d'épaisses ténèbres lui avaient succédé, et la chandelle de M. des Lourdines, aux trois quarts consumée, éclairait d'une lueur fumeuse et plus rougeâtre.

Lent et triste se poursuivait le chant du violon.

Anthime, la tête enfoncée dans les bras, écoutait, tandis que les souvenirs lui arrivaient en foule.

Pour la première fois se posait devant lui le problème de toute une vie souffrante et jalousement cachée. Pour la première fois, il remontait dans le passé de son père... il commençait à comprendre, à pressentir la vérité sur bien des choses... il se rappelait certains regards... il avait l'impression d'une grande injustice commise... Plusieurs fois lui-même s'était moqué... son cœur s'angoissait de pitié ; le remords l'attaquait au creux de la poitrine. Il aurait voulu réparer ici, sur-le-champ, tout le mal qu'il avait fait ! On ne s'était jamais compris, jamais, et de tout cela il sentait l'infinie misère ! Et aussi, du même coup, sa vie, à lui, lui apparaissait inutile, stérile, méchante... il aurait dû l'employer à autre chose, du moins, qu'à faire pleurer ! Ses mains étaient vides, son cœur était vide. Oui ! il comprenait maintenant pourquoi son père l'avait emmené sur les collines. Il se représentait sa pauvre figure désolée quand il lui avait dit : « Je ne peux pas m'exprimer, mais tu sens bien, n'est-ce pas ?... tu sens bien ? »

Ah ! ce violon le lui faisait sentir ! Tout s'animait maintenant, comme sous les grands soleils, après l'hiver.

Et tout à coup il tressaillit, releva la tête : son père s'était mis à chanter...

Il chantait en accompagnant son violon : « Ah... ah... ah... » sans paroles, d'une pauvre vieille voix brisée.

A cette voix usée, chevrotante, le cœur d'Anthime se fondit. Elle le reportait à la Croix Verte, il revoyait son père lui montrant le pays et les grandes collines. Il entendait le violon, la voix, et tout cela, lui semblait-il, disait : « Anthime, tu ne sais pas ce que c'est que vieillir, tu ne sais pas ce que c'est qu'aimer ! » Eperdu, il tendait les bras, il aurait voulu crier : « Si, si, père, je sais, je sais ! » ; mais il ne pouvait pas, car cette fois il pleurait à chaudes larmes...

16

Le soleil commençait à décliner. Un rose pâlissant effleurait les lointains de ce jour gris et tiède. L'automne couronnait toute la campagne, mouillée, brumeuse. Par toutes les terres on charruait. Partout, au haut des collines, se découpait sur le ciel le profil lent des bœufs, et une lumière argentée jouait dans les nuages.

Par un chemin creux de la forêt s'en allait le meunier du moulin de la Bigne, Suire, assis de côté sur son petit cheval, et bien affainéanti entre deux sacs de farine.

Il se rendait, de ce pas, à la Charvinière.

Il n'était pas pressé et il sifflotait tranquillement...

Le chemin entre les deux talus s'enfonçait dans un anneau d'ombre, sous les larges feuilles jaunies des châtaigniers.

Il arriva à l'orée de la forêt. Au bas du coteau se bossuait le vieux toit roux de la Charvinière. Par-dessus, au loin les moulins de Saint-Michel, de Fouchaut, des Aiglonnières, tournaient ensemble, minuscules et tout blancs, dans les bleus étagés de l'horizon. Suire jeta un coup d'œil à ces moulins, dont il connaissait les meuniers. Chevauchant le long du bois, il cherchait à voir si quelque lapereau ne bondissait pas dans les taillis. Des merles s'enfuyaient à la débandade.

Comme il tournait, deux chiens, un fort mâtin, puis un lévrier blanc, sortirent du fourré. Ils se mordillaient l'un l'autre, en jouant.

Un peu plus loin, il enleva son bonnet pour saluer, mais les deux hommes ne l'avaient pas vu. Ils lui tournaient le dos ; ils avaient pris une autre allée ; ils s'en allaient côte à côte, tout doucement. S'il ne les eût pas connus, il n'aurait su dire lequel des deux était le plus vieux. Et, tirant de son côté, nonchalant entre ses sacs, il les regardait s'éloigner, devenir tout petits, là-bas, dans la forêt...

Le Petit-Portail, 1910.

René Bazin

LA TERRE QUI MEURT

1

La Fromentière

— Vas-tu te taire, Bas-Rouge ! Tu reconnais donc pas les gens d'ici ?

Le chien, un bâtard de vingt races mêlées, au poil gris floconneux qui s'achevait en mèches fauves sur le devant des pattes, cessa aussitôt d'aboyer à la barrière, suivit, en trottant, la bordure d'herbe qui cernait le champ, et, satisfait du devoir accompli, s'assit à l'extrémité de la rangée de choux qu'effeuillait le métayer. Par le même chemin, un homme s'approchait, la tête au vent, guêtré, vêtu de vieux velours à côtes de teinte foncée. Il avait l'allure égale et directe des marcheurs de profession. Ses traits tirés et pâles, dans le collier de barbe noire, ses yeux, qui faisaient par habitude le tour des haies et ne se posaient guère, disaient la fatigue, la défiance, l'autorité contestée d'un délégué du maître. C'était le garde régisseur du marquis de la Fromentière. Il s'arrêta derrière Bas-Rouge, dont les paupières eurent un clignement furtif, dont l'oreille ne remua même pas.

— Eh ! bonjour, Lumineau !

— Bonjour !

— J'ai à vous parler : monsieur le marquis a écrit.

Sans doute il espérait que le métayer viendrait à lui. Il n'en fut rien. La paysan maraîchin, ployé en deux, tenant une brassée de feuilles vertes, considérait de côté le garde immobile à trente pas de là, dans l'herbe de la cheintre. Que lui voulait-on ? Sur ses joues pleines, un sourire s'ébaucha. Ses yeux brillèrent, dans l'enfoncement de l'orbite. Pour affirmer son indépendance, il se remit à travailler un moment, sans répondre. Il se sentait sur le sol qu'il considérait comme son bien, que sa race cultivait en vertu d'un contrat indéfiniment renouvelé. Autour de lui, ses choux formaient un carré immense, houles pesantes et superbes, dont la couleur était faite de tous les verts, de tous les bleus, de tous les violets ensemble et des reflets que multipliait le soleil déclinant. Bien qu'il fût de très haute taille, le métayer plongeait comme un navire, jusqu'à mi-corps, dans cette mer compacte et vivante. On ne voyait au-dessus que sa veste courte et son chapeau de feutre rond, posé en arrière, d'où pendaient deux rubans de velours, à la mode du pays. Et quand il eut marqué, par un temps de silence et de labeur, la supériorité d'un chef de ferme sur un employé à gages, il se redressa, et dit :

— Vous pouvez causer : n'y a ici que mon chien et moi.

L'homme répondit, avec humeur :

— Monsieur le marquis n'est pas content que vous n'ayez pas payé à la Saint-Jean. Ça fait bientôt trois mois de retard !

— Il sait pourtant que j'ai perdu deux bœufs cette année ; que le froment ne vaut sou, et qu'il faut bien qu'on vive, moi, mes fils et les créatures ?

Par « les créatures », il désignait, comme font souvent les Maraîchins, ses deux filles, Eléonore et Marie-Rose.

— Ta, ta, ta, reprit le garde ; ce n'est pas des explications que vous demande monsieur le marquis, mon bonhomme : c'est de l'argent.

Le métayer leva les épaules :

— Il n'en demanderait pas, s'il était là, dans sa Fromentière. Je lui ferais entendre raison. Lui et moi nous étions amis, je peux dire, et son père avec le mien. Je lui montrerais le changement qui s'est produit chez moi, depuis les temps. Il comprendrait. Mais voilà : on n'a plus affaire qu'à des gens qui ne sont pas les maîtres. On ne le voit plus, lui, et d'aucuns disent qu'on ne le reverra jamais : le dommage est grand pour nous.

— Possible, fit l'autre, mais je n'ai pas à discuter les ordres. Quand payerez-vous ?

— C'est vite demandé : quand payerez-vous ? mais trouver l'argent, c'est autre chose.

— Alors, je répondrai non ?

— Vous répondrez oui, puisqu'il le faut. Je payerai à la Saint-Michel, qui n'est pas loin.

Le métayer allait se baisser, pour reprendre son travail, quand le garde ajouta :

— Vous ferez bien aussi, Lumineau, de surveiller votre valet. J'ai relevé, l'autre jour, dans la pièce de la Cailleterie, des collets qui ne pouvaient être que de lui.

— Est-ce qu'il avait écrit son nom dessus ?

— Non ; mais il est connu pour le plus enragé chasseur du pays. Gare à vous ! Monsieur le marquis m'a écrit que toute la maison partirait, si je vous reprenais, les uns ou les autres, à braconner.

Le paysan laissa tomber sa brassée de choux et, tendant les deux poings :

— Menteur, il n'a pas pu dire ça ! Je le connais mieux que

vous, et il me connaît. Et ce n'est pas à des gars de votre espèce qu'il donnerait des commissions pareilles ! Monsieur le marquis me renverrait de chez lui, moi, son vieux Lumineau ? Allons donc !

— Parfaitement, il l'a écrit.

— Menteur ! répéta le paysan.

— Que voulez-vous, on verra bien, dit le régisseur, en se détournant pour continuer son chemin. Vous êtes averti. Ce Jean Nesmy vous jouera un vilain tour. Sans compter qu'il courtise un peu trop votre fille, lui, un failli gars du Bocage. On en cause, vous savez !

Rouge, la poitrine tendue en avant, enfonçant d'un coup de poing son chapeau sur sa tête, le métayer fit trois pas, comme pour courir sus à l'homme qui l'insultait. Mais déjà celui-ci, appuyé sur son bâton d'épine, avait repris sa marche, et son profil ennuyé s'éloignait le long de la haie. Il avait une certaine crainte de ce grand vieux, dont la force était encore redoutable ; il avait surtout le sentiment de l'insuccès de ses menaces, le souvenir d'avoir été désavoué, plusieurs fois déjà, par le marquis de la Fromentière, le maître commun, dont il ne s'expliquait pas l'indulgence envers la famille des Lumineau.

Le paysan s'arrêta donc, et suivit du regard la silhouette diminuante du garde. Il le vit passer l'échalier, du côté opposé à la barrière, sauter dans le chemin et disparaître, à gauche de la ferme, dans les sentes vertes qui menaient au château.

Quand il l'eut perdu de vue :

— Non, reprit-il tout haut, non, le marquis n'a pas dit ça ! Nous chasser !

En ce moment, il oubliait les mauvais propos que l'homme avait tenus contre Marie-Rose, la fille cadette, pour ne songer qu'à cette menace de renvoi, qui le troublait tout entier. Lentement, il promena autour de lui ses yeux devenus plus rudes que de coutume, comme pour prendre à témoin les choses familières que le garde avait menti. Puis il se baissa pour travailler.

Le soleil était déjà très penché. Il allait atteindre la ligne d'ormeaux qui bordait le champ vers l'ouest, tiges émondées, courbées par le vent de mer, terminées par une touffe de feuilles en couronne, qui les faisait ressembler à de grandes reines-marguerites. On était au commencement de septembre, à cette heure du soir où des bouffées de chaleur traversent le frais nocturne qui descend. Le métayer travaillait vite et sans arrêt, comme un homme jeune. Il étendait la main, et les feuilles, avec un bruit de verre brisé, cassaient au ras des troncs de choux, et s'amoncelaient sous la voûte obscure qui couvrait les sillons. Il était plongé dans cette ombre, d'où montait l'haleine moite de la terre, perdu au milieu de ces larges palmes veloutées, toutes molles de chaleur, que soutenaient des nervures striées de pourpre. En vérité, il faisait partie de cette végétation, et il eût fallu chercher, pour discerner le dos de sa veste dans le moutonnement vert et bleu de son champ. Il disparaissait presque. Cependant, si près qu'il fût du sol par son corps tout ployé, il avait une âme agissante et songeuse, et, en travaillant, il continuait de raisonner sur les choses de la vie. L'irritation qu'il avait ressentie des menaces du garde s'atténuait. Il n'avait qu'à se souvenir, pour ne rien craindre du marquis de la Fromentière. N'étaient-ils pas tous deux de noblesse, et ne le savaient-ils pas l'un et l'autre ? Car le métayer descendait d'un Lumineau de la Grand-Guerre. Et, bien qu'il ne parlât jamais de ces aventures anciennes, à cause des temps qui avaient changé, ni les nobles ni les paysans n'ignoraient que l'aïeul, un géant surnommé Brin-d'Amour, avait conduit jadis dans sa yole, à travers les marais de Vendée, les généraux de l'insurrection, et fait des coups d'éclat, et reçu un sabre d'honneur, qu'à présent la rouille rongeait, derrière une armoire de la ferme. Sa famille était une des plus profondément enracinées dans le pays. Il cousinait avec trente fermes, répandues dans le territoire qui s'étend de Saint-Gilles à l'île de Bouin, et qui forme le Marais. Ni lui, ni personne n'aurait pu dire à quelle époque ses pères avaient commencé à cultiver les champs de la Fromentière. On était là sur parole, depuis des siècles, marquis d'un côté, Lumineau de l'autre, liés par l'habitude, comprenant la campagne et l'aimant de la même façon, buvant ensemble le vin du terroir, quand on se rencontrait, n'ayant, ni les uns ni les autres, la pensée qu'on pût quitter les deux maisons voisines, le château et la ferme, qui portaient le même nom. Et certes, l'étonnement avait été grand, lorsque le dernier marquis, M. Henri, un homme de quarante ans, plus chasseur, plus buveur, plus rustre qu'aucun de ses ancêtres, avait dit à Toussaint Lumineau, voilà huit ans, un matin de Noël qu'il tombait du grésil : « Mon Toussaint, je m'en vas habiter Paris : ma femme ne peut pas s'habituer ici. C'est trop triste pour elle, et trop froid. Mais ne te mets pas en peine : sois tranquille : je reviendrai. » Il n'était plus revenu qu'à de rares occasions, pour une journée ou deux. Mais il n'avait pas oublié le passé, n'est-ce pas ? Il était demeuré le maître bourru et serviable qu'on avait connu, et le garde mentait, en parlant de renvoi.

Non, plus Toussaint Lumineau réfléchissait, moins il croyait qu'un maître si riche, si volontiers prodigue, si bon homme au fond, eût pu écrire des mots pareils. Seulement, il faudrait payer.

Eh bien ! on payerait ! Le métayer n'avait pas deux cents francs d'argent comptant dans le coffre de noyer, près de son lit : mais les enfants étaient riches de plus de deux mille francs chacun, qu'ils avaient hérités de leur mère, la Luminette, morte voilà trois ans. Il demanderait donc à François, le fils cadet, de lui prêter ce qu'il fallait pour le maître. François n'était point un enfant sans cœur, assurément, et il ne laisserait pas le père dans l'embarras. Une fois de plus, l'incertitude du lendemain s'évanouirait, et les récoltes viendraient, une belle année, qui rétabliraient la joie dans le cœur de tous.

Las de demeurer courbé, le métayer se redressa, passa sur son visage en sueur le bord de sa manche de laine, puis regarda le toit de sa Fromentière, avec l'attention de ceux qui ont tout leur amour devant eux. Pour s'essuyer le front, il avait ôté son chapeau. Dans le rayon oblique, dans la lumière affaiblie et apaisée, il levait son visage ferme de lignes et solidement taillé. Son teint n'était point terreux comme celui des paysans parcimonieux de certaines provinces, mais éclatant et nourri. Les joues pleines, que bordait une étroite ligne de favoris, le nez droit et large du bas, la mâchoire carrée, tout le masque enfin, et aussi les yeux gris clair, les yeux vifs qui n'hésitaient jamais à regarder en face, disaient la santé, la force et l'habitude du commandement, tandis que les lèvres tombantes, longues, fines malgré le hâle, laissaient deviner la parole facile et l'humeur un peu haute d'un homme du Marais, qui n'estime guère tout ce qui n'est point de chez lui. Les cheveux tout blancs, incultes, légers, formaient bourrelet, et luisaient au-dessus de l'oreille.

Ainsi découvert et immobile dans le jour finissant, il avait grand air, le métayer de la Fromentière, et l'on comprenait le surnom, la « seigneurie » comme ils disent, dont on usait pour lui. On l'appelait Lumineau l'Evêque, pour le distinguer des autres du même nom : Lumineau le Pauvre, Lumineau Barbe-Fine, Lumineau Tournevire.

Il considérait de loin sa Fromentière. Entre les troncs des ormes, à plusieurs centaines de mètres au sud, le rose lavé des tuiles s'encadrait en émaux irréguliers. Le vent apportait le mugissement du bétail qui rentrait, l'odeur des étables, celle de la camomille et des fenouils qui foisonnaient dans l'aire. Toute l'image de sa ferme se levait pour moins que cela dans l'âme du métayer. En voyant la lueur dernière de son toit, dans le couchant du jour, il nomma les deux fils et les deux filles qu'abritait la maison, Mathurin, François, Eléonore, Marie-Rose, lourde charge, épreuve et douceur mêlées de sa vie : l'aîné, son superbe aîné, atteint par le malheur, infirme, condamné à n'être que le témoin douloureux du travail des autres ; Eléonore, qui remplaçait la mère morte ; François, nature molle, en qui n'apparaissait qu'incertain et incomplet le futur maître de la ferme ; Rousille, la plus jeune, la petite de vingt ans... Est-ce que le garde avait encore fait une menterie, en parlant des assiduités du valet ? C'était probable. Comment un valet, le fils d'une pauvre veuve du Bocage, de la terre lourde de là-bas, aurait-il osé courtiser la fille d'un métayer maraîchin ? De l'amitié, il pouvait en avoir, et du respect, pour cette jolie fille dont on remarquait le visage rose, oui, lorsqu'elle revenait, le dimanche, de la messe de Sallertaine ; mais autre chose ?... Enfin, on veillerait... Toussaint Lumineau ne pensa qu'un instant à cette mauvaise parole que l'homme avait dite, et, tout de suite après, il songea, avec une douceur et un apaisement de cœur, à l'unique absent, au fils qui, par la naissance, précédait Rousille : André, le chasseur d'Afrique, qui avait suivi comme ordonnance, en Algérie, son colonel, un frère du marquis de la Fromentière. Ce dernier fils, avant un mois il rentrerait, libéré du service. On le verrait, le beau Maraîchin blond, aux longues jambes, portrait du père rajeuni, tout noble, tout vibrant d'amour pour le pays de Sallertaine et pour la métairie. Et les inquiétudes s'oublieraient, et se fondraient dans le bonheur de retrouver celui qui faisait se détourner les dames de Challans, quand il passait, et dire : « C'est le beau gars dernier des Lumineau ! »

Le métayer demeurait ainsi, bien souvent, après le travail fini, en contemplation devant sa métairie. Cette fois, il resta debout plus longtemps que de coutume, au milieu des houles fuyantes des feuilles, devenues ternes, grisâtres, pareilles, dans l'ombre, à des guérets nouveaux. Les arbres eux-mêmes n'étaient plus que des fumées vagues autour des champs. Le grand carré de ciel, extrêmement pur, qui s'ouvrait au-dessus, tout plein de rayons brisés, ne laissait tomber sur les choses qu'un peu de poussière de jour, qui les montrait encore, mais ne les éclairait plus. Lumineau mit ses deux mains en porte-voix devant sa bouche, et, tourné vers la Fromentière, héla :

— Ohé ! Rousille ?

Le premier qui répondit à l'appel fut le chien, Bas-Rouge, accouru comme une trombe de l'extrémité de la pièce. Puis une voix nette, jeune, s'éleva au loin, et traversa l'espace :

— Père, on y va !

Aussitôt, le paysan se courba, saisit une corde, dont il entoura et serra un monceau de feuilles cueillies, et, chargeant le fardeau d'un coup d'épaule, chancelant sous la pesée de l'énorme botte, qui dépassait de toutes parts son échine, ses bras relevés, sa tête enfoncée dans la moisson molle, il suivit le sillon, tourna, et descendit par la piste qu'avaient tracée dans l'herbe les pieds des gens et des bêtes. Au moment où il arrivait au coin du champ, devant une brèche de la haie, une forme svelte de toute jeune fille se dressa dans le clair de la trouée. Rousille passa, d'un mouvement souple, par-dessus l'échalier, et, quand elle eut passé, ses jupes retombèrent, courtes, sur ses jambes, laissant voir ses bas noirs et ses sabots à bout relevé.

— Bonsoir, père ! dit-elle.

Il ne put s'empêcher de songer aux mauvais propos qu'avait tenus le garde, et ne répondit pas.

Marie-Rose, les deux poings sur les hanches, remuant sa petite tête comme si elle pensait à des choses graves, le regarda s'éloigner. Puis elle entra dans les sillons, ramassa le reste des feuilles laissées à terre, les noua avec la corde qu'elle avait apportée, et, comme avait fait le père, souleva la masse verte. Elle s'en alla, courbée, rapide pourtant, le long de la cheintre.

Pénétrer dans le champ, rassembler et lier les feuilles, cela lui avait bien demandé dix minutes. Le père devait être rentré. Elle approchait de l'échalier, quand, tout à coup, du haut du talus dont elle suivait le pied, un sifflement sortit, comme celui d'un vanneau. Elle n'eut pas peur. Un homme sautait dans le champ, par-dessus les ronces. Rousille, devant elle, dans la voyette, jeta sa charge. Il ne s'avança pas plus loin, et ils se mirent à se parler par phrases brèves.

— Oh ! Rousille ! comme vous en portez lourd !

— Je suis forte, allez ! Avez-vous vu le père ?

— Non, j'arrive... Est-ce qu'il a parlé contre moi ?

— Il n'a rien dit. Mais il m'a regardée d'une manière !... Croyez-moi, Jean : il se méfie. Vous ne devriez pas passer cette nuit dehors, car il n'aime guère la braconne, et il vous grondera.

— Qu'est-ce que ça peut lui faire, que je chasse la nuit, si je travaille le matin d'aussi bonne heure que les autres ? Est-ce que je rechigne à la besogne ? Rousille, ceux de la Seulière et aussi le meunier de Moque-Souris m'ont dit que les vanneaux commençaient à passer dans le Marais. J'en tuerai à la lune, qui sera claire cette nuit. Et vous en aurez demain matin.

— Jean, vous ne devriez pas..., je vous assure.

L'homme portait un fusil en bandoulière. Par-dessus sa veste brune, il avait une blouse très courte, qui descendait à peine à la ceinture. Il était jeune, petit, de la même taille à peu près que Rousille, très nerveux, très noir, avec des traits réguliers, pâles, que coupait une moustache à peine relevée aux coins de la bouche. La couleur seule de son teint indiquait qu'il n'était pas né dans le

Marais, où la brume amollit et rosit la peau, mais en pays de terre dure, dans la misère des closeries ignorées. On pouvait deviner, cependant, à son visage osseux et ramassé, à la ligne droite des sourcils, à la mobilité ardente des yeux, un fonds d'énergie indomptable, une ténacité qu'aucune contradiction n'entamait. Pas un instant, les craintes de Marie-Rose ne le troublèrent. Un peu pour l'amour d'elle, beaucoup pour l'attrait de la chasse et de la maraude nocturne, qui domine tant d'âmes primitives comme la sienne, il avait résolu d'aller chasser cette nuit dans le Marais. Et rien ne l'eût fait céder, pas même l'idée de déplaire à Rousille.

Celle-ci avait l'air d'une enfant. Avec sa taille plate, sa fraîcheur de Maraîchine, l'ovale plein de ses joues, la courbe pure du front, que resserraient sur les tempes deux bandeaux bien lissés, ses lèvres droites, dont on ne savait si elles se redresseraient pour rire ou s'abaisseraient pour pleurer, elle ressemblait à ces vierges grandissantes qui marchent dans les processions, portant une banderole. Seuls les yeux étaient d'une femme, ses yeux couleur de châtaigne mûre, de la même nuance que les cheveux, et où vivait, où luisait une tendresse toute jeune, mais sérieuse déjà, et digne, et comme sûre de durer. Sans le savoir, elle avait été aimée longtemps par ce valet de son père. Depuis un an, elle s'était secrètement engagée envers lui. Sous la coiffe de mousseline à fleurs, en forme de pyramide, qui est celle de Sallertaine, quand elle sortait de la messe, le dimanche, bien des fils de métayers, éleveurs de chevaux et de bœufs, la regardaient pour qu'elle les regardât. Elle ne faisait point attention à eux, s'étant promise à Jean Nesmy, un taciturne, un étranger, un pauvre, qui n'avait de place, d'autorité ou d'amitié, que dans le cœur de cette petite. Déjà elle lui obéissait. A la maison, ils ne se disaient rien. Dehors, quand ils pouvaient se joindre, ils se parlaient, toujours en hâte, à cause de la surveillance des frères, et de Mathurin surtout, l'infirme, terriblement rôdeur et jaloux. Cette fois encore, il ne fallait pas qu'on les surprît. Jean Nesmy, sans s'arrêter aux inquiétudes de Marie-Rose, demanda donc rapidement :

— Avez-vous tout apporté ?

Elle céda, sans insister davantage.

— Oui, dit-elle.

Et, fouillant dans la poche de sa robe, elle tira une bouteille de vin et une tranche de gros pain. Puis elle tendit les deux objets, avec un sourire dont tout son visage, dans la nuit grise, fut éclairé.

— Voilà, mon Jean ! fit-elle. J'ai eu du mal ; Lionore est toujours à me guetter, et Mathurin me suit partout.

Sa voix chantait, comme si elle eût dit : « Je t'aime. » Elle ajouta :

— Quand reviendrez-vous ?

— Au petit jour, par le verger clos.

En parlant, le jeune gars avait soulevé sa blouse, et ouvert une musette de toile rapportée du régiment et pendue à son cou. Il y plaça le vin et le pain. Occupé de ce détail, l'esprit concentré sur la chose du moment, il ne vit pas Rousille qui écoutait, penchée, une rumeur venue de la ferme. Quand il eut boutonné les deux boutons de la musette, la jeune fille écoutait encore.

— Que vais-je répondre, dit-elle gravement, si le père demande après vous, tout à l'heure ? Le voilà qui pousse la porte de la grange.

Jean Nesmy toucha de la main son feutre sans galon et plus large que ceux du Marais ; il eut un petit rire qui découvrit ses dents, blanches comme de la miche fraîche, et dit :

— Bonsoir, Rousille ! Vous direz au père que je passe la nuit dehors, pour rapporter des vanneaux à ma bonne amie !

Il se détourna, d'un geste prompt gravit le talus, sauta dans le champ voisin, et, une seconde seulement, le canon de son fusil trembla en s'éloignant parmi les branches.

Rousille demeura devant la brèche de la haie. Elle avait son âme qui courait par ce chemin, et qui ne revenait pas. Puis, pour la seconde fois, une rumeur passa dans l'ombre, des cris de volaille effarouchée, des battements d'ailes, un bruit de fer grinçant. C'était le signe qu'Eléonore, comme chaque soir avant le souper, verrouillait la porte de l'appentis où couchaient les poules. Marie-Rose serait en retard. Vite, elle reprit sa charge de feuilles, franchit l'échalier, et força le pas vers la Fromentière.

Elle eut bientôt fait d'arriver à la route herbeuse et inégale qui venait, en tournant, des profondeurs du pays haut, et aboutissait, un peu plus bas, à la lisière du Marais. Elle la traversa, poussa le portillon d'une grande barrière, suivit un mur à demi croulant et vêtu de feuillages, et, par un portique dont l'arche ruinée, béante sur le ciel, trouait solennellement la vieille enceinte, entra dans une cour tout enveloppée de bâtiments. La grange où s'entassait le fourrage vert était à gauche, près de l'étable. La jeune fille y jeta la provision de choux qu'elle apportait, et, secouant sa robe mouillée, s'approcha de la maison longue, basse, couverte en tuiles, qui barrait le fond. Devant la dernière porte à droite, dont les fentes et le trou de la serrure brillaient, elle s'arrêta un peu. Une crainte, qu'elle éprouvait souvent, l'avait saisie. On entendait, à l'intérieur, un bruit de cuillers heurtant les assiettes, des voix d'hommes, un pas traînant sur le carreau. Le plus doucement qu'elle put, elle ouvrit, et se glissa dans la salle.

La famille était là réunie. Quand la jeune fille entra, tous les regards se tournèrent vers elle, mais aucune parole ne lui fut dite. Elle s'avança le long du mur, se sentant isolée, tâchant de retenir le claquement de ses sabots, pour qu'on l'observât moins longtemps, et elle se pencha au-dessus du feu, les mains tendues à la flamme, comme si elle avait froid. Sa sœur Eléonore, une fille haute sur jambes, au profil chevalin, aux yeux bleus sans vie dans un visage épais, se recula devant elle, soit pour lui faire place, soit pour marquer la contrariété d'humeur qui existait entre elle et Rousille, et continua de manger un morceau de pain et quelques bribes de viande, où elle mordait debout, sans s'asseoir, selon l'usage des femmes de Vendée, dans les vieilles familles. L'auvent, noir de suie, les couvrait ensemble. Elles se tenaient aux deux côtés du foyer. Entre elles s'échappaient les éclairs de la flambée, qui illuminaient, pour une seconde, les habitants et les meubles de cette vaste salle, bâtie pour des bourgeois campagnards, au temps où le bois abondait, et au-dessus de laquelle s'étendaient, rigides comme au premier jour, brunies par la fumée, la poussière et les mouches, une infinité de poutrelles liées à la poutre maîtresse. Ils faisaient luire les colonnes lisses de deux lits à baldaquin, rangés près de la muraille, en face de la cheminée, les coffres de noyer, servant de marchepied, par lesquels on accédait à ces lits démesurément élevés, deux armoires, quelques photographies et un chapelet groupés au chevet du premier des lits, autour d'un crucifix de cuivre. Les trois hommes devant la table, au milieu de la pièce, étaient assis sur le même banc, par ordre de dignité, le père d'abord, le plus loin de l'entrée, puis Mathurin, puis François. Une lampe à pétrole, du plus petit modèle, éclairait leurs fronts penchés, la soupière, un plat de lard froid et un autre de pommes crues. Ils ne mangeaient pas à même la soupière, comme beaucoup de paysans, mais chacun avait une assiette, un couvert de métal blanc, un couteau à manche noir, un couteau qui n'était pas de poche, luxe introduit par François, au retour du régiment, et d'où le vieux métayer avait conclu que le monde changeait bien, au-dehors.

Toussaint Lumineau avait l'air soucieux, et il se taisait. Son vieux visage, mâle et tranquille, contrastait étrangement avec la figure difforme de l'aîné, Mathurin. Autrefois, ils s'étaient ressemblé. Mais, depuis le malheur dont on ne parlait jamais et qui hantait toutes les mémoires à la Fromentière, le fils n'était plus que la caricature, la copie monstrueuse et souffrante du père. La tête, volumineuse, coiffée de cheveux roux, rentrait dans les épaules, elles-mêmes relevées et épaissies. La largeur du buste, la longueur des bras et des mains dénonçaient une taille colossale, mais quand ce géant se dressait, entre ses béquilles, on voyait un torse tout tassé, tout contourné et deux jambes qui pendaient au-dessous, tordues et molles. Ce corps de lutteur se terminait par deux fuseaux atrophiés, capables au plus de le soutenir quelques secondes, et d'où la vie, peu à peu, sans répit, se retirait. Il avait à peine dépassé la trentaine, et déjà sa barbe, qu'il avait plantée jusqu'aux pommettes, grisonnait par endroits. Au milieu de cette broussaille étalée, qui rejoignait les cheveux et lui donnait un air de fauve, au-dessus des pommettes qu'un sang boueux marbrait, on découvrait deux yeux d'un bleu noir, petits, tristes, où éclatait, par moments, tout à coup, la violence exaspérée de ce condamné à mort, qui comptait chaque progrès du supplice. Une moitié de lui-même assistait, avec une colère d'impuissance, à la lente agonie de l'autre. Des rides sillonnaient le front, et coupaient l'intervalle entre les sourcils. « Pauvre grand Lumineau, le plus beau fils de chez nous, ce qu'il est devenu ! » disait la mère, autrefois.

Elle avait raison de le plaindre. Six ans plus tôt, il était rentré du régiment, superbe comme il était parti. Trois ans de caserne avaient glissé, presque sans les entamer, sur sa nature toute paysanne et sauvage, sur ses rêves de labour et de moisson, sur les habitudes de croyant qu'il tenait de sa race. Le mépris inné de la ville avait tout défendu à la fois. On avait dit, en le revoyant : « L'aîné des Lumineau ne ressemble pas aux autres gars : il n'a pas changé. » Or, un soir qu'il avait conduit un chargement de blé chez le minotier de Challans, il revenait dans sa charrette vide. Près de lui, assise sur une pile de sacs, il écoutait rire une fille de Sallertaine, Félicité Gauvrit, de la Seulière, dont il voulait faire sa femme. Les chemins commençaient à s'emplir d'ombre. Les ornières se confondaient avec les touffes d'herbes. Lui cependant, tout occupé de sa bonne amie, sachant que le cheval connaissait la route, il ne tenait pas les guides, qui tombèrent et traînèrent sur le sol. Et voici qu'au moment où ils descendaient un raidillon, près de la Fromentière, le cheval, fouetté par une branche, prit le galop. La voiture, jetée d'un côté à l'autre, menaçait de verser, les roues s'enlevaient sur les talus, la fille voulait sauter. « N'aie pas peur, Félicité, laisse-moi faire ! » cria le gars. Et il se mit debout, et il s'élança en avant, pour saisir le cheval au mors et l'arrêter. Mais l'obscurité, un cahot, le malheur enfin le trompèrent : il glissa le long du harnais. Deux cris partirent ensemble, de dessus la charrette et de dessous. La roue lui avait passé sur les jambes. Quand Félicité Gauvrit put courir à lui, elle le vit qui essayait de se relever, et qui ne pouvait pas. Huit mois durant, Mathurin Lumineau hurla de douleur. Puis la plainte s'éteignit ; la souffrance devint lente : mais la mort s'était mise dans ses pieds, puis dans ses genoux, et elle ne le quittait pas... A présent, il tire la moitié de son corps derrière lui ; il rampe sur ses genoux et sur ses poignets devenus énormes. Il peut encore conduire une yole à la perche, sur les canaux du Marais, mais la marche l'épuise vite. Dans un chariot de bois, comme en ont les enfants des fermes pour jouer, son père ou son frère l'emmène aux champs éloignés, où la charrue les précède. Il assiste, inutile, au travail pour lequel il était né, qu'il aime encore, désespérément. « Pauvre grand Lumineau, le plus beau fils de chez nous ! » Toute gaieté a disparu. L'âme s'est transformée comme le corps. Elle s'est fermée. Il est dur, il est soupçonneux, il est méchant. Ses frères et ses sœurs cachent leurs moindres démarches à cet homme, pour qui le bonheur des autres est un défi à son mal ; ils redoutent son habileté à découvrir les projets d'amour, sa perfidie qui cherche à les rompre. Celui qui ne sera pas aimé ne veut pas qu'on aime. Il ne veut pas surtout qu'un autre prenne la place qui lui revenait de droit, en sa qualité d'aîné, celle de futur maître, de successeur du père dans le commandement de la métairie. Pour cette raison, il jalouse François, et plus encore André, le beau chasseur d'Afrique, le préféré du père ; il jalouse même le valet, qui pourrait devenir dangereux, s'il épousait Rousille. Mathurin Lumineau dit quelquefois : « Si je guérissais ! Il me semble que je suis mieux ! » D'autres fois, une sorte de rage s'empare de lui ; pendant des jours il reste muet, retiré dans les coins de la maison ou dans les étables, puis les larmes viennent, et fondent sa colère. En de tels moments, un seul homme peut l'approcher : le père. Une seule chose attendrit l'infirme : voir les champs de chez lui, les labours de ses bœufs, les semailles d'où naîtront les avoines et les blés, les horizons où il a connu la vie pleine. Depuis six ans que celle-ci l'a quitté, il n'a pas reparu dans le bourg de Sallertaine, même pour ses Pâques, qu'il ne fait plus. Jamais il n'a rencontré sur sa route Félicité Gauvrit, de la Seulière. Seulement, il demande quelquefois à Eléonore : « Entends-tu raconter qu'elle se marie ? Est-elle belle toujours, comme au temps où j'avais ses amitiés ? »

Lorsque Marie-Rose entra dans la salle de la Fromentière, ce fut lui seul qu'elle regarda, à la dérobée, et il lui parut qu'il avait son mauvais rire, et qu'il avait vu ou deviné la sortie du valet.

Près de Mathurin était assis François, bien différent de l'aîné, homme de taille moyenne, gras, rose et réjoui. Celui-là, Rousille ne le craignait point. Il s'occupait de son plaisir plus que de tout le reste. Travailleur médiocre, dépensier, coureur de foires et de marchés, il était facile à vivre, car il avait besoin des autres. Physiquement et moralement, il ressemblait à Eléonore, de deux ans plus âgée que lui, ayant comme elle la figure large, des yeux bleus peu vivants, et une apathie de nature qui leur valait à tous deux les semonces fréquentes du père. Mais, tandis que la fille, protégée par le milieu, par l'influence de la mère à présent disparue, paysanne obscure et sainte, comme il en existe tant encore dans ces campagnes profondes, demeurait honnête, lui, la caserne l'avait perdu. Il avait subi la discipline militaire, mais sans en comprendre la nécessité, sans en retirer le profit qu'elle peut donner. On l'avait commandé, on l'avait puni, et fait aller, et fait revenir pendant trois années : mais jamais il ne s'était senti aimé, soutenu dans les quelques bonnes intentions timides qu'il avait apportées de chez lui, traité en homme qui a une âme, et que grandit son sacrifice humble. En revanche, tout le mal de la caserne avait eu prise sur lui : les exemples de la chambrée, les conversations, le perpétuel souci d'échapper à la règle, les préjugés, les corruptions multiples de tous ces hommes arrachés au foyer, dépaysés, nouveaux à la tentation des villes, et dont la jeunesse en crise ne trouvait pas un guide. Il n'était ni meilleur ni pire que la moyenne de ceux qui rentrent dans les campagnes. Il avait rapporté à la Fromentière un souvenir de mauvais lieux qui le suivait partout, une défiance contre toute autorité, le dégoût du travail dur, indéfini, inégalement productif des champs, qu'il comparait avec de vagues emplois civils, dont on avait vanté devant lui les loisirs et la sécurité. Qu'il était loin, le jeune Maraîchin sauvage, au regard insouciant, l'inséparable compagnon d'André, et son modèle en ce temps-là, son protecteur, qui s'en allait par les levées des canaux, fendant l'air avec une baguette de tamarin, pour voir si les vaches n'avaient pas franchi la clôture du pré, ou pour chercher les canes égarées dans les fossés ! L'homme n'avait repris que malgré lui et faute de mieux le soin des bêtes et le manche de la charrue. La proximité de Challans, de ses cabarets et de ses auberges peu sévères le tentait. Les camarades le relançaient, et il se laissait entraîner, toujours faible et passif. Le mardi surtout, qui est jour de marché, le père ne voyait que trop souvent ce fils de vingt-sept ans quitter la métairie, sous des prétextes variés, à l'heure brune, pour ne rentrer que tard dans la nuit, abruti, insensible aux reproches. Il en ressentait une peine qui ne le quittait point. A cause de François, la Fromentière n'était plus le lieu sacré que tous aimaient, défendaient, d'où personne ne songeait à s'éloigner. Dans cette salle où la famille était en ce moment rassemblée, que de mères, que d'enfants, que d'aïeux unis ou résignés avaient vécu ! Dans ces hauts lits qui garnissaient les murs, que les lignées innombrables avaient été conçues, nourries, s'étaient couchées enfin, tranquilles, pour la dernière fois ! On avait souffert là, et pleuré, mais on n'avait point été ingrat. Toute une forêt aurait été remise sur pied, si le bois brûlé dans cette cheminée, par des gens du même nom, avait pu reprendre racine. Qu'en serait-il désormais des descendants ? Le vieux avait remarqué justement, depuis des mois déjà, que François et Eléonore complotaient quelque chose. Ils recevaient des lettres, l'un ou l'autre, dont ils ne disaient rien ; ils se parlaient aux coins des champs ; quelquefois la fille écrivait le dimanche, sur du papier sans fleurs, comme on fait quand on n'écrit point à des amis. Et l'idée lui était venue que ces deux enfants, las d'être gouvernés et grondés, bien doucement pourtant, cherchaient une métairie où ils seraient leurs maîtres, dans quelque paroisse voisine. Il n'osait pas approfondir cette pensée-là. Il la repoussait, comme un soupçon injuste. Mais elle traversait son esprit, car il n'avait pas de plus grand souci que l'avenir de la Fromentière, et François, c'était l'héritier, maintenant, depuis le malheur de l'aîné. Quand le travail était à peu près bon, le père songeait avec joie : « Voilà mon gars qui s'y remet, tout de même ! »

En vérité, des quatre enfants qui se trouvaient groupés dans la salle de la grande ferme, en cette soirée de septembre, une seule personnifiait, intacts, tous les caractères et toutes les énergies de la race : c'était la petite Rousille, qui mordait un grignon de pain donné par Eléonore. Une seule physionomie exprimait l'ardeur de vivre, la santé pleine du corps et de l'âme, la vaillance qui n'a pas lutté encore et qui attend son heure : c'était celle de la jeune fille à qui personne encore n'avait parlé, et qui restait toute droite dans la haute cheminée.

— Voilà la soupe finie, dit le métayer. Allons, Mathurin, pique une tranche de lard avec moi !

— Non, c'est toujours la même chose, chez nous.

— Eh ! tant mieux, répondit le père, c'est bon, le lard : moi je l'aime !

Mais l'infirme, repoussant le plat et haussant les épaules, murmura :

— L'autre viande est trop chère, à présent, pas vrai ?

Toussaint Lumineau fronça le sourcil, au rappel de l'ancienne prospérité de la Fromentière, mais il dit, sans se fâcher :

— En effet, mon pauvre Mathurin, l'année est dure et la dépense grosse.

Puis, voulant changer de sujet :

— Est-ce que le valet n'est pas rentré ?

Trois voix, l'une après l'autre, répondirent :

— Je ne l'ai pas vu ! Ni moi ! Ni moi !

Après un silence, pendant lequel tous les yeux se levèrent du côté de la cheminée :

— Il faut demander cela à Rousille, dit Eléonore. Elle doit avoir des nouvelles.

La petite, à demi tournée vers la table, le reflet du feu dessinant sa silhouette, répondit :

— Sans doute, j'en ai. Je l'ai rencontré au tournant de la virette de chez nous : il va chasser.

— Encore ! fit le métayer. Il faudra pourtant que ça finisse ! Le garde de monsieur le marquis, ce soir, comme je serrais mes choux, m'a fait reproche de son braconnage.

— Est-ce qu'il n'est pas libre d'aller aux vanneaux ? demanda Rousille. Tout le monde y va !

Eléonore et François poussèrent un grognement de mépris, pour marquer leur hostilité contre le Boquin, l'étranger, l'ami de Rousille. Le père, rassuré par la pensée que le garde n'irait assurément pas troubler la chasse de Jean Nesmy dans le Marais, terre neutre où chacun pille, comme il lui plaît, les bandes d'oiseaux de passage, se pencha de nouveau au-dessus de l'assiette. François commençait à s'assoupir, et ne mangeait plus. L'infirme buvait lentement, les yeux vagues devant lui, songeant peut-être à la chasse qu'il avait aimée, lui aussi. Il y eut un moment de paix apparente. Le vent, par les fentes de la porte, entrait avec un sifflement doux, vent d'été, égal comme une marée. Les deux filles s'étaient assises au coin de la cheminée, pour achever de souper avec une pomme, qu'elles pelaient attentivement.

Mais l'esprit du métayer avait été mis en marche, par la conversation avec le garde et par le mot qu'avait dit, tout à l'heure, Mathurin : « C'est trop cher à présent. » L'ancien revoyait les années disparues, dont ses quatre enfants rassemblés là, témoins inégaux, n'avaient connu qu'une partie plus ou moins grande, suivant l'âge. Tantôt il considérait Mathurin, et tantôt François, comme s'il eût fait appel à leur mémoire de petits toucheurs de bœufs et pêcheurs d'anguilles. Il finit par dire, quand il eut l'âme trop pleine pour ne point parler :

— La campagne d'ici a tout de même bien changé, depuis les temps de monsieur le marquis. Te souviens-tu de lui, Mathurin ?

— Oui, répondit la voix épaisse de l'infirme, je me souviens : un gros qui avait tout son sang dans la tête, et qui criait, en entrant chez nous : « Bonsoir, les gars ! Le papa a-t-il encore une vieille bouteille de muscadet dans le cellier ? Va la quérir, Mathurin, ou toi, François ? »

— Il était tout justement comme tu dis, reprit le bonhomme,

avec un sourire attendri. Il buvait bien. On ne pouvait pas trouver de nobles moins fiers que les nôtres. Ils racontaient des histoires qui faisaient rire. Et puis riches, mes enfants ! Ça ne les gênait pas d'attendre leurs rentes, quand la récolte avait été mauvaise. Même, ils m'ont prêté, plus d'une fois, pour acheter des bœufs ou de la semence. C'étaient des gens vifs, par exemple ! mais avec qui on s'entendait ; tandis que leurs hommes d'affaires...

Il fit un geste violent de la main, comme s'il jetait quelqu'un à terre.

— Oui, dit l'aîné, du triste monde.

— Et mademoiselle Ambroisine ? Elle venait jouer avec toi, Eléonore, et surtout avec Rousille, car elle était, pour l'âge, entre Eléonore et Rousille. M'est avis qu'elle doit avoir vingt-cinq ans aujourd'hui... Avait-elle bon air, mon Dieu, avec ses dentelles, ses cheveux tournés comme ceux d'un saint d'église, son salut qu'elle faisait en riant, à tout le monde, quand elle passait dans Sallertaine ! Quel malheur qu'ils aient quitté le pays ! Il y en a qui ne les regrettent pas : mais, moi, je ne suis pas de ceux-là !

L'infirme secoua sa crinière fauve, et dit, de sa voix qui s'enflait à la moindre contradiction :

— Est-ce qu'ils pouvaient faire autrement ? Ils sont ruinés.

— Oh ! ruinés ! Il faudrait voir.

— Vous n'avez qu'à voir le château, fermé depuis huit ans comme une prison, qu'à écouter ce qu'on raconte. Tous leurs biens sont engagés. Le notaire ne se gêne pas de le dire. Et vous verrez que la Fromentière sera vendue, et nous avec !

— Non, Mathurin, je ne verrai pas ça, Dieu merci : je serai mort avant. Et puis nos nobles ne sont pas comme nous, mon garçon : ils ont toujours des héritages qui leur arrivent, quand ils ont un peu mangé leur fonds. Moi, j'ai meilleure espérance que toi. J'ai dans l'idée qu'un jour monsieur Henri rentrera dans son château, et qu'il viendra là où tu es, avec sa main tendue : « Bonjour, père Lumineau ! », et aussi mademoiselle Ambroisine, qui sera si contente d'embrasser mes filles sur les deux joues, la Maraîchine : « Bonjour Eléonore ! Bonjour, Marie-Rose ! » Ça sera peut-être plus tôt que tu ne penses.

Les yeux levés, fixant la plaque de la cheminée, l'ancien avait l'air d'apercevoir la fille de ses maîtres entre Eléonore et Rousille. Quelque chose de l'émotion qu'il eût éprouvée, un commencement de larme mouillait ses paupières.

Mais Mathurin frappa la table de son poing, et, tournant vers le père son visage hargneux :

— Vous croyez donc qu'ils pensent à nous ? Ah ! bien non ! S'ils y pensent, c'est à la Saint-Jean ! Je parie que le garde, tantôt, vous a redemandé de payer ? Le gueux n'a que ce mot-là à la bouche.

Toussaint Lumineau se recula, sur le banc, réfléchit, et dit à voix basse :

— C'est vrai. Seulement, on ne sait pas si les maîtres lui avaient commandé de parler comme il a fait, Mathurin ! Il en invente souvent, des paroles !

— Bon ! bon ! et qu'avez-vous répondu ?

— Que je payerais à la Saint-Michel.

— Avec quoi ?

Depuis un moment, les deux filles s'étaient retirées dans la décharge, à gauche de la grande salle, et on entendait, venant de là, un bruit de vaisselle qu'on lavait et d'eau remuée. Les hommes restaient ainsi, chaque soir, entre eux, et c'était l'heure où ils traitaient les affaires d'intérêt. Le métayer avait déjà emprunté, l'année précédente, au fils aîné, la plus grosse part de l'argent qui revenait à celui-ci, dans l'héritage de la mère. Il ne pouvait donc espérer que l'assistance du cadet, mais il en doutait si peu, qu'il répondit, à demi-voix pour n'être pas entendu des femmes :

— J'ai pensé que François nous aiderait.

Le cadet, que la discussion avait tiré de sa somnolence, répondit vivement :

— Ah ! mais non ! n'y comptez pas ! Ça ne se peut...

Il n'osait contredire en face, et, comme un écolier, fixait le sol entre ses jambes.

Cependant le père ne se fâcha pas. Il dit doucement :

— Je t'aurais remboursé, François, comme je rembourserai ton frère. Les années ne se ressemblent pas. La chance nous reviendra.

Et il attendait, regardant la chevelure épaisse et frisée de son fils et ce cou de jeune taureau qui dépassait à peine la table. Mais l'autre devait avoir une résolution bien arrêtée, bien réfléchie, car la voix, assourdie par les vêtements où elle se perdait, reprit :

— Père, je ne peux pas, ni Eléonore non plus. Notre argent est à nous, n'est-ce pas, et chacun est libre de s'en servir comme il veut ? Le nôtre est placé, à cette heure. Qu'est-ce que ça nous fait que le marquis attende un an, puisque vous dites qu'il est si riche ?

— Ce que ça nous fait, François ?

Alors seulement la parole du père s'anima, et devint autoritaire. Il ne s'emportait pas. Il se sentait plutôt blessé, comme s'il ne reconnaissait point son sang, comme s'il constatait subitement, sans le comprendre, le grand changement qui s'était fait d'une génération à l'autre, et il dit :

— Tu ne parles pas selon mon goût, François Lumineau. Moi,

je tiens à payer ce que je dois. Je n'ai jamais reçu d'eux aucune injure. Moi, et aussi ta mère, et aussi Mathurin, qui les a mieux connus que toi, nous leur avons toujours porté respect, tu entends ? Ils peuvent dépenser leur bien : ça ne nous regarde pas... Ne pas payer ? Mais, sais-tu bien qu'ils pourraient nous renvoyer de la Fromentière ?

— Bah ! fit le cadet, être ici ou ailleurs ?... Pour ce que ça nous rapporte, de cultiver la terre !

Lâchement, sans voir la pâleur de l'ancien, atteint dans l'intime de son cœur, il reniait la Fromentière. On n'entendait plus, dans la pièce voisine, le bruit de la vaisselle. Les filles écoutaient. Le vieux métayer ne répondit rien. Mais il se leva, il se redressa de toute sa taille, passa devant son fils inquiet, qui le surveillait du coin de l'œil, et ouvrit bruyamment la porte qui donnait sur la cour. Un souffle, l'haleine des feuilles, la senteur des campagnes vertes roula dans la salle toute pleine d'une odeur de mangeaille et de sueur. François se hâta de déguerpir, longea la muraille, entra dans la décharge où il échangea quelques mots avec Eléonore, et, par la chambre des filles, qui faisait suite, s'évada dans la nuit.

Chaque soir, le métayer sortait sur le pas de sa porte, et respirait, avant de se coucher, l'air de chez lui. Il s'avança jusqu'au milieu de la cour, et regarda le ciel, selon sa coutume, pour juger du temps du lendemain. Quelques nuages glissaient vers l'occident, arrière-garde d'une nappe plus étendue qui s'enfonçait au-dessous de l'horizon. Ils formaient des îles transparentes, que séparaient des abîmes d'un bleu profond et plein d'étoiles. Le vent les poussait, d'un même mouvement, vers les côtes prochaines. Avec la lenteur d'un vaisseau chargé, il emportait, vers la mer vivante, le baiser de la vie terrestre, le parfum et le tressaillement des végétations, les graines envolées, les germes mêlés de poussière, qui tombaient çà et là en pluie mystérieuse, le cri d'innombrables bêtes, qui n'ont guère d'autre témoin que lui et qui chantent dans les forêts de l'herbe. Un contentement passait, une marée tranquille et féconde, qui allait rejoindre l'autre, et courir sur elle, et répandre jusque dans les solitudes du large l'odeur des moissons de France. Le métayer, buvant l'air où flottait l'âme de sa Vendée, sentit frémir en lui-même l'amour qui n'avait point faibli, qu'il n'aurait pas su exprimer, dont il était cependant pénétré jusqu'à la moelle des os. « Qu'ont-ils donc, ces jeunes gars, pensa-t-il, qu'on les dirait indifférents à leur métairie ? J'ai été jeune, moi aussi, et il aurait fallu me donner bien cher, pour me faire quitter la Fromentière. Peut-être ils s'ennuient : la maison n'est pas toujours en paix, comme au temps de ma défunte. Je ne sais pas les mettre d'accord, comme elle savait le faire. » Et il songea, quelques secondes, à la mère Lumineau, femme économe, hautaine avec les étrangers et tendre pour les siens, qui réussissait, sans tapage, avec des mots qu'elle trouvait toujours, à changer le cœur des fils et à modérer la rivalité des sœurs. Autour de lui les étables, les granges, la grosse meule de foin qui était devant, luisaient sous la lune.

Un coup de feu retentit dans le Marais, très loin, car le bruit arriva à la Fromentière plus faible que celui d'une amorce. Toussaint Lumineau l'entendit, et, brusquement, sa pensée se reporta vers l'homme qui chassait là-bas. En même temps, derrière lui, une voix s'éleva dans la cour.

— Voilà un vanneau de tué pour Rousille !

— Tais-toi, Mathurin ! dit le père qui, sans se détourner, avait reconnu l'infirme. Ne fais pas contre elle des contes qui me déplaisent, tu le sais bien. J'ai assez de peine, ce soir, mon ami, j'en ai assez, rapport à François.

Les béquilles, heurtant les cailloux de la cour, se rapprochèrent, et le métayer, à la hauteur de l'épaule, sentit le frôlement des cheveux de l'infirme qui se redressait le long de lui, et qui levait la tête.

— Je ne dis que la vérité, père, reprit à voix basse l'aîné, et ce ne sont pas des contes. Ça me fait tourner le sang, de voir ce Boquin, qui courtise ma sœur pour avoir une part de notre bien, pour être le maître chez nous, lui qui n'a rien chez lui ! Il n'est que temps de le mettre à la raison !

— Est-ce que tu crois vraiment, répondit le père en se penchant un peu, qu'une fille comme Rousille écouterait mon valet ? Est-ce qu'elle a de l'amitié pour lui, Mathurin ?

Toussaint Lumineau avait la faiblesse d'ajouter foi trop facilement aux jugements et aux dénonciations de son fils aîné. Même à présent que l'espérance de l'avoir pour successeur était finie, malgré tant de preuves acquises déjà de la violence et de la méchanceté maladive de l'infirme, l'influence de celui-ci était demeurée grande sur l'esprit du père. Le métayer entendit monter ces mots comme un souffle :

— Père, ils s'aiment tous deux !

L'horreur de ce bonheur des autres avait soudainement déformé les traits de Mathurin. Toussaint Lumineau regarda la face levée vers lui et si blanche sous la lune. Il fut frappé de l'expression de souffrance qui contractait les traits du malade.

— Si vous les guettiez comme moi, continuait le fils, vous verriez qu'ils ne se parlent jamais à la maison, mais que, dehors, ils s'en vont toujours par le même chemin. Moi, je les ai surpris bien des fois, riant et causant, comme des galants à qui les parents ont dit oui. Vous ne le connaissez pas, ce Jean Nesmy. Il a de l'audace. Il vous fait croire qu'il aime la chasse, et je ne dis pas non. Mais l'aimer comme lui, je n'en ai pas vu d'autre. Est-ce pour son plaisir seulement qu'il va, jusqu'au bout du Marais, tuer un couple de vanneaux ; qu'il attrape la fièvre à piquer des anguilles avec la fouine ; qu'il passe des nuits entières dehors, après avoir travaillé le jour ? Non : c'est pour Rousille, pour Rousille, pour Rousille !

La voix s'enflait, et pouvait être entendue de la maison.

— Je veillerai, mon garçon, dit le père. Ne te mets pas en peine.

— Ah ! si j'étais que vous, j'irais demain au petit jour sur le chemin du Marais, et, si je les prenais ensemble...

— Assez ! interrompit le métayer. Tu ne te fais pas de bien à tant parler, Mathurin. Voilà Lionore qui te cherche.

La fille aînée s'avançait, en effet, derrière eux. Comme d'habitude, elle venait pour aider Mathurin, qui remontait difficilement les marches du seuil, et pour délacer les chaussures qu'il avait du mal à quitter. Dès qu'elle lui eut touché le bras, il la suivit. Le bruit de béquilles et de pas mêlés s'éloigna. Le père demeura seul.

— Allons, songea-t-il tout haut, si cela est vrai, je ne permettrai pas qu'on en rie longtemps dans le Marais !

Il aspira un grand coup d'air, comme s'il buvait une lampée de vin clairet, puis, voulant s'assurer que Rousille n'était pas sortie, il rentra dans la maison par la porte du milieu, qui était celle de la chambre des filles. A l'intérieur, l'obscurité était grande. A peine un reflet de lune, sur les cinq armoires en bois ciré qui ornaient l'appartement, toujours propre et bien en ordre, d'Eléonore et de Rousille. Le métayer, à tâtons, fit le tour de la grosse armoire de noyer qui avait été la dot de sa mère ; il traversa la pièce ; il allait entrer dans la décharge, qui communiquait avec la salle où il couchait avec Mathurin, lorsque, derrière lui, à l'angle d'un lit, une ombre se leva :

— Père ?

Il s'arrêta.

— C'est toi, Rousille ? Tu te couches ?

— Non, je vous ai attendu. Je voulais vous dire quelque chose...

Ils étaient séparés par toute la longueur de la chambre. Ils ne se voyaient pas.

— Puisque François ne peut pas vous donner son argent, j'ai pensé que je vous donnerais le mien.

Le métayer répondit durement :

— Tu n'as donc pas peur que je ne te le rende pas ?

La voix jeune, comme découragée par l'accueil et arrêtée dans l'élan, reprit en balbutiant :

— J'irai demain le chercher... Il est chez le neveu de la Michelonne... j'irai, pour sûr, et après-demain vous l'aurez.

Si une larme coula, le père n'en sut rien. Il rentra chez lui.

Quand Eléonore, quelques instants après, pénétra dans la chambre aux cinq armoires, portant une chandelle allumée qu'elle posa sur un coffre, Marie-Rose n'était plus à l'angle du lit. Elle se tenait debout devant la fenêtre ouverte qui donnait sur la cour. De là, comme le sol était relevé à l'endroit où se dressait la ferme, on apercevait, par-dessus le mur de clôture et aussi dans l'encadrement du portail, la terre en pente, et l'herbe du Marais qui commençait presque tout de suite.

Souvent, les deux sœurs se déshabillaient, l'une près de l'autre, sans se parler. Rousille regardait devant elle. Son œil habitué distinguait les choses, en cette clarté de lune, presque aussi bien qu'à la lumière du jour. C'était d'abord, au-delà du mur, un bouquet d'ormeaux, sous lequel on remisait des charrettes et des herses, puis un bout de jachère, et l'étendue plate, l'immense relais de la mer, que traversait, presque toutes les nuits, tantôt léger et tantôt fort, le roulement de l'océan, comme d'un chariot lointain qui ne s'arrête jamais. La grande plaine herbeuse paraissait bleue. Çà et là, un fossé luisait. De petits points lumineux, des rayons partis d'une fenêtre éclairée, perçaient le voile de vapeurs étendu sur les prés. Sans se tromper, Rousille nommait en son cœur chacune des métairies, en voyant les feux qui les signalaient, pareils à des feux de bord accrochés aux mâts des navires à l'ancre : la Pinçonnière, la Parée du Mont, toutes proches, puis les Levrelles, puis, si éloignées que leurs lumières ne brillaient que par intervalles, comme les plus petites étoiles, la Terre-Aymont, la Seulière, Malabrit et le moulin de Moque-Souris. A un groupement d'étincelles, vers la droite, elle reconnaissait le bourg de Sallertaine, p!anté en plein Marais sur sa motte invisible. Par là, quelque part, Jean Nesmy veillait, dans les roseaux, pour l'amour de Rousille.

Elle pensa longtemps à lui. Elle crut le voir, loin, très loin, dans le rêve des brumes, et ses lèvres se pressèrent, et se détendirent silencieusement dans un baiser.

Puis il y eut un bruit d'ailes tout à coup, au-dessus des tuiles de la Fromentière.

— Ferme donc, Rousille ! dit Eléonore en se réveillant. Ferme ! la nuit remue, et il fait froid.

Il faisait doux. Les nuages avaient disparu. La lumière de Moque-Souris était éteinte. Les feux des maisons de Sallertaine avaient diminué de nombre, comme les grains d'une grappe de raisin picorée.

— A demain, mon Jean, dans le verger clos ! murmura Rousille.

Et lente, recueillie, le cœur gonflé de jeunesse, la petite, dans la lueur que jetait le drap de son lit, dégrafa sa robe de travail, qui tomba sur ses pieds.

2

Le verger clos

La nuit, toute belle, commença de mourir avant quatre heures, et, dans les profondeurs, l'éclat des étoiles diminua. Un coq chanta. C'était le même chaque jour, un coq jaune d'or, botté, l'œil en feu sous la crête tombante. Marie-Rose l'avait élevé. Elle l'entendit, et pensa : « Merci, mon petit ! » Puis elle s'habilla, en prenant soin de ne pas éveiller Eléonore, qui dormait encore lourdement.

Elle fut prête en bien peu de temps, traversa la cour, et tourna à gauche, au-delà du mur ruiné, par un chemin qui dépendait de la métairie, tout vert au début, plein de branches retombantes, et par où l'on pouvait gagner le Marais. A une centaine de mètres de la Fromentière, toute cette végétation s'arrêtait brusquement, et un mur bas, rongé de mousse et de lichen, enveloppait un verger d'un arpent. Rousille entra, par une barrière à claire-voie, juste au milieu de l'enceinte. L'étrange endroit, que ce verger clos ! Les pommiers et les poiriers à cidre, dont le terrain était planté, n'avaient jamais pu dépasser, à cause du vent, l'arête des pierres. Leurs troncs s'étaient épaissis et bossués ; leurs branches, toutes courbées et chassées vers l'est, effeuillées en dessus, se rejoignaient comme autant d'ombrelles tendues, et, du dehors, quand on passait, on n'apercevait qu'un dos moutonneux de ramilles sèches. Mais quand on descendait, par le sentier du milieu, on se trouvait sous une voûte de quatre pieds de haut, à l'abri des regards, et de la pluie, et du chaud, et des tempêtes de mer qui soufflent du Marais. Idée de marin, jardin comme on en voit dans les îles. Rousille enfant s'y était amusée. Grande, elle y revenait pour attendre son promis.

Elle entra donc, se courba, et, sous les arbres, se fit un chemin jusqu'à la muraille de l'ouest. Là, elle n'eut qu'à s'asseoir, sur la croupe torte d'un pommier, et, toute cachée entre deux cimes, invisible comme une perdrix dans un champ de blé, elle interrogea la plaine immense, par où Jean Nesmy devait venir.

A cette heure matinale, le Marais était couvert de brumes, qui ne se levaient point encore, mais se désagrégeaient et se mouvaient sous la poussée de la brise. Le recueillement était complet, l'air léger, sensible et nerveux. Il apportait le moindre bruit sans le diminuer. Un chien qui aboyait vers Sallertaine avait l'air d'aboyer là, tout près. Elle voyait les grands carrés de prés comme des fourrures grises, liées et cousues, qui diminuaient de taille en s'éloignant. Par endroits, des canaux, se coupant à angle droit, donnaient une impression de miroir terni. Des fumées se tordaient lentement au-dessus. Puis, vaguement, dans le brouillard, surgissaient des silhouettes un peu plus sombres, comme les oasis d'un désert, et c'étaient les fermes maraîchines bâties sur d'infimes exhaussements du sol, avec leurs étables, leurs meules de paille et de foin, et le groupe de quelques peupliers qui leur donnent un peu d'ombre. Bientôt le voile qui s'agitait se brisa ; des rayons de lumière touchèrent l'herbe, et voyagèrent çà et là ; des lames d'eau étincelèrent comme des vitres au couchant. Sur bien des lieues de long, depuis la baie de Bourgneuf jusqu'à Saint-Gilles, le Marais de Vendée s'éveillait. Rousille en sentit une joie. Elle aimait la terre dont elle était l'enfant, terre fidèle, terre brave, terre d'amour, tour à tour mouillée et brûlée, où l'on dormait le dernier sommeil, dans le vent chanteur, à l'abri de la croix. Rien ne lui plaisait autant que cet horizon, où les moindres routes lui étaient familières, depuis la virette qui longeait le premier pré de la Fromentière, tout à côté, jusqu'aux sentiers établis sur le renflement des talus, et qu'on suit avec une perche à la main, avec la ningle au bout évasé, pour sauter les fossés.

— Quatre heures, dit-elle, et il n'arrive pas ! Que va dire le père ?

Elle s'inquiétait déjà, et soudain, tandis qu'elle fixait au loin le clocher pointu de Sallertaine, une voix la salua :

— Rousille !

Sur le chemin qui montait vers elle, debout dans la lumière jeune, ayant tout le Marais derrière lui, Jean Nesmy regardait Rousille :

— Je ne vous ai pas vu venir ! dit-elle.

Il se mit à rire, d'un air d'orgueil, et leva, au-dessus de sa tête, un paquet de plumes, quatre vanneaux et une sarcelle, qu'il avait pendus par le cou à une ficelle. En un instant, il eut laissé, contre le mur du verger clos, à l'intérieur, le fusil qu'il portait et le gibier, et il se glissa près de Rousille, par le chemin qu'elle avait tracé.

— Rousille, dit-il en se redressant sous la voûte des pommiers, et en prenant la main de la jeune fille, j'ai eu de la chance ! Quatre vanneaux, et des jolis ! J'ai dormi deux heures dans la grange du métayer de la Pinçonnière, et il a fallu qu'il me tirât du foin, tant j'étais lourd de sommeil, ce matin. Sans lui, j'étais en retard. Et vous ?

— Moi, répondit Marie-Rose, tandis qu'il s'asseyait en face d'elle, moi j'ai peur. Le père m'a parlé rude, hier soir... Il avait causé, dans la cour, avec Mathurin... Ils doivent savoir...

— Et après ? Ce que je fais n'est point pour les offenser. Je veux vous mériter par mon travail ; vous demander à votre père, et puis vous emmener chez moi.

Elle le regarda, contente, malgré ses craintes, de la décision qu'elle lisait dans la physionomie de ce jeune gars. Et, sans répondre directement, réservant sa pensée qui disait oui, elle demanda :

— Comment c'est-il, chez vous ?

— Chez moi, dit Jean Nesmy, dont les pupilles se rapprochèrent, et, par-dessus la tête de Marie-Rose, fixèrent une image aussitôt évoquée, chez moi il y a ma mère, qui est vieille, et c'est pauvre. Le lieu s'appelle le Château, comme je vous l'ai dit plusieurs fois, en la paroisse des Châtelliers. Pourtant ce n'est pas un château, Rousille, mais deux chambres, où ont logé six petits Nesmy, en plus de moi, qui suis l'aîné. Voire que j'ai dû, à ce que la famille est nombreuse, de n'aller qu'un an au régiment, comme vous savez.

— Oui, dit-elle en riant, je me souviens, l'année a été plus longue que les autres.

— Moi, je suis l'aîné. Deux filles viennent après moi. Elles commencent à grandir. Elles ne sont pas habillées tout à fait comme vous, par exemple...

Une idée le prit, et, de la main, à petite distance et sans toucher Rousille, il dessinait, sur les épaules et sur la taille de la jeune fille, la place du châle, celle des rubans de velours cernant la poitrine.

— Là, tout autour, du velours à deux rangs. Les riches même en ont trois. Vous seriez mignonne, Rousille, à la mode des Châtelliers, et de la Flocellière, car c'est la même chose, et les villages ne sont pas loin.

Elle riait, comme caressée par cette main qui ne l'effleurait pas, et elle suivait le geste, les paupières demi-closes.

— Vous pensez bien, continua-t-il, qu'elles ne sont comme cela que le dimanche ! On n'aurait pas de pain tous les jours, à la maison, si je n'envoyais pas mon avoir, que votre père me donne. J'ai aussi deux frères hors d'école, qui gardent les vaches, et font même un peu de travail d'homme. Le métayer qui les a loués leur laisse à chacun, pour gages, un sillon de pommes de terre. Ça aide bien !

— Je le crois ! fit Rousille d'un air entendu.

— Mais surtout, reprit le garçon, l'air de chez nous, c'est une bénédiction. Il pleut souvent, même il pleut sans jamais manquer quand le vent souffle de Saint-Michel, qui est un endroit à une lieue de chez nous. Puis, tout de suite après, un grand soleil. Et comme il y a beaucoup d'arbres, et de mousse, et de fougères, il en vient un goût de respirer, un plaisir qu'on n'a pas ici. Car la terre ne ressemble pas à celle du Marais. Elle est tout en collines, ici et là, des grandes, des petites : on n'en sort pas. Du haut, on voit le pays comme un paradis. Ah ! Rousille, si vous connaissiez seulement le Bocage, et la lande de Nouzillac, vous ne voudriez plus vous en aller !

— Et on laboure comme ici ?

— A peu près, mais plus profond. Il faut des bœufs vaillants, six, huit quelquefois.

— Mon père en met autant à la charrue, quand il lui plaît.

— Oui, pour l'honneur, Rousille, parce que votre père est riche. Mais là-bas, croyez-m'en, c'est plus dur à remuer, et aussi plus grenant.

Elle hésita un peu, cessa de sourire, et demanda :

— Est-ce que les femmes travaillent aux champs ?

— Oh ! que non ! répondit vivement le gars. On les respecte et on les choie comme on peut faire dans vos Marais. Même ma mère, qui s'en va un peu à la glane, au temps du blé et des châtaignes, pour raper ce qui reste, on ne la voit point dans les champs, comme les hommes ! Non, bien sûr, nos femmes sont moins dehors qu'à filer chez elles !

Rappelé aux dures conditions de sa vie de journalier, l'homme devint tout sérieux, et ajouta lentement :

— Je ne manquerai jamais de travail, soyez tranquille. On me connaît, à plus de deux lieues autour des Châtelliers, pour un gars qui n'a pas peur de la besogne. Nous aurons notre maison à nous, et je serai comme mon père et comme ma mère, qui ne se sont jamais plaints de rien, Rousille, pourvu que j'aie vos amitiés.

Il achevait à peine cette phrase d'humble amour, quand une voix appela, dans le chemin :

— Rousille ?

— Nous sommes vendus, dit-elle toute pâle ; c'est le père !

Tous deux demeurèrent immobiles, le cœur battant d'émotion, ne pensant plus qu'à cette voix qui allait s'élever de nouveau.

Et, en effet, plus près, le métayer appela encore :

— Rousille ?

Elle ne résista pas. Prompte, elle fit signe à Jean Nesmy de rester sous le couvert des arbres. Puis, pliée en deux, elle se faufila, jusqu'à la petite allée qui coupait le verger. Là elle se redressa, et elle aperçut le père, droit devant elle, au milieu du chemin de la ferme. Il la considéra un moment, toute blanche, haletante, décoiffée par les branches, et demanda :

— Que faisais-tu là ?

Elle ne voulait pas mentir, elle se sentit perdue. Dans son trouble, instinctivement, elle tourna la tête, comme pour invoquer la protection de celui qui était caché là-bas, et, derrière son épaule, debout, tout proche, elle l'aperçut qui l'avait suivie, et qui venait au danger. Il avait un air de défi, et il cambrait sa taille, et il passa devant Rousille.

Alors, elle osa de nouveau regarder son père. Celui-ci ne s'occupait déjà plus d'elle. Il n'avait pas la figure de colère qu'elle s'était préparée à affronter, mais un air grave et triste, et il fixait Jean Nesmy, qui s'avançait dans l'herbe, et qui s'arrêta à trois pas de lui, en avant de la claire-voie.

— Te voilà, mon valet ? dit-il.

Jean Nesmy répondit :

— Oui, me voilà.

— Tu étais donc avec Rousille ?

— Où est le mal ? demanda le gars.

Sa voix tremblait un peu, non de peur, mais d'un bouillonnement de jeunesse qu'il ne pouvait dompter. Celle du métayer n'était pas irritée. Toussaint Lumineau penchait la tête sur sa poitrine, comme un vieux maître dont on a méprisé la bonté, et qui a de la peine. Il soupira, et dit :

— Viens-t'en tout de suite avec moi.

Pas un mot à Marie-Rose, pas un coup d'œil. L'affaire se réglerait d'abord entre hommes. La fille ne comptait pas, en ce moment.

Déjà le métayer avait rebroussé chemin, et, à lentes enjambées, regagnait la Fromentière. Jean Nesmy le suivait à quelques pas, son fusil sur le dos, balançant, au bout de son bras, les vanneaux et la sarcelle qu'il avait ramassés près du mur.

Loin derrière eux, Rousille marchait le long de la haie, tout angoissée, et tantôt elle regardait Jean Nesmy et tantôt le maître qui allait décider entre eux.

Quand les deux hommes pénétrèrent dans la cour, elle n'osa s'avancer plus loin : elle s'appuya contre le pilier du portique en ruine, à demi cachée, la tête posée sur un coude, pour observer ce qui se passerait. Le père et le valet traversèrent l'espace libre, se dirigeant vers la chambre de Jean Nesmy, qui se trouvait à gauche, au bout des étables. On n'entendait aucun autre bruit que celui des sabots heurtant les cailloux du sol. Cependant Rousille avait aperçu l'infirme, accroupi au premier soleil, près du mur de l'étable. Il hochait la tête, d'un air de contentement. Ses yeux mauvais ne quittaient pas l'étranger dénoncé par lui, l'heureux d'hier, devenu l'accusé. Non loin, François, monté sur une échelle, tirait du foin d'une meule, dont la tranche ressemblait à un pan de muraille. Sournoisement, par-dessous le bord de son chapeau, il regardait aussi : mais, sur son visage lymphatique, aucune méchante pensée, non, rien qu'un peu de curiosité, qui allongeait en museau ses lèvres et ses fortes moustaches jaunes. Il travaillait tout doucement, afin de pouvoir rester là plus longtemps, et voir la fin de l'aventure.

Toussaint Lumineau et le valet furent bientôt dans le réduit, encombré de barriques vides, de paniers, de pelles et de pioches, qui avait servi de chambre, depuis longtemps, aux domestiques de la Fromentière. Le maître s'assit sur le coin du lit tout au fond. Son expression n'avait pas changé. C'était la même physionomie, paternelle et digne, où se mêlaient le regret de se séparer d'un bon serviteur, et l'énergique résolution de ne point souffrir une atteinte à son autorité, une injure à son rang. Il s'accouda sur une vieille futaille, encore marquée de coulures de suif, et où, le soir, Jean Nesmy posait sa chandelle. Sa tête se releva, lentement, dans le jour qui venait par la porte ouverte, et il parla enfin au jeune homme, qui avait quitté son chapeau, et demeurait debout dans le milieu de la petite pièce.

— Je t'avais gagé pour quarante pistoles, dit-il. Tu as reçu ton dû à la Saint-Jean. Combien reste-t-il à te payer aujourd'hui ?

Le gars s'absorba, comptant et recomptant avec ses doigts, sur la toile de sa blouse. Les veines de son front se tendaient, sous l'effort de l'esprit. Il avait le regard fixé sur le sol, et aucune autre idée ne traversait l'opération compliquée de ce rural calculant le prix de son travail.

Pendant ce temps, le métayer se remémorait l'histoire brève de ce Boquin, venu par hasard dans le Marais, pour y chercher de la cendre de bouse, dont les Vendéens se servent comme d'engrais, embauché au passage et rapidement accoutumé en ce pays nouveau ; les trois années que l'étranger avait vécues sous le toit de la Fromentière, un an avant le service militaire et deux ans depuis, années de rude et vaillant labeur, d'honnête conduite, sans un reproche grave, de résignation étonnante, malgré l'hostilité des fils, commencée dès le premier jour, et qui n'avait jamais désarmé.

— Ça doit faire quatre-vingt-quinze francs, dit Jean Nesmy.

— C'est aussi mon compte, dit le métayer. Tiens, voilà l'argent. Regarde s'il n'y manque rien.

De la poche de sa veste, où, d'avance, il avait mis la somme qu'il devait, Toussaint Lumineau tira une pile de pièces d'argent, qu'il jeta sur le fond de la barrique.

— Prends, mon gars !

L'autre, sans y toucher, se recula.

— Vous ne voulez plus de moi à la Fromentière ?

— Non, mon gars : tu vas partir.

La voix s'attendrit, et continua :

— Je ne te renvoie pas parce que tu es fainéant. Et même, quoique ça m'ait causé de l'ennui, je ne t'en veux pas d'aimer trop la chasse. Tu m'as bien servi. Seulement, ma fille est à moi, Jean Nesmy, et je ne t'ai pas accordé avec Rousille.

— Si c'est son goût, et si c'est le mien, maître Lumineau ?

— Tu n'es pas de chez nous, mon pauvre gars ! Qu'un Boquin se marie avec une fille comme Rousille, ça ne se peut, tu le sais : tu aurais mieux fait d'y penser avant.

Jean Nesmy, pour la première fois, ferma à demi les yeux, et il devint plus pâle, et ses lèvres s'abaissèrent aux coins, comme s'il allait pleurer.

Il reprit, d'une voix toute basse :

— J'attendrais tant qu'il vous plairait, pour l'avoir. Elle est jeune et moi aussi. Dites seulement le temps, et je dirai oui.

Mais le métayer répondit :

— Non, ça ne se peut : il faut t'en aller.

Le valet tressaillait de tout le corps. Il hésita un moment, les sourcils froncés, le regard attaché à terre. Puis il se décida à ne pas dire sa pensée : « Je n'y renonce pas. Je reviendrai. Je l'aurai ! » Comme ceux de sa race taciturne, il renferma son secret, et, ramassant l'argent, il le compta, en laissant tomber les pièces une à une, dans sa poche. Puis, sans ajouter un mot, comme si le métayer n'eût plus existé pour lui, il se mit à rassembler les quelques vêtements et le peu de linge qui étaient à lui. Tout pouvait tenir dans sa blouse bleue, qu'il noua par les manches au canon de son fusil, moins une paire de bottes, qu'il pendit à une ficelle. Quand il eut fini, levant son chapeau, il prit la porte.

Dehors, il faisait grand soleil. Jean Nesmy marchait lentement. La volonté hardie qui était en ce frêle garçon lui tenait la tête haute, et il regardait du côté de la maison, cherchant Rousille aux fenêtres. Il ne la vit point. Alors au milieu de ce grand carré vide, lui le valet, lui le chassé, lui qui n'avait plus qu'un instant à demeurer à la Fromentière, il appela :

— Rousille ?

Une coiffe aiguë dépassa l'angle du portail. Marie-Rose s'échappa de son abri. Elle s'élança, la figure toute baignée de larmes. Mais presque aussitôt elle s'arrêta, intimidée par la vue de son père, qui venait d'apparaître sur le seuil de la chambre, saisie de peur parce qu'un cri s'élevait du même côté de la cour, à cinquante pas de là, et faisait se détourner Jean Nesmy :

— Dannion !

Une apparition monstrueuse sortait de l'étable. L'infirme, tête nue, les yeux hagards, agité d'une colère impuissante, accourait. Les bras raidis sur ses béquilles, son torse énorme secoué par les cahots et par ses grognements de bête furieuse, la bouche ouverte, il répétait le vieux cri de haine contre l'étranger, l'injure que les enfants du Marais jettent au damné du Bocage :

— Dannion ! Dannion sarraillon ! Sauve-toi !

Lancé avec une vitesse qui disait la violence de la passion et la force de l'homme, il approchait. Toute la haine qu'il avait au cœur, toute la jalousie qui le torturait et toute la souffrance de l'effort rendaient effrayante cette face convulsée, projetée en avant par secousses. Et l'être puissant qu'eût été cet estropié, sans le malheur d'autrefois, se reconstituait dans l'imagination, et donnait le frisson ;

Quand elle le vit tout près du valet, Rousille eut peur, pour celui qu'elle aimait. Elle courut à Jean Nesmy, elle lui mit les deux mains sur le bras, et elle l'entraîna en arrière, du côté du chemin. Et Jean Nesmy, à cause d'elle, se mit à reculer, lentement, tandis que l'infirme, devenu plus furieux, l'insultait, et criait :

— Laisse ma sœur, Dannion !

La voix du métayer s'éleva, au fond de la cour :

— Arrête ici, Mathurin, et toi, Nesmy, laisse ma fille !

Il s'avançait, en parlant, mais sans hâte, comme un homme qui ne veut pas compromettre sa dignité. L'infirme s'arrêta, écarta ses béquilles et s'affaissa, épuisé, sur les cailloux. Mais Jean Nesmy continua de reculer. Il avait mis sa main dans celle de Rousille. Ils furent bientôt entre les piliers du portail, où s'encadrait la clarté du matin. Au-delà commençait le chemin. Le valet se pencha vers Rousille, et la baisa sur la joue.

— Adieu, ma Rousille ! dit-il.

Elle s'enfuit à travers la cour, les mains sur les tempes, pleurant sans se retourner. Et lui, l'ayant vue disparaître au coin de la maison, du côté de l'aire, cria :

— Mathurin Lumineau, je reviendrai !

— Essaye ! répondit l'infirme.

Le valet de la Fromentière commençait à monter le chemin qui passait devant la métairie. Il allait péniblement, comme brisé de fatigue, tout brun dans son vêtement d'affût. Au bout de son fusil, il n'avait qu'une veste, une blouse, trois chemises, deux appeaux de buis pour les cailles, qui s'entrechoquaient comme des noix, choses légères qu'il sentait pesantes. L'effroi de son retour subit à l'état de journalier quêteur de pain l'avait saisi pendant qu'il nouait ses hardes. Il pensait déjà à l'accueil de la mère, qui allait le voir entrer, toute transie. A chaque pas, il s'arrachait aussi à quelque chose qu'il aimait, parce qu'il avait vécu trois ans dans cette Fromentière. L'âme était lourde de souvenirs, et il allait lentement, ne regardant rien, et voyant tout. Les arbres qu'il frôlait, il les avait émondés de sa serpe ou battus de son fouet ; les terres, il les avait labourées et moissonnées ; les jachères, il savait en quoi elles seraient ensemencées demain.

Lorsqu'il fut en arrière de la ferme, sur le renflement de la route, où étaient jadis quatre moulins qui ne sont plus que deux, il osa se retourner, pour souffrir un peu plus. Il considéra la plaine du Marais, inondée de lumière, où les roseaux séchés par l'automne mettaient un cercle d'or autour des prés ; quelques métairies reconnaissables à leur panache de peupliers, îles habitées de ce désert, où il laissait des amis, et de bonnes heures dont on se souvient dans la peine ; il parcourut du regard les maisons pressées de Sallertaine, et l'église qui les domine, paroisse des dimanches finis ; puis il arrêta son âme sur la Fromentière, comme plane un oiseau, les ailes grandes. De la hauteur où il était, il apercevait les moindres détails de la métairie. Une à une, il compta les fenêtres, il compta les portes, et les virettes et les traînes autour des champs, où le soir, depuis deux ans surtout, il ne manquait guère de chanter, en ramenant ses bœufs. Quand il revit le verger clos, tout au loin, large comme une cosse de pois, il se détourna vite. Et son pied heurta, sur la route, une bête toisonnée, qui s'était couchée là, silencieusement.

— C'est toi, Bas-Rouge ? dit le valet. Mon pauvre chien, tu ne peux pas me suivre où je vais.

En marchant, il passait la main sur le front du chien, entre les deux oreilles, à l'endroit que Rousille aimait à caresser. Après vingt pas, il dit encore :

— Faut t'en aller, Bas-Rouge : je ne suis plus d'avec vous.

Bas-Rouge fit encore une petite trotte auprès du valet. Mais, quand il arriva à la dernière haie de la Fromentière, il s'arrêta, en effet, et revint seul.

3

Chez les Michelonne

— Rousille, dit le père, un peu avant midi, quand elle rentra pour aider sa sœur à préparer le dîner, tu ne mangeras pas avec nous, ni aujourd'hui, ni les jours qui suivront : les filles d'honneur, comme Eléonore, auraient honte, et nous aussi, de manger à côté d'une créature qui donne ses amitiés à un failli Boquin. En voilà un promis, pour toi ! Un gars du loin, qui n'aurait pas même une armoire pour se mettre en ménage ! Bon pour les servantes de chez eux ! Mais ils ne valent pas cher, à l'aune du Marais, tous ces dannions ! Je suis guéri d'en prendre à mon service !... On en aurait fait des chansons sur mon compte. Et à présent, tiens-toi sage, Rousille, et ôte-toi de devant moi !

Il parlait ainsi, plus durement qu'il ne pensait, parce que Mathurin l'avait entretenu longtemps, après le départ du valet, et lui avait communiqué quelque chose de son ressentiment.

Marie-Rose ne répondit pas, même par une larme, et se retira dans sa chambre. Non, elle ne songeait pas à dîner, avec eux ou sans eux. Mais elle se mit à s'habiller, comme elle faisait le dimanche, prenant tour à tour, dans l'armoire, sa robe noire relevée d'un grand pli, qui laissait voir ses jambes ; sa coiffe la plus fine, pyramide brodée que tenait ferme un transparent de papier blanc posé sur les cheveux ; ses bas fleuris de points en relief ; ses sabots à nez retroussé, qui avaient l'air d'une proue de bateau. Autour du cou, sur la nuque que le corsage échancré du Marais laisse à découvert, elle jeta un mouchoir de soie bleu. Et, ayant lissé ses bandeaux bruns avec un peu d'eau, ayant essuyé ses yeux qui étaient rouges, elle descendit dans la cour, et tourna vers Sallertaine.

Pour la première fois de sa vie, elle avait l'impression d'être seule au monde. Mathurin ne l'aimait pas. François ne l'aurait pas comprise. André lui-même, le soldat d'Afrique qui allait revenir, et qui se montrait doux avec elle, la considérait comme une petite, et ne lui parlait qu'en plaisantant. Elle était femme cependant, et grande, puisqu'elle souffrait. Et il fallait quelqu'un à qui confier sa peine. Jusque-là, si on la rudoyait, si on la méprisait, elle n'avait pas besoin de le dire : il lui suffisait, pour l'oublier, de penser à Jean Nesmy. A présent que sa peine était faite, justement, du départ de celui qu'elle aimait, son âme demandait de l'aide, son âme cherchait où se poser. Dans sa détresse, elle avait songé aux Michelonne.

Rousille passait près du verger clos ; Rousille longeait la bordure du Marais, d'où l'on voit Sallertaine sur sa motte. Non, elle n'avait d'espoir qu'en ces pauvres Michelonne, de regret que de ne pas être encore dans leur petite maison du bourg. Leur bienveillance coutumière lui semblait, en ce moment, une chose d'un prix infini, qu'elle n'avait pas assez estimée. La seule pensée de leurs visages ronds, flétris et souriants, lui était douce déjà. Il lui semblait que pour avoir simplement vu les Michelonne, même si elle n'osait rien leur dire, elle serait consolée un peu, parce qu'elles n'étaient pas des cœurs fermés, les vieilles filles, ni des personnes qui jasent sur les yeux rouges des jeunesses.

Comment les aborderait-elle ? Oh ! c'était bien facile ! Elle avait promis de retirer son argent, et de le prêter, pour payer la ferme. Elle leur dirait : « Je viens pour l'argent, dont le père a besoin. » Et après, si elles devinaient la moindre chose, elle dirait tout, tout ce qui l'accablait, la peine qu'elle ne pouvait plus porter seule.

Il était près d'une heure. L'air chaud, mêlé de brume, tremblait sur les prés. Rousille allait vite. Voici le grand canal, uni comme un miroir ; voici le pont jeté sur l'étier, et la route qui tourne et, aux deux bords, les maisons du bourg, toutes blanchies à la chaux, avec leurs vergers en arrière, penchés vers le Marais. Rousille hâte encore le pas. Elle a peur d'être appelée et obligée de s'arrêter, car les Lumineau connaissent tout le monde dans le pays. Mais les bonnes gens font mérienne, ou bien ils saluent de loin, sans sortir de l'ombre : « Bonjour petite ! Eh ! comme tu vas ! — Je suis pressée : il y a des jours comme ça ! — Faut croire ! » disent-ils. Et elle passe. Elle arrive sur la place longue, qui va se rétrécissant jusqu'à l'église. Maintenant elle ne regarde plus que la chétive habitation posée à l'endroit le plus étroit, là-bas, en face de la porte latérale par où, le dimanche, entrent les fidèles. C'est tout petit : une fenêtre sur la place, une autre sur une ruelle descendante, un perron d'angle de trois marches. C'est très ancien, bâti sous la volée des cloches, sous l'ombre du clocher, le plus près possible de Dieu. Les Michelonne ont toujours demeuré là. Rousille les devine derrière les murs. Un demi-sourire, une lueur d'espoir traverse ses yeux tristes. Elle gravit les trois marches, et s'arrête pour reprendre haleine.

Quand Rousille appuya le doigt sur le poucier de fer fendillé, la porte s'ouvrit avec un bruit de sonnette si menu, si bien assourdi, qu'il fallait des oreilles de chatte pour l'entendre.

Mais c'étaient de vraies chattes, toujours aux aguets, les deux Michelonne, les faiseuses de capes de Sallertaine. Elles n'eurent pas plutôt pressenti une visite, à l'ombre qui se projetait par la porte vitrée, qu'elles écartèrent, d'un même mouvement, leurs chaises toutes voisines, et tournèrent la tête, laissant leurs mains chargées d'étoffe noire retomber sur leurs genoux. Elles se ressemblaient beaucoup, les deux sœurs. Elles avaient les mêmes rides en arc, profondes dans la chair rose, autour de la bouche édentée, autour du nez qui était rond, autour des yeux qui luisaient d'une lumière bleue, enfantine, comme d'un rire perpétuel. C'était, chez elles, le reflet de soixante ans de travail, d'amitié paisible et de bonne conscience. Il s'y mêlait un peu de malice sans méchanceté, quelque chose comme de la flamme de jeunesse, économisée au cours de la vie et survivant dans un visage de vieilles. La misère ne leur avait pas manqué, mais elles l'avaient toujours portée à deux. Depuis leur enfance, elles travaillaient là, dans le rayon de la même fenêtre, l'une touchant l'autre, et le jour s'avivait et décroissait sur leurs aiguilles en marche. Pour fabriquer une cape, pour tailler le drap et pour le coudre, il n'y avait point à Sallertaine, ni au Perrier, ni à Saint-Gervais, d'ouvrières plus adroites ni plus entendues. On les aimait. Dès que la douceur de l'air permettait d'ouvrir la fenêtre, et de risquer sur l'appui un pot de géranium-lierre, il n'était guère de passant qui ne dît, en dévalant par la ruelle, pêcheur, chasseur, bourrinier, éleveur de chevaux : « Bonsoir et bon espoir, les Michelonne ! » Elles répondaient honnêtement, d'un ton flûté, sans qu'on pût reconnaître la voix de l'aînée d'avec celle de la cadette. On les invitait aux veillées d'automne, parce qu'elles savaient encore des chansons, quand la jeunesse était à bout de mémoire. Le curé disait d'elles : « La fleur de mes paroissiennes ! C'est dommage qu'elles n'aient point de graine ! »

Lorsque Marie-Rose entra, elles ne se levèrent pas, mais elles dirent ensemble, Adélaïde près de la fenêtre et Véronique un peu plus loin :

— C'est toi, petite Lumineau ! Bonjour, ma belle !

— Assieds-toi, dit Adélaïde, car tu as l'air tout essoufflée !

— Tu n'es pas malade, au moins ? dit Véronique. Tes yeux sont grands comme ceux de la fièvre ?

— Merci, mes tantes, répondit Marie-Rose — elle les appelait « mes tantes » à cause d'une parenté extrêmement difficile à établir, mais surtout à cause de leur bonté —, j'ai marché vite, et c'est vrai que je suis lasse. Je viens pour l'argent.

Les deux sœurs échangèrent un regard de côté, riant déjà à la pensée des noces prochaines, et l'aînée, Adélaïde, passant son aiguille sur ses lèvres, comme pour les dérider, demanda :

— Tu te maries donc ?

— Oh ! que non ! répondit Marie-Rose. Je me marierai comme vous, mes tantes, avec mon banc d'église et mon chapelet. C'est pour le père, qui n'a pas de quoi payer le fermage. On est en retard.

Et comme, en parlant, elle ne regardait pas les yeux de ses vieilles amies, mais bien le sombre de la chambre, quelque part, vers les lits qui se suivaient le long du mur, les Michelonne hochèrent la tête, pour se communiquer leur impression qu'il y avait quelque chose de nouveau tout de même dans la vie de Rousille. Mais les Michelonne étaient plus polies encore que curieuses. Elles réservèrent leur pensée pour les longues heures de causerie à deux, et Adélaïde, rejetant la cape à demi ouvrée, joignant ses mains noueuses et blanches comme des osselets, penchant sa taille toute plate, reprit gaiement :

— Vois-tu, ma belle, tu arrives bien ! Je t'ai pris à bail ton argent, pour obliger mon neveu, qui a des juments dans le Marais, comme tu sais, et des jolies. Il est malin pour plusieurs, ce grand Francis. N'a-t-il pas vendu hier, justement, pour un si gros prix qu'il ne veut pas le dire, sa pouliche gris pommelé, qui courait comme un vanneau fou, et que tous les marchands et tous les dannions chérissaient de l'œil, en passant sur les prés ! Pour rendre un bon morceau de la somme, il ne sera guère gêné, tu comprends. Combien veux-tu ?

— Cent vingt pistoles.

— Tu les auras. C'est-il pressé ?

— Oui, tante Adélaïde : je les ai promises pour demain.

— Alors, Véronique, ma fille, si tu allais chez le neveu ? La cape attendra bien une heure.

La cadette se leva aussitôt, et elle était si petite debout, qu'elle ne dépassait pas la tête de Marie-Rose assise. Prestement, elle secoua son tablier noir, sur lequel des bouts de fil s'étaient collés, embrassa la nièce sur les deux joues :

— Adieu, Rousille ! Demain tu n'auras qu'à revenir ici, ton argent y sera avec nous.

Dans la paix du bourg assoupi, on entendit descendre le long de la ruelle le pas glissant de Véronique.

Celle-ci n'avait pas plutôt disparu, qu'Adélaïde se rapprocha de Marie-Rose, et, pointant sur elle ses yeux toujours indulgents et clairs, mais dont les paupières, en ce moment, battaient d'inquiétude :

— Petite, dit-elle vivement, tu as du chagrin ? Tu as pleuré ? Tiens ! tu pleures encore !

La main ridée saisit la main rose de l'enfant.

— Qu'as-tu, ma Rousille ? Dis-moi comme à ta mère : j'ai de son cœur pour toi.

Marie-Rose retenait ses larmes. Elle ne voulait pas pleurer, puisqu'elle pouvait parler. Frissonnant au contact de la main qui touchait la sienne, les yeux brillants, ferme de visage, comme si elle s'adressait à tous les ennemis devant lesquels elle s'était tue :

— Ils ont renvoyé Jean Nesmy ! dit-elle en se levant.

— Lui, ma chère, un si bon travailleur ? Comment ont-ils fait cela ?

— Parce que je l'aime, tante Michelonne ! Ils l'ont chassé ce matin. Et ils croient que tout sera fini entre nous, parce que je ne le verrai plus. Ah ! mais non ! Ils ne connaissent donc pas les filles d'ici ?

— Bien dit, Maraîchine ! fit la Michelonne.

— Je leur donnerai tout mon argent, oui, je veux bien. Mais mon amitié, où je l'ai mise, je la laisserai. Elle est jurée comme mon baptême. Je n'ai pas peur de la misère ; je n'ai pas peur qu'il m'oublie. Le jour où il reviendra, car il a promis de revenir, j'irai au-devant de lui. Personne ne m'en empêchera. Quand il y aurait le Marais à traverser en yole, et de la neige, et de la glace, et toutes les filles du bourg pour rire de moi, et mon père et mes frères pour me le défendre : j'irai !

Debout, irritée, elle jetait son amour et sa rancune aux murs de cette chambre déshabituée d'entendre des paroles à voix haute. Elle parlait pour elle-même, pour elle seule, parce qu'elle souffrait. Elle regardait devant elle, vaguement, sans s'occuper de la Michelonne. Celle-ci, pourtant, s'était levée ; elle écoutait, tout son corps agité et soulevé, si bien prise aux paroles de Rousille, si bien emportée au-dehors de son cercle restreint de pensées, que toute la paix avait disparu de son visage, et qu'une femme se retrouvait sous la vieille fille opprimée par la vie, une femme qui se souvenait, et qui rajeunissait pour souffrir avec l'autre.

— Tu as raison, petite ; je t'approuve : aime-le bien !

Rousille, à ce mot, baissa les yeux vers la Michelonne, et elle eut la révélation d'un être qu'elle ne connaissait pas : le regard avait une flamme ; les pauvres bras, perclus de rhumatismes, se tendaient vers Rousille, et tremblaient d'émotion.

— Oui, aime-le bien ! Ton bonheur est avec lui. Laisse faire le temps, mais ne cède pas, ma Rousille, parce que j'en connais d'autres, qui ont refusé de se marier, dans leur jeunesse, pour plaire à leur père, et qui ont eu tant de peine, par la suite, à tuer leur cœur ! Ne vis pas seule, car c'est pire que la mort. Ton Nesmy, je le connais. Ton Nesmy et toi, vous êtes de vrais terriens, comme la campagne n'en a plus guère. Et si la vieille tante Adélaïde peut te servir, te défendre, te donner ce qu'elle a pour t'établir, viens me trouver, ma fille, viens !

Elle tenait maintenant Rousille embrassée, courbée sur son corsage noir. Et Rousille se laissait aller aux larmes, sur l'épaule de la Michelonne, à présent qu'elle avait tout dit.

La chambre fut un moment silencieuse, comme le village tout entier, sous la lourde chaleur. Puis la Michelonne se dégagea doucement de l'étreinte de l'enfant, et s'approcha de la fenêtre, mais sans qu'on pût la voir du dehors. Un coin du Marais s'encadrait vers l'ouest, entre deux toits voisins : un angle dont les lignes fuyaient à l'infini dans l'herbe rousse.

— N'est-ce pas, demanda-t-elle à voix basse, c'est Mathurin qui t'a dénoncée ?

— Oui : tout le jour il m'espionnait.

— Il est jaloux, vois-tu ! Il t'en veut.

— De quoi, le malheureux ?

— D'être jeune, ma pauvre ; il est jaloux de tous ceux qui pourraient prendre la place qui lui revenait : de François, d'André, de toi. Il est comme un damné, quand il entend dire qu'un autre conduira la ferme du père. Veux-tu que je te dise tout ?

Sa main frêle se leva, et montra les lointains du Marais, où des peupliers, aussi menus que des brins d'avoine, rayaient par place le ciel.

— Eh bien ! il pense encore à celle de la Seulière !

— Pauvre frère, dit Rousille, en remuant la tête, s'il y pense encore, elle se moque bien de lui !

— Innocente ! reprit la vieille, tout à fait bas. Je sais ce que je sais. Défie-toi de Mathurin, parce qu'il a bu trop d'amour pour oublier. Défie-toi de Félicité Gauvrit, parce qu'elle enrage d'être métayère, et que les épouseurs ne viennent plus.

Rousille allait répondre. La Michelonne lui fit signe de se taire. Elle entendait un pas dans la ruelle. Vite, elle essuya ses yeux, elle se rassit, elle ramassa l'ouvrage, comme une petite fille surprise en faute par sa mère. Des sabots claquèrent au pied du mur, dépassèrent le perron d'angle, tournèrent vers le bas de la place.

Ce n'était pas Véronique.

Marie-Rose s'était reculée. Elle considérait son unique amie, vieille, usée, craintive, mais dont le cœur était encore jeune. Et elle ne songea plus à ce qu'elle voulait répondre. Elle dit simplement :

— Adieu, tante Michelonne. Si j'ai besoin d'aide, je sais où aller.

— Adieu, petite ! Défie-toi de Mathurin ! Défie-toi de celle de là-bas !

Elles ne se parlèrent plus que par leurs yeux, qui ne se quittaient pas. Rousille se retirait à reculons. Bientôt la porte s'ouvrit ; le loquet retomba : il ne resta plus, dans la chambre, qu'une vieille pliée bien bas, qui s'efforçait de coudre dans le drap noir, et qui ne voyait plus son aiguille.

4

Le premier labour de septembre

C'était le surlendemain du jour où Rousille avait vu les Michelonne, un lundi. La veille, des nuées d'orage, sorties de la mer l'une après l'autre, de l'aube jusqu'au soir, avaient passé sur le pays, et, comme des poches éventrées, d'où le grain coule, avaient versé leur pluie aux terres arides. Beaucoup de feuilles, celles des hautes branches surtout, étaient tombées ; les autres, encore lourdes, restaient penchées. Un parfum de forêt mouillée s'élevait vers le ciel calme et laiteux. Il ne faisait pas de brise ; aucun oiseau ne chantait ; la campagne semblait uniquement attentive aux dernières gouttes, formées pendant la nuit, et qui s'écrasaient au pied des arbres, avec des vibrations de métal. Quelque chose avait dû mourir, dont le monde demeurait accablé. Et, en effet, sur les collines de Challans, au large de la Fromentière, le grincement lointain d'une charrue, les appels d'un toucheur de bœufs, disaient le commencement des labours d'automne.

A la Fromentière, Eléonore et Marie-Rose chauffaient le four dans la boulangerie, qui se trouvait aux deux tiers de la maison, à gauche, et qui séparait leur chambre d'avec le réduit où couchait François. La flamme jaillissait de l'ouverture en demi-cercle, béante au fond de la pièce ; elle s'échappait en torsades lourdes, en groupes de pétales rouges et redressés sur leurs tiges. Eléonore, debout, dans une robe de mauvaise indienne qui lui collait à la peau, soulevait, au bout d'une fourche en fer, des bourrées d'épines entassées à ses pieds, et les poussait dans le brasier. Marie-Rose, affairée, sortait et revenait, apportant la pâte de pain dans des corbeilles de paille. Elles ne se parlaient pas : depuis longtemps l'intimité s'était relâchée entre les deux sœurs. Cependant, comme Eléonore se détournait, pour la dixième fois, vers la porte, et semblait interroger la cour déserte :

— Qu'attends-tu donc, Lionore ? demanda Rousille.

— Rien, répondit maussadement l'aînée : j'ai chaud, les yeux me piquent.

Elle se mit aussitôt à séparer les braises ardentes et à les ranger en talus, le long des bords du four. Quand ce fut fait :

— Aide-moi à enfourner, dit-elle.

Une à une, les mottes de pâte, marbrées de farine et de veines craquelées, étaient versées par Rousille sur une large pelle plate, qu'Eléonore glissait sur les carreaux brûlants, et retirait d'un coup sec. Il y avait vingt mottes de douze livres, de quoi nourrir toute la Fromentière et de quoi donner aux pauvres du lundi pendant une quinzaine. La dernière venait d'être placée près de l'entrée, qu'Eléonore bouchait avec une plaque de tôle ; les deux sœurs s'essuyaient les joues avec leurs manches ; une odeur de pain frais s'échappait par les fentes du four, quand une grosse voix rieuse appela du dehors :

— Monsieur François Lumineau, c'est-il ici ?

Un visiteur qu'on voyait assez souvent à la Fromentière, depuis quelques mois, le facteur, tendait une lettre à en-tête imprimé. Il ajouta, pour plaisanter, pour dire quelque chose :

— Ça vient encore des chemins de fer de l'Etat, mam'zelle Lionore ! On a donc des amis, là-bas ?

— Merci, dit rapidement Eléonore, en prenant la lettre et en la serrant dans la poche de son tablier ; je la remettrai au frère. Il fait beau temps aujourd'hui, pour courir ?

— Mais oui, plus beau que pour chauffer le four, à ce que je vois.

L'homme fit demi-tour, sur ses souliers éculés, et, de son pas sans élan, qui faisait sept lieues par jour pour trente sous, s'éloigna.

Eléonore, appuyée contre la porte, ne s'occupait plus de lui. Elle considérait, comme hypnotisée, la bordure de papier blanc qui dépassait l'ouverture de sa poche. Une émotion extraordinaire s'emparait d'elle. Ses paupières se gonflaient. Sa poitrine se soulevait, sous le corsage d'indienne taché de farine et de suie.

— Tu as des secrets, va, je sais bien, dit Marie-Rose, un peu derrière elle. Je ne te les demande pas : je suis habituée, à la maison, à être seule de mon espèce. Mais je vois tout de même bien des choses. Hier encore, après la messe, tu as été, avec François, lire un papier dans la ruelle de la Michelonne, et tu faisais de grands gestes, pendant que je prenais l'argent... Oh ! voilà que tu pleures !... C'est si triste, Eléonore, de voir pleurer sa sœur... sans comprendre... sans rien pouvoir lui dire !

La grande Eléonore, à la stupéfaction de Rousille, lui tendit la main, en arrière, sans se détourner, et cette main tremblait. Elle attira la petite sur son cœur, qui battait follement. Pour la première fois depuis des années, vaincue par l'émotion, elle posa sa joue sur le front de Rousille, et, tout à coup, elle éclata en sanglots.

— Oui, dit-elle, oui, il y a un secret, ma pauvre Rousille, un si grand que je n'en aurai jamais deux pareils... Je ne peux pas te le dire... Il est là, dans la lettre... Mais c'est François qui doit la lire d'abord, et puis le père... Dieu, que je suis malheureuse !

Rousille, tendrement, leva son visage tout contre le visage en pleurs de l'aînée.

— Mais le secret, Lionore, ça ne regarde que François, n'est-ce pas ?

— Non, moi aussi, moi aussi ! Oh ! quand tu apprendras, Rousille !... C'est François qui m'a décidée ; il m'en a tant dit, que j'ai cédé... J'ai signé..., à présent tout est fini... Cependant, s'il n'était pas là, vois-tu, je sens que je ne pourrais pas, que je casserais le marché, que je refuserais...

— Tu pars, Lionore ? cria la petite, en se reculant.

Elle ne reçut d'autre réponse que l'extrême pâleur de l'aînée.

— Tu pars ? reprit-elle. Où vas-tu ? Ne nous laisse pas !

Eléonore, d'abord stupéfaite, eut un geste de colère. Elle repoussa celle que, dans un moment de douleur, elle avait attirée.

— Tais-toi ! fit-elle. Ne dis pas des mots pareils ! Tu veux donc nous vendre ?

— Je n'en ai guère envie.

— Ils viennent !... Tu les as entendus !... Tu parles pour eux, vendeuse de secrets !

— Mais non !

— Les voilà, écoute !

On entendait le pas assourdi des hommes, distants les uns des autres, qui revenaient pour le repas de midi.

Eléonore, affolée, la voix coupée par l'émotion et devenue presque suppliante, reprit :

— C'est Mathurin qui est devant... Pourvu qu'il n'ait pas compris ce que tu as dit, Rousille !... Rien qu'à me voir, il devinera tout !... Je ne peux pas retourner à la maison avec des yeux comme ça, tout rouges... ; vas-y à ma place... ; va tremper la soupe... ; j'irai dans un moment avec vous...

Les hommes rentraient ; ils marchaient comme à l'ordinaire, sans se hâter, et François seul pouvait pressentir la nouvelle qui les attendait. La chaleur avait séché les herbes et les feuilles. Le jour voilé était d'une douceur pénétrante. Des linots, en vols bondissants, s'abattaient dans les charroyères, où les chardons penchaient, brisés par le pied des bêtes. L'odeur du pain chaud s'épandait autour de la ferme.

Réjoui par ce parfum de vie, le grand vieux métayer entra dans la salle, où Mathurin l'avait précédé. Quand elle les eut vus disparaître, Eléonore, qui guettait à la porte de la boulangerie, traversa la cour, et rejoignit François dans l'étable. Celui-ci venait de jeter à terre une lourde charge de maïs et repliait la corde sur son bras.

— Tiens ! dit-elle. Ils te demandent ! Elle m'a brûlé le sang, ta lettre !

Toute pâle encore, Eléonore tendait la lettre, et la regardait passer de ses mains dans celle de l'autre, avec un respect craintif de la destinée.

— Pour quand est-ce ? dit-elle. Dépêche-toi !

Le gars, sans émotion apparente, essaya de sourire, pour marquer sa supériorité d'homme, déchira lentement l'enveloppe avec ses gros doigts mouillés, lut, réfléchit un moment, et répondit :

— Allons, c'est pour demain !

— Demain, Jésus !

— Oui, je dois être à midi à La Roche, pour prendre mon service dans les chemins de fer.

Eléonore se couvrit le visage des deux mains.

— Ah çà ! ne me lâche pas, toi maintenant ! continua l'homme. Est-ce que tu veux me lâcher ?

— Non, François, mais partir demain..., demain !

— Pas demain : ce soir, tout à l'heure !... Fallait bien t'y attendre. Voilà deux mois que tu es engagée avec le cafetier de la rue Neuve. As-tu signé le bail, oui ou non ?

— Oui.

— M'as-tu promis de tenir mon ménage ?

— Oui, François.

— Quand tu me demandais de te trouver une bonne place aussi, à La Roche, j'ai bien voulu m'occuper de toi, mais à condition que tu ferais mon ménage. J'ai besoin de quelqu'un, moi ! Et tu ne veux plus venir à présent ?

— Je ne dis pas...

— Eh bien ! je dirai au père, moi, tout à l'heure, ce que tu m'avais promis. Reste donc : ils te feront une jolie vie à la Fromentière, quand je serai parti ; sans parler du procès que l'homme de La Roche commencera tout de suite, tu entends, tout de suite, si tu refuses de prendre le débit que tu as loué ! Reste ! Moi, je m'en vas !

Elle enleva les mains de dessus sa figure, et, toujours dominée par l'impression du moment :

— J'irai, dit-elle ; quand tu voudras, je serai prête ; seulement je ne pourrais pas t'entendre parler au père : ne lui parle pas devant moi...

Elle quitta en hâte l'étable, et rentra dans la salle pour servir le dîner, tandis que François donnait à ses bœufs leur ration de fourrage, et s'attardait à ce travail.

Toussaint Lumineau causait tranquillement avec Mathurin. Assis côte à côte devant la table, et regardant fumer leur assiette de soupe, ils devisaient du nouveau valet qu'il faudrait embaucher prochainement.

— Je l'embaucherai à la foire de Challans, disait le père.

— C'est trop tard.

— Nous ferons de notre mieux jusque-là, mon garçon. Je le prendrai fort, je choisirai un valet du pays.

— Oui : pas un Boquin, surtout ! On les connaît !

Toussaint Lumineau hocha la tête, et dit doucement :

— Ne lui fais pas injure, Mathurin. J'ai renvoyé Jean Nesmy, et j'ai eu raison. Mais, pour le travail, il n'y avait que de bonnes choses à dire de lui. Ça travaillait honnêtement. Ça aimait la terre, tandis que d'autres...

La petite Rousille écoutait, les yeux baissés, comme une statue, près de la fenêtre. François entra.

— Tandis que d'autres, continua le père, en élevant un peu la voix, n'ont pas assez de vaillance, tout à fait. N'est-ce pas, mon François ?

Le fils blond et rose haussa les épaules, en s'asseyant.

— C'est trop dur, dit-il. Depuis que je suis revenu, je ne puis plus m'y refaire, à ce métier-là.

— Ah ! moitié de paysan, cria Mathurin, tu n'as pas honte ? Moi, si je pouvais marcher, le père n'aurait pas même besoin d'un valet. Regarde ces bras-là !

Il tendait ses bras, dont les muscles saillaient sous l'étoffe de la veste, comme des nœuds de chêne emprisonnés dans l'écorce. Et le sang lui montait au visage, et gonflait jusqu'aux veines et aux glandes de ses yeux.

— Pauvre gars ! dit le père en lui touchant la main pour l'abaisser ; pauvre gars, je sais bien, ton malheur coûte cher à la Fromentière...

Il ajouta, après un petit silence :

— Nous ferons tout de même de jolis labours, mes enfants, avec François, et notre Driot, qui ne tardera guère, et le valet que je prendrai... Pour aujourd'hui, j'ai idée d'attaquer la pièce de la

Cailleterie, qui n'a pas donné depuis deux ans. La pluie a dû mollir la terre : la charrue mordra bien.

Eléonore, qui venait de pousser la porte de la décharge, s'arrêta toute troublée, en voyant François remuer les lèvres, comme s'il voulait répondre et dire le secret. Mais aucun mot ne sortit plus de la bouche du cadet, tant que dura le repas.

Vers la fin, comme ils allaient se lever de table, Mathurin regarda le ciel par les vitres enfumées, et demanda :

— Père, emmenez-moi avec le harnais ?

— Oui, bien sûr. Va quérir la voiture, Lionore ; et toi, François, enjugue les bêtes.

Il était presque gai, le métayer de la Fromentière. Les enfants pensèrent qu'il avait l'esprit vers Driot, dont il disait le nom, maintenant, plus de dix fois le jour. Mais ce n'était que le premier labour de la saison qui le rendait content.

Un quart d'heure plus tard, le père se passa autour du corps la sangle, attachée à l'étroite caisse de bois où l'infirme était assis, et, comme on hale un bateau, il tira la charrette. Les bœufs marchaient devant, conduits par François. Ils montèrent, par le chemin où les pas de Jean Nesmy étaient encore marqués dans la poussière. C'étaient quatre bœufs superbes, précédés par une jument grise : Noblet, Cavalier, Paladin et Matelot, tous de même robe fauve, avec des cornes évasées, l'échine haute, l'allure lente et souple. Traînant sans peine la charrue, dont le soc était relevé, ils gravissaient la pente, et, quand une pousse de ronce, tendue en travers de la route, tentait leur mufle baveux, ils ralentissaient ensemble l'effort, et la chaîne de fer, qui liait le premier couple au timon, touchait terre et sonnait. François, le long de leurs flancs, s'en allait, tout sombre. Une pensée l'occupait, qui n'était point celle du travail quotidien.

Ceux qui venaient derrière lui, le métayer et l'infirme, ne parlaient pas davantage. Mais leur esprit demeurait enfermé dans l'horizon qu'ils traversaient. Ils inspectaient, avec le même amour tranquille, les fossés, les barrières, les coins de champ aperçus au passage ; ils réfléchissaient aux mêmes choses simples et anciennes, et en eux la méditation était le signe de la vocation, la marque du glorieux état de ceux qui font vivre le monde. Quand ils furent arrivés en haut de la butte, dans la pièce de la Cailleterie, le père aida Mathurin à sortir de la voiture, et l'infirme s'assit au pied d'un cormier, dont les branches faisaient une ombre fine sur le talus. Devant eux, la jachère descendait en courbe régulière, hérissée d'herbes sèches et de fougères. Quatre haies dessinaient et fermaient le rectangle. Par-dessus celle du bas, on voyait les profondeurs du Marais, comme une plaine bleue sans divisions.

Et le père, ayant fait sauter la cheville qui retenait le soc, rangea lui-même la charrue près de la haie de gauche, et la mit en bonne place.

— Reste là au chaud, dit-il à Mathurin. Toi, François, conduis bien droit tes bœufs. C'est un beau jour de labour. Ohé ! Noblet, Cavalier, Paladin, Matelot !

Un coup de fouet fit plier les reins à la jument de flèche ; les quatre bœufs baissèrent les cornes, et tendirent les jarrets ; le soc, avec un bruit de faux qu'on aiguise, s'enfonça ; la terre s'ouvrit, brune, formant un haut remblai qui se brisait en montant et croulait sur lui-même, comme les eaux divisées par l'étrave d'un navire. Les bonnes bêtes allaient droit et sagement. Sous leur peau, plissée d'un frémissement régulier, les muscles se mouvaient, sans plus de travail apparent que si elles eussent tiré une charrette vide, sur une route unie. Les herbes se couchaient, déracinées : trèfles, folles avoines, plantains, phléoles, pimprenelles, lotiers à fleurs jaunes déjà mêlées de gousses brunes, fougères qui s'appuyaient sur leurs palmes pliées, comme de jeunes chênes abattus. Une vapeur sortait du sol frais, surpris par la chaleur du jour. En avant, sous le pied des animaux, une poussière s'élevait. L'attelage s'avançait dans une auréole rousse, que traversaient les mouches. Et Mathurin, à l'ombre du cormier, regardait descendre avec envie le père, le frère, la jument grise, et les quatre bœufs de chez lui, dont la croupe diminuait sur la pente.

— François, disait le métayer, réjoui de sentir battre dans ses mains les bras de la charrue, François, prends garde à Noblet qui mollit ! Touche Matelot !... La jument gagne à gauche !... Veille, mon gars, tu as l'air endormi !

Le cadet, en effet, ne prenait aucun goût à conduire le harnais. Il songeait qu'il fallait parler, et la peur de commencer lui tenait le front baissé. Ils tournèrent au bas du champ, et remontèrent, traçant un second sillon près du premier. Les cornes des bœufs, l'aiguillon de François, commencèrent à reparaître au ras des herbes qu'observait Mathurin. Celui-ci, pour saluer le retour du harnais, se mit à « noter », à chanter, de toute sa voix, la lente mélopée que chacun varie et termine comme il veut. Les notes s'envolaient, puissantes, avec des fioritures d'un art ancien comme le labour même. Elles soutenaient le pas des bêtes qui en connaissaient le rythme ; elles accompagnaient la plainte des roues sur les moyeux ; elles s'en allaient au loin, par-dessus les haies, apprendre à ceux de la paroisse qui travaillaient dehors, que la charrue soulevait enfin la jachère, dans la Cailleterie des Lumineau. Elles réjouissaient aussi le cœur du métayer. Mais François demeurait sombre.

Quand l'attelage atteignit l'ombre du cormier :

— Père, dit Mathurin, vous ferez bien de replanter notre vigne, qui s'en va. Dès que Driot sera là, faudra nous y mettre. Qu'en dites-vous ?

Car il avait toujours l'esprit en songerie, vers l'avenir de la Fromentière.

Le métayer arrêta les bœufs, leva son chapeau, et ses cheveux apparurent tout fumants. Il sourit de contentement.

— Tu as de jolies idées, Mathurin : si le grain pousse bien dans la Cailleterie, foi de Lumineau, j'achète du plant pour la vigne... J'ai espoir dans notre labour d'aujourd'hui... Allons, cadet, range le harnais... Ménage ta jument qui a chaud, flatte-la un peu, tiens-toi dans sa vue, pour qu'elle aille plus sagement.

L'attelage repartit. Une lumière ardente et voilée enveloppait bêtes et gens. Tous les flancs battaient. Les mouches criblaient l'air. Des tourterelles, gorgées de remberge, se posaient dans les ormes, fuyant les chaumes embrasés.

Comme l'infirme ne chantait plus, le métayer dit, vers la moitié du champ :

— A ton tour de noter, François ! Chante, mon garçon, ça t'éjouira le cœur !

Le jeune homme continua une dizaine de pas, puis il essaya de noter : « Oh ! oh ! les valets, oh ! oh ! oh ! » Sa voix, qu'il avait plus haute que Mathurin, fit dresser l'oreille des bœufs, et s'en alla tremblante. Mais, tout à coup, elle s'arrêta, brisée par la peur dont il n'était pas maître. Il se raidit, leva le menton vers le Marais, s'efforça encore de chanter, et trois notes jaillirent. Puis un sanglot termina la chanson, et, rouge de honte, le gars se remit à marcher en silence, le visage tourné vers la jachère, devant le vieux métayer qui, par-dessus la croupe des bœufs, le regardait.

Pas un mot ne fut dit, de part ni d'autre, tant que le père n'eut pas achevé le sillon. Alors, au bas du champ, Toussaint Lumineau demanda, troublé jusqu'au fond de l'âme :

— Tu as du nouveau, François : qu'y a-t-il donc ?

Ils étaient à trois pas de distance, le père au ras de la haie, le fils de l'autre côté de l'attelage, à la tête des premiers bœufs.

— Il y a, père, que je m'en vas !

— Que dis-tu, François ?... Le chaud du jour t'a touché l'esprit ?... Tu es malade ?...

Mais il reconnut aussitôt, à l'expression des yeux de son fils, qu'il se trompait, et qu'il y avait bien autre chose qu'un malaise : un malheur. François s'était décidé à parler. Une main passée sur l'échine de Noblet, comme pour se retenir, si nerveux et enfiévré qu'il fléchissait sur ses jambes, le regard dur et insolent, il cria :

— J'en ai assez ! C'est fini !

— Assez de quoi, mon gars ?

— Je ne veux plus remuer la terre, je ne veux plus soigner les bêtes, je ne veux plus m'éreinter à vingt-sept ans, pour gagner de l'argent qui passe à payer la ferme : voilà ! Je veux être mon maître et gagner pour moi. Ils m'ont accepté dans les chemins de fer. Je commence demain ; demain, vous entendez ?

Il élevait la voix, dans une sorte de rage :

— Je suis nommé. Ce n'est pas à faire : c'est fait. J'emmène avec moi Eléonore, qui fera mon ménage. Elle vient avec moi à La Roche. Elle en a assez, elle aussi. Elle a trouvé une bonne place, un débit où elle gagnera plus que chez vous. Au moins, elle pourra se marier... Et on n'est pas de mauvais enfants pour ça ! N'allez pas le dire ! Ne faites pas la figure que vous faites !... On a accompli notre temps chez vous, mon père ! On a patienté jusqu'au retour d'André... A présent qu'il revient, il peut bien vous aider, lui : c'est son tour !

Le métayer était resté étourdi sous le coup. Il avait beaucoup pâli. Les dents serrées, touchant sa charrue d'un bras, il demeurait sans parole, les yeux fixés sur François, comme sur un être privé de raison. Les idées, lentement, avec leur douleur, lui entraient dans l'âme.

— Mon François, ce que tu dis là ne se peut. Eléonore ne s'est jamais plainte de son travail.

— Ah ! bien oui ; pas à vous !

— Toi, tu as toujours été bien aidé. Si je t'ai reproché, des fois, ton nonchaloir, c'est que les années sont dures pour tous. Mais, puisque je vais prendre un valet, puisque Driot nous arrive dans quinze jours, ça fera quatre hommes, avec moi qui vaux encore un peu. Tu ne pars pas, François ?

— Si !

— Où veux-tu être mieux que chez nous ? Est-ce que le pain t'a manqué ?

— Non.

— Est-ce que je t'ai refusé des habits, ou seulement de l'argent pour ton tabac ?

— Non.

— François, c'est le cœur qui t'a changé, depuis le régiment.

— Ça se peut.

— Mais tu ne veux pas t'en aller, dis ?

Le gars fouilla dans la doublure de sa veste, et tendit la lettre.

— C'est pour demain midi, fit-il : si vous ne me croyez pas, lisez !

Par-dessus la croupe du bœuf, le père étendit le bras. Mais il tremblait si fort, qu'il tâtonnait pour saisir la lettre. Puis, quand il l'eut entre les mains, dans un subit accès de révolte, au lieu de l'ouvrir, il la froissa, la tordit, la rompit en miettes, la jeta sous ses sabots, l'écrasa sur la terre molle.

— Tiens ! cria-t-il, il n'y a plus de lettre ! Iras-tu encore ?

— Ça n'empêchera rien, répondit François.

Il voulut passer devant le père et s'éloigner. Mais, sur ses épaules, une main puissante s'abattit. Une voix commanda :

— Arrête ici !

Et le fils dut s'arrêter.

— Qui t'a engagé, François ?

— Les chefs.

— Non, qui t'a conseillé ? Tu n'as pas fait ça tout seul. Il y a eu un monsieur, pour t'aider ? Qui est-ce ?

Le jeune homme hésita un instant, puis, se sentant prisonnier, balbutia :

— Monsieur Meffray.

D'une poussée, le père le fit courir sur l'herbe.

— Sauve-toi, à présent ! Attelle la Rousse à la carriole, et tout de suite ! J'y vais, moi, chez le Meffray !...

Il avait crié cela dans sa colère.

Mais quand il vit son fils lui obéir et prendre le chemin de la métairie, quand il se trouva seul dans le bas de son champ, une angoisse le saisit. Il avait toujours trouvé de l'aide, dans les circonstances difficiles de sa vie. Cette fois, surpris par le danger, en plein travail de labour, il tourna lentement sur lui-même, comme poussé par l'habitude, et chercha dans la campagne, aussi loin que ses yeux pouvaient porter, un sauveur, un appui, quelqu'un qui défendît sa cause, et le conseillât. Ses bœufs au repos le regardaient. Il aperçut d'abord, entre les arbres, le clocher de Sallertaine. Mais il secoua la tête. Non, le curé n'y pouvait rien. Le vieil et bon ami qu'il consultait volontiers, Toussaint Lumineau le savait impuissant contre les hommes de la ville, les fonctionnaires, les administrations, contre tout l'inconnu immense, qui s'étendait autour de la paroisse. Son regard quitta l'église, rencontra des fermes, et ne s'arrêta pas ; mais il s'arrêta un peu sur les toits aigus de la Fromentière. Ah ! le marquis, s'il avait été là ! Rien ne l'intimidait, lui : ni les galons, ni les titres, ni les paroles que les pauvres ne comprennent pas. Rien ne lui coûtait non plus : il aurait fait le voyage de Paris, pour empêcher un Maraîchin de partir. Hélas ! le château était vide. Plus de maîtres... Le vieux métayer ramena ses yeux sur les deux sillons fraîchement ouverts, qui montaient devant lui jusqu'au cormier, là-bas ; alors il songea que Mathurin devait attendre et s'étonner, qu'il fallait lui dire quelque chose et ne pas l'inquiéter.

— Ohé ! cria-t-il, Lumineau ?

Par-dessus la courbe du champ, dans l'air tranquille, une voix répondit :

— Je suis toujours là. Vous ne remontez pas ?

— Non. La chaîne du timon a cassé : j'emmène le harnais.

— Bien.

— Ne t'ennuie pas, Mathurin, je m'en vas par la coulée du pré : Rousille viendra te chercher.

Il y avait, au bas du champ, une brèche, bouchée avec des fagots d'épines, qui donnait sur une mince bande de pré, et par où on pouvait rentrer à la Fromentière. Le métayer, pour ne pas être exposé aux questions de l'infirme, prit cette route, et, touchant ses bœufs, revint à la ferme.

Au milieu de la cour, il aperçut la carriole attelée, près de laquelle se tenait François, en habits de dimanche.

— Attache les bœufs ! dit-il rudement.

Puis, passant devant lui, ouvrant la porte de la maison, il appela :

— Eléonore ?

Rien ne répondit.

Il entra dans la salle, traversa la décharge, et trouva Rousille.

— Où est ta sœur ?

— Tout à l'heure, elle causait dans la cour avec François. Faut-il la chercher ?

— Non, ça suffit. Je la reverrai. Rousille, nous avons affaire à Challans, moi et François. Nous reviendrons avant souper. Toi, va quérir Mathurin, qui se languirait dans la Cailleterie, et ramène-le.

Sans un mot de plus, le métayer gagna l'endroit de la cour où attendait François. Il monta dans la carriole, fit signe à son fils de monter à côté de lui, et, d'un coup de fouet, enleva la jument qui n'était pas habituée à être menée durement. La Rousse partit au galop.

« Qu'ont-ils donc à courir si vite ? » pensèrent les rares témoins qui les virent passer sur la route, témoins auxquels rien n'échappe, cabaretiers devant leurs portes, chineurs longeant les sentes, paysans aux aguets, dressés entre deux souches : « Qu'ont-ils donc ? Le vieux Lumineau frappe la Rousse, comme un valet qui a peur du maître, et il secoue les guides, et il ne dit rien à son gars ! » Le métayer s'exaltait, en effet, dans la méditation de son chagrin. Sa colère grandissait. Il marmottait, entre ses dents, les paroles qu'il allait dire à ce Meffray, et son bras, que démangeait un besoin de lutte et de vengeance, fouettait la Rousse. François, au contraire, épuisé par l'effort qu'il avait fait, rendu à son apathie naturelle, se laissait emporter vers la destinée, et regardait la campagne sans aucune idée.

Ce fut lui qui descendit le premier, sur la place de Challans, près des Halles-Neuves, et attacha la jument à un anneau scellé dans un des piliers. Puis il suivit le père, qui tournait par une des rues, à gauche, et s'arrêtait devant une maison étroite, neuve, bâtie en tuffeaux et en briques. Une plaque de fonte, au-dessous de la sonnette portait : « Jules Meffray, ancien huissier, conseiller d'arrondissement. »

Le métayer sonna vigoureusement.

— Le patron est ici ? demanda-t-il à la servante qui ouvrait.

La fille considéra ce paysan, qui venait chez son maître en vêtements de travail tachés de boue, et qui n'avait pas l'air d'humeur accommodante, à en juger par le ton des paroles et par la couleur du regard. Elle répondit :

— Je crois que oui, qu'est-ce que vous lui voulez ?

— Dites-lui que c'est Toussaint Lumineau, de la Fromentière ; qu'il se dépêche, je suis pressé !

Etonnée, n'osant faire entrer Lumineau dans la salle à manger où M. Meffray recevait d'ordinaire ses clients, elle laissa le métayer et François dans le corridor tapissé de papier gris, au fond duquel l'escalier tournait. En se retirant, elle ne regardait pas François, dissimulé en arrière, honteux, mais seulement ce grand vieux, dont les épaules touchaient presque aux deux murs et qui se tenait si droit, le chapeau sur la tête, au-dessous de la lanterne en verre dépoli qu'on n'allumait jamais.

Peu d'instants après, la porte du jardin s'ouvrit ; un homme s'avança, de haute taille lui aussi, trop gros, vêtu d'un complet de flanelle blanche et coiffé d'une casquette de même étoffe. Dans sa figure rasée ses petits yeux papillotaient, gênés sans doute par la brusque diminution de la lumière. C'était M. Meffray, le grand électeur de Challans, demi-bourgeois ambitieux, animé d'une haine secrète contre les paysans, et qui, sorti de leur race, vivant à côté d'eux dans un bourg, n'avait cependant plus que l'intelligence de leurs défauts, dont il usait. Averti de la façon dont Lumineau s'était présenté, redoutant les scènes violentes, il s'arrêta près de la première marche de l'escalier, posa le coude sur la rampe, porta trois doigts à sa casquette, et dit négligemment :

— On aurait dû vous faire entrer, métayer. Mais enfin, puisque vous êtes pressé, paraît-il, nous pouvons causer ici. J'ai rendu service à votre fils : est-ce à cause de cela que vous venez ?

— Justement, dit Lumineau.

— Si je peux vous servir encore à quelque chose ?

— Je veux garder mon gars, monsieur Meffray.

— Comment, le garder ?

— Oui, que vous défassiez ce que vous avez fait.

— Mais, ça dépend de lui, métayer. As-tu reçu ta lettre de convocation, François ?

— Oui, monsieur.

— Si tu désires ne pas te rendre à ton poste, mon ami, les candidats ne manquent pas pour te remplacer, tu sais. J'ai dix autres demandes, que j'aurais plus de raison d'appuyer que je n'en ai eu pour appuyer la tienne. Car, enfin, vous autres Lumineau, vous n'êtes pas avec nous, dans les élections. Renonces-tu ?

— Non, monsieur.

— C'est moi qui ne veux pas qu'il parte, interrompit Toussaint Lumineau. J'ai besoin de lui, à la Fromentière.

— Mais il est majeur, métayer !

— Il est mon fils, monsieur Meffray ! Il me doit son travail. Mettez-vous à ma place, à moi qui suis vieux. Je comptais sur lui pour lui laisser ma métairie, comme mon père me l'a laissée, à moi. Et il s'en va. Il emmène ma fille avec lui. Je perds deux enfants, et c'est par votre faute.

— Ah ! pardon ! Je n'ai pas été le trouver : il est venu.

— Mais sans vous il ne partait pas, ni Eléonore ! Il leur a fallu des protections. Vous appelez ça un service, monsieur Meffray ? Est-ce que vous savez seulement ce qui convient à François ? L'avez-vous vu chez moi, pour croire qu'il était malheureux ? Monsieur Meffray, il faut me le rendre !

— Arrangez-vous avec votre fils : ça ne me regarde plus !

— Vous ne voulez pas aller parler à ceux qui ont embauché mon enfant et casser le marché ?

Toussaint Lumineau s'avança d'un pas, et, élevant la voix, tendant le bras en avant pour mieux désigner l'homme.

— Alors, vous avez fait plus de mal à mon fils dans un jour que moi dans toute sa vie !

La lourde figure de M. Meffray s'empourpra.

— Va-t'en, vieux chouan ! cria-t-il. Emmène ton fils ! Devenez ce que vous pourrez ! Ah ! ces paysans ! Occupez-vous d'eux : voilà comment ils vous remercient !

Le métayer n'eut pas l'air d'entendre. Il demeura immobile. Mais ses yeux eurent une lueur ardente. Du fond de son cœur douloureux, du fond de sa race, catéchisée depuis des siècles, des mots de croyant montèrent à ses lèvres :

— Vous répondrez d'eux ! dit-il.

— De quoi ?

— Là où ils vont, ils se perdront tous les deux, monsieur Meffray : vous répondrez de leur salut éternel !

Comme étourdi par cette phrase, dont il n'avait jamais entendu le son, le conseiller d'arrondissement ne répliqua pas. Il mit du temps à comprendre une idée si différente de celles qui l'occupaient toujours. Puis il jeta un regard de mépris sur le grand paysan, debout à deux pas de lui, tourna sur ses talons, et, regagnant la porte du jardin, murmura :

— Sauvage, va !

Toussaint Lumineau et son fils descendirent dans la rue. Ils allèrent côte à côte, sans se parler, jusqu'à la carriole, qu'ils avaient laissée sur la place. Là, le père détacha la jument, se tint près du marchepied, et dit :

— Monte, François, et retournons chez nous !

Mais le jeune homme se recula.

— Non, dit-il, c'est fini ! Vous ne me ferez pas changer. D'ailleurs, j'ai prévenu Lionore, qui doit être déjà partie de la Fromentière. Vous ne la retrouverez plus.

Il avait quitté son chapeau pour l'adieu, et, gêné, il regardait l'ancien, qui semblait près de défaillir, et qui, les yeux à moitié fermés, s'appuyait au brancard.

Sous le couvert des Halles, il n'y avait personne. Quelques femmes, dans les boutiques autour de la place, observaient négligemment les deux hommes.

Après un moment, François se rapprocha un peu. Il tendit la main, sans doute pour serrer, une dernière fois, celle du père. Mais celui-ci, l'ayant vu, se ranima : d'un geste, il lui défendit d'avancer ; puis il sauta dans la carriole, et fouailla la Rousse, qui se remit au galop.

5

L'appel au maître

Eléonore s'était laissé convaincre : elle avait fui. Cette fille, molle et faible, écoutait trop volontiers, depuis des mois, cette passion de paresse et de vanité que le père contrariait à la Fromentière, et qui s'épanouirait librement, là-bas, à la ville. Ne plus boulanger le pain, ne plus traire les vaches, être une demi-dame, porter des chapeaux à rubans..., pour des raisons pareilles, elle s'en allait au hasard, n'ayant d'appui que son frère, qui serait absent tout le jour. Elle cédait aussi par contagion d'exemple, par ignorance de tout. Elle s'abandonnait à l'aventure, à l'habitation dans un faubourg, aux familiarités des clients de café, sans deviner le péril, avec l'inconscience de la profonde campagne, qui ne connaît que ses propres misères.

La séparation était accomplie. Au moment où le métayer partait, dans l'espoir de ressaisir encore ses enfants, Eléonore avait rapidement quitté l'abri de la grange, où elle s'était cachée, et, malgré les supplications de Marie-Rose et de Mathurin lui-même, elle avait assemblé, courant de chambre en chambre, les quelques vêtements et le peu de linge et d'objets qui lui appartenaient. A toutes les prières de Rousille, qui la suivait et la suppliait de rester ; à des questions beaucoup moins émues de Mathurin, elle répondait :

— C'est François qui l'a voulu, mes amis ! Je ne sais pas si je serai heureuse, mais il est trop tard maintenant : j'ai promis.

Et elle avait une si grande crainte de voir revenir le père, qu'elle était comme folle de hâte. En peu de temps, elle avait achevé son paquet, abandonné la Fromentière, gagné le chemin creux où elle attendrait, blottie derrière les haies, le passage du tramway à vapeur, qui vient de Fromentine et conduit à Challans. Là, elle devait retrouver François.

Il y avait de cela plusieurs heures.

Dans l'intervalle, le père était rentré, au galop de la Rousse.

— Eléonore ? avait-il crié.

— Partie ! avait répondu Mathurin.

Alors, à demi fou de chagrin, jetant les guides sur le dos de la bête en sueur, le métayer, sans rien expliquer, s'était dirigé à grands pas vers Sallertaine. Avait-il une dernière espérance, une idée ? Ou bien sa maison déserte lui faisait-elle peur ?

Il n'avait pas encore reparu. La nuit tombait. Une brume moite, enveloppante et douce comme la mort, couvrait les terres, et fouillait jusqu'aux fentes du sol. Dans la salle de la Fromentière, devant le feu que personne n'attisait, devant la marmite qui bouillait à peine avec un bruit de plainte, les deux seuls enfants que possédât la ferme veillaient, mais combien différents ! Rousille, nerveuse, brûlée de fièvre, ne pouvait tenir en place, et tantôt se levait de sa chaise, joignait les mains et murmurait : « Mon Dieu ! Mon Dieu ! », tantôt allait jusqu'à la porte ouverte sur la nuit. Là, frissonnante, elle se penchait, dans l'air trouble et mêlé d'ombre.

— Ecoute ? disait-elle.

L'infirme écoutait, et disait :

— C'est le biquier de Malabrit, qui ramène son troupeau.

— Ecoute encore ?

Des abois légers, lointains, portés dans le grand silence, venaient mourir contre les murs.

— Je ne reconnais pas la voix de Bas-Rouge, reprenait Mathurin.

Et, de quart d'heure en quart d'heure, un pas, un cri, un roulement de voiture les mettait en alerte. Qu'attendaient-ils ? Le père qui ne rentrait pas. Mais Rousille, plus jeune, plus croyante à la vie, attendait aussi les autres : l'apparition de François ou d'Eléonore, pas des deux, de l'un seulement — était-ce trop ? —, qui se repentait, et qui revenait. Que ce serait bon ! Quelle ivresse d'en revoir un ! Il semblait que l'autre aurait eu le droit de partir, si l'un des deux reprenait sa place à la maison. La petite se sentait soulevée au-dessus d'elle-même, par le devoir obscur, seule femme, seule agissante, dans l'abandon de la Fromentière.

Mathurin, assis près du feu, les pieds enveloppés dans une couverture, demeurait courbé, et la flamme rougissait sa barbe, que le menton écrasait contre sa poitrine. Depuis des heures, il ne bougeait pas, il parlait le moins possible. Des larmes coulaient, par moments, le long de ses joues. D'autres fois, Rousille, en le regardant, s'étonnait de voir, dans cette physionomie absorbée par le rêve, passer une espèce de sourire qu'elle ne comprenait pas.

L'horloge sonna neuf heures.

— Mathurin, dit la jeune fille, j'ai peur qu'il ne soit arrivé malheur à notre père !

— Il raisonne de son chagrin avec le curé, peut-être, ou avec le maire.

— Je me dis ça, mais tout de même j'ai peur.

— C'est que tu n'as pas comme moi l'habitude d'attendre. Que voudrais-tu faire ?

— Allez au-devant de lui, sur la route de Sallertaine.

— Va, si tu veux.

Rousille courut aussitôt dans sa chambre, et, à cause du brouillard, prit sa cape de laine noire. Quand elle revint, pareille à une petite religieuse, elle trouva Mathurin, debout. Il avait rejeté la couverture. Les béquilles étaient couchées à terre, et, par un effort de volonté, il se tenait presque droit, appuyé d'une main sur la table, et de l'autre sur le dossier de la chaise. Il regarda sa sœur avec un air d'orgueil et de souffrance domptée. La sueur perlait sur son front.

— Rousille, dit-il, qu'est-ce que tu ferais, toi, si le père ne revenait pas ?

— Oh ! ne dis pas ces choses-là ! fit-elle, en se cachant les yeux avec la main. Et ne reste pas comme ça sur tes jambes : tu me fais mal !

— Eh bien ! moi, dit Mathurin gravement, je prendrais le commandement ici. Je me sens de la force. Je sens que je guérirai...

— Assieds-toi ! Assieds-toi, je t'en prie : tu vas tomber !

Mais il demeura debout, tandis qu'elle gagnait la porte. A peine avait-elle franchi le seuil, qu'elle entendit cette masse humaine qui s'affaissait avec un gémissement. Elle se détourna. Elle vit que l'infirme s'était rassis sur la chaise, et qu'il se serrait à deux mains la poitrine, où le cœur, sans doute, battait trop vite. Alors, sans bruit, peureuse comme une chevrette qui se lève des fougères, elle s'élança dans la cour, puis dans le chemin.

La lune naissante avait pâli la brume, et l'avait diminuée. On voyait loin déjà. Dans une heure, la nuit serait claire. Marie-Rose, évitant les haies, suivait le milieu de la virette qui conduisait au verger clos, puis au bord des prés. Elle courait presque. Elle avait peur. Elle ne ralentit la marche qu'à la lisière du Marais, là où le chemin, subitement élargi comme un petit fleuve côtier, mêlait son herbe à l'herbe indéfinie. Alors, rassurée de se sentir isolée dans la lumière, elle écouta. Où était le père ? Elle espérait entendre un pas de voyageur sur la route, ou bien l'aboi du chien Bas-Rouge. Mais non : dans le paysage de brouillard et de rêve, qui se formait et se déformait incessamment devant elle, parmi les clartés molles en mouvement, un seul bruit passait : le roulement lointain de la mer contre les dunes de Vendée.

Elle allait tourner à droite, suivre l'étier, gagner le pont de Sallertaine et les premières maisons amies, quand un sifflement bien connu, comme celui d'un vanneau, la rejoignit. Etait-ce possible ? Tout le sang de la petite lui reflua au cœur. Elle s'arrêta court, de surprise et de ravissement. Elle n'eut pas la force de regarder derrière elle. Mais, immobile, elle écouta venir celui qu'elle avait reconnu. Il venait, par le chemin qu'elle quittait, des derniers buissons de la Fromentière. Debout dans l'herbe, tremblante, elle sentit deux mains se poser sur ses épaules ; puis un souffle passa dans l'aile droite de sa cape ; puis un homme se planta lestement en face d'elle, et dit :

— C'est moi, Rousille ! Vous n'avez pas peur ?

Il était là, dans sa veste brune, un bâton à la main, fier de son coup d'audace. Malgré son chagrin, Rousille ne put retenir un cri de joie. Un sourire lui monta du cœur, comme une bulle d'air qui traverse l'eau trouble, et que rien n'arrête plus, et qui s'épanouit :

— Ah ! que je suis contente ! dit-elle.

Mais elle se reprit aussitôt.

— Non, j'ai tort de vous parler comme je fais. Vous ne savez pas le malheur de chez nous : François est parti ; Eléonore est partie ; je suis toute seule à la maison, et je cherche le père, qui n'est pas rentré... Je n'ai plus de temps pour vous, Jean Nesmy. Ce serait mal !...

Il voyait, à mesure, le sourire s'effacer sur le visage de Rousille, qui était en lumière. Et comme elle ramenait les bords de sa cape, et les croisait sur sa poitrine, pour se remettre en route, il dit rapidement :

— Je sais tout, Rousille. Voilà trois jours que je demeure à Challans, pour essayer de me placer pas trop loin d'ici. Je n'ai pas trouvé. Mais, ce soir, j'ai appris dans la ville le départ de François. Tout le monde en parle, d'une manière ou d'une autre. Moi, je suis accouru, sans me montrer. Je vous ai guettée dans le jardin, dans l'aire. Depuis le coucher du soleil, je vous ai entendue pleurer. Mais je n'ai vu sortir que le métayer.

— Où est-il ? A Sallertaine, n'est-ce pas ?

— Non, il y est allé, puis il est revenu. J'étais caché ici près. Il a passé où nous sommes, et il levait les bras, et il causait avec lui-même, comme ceux qui ont l'esprit malade.

Elle demanda, effrayée :

— Il y a longtemps ?

— Un quart d'heure.

— Par où a-t-il pris ?

Jean Nesmy étendit la main vers les terres fermes, et montra les masses floconneuses de feuillages qui remontaient la pente, un peu plus loin.

— Par les allées du château, je crois bien. Il a passé l'échalier, à moins de cent mètres d'ici.

— Merci et adieu, Jean : il faut que j'aille !

Mais il lui prit la main, et, à son tour, il devint tout grave.

— Oui, dit-il, je comprends bien : mais moi, vous ne m'aurez plus tout à l'heure. Demain, je retourne dans le Bocage de chez moi. Je suis revenu pour savoir une chose de vous, Rousille ? Qu'est-ce que je répondrai à la mère Nesmy, demain, quand elle me demandera : « C'est-il bien vrai qu'elle t'a promis ses amitiés ? Quelle parole t'a-t-elle donnée, en te quittant ? Mon pauvre Jean, les filles qui ont du cœur, quand elles voient s'éloigner leur bon ami, elles lui laissent une parole, qui est comme un anneau d'accordailles, et qui tient compagnie. Que t'a dit celle de la Fromentière ? » Si vous ne me dites rien, elle ne me croira pas !

La solitude claire les enveloppant, leurs ombres ne faisaient qu'une tache dans l'herbe pâle. Rousille, triste, sous les yeux ardents de son ami, répondit :

— Ne revenez pas avant que Driot se soit bien établi chez nous. Dans plusieurs mois, vers la moitié de l'hiver, si les gens d'ici, qui vont à vos marchés, rapportent qu'il travaille comme un vrai métayer, et qu'il est vu dans les foires et dans les veillées, surtout si l'on vous dit qu'il cause avec une fille de Sallertaine, revenez parler à mon père. Mon père ne veut pas d'un Boquin pour gendre. Mais si, moi, je ne veux pas d'autre mari que vous ? Si André parle pour moi ? Est-ce qu'on sait ? Le père a dit de bonnes choses de vous après votre départ.

— Vraiment, Rousille ? Lesquelles ?

— Non, pas maintenant : il faut que j'aille, adieu !

Il ôta son chapeau, avec un joli geste de respect. Et il n'essaya pas de la retenir davantage. Déjà Rousille courait sur le pré, tournant le dos à Sallertaine. Elle longeait les derniers buissons des terres qui bordent le Marais. Sa cape flottait un peu, noire dans la brume. Plus d'une minute après qu'elle eut disparu par l'échalier, Jean Nesmy demeura immobile, en ce même endroit de la rive où, pour lui, les mots qu'elle avait dits étaient encore vivants. Puis, lentement, comme ceux qui apprennent par cœur et ne regardent point autour d'eux, il s'éloigna vers Sallertaine, pour remonter de là vers Challans. Une joie chantait en lui. Il se répétait : « A la moitié de l'hiver, si les gens d'ici, qui vont à vos marchés, vous rapportent qu'il travaille comme un vrai métayer, revenez... »

La seule chose qu'il vit jusqu'à Challans, c'est qu'à la pointe des saules, les feuilles étaient jaunies déjà, et clairsemées.

Rousille avait pénétré, par la brèche, dans un champ de chaume, et de là dans une étroite bande de taillis. En mettant le pied sur le sable d'une allée, elle s'arrêta, prise de peur dans cette solitude, ressaisie également par le respect instinctif du domaine seigneurial, où les Lumineau, même aujourd'hui, n'entraient que bien rarement, de crainte de déplaire au marquis. C'était la lisière du parc. De toutes parts, devant Rousille, des pelouses montaient, éclairées par la lune, paisibles, et où dormait, en îles rondes et décroissantes, l'ombre bleue des futaies. L'avenue tournait au milieu d'elles. Tantôt dans la lumière et tantôt dans les bois, Rousille se mit à la suivre, l'œil aux aguets, le cœur battant. Elle cherchait des traces de pas sur le sable, elle essayait de voir dans l'épaisseur des fourrés. Etait-ce le père, là-bas, cette forme sombre, le long des gaulis ! Non, ce n'était qu'un pieu de clôture vêtu de ronces. Partout des épines, des racines, des branches mortes, des touffes d'herbe dans les allées. Comme l'abandon avait grandi avec les années ! Plus de maîtres, plus de vie, plus rien. Rousille sentait, en avançant, s'aviver en elle la peine de la fuite d'Eléonore et de François. Eux aussi, sans doute, ils ne reviendraient pas au pays. Elle avait moins de peur et plus de chagrin... Tout à coup, au détour d'un massif de cèdres, le château surgit, avec son haut corps de logis, ses tourelles d'angle, ses toits aigus, dont les girouettes, immobilisées par la rouille, marquaient le vent d'autrefois. Des chouettes en chasse enveloppaient les pignons de leur vol muet. Les fenêtres étaient closes. Sur les volets du rez-de-chaussée, on avait même cloué des voliges en croix.

Si anxieuse qu'elle fût, la jeune fille ne put se défendre de considérer un moment cette façade morne, rayée par les pluies d'hiver, grise déjà comme une ruine. Et, tandis qu'elle se tenait là, devant le perron, sur le large espace découvert où tournaient jadis les voitures, elle entendit un murmure lointain de paroles. Elle n'hésita pas : « C'est le père ! » pensa-t-elle.

Il était assis à une centaine de mètres du château, à la moitié de la courbe d'un massif de bouleaux, sur un banc que Rousille connaissait bien, et qu'on appelait, dans le pays, le banc de la marquise. Plié en deux, la tête appuyée sur ses deux poings, il regardait le château et les futaies inégales, qui dévalaient la pente vers le Marais. Rousille s'approchait de lui, en longeant le massif, et il ne la voyait pas. Elle s'approchait, et elle entendait les sanglots de celui qui pleurait ses deux enfants. Elle commençait à distinguer deux mots, qu'il répétait comme un refrain : « Monsieur le marquis ! Monsieur le marquis ! »

Pendant qu'elle se hâtait, sur l'herbe qui la portait sans bruit, la petite Rousille eut l'affreuse pensée que son père était devenu fou.

Non, il ne l'était pas. La douleur, la fatigue d'errer, la faim qu'il ne sentait pas avaient seulement exalté son esprit. N'ayant rencontré d'aide et d'appui nulle part, désespéré, il était revenu là, par instinct et par habitude, près de la porte du château où, tant de fois, il avait frappé avec assurance. Le temps avait disparu pour lui. Le métayer se plaignait, tout haut, au maître qui n'était plus là pour entendre : « Monsieur le marquis ! Monsieur le marquis ! »

La jeune fille rejeta en arrière le capuchon qui lui couvrait la tête, et, debout, à deux pas de son père, elle dit, très doucement, pour ne pas l'effrayer :

— Père, c'est Rousille... Je vous cherche depuis une heure. Père, il est tard, venez ?

Il tressaillit, et la regarda avec des yeux qui ne pensaient pas, et qui rêvaient encore.

— Figure-toi, répondit-il, que le marquis n'est pas là, Rousille ! Ma maison s'en va, et il ne vient pas me défendre ! Il aurait dû revenir, puisque je suis dans la peine, n'est-ce pas ?

— Sans doute, père, mais il ne sait pas, il est loin, à Paris.

— Les autres, Rousille, ceux de Sallertaine, ne peuvent rien pour moi, parce que ce sont des pauvres comme nous, des gens qui n'ont de commandement que sur leur métairie. J'ai été chez le maire ; chez Guérineau, de la Pinçonnière ; chez le Glorieux, de la Terre Aymont. Ils m'ont renvoyé, avec des paroles. Mais le marquis, Rousille, quand il sera revenu ? Quand il apprendra tout ? Ce sera peut-être demain ?

— Peut-être.

— Alors, il ne voudra pas que je sois tout seul dans mon chagrin. Il m'aidera, il me rendra François ; n'est-ce pas, petite, qu'il me rendra François ?

Il parlait haut. Les mots s'en allèrent frapper la façade du château, qui les relança, plus doux, aux avenues, aux pelouses, aux futaies, où ils se perdirent. La nuit, toute pure, les écouta mourir, comme elle écoutait les frôlements des bêtes dans les buissons.

Rousille, voyant le père si troublé, s'assit près de lui, et lui parla un peu de temps, tâchant de trouver une espérance, elle qui n'en avait pas. Et, sans doute, une vertu apaisante, une force consolatrice émanaient d'elle. Bientôt il se leva, de lui-même, et prit le bras de l'enfant, quand elle eut dit :

— A la maison, il y a Mathurin, mon père, qui vous attend.

Il considéra longtemps, attentivement, sa jolie petite Rousille, toute pâlie par la fatigue et l'émotion.

— C'est vrai, répondit-il ; il y a Mathurin : il faut aller.

Tous deux ils repassèrent devant la façade du château ; ils s'engagèrent dans l'allée qui menait aux communs, et, de là, dans les champs de la ferme. A mesure qu'ils approchaient de la Fromentière, Rousille sentait que le métayer reprenait la pleine possession de lui-même. Quand ils furent dans la cour, elle dit, dans un élan de pitié pour l'infirme :

— Mon père, Mathurin est bien malheureux aussi. Ne lui parlez pas trop de votre peine.

Le métayer, dont le courage et la claire raison étaient ressuscités, essuya ses yeux, et, précédant Rousille, poussant la porte de la salle où l'infirme étendu songeait, à côté de la chandelle presque consumée :

— Mathurin, dit-il, mon enfant, ne te fais pas trop de peine... Ils sont partis, mais notre Driot va revenir !

6

Le retour de Driot

« Notre Driot va revenir ! » Pendant quinze jours, la Fromentière vécut de ces mots-là. Le travail avait repris, dès le lendemain du malheur. Un valet de ferme, que le père avait embauché à Saint-Jean-de-Monts, un grand tout sec, tout en jambes et les hanches aussi plates que les joues, remplaçait Jean Nesmy, et couchait dans la chambre au bout de l'étable. Marie-Rose faisait à elle seule l'ouvrage que les deux sœurs se partageaient autrefois : le ménage, la cuisine, le beurre, le pain. Elle se levait plus tôt, et s'endormait plus tard. Sous sa coiffe, elle avait toujours quelque idée qui l'empêchait de songer au passé, et elle montrait, en toute chose, l'activité silencieuse que le métayer avait aimée chez la vieille Luminette. Mathurin, lui-même, s'était offert à panser les « agrouts », c'est-à-dire la bande de dindons et de canards, à demi sauvages, qui relevaient de la Fromentière. Chaque matin, il se traînait, portant un sac en bandoulière, jusqu'au bord du premier fossé du Marais. Là, dans l'eau peu profonde, à l'endroit le plus large où étaient attachées les deux yoles de la métairie, il jetait sa charge de mauvais blé ou de sarrasin. Et, à travers l'herbe des prés, les canards aux ailes peintes de bleu, les canes grises marquées d'une double entaille au côté droit du bec — le signe de propriété des Lumineau — accouraient à la pâture et se mettaient à plonger. L'infirme s'amusait à les regarder, pendant des heures, puis il se glissait dans un des bateaux, et, agenouillé ou assis, poussant la yole avec la perche, s'essayait à retrouver ce coup de ningle, sûr et rapide, qui l'avait rendu fameux, autrefois, parmi les yoleurs du pays.

Toussaint Lumineau se réjouissait de le voir naviguer à petite distance de la ferme, et se distraire l'esprit, croyait-il, de l'éternel regret. Il disait : « Le voilà qui reprend goût au yolage. Ça ne peut être que bon pour lui, et bon pour tous. » Mais, surtout, il parlait avec Mathurin, avec Rousille, avec le valet, avec les passants, avec ses bœufs parfois, et souvent même, quand il était seul, il parlait avec lui-même de l'enfant qui ne tarderait pas à revenir. C'était de l'aide qui arrivait, de la jeunesse et de la joie qui rentraient dans la Fromentière accablée. A table, on ne pouvait causer d'autre chose. « Plus que douze jours, plus que dix, plus que sept ! »

— J'irai le chercher jusqu'à Challans, disait Lumineau.

— Moi, disait Rousille, je lui ferai de la millée : il l'aimait tant, avant le service !

— Moi, disait Mathurin, la première fois qu'il ira en yole, faire visite à un ami, je l'accompagnerai.

— Et ce qu'il nous racontera d'histoires ! reprenait Rousille. Déjà, pendant son congé, je me souviens, il en avait qui ne finissaient pas. Je n'aurai plus le temps de l'écouter, par exemple ! Je te le renverrai, Mathurin ! Ça changera la maison, quelqu'un qui causera beaucoup !

Elle ajoutait, avec la gravité d'une personne chargée de veiller aux dépenses :

— Ce qui nous changera aussi, père, ce sera d'acheter le journal, le dimanche. Il n'y manquera pas. Il voudra savoir les nouvelles, notre André.

— C'est jeune ! disait le père, pour l'excuser.

Tout ce qu'aimait André Lumineau, tout ce qu'on se rappelait à son sujet, tout ce qu'on espérait de son retour, était indéfiniment répété par l'un ou par l'autre, dans la salle de la Fromentière, où la caresse de pareils discours avait dû monter, plus d'une fois, vers les poutres enfumées.

Cependant l'enfant dont ils s'occupaient tous n'avait été avisé par personne du départ de François et d'Eléonore. Par paresse d'écrire, mais surtout par pitié et pour le ménager, on lui avait caché l'événement, qui avait tout à coup diminué le nombre de ceux qu'il allait retrouver. Car on ne savait comment il prendrait l'absence de son frère préféré, de son ami d'enfance. C'étaient là des choses qu'il valait mieux dire et expliquer doucement, quand il serait dans le pays, dans la maison.

Bientôt une lettre arriva, timbrée d'Alger. Elle donnait, jour par jour, les étapes du voyage. Sous les ormes de la Fromentière, ces mots se succédèrent, à vingt-quatre heures d'intervalle, dits par l'un de ceux qui restaient et médités pieusement par les autres : « Driot doit quitter Alger en ce moment-ci. — Driot navigue sur la mer. — Driot prend le chemin de fer à Marseille. — Mes enfants, le voilà en terre de France ! »

Donc, un matin, qui était le dernier samedi de septembre, Toussaint Lumineau versa double ration d'avoine à la Rousse, et tira hors de la grange le tilbury, dont la caisse et les roues étaient peintes en rouge. C'était une relique de l'ancienne prospérité, ce tilbury, et on le connaissait dans toute la contrée, aussi bien que la tête ronde, les cheveux blancs, le regard clair de Toussaint

Lumineau. Celui-ci, en attelant sa jument, avait la mine si réjouie que Rousille, qui ne le voyait plus rire depuis longtemps, le regardait du seuil de la maison, et qu'elle se sentait prête à pleurer, sans savoir pourquoi, comme si le printemps était réapparu. Quand il eut bouclé la dernière courroie, il passa sa belle veste à col droit, noua, sur son gilet, sa large ceinture bleue des dimanches, et glissa dans sa poche deux cigares d'un sou, friandise dont il se privait, maintenant. Puis il monta dans la voiture, et, tout de suite :

— Hue, la Rousse !

Elle filait si grand train, qu'un instant plus tard, sa têtière, ornée d'une rosette, avait l'air d'un coquelicot emporté par le vent, rasant les haies. Bas-Rouge était de la partie. Son maître lui avait crié, dans le chemin : « Driot qui arrive, Bas-Rouge ! Viens au-devant ! » Et la bête ébouriffée, de son petit galop de loup déhanché, avait suivi la Rousse. Ils furent bientôt tous rendus à Challans. Le métayer traversa les rues sans ralentir l'allure. Au passage, il salua la patronne de l'hôtel des Voyageurs ; répondit au salut de quelques boutiquiers, en marquant bien, par le peu d'ampleur de son coup de chapeau, toute la supériorité d'un métayer sur un trafiquant, et, bien droit sur son siège, tout fier, tendant les guides, s'éloigna vers la gare, qui est à un bon kilomètre de la ville. Les gens, derrière lui, disaient : « Il va chercher son gars ! Cela se voit ! Lui qui a eu des malheurs, le voilà pourtant qui a son lot de chance ! »

Comme la Rousse était vive, Lumineau descendit de voiture dans la cour de la gare, et se tint à la tête de la jument. De là, il voyait les rails fuyant vers La Roche, le chemin par où l'un de ses fils était parti, par où l'autre, tout à l'heure, allait rentrer à la Fromentière. Ce ne fut pas long. La locomotive se précipita en sifflant. Le métayer luttait encore contre la jument effrayée par le bruit, quand les premiers voyageurs sortirent : des bourgeois de Challans, des marins en congé, des marchandes de poisson venant de Saint-Gilles ou des Sables, enfin un beau chasseur d'Afrique, mince, la chéchia sur l'oreille, les moustaches blondes relevées, la musette bondée de choses, qui interrogea la cour d'un coup d'œil, eut un sourire, et accourut, les bras ouverts :

— Papa ! Ah ! quelle veine ! c'est papa !

Quelques témoins, indifférents, virent deux hommes qui s'embrassaient devant tout le monde, et se serraient à s'étouffer.

— Mon Driot ! disait le vieux. Que je suis content !

— Mais moi aussi, papa !

— Non, pas tant que moi ! si tu savais !

— Quoi donc ?

— Je te raconterai ça. Mon Driot, que ça fait du bien de te revoir !

Ils se séparèrent. Le jeune soldat rajusta sa cravate, assura l'équilibre de sa chéchia, qui tombait.

— En effet, dit-il, vous devez en avoir à me raconter, des choses, depuis le temps ? Des grandes peut-être ? Vous me direz tout peu à peu, à la Fromentière, en travaillant... Ça vaudra mieux que les lettres, n'est-ce pas ?

Il se mit à rire, en redressant sa tête blonde.

Le père n'eut que la force de sourire. Puis, se rapprochant de la voiture, montant à gauche, montant à droite, ils grimpèrent dans le tilbury, d'un même élan, comme s'ils avaient eu le même âge.

— Laissez-moi conduire, demanda le fils.

Il prit les guides, et fit claquer sa langue. La Rousse dressa l'oreille, se cabra, mais pour jouer, pour montrer qu'elle reconnaissait son jeune maître, et, allongeant le trot, la tête haute, les yeux en feu, dépassa les deux omnibus vides qui avaient coutume de lutter de vitesse en revenant à l'hôtel. Dans les rues, ceux qui avaient déjà salué le métayer, et d'autres encore, attendaient le passage des deux hommes : des lingères qui lissaient le linge en regardant dehors ; la petite modiste de Nantes qui s'arrête au début de chaque saison, pour prendre les commandes des dames de Challans ; des marchands aux portes des boutiques ; des paysans attablés dans les salles d'auberge ; tous amusés de voir un soldat, ou flattés d'avoir un signe d'amitié des Lumineau. Mais la Rousse trottait si vite, que le père n'avait pas le temps de se recoiffer entre deux coups de chapeau. Des mots suivaient la voiture, dans le sillon d'air creusé par elle :

— C'est celui qui revient d'Afrique... Joli gars ! Ça lui va bien sa veste bleue... Et le vieux, ce qu'il est heureux !

Le métayer se serrait contre son gars reconquis. Lorsqu'ils furent au milieu de la dernière rue, le long d'une charmille qui semait des feuilles sur la route, il enfonça ses gros doigts dans sa poche, poussa le coude de Driot, pour lui faire remarquer les deux cigares d'un sou, qu'il tenait entre le pouce et l'index. « Volontiers ! » dit le jeune homme. Il alluma le cigare, en ralentissant l'allure de la Rousse, puis, après quelques bouffées, comme les talus fleuris d'ajoncs, les champs pierreux, les ormes avec leur couronne commençaient à se montrer et l'enveloppaient de la douceur des choses connues, Driot, jusque-là un peu silencieux et fier à cause du monde, se mit à dire :

— Et tous ceux de chez nous, père, comment vont-ils ?

Un pli profond rida le front du métayer, entre les sourcils.

Toussaint Lumineau se tourna un peu vers la campagne, troublé d'avoir à annoncer le malheur, et plus encore par l'appréhension de ce qu'allait penser le beau Driot.

— Mon pauvre gars, dit-il, il n'y a chez nous que Mathurin et Rousille.

— Et François, où est-il ?

— Figure-toi... Tu ne t'attends pas à ce que je vais te dire : il a quitté la Fromentière, voilà quinze jours depuis hier, pour entrer dans les chemins de fer, à La Roche... Eléonore est partie avec lui... Il paraît qu'elle va tenir un café. Si tu crois !

— Vous les avez donc chassés ? fit le jeune homme, en retirant son cigare de sa bouche et en regardant les yeux du père. Ils ne sont pas si fous que de vous quitter pour ça ?

Le père, en entendant ces mots-là, eut un frisson de joie : son Driot le comprenait ; son Driot était avec lui ! Et il dit :

— Non : des paresseux tous les deux, qui veulent gagner de l'argent sans rien faire..., des ingrats qui laissent les vieux... Et puis, tu sais que François aime à s'amuser... Depuis le régiment, il a toujours eu le goût de la ville...

— Je le sais bien, et je comprends qu'on aime la ville, répondit André, qui toucha la Rousse de la mèche du fouet ; mais graisser des roues de wagon ou servir à boire... Enfin, chacun va de son bord, en ce monde. Tant mieux s'ils réussissent... Seulement je ne peux pas vous dire ce que ça me fait, d'apprendre que François est parti. Moi qui me réjouissais tant de travailler avec lui !

Il demeura un peu de temps penché en avant, comme s'il ne faisait attention qu'aux oreilles fines de la jument, qui remuaient, puis il demanda, de sa voix caressante :

— Il y a donc de la misère chez nous, père ?

— Un peu, mon enfant : mais il n'y en aura plus avec toi.

André ne répondit pas directement, ni tout de suite. Il cherchait, à l'horizon, un clocher d'ardoise et des sommets d'arbres, encore difficiles à reconnaître. Il avait déjà le cœur à la maison.

— Au moins, dit-il, Rousille nous reste ! Elle était jolie déjà, à mon dernier congé, et chatte, et décidée ! Vous ne sauriez vous imaginer combien de fois, en Afrique, j'ai pensé à elle. Je me faisais son portrait de mémoire. Est-elle toujours aussi accorte ?

— Elle n'est pas pour déplaire, dit le métayer.

— Et bonne fille, j'espère ? En voilà une qui ne s'en ira pas servir dans les auberges !

— Pour ça non.

Le beau soldat ralentissait l'allure de la jument, d'abord parce que la route allait tourner et descendre, et aussi pour mieux voir, dans le prolongement des terres en pente, le Marais de Vendée qui s'ouvrait comme un golfe. Il n'était revenu qu'une fois au pays, dans ses trois années de service. Avec une émotion grandissante, il observait les îlots de peupliers et les menus toits roses perdus dans les espaces d'herbe. Son regard errait de l'un à l'autre. Ses lèvres tremblaient en les nommant. Toute autre émotion se taisait, devant celle du retour.

— La Parée-du-Mont ! dit-il. Qu'est devenu l'aîné des Ertus ?

— Peu de chose, mon gars : il est douanier.

— Et Guérineau, de la Pinçonnière, qui était au 32e de ligne ?

— Celui-là, il a fait comme François : il conduit les tramways dans la ville de Nantes.

— Et Dominique Perrocheau, des Levrelles ?

Le métayer leva les épaules, de déplaisir, car, vraiment, c'était trop peu de chance, d'être obligé toujours de répondre : « En allé, parti, traître au Marais ! » Il dut cependant avouer :

— Tu as appris sans doute qu'il avait gagné les galons d'or, à la fin de son premier congé ? Alors il en a fait un second, et on lui a donné une place, je ne sais pas où, dans les écritures du gouvernement. Un tas de mauvais drôles, tous ces jeunes-là ! Des pas-grand-chose, mon Driot !

— Ah ! j'aperçois la Terre-Aymont ! s'écria André. Elle me paraît moins loin qu'autrefois. Je vois leur meule de foin. Dites-moi, père, il y avait là deux de mes camarades, les fils de Massonneau le Glorieux, l'un plus âgé que moi, l'autre plus jeune. Que font-ils ?

Radieux, Toussaint Lumineau répondit :

— Tous deux cultivent ! Ce sont de bons travailleurs, qui ne craignent pas l'ouvrage. Tu les verras dimanche, à la messe de Sallertaine.

Le fils eut une pensée de soldat, légère, un rire sans malice :

— Va falloir s'y remettre, en effet, à aller à la messe. Là-bas, la dévotion ne nous gênait guère. Souvent, le dimanche, les chefs commandaient des revues. Ils ne font pas attention, comme vous... Mais, vous savez, père, je m'y remettrai bien, à la messe, même à la grande... Ça n'est pas ça qui me coûtera...

— Quoi donc, mon gars ?

Ils se turent un moment l'un et l'autre. Le chemin tournait encore, et laissait voir, à gauche, la Fromentière. D'un même mouvement, le père et le fils s'étaient dressés presque debout, et, se tenant d'une main au bord de la voiture, ils contemplaient le domaine. La Rousse trottait, sans que personne s'occupât d'elle. Un sentiment tendre, noble et cruel pâlissait le visage de Driot. La campagne accueillait son enfant. Pour lui, toute sa jeunesse éparse dans les choses s'éveillait et parlait. Il n'y avait pas une motte de terre qui ne lui criât bonjour, pas un ajonc de fossé, pas un orme ébranché qui n'eût un regard ami. Mais tout lui rappelait aussi le frère et la sœur qu'il ne retrouverait plus.

Sans distraire ses yeux de la Fromentière, il répondit, après un silence et sans nommer ceux auxquels il pensait :

— J'irai les voir à La Roche, bien sûr... Mais on n'est plus tout à fait frères, quand on n'est plus au pays.

Un instant après, dans la cour, il enlevait à bout de bras la petite Rousille, accourue au-devant de lui ; il la regardait bien en face, jusqu'au fond des yeux, en frère qui est devenu soupçonneux au régiment, et qui croit peu à la vertu des femmes ; mais, voyant que les yeux étaient francs et seulement un peu tristes, il l'embrassa, et la posa à terre.

— Tu es toujours la même, sœur Rousille ! C'est bien ! Un peu de peine tout de même d'avoir perdu Lionore ?

— Tu vois ça ?

— Parbleu ! Mais me voilà ! Nous tâcherons de vivre sans eux, n'est-ce pas ?

— Et moi ? dit une grosse voix.

Le soldat quitta Rousille, et se porta au-devant de Mathurin, qui venait en traînant les jambes.

— Ne te dépêche pas, mon vieux ! C'est à moi de courir : j'ai de bonnes jambes !

Penché au-dessus des béquilles et caressant la tête fauve de l'aîné, André ne trouvait pas un mot de réconfort. Lui qui sortait de ces milieux militaires où tout était jeune, dispos, alerte, il ne savait plus cacher son trouble et l'espèce d'horreur que lui faisait l'infirmité de Mathurin. Cependant, pressé par le regard anxieux, le regard du patient qui demandait « Que penses-tu de moi ? toi qui reviens, juge-moi : pourrai-je vivre ? », il finit par dire :

— Mon pauvre vieux, je suis bien content de te revoir aussi. Alors, ça ne va pas plus mal ?

D'un coup d'épaule, l'infirme l'écarta, mécontent.

— Ça va beaucoup mieux, répondit-il, tu verras ! Je marche plus facilement... Je me tiens debout, comme il y a trois ans, quand j'ai cru guérir... Et, pour commencer, j'irai demain, avec vous, à la messe de Sallertaine.

Pour se dispenser de répondre, le soldat se détourna vers le père, qui avait dételé la Rousse et s'avançait en se dandinant, la figure épanouie, n'ayant d'yeux que pour son Driot retrouvé. L'un près de l'autre, ils se dirigèrent vers la maison, ils entrèrent. Mais c'était le métayer qui cédait le pas, lui qui suivait, en ce jour de consolation. L'enfant reconquis allait devant, souple, curieux comme à une première visite, heureux d'être regardé et écouté par les autres. Il ne s'asseyait point, et promenait de chambre en chambre son uniforme bleu et rouge, si étrange dans ce logis de semeurs de blé ; il faisait sonner ses mots pour amuser la Fromentière ; il se heurtait volontairement aux angles, pour sentir le cadre de vieilles pierres où il rentrait ; il ouvrait la huche, se taillait un morceau de pain et y mordait, en disant : « Meilleur que le pain d'Alger, mes amis ! C'est de la fournée de Rousille, pas vrai ? Il est parfait. Nous aurons une bonne métayère. »

Toujours suivi de son père, de Mathurin et de Marie-Rose, il passa de la maison dans les étables et dans les granges.

— Voilà des bœufs que je ne connaissais pas, dit-il.

— Non, mon garçon, je les ai achetés, l'hiver passé, à la foire de Beauvoir.

— Eh bien ! je parie qu'à leur figure je devine leur nom ! Celui-ci, le jaune, qui n'a pas l'air brave, c'est Noblet, et son compagnon, le petit roux, c'est Matelot ?

— Tout juste ! fit le père.

— Pour les autres, nos vieux bœufs, ils n'ont pas changé, sauf qu'ils ont pris de la force et de la corne. La charrue, avec eux, doit bien mordre. Bonjour, Paladin ! Bonjour, Cavalier !

Les bonnes bêtes, couchées dans leur fumier, entendant cette voix jeune qui leur parlait, allongeaient la tête, et, de leurs yeux songeurs, suivaient André.

Un peu plus loin, il se baissa, et prit une poignée de fourrage vert.

— Beau maïs pour la saison ! dit-il. Ça doit venir de nos pièces du haut : de la Cailleterie ?

— Non.

— De la Jobinière alors, où pas un grain ne se perd. En voilà une jolie pièce !

Le père répondait pour ses bœufs, pour ses champs, pour toutes choses, heureux parce que le dernier de ses fils, après trois ans d'absence, aimait encore la terre.

Cependant le beau cavalier riait plus qu'il n'en avait envie, et cachait les tristes idées qui lui traversaient l'esprit, au cours de sa visite. Il fit semblant de ne pas voir, dans l'appentis, les pièges à merles qu'avait construits François l'hiver passé. Plus loin, dans l'aire, comme sur la meule de paille nouvelle, si longue et si bien arrondie au sommet, il y avait un bouquet fané. Il se pencha vers Rousille, et murmura :

— C'est encore François qui l'avait cueilli ? J'ai une peine que je n'aurais pas imaginée, Rousille, de ne plus retrouver François : ça me change la Fromentière.

Mais le père n'entendit rien. Il voyait l'enfant revenu, l'avenir de la Fromentière assuré. Lorsqu'ils rentrèrent tous dans la salle commune, il passa la main sur la veste bleue du chasseur d'Afrique, et dit :

— Je t'aime bien comme ça, mais je parierais que tu ne serais pas fâché de quitter tes hardes de militaire ?

— C'est vrai, papa, répondit André, riant de l'impropriété des mots et de l'invitation déguisée du père. Je ne suis pas à la mode de Sallertaine : je vas m'y mettre.

Dans le fond du coffre, auprès du lit où il devait coucher le soir, dans la chambre la plus éloignée, là-bas, André prit un à un les vêtements de travail, serrés le jour du départ. Il mit une coquetterie à relever sa moustache et le bord de son chapeau. Il fleurit sa boutonnière, d'un brin de jasmin qui pendait le long de la fenêtre. Bientôt il retraversa la maison ; il ouvrit la porte de la cuisine ; on vit se dresser, entre les vieux murs, le plus joli Vendéen du Marais, svelte dans sa veste marquée de plis, blond de cheveux, brun de visage, la mine heureuse de la joie des autres.

— Oh ! mon Driot, dit le père gaiement, te voilà tout à fait revenu ! Tu étais mon fils tout à l'heure, mais pas autant qu'à présent !

Il ajouta :

— Viens boire avec nous ! Nous boirons à ta santé, pour que tu restes à la Fromentière : car, moi, je vieillis vite, et tu me remplaceras.

Mathurin, qui était près de la table, avec le père, devint tout sombre. Quand les verres furent remplis, il leva le sien avec les autres, mais il ne le heurta point contre celui d'André.

7

Sur la place de l'église

Les cloches sonnaient la fin de la grand-messe. L'enfant de chœur répondait : *Deo gratias*. Comme aux jours de sa jeunesse, comme aux dernières années du douzième siècle, où elle fut bâtie, au sommet de l'îlot de Sallertaine, la petite église, toute jaunie à présent par les lichens et les giroflées de muraille, voyait la foule de ses fidèles, vêtus de la même façon qu'autrefois, s'écouler dans le même ordre, franchir les mêmes portes, former sur la place les mêmes groupes homogènes.

C'étaient d'abord les valets de ferme et les fils de métayers, qui sortaient, par la porte de l'orient, du transept où ils avaient entendu la messe, faisaient le tour du chœur, et allaient se masser de l'autre côté, sur le passage des jeunes filles. Celles-ci, entre les colonnes du portail, à l'occident, apparaissaient deux à deux, se signaient en même temps, et s'avançaient les yeux baissés, regardant la pointe de leurs sabots. Elles savaient qu'on étudiait leur visage rose, leurs bandeaux bien lissés sous la pyramide de mousseline, leurs bas fleuris sous la jupe courte, et la manière dont elles marchaient, et celle dont elles croisaient les mains, modestement, sur le tablier de soie. Le recueillement ne durait qu'une vingtaine de pas. Elles se réunissaient, un peu au-delà des hommes, près de la boutique des Michelonne. Et à leur tour elles attendaient. C'étaient alors des yeux bien ouverts, des gris, des bruns, des bleus, des yeux qui n'avaient que la vie et d'autres où vivait une pensée, des lèvres rieuses, un bonheur d'être, un caquetage comme celui des oiseaux en troupe, qui reconnaissent un des leurs.

Après elles, les métayers et leurs femmes, quelques veuves, que signalait le ruban de velours posé à plat sur le bord de la coiffe, les gens rangés, les chefs sortaient de la nef, et l'on voyait beaucoup de figures graves, encore pénétrées par la prière qui avait modelé leurs traits, et qu'elles semblaient continuer dehors, comme des statues en marche. Il y avait beaucoup d'hommes de haute taille, de mine fraîche et tranquille, les joues rasées, sauf une petite touffe de favoris le long de l'oreille. Tous portaient le même costume de laine noire, la veste à col droit, le pantalon à pont, relevé au-dessus de la cheville par un pli cousu, la ceinture verte ou bleue couvrant la moitié du gilet, le chapeau de feutre rond galonné de velours. Ils se mêlaient aux jeunes gens, et grossissaient les groupes, qui se poussaient les uns les autres, et formaient maintenant, jusqu'au dernier contrefort du chœur, une large bande sombre et mouvante.

Les matrones, au contraire, fendaient la foule et passaient. Dans leurs jupes plissées, elles ressemblaient à des tours ornées et pacifiques. A leur regard sans feu, à leur sourire bref, quand elles saluaient une connaissance du bourg, on jugeait que chacune d'elles, revenue des curiosités et des griseries de la jeunesse, n'avait plus de pensée que pour son lot de tendresse, d'inquiétude et de joie, qu'une motte du Marais suffisait à porter. Elles causaient, en marchant, avec des métayères comme elles, recrutaient l'une ou l'autre pour le retour, et, accompagnées, droites et dignes, descendaient vers les routes de la plaine ou vers le port des yoles.

Malgré leur départ, la place de l'église se remplissait de plus en plus. C'était le rendez-vous dominical, le lieu où, depuis des siècles, s'assemblaient les colons des terres marécageuses, où se retrouvaient, pour un court moment, les prisonniers de l'étendue coupée de fossés. Pour eux, l'assistance à la messe était un devoir religieux et aussi une occasion de réunion et de plaisir. Avant de reprendre le chemin de la métairie, ils n'auraient pas manqué, même les plus sages et les plus honorés, d'entrer au cabaret, d'y bavarder une heure avec des amis autour d'une bouteille de gros plant ou de muscadet, et de jouer aux cartes, surtout à ce jeu de luette, venu d'Espagne aux temps anciens. Déjà les hôtelières se tenaient au bas de la place, sur le seuil de leur porte, et on entendait s'échapper des salles blanches les rires de premiers buveurs, les mots de convention des premiers joueurs de luette, qui s'interpellaient : « A vous ! — A moi ! — Je joue un chevaux. — Moi, je fais mérienne. »

Cependant, parmi les jeunes filles groupées en arrière des hommes, le long des maisons, l'animation était plus vive que de coutume. Elles considéraient toutes la porte de l'église, par où se hissaient maintenant les bonnes femmes diseuses de rosaires, longues en leurs dévotions.

— Il va sortir ! disait la grande Aimée Massonneau, la fille du Glorieux, de la Terre-Aymont. L'avez-vous vu, ce pauvre Mathurin Lumineau ? Il a voulu venir à la messe : Dieu l'en dispense pourtant !

— Oui, répondit la petite rousse de Malabrit. Voilà six ans qu'il n'a pas paru dans Sallertaine.

— Six ans, vous croyez ?

— Je me souviens : c'était l'année où ma sœur s'est mariée.

— Et pourquoi pensez-vous qu'il soit venu ? demanda Victoire Guérineau, de la Pinçonnière, une méchante langue et une jolie fille, qui avait la peau rose comme une églantine. Car il a dû prendre sur lui, pour venir !

— C'est par honneur pour le père, dit une voix. Le vieux est si triste depuis qu'Eléonore et François sont partis !

— C'est pour se montrer avec son frère André, dit une autre. Un beau gars, André Lumineau ! et s'il voulait de moi...

Victoire Guérineau se mit à rire avec les autres, et reprit :

— Vous n'y êtes pas : il vient pour Félicité Gauvrit !

— Oh ! oh ! dirent toutes celles des premiers rangs..., vous êtes méchante... Si elle vous entendait !

Et plusieurs se détournèrent vers le perron des Michelonne, près duquel se trouvait, au milieu d'un petit rassemblement, l'ancienne fiancée de Mathurin Lumineau. Mais presque aussitôt une rumeur courut :

— Le voilà ! Le pauvre ! comme il a du mal à se porter !

En effet, sous l'ogive badigeonnée, dans l'encadrement de la porte basse ouverte à un seul battant, un être difforme s'agitait. Serré entre le mur et le montant de bois, il luttait, pour se couler par ce chemin trop étroit. Une de ses mains, soulevant une béquille, s'accrochait à une des colonnettes de la façade, et tâchait d'attirer le corps. Une épaule seule passait, avec la tête rejetée un peu en arrière, la tête souffrante qui disait la violence de l'effort et la puissance d'une volonté qui ne cédait jamais. Mathurin Lumineau paraissait étouffer. Il ne regardait personne, dans cette multitude dont il était le point de mire. Son regard, un peu au-dessus des filles de Sallertaine, là-bas, fixait le clair du ciel avec une expression d'angoisse qui agissait sur la foule. Les conversations s'interrompaient. Des voix commençaient à murmurer :

— Secourez-le donc ! Il étouffe !

Quelques hommes firent un mouvement, pour se rapprocher de l'infirme et l'aider. En ce moment même, dans l'ombre de l'église, invisible, le vieux père demandait :

— Veux-tu que je t'emporte, Mathurin ? Ça ne passe pas : veux-tu ?

Et l'autre répondait tout bas, avec un accent d'énergie terrible, que personne dehors ne pouvait saisir :

— Ne me touchez pas ! Boudre ! ne me touchez pas ! Je sortirai seul !

Enfin, le buste énorme se dégagea, et fut projeté en avant. L'homme eut de la peine à éviter une chute et à reprendre son aplomb. Quand il put s'arrêter, il caressa sa barbe fauve, et remit son chapeau, que la secousse avait déplacé. Puis, tenant serrées ses béquilles, s'appuyant le plus qu'il pouvait sur ses jambes, Mathurin Lumineau regarda droit en face de lui, et s'avança vers les groupes d'hommes, qui s'ouvrirent silencieusement. Personne n'osait l'aborder. On avait perdu l'habitude de le voir. On ne savait pas ce qu'il allait faire. Mais toute l'attention s'était concentrée sur lui, et nul ne remarqua le métayer, ni André, ni Marie-Rose, qui sortaient derrière lui, et cherchaient à le rejoindre.

L'infirme atteignit bientôt l'endroit où les jeunes filles étaient rassemblées. Elles s'écartèrent comme les hommes, plus rapidement même, parce qu'elles avaient compris ce qu'il voulait. Un chemin se fit parmi elles, et s'allongea jusqu'aux maisons.

Alors, au fond de cette avenue vivante, bordée de robes noires et de coiffes blanches, on vit, contre le mur des Michelonne, toute seule, debout, Félicité Gauvrit. Elle était le but. Elle le savait. Elle avait prévu son triomphe. Dès qu'elle avait aperçu Mathurin, dans le banc des Lumineau, elle s'était dit : « Il vient pour moi. Je me cacherai au fond de la place, et il me poursuivra. » Car elle était fière de montrer qu'on l'aimait encore, cette grande et superbe fille, que personne ne voulait épouser.

Les femmes qui causaient avec elle s'étaient prudemment éloignées. La Maraîchine restait seule, sous la fenêtre des Michelonne. Droite, habillée d'étoffes raides et lourdes comme une poupée de musée, ses bandeaux bruns luisant sous la coiffe très petite, le teint d'une blancheur insolente, le cou dégagé, les bras tombant le long de son tablier de moire, elle regardait venir à elle, entre deux haies de curieux, son fiancé de jadis. Tant de visages haussés ou penchés vers elle ne l'intimidaient pas. Peut-être reconnaissait-elle, sur le dos de Mathurin, la même veste qu'il portait le soir du malheur ; à son cou la même cravate qu'il avait tirée de l'armoire. Elle demeurait calme et hardie. Elle souriait même un peu. Lui, il arrivait, suspendu entre ses béquilles, les yeux fixés, non pas sur sa route, mais sur Félicité Gauvrit. Ce qu'il voulait, le pauvre gars, c'était la revoir et c'était aussi lui faire entendre que la santé renaissait en lui, qu'une espérance se levait sur sa misère, et que le cœur de Mathurin Lumineau n'avait pas varié. Ses yeux sombres disaient tout cela, tandis qu'il s'approchait. Ils offraient, en prière lamentable, les longues souffrances de son corps et de son esprit à celle qui les avait causées : mais ses forces le trahirent. Il devint d'une pâleur extrême, quand la belle fille, devant tout ce monde, lui dit la première :

— Bonjour, Mathurin !

Il ne put répondre. D'avoir vu sourire les lèvres pourpres de la Maraîchine, et d'être si près d'elle, et de l'entendre parler du même ton que s'ils s'étaient quittés la veille, il défaillait.

Il renversa un peu sa tête rousse, entre ses béquilles, vers Driot qui se trouvait en arrière. Le regard suppliait : « Emmène-moi ! » Le cadet comprit, et passa le bras sous le bras de son frère. Puis il répondit tout haut, pour donner le change et distraire l'attention de la foule :

— Bonjour à vous-même, Félicité ! Voilà des temps que je ne vous ai vue : ça ne vous change pas.

— Ni vous ! dit-elle.

On entendit quelques rires, mais il y eut, dans le nombre de ceux qui étaient là, des âmes qui pleurèrent secrètement, ou qui s'attendrirent. Quelques-unes des plus jeunes, parmi les filles de Sallertaine, s'émurent de pitié, pour le malheureux qui s'en allait confus, épuisé, soutenu par le bras d'un autre ; elles plaignirent l'infirme, qui n'obtiendrait jamais un amour comme celui que chacune d'elles, en son cœur, préparait et promettait au fiancé inconnu. L'une murmura :

— Il n'est pas malade seulement des jambes : ça lui tient tout l'esprit !

Plusieurs femmes, des mères qui s'en retournaient avec leurs enfants, ralentirent la marche, en voyant le groupe qui descendait vers la route de Challans : le vieux Toussaint, André et Mathurin, Marie-Rose en arrière. Elles se souvinrent, avec un frisson de peur, du magnifique adolescent qu'avait été l'infirme, et elles songèrent : « Pourvu qu'il n'en arrive point autant à nos fils qui grandissent ! »

Félicité Gauvrit commençait à s'émouvoir à son tour, mais d'une émotion différente. Après le départ des Lumineau, la curiosité s'était rapidement détournée d'elle. Une partie des hommes entourait le garde champêtre qui, monté sur une borne, publiait les objets perdus et les fermes à louer ; une partie entrait dans les auberges. Les jeunes filles, par petites bandes, se réunissaient pour le retour. A chaque moment, on voyait cinq ou six coiffes blanches, avec des saluts qui les inclinaient et les relevaient, se séparer des autres, et descendre à droite ou à gauche. Félicité, qui était demeurée seule, plusieurs minutes, sous la fenêtre des Michelonne, rejoignit un de ces groupes, qui devait se diriger vers le haut Marais, à l'ouest de Sallertaine. On l'accueillit avec un peu de gêne, comme une fille compromettante, avec qui l'on ne veut pas se brouiller, mais que les mères recommandent de ne pas fréquenter. Des cris partirent à son adresse, quand elle passa devant les auberges, des agaceries de jeunes gens rassemblés et buvant. Elle ne répondit rien. Ses compagnes et elle dévalèrent le petit coteau qui porte les maisons du bourg, et s'avancèrent alors en plein Marais, sur la route qui mène au Perrier.

En cette saison, et lorsque les pluies d'automne n'ont pas encore été abondantes, on peut se rendre à pied, sans le secours des yoles, dans beaucoup de métairies. La levée de terre, raboteuse et mal entretenue, flanquée de deux fossés pleins d'eau, filait au milieu des prés. Le vert fané des herbes vêtait l'étendue sans colline, sans mouvement d'aucune sorte, jusqu'à l'extrême horizon où il s'embrumait un peu. Des chevaux qui paissaient, tendaient le cou et regardaient passer le petit groupe noir et blanc dans l'immensité uniforme. Des canards, entendant du bruit, se coulaient dans les joncs, qui tremblaient de la pointe. De loin en loin, un remblai en dos d'âne, plus étroit, s'embranchait sur la route. Une des jeunes filles se détachait du groupe, et gagnait par là quelque maison lointaine, dont on ne devinait la place qu'à une touffe de peupliers montant du sol comme une fumée. Félicité Gauvrit, sortant un instant de sa songerie, disait : « Au revoir ! » et se remettait à marcher silencieusement.

Bientôt elle fut seule, sur le chemin qui continuait à fuir vers la mer. Alors elle ralentit le pas, et s'absorba toute dans sa méditation sans témoin.

Elle n'était pas heureuse : le père Gauvrit, à soixante-cinq ans, s'était remarié avec une fille de trente, une coureuse de grèves, qu'il avait été chercher à La Barre-de-Monts, et à qui il avait donné, en « droit de jeunesse », le plus clair de son bien. Cette jeune belle-mère n'était pas tendre pour Félicité. Chacune d'elles reprochait à l'autre, non sans raison d'ailleurs, de trop dépenser et de ruiner la maison. Le frère aîné, douanier aux Sables-d'Olonne, joueur et viveur, menaçait perpétuellement le bonhomme d'un procès en reddition de comptes, l'intimidait et puisait aussi, par ce moyen, dans le capital diminué des Gauvrit. La vieille famille, qui avait tenu un rang dans le Marais, déclinait rapidement. Félicité ne s'en apercevait que trop. Les jeunes gens de Sallertaine et des paroisses voisines venaient encore aux veillées de la Seulière, dansaient, buvaient, plaisantaient avec la jeune fille, mais aucun ne s'offrait à l'épouser. La ruine probable, les divisions de la famille écartaient les prétendants.

Mais une autre raison, plus vraie et plus profondément entrée dans les esprits, empêchait les fils de métayers, et jusqu'aux simples valets de ferme, de demander la main de Félicité Gauvrit. C'était une sorte de lien d'honneur, une dette de fidélité, rendue plus sacrée par le malheur, et que l'opinion publique s'entêtait à maintenir, entre la Seulière et la Fromentière. Dans la pensée de tous, Félicité Gauvrit était demeurée comme une alliée des Lumineau, une fille qui n'avait pas le droit de retirer sa promesse, et qu'on ne devait pas rechercher en mariage, tant que Mathurin vivrait. Quelques-uns éprouvaient aussi, peut-être, une crainte superstitieuse. Ils auraient eu peur de se mettre en ménage avec une fille dont le premier amour avait été si malchanceux.

Toutes les avances qu'elle avait faites avaient échoué.

Elle en était irritée et aigrie. Dans son dépit, elle avait été jusqu'à regretter que l'infirme n'eût pas été tué sur le coup. S'il était mort, lui qui vivait à peine, elle eût recouvré sa liberté. Le passé eût été vite oublié, tandis qu'il y avait là, pour le rappeler à tous, dans la paroisse même, un pauvre gars errant sur des béquilles, autour de la ferme qu'il aurait dû gouverner. Elle avait trouvé quelquefois que la mort mettait bien du temps à achever ses victimes. Puis elle s'était ressaisie. En fille avisée, elle avait compris que l'opinion la liait, malgré elle, aux Lumineau, et que, par eux seulement, elle pouvait réaliser l'ambition qui la possédait : sortir de la Seulière, échapper à la domination de sa belle-mère, gouverner une grande ferme, être plus riche et plus libre qu'elle n'était chez elle. Elle qui n'avait jamais aimé, qui n'était qu'une créature de vanité, comme la campagne en a quelques-unes, elle s'était dit : « J'attendrai. Je ne retournerai pas à la Fromentière, afin qu'on m'y regrette toujours plus. Un jour, Mathurin viendra à moi, ou il m'appellera. Je suis sûre qu'il ne m'a point oubliée. C'est une folie, mais qui me servira. Grâce à lui, je rentrerai chez eux, je les reverrai tous : le vieux qui se défie de moi, mais qui cédera, les jeunes qui m'aimeront, parce que je suis belle. Et j'épouserai François ou André. Je serai métayère, comme je devais l'être, dans la plus belle ferme de la paroisse. »

Or, François, qu'elle avait essayé de séduire, s'était dérobé, mais voici que Mathurin était venu à elle. Au prix de fatigues et de souffrances sans nom, il s'était traîné jusqu'à Sallertaine pour la saluer, publiquement. Et André, devant toutes les filles du bourg, avait dit :

— Voilà des temps que je ne vous ai vue : vous n'avez pas changé.

La belle fille avait cueilli un de ces iris jaunes, qui poussent en grand nombre dans les fossés du Marais. A demi rieuse, elle songeait à ce triomphe de tout à l'heure, la fleur pendante au coin de la lèvre, laissant baller ses bras qui, à chaque pas, frôlaient avec un murmure la moire du tablier. Le sourire s'en allait très loin, comme le regard, à la vague limite des prés. Elle songeait qu'André ferait un joli mari, plus élégant que n'était, même autrefois, Mathurin ; qu'il n'avait du reste qu'un an de moins qu'elle ; qu'il avait eu une manière plaisante, vraiment, et assez hardie de lui dire : « Vous n'avez pas changé. » Elle pensait aussi : « A la première occasion, je les inviterai à veiller chez nous. Je suis sûre qu'André viendra. »

Lentement, elle marchait, sur la levée raboteuse et ardente de soleil. Les grillons chantaient midi. L'odeur âcre des roseaux fanés passait par intervalles. Tout entière à son rêve, Félicité Gauvrit ne s'apercevait pas qu'elle était presque rendue chez elle.

Elle eut comme un réveil douloureux, en remarquant tout à coup une blancheur dans les prés, à droite. C'était la Seulière. En même temps, un doute s'éleva dans son esprit, question inquiétante, mauvaise fin de rêve : si André se dérobait, lui aussi ? Ou bien si Mathurin, grisé comme il le serait par le moindre mot de souvenir, et devenu plus pressant et plus jaloux encore, devinait trop tôt ce qu'on méditerait autour de lui ?

Au-dessus du canal, sur le milieu d'un pont en dos d'âne, qui reliait les prés à la route, Félicité Gauvrit s'était arrêtée. La grande créature souple étendit les bras au soleil, fronça, dans un moment de colère, ses sourcils bruns, et cracha la fleur d'iris, qui tomba dans l'eau. Puis, l'ayant suivie du regard, elle se mira une seconde, et se redressa souriante.

— Je réussirai, dit-elle.

Et, descendant le talus du pont, elle gagna la Seulière par la traverse.

8

Les conscrits de Sallertaine

L'après-midi de ce dimanche d'automne fut marqué par une paix plus profonde encore qu'à l'ordinaire. L'air était tiède ; la lumière voilée ; le vent, qui s'était levé avec la mer et poussait plus loin qu'elle sa marée, en traversant l'immense plaine herbeuse, ne récoltait pas un bruit de travail, pas une plainte de charrue, pas un heurt de pelle, de marteau ou de hache. Les cloches seules parlaient haut. Elles se répondaient les unes aux autres, celles de Sallertaine, du Perrier, de Saint-Gervais, de Challans, qui a une église neuve pareille à une cathédrale, de Soullans caché dans les arbres des terres montantes. Les volées de la grand-messe, le tintement de l'Angélus, les trois sons des vêpres leur laissaient peu de repos. Elles lançaient au loin les mêmes mots entendus bien des fois, compris depuis des siècles : adoration de Dieu, oubli de la terre, pardon des fautes, union dans la prière, égalité devant les promesses éternelles ; et les mots s'envolaient dans l'espace, et se nouaient avec un frisson, et c'étaient des guirlandes de joie jetées d'un clocher à l'autre. Parmi les remueurs de terre, les gardiens de bestiaux, les semeurs de fèves, bien peu ne leur obéissaient pas. Les routes, désertes toute la semaine, voyaient passer et repasser, hâtant la marche, les familles qui habitaient aux limites de la paroisse et, plus lentes, celles qui demeuraient à distance de promenade. Dans le canal élargi qui aboutit au pied de l'église, et sert de port à Sallertaine, il y avait toujours quelque yole en mouvement.

Vers le soir, le bruit des cloches cessa. Les buveurs eux-mêmes avaient quitté les auberges, et regagné les métairies assoupies dans la clarté blonde du couchant. Un silence universel envahissait la campagne. Peu bruyante les jours de travail, elle était, à la fin de la semaine, pendant quelques heures, toute recueillie et muette. Trêve dominicale qui avait sa signification grande, où se refaisaient les âmes, où les familles groupées, calmes, songeuses, comptaient leurs vivants et leurs morts.

Mais, ce jour-là, la paix fut de courte durée.

Mathurin Lumineau et André se reposaient dans le chemin vert de la Fromentière, en dehors de la haute porte de pierre, sous les ormes qui servaient d'abri provisoire aux charrettes et aux herses. L'infirme, couché en demi-cercle sur les traverses de bois d'une des herses, un vieux manteau sur les jambes, se remettait de l'effort et de l'émotion du matin. André, par amitié pour lui, n'avait pas voulu retourner au bourg avec le père, et, étendu à plat ventre dans l'herbe, lisait le journal à haute voix. De temps en temps, il commentait les nouvelles, lui qui avait couru le monde ; il expliquait où se trouvaient Clermont-Ferrand, l'Inde, le Japon, Lille en Flandre, et, en le faisant, il tordait sa petite moustache blonde, et toute la fleur de sa jeunesse, un peu d'amour-propre naïf apparaissaient dans sa physionomie ouverte et amusée.

Vers quatre heures, sur la gauche de Sallertaine, un clairon sonna. Ce devait être à mi-distance entre la paroisse des Lumineau et celle de Soullans, en plein Marais. Mathurin, réveillé de la torpeur où la lecture l'avait plongé, regarda André, qui avait laissé tomber le journal, à la première note, et qui, le visage levé, l'oreille tendue, souriait à la fanfare.

— Ce sont les gars de la classe, dit l'aîné ; ils vont partir bientôt, et ils se promènent.

— Ils jouent la fanfare des chasseurs d'Afrique, répondit le cadet, avec une flamme dans les yeux. Je la reconnais. Il y a donc un ancien de chez nous, dans le Marais ?

— Oui, le fils d'un bourrinier du Fief. Il a fait son temps dans les zouaves.

Il y eut un silence, pendant lequel les deux hommes écoutèrent la sonnerie de l'ancien zouave. Leurs pensées, en ce moment, étaient bien différentes. André revoyait, en imagination, dans les lointains du Marais, une ville blanche, des rues étroites, une troupe de cavaliers sortant d'une porte crénelée, dont la voûte faisait écho. Mathurin observait l'expression de son frère, et pensait : « Il a encore l'esprit là-bas, d'où il vient. » Ses traits se détendirent, et ses yeux se dilatèrent une seconde, comme ceux d'une bête qui découvre sa proie, puis il se replia sur son rêve habituel.

— Driot, dit-il après un long moment, tu aimes cette musique-là ?

— Mais oui.

— Tu regrettes le régiment ?

— Non, par exemple ! Personne ne le regrette.

— Alors, qu'est-ce qui te plaisait là-bas ?

Le jeune homme interrogea le visage de l'aîné, d'un coup d'œil, comme s'il cherchait : « Pourquoi me demande-t-il cela ? » Puis il répondit :

— Le pays... Ecoute encore... C'est la diane, à présent...

La sonnerie du clairon, grêle et précipitée, cessa bientôt. Des voix fortes, mal exercées, cinq ou six ensemble, entonnèrent le *Chœur des Girondins*. Quelques mots arrivèrent jusqu'à la Fromentière : « Mourir pour la patrie... le plus beau... d'envie... » Les autres se perdaient dans l'espace. Mais le bruit s'était rapproché. Les deux frères, immobiles sous le couvert des ormes, poursuivant chacun le songe où la première note l'avait jeté, écoutaient monter vers eux les conscrits de Sallertaine.

Toussaint Lumineau écoutait aussi. Il s'en revenait, après les vêpres, doucement accompagné par son ami Massonneau, un grand métayer maigre, qui avait la peau brune comme un grain de froment, les cartilages du cou saillants comme un bréchet de poule, et, dans la mâchoire, un tic nerveux qui lui faisait, à chaque instant, lever le menton, d'où son surnom de Glorieux. Lumineau et le Glorieux causaient des derniers événements de la Fromentière. Ils représentaient, l'un et l'autre, la vieillesse et la sagesse du Marais. Ils connaissaient les noms et les surnoms, les parentés, l'histoire de tous ceux qui vivaient en Sallertaine, et celle d'au moins deux générations disparues. Arrivés aux dernières maisons du bourg, un peu après le pont qui traverse l'étier, ils s'arrêtèrent, sous le coup de la même impression, et tournèrent le visage du côté du vent.

— Entends-tu, Glorieux ? dit Lumineau. Ils sonnent de la trompette, et ils chantent, les pauvres enfants ! Mais les parents de ceux qui partent peuvent bien pleurer.

— Oui, dit Massonneau en relevant le menton : les parents sont à plaindre.

— Je les nommerais tous, rien qu'à écouter d'ici la voix de leurs gars, reprit Lumineau. Vous, bonnes gens de la Bonnellerie et vous du Grand-Paiement ; vous de Juche-Pie ; vous des Linottières et vous de la Belle-Blanche, je reconnais la voix de vos gars. Qu'ils ne fassent pas comme mon François ! C'est là où ils vont que son cœur a changé. La ville m'a pris mon enfant.

— Comme elle a pris celui de la Pinçonnière, dit le Glorieux.

— Comme celui des Levrelles.

— Comme celui de la Parée-du-Mont.

La litanie eût pu être longue. Massonneau l'interrompit, parce que la musique se rapprochait décidément de la bordure du Marais.

— Ils se reprennent à chanter, dit-il. Les voilà qui montent par chez toi, Lumineau.

Les conscrits de Sallertaine montaient, en effet, vers la Fromentière. Tantôt leurs voix, tantôt les notes de cuivre du clairon s'envolaient au-dessus du Marais silencieux. Elles s'en allaient loin, emportées par le vent, comme la graine de souci, qui va tomber partout. Et partout, sans qu'il y parût rien, des âmes s'agitaient, d'anciennes douleurs s'éveillaient, d'humbles gens, habitants des fermes isolées ou des villages, écoutaient, avec un serrement de cœur, passer les conscrits de Sallertaine.

Quand ceux-ci eurent gagné le pré de la Fromentière, Mathurin, qui les suivait au bruit, depuis longtemps, et, avec son sens merveilleux d'observation, se rendait compte de leur route, dit à André :

— Ils se sont déjà arrêtés dans trois métairies. Je pense qu'ils font la quête de la classe. Tu n'as pas connu ça, toi ? Voilà deux ans seulement qu'ils ont eu l'idée de passer dans les maisons où il y a une jeune fille de leur âge, et ils lui demandent une poule, pour se racheter du service. Rousille est du tirage... Tu devrais prendre une poule, que tu leur donneras, quand ils passeront.

— Je veux bien ! dit André en riant, et se levant d'un bond. J'y cours. Et que font-ils des poules ?

— Ils les mangent, donc ! Ils font deux, trois, quatre dîners d'adieu. Dépêche-toi : ils arrivent.

André disparut dans la cour de la métairie. On entendit bientôt son rire clair, ses pas précipités du côté de l'aire, puis les cris d'effroi d'une poule qu'il avait dû saisir. Quelques minutes plus tard, il revint, tenant par les pattes l'oiseau, dont les ailes rondes, mouchetées de gris et de blanc, touchaient l'herbe et se relevaient au rythme de la marche.

Au même moment, un coup de clairon retentit au bas du verger clos. Mathurin s'était à demi redressé sur la herse, et, les deux mains appuyées aux traverses, les bras tendus, sa tête ébouriffée en avant, il guettait l'arrivée des promeneurs. André se tenait debout à côté de lui. En face d'eux, juste dans l'ouverture du chemin qui descendait au Marais, le soleil se couchait. Son globe énorme, orangé par la brume, emplissait tout l'espace entre les deux talus, au sommet de la butte sans arbres.

Et voici que, dans cette gloire, trois filles apparurent. Elles montaient, enlacées, la plus grande au milieu, toutes trois vêtues de noir avec des coiffes de dentelles. Le jais de leurs mouchoirs de velours brillait sur leurs épaules. Elles s'avançaient en balançant leur tête. C'étaient des filles de Sallertaine. Mais la lumière était derrière elles, et nul n'aurait pu dire leurs noms, excepté Mathurin, qui, dans celle du milieu, avait reconnu Félicité Gauvrit. A quelques pas en arrière, venaient le sonneur de clairon, un porte-drapeau, et cinq jeunes hommes en ligne, qui tenaient, pendues par un lien de chanvre ou couchées sur un bras, les poules récoltées dans les fermes.

La troupe suivit le chemin, fit une centaine de mètres, et s'arrêta entre les ormes et le mur ruiné de la Fromentière.

— Bonjour, les frères Lumineau ! dit une voix.

Il y eut des rires, dans la bande excitée par la course et par le muscadet des métairies. L'infirme fléchit sur ses poignets, et regarda du côté d'André.

Félicité Gauvrit, sans quitter ses compagnes, s'était portée un peu en avant de la bande et considérait, d'un air de complaisance, le dernier fils de la Fromentière, qui tendait la poule grise à bout de bras.

— Vous avez donc deviné, André ? reprit-elle. Ce que c'est que les garçons d'esprit !... Allons, prenez la poule de Rousille, Sosthème Pageot.

Un vigoureux gars, rougeaud, la mine hébétée comme ceux que le vin commence à étourdir, sortit du rang, et prit l'oiseau. Mais à l'attitude moqueuse d'André, au silence qu'il gardait, Félicité devina que celui-ci s'expliquait mal la présence de la fille de la Seulière, en pareille compagnie, car elle ajouta négligemment :

— Vous pouvez croire que je ne cours pas tous les jours le Marais avec des conscrits. Si je le fais aujourd'hui, c'est pour rendre service. Ces deux amies que vous voyez, et qui sont de la classe, ont été désignées par le sort pour quêter. Mais elles n'osaient pas aller seules, et la quête aurait manqué sans moi.

Elle s'exprimait bien, avec une certaine recherche qui dénotait l'habitude de la lecture.

— Ç'aurait été dommage ! dit le jeune homme, sans conviction.

— N'est-ce pas ? D'autant plus qu'on ne me voit pas souvent dans vos quartiers.

Elle détourna la tête vers les fenêtres de la Fromentière, les étables, les meules de foin, soupira, et dit, presque aussitôt, d'un ton enjoué :

— Vous veillerez bien un de ces soirs avec nous, André ? Les Maraîchines vous espèrent.

Il y eut des signes d'approbation, à sa droite et à sa gauche.

— Peut-être, fit André. Il y a si longtemps que je n'ai dansé à Sallertaine : l'envie peut m'en reprendre !

Elle le remercia d'un petit clignement d'yeux. Alors seulement, elle eut l'air de remarquer Mathurin Lumineau, qui la regardait, lui, avec tant de passion et de douleur mêlées. Elle prit, pour lui parler, une expression de pitié, et de gêne aussi, qui n'était pas toute feinte :

— Ce que je dis à l'un, vous comprenez, Mathurin, je le dis à toute la maison... Si ce n'était pas une fatigue pour vous ?... J'ai eu plaisir à vous revoir à la messe, ce matin... Cela prouve que vous allez mieux...

L'infirme, incapable de répondre autre chose que des mots tout faits et tout prêts dans son esprit, balbutia :

— Merci, Félicité ; vous êtes bien honnête, Félicité...

Ce nom de Félicité, il le disait avec une sorte d'adoration, qui sembla émouvoir, tout abrutis qu'ils fussent, deux ou trois conscrits de Sallertaine.

— De quel régiment étais-tu, Mathurin ? demanda le porte-drapeau.

— Troisième cuirassiers !

— Clairon, une fanfare de cuirassiers pour Mathurin Lumineau ! En avant, marche !

Les trois filles du Marais, le clairon, le porte-drapeau, les cinq jeunes hommes rangés en arrière, quittèrent l'ombre des ormes, et remontèrent le chemin vers les Quatre-Moulins. Une poussière traversée de rayons s'éleva au-dessus d'eux. La fanfare fit trembler les vieilles pierres de la métairie.

Quand le dernier bonnet de dentelles eut disparu entre les ajoncs et les saules de la route, Mathurin dit à son frère, qui avait repris le journal et le lisait distraitement :

— Croirais-tu, Driot, que, depuis six ans, c'est la première fois qu'elle passe ici ?

André répondit, trop vivement :

— Elle t'a déjà écrasé une première fois, mon pauvre gars : il faut prendre garde qu'elle ne recommence pas !

Mathurin Lumineau grommela des mots de colère, ramassa ses béquilles, et s'éloigna de quelques pas, jusqu'au dernier arbre, contre lequel il se tint debout. Les deux frères ne se parlèrent plus. Tous deux, vaguement, et poussés par l'instinct, ils regardaient le Marais, où les derniers rayons du jour s'éteignaient. Au-dessous des terres plates, le soleil s'abaissait. On ne voyait plus, de son globe devenu rouge, qu'un croissant mordu par des ombres, et sur lequel un saule d'horizon, un amas de roseaux, on ne sait quoi d'obscur, dessinait une couronne d'épines. Il disparut. Un souffle frais se leva sur les collines. Le bruit de fanfare et de voix, qui s'éloignait de plus en plus, cessa de troubler la campagne. Un grand silence se fit. Des feux s'allumèrent, çà et là, dans l'étendue. La paix renaissait : les douleurs, une à une, finissaient en sommeil ou en prière du soir.

Le vieux Lumineau, qui arrivait du bourg, reconnut ses deux fils le long des arbres du chemin, et, les voyant immobiles, dans la contemplation des terres endormies, ne pouvant deviner leurs pensées, dit d'une voix claire :

— C'est beau le Marais, n'est-ce pas, mes gars ? Allons, rentrons de compagnie : le souper doit attendre.

Il ajouta, parce que, dans l'ombre, André s'avançait le premier :

— Que je suis content que tu sois revenu de l'armée, toi, mon Driot !

9

La vigne arrachée

L'hiver était venu. La Fromentière paraissait calme et heureuse. Celui qui eût parcouru les champs, et regardé les hommes qui les cultivaient, n'eût pas eu de crainte pour l'avenir de la métairie. Le valet nouveau ne se dérangeait point, comme disait Toussaint Lumineau, c'est-à-dire qu'il peinait régulièrement quatorze heures par jour, sans prononcer quatorze mots. André faisait l'orgueil et la joie du père qui, lui-même, ne s'épargnait guère. Bon laboureur, bon semeur, matinal, soigneux des bêtes et de toute chose, il se remettait au travail de la terre, avec une ardeur qui prouvait, chez le jeune homme, une vocation inébranlable et la résolution de demeurer paysan.

Cependant, au fond de ce cœur inquiet et tendre, l'ennui grandissait. André ne pouvait s'habituer à ne plus voir François. L'ami de ses vingt premières années, le compagnon sans lequel l'image même de la Fromentière ne s'était jamais présentée à son esprit, lui manquait. Une semaine après son retour au pays, André était allé embrasser son frère et Eléonore, à La Roche-sur-Yon. Il les avait trouvés installés dans une maison de faubourg, un peu gênés déjà, maugréant, l'un contre la dureté des chefs, l'autre contre la clientèle qui ne venait pas : sans regret pourtant de ce qu'ils avaient fait, et définitivement conquis à la ville, par la facilité de la vie sans contrôle et sans prévoyance. Il était revenu de là sans la moindre tentation de suivre leur exemple ; plus sévère même contre ceux qui avaient renié le travail des champs, mais frappé d'une idée fixe : il cherchait partout François. La Fromentière, où François ne vivait plus, lui paraissait déserte et vide. C'était une obsession dont il ne pouvait se débarrasser, une souffrance qu'il ne disait à personne, mais que chacun, sans le vouloir, renouvelait. Le métayer, dont la colère était tombée, surtout depuis qu'il savait que les affaires de ses enfants de la ville n'étaient pas brillantes, recommençait à parler volontiers de François, comme pour encourager secrètement les autres à se souvenir, et à tenter de ramener l'ingrat. Il disait : « Aujourd'hui, nous ensemencerons la Cailleterie, où François n'a fait que deux sillons » ; ou bien : « Donne-nous ce soir des châtaignes cuites sous la cendre, Rousille, comme François les aimait. » Il pensait bien agir ainsi, et rassembler en quelque manière ceux que le malheur avait dispersés. Rousille l'imitait. Les choses parlaient plus souvent encore et nommaient l'absent : c'étaient la fourche dont il se servait d'ordinaire, un panier tressé par lui, une corde enroulée sur une poutre de l'étable par une main qui n'était plus là, ou simplement des coins de champs ou de chemins qu'un souvenir avait marqués, une souche creuse, un buisson, et tout le Marais même, à vrai dire, où, pendant des années, deux enfants presque du même âge, frères qui ne se quittaient pas, avaient ensemble conduit les vaches, sauté les fossés à la perche et chassé les oiseaux.

Pauvre François, lent à l'ouvrage, dépensier, porté au plaisir, la légende déjà travaillait pour lui à la Fromentière ! Un regret tendre et touchant lui gardait sa place, et l'exagérait même dans la famille diminuée. André s'ennuyait, et, déçu dans la joie du retour, n'aimait plus la Fromentière nouvelle comme il avait aimé l'ancienne.

Elle avait tant changé ! Il l'avait connue animée par le bruit et le travail d'une famille nombreuse et unie, dirigée par un homme dont l'âge avait respecté la vigueur et la gaieté même, servie par plus de bras qu'elle n'en demandait, aveuglément chérie et défendue, comme les nids qu'on n'a point encore quittés. Il la retrouvait méconnaissable. Deux des enfants s'étaient enfuis, laissant la maison triste, le père inconsolé, la tâche trop lourde aussi pour ceux qui restaient. Rousille s'épuisait. André sentait bien qu'il ne suffirait pas pour entretenir la Fromentière en bon état de culture, pour l'améliorer surtout, comme il avait médité si souvent de le faire, lorsqu'en Afrique, pendant les nuits chaudes où l'on ne dort pas, il songeait aux champs de chez lui. Il eût fallu au moins deux hommes jeunes et forts, sans compter l'aide du valet : il eût fallu François auprès d'André !

Celui-ci luttait contre le découragement qui l'envahissait, car il était brave. Chaque matin, il partait avec la résolution de tant travailler que toute autre pensée lui serait impossible. Et il labourait, hersait, semait, ou bien il creusait des fossés, ou plantait des pommiers, sans prendre de repos, avec tout son courage. Mais toujours le souvenir de François lui revenait ; toujours le sentiment de la déchéance de la métairie. Les journées étaient longues, dans la solitude ; plus encore à côté du nouveau valet, manœuvre indifférent, que les projets ni les regrets de ce fils de métayer ne pouvaient intéresser. Le soir, quand André rentrait, à qui se serait-il confié et qui l'eût consolé ? La mère n'était plus là ; le père avait trop de peine déjà à garder lui-même ce qu'il faut d'espérance et de vaillance pour ne pas plier sous le malheur ; Mathurin était si peu sûr et si aigri, que la pitié pouvait aller à lui, mais non l'affection vraie. Il y aurait eu Rousille, peut-être. Mais Rousille avait dix-sept ans quand André l'avait quittée. Il continuait de la traiter en enfant, et ne lui disait rien. D'ailleurs, c'est à peine si on la voyait passer, la petite, toujours préoccupée et courant. Morne maison ! Le jeune homme y souffrait d'autant plus qu'il sortait du régiment, où la vie était dure sans doute, mais si pleine de mouvement et d'entrain !

Les semaines s'écoulaient, et l'ennui ne cédait pas. Fatigué de ce repliement sur soi-même, André peu à peu laissa son esprit s'écarter de ce monde douloureux, où il ne reconnaissait plus la maison de sa jeunesse. Il était comme ces paysans des côtes, travailleurs taciturnes, qui regardent la mer par-dessus les dunes, et que tourmente un peu de songe, quand le vent souffle. Triste et touché par le malheur, il se rappela la science lamentable qu'il avait acquise au loin : il pensa qu'on peut vivre ailleurs qu'à la Fromentière, au bord du Marais de Vendée.

La tentation devint pressante. Deux mois après qu'il eut repris possession de la chambre où les deux frères couchaient autrefois, un soir que toute la métairie dormait, André se mit à écrire à un soldat de la Légion étrangère, qu'il avait connu et laissé en Afrique : « Je m'ennuie trop : mon frère et ma sœur ont quitté la maison. Si tu sais une bonne occasion de placer son argent en terre, soit en Algérie, soit plus loin, tu peux me l'indiquer. Je ne suis pas décidé, mais j'ai des idées de m'en aller. Je suis comme seul, chez nous. » Et les réponses vinrent bientôt. Au grand étonnement de Toussaint Lumineau, le facteur apporta, à la Fromentière, des brochures, des journaux, des prospectus, des plis qui étaient gros, et dont André ne se moquait pas comme faisaient

Rousille et Mathurin. Le père disait en riant, car il n'avait aucun soupçon contre André :

— Il n'est jamais entré tant de papier à la Fromentière, Driot, que depuis les semaines de ton retour. Je ne t'en veux pas, puisque c'est ton plaisir de lire. Mais moi, ça me lasserait l'esprit.

Le dimanche seulement, il lui arrivait de souffrir un peu de ce goût trop vif qu'avait son fils pour l'écriture et la lecture. Ce jour-là, presque toujours, après vêpres, il ramenait avec lui quelque vieux compagnon, le Glorieux de la Terre-Aymont ou Pipet de la Pinçonnière, et ils allaient ensemble rendre visite aux champs de la Fromentière. Ils montaient et descendaient par les sentes pleines d'herbe, l'un près de l'autre, inspectant toutes choses, s'exprimant avec des signes d'épaule ou de paupière, échangeant de rares propos, qui avaient tous le même objet : les moissons présentes ou futures, belles ou médiocres, menacées ou sauvées. En cette saison d'hiver, c'étaient les guérets, les blés jeunes et les coins de luzerne qu'on étudiait. Et Toussaint Lumineau, qui n'avait pas réussi à prendre au passage et à emmener son André, confiait au métayer de la Terre-Aymont ou de la Pinçonnière, arrêté dans le même rayon tiède, à la cornière d'une pièce :

— Vois-tu, mon fils André est d'une espèce que je n'ai pas encore connue, et qui ne ressemble pas à la nôtre. Ça n'est pas qu'il méprise la terre. Il a de l'amitié pour elle, au contraire, et je n'ai rien à reprocher à son travail de la semaine. Mais depuis qu'il est revenu du régiment, son idée, le dimanche, est dans la lecture.

Rousille aussi s'étonnait quelquefois. Elle avait trop à faire dans la maison, pour s'occuper du travail ou des amusements des autres. Chargée du ménage, prise par les mille soins d'une ferme, elle ne voyait guère André qu'aux heures des repas, et devant témoins. A ces moments-là, André, soit par un effort de volonté, soit que la jeunesse fût plus forte que l'ennui et réclamât son heure, se montrait gai d'ordinaire, et insouciant. Il plaisantait volontiers Rousille, et tâchait de la faire rire. Elle cependant, comme elle était femme et qu'elle souffrait, avait le don de deviner les souffrances des autres. A des signes bien légers, à des regards arrêtés sur les hautes vitres de la fenêtre, à deux ou trois mots qui auraient pu s'expliquer autrement, son âme tendre avait compris qu'André n'était pas tout à fait heureux. Sans en savoir davantage, elle l'avait plaint. Mais elle était loin de se douter de la crise que traversait son frère et du projet qu'il méditait.

Un seul de ces témoins de la vie avait pénétré les desseins d'André : c'était Mathurin. Il avait remarqué la tristesse grandissante d'André, l'inutile effort du jeune homme pour retrouver l'ancienne égalité d'humeur et la vaillance calme dans le travail quotidien. Il le suivait quelquefois aux champs ; il épiait, à la maison, l'arrivée du facteur, et se faisait remettre les lettres et les papiers adressés à son frère. Les moindres détails restaient gravés dans sa mémoire songeuse, et en sortaient un jour, sous forme d'une question qu'il posait prudemment, avec une indifférence affectée. Il savait, par exemple, que la plupart des lettres que recevait André portaient, les unes le timbre d'Alger, les autres celui d'Anvers. Et comme ce dernier nom ne disait rien à Mathurin, André avait expliqué :

— C'est un grand port de Belgique, plus grand que Nantes où tu as passé une fois.

— Comment peux-tu connaître du monde si loin de chez nous et si loin de l'Afrique ?

— C'est bien simple, ajoutait le cadet : mon meilleur ami, à Alger, est un Belge de la Légion étrangère, qui a toute sa famille dans la ville d'Anvers. Tantôt Demolder m'écrit, et tantôt ce sont les parents qui m'écrivent, pour me donner les renseignements dont j'ai besoin...

— Des nouvelles de tes camarades, alors ?

— Non, des choses qui m'intéressent, sur les voyages, les pays... Un des enfants s'est établi au-delà de la mer, en Amérique. Il a une ferme aussi grande que la paroisse de chez nous.

— Il était riche ?

— Non : il l'est devenu.

Mathurin n'insistait pas. Mais il continuait d'observer, d'ajouter les indices aux indices. Quand André laissait traîner une brochure d'émigration, une annonce de concessions à donner ou à vendre, Mathurin relevait la feuille, et tâchait de découvrir les endroits où les sourcils du frère s'étaient froncés, où quelque chose comme un sourire, un désir, une volonté, avait traversé les yeux du cadet.

De preuve en preuve, il avait acquis la conviction que Driot méditait de quitter la Fromentière. Quand ? Pour quel pays lointain, où la fortune était facile ? C'étaient là des points obscurs. Alors, en ce mois de décembre, où les tête à tête sont plus nombreux à cause des bourrasques, des journées de neige ou de pluie, lorsqu'il était seul avec André, dans l'étable ou dans la maison, il disait perfidement :

— Parle-moi de l'Afrique, Driot ? Raconte-moi les histoires de ceux qui se sont enrichis ? Ça m'intéresse de t'entendre causer là-dessus.

D'autres fois il demandait :

— La Fromentière doit te paraître petite et pauvre, à toi qui lis dans les livres ? Bien sûr, elle ne donne pas comme autrefois !

Mathurin ne doutait plus, lorsque Driot doutait encore.

L'année s'acheva ainsi.

Une nouvelle année commença. L'hiver était pluvieux, mais il gelait toutes les nuits. On voyait remuer, au vent du matin, les fils d'araignée, tendus d'une motte à l'autre et couverts de brume glacée. La glèbe fumait au soleil tardif. Les plus gros travaux de la campagne étaient suspendus. Les hommes des terres hautes abattaient quelques souches ou remplaçaient des barrières. Ceux du Marais ne faisaient plus rien. Pour eux les vacances étaient venues. Les fossés et les étiers débordaient. La plupart des fermes, enveloppées par les eaux et comme flottantes au-dessus d'elles, n'avaient de communication, avec les bourgs ou entre elles, qu'au moyen des yoles remises à neuf, qui couraient en tous sens sur les prés inondés. C'était le temps joyeux des veillées et des chasses.

Le sol n'était cependant pas si dur qu'on ne pût le défoncer, et Toussaint Lumineau avait résolu, selon le conseil donné par Mathurin, d'arracher la vigne qui dépendait de la Fromentière, et que le phylloxera avait détruite.

Le métayer et André montèrent donc jusqu'au petit champ, bien exposé au midi, sur la hauteur dénudée que coupe la route de Challans à Fromentine. Ils avaient devant eux, et ne voyaient pas autre chose, sept planches de vieille vigne entre quatre haies d'ajoncs, un sol caillouteux, et les ailes de deux moulins qui tournaient.

— Attaque une des planches, dit le métayer ; moi, j'attaquerai celle d'à côté.

Enlevant leur veste, malgré le froid, car le travail allait être rude, ils se mirent à arracher la vigne. L'un et l'autre, ils avaient causé d'assez belle humeur, en faisant la route. Mais, dès qu'ils eurent commencé à bêcher, ils devinrent tristes, et ils se turent, pour ne pas se communiquer les idées que leur inspiraient leur œuvre de mort et cette fin de la vigne. Lorsqu'une racine résistait par trop, le père essaya, deux ou trois fois, de plaisanter et de dire : « Elle se trouvait bien là, vois-tu, elle a du mal à s'en aller », ou quelque chose d'approchant. Il y renonça bientôt. Il ne réussissait point à écarter de lui-même, ni de l'enfant qui travaillait près de lui, la pensée pénible du temps où la vigne prospérait, où elle donnait abondamment un vin blanc, aigrelet et mousseux, qu'on buvait dans la joie, les jours de fête passés. La comparaison de l'état ancien de ses affaires, avec la médiocre fortune d'aujourd'hui, l'importunait. Elle pesait plus lourdement encore, et il s'en doutait bien, sur l'esprit de son André. Silencieux, ils levaient donc et ils abattaient sur le sol leur pioche d'ancien modèle, forgée pour des géants. La terre volait en éclats ; la souche frémissait ; quelques feuilles recroquevillées, restées sur les sarments, tombaient et fuyaient au vent, avec des craquements de verre brisé ; le pied de l'arbuste apparaissait tout entier, vigoureux et difforme, vêtu en haut de la mousse verte où l'eau des rosées et des pluies s'était conservée pendant les étés lointains, tordu en bas et mince comme une vrille. Les cicatrices des branches coupées par les vignerons ne se comptaient plus. Cette vigne avait un âge dont nul ne se souvenait. Chaque année, depuis qu'il avait conscience des choses, Driot avait taillé la vigne, biné la vigne, cueilli le raisin de la vigne, bu le vin de la vigne. Et elle mourait. Chaque fois que, sur le pivot d'une racine, il donnait le coup de grâce, qui tranchait la vie définitivement, il éprouvait une peine ; chaque fois que, par la chevelure depuis deux ans inculte, il empoignait ce bois inutile, et le jetait sur le tas que formaient les autres souches arrachées, il haussait les épaules, de dépit et de rage. Mortes les veines cachées, par où montait pour tous la joie du vin nouveau ! Mortes les branches mères, que le poids des grappes inclinait, dont le pampre ruisselait à terre, et traînait en robe d'or ! Jamais plus la fleur de la vigne, avec ses étoiles pâles et ses gouttes de miel, n'attirerait les moucherons d'été, et ne répandrait, dans la campagne et jusqu'à la Fromentière, son parfum de réséda ! Jamais les enfants de la métairie, ceux qui viendraient, ne passeraient la main par les trous de la haie, pour saisir les grappes du bord ! Jamais plus les femmes n'emporteraient les hottées de vendange ! Le vin, d'ici longtemps, serait plus rare à la ferme, et ne serait plus de « chez nous ». Quelque chose de familial, une richesse héréditaire et sacrée périssait avec la vigne, servante ancienne et fidèle des Lumineau.

Ils avaient, l'un et l'autre, le sentiment si profond de cette perte, que le père ne put s'empêcher de dire, à la nuit tombante, en relevant une dernière fois sa pioche, pour la mettre sur son épaule :

— Vilain métier, Driot, que nous avons fait aujourd'hui !

Cependant, il y avait une grande différence entre la tristesse du père et celle de l'enfant. Toussaint Lumineau, en arrachant la vigne, pensait déjà au jour où il la replanterait ; il avait vu, dans sa muette et lente méditation, son successeur à la Fromentière, cueillant aussi la vendange et buvant le muscadet de son clos renouvelé. Il possédait cet amour fort et éprouvé, qui renaît en espoirs à chaque jour du malheur. Chez André, l'espérance ne parlait pas de même, parce que l'amour avait faibli.

Tous deux, bruns dans le jour finissant, ils se remirent en marche le long de la bordure d'herbe, puis sur la pente des champs qui ramenaient vers la ferme. Le corps endolori et penché en avant, leur outil sur l'épaule, ils considéraient l'horizon rouge au-dessus du Marais, et les nuages que le vent poussait vers le soleil en fuite. C'était un soir lamentable. Autour d'eux, des guérets, des terres nues, des haies dévastées, des arbres sans feuilles, de l'ombre et du froid qui tombaient du ciel. Et ils avaient bien fait deux cents mètres, avant que le fils se décidât à parler, comme si la réponse devait être trop dure, pour le père qui suivait le même chemin de travail.

— Oui, dit-il, le temps de la vigne est fini dans nos contrées : mais elle pousse ailleurs.

— Où donc, mon Driot ?

Dans les demi-ténèbres, l'enfant étendit sa main libre, au-dessus de la Fromentière noyée en bas dans l'ombre. Le geste allait si loin, par-delà le Marais et par-delà la Vendée, que, sous ses habits de grosse laine, Toussaint Lumineau sentit le froid du vent.

— Les autres pays, dit-il, qu'est-ce que ça nous fait, mon Driot, pourvu qu'on vive dans le nôtre ?

Le fils comprit-il l'anxieuse tendresse de ces mots-là ? Il répondit :

— C'est que, justement, dans le nôtre, il est de plus en plus malaisé de vivre.

Toussaint Lumineau se souvint des paroles, à peu près semblables, qu'avait dites François, et il se tut, pour essayer de s'expliquer à lui-même comment André pouvait les répéter, lui qui n'était cependant ni paresseux ni porté pour les villes.

Devant les hommes qui descendaient aux marges des terres brunes, la Fromentière avec ses arbres apparaissait comme un dôme de ténèbres plus denses, au-dessus duquel la nuit d'hiver allumait ses premières étoiles. Le métayer n'entrait jamais sans émotion dans cette ombre sainte de chez lui. Ce soir-là, mieux que d'habitude, il sentit cette douceur de revenir, qui ressemble à un serment d'amour. Rousille, entendant des pas qui s'approchaient, ouvrit la porte, et éleva la lampe à l'extérieur, comme un signal.

— Vous rentrez tard ! dit-elle.

Ils n'avaient pas eu le temps de répondre, qu'un son de corne prolongé, nasillard, retentit au fond du Marais, bien au-delà de Sallertaine.

— C'est la corne de la Seulière ! cria, du bout de la salle, la voix de Mathurin.

Les hommes entrèrent dans la clarté chaude du foyer. La petite lampe fut reposée sur la table.

Mathurin reprit :

— On veille ce soir à la Seulière. Veux-tu y venir, Driot ?

L'infirme, les bras appuyés sur la table et agités d'un mouvement nerveux, soulevé à demi, les yeux flambants, d'un désir longtemps contenu qui éclatait enfin, faisait peine à voir, et faisait peur, comme ceux dont la raison chancelle.

— Je ne suis guère d'humeur à danser, répondit négligemment André ; mais peut-être ça me ferait du bien, aujourd'hui.

Le métayer, silencieusement, appuya la main sur l'épaule de son malheureux aîné, et les yeux enfiévrés se détournèrent, et le corps obéit, et retomba sur le banc, comme un sac de froment, dont la toile s'élargit quand il touche terre.

Les hommes soupèrent rapidement. Vers la fin du repas, Toussaint Lumineau, dont l'esprit s'était remis à penser aux paroles d'André, voulut prendre à témoin celui de ses enfants qui n'avait jamais varié dans l'amour exclusif de la Fromentière, et dit :

— Croirais-tu, Mathurin, que ce Driot déraisonnait, ce soir ? Il prétend que la vigne a fait son temps chez nous ; qu'elle pousse mieux ailleurs. Mais quand on plante une vigne, on sait bien qu'elle doit mourir un jour, n'est-ce pas ?

— Beaucoup sont mortes avant la nôtre, fit rudement l'infirme. Nous ne sommes pas plus malheureux que les voisins.

— C'est justement ce que je dis, répondit André. — Et il releva la tête, et on vit ses yeux qu'animait la contradiction, et ses moustaches fines qui remuaient quand il parlait. — Ce n'est pas seulement notre vigne qui est usée : c'est la terre, la nôtre, celle des voisins, celle du pays, aussi loin et plus loin que vous n'avez jamais été. Il faudrait des terres neuves, pour faire de la belle culture.

— Des terres neuves, dit le père, je n'en ai jamais connu par ici. Elles ont toutes servi.

— Il y en a pourtant, et dans bien des contrées...

Il hésita, un instant, et énuméra pêle-mêle :

— ... En Amérique, au Cap, en Australie, dans les îles, chez les Anglais. Tout pousse dans ces pays-là. La terre a plaisir à donner, tandis que les nôtres...

— N'en dis pas de mal, Driot : elles valent les meilleures !

— Usées, trop chères !

— Trop chères, oui, un peu. Mais donne-leur de l'engrais, et tu verras !

— Donnez-leur-en donc ! Vous n'avez pas de quoi en acheter !

— Qu'il vienne seulement une bonne année, pas trop sèche, pas trop mouillée, et nous serons riches !

Le métayer s'était redressé, comme sous une injure personnelle, et il attendait ce que Driot allait répondre. Celui-ci se leva, emporté par la passion. Tous le regardaient, même le valet de ferme, qui essayait de comprendre, le menton serré dans sa main calleuse. Et tous ils sentaient vaguement, à l'aisance du geste, à la facilité de sa parole, que Driot n'était plus tout à fait comme eux.

— Oui, fit le jeune homme, fier d'être écouté, il y aurait peut-être quelque chose à faire, ici, dans les vieux pays. Mais on ne nous apprend pas ces choses-là dans nos écoles : c'est trop utile. Et puis l'impôt est trop lourd, et les fermages trop hauts. Alors, pendant que nous vivons misérablement, ils font là-bas des récoltes magnifiques. J'apprends ça tous les jours. Nos vignes crèvent, et ils ont du vin. Le froment pousse chez eux sans engrais, et ils nous l'envoient dans des navires aussi chargés de grain que l'était, à ce que vous racontez, le grenier de l'ancien château d'ici...

— Des farces ! Tu as lu ça dans les livres !

— Un peu. Mais j'ai vu aussi des navires dans les ports, et les sacs de froment coulaient de leur bord comme l'eau des étiers par-dessus les talus. Si vous lisiez les journaux, vous sauriez que tout nous est apporté de l'étranger, à meilleur compte que nous ne pouvons le produire : le blé, l'avoine, les chevaux, les bœufs, et qu'il y a, contre nous autres, les Américains, les Australiens, et qu'il y aura bientôt les Japonais, les Chinois...

Il se grisait de paroles. Il n'était que l'écho de quelques lectures qu'il avait faites, ou de conversations qu'on avait tenues devant lui. La Fromentière l'écoutait avec stupeur. Chine, Japon, Amérique, ces noms volaient dans la salle comme des oiseaux inconnus, amenés par la tempête dans des régions lointaines. Les murs de la métairie avaient entendu tous les mots de la langue paysanne, mais, pas une fois encore, ils n'avaient sonné sous le choc de ces syllabes étrangères. L'étonnement était marqué sur tous les visages éclairés par la lampe et levés vers Driot, qui continua :

— J'en ai appris, des choses ! J'en apprends tous les jours. Et, tenez, quand on revient, comme moi, d'arracher une vigne, ça fait enrager de penser qu'il y a des pays, en Amérique, et je pourrais vous dire leur nom, où on peut aller sans délier sa bourse...

— Allons donc ! s'écria le valet.

— Oui : le gouvernement paye le passage du cultivateur ; il le nourrit à l'arrivée ; il lui donne, pour s'établir, trente hectares de terre...

Cette fois, le père hocha la tête, désarmé par l'énormité de l'affirmation, et dit, d'un air de mépris :

— Tu racontes des menteries, mon garçon. Trente hectares, ça fait soixante journaux. Moi, je ne lis pas souvent, c'est vrai. Mais je ne me laisse pas raconter toutes les histoires que tu crois comme Evangile. Soixante journaux ! Les gouvernements seraient vite ruinés, s'ils faisaient un cadeau pareil à tous ceux qui en ont envie... Tais-toi... Ça me chagrine d'entendre mal parler de la terre de chez nous... Puisque tu veux la cultiver avec moi, Driot, fais comme nous : n'en dis pas de mal... Elle nous a toujours nourris.

Il y eut un silence embarrassé, dont le valet profita pour se lever et gagner son lit. L'appel de la Seulière courut de nouveau dans la nuit. Mathurin ne prononça pas une parole, mais il regarda son frère. Celui-ci, mécontent, excité par la discussion qu'il venait d'avoir, comprit l'interrogation muette, et répondit vivement, de manière à faire sentir que sa volonté était libre :

— Eh bien ! oui, j'y vais.

— Je te ferai la conduite jusqu'à la yole, repartit l'infirme.

Toussaint Lumineau devina un danger.

— C'est déjà trop que ton frère aille à la Seulière, dit-il. Mais toi, mon pauvre gars, d'aucune manière ça ne te serait bon de veiller là-bas. Il fait froid dehors... Ne va pas plus loin que le pré aux canes, et reviens vite.

Il suivit des yeux l'infirme qui, en grande hâte, avec le surcroît d'énergie que lui donnait l'émotion, se soulevait sur ses béquilles, longeait la table, descendait les marches, et, derrière André, s'enfonçait dans la nuit...

Les fils étaient dehors. Le vent glacé soufflait par la porte laissée ouverte. Hélas ! que le gouvernement de la maison devenait difficile ! Assis sur le banc, la tête appuyée sur un coude et regardant l'ombre de la cour, le métayer réfléchissait aux choses qu'il avait entendues ce soir, et à l'impuissance où il se trouvait, malgré sa tendresse et sa grande expérience, de se faire obéir, dès qu'il ne s'agissait plus du travail de la métairie. Mais il ne demeura pas longtemps sans demander à sa fille, enfermée dans la décharge voisine — la moindre parole sonnait si bien dans les chambres vides !

— Rousille ?

La petite ouvrit la porte, et s'avança un peu, tenant un plat creux qu'elle essuyait sans le regarder.

— J'ai peur que Mathurin ne retourne la voir...

— Oh ! père, il ne ferait pas ça... D'ailleurs, il ne doit pas avoir ses souliers, et il n'oserait pas paraître à la Seulière...

Elle se pencha, chercha sous le lit de Mathurin, puis dans le coffre, et se releva en disant :

— Si... il les a emportés... Il les avait mis d'avance... Le premier son de corne a passé vers six heures.

Le père se mit à marcher à grands pas. Inquiet, il s'arrêtait, de minute en minute, pour écouter si un bruit de béquilles, heurtant les cailloux, n'annonçait pas le retour de Mathurin.

10

La veillée de la Seulière

Toussaint Lumineau n'avait pas tort de s'inquiéter. Ses deux fils étaient descendus ensemble jusqu'à cet endroit du pré de la Fromentière, où le fossé élargi servait d'abreuvoir aux bêtes et de port aux deux yoles de la métairie. Là, André n'avait guère fait de résistance, quand Mathurin avait demandé :

— Emmène-moi ? je veux aller voir Félicité.

Aventureux, imprudent pour lui-même, soldat d'hier, encore tout pénétré des maximes de la caserne, il avait dit seulement :

— Ça n'est guère raisonnable, mais si ça t'amuse !

Il avait aidé l'infirme à monter dans la meilleure des yoles, à s'étendre à l'avant, du côté où le bateau s'effile. Lui-même s'était mis debout à l'arrière, sur la plate-forme en pente et coupée en ligne droite, et, saisissant une longue perche, il avait commencé à yoler, c'est-à-dire à pousser le bateau, en appuyant le fer de la ningle tantôt au fond de l'eau, tantôt sur le bord des terres.

Maintenant, ils étaient loin, au milieu du Marais, dans la nuit froide et sans lune.

Les nuages continuaient de courir vers la mer. Les ténèbres cependant n'étaient pas entières. Il y avait là-haut, dans le gris du ciel, des traînées plus pâles, des mailles claires continuellement déformées et brisées par le mouvement des nuées, et que reflétait au passage la surface des eaux : non plus seulement celle des fossés, mais la nappe elle-même des prés, inondés par les pluies d'hiver, changés en autant de lacs, d'où émergeait à peine le dos rond des talus. Toute lueur était multipliée. L'ombre avait des remous de clarté. Et cela permettait à André de ne pas se tromper de route. La yole suivait les canaux qui se coupent à angle droit. Elle n'avançait que lentement, contrariée par les aiguilles de glace, que le froid formait et lançait en gerbes autour des herbes et des cailloux du bord. Si le vent ne s'élevait pas, tout le Marais serait pris avant le jour. André le savait, et s'efforçait d'arriver le plus vite possible à la Seulière. Il comprenait l'imprudence qu'il avait commise, en emmenant avec lui Mathurin, par une nuit pareille et si loin. L'infirme, lui, ne bougeait pas. Il se taisait, pour ne pas appeler sur lui l'attention de son frère, qui aurait pu retourner en arrière. Mais quand il se vit à plus de deux kilomètres de la Fromentière, sûr désormais d'arriver jusqu'à la ferme où l'on veillait, il rompit le silence. Couché sur le dos, le visage appuyé au bordage de la yole, il demanda :

— Driot, quand tu as parlé, ce soir, des terres qu'on donne aux travailleurs qui émigrent, tu ne plaisantais pas ?

— Mais non.

— Est-ce qu'on t'a proposé de t'en donner ?

Il avait relevé la tête, sans bruit, et il guettait, des yeux et des oreilles à la fois, la réponse d'André. La réponse ne vint pas. Dans l'immense étendue des prairies inondées, on n'entendait que le frissonnement de l'eau refoulée par la yole, et qui montait en marée, avec de petits rires aigus, sur la boue durcie des rives. L'infirme reprit :

— François te manque, n'est-ce pas ? Ça te change la maison, de ne plus y voir que moi ?

Le jeune homme, qui se tenait si ferme à l'arrière, silhouette à peine inclinée dans l'ombre, se courba précipitamment.

— Vaque à toi ! cria-t-il ; reste couché, Mathurin !

Une nuit complète se fit autour d'eux. Ils passaient sous un de ces ponts de pierre, d'une seule arche, qui bossuent le Marais çà et là. Quand ils se furent redressés, Mathurin remarqua que le yoleur avait ralenti la marche, comme ceux dont l'esprit travaille. Encouragé par là, résolu à se faire livrer le secret qui intéressait l'avenir de la Fromentière, l'infirme insista.

— Nous ne sommes que deux ici, André ; pourquoi ne pas dire tout ce que tu penses ? Tu voudrais travailler des terres plus neuves que les nôtres ; tu veux t'en aller, toi aussi, mais plus loin que François et pour faire autre chose ?

Alors le cadet cessa de yoler. Il demeura droit, sur le plancher du bateau, et il laissait la ningle flotter derrière lui.

— Puisque tu l'as deviné, Mathurin, garde le secret, dit-il... C'est vrai que j'ai reçu des propositions... Je pourrais avoir, au-delà de la mer, toute une métairie et un troupeau de chevaux, à moi, pour mes deux mille francs... Des amis s'occupent de l'affaire... Mais je ne suis pas décidé. Je n'ai pas dit oui.

— Tu as peur du père ?

— J'ai peur de le laisser dans l'embarras. Si je m'en allais, qui est-ce qui conduirait la Fromentière ?... Il y a bien Rousille,... qui pourrait se marier.

— Pas avec le Boquin toujours ! Ça n'irait pas, entre nous ! Mais le père a dit non, et il ne reviendra pas là-dessus.

— Alors, je ne vois pas qui prendra la Fromentière.

Une voix dure, impérieuse, qui trahissait toute l'émotion de l'infirme, cria :

— Je ne compte donc plus ?

— Mon pauvre Mathurin...

— Je suis mieux ; je vais guérir ! continua Mathurin sur le même ton. Quand mon tour sera venu de commander, personne que moi ne commandera à la Fromentière, tu entends ?

André, pour ne pas l'exaspérer, répondit :

— Ce serait heureux pour tout le monde, ta guérison... Je l'espère aussi, Mathurin.

Mais les colères de l'infirme ne se calmaient pas si vite, ni pour si peu. Se redressant d'un seul effort, au risque de faire chavirer la yole, se traînant, sur ses genoux et sur ses poignets, jusqu'à l'arrière, Mathurin lutta un instant avec son frère :

— Donne-moi ta place, cadet ; il faut que tu me voies yoler !

Il s'empara de la longue perche, et, assis sur le banc d'arrière de la yole, se mit à la pousser, avec une sûreté de main et une vigueur étonnantes. La vitesse fut bientôt telle, malgré les glaçons et les herbes, qu'André n'aurait pu en donner une semblable au bateau, qui filait droit, sans heurter nulle part. Mathurin emplissait de son corps toute la largeur entre les deux bordages, et son buste énorme se courbait, se redressait, avec l'aisance robuste de la santé. Et plus il allait, plus il accélérait le mouvement de ses bras, et multipliait les coups de la ningle sur les talus qui fuyaient. Bientôt il tourna à droite, par un canal qu'il suivit pendant quelques centaines de mètres. Des rayons de lumière apparurent au bord de l'eau, et augmentèrent d'éclat. Ils s'échappaient de la porte de la Seulière. Les bâtiments de la ferme sortirent vaguement des ténèbres. La rumeur de voix humaines, qui chantaient, courut dans la nuit, mêlée au bruit des pas martelant le carreau. Puis, en deux coups de perche, Mathurin arrêta presque son bateau, et le fit couler au milieu d'une dizaine d'autres yoles rangées bord à bord. Avant qu'André eût songé à l'aider, il avait roulé, avec ses béquilles, sur le tertre où s'allongeait la maison, et il se relevait tout seul.

— Bien conduit, Mathurin ! dit le cadet, en sautant.

L'autre, essoufflé, rouge, content comme d'une victoire, se retourna.

— Ne te gêne donc pas ! dit-il. Celui qui conduit une yole comme moi, peut bien conduire une métairie !

Et d'un coup d'épaule, il ébranla la porte.

Quelqu'un cria, de l'intérieur :

— Doucement donc ! Quels sont ceux-là qui enfoncent les portes ?

La porte s'ouvrit avec fracas, et sur le seuil, illuminé par la vive lueur des lampes, Mathurin Lumineau apparut. L'entrée d'un revenant n'aurait pas produit plus d'effet. Le bruit cessa tout à coup. Les filles, effarées, s'écartèrent et se groupèrent le long des murs. D'étonnement, plusieurs gars ôtèrent leur chapeau, qu'ils avaient gardé pour danser ; des métayères se levèrent, à demi, des chaises où elles étaient assises. On hésitait à reconnaître le nouvel arrivant, à pareille heure, et dans ce lieu. Lui, brusquement frappé par l'air chaud, las et rouge, mais fier de la stupéfaction qu'il provoquait, droit sur ses béquilles, riant dans sa barbe rousse, il dit d'une voix éclatante :

— Salut à tous !

Puis, s'adressant aux femmes groupées, qui se penchaient au fond de la salle, et caquetaient déjà :

— Qui veut danser une ronde avec moi, mes galantes ?... Qu'avez-vous à me regarder comme ça ? Je ne reviens pas. J'amène mon frère, le beau Driot, pour faire vis-à-vis.

On le vit s'avancer et, derrière lui, le dernier fils de la Fromentière, mince et haut, la main au front, saluant militairement. Alors, dans toute la salle, ce furent des éclats de rire, des questions, des bonjours. Les danseuses se précipitèrent vers eux, aussi vite qu'elles s'étaient écartées. Des mains d'hommes se tendirent de toutes parts. Les éclats sonores de la voix du vieux Gauvrit dominèrent le tumulte. Du fond de la seconde chambre, il criait, déjà un peu pris de vin :

— La plus belle fille pour danser avec Mathurin ! La plus belle ! Qu'elle se montre !

Ce ne fut pas pour obéir à son père que Félicité Gauvrit s'avança. Mais, un instant décontenancée par cette brusque entrée, observée par les femmes et par les hommes, elle comprit qu'elle devait payer d'audace, et, s'approchant de Mathurin Lumineau, ses yeux noirs dans les yeux de l'infirme, elle lui jeta les bras autour du cou, et l'embrassa.

— Je l'embrasse, dit-elle, parce qu'il a plus de courage que la moitié des gars de la paroisse. C'est moi qui l'avais invité !

Etourdi, enivré par tous les souvenirs qui s'éveillaient en lui, Mathurin se déroba une fois de plus. On le vit pâlir, et, tournant sur ses béquilles, fendre le groupe d'hommes qui se trouvait à sa gauche, en disant :

— Place, place, mes gars, je veux m'asseoir !

Il s'assit, dans la seconde chambre, à côté de plusieurs anciens, dont le vieux Gauvrit, qui s'écartèrent, et, pour première marque de bienvenue, lui versèrent un plein verre de vin blanc de Sallertaine. Selon l'usage et la formule consacrée, il leva le verre, et dit, tout pâle encore :

— A vous tous, je bois de cœur et d'amour !

Bientôt, il parut oublié, et les danses reprirent.

La métairie où l'on veillait, une des plus neuves du Marais, était divisée en deux pièces inégales. Dans la plus petite, quelques hommes, retirés des plaisirs bruyants de la danse, buvaient, et jouaient des parties de luette avec le maître de la maison. Dans l'autre, par où les Lumineau venaient d'entrer, on dansait. Les tables avaient été rangées le long des murs, entre les lits ; les rideaux de ceux-ci, relevés de peur des accrocs, s'étalaient sur les courtepointes. Une demi-douzaine de matrones, qui avaient accompagné leurs filles, se tenaient autour de la cheminée, devant un feu de bouses sèches — le bois de ce pays sans arbres —, et, sur la plaque du foyer, chacune avait sa tasse, où elle buvait, à petits coups, du café mélangé d'eau-de-vie. En arrière, des lampes à pétrole, posées un peu partout, éclairaient les groupes des danseurs. Ils étaient à l'étroit. Une atmosphère fumeuse, une odeur de sueur et de vin remplissait la maison. L'air glacé du dehors soufflait par le bas de la porte et, parfois, faisait frissonner les Maraîchines, sous leurs lourdes robes de laine. Mais peu importait. Dans la salle, c'était un débordement de rires, de paroles et de mouvement. Jeunes gens, jeunes filles, ils venaient des fermes isolées, bloquées par l'inondation périodique ; ils étaient las de repos et de rêve. Une fièvre agitait ces reclus, pour peu de temps échappés et rendus à la vie commune. Tout à l'heure, sur l'immense nappe tremblante et muette, toute cette joie se disperserait. Ils le savaient. Ils profitaient de l'heure brève.

Les danses recommencèrent donc, tantôt la maraîchine, sauterie à quatre, espèce de bourrée ancienne, que les assistants soutenaient d'un bourdonnement rythmé ; tantôt des rondes chantées par une voix d'homme ou de femme, reprises en chœur, et accompagnées par un accordéon, que manœuvrait un gamin de douze ans, bossu et souffreteux ; tantôt des danses modernes, quadrilles ou polkas, pour lesquelles il n'y avait qu'un seul air, dont la mesure seule variait. La plupart des jeunes filles dansaient bien, quelques-unes avec un sentiment vif du rythme et de l'attitude. Autour de leur ceinture, les plus soigneuses et les mieux habillées avaient noué un mouchoir blanc, pour que le danseur ne gâtât pas l'étoffe de la robe quand, après chaque refrain, il enlevait sa danseuse à bout de bras, et la faisait sauter le plus haut possible, afin de montrer la légèreté des Maraîchines et la force des Maraîchins. On se retrouvait, gens de la même paroisse et du même coin ; on poursuivait les intrigues de l'hiver précédent ; on se parlait d'amour pour la première fois ; on se donnait rendez-vous au marché de Challans, ou à quelque veillée prochaine, dans une autre ferme ; on se montrait les nouveaux venus. Parmi ces derniers, André Lumineau était le plus recherché, le plus gai, le moins embarrassé pour inventer des choses drôles et les dire.

Les heures passaient. Deux fois, le père Gauvrit avait traversé les deux chambres, ouvert la porte, et prononcé :

— La lune monte et on la verra bientôt ; le vent s'élève et il gèle dur.

Puis, il était revenu prendre sa place autour de la table, où les joueurs de luette l'attendaient, entre deux armoires. Mathurin Lumineau avait consenti à jouer. Mais il jouait distraitement, et regardait moins ses cartes qu'il ne guettait le passage, les mots, les gestes de Félicité Gauvrit. Déjà, à plusieurs reprises, l'habile et superbe fille s'était arrêtée avec son danseur, dans la seconde pièce, pour échanger quelques paroles avec Mathurin. Elle rayonnait d'orgueil. Sur sa figure hardie, régulière, qui dominait la plupart des bonnets de tulle, elle portait la joie de son triomphe, car après six ans, la folie d'amour qu'elle avait inspirée durait encore, et lui ramenait les fils de la Fromentière.

Il était dix heures. Une petite Maraîchine, au visage rousselé comme le plumage d'une grive, lança les premières notes d'une ronde :

Quand j'étais chez mon père,
Petite à la maison,
M'en fus à la fontaine,
Pour cueillir du cresson.

Vingt voix de jeunes gars, et autant de voix de femmes reprirent en chœur :

Les canes, canes, les canetons,
Les canes de mon père, dans les marais s'en vont !

Et la ronde tourna dans les deux chambres. A ce moment, Félicité Gauvrit, qui avait refusé de prendre place dans la chaîne des danseurs, s'approcha de la table où était Mathurin, et celui-ci, aussitôt, jeta les cartes à un de ses voisins, et se leva entre ses béquilles.

— Restez, Mathurin, dit-elle. Ne vous gênez pas pour moi : je viens les voir danser.

Mais elle avançait une chaise, dans le coin de la pièce, et aidait Mathurin à s'y asseoir, et elle-même s'asseyait près de lui. Ils étaient dans la demi-ombre que projetait l'armoire. L'infirme ne regardait point Félicité Gauvrit, et elle ne le regardait pas davantage. Ils se trouvaient côte à côte, devant l'armoire de cerisier, et leurs yeux semblaient s'intéresser à ces danseurs qui passaient et repassaient dans la chambre. Mais, ce qu'ils voyaient, c'était tout autre chose : l'un le passé, les rendez-vous d'amour, les serments échangés, le retour de Challans dans la charrette, l'affreuse souffrance prolongée pendant des années, l'abandon, qui prenait fin en cette minute même ; l'autre apercevait l'avenir possible et peut-être prochain, les salles de la Fromentière où elle commanderait, le banc d'église où elle trônerait le dimanche, les saluts qu'elle recevrait des filles les plus fières du pays, et le mari qu'elle aurait, ce cadet des Lumineau, André, qui menait là-bas la ronde avec une enfant de quinze ans, celle qui chantait les couplets.

Mathurin parlait à voix basse, par petits mots que l'émotion coupait de silences, et il était pâle, et il avait peur que cette minute de bonheur ne fût déjà finie. La fille de la Seulière, les mains à plat sur son tablier, grave, réservée, répondait sans se hâter, des phrases que personne n'entendait. Bien des yeux se tournaient vers le couple étrange que formaient les fiancés d'autrefois. La ronde tournait. Le refrain faisait sonner les murs.

La voix claire et rieuse de la petite Maraîchine chantait :

La fontaine est profonde,
Coulée y suis au fond.
Par le chemin z'il passe
Trois cavaliers barons.

« Que donnerez-vous, belle ?
Et nous vous tirerons ?
— Retirez-moi, dit-elle,
Après ça nous verrons. »

Quand la belle fut tirée,
S'en fut à la maison,
Se mit à la fenêtre,
Chantit une chanson.

« Ce n'est pas ça, la belle,
Que nous vous demandions :
Ce sont vos amitiés
Si nous les méritons. »

La danse s'animait de plus en plus. Les grands gars maraîchins prenaient les jeunes filles par la taille, et les faisaient sauter si haut que les coiffes de mousseline touchaient le plafond. Les commères buvaient une dernière tasse de café. Les joueurs de luette regardaient la sarabande se démener dans la poussière, dans la lumière inégale des lampes qui fumaient. Mathurin et Félicité, plus rapprochés, causaient toujours. Mais la fille de la Seulière avait abandonné une de ses mains entre celles de l'infirme, et c'étaient les mains velues et démesurées qui tremblaient, et c'était la petite main blanche qui semblait ne pas comprendre ou ne pas vouloir répondre.

La ronde finissait :

« Mes amitiés, dit-elle,
Sont point pour des barons ;
Ell' sont pour le gars Pierre,
Le valet de la maison. »

Félicité, pour la première fois, regarda Mathurin, et dit en riant, d'un ton de confidence :

— C'est l'histoire de Rousille, cette chanson-là !

— Vous ne savez pas ce qu'elle voulait ? repartit vivement Mathurin ; se marier avec notre valet, devenir la maîtresse de la Fromentière. Mais, moi, je veillais ! J'ai fait chasser le Jean Nesmy. Et je vous jure qu'il ne reparaîtra pas de sitôt à la maison ! A présent...

Il baissa la voix, il se pencha, le bout de ses cheveux fauves toucha la pointe du bonnet blanc qui ne recula pas :

— A présent, si tu veux encore de moi, Félicité, c'est toi qui seras la maîtresse de la Fromentière !

Elle n'eut pas le temps de préparer une réponse. Elle se trouva debout. Le dernier refrain de la ronde avait fini dans un murmure d'étonnement. Un homme était entré, et s'était avancé dans la première chambre, jusqu'au milieu. Il dépassait les groupes de toute sa tête blanche, coiffée du chapeau qu'il n'avait pas même touché du doigt en entrant. Ses vêtements étaient couverts de gelée. Sur le bras gauche, il portait un vieux manteau, une loque brune, qui pendait. Et, sévère de visage, les yeux demi-fermés à cause de l'éclat des lumières, il cherchait quelqu'un. Tous s'écartèrent devant le métayer de la Fromentière.

— Mes gars sont ici ? demanda-t-il.

— Oui donc ! répondit une voix derrière lui. Me voici, père !

— Bien, Driot, fit l'ancien, sans se retourner. Je n'ai pas peur pour toi, quoique ça ne soit pas ici la place de mes enfants. Mais, en vérité, il gèle à croire que tout le Marais sera pris avant le soleil levé. Et Mathurin pourrait en mourir, blessé comme il est ! Pourquoi l'as-tu amené ?

Dans le silence de tous, le métayer parcourut du regard la grande salle. Un mouvement de quelques-uns des assistants lui désigna Mathurin, au fond de la salle voisine. Le père aperçut l'infirme et, près de lui, celle qui avait été cause de tant de souffrances et de larmes.

— La garce ! murmura-t-il. Elle l'aguiche encore !

Il fendit impérieusement les groupes, ses épaules rejetant les danseurs à droite et à gauche.

— Gauvrit, dit-il en saluant de la tête le bonhomme, qui s'était levé et s'avançait en titubant, Gauvrit, ça n'est pas pour te faire un affront : mais j'emmène mes gars. La mort est dans le Marais, par des temps pareils.

— Je ne pouvais pas empêcher tes fils de venir, balbutia Gauvrit. Je t'assure, Toussaint Lumineau...

Sans l'écouter, le métayer haussa la voix :

— Hors d'ici, Mathurin ! dit-il. Et prends la couverte que j'ai apportée pour toi !

Il jeta le vieux manteau ruiné sur les épaules de l'infirme, qui se leva sans mot dire, comme un enfant, et suivit le père. Les assistants, quelques-uns moqueurs, la plupart émus, regardaient cet ancien qui, à travers tout le Marais, venait arracher son fils à la veillée de la Seulière. Des filles disaient entre elles : « Il n'a pas eu seulement une parole pour Félicité » ; d'autres : « Il devait être beau, quand il était jeune. » Il y eut une voix, celle de la petite qui avait chanté la ronde, qui murmura : « André est tout le portrait du père. »

Ni Toussaint Lumineau ni ses fils n'entendirent. La porte de la Seulière se refermait derrière eux. Ils tombaient brusquement dans la nuit, où courait le vent glacé. Les nuages étaient remontés très haut. Emportés à une allure désordonnée, fondus en larges masses, ils formaient des nappes d'ombre, successives, dont la lune argentait les bords. Le froid pénétrait les vêtements et traversait la chair. La mort passait, pour les faibles. Le métayer, qui savait le danger, dégagea au plus vite les deux yoles, arrêtées parmi d'autres au port de la Seulière. Il monta dans la première, fit signe à Mathurin de se coucher au fond, et poussa au large. L'infirme obéit encore. Pelotonné sur le plancher du bateau, couvert du manteau de laine, il ressembla bientôt, immobile, à un morceau de goémon. Mais, sans qu'on y prît garde, il s'était étendu, la tête tournée du côté de la Seulière, et, soulevant d'un doigt l'étoffe qui le protégeait, il regardait la ferme. Tant que la distance et les talus des canaux lui permirent de distinguer la raie lumineuse de la porte, il demeura les yeux attachés sur cette lueur pâlissante, qui lui rappelait maintenant un souvenir nouveau. Puis le manteau retomba, couvrant le visage joyeux et en larmes de l'infirme. André suivait, dans la seconde yole.

Par les mêmes fossés, le long des mêmes prés, ils repassaient, luttant contre les rafales de vent qui soufflaient. La tempête se déchaînait, et empêchait la glace de s'étendre. Le métayer, qui n'avait plus l'habitude de yoler, n'avançait pas beaucoup. De loin en loin, il disait :

— Tu n'as pas trop froid, Mathurin ?

Et, d'une voix un peu plus haute :

— Es-tu toujours là, André ?

Dans le sillage, une voix jeune répondait :

— Ça va !

La fatigue était grande, mais il s'y mêlait de la joie de ramener les deux fils. Le métayer, sans raison apparente, et bien qu'il fût des semaines sans penser à elle, songeait, en ce moment, à la mère Lumineau. « Elle doit être contente de moi, rêvait-il, parce que j'ai enlevé Mathurin à la Seulière. » Parfois il croyait voir, au détour des canaux, des yeux bleus pareils à ceux de la vieille mère, qui souriaient, et puis s'inclinaient et se couchaient avec les roseaux, sous la yole. Alors il s'essuyait les paupières avec sa manche, il se secouait pour dissiper l'engourdissement qui le saisissait, et il répétait, à l'un de ses enfants :

— Es-tu toujours là ?

Le second fils, lui, ne rêvait pas. Il réfléchissait à ce qu'il venait de voir et d'entendre, à la passion insensée de Mathurin, à la violence de cet homme, qui rendrait difficile, quand le père ne serait plus, la vie d'un chef de ferme à la Fromentière. Ce soir-là, dans son esprit inquiet, la tentation des terres nouvelles avait encore grandi.

Les yoles, avec le temps, gagnèrent le pré aux canes.

11

Le songe d'amour de Rousille

Les après-midi de dimanche étaient maintenant, pour Rousille, des heures de solitude. Elle ne pouvait retourner au bourg et assister aux vêpres que si le valet gardait la maison. Et une fois par quinzaine, il avait stipulé qu'il pourrait se rendre à Saint-Jean-de-Monts, chez sa sœur Finette, qui était sourde-muette. Mathurin, qui restait autrefois à la Fromentière tous les jours de sa triste vie, ne manquait plus la grand-messe de Sallertaine, rencontrait Félicité Gauvrit, la saluait, sans lui parler le plus souvent, pour ne pas déplaire au métayer, la regardait passer sur la place, et, sitôt après, s'attablait dans les auberges, avec les joueurs de luette. Quant à André, il semblait à présent ne plus tenir à cette maison de la Fromentière, et le dimanche, dès qu'il le pouvait, il s'échappait, pour courir les villages, près de la mer, recherchant, de préférence, les anciens marins et les voyageurs qui parlaient des pays où l'on fait fortune.

Rousille ignorait ce qui attirait ainsi son frère au loin. Une fois, elle s'était plainte à lui, gentiment, qu'on la laissât toute seule. Il s'était mis à rire, d'abord. Puis le rire était tombé, brusquement, et André avait dit :

— Ne te plains pas si je te laisse seule, Rousille. Tu profiteras un jour de mes promenades. Je travaille pour toi.

Le quatrième dimanche de janvier, la Fromentière était donc gardée par Rousille. Mais Rousille ne s'ennuyait pas. Elle s'était abritée derrière la ferme, dans l'aire à battre, au pied du grand pailler, le visage tourné vers le Marais, qu'on apercevait entre deux buissons de la haie. Le vent du nord l'aurait glacée, mais la paille, autour d'elle, conservait la chaleur comme un nid. Rousille avait la tête enfoncée, les coudes rentrés dans l'épaisseur molle des dernières fourchées qu'on avait tirées du tas, mais qu'on n'avait pas encore enlevées. Elle pouvait voir, tant l'air était limpide, le clocher du Perrier, les fermes les plus éloignées, et jusqu'aux bandes rougeâtres, qu'on ne découvre que rarement, et qui sont les dunes boisées de pins, dont la mer est bordée, à plus de trois lieues. Elle regardait de ce côté-là, mais son esprit allait plus loin que le pré du père, plus loin que le grand Marais, plus loin que l'horizon : car Jean Nesmy avait écrit.

Rousille avait dans sa poche la lettre, qu'elle touchait du bout des doigts. Depuis le matin, elle savait par cœur, et se récitait à elle-même la lettre de Jean Nesmy. Le sourire ne quittait pas ses lèvres, si ce n'est pour monter à ses yeux. L'inquiétude était refoulée, oubliée : on l'aimait toujours, la petite Rousille. La lettre en faisait foi. Elle disait :

Le Château, paroisse des Châtelliers, 25 janvier.

Ma chère amie,

Nous sommes tous en bonne santé, et c'est de même chez vous, je l'espère, quoique l'on ne soit jamais sûr, quand on est si loin.

Je me suis loué dans une métairie qui est sur un dos de colline, en sortant de la lande de Nouzillac, dont je vous ai parlé. On a bien six clochers autour de soi, quand il fait beau, et je pense que, n'était la montagne de Saint-Michel, on apercevrait les arbres du Marais, où vous êtes. Malgré ça, moi, je vous vois toujours devant mes yeux. Le samedi, d'ordinaire, je reviens chez la mère Nesmy, ainsi que mon frère, le plus grand après moi, qui s'est loué aussi, chez des métayers de la Flocellière. Nous causons de vous, chez la mère, et je dis souvent que je ne suis pas si heureux que je l'étais avant de vous connaître, ou que je le serais, si tout le monde à la maison vous connaissait. Ils savent votre nom, par exemple ! Les plus petits et ma sœur Noémi, quand ils viennent, le samedi soir, à ma redevance, dans les chemins, crient, pour me faire rire : « As-tu des nouvelles de Rousille ? » Mais la maman Nesmy ne veut pas croire que vous ayez de l'amitié pour moi, parce que nous sommes trop pauvres. Si seulement elle vous voyait, elle comprendrait que c'est pour la vie. Et je passe mon temps le dimanche à lui conter comment c'était à la Fromentière.

Rousille, voilà quatre mois que je ne vous ai vue, selon ce que vous m'aviez commandé. J'ai su seulement, à la foire de Pouzauges, par un du Marais qui venait acheter du bois, que votre frère André était rentré au pays, et qu'il travaille comme le métayer de la Fromentière aime qu'on travaille chez lui ; aussi je ne serai pas longtemps sans retourner vous voir. J'arriverai un soir, quand les hommes seront encore dehors, et que vous penserez peut-être à moi, en faisant cuire la soupe dans la grande salle. Je m'approcherai du côté de l'aire, et, quand vous m'entendrez ou que vous me verrez, ouvrez la fenêtre, Rousille, et dites-moi, avec un de vos petits regards de sourire, dites-moi que vous avez toujours pour moi de l'amitié. Alors la mère Nesmy fera le voyage, comme cela se doit, et vous demandera à votre père, et, s'il dit oui, je vous jure, par mon baptême, que je vous emmènerai chez moi, pour être ma femme. Je vous ai dans le sang ; je n'ai point d'autre idée dans l'esprit ; je n'ai pas d'autre bonne amie dans le cœur. Portez-vous bien. Je vous salue de tout mon cœur.

Jean Nesmy.

Une à une, comme les grains du chapelet qu'on égrène, et qui se mettent d'eux-mêmes sous les doigts, les phrases de la lettre repassaient dans la mémoire de Marie-Rose, et l'image de Jean Nesmy était devant ses yeux, grands ouverts sur la campagne. La jeune fille le revoyait, serré dans sa veste à boutons de corne, avec son visage osseux, ses yeux ardents, qui riaient pour elle seulement et pour les beaux travaux finis, quand, à la tombée du jour, la faucille pendue à son bras nu, il regardait les javelles qu'il avait abattues et liées dans les chaumes. « Le père ne parle plus contre lui, songeait-elle. Même il l'a défendu, une fois, contre Mathurin. Moi, il ne m'a pas vue me plaindre, ni refuser le travail, et je crois qu'il me veut du bien, de l'avoir servi de mon mieux. Si André s'établissait à présent, et amenait une autre femme à la Fromentière, mon père ne refuserait pas, peut-être, de me laisser me marier. Et m'est avis que cet André a des raisons pour s'absenter le dimanche, et pour se promener, comme il fait, à Saint-Jean, au Perrier, à Saint-Gervais... »

Elle souriait. Ses yeux avaient pris la couleur de la paille fraîche qui l'enveloppait.

Et loin, sur le chemin des prés, elle vit un joli gars bien découplé, qui se balançait en marchant, et qui tenait, sur l'épaule, une ningle pour sauter les fossés. « Driot ! murmura-t-elle. Je vais le plaisanter sur ses courses du dimanche. »

Bientôt, elle vit André monter le long du verger clos, puis passer entre les haies dépouillées du chemin. Elle toussa pour l'appeler, quand il fut à petite distance. Il leva la tête. Sa physionomie, qu'il avait toute soucieuse, s'épanouit légèrement. Au lieu de continuer vers la cour de la Fromentière, il sauta dans un petit champ qui la bordait, longea la rangée de ruches qui dormaient leur sommeil d'hiver, et s'arrêta devant Rousille, dans l'aire, appuyé sur sa ningle. Il essayait de reprendre l'expression un peu moqueuse et protectrice qu'il avait habituellement devant sa sœur. Il se croyait obligé de rire avec elle, comme avec les enfants.

— Je te cherchais, dit-il.

— Oh ! tu me cherchais bien mal ! Tu avais la tête basse. Je crois plutôt que tu songeais à une autre qu'à moi.

— Vraiment ?

— Oui ; d'où arrives-tu, avec ta ningle, coureur ? Pas des vêpres ?

— Non, de Saint-Jean. L'eau est grande et joliment froide. Au-delà du Perrier, tout est inondé, aux deux côtés de la route.

— Tu as passé par les métairies, je suppose ? Tu t'es arrêté à la Seulière ?

— Tu ne me connais guère : est-ce que j'irais contre...

Il voulait dire : « contre les intrigues de Mathurin, que sa passion d'amour a ressaisi ? » mais il s'arrêta court.

Elle reprit, sans s'apercevoir de la réticence, parce qu'elle avait l'âme en joie :

— Aux Levrelles ? Non. C'est au moulin de Moque-Souris, alors, où il y a cette jolie Marie-Dieudonnée, la plus belle fille de meunier qu'il y ait jusqu'à Beauvoir ?

— Pas plus.

Elle reprit, tâchant d'être grave, mais sans parvenir à refouler la joie qui rayonnait de son âme.

— C'est que je désire beaucoup que tu te maries, Driot. Je pense que ce sera facile, gentil comme tu l'es... Non, tu ne peux pas savoir combien je le désire !

André redevint soucieux, comme il l'était dans le chemin, et dit :

— Je le sais très bien, au contraire...

— Non : tu me crois toujours une petite. Mais j'ai vingt ans, Driot. Je devine quand on souffre. Toi, par exemple, tu es en peine de notre François. Il te manque plus encore qu'à notre père. Si tu te maries, tu l'oublieras un peu. Quand tu seras chez toi, à la Fromentière, marié selon ton goût, tu n'auras plus l'idée dans le passé, comme aujourd'hui.

— Surtout, répondit André, il y aura une ménagère dans la maison, et la petite Rousille pourra se marier avec son bon ami.

D'un mouvement jeune de ses épaules, de ses reins, de ses bras, de sa nuque, qui prirent un point d'appui dans la paille et furent projetés en avant, elle se mit à genoux, afin de fouiller plus facilement dans sa poche. Elle se pencha elle-même au-dessus de l'ouverture, cachée dans les plis innombrables de l'étoffe, où sa main cherchait la lettre, puis elle tendit le carré de papier blanc, doucement, en le suivant des yeux, en l'élevant jusqu'à la hauteur de son front, vers son frère André.

— Je ne la montrerai qu'à toi, André : lis ma lettre... Je veux te prouver que j'ai confiance en toi... Et puis, tu comprendras que le cœur devient si léger, quand on reçoit une lettre pareille, si léger qu'on ne le sent plus. Ça te donnera envie d'en recevoir une...

Il prit la lettre, sans manifester la plus petite impatience et sans remercier. Mais, à mesure qu'il lisait, l'émotion le gagnait, non pas la jalousie d'amour, mais la pitié pour cette petite, qui avait l'âme en fête entre deux malheurs. Car il venait de se décider à quitter la métairie et la Vendée. Une nouvelle un peu prévue, redoutée depuis longtemps, bien grave pour la Fromentière, l'avait décidé, cet après-midi même. Il revenait, l'âme en deuil, comptant les chagrins qu'il allait faire naître. Et pour avoir rencontré cette joie et cette espérance de Rousille, ces yeux qui s'obstinaient à sourire à la vie, cette fleur de la métairie en ruine, il eut le sentiment qu'il devait épargner l'enfant, au moins ce soir-là, et ne pas lui dire tout de suite ce qu'il savait.

Quand il eut achevé la lecture, il plia lentement la lettre, et la remit à Rousille qui, impatiente d'une réponse heureuse, toute son âme dans ses yeux et les lèvres déjà allongées pour sourire, demanda :

— Crois-tu que notre père voudrait bien, si toi tu te mariais, et si tu lui parlais pour mon Jean ?

— Tu t'en irais dans le Bocage, Rousille ?

— Il le faudrait bien, à cause de Mathurin, qui ne pourra jamais nous souffrir près de lui.

Elle fut surprise de la façon dont André la regarda, si sérieusement et si tendrement. Il lui prit la main dans les siennes, la main qui tenait encore la lettre, et dit :

— Non, petite Rousille, je ne parlerai pas pour toi. Mais je ferai autre chose, bientôt, que je ne puis pas te dire, et qui te servira. Le jour où je l'aurai fait, ton mariage sera décidé, à moins que le père ne veuille la fin de tout... Et ce n'est pas dans le Bocage que tu habiteras, c'est à la Fromentière, à la place de la mère Lumineau, avec qui on était heureux, dans les temps de notre jeunesse. Crois bien ce que je te dis, et ne te mets pas en peine de Mathurin.

Il abandonna la main, qui retomba sur la robe, et il ajouta :

— J'ai idée que tu seras heureuse, toi, Rousille.

Elle ouvrit la bouche pour répondre. Il lui fit signe qu'il ne parlerait plus. Rousille n'en demanda pas moins, rapidement, voyant qu'il s'éloignait :

— Une seule chose, André, dis-m'en une seule ? Promets-moi que tu travailleras toujours la terre, parce que notre père aurait tant de peine...

André répondit :

— Je te le promets.

Rousille le regarda s'en aller, tourner au coin de la maison, pénétrer dans la cour. Qu'avait-il ? Que signifiaient ces paroles de mystère ? Pourquoi avait-il dit les dernières si tristement ? Elle se le demanda un moment, mais ce fut un trouble bien court. A peine la solitude s'était refaite autour d'elle, Rousille entendit de nouveau chanter les mots de la lettre d'amour. Ils arrivaient dans son cœur l'un après l'autre, vagues transparentes, dont chacune s'ouvre à son tour et couvre toute la plage. « Le secret ne doit pas être bien gros, dit-elle, puisque Driot continuera de travailler la terre, et que le père sera heureux, et que je serai heureuse aussi. »

Elle se rappela le sourire qu'avait eu un instant son frère, et pensa : « Ce n'est rien. » La paix se refit en elle, complète. Au bord du marais de Sallertaine, en cet après-midi finissant, il y eut, pendant une heure encore, une enfant qui croyait les mauvais jours passés.

Elle souriait encore ; elle n'avait pas quitté le pailler de l'aire, lorsque, dans la grande salle de la maison, André dit au père qui rentrait :

— Tout va mal, père, décidément.

Le métayer, les yeux pleins de ses récoltes en herbe, qu'il venait d'inspecter, dit tranquillement :

— Non, les en-air sont beaux ; les avoines de printemps sont belles ; qu'est-ce qui va mal ?

— J'ai appris, dans Saint-Jean-de-Monts, qu'on allait vendre les meubles du château, mon père !

Toussaint Lumineau resta sans comprendre, un moment.

— Oui, tous les meubles, répéta André. Les journaux l'annoncent. Tenez, si vous n'y croyez pas, voici la liste ! Elle est complète.

Il tira de sa poche un journal, et désigna du doigt une annonce, où le père lut laborieusement :

« Le dimanche 20 février, à huit heures du matin, il sera procédé, par le ministère de maître Oulry, notaire à Challans, à la vente du mobilier du château de la Fromentière. On vendra : meubles de salon et de salle à manger, tapisseries anciennes, bahuts, tableaux, lits, tables, vaisselle, cristaux, vins, armes de chasse, garde-robe, bibliothèque, etc. »

— Eh bien ? demanda André.

— Oh ! dit le père, qui est-ce qui aurait dit cela, voilà huit ans ? Ils sont donc devenus pauvres, à Paris ?

Il resta silencieux, ne voulant pas juger trop durement son maître.

— C'est la ruine, dit André. Après les meubles, ils vendront la terre, et nous avec !

Le chef de la Fromentière, successeur de tant de métayers des mêmes maîtres, se trouvait au milieu de la salle. Il leva ses paupières fatiguées, jusqu'à ce que ses yeux reçussent l'image du petit crucifix de cuivre pendu à la tête du lit. Puis il les rabaissa, en signe d'acceptation.

— Ça sera un grand malheur, dit-il ; mais ça n'empêchera pas de travailler !

Et il sortit, peut-être pour pleurer.

12

L'encan

Pendant les jours qui suivirent, il fut souvent question, entre les hommes de la Fromentière, de la vente des meubles du marquis. André attaquait ouvertement les maîtres :

— Ils sont ruinés, disait-il, tous les nobles disparaîtront de même, parce qu'ils ne font rien : tant pis pour eux !

— Tant pis pour les métayers également, répondait le père : ils ne gagnent pas souvent à changer !

Toussaint Lumineau était atteint par l'événement qui se préparait, non seulement dans une affection véritable et ancienne pour la personne de ses maîtres, mais dans son amour-propre de paysan. Il éprouvait une humiliation, à entendre parler de la déchéance de cette famille, à laquelle une longue tradition liait les Lumineau : il prenait sa part des blâmes, sa part de la honte ; il se sentait instable désormais, exposé aux aventures comme tant d'autres, et il enviait les fermiers qui vivent sur les domaines libres d'hypothèques et possédés par des propriétaires opulents.

— Non, disait-il, tu as tort de parler comme tu fais, Driot. Nos maîtres peuvent avoir des raisons que nous ne savons pas. Peut-être monsieur le marquis marie sa fille. Il a besoin d'argent. Ça coûte aux riches comme aux pauvres, d'établir les enfants.

— S'ils n'ont que ce moyen-là d'avoir de l'argent, répliquait André, ils sont bien bas ! Quand je pense qu'ils vendent même les portraits que j'ai vus, dans des cadres d'or, un jour que j'allais payer la ferme avec vous !

— Bah ! ils n'étaient peut-être pas ressemblants, les portraits ! Et puis le marquis doit en avoir d'autres. Dans ces familles-là, est-ce qu'on peut connaître tout ce qu'ils ont, nous autres !

— Et les hardes, est-ce que ça se vend ? Il ne leur faut guère d'honneur, pour laisser tout vendre chez eux, comme on ferait dans la maison d'un failli.

— Je vais te dire, André : moi je crois qu'on vendra moins de choses qu'on n'en a mis sur les affiches. C'est pour attirer le monde...

Mais le métayer avait conscience de la faiblesse des raisons que son respect pour ses maîtres lui faisait trouver. Il se dérobait assez vite, prétextait un travail, abrégeait le repas. André ne s'en montrait pas moins agressif, et son irritation semblait croître, au contraire, à mesure qu'approchait la date fixée pour la vente. C'est qu'il avait besoin, le pauvre garçon, de s'exciter lui-même contre quelque chose ou contre quelqu'un, pour se donner courage. Le 20 février était l'époque qu'il avait secrètement arrêtée, pour quitter la Fromentière, quatre jours avant le départ d'un navire d'émigrants, qu'il devait rejoindre à Anvers. Sa violence n'était pas faite de haine, mais du chagrin qui grandissait en lui. Il essayait de médire de la Fromentière, parce qu'il allait l'abandonner, et qu'il l'aimait encore.

Et ainsi le dimanche 20 février arriva.

Ce jour-là, le château de la Fromentière sortit de son silence, mais pour quel bruit et quelles conversations ! Il revit des visiteurs, mais lesquels ? Il était venu du monde de très loin, des marchands de curiosités de Nantes, de La Rochelle et de Paris. Avant huit heures du matin, on se montrait, devant le perron à deux branches du château, quelques hommes rougeauds, courts, replets, dont plusieurs avaient des barbes rousses et des nez de tiercelets, et qui causaient discrètement, assis sur des chaises — à vendre —, qu'on avait disposées en lignes dans l'espace libre, sablé de ce gros sable qui craquait si bien, autrefois, sous la roue des voitures. Sur la plus haute marche, devenue une estrade, se tenaient le notaire, maître Oulry, discrètement joyeux derrière ses lunettes ; le crieur public, indifférent, comme un fossoyeur, à tant de reliques dont il allait annoncer la dispersion ; les déménageurs, en manches de chemise malgré le froid de la saison. Les deux escaliers de pierre, tachés de boue, salis jusqu'à la moitié des balustrades, disaient le flot des visiteurs admis la veille et l'avant-veille à pénétrer dans le château. Un certain nombre de curieux erraient encore à l'intérieur, profitant de la première occasion qu'ils avaient de voir une demeure seigneuriale. Tout cependant y était désordonné, terni, couvert de poussière et de rouille. Les voliges, qui fermaient depuis des années les fenêtres des appartements du rez-de-chaussée, avaient été déclouées d'un côté, et pendaient le long des persiennes ouvertes. Dans la salle à manger et dans les deux salons qui se faisaient suite, on avait entassé presque tous les meubles des chambres, les ustensiles de cuisine, la vaisselle ; les tableaux, retournés, faisaient lambris derrière les canapés et les fauteuils ; il y avait quatre pendules sur les cheminées, des candélabres dans les foyers, des chenets sur un guéridon, des rayons de bibliothèque sur le drap du billard, des paniers de vins fins dans le boudoir cerise de l'ancienne marquise douairière, des panoplies sur une table de cuisine. Du haut des murs, pendaient des lambeaux de papier déchiré, des cordons de tirage coupés. Partout un désordre pareil à celui des éléments d'un corps dissociés par la mort. Se faufilant dans les ruelles ménagées entre ces objets entassés, on voyait des êtres insolents, habitués au maniement de la guenille, d'anciens domestiques renvoyés de la Fromentière, des revendeuses, des cafetiers, passer la main, avec une volupté envieuse, sur les sculptures des bahuts, gratter le cadre des tableaux pour juger la matière dont ils étaient faits, ouvrir les placards et les tiroirs, et rire d'un gros rire, en désignant quelques intimes souvenirs, produits au grand jour par cette vente et profanés par elle : photographies, lettres, missels, chapelets, restes d'âmes disparues. Plus haut, dans les étages, quelques gars en sabots faisaient le tour des chambres, s'asseyaient, les jambes en dehors, sur l'appui des croisées, se couchaient sur des matelas laissés encore entre les bois de lits.

Dans le parc, à mesure que le jour tardif de février divisait les brumes, et les taillait en lourds copeaux, que le vent poussait au-dessus des futaies, les cabriolets, les victorias raccommodées avec des cordes, les tilburys, quelques calèches séculaires, jadis armoriées et tombées au louage, quelques voitures élégantes se succédaient. On dételait sur les pelouses. Les chevaux étaient attachés à des chênes, une botte de foin sous les naseaux. D'autres paissaient, entravés. Les carrioles levaient leurs brancards en diagonale sur les hachures des taillis. Les environs du château ressemblaient à un champ de foire. Car déjà les écuries et les remises avaient été envahies. Là, des chevaux de charrue, deux ou trois ensemble, tournaient dans les boxes. Les conducteurs, palefreniers d'auberge, coiffés de chapeaux de paille ronds, admiraient les vastes proportions des dépendances, restaient hypnotisés devant les boules de cuivre des stalles, les serrures nickelées, les barreaux tournés des séparations.

— Que c'était beau tout de même ! disaient-ils.

Ils devinaient, vaguement, la splendeur ancienne de ce domaine. Quelque chose les arrêtait et les rendait stupides : comment un homme avait-il pu perdre une fortune pareille ? comment se ruine-t-on, quand on a des centaines de mille livres de rente ? Naturellement, ils supposaient des vices qui n'avaient eu qu'une bien faible part dans le désastre, car ils disaient, en crachant sur le ciment quadrillé :

— Tas de jouisseurs !

Devant le perron, la foule augmentait rapidement, acheteurs et curieux mêlés. Trois cents personnes, assises sur des bancs et des chaises, formaient une masse compacte, circulaire, immobile ; sur la ligne de circonférence, au contraire, c'était un va-et-vient continuel. Après les marchands d'antiquités et les revendeurs, qui occupaient les premiers rangs, il y avait un lot considérable de boutiquiers, anciens fournisseurs du marquis, et de rentiers de Challans avec leurs femmes, des demi-bourgeoises habillées comme pour le jour de Pâques, l'œil animé, parlant haut, et qui portaient au corsage les premières fleurs de la Fromentière, qu'elles avaient été couper elles-mêmes, dès l'arrivée, dans les serres abandonnées au pillage. Elles se moquaient, entre elles, du mauvais état des appartements qu'elles venaient de visiter, des fenêtres poussiéreuses, des avenues pleines d'herbes, des fondrières dans les carrefours du parc. « C'est plus propre que ça chez nous, disaient-elles. Dieu merci, on a plus d'honneur que les marquis ruinés. » Elles rappelaient, en faisant mine d'en savoir très long, les fêtes d'autrefois. On voyait, derrière elles, des paysans de Saint-Gervais, de Soullans, de Saint-Urbain, mais des hommes seulement. Il en était venu très peu de la paroisse même. La vente n'était point pour eux. Qu'auraient-ils fait là ? Il avait semblé, à beaucoup de ceux qui avaient connu la famille, que c'eût été une injure d'assister à ce spectacle humiliant. Une dizaine d'anciens de Sallertaine, tout au plus, et non des plus importants, se tenaient aux derniers rangs. Ils n'osaient pas s'asseoir. Timides, comme si le propriétaire du château était encore devant eux, attristés, ayant suivi la foule par désœuvrement de dimanche, ils se souvenaient de quelques bonnes paroles de « monsieur Henri », de saluts, de sourires jeunes de « mademoiselle Ambroisine. » Hélas ! de tant d'argent jeté à profusion, de tant de services rendus, de beaucoup de cordialité, de politesse, de vraie bonté dépensée par les marquis de la Fromentière pendant des siècles, cela seul, après huit ans, demeurait : le petit regret inscrit dans le pli de quelques visages de fermiers.

Il y avait moins de gentilshommes encore. On ne voyait là, dissimulés parmi les groupes, que le baron de la Hauvelle, à qui sa manie de collectionneur faisait oublier ses devoirs de solidarité ; le comte de Buart, gros, bête et rouge, qui venait pour la cave ; le petit d'Escaron, qui venait pour une poulinière. Mais le notaire avait reçu beaucoup de commissions d'enchères, et, les jours précédents, avant l'invasion de la plèbe et l'exposition publique, des châtelaines s'étaient fait conduire au château, des jeunes et des vieilles, des amies et des habituées de la Fromentière, et, guidées par le garde-chasse, on les avait vues parcourir les chambres et les salons, avec des effarements et des exclamations, déplier le linge et discuter les tapisseries anciennes. Enfin, un seul des Lumineau assistait à la vente : Mathurin, l'infirme pour qui tout spectacle nouveau, même pénible, était une trêve à la douleur et à l'ennui. Quand il avait annoncé : « J'irai », le père avait dit :

— Moi, ça me ferait faire trop de mauvais sang. Vas-y, puisque tu peux voir des choses pareilles, et, quand ils en seront à vendre les hardes, préviens-moi, Mathurin, parce que je veux avoir un souvenir de monsieur le marquis.

A gauche du perron, assez loin du cercle que formait la foule, Mathurin Lumineau s'était assis à la lisière d'un massif d'arbres verts. Enveloppé de sa capote de laine brune, plus taciturne, plus songeur que jamais, il avait fini par se dissimuler à peu près entre les branches de deux sapins, et, de là, comme à l'affût, il écoutait, et il promenait, sur la façade du château, sur les acheteurs et les passants, son regard bleu où, par moments, la colère s'allumait.

A huit heures et demie, les enchères commencèrent. Le crieur, petit homme exsangue, doué d'une voix formidable, cria, du haut du perron, aux assistants, aux bêtes, aux futaies depuis huit années silencieuses :

— Le meuble de salon de monsieur le marquis : six fauteuils, un canapé, quatre chaises satin vieil or, bois noir, style Louis XV, clous dorés, à quinze cents francs ! On donne les housses pardessus le marché. A quinze cents francs !

— Quinze cent vingt, ajouta-t-il, avec un roulement d'yeux, quinze cent cinquante... seize cents.

A seize cents francs, le meuble de satin vieil or fut adjugé. Et pendant que le notaire faisait mettre aux enchères les rideaux, Mathurin put suivre du regard les fauteuils, le canapé, les chaises, qu'il avait vus une seule fois dans sa vie et par hasard, un jour de terme, enlevés par les déménageurs, et rangés dans une voiture, qui emporta ces premières dépouilles du château. Après les meubles du salon, on vendit les tables, les armoires, les lits, plus disputés que le reste, la vaisselle, souillée de poussière et disposée par piles sur la balustrade du perron, des pendules, un billard.

La vente, sauf une interruption de dix heures à midi, remplit la journée entière. La voix du crieur ne se lassait pas. Des curieux remplaçaient toujours ceux qui se retiraient. La poussière sortait à flots, dans le pâle soleil de février, par toutes les fenêtres basses. Une cohue emplissait les appartements. Beaucoup d'acheteurs opéraient eux-mêmes le déménagement de leur lot. D'autres, qui ne devaient prendre possession que plus tard des meubles qu'ils avaient acquis, inscrivaient leur nom à la craie, sur le côté des bahuts de vieux chêne, ou sur les boiseries des salons, au-dessus de petits tas d'objets disparates. Des tentures déclouées tombaient du haut des corniches, coulaient sur les barreaux des échelles, et s'affaissaient dans un nuage.

Cependant, vers quatre heures, le nombre des spectateurs diminua. Les chevaux entravés furent sortis des massifs où ils avaient pénétré. Des voitures de tout genre reprirent le chemin de la petite ville et des bourgs. Mathurin n'avait pas quitté son abri, à l'extrémité du massif de sapins. Une inquiétude, un soupçon, l'agitait violemment. Par deux fois, il avait cru reconnaître, là-bas, du côté des communs, la silhouette alerte de Jean Nesmy. Ce petit homme vêtu de brun, le chapeau rabaissé sur les yeux, qui ne s'était pas avancé a découvert, mais que Mathurin avait aperçu, tantôt ici et tantôt là, dans les taillis, de l'autre côté de la pelouse, ce ne pouvait être que le valet renvoyé, l'amoureux de Rousille. Et Mathurin attendait le père, qu'un gamin était allé prévenir de la fin prochaine de la vente.

Dans le jour bleui, sur la droite du château, le vieux Lumineau parut, et Marie-Rose près de lui. Ils avaient un peu honte, malgré l'ombre qui commençait. Rousille n'alla pas bien loin. Elle s'arrêta à plus de cent pas de la façade, sur le banc de la marquise, et, tout effarée, contempla cette scène de deuil qui s'achevait, tandis que le père se dirigeait vers le perron, afin d'acheter un souvenir. Parmi les deux cents personnes encore groupées autour de l'escalier de granit, les femmes dominaient. Elles étaient restées pour voir les « hardes et objets de toilette » que le notaire de Challans venait d'annoncer. Le crieur leva, au-dessus de sa tête, une étoffe légère, mousseuse, d'un violet pâle, qui se développa, pendit, et se froissa au vent.

— Une robe de demoiselle, soie mauve, collerette de mousseline : dix francs ! cria l'homme.

— Montrez ! dirent des voix de femmes.

Rousille vit descendre, sur le fond blanc du perron, la petite chose presque vivante, le fourreau de soie oublié qui avait retenu quelque chose de la grâce souple de mademoiselle Ambroisine de la Fromentière. Des mots lui arrivèrent, une rumeur de plaisanteries grossières que faisaient entre eux les fripiers, en touchant ces reliques de pure jeunesse.

— Peut-on vendre ça ! murmura-t-elle.

Elle avait horreur de cette profanation, et elle voulait déjà s'en aller.

Mais, en même temps, deux émotions vives la tinrent immobile à son banc. De l'autre côté de la pelouse, en face d'elle, au bout du massif de sapins, elle reconnut Mathurin, qui s'était avancé hors de la protection des branches, et qui regardait le banc de la marquise, en montrant le poing. Et derrière elle, tout près, elle entendit une voix qui s'échappait des lauriers-tins échevelés, et qui disait :

— Ma Rousille, Jean Nesmy est venu !

Elle se contint, ne se détourna pas, ne fit pas un mouvement, mais, se sentant épiée, elle eut le sang-froid de ses aïeules, que le péril trouvait prêtes. Elle n'ouvrit qu'à peine ses lèvres, et, comme si elle respirait seulement, pour calmer sa poitrine oppressée, elle répondit à celui qui remuait les feuilles, en arrière :

— Prenez garde : Mathurin nous guette !

— Il m'a déjà vu, je crois bien.

— Alors, sauvez-vous vite ! Vous reviendrez plus tard.

— Quand ?

— Cette nuit, dans l'aire, quand je mettrai ma chandelle sur la fenêtre basse.

Mathurin se traînait sur ses coudes, pour s'approcher et pour s'assurer qu'une ombre humaine était bien mêlée, dans le massif, aux ombres des branches et des troncs d'arbres. Jean Nesmy se faufila entre les cépées, et sauta dans les taillis déserts. Autour du perron, déjà saisi par l'ombre, des exclamations, des rires, s'élevèrent de la foule diminuée :

— Je la veux ! C'est le souvenir que je veux ! disait la forte voix de Toussaint Lumineau.

Le crieur public tenait par le jonc, et présentait une canne à poignée de corne, avec une bague d'or.

— Ça dépend, mon bonhomme, répondit-il au milieu des ricanements des bourgeois et bourgeoises de Challans ; ça dépend ! Il ne suffit pas de dire : « Je veux », dans les ventes. Combien mettez-vous ?

— Deux francs ! dit un revendeur.

— Cent sous ! cria le métayer.

Personne ne rit plus. L'enchère était inusitée. Toussaint Lumineau l'avait jetée, beaucoup pour écarter toute prétention contraire, un peu par vanterie, comme il eût dit, et pour prouver que le métayer n'était pas ruiné comme le maître. Il fendit les derniers rangs, tendit un écu, la main levée, saisit la canne, et, n'osant s'appuyer dessus, la mit sous son bras.

Il sortit alors, en se dandinant, du groupe des acheteurs qui se disputaient les derniers vestiges du mobilier de la Fromentière, poignées de choses hâtivement adjugées, données presque pour rien. Il tourna cette masse confuse, remonta vers le bord du massif où Mathurin s'était de nouveau arrêté.

— En route ! dit-il, j'ai mon souvenir, j'ai la canne de monsieur Henri.

— Vous l'avez achetée trop cher ! dit l'infirme.

— Mon pauvre gars, fit le métayer d'un ton de reproche, il me l'aurait donnée s'il avait été là. Je l'ai payée cher, pour que personne ne me la dispute... Tous ces commis-là se seraient moqués de moi, sans ça !

Il désignait, d'un coup d'épaule, le notaire, le crieur, les gens de loi invisibles qui, dans sa pensée, devaient être mêlés à cette procédure qui s'achevait.

Modérant son pas, pour ne pas trop presser Mathurin, dont les béquilles heurtaient les taupinières des pelouses, le métayer traversa l'espace libre, où la brume bleue s'épaississait. On entendait des claquements de fouets. Des feux rouges de lanternes couraient sous les futaies sans feuilles. Des ramiers tournaient au-dessus, inquiets. La petite Rousille voyait venir son père. Elle était restée à la même place, sur le banc, l'âme épanouie, avec un peu trop de son rêve dans les yeux, car le père demanda sévèrement :

— Ce n'est pas le jour de rire, petite : qu'as-tu donc ?

— Rien, fit-elle en se levant.

— Marche donc par-devant, répondit Mathurin. Tu pourrais faire des rencontres.

Elle s'en alla devant, en effet, par les allées, puis par le sentier, le long des haies dépouillées. Son bonnet blanc ne se tournait ni à droite ni à gauche. Mais, fière comme celles qui luttent pour leur amour, marchant de son pas relevé, elle descendait la première vers les ormes de la métairie, et ses yeux grands ouverts dans le crépuscule, ses yeux où personne ne pouvait lire, effleurant les choses, n'en regardant aucune, s'emplissaient de tendresses perdues.

Elle pénétra dans son domaine, et se mit à tremper la soupe qui avait bouilli en son absence. Les hommes restèrent dehors à causer.

Quand ils revinrent, elle eut l'impression bien nette que Mathurin l'avait une fois de plus trahie, et que le père était en défiance.

André rentra le dernier, à près de huit heures. Le métayer avait voulu l'attendre pour souper. Il s'était assis, avec Mathurin, sous l'auvent de la cheminée, et, se chauffant, prenant et maniant la canne de monsieur Henri chacun à son tour, ils parlaient de la triste journée qui s'achevait ; des hommes de Sallertaine qui avaient suivi les enchères ; des ouvriers qu'on avait entendus, à la dernière minute, reclouer les voliges sur les fenêtres basses, et des lumières qu'on avait vues errer derrière les vitres des étages, comme aux jours d'autrefois, quand la haute maison blanche était pleine d'invités.

— Nos maîtres ne reviendront plus, disait Toussaint Lumineau. Moi qui avais toujours cru en eux ! C'est fini !

— C'est fini ! répéta André, en montant les marches du seuil. Je suis content de n'avoir pas vu ça.

Il avait l'air las et ému. Le tour de ses yeux était brillant, comme si le beau jeune Maraîchin allait pleurer. Toussaint Lumineau crut que la honte de cette vente publique, dont lui-même avait tant souffert, avait touché de la même manière le cœur de son enfant, et que c'était l'unique raison de la longue absence de Driot.

— Mets-toi à table, dit-il, tu dois avoir appétit. La soupe est prête.

— Non, je n'ai pas faim, dit André.

— Ni moi, dit le père.

Mathurin seul se traîna jusqu'au banc, et se servit une assiette de soupe, tandis que le père demeurait assis devant le feu, et que Driot, debout, l'épaule appuyée contre l'angle saillant du mur, sous l'auvent, considérait alternativement son père et son frère.

— Où donc as-tu été ? demanda le métayer.

André fit un geste en guirlande :

— De l'un chez l'autre : chez votre ami Guérineau, de la Pinçonnière ; chez le meunier de Moque-Souris ; aux Levrelles ; chez les Massonneau...

— Bon homme, le Glorieux, interrompit le père, bonne famille, la sienne.

— J'ai été voir aussi les Ricolleau, de Malabrit...

— Si loin que ça ?

— Les Ertus de la Parée du Mont...

Toussaint Lumineau fixa, cherchant à deviner, les yeux clairs de son fils.

— Qu'avais-tu à faire chez tant de monde, mon gars ?

— Une idée...

Il ne put soutenir longtemps l'interrogation du regard paternel, et se mit à considérer l'angle sombre où était le lit.

— Une idée... Tenez, pendant que j'étais en route, j'aurais voulu faire le tour complet, et m'en aller jusqu'à La Roche, voir François.

— François ?... murmura le métayer. Tu es donc comme moi, mon bon gars : tu as souvent ta pensée devers lui ?

Lentement, le jeune homme hocha la tête, et répondit :

— Oui, ce soir surtout, ce soir plus que tous les soirs de ma vie, j'aurais voulu l'avoir à côté de moi.

Les mots d'André étaient dits avec une si forte émotion, avec une solennité si douloureuse, que Mathurin, qui ne savait pas la date du départ d'André, comprit qu'elle était arrivée, et qu'André n'avait plus que des minutes à vivre à la Fromentière. Un flot de sang lui monta au visage ; ses lèvres s'entrouvrirent ; un tremblement s'empara de tout son corps, tandis que ses yeux, sans un battement de paupières, regardaient André. Ils luisaient d'une vie extraordinaire, ces yeux où il y avait de l'orgueil triomphant, et aussi, en cette heure suprême, un peu de pitié et d'amitié, de remords peut-être. André devina qu'ils lui disaient adieu.

Le père, cependant, rapprochait sa chaise de la table, et, levant la canne, horizontalement, à la hauteur de la lampe, pour qu'André la vît mieux, il caressait l'anneau d'or, avec ses doigts qui avaient de la terre aux jointures. Il croyait la pensée de son fils déjà revenue au présent, ou tendue vers le même avenir que la sienne.

— Moi, dit-il, voilà ce que j'ai acheté, en souvenir de monsieur Henri... Bien souvent il a tapé contre ma porte, avec le bout de cette canne-là : « Pan ! pan ! pan ! Es-tu là, mon vieux Lumineau ? » André, quand tu seras le maître à la Fromentière...

Le jeune homme, qui était derrière le métayer, sentit, à ces mots-là, tout son courage se fondre. Il ne put retenir ses larmes, et, craignant que le père ne se détournât vers lui, il se recula, silencieusement, du côté de la porte.

Toussaint Lumineau ne l'entendit pas. Il continua :

— Quand tu seras le maître à la Fromentière, tu ne verras plus jamais nos maîtres. Je croyais que la métairie ne serait pas vendue... Je l'espère encore un peu, mais nos marquis ne reparaîtront plus... Mon gars, les temps qui viennent pour toi ne ressembleront pas à ceux que j'ai connus !

Driot pleurait, en regardant les vieux murs de la salle, à l'endroit où ils étaient usés par l'épaule des Lumineau.

— Ne t'en fais pas de chagrin, mon petit : si les maîtres s'en vont, la terre reste !

Driot pleurait, en regardant le chapelet de la mère Lumineau, pendu au chevet du lit.

— La terre est bonne, quoique tu aies mal parlé d'elle : tu le reconnaîtras.

Driot pleurait, en regardant Mathurin.

— Tu te feras à elle, et elle aussi se fera à toi !

Driot pleurait, en regardant le père, qui maniait toujours la canne blonde.

Il considéra un peu de temps, dans la lumière de la lampe, les mains lasses, les mains calleuses, entaillées de blessures faites au service de la famille, pour l'élever et la secourir, les mains jamais découragées. Et poussé par le respect, par le chagrin aussi, il fit une chose qui ne se faisait plus à la Fromentière, depuis que les fils étaient grands et que la mère était morte. Il s'avança dans l'ombre, derrière le père, se pencha, et embrassa l'ancien sur son front ridé.

— Brave gars ! dit Toussaint Lumineau, en lui rendant son baiser.

— Je vais me coucher, murmura André : je n'en peux plus !

Il serra la main de Mathurin, d'une étreinte rapide. Mais il mit longtemps à faire les dix pas qui le séparaient de la porte intérieure, communiquant avec la décharge où travaillait Rousille. En fermant la porte, il regardait encore dans la salle, par la fente qui diminuait. Puis on l'entendit parler un peu avec sa sœur ; puis on ne l'entendit plus.

La grande nuit enveloppait la ferme. C'était la dernière où le toit de la Fromentière devait abriter Driot.

Une heure plus tard, les passants qui se seraient égarés dans les chemins, apercevant cette masse confuse de bâtiments et de feuillages, plus sombre que la brume et silencieuse comme elle, auraient pensé sûrement que tout dormait dans la métairie. A l'exception du valet, ceux qui l'habitaient, cependant, veillaient tous.

Mathurin, trop ému, n'avait cessé de s'agiter et de parler. La lumière éteinte, la conversation avait continué entre le père et le fils, dont les lits se faisaient suite, le long du mur. Ne pouvant rien dire de cette fuite d'André, dont l'image s'imposait à lui sans relâche, avec la persistance et l'effroi d'un cauchemar, l'infirme se jetait d'un sujet à l'autre. Le père n'arrivait pas à le calmer.

— Je vous assure que j'ai vu le Boquin. J'étais loin de lui, mais je le déteste trop pour me tromper sur son compte : il avait une manière de courir en se cachant, comme un furet ; il avait des hardes brunes et, sur son chapeau, quelque chose de roux comme des feuilles de chêne.

— Dors, Mathurin, tu as mal vu.

— En effet, ça devait être des feuilles de chêne. Quand il était ici, il en mettait, des fois, à son chapeau, par gloriole, pour signifier que son pays était plus couvert que le nôtre et mieux pavoisé d'arbres. Ah ! le dannion ! Si j'avais pu courir !

— Tu n'aurais rien trouvé, mon pauvre gars. Il est dans le Bocage de chez lui. Que serait-il venu faire, à la vente du marquis ?

— Voir ma sœur, donc ! Peut-être même il lui a parlé, mais je ne suis pas sûr, parce que la nuit tombait, entre Rousille et moi.

Le père, couché dans son grand lit à baldaquin, soupirait, et disait :

— Toujours ta sœur ! Tu te donnes trop de tourment contre

elle. Dors, Mathurin : ils n'oseraient se parler ; ils savent que je ne les accorderai point.

L'infirme demeurait silencieux quelques instants, puis il revenait sur les scènes de l'après-midi ; il nommait les hommes du pays qui l'avaient salué, et racontait ce qu'ils avaient dit de la vente probable de la Fromentière ; puis, entraîné par une pensée, toujours la même, il énumérait les travaux futurs qu'il faudrait faire, pour améliorer la métairie, et les nouvelles conditions de bail qu'il faudrait obtenir des maîtres, ou bien il demandait :

— Vous me trouvez mieux, n'est-ce pas ? J'ai le dos plus droit ? J'ai le souffle moins court ? Avez-vous vu, ce soir, quand je revenais, comme je m'appuyais sur mes jambes, à tous les pas ?

Au milieu d'une phrase, plusieurs fois, il s'était arrêté, pour écouter la nuit. Il avait cru entendre ce que son esprit ne cessait de voir : Driot, sortant pour la dernière fois de la chambre, à l'extrémité de la maison ; Driot, traversant la cour en évitant de faire rouler les pierres ; Driot, passant devant la porte, là tout près, et s'éloignant pour jamais.

Vers onze heures, Bas-Rouge, qui avait grondé souvent depuis le commencement de la nuit, se mit à aboyer avec insistance, sur la droite.

— Qu'y a-t-il donc ? fit Toussaint Lumineau. On dirait qu'il passe du monde, cette nuit, dans la virette de chez nous ?

Mathurin se redressa sur ses coudes, silencieusement, et toute la chaleur se retira de sa tête et de ses mains. Après une minute :

— Entends-tu notre chien, comme il se démène ? répéta le métayer. Il y a sûrement du monde qui n'est pas loin.

— Père, répondit Mathurin, en cette saison-ci, il est comme fou : je crois qu'il voit les bernaches qui voyagent dans l'air.

Les aboiements se rapprochèrent, non pas furieux, mais joyeux comme ceux d'une bête qui part en promenade. Puis on entendit distinctement un pas, puis le chien se mit à hurler.

— On lance des pierres à Bas-Rouge ! dit le métayer. J'y vas !

— Non ! N'allez pas ! Je ne veux pas que vous alliez ! Restez, père, restez !

— Pourquoi donc ? demanda Toussaint Lumineau. Je l'ai fait d'autres fois, et jamais je n'ai eu de mal.

Les jambes hors du lit, assis sur ses couvertures, le vieux paysan écouta quelques secondes encore, avant de passer son pantalon et de courir à la porte. Une pensée traversa l'âme de Mathurin : « C'est mon frère ! Je n'ai qu'une parole à dire, et mon père va le rejoindre. Faut-il ? »

Six années de tortures et d'effacement devant les cadets répondirent : « Non ! » Il se laissa retomber sur l'oreiller, et dit, comme rassuré :

— Ça n'est pas la peine : ça s'éloigne.

Bas-Rouge devait galoper, en effet, dans le chemin et remonter vers la grande route. Il n'aboyait plus que faiblement, et par intervalles ; il reconduisait le passant, jusqu'aux limites du domaine.

Le père se recoucha, et, n'entendant plus remuer Mathurin, s'endormit. Il était un peu après minuit.

A cette heure, Rousille travaillait encore dans sa chambre, les portes verrouillées et les fenêtres closes. Elle attendait celui qui avait promis de venir. La pensée de le revoir, de ce qu'elle devrait dire, et l'idée aussi qu'il y avait quelque danger, pour Jean Nesmy, s'il était surpris par le père, avaient occupé les longues heures pendant lesquelles le murmure des voix du métayer et de Mathurin n'avait cessé de lui parvenir. « Qu'ont-ils donc à tant parler entre eux ? » songeait-elle. Du côté de l'aire, elle avait eu bien soin de pousser le volet, qui fermait une petite fenêtre à hauteur d'appui, étroite, taillée au plus épais du mur et défendue par un barreau de fer. Assise sur le coffre de son lit, elle ourlait des tabliers de travail en grosse toile. La chandelle, posée près d'elle, éclairait le visage penché de la jeune fille, et plus loin les panneaux des cinq armoires, les colonnes cirées des lits, les parois des coffres, qui renvoyaient chacun des rayons d'une douceur différente. C'était la lueur violette du merisier, le rouge sombre des cerisiers, l'or brun des bois de noyer et de chêne, enfin le pâle reflet d'un meuble qu'une grand-mère, un peu singulière, avait fait fabriquer avec de beaux frênes blonds, et c'était la même atmosphère qui avait enveloppé les aïeules, fileuses assises à la même place, et qui caressait, en ce moment, les yeux recueillis de la dernière fille des Lumineau. Rousille ne perdait jamais de temps. Cependant, en cette veillée forcée, il lui arrivait de demeurer immobile, la main tendant le fil, ou de se lever, et d'aller, sur ses chaussons, jusqu'à la porte de la chambre la plus voisine de la grande salle, où l'on causait.

Lorsqu'elle n'entendit plus rien, ni les aboiements du chien, ni le vague bruit de paroles qui se glissait sous les portes, elle attendit encore, mais elle cessa de travailler. Elle considéra la chambre, et songea, en ménagère : « Va-t-il la trouver bien en ordre, et comme il voudrait voir sa maison future ? » Elle renoua la cravate qu'elle avait mise à cause du froid ; elle eut ensuite un petit frisson de peur, à la pensée que le père pourrait apparaître tout à coup. Le sérieux de son visage s'affirma, comme aux heures où elle avait lutté pour Jean Nesmy. Se redressant, elle porta le chandelier sur l'appui de la fenêtre, qui formait, dans l'épaisseur du mur, une plate-forme en triangle, comme celle qui précède les meurtrières. Puis elle fit tourner le volet sur ses gonds. Un souffle de brume glacée coucha la flamme, et faillit l'éteindre. Debout, même un peu levée sur la pointe de ses pieds, Rousille chercha, en mettant ses deux mains sur ses tempes, à reconnaître quelque chose dans les ténèbres de l'aire. Etait-il encore là ? Elle ne vit que les branches dépouillées de deux groseilliers qui poussaient le long du mur. Aucun bruit de pas non plus. Aucun signal. Elle entendit seulement l'éclatement sourd des gouttes amassées par le brouillard au bord des tuiles, et qui tombaient sur les mottes. Une minute s'écoula.

Brusquement, les branches plièrent et se renversèrent ; une tête brune sortit de la nuit, et s'encadra dans la fenêtre, entre le mur et le barreau de fer. Elle était pâle, mais les yeux riaient, à demi fermés, éblouis par la flamme.

— J'ai cru, dit Jean Nesmy, que vous ne viendriez pas ! J'avais froid jusqu'aux os : j'allais partir !

Il avait l'air si heureux, en disant cela ! Ses yeux s'ouvraient peu à peu, laissant passer la joie d'une âme en fête. Rousille, plus grave, car elle avait en elle toute la méditation de sa veillée, dit :

— Parlons vite : mon père vient seulement de s'endormir. S'il s'éveillait ! S'il nous surprenait !

Mais il ne parut aucunement faire attention à cette crainte-là. Il ne regardait pas non plus dans la chambre, pour voir si tout était en ordre. Il ne regardait que Rousille, tout émue sous sa petite coiffe. La lumière, posée entre eux, éclairait leurs yeux jusqu'au fond.

— Vous êtes toujours aussi mignonne, répondit le gars. On ferait du chemin, oui, pour vous voir ! La mère Nesmy ne voulait pas que je parte, à cause de la dépense ; mais je lui ai dit : « J'aime mieux me passer de pain. » Et c'était vrai, Rousille !

Elle ne put s'empêcher de sourire.

— Vous savez toujours bien faire les compliments, Jean Nesmy, et vraiment, je ne vois guère de changement en vous.

— Il n'y en a pas ! fit-il, en montrant ses dents toutes transparentes.

Et aussitôt elle oublia l'inquiétude qu'elle avait. Et il leur sembla, à tous deux, qu'ils ne s'étaient pas quittés, tant ils éprouvaient peu d'embarras à trouver leurs idées. La chandelle tremblait, sous leurs mots qui se répondaient.

— Dites, Rousille, comment vont nos affaires ? Etes-vous heureuse ?

— Pas trop. Nous avons, à la Fromentière, plus de misère que de bonheur. Voilà que notre maître, maintenant, a laissé vendre ses meubles, comme vous savez. Une pitié !

— Nos nobles, dans le Bocage, n'auraient pas fait ça ! dit le Boquin, en levant un peu le menton.

— D'ailleurs, reprit Rousille, depuis que François est parti, rien ne va, chez nous. Driot ne se console pas de ne plus le voir.

— Même à présent ?

— Même à présent. On le croyait gai, quand il est revenu. Eh bien ! ce soir, il pleurait. Qu'est-ce qu'il avait ? Etait-ce la peur que nous soyons vendus, nous aussi ? Etait-ce autre chose ? Avec lui, on ne sait jamais.

— Peut-être il a ses idées devers une fille de chez vous ?

— Je le voudrais bien, Jean, pour lui et pour nous, parce que c'est son mariage qui commandera le nôtre. Tout notre espoir, voyez-vous, est dans mon frère André. J'y ai pensé bien des fois, et autant vous dire tous les jours, depuis celui où vous êtes parti : si André ne se marie pas, mon pauvre Jean, je serai toute blanche de cheveux quand on nous publiera, aux églises de chez vous et de chez nous. Le père ne me laissera pas partir, s'il n'y a pas une ménagère de la famille pour me remplacer. Et quant à venir habiter ici, avec Mathurin : il nous déteste trop tous deux. On se battrait à la Fromentière. Le père ne voudra jamais nous mettre en ferme avec Mathurin.

— Parle-t-il de moi, des fois, quand il laboure ?

— Je ne vais guère aux champs. Mais un soir, je l'ai entendu, qui disait à mon frère le malade : « N'attaque pas le Boquin, Lumineau ! Je lui ai refusé ma fille, et j'ai bien fait : mais il travaillait bravement ; il avait de l'amour pour la terre de chez nous. »

Derrière le barreau, la figure de l'ancien valet rougit de fierté.

— C'est vrai, que j'aimais toute chose ici, à cause de vous, Rousille. Alors, André ne veut pas se marier ?

— Je ne dis pas ça. Il a encore l'esprit tout en chagrin. Mais le temps va venir et va le guérir. Nous l'aurons pour nous, cet André. Il m'a parlé avec bien de l'amitié, le jour de la lettre. Il m'a promis de m'aider, d'une manière qu'il n'a pas expliquée.

— Est-ce pour bientôt ?

— M'est avis que oui, car il avait l'air bien décidé, et bien sûr de ce qu'il ferait.

Elle baissa la voix, subitement.

— Avez-vous entendu ?

— Non, rien.

— Ça remuait, dans la boulangerie...

— Regardez-moi, Rousille, rien ne remue ! répondit le Boquin.

Obéissante, victorieuse de toute peur, pour l'amour de lui, elle se pencha de nouveau vers la fenêtre, même elle se mit à rire, en disant :

— Vous n'avez jamais peur, vous, on le voit bien. Où étiez-vous caché, tout à l'heure, avant que j'ouvre le volet ?

— Entre les meules de paille. Le vent était froid comme dans mes plus mauvaises nuit d'affût. Il m'a engourdi, et, comme je ne voyais pas de lumière, j'ai dormi un bout de temps.

— Vrai ? Et qui vous a éveillé ?

— Bas-Rouge, quand il a fait la conduite à votre valet.

— Comment, la conduite au valet ? dit Rousille étonnée. J'ai entendu le chien aboyer, mais j'ai pensé qu'il attaquait un chemineau, comme il y en a dans nos campagnes, ou bien qu'il vous avait reconnu...

— Vous savez bien, Rousille, qu'il n'aboie jamais contre moi, depuis que nous avons chassé ensemble. Non, je suis sûr que le valet est sorti... Le loquet est retombé... Il y a eu au moins trois pas bien marqués, là, de l'autre côté de la maison, et un bruit de pierre qui roule. C'était le valet, je vous dis, ou bien votre frère... Je suis sûr qu'un homme est sorti de la Fromentière.

Elle pâlit un peu, se redressa.

— Mais non ! fit-elle. André ne chasse pas comme vous ! André ne sort pas pour aller à Challans, comme François !... Est-ce que, par hasard, Mathurin, pendant que le père dort, se serait levé pour nous guetter ?... Oh ! prenez garde à vous, Jean Nesmy ! Ecoutez !...

Elle saisit le chandelier, sur l'appui de la fenêtre, et, le tenant à bout de bras, elle se pencha vers le fond de la chambre. La lueur de la flamme grandit sur le bois des meubles.

— C'est vrai qu'on remue dans la boulangerie, dit Jean Nesmy.

La porte était poussée doucement, et le verrou frémissait dans son armature de fer.

Rousille devint toute blanche de visage. Mais elle avait dans les veines un sang de braves, et, portant la lumière aussi éloignée de son corps que possible, elle traversa sans bruit la chambre, enleva le verrou avec précaution, et ouvrit brusquement la porte.

Une ombre fila dans la chambre, tourna autour, et revint sur Rousille, qui reconnut Bas-Rouge.

— Que faisais-tu là ? demanda Rousille. D'où viens-tu ?

Un courant d'air violent soufflait de la pièce voisine.

— La porte du dehors n'a donc pas été fermée ?

La jeune fille jeta un coup d'œil du côté de la fenêtre, et entrevit la figure de Jean Nesmy. Puis elle s'avança dans la boulangerie. Les corbeilles de paille, la huche, l'échelle qui montait au grenier, les fagots pour la prochaine fournée, toute l'image ordinaire apparut. Mais la porte qui donnait accès dans la dernière chambre, celle d'André, était ouverte. Rousille continua d'avancer. Le vent éteignit presque la chandelle, qu'elle dut protéger de la main. Le vent venait librement de la cour. Oui, André était sorti... Elle courut au lit ; le lit n'était pas défait... Un doute la prit, qu'elle repoussa d'abord. Elle pensait à François. Ces larmes d'André, la veille, son trouble... « O mon Dieu ! » murmura-t-elle. Prompte, elle se baissa, elle inclina la chandelle, pour voir sous le lit, où André serrait ses deux paires de souliers et ses bottes de voyage ; tout avait disparu. Elle ouvrit le coffre aux vêtements : il était vide. Elle revint dans la boulangerie, grimpa par l'échelle jusqu'au grenier. Là, dans le coin à droite, à côté du tas de blé, elle devait trouver la petite malle noire, celle qu'il avait rapportée d'Afrique. Elle leva la lumière : la petite malle n'était plus là. Toutes les preuves concordaient : le malheur était sûr.

Alors, affolée, descendant en toute hâte, ne pouvant garder son secret, elle cria :

— Père ?

Une voix répondit, assourdie par les murs :

— Qu'y a-t-il ?

— Driot qui n'est plus là !

Elle courait, en criant ainsi. Elle traversa la chambre. Derrière la fenêtre grillée, ses yeux, qui cherchaient, crurent apercevoir une ombre.

— Adieu, Jean Nesmy ! dit-elle sans s'arrêter. Ne reviens jamais ! Nous sommes perdus !

Elle disparut, entra dans la décharge, alla jusqu'à la porte de la grande salle où couchait son père.

Celui-ci s'était jeté à bas du lit. Il arrivait, pieds nus, boutonnant son vieux pantalon de travail, sur sa chemise dont le col était ouvert. Eveillé dans le premier sommeil, n'ayant compris qu'à moitié, il apparut tout à coup, sévère de visage, dans la clarté de la chandelle que tenait sa fille.

— Pourquoi cries-tu donc ? demanda-t-il. Il ne peut pas être loin ?

Cependant, en voyant l'air d'épouvante qu'avait Rousille, il pensa, lui aussi, à François, et il se mit à trembler, et il la suivit.

Ils parcoururent toute la maison dans sa longueur ; ils pénétrèrent dans la chambre d'André, et Rousille s'effaça pour laisser passer le métayer. Il n'alla pas bien loin : il regarda le lit qui n'était point défait, et cela lui suffit pour comprendre. Un moment, il demeura immobile. Les larmes l'aveuglaient. Puis il marcha vers la cour, en chancelant : sur le seuil, il se retint aux deux montants du mur ; il prit une longue respiration, comme s'il voulait appeler dans la nuit, mais il ne sortit de sa bouche qu'un son étouffé, à peine saisissable :

— Mon Driot !

Et le grand vieux, saisi par le froid, tomba évanoui sur la terre de la chambre.

En même temps, du fond de la maison, là-bas, Mathurin s'échappait en jurant, en heurtant les meubles et les murs de sa tête et de ses béquilles.

— A moi ! criait-il, viens donc, Rousille ! Je veux voir !

Rousille s'était agenouillée près du père, et l'embrassait en pleurant. Dans la cour, le valet, attiré par le bruit, s'avançait avec une lanterne.

13

Ceux de la ville

Le métayer reprit vite connaissance. Il se redressa, regarda autour de lui, et, apercevant Mathurin qui se lamentait et disait : « Il est mort ! », répondit :

— Non, mon ami, je tiens toujours bon.

Aidé par le valet, il se recoucha.

Le lendemain, dès l'aube, il était dehors, et commençait une tournée à travers les fermes, afin d'apprendre quelque chose touchant le sort de son fils. Ni Mathurin ni le valet, paraît-il, n'avaient eu le moindre soupçon de cette fuite d'André. Ils n'avaient rien vu, rien entendu. Toussaint Lumineau allait donc s'adresser aux amis anciens ou nouveaux qu'André avait fréquentés pendant les derniers mois, fils de métayers, bourriniers ou marins. Trois jours durant, il courut le Marais, de Saint-Gervais à Fromentine, et de Sallertaine à Saint-Gilles. Ceux qu'il interrogea ne savaient que peu de chose, ou ne voulaient pas compromettre celui qui s'était confié à eux. Ils s'accordèrent seulement à raconter qu'André parlait souvent de faire fortune au-delà de la mer, où les terres sont neuves. Le mieux informé avoua :

— Dimanche, il a fait ses adieux à plusieurs, dont j'étais. Il m'a dit qu'il s'embarquait pour l'Amérique du Sud ; qu'il aurait, pour rien, une métairie de soixante journaux de belle terre, mais je ne connais pas le nom du petit pays où il s'établira.

Le soir du troisième jour, quand le père rentra avec cette réponse à la maison, il trouva l'infirme devant le feu.

— Mathurin, demanda-t-il, tu dois avoir encore des livres où il y a des dessins de pays, tu sais bien ?

— Des géographies ? Oui, de nos temps d'école, il doit en rester. Pourquoi ?

— Je voudrais voir l'Amérique, dit le vieux : c'est là que va ton frère, à ce qu'ils assurent.

L'infirme se traîna jusqu'au coffre, et, sous les vêtements, tout au fond, saisit une poignée de livres de classe, cinq ou six, qui avaient appartenu à l'un ou à l'autre des frères. Il revint avec un petit atlas d'école primaire, sur la couverture duquel il y avait écrit, d'une grosse écriture de commerçant : « Ce livre est à Lumineau André, fils de Lumineau Toussaint, à la Fromentière, commune de Sallertaine, Vendée. »

Le père passa la main sur les lignes d'écriture, comme pour les caresser.

— C'était le sien, dit-il.

Mathurin ouvrit l'atlas. Les feuillets ne tenaient plus. Ils étaient arrondis aux coins, par le frottement, ou déchirés, ou pliés, et, tout le long des tranches, le papier s'en allait en touffes de poils. Les doigts de l'infirme les tournaient avec précaution. Ils s'arrêtèrent sur une page tachée d'encre, où les deux Amériques, réunies par leur isthme, dessinées d'un trait jaune-orange, ressemblaient à une paire de grosses besicles. Les deux hommes se penchèrent.

— Voilà celle du Sud, dit Mathurin. Et voilà la mer.

Le métayer médita un long moment sur les mots que disait Mathurin. Il fit effort pour les rapporter à ce pauvre dessin lamentable, et secoua la tête.

— Je ne peux pas me figurer où il est, dit-il tristement, mais je vois qu'il y a de la mer, et qu'il est perdu pour nous...

Mathurin ferma lentement le livre, et dit :

— C'étaient de mauvais fils tous deux : ils vous ont abandonné !

Le métayer n'eut pas l'air d'entendre. Il commanda, doucement, bien plus doucement qu'il ne faisait d'ordinaire :

— Rousille, tu mettras à chauffer, demain matin, de grand matin, une tasse de café ; je veux aller trouver François.

Le lendemain, en effet, qui était le quatrième jour depuis le départ de Driot, le métayer de la Fromentière, avant qu'il fût dix heures, descendait du wagon dans la gare de La Roche-sur-Yon.

Dès qu'il posa le pied sur le quai, il chercha son fils, parmi les employés occupés à ouvrir les portières ou à enlever les bagages du fourgon. Au milieu des voyageurs qui se hâtaient, dominant de la tête la plupart d'entre eux, il s'arrêtait tous les dix pas, pour suivre du regard, ici ou là, quelque visage jeune et plein, qui ressemblait à celui de François. Il voulait revoir son fils, mais il redoutait de le rencontrer en cet endroit et en public. Lui, venu librement, dans son costume de laine noire, ceinturé de bleu, son chapeau neuf à galons de velours bien posé en arrière, lui, maître de régler le travail et le loisir de ses journées, il avait honte, à la pensée que, dans cette troupe de manœuvres commandés, serrés de près par les chefs, vêtus d'un uniforme qu'ils n'avaient pas le droit de changer pour un vêtement de leur choix, il y avait un Lumineau de la Fromentière. N'ayant pas aperçu François sous le hall, il se dirigeait vers les lignes de dégagement, où une équipe de six hommes poussait de l'épaule un wagon chargé, et il songeait : « En voilà d'attelés comme les bêtes de chez moi », lorsqu'une voix l'interpella :

— Où allez-vous ?

— Voir mon gars.

— Qui ça ?

— Vous le connaissez peut-être, dit le métayer en portant le bout des doigts à son chapeau : il est employé chez vous ; il a nom François Lumineau.

Le contrôleur eut une moue méprisante :

— Lumineau ? Ah ! oui, un homme d'équipe, qui est là depuis quatre mois ?

— Cinq, dit le père.

— Peut-être : un gros rougeaud, un peu fainéant ; vous voulez lui parler ?

— Oui.

— Eh bien ! si vous savez où il demeure, allez-y donc. Vous pourrez lui faire vos commissions à l'heure du déjeuner, quand il rentrera : mais ici on ne circule pas sur les voies, mon bonhomme.

Il grommela, en s'éloignant :

— Ces paysans, ma parole, ça ne doute de rien : ça se croit partout dans ses champs...

Le métayer se contint, et ne répondit pas, à cause de François. Il sortit de la gare, et, sous la pluie qui tombait depuis le matin, se mit à errer dans les rues à peu près désertes, larges, bordées de maisons basses. Les passants qu'il interrogeait ne connaissaient pas le café de la Faucille, que tenait Eléonore, et dont il avait appris le nom par des Maraîchins, venus aux foires de La Roche. Il finit par découvrir lui-même l'enseigne, qui se balançait au bout d'une tringle, dans un faubourg, à la limite de la campagne.

La maison n'avait qu'un étage et une fenêtre, comme ses

voisines. Toussaint Lumineau poussa la porte, et entra dans une salle de café meublée de tables de bois blanc, de tabourets de paille et d'une armoire vitrée, où étaient rangées des bouteilles de liqueurs entamées et, en bas, des assiettes de viande froide entre deux boîtes de gâteaux secs. Il n'y avait là personne. Lumineau se planta droit au milieu de l'appartement. Une sonnette, mise en mouvement par l'entrée du métayer, continuait de s'agiter, fêlée, de plus en plus faible. Avant que le carillon eût cessé, une seconde porte s'ouvrit en face de la première, le long du buffet ; un coup de vent souffla des odeurs de cuisine, et une femme coiffée en cheveux s'avança, clignant les yeux et se balançant sur ses hanches. Bien qu'il se trouvât à contre-jour, elle reconnut aussitôt le visiteur, rougit beaucoup, laissa tomber le coin de son tablier qu'elle tenait, de ses deux mains croisées, appliqué sur son ventre, et s'arrêta net.

— Oh ! dit-elle, le père ! En voilà une surprise ! Depuis le temps qu'on ne s'est vu !

— Oui, c'est vrai : il y a longtemps.

Elle hésitait, contente de revoir le père et n'osant le dire, ne sachant ce qu'il venait faire, ni si elle devait lui offrir de s'asseoir, ou l'embrasser, ou se tenir à distance, comme celles qui n'ont pas de pardon à espérer. Elle ne le quittait pas des yeux. Pourtant les mots qui n'étaient pas durs, la voix qui était tremblante, mais douce, la rassurèrent. Elle demanda :

— Peut-on vous embrasser, tout de même, père ?

Il se laissa embrasser par elle, mais ne lui rendit pas son baiser. Puis, s'asseyant sur un tabouret, tandis qu'Eléonore passait de l'autre côté de la table, il se mit à considérer sa fille avec une curiosité triste, pour juger du changement qui s'était produit en elle. Eléonore, debout, à deux pas du mur, gênée par ce regard dont elle sentait l'interrogation pénétrante, agrafait le col de sa robe de lainage gris, tirait ses manches qu'elle avait relevées sur ses bras nus, retournait le chaton d'une bague en doublé, qu'elle portait à la main droite.

— Je ne m'attendais pas... balbutia-t-elle en baissant les yeux. Ça me fait un saisissement de vous revoir !... François va être étonné aussi... Il rentre pour onze heures, tous les jours, quelquefois onze heures et demie... Dites donc, père, vous mangerez bien un morceau ?

Il fit signe que non.

— Un verre de vin ? Ça ne se refuse pas ?

Au lieu de répondre, Toussaint Lumineau dit :

— Sais-tu ce qui est arrivé chez nous, Eléonore ?

Subitement, le peu d'assurance qu'elle avait s'effaça, elle se recula encore. Ses yeux bleu pâle s'emplirent de crainte, et elle chercha, du regard, si le secours attendu ne lui venait pas du côté de la rue. Puis, contrainte de parler, la tête appuyée au mur et les paupières baissées :

— Oui, dit-elle... Il a passé par La Roche... Il a voulu voir François...

— Que dis-tu ? fit Toussaint Lumineau, en repoussant le tabouret et en se levant. André ? tu as parlé à André ?

— Lundi, de grand matin... Il est entré... Il avait une figure qui me revient à l'esprit tout le temps, quand je suis seule... Oh ! une figure comme si c'était le malheur qui entrait. Il a poussé la porte, comme vous... Et il a dit : « François, je m'en vas de la Fromentière, parce que tu n'es plus là ! »... Je comprends bien, père, c'est un coup pour vous... Mais ne vous fâchez pas, on n'a rien dit pour le faire partir... On avait même de la peine, tous, à cause de vous...

Elle avait mis sa main devant elle, comme pour l'empêcher d'approcher, mais elle vit tout de suite qu'elle n'avait rien à craindre, et la main retomba le long du plâtre éraillé. Car Toussaint Lumineau pleurait en la regardant. Sur ses joues, dans les rides creusées par la souffrance, les larmes coulaient. Il voulait tout savoir, et il interrogea :

— A-t-il parlé de moi ?

— Non.

— A-t-il parlé de la Fromentière ?

— Non.

— A-t-il dit au moins où il allait ?

— Il n'a voulu ni s'asseoir, ni rester : il nous a embrassés tous deux. Mais les mots ne lui venaient guère, pas plus qu'à nous. François lui a demandé : « Où que tu vas, mon Driot ? » Il a répondu : « A Buenos-Ayres d'Amérique, je vas tâcher de faire fortune... Quand je serai riche, vous entendrez tous parler de moi. Adieu, Lionore ! adieu, François ! » Et il est parti.

— Parti, répéta Lumineau, parti, mon dernier !

Eléonore s'attendrissait par contagion. Ses yeux se mouillaient aux coins, mais ils se tournaient vers la rue, tandis que le père fermait les siens.

— Père, dit-elle, il faudrait venir avec moi dans la cuisine. Voilà que François va rentrer. S'il ne trouve pas son dîner prêt, vous comprenez : il n'est pas toujours commode...

Elle pénétra dans la seconde pièce, où son père la suivit. Ce n'était qu'un réduit, tout sombre, même en plein jour, dont la fenêtre donnait sur une cour étroite et enveloppée de constructions. Un fourneau de fonte, en ce moment allumé, trois chaises et une table l'encombraient presque. Le métayer prit une chaise, et s'assit entre la fenêtre et la porte demeurée ouverte, de manière à voir François, quand François traverserait la salle du café. Eléonore se mit à cuisiner, à dresser deux couverts sur la petite table, affairée, courant d'un appartement à l'autre pour trouver le peu qu'il fallait, n'avançant guère en besogne. Toussaint Lumineau se taisait. Elle se croyait obligée de soupirer, quand elle passait devant lui, et de dire :

— Ça n'est pas de chance pour vous ! Non, et la Fromentière doit être triste, à présent ! Pauvre père, tout de même !

Il l'écoutait, et recueillait ces mots vides comme des paroles de pitié.

— Lionore, dit-il, après un peu de temps, et pendant que, penchée, elle taillait le pain pour la soupe, Lionore, tu as quitté la coiffe de Vendée ?

— Oui, on les repassait mal à La Roche. C'était cher. Et puis personne n'en porte ici, des coiffes.

— Eh bien ! depuis que tu ne t'habilles plus comme faisaient ta mère, ta grand-mère et toutes les femmes de la famille que j'ai connues, es-tu plus heureuse ? Te plais-tu dans ton nouvel état ?

Elle continua de couper le pain par tranches menues, et répondit :

— Ça n'est pas le même travail, mais j'ai au moins autant de mal que chez nous, je ne peux pas dire le contraire. Il y a les chambres à faire ; le marché ; mon carreau à laver tous les deux jours, quand il pleut comme aujourd'hui, ou qu'il neige ; la cuisine à toutes les heures, et pour du monde qui n'est pas toujours poli, je vous assure. On se plaint quelquefois de ne pas voir assez de monde, parce qu'on l'a payé cher, le café, beaucoup trop cher. Et puis, quand il vient des clients, des gens de la route qui demandent à boire, j'ai souvent peur d'eux. En vérité, si je n'avais pas les voisins...

— Et ton frère, se plaît-il ? interrompit le métayer.

— A demi. C'est le paiement qui est trop petit, voyez-vous. Deux francs, à la Fromentière, sont plus que trois francs ici.

Le père hésita un peu. Puis il demanda, baissant la voix :

— Dis-moi : il regrette peut-être ce qu'il a fait ? Je n'ai plus de fils avec moi, Lionore ; je suis malheureux : penses-tu que François reviendrait bien chez nous ?

Il pardonnait ; il oubliait ; il appelait au secours ceux qui l'avaient offensé.

Eléonore changea subitement de physionomie. Elle essuya ses yeux, du coin de son mouchoir, secoua son chignon blond relevé en pointe, et dit sèchement :

— Je ne crois pas, père... J'aime mieux vous le dire tout de suite... Vous verrez mon frère ; vous lui parlerez : mais je ne crois pas...

Et, comme si on l'avait blessée, elle se détourna d'un geste brusque, du côté du fourneau.

Onze heures et demie sonnèrent. La porte de la rue s'ouvrit avec bruit. Un homme entra. La fille, sans changer de place et sans se pencher, dit :

— C'est lui !

Le père avait déjà reconnu François, malgré la jaquette et le chapeau de feutre dur ; il l'avait reconnu dans la pénombre de la salle, à cette démarche bouvière, à cette habitude aussi qu'avait François de tenir les bras un peu écartés du corps. Il l'eut bientôt devant lui, sur le seuil de la cuisine, et il retrouva d'un coup d'œil ces traits lourds, ce visage rose et rousselé, ces moustaches tombantes, cet air de lassitude et de nonchalance qui n'avaient pas changé. François marchait la tête basse. En apercevant le père, il eut un petit mouvement d'émotion.

— Bonjour, père ! dit-il en tendant la main... Alors, ça ne va pas, à ce que je vois ?

Le métayer fit un signe de dénégation.

— Vous avez de la peine... Oui, je comprends... J'en aurais à votre place... André n'aurait pas dû faire ça, lui ; il était le dernier : il devait rester...

Toussaint Lumineau avait saisi la main de François, et il la serrait entre les siennes, avec une tendresse qui parlait, et ses yeux cherchaient en même temps les yeux de son fils, et faisaient la même prière. Mais celui-ci se remettait de sa surprise, rapidement, à mesure que les paroles muettes du père lui entraient dans l'âme. Il se raidissait contre cette pitié, qui l'avait saisi un moment. Bientôt il retira sa main, se recula un peu, et dit, de l'air d'un homme qui se défie et se défend :

— J'entends bien : vous voudriez ne pas prendre un autre domestique, n'est-ce pas, et nous ramener à Sallertaine, Lionore et moi ?

— Si tu le pouvais, mon François : je n'ai plus personne !

François eut un demi-sourire de satisfaction d'avoir deviné juste, et répondit :

— Vous voyez pourtant que l'autre aussi est parti, et qu'il n'y a plus rien à faire avec la terre.

— Tu te trompes, il est parti pour la cultiver ailleurs, en Amérique ! C'est de ne plus te voir, François, qui l'a dégoûté de la terre de chez nous !

— Oui, dit François, en approchant une chaise et en s'asseyant près de la table : il paraît que c'est encore fameux, les Amériques. Mais chez nous, c'est trop dur.

Le métayer ne releva pas les paroles qui déjà l'avaient offensé autrefois.

— Eh bien ! dit-il, je te ferai aider. Je n'ai plus de fils à présent, car tu sais que Mathurin ne compte guère, dans une métairie. Tu seras bientôt le maître ; le prochain bail sera fait en ton nom, et il y aura toujours un Lumineau à la Fromentière. Veux-tu revenir ?

François eut un geste d'ennui, et ne répondit pas.

— Tu ne gagnes guère, reprit le métayer, à ce que m'a dit Eléonore ?

— Non, la paye est faible.

— Le café n'a pas beaucoup de monde ?

— Non, nous l'avons payé trop cher. Nous ne sommes pas sûrs de réussir...

Le fils se tourna vers la grande fille qui écoutait, passive et pleurnichant.

— Mais on vivote, n'est-ce pas, Lionore ? Avec le temps, je monterai peut-être : le sous-chef me l'a dit. Alors je serai à l'aise. Je ne demande pas autre chose... On a des connaissances déjà, à La Roche... Le dimanche, j'ai ma demi-journée.

— Tu l'avais toute, à la Fromentière !

— Je ne dis pas non : mais ce que vous demandez, père, ça ne se peut.

Un homme qu'ils n'avaient pas vu entrer cria, dans la pièce voisine :

— Il n'y a donc personne ici ? Est-ce qu'on ne peut pas dîner ?

Eléonore, contente d'une diversion, passa entre son frère et son père, et on l'entendit rire pour apaiser le client. François attira la soupière, et y plongea la cuiller.

— Faut pas m'en vouloir, dit-il au métayer qui était demeuré à la même place, assis derrière lui, près de la fenêtre : je n'ai plus qu'un quart d'heure ; c'est loin, la gare. Je serais à l'amende.

Et, entre les bouchées de soupe, il demandait, de sa voix redevenue molle :

— Vous ne m'avez pas donné des nouvelles de Rousille ?... Est-ce qu'elle va bien ?... Et Mathurin, a-t-il encore dans l'idée qu'il se remettra ?... Lui qui a toujours voulu commander, à la Fromentière, il n'a pas dû retenir André...

Toussaint Lumineau se dressa tout debout. Et, ne retenant plus sa colère :

— Vous êtes vraiment de mauvais enfants ! dit-il tout haut. Restez-y dans votre ville !

Il sortit de la cuisine, traversa la salle du café, devant le pâle ouvrier de fabrique, et devant Eléonore qui attendait les ordres. Celle-ci, tout épouvantée, se pencha :

— Je vous l'avais bien dit, mon pauvre père, qu'il ne voudrait pas ! Je le connais ! Au revoir, tout de même !

Puis, s'adressant à François, qui suivait :

— Va donc le reconduire à la gare ?

Il secoua la tête.

— Si, va donc ! Ça sera plus convenable. Il n'aura pas à dire qu'on n'a pas été bien pour lui...

Le métayer ouvrit la porte de la rue.

— Je vas vous accompagner, si vous voulez, dit piteusement François.

Toussaint Lumineau lui jeta :

— Je ne t'ai pas demandé de m'accompagner, mauvais gars : je t'ai demandé de nous sauver tous, et tu n'as pas voulu !

Dans la rue, on le vit un moment marcher bien droit, large comme deux ouvriers de ville, les poils blancs de sa tête luisant dans la pluie grise.

La porte se referma.

— Pas commode, le vieux papa ! dit le client qui dînait.

— Ne m'en parlez pas ! fit Eléonore. J'en suis malade !

— Qu'est-ce qu'il voulait donc ?

François dit, avec un gros rire, en revenant vers la cuisine :

— Il voulait que je retourne remuer la terre avec lui !

L'ouvrier haussa les épaules, et dit, convaincu :

— Est-ce que ça se peut ? C'est tout de même pas raisonnable, voyons !

14

L'émigrant

Lorsque Toussaint Lumineau rentra à la Fromentière, l'après-midi était avancé. Il pleuvait toujours. Dans la cheminée de la grande salle, la plus grosse des marmites bouillait, pleine de pommes de terre destinées au souper des hommes et à la nourriture des porcs. Devant le feu, Mathurin et le valet, emprisonnés par le mauvais temps, se chauffaient et attendaient des nouvelles. L'infirme, très sombre et surexcité depuis le départ d'André, n'avait pas prononcé une parole de tout l'après-midi. On entendait la petite Rousille plier du linge, et le mettre en piles dans les armoires de la chambre voisine.

Le père monta les marches du perron, et ouvrit la porte. Trois pensées à la fois s'élancèrent vers lui, et demandèrent : « Qu'ont-ils dit, ceux de la ville ? Les reverra-t-on ? Vous ont-ils laissé partir sans même une promesse ? » Mais personne n'osa l'interroger. Il se dirigea tout droit vers son lit, et, ayant salué son monde d'un seul bonjour, il se tut, et commença de se dévêtir, pour reprendre ses habits de travail. Il quittait sa belle veste, son chapeau galonné de neuf, ses souliers. La réponse devait être mauvaise. Un silence gêné régnait dans la salle. Et, à mesure que les minutes passaient, Mathurin s'irritait davantage. Assis sous l'auvent, plié en deux, les traits ramassés comme un poing qui se serre, il se sentait blessé, lui, l'aîné, d'être traité comme le valet ou comme une femme. Pourquoi ne l'avoir pas pris à part ? Pourquoi ne pas lui avoir fait un signe, qui aurait suffi ?

Sa mauvaise humeur éclata, lorsque le père, ayant fini de se rhabiller, ordonna :

— Rousille, tu vas venir avec moi et avec le valet : nous ferons des paniers dans la grange. Toi, Mathurin, pour une fois, tu remplaceras ta sœur, et tu surveilleras la marmite.

— Vous ne me croyez donc bon à rien ? dit l'infirme.

Mais, contrairement à son habitude, qui était de donner des raisons et d'adoucir les ordres, le métayer éleva la voix, et répondit :

— Je commande à tous, ici. Viens, Rousille !

Suivi de sa fille et du valet, il traversa la cour, et, en face de la maison, pénétra dans la grange, dont il ouvrit à deux battants la porte charretière. Là étaient le pressoir, le tilbury rouge, des brouettes, des mues, des échelles, des poutres et des perches rangées le long des murs, et, au milieu du cercle que formaient ces choses disparates, un espace vide, poussiéreux, où les poules venaient gratter et se poudrer. Le métayer s'assit sur un madrier, le visage tourné vers la ferme, devant une cuve où trempaient des bottes d'osier. Rousille, agenouillée à contre-jour, près de lui, commença à tirer de l'eau, un à un, les brins d'osier, qu'elle pelait avec son couteau de poche et passait à son père. Celui-ci prenait les tiges blanches, et les tordait sur des charpentes de panier déjà préparées et assemblées. Dans un angle, le valet divisait à coups de serpe des gaules de châtaignier.

La pluie redoublait, dans l'air plus vif et plus froid. Elle étendait un voile entre la grange et la maison. Une lumière, venue on ne sait d'où, incertaine de sa route comme la pluie et qu'on eût dite comme elle obéissante au vent, éclairait pauvrement les travailleurs. Les canes criaient de plaisir dans le Marais ; les moineaux pépiaient sur les chevrons du toit. Pas une parole ne s'élevait entre le métayer, sa fille et son valet.

Toussaint Lumineau regardait seulement Rousille. Il la regardait plus souvent et plus attentivement que de coutume. Il songeait : « Voilà tout ce qui me reste ! » Par moments, il s'arrêtait de travailler. L'osier blanc devenait immobile dans sa main qui retombait. C'était le souvenir des autres enfants qui passait, comme la pluie, par rafales. Le père, dans le secret de son cœur, appelait : « François ? André ? » Il essayait de se représenter la petite Amérique dessinée sur l'atlas. Où était son dernier fils, maintenant, dans le monde immense ? Dans une ville ? Sur les chemins ? Sur la mer qui prend les hommes ? Toussaint Lumineau cherchait à le rejoindre. Mais l'effort était vain. Toutes les routes de sa pensée se perdaient dans l'inconnu...

A la même heure, bien loin, il y avait une âme qui revoyait, avec la netteté des images familières, la Fromentière et ses ormeaux, le père, Rousille, Mathurin, les prés du Marais, toute la Vendée autour.

C'était l'enfant que le père nommait avec le plus de regret, celui que cherchaient, avec leur pauvre imagination naïve, les deux tresseurs de paniers et le valet qui fendait des perches. Etranger, inconnu, las d'avoir passé la nuit dans un wagon et l'après-midi à courir les bureaux d'agences, il était assis sur des balles de peaux de mouton cerclées de fer, au milieu des docks d'un grand port, et il attendait l'heure de s'embarquer sur le paquebot qui l'emporterait. Devant lui, l'Escaut, roulant ses eaux en demi-cercle, les heurtait avec des remous profonds contre le quai, fleuve énorme qui sortait de la brume à gauche, tournait, et s'enfonçait à droite dans la brume, partout d'égale largeur et partout couvert de navires. André suivait, de ses yeux fatigués, ces formes qui se croisaient, voiliers, steamers, barques de cabotage ou de pêche, toutes colorées du même gris par le brouillard et le jour finissant, et qui se mêlaient un moment, puis se dénouaient, et glissaient, et divisaient leurs routes. Il regardait surtout au-delà, les terres basses que le fleuve enveloppait dans son pli, les prairies saturées d'humidité, désertes, illimitées, et qui semblaient flotter sur la pâleur des eaux. Comme elles lui rappelaient le pays qu'il abandonnait ! Comme elles lui parlaient ! Ni les roulements des camions, ni les sifflets des commandants, ni les voix des milliers d'hommes, de toutes nations, qui déchargeaient les navires autour de lui et s'agitaient sous les abris de tôle gaufrée, ne le pouvaient distraire. Il ne s'intéressait pas davantage à la grande ville étendue en arrière, et d'où venait parfois, à travers la rumeur du travail, un carillon de cloches comme il n'en avait jamais entendu.

Cependant, l'heure approchait. Il le sentait à l'inquiétude qui grandissait en lui. Le bruit d'une troupe en marche le fit se détourner. C'étaient les émigrants, qui sortaient des bouges où les agences les avaient parqués, et, traversant la place, formaient une longue colonne, grise aussi dans la brume.

Les voici qui arrivent. Les premiers rangs s'engagent déjà entre les futailles et les piles de sacs entassés sur les quais. Ils piétinent dans la boue, et se hâtent, pour occuper les meilleurs coins de l'entrepont. D'autres suivent, hommes, femmes, enfants, jeunes et vieux confondus. On devine à peine leur âge. Ils ont les mêmes yeux tristes. Ils se ressemblent tous, comme les larmes. Ils ont mis, pour le voyage, leurs plus mauvais vêtements, vestons informes, tricots, manteaux troués, mouchoirs bridant les cheveux, jupes de laine rapiécées, compagnons qui ont travaillé et souffert avec eux. Ils frôlent André Lumineau, immobile sur la balle de laine, et ne prennent pas garde à lui. Entre eux ils ne parlent point, mais, dans leur procession hâtive, les familles groupées font des îles ; les mères tiennent les enfants par la main et les abritent du vent ; les pères, de leurs coudes écartés, les protègent contre la poussée. Tous portent quelque chose, un paquet de hardes, un pain, une poche fermée avec une ficelle. Et tous ont le même geste, au même endroit du chemin. Quand ils débouchent des rues, là-bas, ils se dressent et se haussent un peu, toujours du même côté, vers les plaines de l'Escaut, vers les brumes plus claires, qui indiquent, dans le ciel, la place du soleil déclinant ; ils fixent, comme si c'était le leur, le petit clocher d'horizon qui se lève des terres invisibles. Puis ils tournent dans les docks ; ils découvrent le paquebot qui fume, les treuils qui roulent, le pont déjà noir d'émigrants. Alors, ils faiblissent. Ils ont peur. Plusieurs voudraient revenir en arrière. Mais tout est bien fini. L'heure est venue. Le billet de passage tremble au bout de leurs doigts. Les âmes seules retournent au pays, à la misère qu'on avait maudite et qu'on regrette, aux chambres désertées, aux faubourgs, aux usines, aux collines sans nom qu'on appelait « chez nous ». Et pâles, les pauvres gens se laissent pousser par le flot, et s'embarquent.

André Lumineau les regarda longtemps sans se joindre à eux. Il cherchait un visage de Français. N'en trouvant pas, il se colla dans le rang, au hasard. Il portait, par la poignée, sa caisse noire qui dormait, voilà cinq jours, dans le grenier de la Fromentière. Il avait, sur le dos, son manteau de cavalerie, dont les boutons seuls avaient été remplacés. Ses voisins lui jetèrent un coup d'œil indifférent, et l'acceptèrent sans mot dire. Avec eux, il franchit les cent mètres qui le séparaient du navire, monta sur le plan incliné, et toucha le pont, que soulevait déjà la houle du fleuve.

Alors, tandis que les autres, ceux qui avaient dans cette foule des parents ou des amis, se promenaient par groupes le long de la cage des machines, ou descendaient par les échelles, il s'accouda au bordage, à l'arrière du bateau, et essaya de voir encore le fleuve et les prairies grises, parce que trop de souvenirs lui venaient ensemble, et que le courage allait lui manquer. Mais la brume avait sans doute épaissi, car il ne vit plus rien.

Près de lui, accroupie sur le plancher, il y avait une vieille femme, encore fraîche de visage, enveloppée dans une mante noire à collet, et dont la coiffe était fixée par deux épingles à boules d'or. Elle tenait dans ses bras un enfant qu'elle berçait. André ne la regardait pas. Mais elle, qui ne pouvait reposer ses yeux nulle part, dans le tumulte et la confusion du navire en partance, les levait quelquefois vers cet étranger debout près d'elle, et qui pensait sûrement à la maison de chez lui. Peut-être avait-elle un fils du même âge. Un sentiment de pitié grandit en elle, et bien qu'elle sût, à n'en pas douter, que son voisin n'entendrait pas la langue dont elle usait, la vieille femme dit :

— *U heeft pyn ?*

Quand elle eut répété plusieurs fois, il comprit au mot « peine » et au ton qu'elle y mettait, que la femme lui demandait : « Vous avez de la peine ? »

Il répondit :

— Oui, madame.

La vieille mère, de sa main blanche, toute froide, tout humide de brouillard, caressa la main de Driot, et le petit Vendéen pleura, en songeant à des caresses anciennes toutes pareilles, à la mère Lumineau, qui portait aussi une coiffe blanche et des dorures les jours de fête...

Sur le Marais de Vendée, les brumes couraient toujours, les mêmes qui avaient passé sur les plaines de l'Escaut. Des rafales de vent les chassaient. Toussaint Lumineau, par moments, suivait des yeux, avec une expression d'angoisse, la pointe tremblante des osiers que Rousille lui tendait, comme si ç'avaient été des mâts de navires balancés. D'autres fois, il considérait longuement sa dernière enfant, et Rousille sentait qu'elle lui était douce à regarder.

Une bourrasque souffla sur les ormes, qui s'échevelèrent, et battirent de leurs branches la toiture de la Fromentière. Les lézardes de la grange, les gouttières, les tuiles, les bouts de chevrons, les angles des murailles sifflèrent tous ensemble. La plainte s'en alla, vive et folle, dans le Marais.

A trois cents lieues de là, un coup de sirène déchirait l'air. Un grand paquebot coupait, de la lame de son étrave, l'eau du fleuve, et s'avançait lentement, encore à moitié inerte et dérivant. Des émigrants, des rebuts du vieux monde, des misères sans nom, à l'instant où la terre leur manquait, s'effaraient. Toutes les pensées prenaient, dispersées, le chemin des abris anciens. Dans la nuit, le bel André Lumineau s'en allait...

Le métayer rejeta une poignée d'osiers dans la cuve, et dit :

— Rentrons : il n'y a plus de jour pour mes doigts.

Mais il ne bougea pas. Le valet seulement cessa de couper les perches de châtaignier, et sortit. Rousille, voyant que le père ne se levait pas, demeura.

15

Le commandement du père

Le soir était venu, le soir de février qui appesantit son ombre de si bonne heure. La baie de la grange ne laissait plus entrer qu'une lueur douteuse, comme une cendre grise qui effaçait les formes. Toussaint Lumineau avait ramené les bras le long de son corps. Assis sur le madrier, le visage levé dans les demi-ténèbres, il attendit que le valet eût traversé la cour. Lorsqu'il eut vu se fermer, en face, la porte de la salle éclairée où Mathurin veillait, il abaissa les yeux vers sa fille.

— Rousille, dit-il, as-tu toujours ton idée pour Jean Nesmy ?

La petite, agenouillée sur le sol, silhouette toute menue, haussa lentement la tête. Elle se pencha en avant, pour mieux voir celui qui lui parlait d'une manière si nouvelle. Mais elle n'avait rien à cacher ; elle n'était pas de celles qui ont peur ; elle retint seulement son cœur, qui aurait voulu tout crier à la fois, et dit, avec un calme apparent :

— Toujours. Je lui ai donné mes amitiés, et je ne les retirerai point. Maintenant qu'André est parti, je comprends bien que je ne peux plus m'en aller habiter le Bocage. Mais je ne me marierai pas. Je resterai fille, et je vous servirai.

— Tu ne m'abandonneras donc pas, comme eux ?

— Non, mon père, jamais !

Le père lui posa la main sur l'épaule, et elle se sentit enveloppée d'une tendresse inconnue. Un remerciement allait d'une âme à l'autre. Autour d'eux, le vent faisait rage, et courait dans la pluie.

— Rousille, reprit le métayer, je n'ai plus de fils. André m'a trahi le dernier. François n'a pas voulu revenir. Il faut pourtant que la Fromentière continue d'être à nous ?

La voix douce et ferme répondit :

— Il le faut.

— Alors, ma petite, c'est tes noces qui vont sonner.

Rousille n'osait pas comprendre. Elle s'avança un peu, sur les genoux, jusqu'à toucher le père. Elle aurait voulu que le jour revînt, pour éclairer les yeux qui la regardaient. Mais on ne voyait plus.

— J'avais toujours espéré, continua le métayer, qu'il y aurait un homme de mon nom, pour commander après moi. Dieu me l'a refusé. Toi, Rousille, j'aurais aimé te marier avec un Maraîchin comme nous, quelqu'un de notre condition et de notre pays. C'était peut-être de l'orgueil. Les choses n'ont pas tourné selon mon goût. Crois-tu que Jean Nesmy reviendrait bien à la Fromentière ?

— J'en suis sûre ! J'en réponds pour lui : il reviendra !

— La mère ne nous fera pas d'affront, au moins ?

— Non, non : elle aime trop son fils ; elle sait tout ; mais Mathurin !...

Elle étendit le bras en arrière, vers la maison cachée dans l'ombre.

— Mathurin ne voudra pas, lui ! Il nous déteste ! Il nous rendra la vie si dure, que nous ne pourrons pas rester ici.

— Mais moi, je vis encore, ma petite, et je veux vous ramasser tous trois autour de moi !

Rousille avait-elle bien entendu ? Le père avait-il prononcé ces mots de fiançailles ? Oui, car il s'était dressé tout debout, et, en se relevant, il avait élevé son enfant. Il la retenait près de lui ; il l'enveloppait de ses bras ; il pleurait ; il ne pouvait plus parler.

Cependant, pour avoir serré contre son cœur cette jeunesse heureuse, il reprit vite courage.

— Ne crains pas Mathurin, dit-il : je le raisonnerai, et il faudra qu'il obéisse. J'avais renvoyé Jean Nesmy. C'est ma volonté à présent qu'il revienne, pour être mon fils et mon aide, et le maître quand je n'y serai plus.

Dans l'ombre, la jeune fille écoutait.

— Je veux qu'il revienne le plus tôt possible, parce que les meilleurs valets ne font pas prospérer les maisons. J'ai pensé à tout pour toi, Rousille. Tu vas sortir d'ici, et aller droit chez les Michelonne.

— Oui, père.

— Ça me donnera le temps de parler à ton frère. Tu iras donc chez les Michelonne, et tu leur diras : « Mon père ne peut pas quitter la Fromentière et laisser Mathurin, qui n'est pas bien, ces jours. Il vous demande de partir pour le pays de Bocage, et de prier la mère de Jean Nesmy, afin qu'elle nous renvoie son fils, qui sera mon mari. Plus tôt vous partirez, et mieux vous ferez. »

Rousille pleurait à son tour. Toussaint Lumineau reprit :

— Va, ma Rousille... Salue bien les Michelonne... Dis-leur que c'est pour sauver la Fromentière.

Un souffle de voix répondit :

— Oui.

Rousille éleva les mains le long du cou de son père ; elle attira le vieux métayer, et l'embrassa. Puis elle s'écarta un peu, et, à travers l'ombre où ils ne pouvaient se voir, elle dit :

— Je suis heureuse, père. Je m'en vas chez les Michelonne... Mais que ça serait meilleur, si j'avais pu avoir tout notre monde à mes noces !

Elle s'échappa dans la nuit, tandis que le père demeurait un moment, tout content et tout fier. Elle avait dit « notre monde », cette petite Rousille ; elle parlait comme les anciennes de sa race, qui avaient charge de la Fromentière ; elle ressemblait aux aïeules qu'elle n'avait pas connues, ménagères vigilantes, que l'on voyait ainsi, dès le jour de leurs fiançailles, heureuses et doucement inquiètes, emportant avec elles, comme un livre où l'on ne cesse plus de lire, la pensée de toute une famille et le souci de toute une ferme.

Rousille courait dans le chemin, et elle ne butait pas contre les pierres. Il pleuvait, et elle ne sentait pas la pluie. Elle mettait quelquefois la main sur son cœur, pour le calmer. Elle songeait : « Je suis heureuse », et cela la faisait pleurer.

Toutes les maisons de Sallertaine avaient leurs lampes allumées derrière les vitres, quand Rousille entra dans la longue rue. Mais les Michelonne craintives avaient déjà poussé le volet et mis le verrou.

— Oh ! dit-elle en frappant du poing, ouvrez donc vite, tantes Michelonne !

Véronique eut bientôt fait de tirer le verrou, d'ouvrir la porte et de la refermer aussitôt.

— Comme te voilà trempée, Rousille, s'exclama-t-elle, et sans cape ni mouchoir de tête par un temps pareil ! Sept heures viennent de sonner : qu'as-tu à courir les routes ?

Au fond de la pièce, sur le coffre du lit le plus voisin de la cheminée, Adélaïde avait posé la chandelle de suif, toute fumeuse, et dont la mèche n'éclairait guère plus qu'un clou chauffé au rouge. Dans cette pauvre lumière, elle commençait à se dévêtir, et déjà elle avait enlevé son tablier.

Un coin du drap luisait, retourné sur la couverture. Le reste de la boutique était dans l'ombre : les chaises, les rouets, la table, l'autre lit, et l'horloge à côté, qui mesurait l'heure tranquille.

— Ne quittez rien, tante Adélaïde, dit la jeune fille en s'avançant : il y a du nouveau !

L'aînée des sœurs prit la chandelle, l'approcha du visage de Rousille et, voyant des traces de larmes :

— C'est donc encore du triste, ma petite ?

— Non, mes tantes : du bonheur !

— Alors asseyons-nous, et dis promptement !

Les Michelonne s'assirent sur le coffre, et firent asseoir Rousille sur une chaise, tout près, bien en face, pour mieux juger la joie qui allait parler. Chacune s'empara d'une main de la nièce. Chacune devint attentive. Les trois visages se rapprochèrent. La chandelle éclairait assez pour qu'on pût voir le sourire des lèvres et celui des yeux.

— Il y a, dit Rousille, que mon père, n'ayant plus de fils, veut faire revenir Jean Nesmy !

— Comment, Rousille, ton bon ami ?

— Tante Michelonne, c'est pour sauver la Fromentière.

— Alors, tu te maries, mignonne ? Tu te maries ? dit Adélaïde, enthousiaste, à moitié soulevée, tandis que sa sœur se courbait, au contraire, pour cacher son émotion.

— Oui, le père l'a dit : si vous voulez m'aider, tante Michelonne ?

— Si je veux ! mais tu le sais bien ; tu es ma fille ; tu peux demander : que te faut-il ? mais dis donc ? de l'argent ?

— Non, ma tante...

— Un trousseau qu'on coudrait toutes deux ?

— C'est bien plus difficile : il faut faire un voyage, un grand !

— Moi, un voyage ?

— Vous ou ma tante Véronique. Il faut aller jusqu'en pays de Bocage ! Notre père ne peut pas quitter la maison. Vous iriez parler, pour lui, à la mère de Jean Nesmy, et la décider à se priver de son fils. Voulez-vous bien ?

Aussitôt Véronique se redressa.

— Va dans le Bocage, Adélaïde : tu es plus allante que moi !

— Est-ce une raison ? Un si grand plaisir : rendre service à Rousille, pourquoi ne l'aurais-tu pas ?

— Ma sœur, tu es l'aînée : tu remplaces la mère.

— En effet, dit simplement Adélaïde.

Elle se tut un peu de temps, tout émue de la nouvelle et de la décision. Ses joues roses avaient pâli. Elle ajouta :

— C'est que, depuis quarante ans, je n'ai jamais dépassé la ville de Challans... Je ne comptais plus voyager... Où est-il, le pays de Jean Nesmy ?

Le visage épanoui, à cause des souvenirs qui lui venaient, Rousille toucha trois fois, du bout du doigt, la robe noire de la Michelonne.

— Ici, dit-elle, la ferme de Nouzillac, où il travaille ; là une paroisse qui a nom la Flocellière, et là les Châtelliers, où il y a le Château, la maison de chez lui.

— Je ne connais pas ces noms-là, mignonne.

— Des collines, il y en a partout, des petites, des grandes, et beaucoup d'arbres. Quand le vent souffle de Saint-Michel, il pleut sans jamais manquer. Pouzauges n'est pas très loin.

— J'ai entendu parler de Saint-Michel et de Pouzauges, dans ma petite enfance, par des Boquins qui venaient chez nous chercher de la cendre. Et quand faut-il partir ?

Rousille répondit, en baissant ses yeux doux.

— Mon père est bien pressé : il a dit que le plus tôt serait le mieux.

— Seigneur Dieu ! Je ne peux pourtant pas ce soir ? Regarde tout de même l'horloge, Véronique, toi qui vois clair.

La cadette se leva, trottina jusqu'au pied de la haute boîte, qui se dressait entre les lits, et, déchiffrant péniblement l'heure, sur le cadran de cuivre :

— Trop tard, ma sœur : le dernier tramway pour Challans vient de passer.

— Alors, dit Adélaïde, je me mettrai en route demain matin... J'ai de bonnes jambes pour aller jusqu'aux Quatre-Moulins, et une bonne langue pour demander ensuite mon chemin aux employés de Challans... J'irai... Tout le temps du voyage je penserai à toi, Rousille, et quand je verrai la mère Nesmy — tu vas me trouver orgueilleuse —, je ne serai guère embarrassée... Je lui parlerai de toi... Ah ! oui, j'en dirai long... Pourquoi te lèves-tu, petite ?

— Pour rentrer, tante Michelonne !

Les vieilles Michelonne se mirent à rire, et répliquèrent en se hâtant, l'une après l'autre, chacune jetant sa phrase :

— Non, par exemple ! Tu n'as rien raconté ! Comment ton père s'est-il expliqué avec toi ? Et de François, que sais-tu ? Et Mathurin, que pense-t-il ? Reste, ma belle : dis-nous tout ça, et ce qu'il faut dire à Jean Nesmy !

Comme des perdrix blotties dans un sillon, plume contre plume, quand la nuit tombe sur les champs, les trois femmes se groupèrent de nouveau, étroitement pressées, au fond de la boutique. Les mots, les regards, les sourires, le geste de la main, les larmes quelquefois, tout ce qui montre une âme allait de l'une à l'autre, et trouvait deux échos. Un murmure joyeux flottait dans la chambre. Un peu de fièvre agitait Adélaïde. Véronique, sans vouloir le dire, s'inquiétait déjà de rester seule. L'heure passait. Des voisins, en éteignant leur lampe, disaient : « Comme elles veillent tard, mesdemoiselles Michelonne ! Le travail donne, dans leur métier ! »

Le bourg était tout silencieux, tout noir sous la pluie glaciale, quand Rousille, sur le perron d'angle, se sépara de ses tantes. Des deux côtés, la même parole servit d'adieu. Adélaïde la dit d'abord. Rousille la répéta. Et c'était une promesse. Et c'était un remerciement.

— Demain matin !

— Demain matin !

16

La nuit de février

Lorsque Rousille eut traversé la cour et pris le chemin de Sallertaine, le métayer sortit de la grange. Il retrouva le valet, qui avait retiré du feu la marmite, et, assis sous l'auvent, silencieux comme de coutume, rassemblait, du bout de ses gros sabots, les tisons à demi morts, couchés le long des chenets. Au fond de la salle, l'infirme se démenait entre ses béquilles, allant d'un meuble à l'autre, incapable de dominer ses nerfs, le visage gonflé par la poussée du sang. Il ne salua pas son père, il n'eut pas l'air de l'entendre venir. Mais, après une minute, il demanda brutalement, comme le métayer se penchait vers le valet, et lui parlait tout bas :

— Et Rousille ? Que lui avez-vous dit, pour être resté si longtemps dans la grange ?

Toussaint Lumineau suivit des yeux, avant de répondre, le malheureux qui continuait de s'agiter, en proie à une sorte d'ivresse, faite de colère et de souffrance, qu'on connaissait trop bien à la Fromentière. Depuis le départ d'André, les symptômes de crise se multipliaient. Et le métayer eut pitié. Il ne voulut pas relever l'insolence de la question, et dit simplement :

— Ta sœur reviendra plus tard, Mathurin. Où elle est, je l'ai envoyée.

Mais la voix plus haute et plus irritée de l'infirme répliqua :

— Je ne dois pas savoir où elle est, n'est-ce pas ? On me cache tout, ici : à elle on dit tout !

Sur un signe du métayer, le valet piqua deux pommes de terre avec son couteau, dans la marmite, les glissa au fond de la poche de sa veste, se leva, coupa un morceau de pain sur la table, et, emportant son souper, s'en alla par la cour.

Le père et le fils étaient seuls. Toussaint Lumineau, debout dans la clarté du feu qui s'était ranimé, dit aussitôt :

— Tu vas au contraire tout savoir. Mathurin ; ton frère François a refusé de revenir chez nous.

— Je le pensais.

L'infirme s'était rencogné entre les deux lits et les deux coffres, loin de la lumière qui brûlait au bout de la table, et là, dans l'ombre, à l'affût des mots, il écoutait. Ses mains, tremblantes le long des béquilles, agitaient les rideaux.

— La Fromentière, reprit le métayer, ne peut rester comme elle est. J'ai fait le commandement à Rousille d'aller trouver les Michelonne. L'une ou l'autre, soit Adélaïde, soit Véronique, s'en ira dans le Bocage, pour ramener Jean Nesmy.

— Ah ! vous mariez Rousille ?

— Oui, mon ami.

— Avec un valet que vous avez renvoyé !

— Je le reprends.

— Un Boquin ! Un homme qui n'est pas d'ici !

— Un bon travailleur, Mathurin, et qui a toujours aimé la terre de chez nous.

— Et il habitera la Fromentière ?

— Sans doute : j'ai besoin d'aide. Il me faut un fils.

La tête fauve de Mathurin sortit de l'ombre.

— Et moi ? Qu'est-ce que vous ferez de moi ?

Dans son regard, toutes les douleurs subies en silence, toutes les colères, autrefois contenues, passaient, et jetaient leur reproche.

— Je n'ai donc qu'à souffrir et à faire la volonté des autres, moi qui suis l'aîné, moi qui ai le droit pour moi ?

— Mon enfant, dit doucement le père, tu vivras avec nous, comme à présent ; tu feras ce que tu pourras, et personne ne t'en fera reproche ; on n'entreprendra pas de travaux sans que tu aies donné ton avis, je te le promets ; tu ne quitteras pas la métairie, même après moi.

— Non, je ne serai pas commandé par un homme qui n'est pas de mon nom : il faut un Lumineau pour commander ici !

— C'est le chagrin de ma vie que tu dis là, Mathurin !

L'infirme continua avec la même violence :

— J'aurais supporté François, et même André. Mais Rousille avec son Boquin ne seront jamais les maîtres ici : je suis chez moi ! Et je vous dis que c'est mon tour !

— Mais, mon pauvre enfant, tu ne peux pas ?

Les rideaux de serge remuèrent, et le malheureux, suffoquant de colère, fit deux pas, péniblement, puis deux autres.

— Je ne peux pas juger un labour ?

— Si.

— Je ne peux pas acheter une paire de bœufs ?

— Si.

— Je ne peux pas me faire porter en carriole, et yoler par moi-même ? Dites-le donc ?

— Si, mon enfant.

— Alors, que me faut-il pour conduire la ferme ? Des valets ? J'en louerai. Une métayère ?...

Le père n'osa pas dire oui.

— J'en amènerai une !

Mathurin s'était arrêté à l'angle de la table, et s'y tenait appuyé, le haut de son corps oscillant et luttant pour se maintenir en équilibre.

— Une qui a plus de cœur que vous tous !... Elle sait que je guérirai... Elle m'a promis à peu près de se marier avec moi, comme je suis... Quand je l'aurai décidée...

— Ne te fie donc pas à ce que les filles te disent, mon pauvre gars ! Il n'y a encore que les pères et les mères pour chérir ceux qui te ressemblent... Tu es malade, ce soir... Tiens, tes jambes mollissent... Couche-toi. Je vais t'aider.

L'infirme n'essaya pas de répondre : ses yeux se voilèrent ; la tête s'inclina sur l'épaule ; les bras glissèrent sur l'appui des béquilles ; ils se levèrent tout droit, comme ceux d'un homme qui sombre et qui appelle. Mathurin serait tombé à la renverse, si le métayer ne s'était jeté en avant, pour le soutenir.

L'étourdissement ne dura pas. Ce ne fut qu'une alerte de quelques secondes. A peine couché sur le coffre, au bas de son lit, Mathurin rouvrit les yeux. Il regarda son père, se releva sans aide, et dit, en portant la main à sa nuque :

— Vous voyez : ça n'est rien... C'est la peine que vous m'avez faite... Je ne suis pas malade.

Toute colère avait disparu ; mais la douleur était la même au fond du regard, et il s'y mêlait cette sorte d'effroi que les hommes rapportent du voisinage de la mort.

— Veux-tu que je t'aide ? répéta le métayer.

L'infirme haussa les épaules, et commença à se déshabiller lui-même, enlevant sa veste et la pliant sur le coffre.

— Non, je veux me coucher seul... Je veux être tranquille.

La voix tremblait comme les mains.

— Allez donc plutôt au-devant de Rousille... Elle a des nouvelles à vous raconter, elle... Et puis la nuit est noire, les routes ne sont pas sûres...

Toussaint Lumineau, qui savait le danger de contrarier son fils, dans ces heures de crise, ne résista pas.

— J'irai jusqu'à la route, Mathurin. Je préviendrai le valet de se tenir dans la boulangerie.

Il n'alla pas même jusqu'à la route : il était inquiet. Dans le chemin de la Fromentière, sous la pluie, il fit quelques centaines de mètres, revint sur ses pas, et, ne voulant pas reparaître trop vite dans la salle, afin de donner le temps à Mathurin de se calmer, entra dans ses étables, pour inspecter les bêtes, et voir si aucune n'avait brisé son attache.

Derrière lui, sans qu'il s'en doutât, Mathurin s'était échappé. Le métayer n'avait pas fait dix pas, au-delà de l'enceinte de la Fromentière, que l'infirme se glissait dans la cour, fermait soigneusement la porte de la salle, et tournait du côté de l'aire, pour gagner le pré par la traverse.

Son extraordinaire énergie et l'exaspération maladive de ses nerfs le soutenaient. Une idée folle, faite de toute sa misère et de tous ses rêves, le jetait dans cette nuit mauvaise et dans cette aventure. Il courait chez la fiancée perdue. Il en appelait de tous les refus, de tous les affronts, de toutes les souffrances, à celle qui avait été l'arbitre de sa vie, et qui l'était toujours. Il voulait lui dire : « Il n'y a plus que toi ! Tous m'abandonnent ! Dis que tu m'aimes, et chez moi je ne serai plus méprisé ! Sauve-moi, Félicité Gauvrit ! »

Et il allait vite, malgré la nuit, la terre glissante, les deux échaliers qu'il fallait passer. Comme les enfants en faute, craignant d'être suivi, il se détournait et prêtait l'oreille, de distance en distance. Le vent lui apportait le bruit des terres, mais ce n'était que le sifflement de la bourrasque dans les balais d'ormeaux, les notes précipitées de la pluie sur les tuiles, le roulement d'un train qui devait passer bien loin, devers Challans.

Mathurin descendit la pente des prés, et, à cause des ténèbres, dut revenir deux fois sur ses pas, pour trouver l'abreuvoir. Il se jeta dans la première des yoles, qu'il toucha du bout de sa béquille, et la poussa d'un coup de ningle, non pas dans le canal qui filait droit vers le Perrier et la Seulière, mais à gauche, dans un fossé qui servait rarement aux gens de la ferme.

Au fond de la yole, l'eau s'était amassée. Elle jaillissait par les fentes des planches, à chaque oscillation, et mouillait les jambes de l'infirme accroupi, mais celui-ci n'y prenait pas garde. Qu'importaient l'eau qui courait sur ses pieds, la pluie glacée qui tombait, les ténèbres, les herbes amoncelées et barrant le passage, et la longueur du chemin, et la fatigue ? Il fallait arriver jusqu'à elle, là-bas, dût-il y dépenser toute sa force. Il fallait lui parler sans témoin, tout de suite.

L'ombre était si noire que Mathurin voyait à peine l'avant de son bateau. Depuis le coucher du soleil, le vent accumulait les brumes dans le Marais. L'étendue leur appartenait. Elles couvraient des lieues de pays, de leur masse en mouvement. Les plus bas de ces nuages traînaient sur les prés inondés, sur les levées et les îlots, leurs plis malsains ; ils coulaient en gouttes empoisonnées, le long des peupliers, des roseaux, des chaumes de toiture, lames de fond de la marée prodigieuse, où les hommes ensevelis buvaient la fièvre sans pouvoir lutter.

Dans cette nuit dangereuse, Mathurin, déjà en proie au mal qui le guettait, la tête lourde de sang, s'épuisait à mener la yole. Il se jetait à droite ou à gauche, au juger, sans être sûr de sa route. Quelquefois la respiration lui manquait. Une faiblesse le prenait. Le buste du yoleur s'inclinait en avant, dans le bateau immobile. Puis l'infirme, sortant comme d'un sommeil, se secouait, sentait le froid de la nuit, et continuait sa course. A mesure qu'il s'avançait, dans la partie la plus sauvage du Marais, l'ombre se peuplait autour de lui. Des oiseaux, de plus en plus nombreux, se levaient au frôlement des roseaux. C'était l'époque de leur passage. Ils s'envolaient, jetant leur cri déchirant ou plaintif, vanneaux, bernaches, macreuses, pluviers, bécassines ; ils revenaient en bandes invisibles, qui viraient de bord au-dessus de la yole et rebondissaient dans les volutes glacées de la brume. A chaque fois l'infirme frémissait. Il pensait : « Qu'avez-vous à tant crier contre moi, oiseaux de malheur ?... Laissez-moi !... Je vais voir Félicité... Elle dira oui ; nous reprendrons nos noces ; nous habiterons la Fromentière ! »

Mais la force s'épuisait. Peu à peu l'engourdissement gagna. Les mouvements se ralentirent. Mathurin Lumineau cessa de voir. Il continua de frapper les talus, au hasard, du bout de sa perche, qui ne savait plus où elle touchait. Et tout à coup, dans une eau libre, dans un pré inondé, où elle avait pénétré par une dépression des levées, la yole n'avança plus. Les doigts lâchèrent la ningle qui tomba. Les yeux s'agrandirent d'épouvante. L'infirme sentit que la mort montait de ses jambes à son cerveau. Il se redressa, et appela dans la nuit, d'une voix formidable :

— Félicité ? Père ?

Puis le corps oscilla un moment, la main commença un signe de croix, et l'homme s'abattit, la bouche ouverte, le long des planches...

Dans le dédale des fossés, une autre yole courait à toute vitesse. Elle portait à l'avant, rasant les eaux, une lanterne accrochée à un bâton, étoile menue qui fouillait les canaux, balancée par la marche et secouée par le vent. Le père avait découvert la fuite de Mathurin, et il le cherchait. Autour de lui, les oiseaux se levaient aussi. Des ailes blanches passaient dans le rayon de lumière. « Engeance, murmurait le métayer, dites-moi donc où il est ? » Mais que disaient les milliers de voix qui répondaient ? A chaque carrefour des canaux, il montait sur l'arrière de sa yole, et, tourné successivement vers les quatre vents du ciel, il jetait de toutes ses forces le nom de son enfant. Deux fois, des chasseurs regagnant leur motte verte, des fermiers ouvrant leur fenêtre, avaient demandé, du fond de l'ombre :

— Que veux-tu ?

— Mon fils !

Les voix n'avaient plus rien dit.

Une troisième fois, Toussaint Lumineau crut entendre un cri bien faible, bien lointain, dans les brumes, et, quittant le canal qui va droit au Perrier, il se porta sur la gauche. De distance en distance, il appelait encore, mais, n'entendant plus rien, craignant de faire fausse route, il prenait la lanterne et l'approchait des bords, afin de relever les traces de ningle s'il y en avait. A quelques centaines de mètres, il vit une déchirure fraîche dans la boue, puis deux. Une yole avait passé là. Etait-ce celle de Mathurin ? Il suivit la trace. La yole avait fait le tour complet d'une prairie. Mais de quel côté était-elle sortie ? Dans les fossés qui se coupaient, aux angles, le métayer chercha vainement. Il allait retourner en arrière, quand il aperçut, dans la lumière de sa lanterne, un bois flottant. Il se baissa ; un pressentiment de son malheur le saisit : c'était une ningle de la Fromentière. Elle dérivait, poussée par le vent, vers l'endroit où le fossé, par-dessus les talus inondés, communiquait avec la prairie changée en lac. Le métayer crut que son fils avait chaviré.

— Tiens bon, Mathurin, cria-t-il : j'arrive ! Tiens bon !

Il enleva la yole d'un coup de perche, et la poussa dans le chenal.

— Où es-tu, Mathurin ?

Sur l'eau libre, dans le clapotis des lames, il fit une trentaine de mètres, et, brusquement, fut projeté en avant. Il se pencha ; il étendit le bras, et, à tâtons, saisit l'arrière d'un bateau qu'il rangea bord à bord. Puis il tourna la lanterne, et vit, couché sur le côté, au fond de l'autre yole de la métairie, son fils, qui ne remuait plus.

Toussaint Lumineau se jeta à genoux sur le bordage, qui fléchit jusqu'au ras de l'eau ; il toucha les tempes, et elles ne battaient plus ; il prit les mains, elles étaient glacées ; il approcha sa bouche de l'oreille, et, à deux reprises, il appela Mathurin.

— Réponds-moi, mon enfant ? suppliait-il. Réponds-moi ? Remue seulement le doigt, pour me montrer que tu m'entends ?

Mais les doigts de l'enfant ne bougèrent pas ; dans la barbe blonde, les lèvres restèrent immobiles, écartées par le dernier cri de l'âme qui s'était échappée.

— Seigneur ! dit Lumineau encore agenouillé, faites qu'il ne parte pas sans ses pâques ; faites qu'il ne soit pas mort !

Et tout de suite, quittant sa veste et la jetant sur les épaules et la poitrine de son fils, le bordant comme avec une couverture de lit, il abandonna sa yole, et poussa l'autre hors du pré, celle qui portait Mathurin. Un peu d'espoir le soutenait, et redonnait de la force à ses vieux bras. Il fallait trouver du secours. Debout, cherchant à s'orienter dans cette nuit profonde, le père continua quelque temps d'avancer, avant de découvrir un feu de ferme. Puis un rayon de lumière perça les brumes, à droite. La yole glissa plus vite. En suivant le fossé, elle s'approcha ; le métayer put reconnaître la métairie au dessin des portes et des fenêtres éclairées. Hélas ! c'était la Seulière, et on y veillait. Des bruits de rires, des chansons, les notes essoufflées de l'accordéon, flottaient autour des murs, et se dispersaient dans le vent. Le métayer longea la motte brune, et la dépassa. Tout en yolant, le plus rapidement qu'il pouvait, il épiait si la grande ombre que faisait Mathurin n'avait pas remué, et, la voyant immobile, il pensa : « Mon enfant est mort. »

A cinq cents mètres au-delà, et de l'autre côté du canal, il savait maintenant qu'il y avait une autre maison, et il se hâtait vers elle. Car c'était, cette fois, la Terre-Aymont, la ferme de Massonneau le Glorieux, son ami. Bientôt le métayer jeta la chaîne de sa yole autour d'un saule, débarqua, et courut à la porte, en criant :

— Glorieux ! Glorieux ! Au secours !

Entre la métairie de la Terre-Aymont et le saule qui retenait la barque, sur la pente boueuse du tertre, il y eut des lumières en marche, des hommes et des femmes qui se précipitaient, des plaintes, des larmes, des prières à voix basse. Toute la maison qui s'endormait fut sur pied en un moment, et groupée auprès de la rive. Massonneau voulait transporter Mathurin dans la salle de la Terre-Aymont et envoyer chercher le médecin de Challans, mais

Toussaint Lumineau, ayant considéré de nouveau et touché le corps de son fils, répondit :

— Non, Glorieux. C'est fini de souffrir, pour lui : je veux l'emmener à la Fromentière.

Alors, le métayer de la Terre-Aymont se tourna vers deux jeunes hommes, qui se tenaient en arrière, et, appuyés l'un sur l'autre, leurs têtes brunes se touchant, semblaient regarder la mort pour la première fois.

— Mes gars, dit-il, allez chercher la grande yole de chez nous.

Ils disparurent dans les brumes, coururent chercher le bateau, qui se trouvait dans un pré voisin de la Seulière, et, en passant, prévinrent les gens de la veillée.

Il était à peu près dix heures de la nuit, quand le corps de Mathurin Lumineau fut placé pieusement, par des mains amies, dans la grande yole qui servait à transporter le fourrage, et qu'on avait vue si souvent revenir, entre les prés, toute chargée de foin nouveau, ayant, au sommet de la meule, un des enfants de la Terre-Aymont qui chantait. On le coucha au milieu ; la mère Massonneau le recouvrit d'un drap blanc, sur lequel elle attacha un crucifix de cuivre. Toussaint Lumineau s'assit à l'arrière, du côté où était la tête de son enfant. A l'avant, se placèrent, debout, appuyés sur leurs ningles, les deux fils du Glorieux de la Terre-Aymont. Deux lanternes, à leurs pieds, éclairaient les yoleurs et le chemin.

La yole se détacha de la rive parmi les gémissements. Sur le grand canal droit, elle s'avança lentement. Le vent chassait contre elle les brumes du Marais.

Quand elle fut à petite distance de la Seulière :

— Les voilà ! dit une voix. J'entends les ningles, et je vois les lumières !

Les portes des deux chambres s'ouvrirent ; la clarté des lampes se répandit au-dehors, et éclaira la motte, sur laquelle était bâtie la maison ; quelques menus arbres, au bord du fossé, devinrent blonds dans la nuit. Et tous ceux qui veillaient chez les Gauvrit, jeunes gens et jeunes filles, en longue procession, descendirent jusqu'à la berge, pour saluer le malheur qui passait. Pêle-mêle, en costumes de fête, agenouillés dans la boue, leurs tabliers ou leurs chapeaux secoués par le vent, ils regardèrent venir, en silence, le drap blanc qui cachait le corps de l'infirme, leur aîné de bien peu d'années, et le vieux Lumineau, tout courbé à l'arrière, le front rapproché des genoux, immobile comme celui qu'on emportait.

Au dernier rang, il y avait une grande fille, dont le mouchoir bleu et la chaîne dorée luisaient, dans le rayon plus proche qui s'échappait de la porte. Deux de ses compagnes la soutenaient, agenouillées comme elle.

Tous ils se taisaient. Tous ils continuèrent à suivre des yeux la barque qui s'en allait, et, par degrés, rentrait dans la nuit. Le bruit des ningles touchant l'eau décrut ; les frissons du sillage s'effacèrent ; dans les brumes épaissies, on vit diminuer la blancheur du drap. Puis on ne vit plus qu'une lueur sans foyer, le halo faible des lanternes au-dessus des prés. Et bientôt rien ne sortit plus de l'ombre, où s'enfonçait la yole.

« Pauvre grand Lumineau, le plus beau fils de chez nous ! »

Dans le lointain du Marais, où déjà la pitié des hommes ne l'accompagnait plus, le père pleurait, en regardant au-dessous de lui ; il pleurait aussi quand il relevait la tête, et qu'il apercevait, attentifs à manier leurs ningles, les deux beaux jeunes gars, fidèles à leur métairie, et qui yolaient à l'avant.

17

Le renouveau

La seconde semaine d'avril fut d'une extrême douceur dans tout le Marais de Vendée, et le printemps s'annonça. C'était le premier, celui de l'épine noire et des saules. Ils n'étaient pas encore fleuris, mais en boutons. Et les bourgeons, avant les fleurs, ont un parfum. Il flottait sur la campagne. Toute la mousse, dans les prés bas d'où l'eau s'était retirée, levait ses pyramides à ailettes, entre les brins nouveaux de l'herbe. Le vanneau faisait son nid. Les chevaux, qu'on remettait dans les pâturages, galopaient au soleil, sur les berges raffermies. Les mares étaient bleues, les nuages étaient blancs, parce que l'heure joyeuse avait sonné.

Un après-midi de cette semaine, où le monde renaissait, Toussaint Lumineau, à la barrière de son chemin, attendait le retour de l'aînée des Michelonne, qu'il avait envoyée, huit jours auparavant, au bourg des Châtelliers. Car la Michelonne avait écrit : elle avait réussi dans son ambassade ; elle ramenait du Bocage l'humble travailleur qui serait l'époux de Rousille, qui allait être le soutien et bientôt le maître de la Fromentière. Depuis le matin, Véronique était partie au-devant de sa sœur. Elle avait emmené Rousille. Le moment approchait où tous ensemble, dans la carriole traînée par la Rousse, ils apparaîtraient là-bas, au tournant de la route, entre les deux champs de blé qui ondulaient au vent.

Le métayer attendait chez lui, sur son domaine, appuyé à la barrière qui avait laissé passer, hélas ! pour ne plus revenir, tous les fils de la ferme, et qu'il voulait ouvrir lui-même aux arrivants. Certes, son cœur était triste. La vie l'avait durement traité. L'avenir ne le rassurait guère. La terre ne serait-elle pas vendue bientôt et livrée à l'aventure ? En ce moment même, prêt à accueillir ceux qu'il appelait pour lui succéder, Toussaint Lumineau pouvait-il chasser la pensée que la longue tradition prenait fin, et que le nom de sa famille, et celui de sa métairie, inséparables depuis des siècles, ne se confondraient plus désormais ?

Cependant, il était de trop vieille et trop bonne race pour ne plus espérer. Le sang qui coulait dans ses veines enfermait, comme le grain, un peu d'éternelle jeunesse. On pouvait la croire morte, et elle s'émut encore.

Un bruit sourd et précipité, pareil à celui que font les hommes qui battent au fléau, s'éleva au loin, du côté de Challans, et passa dans l'air tiède. Toussaint Lumineau reconnut l'allure de sa jument rousse. Elle allait au galop, comme au retour des foires, ou des fêtes, ou des noces. Il releva la tête. Une fois encore, il sentit renaître en lui le courage de vivre. Et, tourné vers la route, dont les vieux arbres reverdissaient, devinant, derrière eux, sa joie qui accourait, il ôta son chapeau, et dit, les deux bras étendus :

— Viens, ma Rousille, avec ton Jean Nesmy !

Cet ouvrage a été composé
par Nord Compo, Villeneuve-d'Ascq, Nord
et achevé d'imprimer
par Maury-Eurolivres S.A.
45300 Manchecourt
pour France Loisirs
123, bd de Grenelle, 75015 Paris